Hans-Georg Bruns/Brigitte Eierle/Klaus-Günter Klein/
Liesel Knorr/Kai-Uwe Marten (Hrsg.)

IFRS for SMEs

Kommentar zur Rechnungslegung nach IFRS
für nicht kapitalmarktorientierte Unternehmen

2010
Schäffer-Poeschel Verlag Stuttgart

Herausgeber:

Prof. Dr. *Hans-Georg Bruns*, ehem. Mitglied des IASB, Baden-Baden
Prof. Dr. *Brigitte Eierle*, Lehrstuhl für Betriebswirtschaftslehre, insb. Internationale Rechnungslegung und Wirtschaftsprüfung, Otto-Friedrich-Universität Bamberg
WP/StB Prof. Dr. *Klaus-Günter Klein*, Warth & Klein Grant Thornton AG Wirtschaftsprüfungsgesellschaft, Düsseldorf
WP/StB *Liesel Knorr*, Präsidentin des Deutschen Standardisierungsrats, DRSC, Berlin und Mitglied der »Standards Advice Review Group (SARG)«, Brüssel
Prof. Dr. *Kai-Uwe Marten*, Leiter des Instituts für Rechnungswesen und Wirtschaftsprüfung, Universität Ulm

Bibliografische Information der Deutschen Nationalbibliothek

Die Deutsche Nationalbibliothek verzeichnet diese
Publikation in der Deutschen Nationalbibliografie; detaillierte bibliografische Daten
sind im Internet über http://dnb.d-nb.de abrufbar.

Gedruckt auf chlorfrei gebleichtem, säurefreiem und alterungsbeständigem Papier

ISBN 978-3-7910-2792-0

www.schaeffer-poeschel.de
info@schaeffer-poeschel.de
Einbandgestaltung: Willy Löffelhardt/Melanie Frasch
Satz, Druck und Bindung: C. H. Beck, Nördlingen
Printed in Germany
Dezember 2010

Schäffer-Poeschel Verlag Stuttgart
Ein Tochterunternehmen der Verlagsgruppe Handelsblatt

Foreword/Geleitwort

The International Accounting Standards Committee (IASC) started setting International Accounting Standards (IASs) in 1973. By the time the IASC was reorganised into the full-time International Accounting Standards Board in 2001 IASs were being used mainly on a voluntary basis by a relative handful of listed companies, and a few unlisted.

Things changed dramatically in the next several years, propelled by the European Union's bold decision to require all listed companies to use IFRSs for their consolidated financial statements starting 2005. The EU decision caused a chain reaction of adoptions (now well over 100 countries require IFRSs for listed companies) and programs to converge national GAAPs with IFRSs.

This growing use of IFRSs around the world (directly or via national convergence) occurred at the same time as IFRSs themselves were greatly expanded, made more rigorous and more detailed, and (by addressing tough issues) made more complex.

Not surprisingly, small companies began expressing concerns that these complex and detailed standards were beyond their needs and capabilities – and the resulting financial statements, while suitable for equity investors in listed companies, were not aimed at the kinds of credit decisions that most users of small company financial statements have to make. And, the little companies said, the volume of required disclosures is burdensome and »overkill«.

The IASB embarked on its project to develop a separate IFRS for Small and Medium-sized Entities in late 2003. Six years and 44 Board meetings of deliberations later, the IFRS for SMEs was born.

The IFRS for SMEs is tailored for SMEs. That is, it focuses on the needs of users for information about cash flows, liquidity, and solvency, and it takes into account the costs to SMEs and the capabilities of SMEs to prepare financial information. Obviously, the SME standard is much smaller than full IFRSs – it's just 230 pages. It is organised by topic. And it contains many simplifications.

Why would an SME want to adopt it? The number one reason is improved access to capital. SMEs consistently complain that »my business is successful and growing, yet it is very hard to get a bank loan or other credit«. The lenders, on the other hand, respond »we do not understand or have confidence in the reported financial figures«.

Other benefits of the IFRS for SMEs:

- Improved comparability with other companies in its jurisdiction and across borders
- Improved quality of reporting as compared to many existing national GAAPs
- Reduced burden for entities in jurisdictions where full IFRSs or full national GAAP are now required
- Training materials, workshops, Q&As, and other support from the IASB
- Availability of textbooks, computer software, and commercial training programmes

In my judgement, the IFRS for SMEs will result in better quality reporting, tailored for the capabilities of small companies, tailored for the needs of lenders and creditors, and understandable across borders.

If capital providers understand and have confidence in the financial figures, an SME's ability to obtain the capital it needs improves. Ultimately, the economy in which it operates improves.

Paul Pacter

Paul Pacter was IASB Director of Standards for SMEs and is now an IASB Board member.

Vorwort der Herausgeber

Die International Financial Reporting Standards (IFRS) gewinnen immer mehr an Bedeutung. Nicht nur die Aufstellung eines Konzernabschlusses nach den IFRS ist seit dem Jahr 2005 in Deutschland für kapitalmarktorientierte Unternehmen verpflichtend. Vielmehr werden internationale Rechnungslegungsstandards vor dem Hintergrund der Harmonisierungsbestrebungen in Europa auch für kleine und mittelgroße Unternehmen (Small and Medium-sized Entities, SMEs) immer wichtiger. Ein entscheidender Schritt in dieser Entwicklung, deren Ursprünge bis in das Jahr 1998 zurückgehen, ist die Veröffentlichung des Standards »IFRS for SMEs« (IFRS-SMEs) am 9. Juli 2009.

Obwohl die Resonanz auf die Beendigung des Projekts größtenteils positiv war, bleibt abzuwarten, in welchem Umfang der IFRS-SMEs tatsächlich akzeptiert wird. So wurde in Deutschland mit der Umsetzung des Bilanzrechtsmodernisierungsgesetzes (BilMoG) versucht, eine gleichwertige Alternative zu den IFRS, speziell für den Mittelstand, zu schaffen. Langfristig wird sich der deutsche Gesetzgeber einer Fortschreibung der handelsrechtlichen Vorschriften zur Erhöhung der Vergleichbarkeit mit internationalen Abschlüssen jedoch nicht entziehen können.

Ein solcher, gemäß den IFRS-SMEs erstellter Abschluss trifft im internationalen Geschäftsverkehr auf eine höhere Akzeptanz und ermöglicht den Unternehmen eine Positionsbestimmung. Zur Beurteilung von Wettbewerbern im In- und Ausland sowie zur Einschätzung von Lieferanten und Kunden besteht für mittelständische Abschlussersteller und -adressaten folglich die Notwendigkeit, sich mit international vergleichbaren Bilanzierungsregelungen auseinanderzusetzen.

Um dies zu ermöglichen, stellt der vorliegende Kommentar die Regelungen des IFRS-SMEs vor, gibt Hinweise zu deren Anwendung, zeigt auf, inwiefern die Komplexität der ful IFRS reduziert wurde und unterzieht sie einem Vergleich mit den Regelungen des deutschen Handelsgesetzbuches. Durch die gezielte vermiedene Vermischung mit steuerlichen Fragestellungen sieht sich der Leser einer übersichtlichen und intuitiven Reihenfolge entsprechend der Gliederung des IFRS-SMEs gegenüber.

Das praxisnahe Werk wurde von Wissenschaftlern, Praktikern und Mitgliedern des Herausgeberkreises erstellt, die an der Entwicklung des IFRS-SMEs Standards aktiv mitgearbeitet haben. Es enthält zahlreiche realistische Beispiele und dient somit in erster Linie international tätigen Mittelständlern und Unternehmen, die ihre Rechnungslegung zum Zwecke einer besseren Unternehmenssteuerung an internationalen Rechnungslegungsnormen ausrichten möchten. Die unmittelbare Anwendbarkeit bei praktischen Problemen macht den Kommentar auch für Wirtschaftsprüfer und Steuerberater, die einen entsprechenden Fokus auf die Beratung und Betreuung von mittelständischen Unternehmen legen, interessant. Nicht zuletzt dient das Buch als Nachschlagewerk für Wissenschaftler und Studierende.

Im September 2010 *Die Herausgeber*

Inhaltsverzeichnis

Autorenverzeichnis

Amen, Matthias, Prof. Dr., Universität Bielefeld, Bielefeld
Baumunk, Henrik, Dr., CB Richard Ellis GmbH, Berlin
Beiersdorf, Kati, Dipl.-Kffr., Deutsches Rechnungslegungs Standards Committee e. V. (DRSC), Berlin
Biebel, Reinhard, Dipl.-Kfm., CPA Brüssel
Brune, Jens W., Dr., WP/StB, Warth & Klein Grant Thornton AG Wirtschaftsprüfungsgesellschaft, Düsseldorf
Bruns, Hans-Georg, Prof. Dr., Baden-Baden
Buschhüter, Michael, Dipl.-Kfm., International Accounting Standards Board (IASB), London
Crasselt, Nils, Prof. Dr., Bergische Universität Wuppertal, Wuppertal
Ebeling, Ralf Michael, Prof. Dr. Dr. h. c., Martin-Luther-Universität Halle-Wittenberg, Halle/Saale
Eierle, Brigitte, Prof. Dr., Universität Bamberg, Bamberg
Fülbier, Rolf Uwe, Prof. Dr., StB, Universität Bayreuth, Bayreuth
Gohdes, Alfred-E., BSc (Math. und Stat.), Aktuar, Towers Watson Deutschland GmbH, Wiesbaden
Grathwohl, Julia, Dipl.-Kffr., Universität Mannheim, Mannheim
Große, Jan-Velten, Dr., Deutsches Rechnungslegungs Standards Committee e. V. (DRSC), Berlin
Gruber, Thomas, Prof. Dr., Fachhochschule für Wirtschaft, Berlin
Haller, Axel, Prof. Dr., Universität Regensburg, Regensburg
Herzig, Norbert, Prof. Dr., WP/StB, Universität zu Köln, Köln
Janze, Christian, Dr., Ernst & Young GmbH, Hannover
Klein, Malte, Dipl.-Kfm., Universität Bayreuth, Bayreuth
Knorr, Liesel, WP/StB, Deutsches Rechnungslegungs Standards Committee e. V., Berlin
Köhler, Annette G., Prof. Dr., Universität Duisburg Essen, Duisburg
Köhler-Braun, Katharina, Dr., Universität Duisburg Essen, Duisburg
Köster, Oliver, Dipl.-Kfm., WP/StB, Zürich
Pellens, Bernhard, Prof. Dr., Ruhr-Universität Bochum, Bochum
Poll, Jens, Prof. Dr., RA, WP/StB, Röverbrönner Rechtsanwälte Wirtschaftsprüfer Steuerberater Partnerschaft, Berlin
Quick, Reiner, Prof. Dr., Technische Universität Darmstadt, Darmstadt
Schwedler, Kristina, Dipl.-Kffr., Deutsches Rechnungslegungs Standards Committee e. V., Berlin
Senger, Thomas, Dr., WP/StB, Warth & Klein Grant Thornton AG Wirtschaftsprüfungsgesellschaft, Düsseldorf
Schmidt, Martin, Dr., Europa-Universität Viadrina, Frankfurt/Oder

Bearbeiterverzeichnis

Kommentierung	**Bearbeiter**
Teil A	
Kapitel I	Hans-Georg Bruns/Liesel Knorr
Kapitel II	Norbert Herzig
Kapitel III	Reinhard Biebel
Kapitel IV	Jens Poll
Kapitel V	Annette G. Köhler/Katharina Köhler-Braun
Teil B	
Vorwort zum IFRS for SMEs	Brigitte Eierle/Axel Haller
Abschnitt 1	Brigitte Eierle/Axel Haller
Abschnitt 2	Axel Haller/Brigitte Eierle
Abschnitt 3	Matthias Amen
Abschnitt 4	Matthias Amen
Abschnitt 5	Matthias Amen
Abschnitt 6	Matthias Amen
Abschnitt 7	Matthias Amen
Abschnitt 8	Matthias Amen
Abschnitt 9	Ralf Michael Ebeling
Abschnitt 10	Jens Brune
Abschnitt 11	Jan-Velten Große/Martin Schmidt
Abschnitt 12	Jan-Velten Große/Martin Schmidt
Abschnitt 13	Reiner Quick
Abschnitt 14	Ralf Michael Ebeling
Abschnitt 15	Ralf Michael Ebeling
Abschnitt 16	Henrik Baumunk
Abschnitt 17	Oliver Köster
Abschnitt 18	Rolf Uwe Fülbier/Malte Klein
Abschnitt 19	Michael Buschhüter/Kristina Schwedler
Abschnitt 20	Thomas Gruber
Abschnitt 21	Dirk Simons/Julia Grathwohl
Abschnitt 22	Jens Brune
Abschnitt 23	Jens Brune
Abschnitt 24	Reiner Quick
Abschnitt 25	Kati Beiersdorf
Abschnitt 26	Nils Crasselt/Bernhard Pellens
Abschnitt 27	Thomas Senger
Abschnitt 28	Alfred-E. Gohdes

Kommentierung	**Bearbeiter**
Abschnitt 29	Thomas Senger
Abschnitt 30	Oliver Köster
Abschnitt 31	*Herausgeber*
Abschnitt 32	Jens Brune
Abschnitt 33	Jens Brune
Abschnitt 34	Christian Janze
Abschnitt 35	Thomas Senger

Abkürzungsverzeichnis

aA	anderer Auffassung
AAA	American Accounting Association's Financial Accounting Standards Committee
aaO	am angegebenen Ort
AASB	Australian Accounting Standards Board
ABl.	Amtsblatt
Abs.	Absatz
Abschn.	Abschnitt
Abschr.	Abschreibung
Abt.	Abteilung
abw.	abweichend
abzgl., abzügl.	abzüglich
AcP	Archiv für civilistische Praxis (Zeitschrift)
AcSB	Accounting Standards Board of Canada
ADHGB	Allgemeines Deutsches Handelsgesetzbuch
ADS	Adler/Düring/Schmaltz, Rechnungslegung und Prüfung der Unternehmen, Kommentar zum HGB, AktG, GmbHG, PublG nach den Vorschriften des Bilanzrichtlinien-Gesetzes, 5. Aufl., 1987 ff., 6. Aufl., 1995 ff.
ADS Int 2002	Adler/Düring/Schmaltz, Rechnungslegung nach Internationalen Standards, Stuttgart 2002 ff.
ADV	Automatisierte Datenverarbeitung
aE	am Ende
ÄndG	Änderungsgesetz
aF	alte Fassung
AfA	Absetzung für Abnutzung
AfaA	Absetzung für außergewöhnliche Abnutzung
AFIZ	Ausschuß für Internationale Zusammenarbeit des Instituts der Wirtschaftsprüfer in Deutschland e. V.
AG	Aktiengesellschaft; Die Aktiengesellschaft (Zeitschrift)
AGB	Allgemeine Geschäftsbedingungen
AGBG	Gesetz zur Regelung des Rechts der Allgemeinen Geschäftsbedingungen
AICPA	American Institute of Certified Public Accountants
AIG	Gesetz über steuerliche Maßnahmen bei Auslandsinvestitionen der deutschen Wirtschaft (Auslandsinvestitionsgesetz)
AISG	Accountants' International Study Group
AK	Anschaffungskosten
AktG	Aktiengesetz
AKW	Arbeitskreis Weltbilanz des Instituts der Wirtschaftsprüfer in Deutschland e. V.
allgM	allgemeine Meinung
Alt.	Alternative
aM	anderer Meinung
AN	Arbeitnehmer
Anh.	Anhang
Anm.	Anmerkung
Anz.	Anzahlungen
AO	Abgabenordnung
ao.	außerordentlich
APB	Accounting Principles Board; Accounting Principles Board Opinions
ARB	Accounting Research Bulletin
ARC	Accounting Regulatory Committee
ArbGG	Arbeitsgerichtsgesetz
Art.	Artikel
ASB	Accounting Standards Board (UK)
ASC	Accounting Standards Committee (UK)
ASSC	Accounting Standards Steering Committee (UK)
Aufl.	Auflage
AuslInvestmG	Gesetz über den Vertrieb ausländischer Investmentanteile und über die Besteuerung der Erträge aus ausländischen Investmentanteilen

AVÖ	Aktuarvereinigung Österreichs
Az.	Aktenzeichen
BaBiRiLiG	Bankbilanzrichtlinie-Gesetz
BAG	Bundesarbeitsgericht
BAK, BAKred	Bundesaufsichtsamt für das Kreditwesen
BAnz.	Bundesanzeiger
Baumbach/Duden/Hopt	Handelsgesetzbuch, 30. Aufl., München 2000
BaFin	Bundesanstalt für Finanzdienstleistungsaufsicht
Baumbach/Hueck	GmbH-Gesetz, 17. Aufl., München 2000
Baumbach/Hueck	Aktiengesetz, 13. Aufl., München 1968
BAV	Bundesaufsichtsamt für das Versicherungswesen
BayObLG	Bayerisches Oberstes Landesgericht
BB	Der Betriebs-Berater (Zeitschrift)
B&B	Bilanz & Buchhaltung (Zeitschrift)
BBK	Buchführung, Bilanz, Kostenrechnung (Zeitschrift/Loseblatt)
BC	Basis for Conclusions; Zeitschrift für Bilanzierung, Rechnungswesen und Controlling (Zeitschrift)
Bd.	Band
BDI	Bundesverband der Deutschen Industrie
Bearb., bearb.	Bearbeitung; Bearbeiter, bearbeitet
Beck Bil.-Komm.	Beck'scher Bilanz-Kommentar, bearb. von Budde/Clemm/Ellrott/Förschle/Schnicke, 3. Aufl., München 1995
Beck HdR	Beck'sches Handbuch der Rechnungslegung, hrsg. von Castan et al., München (Loseblatt)
Beck IFRS-Handbuch	Beck'sches IFRS-Handbuch, Kommentar, hrsg. von Bohl/Riese/Schlüter, 3. Aufl., München 2009
Begr., begr.	Begründung, begründet
Begr.RegE	Begründung des Regierungsentwurfs
Beil.	Beilage
Bem.	Bemerkung
Ber.	Bericht
BerlinFG	Gesetz zur Förderung der Berliner Wirtschaft (Berlinförderungsgesetz – BerlinFG)
Beschl.	Beschluss
best.	bestimmte(-n/-r)
betr.	betreffend(-e, -er, -en); betreffs
BetrAV	betriebliche Altersversorgung; Mitteilungsblatt der Arbeitsgemeinschaft für betriebliche Altersversorgung (Zeitschrift)
BetrAVG	Gesetz zur Verbesserung der betrieblichen Altersversorgung
BetrVG	Betriebsverfassungsgesetz
BewG	Bewertungsgesetz
BFA	Bankenfachausschuss des Instituts der Wirtschaftsprüfer in Deutschland e. V.
BFH	Bundesfinanzhof
BFHE	Sammlung der Entscheidungen (und Gutachten) des Bundesfinanzhofs, hrsg. von den Mitgliedern des Bundesfinanzhofs, Bonn 1952 ff.
BFuP	Betriebswirtschaftliche Forschung und Praxis (Zeitschrift)
BGB	Bürgerliches Gesetzbuch
BGBl.	Bundesgesetzblatt
BGH	Bundesgerichtshof
BGHSt.	Entscheidungen des Bundesgerichtshofes in Strafsachen, Köln ua. 1951 ff.
BGHZ	Entscheidungen des Bundesgerichtshofes in Zivilsachen, Köln ua. 1951 ff.
BHO	Bundeshaushaltsordnung
BHR	Bonner Handbuch Rechnungslegung – Textsammlung, Einführung, Kommentierung, hrsg. von Hofbauer/Albrecht/Grewe/Kupsch/Scherrer, 2. Aufl., Bonn, Berlin 2001 (Loseblatt)
Biener/Berneke, BiRiLiG	Bilanzrichtlinien-Gesetz, Textausgabe mit Bericht des Rechtsausschusses des Deutschen Bundestags, Regierungsentwürfen mit Begründung, EG-Richtlinien mit Begründung, Entstehung und Erläuterung des Gesetzes, Düsseldorf 1986
Biener, BiRiLiG	Die gesellschafts- und bilanzrechtlichen Gesetze nach Änderung durch das Bilanzrichtlinien-Gesetz – BiRiLiG, Köln 1986
BilKoG	Gesetz zur Kontrolle von Unternehmensabschlüssen (Bilanzkontrollgesetz – BilKoG) vom 15. Dezember 2004, BGBl. I 2004, S. 3408

BilMoG	Gesetz zur Modernisierung des Bilanzrechts (BilMoG) vom 25. Mai 2009, BGBl. I, S. 1102
BilReG	Gesetz zur Einführung internationaler Rechnungslegungsstandards und zur Sicherung der Qualität der Abschlussprüfung (Bilanzrechtsreformgesetz – BilReG) vom 4. Dezember 2004, BGBl. I 2004, S. 3166
BiRiLiG	Gesetz zur Durchführung der Vierten, Siebenten und Achten Richtlinie des Rates der Europäischen Gemeinschaften zur Koordinierung des Gesellschaftsrechts (Bilanzrichtlinien-Gesetz – BiRiLiG) vom 19. Dezember 1985, BGBl. I, S. 2355
BKFT 75	Bewirtschaftungsgrundsätze für Zuwendungen auf Kostenbasis an Unternehmen der gewerblichen Wirtschaft für Forschungs- und Entwicklungsvorhaben vom 01.07.1975/15.10.1976
Blätter DGVM	Blätter der Deutschen Gesellschaft für Versicherungsmathematik (Zeitschrift)
Blümich	EStG, KStG, GewStG, hrsg. von Ebling, München (Loseblatt)
BMF	Bundesminister der Finanzen
BMJ	Bundesminister der Justiz
BMWF	Bundesminister für Wirtschaft und Finanzen
BoHdR	Bonner Handbuch der Rechnungslegung, hrsg. von Hofbauer/Kupsch, Bonn (Loseblatt)
Bp.	Betriebsprüfung
BPG	Buchprüfungsgesellschaft
BP-Kartei	Betriebsprüfungs-Kartei
BPO	Betriebsprüfungsordnung
BR	Bundesrat
BR-Drucks.	Bundesrats-Drucksache
BReg.	Bundesregierung
BRH	Bundesrechnungshof
BörsG	Börsengesetz
BörsZulV	Verordnung über die Zulassung von Wertpapieren zur amtlichen Notierung an einer Wertpapierbörse (Börsenzulassungs-Verordnung – BörsZulV)
bspw.	beispielsweise
BStBl.	Bundessteuerblatt
BT	Bundestag
BT-Drucks.	Bundestags-Drucksache
Buchst.	Buchstabe
BVerfG	Bundesverfassungsgericht
BVerfGE	Entscheidungen des Bundesverfassungsgerichts, Tübingen 1952 ff.
BW	Baden-Württemberg
bzgl.	bezüglich
bzw.	beziehungsweise
CAR	Contemporary Accounting Research (Zeitschrift)
CESR	Committee of European Securities Regulators
CICA	The Canadian Institute of Chartered Accountants
CON	Statement of Financial Accounting Concepts
DAV	Deutsche Aktuarvereinigung e. V.
DB	Der Betrieb (Zeitschrift)
DBA	Doppelbesteuerungsabkommen
DBO	defined benefit obligation
DBW	Die Betriebswirtschaft (Zeitschrift)
DepotG	Gesetz über die Verwahrung und Anschaffung von Wertpapieren (Depotgesetz)
ders.	derselbe
DGfB	Deutsche Gesellschaft für Betriebswirtschaft
dgl., desgl.	dergleichen, desgleichen
DIHK	Deutscher Industrie- und Handelskammertag
DöH	Der öffentliche Haushalt (Zeitschrift)
DPR	Deutsche Prüfstelle für Rechnungslegung e. V.
dh.	das heißt
Dis	Discussion
Diss.	Dissertation
dJ	dieses Jahres
DM	Deutsche Mark

DMBEG	D-Markbilanzergänzungsgesetz
DMBG	Gesetz über die Eröffnungsbilanz und die Kapitalneufestsetzung (D-Markbilanzgesetz)
DMEB	DM-Eröffnungsbilanz
DNotZ	Deutsche Notar-Zeitschrift (Zeitschrift)
Dok.	Dokument
DP	Discussion Paper
DPO	Draft Point Outline
DRS	Deutscher Rechnungslegungsstandard
DRSC	Deutsches Rechnungslegungs Standards Committee e. V.
Drucks.	Drucksache
DSOP	Draft Statement of Principles
DSR	Deutscher Standardisierungsrat
DStR	Deutsche Steuer-Rundschau (bis 1961); Deutsches Steuerrecht (ab 1962) (Zeitschrift)
DStZ	Deutsche Steuerzeitung (Zeitschrift)
DÖV	Die Öffentliche Verwaltung (Zeitschrift)
DVBl.	Deutsches Verwaltungsblatt (Zeitschrift)
DV, DVO	Durchführungsverordnung
DVFA	Deutsche Vereinigung für Finanzanalyse und Anlageberatung e. V.
E	Exposure Draft
E.	Entwurf
EAA	European Accounting Association
EAR	The European Accounting Review (Zeitschrift)
EBG	Eigenbetriebsgesetz
ED	Exposure Draft
EDV	Elektronische Datenverarbeitung
EECS	European Enforcer Co-Ordination Sessions
EFG	Entscheidungen der Finanzgerichte (Zeitschrift)
EFRAG	European Financial Reporting Advisory Group
EG	Einführungsgesetz; Europäische Gemeinschaften
EGAktG	Einführungsgesetz zum Aktiengesetz
EGAO	Einführungsgesetz zur AO 1977
EGBGB	Einführungsgesetz zum Bürgerlichen Gesetzbuch
EGHGB	Einführungsgesetz zum Handelsgesetzbuch
4. EG-Richtlinie	Vierte Richtlinie des Rates der Europäischen Gemeinschaften zur Koordinierung des Gesellschaftsrechts vom 25.07.1978 (78/660/EWG), ABl. Nr. L 222, S. 11
7. EG-Richtlinie	Siebente Richtlinie des Rates der Europäischen Gemeinschaften zur Koordinierung des Gesellschaftsrechts vom 13.06.1983 (83/349/EWG), ABl. Nr. L 193, S. 1
8. EG-Richtlinie	Achte Richtlinie des Rates der Europäischen Gemeinschaften zur Koordinierung des Gesellschaftsrechts vom 10.04.1984 (84/253/EWG), ABl. Nr. L 126, S. 20
EHUG	Gesetz über elektronische Handelsregister und Genossenschaftsregister sowie das Unternehmensregister (EHUG) vom 10. November 2006, BGBl. I 2006, S. 2553
EigVO	Eigenbetriebsverordnung
Einf.	Einführung
Einl.	Einleitung
entf.	entfällt
entspr.	entsprechend
EPS	Earnings per Share
ErbSt	Erbschaftsteuer
ErbStG	Erbschaftsteuer- und Schenkungsteuergesetz
Erl.	Erlass; Erläuterung(en)
ESt	Einkommensteuer
EStÄndG	Einkommensteueränderungsgesetz
EStDV	Einkommensteuer-Durchführungsverordnung
EStG	Einkommensteuergesetz
EStR	Einkommensteuer-Richtlinien
et al.	et alii
EU	Europäische Union
EuGH	Europäischer Gerichtshof
e. V.	eingetragener Verein

evtl.	eventuell
EWG	Europäische Wirtschaftsgemeinschaft
F	Framework
FAMA	Fachausschuß für moderne Abrechnungssysteme des Instituts der Wirtschaftsprüfer in Deutschland e. V.
FASB	Financial Accounting Standards Board
FB	Der Finanzbetrieb (Zeitschrift)
FEE	Fédération des Experts Comptables Européens
Felix/Streck	Körperschaftsteuergesetz, 2. Aufl., München 1984
f., ff.	folgend, folgende
FG	Fachgutachten
FGG	Gesetz über die Angelegenheiten der freiwilligen Gerichtsbarkeit
FGO	Finanzgerichtsordnung
Fifo	First in – first out
FIN	Interpretation of Statements of Financial Accounting Standards
FM	Finanzministerium
Fn.	Fußnote
FN	Fachnachrichten des Instituts der Wirtschaftsprüfer in Deutschland e. V. (Zeitschrift)
FR	Finanz-Rundschau (Zeitschrift)
FRS	Financial Reporting Standards
FS	Festschrift
GbR	Gesellschaft bürgerlichen Rechts
GE	Geldeinheiten
GEFIU	Gesellschaft für Finanzwissenschaft in der Unternehmensführung e. V.
gem.	gemäß
GenG	Genossenschaftsgesetz
GewSt	Gewerbesteuer
GewStDV	Gewerbesteuer-Durchführungsverordnung
GewStG	Gewerbesteuergesetz
GewStR	Gewerbesteuer-Richtlinien
GG	Grundgesetz für die Bundesrepublik Deutschland
ggf.	gegebenenfalls
GKV	Gesamtkostenverfahren
glA	gleicher Auffassung
Glade, Praxishandbuch	Praxishandbuch der Rechnungslegung und Prüfung, 2. Aufl., Herne/Berlin 1995
GmbH	Gesellschaft mit beschränkter Haftung
GmbHG	Gesetz betreffend die Gesellschaften mit beschränkter Haftung
GmbHG ÄndG	Gesetz zur Änderung des Gesetzes betreffend die Gesellschaften mit beschränkter Haftung und anderer handelsrechtlicher Vorschriften
GmbHR	GmbH-Rundschau (Zeitschrift)
GO	Gemeindeordnung
GoA	Grundsätze ordnungsmäßiger Abschlussprüfung
GoB	Grundsätze ordnungsmäßiger Buchführung
Godin/Wilhelmi	Aktiengesetz, 4. Aufl., Berlin/New York 1971
GoS	Grundsätze ordnungsmäßiger Speicherbuchführung
GrESt	Grunderwerbsteuer
GrEStG	Grunderwerbsteuergesetz
Großkomm. AktG	Aktiengesetz, Großkommentar, begr. von Gadow/Heinichen, 4. Aufl., Berlin 1992 ff.
Großkomm. HGB	Handelsgesetzbuch, Großkommentar, begr. von Staub, 3. Aufl. von Brüggemann et al., Berlin 1967 ff. (4. Aufl. s. u. Staub)
GrS	Großer Senat
GuV	Gewinn- und Verlustrechnung
GVBl.	Gesetz- und Verordnungsblatt
hA	herrschende Auffassung
Hachenburg	Gesetz betreffend die Gesellschaften mit beschränkter Haftung (GmbHG), 8. Aufl., Berlin/New York 1991 ff.
HB I	Handelsbilanz I
HB II	Handelsbilanz II

HB III	Handelsbilanz III
HdJ	Handbuch des Jahresabschlusses in Einzeldarstellungen, hrsg. von v. Wysocki/ Schulze-Osterloh, Köln (Loseblatt)
HdKR	Handbuch der Konzernrechnungslegung – Kommentar zur Bilanzierung und Prüfung, hrsg. von Küting/Weber, Stuttgart 1989; 2. Aufl., Stuttgart 1998
Helmrich, BiRiLiG	Bilanzrichtlinien-Gesetz, Amtliche Texte und Entwürfe, Begründungen, Stellungnahmen und Protokolle, München 1986
HFA	Hauptfachausschuß des Instituts der Wirtschaftsprüfer in Deutschland e. V.
HFR	Höchstrichterliche Finanzrechtsprechung (Zeitschrift)
HGB	Handelsgesetzbuch
HHR	Herrmann/Heuer/Raupach, Einkommensteuer- und Körperschaftsteuergesetz, Köln (Loseblatt)
HK	Herstellungskosten
hM	herrschende Meinung
HR	Handelsregister
Hrsg., hrsg.	Herausgeber, herausgegeben
HuRB	Handwörterbuch unbestimmter Rechtsbegriffe im Bilanzrecht des HGB, hrsg. von Leffson/Rückle/Großfeld, Köln 1986
HWB	Handwörterbuch der Betriebswirtschaft, hrsg. von Wittmann u. a., 5. Aufl., Stuttgart 1993
HWF	Handwörterbuch der Finanzwirtschaft, hrsg. von Büschgen, Stuttgart 1976; Handwörterbuch des Bank- und Finanzwesens, hrsg. von Gerke/Steiner, 2. Aufl., Stuttgart 1995; Handwörterbuch des Bank- und Finanzwesens, hrsg. von Gerke/Steiner, 3. Aufl., Stuttgart 2001
HWR	Handwörterbuch des Rechnungswesens, hrsg. von Kosiol/Chmielewicz/ Schweitzer, Stuttgart 1970; Handwörterbuch des Rechnungswesens, hrsg. von Kosiol/Chmielewicz/Schweitzer, 2. Aufl., Stuttgart 1981; Handwörterbuch des Rechnungswesens, hrsg. von Chmielewicz/Schweitzer, 3. Aufl., Stuttgart 1993
HWRev	Handwörterbuch der Revision, hrsg. von Coenenberg/v. Wysocki, 2. Aufl., Stuttgart 1992
HWRP	Handwörterbuch der Rechnungslegung und Prüfung, hrsg. von Ballwieser/ Coenenberg/v. Wysocki, 3. Auflage 2002
iA	im Allgemeinen
IAFEI	International Association of Financial Executives Institutes
IAS	International Accounting Standard
IASB	International Accounting Standards Board
IASC	International Accounting Standards Committee
IASCF	International Accounting Standards Committee Foundation
IASC Insight	IASC Insight. The Newsletter of the International Accounting Standards Committee (Zeitschrift)
IASC Update	IASC Update. Board Decisions on International Accounting Standards (Zeitschrift)
IAS-Komm. 2002	s. IFRS-Komm. 2002
IAS-VO	IAS-Verordnung, Verordnung (EG) Nr. 1606/2002 vom 19. Juli 2002 betreffend die Anwendung internationaler Rechnungslegungsstandards, ABl. Nr. L 243 vom 11. September 2002, S. 1-4
IFRS-Komm. 2002	Rechnungslegung nach IFRS, Kommentar auf der Grundlage des deutschen Bilanzrechts, hrsg. von Baetge/Wollmert/Kirsch/Oser/Bischof, 2. Aufl., Stuttgart 2002 ff.
ICCAP	International Coordination Committee for the Accountancy Profession
idF	in der Fassung
idR	in der Regel
idS	in diesem Sinne
IDW	Institut der Wirtschaftsprüfer in Deutschland e. V.
ie.	das ist, das heißt
ieS	im engeren Sinne
IFAC	International Federation of Accountants
IFRIC	International Financial Reporting Interpretations Committee
IFRS	International Financial Reporting Standards
IFRS-SMEs	International Financial Reporting Standards for Small and Medium-sized Entities
IGC	Implementation Guidance Committee
IHK	Industrie- und Handelskammer

iHv.	in Höhe von
IJA	International Journal of Accounting (Zeitschrift)
iL	in Liquidation
incl., inkl.	inklusive
Inf.	Die Information über Steuer und Wirtschaft (Zeitschrift)
Inst.	Institute
InvZulG	Investitionszulagengesetz
IOSCO	International Organization of Securities Commissions
iRd.	im Rahmen des/im Rahmen der
iRv.	im Rahmen von
IRZ	Zeitschrift für Internationale Rechnungslegung (Zeitschrift)
ISA	International Standards on Auditing
iSd.	im Sinne des/im Sinne der
iSe.	im Sinne einer/im Sinne eines
iSv.	im Sinne von
iVm.	in Verbindung mit
IWB	Internationale Wirtschaftsbriefe (Zeitschrift/Loseblatt)
iwS	im weiteren Sinne
JAR	Journal of Accounting Research (Zeitschrift)
JbFfSt.	Jahrbuch der Fachanwälte für Steuerrecht
JDStJG	Jahrbuch der Deutschen Steuerjuristischen Gesellschaft
JfB	Journal für Betriebswirtschaft (Zeitschrift)
Jg.	Jahrgang
JoA	Journal of Accountancy (Zeitschrift)
JoF	The Journal of Finance
JR	Juristische Rundschau (Zeitschrift)
JW	Juristische Wochenschrift (Zeitschrift)
JWGSS	Joint Working Group of Standard Setters
JZ	Juristenzeitung (Zeitschrift)
KAGG	Gesetz über Kapitalanlagegesellschaften (KAGG)
Kap.	Kapitel
KapAEG	Entwurf eines Gesetzes zur Verbesserung der Wettbewerbsfähigkeit deutscher Konzerne an internationalen Kapitalmärkten und zur Erleichterung der Aufnahme von Gesellschafterdarlehen (Kapitalaufnahmeerleichterungsgesetz – KapAEG)
KapCoRiLiG	Kapitalgesellschaften- und Co-Richtliniengesetz
KapErhG	Gesetz über die Kapitalerhöhung aus Gesellschaftsmitteln und über die Verschmelzung von Gesellschaften mit beschränkter Haftung
KapErhStG	Gesetz über steuerliche Maßnahmen bei Erhöhung des Nennkapitals aus Gesellschaftsmitteln und bei Überlassung von eigenen Aktien an Arbeitnehmer
KapESt	Kapitalertragsteuer
KFA	Fachausschuss für kommunales Prüfungswesen
KG	Kammergericht; Kommanditgesellschaft
KGaA	Kommanditgesellschaft auf Aktien
KHG	Gesetz zur wirtschaftlichen Sicherung der Krankenhäuser und zur Regelung der Krankenhauspflegesätze
Kifo	Konzern in – first out
Kirchhof/Söhn	Einkommensteuergesetz, Köln (Loseblatt)
KMU	Kleine und mittelgroße Unternehmen
Kölner Komm. AktG	Kölner Kommentar zum Aktiengesetz, hrsg. von Zöllner, 2. Aufl., Köln 1986 ff.
KO	Konkursordnung
Kom., Komm.	Kommentar
Komm. AktG	Geßler/Hefermehl/Eckardt/Kropff, Aktiengesetz, München 1973 ff.
KonBefrV	Verordnung über befreiende Konzernabschlüsse und Konzernlageberichte von Mutterunternehmen mit Sitz in einem Staat, der nicht Mitglied der Europäischen Wirtschaftsgemeinschaft ist, zur Durchführung des Artikels 11 der Siebenten Richtlinie 83/349/EWG des Rates vom 13. Juni 1983 (Konzernabschlußbefreiungsverordnung – KonBefrV)
KonTraG	Referentenentwurf eines Gesetzes zur Kontrolle und Transparenz im Unternehmensbereich (KonTraG)
KoR	Zeitschrift für kapitalmarktorientierte Rechnungslegung
Konzern	Der Konzern (Zeitschrift)

krit.	kritisch
Kropff, AktG	Aktiengesetz, Textausgabe mit Begründung des Regierungsentwurfs und Bericht des Rechtsausschusses des Deutschen Bundestags, Düsseldorf 1965
KSt	Körperschaftsteuer
KStDV	Körperschaftsteuer-Durchführungsverordnung
KStG	Körperschaftsteuergesetz
KStR	Körperschaftsteuer-Richtlinien
KTS	Konkurs-, Treuhand- und Schiedsgerichtswesen (Zeitschrift)
Kühn/Kutter/Hoffmann	Abgabenordnung, Finanzgerichtsordnung, 16. Aufl., Stuttgart 1990; 17. Aufl. Stuttgart 1995
KVSt	Kapitalverkehrsteuer
KVStDV	Kapitalverkehrsteuer-Durchführungsverordnung
KVStG	Kapitalverkehrsteuergesetz
KWG	Gesetz über das Kreditwesen
LAG	Gesetz über den Lastenausgleich (Lastenausgleichsgesetz)
lfd.	laufend(en)
Lfg.	Lieferung
LG	Landgericht
Lifo	Last in – first out
Littmann	Das Einkommensteuerrecht, hrsg. von Bitz/Hellwig, Stuttgart (Loseblatt)
LSt	Lohnsteuer
LStDV	Lohnsteuer-Durchführungsverordnung
LStR	Lohnsteuer-Richtlinien
MaBV	Makler- und Bauträgerverordnung
MaH	Verlautbarung über Mindestanforderungen für das Betreiben von Handelsgeschäften der Kreditinstitute (des Bundesaufsichtsamt für das Kreditwesen)
maW	mit anderen Worten
max.	maximal
MDR	Monatsschrift für Deutsches Recht (Zeitschrift)
MiFID	Markets in Financial Instruments Directive; Richtlinie 2004/39/EG des Europäischen Parlaments und des Rates vom 21. April 2004 über Märkte für Finanzinstrumente, zur Änderung der Richtlinien 85/611/EWG und 93/6/EWG des Rates und der Richtlinie 2000/12/EG des Europäischen Parlaments und des Rates und zur Aufhebung der Richtlinie 93/22/EWG des Rates (Finanzmarktrichtlinie), ABl. Nr. L 145 vom 20. April 2004, S. 1-44
MinBl.	Ministerialblatt
Mio.	Million(en)
MitbestG	Gesetz über die Mitbestimmung der Arbeitnehmer (Mitbestimmungsgesetz)
Montan-Mitbest-ErgG	Gesetz zur Ergänzung des Gesetzes über die Mitbestimmung der Arbeitnehmer in den Aufsichtsräten und Vorständen der Unternehmen des Bergbaus und der Eisen und Stahl erzeugenden Industrie
MRICS	Professional Member of the Royal Institution of Chartered Surveyors
MünchKommHGB	Münchener Kommentar zum Handelsgesetzbuch, hrsg. von Schmidt, 2. Aufl., 2005 ff.
MünchKommBilR	Münchener Kommentar zum Bilanzrecht, hrsg. von Hennrichs/Kleindiek/Watrin, 2009
mwN	mit weiteren Nachweisen
MWSt	Mehrwertsteuer
NB	Neue Betriebswirtschaft (Zeitschrift)
Nds.	Niedersachsen
nF	neue Fassung
Niehus/Scholz, GmbHG	Rechnungslegung und Prüfung der GmbH nach neuem Recht, Berlin/New York 1982
NIF	Note Issuance Facility
Nivra	Königlich-Niederländisches Institut der Registeraccountants
NJW	Neue Juristische Wochenschrift (Zeitschrift)
Nr.	Nummer
nrkr.	nicht rechtskräftig
NRW	Nordrhein-Westfalen
NSt.	Neues Steuerrecht von A bis Z (Zeitschrift/Loseblatt)

NWB	Neue Wirtschaftsbriefe (Zeitschrift/Loseblatt)
NZG	Neue Zeitschrift für Gesellschaftsrecht (Zeitschrift)
oÄ	oder Ähnliches
OCI	Other Comprehensive Income
ÖBA	(Österreichisches) BankArchiv (Zeitschrift)
ö. b. u.v.	öffentlich bestellter und vereidigter (Sachverständiger)
OECD	Organization for Economic Cooperation and Development
OFD	Oberfinanzdirektion
OFH	Oberster Finanzhof
og.	oben genannt(e)
OHG	Offene Handelsgesellschaft
o. J.	ohne Jahr
OLG	Oberlandesgericht
OLGZ	Entscheidungen der Oberlandesgerichte in Zivilsachen, München 1965 ff.
o. O.	ohne Ortsangabe
o. S.	ohne Seite
OTC	over the counter
o. V.	ohne Verfasser
OwiG	Ordnungswidrigkeitengesetz
ÖVFA	Österreichische Vereinigung für Finanzanalyse und Anlageberatung
OVG	Oberverwaltungsgericht
P	Preface
pa.	per annum/pro anno
Palandt	Bürgerliches Gesetzbuch, 66. Aufl., München 2007
Par.	Paragraph
PO	Point Outline
PoC	Percentage of Completion
PPA	Purchase Price Allocation
PSVaG	Pensionssicherungsverein auf Gegenseitigkeit
PublG	Gesetz über die Rechnungslegung von bestimmten Unternehmen und Konzernen (Publizitätsgesetz)
R	Richtlinie
RabelZ	Rabels Zeitschrift für ausländisches und internationales Privatrecht – The Rabel Journal of Comparative and International Private Law (Zeitschrift
Rdn., Rdnr., RdNr.	Randnummer
Rdz.	Randziffer
real.	realisierte
RechKredV	Verordnung über die Rechnungslegung der Kreditinstitute (RechKredV) vom 10.02.1992
RefE	Referentenentwurf
RegE	Regierungsentwurf
Rennwett-LottAB	Ausführungsbestimmungen zum Rennwett- und Lotteriegesetz vom 08. April 1922
resp.	respektive
rev.	revised
RFH	Reichsfinanzhof
RFHE	Sammlung der Entscheidungen und Gutachten des Reichsfinanzhofs, München 1920 ff.
RG	Reichsgericht
RGBl.	Reichsgesetzblatt
RGZ	Entscheidungen des Reichsgerichts in Zivilsachen, Leipzig (Berlin) 1880 ff.
RIC	Rechnungslegungs Interpretations Committee
RIW	Recht der Internationalen Wirtschaft (Zeitschrift)
rkr.	rechtskräftig
RN, Rn.	Randnummer
ROI	Return on Investment
Rowedder	Gesetz betreffend die Gesellschaften mit beschränkter Haftung (GmbHG), 2. Aufl., München 1989; 3. Aufl., München 1997
Rs.	Rechtssache
Rspr.	Rechtsprechung

RStBl.	Reichssteuerblatt
RUF	Revolving Underwriting Facility
RVO	Rechtsverordnung; Reichsversicherungsordnung
RWP	Rechts- und Wirtschaftspraxis, Blattei-Handbuch (Zeitschrift)
Rz.	Randziffer
S.	Satz; Seite
s.	siehe
Saarl.	Saarland
SABI	Sonderausschuß Bilanzrichtlinien-Gesetz des Instituts der Wirtschaftsprüfer in Deutschland e. V.
SachBezV	Sachbezugsverordnung
SARG	Standards Advice Review Group (Prüfgruppe für Standardübernahme-empfehlungen)
Schlegelberger	Handelsgesetzbuch, 5. Aufl., München 1973 ff.
Schmidt	Einkommensteuergesetz, 20. Aufl., München 2001
Scholz	Kommentar zum GmbH-Gesetz, 8. Aufl., Köln 1993 ff.
Schw. Treuh.	Schweizer Treuhänder (Zeitschrift)
SE	Societas Europaea
SEC	Securities Exchange Commission
SFAC	Statement of Financial Accounting Concepts
SFAS	Statement of Financial Accounting Standards
SG	Schmalenbach-Gesellschaft für Betriebswirtschaft e. V.
SIC	Standing Interpretations Committee
Slg.	Sammlung
s.a.	siehe auch
SAC	Standards Advisory Council
SMEs	Small and Medium-sized Entities
s. o.	siehe oben
Soergel	Bürgerliches Gesetzbuch, 11. Aufl., Stuttgart ua. 1978 ff.
sog.	sogenannt(e)
SOP	Statement of Principles
Sp.	Spalte
SPE	Special Purpose Entities (Zweckgesellschaften)
SSAP	Statement of Standard Accounting Practice
St.	Stellungnahme
StÄndG	Steueränderungsgesetz
StAnpG	Steueranpassungsgesetz
Staub	HGB: Staub-Großkommentar, hrsg. von Canaris, 4. Aufl., Berlin/New York 1982 ff. (3. Aufl. s. u. Großkomm. HGB)
Staudinger	Kommentar zum Bürgerlichen Gesetzbuch, 12. Aufl., Berlin 1978 ff.
StB	Der Steuerberater (Zeitschrift)
StBauFG	Gesetz über städtebauliche Sanierungs- und Entwicklungsmaßnahmen in den Gemeinden (Städtebauförderungsgesetz)
Stbg.	Die Steuerberatung (Zeitschrift)
StbJb.	Steuerberater-Jahrbuch
StbKR	Steuerberater-Kongreß-Report
StBP	Die steuerliche Betriebsprüfung (Zeitschrift)
StEK	Steuererlasse in Karteiform
StGB	Strafgesetzbuch
StLex.	Steuerlexikon (Zeitschrift/Loseblatt)
StPO	Strafprozessordnung
str.	streitig
StRK	Steuerrechtsprechung in Karteiform
StRK-Anm.	Anmerkungen zur Steuerrechtsprechung in Karteiform
stRspr.	ständige Rechtsprechung
StuB	Steuern und Bilanzen (Zeitschrift)
StuW	Steuer und Wirtschaft (Zeitschrift)
s. u.	siehe unten
TEG	Technical Expert Group (technische Sachverständigengruppe der EFRAG)
Tipke/Kruse	Abgabenordnung, Finanzgerichtsordnung, Köln (Loseblatt)
Tz.	Textziffer

U	Urteil
u.	und
ua.	unter anderem; und andere
uä.	und ähnlichen
uÄ	und Ähnliche(s)
udgl.	und dergleichen
uE	unseres Erachtens
UEC	Union Européenne des Experts Comptables Economiques et Financiers
UmwG	Umwandlungsgesetz
UmwSt	Gesetz über steuerliche Maßnahmen bei Änderung der Unternehmensform (Umwandlungssteuergesetz)
UN	United Nations
UR	Umsatzsteuer-Rundschau (Zeitschrift)
UrhG	Gesetz über Urheberrecht und verwandte Schutzrechte (Urheberrechtsgesetz)
US-GAAP	United States Generally Accepted Accounting Principles
USt	Umsatzsteuer
UStDV	Umsatzsteuer-Durchführungsverordnung
UStG	Umsatzsteuergesetz
UStR	Umsatzsteuer-Rundschau (Zeitschrift)
usw.	und so weiter
uU	unter Umständen
v.	vom; von
va.	vor allem
VAG	Gesetz über die Beaufsichtigung der Versicherungsunternehmen (Versicherungsaufsichtsgesetz)
vBP	vereidigter Buchprüfer
VerfGH	Verfassungsgerichtshof
Verlautb.	Verlautbarung
VermBG	Gesetz zur Förderung der Vermögensbildung der Arbeitnehmer (Vermögensbildungsgesetz)
VFA	Versicherungsfachausschuß des Instituts der Wirtschaftsprüfer in Deutschland e. V.
Vfg.	Verfügung
vGA	verdeckte Gewinnausschüttung
vgl.	vergleiche
vH	vom Hundert
VMEBF	Vereinigung zur Mitwirkung an der Entwicklung des Bilanzrechts für Familiengesellschaften e.V
VO	Verordnung
Vol.	Volume
Vorb.	Vorbemerkung
VPÖA	Verordnung PR Nr. 30/53 über die Preise bei öffentlichen Aufträgen vom 21.11.1953
VRG	Vorruhestandsgesetz
VSt	Vermögensteuer
VStG	Vermögensteuergesetz
VStR	Vermögensteuer-Richtlinien
vT	vom Tausend
VVaG	Versicherungsverein auf Gegenseitigkeit
VwGO	Verwaltungsgerichtsordnung
WAR	World Accounting Report (Zeitschrift)
Wechsel-StDV	Wechselsteuer-Durchführungsverordnung
WGG	Gesetz über die Gemeinnützigkeit im Wohnungswesen
Wiley IFRS-Komm.	Wiley Kommentar zur internationalen Rechnungslegung nach IFRS, 3. Aufl., Weinheim, 2007
WM	Wertpapier-Mitteilungen (Zeitschrift)
WoBauG	Wohnungsbaugesetz
WoPG	Wohnungsbau-Prämiengesetz
WP	Wirtschaftsprüfer
WPG	Wirtschaftsprüfungsgesellschaft
WPg	Die Wirtschaftsprüfung (Zeitschrift)

WP-Handbuch 2006	Wirtschaftsprüfer-Handbuch 2006 – Handbuch für Rechnungslegung, Prüfung und Beratung, hrsg. vom Institut der Wirtschaftsprüfer in Deutschland e. V., Bd. I, Düsseldorf 2006
WP-Handbuch 2000	Wirtschaftsprüfer-Handbuch 2000 – Handbuch für Rechnungslegung, Prüfung und Beratung, hrsg. vom Institut der Wirtschaftsprüfer in Deutschland e. V., Bd. I, Düsseldorf 2000
WP-Handbuch 1998	Wirtschaftsprüfer-Handbuch 1998 – Ein Handbuch für Rechnungslegung, Prüfung und Beratung, hrsg. vom Institut der Wirtschaftsprüfer in Deutschland e. V., Bd. II, Düsseldorf 1998
WPHB	Wirtschaftsprüfer-Handbuch
WpHG	Wertpapierhandelsgesetz
WPK	Wirtschaftsprüferkammer
WPK-Mitt.	Wirtschaftsprüferkammer Mitteilungen (Zeitschrift)
WPO	Wirtschaftsprüferordnung
WT	Der Wirtschaftstreuhänder (Zeitschrift)
zB	zum Beispiel
ZBB	Zeitschrift für Bank- Börsenrecht (Zeitschrift)
ZDH	Zentralverband des deutschen Handwerks
ZfA	Zeitschrift für Arbeitsrecht (Zeitschrift)
ZfB	Zeitschrift für Betriebswirtschaft (Zeitschrift)
ZfbF	Zeitschrift für betriebswirtschaftliche Forschung (Zeitschrift)
ZfgK	Zeitschrift für das gesamte Kreditwesen (Zeitschrift)
ZGR	Zeitschrift für Unternehmens- und Gesellschaftsrecht (Zeitschrift)
ZHR	Zeitschrift für das gesamte Handels- und Wirtschaftsrecht (Zeitschrift)
Ziff.	Ziffer
ZIP	Zeitschrift für Wirtschaftsrecht (Zeitschrift)
ZonenRFG	Gesetz zur Förderung des Zonenrandgebietes (Zonenrandförderungsgesetz)
ZPO	Zivilprozessordnung
ZSEG	Gesetz über die Entschädigung von Zeugen und Sachverständigen
zT	zum Teil
ZVglRWiss	Zeitschrift für Vergleichende Rechtswissenschaft (Zeitschrift)
zZ	zur Zeit
zzgl.	zuzüglich

Teil A: Grundlagen

I. Zielsetzung und IASB Due Process

Hans-Georg Bruns/Liesel Knorr

Inhaltsverzeichnis

Schrifttum

Beiersdorf/Eierle/Haller, DB 2009, 1549; *Bömelburg/Landgraf/Pöppel*, PiR 2009, 290; *Fischer*, PiR 2009, 242; *Glanz/Pfaff*, IRZ 2009, 417; *Haller/Beiersdorf/Eierle*, BB 2007, 540; *IASC* Foundation Annual Report 2002; *IFRS* Foundation Constitution; *Kirsch*, IRZ 2010, 119; *Meyer*, Studie Rechnungslegung kleiner und mittelgroßer Unternehmen in der Schweiz, 2009; *o.V.*, Interview mit Paul Pacter, WPg 2007, 327; *Pellens/Fülbier/Gassen/Sellhorn*, Internationale Rechnungslegung, Stuttgart 2008; *Stainbank*, African Journal of Accounting, Economics, Finance and Banking Research 2008, 1; *Winkeljohann/Morich*, BB 2009, 1630.

A. Notwendigkeit für IFRS-SMEs

I. Rolle und Strategie des IASB

1. Zuständigkeit für IFRS

1 Die Globalisierung der Gütermärkte in den letzten Jahrzehnten war nur möglich über eine gleichzeitige Vernetzung mit den Geld- und Kapitalmärkten. Investoren weiteten ihre Tätigkeiten zunehmend länderübergreifend aus. Obwohl bereits sehr frühzeitig deutlich wurde, dass einheitliche Rechnungslegungsvorschriften für die gesamte Welt den Internationalisierungsprozess erleichtern könnten, blieb dies zunächst einmal wegen starker Länder- und Partikularinteressen nur ein Wunsch einzelner. So wurde die Gründung des IASC im Jahre 1973 zwar durchaus verfolgt (vgl. zur Entwicklung des heutigen IASB zB Pellens et al., 2008, Kapitel 4), aber von der Mehrheit der Beobachter eher belächelt. Was im länderübergreifenden

Finanzgeschäft mehr zählte, war die Macht des Faktischen: Und das war die riesige Aufnahmefähigkeit des US-amerikanischen Kapitalmarkts und die Relevanz der dort anzuwendenden Rechnungslegung, der US *Generally Accepted Accounting Principles* (US-GAAP).

2 Nachdem das IASC 1999 alle wesentlichen Bilanzierungsthemen erarbeitet und in einem umfangreichen Regelwerk zusammengefasst hatte, lag den politischen Instanzen auf der Welt eine Basis vor, auf der weitergehende Entscheidungen für den internationalen Kapitalmarkt aufgesetzt werden konnten. Eine wichtige Voraussetzung dafür war die Etablierung des neuen internationalen Rechnungslegungsgremiums IASB mit Sitz in London. 12 Vollzeit- und 2 Teilzeitmitglieder sowie ein fest angestelltes Expertenteam sollten der internationalen Rechnungslegung eine neue Dynamik verleihen. Unterstützung kam von der Europäischen Kommission und aus Australien. Für die EU wurde entschieden, dass grundsätzlich alle kapitalmarktorientierten Unternehmen mit Beginn von 2005 an ihre Konzernabschlüsse nach den IAS/IFRS aufstellen müssen (gemäß der Verordnung (EG) Nr. 1606/2002 des Europäischen Parlaments und des Rates vom 19.07.2002). In Australien wurden ca. 30.000 Gesellschaften aller Rechtsformen aufgefordert, ab 2005 den IAS/IFRS zu folgen (vgl. http://www.frc.gov.au/reports/other/info_paper.asp; Abruf: 28.07.2010).

3 Damit war zwar die Position des IASB erheblich gestärkt, gleichzeitig aber auch ein Höchstmaß an Erwartungen formuliert. Als es dann dem IASB gelang, alle nationalen Standardsetzer auf seine Linie einzuschwören und inhaltlich in den Standardisierungsprozess einzubinden, war der Bann gebrochen: Die internationale Rechnungslegung war auf dem Vormarsch und nicht mehr aufzuhalten. Vor allem die 2002 abgeschlossene Vereinbarung mit dem US-amerikanischen Standardsetzer (das sog. Norwalk Agreement, abrufbar unter http://www.ifrs.org/NR/rdonlyres/6F81606F-6182-4D27-A2C9-6A6DD5D10BA4/0/Norwalk_agreement.pdf; Abruf: 28.07.2010), im Rahmen von Konvergenzbemühungen internationale und US-amerikanische Bilanzierungsregeln zu vereinheitlichen, leitete den Siegeszug der IFRS ein. Nicht ohne Einfluss waren die Bilanzvergehen von Enron, Worldcom und anderen, die erstmals und für die gesamte Finanzwelt sichtbar, die US-GAAP in Frage stellten und letztlich dazu beitrugen, dass die SEC die IFRS für eine Notierung von Nicht-US-Firmen an der New York Stock Exchange zuließen. Die darüber hinaus gehende Bereitschaft der SEC, auch US Firmen die Möglichkeit zu geben, Abschlüsse nach IFRS in den USA vorzulegen, war eine weitere entscheidende Weichenstellung. Der IASB ist nunmehr der allein zuständige Standardsetzer für die IFRS und gibt insofern die seit Langem geforderte einheitliche Bilanzierungssprache vor.

2. Zuständigkeit für IFRS-SMEs

4 Das im Jahre 2000 aufgelöste IASC hinterließ einen Übergabebericht, in dem es auf eine Vielzahl von Themen hinwies, die vom neuen IASB aufgegriffen werden sollten. Hierzu gehörte auch der Hinweis, dass es nach den Erfahrungen des IASC weltweit einen erheblichen Bedarf nach einer speziellen Version an Bilanzierungsgrundsätzen für kleinere Unternehmen gäbe. Schon im Jahre 2001 hat sich der IASB ausführlich mit dieser Frage beschäftigt. In den Diskussionen ging es dabei nicht nur um einzelne Regelungsinhalte, die beispielhaft erörtert wurden, sondern auch darum,

- ob spezifische Regelungen für kleine und mittlere Unternehmen nötig und sachlich zu rechtfertigen sind,
- ob der IASB das richtige Gremium ist, solche Regelungen zu erlassen,
- wie die Stellung von IFRS und IFRS-SMEs zueinander zu gestalten und
- ob eine Behandlung überhaupt mit dem in der Satzung festgeschriebenen Auftrag des IASB zu vereinbaren ist (vgl. IFRS-SMEs BC1 ff.).

5 Die Diskussionen waren lebhaft und durchaus kontrovers. Dies zeigt sich nicht zuletzt daran, dass ein Gremiumsmitglied, Jim Leisenring, bis zuletzt von der grundsätzlichen Notwendigkeit eines separaten Regelwerks nicht überzeugt werden konnte und dem endgültigen Standard als Einziger widersprochen hat (vgl. IFRS-SMEs Dissenting Opinion).

Die Mehrheit der Boardmitglieder war überzeugt, dass der Standard vom IASB als international zusammengesetztem Bilanzierungsfachgremium und niemandem sonst entwickelt werden sollte. Man ließ sich von dem Gedanken leiten, dass 95% der unternehmerischen Aktivitäten in Klein- und Mittelbetrieben stattfinden und dass hier ein nicht unerheblicher Regelungsbedarf besteht, den es schnellstens zu befriedigen galt.

6 Was die satzungsmäßige Verankerung dieser Aktivitäten betraf, machte das Aufsichtsgremium der Trustees bereits im Jahresbericht 2002 klar, dass sie die Bemühungen des IASB unterstützen, Themen zu untersuchen, die kleine und mittlere Unternehmen sowie Entwicklungs- und Schwellenländer betreffen (vgl. IASCF Annual Report 2002, 2). Im Juli 2005 wurde dann die Satzung entsprechend angepasst, so dass zumindest von dieser Seite keine Bedenken mehr gegen eine Behandlung und Entwicklung des Standards auftauchen konnten. In der derzeitig geltenden Satzung heißt es: Bei der Entwicklung seiner Standards »*the IASB should take account of, as appropriate, the needs of a range of sizes and types of entities in diverse economic settings*« (IFRS Foundation Constitution Tz. 2 (c)).

II. SME-Rechnungslegung im internationalen Vergleich

1. Europa

7 Weltweit befindet sich die Rechnungslegung für kleinere und mittlere Unternehmen auf sehr unterschiedlichem Niveau. Am detailliertesten geregelt scheint sie in Europa zu sein. Aber auch hier gibt es erhebliche Unterschiede, wenn man die einzelnen Länder inner- und außerhalb der EU betrachtet. Dabei ist sie in jenen Ländern am Weitesten fortgeschritten, wo sich eine lange und relativ gleichbleibende Rechts- und Bilanzierungskultur entwickelt hat. Allerdings ist in jenen Ländern die Änderungsbereitschaft verständlicherweise auch eher gering, was wiederum der flächendeckenden Verbreitung einheitlicher Standards für den Mittelstand entgegensteht.

8 Innerhalb der EU geben die 4. und 7. Richtlinie den Rahmen für die Bilanzierung im Einzel- und Konzernabschluss vor (vgl. IFRS-SMEs-Komm., Teil A, Kap. III). Einheitlichkeit und Vergleichbarkeit der Abschlüsse innerhalb der EU-Länder sind damit allerdings nicht erreicht, denn die Existenz einer Vielzahl von Länder- und Unternehmenswahlrechten steht diesen Zielen entgegen (Mitgliedstaaten können zB umfangreichere Angaben verlangen, vgl. ua. § 315a HGB oder 4. Richtlinie 78/660/EWG des Rates vom 25.07.1978). Die Vielzahl der Wahlrechte innerhalb der EU eröffnete jenen Ländern, die über eine tradierte Bilanzierungskultur verfügen, allerdings die Möglichkeit, diese auch weiterhin weitgehend pflegen zu können. Dies gilt bspw. für Deutschland und Österreich ebenso wie für Frankreich, Benelux, Italien, Spanien, Großbritannien und die skandinavischen Länder. Andererseits standen insbesondere die Beitrittsländer Osteuropas vor dem Problem, Bilanzierungsregeln für kleine und mittlere Unternehmen neu festlegen zu müssen. Mangels einer mit dem westlichen Wirtschaftssystem kompatiblen Bilanzierungskultur lag es dort nahe, die Anwendung von IFRS auch für kleinere und mittlere Unternehmen vorzuschreiben. Ein Beispiel hierfür ist Bulgarien, wo alle Gesellschaften unabhängig von ihrer Rechtsform schon frühzeitig aufgefordert worden sind, nach IFRS Rechnung zu legen.

9 Von den europäischen Nicht-EU-Ländern sind namentlich die Schweiz und Türkei anzusprechen. In der Schweiz ist zunächst das Obligationenrecht für nicht börsennotierte Klein- und Mittelbetriebe vorherrschend. Mit Entwicklung der IFRS wurde das Schweizer Bilanzrecht aber auch auf dieses Regelwerk ausgeweitet (vgl. ausführlich Meyer, 2009, 17). Auch in der Türkei wurden schon frühzeitig Elemente der IAS/IFRS in das lokale Bilanzrecht aufgenommen.

2. USA

10 Die Vereinigten Staaten von Amerika werden als das Land mit dem strengsten Bilanzrecht der Welt angesehen. Dies liegt sicherlich an der überragenden Bedeutung der amerikanischen Börsenaufsicht SEC und deren Möglichkeiten, einzelnen Unternehmen zT erhebliche disziplinarische Maßnahmen und Strafen aufzuerlegen. Betroffen sind aber nur börsennotierte Gesellschaften. Sobald keine externen anonymen Kapitalgeber zu schützen sind, geht die Rigorosität des US-Normensystems GAAP sehr schnell verloren. Bilanzrecht bleibt Recht der einzelnen US-Staaten und ist allein von daher schon uneinheitlich. Hinzu kommt eine relative Freiheit des Wirtschaftsprüferstands, der für kleine und mittlere Unternehmen durchaus in die Lage versetzt ist, eigene Vorstellungen bei der Bilanzierung zu berücksichtigen. Die Notwendigkeit für IFRS-SMEs wurde hier lange nicht gesehen. Spektakuläre Fälle wurden nicht transparent.

Mit der Aufnahme des IFRS-SMEs in den Projektkatalog des IASB hat sich diese Einstellung allerdings verändert. Das amerikanische Wirtschaftsprüferinstitut AICPA stellt sich als großer Befürworter eines Regelwerks für SMEs dar und versucht, das Gedankengut des IASB in den USA stärker zu propagieren.

3. Asien und Rest der Welt

11 In den verbleibenden Regionen der Welt sind die Bilanzierungsanforderungen für kleine und mittlere Unternehmen ebenfalls sehr uneinheitlich. Ein gewisses Maß an Einheitlichkeit findet sich in den früheren Ländern des Commonwealth. Hier herrscht die britische Bilanzkultur vor.

Auch in den früheren Kolonialstaaten Afrikas folgt die Rechnungslegung meist den Grundgedanken der früheren Kolonialmächte. Erwähnenswert ist in diesem Zusammenhang die Situation in Südafrika. Der Bedarf nach einheitlichen Bilanzierungsnormen für kleinere und mittlere Unternehmen war so groß, dass zunächst die IFRS als Regelwerk vorgeschrieben waren und dann bereits der Exposure Draft des IFRS-SMEs in ein nationales Gesetz aufgenommen wurde (vgl. ausführlich Stainbank, 2008, 1). Japan hat seinerzeit das deutsche bürgerliche Recht übernommen und ebenso das deutsche Steuerrecht. Von daher finden sich Elemente beider deutscher Rechtssysteme im japanischen Bilanzrecht. Dies gilt insbesondere für den Einzelabschluss. Der Konzernabschluss basiert aufgrund der Bedeutung japanischer Konzerne für die USA auf Regelungen der US-GAAP. Russlands Rechnungslegung wird auch von deutschen Bilanzgedanken geprägt. Nach dem Fall der Mauer 1989 gab es hier eine Vielzahl von Expertengesprächen zwischen Russland und Deutschland. Gleichwohl ist die Bilanzierungslandschaft auch sehr stark von den Interessen und Informationswünschen des russischen Staates geprägt. Dasselbe gilt für China, wo die Rechnungslegung ebenfalls sehr stark dem Einfluss des Staates unterliegt. Gleichwohl hat China in einem Konvergenzprojekt mit dem IASB seine Rechnungslegung in den letzten Jahren nahezu deckungsgleich mit den IFRS gemacht.

12 Laut dem IASB wird der IFRS-SMEs mittlerweile – freiwillig oder verpflichtend – in 62 Ländern der Erde von kleineren und mittleren Unternehmen angewendet (vgl. IASB 2010, abrufbar unter http://www.ifrs.org/NR/rdonlyres/EF4DDB66-1C6E-4FF4-BCEE-7F02B5A2CCD8/0/smeJune10.pdf; Abruf: 29.07.2010).

B. Vorgehensweise des IASB bei der Entwicklung des IFRS-SMEs

I. Entwicklung eines Standardentwurfs

1. Organisatorische Festlegungen

13 In insgesamt 44 öffentlichen Sitzungen beschäftigte sich der IASB mit der Entwicklung des IFRS-SMEs (vgl. Winkeljohann/Morich, 2009, 1630). Mit Paul Pacter von Deloitte & Touche wurde ein hochqualifizierter Fachmann als Direktor für das Projekt engagiert, der sich ausschließlich mit der Gesamtthematik beschäftigen sollte (Paul Pacter ist seit 01.07.2010 Mitglied des Boards und zugleich Präsident der SME Implementation Group, vgl. ua. http://www.ifrs.org/News/Press + Releases/Paul + Pacter + appointed + to + the + IASB.htm; Abruf: 28.07.2010). Darüber hinaus wurde eigens für dieses Projekt eine Working Group eingerichtet. Nachdem in der zweiten Jahreshälfte 2003 und Anfang 2004 Einzelfragen der grundsätzlichen Vorgehensweise diskutiert wurden, erarbeitete der Board das erste Mal in seiner Geschichte überhaupt ein Diskussionspapier und präsentierte es im Juni 2004 der einschlägigen Fachwelt. 120 Kommentare gingen ein und es wurde deutlich, dass mehr fachlicher Input von den Betroffenen notwendig war, um einen Standardentwurf entwickeln zu können. Daher wurden öffentliche Roundtables für Anwender und Nutzer von SME-Abschlüssen einberufen, wobei die zu diskutierenden Themen vorab in einem von dem IASB-Mitarbeiterstab verschickten Questionnaire zusammengefasst wurden. Die eingegangenen 101 Kommentare zu diesem Fragenkatalog wurden mit dem Standards Advisory Council (SAC), den World Standardsetters und auf den zweitägigen Roundtables mit 43 teilnehmenden Gruppenvertretern erörtert (vgl. ua. Glanz/Pfaff, 2009, 417; Interview mit Paul Pacter, 2007, 327 ff. sowie IASB 2009, IFRS for SMEs, abrufbar unter http://www.ifrs.org/NR/rdonlyres/0E4E0E5B-4B2F-4B7F-B4FC-CA3E0AC43730/0/0912SMEIreland.pdf; Abruf 28.07.2010).

Die Ergebnisse all dieser Befragungen wurden in insgesamt 31 öffentlichen Sitzungen des Boards behandelt, bis dann im Februar 2007 der Standardentwurf veröffentlicht werden konnte. Eine vorläufige Fassung wurde bereits im August 2006 ins Internet gestellt, um den Fachleuten mehr Zeit für ihre Stellungnahmen zu geben.

2. Inhaltliche Erwägungen

14 Im Diskussionspapier standen die folgenden Fragestellungen im Vordergrund:

- Soll der IASB überhaupt einen spezifischen IFRS-SMEs entwickeln?
- Welches sollen die Ziele für diesen IFRS-SMEs sein?
- Für welche Gesellschaftsformen soll der IFRS-SMEs anwendbar sein?
- Wie soll ein Unternehmen mit Sachverhalten von Ansatz und Bewertung umgehen, die in dem IFRS-SMEs nicht explizit geregelt sind?
- Darf ein Unternehmen statt des IFRS-SMEs auch IFRS anwenden, wenn die Regelung abweicht?
- Wie soll der IFRS-SMEs hergeleitet werden? Inwieweit sollen die Rahmengrundsätze der IFRS auch maßgebend sein für den IFRS-SMEs?
- Wenn die Rahmengrundsätze maßgebend sind, auf welcher Basis sollen dann Abweichungen davon für den IFRS-SMEs begründet werden?
- In welchem Format soll der IFRS-SMEs veröffentlicht werden? (vgl. IFRS-SMEs BC 6).

15 Aus der Beantwortung dieser Fragen wurde zum einen deutlich, dass es eine starke Nachfrage nach einem IFRS-SMEs gibt und dass dieser auf jeden Fall lokalen oder regionalen Regelungen

vorzuziehen ist. Zum anderen wurde der Wunsch nach Vereinfachungen von Grundsätzen zur Erfassung und Bewertung artikuliert, aber ohne dass spezifische Themen angesprochen wurden. Ebenso wurden die Sachverhalte und Transaktionen idR nicht näher erläutert, die den betroffenen Unternehmen Bilanzierungsprobleme bereiteten. Mehr noch fehlten Vorschläge, wie Lösungen aussehen könnten. Diese Situation veranlasste den Board wiederum zu einem Questionnaire, in dem es insbesondere um die Klärung folgender Fragen ging:

(a) Welches sind die Bereiche, in denen eine Vereinfachung von Ansatz und Bewertung hilfreich ist?
(b) Welche Themenbereiche können nach Ihrer Erfahrung in einem IFRS-SMEs ausgespart werden, weil sie bei SMEs wahrscheinlich nicht vorkommen? Sollten sie auftauchen, müsste das jeweilige SME auf IFRS zurückgreifen (vgl. IFRS-SMEs BC 10).

3. Standardentwurf

16 Unter Einbeziehung der eingegangenen Kommentare wurde dann der Standardentwurf erstellt, der ein vereinfachtes, aus sich selbst heraus verständliches System von Regelungen enthält, das für kleine und mittelgroße nicht kapitalmarktorientierte Unternehmen anwendbar ist. Kapitalmarktorientierte Unternehmen sollen nach den Vorstellungen des IASB stets nach IFRS Rechnung legen müssen (vgl. IFRS-SMEs-Komm., Teil B, Abschn. 1 oder auch Fischer, 2008, 242 f.).

Der Standardentwurf basierte auf den IFRS. Modifikationen resultierten entweder aus den besonderen Anforderungen der Abschlussnutzer von SMEs oder aus Kosten-Nutzen-Erwägungen. Im Grunde gab es fünf Typen von Abweichungen von den IFRS:

(a) Einige Themenbereiche wurden in dem ED-IFRS-SMEs nicht geregelt, weil sie in typischen SMEs normalerweise nicht vorkommen. Sollte es doch der Fall sein, so sah der ED-IFRS-SMEs vor, den IFRS zu folgen.
(b) In den Fällen, in denen die IFRS ein Bilanzierungswahlrecht enthalten, regelte der ED-IFRS-SMEs die jeweils einfachere Option. Gleichwohl blieb die Wahl zu der komplexeren Alternative offen, wobei die Unternehmen in diesen Fällen auf die Regelungen der IFRS zurückgreifen mussten.
(c) Vereinfachung einer Vielzahl von Ansatz- und Bewertungsgrundsätzen für Vermögenswerte, Schulden, Erträge und Aufwendungen.
(d) Deutlich weniger Anhangangaben.
(e) Vereinfachte Überarbeitungsregeln.

17 Der Board war sich durchaus bewusst, dass der Entwurf wegen der Punkte a und b nicht zu einem eigenständigen Regelwerk führen würde, insofern maß er der Möglichkeit, in IFRS vorhandene Wahlrechte auch den SMEs zu gewähren, eine höhere Priorität bei. Bleibt noch anzufügen, dass der Standardentwurf um eine *Implementation Guidance* und eine *Disclosure Checklist* erweitert wurde. Die Überlegungen des Boards zu einzelnen Lösungen waren in der *Basis for Conclusions* erläutert, die ebenfalls dem zu kommentierenden Regelwerk beigefügt war (vgl. IFRS-SMEs BC 16 f.).

II. Überarbeitung des Standardentwurfs

1. Auswertung der Stellungnahmen

Die Überarbeitung im Mitarbeiterstab dauerte knapp ein Jahr; erst im März 2008 begann der Board die vorgeschlagenen Änderungen neu zu diskutieren. Insgesamt waren 162 Stellungnahmen aus aller Welt auszuwerten. Im Wesentlichen ging es wiederum um die bereits bekannten Themen: 18

- Soll es sich um ein eigenständiges Regelwerk handeln?
- Wie ist bei Existenz von Bilanzierungswahlrechten in IFRS mit den Verweisen auf IFRS zu verfahren?
- Aktuelle Änderungsüberlegungen bei IFRS sollten nicht bereits im IFRS-SMEs aufgenommen werden.
- Anhangangaben waren weiter zu verringern.
- Der Anwendungsbereich sollte noch einmal überdacht werden.
- Die Bewertung zum *fair value* sollte auf wenige Fälle begrenzt bleiben.
- Die *Implementation Guidance* sollte erweitert werden.

Darüber hinaus wurde eine Vielzahl von Wünschen zu spezifischen Einzelthemen formuliert, deren Aufzählung an dieser Stelle den Rahmen sprengen würde.

Bis April 2009 beschäftigte sich der Board in 13 öffentlichen Sitzungen mit den auf Basis der Auswertung erarbeiteten Vorschlägen zu Bilanzierung und Angaben (vgl. IFRS-SMEs BC 26 f.).

2. Einholung von Expertenmeinungen

Die Überarbeitung basierte aber nicht nur auf den eingegangenen Stellungnahmen. Board und Stab haben die strittigen Themen in sieben öffentlichen Sitzungen mit den Vertretern im Standards Advisory Council erörtert. Besonders hilfreich war auch die Zusammenarbeit mit einer Arbeitsgruppe der European Financial Reporting Advisory Group (EFRAG) und der European Federation of Accountants (FEE). Nachdem sichtbar geworden war, dass insbesondere Prüfer und Bankenvertreter von SMEs nicht im Rahmen des *due process* erreicht werden konnten, startete der IASB ein eigens auf diese Zielgruppe ausgerichtetes Informationsprogramm. Auf insgesamt 104 Konferenzen und Roundtables wurden Konzept und kritische Themen des Standardentwurfs den Teilnehmern nahegebracht. Hinzu kamen zwei öffentliche Webcasts, mit denen nahezu 1000 Teilnehmer erreicht werden konnten. 19

3. Einfluss der nationalen Standardsetzer

Eine besondere Rolle in der Verbreitung des Gedankenguts des IFRS-SMEs kam den nationalen Standardsetzern zu. In ihren Jahrestreffen zwischen 2003 und 2008 diskutierten sie jeweils den aktuellen Stand und die kontroversen Themen. Mehrere von ihnen fungierten darüber hinaus als Ansprechpartner sowie Organisator und Koordinator eines umfangreichen Programms von Praxistests, in denen 116 Unternehmen unterschiedlicher Größe und Ausrichtung aus 20 Ländern die Regelungen des Standardentwurfs in Probeabschlüssen anwandten. Unterstützt wurde die Anwendung noch durch eine *compliance checklist*, die von einer der großen Wirtschaftsprüfungsgesellschaften erstellt worden war. 20

Mit den Feldtests sollten mehrere Ziele erreicht werden. Natürlich ging es zunächst darum, die Verständlichkeit des Standardentwurfs zu testen. Wichtig waren aber auch Erkenntnisse zum Kosten-Nutzen-Verhältnis, der Inanspruchnahme und damit der Notwendigkeit der zugelassenen Bilanzierungswahlrechte und der Abweichung von den bisher zugrunde gelegten nationalen Standards. Schließlich sollten die Tests Informationen dazu liefern, ob Kleinstunternehmen mit besonderen Fragestellungen konfrontiert wären und für sie und alle anderen eine zusätzliche *Implementation Guidance* nötig wäre (vgl. IFRS-SMEs BC 21).

21 Die Ergebnisse waren ermutigend. Rund die Hälfte der getesteten Unternehmen hatten keine oder nur ein bis zwei kritische Themen. Im Grunde waren es drei Bereiche, die Schwierigkeiten bereiteten:

- Die jährlichen Neubewertungen: Hierzu liegen mangels verfügbarer Daten über Marktpreise und aktive Märkte häufig keine oder nicht ausreichende Informationen vor.
- Die Anhangangaben: Art, Umfang und Komplexität wurden kritisiert, aber ebenso die Tatsache, dass einige der Informationen im Unternehmensumfeld der SMEs durchaus sensibel sind.
- Verweise auf IFRS: Die Mehrheit der untersuchten SMEs hat jene Bilanzierungswahlrechte, die der ED-IFRS-SMEs selbst nicht regelte, sondern bei denen er auf die IFRS verwies, nicht in Anspruch genommen. Dies wurde nur von den Nutzern getan, die bereits IFRS anwandten, für sie also hieraus eine Erleichterung resultierte (vgl. IFRS-SMEs BC 25).

Das Ergebnis war nicht nur für den IASB bedeutsam, sondern vor allem für die nationalen Standardsetzer, die nunmehr auch eine bessere Grundlage besaßen, die jeweiligen politischen Instanzen ihrer Länder sachgerecht zu beraten.

4. IASB Working Group

22 Die vom IASB bereits bei Aufnahme des Projekts installierte Arbeitsgruppe hat insgesamt viermal getagt und nach diesen Veranstaltungen den Board und den Stab jeweils umfangreich in öffentlichen Sitzungen informiert. Die Arbeitsgruppe setzte sich zusammen aus insgesamt 35 Personen; aus Erstellern und Nutzern von Abschlüssen von SMEs und auch offiziellen Gremienvertretern einzelner Länder. Die deutschen Vertreter waren Dr. Christoph Ernst (Bundesministerium der Justiz) und Dr. Oliver Roth (LempHirz GmbH & Co. KG). Aufgabe der Working Group war es, den Board und insbesondere den Stab in wichtigen Fragestellungen und gerade den besonders kritisierten Themen zu beraten. Für Einzelfragen waren Lösungsansätze zu entwickeln. Die Sitzungen der Working Group waren öffentlich, so dass die interessierte Öffentlichkeit unmittelbaren Zugang zu den einzelnen Themenaspekten hatte. Hilfestellung gab die Working Group bei den strategischen Fragen des Formats des Standards, des Zusammenwirkens von Rahmengrundsätzen der IFRS und IFRS-SMEs, aber mehr noch zu den einzelnen Bilanzierungsfragen und Kosten-Nutzen-Überlegungen. Bei zahlreichen Problemstellungen tauchte immer wieder die Frage des Nutzens für die Empfänger auf und damit die Frage nach der Sinnhaftigkeit von Abschlüssen, die lediglich eine Informationsfunktion haben (*general purpose financial statements*).

C. Grundkonzeption des endgültigen IFRS-SMEs

I. Änderungen gegenüber dem Standardentwurf

1. Strukturelle Änderungen

23 Dem Wunsche vieler Kommentatoren entsprechend ist der IFRS-SMEs nunmehr ein eigenständiges Dokument. Alle 23 Verweise auf die IFRS sind gestrichen; lediglich die Anwendung von IAS 39 ist den SMEs alternativ freigestellt (vgl. IFRS-SMEs-Komm., Teil B, Abschn. 11). Die

Mehrzahl der komplexen Wahlrechte ist aufgehoben und zu den verbliebenen wurden mehr Anwendungshinweise gegeben.

Abschnitt	Regelung IFRS-SMEs
7 Kapitalflussrechnung	Indirekte oder direkte Methode
11 Finanzielle Vermögenswerte und finanzielle Verbindlichkeiten	Spezifisches SME-Konzept oder vollständige Anwendung des IAS 39
14 Anteile an assoziierten Unternehmen	Bewertung zu fortgeführten Anschaffungskosten, nach der Equity-Methode oder zum *fair value*
15 Anteile an Joint Ventures	Bewertung zu fortgeführten Anschaffungskosten, nach der Equity-Methode oder zum *fair value*

Tab. 1: Übersicht über wesentliche Wahlrechte im IFRS-SMEs (Quelle: in Anlehnung an Beiersdorf/Eierle/Haller, 2009, 1550)

Themengebiete, die bei SMEs typischerweise nicht vorkommen, sind nicht mehr geregelt. Wichtig ist auch die Herausnahme einer Prüfung von Verlautbarungen anderer Standardsetzer als Richtschnur, wenn IFRS-SMEs keine direkte Behandlung des vorliegenden Sachverhalts enthalten, sowie der Verzicht auf einen verpflichtenden Rückgriff auf die IFRS bei Regelungslücken. Auf die Erstellung einer Eröffnungsbilanz für die erste Vergleichsperiode bei Aufnahme der Berichterstattung nach dem IFRS-SMEs wurde ebenfalls verzichtet (vgl. IFRS-SMEs BC 34).

Zusätzlich wurden alle Ausnahmen des IFRS 1 *First Time Adoption of International Reporting Standards* in die Sektion 35 *Transition to the IFRS for SMEs* aufgenommen.

Außerdem wurden acht IFRIC Interpretationen in den Standard integriert, und zwar IFRIC 2, 4, 8, 12, 13, 15, 17 sowie SIC-12.

2. Inhaltliche Änderungen

24 Die zahlreichen inhaltlichen Änderungen zu spezifizieren, würde an dieser Stelle zu weit gehen, sodass Tab. 2 eine kurze Übersicht bietet. Die Änderungen sind in der Regel eine unmittelbare Reaktion auf die dem IASB vorgetragenen Bedenken, aber auch das Ergebnis von Vereinfachung und Kosten-Nutzen-Überlegungen. Hierzu gehören der Verzicht auf den Ansatz zum *fair value* bei Finanzinstrumenten ebenso wie die Streichung der Quotenkonsolidierung bei Gemeinschaftsunternehmen. Auch ist es nicht notwendig, bei Sachanlagen und immateriellen Vermögenswerten jährlich die Restwerte sowie Nutzungsdauer und Abschreibungsmethode zu überprüfen. Erleichterung schafft ebenfalls die Streichung der Neubewertung von Sachanlagen und immateriellen Vermögenswerten. Ein besonderes Anliegen war den Kommentatoren die Wiedereinführung der Abschreibung für immaterielle Vermögenswerte mit einer unbestimmten Nutzungsdauer und namentlich des Goodwill (vgl. Kirsch, 2009, 125 f.). Hierbei hat sich der Board äußerst schwer getan, nachdem er für diese Gegenstände die regelmäßige Abschreibung durch die Impairment-Methode ersetzt hatte (vgl. hierzu die Regelungen des IAS 36).

Konzeptionelle Änderungen	Stärkung der Eigenständigkeit des IFRS-SMEs durch die Eliminierung aller Querverweise auf die IFRS mit Ausnahme eines Verweises auf IAS 39, der für die Bilanzierung von Finanzinstrumenten optional zu den beiden relevanten Abschnitten des IFRS-SMEs angewandt werden kann
	Überwiegende Eliminierung komplexer Wahlrechte (einschließlich der damit verbundenen Querverweise auf die IFRS) und Ergänzung verbleibender Wahlrechte durch Anwendungsleitlinien
	Verzicht auf die Regelung von SME-untypischen Sachverhalten und Eliminierung der diesbezüglichen Querverweise auf die IFRS

	Weitgehender Verzicht auf die Vorwegnahme möglicher künftiger Änderungen der IFRS (mit Ausnahme der Normen in Abschnitt 29 Ertragsteuern)
	Eliminierung des Verweises auf die Normen anderer Standardsetzer für die Ableitung von Bilanzierungs- und Bewertungsmethoden bei Regelungslücken
	Unterteilung der Normen für Finanzinstrumente in zwei Abschnitte: *Basic Financial Instruments* (Abschnitt 11) und *Other Financial Instruments Issues* (Abschnitt 12)
	Einarbeitung aller im IFRS 1 enthaltenen Ausnahmeregelungen für die erstmalige Anwendung des IFRS-SMEs
	Einarbeitung von IFRIC 2, 4, 8, 12, 13, 15, 17, SIC-12
Ansatz	**Forschungs- und Entwicklungskosten:** Streichung des Wahlrechts zur Aktivierung von Entwicklungskosten; stattdessen verpflichtende Erfassung als Aufwand
	Leasing: Abweichung vom Grundsatz der linearen Verteilung des Leasingaufwands bzw. -ertrags bei Operating-Leasingverhältnissen, wenn die Leasingzahlungen die erwartete Inflation berücksichtigen
	Eigenkapitaldefinition: Übernahme der in IAS 32 eingefügten Ausnahmeregel für durch den Inhaber kündbare Finanzinstrumente
	Zuwendungen der öffentlichen Hand: Streichung der Wahlmöglichkeit zur Erfassung von Zuwendungen der öffentlichen Hand und stattdessen verpflichtende Erfassung der Zuwendungen als Ertrag, wenn die Leistungsbedingungen erfüllt sind
	Fremdkapitalkosten: Streichung des Wahlrechts zur Aktivierung und stattdessen verpflichtende Erfassung von Fremdkapitalkosten als Aufwand
	Anteilsbasierte Vergütungen und Leistungen an Arbeitnehmer: Möglichkeit für Tochterunternehmen, Aufwendungen für anteilsbasierte Vergütungen und Leistungen an Arbeitnehmer, die vom Mutterunternehmen auf Konzernebene gewährt werden, anhand einer angemessenen Verteilung zu erfassen
	Leistungsorientierte Pläne: Einführung eines Wahlrechts, versicherungsmathematische Gewinne und Verluste entweder als Bestandteil des Jahresüberschusses in der GuV oder im sonstigen Ergebnis (*other comprehensive income*) zu erfassen
	Fremdwährungsumrechnung: Verzicht auf das sog. Recycling, dh. bei Abgang von ausländischen Geschäftsbetrieben verbleiben Umrechnungsdifferenzen aus der Umrechnung von Nettoinvestitionen nach anfänglicher Erfassung im sonstigen Ergebnis (*other comprehensive income*) im Eigenkapital
	Joint Ventures: Streichung des Wahlrechts zur Quotenkonsolidierung
Bewertung	**Verschiedene Bewertungsmethoden für Beteiligungen:** Anwendbarkeit verschiedener Bewertungsmethoden im Einzelabschluss für die Abbildung von Anteilen an Tochterunternehmen, assoziierten Unternehmen und Joint Ventures
	Zu Anschaffungskosten bewertete Beteiligungen: Verzicht auf die unterschiedliche Behandlung von Ausschüttungen, die aus Gewinnen vor und solchen, die aus Gewinnen nach dem Erwerbszeitpunkt stammen
	Assoziierte Unternehmen/Joint Ventures: Streichung der Anforderung, dass bei dem für die Anwendung der Equity-Methode heranzuziehenden Abschluss zwischen dem Abschlussstichtag des assoziierten Unternehmens oder Joint Ventures und dem Abschlussstichtag des Anteilseigners nicht mehr als drei Monate liegen dürfen
	Folgebewertung von zu Investitionszwecken gehaltenen Immobilien: Streichung des expliziten Wahlrechts zwischen fortgeführten Anschaffungskosten und Bewertung zum *fair value*

	Sachanlagen/immaterielle Vermögenswerte: keine Pflicht zur jährlichen Überprüfung des Restwerts, der Nutzungsdauer und der Abschreibungsmethode Streichung des Wahlrechts zur Neubewertung
	Immaterielle Vermögenswerte mit unbestimmter Nutzungsdauer einschließlich Goodwill: verpflichtende planmäßige Abschreibung
	Leasing: Verpflichtung zur Berücksichtigung des im Vergleich zum *fair value* des Leasinggegenstandes niedrigeren Barwertes der Minimumleasingzahlungen für die Erstbewertung von Finanzierungsleasingverhältnissen
	Anteilsbasierte Vergütungen mit Ausgleich durch Eigenkapitalinstrumente: ua. Erleichterungen bei der Bewertung der gewährten Eigenkapitalinstrumente durch Möglichkeit zur Ableitung des *fair value* anhand von *director s best estimates* (dh. Einschätzungen des Managements) unter bestimmten Bedingungen
	Wertminderungen: Anpassung an die Regelungen des IAS 36 durch Zulassung des Nutzungswertes (*value in use*) für die Ermittlung des erzielbaren Betrages (*recoverable amount*) und den Verweis auf zahlungsmittelgenerierende Einheiten (*cash-generating units*) Vereinfachung bei der Vorgehensweise zur Ermittlung der Wertminderung des Goodwill
	Leistungsorientierte Zusagen: Vereinfachungen der für die Bewertung der Verpflichtung aus leistungsorientierten Zusagen vorgesehenen Methode der laufenden Einmalprämien (*projected unit credit method*) zB durch Verzicht auf Berücksichtigung bestimmter Parameter (bspw. Gehaltssteigerungen)
	Aufgegebene Geschäftsbereiche und zur Veräußerung gehaltene Vermögenswerte: Streichung der speziellen Bewertungsvorschriften
Ausweis	**Darstellung des Abschlusses:** Anpassung an IAS 1 mit der Ausnahme, dass auf die Angabe einer Anfangsbilanz für die früheste angegebene Vergleichsperiode verzichtet werden kann
	Aufgegebene Geschäftsbereiche und zur Veräußerung gehaltene Vermögenswerte: Streichung der Pflicht zum separaten Ausweis

Tab. 2: Übersicht über wesentliche Änderungen des IFRS-SMEs gegenüber der Entwurfsfassung in Anlehnung an die Auflistung in IFRS-SMEs.BC34 (Quelle: in Anlehnung an Beiersdorf/Eierle/Haller, 2009, 1550)

25 Der Simplifizierung diente zudem die verpflichtende Erfassung von Forschungs- und Entwicklungskosten sowie Fremdkapitalzinsen als Aufwand. Erwähnt seien abschließend noch die Erleichterungen bei der Berechnung von Pensionsverpflichtungen, bei der Kalkulation von Impairments und die Wiedereinführung der *Value-in-Use*-Methodik hierfür (vgl. IFRS-SMEs BC 34).

Hiermit konnten schließlich nicht unerhebliche Hürden und Belastungen für SMEs beseitigt werden.

II. Anwendungsbereich

1. Unternehmen unterschiedlicher Größenordnung

26 Für die Anwendung des IFRS-SMEs werden vom IASB keine größenabhängigen Festlegungen getroffen, was ein kleines und welches ein mittelgroßes Unternehmen ist. Eine solche Unterscheidung scheiterte an der praktischen Handhabung ebenso wie an der grundsätzlichen Einstellung des IASB, Bilanzierungsnormen zu entwickeln, die überall auf der Welt in gleicher Weise angewendet werden können. Ein Unternehmen, das in einem Land als klein zu betrachten ist, kann in einem anderen Land ein mittelgroßes oder gar großes sein. Gleichwohl hatte der Board bei seinen Erörterungen stets ein Unternehmen mit ca. 50 Mitarbeitern im Visier. Dies zeigt sich auch bei den Feldtests, wo eine Vielzahl derartiger Unternehmen einbezogen war.

27 Die Festlegung der Größenmerkmale für die Kategorien der SMEs und damit der Anwendungsbereich wird in das Ermessen der jeweiligen Staaten gelegt, welche die Bilanzierungsnormen festlegen. Auch Ausnahmen für Kleinstunternehmen (*micros*) wurden vom IASB nicht zugestanden, obwohl dies von zahlreichen Kommentatoren gefordert worden war.

2. Non-publicly-accountable Unternehmen

28 Aus Sicht des IASB haben alle nicht öffentlich rechenschaftspflichtigen Unternehmen IFRS-SMEs anzuwenden, die – unabhängig von ihrer Größe – verpflichtet oder freiwillig Abschlüsse erstellen, welche zur allgemeinen Information externer Nutzer gedacht sind (*general purpose financial statements*). Als solche Nutzer werden Kapitalgeber, Lieferanten, Kunden, Rating Agenturen und Mitarbeiter betrachtet, denn diese sind normalerweise nicht in der Lage, eine Berichterstattung über die wirtschaftliche Unternehmenssituation zu fordern, die ihren Interessen genügt (vgl. zB Bömelburg/Landgraf/Pöppel, 2009, 291 f. oder Beiersdorf/Eierle/Haller, 2009, 1551).

29 Was unter *non-publicly-accountable* zu verstehen ist, hat der Board nach längerer durchaus kontroverser Diskussion negativ abgegrenzt. Es sind all jene Unternehmen betroffen, deren Wertpapiere nicht an öffentlichen Märkten gehandelt werden und die nicht als Finanzinstitutionen finanzielle Mittel Dritter halten und managen. Erfasst sind also keine Universalbanken, Versicherungsunternehmen, Wertpapierhändler, Pensionsfonds, Mutual Funds und Investmentbanken (vgl. IFRS-SMEs-Komm., Teil B, Abschn. 1; Beiersdorf/Eierle/Haller, 2009, 1551 oder auch schon Haller/Beiersdorf/Eierle, 2007, 544).

30 Dem von zahlreichen Kommentatoren vorgetragenen Wunsch, die Anwendung des IFRS-SMEs auch Klein- und Mittelunternehmen zu gestatten, die als *publicly-accountable* gelten, hat der IASB nicht entsprochen. Die Argumente, insbesondere Kosten-Nutzen-Aspekte, haben den Board zwar überzeugt; höhere Priorität maß er jedoch den schutzwürdigen Interessen der externen Nutzer zu. Insofern bleibt es für diese Kategorie bei dem Erfordernis, die IFRS anzuwenden. Gleichwohl kann der IASB als privater Standardsetzer nicht einzelnen Staaten untersagen, derartige Gesetzesregelungen einzuführen. Hiernach aufgestellte Abschlüsse dürfen aber dann nicht das Siegel tragen, dass sie dem IFRS-SMEs entsprechen. Der IASB verlangt in solchen Fällen einen deutlichen Hinweis, dass es sich um Abschlüsse nach nationalem Recht handelt.

3. Global tätige Unternehmen

31 Im Fokus des IASB waren bei der Entwicklung des IFRS-SMEs stets global tätige SMEs. Beim Auftritt in den internationalen Kapital- und Gütermärkten ist die Vergleichbarkeit finanzieller Informationen ein nicht zu unterschätzender Wert. Nur so kann die internationale Allokation von Waren und Kapital effizient gesteuert werden. Hinzu kommt eine deutlich höhere Qualität der Abschlüsse, da alle Beteiligten auf einheitliche Regeln ausgerichtet und eingeschworen sind. Dem Board war insbesondere der Aspekt wichtig, dass auch internationale SMEs von einer weltweit einheitlichen Finanzberichterstattung profitieren. Denn Banken, Venture Capital Firmen und Rating Agenturen sind länderübergreifend tätig und auch deren Personal ist international. Dasselbe gilt natürlich für Kunden und Lieferanten. Wie anders als durch einheitliche und vergleichbare Finanzinformationen kann deren Interesse an einer nachhaltigen Geschäftsbeziehung dauerhaft befriedigt werden? Nationale Rechnungslegungsvorschriften mögen zwar aus Ländersicht die Besten der Welt sein; sie erzeugen aber schon allein daraus einen Nachteil, dass ihnen das internationale Siegel und die Verständlichkeit auf einer breiteren Plattform fehlen.

III. Eignung für deutsche SMEs

1. Grad der Internationalität

32 Deutschland verfügt mit dem neuen BilMoG sicherlich über ein gutes und modernes Rechnungslegungssystem. Seine Anwendung für SMEs, deren Hauptgeschäft in Deutschland liegt, ist daher sicherlich für alle Zwecke bestens geeignet und ausreichend. Das andere Extrem ist ein stark in den globalen Güter- und Kapitalmärkten vernetztes Unternehmen. In dieser Situation nach deutschen Vorschriften Rechnung zu legen, wäre in jedem Falle suboptimal. Das gilt verstärkt dann, wenn grenzüberschreitend Konzernabschlüsse aufzustellen sind und einige Konzernunternehmen ihre Abschlüsse bereits nach den Regelungen des IFRS-SMEs erstellen.

Die vielen zwischen den aufgezeigten Extremsituationen agierenden Unternehmen sollten bei ihrem aktuellen und zukünftig geplanten internationalen Auftritt die Rechnungslegung mit ins Kalkül ziehen und ihr einen unternehmensstrategischen Wert beimessen. Eine gute Rechnungslegung gehört zu einem guten Unternehmen und umgekehrt.

2. Art des Führungsinstrumentariums

33 Deutsche SMEs verfügen häufig über einen Abschluss, der den steuerlichen Vorschriften folgt und gleichzeitig für handelsrechtliche Zwecke herangezogen wird, die sog. Einheitsbilanz. Nicht selten ist diese vom Steuerberater des Unternehmens aufgestellt. Zur Führung und Steuerung des Unternehmens bedient sich das Management in vielen Fällen jedoch anderer Informationen aus der internen Unternehmensrechnung; diese »Betriebsergebnisrechnungen« können beispielsweise auf *cashflows* oder Schmalenbachschen Wertekategorien basieren. Die meisten Unternehmen haben ein auf ihre spezifischen Zwecke ausgerichtetes Führungsinstrumentarium entwickelt. In kapitalmarktorientierten Unternehmen hat sich dieses Szenario im letzten Jahrzehnt erheblich gewandelt. Die Basis für das interne Führungs- und Steuerungssystem stellt hier die externe Rechnungslegung dar, namentlich IFRS oder US-GAAP. Beide Systeme eignen sich unmittelbar als Grundlage für Managemententscheidungen. Die Vorteile liegen auf der Hand: Zum einen ein einheitliches Zahlenwerk nach außen und nach innen, zum zweiten erhebliche Kostenersparnisse.

34 Es ist nicht ersichtlich, warum eine solche Konstellation nicht auch für SMEs gelten soll. Das Zahlenwerk des IFRS-SMEs Abschlusses könnte zugleich für die interne Unternehmenssteuerung genutzt werden. Die Steuerbilanz wird separat erstellt und dient ausschließlich der Optimierung der Steuerzahlungen. Insofern sollten deutsche Unternehmen in ihre unter 1. angesprochenen strategischen Überlegungen neben der Internationalität auch ihr Führungsinstrumentarium einbeziehen. Sind hier Änderungen nötig oder bereits initiiert, wäre der gleichzeitige Schritt auf den IFRS-SMEs zu erwägen.

D. Zusammenfassende Wertung

35 Der IASB hat mit dem IFRS-SMEs auf eine starke internationale Nachfrage reagiert. In einem bisher vom Board noch nie praktizierten umfangreichen *due process* wurde versucht, auf die spezifische Situation von Klein- und Mittelbetrieben einzugehen. Dabei wurden die einzelnen Regelungen der IFRS unter Kosten-Nutzen-Überlegungen und den Informationsinteressen der Nutzer von Abschlüssen von SMEs einer intensiven Prüfung unterzogen. Das Ergebnis wurde mit überwältigender Mehrheit der in den Prozess eingebundenen Vertreter und Länderinstanzen akzeptiert. Einige Länder befinden sich bereits in der Umsetzungsphase in nationales Recht oder haben, wie Südafrika, den Schritt schon getan.

36 In jenen Ländern, die von all ihren Gesellschaften Abschlüsse nach IFRS verlangten – zB Ägypten, Peru – können nunmehr die SMEs die Erleichterungen des IFRS-SMEs in Anspruch nehmen (eine Übersicht über die Anwender von IFRS ist unter http://iasplus.de/country/useias.php#* abrufbar; Abruf: 28.07.2010).

In den Ländern, in denen ein Wahlrecht zwischen IFRS-SMEs und nationalem Bilanzrecht existiert, sollten die Unternehmen ihre unternehmensindividuelle Situation im globalen Wettbewerb um Güter und Kapital mittel- und langfristig überprüfen und daraus ihre Entscheidung herleiten. Das gilt in gleicher Weise auch für deutsche SMEs, wobei hier noch das Führungsinstrumentarium einbezogen werden sollte. In Deutschland bleibt zunächst abzuwarten, wie die EU-Kommission und der deutsche Gesetzgeber mit dem IFRS-SMEs umgehen werden (vgl. hierzu IFRS-SMEs-Komm., Teil A, Kap. III). Aufgrund der bisherigen Erfahrungen ist allerdings nicht zu erwarten, dass sich die Exekutive dem Wunsch nach einem qualitativ hochwertigen internationalen Auftritt deutscher Unternehmen auf Dauer widersetzen wird. Von daher wäre ein Unternehmenswahlrecht zu wünschen.

II. Ausstrahlwirkung auf HGB und Steuerrecht

Norbert Herzig

Inhaltsverzeichnis

Schrifttum

Arbeitskreis »Steuern und Revision« im Bund der Wirtschaftsakademiker (BWA) e. V., DStR 2004, 1267-1268; *Baetge/Wollmert/Kirsch/Oser/Bischof*, Rechnungslegung nach IFRS (IFRS-Komm.), 2. Aufl., Stuttgart 2006, 10. Ergänzungslieferung 12/2009; *Beiersdorf/Eierle/Haller*, DB 2009, 1549-1557; *Beiersdorf/Morich*, KoR 2009, 1-13; *Bieker*, DB 2007, 1206-1211; *Bömelburg/Rödl*, Faz 14.12.2009; *Dehler*, BB 2008, Heft 13, M1; *Dietel*, International Accounting Standards/International Financial Reporting Standards und steuerliche Gewinnermittlung, Diss., Sternenfels, 2004; *Fischer*, PiR 2009, 242-244; *Fodor/Wildner*, BB 2009, 1966-1969; *Freidank/Velte*, Steuer und Studium 2009, 318-321; *Fuchs/Stibi*, BB 2007, 93-98; *Heinhold/Pasch*, in: FS Coenenberg, Stuttgart 1998, 393-413; *Herzig*, WPg 2005, 211-235; *Herzig*, DB 2008, 1-10; *Herzig*, Betriebliche Altersversorgung 4/2009, 289-301; *Herzig/Briesemeister*, DB 2009, 926-931; *Herzig/Briesemeister*, DB 2009, 976-982; *Herzig/Vossel*, Entwicklungen und Interdependenzen von Financial und Tax Accounting, KSzW 2010, 53-60; *Hinterdobler/Küpper*, Ausrichtung der Rechnungslegung für KMU und Handwerkbetriebe, München 2009; *Hoffmann*, Die IFRS-Bilanz für das Familienunternehmen?, München 2008, 187-201; *Hommelhoff*, ZGR 2008, 250-274; *Kajüter/Schoberth/Zapp/Lübbig*, KoR 2008, 589-601; *Kirsch*, IFRS-Rechnungslegung für kleine und mittlere Unternehmen, Herne 2007; *Kirsch*, IRZ 2008, 71-78; *Kirsch*, PiR 2009, 185-190; *Kirsch*, DStZ 2009, 795-804; *Knorr/Beiersdorf/Schmidt*, BB 2007, 2111-2117; *Kußmaul/Hilmer*, PiR 2007, 121-124; *Kußmaul/Hilmer*, PiR 2008, 126-130; *Löffler/Rohatschek*, Internationale und nationale Rechnungslegung am Wendepunkt, Wien 2007; *Lühn*, StuB 2007, 928-934; *Mayer*, DStR 2009, 129-134; *Meurer*, BB 2009, 2364; *Meurer*, FR 2009, 117-120; *Meurer*, BB 2010, 820-822; *Niehus*, DStR 2008, 1451-1459; *Petersen/Zwirner/Künkele*, StuB 2008, 693-699; *Rammert/Thies*, WPg 2009, 34-46; *Roth*, DStR 2007, 1454-1458; *Schneider*, BB 2003, 299-304; *Selcher*, in: FS Fischer, Berlin 1999, 913-933; *Senger*, WPg 2007, 412-422; *Senger*, WPg 18/2009, 1; *Spengel*, FR 2009, 101-148; *Stibi/Fuchs*, DB 2009, Beilage 5, 9-15; *van Hulle*, WPg 2003, 968-981; *von der Laage/Reusch*, NZG 2009, 245-250; *Winkeljohann/Herzig*, IFRS für den Mittelstand, Stuttgart 2006; *Winkeljohann/Morich*, BB 2009, 1630-1634; *Zülch/Hoffmann*, StuB 2009, 369-373.

A. Allgemeines/aktuelle Entwicklungen

1 Durch die immer stärkere werdende Internationalisierung der Rechnungslegung befindet sich das Bilanzrecht seit Jahren im Wandel. Betraf diese Aussage vor einigen Jahren noch fast ausschließlich die großen kapitalmarktorientierten Unternehmen, steht derzeit insbesondere der Mittelstand im Fokus des Interesses der Internationalisierungstendenzen. Dieses resultiert daraus, dass eine internationale Harmonisierung der Rechnungslegung der kleinen und mittelgroßen Unternehmen angestrebt wird. Basierend auf dem vom IASB veröffentlichten IFRS-SMEs wird untersucht, welche Auswirkungen dieser aktuell und in Zukunft, direkt und indirekt auf die nationale Rechnungslegung und die steuerliche Gewinnermittlung hat und haben wird.

2 Daher muss mehreren Fragestellungen nachgegangen werden:

- Inwiefern hat der IFRS-SMEs eine direkte Auswirkung auf die nationale Rechnungslegung, bzw. in welcher Art und Weise kann der IFRS-SMEs auf europäischer Ebene implementiert werden?
- Welchen Stellenwert nimmt der IFRS-SMEs vor dem Hintergrund des durch das BilMoG reformierten nationalen Handelsrechts noch ein bzw. welche indirekten Ausstrahlwirkungen auf das nationale Handelsrecht bestehen?
- Welche Relevanz hat das HGB-BilMoG derzeit für die steuerliche Gewinnermittlung?
- Inwiefern ist eine Anknüpfung der steuerlichen Gewinnermittlung an den IFRS-SMEs als denkbare Alternative (zur Verknüpfung mit der HGB-BilMoG Bilanz) anzusehen.

I. Auswirkungen auf die nationale Rechnungslegung

1. Einfluss der IFRS auf die nationale Rechnungslegung

3 Die EU verabschiedete im Jahre 2002 eine Verordnung (EG 1606/2002), die alle kapitalmarktorientierten Mutterunternehmen seit 2005 verpflichtet, ihren Konzernabschluss nach IFRS aufzustellen (Verordnung (EG) Nr. 1606/2002 des Europäischen Parlaments und des Rates vom 19. Juli 2002). Durch den Erlass dieser Verordnung besteht eine Bindungswirkung der EU Mitgliedstaaten an diese Regelung. Basierend auf der EG Verordnung wurde § 315a HGB in nationales Recht aufgenommen und bildet damit die deutsche Rechnungslegungsgrundlage zur Aufstellung des Konzernabschlusses nach internationalen Rechnungslegungsstandards (Baetge et al., IFRS-Komm., Teil A, Kap. I, Tz. 132). Solange aber nur eine befreiende Wirkung für den Konzernabschluss existiert, bestehen de lege lata keine steuerlichen Implikationen. Erst bei einem Einzug in den Jahresabschluss ergeben sich direkte Auswirkungen auf die steuerliche Gewinnermittlung (Heinhold/Pasch, in: FS Coenenberg, 1998, 394).

4 Für den Jahresabschluss besteht derzeit aber noch keine verpflichtende Regelung. Vielmehr können gemäß Art. 5 der oben genannten EG-Verordnung die einzelnen Mitgliedstaaten optional entscheiden, ob auch Jahresabschlüsse kapitalmarktorientierter Unternehmen sowie Jahres- und/oder Konzernabschlüsse nicht kapitalmarktorientierter Unternehmen nach IFRS aufgestellt werden. Die Anwendung der IFRS im Jahresabschluss liegt damit im Ermessen des deutschen Gesetzgebers (Dietel, 2004, 12).

5 Die Aufstellung eines IFRS Abschlusses ist derzeit nur neben einem HGB Abschluss möglich. Eine diesbezügliche Änderung war vom deutschen Gesetzgeber im Rahmen des BilMoG angedacht worden. Im Referentenentwurf des BilMoGs war nämlich vorgesehen, eine befreiende Bilanzierung des Jahresabschlusses nach IFRS einzuführen (§ 264e HGB). Diese sollte gemäß § 264e 4 HGB-RefE aber nur unter der Beschränkung eingeführt werden, dass der IFRS Abschluss nur dann befreiend sei, wenn der Anhang eine Bilanz und eine Gewinn- und Verlust-

rechnung nach HGB enthielt, auf welche die Gewinnausschüttung und die Steuerbemessung basieren könnte. Damit hätte auf den Anhang nach HGB verzichtet werden können. Hinter dieser Vorgehensweise steht das Konzept der Parallelität von Informations- und Ausschüttungsfunktion (Hommelhoff, ZGR 2008, 261). Auch wenn nur auf den HGB Anhang hätte gänzlich verzichtet werden können, hätte der HGB Abschlusses aber einen anderen Stellenwert bekommen. Denn der IFRS Abschluss wäre der Abschluss im eigentlichen Sinne gewesen. Damit hätte der Informationszweck eindeutig die gewichtigere Stellung eingenommen. Der HGB Abschluss, der als Grundlage der Ausschüttungs- und Steuerbemessung dient, wäre nur im Anhang zum Tragen gekommen. Neben dem Ausschüttungszweck hätte aber auch der HGB Abschluss weiterhin der Informationsfunktion gedient (Hommelhoff, ZGR 2008, 261).

Im Laufe des Gesetzgebungsverfahrens ist die Einführung eines § 264e HGB wieder verworfen worden. Obwohl es nicht zu der gesetzlichen Umsetzung gekommen ist, können aus dem Versuch aber gewisse Tendenzen abgeleitet werden, nämlich, dass der deutsche Gesetzgeber sich nicht vor den IFRS verschließen will, sondern eine weitere Annäherung an die IFRS bei gleichzeitigem Festhalten an dem bewährten aber reformierten nationalen Rechnungslegungssystem vorsieht (von der Laage/Reusch, NZG 2009, 245).

6 In Europa ist insgesamt ein Trend dahin gehend festzustellen, dass es zu einer vermehrten Anwendung der IFRS in Jahresabschlüssen kommt und insofern eine Novellierung nationaler Rechnungslegungssysteme im Sinne der IFRS stattfindet. Die IAS-Verordnung hat damit eine Harmonisierung der handelsrechtlichen Gewinnermittlung eingeleitet, welche auch Auswirkung auf die steuerliche Gewinnermittlung hat (van Hulle, WPg 2003, 968).

2. Tendenz in Europa/Integrationsmöglichkeiten des IFRS-SMEs in das europäische Normengefüge

7 Neben der Betrachtung der IFRS stellt sich nun die Frage, welchen Stellenwert der IFRS-SMEs im internationalen Gefüge einnimmt. Von großer Bedeutung für die Akzeptanz des IFRS-SMEs ist, welche Rolle er im Normengefüge der EU spielt. Das Europäische Parlament sprach sich im Frühjahr 2008 gegen eine Übernahme des IFRS-SMEs als Standard für die mittelständischen nicht kapitalmarktorientierten Unternehmen aus (Hinterdobler/Küpper, 2009, 11).

Damit ist eine direkte Einführung eines europaweit gültigen einheitlichen Standards für kleine und mittelgroße Unternehmen vorerst nicht zustande gekommen. Da das Projekt aber vom IASB weiterverfolgt und im Sommer 2009 der IFRS-SMEs endgültig veröffentlicht wurde, ist zu analysieren, welche Entwicklungen möglich sind.

8 Die Frage nach der Bedeutung des IFRS-SMEs in Deutschland reicht von einer weitgehenden Ablehnung und einer Konzentration auf die Entwicklung eigener europäischer Normen bis hin zu einer gänzlichen Übernahme in das europäische Normengefüge (Beiersdorf/Morich, KoR 2009, 1).

Im Gegensatz zu anderen Nationen, die sich bereits vor der endgültigen Veröffentlichung des IFRS-SMEs dazu entschieden haben, diesen als lokales Recht anzuwenden, hat der deutsche Gesetzgeber dem verstärkten Trend, hin zu den IFRS, durch die Reform des HGB entgegen gewirkt. Fraglich ist, inwieweit und wie lange an einer nationalen Lösung festgehalten werden kann. Auch in vielen anderen Ländern wird derzeit diskutiert, ob und gegebenenfalls wann eine Übernahme des IFRS-SMEs in nationales Recht möglich ist (Senger, WPg 2009, 1). Insbesondere viele kleinere Länder, die kein eigenes gewachsenes Rechnungslegungssystem haben, sehen eine vollständige Übernahme des IFRS-SMEs als gute und einfache Möglichkeit an, ihre Rechnungslegung zu standardisieren. Aber auch große Staaten, wie zB Amerika, springen auf den Zug der IFRS-SMEs auf. Da nahezu in der gesamten angelsächsischen Welt die Anwendung des IFRS-SMEs als beschlossen angesehen werden kann, kann es zu einer »weltweiten« Harmonisierung der Rechnungslegung kommen (Fodor/Wildner, BB 2009, 1966).

9 Zu bedenken ist daher, was passieren würde, wenn der IFRS-SMEs von den meisten europäischen Staaten übernommen wird, da Deutschland dann eine Art »Insellage« einnähme. Es könnte hierdurch zu einer faktischen Zwangsanwendung des IFRS-SMEs kommen (Hommelhoff, ZGR 2008, 268).

10 Der IFRS-SMEs für sich hat aber keine Rechtswirkung. Vielmehr haben die Gesetzgeber zu entscheiden, ob eine Integration und eine tatsächliche Anwendungspflicht in das europäische Normengefüge vorzunehmen ist. Es bestehen verschiedene Möglichkeiten, wie der IFRS-SMEs ins europäische Normengefüge integriert werden kann (Senger, WPg 2009, 1).

Beispielsweise besteht die Möglichkeit einer Übernahme in die IAS-Verordnung, welche die Änderungen oder Einführungen der IFRS durch ein Anerkennungsverfahren über die Europäische Kommission zu nationalem Recht macht.

11 Die Konsultation zur Umsetzung in das nationale Recht wurde durch die Veröffentlichung eines Konsultationspapiers zum IFRS-SMEs von der Europäischen Kommission im November 2009 eingeleitet (Bömelburg/Rödl, 2009). Der Zweck der Konsultation ist die Einholung der Auffassungen zum IFRS-SMEs innerhalb der EU. Nach Aussage der Kommission sollen die Stellungnahmen der Kommission bei der derzeitigen Überprüfung der Rechnungslegungsrichtlinien helfen. Fraglich sind somit die Entwicklung innerhalb der EU und die Wirkung auf das kürzlich erst reformierte Handelsrecht.

12 Aus Kosten- und Nutzengesichtspunkten ist zunächst nicht von einer Erstellung eines Abschlusses nach dem IFRS-SMEs auszugehen. Es kann höchstens ein Wahlrecht zur Erstellung eines IFRS-SMEs Abschlusses implementiert werden. Eine generelle verpflichtende Übernahme des IFRS-SMEs oder gar ein Ersatz der handelsrechtlichen Rechnungslegung durch den IFRS-SMEs wird derzeit vom Schrifttum noch strikt abgelehnt (Kußmaul/Hilmer, PiR 2007, 121). Und auch eine freiwillige Anwendung wird von einigen Autoren als nicht sinnvoll angesehen (Kußmaul/Hilmer, PiR 2007, 124).

II. Indirekte/faktische Einflüsse auf die nationale Rechnungslegung

13 Parallel zu der direkten fortschreitenden Entwicklung, die sich darin niederschlägt, dass immer mehr Unternehmen ihren Abschluss verpflichtend oder freiwillig nach IFRS aufstellen, darf nicht verkannt werden, dass auch indirekte Einflüsse bestehen. Insofern haben die IFRS und in Zukunft auch der IFRS-SMEs einen erheblichen Einfluss bei der Fortentwicklung der traditionellen GoB (Dietel, 2004, 15). Da das HGB nicht alle für die Bilanzierung nötigen Regelungsgrundsätze kodifiziert hat, werden auch weiterhin nicht kodifizierte GoB von Bedeutung sein. Diese unterliegen in einem hohen Maß der Interpretation und der Fortentwicklung. Eine Internationalisierung wird daher auf lange Sicht gesehen nicht aufzuhalten sein. Auch im Rahmen des BilMoGs ist vermehrt eine Angleichung an die internationalen Rechnungslegungsstandards vollzogen worden. Die IFRS sind hierbei mehrfach als Erkenntnisquelle herangezogen worden.

Es muss daher auch die Möglichkeit in Betracht gezogen werden, dass gute und praktikable Bilanzierungsansätze des IFRS-SMEs bei der Modernisierung des eigenen Rechts beachtet werden (Senger, WPg 2009, 1).

Zudem wird mit zunehmendem Bekanntheitsgrad des IFRS-SMEs dem mit diesem konfrontierten Personenkreis klar werden, dass es zu der Sichtweise bestimmter Sachverhalte auch Alternativen gibt. Es wird somit vermehrt zu Diskussionen kommen, warum bestimmte Regelungen im Rahmen der nationalen Sichtweise anders ausgelegt werden als dies im internationalen Kontext der Fall ist. Die Informationskraft eines Systems kann damit besser eingeschätzt werden (Hommelshoff, ZGR 2008, 262). Insbesondere auch bei Auslegungsfragen werden daher oftmals die international vertretenen Lösungsansätze herangezogen.

III. Notwendigkeit eines IFRS-SMEs nach der Reformierung des Handelsgesetzbuchs durch das BilMoG

1. Auswirkungen des IFRS-SMEs auf das Handelsrecht

14 Grundsätzlich verfolgt der IFRS-SMEs dieselbe Zielsetzung wie die IFRS. Als ein Hauptargument für den IFRS-SMEs wird angeführt, dass der IFRS-SMEs einen besseren Einblick in die Vermögens-, Finanz- und Ertragslage eines Unternehmens gibt und daher eine bessere Risikoeinschätzung des Unternehmens ermöglichen sollen. Zudem hat der IFRS-SMEs eine Kontroll- und Rechenschaftslegungsfunktion. Eine wesentliche Zielsetzung für die Schaffung des IFRS-SMEs hat ferner darin bestanden, ein praktikables, gleichsam einfaches Instrument für die kleinen und mittelgroßen Unternehmen zu entwickeln, damit künftig international vergleichbare Abschlüsse erstellt werden können. Darüber hinaus wird erwartet, dass Rating-, Analyse- und Bewertungssysteme sich mittelfristig auf IFRS ausrichten und die entsprechenden Informationen abfragen werden. Als weiterer Grund für eine IFRS Umstellung seien an dieser Stelle die hiermit verbundenen Vorteile im Bezug auf das Rechnungswesen genannt (Erleichterung der Konsolidierung; Harmonisierung von internem und externem Rechnungswesen). Der IFRS-SMEs soll ausdrücklich weder dem Ausschüttungszweck noch dem Besteuerungszweck dienen.

15 In Deutschland wurde der Entwurf des IFRS-SMEs wegen seiner Regelungsintensität, Komplexität und der anfallenden Kosten ganz überwiegend nicht als geeigneter Standard für die Rechnungslegung des Mittelstands angesehen (BilMoG-Entwurf, 60-61; Kußmaul/Hilmer, PiR 2008, 126). Wegen der großen Vorbehalte bestand keine Aussicht, dass es zu einer Angleichung der Rechnungslegung für kleine und mittelgroße Unternehmen im EU-Binnenmarkt kommen würde. Auf Grund der internationalen Entwicklungen der Rechnungslegung, insbesondere auch im Rahmen der Einführung des IFRS-SMEs stand der Gesetzgeber unter einem gewissen Druck. Die Alternative bestand darin, abzuwarten, wie die internationale Rechnungslegung sich in diesem Bereich entwickelt oder selber aktiv das nationale Recht zu reformieren.

Mit dem BilMoG hat sich der deutsche Gesetzgeber für die zweite Variante entschieden (Stibi/Fuchs, DB 2009, 9; Herzig, DB 2008, 1). Daher wird die Reform des Handelsrechts durch das BilMoG, welche in großen Umfang für den Mittelstand konzipiert ist, auch als rechtspolitische Gegenmaßnahme zu dem IFRS-SMEs gesehen (Hommelhoff, ZGR 2008, 252). Es wird die Ansicht vertreten, dass die Ausgestaltung des HGB-Jahresabschlusses wesentlich von der Skepsis der Verfasser gegenüber den IFRS geprägt ist. Auch im Gesetzgebungsverfahren des BilMoGs hat der deutsche Gesetzgeber darauf hingewiesen, dass eine Einführung des IFRS-SMEs keine Alternative zu den im Rahmen des BilMoGs vorgeschlagenen Maßnahmen sein könne (Lühn, StuB 2007, 932).

In Deutschland wird von Seiten des deutschen Gesetzgebers durch die Modernisierung des HGB nur wenig Raum für die praktische Anwendung des IFRS-SMEs gelassen.

16 Durch das BilMoG sollte eine dauerhafte und vollwertige, aber auch gleichzeitig kostengünstigere und einfachere Alternative zu den IFRS implementiert werden (Beschlussempfehlung und Bericht des Rechtsausschusses, BT-Drs. 16/12407 vom 24.06.2009, 1 und 108; Herzig/Vossel, KSzW 2010, 53). Die Reform führte zwar zu einer tiefgreifenden Änderung und zu einer Neuausrichtung des deutschen Handelsrechts, dass dadurch aber eine tatsächliche Alternative zur internationalen Rechnungslegung existiert, wird von Seiten des Schrifttums bezweifelt. Der Gesetzgeber lehnt eine volle Übernahme der IFRS ab, wählt aber doch eine Annäherung an die IFRS und damit einhergehend eine Tendenz hin zur Stärkung der Informationsfunktion.

17 Die Mängel des deutschen Bilanzrechts bestehen, aus internationaler Perspektive betrachtet, insbesondere darin, dass das deutsche Bilanzrecht verschiedene Zielsetzungen nebeneinander verfolgt und zahlreiche Wahlrechte enthält (Hommelhoff, ZGR 2008, 253). Um die

Gefahr der sich gegenseitig beeinträchtigenden Funktionen zu eliminieren, wird seit Jahren gefordert, verschiedene Bilanzen oder eine Bilanz mit Überleitungsrechnung aufzustellen. Diesen Weg ist der deutsche Gesetzgeber nicht gegangen. Er hält an der einen Bilanz mit differenzierten Zwecksetzungen fest, versucht aber den Informationsgehalt zu erhöhen. Hierfür schafft er viele der bemängelten Wahlrechte ab und führt Aktivierungsgebote ein.

18 Somit unterliegt auch nach Inkrafttreten des BilMoGs der handelsrechtliche Jahresabschluss weiterhin einer differenzierten Zwecksetzung, nämlich der Informationsfunktion einerseits sowie andererseits der Zahlungsbemessung. Diese differenzierte Zielsetzung beruht darauf, dass an den handelsrechtlichen Jahresabschluss weitere Rechtsfolgen, wie die Ausschüttungsbemessung, die Kapitalerhaltungsregeln oder die Steuerbemessung anknüpfen.

Der Maßgeblichkeitsgrundsatz, an dem der Gesetzgeber festhält, hat zur Folge, dass Entwicklungen im Handelsrecht auch Einfluss auf die steuerliche Gewinnermittlung haben können, soweit keine eigenständigen steuerrechtlichen Sondervorschriften existieren. Für die Bemessung der Gewinnausschüttung muss zunächst weiterhin, auch nach der Reform des Handelsrechts, ein HGB Abschluss aufgestellt werden. Solange zwischen der Handels- und der Steuerbilanz der Maßgeblichkeitsgrundsatz gemäß § 5 Abs. 1 EStG besteht, ergeben sich keine steuerlichen Probleme, da für die Ermittlung der steuerlichen Bemessungsgrundlage der HGB Abschluss herangezogen wird. Aus Informationsgesichtspunkten könnte eine freiwillige Aufstellung eines Abschlusses nach IFRS-SMEs möglich sein.

19 Bisher fungierte der Maßgeblichkeitsgrundsatz in der Diskussion stets als »Bollwerk gegen Internationalisierungstendenzen« (Selcher, 1999, 914; Herzig, WPg 2000, 105). Aber auch im Rahmen der Einführung des BilMoGs ist zu bemerken, dass das Maßgeblichkeitsprinzip kein entscheidendes Hindernis im Siegeszug der internationalen Rechnungslegung darstellt.

20 Als ein Argument, das gegen die Aufstellung des Abschlusses nach dem IFRS-SMEs spricht, wird angeführt, dass gerade bei kleinen und mittelgroßen Unternehmen oft die Möglichkeit der Aufstellung einer Einheitsbilanz besteht, da nicht so viele Bilanzierungstatbestände vorliegen würden, die eine Abweichung zwischen Handels- und Steuerbilanz verursachen (Hinterdobler/Küpper, 2009, 18). Dem ist entgegenzuhalten, dass nicht erst durch eine verpflichtende Einführung des IFRS-SMEs die Aufstellung einer Einheitsbilanz nicht mehr möglich wäre, sondern dass spätestens durch das BilMoG auch für kleine und mittelgroße Unternehmen die Aufstellung einer Einheitsbilanz nicht mehr möglich ist (Dehler, BB 2008, M1). Auch wenn es laut Gesetzesentwurf eigentlich ein Ziel des BilMoG war, an der Einheitsbilanz festzuhalten, da dies für die Unternehmen sowohl einfach, als auch kostengünstig sei, konnte dieses Ziel nicht verwirklicht werden.

2. Streichung der umgekehrten Maßgeblichkeit

21 Als ein gewichtiges Argument, das gegen den Fortbestand einer Einheitsbilanz spricht, ist die Streichung der umgekehrten Maßgeblichkeit zu sehen. Mit der Streichung des § 5 Abs. 1 Satz 2 EStG aF und Ergänzung des § 5 Abs. 1 Satz 1 EStG, wodurch die Informationsfunktion der Handelsbilanz gestärkt werden soll, wird die formelle Maßgeblichkeit beseitigt und die materielle Maßgeblichkeit bei steuerlich gegebenen Wahlrechten stärker eingeschränkt. § 5 Abs. 1 Satz 1 EStG eröffnet die Möglichkeit, steuerliche (Ansatz- und Bewertungs-)Wahlrechte unabhängig von der Handelsbilanz auszuüben.

22 Der Gesetzgeber hat somit an der materiellen Maßgeblichkeit weiterhin festgehalten. Das Maßgeblichkeitsprinzip hat weiterhin Gültigkeit für die steuerliche Gewinnermittlung (BMF vom 12.03.2010, IV C 6-S 2133/09/10001; Meurer, BB 2010, 820). Der handelsrechtliche Abschluss bleibt zwar die Grundlage zur Ermittlung des steuerlichen Gewinns, die Rechtfertigung für die Verknüpfung von Handels- und Steuerbilanz ist aber durch das BilMoG weggebrochen.

Dies resultiert daraus, dass zum einen die These, der Fiskus sei stiller Teilhaber, mit Streichung des § 5 Abs. 1 Satz 2 EStG aF nicht mehr aufrechterhalten werden kann, da nun (noch) nicht besteuerte Gewinne ausgeschüttet werden können. Zum Beispiel kann in einem § 6b EStG Fall der Veräußerungsgewinn abzüglich der latenten Steuern ausgeschüttet werden, obwohl auf Grund der Bildung einer steuerfreien Rücklage bzw. der Übertragung auf ein Ersatzwirtschaftsgut die Besteuerung zunächst unterbleibt.

Zum anderen kann auch die Idee der Vereinfachung der steuerlichen Gewinnermittlung durch Bezugnahme auf die Handelsbilanz nicht mehr als Argument herangezogen werden, da durch die mittlerweile das gesamte Bilanzrecht durchziehenden Abweichungen eine Einheitsbilanz kaum mehr möglich ist. Vielmehr ist einzugestehen, dass die Einheitsbilanz spätestens durch das BilMoG nicht mehr existent ist. Die Schaffung einer eigenständigen steuerlichen Gewinnermittlung steht daher wieder mehr denn je im Fokus der Diskussion.

3. Streichung der Buchführungs- und Bilanzierungspflichten für Einzelkaufleute

23 Weitere erhebliche Änderungen für die kleinen und mittelgroßen Unternehmen im Rahmen der handelsrechtlichen Reform sind in den Änderungen der Buchführungs- und Bilanzierungspflichten für kleine und mittelgroße Einzelkaufleute zu sehen. Personenhandelsgesellschaften werden in die Befreiung nicht mit einbezogen. Gemäß § 241a HGB (§ 242 Abs. 4 HGB) sind Einzelkaufleute, wenn sie gewisse Voraussetzungen erfüllen, von der handelsrechtlichen Pflicht zur Buchführung und zur Erstellung eines Inventars befreit. Durch § 141 AO ergibt sich grundsätzlich für diese Unternehmen auch keine Pflicht zur Aufstellung einer Steuerbilanz, sondern es besteht die Möglichkeit den Gewinn durch Einnahme-Überschuss-Rechnung zu ermitteln (Kußmaul/Hilmer, PiR 2008, 127). Es muss jedoch beachtet werden, dass Diskrepanzen zwischen der handelsrechtlichen Befreiung nach § 241a HGB, § 242 Abs. 4 HGB und der steuerlichen Buchführungspflicht nach § 140 AO bestehen, so dass der Anwenderkreis nicht ganz deckungsgleich ist. Da es aber Ziel des Gesetzgebers war, durch das BilMoG eine Vereinfachung zu erreichen, reicht es für viele Einzelkaufleute mit kleinem Geschäftsbetrieb in der Zukunft aus, eine Einnahme-Überschuss-Rechnung zur Ermittlung des steuerlichen Gewinns nach § 4 Abs. 3 Satz 1 EStG aufzustellen (Herzig, Betriebliche Altersversorgung 2009, 289; Hinterdobler/Küpper, 2009, 19). Damit übernimmt die Einnahme-Überschuss-Rechnung auch Funktionen des nichtsteuerlichen Bereichs.

Es steht den Einzelkaufleuten jedoch frei, die Vorteile einer Buchführung und Bilanzierung auf freiwilliger Basis zur Selbst- oder Fremdinformation zu nutzen.

Grundsätzlich könnte ihnen optional auch die Möglichkeit eröffnet werden, einen Abschluss nach IFRS-SMEs aufzustellen, wenn dieser zu einer höheren Information führen würde. Denn von dem IFRS-SMEs sollen auch solche Unternehmen betroffen sein, die nach nationalem Recht keine Rechnungslegung vornehmen müssen und keine Publizitätspflichten haben. Fraglich ist aber, inwiefern diese Unternehmen, denen nach nationalem Recht keine Rechnungslegungspflicht auferlegt werden, von einem harmonisierten internationalen Recht profitieren würden.

B. Institutionelle Eignung des IFRS-SMEs als steuerliche Bemessungsgrundlage

I. Anknüpfung der Steuerbilanz an die Handelsbilanz

24 Die steuerliche Gewinnermittlung erfolgt entweder durch Bestandsvergleich (§ 4 Abs. 1 EStG, § 5 EStG) oder durch Einnahme-Überschuss-Rechnung (§ 4 Abs. 3 EStG). Die Einnahme-Überschuss-Rechnung hat für den Mittelstand durch die Anhebung der Schwellenwerte in der handelsrechtlichen Rechnungslegung an Bedeutung gewonnen. Festhaltend an dem Konzept der Einheitsbilanz, welches spätestens seit Einführung des BilMoGs nicht mehr existent ist, und dem Grundsatz der Maßgeblichkeit knüpft die Steuerbilanz auch weiterhin an der Handelsbilanz an. Über § 5 Abs. 1 EStG nimmt das Steuerrecht auf ein nicht steuerlich geprägtes Normengefüge Bezug, dessen Vorschriften, soweit sie den GoB entsprechen und keine steuerlichen Sondervorschriften existieren, Auswirkungen auf die steuerliche Gewinnermittlung haben. Sowohl durch die in den letzen Jahren laufend implementierten Sondervorschriften im EStG, wie zB die unterschiedliche Behandlung von Drohverlustrückstellungen, als auch durch steuerspezifische Bewertungsregeln, bei der Behandlung von außerplanmäßigen Wertminderungen oder im Bereich der Rückstellungsbewertung ist durch die Abwendung des Handelsrechts vom Steuerrecht, zB durch die Aufgabe der umgekehrten Maßgeblichkeit, in den letzen Jahren immer weiter von der Intention der Einheitsbilanz abgerückt worden. Daher ist eine steuerliche Gewinnermittlung auch derzeit nur auf Grundlage der vielen steuerlichen Sondervorschriften möglich.

25 Zwischen dem deutschen Steuerrecht und dem IFRS-SMEs sind zwar zwingende Bewertungs- und Bilanzierungsunterschiede vorhanden, und auch die Zielsetzung, die Prinzipien und die Lösungsansätze weichen teilweise voneinander ab. Diese Divergenzen zwischen der Zielsetzung, den Prinzipien und den unterschiedlichen Lösungsansätzen sind aber grundsätzlich überwindbar (Spengel, FR 2009, 108).

26 Ziel des IFRS-SMEs ist es, entscheidungsrelevante Informationen bereit zu stellen, um insbesondere die künftige Performance der Unternehmen abschätzen zu können. Das Ziel des Steuerrechts ist hingegen die Ermittlung der steuerlichen Bemessungsgrundlage, die an die Leistungsfähigkeit in der abgelaufenen Periode anknüpft. Dieses Ziel will und soll der IFRS-SMEs ausdrücklich nicht verwirklichen, er soll nicht der Ausschüttungs- oder Steuerbemessung dienen.

Vielmehr heißt es in der Basis for Conclusions (BC 51): der IFRS-SME beschäftigt sich nicht mit der steuerlichen Berichterstattung in den einzelnen Staaten, kann aber als Startpunkt für die Ermittlung des zu versteuernden Einkommens in Betracht kommen (Kirsch, 2007, 10). Hier regt der IASB eine auf nationaler Ebene vorgenommene Überleitungsrechnung an. Von der Literatur wird bemängelt, dass nicht darauf eingegangen wird, dass in vielen Ländern noch eine Maßgeblichkeit zwischen der Handelsbilanz und der Steuerbilanz besteht (Kirsch, 2007, 10).

27 Die Analyse, ob sich die steuerliche Gewinnermittlung in den nächsten Jahren stärker an den internationalen Grundsätzen, insbesondere an dem IFRS-SMEs, orientieren wird, bedarf zweier grundlegender Überlegungen. Erstens wie kann eine Umsetzung rechtstechnisch erfolgen, bzw. ist diese verfassungsrechtlich überhaupt möglich, und zweitens, sind die internationalen Standards grundsätzlich zur Ermittlung der steuerlichen Bemessungsgrundlage geeignet. Daher wird im Weiteren dargestellt, inwiefern eine »Verknüpfung« des IFRS-SMEs mit der steuerlichen Gewinnermittlung für möglich gehalten wird (Kirsch, DStZ 2009, 795).

II. Anknüpfung des Maßgeblichkeitsgrundsatzes an den IFRS-SMEs/ Rechtsnormqualität

28 Ein denkbares Modell ist es, die Steuerbilanz weiterhin unter Beibehaltung des Maßgeblichkeitsprinzips aufzustellen, hierbei aber nicht mehr an die HGB-Bilanz sondern vielmehr an die nach dem IFRS-SMEs aufgestellte Bilanz anzuknüpfen. Damit würde die Idee der Einheitsbilanz in einer anderen Konstellation wieder aufleben.

Ob ein solches Modell verwirklicht werden könnte, ist sowohl aus verfassungsrechtlichen, als auch aus materiellen Gründen fraglich. Bedenklich ist, dass dieses die Regeln eines privaten Standardsetters sind. Aus diesem Grund ist zu beachten, inwieweit sie dem Demokratie- und Rechtsstaatsprinzip des Grundgesetzes entsprechen. Es ist kaum vorstellbar, dass die Belastungsentscheidung nicht auf ein förmliches Gesetzgebungsverfahren, sondern auf die Beschlüsse privater Gremien zurückgeht. Das Modell der Maßgeblichkeit ist daher nicht denkbar, da Steuern nur auf der Grundlage von Gesetzen ermittelt werden dürfen.

Zudem ist die systemimmanente Änderungsgeschwindigkeit des Regelwerks zu beachten.

Der mehr auf *»relevance«* ausgerichtete IFRS-SMEs kann nicht direkt maßgeblich für die nach *»reliability«* (Zuverlässigkeit) fordernde Steuerbemessung sein. Bei der Steuerbemessung ist, wie kürzlich erst vom BFH in einem Urteil zur Teilwertabschreibung bestätigt wurde, darauf zu achten, dass es sich um ein Massenverfahren handelt. Daher müssen klare, einfache und zuverlässige Rahmenbedingungen bestehen, um die Streitanfälligkeit zu minimieren.

III. IFRS als Starting Point/Ausgangspunkt

29 Anstatt einer Maßgeblichkeit des IFRS-SMEs für die steuerliche Gewinnermittlung, soll der IFRS-SMEs (nach Auffassung des IASB) vielmehr als Ausgangspunkt dienen. In BC (Basis for Conclusions) 51 heißt es: »... *as the starting point for determining taxable* ***profit***. ...« (Basis for Conclusions 2009, BC 51).

Damit wird als zukünftige Lösung die Entwicklung eines eigenständigen Bilanzsteuerrechts vorgeschlagen, bei dem der IFRS-SMEs als Starting Point fungieren könnte.

30 Basierend auf diesem Lösungsvorschlag muss untersucht werden, welche Abweichungen zwischen dem IFRS-SMEs und den steuerbilanziellen Vorschriften bestehen, um daraus ableiten zu können, ob die Möglichkeit des Starting Points für die steuerliche Gewinnermittlung in Deutschland als durchsetzungsfähige Alternative erachtet werden kann.

31 Als unterschiedliche Varianten bieten sich an, die Steuerbilanz auf einer funktionsneutralen Basisrechnung aufzusetzen oder aber durch eine Überleitungsrechnung aus einem IFRS-SMEs Abschluss zu entwickeln. Der IASB präferiert die letztere Variante, nämlich, die steuerliche Bemessungsrundlage durch eine Überleitungsrechnung herzuleiten. Zudem wird auch zur Bemessung der Ausschüttung eine Überleitungsrechnung vorgeschlagen (BC 52).

32 Häufig werden die IFRS als Starting Point bereits wegen der Zweckverschiedenheit von vorneherein abgelehnt (Spengel, DB 2006, 682). Da der IFRS-SMEs den gleichen Zweck wie die IFRS verfolgt, muss diesen Argumenten nachgegangen werden. Außerdem müssen die grundlegenden Prinzipien und Lösungsansätze betrachtet werden.

33 Es stellt sich somit die Frage, ob der IFRS-SMEs mit dem Zweck der eigentumsschonenden Messung der steuerlichen Leistungsfähigkeit unter Objektivierungsgesichtspunkten kompatibel sein kann. Zur Klärung steht nicht im Vordergrund, ob der IFRS-SMEs und die steuerliche Gewinnermittlung denselben Zweck verfolgen, denn dies ist offensichtlich nicht der Fall, vielmehr muss beachtet werden, ob trotz der unterschiedlichen Zielsetzungen dennoch auf einzelne Ergebnisse zurückgegriffen werden kann. Denn trotz der unterschiedlichen Zielsetzungen und unterschiedlichen Adressaten basieren die Systeme auf Periodisierungsregeln zur Ermittlung einer Erfolgsziffer. So gilt für die kleinen und mittelgroßen Unternehmen gemäß IFRS-SMEs Abschn. 2.36 und IFRS-SMEs Abschn. 2.52 der Grundsatz der periodengerechten Erfolgsermittlung. Sowohl nach Steuerrecht als auch nach IFRS-SMEs sind die Geschäftsvorfälle und sonstigen betrieblichen Ereignisse also grundsätzlich unabhängig von der Zahlungswirksamkeit zum Zeitpunkt der wirtschaftlichen Verwirklichung darzustellen.

34 Die Einkommensbesteuerung knüpft an der wirtschaftlichen Leistungsfähigkeit des Steuerpflichtigen an. Damit stellt sich die Frage, was wirtschaftliche Leistungsfähigkeit ist. Wird davon ausgegangen, dass es sich um eine wirtschaftliche Größe handelt, dann steht fest, dass diese Größe auch nicht a priori unveränderlich definiert ist. Denn das, was wirtschaftliche Leistungsfähigkeit ist, kann sich verändern oder zumindest auch in veränderter Form gemessen werden. Daher muss untersucht werden, ob die internationalen Rechnungslegungsstandards geeignet sind, die wirtschaftliche Leistungsfähigkeit zu messen. Ausschlaggebend ist, dass der Bestand des Unternehmens gesichert wird. Hierfür ist von Bedeutung, dass auch weiterhin das Realisationsprinzip ein Eckpfeiler der steuerbilanziellen Gewinnermittlung bleibt.

Dementsprechend dürfen noch nicht realisierte Gewinne nicht ergebniswirksam erfasst werden, wohingegen Risiken und Verluste nach dem Vorsichtsprinzip/Imparitätsprinzip erfasst werden sollen. Hierbei soll der Gewinn nicht zu vorsichtig, wie unter Gläubigerschutzgesichtspunkten ermittelt werden, sondern vielmehr die periodengerechte Abgrenzung im Vordergrund stehen.

35 Die Objektivierbarkeit von Gewinnermittlungsregeln stellt einen Eckpfeiler der Gewinnermittlung dar. Auch eine Rechnungslegung, die dem Informationszweck dient, muss unter Objektivierungsgesichtspunkten aufgestellt sein, da die Adressaten die Informationen nur dann als vertrauenswürdig ansehen, wenn sie verlässlich und nachprüfbar sind. Hierbei entsteht jedoch ein Spannungsverhältnis zwischen der Vermittlung von zuverlässigen *(reliability)* und relevanten *(relevance)* Informationen. Objektivierungsrestriktionen finden sich insbesondere im Grundsatz der Einzelbewertung und im Saldierungsverbot. Auch nach Abschnitt 2 des IFRS-SMEs dürfen Vermögenswerte und Schulden sowie Aufwendungen und Erträge grundsätzlich nicht miteinander verrechnet werden, solange nicht in anderen Abschnitten eine Saldierung ausdrücklich verlangt wird (Beiersdorf/Eierle/Haller, DB 2009, 1552).

36 Wichtig ist, dass sich ein eigenständiges Steuerbilanzrecht weiterhin an der Zielsetzung und den Rechnungslegungsgrundsätzen orientiert, die auch unter Anwendung des Maßgeblichkeitsgrundsatzes bestehen. Zu beachten ist hierbei insbesondere, dass am Realisationsprinzip festgehalten wird und es somit zu keinem Ausweis von noch nicht realisierten Gewinnen kommt. Zudem muss ein möglichst periodengerechter Gewinn ermittelt werden, der verlässlich bestimmt wird und der eine folgerichtige, eigentumsschonende und objektivierbare Messung der wirtschaftlichen Leistungsfähigkeit erlaubt. Soweit stärkere Objektivierungsregeln dem entgegenstehen, kann der informationsvermittelnden Rechnungslegung des IFRS-SMEs nicht gefolgt werden. Dies schließt eine im Einzelfall mögliche Übernahme hingegen nicht aus.

37 Daher werden im Folgenden ausgewählte Einzelregelungen vergleichend nach ihrer Ausgestaltung im Steuerrecht, nach HGB-BilMoG und IFRS-SMEs dargestellt. Hierbei werden bestehende Gemeinsamkeiten und Abweichungen aufgezeigt und analysiert.

C. Eignung ausgewählter Einzelregelungen

I. Finanzinstrumente

38 Die bilanzielle Behandlung von Finanzinstrumenten stellt ein kontrovers diskutiertes Gebiet der Rechnungslegung dar, welches insbesondere auch durch die Finanzkrise zu einem starken Meinungsaustausch in der Fachliteratur geführt hat.

39 Gemäß Abschnitt 11.2 des IFRS-SMEs besteht ein Wahlrecht, die Bilanzierung von Finanzinstrumenten nach den Regeln des IFRS-SMEs vorzunehmen oder stattdessen IAS 39 zur Bilanzierung dem Grunde und der Höhe nach heranzuziehen, ohne jedoch die umfassenden Angabepflichten des IFRS 7 zu verlangen (Beiersdorf/Eierle/Haller, DB 2009, 1549).

Wählt man die Behandlung nach dem IFRS-SMEs, wird anders als bei IAS 39 nicht zwischen vier verschiedenen Bewertungskategorien differenziert. Die diffizile Kategorisierung, wie sie nach IAS 39 vorzunehmen ist, entfällt damit vollständig.

40 Vielmehr werden die einfachen Finanzinstrumente, die in IFRS-SMEs Abschn. 11 geregelt sind, bei Zugang zum Transaktionspreis und in der Folge fast uneingeschränkt zu den fortgeführten Anschaffungskosten bewertet. Damit ist die Bewertung der einfachen Finanzinstrumente grundsätzlich mit der Bewertung von Finanzinstrumenten nach HGB vergleichbar. Lediglich bei Eigenkapitalinstrumenten wird eine Fair Value Bewertung vorgenommen, soweit diese verlässlich zu ermitteln ist.

41 Neben den einfachen Finanzinstrumenten in IFRS-SMEs Abschn. 11, werden die sonstigen Finanzinstrumente in Abschnitt 12, geregelt. Dieser setzt sich mit den komplexeren Fragestellungen auseinander bzw. fungiert auch als Auffangvorschrift für die nicht in IFRS-SMEs Abschn. 11 aufgeführten Sachverhalte. Die Finanzinstrumente, die unter IFRS-SMEs Abschn. 12 subsumiert werden, können ergebniswirksam zum Fair Value bewerten werden, wenn dieser verlässlich ermittelt werden kann (IFRS-SMEs Abschn. 12.8).

Motiviert durch die Finanzkrise haben auch die IFRS sich bereits von einer zu starken Fair Value Bewertung distanziert. Damit hat der IFRS-SMEs einen viel vorsichtigeren Weg eingeschlagen als die IFRS. Es kommt daher zu geringeren Ergebniswirkungen.

42 Auch nach HGB-BilMoG war zu Beginn des Gesetzgebungsverfahrens noch eine weit reichende Zeitwertbewertung von Finanzinstrumenten geplant. Auch diese Vorgehensweise ist im Laufe des Gesetzgebungsverfahrens, beeinflusst durch die Finanzkrise, wieder stark eingeschränkt worden. Die Verpflichtung zur Bewertung von Finanzinstrumenten zum Zeitwert ist nun beschränkt auf Finanzinstrumente des Handelsbestands von Kreditinstituten (§ 340e Abs. 3 HGB).

43 Auch steuerlich werden Finanzinstrumente grundsätzlich zu fortgeführten Anschaffungskosten bewertet. § 6 Abs. 1 Nr. 2b EStG regelt explizit, dass Steuerpflichtige, die in den Anwendungsbereich des § 340 HGB fallen, die zu Handelszwecken erworbenen Finanzinstrumente, die nicht Bestandteil einer Bewertungseinheit sind, mit dem Zeitwert abzüglich eines Risikoabschlags zu bewerten haben. Somit ist für die Finanzinstrumente des Handelsbestands eine steuerliche Sondervorschrift implementiert worden, da bei Anwendung der steuerlichen Vorschriften eine Zeitwertbewertung grundsätzlich nicht möglich ist.

II. Hedge Accounting

44 Neben der bilanziellen Behandlung der sonstigen Finanzinstrumente ist auch das Hedge Accounting in IFRS-SMEs Abschn. 12 geregelt. Die Behandlung als Sicherungsbeziehung ist nur bei bestimmten Risiken zulässig. Als absicherbare Risiken dürfen Zins-, Währungs- und Preisrisiken in konkret normierten Konstellationen herangezogen werden. Als Sicherungsinstrumente dürfen nur Zins- und Währungsswaps sowie Devisen- oder Warentermingeschäfte fungieren. Optionen sind als Sicherungsinstrumente nach IFRS-SMEs hingegen nicht zulässig. Insgesamt kommt es im Vergleich zu den IFRS zu einer deutlich eingeschränkten Bildung von Sicherungsbeziehungen. Die Nachweis- und Dokumentationspflichten für Sicherungsgeschäfte sind hingegen entschärft worden, eine Nachweispflicht wie bei den IFRS ist nicht nötig (IFRS-SMEs Abschn. 12.18a). Diese Pflichten sind lockerer gefasst, als bei den IFRS, da davon ausgegangen wird, dass kleinere Unternehmen Sicherungsbeziehungen nur in geringem Umfang eingehen. Die bilanzielle Abbildung erfolgt wie bei den IFRS nach den Methoden des Fair Value Hedge und des Cash Flow Hedge.

45 Handelsrechtlich ist durch das BilMoG die Behandlung von Sicherungsbeziehungen erstmals gesetzlich in § 254 HGB geregelt worden. Werden Vermögensgegenstände, Schulden, schwebende Geschäfte oder mit hoher Wahrscheinlichkeit erwartete Transaktionen zum Ausgleich gegenläufiger Wertänderungen oder Zahlungsströme aus dem Eintritt vergleichbarer Risiken mit Finanzinstrumenten zusammengefasst (Bewertungseinheit), kommen die § 249 Abs. 1, § 252 Abs. 1 Nr. 3 und 4, § 253 Abs. 1 Satz 1 und § 256a HGB in dem Umfang und für den Zeitraum nicht zur Anwendung, in dem die gegenläufigen Wertänderungen oder Zahlungsströme sich ausgleichen. Das Handelsrecht nimmt hier keine direkte Einschränkung bezüglich der Risiken vor. Die Regelung zielt aber insgesamt auf finanzwirtschaftliche Risiken ab. Als Siche-

rungsgeschäfte können grundsätzlich alle Finanzinstrumente herangezogen werden. Dadurch ist der Bereich der Sicherungsbeziehungen viel weitergefasst, als der des IFRS-SMEs. Als bilanzielle Methoden können die Durchbuchungs- oder die Einfriermethode angewandt werden.

46 Auch steuerrechtlich sind über den erweiterten Maßgeblichkeitsgrundsatz, der in § 5 Abs. 1a EStG normiert ist, die Ergebnisse der handelsrechtlich gebildeten Bewertungseinheiten für die steuerliche Gewinnermittlung maßgeblich. Durch § 5 Abs. 4a EStG, der den Ansatz von Drohverlustrückstellungen zulässt, die aus den Ergebnissen der Bewertungseinheiten resultieren, kann es somit zu steuerlichen Ergebniswirkungen kommen.

47 Insgesamt können handelsrechtlich und demnach über den erweiterten Maßgeblichkeitsgrundsatz auch steuerrechtlich mehr Sicherungsbeziehungen bilanziell abgebildet werden, als dieses nach dem IFRS-SMEs möglich ist.

III. Immaterielle Vermögenswerte

1. Selbst erstellte Immaterielle Vermögenswerte – Aktivierung

48 Nach IFRS-SMEs Abschn. 18 dürfen Entwicklungskosten bei selbst erstellten immateriellen Vermögenswerten nur dann zum Ansatz kommen, wenn diese Aufwendungen in die Anschaffungs- und Herstellungskosten eines ansatzfähigen Vermögenswerts eingehen. Dadurch wird ein isolierter Ansatz der Entwicklungskosten von selbst geschaffenen immateriellen Vermögenswerten des Anlagevermögens nicht zugelassen. Entwicklungskosten müssen damit direkt aufwandswirksam erfasst werden. Forschungskosten dürfen nicht zum Ansatz kommen.

49 Handelsrechtlich bestand bisher gemäß § 248 Abs. 2 HGB ein Ansatzverbot für selbst erstellte immaterielle Vermögensgegenstände. Durch die Reform des HGB wurde § 248 Abs. 2 HGB modifiziert und ein Aktivierungswahlrecht für die in der Entwicklungsphase anfallenden Herstellungskosten geschaffen. Voraussetzung für das Wahlrecht ist aber das Vorliegen eines Vermögensgegenstands. Im Schrifttum wird bemängelt, dass dieses Wahlrecht sowohl der Zielsetzung, die Informationsfunktion zu stärken, als auch der Zielsetzung, Wahlrechte durch das BilMoG abzuschaffen, entgegensteht.

Für die Forschungsaufwendungen besteht hingegen ein Aktivierungsverbot, da es an einer Aussage über die technische Verwertbarkeit und über die wirtschaftlichen Erfolgsaussichten fehlt. Ein Verbot besteht zudem für selbst geschaffene Markennamen, Drucktitel, Verlagsrechte, Kundenlisten oder vergleichbare immaterielle Vermögensgegenstände des Anlagevermögens.

Gewinne, aus der Aktivierung selbst geschaffener immaterieller Vermögensgegenstände des Anlagevermögens, unterliegen gemäß § 268 Abs. 8 HGB der Ausschüttungssperre.

50 Grundsätzlich würde aus dem handelsrechtlichen Aktivierungswahlrecht eine steuerliche Aktivierungspflicht resultieren. Steuerlich existiert aber weiterhin § 5 Abs. 2 EStG, der eine Aktivierung selbst erschaffener Wirtschaftsgüter nicht zulässt. Durch das handelsrechtliche Wahlrecht erhält § 5 Abs. 2 EStG, der bisher neben § 248 Abs. 2 HGB eher klarstellenden Charakter hatte, einen anderen Stellenwert und wird zu einer »echten« steuerlichen Sondervorschrift.

Steuerlich werden selbst erstellte immaterielle Wirtschaftsgüter nicht aktiviert, sondern die Aufwendungen sind sofort abzugsfähig. Nur entgeltlich erworbene immaterielle Wirtschaftgüter werden aktiviert, da über die Anschaffungskosten der Markt eine Bestätigung für den Wert gibt. Erst durch einen entgeltlichen Erwerb kommt es zu einer Objektivierung. Für die steuerliche Bilanzierung von immateriellen Wirtschaftsgütern ist daher eine Bewertungsobjektivierung durch den entgeltlichen Erwerbsvorgang unverzichtbar.

51 Damit hat der IFRS-SMEs bei der Behandlung von selbst erstellten immateriellen Vermögensgegenständen eine höhere Übereinstimmung mit dem Steuerrecht, als dies bei Ausübung des HGB-BilMoG Wahlrechts der Fall ist (Kirsch, DStZ 2009, 797).

2. Immaterielle Vermögenswerte – Bewertung

52 Die Erstbewertung wird nach HGB-BilMoG, Steuerrecht und dem IFRS-SMEs in Höhe der Anschaffungs- bzw. Herstellungskosten vorgenommen.

Die planmäßige Abschreibung erfolgt sowohl nach HGB als auch nach IFRS-SMEs über die Nutzungsdauer. Das Wahlrecht zur Neubewertungsmethode, welches noch in der Entwurffassung des IFRS-SMEs vorgesehen war, ist gestrichen worden.

Anders als nach BilMoG, wo es keine Beschränkung der Nutzungsdauer gibt, ist die Nutzungsdauer nach IFRS-SMEs, wenn sie sich nicht verlässlich schätzen lässt, maximal zehn Jahre. Nach IFRS-SMEs besteht die Pflicht zur planmäßigen Abschreibung auch dann, wenn die Nutzungsdauer unbegrenzt ist oder nicht bestimmt werden kann. Ist die Nutzungsdauer nicht zu bestimmen, dann ist maximal von einer Nutzungsdauer von zehn Jahren auszugehen (IFRS-SMEs Abschn. 18.21). Grundsätzlich erfolgt die Verteilung nach der Nutzungsabgabe. Ist diese nicht zu bestimmen, ist eine lineare Abschreibung vorzunehmen.

53 Steuerbilanziell erfolgt die Bewertung von aktivierten immateriellen Vermögenswerten gemäß § 6 Abs. 1 Nr. 1 EStG mit den Anschaffungs- oder Herstellungskosten. Die planmäßige Abschreibung muss nach § 7 Abs. 1 Satz 1 EStG vorgenommen werden und erfolgt damit linear über die Nutzungsdauer.

IV. Bewertungsbesonderheiten

1. Außerplanmäßige Abschreibung

54 Neben der planmäßigen Abschreibung ist auch die außerplanmäßige Abschreibung zu beachten.

Nach IFRS-SMEs Abschn. 27 findet die Erfassung des Wertminderungsaufwands nach einer Überprüfung von Indikatoren statt. Die Wertminderungsindikatoren können dabei sowohl nachhaltiger Natur sein als auch nur vorübergehend bestehen.

Handelsrechtlich kommt bei einer außerplanmäßigen Wertminderung das Niederstwertprinzip zum Tragen.

Steuerrechtlich kommt es gemäß § 6 Abs. 1 EStG nur bei einer voraussichtlich dauernden Wertminderung zu einer Teilwertabschreibung. Zu beachten ist, dass der Wortlaut des § 6 Abs. 1 Nr. 1, Nr. 2 EStG ein Wahlrecht eröffnet, da es zu einer Abschreibung kommen »kann«. Dieses Wahlrecht lief nach bisheriger Rechtslage ins Leere, da das Niederstwertprinzip als Ausdruck handelsrechtlicher GoB über den Maßgeblichkeitsgrundsatz auf die steuerliche Gewinnermittlung durchschlug. Durch die autonome Ausübung von steuerlichen Wahlrechten, die nun über § 5 Abs. 1 EStG möglich ist, kann die Teilwertabschreibung als autonomes steuerliches Wahlrecht angesehen werden.

Da der IFRS-SMEs nicht auf die voraussichtliche Dauerhaftigkeit der Wertminderung abstellt, kommt es nach IFRS-SMEs, wie auch nach dem HGB, grundsätzlich früher zu einer außerplanmäßigen Wertminderung als nach der steuerbilanziellen Vorschrift.

2. Wertaufholungsgebot

55 Sowohl handelsbilanziell als auch steuerbilanziell sowie nach IFRS-SMEs besteht grundsätzlich ein Wertaufholungsgebot. In der Ausgestaltung dieses Gebots ist aber differenziert vorgegangen worden. Nach IFRS-SMEs wird eine Prüfung, ob es gegebenenfalls zu einer Wertaufholung kommt, nur dann vorgenommen, wenn gewisse Indikatoren für eine Wertaufholung vorliegen.

56 Handelsrechtlich besteht ein Wertaufholungsgebot gem. § 253 Abs. 5 Satz 1 HGB, wenn der Grund, der zu einer außerplanmäßigen Wertminderung geführt hat, nicht mehr existent ist.

Die Wertobergrenze für die Wertaufholung stellen die fortgeführten Anschaffungs- oder Herstellungskosten dar.

57 Steuerlich muss hingegen gemäß § 6 Abs. 1 EStG an jedem Bilanzstichtag untersucht werden, ob die Grundlage für einen niedrigeren Teilwert noch besteht, oder ob vielmehr eine Wertaufholung vorgenommen werden muss. Eine Wertaufholung ist damit steuerlich auch dann vorzunehmen, wenn die für die Abschreibung ursächlichen Gründe noch bestehen, der Teilwert sich aber aus anderen Gründen erhöht hat.

V. Derivativer Geschäfts- oder Firmenwert

58 Sowohl nach HGB als auch nach IFRS-SMEs und nach Steuerrecht besteht eine Verpflichtung zur Aktivierung des derivativen Geschäfts- oder Firmenwerts.

Der entgeltlich erworbene Firmenwert wird durch § 246 Abs. 1 Satz 4 HGB fiktiv zum zeitlich begrenzt nutzbaren Vermögensgegenstand erhoben. Somit ist der derivative Firmenwert aktivierungspflichtig. Die Streichung des Aktivierungswahlrechts führt zu einer erheblich höheren Information des Jahresabschlusses.

Steuerlich hat der derivative Firmenwert die Qualität eines immateriellen Wirtschaftsguts und ist somit zu aktivieren. Hierdurch kommt es zu einem Gleichklang zwischen Handels- und Steuerbilanz (und IFRS-SMEs).

59 Bei der Abschreibung des Geschäfts- oder Firmenwerts kann es jedoch zu Abweichungen kommen. Nach IFRS-SMEs wird, sofern die Nutzungsdauer nicht verlässlich schätzbar ist, eine maximale Abschreibung über zehn Jahre vorgenommen.

Handelsrechtlich ist der derivative Geschäfts- oder Firmenwert als zeitlich begrenzt nutzbarer Vermögensgegenstand über die betriebliche Nutzungsdauer abzuschreiben. Nach BilMoG wird grundsätzlich von einer Nutzungsdauer von fünf Jahren ausgegangen. Abweichungen sind möglich, aber im Anhang zu begründen.

Das Steuerrecht schreibt in § 7 Abs. 1 Satz 3 EStG hingegen eine Abschreibungsdauer von 15 Jahren vor. Ein handelsrechtlicher Verweis auf die 15 jährige steuerliche Nutzungsdauer ist nicht möglich. Vielmehr muss die handelsrechtliche Nutzungsdauer isoliert betrachtet werden.

Damit wird es in den meisten Fällen zu Abweichungen bei der planmäßigen Abschreibung kommen.

60 Nach IFRS-SMEs Abschn. 27.28 besteht für den Geschäfts- oder Firmenwert ein Wertaufholungsverbot.

Auch § 253 Abs. 5 Satz 2 HGB schreibt für den Geschäfts- oder Firmenwert ein explizites Wertaufholungsverbot vor. Das Verbot wird damit begründet, dass die Wertaufholung sich aus der Betriebstätigkeit des Unternehmens ergeben würde. Die Wertaufholung würde eine verbotene Aktivierung des selbst geschaffenen Firmenwerts nach § 248 Abs. 2 Satz 2 HGB darstellen.

Über den Maßgeblichkeitsgrundsatz gilt das Aktivierungsverbot auch für die Steuerbilanz, zudem kommt § 5 Abs. 2 EStG zum Tragen.

VI. Sonstige Rückstellungen

1. Ansatz

61 Nach IFRS-SMEs Abschn. 21.4 kommt es zu dem Ansatz einer Rückstellung, wenn gewisse Voraussetzungen kumulativ vorliegen. Demnach muss am Bilanzstichtag eine Verpflichtung aus einem vergangenen Ereignis bestehen. Es muss wahrscheinlich sein, dass die Unterneh-

men zur Erfüllung der Verpflichtung herangezogen werden und es somit zu einem Abfluss von Ressourcen kommt (Wahrscheinlichkeit der Inanspruchnahme), und die Höhe der Verpflichtung muss zuverlässig geschätzt werden können.

62 Handelsrechtlich ist die Rückstellungsbildung in § 249 HGB geregelt. Dieser wurde im Rahmen des BilMoG genauso wie die Bewertungsvorschrift für Rückstellungen (§ 253 HGB) geändert.

In der Handelsbilanz müssen Rückstellungen gebildet werden (Passivierungsgebot) für ungewisse Verbindlichkeiten, drohende Verluste aus schwebenden Geschäften und Gewährleistungen ohne Rechtspflicht, für im Wirtschaftsjahr unterlassene Aufwendungen für Instandhaltung, soweit diese im folgenden Wirtschaftsjahr innerhalb von drei Monaten nachgeholt werden, und für Abraumbeseitigung, die im folgenden Wirtschaftsjahr nachgeholt wird.

Nach dem Maßgeblichkeitsgebot müssen die Rückstellungen, soweit keine steuerliche Sondervorschrift existent ist, auch in der Steuerbilanz gebildet werden (steuerbilanzielles Passivierungsgebot).

Zu einer Abweichung kommt es daher zB bei der Behandlung von Drohverlustrückstellungen, die handelsbilanziell gem. § 249 HGB zu bilden sind. Steuerbilanziell existiert hingegen eine Sondervorschrift in § 5 Abs. 4a EStG, auf deren Grundlage die Bildung einer Drohverlustrückstellung nicht zulässig ist. Anzumerken ist, dass die steuerliche Nichtbildung im erheblichen Maße fiskalisch motiviert ist.

Auch nach Abschnitt 21 des IFRS-SMEs müssen Drohverlustrückstellungen gebildet werden.

63 Für andere Zwecke dürfen in der Handelsbilanz und damit auch in der Steuerbilanz keine Rückstellungen gebildet werden (Passivierungsverbot).

Bisher kam es zu Abweichungen zwischen der Handelsbilanz und der Steuerbilanz durch die im Handelsrecht bestehenden Passivierungswahlrechte. Mit der Streichung des §§ 249 Abs. 1 Satz 3 HGB aF und des Abs. 2 HGB aF ist die Rückstellungsbildung für unterlassene Instandhaltungsmaßnahmen, die nicht innerhalb von drei Monaten, aber im folgenden Geschäftsjahr nachgeholt werden, und die Bildung von sonstigen Aufwandrückstellungen nicht mehr zulässig. Aufwandsrückstellungen und insbesondere Instandhaltungsrückstellungen misst der Gesetzgeber einen Rücklagencharakter bei. Zudem sind derartige Rückstellungen auch international nicht anerkannt. Das Ziel dieser Streichung liegt in der Abschaffung von Wahlrechten und damit einhergehend in der Stärkung der Informationsfunktion und der Annäherung an die IFRS.

Steuerrechtlich hat die Streichung der Wahlrechte keine Folgewirkung, da den handelsrechtlichen Wahlrechten ein steuerliches Passivierungsverbot gegenüberstand.

2. Bewertung

64 Nach IFRS-SMEs Abschn. 21.7 sind die Rückstellungen mit der bestmöglichen Schätzung der Ausgaben zu bewerten, die für die Erfüllung der gegenwärtigen Verpflichtung zum Bilanzstichtag erforderlich sind.

Die Bewertung erfolgt realitätsnäher durch die Berücksichtigung von Kostensteigerungen und aktuellen Zinssätzen, soweit abzuzinsen ist.

Nach IFRS-SMEs Abschn. 21.11 sind zu jedem Bilanzstichtag die Buchwerte zu überprüfen. Jegliche Änderung des Schätzwerts ist dann ergebniswirksam zu behandeln (Beiersdorf/Eierle/Haller, DB 2009, 1556).

65 Die Bewertung von Rückstellungen regelt § 253 HGB. Bei der Rückstellungsbewertung durch das BilMoG ist auf die Verhältnisse im Zeitpunkt der zugrunde liegenden Verpflichtung abzustellen. Mithin sind erwartete Steigerungen von Preisen und Kosten verpflichtend zu beachten. Eine weitere wesentliche Neuerung ist die Einführung eines Abzinsungsgebots. Rückstellungen, deren Restlaufzeit größer als ein Jahr ist, sind laufzeitkongruent zu diskontieren.

66 Steuerlich existiert mit § 6 Abs. 1 Nr. 3a lit. f EStG ein eigenständiges steuerliches Stichtagsprinzip. Die Wertverhältnisse am Bilanzstichtag sind maßgeblich, zukünftige Wert- und Preisverhältnisse finden hingegen keine Beachtung. Gemäß § 6 Abs. 1 Nr. 3a lit. e EStG sind unverzinsliche Geld- und Sachleistungsverpflichtungen abzuzinsen, deren Laufzeit am Bilanzstichtag noch mindestens zwölf Monate beträgt.

D. Zusammenfassende Wertung

67 Resultierend aus der Tatsache, dass sich der IASB in der Basis for Conclusions zum möglichen Verhältnis des IFRS-SMEs zur steuerlichen Gewinnermittlung geäußert hat und vor dem Hintergrund, dass der deutsche Gesetzgeber als dauerhafte Alternative zu dem IFRS-SMEs das deutsche Handelsrecht reformiert hat, wurden die Beziehungen von IFRS-SMEs, HGB-BilMoG und Steuerrecht analysiert.

68 Im IFRS-SMEs wurden gegenüber dem Exposure Draft (Kirsch, DStZ 2009, 796) ebenso wie im Rahmen des BilMoG im Vergleich zur alten Fassung des HGB die Bilanzierungs- und Bewertungswahlrechte reduziert. Hierdurch sollte die Informationsfunktion gestärkt werden. Mit der Streichung des § 5 Abs. 1 Satz 2 EStG aF, dh., mit der Eliminierung von zahlreichen Aktivierungs-, Passivierungs- und Bewertungswahlrechten wird das Gewicht zwischen Informations- und Zahlungsbemessungsfunktion deutlich in die Richtung der Informationsfunktion verschoben. Die Ausrichtung zur Informationsfunktion bleibt nicht ohne Auswirkung auf die deduktive Gewinnung der Grundsätze ordnungsmäßiger Buchführung und somit über die Maßgeblichkeit auf die steuerliche Gewinnermittlung.

Auch durch die Einführung des BilMoGs wird der Funktionswiderstreit zwischen Informationsfunktion und Gläubigerschutz nicht aufgegeben, sondern es wird vielmehr versucht auch dem Gläubigerschutz weiterhin gerecht zu werden. Aus diesem Grund werden Ausschüttungssperren normiert. Hier ist besonders die in § 268 Abs. 8 HGB geregelte Ausschüttungssperre zu nennen, die vorsieht, dass Erträge, die aus der Aktivierung selbst geschaffener immaterieller Vermögensgegenstände des Anlagevermögens oder aus aktiven latenten Steuern resultieren, einer Ausschüttungssperre unterliegen (Spengel, FR 2009, 102). Damit verlagert sich der Schutz der Gläubiger von der durch das Vorsichtsprinzip dominierten Ergebnisermittlung hin zur Ergebnisverwendung und damit zur Ausschüttungssperre (Hommelhoff, ZGR 2008, 257; Rammert/Thies, WPg 2009, 36). So wird die handelsrechtliche Ausschüttungsbasis immer mehr vom handelsrechtlichen Ergebnis abgekoppelt.

69 Bei der Analyse der Einzelregelungen wird deutlich, dass bereits bei einer sehr abstrakten Untersuchung erhebliche Unterschiede zwischen der IFRS-SMEs-Vorgehensweise und der steuerlichen Regelung bestehen. Ähnliche Differenzen ergeben sich aber auch zwischen HGB-BilMoG und dem Steuerrecht. Diese Unterschiede sind zumeist auf steuerliche Sondervorschriften zurückzuführen. Daraus wird ersichtlich, dass auch bei dem derzeit bestehenden Maßgeblichkeitsgrundsatz eine steuerliche Gewinnermittlung nur unter Zuhilfenahme von Sondervorschriften möglich ist. Daher kann aufgrund der Differenzen keine direkte Ablehnung des IFRS-SMEs als Ausgangspunkt für die steuerliche Gewinnermittlung ausgemacht werden.

70 Würde man den IFRS-SMEs somit als Ausgangspunkt heranziehen, sollte die steuerliche Gewinnermittlung nach den gleichen Prinzipien aufgestellt werden, wie dieses unter Beachtung des Maßgeblichkeitsgrundsatzes der Fall ist. Es muss eine periodengerechte Ermittlung unter Beachtung des Realisationsprinzips im Vordergrund stehen.

Positiv zu bewerten ist daher, dass der IFRS-SMEs nur im geringen Umfang eine Fair Value Bewertung verfolgt.

Ein eigenständiges Steuerbilanzrecht, das auf einer Überleitungsrechnung basiert, kann daher grundsätzlich als möglich angesehen werden.

71 Zu beachten ist, dass es zu einer Zweiteilung der IFRS kommt, da in Abhängigkeit von der Größe bzw. dem Typ des Unternehmens entweder ein Abschluss nach IFRS oder nach IFRS-SMEs aufgestellt werden muss (Beiersdorf/Eierle/Haller, DB 2009, 1557). Als positiv kann hierbei grundsätzlich angesehen werden, dass der IFRS-SMEs auch eine Ausstrahlwirkung auf die IFRS haben kann und damit generell zu einer Komplexitätsreduktion bei den IFRS führen würde. Problematisch ist hingegen, dass beide Systeme als Ausgangspunkt für die steuerliche Gewinnermittlung herangezogen werden müssten. Zudem ist durch die Reformierung des Handelsrechts die Zahl der Unternehmen angestiegen, die von der Buchführungspflicht befreit sind und den Gewinn durch Einnahme-Überschuss-Rechnung ermitteln dürfen. Daher müssen auf nationaler steuerrechtlicher Ebene zudem noch die Anwender der Einnahme-Überschuss-Rechnung einbezogen werden. Außerdem würde eine Modifikation der Einnahme-Überschuss-Rechnung den Anwenderkreis der noch ausweiten.

Bei einer Abkehr vom Maßgeblichkeitsgrundsatz ist daher von Bedeutung, wie die persönlichen Anwenderkreise definiert werden. Bei der Abgrenzung mittels quantitativer Größenkriterien wird es stets zu Ungleichbehandlungen kommen, da die Schwellenwerte willkürlich festgelegt werden. Für die Steuerharmonisierung kann die differenzierte Behandlung von kleinen und großen Unternehmen als kontraproduktiv angesehen werden, da bei der Bemessung der Leistungsfähigkeit nicht zwischen kleinen, mittelgroßen und großen Unternehmen differenziert werden darf. Hier müssen vielmehr einheitliche Bewertungs- und Ansatznormen gelten (Hoffmann, 2008, 200).

72 Damit hat der Prozess der Internationalisierung nun auch die kleinen und mittelständischen nicht kapitalmarktorientierten Unternehmen erreicht. Auch wenn derzeit eine Übernahme des IFRS-SMEs in nationales Recht nicht absehbar ist, darf sich Deutschland der aktuellen Entwicklungen nicht verschließen. Die Frage nach einer eigenständigen steuerlichen Gewinnermittlung ist vor dem Hintergrund der aktuellen Entwicklungen brisanter denn je.

III. IFRS-SMEs aus europäischer Sicht

Reinhard Biebel
(Der Autor gibt seine persönliche Meinung wieder.)

Inhaltsverzeichnis

Schrifttum

EU-Kommission, EU nähert sich internationalen Rechnungslegungsstandards an, Press Release IP/00/606, Brüssel 13.6.2000; *EU-Kommission*, Implementation of the IAS Regulation (1606/2002) in the EU and EEA, Brüssel 22.7.2010; *EU-Kommission*, Bericht über die Funktionsweise der Verordnung (EG) Nr. 1606/2002 vom 19. Juli 2002 betreffend die Anwendung internationaler Rechnungslegungsstandards, Brüssel 24.4.2008; *EU-Kommission*, Kommentare zu bestimmten Artikeln der Verordnung (EG) Nr. 1606/2002 des Europäischen Parlaments und des Rates vom 19. Juli 2002 betreffend die Anwendung internationaler Rechnungslegungsstandards und zur Vierten Richtlinie 78/660/EWG des Rates vom 25. Juli 1978 sowie zur Siebenten Richtlinie 83/349/EWG des Rates vom 13. Juni 1983 über Rechnungslegung, Brüssel November 2003; *UK ASB*, Policy Proposal: The Future of UK GAAP, London August 2009.

A. Einführung

1 Der handelsrechtliche Jahresabschluss hat in seiner Eigenschaft als Rechenschaftsinstrument eines Unternehmens zwei Grundfunktionen: Er informiert über die wirtschaftliche Lage des Unternehmens und stellt die Bemessungsgrundlage für die Verteilung des Ergebnisses dar.

- **Informationsfunktion**: Die Dokumentation der Vermögens-, Finanz- und Ertragslage zum Bilanzstichtag ist Basis für Planungen und künftige Entscheidungen des Unternehmens, der Anteilseigner und externer Gruppen.
- **Zahlungsbemessungsfunktion**: Der Jahresabschluss ist Grundlage für die Besteuerung des Unternehmens und für die Ermittlung von erfolgsabhängigen Auszahlungen wie Dividenden und Erfolgsbeteiligungen.

Eingebettet in ein Regelwerk von europäischen und nationalen Gesetzen kommt dem handelsrechtlichen Jahresabschluss traditionell eine mehr oder weniger stark ausgeprägte Gläubiger-Schutzfunktion zu. Die Frage, ob der Jahresabschluss auch eine Funktion im Rahmen der Sicherung der Finanzmarktstabilität übernehmen soll, ist durch die Finanzkrise stärker in den Vordergrund gerückt. Mehr und mehr Stimmen werden laut, die zu einer Abkehr von einer zu optimistischen, auf mehr oder weniger verlässlichen Marktwerten und Schätzungen beruhenden Berichterstattung raten, die das Vorsichts- und auch das Realisationsprinzip zu sehr vernachlässigt.

2 Die EU-Bilanzrichtlinien, die vor mehr als 30 Jahren in der EU eingeführt worden sind, waren ein erster Schritt in Richtung Harmonisierung der Rechnungslegung innerhalb der EU mit dem Ziel der Verbesserung der Vergleichbarkeit. Auch wenn die Richtlinien eine Vielzahl von Wahlrechten beinhalten (mehr als 50), war die Zielsetzung, zumindest ein Mindestmaß an Harmonisierung der Rechnungslegung in der EU zu erreichen. Über die Jahre hinweg haben sich auf Basis der EU-Bilanzrichtlinien nationale Bilanzierungsvorschriften entwickelt, die auf EU-Ebene nur begrenzt vergleichbar sind. Aufgrund nach wie vor unterschiedlicher Rechtssysteme und Funktionen von Jahresabschlüssen in verschiedenen Mitgliedstaaten scheint aus heutiger Sicht klar, dass es ausgesprochen schwierig, wenn nicht unmöglich ist, eine vollständige Harmonisierung der Rechnungslegungsvorschriften in der EU anzustreben.

3 Im Zuge der stärkeren internationalen ökonomischen Verflechtungen und der anhaltenden Globalisierung der Wirtschaft wurde jedoch klar, dass die Kommunikation von Marktteilnehmern auf Basis unterschiedlicher Bilanzierungsnormen, das Wirtschaftswachstum und internationale Investitionsentscheidungen erschweren. Große und kapitalmarktorientierte Unternehmen haben frühzeitig erkannt, dass – wenn sie für die internationale Anlegergemeinschaft interessant sein wollen – die Finanzberichterstattung auf internationalen Prinzipien basieren muss.

4 Seit einigen Jahren sind Tendenzen erkennbar, die den gegenwärtigen rechtlichen Rahmen der Rechnungslegung von nicht kapitalmarktorientierten Unternehmen in der EU als renovierungsbedürftig erscheinen lassen. Vor allem drei wesentliche Strömungen sind dabei zu beobachten:

- Bestrebungen, die Bürokratiekosten speziell für kleine und mittelgroße Unternehmen zu senken;
- Überlegungen, die seit mehr als 30 Jahren gültigen EU-Bilanzrichtlinien zu vereinfachen und zu modernisieren; und
- die Entwicklung des IFRS-SMEs, ein international gültiges Rechnungslegungswerk für Unternehmen ohne öffentliche Rechenschaftspflicht, durch den IASB.

Als Reaktion auf diese Tendenzen hat der damals zuständige EU-Kommissar für Binnenmarkt im September 2008 angekündigt, (a) eine Möglichkeit für Mitgliedstaaten zu schaffen, Kleinst-Unternehmen (Bilanzsumme kleiner 500.000 EUR, Umsatz kleiner 1.000.000 EUR und weniger als 10 Mitarbeiter) vom Anwendungsbereich der EU-Bilanzrichtlinien auszunehmen, sowie (b) eine generelle Überarbeitung der EU-Bilanzrichtlinien durchzuführen.

5 Folglich nahmen die Dienststellen der Kommission ihre Arbeit zur Modernisierung und Vereinfachung der Bilanzrichtlinien auf. Zu diesem Zweck wurde zwischen dem 25. Februar und 30. April 2009 eine öffentliche Konsultation durchgeführt. Eine große Zahl der eingegangenen Stellungnahmen konzentrierte sich dabei auf den IFRS-SMEs, der zu diesem Zeitpunkt kurz vor seiner Veröffentlichung stand. Dabei haben einige Interessenvertreter die Auffassung vertreten, dass die Richtlinien nach ihrer Überarbeitung die Anwendung des IFRS-SMEs ermöglichen sollten, während andere Interessenvertreter klarstellten, dass keinerlei Bedarf bestünde, die Rechnungslegungsbestimmungen der EU, zumindest für kleine und mittelgroße Unternehmen weiter an internationalen Entwicklungen auszurichten. Es wurde schnell deutlich, dass die Meinungen in der EU über die zukünftige Rolle und Struktur der EU-Bilanzrichtlinien sehr unterschiedlich sind.

6 Als Zeitplan für die Überarbeitung der EU-Bilanzrichtlinien war ursprünglich Herbst 2009 angesetzt. Nicht nur aufgrund der gespaltenen Interessenlage, sondern auch aufgrund der endgültigen Veröffentlichung des IFRS-SMEs durch den IASB im Juli 2009 sah sich die EU-Kommission veranlasst, den Zeitplan des Projekts zu überdenken. Die politischen Kernfragen sind nach wie vor darin zu sehen, welche Rolle den EU-Bilanzrichtlinien in der Zukunft zukommen soll und inwieweit die Bilanzierungsvorschriften in der EU von internationalen

Entwicklungen beeinflusst werden sollen. Der Zeitpunkt der Veröffentlichung eines Richtlinien-Vorschlags wurde auf das Jahr 2011 verschoben und von der neuen EU-Kommission, die Anfang 2010 im Amt bestätigt wurde, offiziell in ihr Arbeitsprogramm übernommen. Dennoch wird man davon ausgehen können, dass Diskussionen auf Ebene des Europäischen Parlaments und des Rates, sowie mit den Mitgliedstaaten einige Zeit in Anspruch nehmen werden. Die Vorbereitung und faktische Umsetzung einer neuen umfassenden EU-Richtlinie auf Ebene der Mitgliedstaaten wird zusätzlich einige Jahre dauern.

B. Rechtlicher Rahmen der Rechnungslegung von KMU in der EU

I. Rolle und Inhalt der EU-Bilanzrichtlinien

7 Die Rechnungslegung von Unternehmen mit beschränkter Haftung basiert in der EU auf der Vierten Richtlinie des Rates vom 25. Juli 1978 des Vertrages über den Jahresabschluss von Gesellschaften bestimmter Rechtsformen (78/660/EWG) und der Siebten Richtlinie des Rates vom 13. Juni 1983 über den konsolidierten Abschluss (83/349/EWG) (im Folgenden bezeichnet als EU-Bilanzrichtlinien). Für Unternehmen der Finanzindustrie gilt davon abgeleitet die Richtlinie des Rates vom 8. Dezember 1986 über den Jahresabschluss und den konsolidierten Abschluss von Banken und anderen Finanzinstituten (86/635/EWG) (EU-Banken-Bilanzrichtlinie) sowie die Richtlinie des Rates vom 19. Dezember 1991 über den Jahresabschluss und den konsolidierten Abschluss von Versicherungsunternehmen (91/674/EWG) (EU-Versicherungs-Bilanzrichtlinie), die die Besonderheiten dieser Sektoren berücksichtigen.

Der damalige Ausgangspunkt der Überlegungen, der auch nach heutigen Verhältnissen noch Relevanz hat, war, dass Unternehmen, deren Haftung gegenüber Geschäftspartnern und anderen Gläubigern rechtlich beschränkt ist, ein höheres Maß an Transparenz bezüglich ihrer finanziellen Situation und Entwicklung bereitszustellen haben. Eine höhere Transparenz soll durch die Erstellung, Prüfung und Offenlegung von Jahresabschlüssen innerhalb bestimmter Zeiträume erreicht werden. Die jeweiligen Anforderungen sind dabei unterschiedlich je nach Größenklasse der Unternehmen, (klein, mittelgroß, groß). Von den Bilanzrichtlinien sind nationale Rechnungslegungsvorschriften, zB das HGB, abgeleitet.

8 Über einen Zeitraum von mehr als 30 Jahren haben sich die Vorschriften nur geringfügig geändert und sind, abgesehen von kleineren Anpassungen, fast unverändert gültig. Rechnungslegungsvorschriften auf nationaler Ebene unterliegen traditionell ebenfalls keinen allzu häufigen Reformen. Dennoch ist eine gewisse Entwicklung erkennbar und ungeachtet der unveränderten Basis der europäischen Grundlagen, haben sich nationale Rechnungslegungsvorschriften im Laufe der Zeit an internationale Grundsätze angenähert. Bestes Beispiel dabei ist die Reform des HGB durch das BilMoG, das zu einer Überarbeitung der handelsrechtlichen Rechnungslegungsvorschriften geführt hat und das HGB zu einer modernen nationalen Alternative zu internationalen Regelwerken machen soll. Dabei ist jedoch klar erkennbar, dass die grundlegende Entwicklung neuer Rechnungslegungskonzepte vor allem auf internationaler Ebene vorangetrieben wird, zB im Rahmen von IFRS.

9 Zumindest in einer Hinsicht unterscheiden sich die EU-Bilanzrichtlinien wesentlich von anderen (internationalen) Bilanzierungsstandards, wie zB den IFRS. Die EU-Bilanzrichtlinien regeln nicht nur den Ansatz und die Bewertung von Vermögensgegenständen und Schulden sowie deren Ausweis und erforderliche Anhangangaben, sondern enthalten darüber hinaus auch Vorschriften zur Prüfung und Offenlegung von Abschlüssen, wodurch die Gläubigerschutzfunktion, die im Gesamtkonzept der EU-Richtlinien verankert ist, deutlich zum Aus-

druck kommt. Relevant sind dabei jedoch nicht nur die Anforderungen, die direkt innerhalb der EU-Bilanzrichtlinien geregelt sind, sondern auch die Einbettung der Bilanzrichtlinien in das weitergehende Europäische Gesellschaftsrecht, zB Steuergesetze, Dividendenbemessungsvorschriften, Vorschriften zur Kapitalerhaltung sowie die Abschlussprüfer-Richtlinie.

II. Anwendungsbereich der EU-Bilanzrichtlinien

10 Unter den Anwendungsbereich der EU-Bilanzrichtlinien fallen Unternehmen mit beschränkter Haftung. Die EU-Bilanzrichtlinien sind konzipiert für die Anwendung durch kleine, mittelgroße und große Unternehmen und unterscheiden nicht zwischen Unternehmen mit oder ohne öffentliche Rechenschaftspflicht, zB aufgrund einer Kapitalmarktorientierung.

In den 90er Jahren wurden auf nationaler Ebene spezielle Regelungen für große, international tätige Unternehmen eingeführt, um die Anwendung von international anerkannten Bilanzierungsnormen zu ermöglichen. Erst im Jahre 2002, mit Wirkung von 2005, wurde der rechtliche Rahmen für die Anwendung von IFRS in der EU geschaffen (hierzu vgl. Tz. 13-17).

Es ist dabei festzustellen, dass die EU-Bilanzrichtlinien auch für kapitalmarktorientierte Unternehmen, die in den Anwendungsbereich der IAS-Verordnung fallen, nach wie vor rechtliche Wirkung haben. Zum einen bezieht sich die IAS-Verordnung nur auf Konzernabschlüsse, soweit Mitgliedstaaten keine der Wahlrechte zur erweiterten Anwendung nutzen, und zum anderen enthalten die EU-Bilanzrichtlinien weitergehende Anforderungen als IFRS, zB bzgl. Anhangangaben, Abschlussprüfung oder Veröffentlichungspflichten.

Insofern könnte sich die Frage stellen, ob eine Überarbeitung der EU-Bilanzrichtlinien auch zu einer stärkeren Differenzierung der Anforderungen für öffentlich rechenschaftspflichtige und sonstige Unternehmen führen soll. Dadurch könnten zum einen die unterschiedlichen Anforderung aus Sicht der Bilanzleser adressiert werden, zum anderen aber auch mögliche Überschneidungen von Angaben im Rahmen von IFRS und den EU-Bilanzrichtlinien vermieden werden, zB Angaben zu verbundenen Unternehmen oder Angaben im Lagebericht.

Sollte dies nicht der Fall sein, könnte dies letzten Endes dazu führen, dass kapitalmarktorientierte Unternehmen in noch stärkerem Maße »zweigleisig« fahren müssten, um vollständig in Einklang mit IFRS und den EU-Bilanzrichtlinien Bericht zu erstatten. Es bleibt abzuwarten, inwiefern dieser Aspekt in der Strategie des Europäischen Gesetzgebers Berücksichtigung findet.

III. Überarbeitung der EU-Bilanzrichtlinien

11 Nach Ankündigung der Kommission im September 2008 wird in Brüssel an einer Überarbeitung der EU-Bilanzrichtlinien gearbeitet mit der Zielsetzung, die Vorschriften zu modernisieren und zu vereinfachen. Die EU-Kommission hat dazu im ersten Schritt Anfang 2009 einen Vorschlag gemacht, der Mitgliedstaaten ein Wahlrecht einräumen soll, sogenannte Kleinst-Unternehmen von der Anwendungspflicht der Bilanzrichtlinien zu befreien. Im Anschluss daran hat die Kommission unabhängig vom Ergebnis der Diskussionen auf Parlaments- und Ratsebene zum Thema Kleinst-Unternehmen verschiedene Vorschläge zur Überarbeitung der Richtlinien unterbreitet und hierzu die interessierte Öffentlichkeit im Februar 2009 konsultiert.

Eine fundamentale Forderung, die die interessierte Öffentlichkeit im Rahmen dieser Konsultation gestellt hat, ist, dass die EU-Bilanzrichtlinien auch in Zukunft die rechtliche Leitlinie für die Bilanzierung von mehr als 7 Millionen Unternehmen darstellen sollen.

Bezüglich der Frage, ob die EU-Bilanzrichtlinien in ihrer überarbeiteten Form detaillierte Bilanzierungsregeln für möglichst alle Vermögensgegenstände und Schulden enthalten oder stärker prinzipienbasiert nur generelle Grundregeln vorgeben sollen, herrscht in Europa keine Einigkeit. Letztere Variante würde zu einer deutlich höheren Flexibilität für Mitgliedstaaten führen, nationales Recht zB an internationale Entwicklungen anzupassen. Die Struktur einer deutlich mehr prinzipienbasierten Richtlinie könnte folgender Gestalt sein:

- Grundprinzipien,
- Bestandteile des Primärabschlusses und Basisgliederungen,
- Inhalt des Lageberichtes/Managementberichtes und Erklärung zur Unternehmensführung,
- Publizitätspflichten,
- Pflicht zur Abschlussprüfung.

Wie bisher, könnten nationale Gesetzgeber detaillierte Rechnungslegungsvorschriften festlegen und hätten dabei dann ggf. auch die Möglichkeit für bestimmte Unternehmen die Anwendung des IFRS-SMEs zuzulassen oder vorzuschreiben.

12 In Anbetracht der Tatsache, dass die EU-Bilanzrichtlinien gegenwärtig mehr als 50 Wahlrechte beinhalten (die alle in verschiedenen Mitgliedstaaten Anwendung finden) würde die Einschränkung dieser Wahlmöglichkeiten bereits eine beträchtliche Vereinfachung darstellen. Eine weitergehende Harmonisierung der Vorschriften auf europäischer Ebene findet jedoch – zumindest bisher – keine große Unterstützung. Nur einzeln werden Forderungen nach stärkerer Harmonisierung laut. Dennoch ist davon auszugehen, dass dieser Aspekt in den weiteren Überlegungen Berücksichtigung finden wird.

C. Harmonisierungsbedarf für börsennotierte Unternehmen – die IAS-Verordnung

13 In Europa wird aufgrund unterschiedlicher Rechnungslegungs-Traditionen seit jeher viel über die Rechnungslegungsstrategie, vor allem bezüglich öffentlich rechenschaftspflichtiger (*publicly accountable*) Unternehmen, diskutiert. Seit den 90er Jahren war man dabei, eine Strategie zu entwickeln, die es den international orientierten und börsennotierten Unternehmen in Europa erlaubt, Abschlüsse zu erstellen, die ein viel stärkeres Maß an Vergleichbarkeit bringen und an internationalen Finanzmärkten akzeptiert werden. Im Jahre 2000 verabschiedete die Kommission eine Mitteilung bezüglich des geplanten Vorgehens und den Grundzügen der Strategie der nächsten Jahre (siehe EU-Kommission, Brüssel, 13.06.2000). Darin wurde vorgeschlagen, allen kapitalmarktorientierten Unternehmen die Erstellung konsolidierter Abschlüsse auf der Grundlage einheitlicher Rechnungslegungsstandards, und zwar den »International Accounting Standards« (IAS), spätestens ab 2005 vorzuschreiben. Im Jahre 2002 wurde nach zähen Verhandlungen die Verordnung (EG) Nr. 1606/2002 des Europäischen Parlaments und des Rates vom 19. Juli 2002 betreffend die Anwendung internationaler Rechnungslegungsstandards (IAS-Verordnung), übernommen. Diese fordert von Unternehmen, deren Anteile oder Schuldverschreibungen an einem geregelten Finanzmarkt in der EU gehandelt werden, einen Konzernabschluss auf Basis in der EU anerkannter IFRS zu erstellen. Es wird damit ein maximales Maß an Harmonisierung erreicht.

14 Die IAS-Verordnung enthält Mitgliedstaaten-Wahlrechte, den Anwendungsbereich auf Einzelabschlüsse oder auch nicht kapitalmarktorientierte Unternehmen auszuweiten.

Einige Mitgliedstaaten haben von den Wahlrechten in der Verordnung Gebrauch gemacht (siehe EU-Kommission, Brüssel, 22.07.2010).

In Bezug auf Konzernabschlüsse börsennotierter EU-Gesellschaften ist die IAS-Verordnung unmittelbar bindend für die Abschluss erstellenden Unternehmen und bedarf keiner weiteren Umsetzung durch die Mitgliedstaaten. Die EU-Bilanzrichtlinien gelten hingegen aufgrund ihrer

Umsetzung in den einzelnen Mitgliedstaaten und der Übernahme der einzelnen Vorschriften in nationales Recht. Folglich gibt es keine direkte Interaktion zwischen einer Richtlinie und einer Verordnung, da nur Letztere unmittelbar bindend für die Gesellschaften ist. Eher geht es um die Interaktion zwischen nationalem Recht und der IAS-Verordnung.

15 Die Frage der Interaktion ist nur in dem Maße relevant, wie die nationalen Rechtsvorschriften Sachverhalte regeln, die auch durch die IAS-Verordnung reguliert werden. Einige Aspekte des nationalen Rechts, die durch die Umsetzung der EU-Bilanzrichtlinien Gültigkeit besitzen und Fragen behandeln, die außerhalb des Regelungsbereichs der IAS-Verordnung liegen, finden auch in Zukunft weiterhin Anwendung, wie zB die Vorschriften zur Lageberichterstattung (Vierte EG-Richtlinie, Art. 46). Andere in den EU-Bilanzrichtlinien behandelte Fragen, die nicht in den Regelungsbereich der IAS-Verordnung fallen, und auch für Unternehmen, die nach der IAS-Verordnung zur Anwendung der IFRS verpflichtet sind, Gültigkeit haben, sind:

- Pflicht zur Offenlegung des Jahres-/Konzernabschlusses: Art. 47 der Vierten und Art. 38 der Siebenten EG-Richtlinie;
- Pflicht zur Prüfung des Jahres-/Konzernabschlusses: Art. 48 und 51 der Vierten EG-Richtlinie und Art. 37 der Siebenten EG-Richtlinie;
- Sonstige Fragen: Art. 53 der Vierten EG-Richtlinie.

Gemäß der IAS-Verordnung darf keine aus den EU-Bilanzrichtlinien umgesetzte Bestimmung eine Gesellschaft daran hindern oder dahingehend einschränken, dass sie die übernommenen IFRS vollumfänglich anwendet oder deren Wahlmöglichkeit in Anspruch nimmt. Anders ausgedrückt bedeutet dies, dass eine Gesellschaft die freigegebenen IFRS anwendet und zwar unabhängig von allen etwaigen den IFRS zuwiderlaufenden, mit ihnen kollidierenden oder sie einschränkenden Bestimmungen des nationalen Rechts. Folglich können die Mitgliedstaaten in den übernommenen IFRS explizit enthaltene Wahlmöglichkeiten nicht einschränken.

16 Konsolidierungspflichtige Unternehmen, die in den Anwendungsbereich der IAS-Verordnung fallen, weil entweder Art. 4 oder Art. 5 der IAS-Verordnung anwendbar ist, müssen auch die nationalen Rechtsvorschriften berücksichtigen, die aufgrund jener Art. der EU-Bilanzrichtlinien umgesetzt wurden, die Fragen der Abschlussprüfung, des konsolidierten Lageberichts und bestimmte Offenlegungsaspekte betreffen, die über den Anwendungsbereich der IFRS hinausgehen.

Gesellschaften, die nicht unter die IAS-Verordnung fallen, müssen nach wie vor den Bestimmungen des einzelstaatlichen Rechts auf dem Gebiet der Rechnungslegung anwenden, das aus den EU-Bilanzrichtlinien abgeleitet wurde und als Grundlage für ihre Abschlüsse dient. Sofern ein bestimmter IFRS mit einer Bestimmung der EU-Bilanzrichtlinien kohärent ist, können die Mitgliedstaaten vorschreiben, dass dieser IFRS von den Unternehmen angewandt wird. Diese Anforderung könnte im Extremfall auch auf alle IFRS und Interpretationen des IFRS Interpretations Committee ausgedehnt werden. In diesen Fällen unterliegt die Gesellschaft weiterhin den Bestimmungen des nationalen Rechts und die Beschränkung bezüglich zusätzlicher Bewertungs- oder Offenlegungsanforderungen durch das nationale Recht, entfällt hier. Bezüglich der Operationalität der IAS-Verordnung hat die EU-Kommission mehrere Studien in Auftrag gegeben und veröffentlicht (siehe EU-Kommission, Brüssel, Mai 2009).

17 Die Verbreitung der IFRS in der EU hat zu einer Ausstrahlungswirkung auf nicht kapitalmarktorientierte Unternehmen geführt. In Folge der Einführung der IFRS auf Konzernebene haben sich einige Fragen bezüglich des Zusammenspiels zwischen der IAS-Verordnung und nationalen, auf den Bilanzrichtlinien basierenden Rechtsvorschriften, wie zB des HGB, ergeben. Nicht nur innerhalb von Konzernstrukturen, sondern auch generell auf Basis der Jahresabschlüsse stellt sich oft die Frage, ob die Vorschriften der IFRS mit den Anforderungen der Richtlinien kompatibel sind. So kam zB die Frage auf, ob der neue Impairment-only-Ansatz für die Bewertung des Geschäfts- oder Firmenwerts in IFRS 3 mit den generellen Anforderungen der EU-Bilanzrichtlinien, die vorschreiben, den Firmenwert über die wirtschaftliche Nutzungsdauer abzuschreiben, vereinbar ist. Die EU-Kommission hat in Anbetracht der Absicht, das

EU-Bilanzrecht stärker international auszurichten, im Zweifel Vorgehensweisen nach IFRS als mit den EU-Bilanzrichtlinien vereinbar erklärt. In diesem Zusammenhang ist ein Verweis auf das Informationspapier der EU-Kommission vom November 2003 hilfreich, das Hinweise über das Zusammenwirken der IAS-Verordnung mit den EU-Bilanzrichtlinien gibt (siehe EU-Kommission, Brüssel, November 2003).

In jüngerer Zeit führten Modernisierungsbestrebungen in einzelnen EU-Mitgliedstaaten, zB in Spanien, Portugal oder Malta in mehr oder weniger starkem Maße zu einer Annäherung nationaler Bilanzierungsvorschriften an internationale Rechnungslegungsgrundsätze. Die Zeit scheint reif über die potenzielle Rolle des IFRS-SMEs im EU-Rechtssystem nachzudenken.

D. Der IFRS-SMEs

I. Historie

18 Wenngleich die EU im Rahmen ihrer Internationalisierungsbemühungen der Entwicklung eines vereinfachten IFRS-SMEs durch den IASB anfänglich aufgeschlossen gegenüberstand, wurde die Haltung in Brüssel gegenüber dem IASB mit fortschreitendem Projektverlauf zunehmend kritischer. Dies ging so weit, dass die notwendige Expertise des IASB zur Entwicklung eines IFRS-SMEs in Frage gestellt wurde. Dabei hat auch die Tatsache, dass die Einführung des IFRS-SMEs den Einflussbereich europäischer sowie nationaler Gesetzgeber in gewisser Weise einschränken würde, starken Einfluss auf die Haltung bestimmter Gruppen. Der IASB hat deutlich gemacht, dass es auch außerhalb der EU ein gehöriges Interesse an einem SME Standard besteht.

Die endgültige Fassung des IFRS-SMEs wurde am 9. Juli 2009 veröffentlicht. Wie die EU-Interessengruppen zu dieser Fassung stehen, soll bei einer neueren Konsultation, die die EU-Kommission Anfang 2010 durchgeführt hat, ermittelt werden. Die Generaldirektion Unternehmen und Industrie führt darüber hinaus eine Studie über die Rechnungslegungsvorschriften für KMU durch, deren Ergebnisse zusammen mit den Resultaten dieser Konsultation in die Überarbeitung der EU-Bilanzrichtlinien einfließen sollen.

II. Rechtliche Auswirkungen

19 Tatsache ist, dass von der Veröffentlichung des IFRS-SMEs zunächst keine Rechtswirkung auf Europäische Unternehmen ausgeht. Jeder neue (oder Änderung zu einem) IFRS sowie jede neue IFRS Interpretation wird in Form einer Verordnung Teil des Europäischen Rechtssystems und entfaltet mit Übernahme durch das EU-Parlament und den Rat nach entsprechender Veröffentlichung im Amtsblatt der EU unmittelbare Rechtswirkung in allen EU-Mitgliedstaaten. Da sich die IAS-Verordnung ausschließlich auf kapitalmarktorientierte Unternehmen, und damit IFRS, bezieht, fällt der neue IFRS-SMEs nicht unter den Anwendungsbereich der IAS-Verordnung und es stellt sich somit nicht die Frage der Übernahme im Rahmen des Komitologie-Verfahrens (*endorsement*). Des Weiteren ist die Anwendung des IFRS-SMEs durch Unternehmen, die in den Anwendungsbereich der IAS-Verordnung fallen, ausgeschlossen. Dass die freiwillige Anwendung des IFRS-SMEs, zusätzlich zu bestehenden gesetzlichen Vorgaben, möglich ist, ist dabei unbestritten. Doch dürfte diese Variante in der Rechnungslegungspraxis aus Kosten-Nutzen-Überlegung auf wenig Zustimmung stoßen.

20 Bezüglich der Anwendbarkeit des IFRS-SMEs in der EU stellt sich zunächst die Frage, ob der IFRS-SMEs im Rahmen der EU-Bilanzrichtlinien von den Mitgliedstaaten als nationales Recht

voll oder teilweise übernommen werden kann? Um diese Frage beantworten zu können, ist es kurzfristig notwendig, die Anforderungen der EU-Bilanzrichtlinien mit den Konzepten des IFRS-SMEs abzugleichen. Sollte man zu dem Schluss kommen, dass die Richtlinien prinzipiell vollständig kompatibel mit den Regelungen des IFRS-SMEs sind, dann hätten die Mitgliedstaaten die Möglichkeit, den IFRS-SMEs in das nationale Recht zu übernehmen. Jedoch ist die Frage der Kompatibilität nicht einfach zu lösen. Tiefgehende Studien sind dazu notwendig und mit jeder Änderung des IFRS-SMEs ist eine erneute Überprüfung vorzunehmen. Natürlich steht es Mitgliedstaaten frei, einzelne Richtlinien-konforme Regelungen des IFRS-SMEs in nationales Recht zu transformieren, mit dem Ziel eine Annäherung des nationalen Bilanzrechts an internationale Standards zu schaffen. Dabei ist jedoch zu bedenken, dass der Abschluss dann nicht als mit dem IFRS-SMEs übereinstimmend bezeichnet werden darf, da bei dieser Vorgehensweise nicht alle Anforderungen des Standards erfüllt werden (vgl. IFRS-SMEs-Komm., Teil B, Abschn. 3, Tz. 11). Inwiefern dieses Vorgehen tatsächlich als alternativer Ansatz gesehen wird, bleibt abzuwarten.

III. Erste Reaktionen auf den Standard

21 Von einigen Seiten wurde die Auffassung vertreten, dass der IFRS-SMEs einen internationalen Vergleich von Abschlüssen ermöglichen und dadurch ua. die Finanzierungsmöglichkeiten erweitern, die Kapitalkosten senken, den Handel ausweiten und die Zahl der grenzübergreifenden Fusionen und Übernahmen erhöhen wird. International tätige Konzerne, die den Standard anwenden, können dadurch uU ihre Gesetzesfolgekosten reduzieren und durch die Befreiung von unterschiedlichen nationalen Rechnungslegungsbestimmungen den Nutzen ihrer Abschlussinformationen steigern.

Von anderen wurde wiederum die Befürchtung geäußert, dass der Standard für kleine Unternehmen zu komplex ist und für große nicht kapitalmarktorientierte Unternehmen mit einer zu starken Vereinfachung der Bilanzierung einhergeht. Darüber hinaus wurde sowohl auf die Kosten verwiesen, die für die Umstellung der Rechnungslegung und die Schulung der Mitarbeiter erforderlich sind, als auch auf mögliche steuerliche Konsequenzen bei einer Umstellung auf den IFRS-SMEs. In Ländern, in denen sich Steuer- und Handelsbilanzierung derzeit stark aneinander annähern, wurde von einigen Seiten die Befürchtung geäußert, dass die Übernahme des Standards den Verwaltungsaufwand eher erhöhen als verringern könnte.

Weitere Bedenken wurden im Hinblick auf die möglichen Auswirkungen auf die ausschüttungsfähigen Eigenkapitalpositionen, auf die damit verbundene weitere Zunahme von Rechnungslegungsvorschriften und auf die Frage geäußert, ob dies die Auswahl an Abschlussprüfern einschränken könnte, da vor allem die internationalen Prüfungsgesellschaften über Erfahrungen mit der Prüfung von IFRS-Abschlüssen verfügen und deshalb bei der Prüfung von IFRS-Abschlüssen kleiner und mittlerer Unternehmen eine bessere Wettbewerbsposition haben dürften als kleinere Prüfungsgesellschaften.

IV. Ergebnisse der EU-Konsultation

22 Die EU-Kommission hat vom 17. November 2009 bis zum 12. März 2010 eine öffentliche Konsultation zum IFRS-SMEs durchgeführt. Wesentliches Ziel war dabei, erste Reaktionen von der interessierten Öffentlichkeit in der EU zum IFRS-SMEs und dessen potenzieller Rolle im Rahmen der EU-Vorschriften zu erhalten. Des Weiteren sollten die erhaltenen Rückmeldungen die EU-Kommission bei der laufenden Überarbeitung der EU-Bilanzrichtlinien unterstützen.

Insgesamt gingen 210 Stellungnahmen aus 26 EU-Mitgliedstaaten und 4 Drittstaaten ein.

Meinungen bzgl. der möglichen Anwendung und Angemessenheit des IFRS-SMEs durch europäische KMU gingen sehr stark auseinander. Es scheint klar zu sein, dass für Mitgliedstaaten, in denen eine starke Verknüpfung zwischen Besteuerung und Kapitalerhaltungsregeln mit dem Jahresabschluss vorherrscht, eine Anwendung des IFRS-SMEs einen zusätzlichen Aufwand darstellen würde.

Jedoch gab es auch klare Befürworter der Anwendung des Standards, speziell für Unternehmen mit Tochterunternehmen in mehreren Ländern, Unternehmen, die auf internationale Finanzierungsformen angewiesen sind und Unternehmen, die in der nahen Zukunft eine Börsennotierung anstreben.

Alternativ wurde die Anwendung des IFRS-SMEs ausschließlich auf Konzernebene als ein akzeptabler Zwischenschritt angesehen.

23 In einigen Stellungnahmen wurde darauf hingewiesen, dass Anwender und Leser von Jahresabschlüssen, die auf Basis des IFRS-SMEs erstellt werden, im Wesentlichen von einer verbesserten Vergleichbarkeit der Abschlussinformationen profitieren könnten.

Weitere Vorteile wurden im Bereich grenzüberschreitender Aktivitäten, internationalem Wachstum, einer höheren Anzahl von internationalen Übernahmen, Verringerung von Kapitalkosten sowie einer verbreiteten Kapitalbasis gesehen. Dabei wurde ein Mitgliedstaatenwahlrecht für die Anwendung des IFRS-SMEs einem Unternehmenswahlrecht klar vorgezogen.

Diejenigen, die sich gegen eine Anwendung von IFRS-SMEs in der EU ausgesprochen haben, stützen ihre Aussage auf die nach wie vor hohe Komplexität der Regelungen des IFRS-SMEs für kleine Unternehmen. Sie befürchten, dass die Einführungskosten die potenziellen Vorteile überwiegen würden. Speziell für Unternehmen, die ausschließlich auf nationaler Ebene operieren, sei eine erhöhte internationale Vergleichbarkeit von Abschlussinformationen unnötig.

24 Insgesamt wurde in der Mehrheit der Stellungnahmen herausgestellt, dass den EU-Bilanzrichtlinien auch in der Zukunft eine große Bedeutung als generelles Rahmenkonzept der Rechnungslegung in der EU zukommen sollte. Allerdings wurde auch hervorgehoben, dass Modernisierungs- sowie Vereinfachungsbedarf besteht und bei der Überarbeitung die wesentlichen Informationsanforderungen der Nutzer Berücksichtigung finden sollen.

Eine eindeutige Richtung für die weitere Projektplanung wurde der EU-Kommission damit sicher nicht an die Hand gegeben.

V. EFRAG Studie zur Kompatibilität

25 Aus rechtlicher Sicht steht es den Mitgliedstaaten frei, den IFRS-SMEs als nationales Recht einzuführen, vorausgesetzt, der IFRS-SMEs steht in vollem Einklang mit den Regelungen der EU-Bilanzrichtlinien. Um herauszufinden, ob es Bereiche gibt, in denen Konflikte bestehen, hat die EU-Kommission im November 2009 EFRAG damit beauftragt, eine diesbezügliche Analyse durchzuführen. Hierbei ist die Definition von »Inkompatibilität« zwischen IFRS-SMEs und den EU-Bilanzrichtlinien (78/660/EC and 83/349/EEC) entscheidend. »Inkompatibilität« besteht demzufolge dann, wenn eine Bilanzierungsmethode, des IFRS-SMEs verpflichtend vorgeschrieben ist, im Rahmen der EU-Bilanzrichtlinien aber nicht erlaubt ist. Weitere Annahmen, die der Untersuchung zu Grunde lagen, waren folgende:

- Die Analyse von EFRAG schließt etwaige frühere Analysen, die von der EU-Kommission auf Basis von IAS zum Stand von 1. Mai 2002 durchgeführt worden sind, aus.
- Falls der IFRS-SMEs Wahlrechte bietet, von denen zumindest die Ausübung eines mit den EU-Bilanzrichtlinien konform ist, wird davon ausgegangen, dass keine Inkompatibilität vorliegt.

- Die Analyse bezieht sich ausschließlich auf die EU-Bilanzrichtlinien und nicht auf andere EU-Richtlinien oder Verordnungen.
- Die Analyse bezieht sich ausschließlich auf die Version der EU-Bilanzrichtlinien in englischer Version und zieht nicht in Betracht, wie die Bilanzrichtlinien im Einzelnen in nationales Recht umgesetzt worden sind.
- EFRAG s Analyse ist rein technischer Natur und strahlt keine unmittelbare Rechtswirkung aus.

26 EFRAG kommt nach öffentlicher Diskussion und detaillierter Analyse der erhaltenen Stellungnahmen zu der Schlussfolgerung, dass es sechs Bereiche gibt, in denen Inkompatibilität besteht:

(1) Das Verbot, Erträge und Aufwendungen als »außerordentlich« zu deklarieren (IFRS-SMEs Abschn. 5.10).
(2) Die Verpflichtung, Finanzinstrumente im Rahmen von Abschnitt 12 des IFRS-SMEs (*non-basic financial instruments*) zum beizulegenden Zeitwert zu bewerten (IFRS-SMEs Abschn. 12.7 und 12.8)
(3) Die verpflichtende Regelung, die Nutzungsdauer eines Geschäfts- oder Firmenwerts mit 10 Jahren anzusetzen, falls keine verlässliche Schätzung möglich ist (IFRS-SMEs Abschn. 19.23).
(4) Die verpflichtende Regelung, einen negativen Geschäfts- oder Firmenwert sofort GuV-wirksam zu erfassen (IFRS-SMEs Abschn. 19.24).
(5) Die verpflichtende Regelung, ausstehende Einlagen direkt vom Eigenkapital abzusetzen und nicht separate als Vermögensgegenstand auszuweisen (IFRS-SMEs Abschn. 22.7(a)).
(6) Das Verbot, eine Wertminderung des Geschäfts- oder Firmenwerts in späteren Geschäftsjahren wieder rückgängig zu machen (IFRS-SMEs Abschn. 27.28).

27 Das Ausmaß der potenziellen Inkompatibilitäten kann als begrenzt angesehen werden. Im Hinblick auf die ursprüngliche Ausrichtung der EU-Bilanzrichtlinien nur ein Minimum an Harmonisierung zu gewährleisten und aufgrund der Tatsache, dass bei weitem nicht alle Unternehmen Geschäftsvorfälle in den genannten Bereichen aufweisen, sollte es für eine Vielzahl von Unternehmen nicht unmöglich sein, Kompatibilität herzustellen. Dennoch, um eine vollständige Anwendung des IFRS-SMEs zu gewährleisten, müssten die von EFRAG identifizierten Konfliktbereiche im Rahmen der Überarbeitung der EU-Bilanzrichtlinien eliminiert werden, um so ein sog. implizites Wahlrecht zur Anwendung des IFRS-SMEs für Mitgliedstaaten zu schaffen. Alternativ dazu könnte eine überarbeitete EU-Bilanzrichtlinie auch ein sog. explizites Mitgliedstaaten-Wahlrecht enthalten. Dieser Ansatz ist aus heutiger Sicht jedoch zumindest politisch gesehen schwer durchsetzbar.

E. Mögliche Rolle des IFRS-SMEs innerhalb des EU-Rechtssystems

28 Basierend auf geltendem Recht fallen Unternehmen mit beschränkter Haftung in Europa in den Anwendungsbereich der EU-Bilanzrichtlinien. Dementsprechend sind die Mitgliedstaaten verpflichtet, die Richtlinien in nationales Recht umzusetzen. Daraus resultieren momentan 27 sich mehr oder weniger stark unterscheidende nationale Rechnungslegungssysteme. Ursprüngliches Ziel der Richtlinien war es nicht, eine maximale Harmonisierung in der EU herzustellen, sondern sich eher auf einen kleinsten gemeinsamen Nenner zu einigen, der ein Minimum an Vereinheitlichung sicherstellen sollte.

Zwischenzeitlich haben sich die EU-Richtlinien nur relativ begrenzt weiterentwickelt, wohingegen international die Verbreitung von IFRS voranschreitet. Zum Teil haben nationale

Bilanzierungsvorschriften mit internationalen Entwicklungen Schritt gehalten, jedoch nur in dem Maße, wie es die Richtlinien erlauben. Manche Mitgliedstaaten haben traditionell ein stärkeres Interesse an internationalen Standards als andere. In diesem Zusammenhang sei auf eine öffentliche Konsultation in Großbritannien mit der Zielsetzung, das nationale Recht mittelfristig durch IFRS und IFRS-SMEs zu ersetzen, verwiesen (siehe UK ASB, London, August 2009).

29 Rechtlich besteht Klarheit darüber, dass jegliche Annäherung nationaler Vorschriften an den IFRS-SMEs im Einklang mit den EU-Bilanzrichtlinien stehen muss. Deshalb ist es notwendig, die detaillierten Anforderungen des IFRS-SMEs auf Kompatibilität zu untersuchen, bevor weitergehende Entscheidungen gefällt werden (hierzu vgl. Tz. 25-27). Vor allem Mitgliedstaaten, die starkes Interesse an einer schnellen Umsetzung haben, dürften sich mit dieser Frage auseinandersetzen. Jedoch wird sich auch der Gesetzgeber in Brüssel auf diese Frage vorbereiten und entsprechende Überlegungen anstellen. Konfliktbereiche könnten auf unterschiedliche Art und Weise behandelt werden:

- Die Konflikte werden nicht eliminiert mit der Folge, dass Mitgliedstaaten, die den IFRS-SMEs kurzfristig in nationales Recht übernehmen wollen, dazu gezwungen wären, richtlinienkonforme Lösungen für bestimmte Bereiche zu entwickeln und damit den IFRS-SMEs nicht komplett übernehmen können (**keine Option**). Den Unternehmen wäre es damit nicht möglich, den Abschluss als konform mit dem IFRS-SMEs zu bezeichnen.
- Identifizierte Konflikte mit den Richtlinien werden eliminiert und somit für die Mitgliedstaaten die Möglichkeit geschaffen, im Rahmen der überarbeiteten Richtlinien den IFRS-SMEs in das nationale Recht zu übernehmen (**implizite Option**).
- Identifizierte Konflikte werden nicht eliminiert, jedoch wird in der überarbeiteten EU-Bilanzrichtlinie explizit darauf hingewiesen, dass den Mitgliedstaaten die Anwendung des IFRS-SMEs freisteht (**explizite Option**). Diese Vorgehensweise bedarf jedoch einer fundamentalen Diskussion bezüglich etwaiger politischer Konsequenzen.

Auch die Schaffung eines Unternehmenswahlrechts für die Anwendung des IFRS-SMEs stellt theoretisch eine Alternative dar.

30 Das Interesse am IFRS-SMEs ist groß. Nicht nur Staaten außerhalb der EU zeigen starkes Interesse, sondern auch innerhalb der EU wird überlegt, für welche Unternehmen der IFRS-SMEs von Vorteil sein könnte. Als Anwendungsbereiche werden in erster Linie Unternehmen mit internationalen Geschäftsbeziehungen genannt. Ein einheitliches Rechnungslegungswerk innerhalb von internationalen Konzernen scheint wesentliche Vorteile, zB bessere Vergleichbarkeit, zu bringen. Auch die Aus- und Weiterbildung von Mitarbeitern im Rechnungswesen könnte durch die Schaffung einer einheitlichen Basis profitieren.

F. Ausblick

31 Seit 2010 ist in Europa eine neue Kommission im Amt. Von ihr, den Vorstellungen der Mitgliedstaaten und letztendlich der Zustimmung des EU-Parlaments wird abhängen, in welcher Form das EU-Bilanzrecht modernisiert wird. Auch wenn unterschiedliche Auffassungen bestehen, sollte das Hauptziel darin bestehen, moderne Rechnungslegungsanforderungen für europäische KMU zu entwickeln, die auch einer dezidierten Kosten-Nutzen Analyse standhalten. Die Anforderungen der Leser von Abschlussinformationen sowie der Fokus auf Erleichterungen vor allem für kleine und mittelgroße Unternehmen (*think small first*) sollten dabei im Vordergrund stehen. Auch die Idee, Kleinst-Unternehmen von Rechnungslegungspflichten zu befreien, könnte hierbei zur Zielerreichung beitragen. Dem IFRS-SMEs könnte eine bedeutende Rolle zukommen, da er für bestimmte Typen von Unternehmen eine sehr sinnvolle Alternative zu nationalen Rechnungslegungsvorschriften darstellen kann. Jedoch ist klar, dass der IFRS-SMEs die EU-Bilanzrichtlinien auf keinen Fall vollständig ablösen wird. Darüber hinaus wird die Überarbeitung der EU-Bilanzrichtlinien trotz starkem Fokus auf die Anforderungen kleiner Unternehmen in bestimmtem Maße von IFRS inspiriert werden. Ob sich mittel- oder langfristig der IFRS-SMEs in Europa durchsetzen wird, bleibt jedoch abzuwarten.

In welche Richtung sich die Diskussion entwickelt, hängt nicht zuletzt sehr stark davon ab, wie sich bestimmte Interessengruppen in die Diskussion einbringen werden, um die europäische Rechnungslegungsstrategie für die nächsten Jahrzehnte mit zu beeinflussen. Eine Diskussion zum IFRS-SMEs und eine konkrete Auseinandersetzung mit den Anforderungen im Rahmen dieses Kommentars sollte einen wesentlichen Einblick geben und die Anwendung des IFRS-SMEs wesentlich erleichtern.

32 Auch über weitere Anwendungsmöglichkeiten des IFRS-SMEs wird nachgedacht. So wird bspw. diskutiert, auch kleineren börsennotierten Unternehmen die Anwendung des IFRS-SMEs (an Stelle der IFRS) zu ermöglichen, um diesen den Zugang zu Finanzierungsquellen zu erleichtern (auch wenn börsennotierte Unternehmen nach Auffassung des IASB größenunabhängig vom Anwendungsbereich des IFRS-SMEs ausgeschlossen sind; vgl. IFRS-SMEs-Komm., Teil B, Abschn. 1).

Ferner gibt es aus der Rechnungslegungspraxis die Forderung, dass nicht der IFRS-SMEs, sondern ein anderes Modell die Arbeit innerhalb von Konzernen, die nach IFRS Rechnung legen, erleichtern sollte: IFRS Konzepte bezüglich des Ansatzes und der Bewertung, jedoch deutliche Erleichterungen bezüglich der Anhangangaben für Tochterunternehmen. So könnte die Konzernberichterstattung trotz deutlicher Erleichterungen auf einheitliche Basis gestellt werden.

33 Entscheidenden Einfluss auf die grundlegende Frage der Fortentwicklung der Rechnungslegung in der EU hat die politische Stimmungslage bezüglich der Rolle der IFRS und des IASB: Werden die Bilanzierungskonzepte des IASB vor allem nach den Erfahrungen der Finanzkrise aus EU-Sicht wieder an Akzeptanz gewinnen? Erst wenn die politische Akzeptanz der IFRS auf breiter Front wieder steigt, kann die Frage beantwortet werden, ob der IFRS-SMEs für kleine und mittelgroße Unternehmen in der EU anwendbar ist.

Potenzielle Einflussmöglichkeiten der EU auf die weitere inhaltliche Entwicklung des IFRS-SMEs werden notwendig sein, um aus politischer Sicht der Idee zuzustimmen, die Gesetzgebungskompetenz bezüglich der Rechnungslegungsvorschriften von mehr als 7 Millionen Unternehmen de facto an ein privates unabhängiges Gremium abzugeben. Auch wenn der IFRS für KMU ein eigenständiges Regelwerk darstellt, so basiert er letztendlich doch auf einem gemeinsamen Rahmenkonzept (*conceptual framework*) mit den IFRS.

Dennoch sollte sich die EU nicht gegenüber internationalen Entwicklungen im Bereich Bilanzierung verschließen. Die Modernisierung des EU-Bilanzrechts muss sich letztendlich auch am internationalen Stand der Diskussionen messen lassen. Dies ist im Interesse der betroffenen Unternehmen. Insofern kommt die Diskussion bezüglich der Rolle des IFRS-SMEs genau zum richtigen Zeitpunkt.

IV. Justiziabilität von internationalen Rechnungslegungsstandards

Jens Poll

Inhaltsverzeichnis

Schrifttum

Achleitner, Die Normierung der Rechnungslegung, Zürich 1995; *Adolphsen*, RabelsZ 2004, 154 ff.; *Berberich*, Ein Framework für das DRSC – Modell einer verfassungskonformen gesellschaftlichen Selbststeuerung im Bilanzrecht, Berlin 2002; *Bormann*, RIW 1996, 35 ff.; *Breidenbach*, Normensetzung für die Rechnungslegung – Bisherige Ausgestaltung und mögliche Fortentwicklung in Deutschland, Wiesbaden 1997; *Brunner*, Rechtsetzung durch Private, Zürich 1982; *Buck*, JZ 2004, 883 ff.; *Ebert*, Private Normsetzung für die Rechnungslegung – Möglichkeiten und Grenzen, Sternenfels 2002; *EFRAG*, EFRAG Compatibility Analysis: IFRS for SMEs and the EU Accounting Directives, 2010; *Ernst*, BB 2001, 823 ff.; *Europäische Kommission*, Summary Report of the Responses received to the Commissions s Consultation on the International Financial Reporting Standard for Small and Medium-Sized Entities, May 2010; *Gelhausen/Hönsch*, AG 2005, 511 ff.; *Hellermann*, NZG 2000, 1097ff.; *Icking*, Die Rechtsnatur des Handelsbilanzrechts, Berlin 2000; *Kirchhof*, ZGR 2000, 681 ff.; *Kirchner*, in: Schneider/Rückle/Küpper/Wagner (Hrsg.), Kritisches zu Rechnungslegung und Unternehmensbesteuerung – Festschrift zur Vollendung des 65. Lebensjahres von Theodor Siegel, Berlin 2005, 201 ff.; *Lutter*, JZ 1992, 593 ff.; *Luttermann*, ZVglRWiss 2002, 158 ff.; *Luttermann*, AG 2010, 341 ff.; *Schön*, BB 2004, 763 ff.; *Schulze-Osterloh*, Konzern 2004, 173 ff.; *Schuppert/Bumke*, Verfassungsrechtliche Grenzen privater Standardsetzung, in: Die Zukunft des deutschen Bilanzrechts, Köln 2000; *Wojcik*, Die internationalen Rechnungslegungsstandards IAS/IFRS als europäisches Recht, Berlin 2008; *Zeitler*, DB 2003, 1529 ff.

A. Einleitung

1 Der IFRS-SMEs ist ein vom IASB verabschiedeter **Standard zur Rechnungslegung** von kleinen und mittleren Unternehmen. Standardsetzung (*standard setting*) durch eine private Organisation ist in vielen Bereichen des Rechts- und Wirtschaftslebens heute üblich, es stellt sich aber die Frage der Rechtsnatur, der Bindungswirkung und der Durchsetzbarkeit solcher Standards.

Hierzu soll anhand der IFRS eine Möglichkeit der Implementierung internationaler Standards in nationales Recht erörtert werden, um dann den Standard IFRS-SMEs als Rechtsnorm zu untersuchen.

2 Ein Blick in das HGB zeigt, dass der **deutsche Gesetzgeber** an verschiedenen Stellen auf Standards verweist und ihnen eine gewisse Rolle zuschreibt. So enthält § 315a HGB die Verpflichtung bzw. das Wahlrecht, einen befreienden Konzernabschluss nach internationalen Rechnungslegungsstandards aufzustellen, § 317 Abs. 5 HGB eröffnet die Möglichkeit, internationale Prüfungsstandards bei der Abschlussprüfung anzuwenden und in § 317 Abs. 6 HGB wird gleichzeitig noch die Ermächtigung der ergänzenden nationalen Rechtsverordnung zu den internationalen Prüfungsstandards erteilt. § 342 HGB schafft einen durch das Bundesjustizministerium anerkannten Standardsetzer, dessen Empfehlungen die Vermutung der GoB-Konformität für den Konzernabschluss haben. Diese Regelung für den Konzernabschluss hat Ausstrahlungswirkung auch auf den Jahresabschluss. Im Bereich der Durchsetzung (*enforcement*) von Standards ist in § 342b HGB die privatrechtlich organisierte Prüfstelle für Rechnungslegung berufen. Allein dieser kurze Blick zeigt die Einfallstore für nationale und internationale Standards in das nationale Recht (vgl. Luttermann, ZVglRWiss 2002, 158 ff.). Aber auch vor Einführung dieser neueren und modernen Einbeziehung von anerkannten Standards in die nationale Rechtsordnung haben Normen (zB DIN-Normen, Rechnungslegungs- und Prüfungsstandards des IDW) Einfluss auf die Auslegung nationalen Rechts gehabt, da sie häufig allgemein anerkannte Grundsätze und Berufsauffassungen rechtlich gewertet als **antizipierte Sachverständigengutachten** oder sachverständige Äußerungen darstellen.

B. IAS/IFRS als Rechtsnormen

3 Betrachtet man die IFRS, so ist zunächst festzuhalten, dass der **IASB** als einziger internationaler Standardsetzer im Bereich der Rechungslegung zwar hohe Reputation genießt, aber als privatrechtliche Organisation keine unmittelbare Normsetzungskompetenz besitzt. Daher entfalten die IFRS bezogen auf das nationale Recht keine unmittelbare Rechtswirkung. Es bedarf daher aus nationaler (deutscher) Sicht einer grundgesetzkonformen Umsetzung in nationales Recht, um eine nationale Rechtswirkung zu erlangen. Dabei enthält **Art. 23** GG die Möglichkeit der Übertragung von Kompetenzen auf die EU.

I. IAS-VO der EU vom 19.7.2002

4 Das europäische Parlament und der europäische Rat haben mit der Rechtsverordnung der EU Nr. 1606/2002 (Amtsbl. EU, 11.9.2002, L 243) die Einführung der IFRS in das europäische Recht für **Konzernabschlüsse** kapitalmarktorientierter Unternehmen zwingend vorgeschrieben. Als Rechtsverordnung bedarf sie – anders als eine Richtlinie (wie bspw. die Bilanzrichtlinie) – nicht der nationalen Umsetzung, sondern sie wirkt in allen ihren Teilen verbindlich und unmittelbar in allen Mitgliedstaaten.

5 Art. 3 IAS-VO gibt der EU-Kommission ein begrenztes **Überprüfungsrecht** hinsichtlich der Frage, ob die jeweiligen IFRS mit der 4. und 7. Richtlinie in Einklang stehen, wonach ein den tatsächlichen Verhältnissen entsprechendes Bild der Vermögens-, Finanz- und Ertragslage vermittelt werden muss, die IFRS europäischen öffentlichen Interessen nicht entgegenstehen dürfen und zu verständlichen, für den Anwender relevanten, verlässlichen und vergleichbaren Finanzinformationen führen müssen, um den Nutzern der Abschlüsse wirtschaftliche Entschei-

dungen zu ermöglichen. Erst nach erfolgter Prüfung werden die Standards im EU-Amtsblatt veröffentlicht und damit für die Unternehmen in Europa verbindlich (*endorsement*).

6 Gem. Art. 6 IAS-VO berät der **Regelungsausschuss für Rechnungslegung** die EU-Kommission im Entscheidungsprozess. Der Regelungsausschuss wird seinerseits von der European Financial Reporting Advisory Group (**EFRAG**) unterstützt, die aus unterschiedlichen Experten der Mitgliedstaaten bestehen. Dieser endorsement-Prozess soll verfassungsrechtlichen Zweifeln begegnen, die immer wieder artikuliert werden, da die Mitgliedstaaten Rechtsetzungskompetenz auf ein privatrechtlich organisiertes Gremium übertragen haben, auf dessen Besetzung und Arbeit sie keinen oder nur einen geringen Einfluss haben (hierzu Wojcik, 2008, 1 ff.). Nicht zuletzt deshalb wird gegenwärtig eine Überarbeitung der Struktur und Organisation des IASB intensiv diskutiert.

7 In der Umsetzung der IFRS hat die EU-Kommission mehrfach bewiesen, dass sie ihr Überprüfungsrecht ernst nimmt. Dies gilt insbesondere bezüglich IAS 39. Damit besteht gegenwärtig keine vollständige Übereinstimmung der IFRS mit den IFRS, wie sie die EU-Kommission umgesetzt hat.

II. Nationale Umsetzung durch BilReG vom 4.12.2004

8 Die IAS-VO hat als Rechtsverordnung unmittelbar geltendes Recht geschaffen, welches keiner nationalen Transformation bedurfte. Da die VO aber bestimmte Übergangsregelungen und Wahlrechte enthält, war eine nationale gesetzgeberische Begleitung notwendig. Dies wurde durch das **Bilanzrechtsreformgesetz** (BilReG) umgesetzt. § 315a Abs. 3 HGB enthält das Wahlrecht für nicht kapitalmarktorientierte Unternehmen, ebenfalls einen befreienden Konzernabschluss nach internationalen Rechnungslegungsvorschriften zu erstellen. Weiterhin besteht die Möglichkeit eine Erstellung eines Jahresabschlusses nach IFRS für Offenlegungszwecke (§ 325 Abs. 2a HGB). Nach überwiegender Auffassung überschreiten die IAS-/IFRS-Rechtsakte nicht die Grenzen, wie sie insbesondere durch die Rechtsprechung des **Bundesverfassungsgerichts** (BVerfG) gesetzt wurden; sie sind innerstaatlich verbindlich.

III. Durchsetzung national und europäisch durch enforcement-Stellen und Gerichte

1. Zweistufiges Verfahren mit DPR und BaFin

9 Der privatrechtlich organisierte IASB hat keinerlei Handhabe, die korrekte Umsetzung und Anwendung seiner Standards zu erzwingen. Auch die EU-Kommission verfügt über keinerlei Zwangsmittel, vielmehr obliegt die Durchsetzung den Mitgliedstaaten. Es gibt derzeit keine europäische Behörde, welche die Anwendung und Umsetzung der IFRS in der Praxis überwacht.

10 In den einzelnen Mitgliedstaaten finden sich unterschiedliche Formen des *enforcement*. Teilweise ist dieses den nationalen Finanzmarkt- oder Börsenaufsichten übertragen worden. In Deutschland wurde ein zweistufiges Verfahren eingeführt, wonach auf der ersten Stufe eine privatrechtlich organisierte **Prüfstelle** (Deutsche Prüfstelle für Rechnungslegung DPR e. V.) agiert und auf zweiter Stufe die Bundesanstalt für Finanzdienstleistungsaufsicht (**BaFin**). Gem. § 342b HGB hat das Bundesministerium der Justiz im Einvernehmen mit dem Bundesministerium der Finanzen eine privatrechtlich organisierte Einrichtung zur Prüfung von Verstößen gegen Rechnungslegungsvorschriften durch Vertrag anerkannt und ihr die im Gesetz festgelegten Aufgaben übertragen. Es darf nur eine solche Einrichtung anerkannt werden, die aufgrund

ihrer Satzung, ihrer personellen Zusammensetzung und der von ihr vorgelegten Verfahrensordnung gewährleistet, dass die Prüfung unabhängig, sachverständig, vertraulich und unter Einhaltung eines festgelegten Verfahrensablaufs erfolgt. Änderungen der Satzung und der Verfahrensordnung sind vom Bundesministerium der Justiz im Einvernehmen mit dem Bundesministerium der Finanzen zu genehmigen. Die Prüfstelle kann sich bei der Durchführung ihrer Aufgaben anderer Personen bedienen. Das Bundesministerium der Justiz macht die Anerkennung einer Prüfstelle sowie eine Beendigung der Anerkennung im amtlichen Teil des elektronischen Bundesanzeigers bekannt (ausführlich Gelhausen/Hönsch, AG 2005, 511 ff.).

2. Gegenstand der Prüfung durch die DPR

11 Die Prüfstelle prüft, ob der zuletzt festgestellte Jahresabschluss und der zugehörige Lagebericht oder der zuletzt gebilligte Konzernabschluss und der zugehörige Konzernlagebericht sowie der zuletzt veröffentlichte verkürzte Abschluss und der zugehörige Zwischenlagebericht eines Unternehmens den gesetzlichen Vorschriften einschließlich der Grundsätze ordnungsmäßiger Buchführung oder den sonstigen durch Gesetz zugelassenen Rechnungslegungsstandards entsprechen. Geprüft werden die Abschlüsse und Berichte von Unternehmen, deren Wertpapiere im Sinne des § 2 Abs. 1 Satz 1 WpHG an einer inländischen Börse zum Handel im regulierten Markt zugelassen sind.

12 Die Prüfstelle prüft, (1) soweit konkrete Anhaltspunkte für einen Verstoß gegen Rechnungslegungsvorschriften vorliegen, (2) auf Verlangen der Bundesanstalt für Finanzdienstleistungsaufsicht oder (3) ohne besonderen Anlass (stichprobenartige Prüfung). Die stichprobenartige Prüfung erfolgt nach den von der Prüfstelle im Einvernehmen mit dem Bundesministerium der Justiz und dem Bundesministerium der Finanzen festgelegten Grundsätzen. Das Bundesministerium der Finanzen kann die Ermächtigung zur Erteilung seines Einvernehmens auf die Bundesanstalt für Finanzdienstleistungsaufsicht übertragen.

13 Eine Prüfung des Jahresabschlusses und des zugehörigen Lageberichts durch die Prüfstelle findet nicht statt, solange eine Klage auf Nichtigkeit gemäß § 256 Abs. 7 AktG anhängig ist. Wenn nach § 142 Abs. 1 oder Abs. 2 oder § 258 Abs. 1 AktG ein Sonderprüfer bestellt worden ist, findet eine Prüfung ebenfalls nicht statt, soweit der Gegenstand der Sonderprüfung, der Prüfungsbericht oder eine gerichtliche Entscheidung über die abschließenden Feststellungen der Sonderprüfer nach § 260 AktG betroffen ist.

3. Freiwilliges enforcement auf der ersten Stufe

14 Die Prüfstelle kann nur tätig werden, wenn das betroffene Unternehmen einverstanden ist. Wenn das Unternehmen bei einer Prüfung durch die Prüfstelle mitwirkt, sind die gesetzlichen Vertreter des Unternehmens und die sonstigen Personen, derer sich die gesetzlichen Vertreter bei der Mitwirkung bedienen, verpflichtet, richtige und vollständige Auskünfte zu erteilen und richtige und vollständige Unterlagen vorzulegen. Die Auskunft und die Vorlage von Unterlagen kann verweigert werden, soweit diese den Verpflichteten oder einen seiner in § 52 Abs. 1 StPO bezeichneten Angehörigen der Gefahr strafgerichtlicher Verfolgung oder eines Verfahrens nach dem Ordnungswidrigkeitengesetz (OwiG) würde. Der Verpflichtete ist über sein Recht zur Verweigerung zu belehren. Aus Letzterem wird deutlich, dass es sich auch bereits beim Verfahren der Prüfstelle um (mittelbare) Eingriffsverwaltung handelt.

15 Die Prüfstelle teilt dem Unternehmen das Ergebnis der Prüfung mit. Ergibt die Prüfung, dass die Rechnungslegung fehlerhaft ist, so hat sie ihre Entscheidung zu begründen und dem Unternehmen unter Bestimmung einer angemessenen Frist Gelegenheit zur Äußerung zu geben, ob es mit dem Ergebnis der Prüfstelle einverstanden ist. Die Prüfstelle berichtet der Bundesanstalt für Finanzdienstleistungsaufsicht über die wichtigsten Verfahrensschritte und

-ergebnisse, und zwar (1) die Absicht, eine Prüfung einzuleiten, (2) die Weigerung des betroffenen Unternehmens, an einer Prüfung mitzuwirken, (3) das Ergebnis der Prüfung und gegebenenfalls darüber, ob sich das Unternehmen mit dem Prüfungsergebnis einverstanden erklärt hat. Ein Rechtsbehelf dagegen ist nicht statthaft (§ 342b Abs. 6 HGB).

16 Die Prüfstelle und ihre Beschäftigten sind zur gewissenhaften und unparteiischen Prüfung verpflichtet; sie haften für durch die Prüfungstätigkeit verursachte Schäden nur bei Vorsatz. Die Prüfstelle zeigt Tatsachen, die den Verdacht einer Straftat im Zusammenhang mit der Rechnungslegung eines Unternehmens begründen, der für die Verfolgung zuständigen Behörde an. Tatsachen, die auf das Vorliegen einer Berufspflichtverletzung durch den Abschlussprüfer schließen lassen, übermittelt sie der Wirtschaftsprüferkammer.

4. Zwangsverfahren auf der zweiten Stufe

17 Erklärt sich ein Unternehmen nicht bereit, an der Prüfung durch die Prüfstelle mitzuwirken, kann die BaFin eine Prüfung durch sie im Wege des unmittelbaren Zwangs gem. §§ 37n bis 37u WpHG anordnen. Dabei kann sich die BaFin der Prüfstelle bedienen oder mit eigenen Leuten die Prüfung durchführen. Gem. § 37q WpHG stellt die BaFin einen Fehler formell fest und ordnet die Veröffentlichung der Entscheidung an. Hiergegen ist eine Beschwerde zum Oberlandesgericht Frankfurt (Main) möglich (§ 37u WpHG). Damit kommt dem OLG Frankfurt (Main) eine besondere Bedeutung zu, da es ggf. die Richtigkeit der Anwendung der IFRS zu beurteilen hat.

5. Verfahren vor nationalen und europäischen Gerichten

18 Abgesehen von der Zuständigkeit deutscher Gerichte im ***enforcement***-Verfahren nach HGB bzw. WpHG können deutsche ordentliche Gerichte im Streit zwischen Aktionären einer AG oder Societas Europaea (SE) und Organen (Vorstand/Aufsichtsrat) über die richtige Anwendung der IFRS im Rahmen der Aufstellung und Billigung des Konzernabschlusses zuständig sein. Hierbei geht es um die Anwendung unmittelbar in Deutschland geltenden EU-Rechts. Dies ist für deutsche Gerichte nichts Ungewöhnliches, da diese häufig über Inhalt und Auslegung europäischer Normen zu entscheiden haben. Dabei ist zu beachten, dass nationale Gerichte das Recht und unter gewissen Umständen die Pflicht haben, bestimmte Rechtsfragen dem Europäischen Gerichtshof (**EuGH**) vorzulegen (vgl. Schön, BB 2004, 763 ff.).

19 Zu beachten bleibt, dass Rechtsstreitigkeiten in Unternehmen zu Rechnungslegungsfragen häufiger zum Jahresabschluss als Grundlage der Gewinnausschüttung entstehen als zum Konzernabschluss, der eine reine Informationsfunktion hat. Daher gibt es nur wenige Gerichtsentscheidungen hierzu.

IV. Würdigung

20 Insgesamt bleibt festzuhalten, dass der europäische Gesetzgeber durch die IAS-VO internationale Standards zum unmittelbar geltenden europäischen Recht gemacht hat, das durch nationale *enforcement*-Stellen und nationale und europäische Gerichte durchgesetzt wird. Rein praktisch gelten die IFRS als komplex und schwierig in der Anwendung, so dass der einheitlichen Anwendung und Auslegung der Standards größte Bedeutung zukommt. Mangels einer einheitlichen internationalen oder europäischen *enforcement*-Einrichtung droht eine unterschiedliche Anwendung in den einzelnen Rechtsordnungen, die häufig auch unterschiedlichen Rechtskreisen und -kulturen entstammen. Dies wird bislang durch einen eher informellen

Erfahrungsaustausch der *enforcement*-Stellen und durch Anwendungshinweise des Standardsetzers (IASB) entschärft. Auf verschiedene Weise wird versucht, das *enforcement* auf europäischer Ebene zu koordinieren. Das Committee of European Securities Regulators (CESR)Committee of European Securities Regulators (CESR) hat u. a. die Aufgabe einen solchen Austausch zwischen den enforcement-Stellen zu fördern, dabei kommt den EECS (European Enforcer Co-Ordination Sessions) eine wichtige Rolle zu. Die Gerichte haben bei der Rechtsdurchsetzung von internationalen Rechnungslegungsnormen bislang eine eher untergeordnete Rolle gehabt.

C. IFRS for SMEs als Rechtsnorm

21 Während die IFRS als Standards für kapitalmarktorientierte Unternehmen unmittelbar Bestandteil des nationalen Rechts geworden sind, gilt dies für den Jahresabschluss nicht kapitalmarktorientierter Unternehmen nicht bzw. nur für Zwecke der Offenlegung. Für sie gilt das nationale Recht, also in Deutschland das HGB, welches im Zuge des **Bilanzrechtsmodernisierungsgesetzes (BilMoG)** aus dem Jahr 2009 als vollwertige Alternative zu internationalen Standards ausgestattet werden sollte. Dabei ist zum einen beachtlich, dass auch der nationale Gesetzgeber einen gewissen Druck durch internationale Standards auf das nationale Recht erkennt, und zum anderen, dass in der Diskussion und Regierungsbegründung stets ein Vergleich mit internationalen Standards erfolgt. Insoweit haben internationale Standards zumindest einen gewissen Einfluss auf die nationale Gesetzgebung zur Rechnungslegung.

I. Europarechtliche Würdigung

1. Konsultationsprozess der EU-Kommission

22 Der IFRS-SMEs ist ein Versuch des IASB den kleinen und mittelständischen Unternehmen mit einer Vereinfachung der IFRS entgegenzukommen. Dabei ist der IASB im Zuge der Entwicklung des Standards schließlich doch weiter vorangeschritten und stärker den Forderungen insbesondere europäischer Stimmen entgegengekommen. Zahlreiche Rechtsordnungen haben die Übernahme der IFRS for SMEs angekündigt, in Europa sind das insbesondere Großbritannien und Dänemark. Die EU-Kommission hat einen Konsultationsprozess begonnen, der mit einer Stellungnahmefrist bis März 2010 endete. Die Ergebnisse der Konsultation wurden im Juni 2010 veröffentlicht und geben ein differenziertes Bild wieder (Europäische Kommission, 2010).

2. Verhältnis zur IAS-VO

23 Dabei besteht zunächst Einigkeit, dass der IFRS-SMEs nicht Bestandteil der IFRS ist. Daher ist eine automatische oder verpflichtende Übernahme bzw. Implementierung des IFRS-SMEs in die IAS-Verordnung nicht vorgesehen, ein *endorsement* wie bei den IFRS dürfte nicht stattfinden.

3. Mitgliedstaatenwahlrecht

24 Dennoch mehren sich die Stimmen, die ein Mitgliedstaatenwahlrecht für die Einführung des IFRS-SMEs verlangen, zumal die Auffassung vertreten wird, dass der IFRS-SMEs bereits jetzt

europäischen Vorgaben der 4. und 7. Richtlinie (Bilanzrichtlinie) entspricht. Inwiefern der Standard aber in Deutschland Anwendung findet – also von einem etwaigen Mitgliedstaatenwahlrecht in Deutschland Gebrauch gemacht wird – ist fraglich, da das BilMoG als ein Gegenentwurf zu den IFRS und dem IFRS-SMEs präsentiert wurde (vgl. Tz. 21). Mit dem BilMoG will der Gesetzgeber die handelsrechtlichen Normen international konkurrenzfähig machen, nicht jedoch diese durch internationale Standards ersetzen.

4. Anwendung als nationales Recht

25 Manche europäischen Mitgliedstaaten sind der Ansicht, dass die 4. und 7. Richtlinie (Bilanzrichtlinie) nicht gegen eine unmittelbare Anwendung des IFRS-SMEs sprechen, also der IFRS-SMEs richtlinienkonform sei. Dies würde bedeuten, dass es bereits jetzt den Mitgliedstaaten frei stünde, den IFRS-SMEs als nationales Recht zu implementieren. Gegenwärtig laufen Untersuchungen auf europäischer Ebene durch die EFRAG, um festzustellen ob und an welchen Stellen Richtlinien und IFRS-SMEs nicht kompatibel sind. Die Ergebnisse sind in einer Analyse der EFRAG zusammengefasst (EFRAG, 2010). Es ist sehr wahrscheinlich, dass verbleibende Bruchstellen durch eine Anpassung der 4. und 7. Richtlinie beseitigt werden. Damit dürfte es dann den Mitgliedstaaten sogar unabhängig von einem ausdrücklichen Mitgliedstaatenwahlrecht frei stehen, den IFRS-SMEs als nationales Recht zu bestimmen.

II. Nationale Würdigung

1. Umsetzung durch den deutschen Gesetzgeber

26 Eine Umsetzung des IFRS-SMEs in nationales Recht hat der deutsche Gesetzgeber bislang unter Hinweis auf das kürzlich in Kraft getretene BilMoG abgelehnt. Aufgrund der langen Rechnungslegungstradition des deutschen HGB ist es derzeit nicht zu erwarten, dass der deutsche Gesetzgeber seine Normsetzungskompetenz auch für den Jahresabschluss zugunsten eines privaten internationalen Standardsetzers aufgibt (vgl. Luttermann, AG 2010, 341, 347). Die Entscheidung könnte bezüglich der möglicherweise kommenden befreienden Wirkung eines Konzernabschlusses nach IFRS-SMEs anders aussehen.

2. Vorbildfunktion der IFRS for SMEs

27 Noch stärker dürfte jedoch der mittelbare Einfluss des IFRS-SMEs werden. Bei jeder Reformdiskussion zu nationalen Rechnungslegungsnormen wird künftig der vergleichende Blick auf die IFRS und den IFRS-SMEs nicht fehlen. Insoweit kommen diesen Standards Modellcharakter zu. Dies dürfte sich noch dadurch verstärken, da viele europäische und außereuropäische Staaten beabsichtigen, den IFRS-SMEs als nationales Recht umzusetzen. Laut IFRS for SMEs Update (3/2010) haben oder planen weltweit 60 Rechtsordnungen, IFRS-SMEs einzuführen. Dabei handelt es sich sowohl um vollständige als auch modifizierte Umsetzungen.

3. Freiwillige Anwendung als »internationaler Standard«

28 Solange weder EU noch die nationalen Gesetzgeber den IFRS-SMEs als europäisches oder nationales Recht umsetzen, ist der IFRS-SMEs ein internationaler Standard ohne rechtliche

Bindungswirkung. Er kann allenfalls im oben (vgl. Tz. 2) beschriebenen Sinn »Standards setzen«. In Betracht kommt aber national wie international eine freiwillige Anwendung dieses Standards zu Informationszwecken. So haben manche internationale Gruppen, die bislang freiwillig einen IFRS-Abschluss aufgestellt haben, damit begonnen, ihren Konzernabschluss auf den IFRS-SMEs umzustellen.

29 Ein nach dem IFRS-SMEs aufgestellter Konzernabschluss sollte als befreiender Konzernabschluss iSv. § 292 HGB anerkannt werden, da es sich hierbei bereits jetzt um einen anerkannten internationalen Standard handelt.

III. Durchsetzung national und europäisch durch enforcement-Stellen und Gerichte

30 Solange eine nationale oder europäische Umsetzung nicht erfolgt ist, gibt es auch kein nationales oder europäisches *enforcement* oder gar eine Zuständigkeit von Gerichten. Aber bereits während des Prozesses der Standardsetzung wurde das Problem der Durchsetzung und einheitlichen Anwendung des IFRS-SMEs diskutiert. Aber wie bei den IFRS ist ein *enforcement* durch den IASB nicht vorgesehen. Sollte es aber eine europäische Regelung zum IFRS-SMEs geben, wäre ein europäisches oder nationales *enforcement* wünschenswert, um eine einheitliche Anwendungspraxis in Europa zu erreichen. Sodann wären auch europäische Gerichte zuständig und entscheidungsbefugt.

IV. Ausblick

31 Eine verpflichtende europäische Anwendung und eine nationale Umsetzung des IFRS-SMEs erscheinen im Moment aus deutscher Sicht in weiter Ferne. Der deutsche Gesetzgeber hat durch seine zT als »Jahrhundertreform« bezeichnete Bilanzrechtsmodernisierung die Entscheidung getroffen, eine vollwertige Alternative zu dem IFRS-SMEs anzubieten. Allerdings muss sich noch erweisen, ob auch das modernisierte HGB im In- und Ausland als vollwertige Alternative akzeptiert wird oder man sich mit der Ablehnung des IFRS-SMEs eher aus dem internationalen Rechnungslegungsumfeld isoliert. Denn eines wissen wir als an Rechtsvergleichung interessierte Kontinentaleuropäer schon lange: Es setzt sich nicht das beste, sondern das stärkste Recht durch. Daher könnte trotz der hohen Qualität des nationalen Rechts, insbesondere vor dem Hintergrund, dass der IFRS-SMEs an manchen Stellen einfachere Lösungen anbietet als das modernisierte HGB, schon bald eine neue Reformdiskussion beginnen.

V. Abgrenzung betroffener Unternehmen

Annette G. Köhler/Katharina Köhler-Braun

Inhaltsverzeichnis

Schrifttum

Baetge, Accounting 10/2006, 3 ff.; *Baetge/Kirsch/Solmecke*, WPg 2009, 1211 ff.; *Baetge/Thiele*, in: Budde/Moxter/Offerhaus (Hrsg.), Handelsbilanzen und Steuerbilanzen, Düsseldorf 1997, 11 ff.; *Ballwieser*, IRZ 2006, 23 ff.; *Beiersdorf/Davis*, BB 2006, 987 ff.; *Beiersdorf/Eierle/Haller*, DB 2009, 1549 ff.; *Beiersdorf/Morich*, KoR 2009, 1 ff.; *Biebel*, IRZ 2008, 79 ff.; *Eierle/Beiersdorf/Haller*, KoR 2008, 152 ff.; *Eierle/Haller/Beiersdorf*, Entwurf eines internationalen Standards zur Bilanzierung von Small and Medium-sized Entities (ED-IFRS for SMEs), Berlin/Regensburg, 2007; *Egner*, in: Seicht (Hrsg.), Jahrbuch für Controlling und Rechnungswesen, Wien 2008, 83 ff.; *Ernst*, Audit Committee Quarterly, IV/2007, 10 f.; *Ernst*, WPg Sonderheft 2008, 91 ff.; *Ernst/Seidler*, ZGR 2008, 631 ff.; *Göbel/Kormaier*, KoR 2007, 519 ff.; *Haller/Beiersdorf/Eierle*, BB 2007, 540 ff.; *Haller/Löffelmann/Beiersdorf/Bolin/Etzel/Haussmann*, Rechnungslegung aus Sicht von Kreditinstituten als Rechnungslegungsadressaten, Berlin/Regensburg 2008; *Haller/Löffelmann/Etzel*, KoR 2009, 216 ff.; *Harr/Walber*, IRZ 2006, 169 ff.; *Hennrichs*, Der Konzern 2008, 478 ff.; *Hommelhoff*, ZGR 2008, 250 ff.; *IASB*, IFRS für kleine und mittelgroße Unternehmen, Grundlage für Schlussfolgerungen zum Entwurf, London Februar 2007; *Kajüter/Barth/Dickmann/Zapp*, DB 2007, 1877 ff.; *Kajüter/Schoberth/Zapp/Lübbig*, KoR 2008, 589 ff.; *Kirsch*, DStZ 2006, 768 ff.; *Kirsch/Meth*, BB-Special 6, 2007, 7 ff.; *Köhler*, BB-Special 6, 2007, 2 ff.; *Köhler/Marten*, in: Marten/Quick/Ruhnke (Hrsg.), IFRS für den Mittelstand?, Düsseldorf, 2005, 1 ff.; *Kormaier*, Externe Unternehmensberichterstattung nicht kapitalmarktorientierter Unternehmen, München, 2008; *Kuhn/Friedrich*, DB 2007, 925 ff.; *Kußmaul/Henkes*, BB 2006, 2235 ff.; *Mazars*, The IFRS for SMEs accounting standard: perceptions and expectations across Europe, o. O. 2008; *Niehus*, DB 2006, 2529 ff.; *Niehus*, DB 2008, 881 ff.; *Poll*, IRZ 2006, 83 ff.; *Senger*, WPg 18/2009, I (Editorial); *Schildbach*, in: Seicht (Hrsg.), Jahrbuch für Controlling und Rechnungswesen, Wien 2006, 131 ff.; *Trageser*, PiR 2008, 21 ff.; *Wadewitz*, Börsen-Zeitung, 25.07.2009, o. S.; *Wiedmann/Beiersdorf/Schmidt*, BFuP 2007, 326 ff.; *Winkeljohann/Ull*, KoR 2004, 430 ff.; *Winkeljohann/Morich*, BB 2009, 1630ff.

A. Einleitung

1 Mit der Veröffentlichung des Entwurfs eines International Financial Reporting Standard für kleine und mittelgroße Unternehmen (ED IFRS-SMEs) am 15.02.2007 hat der International Accounting Standards Board (IASB) eine kontroverse Diskussion über die Zukunft der Rechnungslegung nicht kapitalmarktorientierter Unternehmen ausgelöst. Nach zahlreichen Modifikationen wurde schließlich am 09.07.2009 das (vorerst) endgültige Regelwerk veröffentlicht. Gleichwohl dürfte die Diskussion der Konzeption einerseits sowie der Implementierung andererseits nicht abreißen. Im Kern der Auseinandersetzung mit dieser »entscheidende(n) Entwicklungsstufe auf dem Weg zu einer internationalen Angleichung der Rechnungslegung« (Haller/Beiersdorf/Eierle, BB 2007, 540) geht es um die Frage, inwieweit das Informations-

bedürfnis der Rechnungslegungsadressaten nicht kapitalmarktorientierter Unternehmen die internationale Harmonisierung nationaler Rechnungslegungsnormen impliziert. Konkret ist zu klären, welche Nutzen- und Kosteneffekte mit einer Anwendung des IFRS-SMEs anstatt nationaler Rechnungslegungsnormen einher gingen, und ob bzw. gegebenenfalls in welcher Form die Intervention der Regulatoren auf europäischer und nationaler Ebene hierfür notwendig wäre. Die Diskussion des regulatorischen Eingriffs ist insofern von besonderer Bedeutung, als der derzeitige institutionelle Rahmen in Deutschland eine freiwillige befreiende Anwendung des IFRS-SMEs nicht zulässt. Bereits die Ermöglichung einer »Marktlösung« im Sinne einer freien Auswahl des Rechnungslegungsnormensystems durch die Abschlussersteller vor dem Hintergrund ihrer individuellen Nutzen-Kosten-Einschätzungen macht einen fundamentalen regulatorischen Eingriff in Form der Aufhebung der Maßgeblichkeit einschließlich der Normenentwicklung zur Neugestaltung von Jahresabschlüssen zur Ausschüttungs- und Steuerbemessung notwendig. Bei der Erörterung von Nutzen- und Kostenaspekten ist auch potenziellen Wechselwirkungen institutioneller nationaler Entwicklungen und deren Antizipation durch individuelle Regulatoren und Unternehmen Rechnung zu tragen. So ist es denkbar, dass regulatorische Maßnahmen, zB zur Ermöglichung befreiender Abschlüsse nach dem IFRS-SMEs, aufgrund der Erwartung derartiger Maßnahmen durch andere Regulatoren ergriffen werden. Dieser Vorgriff kann theoretisch zu kollektiven Entwicklungen führen, die aus einer individuellen Nutzen-Kosten-Perspektive nicht sinnvoll sind. Daneben steht die Forderung der Unternehmen und des Gesetzgebers nach Erleichterungen bei der Abschlusserstellung im Raum (vgl. Köhler, BB-Special 6, 2007, 2).

2 Der nachfolgende Beitrag skizziert zunächst den vom IASB vorgesehenen Anwendungsbereich des IFRS-SMEs sowie die Abgrenzung des IFRS-SMEs zu den IFRS und dem HGB/BilMoG. In den weiteren Abschnitten rücken potenzielle Nutzen- und Kostenaspekte einer Anwendung des IFRS-SMEs aus verschiedenen Perspektiven in den Fokus. Es wird ferner herausgearbeitet, welche Bedeutung den Regulatoren auf europäischer und deutscher Ebene zukommt.

B. Anwendungsbereich

I. Grundsätzliches

3 Ausgangspunkt der Entwicklung des IFRS-SMEs ist die Annahme, dass das Nutzen-Kosten-Verhältnis der Rechnungslegung nach internationalen Rechnungslegungsnormen für einen Abschlussersteller mit der Kapitalmarktorientierung variiert. So besitzen kapitalmarktorientierte Unternehmen im Verhältnis zu nicht kapitalmarktorientierten nicht nur einen andersartigen, größeren (vgl. Kirsch, DStZ 2006, 769), sondern auch stärker transnational ausgerichteten Adressatenkreis auf Güter- und Kapitalmärkten (vgl. Kußmaul/Henkes, BB 2006, 2236 ff.; Ballwieser, IRZ 2006, 24 ff.). Dh., dass Nutzeneffekte internationaler Rechnungslegungsnormensysteme bei ihren Adressaten (und damit auch bei den Erstellern selbst) ceteris paribus größer sind als bei nicht kapitalmarktorientierten Unternehmen. Gleichzeitig nehmen die für die Rechnungslegung verfügbaren Ressourcen mit geringerer Unternehmensgröße ab, dh., der relative Aufwand der Erstellung von Abschlüssen ist für kleinere und damit idR nicht kapitalmarktorientierte Unternehmen höher als für kapitalmarktorientierte Unternehmen.

4 Ziel des IASB war es daher, ein Regelwerk zu schaffen, das aus Adressatensicht einen mit den IFRS vergleichbaren Nutzen stiftet und dabei den (anderen) Informationsbedürfnissen der IFRS-SMEs-Adressaten explizit Rechnung trägt, dem Ersteller jedoch wesentliche Erleichterungen gegenüber den IFRS gewährt. Insbesondere Unternehmen aus Transformations- oder Ent-

wicklungsländern ohne eigene angemessene Rechnungslegungsstandards sollte auf diese Weise zunächst ein qualitativ hochwertiges Normensystem bereitgestellt und darüber hinaus der Weg zu den IFRS erleichtert werden.

5 Der IASB legte die IFRS als Deduktionsbasis für die Entwicklung des IFRS-SMEs fest: So rückt der IFRS-SMEs in Analogie zu den IFRS die Informationsfunktion der Rechnungslegung in den Vordergrund. Daneben postuliert der IASB, dass die IFRS bzw. die Zielsetzung von Abschlüssen, wie sie im Rahmenkonzept niedergelegt ist, grundsätzlich für alle Unternehmen sachgerecht seien, die Verhältnisse von KMU aber von größeren, börsennotierten Unternehmen abweichen können und deshalb ein separater Standard angebracht sei (vgl. IASB, 2007, 10-11, GS21 und GS27). Die Entwicklung eines zweiten Regelwerks durch den IASB wirft folglich zwei grundsätzliche Fragen auf:

6 Das Konzept des *true and fair view* impliziert, dass zumindest hypothetisch eine ökonomische Realität existiert, die durch die Rechnungslegung grundsätzlich abbildbar ist. Unterschiede in Ansatz und Bewertung zwischen Rechnungslegungsnormensystemen ergeben sich durch das unterschiedlich stark ausgeprägte Verfolgen von Rechnungslegungszwecken, die der Abbildungstreue zuwiderlaufen. Dies wird beispielsweise deutlich, wenn das in der Generalnorm nach § 264 Abs. 2 Satz 1 HGB als Rahmenbedingung für den *true and vair view* verankerte Vorsichtsprinzip systematisch zu anderen Ergebnissen in einem Abschluss führt als eine Erstellung nach Rechnungslegungsnormen, die das Vorsichtsprinzip nicht priorisieren. Umgekehrt bedeutet dies jedoch auch, dass Unterschiede zwischen Rechnungslegungsnormensystemen, die für sich in Anspruch nehmen, dem Postulat der Informationsfunktion zu folgen, zu begründen sind. So stellt sich die Frage, inwieweit die IFRS ein den tatsächlichen Verhältnissen entsprechendes Bild vermitteln, wenn dies bereits durch den IFRS-SMEs geleistet wird und umgekehrt.

7 Darüber hinaus ist davon auszugehen, dass das Informationsbedürfnis der Adressaten *stakeholder*gruppenspezifisch ist. Eigenkapitalgeber oder Ratingagenturen dürften andere Informationsbedürfnisse aufweisen als Fremdkapitalgeber oder Lieferanten (vgl. zu dieser Diskussion zB Baetge/Thiele, 1997, 11-24; Kirsch/Meth, BB-Special 6, 2007, 7 ff.; Kußmaul/Henkes, BB 2006, 2238 ff.; Poll, IRZ 2006, 85). So ist beispielsweise aus Sicht von Fremdkapitalgebern und Lieferanten entscheidend, ob ausstehende Zahlungen fristgerecht geleistet werden können; darüber hinaus gehende *Cashflows* des Erstellers spielen bei der Ausgestaltung des Vertragsverhältnisses keine besondere Rolle. Eigenkapitalgeber sind hingegen gerade an Informationen über diese *Cashflows* interessiert, da sie als *residual claimants* ihre Renditeerwartungen ua. an der Volatilität dieser *Cashflows* festmachen. Unter der Annahme, dass die IFRS für die Bereitstellung diesbezüglicher Informationen besonders geeignet sind, ist die Anwendung der IFRS für kapitalmarktorientierte Unternehmen, dh. Unternehmen mit vergleichsweise starker Ausrichtung auf Eigenkapitalgeber, schlüssig. Nachdem sich der IFRS-SMEs jedoch explizit an Adressaten nicht kapitalmarktorientierter Unternehmen richtet, hat das Regelwerk auf die jeweiligen Bedürfnisse der verschiedenen Adressatengruppen abgestimmte, entscheidungsnützliche Informationen bereitzustellen (vgl. Beiersdorf/Eierle/Haller, DB 2009, 1551). Zu fragen ist dabei, ob ein Adressat infolge seiner spezifischen Funktion für den Ersteller ein eher der Informationsfunktion oder eher dem Gläubigerschutz verpflichtetes Rechnungslegungssystem bevorzugt und welche Konsequenzen daraus für ein Rechnungslegungsnormensystem wie dem IFRS-SMEs entstehen. Dabei ist zwischen den regionalen Ausprägungen der Geschäftstätigkeit von Unternehmen zu differenzieren: Unternehmen, deren Rechnungslegungsadressaten auch außerhalb des eigenen Rechtsraumes (und damit des nationalen Rechnungslegungsnormensystems) angesiedelt sind, können Transaktionskosten senken, indem sie ein Rechnungslegungsnormensystem wählen, das bei diesen Adressaten Anwendung findet und/oder allgemein akzeptiert wird.

II. Konkretisierung

8 Der Anwendungsbereich des IFRS-SMEs ist in IFRS-SMEs Abschn. 1 geregelt. Dort heißt es, dass der Standard für kleine und mittelgroße Unternehmen (KMU) entwickelt wurde. Kleine und mittelgroße Unternehmen sind gemäß IFRS-SMEs Abschn. 1.2 diejenigen Unternehmen, die

(1) **keiner öffentlichen Rechenschaftspflicht** unterliegen (*not publicly accountable* sind) und (bzw. aber dennoch)

(2) **Mehrzweckabschlüsse für externe Adressaten** veröffentlichen (*publish general purpose financial statements*).

9 Die Anwendung des IFRS-SMEs ist im Umkehrschluss zu (1) für Unternehmen untersagt, die öffentlich rechenschaftspflichtig sind (vgl. Kuhn/Friedrich, DB 2007, 925 ff.; Kirsch, DStZ 2006, 768 f.). **Öffentlich rechenschaftspflichtig** (s. (1)) und damit nicht anwendungsberechtigt (gemäß IFRS-SMEs) sind Unternehmen, die entweder

- kapitalmarktorientiert sind, dh. den Abschluss bei einer Wertpapieraufsicht oder einer anderen Regulierungsstelle zum Zwecke der Emission jedweder Art von Instrumenten eingereicht haben oder dabei sind, ihn einzureichen zu dem Zweck, Finanzinstrumente an einem öffentlichen Markt zu emittieren (unabhängig von der Rechtsform); oder
- Vermögenswerte in der Eigenschaft eines Treuhänders für eine große Gruppe Außenstehender halten (zB Banken, Versicherungsunternehmen, Börsenmakler, Pensionsfonds, Investmentfonds oder -banken), dh. treuhänderisch verwaltend tätig sind. Diese treuhänderische Tätigkeit, dh. die Verwaltung fremder Gelder, muss ein Hauptgeschäft sein (zB ist das Hauptgeschäft von Reiseveranstaltern nicht die treuhänderische Verwaltung, Gleiches gilt zB auch für Energieversorger (vgl. Beiersdorf/Eierle/Haller, DB 2009, 1551)).

10 Konkret bedeutet dies nach Ansicht des IASB, dass Unternehmen, deren Wertpapiere auf einem öffentlichen Markt gehandelt werden, sowie Finanzinstitutionen, welche öffentlich rechenschaftspflichtig sind, ihre Abschlüsse nach den IFRS (bzw. nach nationalen Gesetzen, zB HGB) zu erstellen haben (vgl. IASB, 2007, 12 f., GS33-GS 36).

11 Zudem kann ein nationaler Gesetzgeber festlegen, dass Unternehmen, die eigentlich dem Anwendungsbereich des IFRS-SMEs zuzurechnen sind, trotzdem die IFRS anzuwenden haben, wenn sie wirtschaftlich bedeutend sind (gemessen an Kriterien wie Bilanzsumme, Ergebnis, Anzahl der Arbeitnehmer, Grad der Marktbeherrschung sowie Art und Ausmaß der Fremdkapitalaufnahme) (vgl. IASB, 2007, 13, GS39 f.).

12 Wie bereits ausgeführt, ist es Ziel des Regelwerks, für verschiedene Adressaten entscheidungsrelevante Informationen bereitzustellen. Zu den Hauptgruppen **externer Adressaten** (s. (2)), für die Abschlüsse veröffentlicht werden, die keiner konkreten Zweckbestimmung unterliegen (*general purpose financial statements*), gehören (vgl. IASB, 2007, 16, GS55; zu den wesentlichen Adressaten aus der Sicht der Unternehmen in Deutschland vgl. Eierle/Haller/Beiersdorf, 2007, 8 und 46 ff. sowie Göbel/Kormaier, KoR 2007, 523 ff.; zu der speziellen Sicht von Kreditinstituten als Adressaten vgl. Haller et al., 2008, sowie Haller/Löffelmann/Etzel, KoR 2009, 218 ff.):

- Banken, die Kredite an KMU vergeben und die KMU-Abschlüsse zur Bonitätsprüfung verwenden;
- Lieferanten, die KMU-Abschlüsse verwenden, um Zahlungsziel- und Preisentscheidungen zu treffen;
- (Kredit-)Ratingagenturen, die KMU-Abschlüsse für Ratingzwecke verwenden;
- vorhandene und potenzielle Kunden, die auf der Basis der KMU-Abschlüsse entscheiden, Geschäftsbeziehungen zu dem KMU beizubehalten oder aufzubauen;
- Anteilseigner/Eigenkapitalgeber von KMU, die nicht zugleich geschäftsführend tätig sind, um sich im KMU-Abschluss einen Überblick über die wirtschaftliche Situation des Unternehmens zu verschaffen;

- potenzielle Anteilseigner/Eigenkapitalgeber von KMU, die sich im KMU-Abschluss einen Überblick über die wirtschaftliche Situation des Unternehmens verschaffen möchten.

13 Werden also Abschlüsse ausschließlich zur (internen) Information der Geschäftsführung oder zur Erfüllung von Vorgaben des Steuergesetzgebers erstellt, fallen diese nicht in den unmittelbaren Anwendungsbereich des IFRS-SMEs, da diese Abschlüsse nach Auffassung des IASB keine *general purpose financial statements* darstellen.

14 Ziel des IFRS-SMEs ist es, für die oben aufgelisteten externen Adressaten nützliche Informationen bereit zu stellen (vgl. Haller/Beiersdorf/Eierle, BB 2007, 544 und IFRS-SMEs Abschn. 2.2). Der IFRS-SMEs dient dabei nicht der Ausschüttungsbemessung und/oder Gewinnermittlung. Es kann also unter Umständen zum Mehrfachaufwand kommen, wenn zB zusätzlich eine Steuerbilanz erstellt werden muss. Der IASB regt in diesem Zusammenhang an, dass die nationalen Gesetzgeber ggf. eine Verminderung des Aufwandes mit Hilfe einer Überleitungsrechnung ermöglichen (vgl. IFRS-SMEs P11 und IFRS-SMEs P12).

15 Diese oben angeführte Definition von kleinen und mittelgroßen Unternehmen umfasst keine Größenklassenmerkmale. Gleichwohl konzentrierte sich der IASB bei der Entscheidung, welche Transaktionen, Ereignisse und Bedingungen in den IFRS-SMEs aufzunehmen sind, auf ein typisches Unternehmen mit 50 Mitarbeitern. Die Kritik, dass der IFRS-SMEs für sog. »Mikrounternehmen«, dh. Kleinstunternehmen, die ein bis drei Personen beschäftigen, zu aufwendig sei, wies der Board zurück. (vgl. IASB, 2007, 14f., GS45-GS50 und Exposure Draft of a proposed IFRS for SME, A Staff Overview, 6). Nachdem stets nationale (oder supranationale) Gesetzgeber den Anwendungsbereich des IFRS-SMEs abzugrenzen haben, stellt die qualitative Abgrenzung von KMU durch den IASB höchstens eine Orientierungshilfe dar. Konkret überlässt der IASB den jeweiligen nationalen Gesetzgebern die Entwicklung möglicher Größenklassenkriterien. Diese sollen entscheiden, welche Unternehmen verpflichtet oder berechtigt sind, den IFRS-SMEs anzuwenden (vgl. IFRS-SMEs P13).

16 Nachdem die Marktstrukturen im internationalen Kontext sehr stark variieren, ist eine grenzüberschreitende Vergleichbarkeit größenbezogener Kriterien nicht unbedingt gewährleistet. »Ferner scheint es sachlich nicht gerechtfertigt, nicht kapitalmarktorientierten Unternehmen, denen aufgrund ihrer Unternehmensgröße erhebliche ökonomische Bedeutung zukommt, die Anwendung der IFRS-SMEs zu gestatten.« (Haller/Beiersdorf/Eierle, BB 2007, 544). Auf die nationalen Gesetzgeber kommen folglich ggf. vielfältige internationale Abstimmungen und Festlegungen zu.

17 Zusammenfassend gelten in Deutschland derzeit folgende Regelungen (vgl. Kußmaul/Henkes, BB 2006, 2235ff., sowie Wiedmann/Beiersdorf/Schmidt, BFuP 2007, 326f.):

	Jahresabschluss	Konzernabschluss
Kapitalmarktorientierte Unternehmen	HGB (Pflicht; für Steuer- sowie Gewinnausschüttungsbemessung), ggf. zusätzlich nach IFRS (Wahlrecht; zur Information und Offenlegung)	IFRS (verpflichtend gemäß Verordnung der EU-Kommission Nr. 1606/2002, vgl. auch § 315 a Abs. 1 und 2 HGB)
Nicht kapitalmarktorientierte Unternehmen	HGB (Pflicht; für Steuer- sowie Gewinnausschüttungsbemessung), ggf. zusätzlich nach IFRS (Wahlrecht, zur Information und Offenlegung, vgl. § 325 Abs. 2 a HGB)	HGB oder IFRS (gemäß § 315 a Abs. 3 HGB)

Tab. 1: Anwendungsbereiche von HGB und IFRS für Unternehmen im Anwendungsbereich der 4. und 7. EU-Richtlinien (Stand September 2009)

III. Alternative Größenklassenkonzepte

Der Begriff KMU ist nicht einheitlich definiert. So grenzt der deutsche Gesetzgeber im § 267 HGB kleine und mittelgroße Kapitalgesellschaften anhand der Beschäftigtenzahl, der Bilanzsumme und des Umsatzes ab. Jeweils zwei der drei Größenkriterien müssen in zwei aufeinanderfolgenden Geschäftsjahren erfüllt sein, damit ein Unternehmen in eine bestimmte Kategorie eingeordnet werden kann (vgl. Tab. 2). Ergänzend gilt, dass jede Kapitalgesellschaft im Sinne des § 264 d HGB (dh. jede kapitalmarktorientierte Kapitalgesellschaft) stets als großes Unternehmen gilt. **18**

Unternehmensgröße	Zahl der Beschäftigten	Bilanzsumme €/Jahr	Umsatz €/Jahr
Kleines Unternehmen	< 50	< 4,84 Millionen	< 9,680 Millionen
Mittelgroßes Unternehmen	51–250	4,84–19,25 Millionen	9,680–38,5 Millionen
Großes Unternehmen	> 250	> 19,25 Millionen	> 38,5 Millionen

Tab. 2: KMU (konkret: Kapitalgesellschaften) – Abgrenzung gem. § 267 HGB (BilMoG)

Alternative Vorschläge zur Abgrenzung von KMU stammen vom Institut für Mittelstandsforschung (IfM) sowie der Europäischen Kommission. Die Definition des IfM vom 01.01.2002 grenzt KMU anhand der Beschäftigtenzahl und des Umsatzes pro Jahr ab. Unternehmen mit bis zu neun Beschäftigten bzw. weniger als 1 Million Euro Jahresumsatz werden als kleine Unternehmen bezeichnet. Solche, die bis zu 499 Beschäftigten respektive einen Jahresumsatz zwischen 1 Million und unter 50 Millionen erzielen, gelten als mittelgroße Unternehmen (vgl. Tab. 3). **19**

Unternehmensgröße	Zahl der Beschäftigten	Umsatz €/Jahr
Klein	bis 9	bis unter 1 Million
Mittel	10 bis 499	1 Million bis unter 50 Millionen
Mittelstand (KMU) zusammen	bis 499	bis unter 50 Millionen
Groß	500 und mehr	50 Millionen und mehr

Tab. 3: KMU-Definition des IfM Bonn (Quelle: IfM Bonn Mittelstandsdefinition, in: http://www.ifm-bonn.org/index.php?id=89; Datum der Abfrage: 24.02.2010)

Eine weitere, stark verbreitete Abgrenzung von KMU ist in der Empfehlung der Europäischen Kommission vom 01.01.2005 zu finden. Sie grenzt die Unternehmen ebenfalls anhand der Beschäftigtenzahl ab, wobei den Unternehmen zusätzlich die Wahl eingeräumt wird, als weiteres Abgrenzungskriterium entweder den Umsatz oder die Bilanzsumme zu betrachten. Zudem unterscheidet die Europäische Kommission zusätzlich zwischen Kleinstunternehmen und kleinen Unternehmen. Nach der Definition der EU gehören demnach etwa 99,8% der Unternehmen in der EU zum Mittelstand (vgl. Egner, 2008, 86). **20**

Unternehmensgröße	Zahl der Beschäftigten	und	Umsatz €/Jahr	oder	Bilanzsumme €/Jahr
Kleinstunternehmen	< 10		bis 2 Millionen		bis 2 Millionen
Kleines Unternehmen	< 50		bis 10 Millionen		bis 10 Millionen
Mittleres Unternehmen	< 250		bis 50 Millionen		bis 43 Millionen

Tab. 4: KMU-Schwellenwerte der EU (in Anlehnung an: Europäische Kommission (Hrsg.) (2006): Die neue KMU-Definiton – Benutzerhandbuch und Mustererklärung, in: http://ec.europa.eu/enterprise/enterprise_policy/sme_definition/sme_user_guide_de.pdf; Datum der Abfrage: 24.02.2010)

21 Auf die Darstellung qualitativer Abgrenzungskriterien – wonach KMU zB oft eigentümergeführt und/oder in Familienbesitz sind und/oder wenig Hierarchiestufen aufweisen und/oder sich durch einen geringen Formalisierungsgrad auszeichnen – soll an dieser Stelle nicht weiter eingegangen werden, da sich hierzu keine eindeutige Literaturmeinung erkennen lässt. Ebenfalls soll auf die Erwähnung von relevanten Normen zur Anwendung der genannten Abgrenzungsmerkmale verzichtet werden.

C. Abgrenzungen

I. Abgrenzung gegenüber den IFRS

22 Die konzeptionelle Vorgehensweise bei der Entwicklung des IFRS-SMEs folgt einem »Top-Down-Ansatz« (vgl. Haller/Beiersdorf/Eierle, BB 2007, 541). Dh., den Ausgangspunkt bilden die IFRS, die auf Basis von Nutzen-Kosten-Überlegungen modifiziert wurden. Bei der Diskussion der angestrebten Erleichterungen ist folglich ein Vergleich des IFRS-SMEs mit den IFRS (nicht mit nationalen Rechnungslegungsnormensystemen) zielführend, obwohl der potenzielle Adressatenkreis des IFRS-SMEs wohl mehrheitlich von nationalen Rechnungslegungsnormen – nicht von den IFRS – auf das neue Regelwerk umstellen würde.

23 Bei der inhaltlichen Modifikation der IFRS wurden vor allem

- die in den IFRS geregelten Sachverhalte auf die für den potenziellen Erstellerkreis relevanten Geschäftsvorfälle beschränkt,
- bei Wahlrechten in den IFRS die als einfacher angesehenen Methoden in den IFRS-SMEs aufgenommen,
- bestimmte Regelungen neu gestaltet,
- die in den IFRS eingeräumten Wahlrechte weitgehend beschränkt und
- Möglichkeiten eingeräumt, auf die Befolgung einzelner Vorschriften zu verzichten, wenn diese als nicht praktikabel erscheinen (so genannte Impraktikabilitätsklauseln) und/oder eine längere Übergangsfrist in Anspruch zu nehmen.

24 Erleichterungen, dh. ceteris paribus Verringerungen des mit der Abschlusserstellung verbundenen Ressourcenaufwands, sollen also folgendermaßen ermöglicht werden:

- Komplexitätsreduktion der verfügbaren Standards,
- Präjudizierung, jedoch nicht Präskription von Bilanzierungsmethoden,
- Flexibilität durch Ermöglichung von Individual- und Übergangslösungen.

25 In seiner Wirkungsrichtung eindeutig ist der erste der genannten Ansätze. So verringert die A-priori-Einschränkung der Wahlmöglichkeiten für Bilanzierungsmethoden den Ressourcenaufwand für die Abschlusserstellung. Zudem verringert die Einschränkung von Wahlrechten die Notwendigkeit einer Kenntnis und fallspezifischen Beurteilung alternativer Ansatz- und Bewertungsmethoden und den damit verbundenen Ressourcenaufwand. Nur noch im Fall von Regelungslücken wird auf die IFRS, die als Deduktionsbasis herangezogen werden können, verwiesen (vgl. Beiersdorf/Eierle/Haller, DB 2009, 1550). Allerdings bedingt die Kenntnis der Anwendung der den Wahlrechten zu Grunde liegenden Bewertungsmethoden einen erheblichen Ressourcenbedarf, dessen Abbau ja gerade eines der Ziele der Entwicklung des IFRS-SMEs darstellte (vgl. Kirsch, DStZ 2006, 773; weitere kritische Anmerkungen zum IFRS-SMEs sind zu finden bei Ballwieser, IRZ 2006, 23 ff. und bei Niehus, DB 2006, 2529 ff.). Kennzeichnend für den IFRS-SMEs im Vergleich zu den IFRS dürfte sein, dass er zwar insofern der Abbildung des *true and fair view* verpflichtet ist, als er keinen alternativen Funktionen von Rechnungslegungsinformationen wie der Ausschüttungsbemessungsfunktion Priorität einräumt. Gleichwohl muss er hinsichtlich des Detaillierungsgrades und der Komplexität der kommunizierten Information hinter den IFRS zurückbleiben. Diese aus Sicht des Erstellers kostensparende Vereinfachung gegenüber den IFRS geht dann nicht mit einer Nutzeneinbuße einher, wenn die Adressaten aufgrund ihrer Beschränkungen bei der Nutzung von Rechnungslegungsinformationen die durch die IFRS gegenüber dem IFRS-SMEs zusätzlich bereitgestellten Informationen nur teilweise oder nicht in ihre Entscheidungen einfließen lassen. Geht man davon aus, dass Rechnungslegungsadressaten von KMU aufgrund von Ressourcenbeschränkungen systematisch einen geringeren »Netto-Grenznutzen« der Rechnungslegungsinformationen aufweisen, ist aus ökonomischer Sicht die Vereinfachung der Rechnungslegungsnormen in der beschriebenen Weise für die Ersteller angezeigt. Inwieweit Informationsbedürfnisse von Rechnungslegungsadressaten auseinanderfallen, wird in Abschnitt D ausführlicher dargestellt.

II. Abgrenzung gegenüber dem HGB

26 Aus Sicht des deutschen Gesetzgebers stellt das durch das BilMoG weiterentwickelte HGB eine moderne, vollwertige und für die Unternehmen kostengünstige Alternative zum IFRS-SMEs dar. Neben deregulierenden Elementen (zB Befreiung von der Buchführungs- und Bilanzierungspflicht für bestimmte Unternehmen, §§ 241 und 241 a HGB), verfolgte der Gesetzgeber mit dem BilMoG explizit das Ziel, den Informationswert und die Aussagekraft des Jahresabschlusses zu erhöhen und an internationale Regelungen anzunähern (vgl. Ernst, WPg 2008, 96; Ernst/Seidler, ZGR 2008, 631 ff.). Außerdem dient der Jahresabschluss der Ausschüttungs- und Steuerbemessungsfunktion – eine Anwendung des IFRS-SMEs auf Jahresabschlüsse erscheint folglich nicht angezeigt (vgl. Ernst/Seidler, ZGR 2008, 632).

27 Entscheidend dürfte aus Sicht der Ersteller die Bedeutung von Rechnungsadressaten außerhalb des eigenen Rechtsraumes und damit die Notwendigkeit international harmonisierter Kommunikation mit *stakeholdern* sein. KMU mit starker internationaler Verflechtung (entweder aufgrund ihrer Geschäfts- oder Finanzierungstätigkeit oder aufgrund ihrer Einbindung in internationale Konzernstrukturen) dürften bereits vor der Verabschiedung des BilMoG eine zusätzliche freiwillige Umstellung ihrer Rechnungslegung auf die IFRS vollzogen haben – auch wenn hierfür erhebliche Ressourcen notwendig sind. In ihrem Fall stellt sich die Frage, ob das modernisierte HGB eine gleichwertige Alternative zu den IFRS darstellt.

28 Mit Blick auf das durch das BilMoG zwar grundlegend reformierte, aber nach wie vor primär im handelsrechtlichen Zweck- und GoB-System verhaftete HGB (vgl. Baetge/Kirsch/Solmecke, WPg 2009, 1222), ist dies nicht zu erwarten, da gerade die Anwendung international bekannter und akzeptierter Rechnungslegungsnormen im Vordergrund steht. Eine Anwendung des HGB auf internationaler – zumindest: europäischer – Ebene wäre allerdings denkbar, falls sich das HGB im Zuge eines regulatorischen Wettbewerbs als Alternative zu den IFRS bzw. dem IFRS-

SMEs durchsetzen würde. Dies würde der expliziten Zielsetzung des Gesetzgebers, wonach mit dem modernisierten HGB eine dauerhafte, einfachere, gleichwertige und kostengünstigere Alternative zur Rechnungslegung nach IFRS, die zudem auf die Bedürfnisse deutscher Unternehmen zugeschnitten ist, geschaffen wurde, entsprechen (vgl. Ernst, Audit Committee Quarterly 2007, 10; Hennrichs, Der Konzern 2008, 478 ff.). Inwieweit diese Vorstellung insbesondere vor dem Hintergrund der bereits erfolgten Anerkennung des IFRS-SMEs auf der Ebene einzelner Mitgliedstaaten (vgl. IFRS-SMEs-Komm., Teil A, Kap. III) und der Heterogenität nationaler Interessenlagen realistisch ist, bleibt abzuwarten.

29 KMU ohne jeglichen internationalen Bezug dürften grundsätzlich keinen Anreiz haben, internationale Rechnungslegungsnormen anzuwenden; in ihrem Fall bleibt auch die »Internationalisierung« des HGB per se ohne direkte Nutzeneffekte (zu einer Darstellung des Bedarfs an KMU-spezifischen Standards aus Unternehmenssicht in Deutschland vgl. zB Niehus, DB 2008, 881 ff.).

30 In Bezug auf die Durchsetzung des IFRS-SMEs gegenüber dem HGB und den IFRS wird entscheidend sein, inwieweit die Rechnungslegungsadressaten der KMU angesichts der Globalisierung und zunehmenden Öffnung der Güter- und Kapitalmärkte die Anwendung internationaler Rechnungslegungsnormen erwarten, ob der IFRS-SMEs hierfür hinreichend und wie die praktische Verwendbarkeit des Standards ist (vgl. Poll, IRZ 2006, 86; Winkeljohann/Ull, KoR 2004, 432). So stellt sich ua. die Frage, ob die Anwendung des IFRS-SMEs anstatt der IFRS von den *stakeholdern* nicht sogar als negatives Signal gewertet wird (vgl. Wadewitz, Börsen-Zeitung 25.7.2009, o. S.). Der gegenwärtige empirische Befund zu den Einschätzungen potenziell betroffener Unternehmen basiert auf dem ED IFRS-SMEs und kann folglich nicht uneingeschränkt interpretiert werden. Gleichwohl bekunden in der Studie von Eierle/Haller/Beiersdorf lediglich 12% der befragten KMU einen sehr hohen bzw. hohen Bedarf an international vergleichbaren Rechnungslegungsinformationen (vgl. Eierle/Haller/Beiersdorf, 2007, 13). Insgesamt lassen die Ergebnisse dieser Studie auf eine erhebliche Zurückhaltung der KMU in Deutschland gegenüber den IFRS, aber auch gegenüber dem IFRS-SMEs schließen. Zu ähnlichen Einschätzungen kamen in früheren Jahren Schildbach (vgl. Schildbach, 2006, 132) und Köhler/Marten (vgl. Köhler/Marten, 2005, 24 ff.).

D. Institutioneller Kontext

I. Europäischer Rahmen

31 Viele EU-Mitgliedstaaten, wie Großbritannien, Irland, Dänemark und Schweden sowie die osteuropäischen Mitgliedstaaten, nutzen schon heute an die IFRS angelehnte Rechnungslegungsstandards bzw. die IFRS, so dass diese Staaten eine Einführung des IFRS-SMEs grundsätzlich begrüßen und von der Europäischen Kommission zunehmend Rechtsklarheit über dessen Anwendungsmöglichkeit bzw. -pflicht einfordern (vgl. Ernst, WPg 2008, 92; Beiersdorf/Eierle/Haller, DB 2009, 1549; Winkeljohann/Morich, BB 2009, 1633 f.). Es ist davon auszugehen, dass sich der europäische Gesetzgeber einer legislativen Behandlung des IFRS-SMEs nicht entziehen kann. Einer Einführung eher skeptisch stehen Deutschland und Frankreich gegenüber (vgl. Beiersdorf/Eierle/Haller, DB 2009, 1549).

32 Exemplarisch für die Unterschiedlichkeit der Einstellungen ist auch das Ergebnis einer Studie, die auf Basis des ED IFRS-SMEs in sechs europäischen Ländern durchgeführt wurde. Demnach steht Großbritannien dem IFRS-SMEs positiv gegenüber und sieht die Anwendung als unproblematisch an. In Italien und Spanien lässt sich die Haltung als überwiegend offen und interessiert charakterisieren. In den Niederlanden wird die Einführung aufgrund des als ausreichend erachteten nationalen Bilanzrechts überwiegend abgelehnt. Deutschland und Frankreich sind kritisch eingestellt, lehnen die Einführung aufgrund der Komplexität, der mangelnden Berücksichtigung der Interessen der KMU und auch aufgrund des kontinentaleuropäisch geprägten nationalen Bilanzrechts eher ab (vgl. Kajüter/Schoberth/Zapp/Lübbig, KoR 2008, 601; Kajüter/Barth/Dickmann/Zapp, DB 207, 1880 ff.; Mazars, 2008; vgl. auch die Zusammenfassung der Stellungnahmen zum ED IFRS-SMEs von BDI, DRSC und IDW bei Niehus, DB 2008, 882 ff.; vgl. schließlich die Zusammenfassung der Ergebnisse der weltweiten Probeabschlüsse von Beiersdorf/Morich, KoR 2009, 4 ff.). Entscheidend für die Einstellung gegenüber dem IFRS-SMEs dürfte die Ausgestaltung des nationalen Rechnungslegungsnormensystems sein, das bei einer Umstellung auf den IFRS-SMEs idR die »Ausgangslage« darstellen dürfte.

Dabei steigt der Zustimmungsgrad gegenüber dem IFRS-SMEs **33**

- je stärker das vorhandene nationale Rechnungslegungssystem angelsächsisch geprägt ist;
- je weniger das vorhandene nationale Rechnungslegungssystem in einer eigenen Entwicklungstradition verhaftet ist (zB in einigen osteuropäischen Mitgliedstaaten);
- in Ländern ohne Maßgeblichkeitsprinzip (vgl. Kajüter/Schoberth/Zapp/Lübbig, KoR 2008, 590);
- in Ländern, in denen die IFRS auf Jahresabschlussebene befreiend oder sogar verpflichtend anzuwenden sind (zB Bulgarien, vgl. Hommelhoff, ZGR 2008, 264).

II. Regulatorischer Rahmen

34 Rechnungslegung dient dem Abbau von Informationsasymmetrien zwischen Unternehmen und deren *stakeholdern*. Mit der Verpflichtung zur Rechnungslegung (und Publizität) einerseits und der Ausgestaltung von Rechnungslegungsnormen andererseits greift der Gesetzgeber maßgeblich in das institutionelle Umfeld unternehmerischer Transaktionen ein. So stellt er durch die Rechnungslegungspflicht ein Informationsangebot sicher, das unter Marktbedingungen nicht zustande gekommen wäre, da Rechnungslegungsinformationen zT den Charakter eines öffentlichen Gutes besitzen. Ohne regulatorische Intervention käme es zum Trittbrettfahrerverhalten individueller Transaktionspartner und zu einer Nachfrage nach Rechnungslegungsinformationen unterhalb des gesamtwirtschaftlich optimalen Nachfrageniveaus. Der Gesetzgeber leistet demzufolge einen Nutzenbeitrag, den weder der Markt noch privatrechtliche Arrangements erzeugen könnten (normativer Ansatz der Regulierungstheorie). Bei der Ausgestaltung der Rechnungslegungsnormen trägt der Gesetzgeber explizit relevanten Interessengruppen, aber auch dem eigenen Interesse Rechnung (positiver Ansatz der Regulierungstheorie). Interessenkonflikte, insbesondere zwischen und innerhalb Erstellern und Adressaten, aber auch zwischen verschiedenen regulatorischen Ebenen wie dem europäischen und dem nationalen Gesetzgeber bilden den Rahmen für die Entwicklung institutioneller Regimes. Vor allem auf europäischer Ebene besteht ein wesentliches politisches und damit auch regulatorisches Ziel im Abbau von Transaktionskosten durch die Harmonisierung institutioneller Rahmenbedingungen. Auch die Harmonisierung von Rechnungslegungsnormensystemen über Grenzen hinweg trägt zum Abbau von Informationsasymmetrien und damit verbundenen Kapital- und Transaktionskosten für transnational ausgerichtete Unternehmen bei (vgl. Kormaier, 2008, 27; Harr/Walber, IRZ 2006, 170; Hennrichs, Der Konzern 2008, 479 ff.; Trageser, PiR 2008, 22; Kajüter/Barth/Dickmann/Zapp, DB 2007, 1880; Beiersdorf/Davis, BB 2006, 988). Diesem Ziel wird von den Gesetzgebern der einzelnen Mitgliedstaaten, die auch nationalen Interessen verpflichtet sind, üblicherweise nicht der gleiche Stellenwert wie von dem europäischen Gesetzgeber eingeräumt.

35 Gleichzeitig spielt zunehmend die Forderung nach Deregulierung eine Rolle, dh., die Reklamation des Rückzugs des Gesetzgebers aus dem Marktkräften folgenden Angebots- und Nachfrageverhalten von Wirtschaftssubjekten. Regulatorischer Wettbewerb stellt eine hybride Form der (De-)Regulierung dar. Grundidee ist dabei, es den Wirtschaftssubjekten zu überlassen, welche Regulierungsalternative sie anwenden wollen. Von besonderer Bedeutung ist dabei allerdings die Schutzfunktion des Gesetzgebers für den Fall, dass die Herausbildung von mehrheitlich gewählten Normensystemen zu einer faktischen Verpflichtung der übrigen Marktteilnehmer wird und diese Verpflichtung mit Netto-Kosten der hierdurch Betroffenen verbunden ist. Angenommen, der Gesetzgeber würde Unternehmen eine befreiende Abschlusserstellung nach dem IFRS-SMEs ermöglichen (flankiert um zB eine Überleitungsrechnung zur Ermittlung einer Ausschüttungs- und Steuerbemessungsgrundlage), dürfte dies für international ausgerichtete Unternehmen durchaus eine Alternative zu einer kostenverursachenden zusätzlichen Erstellung eines IFRS-SMEs-Abschlusses sein. Dem stünden diejenigen Unternehmen gegenüber, die aufgrund ihrer nationalen Ausrichtung keinen Umstellungsbedarf haben, die sich aber im Zuge der Umstellungen ihrer Wettbewerber einem Umstellungsdruck gegenüber sehen würden. Nachdem deutsche KMU häufig eine Einheitsbilanz mit Fokus auf die Steuerbemessung erstellen (vgl. Eierle/Beiersdorf/Haller, KoR 2008, 156), dürften ferner die Kosten für die Anwendung des IFRS-SMEs mit sinkender Unternehmensgröße ansteigen. Vereinfacht gesehen, kann nun zwischen zwei Fällen unterschieden werden.

36 Im ersten Fall stellt der Gesetzgeber es den Unternehmen frei, welches Rechnungslegungsnormensystem angewendet wird. Unternehmen, die a priori einen positiven Nutzen-Kosten-Effekt erwarten, würden eine Umstellung vornehmen. Die Nutzeneffekte stünden den Netto-Kosteneffekten der »unfreiwillig« umstellenden Unternehmen gegenüber. Das Ausmaß der Netto-Kosten hängt von der Anzahl der Unternehmen ab, die sich zu einer Umstellung faktisch gezwungen sehen, also den »Zug in Richtung Internationalisierung der Rechnungslegung, der an Fahrt gewinnt« (vgl. Biebel, IRZ 2008, 79), nicht verpassen wollen. Hinzu kämen die sicherlich erheblichen Kosten, die im Rahmen der hierfür notwendigen Weiterentwicklung der relevanten Normen entstehen würden.

37 Im zweiten Fall räumt der Gesetzgeber den Unternehmen keine befreiende IFRS- bzw. IFRS-SMEs-Anwendung ein. Dies hat zur Folge, dass diejenigen Unternehmen, deren Abschlusserstellung nach IFRS bzw. IFRS-SMEs a priori mit positiven Nutzen-Kosten-Effekten einherginge, Zusatzkosten durch die unveränderte Erstellung des Jahresabschlusses nach HGB und der damit verknüpften Steuerbilanz in Kauf nehmen müssten (vgl. Baetge, Accounting 2006, 5). Der Umfang dieser Zusatzkosten hängt von der Anzahl der Unternehmen ab, die eine Umstellung vornehmen würden, und damit auch vom Verbreitungsgrad der IFRS-SMEs außerhalb Deutschlands. Nur bei einer sehr hohen Verbreitung des IFRS-SMEs in Europa würde der Gesetzgeber letztlich deutsche Unternehmen im internationalen Wettbewerb benachteiligen (vgl. Senger, WPg 2009, Editorial). Bei einer zunehmenden Akzeptanz des modernisierten HGB in Europa wäre die Differenzierung der beiden genannten Fälle gegenstandslos.

38 Festzuhalten bleibt, dass die gegenwärtige Steuer- und Ausschüttungsbemessung einen regulativen Rahmen bildet, der die ökonomisch motivierte freie Auswahl eines Rechnungslegungsnormensystems von Unternehmen unterbindet. Umgekehrt werden durch die damit einhergehende Harmonisierung der Abschlusserstellung auf nationaler Ebene die mit Heterogenität verbundenen Risiken und Transaktionskosten verringert sowie der Einfluss des nationalen Gesetzgebers auf die Entwicklung der Rechnungslegungsnormen unter Berücksichtigung nationaler *Stakeholder*interessen sichergestellt. Mit zunehmender Bedeutung internationaler Rechnungslegungsstandards (und damit auch des IFRS-SMEs) nimmt die Bedeutung des nationalen Gesetzgebers auf die Ausgestaltung der Abschlusserstellung zu Informationszwecken ab. Auch die Interessenvertretung nationaler Stakeholder stellt sich auf nationaler Ebene anders dar als auf internationaler.

E. Abschließende Bemerkungen

(1) Auch auf internationaler Ebene wurde der Handlungsbedarf zur Schaffung von Erleichterungen bei der Rechnungslegung nicht kapitalmarktorientierter Unternehmen erkannt. Der IASB stellt mit dem IFRS-SMEs ein konkretes Regelwerk, das sich gegenüber den IFRS durch Erleichterungen auszeichnet, zur Verfügung. **39**

(2) Es ist derzeit nicht absehbar, wie der europäische Gesetzgeber den vorliegenden IFRS-SMEs bei der Weiterentwicklung des europäischen Bilanzrechts behandeln wird. Grundsätzlich denkbar sind vor allem eine Modifikation der 4. und 7. EU-Richtlinien (auch durch explizite Übernahme ausgewählter oder aller künftiger IFRS-SMEs) oder ein Endorsement in Analogie zum Endorsement der IFRS in Verbindung mit einer entsprechenden Anwendungsnorm, zB in Form einer Verordnung. Der deutsche Gesetzgeber hätte im Fall eines Mitgliedstaatenwahlrechts entsprechenden Handlungsspielraum. **40**

(3) Die Nutzeneffekte des IFRS-SMEs für Ersteller aus Entwicklungs- oder Transformationsländern ohne differenziert entwickelte Rechnungslegungsnormen sind anders zu beurteilen als die Nutzeneffekte, die sich zB in Deutschland aus einer Umstellung auf den IFRS-SMEs ergeben würden. Unabhängig davon stellt sich allerdings die Frage, inwieweit die Informationsbedürfnisse der Rechnungslegungsadressaten zwischen kapitalmarktorientierten und nicht kapitalmarktorientierten Adressaten von Abschlussinformationen differieren. Sollte aus Sicht der Rechnungslegungsadressaten bereits der IFRS-SMEs den Informationsbedarf decken, ist unklar, welchen zusätzlichen Nutzen die IFRS aus Sicht der Informationsempfänger stiften können. **41**

(4) Letztlich ist unternehmensindividuell zu entscheiden, wie die Vor- und Nachteile des nationalen Rechnungslegungsnormensystems im Verhältnis zum IFRS-SMEs zu beurteilen sind. Umgekehrt formuliert, lässt sich für kleine und mittelständische Unternehmen, deren (bislang angewandte) nationale Rechnungslegungsnormen Unterschiede zu dem IFRS-SMEs aufweisen, die Entscheidung zur Umstellung der Rechnungslegung auf den IFRS-SMEs wie folgt stilisieren: Besitzt das Unternehmen wesentliche Rechnungslegungsadressaten außerhalb des eigenen nationalen Rechnungslegungsraums, ist eine Umstellung der Rechnungslegung in Betracht zu ziehen. Die Kosten-Nutzen-Effekte hängen va. von folgenden Einflussfaktoren ab: **42**

Kosteneffekte

- Direkte und indirekte Umstellungskosten sowie Folgekosten: Es ist davon auszugehen, dass die Kosten für die Umstellung und fortlaufende Anwendung des IFRS-SMEs unterhalb der entsprechenden Kosten für eine Umstellung auf die IFRS liegen würden;
- Kosten für die Erfüllung nationaler Normen zu Erstellungs- und Publizitätspflichten vor dem Hintergrund der Steuer- und Ausschüttungsbemessung: Entscheidend hierfür ist die grundsätzliche Entscheidung des nationalen Gesetzgebers zur Befreiungswirkung von Jahresabschlüssen, die nicht nach dem HGB erstellt wurden und die Ausgestaltung der geltenden nationalen Rechnungslegungsnormen.

Nutzeneffekte

- Senkung von Transaktions- und Kapitalkosten: Die grenzüberschreitende Anwendung gleicher Normen zur Erstellung von Abschlüssen senkt die Kosten für die Aufbereitung und Verarbeitung von Informationen im Rahmen ökonomischer Entscheidungen unter Unsicherheit; das Kostensenkungspotenzial steigt mit der Anzahl bzw. Bedeutung der Rechnungslegungsadressaten außerhalb des Rechnungslegungsraumes des Erstellers;
- Akzeptanz/Verbreitung des Rechnungslegungsnormensystems: Relevant sind die Erwartungshaltungen der Adressaten. Es bleibt abzuwarten, ob der IFRS-SMEs als angemessene, gleichwertige Alternative zu den IFRS erachtet wird, bzw. ob im europäischen und nichteuropäischen Ausland die Akzeptanz des HGB steigt oder die IFRS eine Verbreitung erfahren, die eine Anwendung des IFRS-SMEs entbehrlich erscheinen lassen. Findet der IFRS-SMEs keine hinreichende Akzeptanz, verlieren Nutzeneffekte einer Umstellung auf den IFRS-SMEs ihr Potenzial.

Teil B: Kommentierung

Vorwort zum IFRS for SMEs (Preface to the IFRS for SMEs)

Brigitte Eierle/Axel Haller

Inhaltsverzeichnis

Schrifttum

Baetge/Kirsch/Wollmert/Brüggemann, in: Baetge/Wollmert/Kirsch/Oser/Bischof (Hrsg.), Rechnungslegung nach IFRS (IFRS-Komm.) 2. Aufl., Stuttgart 2002, Stand 2010; *Beiersdorf/Eierle/Haller*, DB 2009, 1549ff.; *IASC Foundation*, Due Process Handbook for the International Accounting Standards Board, London 2008; *IASC Foundation*, Terms of Reference and Operating Procedures for the SME Implementation Group, London 2010; *IFRS Foundation*, Training Material for the IFRS for SMEs, Module 1 – Small and Medium-sized Entities, London 2009; *IFRS Foundation*, Annual Report 2009, London 2010; *IFRS Foundation*, Constitution, London 2010; *IFRS Foundation*, Press Release: IFRS Foundation appoints members of the SME Implementation Group, London 2010; *IFRS Foundation/International Accounting Standards Board (IASB)*, Who we are and what we do, London 2010; *Prasse*, in: Baetge/Wollmert/Kirsch/Oser/Bischof (Hrsg.), Rechnungslegung nach IFRS (IFRS-Komm.), 2. Aufl., Stuttgart 2002, Stand 2010.

A. Einleitung

1 Das Vorwort (*preface*) zum IFRS-SMEs enthält eine generelle Einführung in den Standard. Dabei stellt es ihn in den institutionellen Kontext des Internationalen Standardsetters, dem *International Accounting Standards Board* (IASB), sowie der IFRS und erläutert seine Zwecksetzung, Struktur und Verpflichtungswirkung.

2 Analog zum *preface* zu den IFRS greift das Vorwort zum IFRS-SMEs auf die **Inhalte der Satzung** der *IFRS Foundation* (vormals *IASC Foundation*) zurück. Da diese nach Verabschiedung des IFRS-SMEs im Januar 2010 umfassend überarbeitet wurde, bestehen nun in den Absätzen P1-P8 des Vorworts, die auf die Formulierung der im Jahr 2009 noch gültigen

Satzung Bezug nehmen, inhaltliche Abweichungen zu der neu verabschiedeten Satzung. Zur Gewährleistung der gebotenen Aktualität der Darstellungen, wird im Folgenden bei der Erläuterung des Vorworts auf die Inhalte der neuen Satzung der *IFRS Foundation* eingegangen, da diese für die Zeit der Anwendung des IFRS-SMEs gültig ist und sich aus den inhaltlichen Differenzen zwischen der alten und neuen Satzungsversionen darüber hinaus auch keine wesentlichen Unterschiede für die Anwendung oder Interpretation des IFRS-SMEs ergeben.

B. Zielsetzung, Organisation und Finanzierung des IASB

I. Zielsetzung des IASB

3 Der IASB wurde 2001 gegründet und ist das Nachfolgegremium des 1973 von Vertretern des Accountancy-Berufstandes ins Leben gerufenen, privatrechtlichen *International Accounting Standards Committee* (IASC). Der IASB ist eine Organisationseinheit der privaten Stiftung *IFRS Foundation* (vormals *IASC Foundation*) mit operativem Sitz in London.

4 In seiner Satzung (*constitution*) setzt sich die *IFRS Foundation* **folgende Ziele**, die unmittelbar die Aufgabenbeschreibung des IASB determinieren (vgl. IFRS-SMEs P 2 iVm. IFRS Foundation, Constitution, 2010, Tz. 2):

(a) Entwicklung im Interesse der Öffentlichkeit eines einzigen Sets an hochwertigen, verständlichen, durchsetzbaren international akzeptierten Rechnungslegungsstandards, die auf klar artikulierten Prinzipien basieren. Diese Standards erfordern hochwertige, transparente und vergleichbare Informationen in Abschlüssen und sonstigen Finanzberichten, um Investoren und andere Kapitalmarktteilnehmer sowie sonstige Nutzer von Rechnungslegungsinformationen bei ihren wirtschaftlichen Entscheidungen zu unterstützen.
(b) Förderung der Verwendung und konsequenten Anwendung dieser Standards.
(c) Zur Erreichung der unter (a) und (b) gesetzten Ziele, soweit angemessen, Berücksichtigung der Bedürfnisse verschiedener Größen und Typen von Unternehmen mit unterschiedlichen wirtschaftlichen Rahmenbedingungen.
(d) Förderung und Unterstützung der Anwendung der IFRS, dh. der vom IASB herausgegebenen Standards und Interpretationen, durch die Konvergenz von nationalen Rechnungslegungsstandards und IFRS.

Punkt (c) soll gewährleisten, dass die Bedürfnisse sowohl von kleinen und mittelgroßen Unternehmen als auch von Unternehmen in Entwicklungsländern bei der Standardentwicklung angemessen berücksichtigt werden. Dieses Ziel fand seine momentane Erfüllung durch die Verabschiedung des IFRS-SMEs.

II. Organisationsstruktur des IASB

5 Zur Erreichung der genannten Zielvorstellungen setzt sich die *IFRS Foundation*, die eine **private Non-Profit-Organisation** ist und die Unabhängigkeit des IASB in seinen Standardsetting-Aufgaben sicherstellen soll, aus mehreren Organisationseinheiten zusammen. Das nachfolgende Schaubild gibt einen Überblick über die Organisationsstruktur des IASB (vgl. IFRS Foundation/International Accounting Standards Board (IASB), 2010, 2).

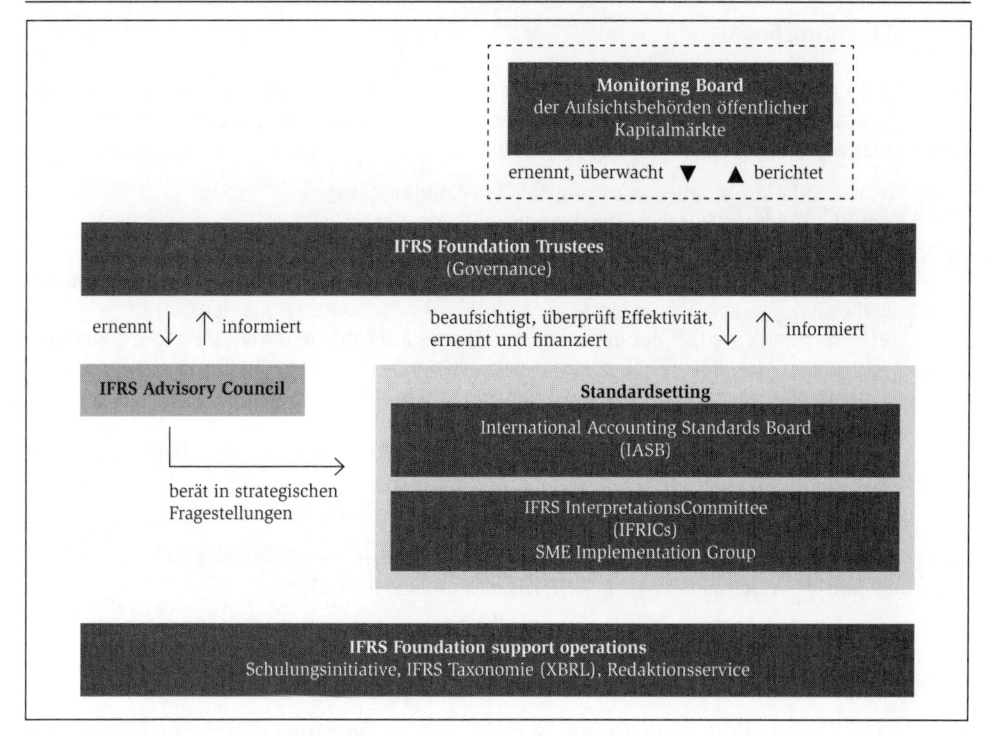

Abb. 1: Organisationsstruktur des IASB

1. Treuhänder

6 Die Führung der *IFRS Foundation* liegt primär bei den 22 Treuhändern (*Trustees*). Ihre **Aufgabe** ist ua. die Mitglieder des IASB sowie zugehöriger Räte und Komitees zu ernennen, die Finanzierung der Organisation sicherzustellen, über mögliche Satzungsänderungen zu beschließen sowie die Aktivitäten des IASB und der zugehörigen Gremien zu überwachen und die Effektivität des Standardsetting zu überprüfen (IFRS-SMEs P 3; vgl. im Detail IFRS Foundation, Constitution, 2010, Tz. 13-15).

7 Das *Monitoring Board* wirkt bei der Auswahl und der Ernennung der Treuhänder aktiv mit. Dabei hat es sowohl auf deren **geographische Herkunft** als auch deren **beruflichen Background** zu achten. Satzungsgemäß müssen jeweils sechs Treuhänder aus Asien/Ozeanien, Europa und Nordamerika und jeweils ein Treuhänder aus Afrika und Südamerika stammen. Die übrigen zwei Treuhänder dürfen aus beliebigen Regionen rekrutiert werden, solange das geographische Gleichgewicht erhalten bleibt. Gleichzeitig soll bei der Auswahl der Treuhänder auf eine ausgewogene Berücksichtigung deren beruflichen Backgrounds geachtet werden, so dass diese ua. Wirtschaftsprüfer, Ersteller und Nutzer von Abschlussinformationen, Akademiker und Personen öffentlicher Behörden repräsentieren. Zwei Treuhänder sollen Seniorpartner bedeutender Wirtschaftsprüfungsgesellschaften sein. Die Amtszeit der Treuhänder beträgt drei Jahre und kann einmal verlängert werden (vgl. IFRS Foundation, Constitution, 2010, Tz. 6-8).

2. Monitoring Board

8 Dem *Monitoring Board* selbst, das eine formale **Verbindung zwischen den Treuhändern und den Aufsichtsbehörden öffentlicher Kapitalmärkte** herstellen soll, gehören anfänglich folgende Mitglieder an (vgl. IFRS Foundation, Constitution, 2010, Tz. 21):

- ein verantwortliches Mitglied der Europäischen Kommission,
- der Kommissar der japanischen Kapitalmarktaufsichtsbehörde,
- der Vorsitzende der amerikanischen Börsenaufsichtsbehörde,
- der Vorsitzende des technischen Komitees der internationalen Vereinigung der Börsenaufsichtsbehörden (*International Organisation of Securities Commissions*, IOSCO) bzw. dessen Stellvertreter oder Vorsitzender einer anderen Börsenaufsichtsbehörde, falls der Vorsitzende des technischen Komitees gleichzeitig der Vorsitzende der Europäischen Vereinigung der Börsenaufsichtsbehörden, der japanischen Kapitalmarktaufsichtsbehörde oder der amerikanischen Börsenaufsichtsbehörde ist,
- der Vorsitzende des Komitees für Schwellenländer der internationalen Vereinigung der Börsenaufsichtsbehörden (IOSCO),
- als Beobachter der Vorsitzende des Baseler Ausschusses für Bankenaufsicht.

Die Treuhänder haben gegenüber dem *Monitoring Board* eine Rechenschaftspflicht, der sie ua. mit einem jährlichen Rechenschaftsbericht nachkommen.

3. IASB

9 Der IASB ist das **Standardsetting-Gremium** der *IFRS Foundation* und als solches insbesondere für die Verabschiedung der IFRS (einschließlich der vom *Interpretations Committee* entwickelten Interpretationen) sowie zugehöriger Dokumente, wie beispielsweise des Rahmenkonzepts (*Framework for the Preparation and Presentaion of Financial Statements*), von Standardentwürfen (*Exposure Drafts*) und Diskussionspapieren (*Discussion Documents*) sowie des IFRS-SMEs verantwortlich.

10 Der IASB besteht aus 15 Mitgliedern, deren Anzahl bis Juli 2012 auf 16 aufgestockt wird (IFRS-SMEs P 4). Maximal drei Mitglieder dürfen Teilzeit beschäftigt sein, die übrigen Mitglieder müssen **hauptberuflich** für den IASB tätig sein und zur Gewährleistung ihrer Unabhängigkeit jegliche Beziehungen zu ihrem bisherigen Arbeitgeber abbrechen. Ernannt werden die Mitglieder des IASB von den Treuhändern unter Berücksichtigung ihrer beruflichen Qualifikation und praktischen Erfahrung sowie ihrer geographischen Herkunft. Aufgrund der Bestimmungen der neuen Satzung sollen grundsätzlich jeweils vier Mitglieder aus Asien/Ozeanien, Europa und Nordamerika und jeweils ein Mitglied aus Afrika und Südamerika stammen. Die übrigen zwei Mitglieder können unter Beachtung des geographischen Gleichgewichts aus beliebigen Regionen rekrutiert werden. Aus dem Kreis der hauptamtlichen Mitglieder werden von den Treuhändern der Board-Vorsitzende (*Chair of the IASB*), der gleichzeitig auch der Hauptgeschäftsführer der *IFRS Foundation* (*Chief Executive*) ist, sowie bis zu zwei stellvertretende Vorsitzende ernannt. Bei Board-Abstimmungen, die mit einfacher Mehrheit getroffen werden, hat der Board-Vorsitzende bei Stimmengleichheit ein zusätzliches Stimmrecht, alle anderen Board-Mitglieder haben ein Stimmrecht. Die Amtszeit der ab Juli 2009 ernannten Board-Mitglieder beträgt fünf Jahre und kann einmal für weitere drei Jahre verlängert werden. Die Amtszeit des Vorsitzenden sowie seines Stellvertreters kann dagegen um weitere fünf Jahre verlängert werden, die Amtszeit als IASB-Mitglied darf jedoch insgesamt zehn Jahre nicht übersteigen (vgl. IFRS Foundation, Constitution, 2010, Tz. 24-31).

11 Seine Geschäfte erledigt der IASB in meist mehrtägigen, idR öffentlichen Board-Sitzungen, die nicht ausschließlich in London, sondern auch an anderen Orten der Welt stattfinden können (mitunter tagt das Board auch beim FASB in den USA).

4. Mitarbeiterstab

Unterstützung erhält die *IFRS Foundation* und der IASB durch einen hauptberuflichen Mitarbeiterstab (*senior staff management team*), der unter der Verantwortung des *Chief Executive* (vom Vorsitzenden des IASB wahrgenommen) steht (vgl. IFRS Foundation, Constitution, 2010, Tz. 47-48). Während ein Teil der Mitarbeiter als Fachexperten dem IASB in seiner **Normierungsarbeit** zuarbeitet, unterstützt ein anderer Teil die *IFRS Foundation* allgemein in ihrer Zielsetzung (*IFRS Foundation support operations*) und befasst sich zB mit der Entwicklung einer **XBRL Taxonomie**, erstellt Schulungsunterlagen, übernimmt die Organisation von Workshops oder erledigt redaktionelle Aufgaben einschließlich der Klärung von Copyright Fragen. **12**

5. IFRS Interpretations Committee

Um bestehende **Regelungslücken in den IFRS zeitnah zu schließen** und damit deren einheitliche Umsetzung in der Rechnungslegungspraxis sicherzustellen, verfügt der IASB über ein Interpretationskomitee, das *IFRS Interpretations Committee* (kurz *Interpretations Committee* vormals *International Financial Reporting Interpretations Committee,* IFRIC). Aufgabe des *Interpretations Committee* ist es va., Interpretationen zu Anwendungsfragen zu entwickeln und zeitnah Anwendungsleitlinien zu Rechnungslegungsfragen zu erarbeiten, die nicht explizit in den IFRS adressiert sind (vgl. IFRS Foundation, Constitution, 2010, Tz. 43). **13**

Das *Interpretations Committee* setzt sich aus 14, von den Treuhändern ernannten, stimmberechtigten Mitgliedern zusammen. Die verlängerbare Amtszeit der Mitglieder des *Interpretations Committee* beträgt drei Jahre. Ein Mitglied des IASB, der Direktor bzw. ein Seniormitglied des hauptberuflichen fachlichen Mitarbeiterstabs des IASB oder eine andere entsprechend qualifizierte Person wird von den Treuhändern zum Vorsitzenden des *Interpretations Committee* ernannt. Dieser leitet die Sitzungen des *Interpretations Committee*, besitzt jedoch selbst kein Stimmrecht. Darüber hinaus können die Treuhänder noch andere nicht stimmberechtigte Repräsentanten von Regulierungsbehörden als Beobachter benennen, die an den Sitzungen des *Interpretations Committee* teilnehmen können und Rederecht besitzen. Die stimmberechtigten Mitglieder des *Interpretations Committee* stellen eine **Kombination aus Fachleuten und Personen** mit internationaler Unternehmenserfahrung oder Erfahrungen auf internationalen Märkten dar, die mit der praktischen Anwendung von IFRS bzw. der Analyse von IFRS-Abschlüssen vertraut sind (vgl. IFRS Foundation, Constitution, 2010, Tz. 39-40). **14**

Die Sitzungen des *Interpretations Committee* finden nach Bedarf statt und sind idR öffentlich. **15**

6. SME Implementation Group (SMEIG)

Zur besseren Berücksichtigung der Belange von kleinen und mittelgroßen Unternehmen und der **Klärung von Anwendungsfragen bzgl. des IFRS-SMEs** wurde im Jahr 2010 die *SME Implementation Group* (SMEIG) ins Leben gerufen. Diese hat zum einen die Aufgabe, Anwendungsleitlinien zum IFRS-SMEs in Form von Fragen und Antworten (*Questions and Answers,* Q&As) zu entwickeln und öffentlich verfügbar zu machen. Zum anderen erarbeitet die *SME Implementation Group* Empfehlungen zur Überarbeitung des IFRS-SMEs, **16**

- wenn neue IFRS verlautbart oder bestehende IFRS geändert wurden oder
- wenn die betreffenden Anwendungsfragen so gravierend sind, dass sie nicht durch Q&As adressiert werden können (vgl. IASC Foundation, 2010, Tz. 9).

Mit der Etablierung von SMEIG wurde ein Gremium geschaffen, das sicherstellen soll, dass die Belange kleiner und mittelgroßer Unternehmen in der Organisationsstruktur des IASB explizit berücksichtigt werden. Zu bemängeln bleibt allerdings, dass die Mitglieder von SMEIG gegenüber dem IASB lediglich **Beratungsfunktion** besitzen. Die Entscheidungsbefugnis über die Inhalte und Ausgestaltung des IFRS-SMEs liegt nach wie vor bei den Mitgliedern des IASB, die über keinen SME spezifischen Background verfügen müssen.

17 Die SMEIG hat mindestens 12 und maximal 20 unabhängige, unentgeltlich tätige Mitglieder, die von den Treuhändern ernannt werden. Die Auswahl der Mitglieder erfolgt auf Basis deren **Fachkenntnisse und Erfahrungen mit der Rechnungslegung von kleinen und mittelgroßen Unternehmen**, vorzugsweise mit dem IFRS-SMEs. Üblicherweise umfassen die Mitglieder, die eine Bandbreite unterschiedlicher geographischer Regionen repräsentieren sollten, Rechnungslegungspraktiker kleiner und mittelgroßer Unternehmen, Wirtschaftsprüfer kleiner oder mittelgroßer Wirtschaftsprüfungsgesellschaften, Vertreter von Banken und andere Nutzer von Abschlüssen kleiner und mittelgroßer Unternehmen (vgl. IASC Foundation, 2010, Tz. 10-11). Im Einzelnen stellt sich die personelle Zusammensetzung der SMEIG zum Juli 2010 wie folgt dar (vgl. IFRS Foundation, Press Release, 2010, 3-4):

SMEIG-Mitglied	Zugehörigkeit
Afrika	
Dr. Khalded A. Hegazy *Ägypten*	Partner, Crowe Dr. A. M. Hegazy & Co.
Omodele Robert Nicholas Jones *Sierra Leone*	Chair, Council for Standards of Accounting, Auditing, Corporate & Institutional Governance (CSAAG)
Bruce Mackenzie *Südafrika*	Managing Partner, W Consulting
Asien/Ozeanien	
Sanath Fernando *Sri Lanka*	Partner, Ernst & Young
Michelle Fisher *Hong Kong SAR, Volksrepublik China*	Senior Manager, Technical, Deloitte
Ying Wie *Volksrepublik China*	Deputy Director-General, Accounting Regulatory Department of the Ministry of Finance
Europa	
Steven Brice *Vereinigtes Königreich*	Financial Reporting Advisory Partner, Mazars
Professor Robin Jarvis *Vereinigtes Königreich*	Head of SME Affairs, The Association of Chartered Certified Accountants (ACCA)
Dr. Claudia Mezzabotta *Italien*	Head of IFRS for SMEs Working Group of Ordine dei Dottori Commercialisti ed Esperti Contabili di Milano (ODCEC Milano), Italien; Director, Department of Accounting and Financial Reporting Standards (English classes), Scuola di Alta Formazione della Fondazione dei Dottori Commercialisti di Milano
Signe Moen *Norwegen*	Partner, PricewaterhouseCoopers
Hugo van den Ende *Niederlande*	Partner, PricewaterhouseCoopers Accountants N. V. Amsterdam
Nordamerika	
Ana Denena *USA*	Partner, UHY LLP
Thomas J. Groskopf, CPA *USA*	Director, Barnes, Dennig & Co., Ltd.
David Martínez Muñoz *USA*	Operations Officer, World Bank Organisation
Keith C. Peterka *USA*	Professional Standards Group, Mayer Hoffman McCann P. C.
Lateinamerika/Karibik	
Artemio Bertholini *Brasilien*	Partner, Directa Auditores, a member firm of PKF International Limited

SMEIG-Mitglied	Zugehörigkeit
Andrew F Brathwaite, CA *Barbados*	Principal, AFB Consulting, Chartered Accountants
Cdor. Hernán P Casinelli *Argentinien*	Director of IFRS course and the Chartered Public Accounting Program, Universidad Argentina de la Empresa (UADE). Associate Member, Gajst & Asociados
Haydeé de Chau *Panama*	Partner, KPMG
Professor Jorge José Gil *Argentinien*	Professor, University of Cuyo, Aconcagua University, General Director of AAASB (FACPCE)
Ricardo Rodil *Brasilien*	Senior Partner, Nexia Villas Rodil Auditores Independetes

Tab. 1: Personelle Zusammensetzung der SMEIG

Bedauerlich ist, dass derzeit Deutschland durch keine Person im SMEIG vertreten ist, was aber wohl auf die bislang große Zurückhaltung Deutschlands gegenüber dem IFRS-SMEs zurückzuführen ist (vgl. hierzu auch IFRS-SMEs-Komm., Teil A, Kap. V, Tz. 26-30).

18 Im Unterschied zur Gremienarbeit zB des *IFRS Interpretations Committee,* werden die Geschäfte der SMEIG idR nicht in Form von Sitzungen, sondern via e-mail Verkehr zwischen den Mitgliedern erledigt (IASC Foundation, 2010, Tz. 37). Daraus kann geschlossen werden, dass der IASB der fachlichen Arbeit der SMEIG wohl eine eher untergeordnete Bedeutung beimisst.

7. IFRS Advisory Council

19 Der *IFRS Advisory Council* hat **Beratungsfunktion** und soll va. nicht im IASB vertretenen Interessengruppen und Organisationen die Möglichkeit zur Mitwirkung im Standardsetting-Prozess geben. Die Aufgabe des *IFRS Advisory Council* besteht ua. darin, den IASB bei der Aufnahme neuer Projekte und der Festlegung von Prioritäten zu beraten und über die Auffassungen der Council-Mitglieder zu wesentlichen Standardsetting-Projekten zu informieren. Der *IFRS Advisory Council* trifft sich idR mindestens dreimal jährlich in öffentlichen Sitzungen und ist vom IASB vor Entscheidungen über wesentliche Projekte und von den Treuhändern vor Satzungsänderungen zwingend zu hören (vgl. IFRS Foundation, Consitution, 2010, Tz. 44).

20 Der *IFRS Advisory Council* besteht aus mindestens dreißig Mitgliedern, die von den Treuhändern für drei Jahre mit der Möglichkeit zur Wiederwahl ernannt werden. Die Mitglieder des *IFRS Advisory Council* spiegeln eine **Vielfalt an geographischen Regionen und Berufsgruppen** wieder und umfassen Repräsentanten von unterschiedlichen Interessengruppen und Organisationen. Der Vorsitzende des *IFRS Advisory Council* wird von den Treuhändern ernannt, darf aber nicht Mitglied des IASB oder des Mitarbeiterstabs sein (vgl. IFRS Foundation, Constitution, 2010, Tz. 45).

8. Arbeitsgruppen und sonstige Beratungsgremien

21 Für die **fachliche Normierungsarbeit** kann der IASB fallweise projektbezogene Arbeitsgruppen (*working groups*) einsetzen und sonstige Beratungsgruppen konsultieren (vgl. IFRS Foundation, Constitution, 2010, Tz. 37). Neben den Sitzungen mit dem *IFRS Advisory Council* trifft sich der IASB regelmäßig zu Konsultationen mit der *Analyst Representative Group* (ARG) und dem *Global Preparers Forum* (GPF).

III. Finanzierung

22 Die Finanzierung des IASB erfolgt über die *IFRS Foundation*, wodurch die **Unabhängigkeit des IASB** bei der Wahrnehmung seiner Standardsetting Aufgaben gewährleistet werden soll. Wesentliche Finanzierungsquellen sind: Beiträge privater Organisationen, die direkt geleistet oder auf breiter Basis länderspezifisch über private Standardsetter oder staatliche Behörden erhoben werden, freiwillige Spenden von Wirtschafsprüfungsgesellschaften oder Organisationen, die an der Internationalisierung der Rechnungslegung interessiert sind, sowie Einnahmen aus dem Verkauf von Veröffentlichungen. Die Gesamteinnahmen des IASB beliefen sich im Jahr 2009 auf ca. 23 Mio. britische Pfund, ca. 27,5 Mio. Euro (vgl. IFRS Foundation, Annual Report 2009, 55).

C. Wesentliche Verlautbarungen des IASB

23 Hinsichtlich ihrer Regelungsinhalte lassen sich im Wesentlichen **fünf verschiedene Normenarten** des IASB unterscheiden:

- Rahmenkonzept (*Framework for the Preparation and Presentation of Financial Statements*, kurz Framework)
- *International Financial Reporting Standards* (IFRS)
- *International Financial Reporting Standards for Small and Medium-sized Entities (IFRS for SMEs*, kurz IFRS-SMEs)
- Interpretationen (*Interpretations* des *Interpretations Committee, Question and Answers* von SMEIG)
- Sonstiges Begleitmaterial zu Verlautbarungen (zB Umsetzungsleitlinien (*Implementation Guidance*, IG), Anwendungshinweise (*Application Guidance*, AG), illustrative Beispiele (*Illustrative Examples*, IE), *Appendices* zu Standards und Grundlage für Schlussfolgerungen (*Basis for Conclusions*)).

I. Rahmenkonzept

24 Das Rahmenkonzept stellt die **konzeptionelle Grundlage der IFRS-Rechnungslegung** dar und soll eine logische, in sich konsistente (Fort-)Entwicklung von Rechnungslegungsnormen sicherstellen. Es enthält die wesentlichen Rechnungslegungsprinzipien und -grundsätze und bildet somit den quasi-theoretischen Rahmen für die Entwicklung, Überarbeitung und Interpretation der IASB-Verlautbarungen (IFRS-SMEs P 6). Trotz seiner fundamentalen Bedeutung stellt das Rahmenkonzept keinen IFRS dar, es ist den konkreten Regelungen der IFRS in der Anwendungsautorität sogar nachrangig und kann diese nicht außer Kraft setzen, dh. im Konfliktfall geht immer die konkrete Regelung in den IFRS den Vorschriften des Framework vor (F 2-3). Gleichwohl stellt es auch für die Abschlussersteller und -prüfer eine konzeptionelle Basis für die Ableitung von sachgerechten Lösungen in den realen Fällen dar, die von konkreten IFRS nicht geregelt sind (IAS 8.11).

II. International Financial Reporting Standards (IFRS)

25 Die IFRS sind die bedeutendsten Verlautbarungen des IASB. Sie sind zur Erlangung eines IFRS-konformen Abschlusses verpflichtend anzuwenden und enthalten konkrete Bestimmun-

gen zu Ansatz, Bewertung, Ausweis und Angabeerfordernissen. Prüfungs- und Publizitätspflichten werden dagegen von den IFRS nicht geregelt. Die vom Vorgängergremium des IASB, dem *International Accounting Standards Committee* (IASC) verabschiedeten *International Accounting Standards* (IAS) einschließlich zugehöriger Interpretationen (sog. *Standing Interpretations Committee Interpretations*, kurz SIC) wurden vom IASB in Form einer Resolution bei der Aufnahme seiner Geschäfte übernommen und besitzen deshalb auch weiterhin Gültigkeit, bis sie vom IASB überarbeitet oder widerrufen werden (IFRS-SMEs P 4).

26 Die IFRS sind für die Anwendung in sog. »**Mehrzweckabschlüssen**« (*general purpose financial statements*) und **sonstigen Finanzberichten** gewinnorientierter Unternehmen konzipiert, können darüber hinaus aber auch branchenspezifische Regelungen beinhalten. Mehrzweckabschlüsse sind in der Terminologie des IASB Abschlüsse, die nicht auf die Bedürfnisse einer spezifischen Adressatengruppe zugeschnitten sind, sondern den Informationsanforderungen eines breiten Adressatenkreises, wie zB der Anteilseigner, Gläubiger, Arbeitnehmer oder der allgemeinen Öffentlichkeit entsprechen. Damit sind Mehrzweckabschlüsse, die sowohl separat als auch im Rahmen anderer Publikationen, wie zB Geschäftsberichten oder Emissionsprospekten veröffentlicht werden können, an den Informationsbedürfnissen eines breiten Adressatenkreises ausgerichtet, die selbst nicht in der Lage sind, auf ihre Informationsbedürfnisse zugeschnittene Rechnungslegungsinformationen einzufordern. Die Zielsetzung derartiger (Mehrzweck-)Abschlüsse ist es, Rechnungslegungsadressaten Informationen über die Vermögens-, Finanz- und Ertragslage sowie die Cashflows eines Unternehmens bereitzustellen, die für deren wirtschaftliche Entscheidungen nützlich sind (IFRS-SMEs P 7-8; siehe auch IFRS-SMEs Abschn. 2.2).

27 Die Anwendung der IFRS ist, wie oben dargelegt, nicht auf Mehrzweckabschlüsse beschränkt, sondern umfasst auch **sonstige Finanzberichte**. Hierunter versteht der IASB Rechnungslegungsinformationen, die außerhalb von Abschlüssen gewährt werden und Abschlussnutzer bei der Auslegung von Abschlussinformationen oder ökonomischen Entscheidungen unterstützten sollen. Der Terminus »Finanzberichterstattung« (*financial reporting*) wird vom IASB als Oberbegriff verwendet und umfasst sowohl Mehrzweckabschlüsse als auch sonstige Finanzberichte (IFRS-SMEs P 5).

III. International Financial Reporting Standard for Small and Medium-sized Entities (IFRS for SMEs)

1. Anwendungsbereich

28 Neben den IFRS entwickelt und veröffentlicht der IASB den *International Financial Reporting Standard for Small and Medium-sized Entities* (IFRS for SMEs oder kurz IFRS-SMEs). Dieser separate Standard ist für die **Anwendung in Mehrzweckabschlüssen und sonstigen Finanzberichten** von Unternehmen konzipiert, die länderspezifisch sehr unterschiedlich ua. als KMU, nicht öffentlich rechenschaftspflichtige Unternehmen (*non-publicly accountable entities*) oder als nicht börsennotierte Unternehmen (*private entities*) bezeichnet werden (IFRS-SMEs P 9).

29 Die vom IASB für den IFRS-SMEs gewählte und damit den Anwendungsbereich des Standards determinierende Definition des Begriffs »SME« wird in Abschnitt 1 des IFRS-SMEs (vgl. IFRS-SMEs-Komm., Teil B, Abschn. 1, Tz. 1-8) gegeben. Entgegen vielen nationalen SME-Definitionen und dem wörtlichen Verständnis hat der IASB in seiner SME-Definition **auf die Verwendung quantitativer Größenkriterien verzichtet**, auch wenn er bei der Konzeption des Standards Unternehmen mit ca. 50 Mitarbeitern im Fokus hatte (vgl. IFRS-SMEs-Komm., Teil A, Kap. I, Tz. 26 f.). Letztendlich schien es dem IASB unmöglich, Größengrenzen festzulegen, die international angewendet und akzeptiert werden können (vgl. Beiersdorf/Eierle/Haller, DB

2009, 1551, IFRS-SMEs BC 69). In Anbetracht des Verzichts auf die Verwendung quantitativer Größenkriterien war die Verwendung des Begriffs »SMEs« lange Zeit heftig umstritten. Alternativ diskutiert wurden Bezeichnungen wie »IFRS *for Private Entities*« oder »*IFRS for Non-Publicly Accountable Entities*«, die aber aufgrund ihrer geringen internationalen Akzeptanz und Verständlichkeit schlussendlich wieder verworfen wurden (IFRS-SMEs BC 78 ff).

30 Darüber hinaus macht der IASB deutlich, dass der IFRS-SMEs für Mehrzweckabschlüsse konzipiert ist. In vielen Ländern schließt der Begriff »SME« dagegen häufig auch sehr kleine Unternehmen mit ein, unabhängig davon, ob diese Mehrzweckabschlüsse für externe Nutzer veröffentlichen oder nicht. **Abschlüsse, die ausschließlich für das eigene Management oder die Steuerbehörde erstellt werden**, sind nicht notwendigerweise Mehrzweckabschlüsse (IFRS-SMEs P 11; vgl. auch IFRS-SMEs-Komm., Teil B, Abschn. 1, Tz. 9-10). Gerade die Ermittlung des steuerlichen Einkommens von Unternehmen steht nicht mit der Zielsetzung von Mehrzweckabschlüssen in Einklang und erfordert deshalb spezielle Rechnungslegungsvorschriften, die darüber hinaus länderspezifisch und deshalb idR sehr unterschiedlich sind. Es ist folglich sehr unwahrscheinlich, dass Abschlüsse, die nach dem IFRS-SMEs erstellt wurden, mit den nationalen steuerlichen Vorschriften konform sind. Dies ist auch in Deutschland der Fall. Nichtsdestotrotz sieht der IASB die Möglichkeit, dass nationale Gesetzgeber kleinen und mittelgroßen Unternehmen die Erstellung eines zusätzlichen steuerlichen Abschlusses ersparen, indem sie lediglich eine steuerliche Überleitungsrechnung verlangen, die auf dem nach IFRS-SMEs ermittelten Jahresüberschuss basiert (IFRS-SMEs P 12).

2. Regelungsinhalt und Aufbau

31 Der IFRS-SMEs ist ein **eigenständiges Regelwerk**, das analog der Gesamtheit an IFRS Ansatz-, Bewertungs- und Ausweisfragen sowie Angabeerfordernisse regelt. Im Gegensatz zu den IFRS, die durch einzelne, von einander getrennte Standards repräsentiert werden, handelt es sich beim IFRS-SMEs um einen einzigen Standard. Wie in den IFRS, finden sich auch im IFRS-SMEs keine Vorschriften zur Abschlussprüfung bzw. Offenlegung, so dass sich die diesbezüglich bestehenden Anforderungen aus den jeweiligen nationalen Bestimmungen des Sitzlandes des den IFRS-SMEs anwendenden Unternehmens ergeben müssen.

32 Der IFRS-SMEs ist **themenspezifisch gegliedert** und unterteilt sich in insgesamt **35 Abschnitte**. Dem Hauptteil schließt sich ein Glossar an, indem die wichtigsten Begriffe erläutert werden. Die Regelungen im IFRS-SMEs einschließlich des Glossars sind für die Erstellung eines IFRS-SMEs konformen Abschlusses verpflichtend anzuwenden. Jeder Absatz im Standard hat die gleiche Verbindlichkeitswirkung (IFRS-SMEs P 15). Anhänge zu bestimmten Abschnitten, die Anwendungshinweise enthalten, sind dagegen nicht verpflichtend, wenn sie nicht integraler Bestandteil des Standards sind (IFRS-SMEs P 15). Darüber hinaus wird der IFRS-SMEs durch weitere Materialien ergänzt, die ebenfalls keine Verpflichtungswirkung besitzen. Hierzu gehören: das Vorwort, eine Herkunftstabelle mit abschnittsweiser Zuordnung der Regelungen im IFRS-SMEs zu den entsprechenden Quellen in den IFRS, Umsetzungsleitlinien (*Implementation Guidance*), die illustrative Abschlüsse sowie eine Offenlegungscheckliste enthalten, sowie die Grundlage der Schlussfolgerungen (*Basis for Conclusions*). Ebenfalls ohne Verpflichtungswirkung ist das von der IFRS Foundation zum IFRS-SMEs herausgegebene Schulungsmaterial (vgl. IFRS Foundation, 2009, Module 1, 4).

3. Autorität

33 Analog zu den IFRS besitzt der **IASB keine Autorität**, bestimmten Unternehmen die Anwendung des IFRS-SMEs vorzuschreiben. Dies ist Angelegenheit der nationalen Standardsetter und Regulierungsbehörden. Dennoch ist aber eine klare Abgrenzung des Anwendungsbereichs des

IFRS-SMEs, wie dies in IFRS-SMEs Abschnitt 1 erfolgt, notwendig, um zum einen dem IASB eine Entscheidungsgrundlage für die inhaltliche Ausgestaltung der Rechnungslegungsanforderungen zu geben und zum anderen den nationalen Gesetzgebern, Regulierungsbehörden, Standardsettern, rechnungslegenden Unternehmen und Wirtschaftsprüfern zu kommunizieren, für welche Typen von Unternehmen der IFRS-SMEs vom IASB intendiert ist. Darüber hinaus ist eine Abgrenzung des Anwendungsbereichs des IFRS-SMEs auch deshalb erforderlich, damit Unternehmen, die nach der Definition des IASB nicht als SME gelten und deshalb auch nicht zur Anwendung des IFRS-SMEs berichtigt sind, nicht behaupten können, ihr Abschluss sei in Konformität mit dem IFRS-SMEs, selbst wenn diese nach nationalen Regelungen dazu berechtigt sind (vgl. IFRS-SMEs-Komm., Teil B, Abschn. 1, Tz. 11).

4. Überarbeitungsturnus

34 Der IFRS-SMEs unterliegt einem **eigenständigen**, von den Änderungen der IFRS losgelösten **Überarbeitungsturnus**. Zunächst plant der IASB die Erfahrungen der Unternehmen in der Anwendung des IFRS-SMEs einer gründlichen Prüfung zu unterziehen, sobald von einem großen Kreis an Unternehmen Abschlüsse nach dem IFRS-SMEs für zwei Geschäftsjahre vorliegen. Es wird davon ausgegangen, dass diese Auswertung Änderungen des IFRS-SMEs nach sich ziehen wird, um Anwendungsprobleme, die in dieser Überprüfung offensichtlich werden, zu beseitigen. In diesem Kontext wird der IASB auch die Einarbeitung von in der Zwischenzeit neu verabschiedeten oder geänderten IFRS in Betracht ziehen. In diesem Prozess wird den Empfehlungen der SMEIG eine bedeutende Rolle zukommen.

35 Nach dieser anfänglichen Überprüfung plant der IASB Änderungen des IFRS-SMEs turnusmäßig etwa alle drei Jahre durch die Veröffentlichung eines Sammelentwurfs vorzuschlagen. Hierbei sollen sowohl Anpassungen an in der Zwischenzeit veröffentlichte und geänderte IFRS als auch Änderungsvorschläge berücksichtigt werden, die dem IASB zur Kenntnis gebracht werden. Allerdings räumt der IASB ein, dass es gelegentlich notwendig sein könnte, bestimmte Sachverhalte bereits früher in den IFRS-SMEs aufzunehmen und den dreijährigen Überarbeitungsturnus zu durchbrechen. Solange der IFRS-SMEs jedoch nicht explizit geändert wird, entfalten Änderungen, die für die IFRS vorgenommen oder vorgeschlagen werden, keine **automatische Wirksamkeit für Anwender des IFRS-SMEs** (IFRS-SMEs P 17). Darüber hinaus ist angedacht, dass Änderungen des IFRS-SMEs erst nach einem Jahr inkrafttreten sollen, um den Unternehmen ausreichend Zeit zur Umstellung zu geben.

IV. Interpretationen

36 Die Interpretationen des *IFRS Interpretations Committee* dienen der genaueren Auslegung und Erläuterung der IFRS sowie der Bereitstellung von Anwendungshinweisen zu Berichterstattungsfragen, die bislang nicht in den IFRS geregelt sind (vgl. IFRS Foundation, Constitution, 2010, Tz. 43). Die Interpretationen des *Interpretations Committee* werden genauso wie die seines Vorgängergremiums, dem *Standing Interpretations Committee* (SIC), sofern diese noch nicht ersetzt wurden und weiterhin Gültigkeit besitzen, gemeinsam mit den IFRS und den vom Vorgängergremium des IASB verlautbarten IAS unter dem Oberbegriff IFRS subsumiert und sind für die Erstellung eines IFRS-konformen Abschlusses verpflichtend anzuwenden (IAS 1.7).

37 Leitlinien zu Anwendungsfragen des IFRS-SMEs werden von der SMEIG in Form von Fragen und Antworten (*Question and Answers*, kurz Q&As) entwickelt und veröffentlicht. Im Unterschied zu den Interpretationen des *Interpretations Committee* sind die Q&As der SMEIG auf Anwendungshinweise beschränkt und entfalten keine Verpflichtungswirkung (vgl. IFRS Foundation, Press Release, 2010).

V. Sonstiges Begleitmaterial zu Verlautbarungen

38 Vielfach werden die Standards (IFRS bzw. der IFRS-SMEs) um sonstiges Begleitmaterial, wie zB Anhänge (*Appendices*), Umsetzungsleitlinien (*Implementation Guidance*, IG), Anwendungshinweise (*Application Guidance*, AG), illustrative Beispiele (*Illustrative Examples*, IE) sowie die Grundlage für Schlussfolgerungen (*Basis for Conclusions*, BC) ergänzt. Die Verpflichtungswirkung dieser Begleitmaterialen hängt davon ab, ob sie integraler Bestandteil des Standards sind oder nicht.

39 In Bezug auf den IFRS-SMEs sind die Anhänge mit Anwendungshinweisen zu den Abschnitten 21, 22 und 23 nicht integraler Bestandteil des Standards und somit für die Erstellung eines IFRS-SMEs-konformen Abschlusses nicht verpflichtend zu beachten. Ebenfalls nicht verbindlich sind das Vorwort zum IFRS SMEs, die Umsetzungsleitlinien einschließlich der Beispielabschlüsse und der Offenlegungscheckliste, die Grundlage für die Schlussfolgerungen sowie die Herkunftstabelle (vgl. IFRS Foundation, 2009, Module 1, 4).

D. Prozess zur Entwicklung von Standards und Interpretationen (due process)

40 Um zu gewährleisten, dass bei der Entwicklung der Rechnungslegungsnormen des IASB die Anforderungen und Interessen sämtlicher mit der Rechnungslegung befassten Personen(-gruppen) berücksichtigt werden, um dadurch eine breite Akzeptanz der entwickelten Verlautbarungen zu erzielen, erfolgt die Verabschiedung bzw. Überarbeitung der IFRS sowie des IFRS-SMEs in einem **standardisierten Verfahren**, dem sog. *due process*. Dabei wird den Rechnungslegungsinteressenten in der ganzen Welt, dh. den »Stakeholdern« des IASB, formal standardisiert die Möglichkeit gegeben, Input in den Standardsetting-Prozess zu geben und damit indirekt auf die Entwicklung der Standards Einfluss zu nehmen. Die nachstehende Abbildung stellt den *due process* in seiner Grundstruktur dar (vgl. IFRS Foundation/International Accounting Standards Board (IASB), 2010, 5).

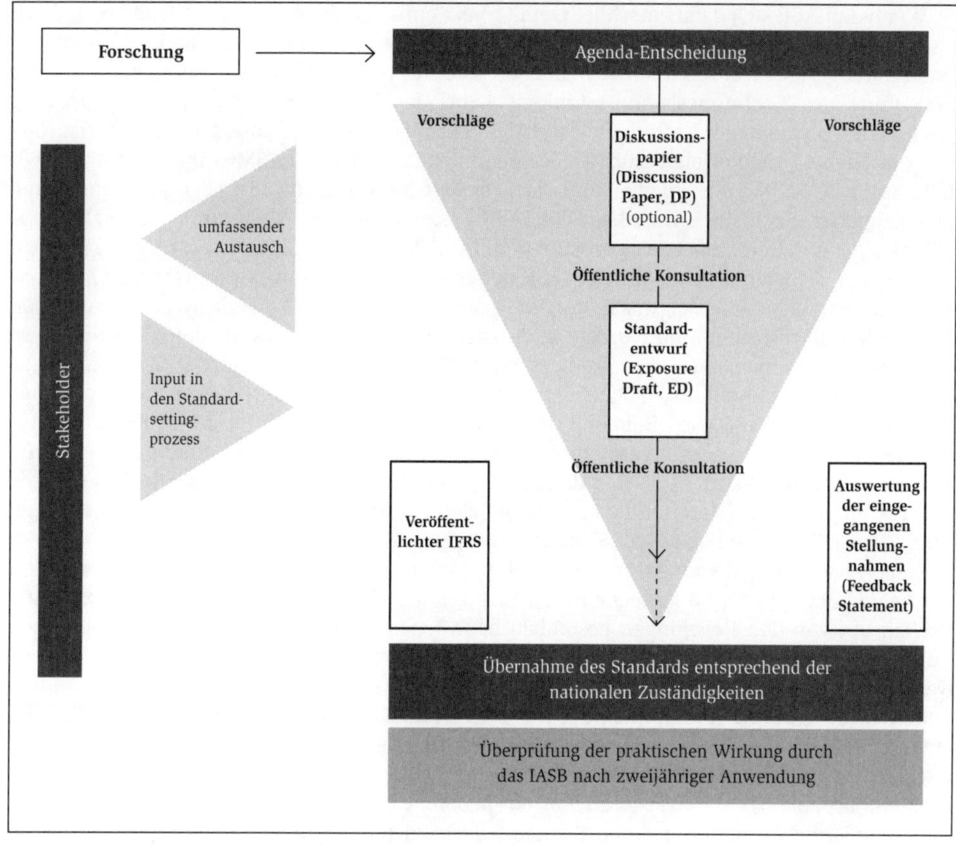

Abb. 2: *Due process* für die Verabschiedung bzw. Überarbeitung eines IFRS oder des IFRS-SMEs

Der *due process* umfasst grundsätzlich sechs Schritte (IASC Foundation, 2008, Tz. 18-53): **41**

(1) Entscheidung über die Aufnahme eines Rechnungslegungsproblems, einer Fragestellung in das Arbeitsprogramm des IASB
(2) Projektplanung
(3) Veröffentlichung eines Diskussionspapiers
(4) Veröffentlichung eines Standardentwurfs
(5) Entwicklung und Veröffentlichung des Standards
(6) Überprüfung der praktischen Wirkung des Standards.

All diese Schritte (sowie weitere) wurden auch bei der Entwicklung des IFRS-SMEs durchlaufen (vgl. IFRS-SMEs.BC 1-34 sowie IFRS-SMEs-Komm., Teil A, Kap. I, Tz. 13 ff.).

42 Zu Beginn steht die **Entscheidung über die Aufnahme eines Projektes in das Arbeitsprogramm** des IASB (diese Entscheidung wurde bezüglich des IFRS-SMEs im Jahr 2001 getroffen; vgl. IFRS-SMEs BC 2). Die diesbezüglichen Vorschläge können von nationalen Standardsettern sowie anderen interessierten Interessengruppen kommen. In seiner Entscheidung berücksichtigt der IASB ua. die Relevanz des Problems für die Abschlussnutzer, bereits verfügbare Leitlinien, die Möglichkeit zur Verbesserung der Konvergenz der IFRS mit anderen nationalen Rechnungslegungsstandards durch das Projekt, die Qualität des zu entwickelnden Standards und bestehende Ressourcenbeschränkungen. Bevor sich der IASB für die endgültige Aufnahme eines Projektes in sein Arbeitsprogramm entscheidet, finden umfassende Konsultationen mit anderen Standardsettern sowie dem IFRS Advisory Council statt (vgl. IASC Foundation, 2008, Tz. 19-26).

43 Wenn der IASB sich dazu entschließt, ein Projekt auf seine Agenda zu setzen, gilt es zugleich zu entscheiden, ob das Projekt alleine oder in Zusammenarbeit mit einem anderen Standardsetter durchgeführt werden soll. In Abhängigkeit der Art der betrachteten Fragestellung und der Bedeutung des Rechnungslegungsproblems kann der IASB eine **Arbeitsgruppe** (*working group*), deren Mitglieder außerhalb des IASB rekrutiert werden, einsetzen (die Einrichtung einer solchen Gruppe erfolgte auch im Rahmen des Projektes IFRS-SMEs im Jahre 2001; vgl. IFRS-SMEs BC 2). Darüber hinaus wird ein **Projektteam** aus für die jeweilige Themenstellung prädestinierten Fachleuten innerhalb des IASB zusammengestellt und vom eingesetzten Projektmanager ein Projektplan ausgearbeitet (vgl. IASC Foundation, 2008, Tz. 27-29).

44 In einem nächsten Schritt kann der IASB optional ein **Diskussionspapier** (*Discussion Paper*, DP) veröffentlichen. Hiervon macht der IASB vor allem bei allen wesentlichen neuen Themen Gebrauch, um frühzeitig Input von der interessierten Öffentlichkeit zu erhalten. Üblicherweise gibt das Diskussionspapier einen umfassenden Überblick über die betreffende Rechnungslegungsthematik, beschreibt mögliche Lösungsansätze und erläutert bestehende vorläufige Präferenzen des IASB. Nach Billigung des Diskussionspapiers durch die Mehrheit der Board-Mitglieder des IASB wird dies veröffentlicht und die **interessierte Öffentlichkeit zur Stellungnahme aufgefordert** (vgl. IASC Foundation, 2008, Tz. 30-37; im Rahmen des IFRS-SMEs wurde das DP im Juni 2004 veröffentlicht, dazu gingen 120 schriftliche Stellungnahmen ein; vgl. IFRS-SMEs BC 5 sowie IFRS-SMEs-Komm., Teil A, Kap. I, Tz. 13).

45 Nach Auswertung der eingegangenen Stellungnahmen und deren Veröffentlichung im Internet, werden ggf. weitere öffentliche Anhörungen, Round-Table-Gespräche und *field visits*, dh. Treffen mit von den Regelungen besonders betroffenen Institutionen und Interessengruppen durchgeführt (diese Phase der weiteren Informationsgewinnung betrug beim IFRS-SMEs ca. drei Jahre, in denen nochmals ein Fragebogen versandt sowie zahlreiche *round tables* durchgeführt wurden; vgl. IFRS-SMEs.BC 8 ff. sowie IFRS-SMEs-Komm., Teil A, Kap. I, Tz. 13). Unabhängig davon, ob ein Diskussionspapier veröffentlicht wurde oder nicht, wird in einem nächsten Schritt ein **Standardentwurf** (*Exposure Draft*, ED) erarbeitet. Im Unterschied zum Diskussionspapier ist ein *Exposure Draft* ein gebotenes Element im *due process*; er stellt den ausformulierten Entwurf für einen Standard dar und enthält nicht mehr mehrere mögliche Lösungsansätze, sondern einen ganz konkreten Regelungsvorschlag, wie er vom IASB favorisiert wird. Vor seiner Veröffentlichung muss der *Exposure Draft* von neun (bei insgesamt weniger als 16 Board-Mitgliedern) bzw. zehn Board-Mitgliedern (bei 16 Board-Mitgliedern) genehmigt werden. Wiederum ist die interessierte Öffentlichkeit aufgefordert, innerhalb einer Kommentierungsfrist von üblicherweise 120 Tagen Stellung zu dem Standardentwurf zu beziehen (vgl. IASC Foundation, 2008, Tz. 38-42; der ED IFRS-SMEs wurde im Februar 2007 veröffentlicht, dazu gingen 162 schriftliche Stellungnahmen ein; vgl. IFRS-SMEs.BC 26 sowie IFRS-SMEs-Komm., Teil A, Kap. I, Tz. 16).

46 Die eingegangenen Stellungnahmen zum Standardentwurf werden vom Projektteam ausgewertet und eine **Zusammenfassung der eingegangenen Kommentare auf der Website** des IASB bekannt gemacht. Nach ggf. weiteren *field visits*, öffentlichen Anhörungen und Round-Table-Diskussionen sowie der Anhörung des *IFRS Advisory Council* entscheidet sich der IASB, ob die Veröffentlichung eines modifizierten *Exposure Draft* erforderlich ist (sog. *re-exposure*) oder der finale Standard erarbeitet werden kann (bei der Entwicklung des IFRS-SMEs wurden auf Initiative des IASB bereits während der Stellungnahmefrist in verschiedenen Ländern durch die Beteiligung nationaler Standardsetter *field tests* und Befragungsstudien durchgeführt, um empirische Eindrücke über die Akzeptanz der Inhalte des ED sowie deren Anwendbarkeit in der Praxis möglichst umfassend zu gewinnen; vgl. IFRS-SMEs.BC 20 ff.). Im Rahmen der Projektfertigstellung verfasst der IASB eine Projektzusammenfassung und ein ***Feedback Statement***, in dem der IASB jenen, die im Rahmen des *due process* Stellungnahmen zum *Exposure Draft* abgegeben haben, direktes Feedback zum Projektausgang gibt, die wesentlichen, in den Stellungnahmen (*comment letters*) aufgeworfenen Aspekte nennt und erklärt, wie der IASB mit den betreffenden Sachverhalten umgegangen ist (eine solche Gegenüberstellung wurde bezüglich des IFRS-SMEs in BC 34 aufgenommen). Gleichzeitig erstellt der IASB eine Wirkungsanalyse für den neuen oder geänderten Standard. Vor der endgültigen Verabschiedung des neuen/geänderten Standards wird ein Vorabentwurf (*pre-ballot draft*) erstellt und idR dem *Interpretations Committee* zur Durchsicht zugeleitet. Kurz bevor der IASB über den endgültigen Standard abstimmt, wird der nahezu endgültige Entwurf (*near-final draft*) den IFRS-Abonnementen zur Verfügung gestellt. Die **endgültige Verabschiedung eines Standards** erfordert die Zustimmung von neun (bei insgesamt weniger als 16 Board-Mitgliedern) bzw. von zehn Board-Mitgliedern (bei 16 Board-Mitgliedern) (die Verabschiedung des IFRS-SMEs erfolgte im Juli 2009).

47 Da der IASB selbst keine Autorität besitzt, Unternehmen zur Anwendung seiner Standards zu verpflichten, entfalten die Normen des IASB erst durch ihre Übernahme in die jeweiligen nationalen Rechtsysteme entsprechende **Rechtswirkung für die Unternehmen**. Nach Verabschiedung des Standards und Anwendung in der Rechnungslegungspraxis tauschen sich der IASB und sein Mitarbeiterstab regelmäßig mit interessierten Gruppen und anderen Standardsettern aus, um sich über unerwartete Umsetzungsschwierigkeiten zu informieren. Darüber hinaus unterstützt die *IFRS Foundation* Schulungsaktivitäten, um eine konsistente Anwendung der Rechnungslegungsnormen zu gewährleisten (so hat die *IFRS Foundation* bereits eine ganze Reihe von nach Abschnitten des Standards getrennten Schulungseinheiten für den IFRS-SMEs erarbeitet, die auch über die Website des IASB zugänglich sind. Diese werden ständig ergänzt und aktualisiert.).

48 Die vom *Interpretations Committee* erarbeiteten **Interpretationen** müssen vor ihrer Verabschiedung ebenfalls einen *due process* durchlaufen. So wird auch bei den Interpretationen zunächst eine Entwurfsfassung erarbeitet und vom *Interpretations Committee* verabschiedet, sofern nicht mehr als vier Gegenstimmen vorliegen. Nach Genehmigung durch den IASB wird der Interpretationsentwurf veröffentlicht und die interessierte Öffentlichkeit um Stellungnahme gebeten. Nach Berücksichtigung der eingegangenen Anmerkungen, entwickelt das *Interpretations Committee* die finale Interpretation, die wiederum mit weniger als vier Gegenstimmen vom *Interpretations Committee* verabschiedet wird. Für die endgültige Verabschiedung der Interpretation ist noch eine Genehmigung durch den IASB (Zustimmung von neun, bei insgesamt weniger als 16 Board-Mitgliedern, bzw. von zehn Board-Mitgliedern, bei 16 Board-Mitgliedern) erforderlich.

49 Ähnlich der vom *Interpretations Committee* entwickelten Interpretationen erfolgt auch die Verlautbarung von ***Questions and Answers* (Q&A)** durch die SMEIG im Rahmen eines *due process*, in den sich interessierte Interessengruppen und Personen einbringen können, wenngleich das Prozedere im Vergleich zum regulären *due process* für die Verabschiedung oder Änderung eines IFRS, des IFRS-SMEs oder einer Interpretation wesentlich vereinfacht ist. Von Anwendern, Wirtschaftsprüfern oder sonstigen an der Rechnungslegung von kleinen und mittelgroßen Unternehmen Interessierten vorgetragene Anwendungsfragen werden zunächst vom Mitarbeiterstab des IASB hinsichtlich ihrer Relevanz analysiert und, falls die Veröffentlichung einer Q&A für sinnvoll erachtet wird, ein Antwortvorschlag erarbeitet. Sowohl die Frage der Notwendigkeit der Entwicklung einer Q&A als auch der unterbreitete Antwortvorschlag werden mit den Mitgliedern der SMEIG erörtert. Hält die Mehrheit der SMEIG-Mitglieder die Veröffentlichung einer Q&A für notwendig und wird der vom Mitarbeiterstab unterbreitete Antwortvorschlag von der Mehrheit der SMEIG-Mitglieder befürwortet, entwickelt der Mitarbeiterstab einen Entwurf für eine Q&A. Dieser Entwurf wird an die Mitglieder des IASB verschickt und, falls nicht mehr als vier Mitglieder des IASB innerhalb einer Woche Einwand erheben, der Öffentlichkeit dreißig Tage lang zur Kommentierung zugänglich gemacht (vgl. IASC Foundation, 2010, Tz. 19-26).

50 Nach Auswertung der eingegangenen Stellungnahmen wird vom Mitarbeiterstab die finale Q&A entwickelt, die wiederum die **mehrheitliche Zustimmung der SMEIG-Mitglieder** erfordert, bevor sie dem IASB zur Freigabe vorgelegt werden kann. Wenn innerhalb von 15 Tagen nicht mehr als drei IASB-Mitglieder Widerspruch gegen die finale Version der Q&A einlegen, gilt die Q&A als verabschiedet und wird mit einer Begründung für die erzielte Antwort auf der Website des IASB öffentlich zugänglich gemacht. Stimmen dagegen vier oder mehr IASB-Mitglieder gegen die finale Fassung der Q&A, wird die Abstimmung Gegenstand eines Board-Meeting. Erhält die Q&A auch diesmal nicht die Mehrheit der Board-Mitglieder, informiert der IASB die SMEIG über die bestehenden Bedenken und entscheidet auf dieser Basis, ob der Sachverhalt zur weiteren Bearbeitung an die SMEIG zurückgegeben, auf die Agenda des IASB gesetzt oder fallen gelassen werden soll (vgl. IASC Foundation, 2010, Tz. 27-36).

E. Vergleich mit IFRS und HGB

51

Regelung	IFRS	IFRS-SMEs	HGB
Normensetzende Instanzen	Internationale privatrechtliche Rechnungslegungsinstitution IASB (vormals IASC)	Internationale privatrechtliche Rechnungslegungsinstitution IASB (vormals IASC)	Nationaler Gesetzgeber BGH/BFH DSR des DRSC
Normen	IFRS/IAS *Interpretations* des *Interpretations Committee* (vormals IFRIC und SIC)	IFRS-SMEs Q&As der SMEIG	Handelsgesetzbuch höchstrichterliche Rechtsprechung DRS
Normensetzungsprozess	Formal standardisierter Prozess (*due process*), in dem der interessierten Öffentlichkeit die Möglichkeit zum Input gegeben wird.	Formal standardisierter Prozess (*due process*), in dem der interessierten Öffentlichkeit die Möglichkeit zum Input gegeben wird.	HGB: Gesetzgebungsverfahren DRS/RIC Interpretationen: Formal standardisierter Prozess (*due process*), in dem der interessierten Öffentlichkeit die Möglichkeit zum Input gegeben wird.
Überarbei-tungsturnus	Laufende Anpassung und Fortentwicklung	Anpassung idR alle drei Jahre	Gesetzliche Regelungen werden in unregelmäßigen, zum Teil großen Zeitabständen überarbeitet. DRS/RIC Interpretationen: werden laufend an aktuelle Entwicklungen angepasst.
Anwendungsbereich	Alle Unternehmen, die Mehrzweckabschlüsse erstellen. Die konkrete Spezifizierung des Geltungsbereichs obliegt mangels Legitimation des IASB den jeweiligen nationalen Gesetzgebern bzw. Standardsettern.	Nicht öffentlich rechenschaftspflichtige Unternehmen, die Mehrzweckabschlüsse erstellen. Als öffentlich rechenschaftspflichtig gelten Unternehmen, die kapitalmarktorientiert sind und/oder als Hauptgeschäftstätigkeit für einen breiten Kreis an Dritten treuhänderisch Vermögenswerte verwalten (wie zB Banken, Investmentfonds und Versicherungen). Die konkrete Spezifizierung des Geltungsbereichs obliegt mangels Legitimation des IASB den jeweiligen nationalen Gesetzgebern bzw. Standardsettern.	Alle Vollkaufleute, ausgenommen sind Einzelkaufleute, die an den Bilanzstichtagen von zwei aufeinanderfolgenden Geschäftsjahren nicht mehr als 500.000 EUR Umsatzerlöse und 50.000 EUR Jahresüberschuss aufweisen (§ 238 iVm. § 241 a HGB).

Abschnitt 1
Kleine und mittelgroße Unternehmen (Small and Medium-Sized Entities)

Brigitte Eierle/Axel Haller

Inhaltsverzeichnis

Schrifttum

Beiersdorf/Eierle/Haller, DB 2009, S. 1549ff.; *Bömelburg/Landgraf/Pöppel*, PiR 2009, S. 290 ff.; *Henselmann/Roos*, KoR 2010, S. 319 ff.; *IFRS Foundation*, Training Material for the IFRS for SMEs, Module 1 – Small and Medium-sized Entities, London 2009; *Janssen/Gronewold*, KoR 2010, S. 75 ff.; *Kirsch*, IRZ 2010, S. 119 ff.; *Rossmanith/Funk/Eha*, KoR 2010, S. 307 ff.; *Winkeljohann/Morich*, BB 2009, S. 1630 ff.; *Zülch/Güth*, DB 2010, S. 576 ff.

A. Beabsichtigter Geltungsbereich des IFRS-SMEs

I. SME-Definition des IASB

1 Analog zu den IFRS ist es den jeweiligen nationalen Gesetzgebern bzw. Standardsettern überlassen, festzulegen, für welche Unternehmen die Anwendung des IFRS-SMEs verpflichtend bzw. zulässig ist (IFRS-SMEs P 13). Für eine Anwendung des IFRS-SMEs in Deutschland ist deshalb zunächst eine Entscheidung des Europäischen Gesetzgebers hinsichtlich einer Integration des IFRS-SMEs ins Europäische Recht (IFRS-SMEs-Komm., Teil A, Kap. III, Tz. 28) und für den Fall eines Mitgliedstaatenwahlrechts auf EU-Ebene eine daran anschließende Entscheidung des deutschen Gesetzgebers erforderlich. Im Rahmen der Entscheidung über die Anwendbarkeit des IFRS-SMEs in Europa bzw. Deutschland wäre hierbei auch der Kreis der anwendungsberechtigten bzw. -verpflichteten Unternehmen festzulegen.

2 Obgleich der IASB keine direkte Autorität besitzt, die Anwendung des IFRS-SMEs unmittelbar für spezifische (nationale) Rechtsbereiche vorzuschreiben, macht er deutlich, von welchem Anwenderkreis von Unternehmen er bei der Entwicklung des IFRS-SMEs ausgegangen ist und welchen Unternehmen deshalb die Anwendung des Standards offen stehen sollte. Der Anwenderkreis wird konkretisiert durch den Begriff »SME« (*small and medium-sized entities* – kleine und mittelgroße Unternehmen, KMU), der vom IASB im Rahmen des Standards nicht durch ökonomische Größenkriterien, sondern durch qualitative Unternehmenscharakteristika in Form einer Negativabgrenzung definiert wird. Demnach gelten all jene Unternehmen als SME, die (IFRS-SMEs Abschn. 1.3):

- nicht **öffentlich rechenschaftspflichtig** sind (*do not have public accountability*) und
- **Mehrzweckabschlüsse** (*general purpose financial statements*) für externe Rechnungslegungsadressaten erstellen.

3 Demnach soll der IFRS-SMEs nach Auffassung des IASB nur von jenen Unternehmen angewandt werden, die keiner öffentlichen Rechenschaftspflicht unterliegen und darüber hinaus für externe Nutzer Abschlüsse erstellen, denen keine spezifische Zweckbestimmung zukommt (vgl. Beiersdorf/Eierle/Haller, DB 2009, 1551; Bömelburg/Landgraf/Pöppel, PiR 2009, 291 f.). Im Umkehrschluss lässt sich daraus ableiten, dass nach Intention des IASB öffentlich rechenschaftspflichtige Unternehmen von der Anwendung des IFRS-SMEs ausgeschlossen sein sollten.

1. Öffentliche Rechenschaftspflicht

4 Als **öffentlich rechenschaftspflichtig** und damit von der Anwendung des IFRS-SMEs ausgeschlossen konkretisiert der IASB in IFRS-SMEs Abschn. 1.3 sowohl

- kapitalmarktorientierte Unternehmen als auch
- Unternehmen, die im Rahmen einer ihrer Hauptgeschäftstätigkeiten für einen breiten Kreis an Dritten treuhänderisch Vermögenswerte verwalten.

5 Als **kapitalmarktorientiert** gilt ein Unternehmen nach IFRS-SMEs Abschn. 1.3(a), wenn es entweder Eigen- oder Fremdkapitalpapiere zum Handel an einem öffentlichen Markt emittiert hat oder im Prozess ist, derartige Finanzinstrumente zum Handel an einem öffentlichen Markt zu emittieren und zwar unabhängig von seiner Unternehmensgröße. Damit gelten nicht nur börsennotierte Unternehmen, deren Aktien an einem öffentlichen Markt gehandelt werden als kapitalmarktorientiert, sondern auch solche Unternehmen, die lediglich Schuldtitel (zB Schuldverschreibungen oder Anleihen) emittiert haben. Ferner ist es für die Erfüllung des Kriteriums der Kapitalmarktorientierung unerheblich, ob die Wertpapiere an einer inländischen oder ausländischen Börse oder im Freiverkehr zB an einem lokalen oder regionalen Markt gehandelt werden bzw. zugelassen werden sollen. Ein Tochterunternehmen, das selbst nicht kapitalmarktorientiert ist, dessen Mutterunternehmen aber Wertpapiere emittiert bzw. deren Zulassung zum Handel beantragt hat, gilt dagegen weiterhin als nicht kapitalmarktorientiert (IFRS Foundation, 2009, Module 1, 10).

6 Ebenfalls öffentlich rechenschaftspflichtig sind nach IFRS-SMEs Abschn. 1.3 f. Unternehmen, die **treuhänderisch für einen breiten Kreis an Dritten Vermögenswerte halten bzw. verwalten**, falls dies zu ihrer Hauptgeschäftstätigkeit zählt. Von der Anwendung des IFRS-SMEs ausgeschlossen sind damit generell Banken, Versicherungen, Investmentfonds und Börsenmakler. Dabei stellt der IASB in IFRS-SMEs Abschn. 1.4 heraus, dass für die Begründung einer öffentlichen Rechenschaftspflicht die treuhänderische Verwaltung von Vermögenswerten eine Hauptgeschäftstätigkeit sein muss. Unternehmen mit einem anderen Hauptgeschäft, das gleichzeitig die Verwaltung finanzieller Vermögenswerte für einen breiten Kreis an Dritten mit sich bringt, zB durch die Entgegennahme von Kundenvorauszahlungen (bspw. bei Reiseveranstaltern oder Energieversorgungsunternehmen), die Einbehaltung von Kautionen (bspw. bei der Vermietung von Wohnungen) oder die Erhebung von Mitgliedsbeiträgen (bspw. bei Genossenschaften, Schulen oder gemeinnützigen Organisationen), sind dagegen nicht öffentlich rechenschaftspflichtig und somit grundsätzlich zur Anwendung des IFRS-SMEs berechtigt.

7 Die Unternehmensgröße oder die Erbringung wesentlicher Versorgungsdienste (wie zB Lieferung bzw. Bereitstellung von Gas, Elektrizität, Wasser etc.) sind für das Vorliegen einer öffentlichen Rechenschaftspflicht irrelevant. Aufgrund der internationalen Gültigkeit des IFRS-SMEs hat der IASB explizit auf die Vorgabe ökonomischer Größengrenzen verzichtet, überlässt es aber den nationalen Gesetzgebern, den Anwendungsbereich des IFRS-SMEs auf nationaler

Ebene zusätzlich durch **quantitative Größenkriterien** einzuschränken (IFRS-SMEs BC 69 f.; vgl. auch *Rossmanith/Funk/Eha*, KoR 2010, 308).

8 Da der IASB den Kreis der anwendungsberechtigten Unternehmen nicht durch quantitative Größenkriterien begrenzt, fallen auch **Kleinstunternehmen** (sog. *micro entities*) in den Anwendungsbereich des IFRS-SMEs, vorausgesetzt sie erstellen Mehrzweckabschlüsse (*general purpose financial statements*) und unterliegen nicht einer öffentlichen Rechenschaftspflicht (IFRS-SMEs BC 71).

2. Erstellung von Mehrzweckabschlüssen

9 Nicht öffentlich rechenschaftspflichtige Unternehmen zählen nach Auffassung des IASB nur dann zum Anwenderkreis des IFRS-SMEs wenn sie sog. Mehrzweckabschlüsse für externe Rechnungslegungsadressaten bereitstellen, die selbst nicht in der Position sind, auf ihre Bedürfnisse zugeschnittene Abschlussinformationen einzufordern (IFRS-SMEs Abschn. 1.2(b) iVm. IFRS-SMEs P 8). Dies erfordert, dass Abschlüsse allgemein an einen **breiten Kreis externer Adressaten** gerichtet sind (wie zB Gläubiger, Kreditratingagenturen, externe Anteilseigner) (IFRS-SMEs P 8) und nicht nur für spezifische Zwecke oder spezifische Nutzer erstellt werden (vgl. Bömelburg/Landgraf/Pöppel, PiR 2009, 292). Ausschließlich für steuerliche Zwecke oder die Information des eigenen Managements aufgestellte Abschlüsse erfüllen diese Voraussetzung nicht und sind damit nach Auffassung des IASB keine Mehrzweckabschlüsse.

10 Ob der Abschluss tatsächlich einem breiten Kreis an Adressaten zugänglich gemacht wird, ist dagegen für die Beurteilung, ob ein Mehrzweckabschluss vorliegt, unerheblich. Ausschlaggebend für das Vorliegen eines Mehrzweckabschlusses ist somit immer die Erstellungsgrundlage und damit die Frage, ob der Abschluss generell auf der Basis erstellt wurde, die Informationsbedürfnisse eines breiten Kreises externer Adressaten zu befriedigen, die selbst nicht in der Lage sind, auf ihre Bedürfnisse zugeschnittene Rechnungslegungsinformationen einzufordern. Insofern erfüllt **ein für steuerliche Zwecke erstellter Abschluss**, selbst wenn er einem breiten Kreis externer Adressaten zur Verfügung gestellt wird, die Voraussetzungen für einen Mehrzweckabschluss nicht (IFRS Foundation, 2009, Module 1, S. 7 ff.).

II. Anwendung des IFRS-SMEs durch nicht anwendungsberechtigte Unternehmen

11 Wird der IFRS-SMEs entgegen der Intention des IASB von öffentlich rechenschaftspflichtigen Unternehmen angewandt, so entspricht deren Abschluss nach IFRS-SMEs Abschn. 1.5 nicht den Anforderungen des IFRS-SMEs und darf deshalb **nicht als mit dem IFRS- SMEs konform bezeichnet** werden. Dies gilt auch dann, wenn nationale Vorschriften diesen Unternehmen die Anwendung des IFRS-SMEs vorschreiben oder erlauben.

12 Damit ist es auch kleinen kapitalmarktorientierten Unternehmen, die ihren Abschluss nach dem IFRS-SMEs aufstellen, weil dies bspw. durch nationale Gesetzesvorschriften erlaubt oder vorgeschrieben ist, gem. IFRS-SMEs Abschn. 1.5 **verboten**, den Abschluss als in Übereinstimmung mit dem IFRS-SMEs zu deklarieren. Ein solcher Abschluss gilt nach Auffassung des IASB vielmehr als ein nach nationalen Normen erstellter Abschluss (IFRS-SMEs BC 77). Darüber hinaus vermittelt ein solcher Abschluss keine *fair presentation* im Sinne des IFRS-SMEs (IFRS-SMEs Abschn. 3.2 (b)). Dies dürfte die Attraktivität und Sinnhaftigkeit einer nationalen Öffnung der Anwendung des IFRS-SMEs für solche Unternehmen deutlich reduzieren, da ein von diesen erstellter IFRS-SMEs-Abschluss einen wesentlichen Qualitätsmangel und **keine internationale Kommunikationsfähigkeit** aufweisen würde.

13 Ein Tochterunternehmen hingegen, dessen Muttergesellschaft nach IFRS bilanziert oder das in einen IFRS-Konzernabschluss einbezogen wird, ist für die Erstellung seines Jahresabschlusses zur Anwendung des IFRS-SMEs berechtigt, sofern es selbst nicht öffentlich rechenschaftspflichtig ist. Um den Abschluss allerdings als konform mit dem IFRS-SMEs zu bezeichnen, müssen **alle Vorschriften des IFRS- SMEs** beachtet werden (IFRS-SMEs Abschn. 1.6). Größenabhängige oder rechtsformspezifische Erleichterungen sieht der IFRS-SMEs nicht vor.

B. Vergleich mit IFRS und HGB

14

Regelung	IFRS	IFRS-SMEs	HGB
Anwendungsbereich	Alle Unternehmen, die Mehrzweckabschlüsse erstellen. Die konkrete Spezifizierung des Geltungsbereichs obliegt mangels Legitimation des IASB den jeweiligen nationalen Gesetzgebern bzw. Standardsettern.	Nicht öffentlich rechenschaftspflichtige Unternehmen, die Mehrzweckabschlüsse erstellen. Als öffentlich rechenschaftspflichtig gelten Unternehmen, die kapitalmarktorientiert sind und/oder als Hauptgeschäftstätigkeit für einen breiten Kreis an Dritten treuhänderisch Vermögenswerte verwalten (wie zB Banken, Investmentfonds und Versicherungen). Die konkrete Spezifizierung des Geltungsbereichs obliegt mangels Legitimation des IASB den jeweiligen nationalen Gesetzgebern bzw. Standardsettern.	Alle Vollkaufleute, von den Rechnungslegungsvorschriften ausgenommen sind Einzelkaufleute, die an den Bilanzstichtagen von zwei aufeinanderfolgenden Geschäftsjahren nicht mehr als 500.000 EUR Umsatzerlöse und 50.000 EUR Jahresüberschuss aufweisen, § 238 iVm. § 241a HGB).
Erleichterungen/ Zusatzanforderungen	Keine größen- und/oder rechtsformabhängigen Erleichterungen; IAS 33 und IFRS 8 sind nur von börsennotierten Unternehmen zu beachten.	Keine größen- und/oder rechtsformabhängigen Erleichterungen	Größen- und rechtsformabhängige Erleichterungen Zusatzanforderungen für kapitalmarktorientierte Unternehmen, eingetragene Genossenschaften sowie Unternehmen bestimmter Geschäftszweige (Kreditinstitute, Finanzdienstleistungsinstitute Versicherungsunternehmen, und Pensionsfonds)

Abschnitt 2
Konzepte und grundlegende Prinzipien (Concepts and Pervasive Principles)

Axel Haller/Brigitte Eierle

Inhaltsverzeichnis

Schrifttum

Adler/Düring/Schmaltz, Rechnungslegung nach Internationalen Standards (ADS Int), Stuttgart 2002, Stand Dezember 2007; *Baetge/Wollmert/Kirsch/Oser/Bischof* (Hrsg.), Rechnungslegung nach IFRS (IFRS-Komm.), 2. Aufl., Stuttgart 2002, Stand: Juni 2010; *Baetge/Zülch*, Rechnungslegungsgrundsätze nach HGB und IFRS, in: HdJ, Köln 2004; *Beiersdorf/Eierle/Haller*, DB 2009, 1549 ff.; *Beiersdorf/Morich*, KoR 2009, 1 ff.; *Duhr*, Grundsätze ordnungsmäßiger Geschäftswertbilanzierung, Düsseldorf 2006; *Eierle*, DBW 2005, 647 ff.; *Eierle/Haller/Beiersdorf*, Entwurf eines Internationalen Standards zur Bilanzierung von Small and Medium-sized Entities (ED-IFRS for SMEs) – Ergebnisse einer Befragung deutscher mittelständischer Unternehmen, Berlin 2007; *Gassen*, Are stewardship and valuation usefulness compatible or alternative objectives of financial reporting, Working Paper, Humboldt-Universität zu Berlin, 2008; Haller/Beiersdorf/Eierle, BB 2007, 540-551; *Haller/Löffelmann/Beiersdorf/Bolin/Hausmann*, Rechnungslegung aus Sicht von Kreditinstituten als Rechnungslegungsadressaten – Empirische Ergebnisse und Implikationen für die Weiterentwicklung der nationalen und internationalen Rechnungslegungsnormen für mittelständische Unternehmen, Berlin 2008; *Henrichs/Kleindiek/Watrin*, Einführung in die Rechnungslegung nach International Financial Reporting Standards, in: Münchner Kommentar zum Bilanzrecht, München 2009; *Hinz*, Rechnungslegung nach IFRS, München 2005; IASCF (Hrsg.), International Financial Reporting Standard for Small and Medium-sized Entities (IFRS for SMEs) – Illustrative Financial Statements, Presentation and Disclosure Checklist, London 2009; *Janssen,/Gronewold*, KoR 2010 75 ff; *Kirsch* PiR 2010, 1 ff.; *Kirsch*, IRZ 2010, 119 ff.; *Wiedmann/Beiersdorf/Schmidt*, BFUP 2007, 326 ff.; *Pellens/Fülbier/Gassen/Sellhorn*, Internationale Rechnungslegung, 7. Aufl., Stuttgart 2008; *Wüstemann/Bischof/Kierzek*, Internationale Financial Reporting Standards: Bedeutung und Systembildung der internationalen Rechnungslegungsregeln, in: HdJ, Köln 2007. *Wüstemann/Kierzek*, BFuP 2007, 358 ff.; *Zülch/Fischer/Willms*, KoR 2006, 2 ff.

A. Allgemeines

1 In IFRS-SMEs Abschn. 2 werden die Zielsetzung der Abschlusserstellung sowie die zentralen Anforderungen, Grundsätze sowie Maßstäbe der Rechnungslegung genannt und definiert, die der Abschlusserstellungskonzeption des IFRS-SMEs zugrunde liegen. Er ist deutlich an die Struktur und den Inhalt des Rahmenkonzeptes des IASB (*Framework for the Preparation and Presentation of Financial Statements*) angelehnt, geht jedoch insbesondere im Hinblick auf die Bewertungsvorschriften in seinem Konkretisierungsgrad über dieses hinaus. Der Abschnitt unterteilt sich in folgende, sich zum Teil überschneidende Regelungsbereiche:

- Zielsetzung des Abschlusses von SMEs (IFRS-SMEs Abschn. 2.2 f.);
- Qualitative Merkmale der in Abschlüssen enthaltenen Informationen (IFRS-SMEs Abschn. 2.4-2.14);
- Definitionen sowie Ansatzkriterien für zentrale Bestandteile von Bilanz und Erfolgsrechnung (IFRS-SMEs Abschn. 2.15-2.32 sowie IFRS-SMEs Abschn. 2.37-2.45);
- Zentrale Bewertungsmaßstäbe von Vermögenswerten, Schulden und Erträgen sowie Aufwendungen (IFRS-SMEs Abschn. 2.33-2.36 sowie IFRS-SMEs Abschn. 2.46-2.52).

B. Verhältnis zwischen IFRS-SMEs und Rahmenkonzept des IASB sowie anderen IFRS

2 Wie für alle anderen IFRS bildet das Rahmenkonzept des IASB die **konzeptionelle Deduktionsbasis auch für den IFRS-SMEs**. Diese Verbindung ergibt sich einerseits aus der grundsätzlichen Funktion des Rahmenkonzeptes sowie andererseits aus der Tatsache, dass der IASB bei der Entwicklung des IFRS-SMEs einen *top-down*-Ansatz wählte, dh. die Inhalte des IFRS-SMEs aus den IFRS ableitete (IFRS-SMEs BC 95 ff.). Da jedoch der IASB den IFRS-SMEs so konzipieren wollte, dass seine Verwendung ohne Hinzuziehung einer anderen Normengrundlage möglich sein sollte (»*stand alone*«-Konzept; vgl. IFRS-SMEs BC 26(a)), und das Rahmenkonzept darüber hinaus auch keine einem IFRS vergleichbare Verbindlichkeitswirkung aufweist (vgl. ADS Int 2002, Abschn. 1, Tz. 19 f.), war es notwendig, die zentralen Inhalte des Rahmenkonzeptes in komprimierter Form in den Abschn. 2 des IFRS-SMEs zu übernehmen. Aufgrund der Entscheidung des IASB, im IFRS-SMEs keine von den IFRS abweichenden Ansatz- und Bewertungsgrundsätze zu etablieren, ergab sich zwangsläufig eine weitgehend identische Übernahme der im Rahmenkonzept verankerten Rechnungslegungsgrundsätze.

3 Die Verbindung mit dem Rahmenkonzept wird in IFRS-SMEs Abschn. 2.35 explizit zum Ausdruck gebracht, wonach die in Abschnitt 2 dargelegten *pervasive principles* aus dem Rahmenkonzept abgeleitet sind. Hieraus ergibt sich, dass die Ausführungen des Rahmenkonzeptes, in denen die dargelegten Grundsätze im Vergleich zu Abschn. 2 des IFRS-SMEs deutlich ausführlicher beschrieben werden, zur Klarstellung der im Abschnitt 2 enthaltenen Prinzipien herangezogen werden können und sollten, allerdings nur in dem Maße, wie sie der Konzeption und der Zielsetzung des IFRS-SMEs entsprechen. In konkreten Fällen ist davon auszugehen, dass der IASB spezifische Passagen des Rahmenkonzeptes nicht nur aufgrund der gebotenen Umfangsrestriktion des IFRS-SMEs, sondern auch aufgrund der Irrelevanz für die konkrete Anwendung des Standards (zB F 1-5 u. F 102 ff.) bzw. mangelnde Kompatibilität mit der Zielsetzung des IFRS-SMEs (so zB F 10, einige Teile von F 15 sowie F 21) nicht aufgenommen hat. Einige Inhalte des Rahmenkonzeptes sind auch in andere Abschnitte des IFRS-SMEs eingeflossen (zB F 23 in IFRS-SMEs Abschn. 3.8 f.).

4 Die explizite Integration von einem großen Teil der zentralen Inhalte des Rahmenskonzepts in den IFRS-SMEs erfüllt mehrere Funktionen (vgl. auch Haller/Beiersdorf/Eierle, BB 2007, 544):

(1) Vermeidung eines Entkoppelns des IFRS-SMEs von dem Rahmenkonzept und damit Gewährleistung gleicher Ansatz- und Bewertungsprinzipien zu den IFRS;
(2) Realisation des *stand alone*-Konzeptes;
(3) Umsetzung des prinzipienbasierten Ansatzes, den der IASB im IFRS-SMEs grundsätzlich umsetzen wollte. Denn nur wenn die Prinzipien explizit im Standard genannt sind, haben sie entsprechende Verbindlichkeit und können – im Gegensatz zum Rahmenkonzept – unmittelbar angewandt werden. Sie dienen explizit dem Füllen von Regelungslücken (IFRS-SMEs Abschn. 10.5 (b));
(4) Sollte der Standard in der EU *endorsed* werden, sind auch die Prinzipien automatisch europäische Rechtssätze, was in Bezug auf das Rahmenkonzept nicht der Fall ist, da dieses bisher durch die EU nicht *endorsed* wurde.

5 Neben dem Rahmenkonzept basieren die in IFRS-SMEs Abschn. 2 dargelegten Grundsätze aber auch auf den IFRS (IFRS-SMEs Abschn. 2.35; dies ist insbesondere bezüglich der in IFRS-SMEs Abschn. 2.46 ff. dargestellten Bewertungsgrundsätze der Fall). Deshalb liegt es nahe, dass diese auch »Ausstrahlungswirkung« auf die Anwendung des IFRS-SMEs sowie die darin enthaltenen Prinzipien haben. Eine zwangsläufige und unmittelbare Berücksichtigung der Inhalte der IFRS bei Anwendung des IFRS-SMEs würde jedoch dem Zweck und dem Wesen des IFRS-SMEs widersprechen, der seine Rechtfertigung gerade aus einer erkannten mangelnden Eignung der IFRS zur Erreichung eines adäquaten Kosten/Nutzen-Verhältnisses für SMEs und deren Adressaten hat. Folglich ist eine **direkte Übertragung der Inhalte der IFRS bei Anwendung oder Auslegung des IFRS-SMEs klar abzulehnen**. Vielmehr sind im Sinne der prinzipienorientierten Konzeption des IFRS-SMEs aus den in Abschn. 2 dargelegten Grundsätzen adäquate Lösungen zu entwickeln, bei deren Konkretisierung die IFRS als eine von mehreren möglichen Deduktionsmöglichkeiten herangezogen werden können (vgl. IFRS-SMEs Abschn. 10.6).

6 Gemäß IFRS-SMEs Abschn. 2.35 und IFRS-SMEs Abschn. 10.5 dient der Inhalt des Abschn. 2 des IFRS-SMEs als **konzeptionelle Basis für die Auslegung sämtlicher Regelungen** des Standards sowie die standardadäquate Schließung von Regelungslücken, die bei der Anwendung des Standards in der Rechnungslegungspraxis auftreten. So verweist IFRS-SMEs Abschn. 10.5 – im Gegensatz zu IAS 8.11 (b) – nicht auf das Rahmenkonzept, sondern explizit auf die Definitionen und zentralen Ansatz- und Bewertungsprinzipien in Abschn. 2 IFRS-SMEs als heranzuziehende Deduktionsbasis. Inwieweit der Inhalt des Abschn. 2 tatsächlich hierzu in der Lage ist, muss sich in der Praxis der Anwendung des IFRS-SMEs in den nächsten Jahren zeigen. Die Tatsache, dass die darin enthaltenen Grundsätze sehr allgemein gehalten sind und nur wenig konkrete Hilfestellung geben, entspricht zwar dem vom IASB angestrebten prinzipienbasierten Normierungsprinzip (*principles based approach*) und fordert ein hohes Maß an sachkundigem Entscheidungsvermögen (*professional judgement*), führt aber auch zu einer deutlichen Interpretationsbreite und mangelnden Vergleichbarkeit von Abschlussdaten bei SMEs. Allerdings ist es sehr wahrscheinlich, dass sich im Laufe der Zeit einheitliche Interpretationen und Anwendungen des Standards in der Praxis einstellen werden, die eine zu große Abweichung der Abbildungslösungen gleicher Sachverhalte verhindern helfen (Analogie zu den GoB in Deutschland).

7 Vor diesem Funktionshintergrund erstaunt, dass auch der Umfang der im IFRS-SMEs Abschn. 2 enthaltenen Grundsätze und Prinzipien, der zur Schließung von Regelungslücken genutzt werden sollte, **nicht eindeutig festgelegt** ist. Denn der IASB führt in der Mitte des IFRS-SMEs Abschn. 2, nachdem schon die zentralen Grundsätze entscheidungsnützlicher Informationsgewährung sowie die Ansatz- und Bewertungsgrundsätze genannt und erläutert wurden (IFRS-SMEs Abschn. 2.1-2.34), einen Unterabschnitt ein (IFRS-SMEs Abschn. 2.35-.52), den er als sog. »grundlegende Erfassungs- und Bewertungsprinzipien« (*pervasive recognition and measurement principles*) bezeichnet (IFRS-SMEs Abschn. 2.35). Dieser konkretisiert zwar

einige Aspekte (insbesondere den Erfolgsausweis, IFRS-SMEs Abschn. 2.43-2.45, die Folgebewertung, IFRS-SMEs Abschn. 2.47-2.51, sowie die Saldierung von Posten, IFRS-SMEs Abschn. 2.52), wiederholt aber im Wesentlichen die Ansatzkriterien der IFRS-SMEs Abschn. 2.15-2.32. Die hierdurch entstehende Redundanz in den Aussagen erstaunt und ist schwerlich zu erklären. Aufgrund der Ausführungen sowie der Überschrift von IFRS-SMEs Abschn. 2.35 könnte man schließen, dass nur IFRS-SMEs Abschn. 2.36 ff. als *»pervasive recognition and measurement principles«* gelten sollten, die im Falle von bei Anwendung des Standards etwaig auftretenden Regelungslücken bzw. Interpretationsnotwendigkeiten entsprechend des IFRS-SMEs Abschn. 10.4 f. zur Lösungsfindung herangezogen werden sollten. Diese Interpretation ist jedoch zweifelhaft, da zB die in IFRS-SMEs Abschn. 2.41 f. angeführten Ansatzbestimmungen weniger konkret sind, als jene des IFRS-SMEs Abschn. 2.27, da dort auf die Wahrscheinlichkeit des zukünftigen Nutzenzu- bzw. -abflusses im Rahmen des Ansatzes von Erträgen und Aufwendungen nicht explizit verwiesen wird. Ebenso fehlt die Differenzierung von *income* in *revenue* und *gains* sowie von *expenses* in *expenses* und *losses* (vgl. Tz. 86 f.). Die Ausführungen zu IFRS-SMEs Abschn. 2.37 ff. bauen auf die vorhergehenden Prinzipien des IFRS-SMEs Abschn. 2 auf. So ist auch eine Verwendung der *pervasive recognition and measurement principles* zum Zwecke der Anwendung und Auslegung des IFRS-SMEs ohne einen Bezug auf die in IFRS-SMEs Abschn. 2.2 festgelegte Zielsetzung des Abschlusses eines SME und daraus abgeleiteten Informationsanforderungen nicht zielführend möglich. Warum der IASB die Ausführungen des IFRS-SMEs 2.35 in die Mitte und nicht an den Anfang des Abschnittes gestellt hat, ist für den externen Betrachter nicht ersichtlich.

8 Das gleiche trifft zu bezüglich der Tatsache, dass nicht sämtliche im IFRS-SMEs enthaltenen Abschlusserstellungsgrundsätze in IFRS-SMEs Abschn. 2 »vor die Klammer gezogen wurden«. So wird der Grundsatz der Unternehmensfortführung (*going-concern*) sowie der Grundsatz der *fair presentation* in IFRS-SMEs Abschn. 3 aufgeführt (IFRS-SMEs Abschn. 3.2 u. 3.8; vgl. IFRS-SMEs-Komm., Teil B, Abschn. 3, Tz. 4 f. u. 17 ff.). Neben diesen Grundsätzen hätten sich auch noch andere grundsätzliche Bilanzierungsregeln zur Aufnahme in den IFRS-SMEs Abschn. 2 angeboten, um dessen Funktion einer konzeptionellen Basis noch stärker zu unterstreichen (zB die Behandlung von Methodenänderungen aus IFRS-SMEs Abschn. 10, von Wertminderungen von nicht finanziellen Vermögenswerten aus IFRS-SMEs Abschn. 26, Regelungen zur Umsatzrealisation aus IFRS-SMEs Abschn. 22 etc. (vgl. Haller/Beiersdorf/Eierle, BB 2007, 545). Dieses nur begrenzte »Vor die Klammer Ziehen« lässt sich letztlich nur aus einem »... Gliederungsbezug zu den full IFRS erklären, in denen die entsprechenden Ausführungen ebenfalls nicht in einem »Prinzipienstandard«, sondern in unterschiedlichen Standards gemacht werden.« (Haller/Beiersdorf/Eierle, BB 2007, 545)

C. Zielsetzung des Abschlusses von SMEs

9 Nach IFRS-SMEs Abschn. 2.2 sollte der Abschluss **Informationen über die Vermögens-, Finanz- und Ertragslage sowie die Cashflows** eines SMEs bereitstellen, die für wirtschaftliche Entscheidungen von verschiedenen Typen von Adressaten, die keine auf ihre Bedürfnisse ausgerichteten Abschlüsse von dem jeweiligen KMU einfordern können, nützlich sind. Als wesentliche Adressaten hat der IASB dabei, neben den nicht an der Geschäftführung beteiligten Eigentümern des Unternehmens (Eigentümer-Manager sind eindeutig ausgenommen, da sie über entsprechende interne Informationen verfügen, IFRS-SMEs BC 53 f.), vor allem bestehende und potentielle Gläubiger und Kreditrating-Institutionen im Auge (IFRS-SMEs Abschn. 1.2 (b)) sowie darüber hinaus Lieferanten, Kunden und Venture Capital-Geber (IFRS-SMEs BC 37 u. 80; um die die Bedürfnisse der Adressaten von SME-Abschlüssen weltweit eruieren zu können motivierte der IASB nationale Standardsetter, entsprechende Befragungen und Feldstudien durchzuführen, was ua. auch vom DRSC in Deutschland gemacht wurde; vgl. Eierle et al., 2007; Haller et al. 2008).

10 Eine Fokussierung auf eine bestimmte **Adressatengruppe** (wie dies im Rahmenkonzept der Fall ist, vgl. F 10) erfolgt im IFRS-SMEs nicht. Hieraus ergibt sich die Intention einer breiten Verwendbarkeit und Nützlichkeit der aus dem Standard und den daraus basierenden Abschlüssen resultierenden Informationen. Eine Übertragung der klaren Investorenfokussierung des Rahmenkonzeptes auf die Zielsetzung eines nach IFRS-SMEs erstellten Abschlusses scheidet folglich eindeutig aus. Klar ist jedoch, dass sich die Informationen lediglich an Personen außerhalb des Unternehmens richten (IFRS-SMEs Abschn. 1.2 (b)), die nicht in der Lage sind, spezifische Berichte zu fordern (wie zB der Fiskus). Im SME-Kontext geht der IASB davon aus, dass das Interesse der Abschlussadressaten sich primär auf kurzfristige Cashflows, die Zahlungsfähigkeit sowie die Entwicklung der Gewinne in vergangenen Geschäftsjahren richtet; die Abschätzung zukünftiger langfristiger Cashflows spielt hierbei nach Auffassung des IASB eine geringere Rolle (IFRS-SMEs BC 45).

11 Neben der Funktion der Informationsgewährung über die Vermögens-, Finanz- und Ertragslage des Unternehmens sollte der Abschluss auch der **Rechenschaftslegung des Managements** gegenüber den Eigentümern über den Umgang mit den anvertrauten Ressourcen dienen und aufzeigen, inwieweit das Management diesbezüglich verantwortungsvoll agierte (*stewardship of management*) (IFRS-SMEs Abschn. 2.3). Obgleich der IASB lediglich allgemein von Ressourcen spricht, ist mit Blick auf die gesamte Konzeption des IFRS-SMEs davon auszugehen, dass hierbei im Wesentlichen auf finanzielle (dh. monetär messbare) Ressourcen abgestellt wird (inwieweit sich die Zielsetzungen der Informationsgewährung und der Rechenschaftslegung parallel gleichzeitig erreichen lassen, wird in der Wissenschaft teilweise in Frage gestellt; vgl. Gassen, 2008)

12 Interessant ist, dass der IASB im Rahmen des Abschn. 2 – im Gegensatz zum Rahmenkonzept (F 46) – den **Begriff der *fair presentation***, dh. der sachgerechten (realistischen) Darstellung der wirtschaftlichen Lage, nicht mit den qualitativen Merkmalen und der Zielsetzung der Abschlusserstellung in Verbindung bringt. Diese wird erst in IFRS-SMEs Abschn. 3 eingeführt, unter Verweis, dass diese die vertrauenswürdige und wahrheitsgetreue Darstellung von Sachverhalten auf Basis der Definitionen und Ansatzkriterien des IFRS-SMEs Abschn. 2 bedingt. Erstaunlicherweise wird hierbei – wie in der vergleichbaren Bestimmung des IAS 1.17 – auf die Bewertungsregeln des Abschn. 2 nicht explizit Bezug genommen, was allerdings der Formulierungsparallelität zum IAS 1.17 als vielmehr einer konkreten Formulierungsintention des IASB geschuldet ist. Eine konkrete Intention des IASB für das Nichterwähnen der Bewertungsgrundsätze erschließt sich nicht.

13 Trotz der nicht explizit durch den IASB hergestellten Verbindung, stellt die Vermittlung eines den tatsächlichen Verhältnissen entsprechenden Bildes (*fair presentation*) in einem Abschluss das **Kernelement zur Erreichung der Zielsetzung der Abschlusserstellung** im Sinne einer entscheidungsnützlichen Informationsgewährung nach IFRS-SMEs Abschn. 2.2 dar. Erstere ergibt sich zwangsläufig aus der vom IASB formulierten Zielsetzung der Abschlusserstellung. Demnach geht die Erfüllung der *fair presentation* unmittelbar (auch ohne einen entsprechenden direkten Verweis in IFRS-SMEs Abschn. 3.2) mit der Beachtung sämtlicher im Abschn. 2 aufgestellten Anforderungen und Grundsätze (und nicht nur die Definitionen und Ansatzprinzipien der zentralen Abschlusselemente) einher. Diese Interpretation ergibt sich zusätzlich aus der Tatsache, dass die in sehr seltenen Ausnahmefällen vorzunehmende Abweichung von Regeln des IFRS-SMEs nur mit der Erfüllung der Abschlusszielsetzung nach IFRS-SMEs Abschn. 2 begründet werden kann (IFRS-SMEs Abschn. 3.4).

14 Im Gegensatz zur handelsrechtlichen Rechnungslegungskonzeption erfüllt der Abschluss nach IFRS-SMEs **keine Zahlungs- oder Ausschüttungsbemessungsfunktion**. Die periodengerechte Gewinnermittlung dient nach IFRS-SMEs lediglich als Maßgröße der Unternehmensleistung und ist somit zentraler Bestandteil der Informations- und Rechenschaftsfunktion.

Abschlüsse, die eine Ausschüttungsbemessungsfunktion zu erfüllen haben, betrachtet der IASB nicht als *general purpose financial statements*; sie fallen deshalb nicht unter den Anwendungsbereich des IFRS-SMEs. Gleichwohl stellt der IASB fest, dass ein nach IFRS-SMEs erstellter Abschluss unter Berücksichtigung entsprechender Überleitungsrechnungen als Basis für die Ausschüttungsbemessung (sowohl für Zahlungen an Eigentümer als auch den Fiskus) dienen kann (IFRS-SMEs BC 49 ff.).

15 Die Zielsetzung der Abschlusserstellung nach IFRS-SMEs Abschn. 2.2 f. ist auch Maßstab für die Ausnahmeregelung des IFRS-SMEs Abschn. 3.4. Danach kann in sehr seltenen Fällen von den Normen des IFRS-SMEs abgewichen werden, wenn das Management davon überzeugt ist, dass anders der Zielsetzung der Abschlusserstellung eines SME nicht entsprochen werden kann (diese Formulierung ist analog zu IAS 1.19, der allerdings auf die Zielsetzung im Rahmenkonzept abstellt). In diesem Fall sind entsprechende Anhangangaben gefordert (allerdings im Gegensatz zu IAS 1.20(d) keine quantitativen Effekte der Abweichungen). Aufgrund dieser Dominanz der Erfüllung der Abschlusszielsetzung einer Vermittlung von entscheidungsnützlichen Informationen lässt sich diese auch im Rahmen des IFRS-SMEs als ***»overriding principle«*** bezeichnen (vgl. Haller/Beiersdorf/Eierle, BB 2007, 545).

16 Als **berichterstattende Einheit** versteht der IFRS-SMEs – wie auch das Rahmenkonzept sowie die anderen IFRS – die wirtschaftliche Einheit. Dh., bestehen aufgrund von Beherrschungsverhältnissen Abhängigkeiten zwischen Unternehmen, mit anderen Worten, bei Vorliegen von Konzernverhältnissen, ist die berichterstattende Einheit das beherrschende Mutterunternehmen und der durch den IFRS-SMEs geregelte Abschluss der Konzernabschluss (IFRS-SMEs Abschn. 9, vgl. außerdem im Detail IFRS-SMEs-Komm., Teil B, Abschn. 9, Tz. 1 ff.). Liegt kein Konzernverhältnis vor, ist die jeweilige juristische Person (Gesellschaft) die berichterstattende Einheit und der nach IFRS-SMEs zu erstellende Abschluss der Jahresabschluss. Deshalb beziehen sich alle Regelungen des IFRS-SMEs auf den Jahres- wie Konzernabschluss gleichermaßen. Lediglich IFRS-SMEs Abschn. 9 und IFRS-SMEs Abschn. 19 enthalten (teilweise) konzernspezifische Regelungen.

D. Qualitative Merkmale

I. Allgemein

17 Analog des Rahmenkonzeptes (vgl. F 24 ff.) definiert der IASB die qualitativen Merkmale von Abschlussinformationen (*qualitative characteristics of information in financial statements*), die als Anforderungen an die in nach dem IFRS-SMEs erstellten Abschlüsse enthaltenen Informationen zu stellen sind.

Dies sind:

- Verständlichkeit (*understandability*) (vgl. Tz. 23 ff.),
- Relevanz (*relevance*) (vgl. Tz. 27),
- Wesentlichkeit (*materiality*) (vgl. Tz. 28 ff.)
- Verlässlichkeit (*reliability*) (vgl. Tz. 36 ff.),
- Wirtschaftliche Betrachtungsweise (*substance over form*) (vgl. Tz. 40 f.),
- Vorsicht (*prudence*) (vgl. Tz. 42 ff.),
- Vollständigkeit (*completeness*) (vgl. Tz. 43),
- Vergleichbarkeit (*comparability*) (vgl. Tz. 44 ff.),
- Zeitnähe (*timeliness*) (vgl. Tz. 50 f.).
- Abwägung zwischen Nutzen und Kosten der Abschlusserstellung (*balance between benefit and cost*) (vgl. Tz. 53 ff.).

18 IFRS-SMEs Abschn. 2 gibt die qualitativen Merkmale des Rahmenkonzeptes zwar in der gleichen Reihenfolge, jedoch **nicht vollkommen identisch** wieder. So verzichtet IFRS-SMEs Abschn. 2 einerseits auf die explizite Darstellung einer Hierarchie zwischen den Merkmalen und andererseits auf die explizite Forderung einer Ausgewogenheit zwischen den Merkmalen (*balance between qualitative characteristics*), die in F 45 gefordert wird. Auf diese Ausgewogenheit wird lediglich in IFRS-SMEs Abschn. 2.12 in Bezug auf das Verhältnis zwischen Zuverlässigkeit und Entscheidungsrelevanz näher eingegangen. Der Grund für diese formale Abweichung vom Rahmenkonzept ist primär in der Tatsache zu sehen, dass der IASB während der Entwicklung des IFRS-SMEs an einer Neufassung des Rahmenkonzeptes arbeitete und sich deshalb bezüglich einer Hierarchie im Standard nicht binden wollte, als in einer wesentlich anderen Gewichtung der Anforderungen an die im Abschluss gewährten Daten. Durch die »gleichgewichtige« Nennung der Anforderungen kommt unmittelbar eine gleichmäßige Berücksichtigung bei der Anwendung der Merkmale auf spezifische Rechnungslegungsfragestellungen zum Ausdruck. Gleichwohl macht der IASB bei einigen Merkmalen deutlich, dass sie miteinander in Verbindung stehen (so zB *materiality* sowie *timeliness* und Entscheidungsrelevanz, IFRS-SMEs Abschn. 2.6 u. IFRS-SMEs Abschn. 2.12, *substance over form* sowie *completeness* und Verlässlichkeit, IFRS-SMEs Abschn. 2.8 u. IFRS-SMEs Abschn. 2.10).

19 Wie Konflikte zu lösen sind, wenn mindestens zwei Merkmale nicht gleichzeitig optimal erfüllt werden können, wird im IFRS-SMEs Abschn. 2 nicht grundsätzlich angegeben. Lediglich im Hinblick auf den zentralen Konflikt zwischen Entscheidungsnützlichkeit und Verlässlichkeit der Information, wird im Kontext der Zeitnähe (*timeliness*) (vgl. Tz. 50 f.) darauf hingewiesen, dass ein solcher durch eine **am Adressatennutzen orientierte Abwägung** zu lösen sei (IFRS-SMEs Abschn. 2.12). Allerdings gibt dieser Hinweis für den konkreten Anwendungsfall wenig Hilfestellung, da der Adressatennutzen nur schwerlich bestimmt werden kann. Diese sehr allgemein gehaltene Entscheidungsnorm entspringt dem prinzipienbasierten Regelungsansatz des IASB und erfordert im konkreten Entscheidungsfall ein gehöriges Maß an *professional judgement*.

20 Trotz der nicht eindeutigen expliziten Hierarchiebildung und Strukturierung der qualitativen Charakteristika und des Nichterwähnens der Grundsätze »glaubwürdige Darstellung«, »Neutralität«, und »Abwägung der qualitativen Anforderungen« ist davon auszugehen, dass vom IASB hinsichtlich der qualitativen Merkmale eine **materielle Übereinstimmung mit dem Rahmenkonzept** intendiert ist (siehe auch Ausführung in IFRS-SME 2.35; vgl. Haller/Beiersdorf/Eierle, BB 2007, 544). Dies wird nicht zuletzt auch durch die Formulierung des IFRS-SMEs Abschn. 10.4(b) unterstrichen, wodurch – zumindest in Bezug auf das Merkmal der Verlässlichkeit – zum Ausdruck kommt, dass nach Auffassung des IASB – entsprechend dem Rahmenkonzept – auch im Rahmen des IFRS-SMEs die Anforderungen der Glaubwürdigkeit, wirtschaftlichen Betrachtungsweise, Neutralität, Vorsicht sowie Vollständigkeit als Unterprinzipien der Verlässlichkeit zu betrachten sind, obgleich diese nicht als solche vollständig im IFRS-SMEs Abschn. 2 genannt sind.

21 Wie bereits oben zum Ausdruck gebracht, stellt die Erfüllung der qualitativen Anforderungen eine **zentrale Voraussetzung für die Erreichung der Zielsetzung** der Abschlusserstellung und damit auch – trotz fehlendem expliziten Verweis – für die Gewährung einer *fair presentation* nach IFRS-SMEs Abschn. 3.2 dar. Somit spielen sie auch für die Ausprägung der Abweichungen von einer konkreten Regel des IFRS-SMEs in den seltenen Ausnahmefällen nach IFRS-SMEs Abschn. 3.4 eine zentrale Rolle.

22 Die **Bedeutung der qualitativen Merkmale** zur Erreichung einer informationsnützlichen Darstellung der Unternehmenslage kommt auch in IFRS-SMEs Abschn. 10.4 zum Ausdruck, wonach die Merkmale der Relevanz sowie der Verlässlichkeit (einschließlich der mit ihr in Verbindung stehenden Merkmale) die entscheidenden Maßstäbe darstellen, wenn zur Abbildung eines Sachverhaltes im Abschluss keine entsprechende Regel im Standard zur Verfügung steht und somit das Management selbständig eine *accounting policy* wählen muss (vgl. IFRS-SMEs-Komm., Teil B, Abschn. 10, Tz. 11). Diese Informationsprinzipien sind Bestandteil der

pervasive principles auf die im IFRS-SMEs Abschn. 10.5(b) verwiesen wird. Sie stellen basale Eckpfeiler für Entscheidungen im Zusammenhang mit der Abbildung von Sachverhalten im Abschluss dar. Aufgrund ihres geringen Konkretisierungsniveaus ist ihre Anwendung jedoch im hohen Maße subjektiv und erfordert sachverständige Entscheider (*professional judgement*).

II. Einzelne Merkmale

1. Verständlichkeit (understandability)

23 Die in Abschlüssen bereitgestellten Informationen müssen verständlich aufbereitet sein (IFRS-SMEs Abschn. 2. 4.; F 25). Zur Konkretisierung des Niveaus an Verständlichkeit geht der IASB von einem **durchschnittlich sachkundigen Informationsnutzer** aus, der angemessene Kenntnisse der Rechnungslegung in Bezug auf die zur Anwendung kommenden Normen (hier also den IFRS-SMEs) sowie geschäftlicher und wirtschaftlicher Aktivitäten besitzt. Darüber hinaus sollte dieser auch die Bereitschaft haben, die Informationen mit gebührender Sorgfalt aufzunehmen. Allerdings darf die Forderung nach Verständlichkeit nicht dazu führen, dass Abschlussersteller entscheidungsrelevante Informationen mit der Begründung, dass diese für bestimmte Adressaten zu schwer verständlich sein könnten, nicht in den Abschluss aufnehmen. Im Umkehrschluss lässt sich daraus die Aufforderung des IASB entnehmen, dass auch komplexe Sachverhalte so aufzubereiten sind, dass sie von einem entsprechend sachkundigen Adressaten bei gebotener Sorgfalt verstanden werden können. Dies ist besonders im Rahmen des IFRS-SMEs von hoher Relevanz, der insgesamt von einem niedrigeren Komplexitätsgrad der wirtschaftlichen Sachverhalte sowie der Abbildung im Abschluss und einem geringeren Kenntnisniveau sowohl der Abschlussersteller als auch der Nutzer von Abschlüssen ausgeht (IFRS-SMEs BC 42, BC 45 f. u. BC 98 ff.).

24 Aus der Forderung nach Verständlichkeit ergibt sich die Notwendigkeit **einer klaren und übersichtlichen Darstellung der Informationen**, was einerseits eine eindeutige, sachlich zutreffende Postenbezeichnung sowie logische Struktur in den Abschlussinstrumenten als auch andererseits verständliche Aussagen und Erklärungen sowie ebenfalls sachlogisch strukturierte Darstellungen im Anhang bedingt. Diese Forderung ist im Rahmen des IFRS-SMEs um so wichtiger, da dieser lediglich sehr eingeschränkte explizite Vorgaben zur Gliederung und dem Ausweis innerhalb der Abschlussinstrumente macht (vgl. IFRS-SMEs-Komm., Teil B, Abschn. 3-8).

25 Konkretisierung erfährt dieser Grundsatz in IFRS-SMEs Abschn. 3.23, nachdem ein Abschluss von anderen Inhalten eines gleichen Dokumentes (zB Geschäftsbericht) eindeutig abgegrenzt und identifizierbar sein muss. Darüber hinaus ist gefordert, dass auch die einzelnen Abschlussinstrumente eindeutig bezeichnet und voneinander getrennt sein müssen. Ebenfalls muss neben dem Namen des Unternehmens (und etwaiger Namensänderungen in der zurückliegenden Periode) deutlich angegeben werden, ob es sich um einen Einzel- oder Konzernabschluss handelt und in welcher Form Rundungen bei den dargestellten Zahlen vorgenommen, in welcher Währung und zu welchem Bilanzstichtag sowie für welche Abschlussperiode der Abschluss erstellt wurde. Entscheidet sich ein Unternehmen für Abschlussbestandteile, die im IFRS-SMEs nicht gefordert sind, wie zB die Erstellung eines Segmentberichts oder die Angabe von »Gewinn pro Aktie«-Größen (*earnings-per-share*), hat es klar darzulegen, nach welchen Kriterien, Grundsätzen bzw. Standards diese Instrumente erstellt wurden (IFRS-SMEs Abschn. 3.25).

26 Aus dem Grundsatz der Verständlichkeit ergibt sich auch das Einzelbewertungsprinzip, das allerdings im IFRS-SMEs nicht explizit erwähnt wird, sondern lediglich implizit zum Ausdruck kommt (vgl. Tz. 132).

2. Relevanz (relevance)

Die in Abschlüssen enthaltenen Informationen müssen für die Adressaten im Hinblick auf deren wirtschaftliche Entscheidungen Relevanz aufweisen, dh., sie müssen in der Lage sein, die **Entscheidungssituation der Adressaten zu beeinflussen**, indem sie ihnen helfen, entweder vergangene, gegenwärtige oder zukünftige Ereignisse beurteilen oder in der Vergangenheit getätigte Einschätzungen bestätigen oder korrigieren zu können (IFRS-SMEs Abschn. 2.5; auch F 26). Inwieweit eine Information entscheidungsbeeinflussend ist, wird einerseits durch den Informationsinhalt (sog. »qualitative Relevanz«) sowie durch dessen quantitativen Umfang (sog »quantitative Relevanz«), dh. Wesentlichkeit bestimmt (F 29; ADS Int 2002, Abschn. 1, Tz. 62). Obgleich sich aus der Anforderung der Relevanz eine Prognosetauglichkeit der Informationen ableitet, ergibt sich aufgrund der Wechselwirkung mit der Anforderung der Verlässlichkeit (*reliability*) (vgl. Tz. 36 ff.) in den meisten Fällen hieraus kein Gebot der Abschätzung zukünftiger Entwicklungen und Ereignisse. Die Prognosetauglichkeit basiert vielmehr auf der Fähigkeit, aus den entsprechend aufbereiteten Informationen über vergangene Ereignisse Rückschlüsse für die Zukunft zu ziehen, um hieraus seitens der Abschlussadressaten Entwicklungstrends ableiten zu können. 27

3. Wesentlichkeit (materiality)

Eine Information ist im Rahmen der Abschlusserstellung dann als **wesentlich** (*material*) zu betrachten, wenn sie in ihrer quantitativen Dimension, dh. aufgrund ihres absoluten oder relativen Ausmaßes (insbesondere ihres monetären Betrages), dermaßen von Bedeutung ist, dass ihr Weglassen oder ihre falsche Darstellung die Entscheidung der Adressaten beeinflussen könnte (IFRS-SMEs Abschn. 2.6; F 29). Aufgrund der Größe ihrer Ausprägung als unwesentlich einzustufende Informationen brauchen folglich nicht (explizit) in den Abschluss aufgenommen zu werden. Folglich relativiert das Merkmal der Wesentlichkeit den Grundsatz der Vollständigkeit (vgl. Tz. 43). Dieses Prinzip der Wesentlichkeit darf jedoch nicht zur Erreichung einer vom Abschlussersteller gewünschten Darstellung der Vermögens-, Finanz- und Ertragslage oder der Cashflows missbraucht werden. Es darf auch nicht dazu »missbraucht« werden, dass unwesentliche Sachverhalte gar nicht gebucht werden (vgl. Baetge/Kirsch/Wollmert/Brüggemann, in: Baetge et al., IFRS-Komm., Teil A, Kap. II, Tz. 44). Dies würde gegen die mit dem Prinzip der Verlässlichkeit (vgl. Tz. 36 ff.) in Verbindung stehenden Charakteristika und Grundsätze, wie Neutralität, Willkürfreiheit und sachgerechte Darstellung der tatsächlichen Verhältnisse verstoßen. So ist zB die willkürliche Erfassung von Erlösen auch dann unzulässig, wenn deren Höhe als unwesentlich zu beurteilen ist (vgl. ADS Int 2002, Abschn. 1, Tz. 68). 28

In IFRS-SMEs Abschn. 10.3 wird das Wesentlichkeitskriterium auch auf die Anwendung von in IFRS-SMEs enthaltenen Regeln übertragen. Demnach wird es einem Unternehmen erlaubt, konkrete Regeln des Standards nicht zu beachten, wenn der Effekt hieraus nicht wesentlich ist. Allerdings ist auch hierbei bedeutsam, dass eine solche Abweichung sich nicht aus einer bilanzpolitischen Intention ergeben darf (IFRS-SMEs Abschn. 2.6 Satz 3). Hieraus wird deutlich, dass sich der Wesentlichkeitsgrundsatz nicht primär aus der Informationsfunktion, sondern vielmehr aus der **Abwägung zwischen den Nutzen und Kosten der Berichterstattung** (IFRS-SMEs Abschn. 2.13 f., vgl. Tz. 53 ff.), also aus dem Wirtschaftlichkeitsgrundsatz, begründet. Dies gilt im Kontext des IFRS-SMEs sogar noch stärker als im Rahmen der anderen IFRS, da ein für SMEs angemessenes Verhältnis von Kosten und Nutzen der Abschlusserstellung die zentrale Rechtfertigung des IASB für die Entwicklung des IFRS-SMEs und dessen konkrete Inhalte darstellt (IFRS-SMEs BC 46). Somit lassen sich Abweichungen von den Inhalten des Standards wie zB 29

- Sofortabschreibung geringwertiger Vermögenswerte (vgl. IFRS-SMEs-Komm., Teil B, Abschn. 17, Tz. 74)

- die Anwendung des Festwertverfahrens (in einigen Bereichen der Betriebs- und Geschäftsausstattung und den Vorräten) (vgl. IFRS-SMEs-Komm., Teil B, Abschn. 13, Tz. 51 u. IFRS-SMEs-Komm., Teil B, Abschn. 17, Tz. 62),
- Vereinfachungen bei der Erfassung der planmäßigen Abschreibungen in der Zugangs- bzw. Abgangsperiode (vgl. IFRS-SMEs-Komm., Teil B, Abschn. 17, Tz. 79),
- die Nichtkonsolidierung unwesentlicher Tochterunternehmen (vgl. IFRS-SMES-Komm., Teil B, Abschn. 9, Tz. 58)

rechtfertigen, soweit hierdurch keine Verzerrung des Einblicks in die Vermögens-, Finanz- und Ertragslage des Unternehmens entsteht. Dies geht sogar soweit, dass auch konkrete Verstöße gegen Inhalte des IFRS-SMEs zulässig sind, soweit deren Auswirkung auf die Relevanz des Abschlusses unwesentlich sind (IFRS-SMEs Abschn. 10.3 Satz 2). Ein solcher Verstoß darf jedoch nicht bilanzpolitisch motiviert sein (IFRS-SMEs Abschn. 2.6 Satz 3).

30 Nimmt ein Unternehmen in Ausübung des Wesentlichkeitsgrundsatzes obige oder ähnliche Vereinfachungen in Anspruch, so sollte es – obgleich vom Standard nicht explizit gefordert – hierüber trotz deren Unwesentlichkeit zur sachgerechten Information der Abschlussadressaten **im Anhang berichten**. Eine Angabe der mit der Abweichung verbundenen quantitativen Effekte ist allerdings nicht zu fordern, da ansonsten der »Wirtschaftlichkeitsaspekt« der Vereinfachung konterkariert werden würde.

31 Der Standard liefert **keine quantitative Konkretisierung** des Wesentlichkeitsgrundsatzes. Somit hängt diese im Bilanzierungsalltag von der jeweiligen Beurteilung des Abschlusserstellers ab. Die in der Praxis häufig genannte Schwelle von 5% als Wesentlichkeitsgrenze (vgl. hierzu Hinz, 2005, 64 mit weiteren Nachweisen), kann diesbezüglich allenfalls als Orientierungshilfe, jedoch keineswegs als grundsätzlich anzuwendende Größenkategorie verstanden werden. Vielmehr ist die Beurteilung der Wesentlichkeit von der jeweiligen Situation des Unternehmens, den jeweiligen Umständen und dem vorliegenden Sachverhalt abhängig (vgl. auch Baetge/Kirsch/Wollmert/Brüggemann, in: Baetge et al., IFRS-Komm., Teil A, Kap. II, Tz. 46). Eine konkrete Anwendungs- bzw. Interpretationsrichtlinie besteht hierfür nicht. Auch hier ist der sachverständige Entscheider gefordert.

32 Der Wesentlichkeitsgrundsatz erstreckt sich nicht nur auf die Erfassung in den Rechenwerken, sondern besitzt auch für die Angaben im Anhang Bedeutung. So können im Einzelfall als unwesentlich zu qualifizierende Informationen weggelassen werden, auch dann, wenn sie explizit im Standard gefordert sind.

33 Aus dem Wesentlichkeitsgrundsatz ergibt sich ua. das Verbot der Saldierung von Posten der Bilanz bzw. Erfolgsrechnung (IFRS-SMEs Abschn. 2.52; vgl. Tz. 135 f.) sowie das Gebot des eigenständigen Ausweises von wesentlichen Posten sowie der Zusammenfassung von unwesentlichen Posten (IFRS-SMEs Abschn. 3.15 f.; vgl. IFRS-SME-Komm., Teil B, Abschn. 3, Tz. 41 ff.). In Erweiterung der Definition in IFRS-SMEs Abschn. 2.6 wird *materiality* im Zusammenhang mit dem Postenausweis sogar als ein **Synonym für Relevanz** verwandt, da der IASB zum Ausdruck bringt, dass sowohl die Art (*nature*) als auch der jeweilige Betrag (*size*) eines Abschlusspostens für die Beurteilung der Wesentlichkeit des Ausweises entscheidend sein kann (IFRS-SMEs Abschn. 3.16)

34 Für die Beschreibung der Wesentlichkeit von Sachverhalten verwendet der IASB im englischen Text des Standards **zwei Begriffe**, »*material*« (vgl. zB IFRS-SMEs Abschn. 2.6 u. IFRS-SMEs 10.21) und »*significant*« (zB IFRS-SMEs Abschn. 3.11 u. IFRS-SMEs 7.21). Beide Begriffe werden synonym verwandt. Eine differenzierte Auslegungsnotwendigkeit erschließt sich dem Anwender des Standards nicht (teilweise finden beide Begriffe auch in einem Satz Verwendung; zB IFRS-SMEs Abschn. 3.9 u. IFRS-SMEs Abschn. 8.7).

35 Aus dem Grundsatz der Wesentlichkeit lässt sich auch das Gebot ableiten, Komponenten von Vermögenswerten, die wesentlich (*significantly*) unterschiedliche Abnutzungsverläufe aufweisen, getrennt von einander und unterschiedlich planmäßig abzuschreiben (IFRS-SMEs Abschn. 17.16). Ebenso fällt hierunter das Gebot der Aufteilung eines Finanzinstrumentes, das sowohl eine Eigen- als auch eine Fremdkapitalkomponente besitzt (IFRS-SMEs Abschn. 22.13). Diese Gebote stehen auch mit dem Einzelbewertungsgrundsatz im Einklang.

4. Verlässlichkeit (reliability)

Zur Erfüllung des Ziels der Nützlichkeit müssen die im Abschluss bereitgestellten Informationen auch verlässlich sein (IFRS-SMEs Abschn. 2.7; F 31). Sie dürfen somit keine wesentlichen Fehler enthalten und die wirtschaftliche Situation nicht verzerrend darstellen. Darüber hinaus dürfen sie nicht willkürlich sein und müssen glaubwürdig das wiedergeben, was sie vorgeben darzustellen bzw. was man vernünftigerweise von ihnen erwarten kann, dass sie darstellen. Abschlüsse sind dann nicht frei von verzerrenden Einflüssen (*bias*) und somit nicht verlässlich, wenn durch die Auswahl der Informationen oder deren Darstellung durch den Abschlussersteller versucht wird, Entscheidungen oder Beurteilungen der Adressaten so zu beeinflussen, dass sie in einer von dem Abschlussersteller intendierten Richtung ausfallen. Insofern steht der Verlässlichkeitsgrundsatz auch gegen ein willkürliches Ausnutzen des Wesentlichkeitsprinzips (vgl. Hinz, 2005, 69). Zentrale Charakteristika der Verlässlichkeit der Informationsgewährung sind demnach die **Objektivität**, die **Genauigkeit** sowie der **Wahrheitsbezug** der Information (F 33 ff.). **36**

Der Grundsatz der Relevanz und der Verlässlichkeit stehen nicht konfliktfrei einander gegenüber. Denn entscheidungsrelevante Informationen sind häufig solche mit Zukunftsbezug (wie zB diskontierte Cashflows zur Bestimmung des beizulegenden Zeitwerts), die jedoch aufgrund der Schätznotwendigkeit nicht unbedingt verlässlich sind. Dh., es gilt bei der Abschlusserstellung häufig zwischen diesen beiden Charakteristika abzuwägen. Hierbei ist darauf zu achten, ob eine zum Wohle der Relevanz eingeschränkte Verlässlichkeit nicht möglicherweise zu einer fehlerhaften Darstellung im Rahmen der Abschlusserstellung führt. Gleichwohl können aufgrund des Verlässlichkeitsgrundsatzes Schätzungen (wie zB bzgl. der Nutzungsdauer von abnutzbaren Vermögenswerten, der Bestimmung zukünftiger Verpflichtungen aufgrund zurückliegender Ereignisse oder der Ermittlung des Bedarfs an außerplanmäßigen Abschreibungen) nicht unterbleiben, sie sind wesentlicher Bestandteil einer entscheidungsnützlichen Informationsgewährung. Die Abbildung von Schätzwerten ist allerdings dann zu unterlassen, wenn deren Ermittlung objektiv nicht mehr glaubwürdig möglich ist. Deshalb hat die Anforderung der Verlässlichkeit der Bewertung auch einen maßgeblichen Einfluss auf den Ansatz von Vermögenswerten und Schulden sowie Erträgen und Aufwendungen. Dieser hat zu unterbleiben, wenn eine hinreichend verlässliche Bewertung nicht möglich ist (IFRS-SMEs Abschn. 2.27; vgl. Tz. 95 ff. Hieraus leitet sich ua. konkret das Bilanzierungsverbot des originären Goodwill sowie sämtlicher selbsterstellter immaterieller Vermögenswerte nach IFRS-SMEs Abschn. 18.15 ab). Im Umkehrschluss ergibt sich, dass nur solche Elemente (Vermögenswerte, Schulden, Aufwendungen, Erträge, Cashflows etc.) in die Rechenwerke eines Abschlusses aufgenommen werden können, die die jeweiligen Ansatzanforderungen erfüllen. Ist dies nicht der Fall, kann eine Informationsgewährung im Anhang geboten sein, allerdings ist auch hierfür ein bestimmtes Maß an Verlässlichkeit gefordert. Ein Beispiel hierfür ist die Angabe einer in der Zukunft »möglichen« aber noch nicht »wahrscheinlichen« Schadensersatzforderung zum Bilanzstichtag (F 32). **37**

Die Abwägung zwischen der Relevanz und der Verlässlichkeit sollte auf Basis der besseren Erfüllung der Nützlichkeit für die Adressaten vorgenommen werden (vgl. IFRS-SMEs Abschn. 2.12 Satz 5 und Tz. 50). **38**

Aus der Tatsache, dass die im Rahmenkonzept (F 33 f. u. F 36) noch explizit dargestellten »Unterprinzipien« der Verlässlichkeit, nämlich *faithful representation* und *neutrality*, nicht einzeln im IFRS-SMEs Abschn. 2 erwähnt werden, kann keineswegs gefolgert werden, dass sie für die Interpretation des Charakteristikums der Verlässlichkeit im Zusammenhang mit dem IFRS-SMEs keine Rolle spielen würden. Sie gelten ohne Einschränkung auch im Rahmen des **39**

IFRS-SMEs. Hierfür spricht die Erwähnung der beiden Begriffe in IFRS-SMEs Abschn. 2.7 sowie die Charakterisierung des Kriteriums der Verlässlichkeit in IFRS-SMEs Abschn. 10.4 (b).

5. Wirtschaftliche Betrachtungsweise (substance over form)

40 Nach Auffassung des IASB wird die Verlässlichkeit durch eine auf Basis einer wirtschaftlichen Betrachtungsweise erstellten Darstellung im Abschluss gesteigert. Demnach sollte für die Abbildung von Geschäftsvorfällen sowie anderen Ereignissen und Bedingungen im Abschluss nicht allein die jeweils ihnen zugrunde liegende rechtliche Gestaltung, sondern ihr **tatsächlicher wirtschaftlicher Gehalt maßgeblich** sein (IFRS-SME Abschn. 2.8; F 35).

Dieser Grundsatz erhält dann Bedeutung, wenn das rechtliche und das wirtschaftliche Eigentum an einem Vermögenswert, folglich das Eigentum über die mit einem Sachverhalt verbundenen Chancen und Risiken, auseinander fallen. Dies kommt insbesondere bei Vereinbarung einer **Sicherungsübereignung** oder eines **Eigentumsvorbehalts** aber auch bei einem **(echten) Factoring** zum Tragen. Anwendung findet der Grundsatz aber auch bei den Regeln zur Leasing-Bilanzierung (IFRS-SMEs Abschn. 20) sowie bei jenen zur Behandlung von Fertigungsaufträgen (IFRS-SMEs Abschn. 23.17 ff.) deutlich zum Tragen. Letztlich hat dieses Prinzip Einfluss auf die Konkretisierung des Zeitpunkts der Realisation von Erträgen sowie des Abgangs von Vermögenswerten, da diese immer dann zu erfolgen haben, wenn ua. der wesentliche Teil der Chancen und Risiken auf den Vertragspartner übergegangen ist und dieser über den Vermögenswert verfügen kann (vgl. IFRS-SMEs Abschn. 23.10 ff.; vgl. IFRS-SMEs-Komm., Teil B, Abschn. 23, Tz. 22 ff.).

41 Der Grundsatz der wirtschaftlichen Betrachtungsweise spiegelt sich auch in den Ausweisregeln des IFRS-SMEs wider, die wenig spezifische Gliederungsvorgaben enthalten, sondern im Wesentlichen auf die besonderen Verhältnisse im Unternehmen zur Erreichung einer möglichst nützlichen Informationsgewährung abstellen (zB IFRS-SMEs Abschn. 4.9 ff.; vgl. auch Baetge/Kirsch/Wollmert/Brüggemann, in: Baetge et al., IFRS-Komm., Teil A, Kap. II, Tz. 54).

6. Vorsicht (prudence)

42 Im Gegensatz zum traditionellen deutschen Rechnungslegungsverständnis, handelt es sich bei der Informationsanforderung der Vorsicht (IFRS-SMEs Abschn. 2.9; F 37) um keinen übergeordneten Grundsatz (analog zu Baetge/Kirsch/Wollmert/Brüggemann, in: Baetge et al., IFRS-Komm., Teil A, Kap. II, Tz. 57). Sie soll vielmehr sicherstellen, dass die in der Realität bestehenden Unsicherheiten und Unabwägbarkeiten – neben entsprechenden Angaben ihrer Art und ihres Umfangs – in der Abschlusserstellung insbesondere durch eine sorgfältige Ausübung von Ermessen bei den vorzunehmenden Schätzungen berücksichtigt werden. Das Prinzip der Vorsicht ist somit vielmehr als »**Sorgfaltsprinzip**« oder »Prinzip der kaufmännischen Vernunft« (vgl. ADS Int 2002, Abschn. 1 Tz. 77; vgl. außerdem Baetge/Kirsch/Wollmert/Brüggemann, in: Baetge et al., IFRS-Komm. Teil A., Kap. II, Tz. 58), als ein konkretes Bewertungsprinzip zu verstehen. Es soll insbesondere gewährleisten, dass die Unternehmenslage »realistisch« dargestellt wird und bei unsicheren Sachverhalten Vermögenswerte und Erträge nicht zu hoch und Schulden und Aufwendungen nicht zu niedrig ausgewiesen werden. Allerdings darf sich aus der Anwendung des Prinzips keine Verzerrung (*bias*) ergeben, dh., ein Legen stiller Reserven durch bewusste Unterbewertung der Vermögenswerte bzw. Erträge und Überbewertung der Schulden bzw. Aufwendungen ist explizit ausgeschlossen (IFRS-SMEs Abschn. 2.9). Interessanterweise wird in IFRS-SMEs Abschn. 2.9 (im Gegensatz zum Rahmenkonzept, F 37) *prudence* nicht in Verbindung mit der Anforderung der Verlässlichkeit dargestellt, obgleich auch im Rahmen des IFRS-SMEs das Vorsichtsprinzip die Funktion hat, zu einer Objektivität, Willkürfreiheit und Glaubwürdigkeit des Abschlusses beizutragen und somit die Verlässlich-

keit der gewährten Informationen zu unterstützen (was auch in IFRS-SMEs Abschn. 10.4(b) zum Ausdruck kommt). Das Vorsichtsprinzip nach IFRS-SMEs bezieht sich nicht nur auf die Bewertung (Ermittlung von *discounted cash flows,* Bewertung von Rückstellungen etc.), sondern kommt auch im Rahmen der Abschätzung von zukünftigen Zu- und Abflüssen von wirtschaftlichem Nutzen im Rahmen des Ansatzes von Vermögenswerten und Schulden (vgl. IFRS-SMEs Abschn. 2.37; vgl. Tz. 95 ff.) zum Tragen.

7. Vollständigkeit (completeness)

43 Nach IFRS-SMEs Abschn. 2.10 (F 38) gehört zur Verlässlichkeit auch die Forderung, dass die Informationsgewährung vollständig zu erfolgen hat. Diese Forderung wird relativiert durch das Wesentlichkeitsprinzip und die mit der Informationsgewährung verbundenen Kosten (vgl. Tz. 28 ff. u. 52; vgl. außerdem Baetge/Kirsch/Wollmert/Brüggemann, in: IFRS-Komm., Teil A, Kap. II, Tz. 128). Ein Weglassen von Informationen darf nicht zu einer falschen oder irreführenden und damit im Hinblick auf die Relevanz sowie die Verlässlichkeit unzureichenden bzw. mangelhaften Darstellung führen. Allerdings gilt es als gestattet, wenn die Effekte des Weglassens unwesentlich sind (IFRS-SMEs Abschn. 10.2). Aus der Anforderung der Vollständigkeit resultiert die Forderung nach der **lückenlosen Erfassung aller Geschäftsvorfälle** gemäß der entsprechenden Ansatzkriterien (IFRS-SMEs Abschn. 2.15 ff.; außerdem vgl. Tz. 60 ff.) in Form von Vermögenswerten (*assets*), Schulden (*liabilities*), Erträgen (*income*) oder Aufwendungen (*expenses*) sowie deren sorgfältigen Bewertung unter Einbeziehung der relevanten Bewertungsnormen und -parameter (IFRS-SMEs Abschn. 2.33 ff.) und der gebotenen Anhangangaben (IFRS-SMEs Abschn. 8; vgl. IFRS-SMEs-Komm., Teil B, Abschn. 8, Tz. 7); natürlich auch auf die in das *cash flow statement* aufzunehmenden *cash flows* (IFRS-SMEs Abschn. 7; vgl. auch IFRS-SMEs-Komm., Teil B, Abschn. 7, Tz. 4). Die Anforderung der Vollständigkeit hängt auch unmittelbar mit dem im IFRS-SMEs nicht explizit erwähnten, aber implizit verankerten Stichtagsprinzip zusammen, dh. der Festlegung eines Bilanzstichtags, auf den die Beurteilung der Vollständigkeit zu beziehen ist. Dabei muss eine Abschlussperiode zwölf Monate umfassen (vgl. IFRS-SMEs Abschn. 3.10). Erkenntnisse und Ereignisse nach dem Bilanzstichtag sind auch nach IFRS-SMEs – aber nur soweit sie werterhellend sind – zu erfassen, soweit sie vor der Feststellung des Abschlusses auftreten (im Detail vgl. IFRS-SMEs Abschn. 32; außerdem in Analogie vgl. Baetge/Kirsch/Wollmert/Brüggemann, in: Baetge et al., IFRS-Komm., Teil A, Kap. II, Tz. 150).

8. Vergleichbarkeit (comparability)

44 Damit sich die Entwicklungstrends der Vermögens-, Finanz- und Ertragslage eines Unternehmens erkennen lassen, müssen die Abschlüsse über die Zeit hinweg vergleichbar sein (interperiodische Vergleichbarkeit) (IFRS-SMEs Abschn. 2.11; F 39). Darüber hinaus muss aber auch eine Vergleichbarkeit zwischen den Abschlüssen verschiedener Unternehmen gegeben sein, damit die relative Lage und Entwicklung eines Unternehmens gegenüber anderen durch die Adressaten beurteilt werden kann. Hieraus ergibt sich die Forderung, die Abbildung der Geschäftsvorfälle stetig vor zu nehmen. Das **Gebot der Stetigkeit** erstreckt sich auf den Ansatz und die Bewertung (materieller Aspekt) sowie die Darstellung bzw. den Ausweis (formaler Aspekt) von Sachverhalten innerhalb eines Unternehmens. Demnach sind gleiche Sachverhalte gleich und verschiedene Sachverhalte abweichend von einander innerhalb einer Periode (sog. »sachliche Stetigkeit«; vgl. ADS Int 2002, Abschn. 1, Tz. 85) sowie über die Zeit hinweg (sog. »zeitliche Stetigkeit«) konsistent darzustellen (siehe hierzu auch explizit IFRS-SMEs Abschn. 10.7). Hieraus ergibt sich auch, dass explizite Rechnungslegungswahlrechte gleich auf alle Sachverhalte anzuwenden sind, die von diesem Wahlrecht erfasst werden (vgl. ADS Int 2002, Abschn. 1, Tz. 85).

45 In engem Zusammenhang mit dem Gebot der zeitlichen Vergleichbarkeit steht auch die Verpflichtung, dass die Abschlussinstrumente (sowohl Rechenwerke als auch Anhang) grundsätzlich sowohl **Informationen zur Rechnungsperiode als auch zur Vorperiode** zu enthalten haben (IFRS-SMEs Abschn. 3.12). Dies gilt nicht nur für quantitative, sondern auch – soweit dadurch ein besseres Verständnis des Abschlusses der Berichtsperiode erreicht wird – für qualitative (verbale) Angaben (IFRS-SMEs Abschn. 3.14).

46 Eine Konkretisierung des Stetigkeitsgrundsatzes in formaler Hinsicht findet sich in IFRS-SMEs Abschn. 3.11, der ein **grundsätzliches Beibehalten der Posten**, der Postenbezeichnungen, der Zuordnung von Geschäftsvorfällen und Sachverhalten zu den jeweiligen Posten sowie der Struktur innerhalb der Abschlussinstrumente fordert.

47 Nach IFRS-SMEs Abschn. 2.11 ergibt sich aus dem Gebot der Vergleichbarkeit auch die Notwendigkeit, die angewandten Bilanzierungsmethoden sowie diesbezüglich vorgenommene Änderungen einschließlich deren Auswirkungen im Abschluss zu nennen und zu erläutern (siehe auch explizit IFRS-SMEs Abschn. 8.5 f. sowie IFRS-SMEs Abschn. 10.13). Insbesondere aus der **Angabe der Methodenänderungen** wird deutlich, dass es für die stetige Anwendung der Ansatz- und Bewertungsmethoden auch Ausnahmen geben kann. Solche Ausnahmesituationen bestehen immer dann, wenn das Management zur Auffassung gelangt, dass durch die Änderung der Methoden die Entscheidungsrelevanz bzw. die Verlässlichkeit des Abschlusses gesteigert werden kann. Dies wird in IFRS-SMEs Abschn. 10.8 explizit aufgegriffen, der eine Änderung der *accounting policies* sogar gebietet, wenn eine solche durch eine Änderung der Inhalte des IFRS-SMEs durch den Standardsetter erforderlich wird oder wenn durch die Änderung der Einblick in die Vermögens-, Finanz- und Ertragslage oder die Cashflows des Unternehmens verbessert und damit die Nützlichkeit des Abschlusses gesteigert wird (vgl. IFRS-SMEs-Komm., Teil B, Abschn. 10, Tz. 19). Die entsprechenden Anpassungen sind bei durch den IASB induzierten Änderungen des IFRS-SMEs gemäß den dann vorgeschriebenen Übergangsvorschriften vorzunehmen. Eine durch den Abschlussersteller vollzogene Änderung hat grundsätzlich retrospektiv, in den Zahlen der Berichtperiode sowie der Vergleichsperiode(n), zu erfolgen. Ergeben sich aus der Änderung der Vorperiodenabschlüsse Ergebnisveränderungen, so sind diese – soweit bestimmbar – direkt in den Rücklagen zu erfassen und in der Eigenkapitalveränderungsrechnung explizit auszuweisen (IFRS-SMEs Abschn. 10.12 u. IFRS-SMEs Abschn. 6.3(b); dies führt zu einer Beeinträchtigung der sog. Bilanzidentität, wonach Eröffnungs- und Schlussbilanz in jeder Periode identisch sein sollten; vgl. Baetge/Kirsch/Wollmert/Brüggemann, in: Baetge et al., IFRS-Komm., Teil A, Kap. II, Tz. 145); darüber hinaus sind die Stetigkeitsdurchbrechung sowie deren materielle Effekte ausführlich im Anhang zu erläutern (IFRS-SMEs Abschn. 10.13 ff.). Einen Spezialfall der Methodenänderung stellt der Übergang von nationalen Regeln auf die Regeln des IFRS-SMEs dar, sog. Erstanwendung der IFRS-SMEs (*first-time adoption*); dieser wird in einem eigenen Abschnitt (IFRS-SMEs Abschn. 35) geregelt; auch hier ist (mit zahlreichen Ausnahmen) grundsätzlich retrospektiv vorzugehen. Eine zu den Methodenänderungen analoge Regelung besteht für die **Korrektur von Fehlern** aus früheren Perioden (*corrections of prior period errors*) (IFRS-SMEs Abschn. 10.19 ff.; vgl. IFRS-SMEs-Komm., Teil B, Abschn. 10, Tz. 43 ff.). Anders verhält es sich mit **Schätzungsänderungen** (*changes in accounting estimates*), diese sind prospektiv anzupassen (IFRS-SMEs Abschn. 10.15 ff.).

48 Eine analoge Forderung besteht für den **Ausweis von Posten** in den Abschlussinstrumenten, auch diesbezüglich besteht die Pflicht, die Stetigkeit zu durchbrechen, wenn sich dies aus einer Änderung des Standards ergibt oder wenn durch einen anderen Postenausweis oder eine Postenzuordnung die Aussagefähigkeit des Abschlusses gesteigert wird (IFRS-SMEs Abschn. 3.11). In einem solchen Fall hat sich die Ausweisänderung auch auf die Posten der Vergleichsperiode zu erstrecken, es sei denn, dies erweist sich aus Praktikabilitätsgründen als undurchführbar (*impracticable*) (IFRS-SMEs Abschn. 3.12). Sollte eine solche Undurchführbarkeit bestehen, ist diese näher zu erläutern (IFRS-SMEs Abschn. 3.13).

49 Aufgrund der Anforderung der Vergleichbarkeit sind **Abweichungen in der Dauer der Berichtsperiode** vom Zwölfmonatszeitraum (IFRS-SMEs Abschn. 3.10) sowie die gewählten

Darstellungsmethoden von Sachverhalten, die im IFRS-SMEs nicht geregelt sind (wie zB die Segmentberichterstattung oder die Angabe von auf das Ergebnis pro Aktie bezogenen Größen) (IFRS-SMEs Abschn. 3.25) näher im Anhang zu erläutern. Anderseits wäre eine interperiodische bzw. zwischenbetriebliche Vergleichbarkeit nicht im ausreichenden Maß gegeben.

9. Zeitnähe (timeliness)

50 Da die Entscheidungsrelevanz einer Information unmittelbar vom Zeitpunkt der Informationsgewährung abhängig ist, fordert IFRS-SMEs Abschn. 2.12 (F 43) eine zeitnahe Abschlusserstellung. Demnach sollte die Information **innerhalb des »Zeitrahmens der Entscheidung«** bereitgestellt werden, dh. bevor sie ihre Eigenschaft verliert, auf die zu treffenden Entscheidungen Einfluss nehmen zu können. Dieser Anspruch der Zeitnähe kann jedoch mit der Verlässlichkeit der gewährten Information konfligieren, weil zB für die Informationsbeschaffung und -ermittlung nicht ausreichend Zeit zur Verfügung steht oder weil zum gegebenen Zeitpunkt die Information nicht auf Fakten, sondern vielmehr auf Vermutungen und primär subjektiven Einschätzungen beruht. Bestehende Unsicherheiten werden idR über die Zeit hinweg abgebaut. Deshalb gilt es im Hinblick auf den Zeitpunkt der Informationsübermittlung und damit der Abschlusserstellung zwischen der Relevanz und der Verlässlichkeit der Information abzuwägen. Bei dieser Abwägung sollte berücksichtigt werden, »wie den Bedürfnissen der Adressaten im Hinblick auf ihre wirtschaftlichen Entscheidungen am besten entsprochen werden kann« (IFRS-SMEs Abschn. 2.12).

51 Der IASB hat es im IFRS-SMEs unterlassen, den Grundsatz der »Zeitnähe« durch die Festlegung einer maximalen Zeitperiode, innerhalb derer ein Abschluss eines SME zu erstellen ist, zu konkretisieren. Folglich gelten bei der Erstellung eines Abschlusses nach IFRS-SMEs die nach dem nationalen Recht bestehenden Erstellungsfristen (für Deutschland nach § 264 Abs. 1 HGB: sechs Monate für kleine Kapitalgesellschaften und drei Monate für mittelgroße und große Kapitalgesellschaften).

10. Abwägung von Nutzen und Kosten (balance between benefit and cost)

52 Aus der ökonomischen Rationalität heraus bestimmt der IASB, dass der Nutzen einer Information größer sein muss als die mit der Informationsbereitstellung verbundenen Kosten (**Wirtschaftlichkeitsprinzip der Abschlusserstellung**). Dabei gibt der IASB zu bedenken, dass es sich bei der Abschätzung der Nutzen und Kosten im Wesentlichen um eine Ermessensfrage handelt und einerseits der Nutzen einer breiten Gruppe an Adressaten zugute kommt sowie andererseits die Kosten nicht notwendigerweise von den Adressaten zu tragen sind, die von den Informationen profitieren (IFRS-SMEs Abschn. 2.13; F 44). Als Beispiele für Nutzen von Abschlussinformationen führt der IASB sowohl die Verbesserung der Entscheidungssituation von Kapitalgebern an, die ihrerseits zu einer höheren Effizienz des Kapitalmarkts und – möglicherweise – zu niedrigeren Kapitalkosten führen würde, als auch die bessere Entscheidungssituation für das Unternehmensmanagement, das (zumindest teilweise) für externe Rechnungslegungszwecke generierte Daten für Entscheidungen im Rahmen der Unternehmensführung heranzieht (IFRS-SMEs Abschn. 2.14). Aufgrund der offensichtlichen Messproblematik von Kosten und Nutzen im Rahmen der Rechnungslegung gestaltet sich die Operationalisierung des grundsätzlich als sinnvoll einzuschätzenden Grundsatzes als äußerst schwierig (vgl. zur Problematik der Messung von *cost/benefit considerations* Eierle, DBW 2005, 648 f.).

53 Dieser Grundsatz der Abwägung von Nutzen und Kosten determinierte die Entwicklung des IFRS-SMEs, da alle Abweichungen dieses Standards von den IFRS letztlich ausschließlich über diesen Grundsatz begründet werden (können). Denn eine Abweichung sollte entweder die Bedürfnisse der Abschlussadressaten (*user needs*) von SMEs besser berücksichtigen oder/und

dazu beitragen, die Kosten (*cost*) für die erstellenden SMEs zu reduzieren (IFRS-SMEs BC 46; vgl. IFRS-SMEs-Komm., Teil A, Kap. 1, Tz. 16). Bei der Betrachtung der konkreten Abweichungen von den IFRS lässt sich feststellen, dass die Entscheidungen über die gewährten Abweichungen im Rahmen des IFRS-SMEs letztlich Ergebnisse eines kollektiven (interessenpolitischen) Abwägungsprozesses waren, indem sich eher der Aspekt der Kostenreduktion als die abweichenden *user needs* als Begründungsgrundlage durchsetzte. Sicherlich (auch) deshalb, weil Letztere nur schwerlich identifizier- und messbar sind, für den Umfang der Kosten aber letztendlich eine gewisse »allgemein einheitliche Wahrnehmung« hinsichtlich der Belastung der Abschlussersteller durch spezifische Rechnungslegungsmethoden besteht. Deshalb lässt sich daraus aber auch schlussfolgern, dass die einzelnen Bestimmungen des IFRS-SMEs nach Auffassung des IASB ein **positives Nutzen/Kosten-Verhältnis** – auch und gerade im SME-Kontext – aufweisen, da diese sonst nicht in dieser Form vom IASB verabschiedet worden wären (analog zu Baetge/Zülch, 2004, Tz. 256).

54 In Bezug auf ein den IFRS-SMEs anwendendes Unternehmen lässt sich aus dem Grundsatz der Kosten/Nutzen-Abwägung nicht grundsätzlich folgern, dass es gewisse Regelungen des Standards unter Berufung auf ein negatives Nutzen/Kosten-Verhältnis ablehnen und davon abweichend bilanzieren kann. Ein solches Verhalten würde klar gegen IFRS-SMEs Abschn. 3.3 verstoßen. Allerdings gewährt der IASB explizit in Bezug auf einige Regelungen die Möglichkeit der Abweichung, soweit die Anwendung der **Regelung aus Praktikabilitätsgründen nicht sinnvoll oder möglich ist (*impracticable*)**. Dies ist stets dann der Fall, wenn die Erfüllung der Regelung nicht mit angemessener Anstrengung (*reasonable effort*) erfüllt werden kann (vgl. IFRS-SMEs Glossar), dh., wenn die Kosten der Regelungserfüllung unzumutbar hoch wären. Diese Einschränkung findet Anwendung ua. bei folgenden Regelungen:

- Anpassung des Ausweises der Daten des Vergleichsjahres bei Änderung des Bilanzausweises von Posten (IFRS-SMEs Abschn. 3.12),
- Anpassung der Vorjahreszahlen bei Änderung von Bilanzierungsmethoden (IFRS-SMEs Abschn. 10.12),
- Abweichung vom *fair value model* bei der Bewertung von Anteilen an assoziierten Unternehmen (IFRS-SMEs Abschn. 14.10),
- Abweichung vom *fair value model* bei der Bewertung von Anteilen an einem Joint Venture (IFRS-SMEs Abschn. 15.15),
- Ermittelbarkeit des Veräußerungspreises abzüglich noch anfallender Kosten (*selling price less costs to complete and sell*) für die Wertminderung im Vorratsvermögen (IFRS-SMEs Abschn. 27.3).

55 Aufgrund der Relevanz sämtlicher im IFRS-SMEs Abschn. 2 enthaltenen Grundsätze für das Auffinden adäquater Rechnungslegungslösungen bei Sachverhalten, die im Standard nicht explizit geregelt sind, ist der Grundsatz der Nutzen/Kosten-Abwägung auch in einem solchen Fall von Bedeutung. Hierdurch lässt sich die Anwendung von Bilanzierungsmethoden rechtfertigen, die von jenen der IFRS abweichen, wenn diese weniger aufwendig sind, als jene, die in den IFRS geboten sind.

E. Bilanzierung dem Grunde nach (recognition)

I. Allgemein

56 Die im IFRS-SMEs Abschn. 2 enthaltenen Regelungen zum Ansatz der Bestandteile von Bilanz und Erfolgsrechnung wie Vermögenswerte, Schulden, Erträge und Aufwendungen entsprechen jenen des Rahmenkonzepts (F 82 ff.) siehe auch IFRS-SMEs Abschn. 2.35). Dementsprechend basiert der Ansatz der Bestandteile von Bilanz und Erfolgsrechnung auf einem zweistufigen Konzept. Einerseits muss ein Sachverhalt eine der im IFRS-SMEs Abschn. 2 gegebenen Definitionen der Bestandteile entsprechen (sog. abstrakte Bilanzierungsfähigkeit). Anderseits müssen in IFRS-SMEs Abschn. 2.27-32 genannte Ansatzkriterien (*recognition criteria*) erfüllt sein (sog. konkrete Ansatzfähigkeit) (IFRS-SMEs Abschn. 2.16). Obgleich IFRS-SMEs Abschn. 2.12 ff. von der Erfassung in den *financial statements*, also den gesamten Rechenwerken eines Abschlusses spricht, lässt sich aus dem Kontext der Regelungen schließen, dass in diesem Zusammenhang hierbei nur die Bilanz und die Erfolgsrechnung gemeint sind. Auf die Kapitalflussrechnung (*statement of cash flows*), die in IFRS-SMEs Abschn. 7 explizit reguliert wird, sind diese Ausführungen nicht anzuwenden.

57 In IFRS-SMEs Abschn. 2.45 stellt der IASB explizit fest, dass die Erfüllung der Definitionen der Bestandteile in der Bilanz die Grundvoraussetzung für den Bilanzansatz ist. Erfüllt ein Sachverhalt diese nicht, so scheidet seine Erfassung in der Bilanz aus, auch dann, wenn er sich konzeptionell aus dem Grundsatz der sachlichen Abgrenzung (*matching principle*) ergeben würde (IFRS-SMEs Abschn. 2.45). Somit sind rein zu Abgrenzungszwecken gebildete Bilanzposten, die die nachfolgend erläuterten Definitionen der IFRS-SMEs Abschn. 2.15 ff. nicht erfüllen (zB spezifische Abgrenzungsposten wie ein Disagio, reine Aufwandsrückstellungen, Ingangsetzungs- und Erweiterungskosten etc.) nicht anzusetzen.

58 Die Bestandteile der Bilanz sind Vermögenswerte (*assets*), Schulden (*liabilities*) und Eigenkapital (*equity*). Ihr Verhältnis untereinander zu einem bestimmten Zeitpunkt bestimmt die Vermögens- und Finanzlage (*financial position*) eines Unternehmens. Deshalb wird die Bilanz auch als *statement of financial position* bezeichnet (IFRS-SMEs Abschn. 2.15).

59 Die Bestandteile der Erfolgsrechnung sind Erträge (*income*) und Aufwendungen (*expenses*). Sie sind die Determinanten der Unternehmensleistung bzw. des Unternehmenserfolgs während einer Berichtsperiode (*performance*) (IFRS-SMEs Abschn. 2.23). Die Definitionen dieser Bestandteile gelten für den gesamten Standard und sind auch in den Fällen heranzuziehen, in denen der Standard keine direkten Regeln enthält und der Abschlussersteller eine Sachverhaltsbehandlung im Sinne des Standards selbst zu finden bzw. zu entwickeln hat (IFRS-SMEs Abschn. 10.5).

II. Definition der Bilanzbestandteile

1. Vermögenswert (asset)

60 »Ein Vermögenswert ist eine in der Verfügungsmacht des Unternehmens stehende Ressource, die ein Ergebnis von Ereignissen in der Vergangenheit darstellt und von der erwartet wird, dass dem Unternehmen aus ihr künftiger wirtschaftlicher Nutzen zufließt.« (IFRS-SMEs Abschn. 2.15(a); F 49(a)). Die Definition enthält somit **drei Charakteristika**, die kumulativ erfüllt sein müssen:

- die Verfügungsmacht (*control*) über eine Ressource,
- die Ressource ist auf ein in der Vergangenheit liegendes Ereignis (*past event*) zurückzuführen, und
- aus der Ressource lässt sich ein künftiger Nutzenzufluss (*future economic benefit*) erwarten.

61 Die **Verfügungsmacht** (*control*) setzt nicht zwangsläufig das rechtliche Eigentum an einer Ressource voraus. Vielmehr kommt es – entsprechend dem Grundsatz der wirtschaftlichen Betrachtungsweise (*substance over form*) – auf das ökonomische Eigentum an (vgl. Tz. 40), dh., insbesondere darauf, ob der Nutzenzufluss beansprucht werden kann. Die Verfügungs-

macht hat faktisch zu bestehen. Sie beinhaltet die Fähigkeit, Unternehmensexterne von dem Nutzen auszuschließen, dh., dass die Chancen aus dem Vermögenswert dem Unternehmen nicht entziehbar sind (vgl. Duhr, 2006, 88). In einem solchen Fall sind auch die mit dem Vermögenswert in Zusammenhang stehenden Risiken (Untergang etc.) idR dem Unternehmen zurechenbar. Somit kommt es bei der Beherrschung nicht nur auf den Nutzenzufluss, sondern auch auf das Risiko, einen Nutzenabfluss tragen zu müssen, an. Hierbei spricht man vom sog. *risk and reward approach*. Deshalb erwirbt man ökonomisches Eigentum erst dann, wann man Träger der Chancen und Risiken (Haftung für den Untergang etc.) aus einer Ressource ist. Aus diesem Grund ist deren Übertragung auch das zentrale Charakteristikum zur Feststellung, ob ein Übertragungsgeschäft realisiert wurde oder nicht und im Sinne des Realisationsprinzips ein Veräußerungsgewinn erfasst werden kann (vgl. Tz. 111 ff.)

62 Aus diesem Eigentumsverständnis ergibt sich, dass im Rahmen von **Eigentumsvorbehalten** erworbene bzw. durch **Sicherungsübereignung** abgetretene Vermögenswerte in der Bilanz des Erwerbers bzw. Sicherungsgebers zu erfassen sind, da die aus der Nutzung der Vermögenswerte gezogenen wirtschaftlichen Vorteile von diesen Personen beherrscht werden können. Daraus leitet sich auch die Behandlung von Leasingverträgen nach IFRS-SMEs Abschn. 20.4 ab (IFRS-SME 2.19; vgl. IFRS-SMEs-Komm., Teil B, Abschn. 20) sowie die Erfassung von finanziellen Vermögenswerten (IFRS-SMEs Abschn. 11.33(b)) ab (in Analogie zu Wüstemann/Bischof/Kierzek, 2007, Rn. 153). So ergibt sich zB bei Finanzinstrumenten gemäß IFRS-SMEs Abschn. 11.3 die Verfügungsmacht über einen künftigen finanziellen Nutzen aus dem vertraglichen Recht auf den Zufluss eines Zahlungsstroms (in Analogie zu Wüstemann/Bischof/Kierzek, 2007, Rn. 134).

63 Die **Ressourcen** können sowohl materieller als auch immaterieller Natur sein (IFRS-SMEs Abschn. 2.18). Allerdings wird die Aktivierung von Ausgaben für selbsterstellte Vermögenswerte auf materielle Gegenstände beschränkt. Im Gegensatz zu IAS 38.51 ff. schließt IFRS-SMEs Abschn. 18.14 f. die Aktivierung von selbsterstellten immateriellen Vermögenswerten aus. In diesem Zusammenhang wird generell festgelegt, dass sowohl Forschungs- als auch Entwicklungskosten als Aufwand zu erfassen sind (IFRS-SMEs Abschn. 18.14; vgl. IFRS-SMEs-Komm., Teil B, Abschn. 18, Tz. 22).

64 Als **zukünftiger Nutzen** wird die Fähigkeit (das Potential) der Ressource betrachtet, direkt oder indirekt zum Zufluss von liquiden Mitteln (Zahlungsmitteln und Zahlungsmitteläquivalenten) beizutragen. Solche Zuflüsse können durch Nutzung, durch Tausch bzw. durch Veräußerung von Ressourcen entstehen. Das Rahmenkonzept macht deutlich, dass auch die Fähigkeit der Tilgung von Verbindlichkeiten oder zur Ausschüttung an die Eigentümer beizutragen, als entsprechender Nutzen zu interpretieren ist (F 55). Als ein solcher Zufluss ist auch die Verhinderung eines entsprechenden Abflusses zu werten (F 53).

65 Ein Vermögenswert wird folglich durch seine positive zukünftige Auswirkung auf das Unternehmen charakterisiert. Dabei sind **getätigte Ausgaben kein unmittelbares Indiz für einen Vermögenswert**, erst wenn durch diese eine zukünftigen Nutzen stiftende Ressource geschaffen wurde, können diese Ausgaben ein bestimmendes Merkmal eines Vermögenswerts sein. Allerdings sind Ausgaben keine zwingende Voraussetzung für das Entstehen eines Vermögenswertes, da eine entsprechende Ressource auch unentgeltlich erworben werden kann (F 59; vgl. Baetge/Kirsch/Wollmert/Brüggemann, in: Baetge et al., IFRS-Komm., Teil A, Kap. II, Tz. 73).

66 Aus dem Kriterium der Nutzenstiftung ergibt sich, dass Vermögenswerte, die keinen zukünftigen Nutzen (mehr) verkörpern, nicht aktiviert werden dürfen. Hierbei ist zB an nicht haltbare Vorräte (zB Naturprodukte) zu denken, deren Nutzenstiftung aufgrund biologischen Verfalls nur auf eine bestimmte Zeitdauer beschränkt ist. Ist diese abgelaufen, kommt ein Bilanzansatz nicht mehr in Frage. Gleiches gilt für Vermögenswerte des Anlagevermögens, die weder einen Nutzwert noch einen Veräußerungs- bzw. Schrottwert aufweisen; sie sind auszubuchen.

67 Das Kriterium eines **in der Vergangenheit liegenden Vorgangs bzw. Ereignisses** schließt die bilanzielle Erfassung eines beabsichtigten zukünftigen Erwerbs einer Ressource aus (zB geplanter Erwerb eines Gegenstandes oder einer Forderung etc.) (vgl. F 58). Hieraus ergibt sich auch – analog dem HGB – die Nichterfassung schwebender Geschäfte, dh. solcher Transaktionen, die noch von keiner der beiden Vertragsparteien (teilweise) erfüllt wurden. Somit führt der Abschluss eines Vertrages nicht unmittelbar zur Erfassung eines Vermögenswertes. Ausgenommen hiervon sind sog. belastende Verträge (*onerous contracts*) (IFRS-SMEs Abschn. 21.2); ebenso derivative Finanzinstrumente, die grundsätzlich bei Vertragsabschluss bilanziell zu erfassen sind (IFRS-SMEs, Abschn. 12.6; vgl. IFRS-SMEs-Komm., Teil B, Abschn. 12, Tz. 19). Soweit aus einem solchen ein zukünftiger Nutzenzufluss zu erwarten ist, stellen sie einen Vermögenswert, bei voraussichtlich zukünftigem Abfluss von Nutzen eine Schuld dar.

68 Bei **immateriellen Vermögenswerten**, die als nicht monetäre Vermögenswerte ohne physische Substanz definiert werden (IFRS-SMEs Abschn. 18.2; vgl. IFRS-SMEs-Komm., Teil B, Abschn. 18, Tz. 12) kommt als zusätzliches Ansatzkriterium die Identifizierbarkeit (*identifiability*) hinzu. Diese besteht immer dann, wenn der Vermögenswert selbständig verwertbar ist (zB durch Verkauf, Vermietung oder Tausch) bzw. aus einem vertraglichen oder einem gesetzlichen Recht resultiert, das nicht notwendigerweise auch vom Unternehmen separiert werden kann (im Detail vgl. IFRS-SMEs-Komm., Teil B, Abschn. 18, Tz. 13).

69 Im Gegensatz zum handelsrechtlichen Begriff des »Vermögensgegenstandes« werden auch Rechnungsabgrenzungsposten, der Goodwill sowie aktive latente Steuern durch die Vermögenswert-Definition des IFRS-SMEs Abschn. 2.15(a) iVm. IFRS-SMEs Abschn. 2.17 ff. gedeckt (vgl. Baetge/Kirsch/Wollmert/Brüggemann, in: Baetge et al., IFRS-Komm., Teil A, Kap. II, Tz. 74).

70 Sind alle drei Kriterien erfüllt, liegt ein Vermögenswert vor; hierdurch ist die abstrakte Bilanzierungsfähigkeit gegeben. Die konkrete Bilanzierung wird durch die Erfüllung der in IFRS-SMEs Abschn. 2.27 ff. niedergelegten Ansatzkriterien und darüber hinaus durch konkrete geregelte Ansatzverbote in den jeweiligen Abschnitten (insbesondere in IFRS-SMEs Abschn. 18.15) bestimmt.

2. Schuld (liability)

71 Nach dem IFRS-SMEs Abschn. 2.15(b) (auch F 49(b)) ist eine Schuld eine gegenwärtige Verpflichtung des Unternehmens, die aus Ereignissen der Vergangenheit entsteht und deren Erfüllung für das Unternehmen erwartungsgemäß mit einem Abfluss von Ressourcen mit wirtschaftlichem Nutzen verbunden ist. Somit wird **eine Schuld** durch folgende **drei Kriterien** definiert, die alle kumulativ erfüllt sein müssen:

- es besteht eine gegenwärtige Verpflichtung (*present obligation*),
- die Verpflichtung ist auf ein vergangenes Ereignis zurück zu führen (*past event*) und
- die Begleichung der Verpflichtung führt voraussichtlich zu einem Ressourcenabfluss in Form eines Nutzenabflusses (*outflow of resources embodying economic benefits*).

72 Der Kern der Schuld-Definition liegt in dem Bestehen einer **gegenwärtigen Verpflichtung**, in einer bestimmten Weise zu handeln oder eine Leistung zu erbringen. Diese Verpflichtung kann entweder rechtlich oder faktisch (*constructive obligation*) begründet sein (IFRS-SMEs Abschn. 2.20). Während rechtliche Verpflichtungen in der Regel aufgrund eines bestehenden Vertrages oder einer gesetzlichen Vorschrift rechtlich durchsetzbar sind, ergeben sich die **faktischen Verpflichtungen** aus den Umständen der Geschäftstätigkeit eines Unternehmens. So resultieren solche aus dem Verhalten und der Kommunikation des Unternehmens seinen Starkeholdern gegenüber, in denen Versprechen geäußert bzw. Erwartungen geweckt werden, aus denen diese Forderungen ableiten (IFRS-SMEs Abschn. 2.20). Solche faktischen Verpflichtungen können sich aber auch aus entsprechenden Handlungsweisen von Wettbewerbern ergeben, die zu spezifischen Erwartungen auf bestimmten Märkten führen. Ein typisches Beispiel für faktische Verpflichtungen sind Kulanzverpflichtungen (F 60) und teilweise auch solche, die sich aus Restrukturierungsmaßnahmen ergeben (IFRS-SMEs Abschn. 21A.3). Bei

der Beurteilung des Vorliegens einer faktischen Verpflichtung kommt der Grundsatz der wirtschaftlichen Betrachtungsweise zur Anwendung (IFRS-SMEs Abschn. 2.8; vgl. Tz. 40 f.).

73 Wichtig für das Vorliegen einer Schuld ist, dass sich das bilanzierende Unternehmen realistischerweise der Verpflichtungserfüllung nicht entziehen kann, dh. für andere Parteien eine rechtliche oder faktische Durchsetzbarkeit ihrer Ansprüche gegenüber dem Unternehmen besteht (vgl. auch IFRS-SMEs Abschn. 21.6). Somit führen Verpflichtungen aus widerruflichen Vereinbarungen (noch) nicht zum Entstehen einer Schuld (F 61).

74 Die Verpflichtung muss **am Abschlussstichtag bestehen** (*present obligation*), dh. sie muss bis zum Abschlussstichtag durch entsprechende Aktivitäten oder Ereignisse entstanden sein. So führt die Einräumung eines Kontokorrentkredites oder die Vereinbarung einer Kreditgewährung mit der Bank (noch) nicht zur Erfassung einer Schuld. In Zukunft erst eintretende Verpflichtungen erfüllen das Definitionskriterium einer Schuld nicht. Allerdings fallen unter die Definition sämtliche Verpflichtungen, deren Eintreten zum Abschlussstichtag zwar wahrscheinlich, aber nicht sicher bzw. in der Höhe nicht eindeutig bestimmbar ist. Diese sind als Rückstellungen (*provisions*) zu erfassen (F 64; vgl. auch IFRS-SMEs Abschn. 21.4). Hierzu zählen Verpflichtungen aus Schadensersatzforderungen, Steueransprüchen sowie Pensionsvereinbarungen etc.

75 Aus den erläuternden Passagen in IFRS-SMEs Abschn. 2.17 f. wird deutlich, dass es sich um eine **Verpflichtung gegenüber einer anderen Partei** (gegenüber Dritten) handeln muss. Eigenverpflichtungen des Unternehmens, wie zB die Durchführung von Instandhaltungsmaßnahmen zur Aufrechterhaltung der Geschäftstätigkeit etc., erfüllen die Schulddefinition nicht. Somit scheiden reine Aufwandsrückstellungen (wie zB solche für unterlassene Instandhaltung) aus; sie können nach IFRS-SMEs nicht passiviert werden.

76 Die Verpflichtung muss zur Erfüllung des Schuld-Kriteriums **aus einem früheren Ereignis resultieren** (*past event*). Hierfür kommen in der Regel Verträge oder spezifische Tätigkeiten des Unternehmens in Betracht. Verpflichtungen aus schwebenden Verträgen – analog den Ansprüchen aus schwebenden Verträgen, die keine Vermögenswerte darstellen – erfüllen diese Voraussetzungen nicht. Ist aus einem schwebenden Vertrag jedoch ein Verlust zu erwarten (sog. belastender Vertrag, *onerous contract*), stellt dieser aufgrund des mit dem Vertrag verbundenen Nutzenabflusses eine Schuld dar, die als Rückstellung auszuweisen ist (IFRS-SMEs Abschn. 21.2 sowie 21A.2).

77 Die Begleichung solcher Verpflichtungen erfolgt durch den **Abfluss von Nutzenpotential**, der sich in der Regel durch Zahlung flüssiger Mittel, Übertragung anderer Vermögenswerte, der Erbringung von Dienstleistungen, Tausch einer Verpflichtung mit einer anderen Verpflichtung oder der Umwandlung der Verpflichtung in Eigenkapital konkretisiert. Darüber hinaus kann eine Verpflichtung erlöschen, indem ein Gläubiger seine Ansprüche aufgibt oder diese (zB wegen Ablauf einer Verjährungsfrist oÄ) verliert (IFRS-SMEs Abschn. 2.18; vgl. auch F 24).

78 Verglichen zum handelsrechtlichen Schuldbegriff umfasst jener nach IFRS-SMEs auch die passiven Rechnungsabgrenzungsposten, schließt aber Eigenverpflichtungen (vgl. Tz. 75) kategorisch aus.

79 Ein Sachverhalt, der die drei Definitionskriterien erfüllt, stellt eine Schuld dar (abstrakte Passivierungsfähigkeit). Inwieweit die Schuld tatsächlich zu passivieren ist, ergibt sich aus der Erfüllung der Ansatzkriterien in IFRS-SMEs Abschn. 2.27 ff.

80 Bei den Schulden unterscheidet der IFRS-SMEs grundsätzlich zwischen **nicht finanziellen** und **finanziellen** Schulden. Der Ansatz von Schulden wird für finanzielle Schulden in IFRS-SMEs Abschn. 11 u. IFRS-SMEs Abschn. 12 sowie für Rückstellungen (*provisions*) im Allgemeinen in IFRS-SMEs Abschn. 21 und Pensionsrückstellungen im Besonderen in IFRS-SMEs Abschn. 28 konkretisiert. Darüber hinaus gibt es spezielle Regelungen für Schulden aus Leasing-Verhältnissen (IFRS-SMEs Abschn. 20), anteilsbasierten Vergütungen (IFRS-SMEs Abschn. 26) sowie für passive latente Steuern (IFRS-SMEs Abschn. 29).

81 Die Schulddefinition ist entscheidend auch für die **Abgrenzung von Eigen- und Fremdkapital** in einer nach IFRS-SMEs erstellten Bilanz. Diese wird in IFRS-SMEs Abschn. 22 näher spezifiziert (vgl. IFRS-SMEs-Komm., Teil B, Abschn. 22, Tz. 11 ff.).

3. Eigenkapital (equity)

82 Das Eigenkapital wird in IFRS-SMEs ausschließlich bilanztechnisch als die **Differenz aus Vermögenswerten und Schulden** und damit als Nettovermögen definiert (IFRS-SMEs Abschn. 2.15(c), Abschn. 2.22 sowie IFRS-SMEs Abschn. 22.3; auh F 49(c)). Die Höhe des Eigenkapitals wird somit unmittelbar durch die Ansatz- und Bewertungsvorschriften des IFRS-SMEs Abschn. 2 sowie der anderen Abschnitte bestimmt. Eine weitere, den Finanzierungsaspekt beleuchtende Definition des Eigenkapitals wird im IFRS-SMEs Abschn. 22.3 gegeben, wonach hierunter die Investitionen der Anteilseigner in das Unternehmen zuzüglich einbehaltener Gewinne und abzüglich entstandener Verluste verstanden werden (im Detail vgl. IFRS-SMEs-Komm., Teil B, Abschn. 22, Tz. 15). Beide Eigenkapitaldefinitionen sind grundsätzlich rechtsformunabhängig (F 68).

83 Hinsichtlich des **Ausweises des Eigenkapitals** wird in IFRS-SMEs Abschn. 2 kurz darauf hingewiesen, dass das Eigenkapital in der Bilanz in einzelne Kategorien aufgeteilt werden kann, zB in Einlagen der Gesellschafter, Gewinnrücklagen sowie kumulierte, direkt im Eigenkapital erfasste Gewinne oder Verluste (IFRS-SMEs Abschn. 2.22). Diese Aufteilung kann natürlich in Abhängigkeit von der Unternehmensrechtsform unterschiedlich ausfallen und kann durch das nationale Gesellschaftsrecht beeinflusst werden. In Erfüllung der Zielsetzung der Abschlusserstellung gemäß IFRS-SMEs Abschn. 2.2 sowie der Forderung nach einer *fair presentation* der Finanzsituation in IFRS-SMEs Abschn. 3.2 und der Bestimmungen des IFRS-SMEs Abschn. 4.3 sowie IFRS-SMEs Abschn. 4.11(f) ergibt sich die Notwendigkeit der Aufspaltung des Eigenkapitals zumindest in fixe und variable Bestandteile, um die Quellen der Eigenkapitalgenerierung transparent zu machen (Außen- versus Innenfinanzierung). Ebenso besteht bei einem Konzernabschluss die Pflicht, die Eigenkapitalanteile der Gesellschafter des Mutterunternehmens (*equity of the owners of the parent*) sowie der Minderheitsgesellschafter (*non-controlling interest*) getrennt auszuweisen (IFRS-SMEs Abschn. 4.2(q) u. IFRS-SMEs Abschn. 9.20); Gleiches gilt für die jeweiligen Anteile am Jahresüberschuss (*profit and loss for the period*) und am Gesamterfolg (*total comprehensive income*) (IFRS-SMEs Abschn. 5.6 u. IFRS-SMEs Abschn. 9.21).

84 Die Abgrenzung zwischen Eigenkapital und Schulden wird in IFRS-SMEs Abschn. 22 konkretisiert. Demnach wird die **Typisierung von vom Unternehmen ausgegebenen Finanzinstrumenten als Eigen- oder Fremdkapital** im Wesentlichen durch die Tatsache bestimmt, ob mit dem Finanzinstrument zu irgendeinem Zeitpunkt eine vertragliche Verpflichtung des Unternehmens zur Übertragung von Geld oder anderen finanziellen Vermögenswerten verbunden sein kann. Ist dies der Fall, ist das Finanzinstrument als Schuld zu klassifizieren. Somit stellt jedes Finanzinstrument, das eine Rückzahlungsverpflichtung enthält, grundsätzlich eine Schuld dar. Aufgrund einer konkreten Anwendung des Grundsatzes der wirtschaftlichen Betrachtungsweise werden hierfür aber in IFRS-SMEs Abschn. 22.4 (analog IAS 32) einige Finanzinstrumente ausgenommen, wenn sie wirtschaftlich die Funktion von Eigenkapital erfüllen und bestimmte eng definierte Bedingungen erfüllen (vgl. *Beiersdorf/Morich*, KoR 2009, 10; im Detail vgl. IFRS-SMEs-Komm. Teil B, Abschn. 22, Tz. 15 ff.).

III. Definition der Bestandteile der Erfolgsrechnung

85 Der **Erfolg** (*performance*) eines Unternehmens wird durch die Differenz aus Erträgen (*income*) und Aufwendungen (*expenses*) innerhalb einer Periode definiert (IFRS-SMEs Abschn. 2.23). Dabei handelt es sich bei den **Erträgen** um die Steigerung des wirtschaftlichen Nutzens (*economic benefit*) in der Berichtsperiode durch die Zunahme von Vermögenswerten oder die Abnahme von Schulden, die zu einer Erhöhung des Eigenkapitals führen. Hiervon ausgenommen

sind Eigenkapitalerhöhungen, die auf eine Einlage von Eigentümern zurückgehen (IFRS-SMEs Abschn. 2.23(a); F 70(a)). **Aufwendungen** sind das entsprechende Gegenteil, dh. Abnahmen des wirtschaftlichen Nutzens in der Berichtsperiode durch Abnahmen der Vermögenswerte bzw. Zunahmen der Schulden, die zu einer Reduktion des Eigenkapitals führen. Analog der Erträge sind hierbei Entnahmen der Eigentümer (zB Dividendenzahlungen etc.) ausgeschlossen (IFRS-SMEs Abschn. 2.23(b); F 70(b)).

Die Zunahme bzw. Abnahme der Vermögenswerte und Schulden kann entweder durch mengenmäßige Veränderungen (*inflows/outflows*) oder durch Wertänderungen (*enhancement/depletions*) entstehen (IFRS-SMEs Abschn. 2.23). So kann zB der durch einen Ertrag verkörperte Nutzenzufluss durch Zufluss von Zahlungsmitteln, Gütern oder Dienstleistungen sowie die Entstehung von Forderungen oder durch die Tilgung von Schulden durch entsprechende Lieferungen von Gütern oder Erbringung von Dienstleistungen erfolgen. Es ist aber auch eine reine Steigerung des in der Bilanz erfassten Wertes spezifischer Vermögenswerte (respektive Senkung des Wertes einer Schuld) denkbar.

Die Erfassung von Aufwendungen und Erträgen hängt somit unmittelbar mit der Veränderung der Höhe der Vermögenswerte bzw. Schulden zusammen und wird somit direkt von der Anwendung der Ansatz- und Bewertungsregeln des IFRS-SMEs beeinflusst (IFRS-SMEs Abschn. 2.24, IFRS-SMEs Abschn. 2.41 u. 2.42).

86 **Erträge** werden vom IASB in zwei Unterkategorien eingeteilt. Zum einen solche, die auf die **gewöhnliche Geschäftstätigkeit** zurückgehen (Erlöse, *revenues*) (IFRS-SMEs Abschn. 2.25(a); F 74). Hierzu können Umsatzerlöse, Zinserlöse, Miet- und Lizenzerlöse sowie erhaltene Dividenden zählen. Darüber hinaus gibt es aber auch Erträge, die nicht als Erlöse klassifiziert werden und sowohl innerhalb als auch außerhalb der gewöhnlichen Geschäftstätigkeit anfallen können (sog. andere Erträge, *gains*) (IFRS-SMEs Abschn. 2.25(b); F 75). Hierzu zählen ua. Erträge aus der Veräußerung von Gegenständen des Anlagevermögens, Erträge aus Kapitalanlagen, Steigerungen des beizulegenden Zeitwerts (*fair value*) von zu Anlagezwecken gehaltenen Immobilien (IFRS-SMEs Abschn. 16.7) sowie von bestimmten Finanzinstrumenten nach IFRS-SMEs Abschn. 11.14(c)(i) und IFRS-SMEs Abschn. 12. 8. Die Abgrenzung zwischen diesen beiden Ertragstypen ist nicht eindeutig möglich und wird zwangsläufig auch durch die spezifische Geschäftstätigkeit des jeweiligen Unternehmens bestimmt. So stellen Zinserträge für ein Kreditinstitut *revenues* dar, während sie für ein Produktionsunternehmen als *gains* zu qualifizieren sind.

87 Eine mit jener der Erträge vergleichbaren Einteilung besteht für die **Aufwendungen**, die in solche unterschieden werden, die sich aus der **gewöhnlichen Geschäftstätigkeit** ergeben (Aufwendungen, *expenses*) (IFRS-SMEs Abschn. 2.26(a); F 78) und solche, die sich entweder aus der gewöhnlichen Geschäftstätigkeit oder aus anderen Unternehmensaktivitäten oder Sachverhalten ergeben (andere Aufwendungen, *losses*) (IFRS-SMEs Abschn. 2.26(b); F 79). Unter den ersten Typus von Aufwendungen fallen zB die Materialkosten, die Löhne und Gehälter sowie die Abschreibungen. Unter den zweiten Typus fallen Eigenkapitalminderungen die – entsprechend den *gains* – zB aus der Veräußerung von Gegenständen des Anlagevermögens, aus Kapitalanlagen, Minderungen des *fair value* von zu Anlagezwecken gehaltenen Immobilien (IFRS-SMEs Abschn. 16.7) sowie von bestimmten Finanzinstrumenten nach IFRS-SMEs Abschn. 11.14(c)(i) und IFRS-SMEs Abschn. 12.8 entstehen. Darüber hinaus zählen hierzu auch Eigenkapitalminderungen durch außergewöhnliche Sachverhalte (zB Naturkatastrophen wie Feuer, Erdbeben, Hochwasser etc.). Aufwendungen ergeben sich idR aus dem Abfluss oder der Abnahme eines Vermögenswertes, wie beispielsweise den liquiden Mitteln, den Vorräten oder dem Sachanlagevermögen (IFRS-SMEs Abschn. 2.26(a)). Wie bei den Erträgen ist auch bezüglich der Aufwendungen eine Abgrenzung zwischen den beiden Aufwandstypen nicht eindeutig möglich und resultiert nicht zuletzt aus der spezifischen Geschäftstätigkeit des Unternehmens. Hinsichtlich der Aufwendungen ist darüber hinaus die englische Terminologie des IASB etwas verwirrend, da der Begriff »*expenses*« sowohl als Überbegriff für sämtliche Eigenkapitalabnahmen als auch als Begriff für solche, die rein auf die gewöhnliche

Geschäftstätigkeit zurückzuführen sind, verwandt wird. Warum hier terminologisch nicht klar differenziert wird, ist unverständlich.

88 Da nach Auffassung des IASB der Kenntnis über die Art und Höhe der »anderen Erträge und Aufwendungen« ein Informationsnutzen zukommt, sollten diese im Rahmen der Erfolgsdarstellung idR als eigenständige Posten ausgewiesen werden (IFRS-SMEs Abschn. 2.25(b) und 2.26(b); auch iVm. IFRS-SMEs Abschn. 5.9; vgl. IFRS-SMEs-Komm., Teil B, Abschn. 5, Tz. 12 u. IFRS-SMEs-Komm., Teil B, Abschn. 5, Tz. 18). Gegenüber den Erträgen und Aufwendungen (*revenues/expenses*), die immer als Bestandteil des Jahresüberschusses (dh. GuV-wirksam) erfasst werden, unterscheidet sich die Darstellung der anderen Erträge und Aufwendungen (*gains/losses*) dadurch, dass diese **nicht allesamt als Bestandteile des Jahresüberschusses (*net income*) ausgewiesen** werden, sondern teilweise auch als sog. *other comprehensive income* Bestandteile des Gesamterfolgs (*comprehensive income*) sind, der im Rahmen einer umfassenden Erfolgsrechnung dargestellt wird (vgl. Tz. 90 sowie ADS Int 2002, Abschn. 1, Tz. 191 u. 198). Welche der anderen Erträge bzw. Aufwendungen nicht im Rahmen der Jahresüberschussermittlung (*net income*) berücksichtigt werden, ergibt sich nicht aus dem IFRS-SMEs Abschn. 2, sondern aus den folgenden spezifischen Regelungen des Standards. Eine Aufzählung der außerhalb des Jahresüberschusses aber innerhalb des Gesamterfolgs erfassten *gains* und *losses* findet sich in IFRS-SMEs Abschn. 5.4(b) (vgl. Tz. 91).

89 Der IFRS-SMEs verfolgt – wie auch die IFRS – **keine einheitliche Erfolgskonzeption** (kritisch hierzu Wüstemann/Kierzek, 2007, 367 ff.). Obwohl die formale Definition von Erfolg (*performance*) als Erträge abzüglich der Aufwendungen einen offensichtlich Bezug zur dynamischen Bilanzauffassung (vgl. Coenenberg et al., 2009, 1211ff.) aufweist (kein Vergleich des Vermögens zu Beginn und am Ende einer Periode), wird durch die explizite Einführung des beizulegenden Zeitwertes (*fair value*) als zentraler Wertmaßstab in IFRS-SMEs Abschn. 2.34(b) (wie auch in anderen Abschnitten des Standards) deutlich, dass das zugrunde liegende Erfolgskonzept auch deutliche statische Merkmale aufweist. Dies ist dem der Rechnungslegungskonzeption des IASB traditionell innewohnenden und zunehmend an Bedeutung gewinnenden *asset/liability-approach*, geschuldet (vgl. auch Wüstemann/Bischof/Kierzek, 2007, Rn. 110 ff.; diesem Ansatz kommt auch bei der Neuentwicklung des Rahmenkonzeptes offensichtliche eine maßgebliche Bedeutung zu; vgl. Zülch/Fischer/Willms, KoR 2006, 3 ff.). Diese am Vermögensvergleich orientierte Erfolgskonzeption, die auch aus der Wertänderung von Vermögenswerten und Schulden resultierende Gewinne und Verluste umfasst, geht deutlich über die Erfolgskonzeption des HGB hinaus, da sie auch Komponenten beinhaltet, die nach den GoB als nicht realisiert betrachtet werden (wie zB Steigerungen des beizulegenden Zeitwerts von zu Anlagezwecken gehaltenen Immobilien oder von spezifischen Finanzinstrumenten; IFRS-SMEs Abschn. 16.7 bzw. IFRS-SMEs Abschn. 11.27 ff.).

90 Vor diesem Hintergrund der heterogenen Erfolgskonzeption führt der IASB – im konzeptionellen Gleichklang mit den IFRS – bereits im die Grundlagen des Standards darstellenden IFRS-SMEs Abschn. 2 **zwei Erfolgsbegriffe** und **zwei Typen von Erfolgsrechnungen** ein. Zum einen das *total comprehensive income*, das sich als rechnerische Differenz zwischen Erträgen (*income*) und Aufwendungen (*expenses*) ergibt (als adäquate Übersetzung in die deutsche Sprache wird der Begriff »**Gesamterfolg**« verwandt). Da es sich hierbei um das Residuum einer Rechnung handelt, bestehen für diese Größe keine spezifischen Ansatzregelungen (IFRS-SMEs Abschn. 2.43). Als weitere Erfolgsgröße definiert der IASB den Jahresüberschuss (*profit and loss*). Hierbei handelt es sich um die rechnerische Differenz zwischen Erträgen und Aufwendungen, mit Ausnahme der Posten, die im Standard als Bestandteil des *other comprehensive income* klassifiziert werden. *Profit and loss* ist somit eine Teilmenge des *comprehensive income*. Aufgrund seiner Definition als Residuum bestehen auch für diese Komponente des Abschlusses keine eigenständigen Ansatzregeln (IFRS-SMEs Abschn. 2.44).

91 Als ***other comprehensive income*** werden die Erfolgskomponenten bezeichnet, die aufgrund einzelner Vorschriften des IFRS-SMEs nicht innerhalb der Ermittlung des Jahresüberschusses,

sondern als weiterer Bestandteil des. Gesamterfolgs (*comprehensive income*) erfasst werden. Dies sind (IFRS-SMEs Abschn. 5.4(b):

- Gewinne und Verluste aus der Fremdwährungsumrechnung von Abschlüssen von Tochtergesellschaften nach Abschn. 30 (vgl. IFRS-SMEs-Komm., Teil B, Abschn. 30; Tz. 87)
- aktuarische Gewinne und Verluste (*actuarial gains and losses*) im Zusammenhang mit Leistungen an Mitarbeiter nach Beendigung des Arbeitsverhältnisses (*employee benefits*) nach IFRS-SMEs Abschn. 28 (vgl. IFRS-SMEs-Komm., Teil B, Abschn. 28, Tz. 31 ff.)
- Gewinne und Verluste aus der Änderung des beizulegenden Zeitwerts (*fair value)* von Sicherungsinstrumenten (*hedging instruments*) (vgl. IFRS-SMEs-Komm., Abschn. 12, Tz. 90 ff.).

92 Diese Zweigliedrigkeit des Erfolgsbegriffs (die in Abb. 1 dargestellt ist) spiegelt sich auch in der **Darstellung der Erfolgszusammensetzung** wider. So besteht die (traditionelle) Möglichkeit, die Zusammensetzung des *profit and loss* in einer GuV-Rechnung (*income statement*) darzustellen und jene des *total comprehensive income* im sog. »*statement of comprehensive income*« (IFRS-SMEs Abschn. 2.23, .37 u. .41 f.; siehe auch IFRS-SMEs Abschn. 5.2 ff.; vgl. hierzu IFRS-SMEs-Komm., Teil B, Abschn. 5, Tz. 7 f.). Die Tatsache, dass der IASB, wenn er in IFRS-SMEs Abschn. 2 sowie Abschn. 5 auf die Erfolgsrechnung Bezug nimmt, zuerst die Gesamterfolgsrechnung (*statement of comprehensive income*) und danach (zweitrangig) die GuV-Rechnung (*income statement*) nennt, kann als Indiz dafür gewertet werden, dass der IASB die Erstellung nur einer Erfolgsrechnung gegenüber einer auf zwei Rechnungen verteilten Erfolgsdarstellung (insgeheim) präferiert (vgl. IFRS 1 BC 49 ff.) und möglicherweise mittelfristig die Erstellung einer separaten GuV-Rechnung nicht mehr zulassen wird. Diese Fokussierung auf das *comprehensive income statement* war im ED-IFRS-SME noch nicht vorhanden (ED-IFRS-SMEs Abschn. 2.34 u. 2.38). Die vom IASB beigemessene Bedeutung des Gesamterfolgs zeigt sich auch an der Tatsache, dass er diesen neben dem Jahresüberschuss als Basis für erfolgsbezogene Kennzahlen, wie Renditeziffern und das Ergebnis je Aktie nennt (IFRS-SMEs Abschn. 2.23).

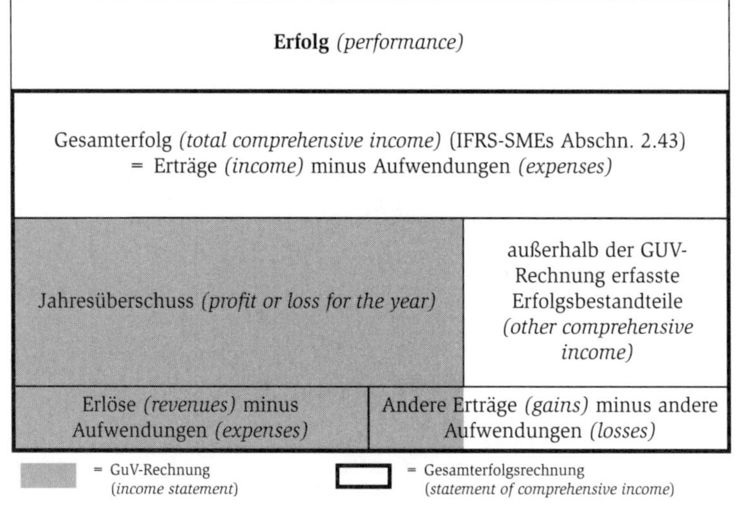

Abb. 1: Umfang des Erfolgsbegriffs und Art der Erfolgsdarstellung des IFRS-SMEs

93 Diese Zweigliedrigkeit des Erfolgsbegriffs und der Erfolgsrechnung ist der Rechnungslegung nach HGB fremd. Die Integration der GuV-Rechnung in die Gesamterfolgsrechnung führt zu einer Betrachtung und einem **Ausweis des Jahresüberschusses als Zwischensumme** der Erfolgsrechnung und reduziert diesen im Hinblick auf die Einschätzung seiner Informationsnützlichkeit. Dh., der IASB misst offensichtlich dem Gesamterfolg als Ergebnisgröße einen höheren Informationsnutzen zu als dem Jahresüberschuss. Diese Fokussierung des IASB auf das *statement of comprehensive income* wurde durch die Überarbeitung des IAS 1 im Jahre 2007 in die IFRS eingeführt und über den *top-down approach* für den IFRS-SMEs übernommen.

94 Der Erfolgsbegriff des IFRS-SMEs wird auch nicht durch die Fixierung auf ein **Kapitalerhaltungskonzept** konkretisiert. Der IFRS-SMEs enthält keine Aussage über die dem Standard zu Grunde liegende Konzeption der Kapitalerhaltung. Allerdings basiert der IFRS-SMEs auf dem Rahmenkonzept, das in F 102 ff. einige Kapitalerhaltungskonzeptionen vorstellt, jedoch keines als das die IFRS prägende Konzept hervorhebt (vgl. ADS Int 2002, Abschn. 1, Tz. 220 ff.). Festzustellen ist, dass der Gedanke der Kapitalerhaltung im Rahmenkonzept nicht als Instrument der adäquaten Ausschüttungsbemessung, sondern viel eher im Sinne der adäquaten Berücksichtigung von Kaufkraftveränderungen betrachtet wird (vgl. Wüstemann/Bischof/Kierzek, 2007, Rn. 107). Die Verschiedenartigkeit der nach IFRS-SMEs im Einzelfall zu wählenden Wertmaßstäbe, sowie die Orientierung der Zeitbewertung an Veräußerungspreisen und nicht an Wiederbeschaffungskosten zeugen vom Fehlen einer einheitlichen Konzeption der Kapitalerhaltung.

IV. Konkrete Ansatzkriterien

1. Ansatzkriterien für Vermögenswerte und Schulden

95 Um in der Bilanz oder der Erfolgsrechnung aufgenommen zu werden, muss ein Sachverhalt neben einer der in IFRS-SMEs Abschn. 2.15-2.26 aufgeführten Definitionen (Vermögenswert, Schuld, Ertrag oder Aufwand) (abstrakte Ansatzfähigkeit), auch konkret festgelegte **Ansatzkriterien** erfüllen. So muss einerseits der mit dem Sachverhalt verbundene Zu- bzw. Abfluss an wirtschaftlichem Nutzen für das Unternehmen **wahrscheinlich (*probable*)** sein und andererseits muss der Wert (*value*) des Sachverhaltes oder die mit ihm in Zusammenhang stehenden Kosten (*cost*) **zuverlässig messbar** sein (*measured reliably*) (IFRS-SMEs Abschn. 2.27; F 83). Sind beide Kriterien kumulativ gegeben, muss entsprechend der Erfüllung einer der Definitionen in IFRS-SMEs Abschn. 2.15 ff. ein Bilanz- oder ein GuV-Ansatz erfolgen. Das Unterlassen eines entsprechenden Ansatzes kann nicht durch entsprechende Angaben im Anhang oder an anderer Stelle geheilt werden (IFRS-SMEs Abschn. 2.28; F 82). Ist eines der beiden Kriterien nicht gegeben, so scheidet ein Ansatz aus.

96 Die Höhe der Eintrittswahrscheinlichkeit eines Zu- bzw. Abflusses von wirtschaftlichem Nutzen wird in IFRS-SMEs Abschn. 2 nicht explizit vorgegeben. Allerdings definiert das Glossar des Standards »wahrscheinlich« im Sinne von »es spricht mehr dafür als dagegen« (*more likely than not*), woraus sich eine **Eintrittswahrscheinlichkeit von größer als 50%** ableiten lässt (vgl. Baetge/Zülch, 2004, Tz. 277). Sachverhalte, die folglich mit einer geringeren Wahrscheinlichkeit als 50% zu einem Nutzenzu- oder -abfluss führen, können somit weder in der Bilanz noch in der Erfolgsrechnung angesetzt werden. Die Wahrscheinlichkeitsbeurteilung ist auf Basis der zum Zeitpunkt der Aufstellung des Abschlusses verfügbaren substantiellen Hinweise und Erkenntnisse vorzunehmen. Für Sachverhalte, die für sich genommen wesentlich sind, hat diese Beurteilung jeweils einzeln zu erfolgen, für große Mengen an unwesentlichen Sachverhalten, erfolgt die Einschätzung gemeinsam für sämtliche Sachverhalte (IFRS-SMEs Abschn. 2.29).

97 Das Kriterium der verlässlichen **Bewertbarkeit** bedeutet, dass für den Sachverhalt entweder **Anschaffungs- oder Herstellungskosten bzw. andere Werte verlässlich ermittelt** werden können. Dabei ist es nicht notwendig, dass ein konkreter Wert besteht; bei entsprechenden Umständen sind auch Wertschätzungen zulässig bzw. geboten. Diese sind jedoch hinreichend

genau vorzunehmen, um als »verlässlich« beurteilt werden zu können. Die Vornahme hinreichend genauer Schätzungen ist ein wesentlicher Bestandteil der Abschlusserstellung, zB bei der Rückstellungsbildung. Ist ein hinreichender Genauigkeitsgrad nicht möglich, scheidet eine Erfassung des Sachverhaltes in der Bilanz oder der Erfolgsrechnung aus (IFRS-SMEs Abschn. 2.30). Ein solcher kann sich jedoch zu einem späteren Zeitpunkt ergeben. Nimmt nämlich die Genauigkeit der vorzunehmenden Einschätzung im Zeitverlauf zu, so besteht die Möglichkeit, dass die verpflichtende Erfassung in Bilanz oder Erfolgsrechnung zu einer nachfolgenden Periode geboten ist (IFRS-SMEs Abschn. 2.31). Wann ein Wert als hinreichend genau bestimmbar gilt, wird im IFRS-SMEs Abschn. 2 nicht konkretisiert; auch im Rahmenkonzept ist diesbezüglich kein Hinweis enthalten. Aus der Zulässigkeit von Bewertungsmethoden bei der Ermittlung des beizulegenden Zeitwerts (*fair value*) (IFRS-SMEs Abschn. 11.27 ff., der nicht nur für Unternehmensanteile, sondern auch für als Finanzinvestition gehaltene Immobilien Verwendung findet; IFRS-SMEs Abschn. 11.4 u. IFRS-SMEs Abschn. 16.7) wird jedenfalls deutlich, dass die Anforderung der verlässlichen Bewertbarkeit durch den IASB im Rahmen des IFRS-SMEs nicht zu eng ausgelegt wird. Dabei gilt die Bestimmung des *fair value* immer dann als verlässlich möglich, wenn die Schwankungsbreite angemessener Schätzungen des Wertes unbedeutend ist oder die Eintrittswahrscheinlichkeiten der verschiedenen Schätzungen innerhalb dieser Bandbreiten vernünftig beurteilt und bei der Schätzung des Wertes verwendet werden können (IFRS-SMES Abschn. 11.30; im Detail vgl. IFRS-SMEs-Komm., Teil B, Abschn. 11, Tz. 109 ff.). Trotz dieser Konkretisierung besteht hinsichtlich der Verlässlichkeitsbeurteilung im Zusammenhang mit der Verwendung von Bewertungsmethoden im Rahmen der Ermittlung des *fair value* ein beträchtlicher Ermessensspielraum, der durch die Generalnorm der *fair presentation* in IFRS-SMEs Abschn. 3.2 und die Anwendung des Grundsatzes der Verlässlichkeit in IFRS-SMEs Abschn. 2.7 eine Einschränkung erfährt.

98 Erfüllt ein Sachverhalt zum Zeitpunkt der Abschlusserstellung eines der beiden Ansatzkriterien (noch) nicht und scheidet deshalb ein Ansatz in der Bilanz oder Erfolgsrechnung aus, kann nach der Formulierung des IFRS-SMEs Abschn. 2.32 dennoch eine mit ihm verbundene **Angabe im Anhang**, in den Erläuterungen (*explanatory material*) oder den ergänzenden Darstellungen (*supplementary schedules*) gerechtfertigt sein (siehe hinsichtlich einer verpflichtenden Anhangangabe in diesem Kontext auch IFRS-SMEs Abschn. 8.1 sowie IASCF, 2009, 50 f.). Dies ist immer dann der Fall, wenn die Kenntnis des Sachverhalts Relevanz für die Beurteilung der Vermögens-, Finanz- und Ertragslage sowie der Veränderungen der Vermögens- und Finanzlage eines Unternehmens durch die Abschlussadressaten besitzt (IFRS-SMEs Abschn. 2.32). Auch wenn der IASB in diesem Zusammenhang nicht direkt von einer konkreten Angabepflicht, sondern lediglich von einer Rechtfertigung spricht (».... *may warrant disclosure*....« und »*This is appropriate when* ....«), ist von einer entsprechenden Angabepflicht auszugehen. Interessant ist, dass der IASB neben dem Anhang (*notes*) mit *explanatory material* und *suplementary schedules* auch noch andere Berichterstattungsinstrumente nennt, die nicht Pflichtbestandteil eine Abschlusses nach IFRS-SMEs Abschn. 3.17 sind und auch an keiner anderen Stelle im IFRS-SMEs oder auch in den anderen IFRS genannt oder gar erläutert werden (mit Ausnahme von *explanatory material* in IFRS-SMEs Abschn. 2.28). Ihre Nennung findet sich lediglich auch in den Parallelformulierungen zu IFRS-SMEs Abschn. 2.32 u. 2.28 im Rahmenkonzept (F 86 u. F 82). Aufgrund dieser Unbestimmtheit dieser Instrumente ist bei entsprechender Relevanz einer Angabe für die Beurteilung der Vermögens-, Finanz- und Ertragslage von einer Verwendung des Anhangs als Berichterstattungsinstrument auszugehen.

99 Für **»wahrscheinlich« bestehende Schulden** sind Rückstellungen zu passivieren, die in IFRS-SMEs Abschn. 21 näher regelt werden. Zu einer Rückstellungsbilanzierung kommt es zB auch, wenn aufgrund einer momentanen Gesetzeslage für das Unternehmen noch keine Verpflichtung besteht, eine Gesetzesänderung aber wahrscheinlich ist, aus der eine Verpflichtung resultieren wird und wenn hieraus auch ein Ressourcenabfluss wahrscheinlich stattfinden wird.

100 Aus der Definition des Wahrscheinlichkeitsgrades im Sinne von größer 50 % folgt, dass sog. **»Eventualschulden«** (*contingent liabilities*) in die Bilanz nicht aufgenommen werden dürfen

(mit Ausnahme solcher, die im Rahmen einer Unternehmensakquisition erworben werden, IFRS-SMEs Abschn. 19.20 f.). Dabei werden die *contingent liabilities* als Schulden definiert, die entweder auf einer möglichen, aber unsicher eintretenden Verpflichtung (*possible but uncertain obligation*) oder auf einer momentanen Verpflichtung (*present obligation*) beruhen, die allerdings mindestens eines der Ansatzkriterien des IFRS-SMEs Abschn. 2.39 nicht erfüllt (IFRS-SMEs Abschn. 2.40 u. IFRS-SMEs Abschn. 21.12). Für solche unwahrscheinlichen (Eintrittswahrscheinlichkeit von kleiner gleich 50 %), aber möglichen Schulden sind entsprechende Angaben im Anhang gefordert (IFRS-SMEs Abschn. 21.15; im Detail vgl. IFRS-SMEs-Komm., Teil B, Abschn. 21, Tz. 14 f., IFRS-SMEs-Komm., Teil B, Abschn. 21, Tz. 105, IFRS-SMEs-Komm., Teil B, Abschn. 21 Tz. 111 f.). Das gleiche trifft zu für sog. **»Eventualvermögenswerte«** (*contingent assets*), dh., Vermögenswerte, die auf frühere Ereignisse zurückzuführen sind, deren Bestätigung aber vom Eintritt oder Nicht-Eintritt von einem oder mehreren zukünftige Ereignissen abhängt, die gar nicht oder nicht vollständig im Einflussbereich des Unternehmens sind. Somit ist bei diesen Vermögenswerten, der zukünftige Zufluss von wirtschaftlichem Nutzen zwar wahrscheinlich (Eintrittswahrscheinlichkeit von größer 50 %), aber nicht ganz sicher. Solche »unsicheren Vermögenswerte« dürfen in die Bilanz nicht aufgenommen werden (IFRS-SMEs Abschn. 2.38 u. IFRS-SMEs Abschn. 21.13). Zu den Eventualvermögenswerten gehören ua. Schadensersatzforderungen aus Gerichtsprozessen, voraussichtliche Entschädigungszahlungen der öffentlichen Hand sowie Ansprüche gegenüber Versicherungen aus Schadensfällen. Im Rahmen der Bestimmungen zu den *contingent assets*, die wortgleich sowohl in IFRS-SMEs Abschn. 2.38 als auch in IFRS-SMEs Abschn. 21.13 enthalten sind, gebraucht der IASB den Begriff »appropriate« wie folgt »*... when the flow of future economic benefits to the entity is virutally certain, ...its recognition is **appropriate**.*«, was in diesem Kontext sicherlich nicht als »gerechtfertigt«, sondern als »geboten« zu interpretieren ist.

101 Die **differenzierten Behandlungen von *contingent assets* und *contingent liabilities***, die sowohl in IFRS-SMEs Abschn. 2.38 u. 2.40 als auch in IFRS-SMEs Abschn. 21.12 ff. inhaltlich gleich bestimmt werden, bringt deutlich die Wirkung des Vorsichtsprinzips im Rahmen des IFRS-SMEs zum Ausdruck. Denn, obgleich der IASB in IFRS-SMEs Abschn. 2.16 deutlich macht, dass insbesondere bezüglich der zu erwartenden ökonomischen Vorteile, die dem Unternehmen zufließen bzw. von diesem abfließen werden, ein ausreichendes Niveau an Sicherheit gegeben sein muss, um das Wahrscheinlichkeitskriterium zu erfüllen (IFRS-SMEs Abschn. 2.16), wird dieses »ausreichende Niveau« für Vermögenswerte und Schulden unterschiedlich ausgelegt. Denn, während für wahrscheinliche Schulden die Verpflichtung zum Bilanzansatz einer Rückstellung und für unwahrscheinliche aber mögliche Schulden (Eventualschulden) grundsätzlich eine Pflicht zu erläuternden Angaben besteht, tritt ein Bilanzansatz eines Vermögenswerts erst ein, wenn der Zufluss von wirtschaftlichem Nutzen so gut wie sicher ist (*virtually certain*). Für einen Vermögenswert mit wahrscheinlich eintretendem wirtschaftlichem Nutzen, der jedoch »*...not virtually certain...*« ist, wird eine Anhangangabe gefordert, die bei unwahrscheinlichem Zufluss von wirtschaftlichem Nutzen nicht mehr geboten ist (IFRS-SMEs Abschn. 2.38 u. IFRS-SMEs Abschn. 21.13 u. 21.16; vgl. hierzu IFRS-SMEs-Komm., Teil B, Abschn. 21, Tz. 16 f., IFRS-SMEs-Komm., Teil B, Abschn. 21, Tz. 107, IFRS-SMEs-Komm., Teil B, Abschn. 21, Tz. 113). Bei welcher Eintrittswahrscheinlichkeit von »*virtually certain*« ausgegangen werden kann, lässt sich aus dem Standard (auch unter Heranziehung anderer Regelungen, in denen der Ausdruck verwandt wird, zB IFRS-SMEs Abschn. 21.9, IFRS-SMEs Abschn. 28.28) nicht entnehmen. Sie ist sicherlich als sehr hoch auszulegen (in der Literatur zur parallelen Regelung in IAS 37.33 u. .35 werden auch quantitative Wahrscheinlichkeiten genannt, was aber – ähnlich wie bei der Auslegung des Wesentlichkeitsgrundsatzes – nicht als grundsätzlich sachgerecht erscheint; siehe auch Keitz/Wollmert/Oser/Wader, in: Baetge et al., IFRS-Komm., Teil B., IAS 37, Tz. 70).

102 Für **finanzielle Vermögenswerte** und **finanzielle Schulden** beinhaltet der IFRS-SMEs Abschn. 11.12 ein eigenständiges Ansatzkriterium. Solche sind in der Bilanz anzusetzen, sobald das bilanzierende Unternehmen Partei eines Vertrages wird, der zu einem Finanzinstrument führt. Inwieweit der Vertrag erfüllt werden kann bzw. eine zuverlässige Bewertbarkeit des Instrumentes möglich ist, sind keine notwendigen und hinreichenden Bedingungen für die Ansatzpflicht. Dies hat zur Folge, dass auch schwebende Geschäfte in Form von derivaten Finanzinstrumenten in der Bilanz zum Ansatz kommen, selbst dann, wenn ihnen zum Vertragsabschluss kein eigenständiger zukünftiger Nutzen innewohnt, zB weil der Terminpreis dem Marktpreis entspricht (vgl. IFRS-SMEs-Komm., Teil B, Abschn. 11, Tz. 55 u. Abschn. 12, Tz. 18 f.; und in Analogie zu Wüstemann/Bischof/Kierzek, 2007, Rd.-Nr. 133 u. 222).

103 IFRS-SMEs Abschn. 2 legt zwar fest, wann ein Vermögenswert bzw. eine Schuld zu erfassen ist, enthält aber keine Angaben darüber, wann ein bilanzierter Vermögenswert bzw. eine Schuld auszubuchen sind. Dies ergibt sich aus anderen Abschnitten des Standards. So sind Vermögenswerte des Sachanlagevermögens und immaterielle Vermögenswerte dann **auszubuchen**, wenn sie durch Verkauf, Entsorgung oder auf andere Weise aus dem Unternehmen ausscheiden (*disposal*) oder aus ihrer weiteren Nutzung bzw. dem späteren Abgang kein zukünftiger wirtschaftlicher Vorteil mehr zu erwarten ist (IFRS-SMEs Abschn. 17.27 u. IFRS-SMEs Abschn. 18.26; vgl. IFRS-SMEs-Komm., Teil B, Abschn. 17, Tz. 84 f. u. IFRS-SMEs-Komm., Teil B, Abschn. 18, Tz. 44) und im Falle von finanziellen Vermögenswerten bei Erfüllung spezifischer Bedingungen, wie zB dem Übergang sämtlicher Risiken und Chancen aus dem Vermögenswert (IFRS-SMEs Abschn. 11.33, vgl. IFRS-SMEs-Komm., Teil B, Abschn. 11, Tz. 113 ff.).

104 Die planmäßige Abschreibung eines abnutzbaren Vermögenswertes auf den Wert Null rechtfertigt das Ausbuchen des Vermögenswertes nicht. Vielmehr ist der Abschreibungsplan zu ändern, wenn sich herausstellt, dass die tatsächliche Nutzungsdauer wesentlich die geplante Nutzungsdauer übersteigt (IFRS-SMEs Abschn. 17.19 u. IFRS-SMEs Abschn. 18.24).

105 Die **Ausbuchung einer Schuld** ergibt sich grundsätzlich aus der Logik der Schuld-Definition sowie bei finanziellen Verbindlichkeiten aus IFRS-SMEs Abschn. 11.36 ff. Eine solche ist grundsätzlich dann vorzunehmen, wenn die Verpflichtung erlischt, zB durch Begleichung, Veräußerung oder Verjährung der Schuld. Eine zentrale Voraussetzung für die Ausbuchung ist, dass der Schuldner rechtlich und faktisch nicht mehr bezüglich der Begleichung der Schuld in Anspruch genommen werden kann (im Detail vgl. IFRS-SMEs-Komm., Teil B, Abschn. 11, Tz. 133 ff.).

2. Ansatzkriterien für Erträge und Aufwendungen

106 Mit Ausnahme der in die Kapitalflussrechnung aufzunehmenden Informationen, ist der Abschluss nach IFRS-SMEs auf Basis des **Prinzips der Periodenabgrenzung (*accrual principle*)** zu erstellen. Demnach sind Sachverhalte und Effekte aus Geschäftsvorfällen – unabhängig von den entsprechenden Zahlungswirkungen – in der Periode zu erfassen, der sie (ökonomisch) zuzurechnen sind (siehe IFRS-SMEs-Glossar sowie F 22). Als Ausfluss dieses Prinzips ergibt sich die konkrete Periodenzurechnung aus den Definitionen und Ansatzkriterien der Bestandteile von Bilanz und Erfolgsrechnung. Demnach sind auch die Bestandteile der Erfolgsrechnung (wie jene in der Bilanz) zu erfassen, wenn sie die Definitionen (abstrakte Ansatzfähigkeit) sowie die Ansatzkriterien (konkrete Ansatzfähigkeit) erfüllen (IFRS-SMEs Abschn. 2.36). Folglich gilt auch für Sachverhalte, die die Definition von Erträgen und Aufwendungen erfüllen (vgl. IFRS-SMEs Abschn. 2.23 ff., sowie Tz. 85 ff.), dass sie nur dann anzusetzen sind, wenn der mit ihnen verbundene Zu- oder Abfluss von zukünftigem Nutzen **wahrscheinlich** (*probable*) und die Wertbestimmung **zuverlässig** möglich ist (vgl. IFRS-SMEs Abschn. 2.27).

107 Diese allgemeine Bestimmung zur Erfassung von Erträgen und Aufwendungen, dh. die Bestimmung, welcher Berichtsperiode ein Nutzenzu- bzw. -abfluss und damit eine Eigenkapitalveränderung zugerechnet werden, wird in den folgenden Abschnitten des IFRS-SMEs konkretisiert. So widmet sich IFRS-Abschn. 23 der Erfassung von Erlösen (*revenues*), der eine zentrale Bedeutung für die Informationsfunktion des Abschlusses zukommt (vgl. Tz. 111 ff.

und IFRS-SMEs-Komm., Teil B, Abschn. 23). Hierbei spielt – wenn auch im IFRS-SMEs nicht explizit erwähnt – das **Realisationsprinzip** eine zentrale Rolle (analog zu Baetge/Zülch, 2004, Tz. 216). Allerdings werden Nettovermögensmehrungen – analog zu den IFRS (vgl. ADS Int 2002, Abschn. 1, Tz. 192) – teilweise bereits früher erfasst als nach den deutschen GoB, da die (verlässliche) unmittelbare Realisierbarkeit als Kriterium ausreicht. Eine konkrete Realisierung durch einen Transaktionsvorgang muss nicht generell bei allen Geschäftsvorfällen erfolgen. Die Erfassung von Vermögensmehrungen, denen keine Transaktion zugrunde liegt, ergibt sich explizit aus den Regeln des Standards. Beispiele hierfür sind:

- anteilige Umsatz- und Gewinnerfassung bei Dienstleistungs- und Fertigungsaufträgen durch Anwendung der *percentage of completion method* (IFRS-SMEs Abschn. 23.21 ff.);
- *fair value*-Steigerung bei als Finanzinvestition gehaltenen Immobilien (*investment property*) (IFRS-SMEs Abschn. 16.7);
- *fair value*-Steigerung bei einigen Finanzinstrumenten (IFRS-SMEs Abschn. 11.14(c)(i) und Abschn. 12.8).

108 Eine ähnlich konkrete Regelung zum Erfassungszeitpunkt der Aufwendungen besteht nicht. Das **Prinzip der sachlichen Abgrenzung** (*matching principle*), wonach Ausgaben in der Periode ergebniswirksam zu erfassen sind, in der die sachlich zugehörigen Erträge ergebniswirksam erfasst werden, wird weder im Abschn. 2 noch in einem anderen Abschn. näher erläutert. Aufgrund der Gültigkeit des Rahmenkonzeptes (siehe hier F 95) für den IFRS-SMEs (vgl. Tz. 2 ff.) sowie der Erwähnung in IFRS-SMEs Abschn. 2.45 ist jedoch sicher von dessen Gültigkeit im Rahmen des IFRS-SMEs auszugehen. Als Ausfluss des *matching principle* ist sicherlich auch die Vorschrift des IFRS-SMEs Abschn. 13.20 zu werten, wonach der Abgang von Gegenständen des Vorratsvermögens in der Periode als Aufwand zu erfassen sind, in der der zugehörige Umsatz verbucht wird.

109 Ausgaben, die nicht mit Erträgen der Periode sachlich in Verbindung stehen, die jedoch wahrscheinlich einen zukünftigen Nutzen nach sich ziehen, sind zu aktivieren, wenn die Ansatzkriterien eines Vermögenswertes erfüllt sind. Ist dies nicht der Fall, dh. ein zukünftiger Nutzenanfall ist nicht wahrscheinlich, oder werden Definitionskriterien eines Vermögenswertes nicht erfüllt, ist die Ausgabe sofort in der Periode ihres Anfalls ergebniswirksam als Aufwand zu erfassen (IFRS-SMEs Abschn. 2.37 iVm. IFRS-SMEs Abschn. 2.45; F 95). Diese **sofortige Aufwandsverrechnung** von Ausgaben findet zB statt bei Forschungsausgaben, Marketingausgaben sowie Weiterbildungsausgaben uä. Aufwendungen sind auch dann zu erfassen, wenn ohne gleichzeitige Aktivierung eines Vermögenswertes eine Schuld passiviert wird (zB Rückstellungsbildung) (vgl. ADS Int 2002, Abschn. 1, Tz. 200).

110 Obgleich in IFRS-SMEs Abschn. 2 nicht explizit erwähnt, ergibt sich eine Erfassung von Aufwendungen auf Basis eines systematischen Verfahrens in Form von **planmäßigen Abschreibungen**, wenn der Abfluss von wirtschaftlichem Nutzen aus einem Vermögenswert über mehrere Perioden und nur schwerlich einzelnen Erträgen konkret zuordenbar erfolgt (F 96). Auch solche Aufwendungen erfüllen die Ansatzkriterien des IFRS-SMEs Abschn. 2.27 und werden in IFRS-SMEs Abschn. 17.18 ff. u. Abschn. 18.19 ff. näher spezifiziert (vgl. IFRS-SMEs-Komm., Teil B, Abschn. 17, Tz. 63 ff. u. IFRS-SMEs-Komm., Teil B, Abschn. 18, Tz. 33 ff.).

111 Die **Erfassung von Erlösen** (*revenues*) wird in IFRS-SMEs Abschn. 23 für folgende Transaktionen spezifiziert (IFRS-SMEs Abschn. 23.1; im Folgenden vgl. IFRS-SMEs-Komm., Teil B, Abschn. 23):

- Verkauf von Gütern,
- Dienstleistungen,
- Fertigungsverträge,
- Nutzungsverträge.

Darüber hinaus bestehen in folgenden Abschnitten Spezialvorschriften für die Erfassung von Erträgen (IFRS-SMEs Abschn. 23.2):

- IFRS-SMEs Abschn. 11: *Basic Financial Instruments* (Einfache Finanzinstrumente),
- IFRS-SMEs Abschn. 12: *Other Financial Instruments Issues* (Komplexe Finanzinstrumente und weitere Sachverhalte),
- IFRS-SMEs Abschn. 14: *Investments in Associates* (Anteile an assoziierten Unternehmen),
- IFRS-SMEs Abschn. 15: *Investments in Joint Ventures* (Gemeinschaftsunternehmen),
- IFRS-SMEs Abschn. 16: *Investment Property* (als Finanzinvestition gehaltene Immobilien),
- IFRS-SMEs Abschn. 20: *Leases* (Leasing),
- IFRS-SMEs Abschn. 34: *Specialised Activities* (spezielle Tätigkeiten).

112 Im Zusammenhang mit dem **Verkauf von Gütern** wird von einem wahrscheinlichen Nutzenzufluss dann ausgegangen, wenn die mit dem Eigentum des verkauften Gutes verbundenen maßgeblichen Chancen und Risiken (*significant risks and rewards*) auf den Käufer übergegangen sind und der Verkäufer weder ein der Eigentümerposition entsprechendes Verfügungsrecht noch eine entsprechende Verfügungsmacht über das verkaufte Gut mehr besitzt (IFRS-SMEs Abschn. 23.10(a)). Der Zeitpunkt dieses Ereignisses, das der Übertragung des wirtschaftlichen Eigentums entspricht, wird im Wesentlichen durch die konkreten Vertragsvereinbarungen bestimmt (IFRS-SMEs Abschn. 23.11; siehe hierzu auch die im Anhang zu IFRS-SMEs Abschn. 23 gegebenen Beispiele). Diese Konkretisierung führt dazu, dass der Verkauf von Gütern unter Eigentumsvorbehalt idR eine Ertragsrealisation auslöst, da hierbei zumeist das wirtschaftliche Eigentum übertragen wird. Darüber hinaus ergibt sich aus dieser Regelung, dass bei Kommissionsgeschäften eine Ertragsrealisation erst dann erfolgt, wenn der Kommissionär das wirtschaftliche Eigentum eines Gutes durch Veräußerung an einen Dritten überträgt. Bis zu diesem Zeitpunkt muss es im Abschluss des Kommittenten erfasst werden.

113 Hinsichtlich der Wahrscheinlichkeitsbeurteilung, inwieweit der zukünftige Nutzen dem Unternehmen zufließen wird, spielen auch die unternehmensspezifischen Erfahrungen sowie der rechtliche Rahmen, indem das Geschäft abgewickelt wird, eine Rolle. Hat der Käufer zB innerhalb eines bestimmten Zeitraums nach Kauf ein **Rückgaberecht** und muss der Verkäufer aufgrund seiner Erfahrungen in der Vergangenheit davon ausgehen, dass das Rückgaberecht ausgeübt wird, scheidet eine Ertragserfassung aus, bis der Rückgabezeitraum verstrichen ist, da der zukünftige Nutzenzufluss nicht wahrscheinlich ist. Gleiches gilt bei Geschäften mit Kunden, deren Zahlungsfähigkeit als sehr unsicher bzw. nicht bestehend zu bezeichnen ist.

114 Bei der Erfassung von Erträgen aus **Dienstleistungs- und Fertigungsaufträgen** wird vom Grundsatz der Übertragung des wirtschaftlichen Eigentums und damit der Haftung für die Gefahr des Untergangs der Leistung abstrahiert. Denn diese sind in konsequenter Anwendung des *accrual principle* periodisch entsprechend dem in Bezug auf den Auftrag bestehenden Leistungsfortschritt zu erfassen, soweit dieser, der Gesamtertrag aus dem Auftrag sowie die bereits angefallenen und noch anfallenden Kosten zuverlässig bestimmt werden können und darüber hinaus mit einem wahrscheinlichen Nutzenzufluss zu rechnen ist, dh. die damit verbundene Forderung gegenüber dem Kunden nicht als uneinbringlich einzustufen ist (sog. *percentage of completion method*) (IFRS-SMEs Abschn. 23.14 ff.). Ist allerdings einer dieser Parameter eines solchen Auftrags nicht zuverlässig bestimmbar, so ist der Ertrag nach der Höhe der in der jeweiligen Periode in Zusammenhang mit dem Auftrag angefallenen und mit diesem verrechenbaren Kosten zu erfassen (IFRS-SMEs Abschn. 23.16)

115 **Entgelte aus Nutzungsverträgen** sind – entsprechend dem *accrual principle* (vgl. Tz. 106) – als Ertrag in den Perioden (idR proportional über den relevanten Zeitraum der Nutzungsgewährung) zu verbuchen, denen sie ökonomisch zuzurechnen sind. Der Zeitpunkt der Entgeltgewährung ist dabei irrelevant. Grundsätzliche Vorraussetzung ist – wie bei allen Typen von zu erfassenden Erträgen – die Wahrscheinlichkeit des Nutzenzuflusses sowie die zuverlässige Bestimmbarkeit des Ertrags (IFRS-SMEs Abschn. 23.28).

Nach IFRS 23.29 ergibt sich hieraus konkret:

- Zinserträge sind unter Anwendung der Effektivzinsmethode zu erfassen (im Detail vgl. IFRS-SMEs-Komm., Teil B, Abschn. 23, Tz. 104 f.).

- Bei Dividenden bestimmt sich die Erfassung des Ertrags nach dem Zeitpunkt, zu dem der Rechtsanspruch des Anteilseigners auf Zahlung entsteht (nach deutschem Gesellschaftsrecht ergibt sich hieraus bei Dividenden aus Kapitalgesellschaften idR eine sog. »phasenverschobene« Ertragserfassung, da der Gewinnverwendungsbeschluss der Gesellschafterversammlung zumeist nach Abschluss des Geschäftsjahres erfolgt) (vgl. IFRS-SMEs-Komm., Teil B, Abschn. 23, Tz. 110 f.).

F. Bewertung der Abschlussbestandteile (measurement)

I. Bewertung von Vermögenswerten und Schulden

In konzeptioneller Logik und analog zu den IFRS differenziert der IASB bei den für die Bestandteile der Bilanz heranzuziehenden Bewertungsmaßstäben zwischen der Erstbewertung (*measurement at initial recognition*) und der Folgebewertung (*subsequent measurement*) (IFRS-SMEs Abschn. 2.46 ff.). **116**

Für die **Erstbewertung** wird für Vermögenswerte und Schulden die Bewertung zu **historischen Kosten (*historical cost*) als zentraler Maßstab** eingeführt. Dieser ist anzuwenden, so lange der Standard für konkrete Fälle nicht den beizulegenden Zeitwert (*fair value*) vorschreibt. Sowohl die historischen Kosten als auch der beizulegende Zeitwert werden in IFRS-SMEs Abschn. 2.34 definiert. Demnach stellen historische Kosten in Bezug auf einen Vermögenswert den Betrag der für dessen Erwerb entrichteten Gegenleistung (Zahlungsmittel, Zahlungsmitteläquivalente oder beizulegende(r) Zeitwert(e) des/der für den Erwerb hingegebenen Vermögenswerte(s)) zum Erwerbszeitpunkt dar (IFRS-SMEs Abschn. 2.34(a)). Obgleich nicht als solche differenziert aufgeführt, handelt es sich dabei folglich um Anschaffungs- oder Herstellungskosten (dies lässt sich zumindest aus den in IFRS-SMEs Abschn. 13.5, IFRS-SMEs Abschn. 17.9 ff u. IFRS-SMEs Abschn. 18.10 enthaltenen Definitionen entnehmen), je nachdem ob ein Vermögenswert von Dritten erworben oder vom Unternehmen selbst erstellt wurde. **117**

Demnach zählen zu den **Anschaffungskosten** sämtliche Ausgaben, die anfallen, um einen Vermögenswert zu erwerben und ihn in einen betriebsbereiten Zustand zu versetzen (IFRS-SMEs Abschn. 13.6, IFRS-SMEs Abschn. 17.10 u. IFRS-SMEs Abschn. 18.10). Hierzu zählen neben dem Anschaffungspreis auch sämtliche Anschaffungsneben- sowie Transport- und Installationskosten, die dem erworbenen Vermögenswert direkt zurechenbar sind. Anschaffungspreisminderungen (wie Boni, Skonti und Rabatte) sind abzuziehen. Bei Vermögenswerten des Sachanlagevermögens, die am Ende ihrer Nutzungsdauer noch wesentliche Kosten verursachen (wie Abbau- und Abtransportkosten bei Großanlagen oder Kraftwerken bzw. Rekultivierungskosten etc.), sind diese Kosten zu ihrem Schätzwert im Erwerbszeitpunkt zu den Anschaffungskosten hinzuziehen (IFRS-SMEs Abschn. 17.10(c); in der gleichen Höhe ist zum Erstbewertungszeitpunkt des Vermögenswertes eine entsprechende Rückstellung zu bilden). Nicht zu den Anschaffungskosten zählen Fremdkapitalzinsen (IFRS-SMEs Abschn. 25.2) sowie nur indirekt mit der Anschaffung des Vermögenswertes in Zusammenhang stehende Kosten (wie zB Kosten der Beschaffungsabteilung eines Unternehmens im Rahmen der Vorbereitung der Erwerbsentscheidung etc.; vgl. IFRS-SMEs-Komm., Teil B, Abschn. 17, Tz. 40). **118**

In die **Herstellungskosten** sind sämtliche Einzel- und anteiligen Gemeinkosten einzurechnen, die dem Material- und dem Fertigungsbereich zuzurechnen sind und im Zusammenhang mit der Erstellung eines Vermögenswertes anfallen (IFRS-SMEs Abschn. 13.8 u. in IFRS-SMEs Abschn. 10.5(a) entsprechender Auslegung von IFRS-SMEs Abschn. 17.10, der die Herstellungskosten von Vermögenswerten des Sachanlagevermögens nicht explizit als Wertmaßstab **119** der historischen Kosten erwähnt). Kosten der Ingangsetzung oder Erweiterung der Geschäftsbetriebes sind ebenso nicht einzubeziehen wie allgemeine Verwaltungskosten, Vertriebs- bzw. Marketingkosten, »anormale« Kosten (dh. solche, die aufgrund außergewöhnlicher Ereignisse oder aufgrund von Unter- oder Überauslastung entstehen) sowie Fremdkapitalkosten (IFRS-SMEs Abschn. 13.13 und IFRS-SMEs Abschn. 17.11).

120 Wird ein Vermögenswert im Rahmen eines **Tausches** mit einem anderen nicht monetären Vermögenswert erworben, werden die Anschaffungskosten grundsätzlich durch den beizulegenden Zeitwert (*fair value*) des aufgegebenen Vermögenswertes bestimmt, es sei denn, das Tauschgeschäft besitzt keine wirtschaftliche Substanz (dh. die mit den beiden Vermögenswerten verbundenen Nutzenerwartungen gleichen sich) oder die *fair values* der getauschten Vermögenswerte sind nicht verlässlich bestimmbar. In einem solchen Fall wird der neue Vermögenswert zum Buchwert des eingetauschten Vermögenswertes bewertet (IFRS-SMEs Abschn. 17.14 u. IFRS-SMEs Abschn. 18.13). Entsprechend IFRS-SMEs Abschn. 10.5(a) ist diese für immaterielle Vermögenswerte und Sachanlagen bestimmte Regelung auch auf andere nicht monetäre Vermögenswerte übertragbar (zur Erfassung von Erträgen im Rahmen von Tauschgeschäften vgl. IFRS-SMEs Abschn. 23.6 f.).

121 Bei **Schulden** entsprechen die historischen Kosten dem Betrag der Erlöse der erhaltenen Zahlungsmittel oder Zahlungsmitteläquivalente oder dem beizulegenden Zeitwert der im Austausch für die Verpflichtung erhaltenen unbaren Vermögenswerte zu dem Zeitpunkt des Eingangs der Verpflichtung. Liegen in Zusammenhang mit dem Eingang der Verpflichtung keine Erlöse vor (wie zB bei Steuerverbindlichkeiten), determiniert der Rückzahlungsbetrag die historischen Kosten (IFRS-SMEs Abschn. 2.34(a)).

122 Der **beizulegende Zeitwert (*fair value*)** ist der Betrag, zu dem ein Vermögenswert zwischen sachverständigen, vertragswilligen und voneinander unabhängigen Geschäftspartnern getauscht werden könnte (IFRS-SMEs Abschn. 2.34(b); siehe auch IFRS-SMEs-Glossar).

123 Für die **Folgebewertung** wird in IFRS-SMEs Abschn. 2.47 ff. zwischen finanziellen Vermögenswerten und Schulden sowie nicht finanzielle Vermögenswerten und Schulden, die keine finanziellen Verbindlichkeiten darstellen, differenziert.

124 Für **finanzielle Vermögenswerte und Schulden** gilt der sog. *»mixed measurement model«*-Ansatz, wonach für spezifische Vermögenswerte und Schulden spezifische Bewertungsmaßstäbe zum Einsatz kommen (dies gilt einerseits für die Regelungen des IFRS-SMEs Abschn. 11 u. 12 sowie für die optional anzuwendenden Bestimmungen des IAS 39, die im Folgenden nicht näher kommentiert werden, hierzu vgl. IFRS-SMEs-Komm., Teil B, Abschn. 11, Tz. 67 ff.). Soweit finanzielle Vermögenswerte und Schulden nicht unter die Kategorie *basic financial instruments* (einfache Finanzinstrumente) fallen, die in IFRS-SMEs Abschn. 11 definiert werden, oder andere Spezialregelungen des Standards greifen, sind diese zum **beizulegenden Zeitwert (*fair value*)** zu bewerten. Etwaig auftretende Änderungen dieses Wertes über die Zeit sind innerhalb der Ermittlung des Jahresüberschusses zu erfassen (IFRS-SMEs Abschn. 2.48 sowie IFRS-SMEs Abschn. 12.8). Sog. »einfache finanzielle Vermögenswerte und Schulden« (*basic financial assets and basic financial liabilities*) sind hingegen mit fortgeschriebenen Anschaffungskosten (unter Berücksichtigung etwaig notwendiger Wertberichtigungen, *impairments*) zu bewerten. Ausgenommen hiervon sind unwandelbare und nicht kündbare Aktien (*investments in non-convertible and non-puttable preference shares and non-puttable ordinary shares*), die öffentlich gehandelt werden oder deren beizulegender Zeitwert (*fair value*) anderweitig zuverlässig ermittelt werden kann. Solche Wertpapiere sind zum *fair value* zu bewerten und etwaige Wertschwankungen sind innerhalb der Jahresüberschussermittlung zu erfassen (IFRS-SMEs Abschn. 2.47) (im Detail vgl. IFRS-SMEs-Komm., Teil B, Abschn. 11, Tz. 67 ff.).

125 Die im Standard enthaltenen Regeln der **Folgebewertung von nicht finanziellen Vermögenswerten** sollen sicher stellen, dass in der Bilanz kein Vermögenswert zu einem Wert angesetzt wird, der über dem Betrag liegt, den das Unternehmen erwartungsgemäß aus dem Verkauf oder der Nutzung des Vermögenswertes erhalten wird (IFRS-SMEs Abschn. 2.49).

Hieraus leiten sich exemplarisch in IFRS-SMEs Abschn. 2.49 aufgeführte Bewertungsmethoden ab:

- Sachanlagen (*property, plant and equipment*) werden zum niedrigeren Wert aus den fortgeführten Anschaffungs- oder Herstellungskosten (*depreciated cost*) und dem erzielbaren Betrag (*recoverable amount*) bewertet. Wobei der letztere Wert gemäß der Definition im Glossar (analog der Definition in IAS 36.6 u. .18) den höheren Wert aus dem beizulegendem Zeitwert abzüglich Veräußerungskosten (*fair value less cost to sell*) und dem Nutzwert (*value in use*) repräsentiert.
- Vorräte (*inventories*) werden zum niedrigeren Wert aus den historischen Anschaffungs- oder Herstellungskosten und dem Veräußerungserlös (*selling price*) abzüglich noch anfallender Herstellungs- und Veräußerungskosten bewertet.
- Andere genutzte oder zum Verkauf gehaltene nicht finanzielle Vermögenswerte sind bei Vorliegen spezifischer Voraussetzungen außerplanmäßig abzuschreiben (*impairment loss*).

126 **Fortgeführte historische Kosten** (*amortized historical cost*) definiert IFRS-SMEs Abschn. 2.34(a) als historische Kosten von Vermögenswerten oder Schulden, abzüglich der bereits in früheren Perioden verrechneten Aufwendungen oder Erträge. Fortgeführte Anschaffungs- oder Herstellungskosten berücksichtigen somit kumulierte planmäßige und außerplanmäßige Abschreibungen (*impairment*) sowie eventuelle **Zuschreibungen** (Wertaufholungen), die grundsätzlich (mit Ausnahme des Goodwill; vgl. IFRS-SMEs Abschn. 27.28) gefordert sind, soweit sie nicht über Wertansätze hinausgehen, die vor vorangegangen *impairments* anzusetzen waren (vgl. IFRS-SMEs Abschn. 27.30(c); vgl. Tz. 128). **Planmäßige Abschreibungen** sind bei jenen Vermögenswerten durchzuführen, die einem kontinuierlichen Nutzenverzehr unterliegen und bei denen die Nutzungsdauer bestimmbar ist. Geregelt sind sie für Sachanlagen (IFRS-SMEs Abschn. 17.15-.23) und immaterielle Vermögenswerte (IFRS-SMEs Abschn. 18.18-.24) (vgl. IFRS-SMEs-Komm., Teil B, Abschn. 17, Tz. 63 ff. und Abschn. 18, Tz. 33 ff.). Sowohl die Abschreibungsdauer als auch die Abschreibungsmethode sollen den tatsächlichen Wertverzehr getreu widerspiegeln (IFRS-SMEs Abschn. 17.21 f. u. IFRS-SMEs Abschn. 18.21.f.). Finanzielle Vermögenswerte unterliegen keiner Pflicht zur planmäßigen Abschreibung. Im Gegensatz zu den IFRS besteht für den **derivativen Goodwill** eine Pflicht zur planmäßigen Abschreibung (dabei ist eine Nutzungsdauer von 10 Jahren zu wählen, wenn eine verlässliche Schätzung der Nutzungsdauer – was die Regel sein dürfte – nicht möglich ist; IFRS-SMEs Abschn. 19.23; vgl. IFRS-SMEs-Komm., Teil B, Abschn. 19, Tz. 50).

127 Die **Relevanz einer außerplanmäßigen Abschreibung** (*impairment test*) ist bei den Vorräten zu jedem Bilanzstichtag und bei den restlichen Vermögenswerten bei Vorliegen spezifischer Anzeichen (*indicators of impairment*) zu prüfen (IFRS-SMEs Abschn. 27.2 u. .7). Als gegenüber den fortgeführten Anschaffungs- oder Herstellungskosten heranzuziehender **Korrekturwert** fungiert bei den Vorräten (auch für Roh-, Hilfs- und Betriebsstoffe) der Veräußerungspreis abzüglich der bis zur Fertigstellung und der Veräußerung noch anfallenden Kosten (*selling price less costs to complete and sell;* IFRS-SMEs Abschn. 27.2; was eine retrograde Bewertung darstellt; vgl. IFRS-SMEs-Komm., Teil B, Abschn. 27, Tz. 5). Bei allen anderen Vermögenswerten (ausgenommen: aktive latente Steuern, mit Pensions- und ähnlichen Rückstellungen in Verbindung stehende Vermögenswerte, Finanzinstrumente, als Finanzinvestition gehaltene Immobilien sowie biologische Vermögenswerte; IFRS-SMEs Abschn. 27.1) stellt der sog. **»erzielbare Betrag«** (*recoverable amount*) den Korrekturwert dar. Zu dessen Ermittlung ist die Bestimmung des beizulegenden Zeitwerts abzüglich der im Rahmen der (unterstellten) Veräußerung des Vermögenswertes noch anfallenden Kosten (*fair value less costs to sell*) sowie des Nutzwertes (*value in use*) erforderlich (IFRS-SMEs Abschn. 27.11 ff.; vgl. IFRS-SMEs-Komm., Teil B, Abschn. 27, Tz. 19 ff.). Dabei geht es im Wesentlichen um die Bestimmung einerseits eines »objektivierten« Cashflows (Veräußerungspreis) sowie andererseits eines unternehmensindividuellen Cashflows (Barwert der Cashflows aus der Nutzung des Vermögenswertes in dem Unternehmen). Der höhere dieser beiden Werte ist der relevante Korrekturwert für den Niederstwerttest (zur genauen Bestimmung siehe IFRS-SMEs-Komm., Teil B, Abschn. 27, Tz. 22 ff. u. 29 ff.). Liegt dieser unter dem Buchwert zum Abschlussstichtag, so ist der jeweilige Vermögenswert jahresüberschusswirksam bis zu diesem erzielbaren Betrag außerplanmäßig abzuschreiben (IFRS-SMEs Abschn. 27.5 f.). Somit besteht für sämtliche Vermögenswerte nach IFRS-SMEs ein **strenges Niederstwertprinzip**. Auf die Dauer der voraussichtlichen Wertminderung kommt es nicht an, da diese (zumindest beim Nutzwert methodengemäß explizit über die Barwertermittlung) in die Wertermittlung eingeht. Ist der jeweilige Korrekturwert für einen einzelnen Vermögenswert nicht ermittelbar, so ist dieser für eine Gruppe von Vermögenswerten zu bestimmen (»...*inventories relating to the same product line* ......« bei Vorräten, IFRS-SMEs Abschn. 27.3, und für sog. »*cash generating units*« für die anderen Vermögenswerte IFRS-SMEs Abschn. 27.8; s. IFRS-SMEs-Komm., Teil B, Abschn. 27, Tz. 9 u. 39 f.).

128 Steigt der erzielbare Betrag in den Folgeperioden wieder, besteht das **Gebot der jahresüberschusswirksamen Zuschreibung** (Wertaufholung) auf den niedrigeren Wert aus dem fortgeführten Buchwert, der sich ohne vorhergehenden Wertminderungen zum Abschlussstichtag ergeben würde, und dem erzielbaren Betrag zum jeweiligen Abschlussstichtag (IFRS-SMEs Abschn. 11.26, IFRS-SMEs Abschn. 27.4, IFRS-SMEs Abschn. 29). Alleine für den Goodwill besteht ein Zuschreibungsverbot (IFRS-SMEs Abschn. 27.28; vgl. IFRS-SMEs-Komm., Teil B, Abschn. 27, Tz. 53).

129 Auf die Behandlung von in Zusammenhang mit einem Vermögenswert **nachträglich anfallenden Kosten** geht IFRS-SMEs Abschn. 2 nicht ein. Die Frage, inwieweit sie als Periodenaufwand zu behandeln oder zu aktivieren sind (Erhaltungs- versus Herstellungsaufwand), wird lediglich in Bezug auf Vermögenswerte des Sachanlagevermögens geregelt (IFRS-SMEs Abschn. 17.15). Demnach sind Kosten der Erhaltung der Nutzenpotentials (*costs of day-to-day servicing*) als Periodenaufwand zu erfassen (vgl. IFRS-SMEs-Komm., Teil B, Abschn. 17, Tz. 28 ff.).

130 IFRS-SMEs Abschn. 2.50 macht deutlich, dass der Standard für spezifische Typen von nichtfinanziellen Vermögenswerten auch eine **Bewertung zum beizulegenden Zeitwert** (*fair value*) zulässt oder gar fordert. Dies sind:

- Anteile an assoziierten Unternehmen oder an Joint Ventures können mit dem *fair value* bewertet werden (vgl. hierzu IFRS-SMEs Abschn. 9.26, IFRS-SMEs Abschn. 14.10 und IFRS-SMEs Abschn. 15.15; ausführlich vgl. IFRS-SMEs-Komm., Teil B, Abschn. 9, Tz. 124 ff., IFRS-SMEs-Komm., Teil B, Abschn. 14, Tz. 48 f. u. IFRS-SMEs-Komm., Teil B, Abschn. 15, Tz. 18 f.).
- Immobilien, die als Finanzinvestitionen gehalten werden (*investment property*) sind zum *fair value* zu bewerten (vgl. hierzu IFRS-SMEs Abschn. 16.7; ausführlich vgl. IFRS-SMEs-Komm., Teil B, Abschn. 16, Tz. 21 ff.).
- landwirtschaftliche Vermögenswerte (biologische Vermögenswerte und landwirtschaftliche Erzeugnisse zum Zeitpunkt der Ernte, *biological assets and agricultural produce at the point of harvest*) sind zum *fair value* zu bewerten (vgl. hierzu IFRS-SMEs Abschn. 34.2; ausführlich vgl. IFRS-SMEs-Komm., Teil B, Abschn. 34, Tz. 15 ff.).

Daneben fordert IFRS-SME Abschn. 19.11 die grundsätzliche Bewertung von Vermögenswerten und Schulden, die **im Rahmen eines Unternehmenszusammenschlusses erworben** werden, zu den jeweiligen *fair values* vorzunehmen (vgl. IFRS-SMEs-Komm., Teil B, Abschn. 19, Tz. 30 ff.).

131 **Schulden, die keine finanziellen Schulden darstellen** (ua. Verbindlichkeiten aus Lieferungen und Leistungen oder Rückstellungen), sind in der Regel mit der bestmöglichen Schätzung jenes Betrages zu bewerten, der für die Erfüllung der Verpflichtung am Abschlussstichtag – entweder durch Tilgung oder Veräußerung – erforderlich wäre (IFRS-SMEs Abschn. 2.51 u. IFRS-SMEs Abschn. 21.7). Die Bewertung richtet sich also nicht unmittelbar nach dem Rückzahlungsbetrag zum Fälligkeitszeitpunkt, sondern nach dem Betrag, der aktuell für die Begleichung der Verbindlichkeit aufgewendet werden müsste. Wenn der Zeitwert des Geldes bei dieser Bewertung wesentlich ist (was vom Fälligkeitszeitpunkt der Verpflichtung abhängt), stellt dieser Betrag den Barwert der zum Fälligkeitszeitpunkt erwarteten Zahlung dar (IFRS-SMEs Abschn. 21.7). Entsprechend der Definition sind bei der Ermittlung dieses Erfüllungsbetrages der Verpflichtung auch Sachverhalte und Ereignisse zu berücksichtigen, die erst in Zukunft hinreichend sicher eintreten und die Höhe der Entpflichtung beeinflussen werden. Bei gleichartigen zukünftigen Verpflichtungen wird die Schätzung auf Basis von Erfahrungswerten pauschal vorgenommen (IFRS-SMEs Abschn. 21.7). Die Höhe einer solchen Schuld ist zu jedem Abschlussstichtag zu überprüfen und bei Erwartungsänderungen, die die beste Schätzung des Erfüllungsbetrag beeinflussen, entsprechend anzupassen (IFRS-SMEs Abschn. 21.11).

132 IFRS-SMEs Abschn. 2 (wie auch das Rahmenkonzept) enthält keinen expliziten **Grundsatz der Einzelbewertung** und keine Regelungen zu Bewertungsvereinfachungsverfahren. Die Existenz des Grundsatzes der Einzelbewertung lässt sich allerdings aus den einzelnen Standards ableiten, die grundsätzlich vom Ansatz und der Bewertung eines einzelnen Vermögenswertes oder einer Schuld sprechen (zB »...*an item of property, plant and equipment*...« in IFRS-SMEs Abschn. 17.4 u. 17.9 oder »...*an intangible asset*...« in IFRS-SMEs Abschn. 18.4 u. 18.9). Auch die Tatsache, dass wesentliche Komponenten von Gegenständen des Sachanlagevermögens einzeln planmäßig abzuschreiben sind (IFRS-SMEs Abschn. 17.16), unterstreicht die Relevanz des Einzelbewertungsgrundsatzes. Gleichwohl gibt es Ausnahmen von diesem Grundsatz. So bestimmt IFRS-SMEs Abschn. 13.17 und 13.18 für das Vorratsvermögen, dass die Durchschnittsmethode und das Fifo-Verfahren als Sammelbewertungsverfahren anwendbar sind, soweit es sich um vergleichbare Vermögenswerte handelt (im Detail vgl. IFRS-SMEs-Komm., Teil B, Abschn. 13, Tz. 43 ff.). Ebenso hat sich die außerplanmäßige Abschreibung des Vorratsvermögens (*inventories*), des Sachanlagevermögens (*property, plant and equipment*) bzw. des immateriellen Vermögens (*intangible assets*) sowie von finanziellen Vermögenswerten und Schulden auf Gruppen von Vermögenswerten zu beziehen, wenn eine verlässliche Einzelbewertung nicht möglich oder sachgerecht ist (IFRS-SMEs Abschn. 27.3, 27.8 sowie IFRS-SMEs Abschn. 11.24; außerdem vgl. Baetge/Kirsch/Wollmert/Brüggemann, in: Baetge et al., FRS-Komm., Teil A, Kap. II, Tz. 148 f.).

II. Bewertung von Erträgen und Aufwendungen

133 Die **Bewertung von Erträgen** leitet sich im Wesentlichen aus den Ansatz- und Bewertungsvorschriften von Vermögenswerten und Schulden ab (so zB jahreübschusswirksame Bewertung zum *fair value*, vgl. Tz. 130, oder Wertaufholungsgebot, vgl. Tz. 128). Bei Veräußerungstransaktionen richtet sich die Höhe des Ertrags nach der tatsächlich vereinnahmten Gegenleistung, die dem Verkäufer zufließt (zufließen wird) (dh. Veräußerungserlöse abzüglich vereinbarter Rabatte bzw. Boni etc. sowie abzüglich für andere Parteien vereinnahmte Beträge wie Umsatzsteuer und Verkehrssteuern, IFRS-SMEs Abschn. 23.3 f.). Bei unverzinslichen oder niederverzinslichen Zielverkäufen ist auf Basis des Marktzinssatzes der Barwert der Gegenleistung zu bilden (IFRS-SMEs Abschn. 23.5). Werden in einer Transaktion mehrere Güter bzw. Leistungen übertragen (Übertragung von Leistungsbündeln), so sind die Erträge für jede einzelne Komponente der Transaktion zu bestimmen und entsprechend deren *fair value* einzeln zu bewerten (IFRS-SMEs Abschn. 23.8 f.)

Die Erfassung eines Ertrags scheidet dann aus, wenn die Gegenleistung in einem bezüglich Wesen und Wert vergleichbarem Gut besteht oder die getauschten Güter zwar unterschiedlich sind, jedoch im Wesentlichen in Zukunft zu vergleichbaren wirtschaftlichen Nutzen führen (IFRS-SMEs Abschn. 23.6).

134 Die **Bewertung von Aufwendungen** bestimmt sich nach dem Wert des Nutzenverzehrs (Eigenkapitalminderung), der durch eine Transaktion, ein Ereignis oder einen Geschäftsvorfall verursacht wird. In Fällen wie der Erfassung von (planmäßigen u. außerplanmäßigen)

Abschreibungen oder von Rückstellungen, ergibt sie sich unmittelbar aus den Ansatz- und Bewertungsvorschriften des Standards (siehe auch IFRS-SMEs Abschn. 2.42).

G. Saldierung von Abschlussposten

135 Abschließend widmet sich IFRS-SMEs Abschn. 2 der **Saldierung von Abschlussposten**. Dabei wird grundsätzlich ein Saldierungsverbot von Vermögenswerten und Schulden sowie von Erträgen und Aufwendungen ausgesprochen. Allerdings wird eingeräumt, dass innerhalb des Standards in Einzelfällen die Möglichkeit oder gar die Pflicht einer Saldierung vorgesehen ist (IFRS-SMEs Abschn. 2.52). Beispiele hierfür sind die Pflicht der Saldierung der Verpflichtung aus einem Pensionsplan mit den dazugehörigen Planvermögenswerten (IFRS-SMEs Abschn. 28.15; vgl. IFRS-SMEs-Komm., Teil B, Abschn. 28, Tz. 21) sowie aus tatsächlichen Steuererstattungsansprüchen und -verpflichtungen sowie aktiven und passiven latenten Steuern, soweit sie bestimmte Bedingungen erfüllen (IFRS-SMEs Abschn. 29.29; vgl. IFRS-SMEs-Komm., Teil B, Abschn. 29, Tz. 101).

136 Klarstellend wird darauf hingewiesen, dass Wertberichtigungen auf Vermögenswerte, wie zB auf Vorräte oder Forderungen, zwar aktivisch zu berücksichtigen, aber nicht als Saldierung zu betrachten sind. Ebenso sind Veräußerungsgewinne oder -verluste aus dem Abgang von langfristigen Vermögenswerten (einschließlich Finanzanlagen und betriebliche Vermögenswerte) in der Erfolgsrechnung nicht brutto darzustellen, sondern aus der Differenz zwischen dem Veräußerungserlös und dem Buchwert zuzüglich der im Rahmen der Veräußerung anfallenden Kosten zu ermitteln und auszuweisen (IFRS SMEs Abschn. 2.52 (b)).

H. Vergleich mit IFRS und HGB

137

Regelung	IFRS	IFRS-SMEs	HGB
Deduktionsbasis der Rechnungslegungsnormen	Rahmenkonzept des IASB, das nicht zu den IFRS zählt, jedoch sowohl dem Standardsetter als auch den Abschlusserstellern und -nutzern als Auslegungsbasis dient.	Rahmenkonzept des IASB, das nicht zu den IFRS zählt, jedoch sowohl dem Standardsetter als auch den Abschlusserstellern und -nutzern als Auslegungsbasis dient.	Zielsetzung der Abschlusserstellung sowie Grundsätze ordnungsmäßiger Buchführung (GoB), die allerdings teilweise einzeln aber auch als Gesamtheit Bestandteil der handelsrechtlichen Normen sind (§ 248 Abs. 1; § 252 u. § 264 Abs. 2 HGB).
Strukturelle Einordnung von zentralen Rechnungslegungsgrundsätzen	Ein eigener Standard mit zentralen Rechnungslegungsgrundlagen fehlt. Einige Grundsätze sind in IAS 1 enthalten. Dominante Ausstrahlung des Rahmenkonzeptes.	Die meisten der zentralen Rechnungslegungsgrundsätze sind in IFRS-SMEs Abschn. 2 enthalten; einige aber auch in IFRS-SMEs Abschn. 3.	Die zentralen Rechnungslegungsgrundsätze werden durch die GoB repräsentiert, von denen wesentliche in §§ 246 u. 252 HGB ins Gesetz aufgenommen wurden.
Berichterstattende Einheit	Konzern (wirtschaftliche Einheit), soweit ein solcher vorliegt.	Konzern (wirtschaftliche Einheit), soweit ein solcher vorliegt.	Juristische Person (Rechtseinheit) und zusätzlich Konzern, soweit ein solcher vorliegt.
			Jahresabschluss:

Regelung	IFRS	IFRS-SMEs	HGB
Zielsetzung des Abschlusses	Bereitstellung von Informationen über die Vermögens-, Finanz- und Ertragslage und die Cashflows einer wirtschaftlichen Einheit, die für verschiedene Typen von Adressaten nützlich sind, um wirtschaftliche Entscheidungen zu treffen (Informationsfunktion). Als Abschlussadressaten stehen Investoren im Fokus. Weitere Funktion des Abschlusses: Rechenschaftslegung des Managements gegenüber den Gesellschaftern.	Bereitstellung von Informationen über die Vermögens-, Finanz- und Ertragslage und die Cashflows einer wirtschaftlichen Einheit, die für verschiedene Typen von Adressaten nützlich sind, um wirtschaftliche Entscheidungen zu treffen (Informationsfunktion). Es besteht keine explizite Fokussierung auf eine Adressatengruppe. Weitere Funktion des Abschlusses: Rechenschaftslegung des Managements gegenüber den Gesellschaftern.	Bereitstellung von Informationen über die Vermögens-, Finanz- und Ertragslage eines Unternehmens; die für verschiedene Typen von Adressaten nützlich sind, um wirtschaftliche Entscheidungen zu treffen (Informationsfunktion); Fokussierung auf die Gläubiger (Gläubigerschutz!). Weitere (dominante) Funktionen des Abschlusses: Bemessung von Zahlungsansprüchen der Gesellschafter sowie des Fiskus (Zahlungsbemessungsfunktion) sowie Dokumentation des Geschäftsverlaufs (Dokumentationsfunktion). **Konzernabschluss:** ausschließlich Informationsfunktion.
Dominanz der Zielsetzung	Erreichen der Zielsetzung rechtfertigt in seltenen Ausnahmefällen ein Abweichen von konkreten Regelungen (IAS 1.19).	Erreichen der Zielsetzung rechtfertigt in seltenen Ausnahmefällen ein Abweichen von konkreten Regelungen (IFRS-SMEs Abschn. 3.4).	Ein Abweichen von konkreten Regelungen des HGB oder der GoB ist nicht zulässig. Stattdessen sind entsprechende klarstellende Angaben im Anhang zu machen (§ 264 Abs. 2 HGB).
Verhältnis zur steuerlichen Gewinnermittlung	Eine Steuerbemessungsfunktion wird explizit ausgeschlossen.	Eine Steuerbemessungsfunktion wird explizit ausgeschlossen.	Eine Steuerbemessungsfunktion besteht durch das Maßgeblichkeitsprinzip des § 5 EStG.
Qualitative Anforderungen an Abschlussinformationen	In IFRS nur teilweise enthalten (IAS 1); aus dem Rahmenkonzept gelten folgende Anforderungen: - Verständlichkeit - Relevanz - Wesentlichkeit - Verlässlichkeit - Glaubwürdige Darstellung - Wirtschaftliche Betrachtungsweise - Neutralität - Vorsicht - Vollständigkeit - Vergleichbarkeit - Zeitnähe - Abwägung von Nutzen und Kosten - Abwägung der qualitativen Anforderungen	- Verständlichkeit - Relevanz - Wesentlichkeit - Verlässlichkeit - Wirtschaftliche Betrachtungsweise - Vorsicht - Vollständigkeit - Vergleichbarkeit - Zeitnähe - Abwägung von Nutzen und Kosten Konkretisierungen des Rahmenkonzepts dienen der Auslegung dieser in IFRS-SMEs Abschn. 2 angeführten Grundsätze.	Aus GoB: - Richtigkeit und Willkürfreiheit - Klarheit u. Übersichtlichkeit - Vollständigkeit - Vorsichtsprinzip - Stetigkeitsgebot - Wesentlichkeit - Wirtschaftliche Betrachtungsweise
Bilanzansatz:	Zweistufiges Konzept:	Zweistufiges Konzept:	

Regelung	IFRS	IFRS-SMEs	HGB
- Grundsatz	1. Erfüllung der Definition von Vermögenswert, Schuld oder Eigenkapital (abstrakte Ansatzfähigkeit) 2. Erfüllung von folgenden Ansatzkriterien (konkrete Ansatzfähigkeit): - wahrscheinlicher Nutzenzu- bzw. -abfluss - zuverlässige Bewertbarkeit. Beachtung von expliziten Bilanzierungsverboten (zB originärer Goodwill, spezifische selbsterstellte immaterielle Vermögenswerte, IAS 38); es gibt keine expliziten Ansatzwahlrechte.	1. Erfüllung der Definition von Vermögenswert, Schuld oder Eigenkapital (abstrakte Ansatzfähigkeit) 2. Erfüllung von folgenden Ansatzkriterien (konkrete Ansatzfähigkeit): - wahrscheinlicher Nutzenzu- bzw. -abfluss - zuverlässige Bewertbarkeit Beachtung von expliziten Bilanzierungsverboten (zB originärer Goodwill, sämtliche selbsterstellte immaterielle Vermögenswerte; IFRS-SMEs Abschn. 18); es gibt keine expliziten Ansatzwahlrechte.	Erfüllung der Definitionskriterien von Vermögensgegenstand, Schuld oder Eigenkapital. Beachtung von Bilanzierungswahlrechten (zB Entwicklungskosten nach § 248 Abs. 2 oder Disagio nach § 250 Abs. 3 HGB) bzw. Bilanzierungsverboten (§ 248 Abs. 1 HGB).
Bilanzansatz: - Vermögenswert	- Definition: Verfügungsmacht über eine Ressource, die auf ein in der Vergangenheit liegendes Ereignis zurückzuführen ist und aus der sich ein künftiger Nutzenzufluss erwarten lässt. - Relevanz des ökonomischen Eigentums; - wahrscheinliche Nutzenzuflüsse (*contingent assets*) werden nicht bilanziert.	- Definition: Verfügungsmacht über eine Ressource, die auf ein in der Vergangenheit liegendes Ereignis zurückzuführen ist und aus der sich ein künftiger Nutzenzufluss erwarten lässt. - Relevanz des ökonomischen Eigentums; - wahrscheinliche Nutzenzuflüsse (*contingent assets*) werden nicht bilanziert.	- Definition ergibt sich aus GoB; Bestimmungskriterien sind: wirtschaftlicher Nutzen, der selbständig bewertbar und selbständig verwertbar ist. - Relevanz des ökonomischen Eigentums; - wahrscheinliche Nutzenzuflüsse (Eventualvermögen) werden nicht bilanziert.
Bilanzansatz: - Schuld	Gegenwärtige Verpflichtung, die auf ein vergangenes Ereignis zurück zu führen ist und deren Begleichung voraussichtlich zu einem Nutzenabfluss führt. - wahrscheinliche Verpflichtungen werden als Rückstellungen erfasst; - unwahrscheinliche Verpflichtungen (*contingent liabilities*) sind im Anhang anzugeben; - nur Verpflichtungen gegenüber Dritten werden bilanziert (IAS 37).	Gegenwärtige Verpflichtung, die auf ein vergangenes Ereignis zurück zu führen ist und deren Begleichung voraussichtlich zu einem Nutzenabfluss führt. - wahrscheinliche Verpflichtungen werden als Rückstellungen erfasst; - unwahrscheinliche Verpflichtungen (*contingent liabilities*) sind im Anhang anzugeben; - nur Verpflichtungen gegenüber Dritten werden bilanziert.	Definition ergibt sich aus GoB; Bestimmungskriterien sind: Belastungen des Vermögens, die auf einer Leistungsverpflichtung beruhen und selbständig bewertbar sind. - wahrscheinliche Verpflichtungen werden als Rückstellungen erfasst; - Aufwandsrückstellungen sind in eingeschränktem Umfang zu bilanzieren (für unterlassene Instandhaltung und Abraumbeseitigung, § 249 Abs. 1 HGB).
Bilanzansatz: - Eigenkapital	Eigenkapital ist die Differenz aus Vermögenswerten und Schulden; es bestehen konkrete Regelungen zur Charakterisierung von Finanzierungsinstrumenten als Fremd- oder Eigenkapital (IAS 32).	Eigenkapital ist die Differenz aus Vermögenswerten und Schulden; es bestehen konkrete Regelungen zur Charakterisierung von Finanzierungsinstrumenten als Fremd- oder Eigenkapital (IFRS-SMEs Abschn. 22).	Eigenkapital ist die Differenz aus Vermögensgegenständen und Schulden; konkrete Regelungen zur Charakterisierung von Finanzierungsinstrumenten als Fremd- oder Eigenkapital bestehen nicht.

Regelung	IFRS	IFRS-SMEs	HGB
Erfolgs- ermittlung	- Erfolgskomponenten: Differenzierung der Erträge in Erlöse und »andere Erträge« und der Aufwendungen in Aufwendungen und »andere Aufwendungen«; »andere Erträge und Aufwendungen« stellen teilweise Bewertungserfolge dar, die außerhalb der Jahresüberschussermittlung erfasst und als *»other comprehensive income«* bezeichnet werden. → zweischichtiges Ergebniskonzept - Prinzip der Periodenabgrenzung: Realisationsprinzip (siehe insbesondere IAS 18) wird in einigen Zusammenhängen weiter interpretiert als nach HGB im Sinne von »realisierbaren« Erträgen (hierdurch Erfassung von Gewinnen aus Wertsteigerungen über die historischen Kosten hinaus sowie von Erträgen im Rahmen von langfristigen Fertigungsprozessen) (zB IAS 16, 39, 40, 41).	- Erfolgskomponenten: Differenzierung der Erträge in Erlöse und »andere Erträge« und der Aufwendungen in Aufwendungen und »andere Aufwendungen«; »andere Erträge und Aufwendungen« stellen teilweise Bewertungserfolge dar, die außerhalb der Jahresüberschussermittlung erfasst und als *»other comprehensive income«* bezeichnet werden. → zweischichtiges Ergebniskonzept - Prinzip der Periodenabgrenzung: Realisationsprinzip (siehe insbesondere IFRS-SMEs Abschn. 23) wird in einigen Zusammenhängen weiter interpretiert als nach HGB im Sinne von »realisierbaren« Erträgen (hierdurch Erfassung von Gewinnen aus Wertsteigerungen über die historischen Kosten hinaus sowie von Erträgen im Rahmen von langfristigen Fertigungsprozessen) (zB IFRS-SMEs Abschn. 16, 34, 23).	Eine Erfassung von Erfolgskomponenten außerhalb der GuV-Rechnung scheidet aus (Ausnahme: Währungsumrechnungsdifferenzen bei der Konzernabschlusserstellung, § 308a HGB). - Prinzip der periodengerechten Erfolgsermittlung: enge Interpretation des Realisationsprinzips im Sinne des Vorsichtsprinzips.
Erfolgsdar- stellung	Wahlmöglichkeit zwischen der Darstellung einer Erfolgsrechung (*statement of comprehensive income*) oder von zwei Erfolgsrechnungen, nämlich einer GuV-Rechnung (*income statement*) sowie einer Gesamterfolgsrechnung (*statement of comprehensive income*) (IAS 1).	Wahlmöglichkeit zwischen der Darstellung einer Erfolgsrechung (*statement of comprehensive income*) oder von zwei Erfolgsrechnungen, nämlich einer GuV-Rechnung (*income statement*) sowie einer Gesamterfolgsrechnung (*statement of comprehensive income*).	GuV-Rechnung ist die einzige Erfolgsrechnung.
Konzept der Kapitalerhaltung	Kein eindeutiges Kapitalerhaltungskonzept	Kein eindeutiges Kapitalerhaltungskonzept	Nominale Kapitalerhaltung
Bewertungs- prinzipien: - Erstbewertung	Primärer Wertmaßstab für **Vermögenswerte**: historische Anschaffungs- oder Herstellungskosten, jedoch in einigen Fällen auch beizulegender Zeitwert (zB IAS 39, IAS 41); Primärer Wertmaßstab für **Schulden**: Erhaltener Gegenwert für die Übernahme der Verpflichtung, falls ein solcher nicht gegeben	Primärer Wertmaßstab für **Vermögenswerte**: historische Anschaffungs- oder Herstellungskosten, jedoch in einigen Fällen auch beizulegender Zeitwert (zB IFRS-SMEs Abschn. 12 bzw. 34); Primärer Wertmaßstab für **Schulden**: Erhaltener Gegenwert für die Übernahme der Verpflichtung, falls ein solcher nicht gegeben	Primärer Wertmaßstab für **Vermögensgegenstände**: Historische Anschaffungs- oder Herstellungskosten; Primärer Wertmaßstab für **Schulden**: Erfüllungsbetrag (§ 253 HGB)

Regelung	IFRS	IFRS-SMEs	HGB
	ist, ist der Erfüllungsbetrag zu schätzen.	ist, ist der Erfüllungsbetrag zu schätzen.	
Bewertungsprinzipien: – Folgebewertung	**Finanzielle Vermögenswerte und Schulden:** Je nach Art des Finanzinstruments sind entweder fortgeführte Anschaffungskosten oder der beizulegende Zeitwert anzuwenden (IAS 39 u. IFRS 9). **Nicht finanzielle Vermögenswerte**: Grundsätzlich fortgeführte Anschaffungs- oder Herstellungskosten, bei bestimmten Vermögenswerten wahlweise Anwendung der Neubewertungsmethode (IAS 16) oder periodische Bewertung zum beizulegenden Zeitwert (IAS 40, IAS 41). Bei Bewertung zu fortgeführten Anschaffungs- oder Herstellungskosten ist eine außerplanmäßige Abschreibung geboten, wenn der erzielbare Betrag zum Bilanzstichtag unter dem Buchwert liegt. Es besteht ein Wertaufholungsgebot falls der Grund für eine außerplanmäßige Abschreibung entfällt (Ausnahme: Goodwill) (IAS 36). **Nicht finanzielle Schulden:** Erfüllungsbetrag zur aktuellen Begleichung der Schuld	**Finanzielle Vermögenswerte und Schulden:** Je nach Art des Finanzinstruments sind entweder fortgeführte Anschaffungskosten oder der beizulegende Zeitwert anzuwenden (IFRS-SMEs Abschn. 11 u. 12). **Nicht finanzielle Vermögenswerte**: Grundsätzlich fortgeführte Anschaffungs- oder Herstellungskosten, bei bestimmten Vermögenswerten Anwendung der periodischen Bewertung zum beizulegenden Zeitwert (IFRS-SMEs Abschn. 14, 15, 16 u. 34). Bei Bewertung zu fortgeführten Anschaffungs- oder Herstellungskosten ist eine außerplanmäßige Abschreibung geboten, wenn der erzielbare Betrag zum Bilanzstichtag unter dem Buchwert liegt. Es besteht ein Wertaufholungsgebot falls der Grund für außerplanmäßige Abschreibung entfällt (Ausnahme: Goodwill) (IFRS-SMEs Abschn. 27) **Nicht finanzielle Schulden:** Erfüllungsbetrag zur aktuellen Begleichung der Schuld	Für sämtliche **Vermögensgegenstände** gelten die fortgeführten Anschaffungs- oder Herstellungskosten (Ausnahme: Planvermögen, das zum beizulegenden Zeitwert zu bewerten ist, § 253 Abs. 1 HGB, u. Wertpapiere im Handelsbestand von Finanzinstituten, § 340e Abs. 3 HGB, sowie kurzfristige Valutaforderungen, § 256a HGB). Es gilt das strenge Niederstwertprinzip, wenn der beizulegende Zeitwert zum Bilanzstichtag unter dem Buchwert liegt (Ausnahme: Gegenstände des Anlagevermögens, bei denen die Wertminderungen voraussichtlich nicht von Dauer sind, § 253 Abs. 3 HGB). Steigt der beizulegende Wert wieder, so ist eine Zuschreibung vorzunehmen (Ausnahme: Goodwill) (Wertaufholungsgebot, § 253 Abs. 5). **Schulden**: Erfüllungsbetrag zum Fälligkeitszeitpunkt; steigt der Betrag zum Bilanzstichtag über den Ausgangswert, so ist eine Zuschreibung vorzunehmen, sinkt er unter den Ausgangswert, darf dieser niedrigere Wert nicht erfasst werden (Höchstwertprinzip) (Ausnahme: kurzfristige Valutaverbindlichkeiten, § 256a HGB)
Saldierung	Grundsätzliches Saldierungsverbot (Ausnahmen: Gebot für Planvermögen und entsprechende Verpflichtungen, IAS 19.54 u. .116, spezifische Finanzinstrumente, IAS 32.42, sowie für spezifische passive und aktive latente Steuern, IAS 12.71)	Grundsätzliches Saldierungsverbot (Ausnahmen: Gebot für Planvermögen und damit verbundene Verpflichtungen, IFRS-SMEs Abschn. 28.15, sowie für spezifische passive und aktive latente Steuern, IFRS-SMEs Abschn. 29.29)	Grundsätzliches Saldierungsverbot (Ausnahmen: Gebot für Planvermögen und damit verbundene Verpflichtung, § 246 Abs. 2 HGB; Wahlrecht für spezifische unverbriefte Forderungen und Verbindlichkeiten, GoB)

Abschnitt 3
Darstellung des Abschlusses (Financial Statement Presentation)

Matthias Amen

Inhaltsverzeichnis

Schrifttum

Amen, Status:Recht 2008, 415; *Baetge/Wollmert/Kirsch/Oser/Bischof* (Hrsg.), Rechnungslegung nach IFRS (IFRS-Komm.) 2002, 2. Aufl., Stuttgart 2002; *BGH*, Urteil IX ZR 123/04 vom 24.05.2005, ZIP 2005, 1426-1431; *Bonham/Curtis/Davies/Dekker/Denton/Moore/Richards/Wilkinson-Riddle/Williams/Wilson*, International GAAP 2007, London 2006; *Friedl*, Kostenrechnung, München/Wien 2004; *Gallinger*, Ex-ante-Beurteilung der Prognosequalität, Pfaffenweiler, 1993; *Groß/Amen*, DB 2005, 1861-1868; *Groß/Amen*, WPg 2003, 67-89; *Hempel/Oppenheim*, in: Feigl/Brodbeck (Hrsg.), Readings in the Philosophy of Science, New York 1953; *Heuser/Theile/Pawelzik*, IFRS-Handbuch, 3. Aufl., Köln 2007; *Hinz*, Rechnungslegung nach IFRS, München, 2005; *Hommel/Wüstemann*, Synopse der Rechnungslegung nach HGB und IFRS, München 2006; *IFRS Foundation*, Training Material for the IFRS for SMEs, Module 3 – Financial Statement Presentation, London 2010; *IFAC*, in: WPK (Hrsg.), International Standards on Auditing (ISAs), Stuttgart 2003; *Kirsch*, IFRS-Rechnungslegung für kleine und mittlere Unternehmen, 2. Aufl. Herne, 2009; *Petersen/Bansbach/Dornbach*, IFRS Praxishandbuch, 4. Aufl., München 2009; *Schneider*, Betriebswirtschaftslehre, Bd. 2: Rechnungswesen, 2. Aufl., München/Wien 1997; *Schneider*, Betriebswirtschaftslehre, Bd. 1: Grundlagen, 2. Aufl., München/Wien 1995; *Schneider*, Allgemeine Betriebswirtschaftslehre, 3. Aufl., München/Wien 1987; Uhlenbruck, in: Schmidt/Uhlenbruck (Hrsg.), Die GmbH in Krise, Sanierung und Insolvenz, 3. Aufl., Köln 2003; *Wagenhofer*, Internationale Rechnungslegungsstandards – IAS/IFRS, 6. Aufl., München 2009; *Winnefeld*, Bilanz-Handbuch, 2. Aufl., München 2000.

A. Anwendungsbereich

1 IFRS-SMEs Abschn. 3 befasst sich mit der Frage, wie mit dem Abschluss ein den tatsächlichen Verhältnissen entsprechendes Bild der Vermögens-, Finanz- und Ertragslage sowie der Cashflows eines Unternehmens vermittelt werden kann, wie die Übereinstimmung eines Abschlusses mit dem IFRS-SMEs anzuzeigen ist und welche Bestandteile zu einem mit dem IFRS-SMEs übereinstimmenden Abschluss gehören (IFRS-SMEs Abschn. 3.1). Zielsetzung des Abschn. 3 ist die Festlegung allgemeiner Anforderungen für die Darstellung der Rechenwerke eines Abschlusses, wobei dazu auch die Abgrenzung von anderen Elementen eines Geschäftsberichts, die Häufigkeit der Abschlussdarstellung, die Fähigkeit der Unternehmensfortführung und die Offenlegung wesentlicher Unsicherheiten gehört (vgl. IFRS Foundation, 2010, 2).

2 Damit steht dieser Abschnitt sachlogisch als Bindeglied zwischen IFRS-SMEs Abschn. 2 *Concepts and Pervasive Principles* und den Abschn. 4 bis 8, die sich jeweils mit einem Abschlussbestandteil befassen. IFRS-SMEs Abschn. 2 erläutert grundlegend den **Rechnungszweck** (IFRS-SMEs Abschn. 2.2 und 2.3), die qualitativen Anforderungen an die Informationsvermittlung (IFRS-SMEs Abschn. 2.4 bis 2.14), einige grundlegende **Rechnungsgrößen** und **Rechnungsziele** der Rechnungslegung (IFRS-SMEs Abschn. 2.15 bis 2.26) sowie Ansatz-, Bewertungs- und Ausweisgrundsätze (IFRS 2.27-2.52).

3 In IFRS-SMEs Abschn. 3.2 wird zunächst der Rechnungszweck aufgegriffen. Die folgenden Abschnitte 3.3 bis 3.16 enthalten ergänzende Vorgaben im Hinblick auf die Informationsvermittlung, die für sämtliche Abschlussbestandteile zu beachten sind. In IFRS-SMEs Abschn. 3.17 werden die verpflichtenden Abschlussbestandteile im System der IFRS-SMEs-Rechnungslegung aufgelistet, für die später in IFRS-SMEs Abschn. 4 bis 8 jeweils individuelle Vorgaben gemacht werden.

B. Vermittlung eines den tatsächlichen Verhältnissen entsprechenden Bilds

I. Rechnungszweck und Rechnungsadressaten

4 Allgemein kann der Rechnungszweck als verbale Umschreibung globaler Informationsanforderungen charakterisiert werden (vgl. Schneider, 1987, 407; Schneider, 1995, 205 f.; Schneider, 1997, 109 und 235 spricht von »Wissenswünschen«).

5 Nach IFRS-SMEs Abschn. 3.2 liegt der **Rechnungszweck** des Abschlusses in der Vermittlung eines den tatsächlichen Verhältnissen entsprechenden Bilds der Vermögens-, Finanz- und Ertragslage sowie der Cashflows eines Unternehmens (vgl. auch IFRS-SMEs Abschn. 2.2). Damit sollen entscheidungsnützliche Informationen für eine Vielzahl unterschiedlicher **Rechnungsadressaten** bereitgestellt werden, denen gemeinsam ist, dass sie nicht in der Lage sind, auf ihre speziellen Informationsbedürfnisse angepasste Berichte anzufordern (IFRS-SMEs Abschn. 2.2). Als Beispiele für derartige externe Abschlussadressaten werden nicht geschäftsführende Eigentümer, vorhandene und potenzielle Kreditgeber sowie Ratingagenturen genannt (IFRS-SMEs Abschn. 1.2 (b)). Ferner kann der Abschluss zur Rechenschaftslegung des Managements über die Verwendung der anvertrauten Ressourcen dienen (IFRS-SMEs Abschn. 2.3).

II. Rechnungsziele und Rechnungsgrößen in den Rechenwerken eines strukturierten Abschlusses

Rechnungszwecke werden durch die Angabe der Rechnungsziele objektiviert. Die **Rechnungsziele** sind dabei quantitative Ergebnisgrößen des betrachteten Rechenwerks (vgl. Schneider, 1987, S. 407). **Rechnungsgrößen** beschreiben die Elemente, die im entsprechenden Rechenwerk abgebildet und verarbeitet werden (zB Friedl, 2004, 6). Demzufolge wird zur Darstellung eines den tatsächlichen Verhältnissen entsprechenden Bilds der Vermögens-, Finanz- und Ertragslage sowie der Cashflows eines Unternehmens auch die verlässliche Abbildung der Auswirkungen von Transaktionen, anderen Geschäftsvorfällen und Rahmenbedingungen in Übereinstimmung mit den Definitionen und Ansatzkriterien der Rechnungsgrößen von IFRS-SMEs Abschn. 2. verlangt. 6

IFRS-SMEs Abschn. 3 sieht eine strukturierte Abbildung der Vermögens- und Finanzlage (financial position), der Erfolgslage (financial performance) und der Zahlungsmittelflüsse (cash flows) des Unternehmens vor (vgl. IFRS Foundation, 2010, 3): 7

- Das Rechenwerk zur Abbildung der Vermögens- und Finanzlage *(financial position)* ist die **Bilanz** *(statement of financial position)*, die als Rechnungsziel das Eigenkapital *(equity)* ausweist, welches sich als Differenz der Rechnungsgrößen Vermögenswerte *(assets)* und Schulden *(liabilities)* ergibt. IFRS-SMEs Abschn. 4 widmet sich der Bilanz. IFRS-SMEs Abschn. 6 befasst sich mit einer Darstellung der Eigenkapitalveränderungen in einer gesonderten **Eigenkapitalveränderungsrechnung** *(statement of changes in equity)*.
- Das Rechenwerk zur Abbildung der Erfolgslage *(financial performance)* ist die **Gesamtergebnisrechnung** *(statement of comprehensive income)*, das als Rechnungsziel das Gesamtergebnis *(comprehensive income)* ausweist, welches sich als Differenz der Rechnungsgrößen Erträge *(income)* und Aufwendungen *(expenses)* ergibt. IFRS-SMEs Abschn. 5 widmet sich der Gesamtergebnisrechnung.
- Das Rechenwerk zur Abbildung der Zahlungsmittelflüsse *(cash flows)* ist die **Kapitalflussrechnung** *(statement of cash flows)*, das als Rechnungsziel die Veränderung der Zahlungsmittel und Zahlungsmitteläquivalente *(cash and cash equivalents)* ausweist, welches sich als Differenz der Rechnungsgrößen Einzahlungen *(cash inflows)* und Auszahlungen *(cash outflows)* ergibt. IFRS-SMEs Abschn. 7 widmet sich der Kapitalflussrechnung.

Der mE eher statische als dynamische Charakter der Rechnungslegung nach dem IFRS-SMEs zeigt sich darin, dass in IFRS-SMEs Abschn. 2 die Definitionen des Vermögenswerts (*asset*, IFRS-SMEs Abschn. 2.17) und der Schuld (*liability*, IFRS-SMEs Abschn. 2.20) im Vordergrund stehen, während die Definitionen des Ertrags (*income*, IFRS-SMEs Abschn. 2.23(a)) und des Aufwands (*expense*, IFRS-SMEs Abschn. 2.23(b)) nur von dem Vermögenswert- bzw. dem Schuldbegriff abgeleitet sind. Für die in der Realität beobachtbaren Einzahlungen und Auszahlungen ist ein Ansatz- und Bewertungskonzept obsolet. Daher werden sowohl diese Rechnungsgrößen als auch das Rechnungsziel der Veränderung der Zahlungsmittel und Zahlungsmitteläquivalente nicht im IFRS-SMEs Abschn. 2 explizit definiert. 8

III. Erfordernis weiterer Offenlegungen

Nach IFRS-SMEs Abschn. 3.2(a) wird bei Anwendung des IFRS-SMEs angenommen, dass der Abschluss ein den tatsächlichen Verhältnissen entsprechendes Bild der Vermögens- Finanz- und Ertragslage sowie der Cashflows eines kleinen und mittleren Unternehmens vermittelt. Sofern die Übereinstimmung mit den speziellen Anforderungen des IFRS-SMEs nicht ausreicht, den Abschlussadressaten die Auswirkungen bestimmter Transaktionen, anderer Geschäftsvor- 9 fälle oder Rahmenbedingungen auf die Vermögens- und Finanz- und Ertragslage verständlich zu machen, sind weitere Offenlegungen erforderlich.

Beispiel:
Generiert ein Unternehmen den überwiegenden Teil des Umsatzes mit einem einzigen Kunden oder in einem bestimmten geographischen Absatzmarkt bzw. in einer bestimmten Branche, so ist die Angabe der Umsatzkonzentration für die Vermittlung eines den tatsächlichen Verhältnissen entsprechenden Bilds der Ertragslage zwingend erforderlich, sofern im letzten Fall sich das Unternehmen nicht bereits für eine freiwillige Segmentberichterstattung entschieden hat (vgl. IFRS Foundation, 2010, 4).

IV. Keine Vermittlung eines den tatsächlichen Verhältnissen entsprechenden Bilds bei Anwendung des IFRS-SMEs von Unternehmen mit öffentlicher Rechenschaftspflicht

10 Wird der IFRS-SMEs von einem **Unternehmen mit öffentlicher Rechenschaftspflicht** *(public accountability)* angewendet, so wird kein den tatsächlichen Verhältnissen entsprechendes Bild der Vermögens-, Finanz- und Ertragslage sowie der Cashflows des Unternehmens in Übereinstimmung mit dem IFRS-SMEs vermittelt (IFRS-SMEs Abschn. 3.2(b)). Bei Unternehmen mit öffentlicher Rechenschaftspflicht handelt es sich nach IFRS-SMEs Abschn. 1.3 um Unternehmen, von denen Eigenkapital- oder Fremdkapitaltitel an einem öffentlichen Markt gehandelt werden oder Vorbereitungen dafür getroffen worden sind (in- oder ausländische Börsen, Over-the-counter-Märkte einschließlich lokale und regionale Märkte), sowie um Unternehmen, die als eines der Hauptgeschäftsfelder als Treuhänder für Dritte Vermögenswerte halten, wie dies zB bei Banken, Versicherungen, Wertpapierbrokern und -händlern, Pensionsfonds, Investmentfonds oder Investmentgesellschaften der Fall ist. Selbst wenn ein Unternehmen mit öffentlicher Rechenschaftspflicht den IFRS-SMEs anwendet, weil die Anwendung durch Gesetz oder Regulierung in der jeweiligen Rechtsordnung erlaubt oder verlangt wird, darf es seinen Abschluss nicht als mit den IFRS-SMEs übereinstimmend beschreiben (IFRS-SMEs Abschn. 1.5).

C. Übereinstimmung mit dem IFRS-SMEs

I. Übereinstimmungserklärung

11 Ein Unternehmen, dessen Abschluss mit dem IFRS-SMEs übereinstimmt, hat diese Konformität ausdrücklich und uneingeschränkt im Anhang zu erwähnen. Abschlüsse, die nicht vollständig zu dem IFRS-SMEs konform sind, dürfen nicht als mit dem IFRS-SMEs übereinstimmend bezeichnet werden (IFRS-SMEs Abschn. 3.3).

Beispiel einer Übereinstimmungserklärung:
Am Anfang des Anhangs zum Abschluss ist die folgende Erklärung zu finden: »Dieser Abschluss ist in Übereinstimmung mit dem vom International Accounting Standards Board (IASB) herausgegebenen Internationalen Rechnungslegungsstandard (IFRS) für kleine und mittlere Unternehmen (SMEs) erstellt worden.« (vgl. IFRS Foundation, 2010, 4 f.).

12 Eine Übereinstimmung mit dem IFRS-SMEs liegt auch dann vor, wenn das Unternehmen den Abschluss nach **nationalen Rechnungslegungsvorschriften** erstellt, die bis auf die Bezeichnung wörtlich mit dem IFRS-SMEs übereinstimmen. Diese Konstellation ist m. E. für die deutsche Rechnungslegung in absehbarer Zeit nicht zu erwarten.

Beispiele einer zulässigen Übereinstimmungserklärung (vgl. IFRS Foundation, 2010, 5):
- Ein Unternehmen, das nicht öffentlich rechenschaftspflichtig ist und den IFRS-SMEs uneingeschränkt anwendet, gibt eine explizite und uneingeschränkte Übereinstimmungserklärung zu Beginn des Anhangs ab.
- Ein Unternehmen, das nicht öffentlich rechenschaftspflichtig ist und dessen nationale Rechnungslegungsvorschriften bis auf die Bezeichnung wörtlich mit dem IFRS-SMEs übereinstimmen, erklärt im Anhang ausdrücklich, dass der Abschluss in Übereinstimmung mit den IFRS-SMEs oder den nationalen Rechnungslegungsvorschriften oder in Übereinstimmung mit den IFRS-SMEs und den nationalen Rechnungslegungsvorschriften erstellt worden ist.

Beispiele unzulässiger Übereinstimmungserklärungen (vgl. IFRS Foundation, 2010, 5 f.):
- Ein Unternehmen mit öffentlicher Rechenschaftspflicht erklärt, dass sein Abschluss in Übereinstimmung mit dem IFRS-SMEs erstellt wurde. Selbst im Fall einer rechtlichen Verpflichtung zur Anwendung des IFRS-SMEs darf ein derartiges Unternehmen nicht die Übereinstimmung des Abschlusses mit den Regelungen des IFRS-SMEs erklären.
- Ein Unternehmen ohne öffentliche Rechenschaftspflicht weicht aufgrund steuerlicher Regelungen von mindestens einer Regelung des IFRS-SMEs ab. Nur die uneingeschränkte vollständige Anwendung des IFRS-SMEs führt dazu, dass eine Übereinstimmung erklärt werden kann.
- Ein Unternehmen ohne öffentliche Rechenschaftspflicht stellt seinen Abschluss nach nationalen Rechnungslegungsvorschriften auf, die im Wesentlichen, jedoch nicht vollständig, mit dem IFRS-SMEs übereinstimmen. Nur die uneingeschränkte vollständige Anwendung des IFRS-SMEs führt dazu, dass eine Übereinstimmung erklärt werden kann.

II. Begründete Abweichung von dem IFRS-SMEs

13 In den sehr seltenen Fällen, in denen das Management der Auffassung ist, dass eine Übereinstimmung mit dem IFRS-SMEs dem in IFRS-SMEs Abschn. 2.2 festgelegten Rechnungszweck der Vermittlung eines den tatsächlichen Verhältnissen entsprechenden Bilds von der Vermögens-, Finanz- und Ertragslage sowie den Cashflows des Unternehmens nicht entspricht, soll das Unternehmen von der Anwendung der entsprechenden Regelung des IFRS-SMEs absehen, sofern dies nicht von den für das Unternehmen einschlägigen Rechtsvorschriften untersagt wird (IFRS-SMEs Abschn. 3.4).

14 Im Fall einer solchen Abweichung von den Regeln des IFRS-SMEs hat das Unternehmen nach IFRS-SMEs Abschn. 3.5 anzugeben,

(a) dass das Management der Auffassung ist, dass der Abschluss ein den tatsächlichen Verhältnissen entsprechendes Bild von der Vermögens-, Finanz- und Ertragslage sowie den Cashflows des Unternehmens zeigt,
(b) dass der Abschluss bis auf die im Hinblick auf die Vermittlung eines den tatsächlichen Verhältnissen entsprechenden Bilds von der Vermögens-, Finanz- und Ertragslage sowie

den Cashflows des Unternehmensnicht angewandten Regelung in Übereinstimmung mit dem IFRS-SMEs erstellt wurde, sowie
(c) eine Beschreibung der Abweichung von dem IFRS-SMEs.

Die Beschreibung der Abweichung von dem IFRS-SMEs muss die nicht angewandte Regelung des IFRS-SMEs konkretisieren und ferner begründen, warum diese in dem vorliegenden Abschluss nicht zu einer Vermittlung eines den tatsächlichen Verhältnissen entsprechenden Bilds von der Vermögens-, Finanz- und Ertragslage sowie den Cashflows des Unternehmens führt, sowie die statt dessen angewandte Vorgehensweise angeben.

15 Hat ein Unternehmen eine Regelung des IFRS-SMEs in einer früheren Rechnungslegungsperiode nicht angewendet, die sich auf die im aktuellen Abschluss angesetzten Werte auswirkt, dann hat es auch diese in IFRS-SMEs Abschn. 3.5(c) verlangte Beschreibung der Abweichung anzugeben (IFRS-SMEs Abschn. 3.6).

III. Regulatorische Untersagung einer begründeten Abweichung von dem IFRS-SMEs

16 In den sehr seltenen Fällen, in denen das Management zur Vermittlung eines den tatsächlichen Verhältnissen entsprechenden Bilds von der Vermögens-, Finanz- und Ertragslage sowie den Cashflows des Unternehmens von einer Regelung des IFRS-SMEs abweichen würde, eine Abweichung aber von den für das Unternehmen einschlägigen Rechtsvorschriften untersagt wird, ist

(a) die Regelung des IFRS-SMEs und der Grund für die Einschätzung, dass die Anwendung nicht zur Vermittlung eines den tatsächlichen Verhältnissen entsprechenden Bilds von der Vermögens-, Finanz- und Ertragslage sowie den Cashflows des Unternehmens führen würde, sowie
(b) für jeden betroffenen Abschlussposten über den ganzen im Abschluss aufgeführten Zeitraum die Berichtigung, die erforderlich wäre, um zu einen den tatsächlichen Verhältnissen entsprechenden Bilds von der Vermögens-, Finanz- und Ertragslage sowie den Cashflows des Unternehmens zu gelangen,

anzugeben (IFRS-SMEs Abschn. 3.7).

D. Unternehmensfortführung

I. Prognose des Managements

17 Nach IFRS-SMEs Abschn. 3.8 ist grundsätzlich von der Unternehmensfortführung auszugehen, sofern das Management nicht die Liquidation des Unternehmens oder die Einstellung der operativen Tätigkeit beabsichtigt oder tatsächliche und/oder rechtliche Gegebenheiten der Unternehmensfortführung entgegenstehen. Für die Beurteilung der Unternehmensfortführung hat das Unternehmen alle verfügbaren Informationen heranzuziehen, wobei der **Prognosehorizont mindestens zwölf Monate** nach dem Abschlussstichtag umfassen soll. Die Beantwortung der Frage nach der Unternehmensfortführung ist von entscheidender Bedeutung für die Darstellung eines den tatsächlichen Verhältnissen entsprechenden Bilds der Vermögens-, Finanz- und Ertragslage sowie der Cashflows des Unternehmens.

II. Verknüpfung der Fortführungsprognose mit dem deutschen Insolvenzrecht

18 Die **Fortführungsprognose** in der Rechnungslegung ist verknüpft, aber nicht identisch mit der **Fortbestehensprognose im Insolvenzrecht** (Groß/Amen, 2005, 1864), da eine bestehende oder drohende Insolvenz die Fortführung der Geschäftstätigkeit gefährdet oder beendet.

19 Das deutsche Insolvenzrecht kennt die Insolvenzgründe der Zahlungsunfähigkeit (§ 17 InsO), der drohenden Zahlungsunfähigkeit (§ 18 InsO) und bei juristischen Personen auch der Überschuldung (§ 19 InsO), wobei die Zahlungsunfähigkeit und die Überschuldung zur Insolvenzantragspflicht des Unternehmens führen und die drohende Zahlungsunfähigkeit dem Unternehmen ein Insolvenzantragsrecht eröffnet.

- Nach höchstrichterlicher Auffassung handelt es sich nicht um **Zahlungsunfähigkeit**, sondern allenfalls um vorübergehende Zahlungsstockung, sofern ein Zahlungsverzug drei Wochen nicht übersteigt oder – widerlegbar – bei längerer Dauer die Liquiditätslücke nicht mehr als 10% der fälligen Gesamtverbindlichkeiten beträgt (BGH-Urteil IX ZR 123/04 vom 24.05.2005).
- **Überschuldung** liegt nach § 19 Abs. 2 InsO in der bis zum 31.12.2010 geltenden Fassung vor, »wenn das Vermögen des Schuldners die bestehenden Verbindlichkeiten nicht mehr deckt, es sei denn, die Fortführung des Unternehmens ist nach den Umständen überwiegend wahrscheinlich.« Ist nach dieser Rechtslage das Ergebnis einer Fortbestehensprognose positiv, dann ist das Ergebnis des Überschuldungsstatus unerheblich. Ist das Ergebnis einer Fortbestehensprognose negativ, dann ist im insolvenzrechtlichen Überschuldungsstatus das Vermögen nicht mehr zu Fortführungswerten, sondern zu niedrigeren Liquidationswerten anzusetzen. Nachrichtlich ist hier darauf hinzuweisen, dass die Ansatz- und Bewertungsgrundsätze für einen insolvenzrechtlichen Überschuldungsstatus nicht mit denen der Rechnungslegung identisch sind, so dass trotz einer Unterbilanz im IFRS-SMEs-Abschluss ein positiver insolvenzrechtlicher Überschuldungsstatus vorliegen kann. Nach der bis zum 17.10.2008 und wieder ab dem 01.01.2011 geltenden Rechtslage dient die Fortbestehensprognose »lediglich« zur Feststellung der im insolvenzrechtlichen Überschuldungsstatus zugrunde zu legenden Bewertung. Hiernach ist bei einer positiven Fortbestehensprognose im Überschuldungsstatus von Fortführungswerten auszugehen. Eine Überschuldung kann dann auch im Fall einer positiven Fortbestehensprognose vorliegen, wenn im insolvenzrechtlichen Überschuldungsstatus das zu Fortführungswerten bewertete Vermögen die Schulden nicht mehr deckt (Groß/Amen, 2005, 1863).
- Die Prüfung auf **drohende Zahlungsunfähigkeit** ist faktisch identisch mit der Erstellung der **Fortbestehensprognose** im Rahmen der Überschuldungsprüfung. Es ist eine reine Zahlungsfähigkeitsprognose durchzuführen. Basis ist der Finanzplan einer integrierten Unternehmensplanung, der wiederum die finanziellen Auswirkungen der aus dem Vergleich von Leitbild des Unternehmenskonzepts und Status quo abgeleiteten Strategie enthält. Folglich liegt stets eine Wirkungsprognose vor, bei der die Maßnahmenplanung berücksichtigt wird. Von Fortbestehen ist auszugehen, falls über den Prognosehorizont, der etwa eineinhalb Jahre betragen soll, keine Zahlungsunfähigkeit droht.

20 Die Fortführungsprognose in der Rechnungslegung unterscheidet sich nicht nur hinsichtlich der Mindestdauer des Prognosehorizonts (ein Jahr statt eineinhalb Jahre) von der insolvenzrechtlichen Fortbestehensprognose, sondern auch inhaltlich. So ist eine drohende Überschuldung zunächst insolvenzrechtlich unerheblich, kann aber in der Rechnungslegung die Versagung der Fortführungsannahme bewirken – gegebenenfalls mit der Folgewirkung, dass nunmehr auch insolvenzrechtliche Fakten geschaffen werden, weil zB in Reaktion auf die Abkehr von der Fortführungsbewertung in der Rechnungslegung Kredite sofort rückzahlbar gestellt werden und im nächsten logischen Schritt Zahlungsunfähigkeit eintritt oder droht

(Groß/Amen, 2005, 1868). Andererseits kann selbst nach Eröffnung eines Insolvenzverfahrens in der Rechnungslegung noch (vorübergehend) zu Fortführungswerten bewertet werden, wenn eine Auflösung der Gesellschaft während des Prognosezeitraums nicht beabsichtigt ist, weil von einer (zeitlich begrenzten) Fortführung im Insolvenzverfahren oder einer nachhaltigen Sanierung auf Basis eines Insolvenzplans auszugehen ist (Groß/Amen, 2005, 1867; Winnefeld, 2000, 841 f.; IFRS Foundation, 2010, 7).

III. Anforderungen an die Fortführungsprognose

21 Die Prognose der Fortführungsfähigkeit hat der allgemeinen **Struktur wissenschaftlicher Prognosen** zu entsprechen. Eine Prognose verknüpft Randbedingungen (Wenn) mit Gesetzmäßigkeiten (Wenn-Dann-Beziehungen) und führt zu einer Prognoseaussage (Hempel/Oppenheim, 1953, 322), die sich auf die Zukunft bezieht, falsifizierbar ist und in unbedingter Form vorliegt (Gallinger, 1993, 15-17). Das Ergebnis der Prognose hängt von der Güte der Annahmen ab. Die Prognose muss von **bestmöglichen Annahmen** (ISA 810, Abs. 4 (*forecast*)) ausgehen. Fließt mindestens eine hypothetische Annahme ein, so handelt es sich um eine »Szenariorechnung« (ISA 810.5 (*projection* – in der deutschsprachigen Ausgabe fälschlicherweise mit »Prognoserechnung« übersetzt)), deren Ergebnis nur eine bedingte Aussage ist. Da die Annahmen über künftige Randbedingungen selbst Prognosen darstellen, würde es zu einem infiniten Regress kommen. Daher sind soweit möglich und wirtschaftlich Kausalhypothesen und soweit nötig Zeithypothesen (zB Zeitreihen) einzusetzen.

22 Für die insolvenzrechtliche Fortbestehensprognose gilt das **juristische Beweismaß der »überwiegenden Wahrscheinlichkeit«** (Groß/Amen, 2003, 67). Dabei handelt es sich nicht um eine statistische Ereigniswahrscheinlichkeit, sondern um eine logische Hypothesenwahrscheinlichkeit: »Bei fehlenden Indizien sind die Hypothese Fortbestehen und die Gegenhypothese Untergehen, die den gleichen Informationsgehalt besitzen, gleich wahrscheinlich. Diejenige Aussage hat dann einen höheren Bestätigungsgrad, deren Annahmen zu Randbedingungen und Gesetzmäßigkeiten durch Erfahrungswissen und Evidenzen besser gestützt sind. Sie ist logischerweise wahrscheinlicher« (Amen, 2008). Daher müssen die bestmöglichen Annahmen glaubhaft dargelegt werden. »Die der Prognose zugrunde liegenden Prämissen müssen feststehen. Die überwiegende Wahrscheinlichkeit bezieht sich nur auf die Einschätzung dieser Tatsachen« (Uhlenbruck, 2003, 421, Tz. 880).

IV. Folgen einer Besorgnis über die Unternehmensfortführung

23 Bei Besorgnis über die Unternehmensfortführung hat das Management nach IFRS-SMEs Abschn. 3.9 **wesentliche Unsicherheiten anzugeben,** die sich auf Geschäftsvorfälle oder Rahmenbedingungen beziehen. Ebenso ist nach IFRS-SMEs Abschn. 8.7 auf kritische Annahmen und andere wesentliche Quellen der Unsicherheit, die sich signifikant auf die Buchwerte der Vermögenswerte und Schulden auswirken können, im Anhang zu berichten.

24 Außer der Angabe wesentlicher Unsicherheiten hat dies zur Folge, dass die Vermögenswerte einem **Werthaltigkeitstest** unterzogen werden müssen und gegebenenfalls Wertminderungsaufwand nach IFRS-SMEs Abschn. 27 *Impairment of Assets* zu erfassen ist. Ferner sind nach IFRS-SMEs Abschn. 21 *Provisions and Contingencies* gegebenenfalls **Rückstellungen für drohende Verluste aus schwebenden Geschäften** zu bilden (IFRS Foundation, 2010, 7).

V. Folgen einer Verneinung der Unternehmensfortführungsannahme

IFRS-SMEs Abschn. 3 enthält selbst keine explizite Vorschrift, dass bei Wegfall der Fortführungsannahme nicht mehr zu Fortführungswerten bewertet werden kann. Jedoch ergibt sich aus anderen Abschnitten des IFRS-SMEs, dass eine **Bewertung zu Fortführungswerten nicht mehr zulässig** ist. 25

Eine logische Konsequenz bei der Abkehr von der Unternehmensfortführungsannahme ist, dass bei der Bestimmung des erzielbaren Betrags (*recoverable amount*) der Vermögenswerte im Rahmen des Wertminderungstests nach IFRS-SMEs Abschn. 27.11 nicht mehr auf Basis des Nutzungswerts (*value in use*) bewertet werden können, da nicht von einer weiteren Nutzung ausgegangen wird. Vielmehr sind sie auf Basis des beizulegenden Zeitwerts abzüglich erwarteter noch anfallender Verkaufskosten (*fair value less costs to sell*) zu bewerten (IFRS Foundation, 2010, 7). Ferner hat das Unternehmen bei der Auswahl des Bewertungsmaßstabs nach IFRS-SMEs Abschn. 10.4 dafür Sorge zu tragen, dass die vermittelten Informationen für den Abschlussadressaten relevante und zuverlässige Informationen liefern. Dies wäre allerdings nicht der Fall, wenn bei Wegfall der Fortführungsannahme die Vermögenswerte dennoch weiterhin auf dieser Grundlage bewertet werden würden (IFRS Foundation, 2010, 10). 26

Letztlich erlaubt auch IFRS-SMEs Abschn. 10.6 einen Rückgriff auf die IAS bzw. IFRS, falls der IFRS-SMEs keine explizite Regelung vorsieht. Hier ist IAS 10.14 zweckdienlich, der besagt, dass bei bekannt werden des Wegfalls der Unternehmensfortführungsannahme nach dem Abschlussstichtag ein Aufrechterhalten der Bewertung zu Fortführungswerten nicht angemessen ist (IFRS Foundation, 2010, 10). 27

Eine Abkehr von der Unternehmensfortführungsannahme ist nach IFRS-SMEs Abschn. 3.9 **im Abschluss anzugeben.** In diesem Fall sind ferner neben einer **Begründung** für diese Abkehr auch die im Abschluss angewandten **Ansatz- und Bewertungsmethoden** anzugeben. 28

Beispiel:
Zu Beginn der Abschlusserläuterungen im Anhang wird Folgendes angeführt: »Der Abschluss wurde nicht auf der Annahme der Unternehmensfortführung erstellt, da aufgrund der schwierigen wirtschaftlichen Situation mit einer Einstellung der Unternehmenstätigkeit zu rechnen ist. Die Vermögenswerte des Sachanlagevermögens wurden daher auf ihren jeweiligen beizulegenden Zeitwert abzüglich der erwarteten noch anfallenden Verkaufskosten wertgemindert. Ferner wurden die immateriellen Vermögenswerte vollständig abgeschrieben und Rückstellungen für drohende Verluste aus schwebenden Geschäften gebildet. . . .«

E. Häufigkeit der Berichterstattung

Nach IFRS-SMEs Abschn. 3.10 soll ein Unternehmen einen vollständigen Abschluss einschließlich der Vorjahresvergleichszahlen (IFRS-SMEs Abschn. 3.14) **mindestens jährlich** veröffentlichen. Im Fall des Wechsels des Abschlussstichtags kann die Berichtsperiode von der Dauer eines Jahres abweichen. Dies ist im Abschluss anzugeben und die Wahl einer kürzeren oder längeren Berichtsperiode zu begründen. Ferner ist darauf hinzuweisen, dass die im Abschluss einschließlich der jeweiligen Anhangangaben aufgeführten Vorjahreswerte der zeitraumbezogenen Rechenwerke (alle Rechenwerke bis auf die zeitpunktbezogene Bilanz) und die mit diesen Rechenwerken korrespondierenden Anhanginformationen nicht mit den aktuellen Werten vollständig vergleichbar sind. 29

Ein Wechsel des Abschlussstichtags ist möglicherweise aufgrund des (erstmaligen) Einbezugs in einen Konzernabschluss sinnvoll, um durch den einmaligen Stichtagswechsel sonst 30 künftig erforderliche regelmäßige Stichtagsanpassungen zu vermeiden (IFRS Foundation, 2010, 12). Nicht mit dem deutschen Gesellschaftsrecht vereinbar ist jedoch die in IFRS-SMEs Abschn. 3.10 erwähnte Möglichkeit einer länger als ein Jahr dauernden Berichtsperiode (vgl. Baetge et al., IFRS-Komm., Teil B, IAS 1, Tz. 76).

F. Darstellungsstetigkeit

31 IFRS-SMEs Abschn. 3.11 verlangt einen stetigen Ausweis und eine stetige Klassifikation der Rechnungsgrößen im Abschluss, sofern

(a) nicht offenbar nach den Kriterien des IFRS-SMEs Abschn. 10.2 bis 10.6 eine andere Form der Darstellung oder Klassifikation angemessener erscheint, weil das Unternehmen eine signifikante Veränderung in der operativen Geschäftstätigkeit vorgenommen hat, oder weil eine Überprüfung der bisherigen Abschlusspraxis dieses ergeben hat, oder
(b) der IFRS-SMEs eine Veränderung in der Darstellung verlangt.

32 Im Falle der Änderung der Darstellung oder Klassifikation der Abschlussgrößen hat ein Unternehmen die **Vorjahreszahlen entsprechend anzupassen,** sofern dies durchführbar ist (IFRS-SMEs Abschn. 3.12). Nicht um eine derartige Umklassifizierung handelt es sich bspw., wenn aufgrund der veränderten Nutzungsabsicht ein Wechsel eines Vermögenswerts vom Anlage- in das Umlaufvermögen stattfindet (vgl. IFRS Foundation, 2010, 13).

33 Bei einer Umklassifizierung der Vorjahreszahlen ist die **Art der Umklassifizierung, der Betrag einer jeden Rechnungsgröße** bzw. einer jeden Klasse von Rechnungsgrößen, die umklassifiziert wurde, und der Grund der Umklassifizierung anzugeben.

Beispiel:
Die Gesamtergebnisrechnung war bislang nach dem Gesamtkostenverfahren (*analysis of expenses by nature*) gegliedert. Nunmehr erfolgt die Darstellung nach dem Umsatzkostenverfahren (*analysis of expenses by function*) (vgl. *IFRS Foundation*, 2010, 13-15). Im Anhang wird die veränderte Darstellung wie folgt begründet: »Die Darstellung der Ergebnisermittlung erfolgt erstmals nach dem Umsatzkostenverfahren. Die Umstellung vom Gesamtkostenverfahren zum Umsatzkostenverfahren ermöglicht aus unserer Sicht einen besseren Vergleich mit der Branche, die überwiegend diese Gliederung anwendet. Die Vorjahreswerte der Bestandsminderung von Fertigerzeugnissen (400 €), der Materialaufwendungen (35.000 €), der Verwaltungsgehälter (9.000 €), der Vertriebsgehälter (16.000 €), der Abschreibungen auf Verwaltungsgebäude sowie auf Betriebs- und Geschäftsausstattung (8.000 €), der Abschreibungen auf Verkaufsgebäude (12.000 €) und der sonstigen Aufwendungen (13.000 €) sind nunmehr in die Herstellungskosten zur Erzeugung der abgesetzten Erzeugnisse (34.600 €), den Vertriebskosten (37.100 €) und den Verwaltungskosten (20.900 €) umgegliedert worden.«

34 Nach IFRS-SMEs Abschn. 10.12 hat ein Unternehmen die **Anpassungen für alle im Abschluss dargestellten Perioden durchzuführen.** Sofern es nicht möglich ist, die Vorjahreswerte oder frühere Werte anzupassen, hat das Unternehmen dies zu begründen (IFRS-SMEs Abschn. 3.13). Es wird für unmöglich gehalten, wenn die benötigten Daten nicht mehr vorhanden sind oder derart viele Annahmen getroffen werden müssen, dass das Ergebnis nicht mehr als verlässlich anzusehen ist (IFRS Foundation, 2010, 15).

G. Vergleichsinformationen

I. Verpflichtende Angabe von Vergleichsinformationen

35 Sofern der IFRS-SMEs dies nicht verbietet oder eine andere Darstellung vorschreibt, hat ein Unternehmen **zu jedem Posten des aktuellen Abschlusses die Vergleichswerte der vorhergehenden Periode** anzugeben. Dies schließt auch Vergleichsinformationen zu verbalen Beschreibungen ein, die für das Verständnis des aktuellen Abschlusses erforderlich sind (IFRS-SMEs Abschn. 3.14).

36 Vergleichsbeträge sind beispielsweise in den folgenden Fällen zwingend anzugeben (vgl. IFRS Foundation, 2010, 15):

- eine Modifikation des IFRS-SMEs, die eine rückwirkende Anwendung erfordert (vgl. IFRS-SMEs Abschn. 10.11(a) und 10.12),
- ein freiwilliger Wechsel in der Rechnungslegungspolitik, wie zB eine veränderte Ausübung von Wahlrechten (vgl. IFRS-SMEs Abschn. 10.11(c) und 10.12),
- eine Berichtigung von Fehlern in der Rechnungslegung früherer Berichtsperioden (vgl. IFRS-SMEs Abschn. 10.21 und 10.22).

37 Mit der rückwirkenden Anwendung in diesen Fällen wird einerseits der Gewinn oder die Verluste der aktuellen Berichtsperiode von diesen Effekten frei gehalten. Andererseits erlaubt die rückwirkende Anwendung auch einen Zeitvergleich (vgl. IFRS Foundation, 2010, 16).

38 Die Angabepflicht mit den dazugehörenden Erläuterungen bezieht sich in diesen Fällen nur auf den Abschluss, in dem die genannten Fälle erstmals verarbeitet werden. Für die weiteren aufeinanderfolgenden Abschlüsse sind die Erläuterungen nicht zu wiederholen (vgl. IFRS Foundation, 2010, 16). Dies ergibt sich für

- eine Modifikation des IFRS-SMEs, die eine rückwirkende Anwendung erfordert aus IFRS-SMEs Abschn. 10.13.
- einen freiwilliger Wechsel in der Rechnungslegungspolitik, wie zB eine veränderte Ausübung von Wahlrechten aus IFRS-SMEs Abschn. 10.14.
- eine Berichtigung von Fehlern in der Rechnungslegung früherer Berichtsperioden aus IFRS-SMEs Abschn. 10.23.

II. Fälle ohne Offenlegungsverpflichtung von Vergleichsinformationen

39 In den folgenden beispielhaft aufgeführten Fällen sind keine Vergleichsinformationen früherer Perioden verpflichtend anzugeben (vgl. IFRS Foundation, 2010, 16):

- Überleitungsrechnung der Buchwerte der als Finanzinvestitionen gehaltenen Immobilien (*investment property*) vom Jahresanfang bis zum Jahressende (vgl. IFRS-SMEs Abschn. 16.10(e)),
- Überleitungsrechnung der Buchwerte jeder Gruppe des Sachanlagevermögens (*property, plant and equipment*) vom Jahresanfang bis zum Jahressende (vgl. IFRS-SMEs Abschn. 17.31(e)),
- Überleitungsrechnung der Buchwerte jeder Gruppe des immateriellen Anlagevermögens (*intangible assets*) vom Jahresanfang bis zum Jahressende (vgl. IFRS-SMEs Abschn. 18.27(e)),
- Überleitungsrechnung der Buchwerte des Geschäfts- oder Firmenwerts (*goodwill*) vom Jahresanfang bis zum Jahressende (vgl. IFRS-SMEs Abschn. 19.26),

- Offenlegungen über die Gruppen von Rückstellungen (*provisions*), wie zB eine Überleitungsrechnung der Buchwerte vom Jahresanfang bis zum Jahresende und die kurze Beschreibung der Rückstellung und der Unsicherheiten (vgl. IFRS-SMEs Abschn. 21.14),
- Überleitungsrechnung der Anfangs- und Schlusswerte der Verpflichtung (*obligation*) aus leistungsorientierten Pensionsplänen (*defined benefit plan*) (vgl. IFRS-SMEs Abschn. 28.41(e)),
- Überleitungsrechnung der Anfangs- und Schlusswerte der beizulegenden Zeitwerte (*fair values*) des Planvermögens (*plan asset*) und etwaiger aktivierter Erstattungsansprüche (*reimbursement right*) im Zusammenhang mit leistungsorientierten Pensionsplänen (*defined benefit plan*) (vgl. IFRS-SMEs Abschn. 28.41(f)).

40 Im Wesentlichen handelt es sich hierbei um **Überleitungsrechnungen**. Die Aufnahme von Überleitungsrechnungen aller einbezogenen Perioden in den aktuellen Abschluss würde den Umfang der Anhangsangaben deutlich anwachsen lassen.

H. Wesentlichkeit und Zusammenfassung von Posten

41 Ähnliche Rechnungsgrößen sind zu wesentlichen Abschlussposten zusammen zu fassen. **Rechnungsgrößen unterschiedlicher Art oder Funktion sind hingegen in verschiedenen Abschlussposten zu zeigen,** sofern sie wesentlich sind (IFRS-SMEs Abschn. 3.15).

42 Weglassungen von Abschlussposten oder Fehlklassifikationen von Rechnungsgrößen sind – für sich oder insgesamt – wesentlich, wenn sie die wirtschaftlichen Entscheidungen der Rechnungsadressaten beeinflussen (IFRS-SMEs Abschn. 3.16).

43 Der **Wesentlichkeitsbegriff** hängt dem jeweiligen Umstand entsprechend **von der Art und/oder dem Betrag** des weggelassenen Postens oder der Fehlklassifikation ab (IFRS-SMEs Abschn. 3.16). So ist zB ein kurz vor Veröffentlichung des Abschlusses festgestellter Fehler bei den Abschreibungen in Höhe von 150 € bei einer Gesamtabschreibungshöhe von 600.000 € für sich allein betrachtet nicht wesentlich. Falls jedoch bei einer zusätzlichen Abschreibung von 150 € in Kreditverträgen vereinbarte Finanzkennzahlen (*financial covenants*) nicht mehr eingehalten werden können, dann ist der Fehler als wesentlich zu klassifizieren (vgl. IFRS Foundation, 2010, 17). Ferner können auch Informationen nach dem Abschlussstichtag dazu führen, dass sie in die Rechenwerke oder zumindest im Anhang zu erwähnen bzw. zu verarbeiten sind, sofern sie wesentlich für den Rechnungszweck sind (vgl. IFRS Foundation, 2010, 18).

I. Vollständiger Abschluss

I. Bestandteile

44 Ein vollständiger Abschluss (*complete set of financial statements*) enthält nach IFRS-SMEs Abschn. 3.17 die folgenden Bestandteile, die gleichrangig zu zeigen sind (IFRS-SMEs Abschn. 3.21):

- **Bilanz** (*statement of financial position*) zum Abschlussstichtag (siehe IFRS-SMEs Abschn. 4)
- **Gesamtergebnisrechnung** (*statement of comprehensive income*) für die Abschlussperiode (siehe IFRS-SMEs Abschn. 5)

- **Eigenkapitalveränderungsrechnung** (*statement of changes in equity*) für die Abschlussperiode (siehe IFRS-SMEs Abschn. 6)
- **Kapitalflussrechnung** (*statement of cash flows*) für die Abschlussperiode (siehe IFRS-SMEs Abschn. 7)
- **Anhang** (*notes*), in dem die wesentlichen Rechnungslegungsmethoden zusammenfassend dargestellt werden, und der weitere erläuternde Informationen bereitstellt (siehe IFRS-SMEs Abschn. 8).

45 Ein Unternehmen kann für diese Abschlussbestandteile auch andere Bezeichnungen wählen, die jedoch eindeutig auf das jeweilige Rechenwerk oder den Anhang schließen lassen (IFRS-SMEs Abschn. 3.22) müssen.

II. Varianten der Gesamtergebnisrechnung

46 Die Gesamtergebnisrechnung kann auf zwei unterschiedliche Arten präsentiert werden (IFRS-SMEs Abschn. 3.17(b)):

- Die **Gesamtergebnisrechnung** (*statement of comprehensive income*) wird als geschlossene Rechnung dargestellt, bei der zunächst die Ertrags- und Aufwandsposten der Periode und dann der daraus resultierende **Gewinn oder Verlust** (*profit or loss*) **als Zwischensaldo** ausgewiesen sind. Die Rechnung wird dann fortgeführt mit den Rechnungsgrößen, die zum **sonstigen Ergebnis** (*other comprehensive income*) gehören.
- Die Ertrags- und Aufwandsposten der Periode werden in einer **gesonderten Gewinn- und Verlustrechnung** (*income statement*) erfasst, die mit dem Gewinn oder dem Verlust endet. Die **Gesamtergebnisrechnung** (*statement of comprehensive income*) ist dann gewissermaßen verkürzt und besteht aus einer **Überleitungsrechnung vom Gewinn und Verlust zum Gesamtergebnis** mit Ausweis der Rechnungsgrößen, die zum sonstigen Ergebnis (*other comprehensive income*) gehören.

47 Hat ein Unternehmen in keiner der Perioden, über die in dem Abschluss berichtet wird, Rechnungsgrößen, die zum sonstigen Ergebnis (*other comprehensive income*) gehören, dann braucht es folgerichtig entweder nur eine Gewinn- und Verlustrechnung (*income statement*) oder eine Gesamtergebnisrechnung (*statement of comprehensive income*) zeigen, die mit dem Gewinn oder dem Verlust abschließt (IFRS-SMEs Abschn. 3.19).

III. Möglichkeit der kombinierten Ergebnis- und Gewinnrücklagenveränderungsrechnung

48 Sofern sich das Eigenkapital in den Perioden, die im Abschluss dargestellt werden (aktuelle Periode und Vergleichsperiode(n)), nur durch Gewinn- bzw. Verlustentstehung, Ausschüttungen (von Dividenden) sowie durch direkt im Eigenkapital erfasste Werte aufgrund von Fehlerkorrekturen früherer Perioden oder von Rechnungslegungsänderungen ändert, es also **keine Bestandteile des sonstigen Ergebnisses** und **keine Außen-Eigenfinanzierungsmaßnahmen** (Kapitalaufnahme oder -rückzahlung) oder vergleichbare Maßnahmen (Wandlung von Fremdkapital- in Eigenkapitalanteile) gab, kann nach IFRS-SMEs Abschn. 3.18 an Stelle der Eigenkapitalveränderungsrechnung und der Gesamtergebnisrechnung eine einzige **kombinierte Ergebnis- und Gewinnrücklagenveränderungsrechnung** (*statement of income and retained earnings*) veröffentlicht werden.

49 Für Unternehmen, die Vergleichsinformationen angeben, hat nach IFRS-SMEs Abschn. 3.14 ein vollständiger Abschluss mindestens zwei Fassungen von jedem der in IFRS-SMEs Abschn. 3.17 angegebenen Abschlussbestandteile und die zugehörigen Anhangangaben zu enthalten (IFRS-SMEs Abschn. 3.20). Praktischerweise wird ein Unternehmen die Struktur eines jeden Rechenwerks nur einmal, jedoch mit einer der Anzahl der Rechnungsperioden entsprechenden Anzahl von Spalten veröffentlichen.

J. Angaben zur exakten Bezeichnung des Abschlusses

50 Ein Unternehmen hat **jedes geforderte Rechenwerk und den Anhang** unmissverständlich als solches zu bezeichnen und es **von anderen Informationen, wie zB den übrigen Teilen eines Geschäftsberichts, zu unterscheiden.** Falls es für das Verständnis notwendig ist, sind die folgenden Angaben auch wiederholt zu machen (IFRS-SMEs Abschn. 3.23):

- den Namen des berichtenden Unternehmens, einschließlich Namensänderungen seit dem Ende der vorangegangenen Berichtsperiode;
- die Angabe, dass es sich um den Jahresabschluss oder den Konzernabschluss handelt;
- den Abschlussstichtag und die Abschlussperiode;
- die Berichtswährung (in Übereinstimmung mit IFRS-SMEs Abschn. 30);
- die Rundungsmethode, sofern die Rechenwerke gerundete Werte enthalten.

51 Bei Rundungen ist zu beachten, dass **aufgrund der gewählten Rundungsmethode keine wesentlichen Informationen ausgelassen werden** (IFRS Foundation, 2010, 20). So könnte zB bei einer zu groben Rundung die Verletzung von Finanzkennzahlen, die aufgrund von Kreditvereinbarungen einzuhalten wäre, nicht erkannt werden. In diesem Grenzfall wäre dann eine feinere Rundung zu wählen oder aber ganz auf eine Rundung zu verzichten.

52 Im Anhang sind nach IFRS-SMEs Abschn. 3.24 ferner der Unternehmenssitz, die Rechtsform, die im Handelsregister verzeichnete Geschäftsadresse sowie die Geschäftstätigkeit anzugeben.

K. Darstellung von Informationen, die nicht vom IFRS-SMEs verlangt werden

53 Enthält ein Abschluss weitere Rechenwerke und Aufstellungen, zu denen keine Regelungen im IFRS-SMEs enthalten sind, dann hat das Unternehmen die angewandten Grundlagen für die Erstellung und Angabe dieser Informationen zu beschreiben (IFRS-SMEs Abschn. 3.25). Zu solchen Rechenwerken gehören zB die **Segmentberichterstattung,** das **Ergebnis je Aktie** oder die **Zwischenberichte** des Unternehmens.

54 Dabei ist es nicht erforderlich, dass zB die Segmentberichterstattung auf Basis von IFRS 8 und das Ergebnis je Aktie auf Basis von IAS 33 berechnet werden. Diese Rechenwerke und eine eventuelle Zwischenberichterstattung nach IAS 34 müssen auch keinen Bezug zur Rechnungslegung zu IFRS-SMEs aufweisen. Daher ist hierbei **zwingend auf die Rechnungsgrundlage hinzuweisen.** Die Ausgangsdaten können, müssen aber nicht, mit dem IFRS-SMEs übereinstimmen. Abschließend sei darauf hingewiesen, dass auch IAS 34 keine Angaben zur Häufigkeit und zum Erstellungstermin einer Zwischenberichterstattung macht; dies obliegt allein den Vorgaben des nationalen Gesetzgebers (vgl. IFRS Foundation, 2010, 21).

L. Vergleich mit IFRS und HGB

55

Im Folgenden sind die wichtigsten Regelungen des IFRS-SMEs, der IFRS und des HGB hinsichtlich der Darstellung des Abschlusses gegenübergestellt.

Regelung	IFRS (IAS 1)	IFRS-SMEs	HGB
Anwendungsbereich	Grundlagen der Darstellung eines vollumfänglichen Abschlusses	Grundlagen der Darstellung eines vollumfänglichen Abschlusses	Grundlagen der Darstellung eines vollumfänglichen Abschlusses
Vermittlung eines den tatsächlichen Verhältnissen entsprechenden Bilds	Darstellung der Vermögens- und Finanzlage (*financial position*), der Ertragslage (*financial performance*) und der Cashflows des Unternehmens	Darstellung der Vermögens- und Finanzlage (*financial position*), der Ertragslage (*financial performance*) und der Cashflows des Unternehmens	Kapitalgesellschaften: Darstellung der Vermögens-, Finanz- und Ertragslage des Unternehmens
Übereinstimmung mit dem Standard/HGB	Explizite Übereinstimmungserklärung wird gefordert, Anwendung der IFRS-Rechnungslegung nur als Ganzes, strenge Anforderungen an Abweichungen, die erläutert werden müssen	Explizite Übereinstimmungserklärung wird gefordert, Anwendung der IFRS-SMEs-Rechnungslegung nur als Ganzes, strenge Anforderungen an Abweichungen, die erläutert werden müssen	Anwendung der HGB-Rechnungslegung nur als Ganzes, keinerlei Abweichungen
Unternehmensfortführung	Voraussetzung für Bewertung zu Fortführungswerten; Prognosezeitraum mindestens zwölf Monate; Versagung bei beabsichtigter Einstellung oder keiner realistischen Alternative zur Geschäftseinstellung; falls keine Unternehmensfortführung, sind Gründe für Versagung und die Grundlage der Bewertung anzugeben	Voraussetzung für Bewertung zu Fortführungswerten; Prognosezeitraum mindestens zwölf Monate; Versagung bei beabsichtigter Einstellung oder keiner realistischen Alternative zur Geschäftseinstellung; falls keine Unternehmensfortführung sind Gründe für Versagung und die Grundlage der Bewertung anzugeben	Voraussetzung für Bewertung zu Fortführungswerten; Prognosezeitraum umfasst mindestens das aktuelle und das nächste Geschäftsjahr; Versagung bei entgegenstehenden rechtlichen oder tatsächlichen Gründen; Erklärung zur Unternehmensfortführung bei börsennotierten Aktiengesellschaften
Häufigkeit der Berichterstattung	mindestens jährlich oder 52 Wochen, kürzerer oder längerer Zeitraum bei Änderung des Geschäftsjahres möglich	mindestens jährlich oder 52 Wochen, kürzerer oder längerer Zeitraum bei Änderung des Geschäftsjahres möglich	jährlich, kürzerer Zeitraum bei Änderung des Geschäftsjahres möglich
Darstellungsstetigkeit	Stetiger Ausweis und stetige Klassifikation der Rechnungsgrößen, Abweichungen sind unter strengen Annahmen möglich und führen zur Anpassung der im Abschluss gezeigten Daten vergangener Perioden	Stetiger Ausweis und stetige Klassifikation der Rechnungsgrößen, Abweichungen sind unter strengen Annahmen möglich und führen zur Anpassung der im Abschluss gezeigten Daten vergangener Perioden	Kapitalgesellschaften: Form der Darstellung und Gliederung sind beizubehalten; Abweichungen sind möglich, aber anzugeben und zu begründen, keine zwingende Anpassung der Vorjahreszahlen
Vergleichsinformationen	Veröffentlichung der Rechenwerke und der Anhangangaben mindestens zweier Perioden; bei Methodenänderungen zusätzlich auch die Eröffnungsbilanz des Vor-	Veröffentlichung der Rechenwerke und der Anhangangaben mindestens zweier Perioden; Vergleichsinformationen über mehrere Jahre darstellbar; bei Änderungen sind Ver-	Kapitalgesellschaften: Angabe der Vorjahresbeträge für Bilanz und Gewinn- und Verlustrechnung, Anpassungen der Vorjahresbeträge oder deren Nichtvergleichbarkeit

Regelung	IFRS (IAS 1)	IFRS-SMEs	HGB
	jahres; Vergleichsinformationen über mehrere Jahre darstellbar; bei Änderungen sind Vergleichswerte anzupassen und die Anpassung zu erläutern	gleichswerte anzupassen und die Anpassung zu erläutern	sind anzugeben und zu erläutern
Wesentlichkeit und Zusammenfassung von Posten	Unwesentliche Posten müssen nicht gesondert ausgewiesen werden; Posten können bei Wesentlichkeit aufgegliedert werden	Unwesentliche Posten müssen nicht gesondert ausgewiesen werden; Posten können bei Wesentlichkeit aufgegliedert werden	Kapitalgesellschaften: Mindestgliederungen für Bilanz und Gewinn- und Verlustrechnung, dabei keine Zusammenfassung von Posten möglich; lediglich Posten mit fehlendem Eintrag brauchen nicht gezeigt zu werden; zusätzliche Posten sind möglich
Vollständiger Abschluss	Bilanz, Gesamtergebnisrechnung (oder gesonderte Gewinn- und Verlustrechnung sowie Gesamtergebnisrechnung), Eigenkapitalveränderungsrechnung, Kapitalflussrechnung, Anhang, bei Methodenänderungen auch Anfangsbilanz der frühesten Vergleichsperiode; zum Abschluss gehört auch eine Segmentberichterstattung und das Ergebnis je Aktie	Bilanz, Gesamtergebnisrechnung (oder gesonderte Gewinn- und Verlustrechnung sowie Gesamtergebnisrechnung), Eigenkapitalveränderungsrechnung, Kapitalflussrechnung, Anhang; bei Erfüllen der Voraussetzung kann anstelle der Gesamtergebnisrechnung und der Eigenkapitalveränderungsrechnung auch eine kombinierte Ergebnis- und Gewinnrücklagenveränderungsrechnung erstellt werden; freiwillig können eine Segmentberichterstattung und das Ergebnis je Aktie in den Abschluss aufgenommen werden	Einzelunternehmen, Personengesellschaften: Bilanz, Gewinn- und Verlustrechnung; Kapitalgesellschaften: Bilanz, Gewinn- und Verlustrechnung, Anhang; kapitalmarktorientierte Kapitalgesellschaften: Bilanz, Gewinn- und Verlustrechnung, Eigenkapitalspiegel, Kapitalflussrechnung, Anhang, freiwillig kann eine Segmentberichterstattung hinzu treten; neben dem Jahresabschluss ist auch ein Lagebericht zu erstellen
Bezeichnung des Abschlusses	Explizite Verpflichtung zur eindeutigen Bezeichnung und Unterscheidung von nicht zum Abschluss gehörenden Informationen	Explizite Verpflichtung zur eindeutigen Bezeichnung und Unterscheidung von nicht zum Abschluss gehörenden Informationen	Keine Vorgaben
Darstellung von Informationen, die nicht vom Standard/HGB verlangt werden	Weitere Berichte und Angaben wie Umweltberichte oder Wertschöpfungsrechnungen unterliegen nicht der IFRS-Rechnungslegung und gehören nicht in einen Abschluss.	Eine Segmentberichterstattung und ein Ergebnis je Aktie können in den Abschluss aufgenommen werden. Es ist in jedem Fall ihre Rechnungsgrundlage anzugeben, die auch nicht die IFRS-SMEs-Rechnungslegung sein muss.	Keine Angaben.

Abschnitt 4
Bilanz
(Statement of Financial Position)

Matthias Amen

Inhaltsverzeichnis

Schrifttum

Baetge/Wollmert/Kirsch/Oser/Bischof (Hrsg.), Rechnungslegung nach IFRS (IFRS-Komm.), 2. Aufl., Stuttgart 2002; *Bonham/Curtis/Davies/Dekker/Denton/Moore/Richards/Wilkinson-Riddle/Williams/Wilson,* International GAAP 2007, London 2006; *Hayn/Hold-Paetsch,* in: Ballwieser/Beine/Hayn/Peemöller/Schruff/Weber (Hrsg.), Wiley Kommentar zur internationalen Rechnungslegung nach IFRS 2009, 5. Aufl. Weinheim 2009, 59-114; *Heuser/Theile/Pawelzik,* IFRS-Handbuch, 3. Aufl., Köln 2007; *IFRS Foundation,* Training Material for the IFRS for SMEs, Module 4 – Statement of Financial Position, London 2010; *Kirsch,* IFRS-Rechnungslegung für kleine und mittlere Unternehmen, 2. Aufl., Herne 2009; *Lenz/Fiebiger,* in: von Wysocki/Schulze-Osterloh/Hennrichs/Kuhner (Hrsg.), HdJ, Köln, Abt. I/6, 2008; *Petersen/Bansbach/Dornbach,* IFRS Praxishandbuch, 4. Aufl., München 2009; *Wagenhofer,* Internationale Rechnungslegungsstandards – IAS/IFRS, 6. Aufl., München 2009.

A. Anwendungsbereich

1 IFRS-SMEs Abschn. 4 beschreibt den Umfang und die Darstellungsweise der in der Bilanz auszuweisenden Informationen. In der Bilanz werden die Vermögenswerte (*assets*) und Schulden (*liabilities*) sowie das Eigenkapital (*equity*) eines Unternehmens zum Ende einer Rechnungslegungsperiode dargestellt (IFRS-SMEs Abschn. 4.1).

2 Ein **Vermögenswert** ist definiert als eine in der Verfügungsmacht des Unternehmens stehende Ressource, die ein Ergebnis von Ereignissen der Vergangenheit darstellt, und von der erwartet wird, dass dem Unternehmen aus ihr künftig wirtschaftlicher Nutzen zufließt (IFRS-SMEs Abschn. 2.15(a)). Der mit dem Vermögenswert verbundene künftige wirtschaftliche Nutzen besteht indirekt oder direkt aus dem Zufluss von Zahlungsmitteln oder Zahlungsmitteläquivalenten (IFRS-SMEs Abschn. 2.17). Eine **Schuld** ist definiert als eine gegenwärtige Verpflichtung des Unternehmens, die aufgrund von vergangenen Ereignissen entsteht und von der erwartet wird, dass sie zu einem Abfluss von Ressourcen mit wirtschaftlichem Nutzen für das Unternehmen führt. (IFRS-SMEs Abschn. 2.15(b)). **Eigenkapital** ist der Saldo zwischen Vermögenswerten und Schulden (IFRS-SMEs Abschn. 2.22), der die Bilanz zum Ausgleich bringt.

3 Für einen Ansatz in der Bilanz ist neben der **Erfüllung der Definition** auch das **Erfüllen der Ansatzkriterien** erforderlich. Nach IFRS-SMEs Abschn. 2.27 muss der mit dem Vermögenswert oder der Schuld einhergehende Zufluss bzw. Abfluss künftigen wirtschaftlichen Nutzens hinreichend wahrscheinlich sein. Für den Bilanzansatz muss ferner eine zuverlässige Bewertung des Vermögenswerts oder der Schuld möglich sein.

4 Treffen Definition und Ansatzkriterien zu, dann muss der Vermögenswert bzw. die Schuld dem **Grundsatz der Vollständigkeit** (IFRS-SMEs Abschn. 2.10) entsprechend in die Bilanz aufgenommen werden.

5 Ansatz und Bewertung der Vermögenswerte, der Schulden und des Eigenkapitals werden in anderen Abschnitten des IFRS-SMEs behandelt. IFRS-SMEs Abschn. 4 beschäftigt sich nur mit der Darstellung in der Bilanz (vgl. IFRS Foundation, 2010, 3).

B. In der Bilanz darzustellende Informationen

6 In IFRS-SMEs Abschn. 4.2 sind **Posten aufgelistet, die in der Bilanz ausgewiesen werden müssen.** Der Ausweis kann freilich unterbleiben, wenn diese Posten nicht vorhanden sind. Mit Verweis auf die entsprechenden Abschnitte des IFRS-SMEs, welche nähere Angaben zum Ansatz und zur Bewertung einzelner Posten enthalten, sind dies:

(a) Zahlungsmittel und Zahlungsmitteläquivalente (siehe IFRS-SMEs Abschn. 11)
(b) Forderungen aus Lieferungen und Leistungen und sonstige Forderungen (siehe IFRS-SMEs Abschn. 11)
(c) sonstige finanzielle Vermögenswerte, sofern diese nicht unter (a), (b), (j) und (k) ausgewiesen werden (siehe IFRS-SMEs Abschn. 11 und 12)
(d) Vorräte (siehe IFRS-SMEs Abschn. 13)
(e) Sachanlagen (siehe IFRS-SMEs Abschn. 17)
(f) als Finanzinvestitionen gehaltene Immobilien, bewertet zum beizulegenden Zeitwert (siehe IFRS-SMEs Abschn. 16)
(g) immaterielle Vermögenswerte (siehe IFRS-SMEs Abschn. 18)
(h) biologische Vermögenswerte, bewertet zu fortgeführten Anschaffungs- oder Herstellungskosten (siehe IFRS-SMEs Abschn. 34)
(i) biologische Vermögenswerte, bewertet zum beizulegenden Zeitwert (siehe IFRS-SMEs Abschn. 34)
(j) Anteile an assoziierten Unternehmen (siehe IFRS-SMEs Abschn. 14)
(k) Anteile an Gemeinschaftsunternehmen (siehe IFRS-SMEs Abschn. 15)
(l) Verbindlichkeiten aus Lieferungen und Leistungen und sonstige Verbindlichkeiten (siehe IFRS-SMEs Abschn. 11 und 12)
(m) sonstige finanzielle Verbindlichkeiten, sofern diese nicht unter (l) und (p) ausgewiesen werden (siehe IFRS-SMEs Abschn. 11 und 12)
(n) Steuerschulden und -erstattungsansprüche (siehe IFRS-SMEs Abschn. 29)
(o) latente Steuerschulden und -erstattungsansprüche (siehe IFRS-SMEs Abschn. 29)
(p) Rückstellungen (siehe IFRS-SMEs Abschn. 21)
(q) Minderheitenanteile (siehe IFRS-SMEs Abschn. 9)
(r) Eigenkapitalanteile der Gesellschafter eines Mutterunternehmen (siehe IFRS-SMEs Abschn. 9).

7 Neben IFRS-SMEs Abschn. 4 können sich auch in den weiteren Abschnitten des IFRS-SMEs **Anforderungen an die Darstellung und Offenlegung spezieller Bilanzposten und Transaktionen** ergeben (vgl. IFRS Foundation, 2010, 4).

8 Gemäß IFRS-SMEs Abschn. 4.3 sind **weitere Bilanzposten** aufzunehmen, **Untergliederungen** vorzunehmen und **Zwischensummen** in der Bilanz zu bilden, sofern diese für ein den

tatsächlichen Verhältnissen entsprechendes Bild der Vermögenslage eines Unternehmens von Bedeutung sind. So könnten beispielsweise einerseits die Bilanzposten (h) und (i) als »biologische Vermögenswerte« zusammengefasst werden. Andererseits wäre es möglich, die Bilanzposten (j) und (k) in jeweils einen Posten, der zum beizulegenden Zeitwert bewertet wird, und einen Posten, der zu fortgeführten Anschaffungs- oder Herstellungskosten bewertet wird, aufzuspalten (vgl. IFRS Foundation, 2010, 5).

9 Dabei sind das **Wesentlichkeitsgebot** und die **Aggregationsmöglichkeit** gemäß IFRS-SMEs Abschn. 3.15 und 3.16 zu beachten. Die Mindestinhalte des IFRS-SMEs Abschn. 4.2 sind nur dann auch anzugeben, wenn es tatsächlich auch entsprechende Vermögenswerte oder Schulden gibt. In der Bilanz der meisten Unternehmen wird daher bspw. der Bilanzposten »biologische Vermögenswerte« nicht enthalten sein.

C. Unterscheidung von Kurz- und Langfristigkeit

10 Eine Bilanz ist nach **langfristigen und kurzfristigen Vermögenswerten und Schulden** zu unterteilen, **sofern eine Gliederung entsprechend der voraussichtlichen Liquidierbarkeit** keine zuverlässigeren und relevanteren Informationen liefert. (IFRS-SMEs Abschn. 4.4).

11 Während bei der Gliederung entsprechend der geschätzten Liqudierbarkeit jeder Bilanzposten maximal einmal in der Bilanz enthalten ist, muss grundsätzlich bei der Gliederung nach der Fristigkeit jeder Bilanzposten in einen kurzfristigen und einem langfristigen Posten aufgeteilt werden. Zumeist sind jedoch die Bilanzposten vollständig als kurzfristig oder als langfristig zu klassifizieren.

Nach IFRS-SMEs Abschn. 4.6 und 4.8 sind Bilanzposten, die keine kurzfristigen Vermögenswerte (IFRS-SMEs Abschn. 4.5) oder kurzfristigen Schulden (IFRS-SMEs Abschn. 4.7) enthalten, als langfristig zu klassifizieren. Insbesondere bei Forderungen und Verbindlichkeiten sind **transaktionsunabhängige Verschiebungen** zu verzeichnen, da langfristige Forderungen und Verbindlichkeiten im Zeitablauf ihre Fristigkeit ändern. **Latente Steueransprüche und -schulden sind gemäß** IFRS-SMEs Abschn. 4.2 (o) **stets als langfristig einzuordnen.**

Beispiel einer Bilanzgliederung nach der Fristigkeit:
Die folgende Abbildung zeigt eine Bilanz, deren Vermögenswerte und Schulden entsprechend ihrer Fristigkeit dargestellt sind.

Vermögenswerte	Schulden und Eigenkapital
Langfristige Vermögenswerte	**Eigenkapital**
Immaterielle Vermögenswerte	Gezeichnetes Kapital
Sachanlagen	Kapitalrücklage
Biologische Vermögenswerte, bewertet zu fortgeführten Anschaffungs- und Herstellungskosten	Gewinnrücklagen
Biologische Vermögenswerte, bewertet zum beizulegenden Zeitwert	Kumulierter versicherungsmathematischer Gewinn bei leistungsorientierten Pensionsplänen
Als Finanzinvestition gehaltene Immobilien, bewertet zum beizulegenden Zeitwert	Bilanzgewinn
Beteiligungen	**Summe des Eigenkapitals**
Aktive latente Steuern	

Vermögenswerte	Schulden und Eigenkapital
Summe der langfristigen Vermögenswerte	**Langfristige Schulden**
	Pensionsrückstellungen
Kurzfristige Vermögenswerte	Bankkredite
Vorräte	Passive latente Steuern
Forderungen aus Lieferungen und Leistungen und sonstige Forderungen	**Summe der langfristigen Schulden**
Sonstige kurzfristige finanzielle Vermögenswerte	**Kurzfristige Schulden**
Steuererstattungsansprüche	Kurzfristiger Teil der Pensionsrückstellung
Zahlungsmittel- und Zahlungsmitteläquivalente	Kurzfristige Rückstellungen
Summe der kurzfristigen Vermögenswerte	Kurzfristige Ausleihungen
	Kurzfristiger Teil der Bankkredite
	Überziehungskredite
	Verbindlichkeiten aus Lieferungen und Leistungen und sonstige Verbindlichkeiten
	Sonstige kurzfristige finanzielle Verbindlichkeiten
	Steuerschulden
	Summe der kurzfristigen Schulden
Summe der Vermögenswerte	**Summe der Schulden und des Eigenkapitals**

Abb. 1: Beispiel einer Bilanzgliederung nach der Fristigkeit

12 In der obigen Abbildung sind die jahresabschlussspezifischen Bilanzposten aus der Auflistung des IFRS-SMEs Abschn. 4.2 aufgeführt. Sowohl hinsichtlich der Anordnung der Hauptgruppen als auch **innerhalb der gebildeten Hauptgruppen kurz- und langfristiger Vermögenswerte und Schulden und des Eigenkapitals** sieht der IFRS-SMEs Abschn. 4 **kein verbindliches Gliederungskriterium** vor (vgl. IFRS-SMEs Abschn. 4.9). In der obigen Bilanz wurde dazu die in § 266 HGB vorgesehene Bilanzgliederung zugrunde gelegt.

Beispiel einer Bilanzgliederung nach der Liquidierbarkeit:
Die folgende Abbildung zeigt eine Bilanz, deren Vermögenswerte und Schulden entsprechend ihrer Liquidierbarkeit angeordnet sind.

Vermögenswerte	Schulden und Eigenkapital
Immaterielle Vermögenswerte	**Eigenkapital**
Sachanlagen	Gezeichnetes Kapital
Biologische Vermögenswerte, bewertet zu fortgeführten Anschaffungs- und Herstellungskosten abzüglich Wertminderung	Kapitalrücklage

Vermögenswerte	Schulden und Eigenkapital
Biologische Vermögenswerte, bewertet zum beizulegenden Zeitwert	Gewinnrücklagen
Als Finanzinvestition gehaltene Immobilien, bewertet zum beizulegenden Zeitwert	Kumulierter versicherungsmathematischer Gewinn bei leistungsorientierten Pensionsplänen
Beteiligungen	Bilanzgewinn
Aktive latente Steuern	**Summe des Eigenkapitals**
Vorräte	
Forderungen aus Lieferungen und Leistungen und sonstige Forderungen	**Schulden**
Sonstige kurzfristige finanzielle Vermögenswerte	Pensionsrückstellungen
Steuererstattungsansprüche	Bankkredite
Zahlungsmittel- und Zahlungsmitteläquivalente	Passive latente Steuern
	Rückstellungen
	Ausleihungen
	Verbindlichkeiten aus Lieferungen und Leistungen und sonstige Verbindlichkeiten
	Sonstige kurzfristige finanzielle Verbindlichkeiten
	Steuerschulden
	Überziehungskredite
	Summe der Schulden
Summe der Vermögenswerte	**Summe der Schulden und des Eigenkapitals**

Abb. 2: Beispiel einer Bilanzgliederung nach der Liquidierbarkeit

13 Aufgrund der fehlenden Trennung zwischen kurz- und langfristigen Vermögenswerten ist diese Darstellung grundsätzlich mit einem geringeren Informationsnutzen verbunden, da ein Bilanzposten maximal einmal in der Bilanz erscheint, während er bei Differenzierung nach kurz- und langfristigen Elementen grundsätzlich zweimal in der Bilanz aufgeführt werden kann. Die Bilanzposten werden nach **vermuteter Liquiditätsnähe** angeordnet. Eine **Reihenfolge** ist **unter Umständen nicht eindeutig bestimmbar.** Dies ist beispielsweise bei Pensionsrückstellungen und Bankkrediten der Fall. Teile der Pensionsrückstellungen sind mit der Auszahlung der Betriebsrente im nächsten Monat fällig, der Großteil allerdings je nach Altersstruktur der Belegschaft und der Pensionäre und je nach Pensionsplan erst zB in fünf bis 80 Jahren. Der langfristige Bankkredit könnte beispielsweise in drei oder in acht Jahren rückzahlbar sein. Die vollständigen Bilanzposten lassen sich damit mathematisch eindeutig in eine Reihung nach der Liquidierbarkeit bringen.

D. Kurzfristige Vermögenswerte

14 Ein Vermögenswert ist nach IFRS-SMEs Abschn. 4.5 als kurzfristig zu klassifizieren, wenn

- das Unternehmen seine Realisation bzw. seinen **Verkauf oder Verbrauch innerhalb des normalen Geschäftszyklus** erwartet bzw. beabsichtigt, oder
- er primär **zu Handelszwecken** gehalten wird, oder
- das Unternehmen erwartet, den Vermögenswert **innerhalb von zwölf Monaten** nach dem Abschlussstichtag zu realisieren, oder
- es sich um **Zahlungsmittel oder Zahlungsmitteläquivalente** handelt, es sei denn der Tausch oder die Nutzung des Vermögenswerts zur Erfüllung einer Verpflichtung sind für einen Zeitraum von mindestens zwölf Monaten nach dem Bilanzstichtag eingeschränkt.

15 Treffen diese alternativen Kriterien nicht zu, handelt es sich um einen langfristigen Vermögenswert. Ist die Dauer des normalen Geschäftszyklus nicht eindeutig bestimmbar, so wird hierfür ein Zeitraum von zwölf Monaten angenommen (IFRS-SMEs Abschn. 4.6).

16 Typische Beispiele für kurzfristige Vermögenswerte sind Vorräte mit Roh-, Hilfs- und Betriebsstoffen, unfertige und fertige Erzeugnisse sowie Forderungen aus Lieferungen und Leistungen. Charakteristisch ist, dass sie innerhalb des normalen Geschäftszyklus umgesetzt werden, der auch die Dauer von zwölf Monaten überschreiten kann (vgl. IFRS Foundation, 2010, 8). Der IFRS-SMEs befasst sich nicht mit dem Begriff des normalen Geschäftszyklus. Nach IFRS-SMEs Abschn. 10.6 kann hier auf IAS 1.68 zurückgegriffen werden, der den Geschäftszyklus definiert als »Zeitraum zwischen dem Erwerb von Vermögenswerten, die in einen Prozess eingehen, und deren Umwandlung in Zahlungsmittel oder Zahlungsmitteläquivalente.«

> *Beispiel:*
> Üblicherweise lagern in einem Unternehmen des Spezialmaschinenbaus die Rohstoffe im Eingangslager einen Monat. Die Durchlaufzeit (= Bearbeitungszeit + Liegezeiten) von der Auftragsfreigabe bis zur Fertigstellung der Spezialmaschine beträgt im Durchschnitt 14 Monate. Anschließend befinden sich die Spezialmaschinen noch einen Monat im Auslieferungslager. Nach Auslieferung und gleichzeitiger Rechnungsstellung erfolgt in der Regel nach weiteren drei Monaten der Zahlungseingang. Der normale Geschäftszyklus des Unternehmens beträgt damit 19 Monate (vgl. IFRS Foundation, 2010, 8).

17 Andere **nicht finanzielle Vermögenswerte, die nicht Bestandteil des normalen Geschäftszyklus des Unternehmens** und nicht in den Produktionsprozess involviert sind, müssen nur dann als kurzfristige Vermögenswerte klassifiziert werden, wenn für sie erwartet wird, dass sie innerhalb von zwölf Monaten nach dem Abschlussstichtag umgesetzt werden. Aufgrund des fehlenden Einsatzes im Produktionsprozess kann für sie kein »normaler« Geschäftszyklus festgestellt werden, so dass nach IFRS-SMEs Abschn. 4.6 die **Zwölf-Monats-Frist** greift. Für die Klassifikation dieser Vermögenswerte als kurzfristige Vermögenswerte ist die Dauer des normalen Geschäftszyklus der Unternehmensprodukte irrelevant (vgl. IFRS Foundation, 2010, 8).

> *Beispiele (vgl. IFRS Foundation, 2010, 8 f.):*
> - Ein zwölf Monate deutlich übersteigender normaler Geschäftszyklus ist die Whiskyherstellung mit einem 24-monatigen Destillationsprozess.
> - Wird eine gebrauchte Maschine am Jahresende auf Ziel verkauft und eine Zahlungsfrist von 14 Monaten vereinbart, so gehören die Forderungen nicht zu den kurzfristigen Vermögenswerten. Der Verkauf der eigenen Maschine auf Ziel definiert nicht den normalen Geschäftszyklus. Würde hingegen ein Zahlungsziel von drei Monaten vereinbart werden, wäre innerhalb von zwölf Monaten nach Abschlussstichtag mit dem Zahlungs-

eingang zu rechnen; die Forderung wäre als kurzfristiger Vermögensgegenstand zu klassifizieren. Bei der Erstellung des nächsten Abschlusses hat die ursprünglich über 14 Monate laufende Forderung nur noch eine Restlaufzeit von 2 Monaten und ist daher als kurzfristiger Vermögenswert zu klassifizieren.

- Eine Geldanlage in dreijährigen verzinslichen Schuldverschreibungen, die in drei gleichen Jahresraten vom Schuldner zu tilgen ist, führt dazu, dass der am Jahresende zu erwartende Tilgungsbetrag sowie die Zinszahlungen für das abgelaufene Jahr beim Gläubiger als kurzfristige Vermögenswerte zu klassifizieren sind. Die späteren Resttilgungen sind hingegen nicht kurzfristig.

18 Die letzten beiden Beispiele zeigen, dass Vermögenswerte bei der Unterscheidung zwischen kurzfristig und nicht-kurzfristig auch aufgeteilt werden können. Ferner wird deutlich, dass allein durch Zeitablauf eine Umklassifizierung von nicht kurzfristig zu kurzfristig erfolgt. Entscheidend ist bei finanziellen Vermögenswerten die aktuelle Restlaufzeit. Die **Umklassifizierung durch Zeitablauf** ist **keine Durchbrechung der Darstellungsstetigkeit** im Sinne des IFRS-SMEs Abschn. 3.11 und führt daher auch zu keiner weiteren Berichtspflicht.

E. Kurzfristige Schulden

19 Als kurzfristig ist eine Schuld entsprechend IFRS-SMEs Abschn. 4.7 dann einzustufen, wenn

- eine Erfüllung **innerhalb des normalen Geschäftszyklus** des Unternehmens erwartet wird, oder
- der Schuldtitel primär **zu Handelszwecken** gehalten wird, oder
- die Schuld **innerhalb von zwölf Monaten** nach dem Abschlussstichtag zu erfüllen ist, oder
- das Unternehmen **kein uneingeschränktes Recht** hat, **die Erfüllung der Schuld um mindestens zwölf Monate** nach dem Abschlussstichtag **hinauszuschieben.**

20 Treffen diese alternativen Kriterien nicht zu, handelt es sich um eine langfristige Schuld (IFRS-SMEs Abschn. 4.7).

21 Einige Schulden wie zB Verbindlichkeiten aus Lieferungen und Leistungen und Verbindlichkeiten für Lohn- und Gehaltsaufwendungen und andere operativen Aufwendungen stehen allerdings unmittelbar mit dem normalen Geschäftszyklus in Verbindung. Derartige Schulden hat ein Unternehmen auch dann als kurzfristig zu klassifizieren, wenn sie später als zwölf Monate nach dem Abschlussstichtag zu begleichen sind (vgl. IFRS Foundation, 2010, 8). Hinsichtlich der Dauer des normalen Geschäftszyklus wird hier auf die Abgrenzung der kurzfristigen Vermögenswerte verwiesen.

22 Als Beispiele für andere Schulden, die innerhalb von zwölf Monaten nach dem Abschlussstichtag zu erfüllen sind oder primär zu Handelszwecken gehalten werden, sind Finanzverbindlichkeiten, Überziehungskredite, der kurzfristig fällige Teil der langfristigen Verbindlichkeiten, Dividendenverbindlichkeiten, Steuerverbindlichkeiten und sonstige Verbindlichkeiten zu nennen (vgl. IFRS Foundation, 2010, 10).

23 Analog zu den Vermögenswerten kann auch bei den Schulden eine Aufspaltung in kurzfristig und nicht kurzfristig sowie eine **Umklassifizierung allein durch Zeitablauf** erfolgen, wobei die aktuelle Restlaufzeit entscheidend ist und wiederum **keine Durchbrechung der Darstellungsstetigkeit** im Sinne des IFRS-SMEs Abschn. 3.11 vorliegt.

24 Keine Umklassifizierung im Sinne des IFRS-SMEs Abschn. 3.11 stellt die Klassifikation eines ursprünglich langfristigen Kredites als kurzfristige Schuld dar, die deshalb erfolgen muss, weil es zu einer Nichteinhaltung von Finanzkennzahlen der Kreditvereinbarung kam, welche dem

Kreditgeber die Möglichkeit zur sofortigen Kreditkündigung gibt. Selbst wenn der Kreditgeber nach dem Abschlussstichtag förmlich erklärt, dass er von der Kündigungsmöglichkeit keinen Gebrauch machen wird, bleibt es bei der Klassifikation als kurzfristige Schuld, da das Unternehmen eine Kreditkündigung durch den Gläubiger während der nächsten zwölf Monate rechtlich nicht ausschließen kann. Dieses nachträgliche Ereignis führt zu keiner Anpassung des Abschlusses (siehe auch IFRS-SMEs Abschn. 32) (vgl. IFRS Foundation, 2010, 10).

F. Reihenfolge und Berichtsformat der Bilanzposten

25 Der IFRS-SMEs schreibt **kein fixes Gliederungsschema oder Berichtsformat** (Kontoform oder Staffelform) vor (IFRS-SMEs Abschn. 4.9). IFRS-SMEs Abschn. 4.2 enthält lediglich eine Aufzählung von Abschlussposten, die sich in ihrer Art oder Funktion ausreichend unterscheiden, um in der Bilanz separat aufgeführt zu werden. So wird beispielsweise ein Gebäude, das zur Produktion benutzt wird, als Sachanlage (siehe IFRS-SMEs Abschn. 17) und ein Gebäude, das zur Erzielung von Mieteinnahmen dient, als Finanzinvestition gehaltene Immobilie (siehe IFRS-SMEs Abschn. 16) aufgeführt.

26 Bilanzposten werden eingefügt, wenn der Betrag, die Art oder die Funktion der entsprechenden Rechnungsgrößen dies für das Verständnis von der Vermögenslage erforderlich macht. Ferner zeigt die Verwendung unterschiedlicher Bewertungsmaßstäbe Unterschiede in der Liquiditätsnähe oder Nutzung an, die zu einer Aufnahme separater Bilanzposten führt (vgl. IFRS Foundation, 2010, 12).

27 Ebenso sind die Bezeichnungen und/oder die Reihenfolge der Abschlussposten anzupassen, wenn hierdurch ein besseres Verständnis der Vermögenslage erreicht werden kann. Die Beurteilung, ob zusätzliche Bilanzposten aufgenommen werden, hängt von der gesamthaften Bewertung des Betrags, der Art und der Liquidierbarkeit der Vermögenswerte, der Bewertung der Funktion der Vermögenswerte innerhalb des Unternehmens und der Bewertung des Betrags, der Art und der Fälligkeit der Schulden ab (IFRS-SMEs Abschn. 4.10).

G. In der Bilanz oder im Anhang darzustellende Informationen

I. Aufgliederung von Bilanzposten

28 In der Bilanz oder im Anhang sind nach IFRS-SMEs Abschn. 4.11 die folgenden Bilanzposten aufzugliedern bzw. von den im IFRS-SMEs Abschn. 4.2 genannten Bilanzposten zu separieren:

(a) **Sachanlagen** entsprechend der Geschäftstätigkeit des Unternehmens: Hier kann zB nach Grundstücken und Gebäuden, Maschinen und maschinellen Anlagen, Fuhrpark, Betriebs- und Geschäftsausstattung unterschieden werden. Luftfahrtunternehmen werden ihre Flugzeuge, Reedereien ihre Schiffe als separate Bilanzposten aufnehmen.

(b) **Forderungen aus Lieferungen und Leistungen** und **sonstige Forderungen** mit separater Betragsangabe der Forderungen gegenüber nahestehenden Unternehmen und Personen, der Forderungen gegenüber anderen Unternehmen und Personen sowie der sonstigen Forderungen, die aus der Ertragsabgrenzung resultieren und noch nicht in Rechnung gestellt wurden (antizipative Rechnungsabgrenzung).

(c) **Vorräte** mit separater Angabe der Beträge aus Fertigerzeugnissen und Waren, der unfertigen Erzeugnisse sowie der Roh-, Hilfs- und Betriebsstoffe einschließlich bezogener Bestandteile.
(d) **Verbindlichkeiten aus Lieferungen und Leistungen** und **sonstige Verbindlichkeiten** mit separater Angabe der Verbindlichkeiten gegenüber Handelspartnern, gegenüber nahestehenden Unternehmen und Personen sowie sonstige Verbindlichkeiten (antizipative Rechnungsabgrenzung) sowie (transitorische) (aktive und passive) Rechnungsabgrenzungsposten.
(e) **Rückstellungen für Pensionen** und ähnliche Verpflichtungen
(f) **Eigenkapitalkategorien,** wie zB die eingezahlten Einlagen, das Eigenkapital der Vorzugsaktionäre, die Gewinnrücklagen oder Beträge, die nach dem IFRS-SME im sonstigen Ergebnis erfasst und gesondert im Eigenkapital ausgewiesen werden.

29 Zu beachten ist, dass die transitorische Rechnungsabgrenzung zwar im Zusammenhang mit den Verbindlichkeiten aufgeführt wird, dass der Wortlaut des englischsprachigen Originaltexts des IFRS-SMEs jedoch nicht auf eine Beschränkung auf passivische Rechnungsabgrenzungsposten schließen lässt.

II. Informationen zu den Anteilspapieren

30 Für **Unternehmen, die Aktien ausgegeben haben,** sind nach IFRS-SMEs Abschn. 4.12 separat für jede Aktienkategorie weitergehende Informationen in der Bilanz oder – aufgrund des Umfangs zweckmäßigerweise – im Anhang anzugeben:

- Anzahl genehmigter Aktien;
- Anzahl der ausgegebenen Aktien, die voll eingezahlt und die nicht voll eingezahlt sind;
- Nennwert der Aktien oder der Hinweis, dass es sich um Stückaktien handelt;
- **Überleitungsrechnung** von dem Stand der im Umlauf befindlichen Aktien vom Beginn bis zum Ende der Periode;
- Rechte, Vorzugsrechte und Beschränkungen der Aktienkategorie einschließlich Beschränkungen des Dividendenbezugs und der Kapitalrückzahlung;
- Eigene Aktien im Besitz des Unternehmens oder im Besitz eines Tochterunternehmens oder assoziierten Unternehmens dieses Unternehmens;
- Aktien, die für die Ausübung von Optionen oder für Verkaufsverträge zurückgestellt sind, einschließlich der Angabe der Beträge und Ausübungs- bzw. Vertragsbedingungen.

III. Weitere Informationen

31 Ferner ist im Anhang jede Rücklagenart zu beschreiben (IFRS-SMEs Abschn. 4.12(b)). Dazu gehört beispielsweise die Erläuterung der Zusammensetzung der Gewinnrücklagen eines Unternehmens.

32 **Unternehmen, die keine Aktien ausgegeben haben,** zB Personengesellschaften oder Treuhandfonds, sollen nach IFRS-SMEs Abschn. 4.13 in analoger Weise über den Stand und die Veränderungen ihrer Eigenkapitalkategorien einschließlich der damit verbundenen Rechte, Vorzugsrechte und Beschränkungen berichten. Dies gilt in Deutschland insbesondere auch für die Gesellschaften mit beschränkter Haftung.

33 Falls das Unternehmen am Abschlussstichtag eine **bindende Verkaufsvereinbarung über eine größere Menge von Vermögenswerten** oder eine Gruppe von Vermögenswerten und

Schulden abgeschlossen hat, dann sind nach IFRS-SMEs Abschn. 4.14 eine Beschreibung der Vermögenswerte und/oder Schulden mit den Verkaufsmodalitäten sowie die Restbuchwerte anzugeben.

H. Vergleich mit IFRS und HGB

34 Im Folgenden sind die wichtigsten Regelungen des IFRS-SMEs, der IFRS und des HGB hinsichtlich der Darstellung der Bilanz gegenübergestellt.

Regelung	IFRS (IAS 1)	IFRS-SMEs (Abschn. 4)	HGB
Anwendungsbereich	Umfang und Darstellungsweise der in der Bilanz zu präsentierenden Informationen	Umfang und Darstellungsweise der in der Bilanz zu präsentierenden Informationen	Umfang und Darstellungsweise der in der Bilanz zu präsentierenden Informationen
In der Bilanz darzustellende Informationen	Detaillierte Auflistung von Vermögenswerten, Schulden und Eigenkapital	Detaillierte Auflistung von Vermögenswerten, Schulden und Eigenkapital	Einzelunternehmen und Personengesellschaften: Ausweis von Anlage- und Umlaufvermögen, Eigenkapital, Schulden und Rechnungsabgrenzungsposten, die hinreichend aufzugliedern sind; Kapitalgesellschaften: Detaillierte Mindestgliederung
Unterscheidung von Kurz- und Langfristigkeit	Unterscheidung nach kurz- und langfristigen Vermögenswerten und Schulden; alternative Gliederung nach Liquidierbarkeit; Angabe des Betrags, der sich nach zwölf Monaten realisieren lässt oder erfüllen wird, bei jedem Bilanzposten	Unterscheidung nach kurz- und langfristigen Vermögenswerten und Schulden; alternative Gliederung nach Liquidierbarkeit	Unterscheidung nach Anlage- und Umlaufvermögen, Vermerk des Betrags der kurzfristigen Forderungen und Verbindlichkeiten bei jedem Bilanzposten
Kurzfristige Vermögenswerte	Ein kurzfristiger Vermögenswert realisiert sich innerhalb eines Geschäftszyklus oder innerhalb von zwölf Monaten, wird für Handelszwecke gehalten oder gehört zu Zahlungsmitteln und Zahlungsmitteläquivalenten	Ein kurzfristiger Vermögenswert realisiert sich innerhalb eines Geschäftszyklus oder innerhalb von zwölf Monaten, wird für Handelszwecke gehalten oder gehört zu Zahlungsmitteln und Zahlungsmitteläquivalenten	Vermögensgegenstände des Umlaufvermögens sind nicht dazu bestimmt, dem Geschäftsbetrieb dauerhaft zu dienen; Auslegung: liquidierbar innerhalb eines Jahres oder eines Geschäftszyklus
Kurzfristige Schulden	Von einer kurzfristigen Schuld wird erwartet, dass sie innerhalb eines Geschäftszyklus oder innerhalb von zwölf Monaten beglichen wird, oder sie für Handelszwecke gehalten wird oder das Unternehmen kein uneingeschränktes Recht hat, die Fälligkeit der Schuld um mindestens zwölf Monate zu verschieben	Von einer Schuld wird erwartet, dass sie innerhalb eines Geschäftszyklus oder innerhalb von zwölf Monaten beglichen wird, oder die Schuld wird für Handelszwecke gehalten oder das Unternehmen kein uneingeschränktes Recht hat, die Fälligkeit der Schuld um mindestens zwölf Monate zu verschieben	Verbindlichkeiten mit einer Restlaufzeit bis zu einem Jahr

Regelung	IFRS (IAS 1)	IFRS-SMEs (Abschn. 4)	HGB
Reihenfolge und Berichtsform der Bilanzposten	keine Vorgaben innerhalb der Gliederung nach kurz- und langfristigen Vermögenswerten und Schulden; Gliederung nach Liquidierbarkeit oder Gliederung nach Mix aus Fristigkeit und Liquidierbarkeit möglich; keine Vorgaben zur Berichtsform (Kontoform versus Staffelform)	keine Vorgaben innerhalb der Gliederung nach kurz- und langfristigen Vermögenswerten und Schulden; Gliederung nach Liquidierbarkeit möglich; keine Vorgaben zur Berichtsform (Kontoform versus Staffelform)	Kapitalgesellschaften: Reihenfolge entsprechend detailliertem Mindestgliederungsschema, zwingende Kontoform
In der Bilanz oder im Anhang darzustellende Informationen	Aufgliederung von bestimmten Bilanzposten (Sachanlagen, Forderungen, Vorräte, Verbindlichkeiten, Rückstellungen, Eigenkapitalkategorien) und Informationen zu den Anteilspapieren (diese können auch in der Eigenkapitalveränderungsrechnung aufgenommen werden)	Aufgliederung von bestimmten Bilanzposten (Sachanlagen, Forderungen, Vorräte, Verbindlichkeiten, Rückstellungen, Eigenkapitalkategorien) und Informationen zu den Anteilspapieren	Zahlreiche Einzelangaben, von Bedeutung ist insbesondere das Anlagengitter

Abschnitt 5 Gesamtergebnisrechnung und gesonderte Gewinn- und Verlustrechnung (Statement of Comprehensive Income and Income Statement)

Matthias Amen

Inhaltsverzeichnis

Schrifttum

Baetge/Wollmert/Kirsch/Oser/Bischof (Hrsg.), Rechnungslegung nach IFRS, (IFRS-Komm.), 2. Aufl. Stuttgart 2002; *Bonham/Curtis/Davies/Dekker/Denton/Moore/Richards/Wilkinson-Riddle/Williams/Wilson,* International GAAP 2007, London 2006; *Heuser/Theile* IFRS-Handbuch, 4. Aufl., Köln 2009; *IFRS Foundation,* Training Material for the IFRS for SMEs, Module 5 – Statement of Comprehensive Income and Income Statement, 2010; *Kirsch,* IFRS-Rechnungslegung für kleine und mittlere Unternehmen, 2. Aufl. Herne, 2009; *Kuhnle/Banzhaf,* Gewinn- und Verlustrechnung nach IFRS, München 2007; *Petersen/Bansbach/Dornbach,* IFRS Praxishandbuch, 4. Aufl., München 2009; *Schlüter,* in: Bohl/Riese/Schlüter, Beck'sches IFRS-Handbuch, 3. Aufl., München 2009, 581-622; *Wagenhofer,* Internationale Rechnungslegungsstandards – IAS/IFRS, 6. Aufl., München 2009; *Weber,* in: Ballwieser/Beine/Hayn/Peemöller/Schruff/Weber (Hrsg.), Wiley Kommentar zur internationalen Rechnungslegung nach IFRS 2009, 5. Aufl., Weinheim 2009, 115-146.

A. Anwendungsbereich

1 Ein Unternehmen muss seine Erfolgslage für die Rechnungslegungsperiode im Gesamtergebnis zeigen. Dazu sind wahlweise eine oder zwei Rechnungen darzustellen, die im IFRS-SMEs Abschn. 5 ausführlicher hinsichtlich Umfang und Art der Informationsvermittlung beschrieben werden als dies in der Zusammenstellung des IFRS-SMEs Abschn. 3.17(b) der Fall ist (IFRS-SMEs Abschn. 5.1).

2 In der Gesamtergebnisrechnung werden die Aufwendungen (*expenses*) von den Erträgen (*income*) subtrahiert, um das **Gesamtergebnis** (*comprehensive income*) der Rechnungslegungsperiode zu errechnen. Die Begriffsabgrenzung der Aufwendungen und der Erträge ist von den Definitionen des Vermögenswerts bzw. der Schuld abgeleitet (IFRS-SMEs Abschn. 2.15).

3 Dabei sind **Aufwendungen** Verminderungen des wirtschaftlichen Nutzens in der Rechnungslegungsperiode in Form von Abgang oder Verbrauch von Vermögenswerten oder

Steigerungen von Schulden, die zu einer Abnahme des Eigenkapitals führen (IFRS-SMEs Abschn. 2.23 (b)).

4 **Erträge** sind dementsprechend Zunahmen des wirtschaftlichen Nutzens in der Rechnungslegungsperiode in Form von Zugang oder Zunahme von Vermögenswerten oder Verminderungen von Schulden, die zu einer Zunahme des Eigenkapitals führen (IFRS-SMEs Abschn. 2.23 (a)).

5 Die Eigenkapitalveränderungen durch Aufwendungen und Erträge resultieren nicht aus den Transaktionen mit den Eigentümern aus ihrer Eigenschaft als Eigenkapitalgeber (Kapitaleinlagen, Kapitalrückzahlungen, Auszahlungen der Gewinnanteile). Mit der direkten Verbindung der Definitionsmerkmale von Aufwendungen und Erträgen zu den Vermögenswerten und Schulden wirken sich auch die für Vermögenswerte und Schulden in IFRS-SMEs Abschn. 2.27 geforderten Ansatzkriterien auf die Aufwendungen und Erträge aus. Fließen beispielsweise finanzielle Mittel für die Anschaffung oder Herstellung eines Vermögenswerts ab, der jedoch mangels Erfüllung der Ansatzkriterien (hinreichende Wahrscheinlichkeit des Zuflusses künftigen wirtschaftlichen Nutzens, zuverlässige Bewertbarkeit) nicht aktiviert wird, so sind diese finanziellen Mittelabflüsse als Aufwand der Periode zu erfassen.

6 IFRS-SMEs Abschn. 5.4(b) führt drei Kategorien von Erträgen und Aufwendungen an, die nicht in den **Gewinn oder Verlust** (*profit or loss*) der Periode einbezogen werden, aber dennoch Bestandteil des **Gesamtergebnisses** (*comprehensive income*) sind. Sie stellen das **sonstige Ergebnis** (*other comprehensive income*) dar, das jedoch in IFRS-SMEs Abschn. 5 keine eigenständige Bezeichnung erhält (vgl. IFRS Foundation, 2010, 3). Die beiden Rechnungsziele Gewinn oder Verlust sowie Gesamtergebnis können in einem gemeinsamen Rechenwerk oder in zwei separaten Rechenwerken ermittelt werden. Dies sowie die Angabe der mindestens in dem/den Rechenwerk/en zu zeigenden Posten ist Gegenstand des IFRS-SMEs Abschn. 5. Zusätzlich zu der Untergliederung in Gewinn oder Verlust und Gesamtergebnis steht es dem Unternehmen frei, weitere Zwischensalden in die Rechenwerke einzufügen (vgl. IFRS Foundation, 2010, 3).

B. Darstellung des Gesamtergebnisses

I. Single-statement und two-statement approach

7 Ein Unternehmen hat das Gesamtergebnis für die Rechnungslegungsperiode entweder in einer kombinierten **Gesamtergebnisrechnung** (*statement of comprehensive income*) oder in einer **gesonderten Gewinn- und Verlustrechnung** (*income statement*) zusätzlich zu der (Rest-)Gesamtergebnisrechnung zu präsentieren (IFRS-SMEs Abschn. 5.2), wobei jedoch die (Rest-)Gesamtergebnisrechnung unverändert als Gesamtergebnisrechnung bezeichnet wird.

single-statement approach			**two-statement approach**	
	Gesamtergebnisrechnung (*statement of comprehensive income*)			**gesonderte Gewinn- und Verlustrechnung (*income statement*)**
	Erträge (soweit nicht sonstiges Ergebnis)	⇔		Erträge (soweit nicht sonstiges Ergebnis)
-	Aufwendungen (soweit nicht sonstiges Ergebnis)	⇔	-	Aufwendungen (soweit nicht sonstiges Ergebnis)
=	Gewinn oder Verlust (*profit or loss*)	⇔	=	Gewinn oder Verlust (*profit or loss*)
				Gesamtergebnisrechnung (*statement of comprehensive income*)
				Gewinn oder Verlust (*profit or loss*)
+	Erträge des sonstigen Ergebnisses	⇔	+	Erträge des sonstigen Ergebnisses
-	Aufwendungen des sonstigen Ergebnisses	⇔	-	Aufwendungen des sonstigen Ergebnisses
=	Gesamtergebnis (*comprehensive income*)	⇔	=	Gesamtergebnis (*comprehensive income*)

Abb. 1: Gegenüberstellung von single-statement und two-statement approach der Ergebnisrechnung

8 Letztlich ist dies nur eine Darstellungsfrage, da sich die (Rest-)Gesamtergebnisrechnung der Separationslösung direkt an den Saldo der gesonderten Gewinn- und Verlustrechnung anschließt. In dieser (Rest-)Gesamtergebnisrechnung erfolgt nach dem Eröffnungssaldo nur noch die Auflistung der Komponenten des sonstigen Ergebnisses. Faktisch liegt also lediglich eine Ausgliederung der im sonstigen Ergebnis zu erfassenden Aufwendungen und Erträge vor. Dennoch ist das **Gebot der Darstellungsstetigkeit** einzuhalten (vgl. auch IFRS-SMEs Abschn. 10.7) und nach IFRS-SMEs Abschn. 5.3 ein **Wechsel in der Darstellungsart** als **Wechsel in der Rechnungslegungsmethode** aufzufassen, für den IFRS-SMEs Abschn. 10.12 zu beachten ist.

II. Vorjahresanpassungen in der Gesamtergebnisrechnung

9 Nicht in der Gesamtergebnisrechnung zu erfassen sind die **Effekte von Fehlerkorrekturen und Änderungen der Rechnungslegungsmethode** (IFRS-SMEs Abschn. 5.4 (a) und 5.8). Für diese sind im Abschluss **retrospektive Anpassungen der vergangenen Perioden** durchzuführen, maW sind die im Abschluss angegebenen Vorjahreswerte an die Korrektur oder die aktuelle Rechnungslegungsmethode anzupassen. Sofern eine retrospektive Anpassung nicht möglich ist, werden die **jeweiligen Anfangsbestände der betroffenen Eigenkapitalposten korrigiert** (IFRS-SMEs Abschn. 10.12).

Beispiel:

	Gesamtergebnisrechnung	X2	X1
	Umsatzerlöse	703.520 €	550.620 €
+	Sonstige betriebliche Erträge	54.000 €	32.000 €
-	Materialaufwendungen	428.000 €	299.800 €
-	Personalaufwendungen	78.000 €	76.000 €
-	Abschreibungen (X1: vormals berichtet 21.200 €)	25.600 €	29.000 €
-	Sonstige betriebliche Aufwendungen	4500 €	3250 €
-	Finanzaufwendungen	22.300 €	19.700 €
-	Steueraufwand (X1: vormals berichtet 48.801 €)	59.736 €	46.461 €
=	**Gewinn = Gesamtergebnis (X1: vormals berichtet 113.869 €)**	**139.384 €**	**108.409 €**

Abb. 2: Darstellung von retrograden Korrekturen in der Gesamtergebnisrechnung

Im Abschluss des Jahres X1 waren die Abschreibungen mit 21.200 € zu niedrig angesetzt. Im Abschluss des Jahres X2 werden die Abschreibungen des Jahres X1 nun korrekt mit 29.000 € angegeben. Damit erfolgt eine Anpassung des Gewinns vor Steuern des Jahres X1, des Steueraufwands des Jahres X1 und des Gewinns (nach Steuern) des Jahres X1, der hier mit dem Gesamtergebnis übereinstimmt.

III. Bestandteile des sonstigen Ergebnisses

10 Als Bestandteile des »**sonstigen Ergebnisses**« nennt IFRS-SMEs Abschn. 5.4 (b) abschließend die Folgenden:

- Einige Gewinne und Verluste, die im Konzernabschluss aus der **Währungsumrechnung** entstehen. Hierzu wird auf die Kommentierungen zu IFRS-SMEs Abschn. 10 und 30 verwiesen.
- **Versicherungsmathematische Gewinne und Verluste aus der Rechnungslegung über leistungsorientierte Pensionszusagen,** sofern sich das Unternehmen nicht dazu entschlossen hat, sie alternativ in der Gewinn- und Verlustrechnung zu erfassen (IFRS-SMEs Abschn. 28.24).
- Einige **Veränderungen des beizulegenden Zeitwerts von Sicherungsinstrumenten** (Hedging). Hierzu wird auf die Kommentierungen zu IFRS-SMEs Abschn. 12 verwiesen.

11 Aus IFRS-SMEs Abschn. 5.5(d) ist ersichtlich, dass die dort aufgeführten Steueraufwendungen nicht im Zusammenhang mit aufgegebenen Geschäftsbereichen stehen und sich nicht auf die Bestandteile des sonstigen Ergebnisses beziehen. Die auf das sonstige Ergebnis anfallende Steuer ist gem. IFRS-SMEs Abschn. 29.32(a) separat zu zeigen.

IV. Mindestinhalt der Gesamtergebnisrechnung

12 In der **Gesamtergebnisrechnung** bzw. im Gewinn oder Verlust und in der (Rest-)Gesamtergebnisrechnung sind nach IFRS-SMEs Abschn. 5.5 bis 5.7 **mindestens die folgenden Posten** auszuweisen:

(a) Umsatzerlöse;
(b) Finanzierungsaufwendungen;
(c) Gewinn- oder Verlustanteile an assoziierten Unternehmen (IFRS-SMEs Abschn. 14) und an Gemeinschaftsunternehmen (IFRS-SMEs Abschn. 15), deren Beteilungen at equity bewertet werden;
(d) Steueraufwendungen, soweit sie nicht in (e), (g) und (h) zu erfassen sind;
(e) Summe der Ergebnisses nach Steuern in Zusammenhang mit aufgegebenen Geschäftsbereichen;
(f) **Gewinn oder Verlust** (Sofern keine Posten des sonstigen Ergebnisses vorhanden sind, ist dieser Ausweis entbehrlich.);
(g) separater Ausweis der Bestandteile des sonstigen Ergebnisses ohne die in (h) einbezogenen Beträge;
(h) Anteil des sonstigen Ergebnisses, der auf assoziierte Unternehmen und Gemeinschaftsunternehmen entfällt, deren Beteiligung *at equity* bewertet wird;
(i) **Gesamtergebnis** (Sofern keine Posten des sonstigen Ergebnisses vorhanden sind, kann dieser Posten auch anders bezeichnet werden. Er entspricht dem Gewinn oder Verlust und kann daher auch so benannt werden.).

13 Aufgrund der Zuordnung der steuerlichen Wirkungen auf die Posten (e), (g) und (h) ist der **Steueraufwand** (d) **in der Gesamtergebnisrechnung entsprechend anzupassen.** In den Posten (e), (g) und (h) als Aufwand erfasste Verluste führen ggf. zur Ersparnis von (tatsächlichen oder latenten) Steuern. Wird der Aufwand bei den Posten (e), (g) und (h) netto unter Berücksichtigung der Steuerersparnis ausgewiesen, so sind die Steueraufwendungen (d) entsprechend zu erhöhen. Bei als Ertrag im sonstigen Ergebnis erfassten Netto-Gewinnen sind analog die Steueraufwendungen entsprechend zu vermindern.

V. Ausweis des Ergebnisses aufgegebener Geschäftsbereiche

14 Als **aufgegebener Geschäftsbereich** gilt nach dem Glossar des IFRS-SMEs ein Bestandteil eines Unternehmens, der bereits abgestoßen oder zum Verkauf zur Verfügung steht, und entweder einen eigenständigen Unternehmensbereich oder ein geographisches Tätigkeitsgebiet darstellt oder ein Tochterunternehmen ist, das ausschließlich zum Zweck der Weiterveräußerung erworben wurde.

15 Ist der Geschäftsbereich noch nicht veräußert worden, ist für einen derartigen aufgegebenen Geschäftsbereich nach IFRS-SMEs Abschn. 27.7 ein **Wertminderungsaufwand** zu bestimmen. Dieser errechnet sich aus der Differenz zwischen der aktuellen Buchwertsumme des aufgegebenen Unternehmensbereichs und dem höheren Betrag aus Nutzungswert und beizulegendem Zeitwert abzüglich der erwarteten Veräußerungskosten. Aufgrund der fehlenden Fortführungsabsicht findet eine Wertminderung bis auf den Zeitwert abzüglich der erwarteten Veräußerungskosten statt.

16 In der Gesamtergebnisrechnung ist **das laufende Ergebnis nach Steuern** des aufgegebenen Geschäftsbereichs sowie **das Ergebnis nach Steuern aus der Veräußerung der Vermögenswerte des aufgegebenen Geschäftsbereichs bzw. die Wirkung des Werthaltigkeitstests nach Steuern anzugeben.**

Beispiel:
Das Nach-Steuer-Ergebnis einen aufgegebenen Geschäftsbereichs beträgt 100 €. Die Buchwertsumme beträgt 200 €, der Steuersatz 30 %.

(a) Bei einem Verkauf zum Preis von 300 € ist hier ein Ergebnis von 100 € + 0,70 mm (300 € - 200 €) = 170 € auszuweisen.
(b) Bei noch nicht erfolgtem Verkauf, aber geschätztem beizulegenden Zeitwert von 160 € beträgt der Wertminderungsaufwand 40 €. In der Gesamtergebnisrechnung ist hier der Posten mit 100 € - 0,70 mm 40 € = 72 € auszuweisen.

VI. Ausweis weiterer Posten

17 In einem Konzernabschluss sind nach IFRS-SMEs Abschn. 5.6 in der (Rest-)Gesamtergebnisrechnung der **Anteil am Gewinn oder Verlust sowie der Anteil am Gesamtergebnis, der auf die Minderheitsgesellschafter und auf die Eigentümer des Mutterunternehmens** entfällt, jeweils separat anzugeben.

18 Es ist offensichtlich, dass IFRS-SMEs Abschn. 5.5 keine abschließende Aufstellung enthält, da die in der Regel wesentlichsten Aufwendungen wie zB die Materialaufwendungen, die Personalaufwendungen oder die Abschreibungen im Fall des Gesamtkostenverfahrens bzw. die Herstellungsaufwendungen zur Erstellung der abgesetzten Produkte, die Vertriebsaufwendungen oder die Verwaltungsaufwendungen im Fall des Umsatzkostenverfahrens keine Berücksichtigung finden. Die Art der Darstellung der Aufwendungen wird erst in IFRS-SMEs Abschn. 5.11 angesprochen, in dem sowohl das Gesamtkostenverfahren als auch das Umsatzkostenverfahren zugelassen wird. In IFRS-SMEs Abschn. 5.9 werden Unternehmen explizit aufgefordert, zusätzliche Posten, Überschriften und Zwischensummen in die Gesamterfolgsrechnung bzw. in der gesonderten Gewinn- und Verlustrechnung einzufügen, sofern diese geeignet sind, den Einblick in die Erfolgslage zu verbessern. Ein Ausweis außerordentlicher Aufwendungen und Erträge wird sowohl für die Gesamterfolgsrechnung bzw. gesonderte Gewinn- und Verlustrechnung als auch für den Anhang untersagt (IFRS-SMEs Abschn. 5.10).

VII. Anwendungsbeispiele für den single-statement und den two-statement approach

19

Die folgenden Beispiele verdeutlichen die obigen Ausführungen. Als Aufwendungen und Erträge des sonstigen Ergebnisses sind hier versicherungsmathematische Gewinne und Verluste bei der Bewertung der Verpflichtung für leistungsorientierte Pensionspläne aufgeführt. Bei einem Steuersatz von 30% betragen die versicherungsmathematische Verluste im Jahr 01 brutto 1500 € und netto 1050 €. Im Jahr 01 handelt es sich um versicherungsmathematische Gewinne in Höhe von brutto 2100 € und netto 1470 €. Als zusätzlicher Zwischensaldo ist der Gewinn vor Steuern ausgewiesen.

Beispiel: Single-statement approach

	Gesamtergebnisrechnung	X2	X1
	Umsatzerlöse	703.520 €	550.620 €
+	Sonstige betriebliche Erträge	54.000 €	32.000 €
-	Materialaufwendungen	428.000 €	299.800 €
-	Personalaufwendungen	78.000 €	76.000 €
-	Abschreibungen	25.600 €	29.000 €
-	sonstige betriebliche Aufwendungen	4500 €	3250 €
-	Finanzaufwendungen	22.300 €	19.700 €
=	**Gewinn vor Steuern**	**199.120 €**	**154.870 €**
-	Steueraufwand	59.736 €	46.461 €
=	**Gewinn**	**139.384 €**	**108.409 €**
+	versicherungsmathematische Gewinne bei der Bewertung der Verpflichtung für leistungsorientierte Pensionspläne einschließlich Steuerwirkung	-	1050 €
-	versicherungsmathematische Verluste bei der Bewertung der Verpflichtung für leistungsorientierte Pensionspläne einschließlich Steuerwirkung	1470 €	-
=	**Gesamtergebnis**	**137.914 €**	**109.459 €**

Abb. 3: Single-statement approach der Ergebnisdarstellung (leicht abgewandelt aus IFRS Foundation, 2010, 6)

Beispiel: Two-statement approach

	Gesonderte Gewinn- und Verlustrechnung	X2	X1
	Umsatzerlöse	703.520 €	550.620 €
+	Sonstige betriebliche Erträge	54.000 €	32.000 €
-	Materialaufwendungen	428.000 €	299.800 €
-	Personalaufwendungen	78.000 €	76.000 €
-	Abschreibungen	25.600 €	29.000 €
-	sonstige betriebliche Aufwendungen	4500 €	3250 €
-	Finanzaufwendungen	22.300 €	19.700 €
=	**Gewinn vor Steuern**	**199.120 €**	**154.870 €**
-	Steueraufwand	59.736 €	46.461 €
=	**Gewinn**	**139.384 €**	**108.409 €**

	Gesonderte Gewinn- und Verlustrechnung	X2	X1
	Gesamtergebnisrechnung	**X2**	**X1**
	Gewinn	139.384 €	108.409 €
+	versicherungsmathematische Gewinne bei der Bewertung der Verpflichtung für leistungsorientierte Pensionspläne einschließlich Steuerwirkung	-	1050 €
-	versicherungsmathematische Verluste bei der Bewertung der Verpflichtung für leistungsorientierte Pensionspläne einschließlich Steuerwirkung	1470 €	-
=	**Gesamtergebnis**	**137.914 €**	**109.459 €**

Abb. 4: Two-statement approach der Ergebnisdarstellung (leicht abgewandelt aus IFRS Foundation, 2010, 13)

C. Gliederungsprinzipien

I. Schematischer Vergleich von Gesamtkosten- und Umsatzkostenverfahren

20 Nach IFRS-SMEs Abschn. 5.11 können die Aufwendungen nach dem **Gesamtkostenverfahren** oder dem **Umsatzkostenverfahren** gegliedert werden. Zur Veranschaulichung werden beide Gliederungsprinzipien zur Ermittlung des Gewinns oder Verlusts (GuV) schematisch in Kontoform dargestellt.

Gesamtkostenverfahren

S GuV bei **Bestandsminderung** (Produktion < Absatz) H

S	H
	andere aktivierte Eigenleistungen (Produktion)
Aufwendungen der Periode (Produktion) gegliedert nach Aufwandsarten	
Bestandsveränderung (Absatz - Produktion)	**Umsatzerlöse** (Absatz)
Gewinn (Absatz)	

S GuV bei **Bestandsmehrung** (Produktion > Absatz) H

S	H
	andere aktivierte Eigenleistungen (Produktion)
Aufwendungen der Periode (Produktion)	**Bestandsveränderung** (Produktion - Absatz)
gegliedert nach Aufwandsarten	**Umsatzerlöse** (Absatz)
Gewinn (Absatz)	

⇓ ⇓

Umsatzkostenverfahren

S GuV H

S	H
Aufwendungen (Absatz) gegliedert nach Funktionsbereichen	**Umsatzerlöse** (Absatz)
Gewinn (Absatz)	

S GuV H

S	H
Aufwendungen (Absatz) gegliedert nach Funktionsbereichen	**Umsatzerlöse** (Absatz)
Gewinn (Absatz)	

Abb. 5: Schematischer Vergleich von Gesamtkostenverfahren und Umsatzkostenverfahren

21 Im Gesamtkostenverfahren sind die Aufwendungen der Periode für die Produktion der absatzbestimmten und der zum Einsatz im Unternehmen vorgesehenen Produkte (andere aktivierte Eigenleistungen) vollständig enthalten. Die Aufwendungen der Periode müssen also zunächst um die Herstellungskosten der anderen aktivierten Eigenleistungen korrigiert werden. Die obige Abbildung deutet den Korrekturvorgang durch die graue Unterlegung in Höhe der Herstellungskosten der anderen aktivierten Eigenleistungen im Soll und Haben an. Um den Gewinn der Periode, der sich stets auf die abgesetzte Menge bezieht, zu ermitteln, ist dann eine weitere Korrektur der reduzierten Aufwendungen der Periode, die sich nun auf die produzierte Menge absatzbestimmter Produkte beziehen, vorzunehmen. Dies geschieht durch die Einstellung der Bestandsveränderung, die identisch ist mit der Differenz zwischen Produktions- und Absatzmenge, um per Saldo die Aufwendungen der abgesetzten Produkte zu erhalten. Diese Korrekturen werden beim Umsatzkostenverfahren außerhalb der Erfolgsrechnung durchgeführt.

Die obige Darstellung in Kontoform verdeutlicht zwar den Unterschied zwischen dem Gesamtkostenverfahren und dem Umsatzkostenverfahren, jedoch ist es nicht möglich Zwischensalden einzufügen. IFRS-SMEs Abschn. 5 enthält keine Regelungen bezüglich der Darstellungsart, jedoch kommt faktisch nur die **Staffelform** in Frage, sobald es Erträge und Aufwendungen gibt, die nach IFRS-SMEs Abschn. 5.4(b) dem sonstigen Ergebnis zuzuordnen sind, da diese nach der Ein-Rechenwerk-Methode den Ausweis des Gewinns oder Verlusts als Zwischenergebnis erfordern.

22 Nach IFRS-SMEs Abschn. 5.5 und 5.7 sind die **Finanzierungsaufwendungen,** die **Summe der Ergebnisse nach Steuern in Zusammenhang mit aufgegebenen Geschäftsbereichen,** die nicht mit anderen Posten verrechneten **Steueraufwendungen** und die **Komponenten des sonstigen Ergebnisses** inkl. der darauf entfallenden Steuern **stets separat auszuweisen.**

23 Abschließend sei darauf hingewiesen, dass es sich beim Gesamtkostenverfahren und beim Umsatzkostenverfahren nur um zwei verschiedene Darstellungsarten handelt; das Gesamtergebnis und der Gewinn oder Verlust ist bei beiden identisch.

II. Gliederung nach dem Gesamtkostenverfahren

24 Im Gesamtkostenverfahren (IFRS-SMEs Abschn. 5.11 (a)) erfolgt die **Gliederung der Aufwendungen in der Gesamtergebnisrechnung nach Aufwandsarten.** Eine Zuordnung zu Funktionsbereichen erfolgt nicht. Außer der Auflistung beispielhafter Aufwandsarten wie Abschreibungen, Materialaufwand, Transportaufwand, Personalaufwand und Werbeaufwand enthält der IFRS-SMEs hier keine weiteren Hinweise. In der Gesamtergebnisrechnung sind jedoch – soweit vorhanden – **andere aktivierte Eigenleistungen** sowie die **Bestandsveränderungen an unfertigen und fertigen Erzeugnissen** zwingend aufzunehmen, um die Summe der Aufwandsarten, die sich auf die Produktion der Periode beziehen, an die Umsatzerlöse anzupassen, die sich auf den Absatz der Periode beziehen. Lediglich bei reinen Dienstleistungsunternehmen entfallen a priori andere aktivierte Eigenleistungen und Bestandsveränderungen.

Beispiel:

	Gesamtergebnisrechnung (Gesamtkostenverfahren)	X2	X1
	Umsatzerlöse	734.000 €	557.000 €
+	Gewinn aus der Bewertung von als Finanzinvestitionen gehaltenen Immobilien	1000 €	500 €
	Bestandsminderung an unfertigen und fertigen Erzeugnissen	26.480 €	42.180 €
-	Materialaufwendungen	380.000 €	232.750 €
-	Personalaufwendungen	78.000 €	76.000 €

	Gesamtergebnisrechnung (Gesamtkostenverfahren)	X2	X1
-	Abschreibungen	25.600 €	21.200 €
-	Wertminderungsaufwendungen auf Sachanlagen		3200 €
-	Werbeaufwendungen	3000 €	2800 €
-	Aufwendungen für Operating Leasing	400 €	150 €
-	Finanzaufwendungen	22.300 €	19.700 €
-	Aufwendungen aus Verlustübernahme	100 €	50 €
=	**Gewinn vor Steuern**	**199.120 €**	**159.470 €**
-	Steueraufwand	49.780 €	36.868 €
=	**Gewinn aus andauernder Geschäftstätigkeit**	**149.340 €**	**122.602 €**
-	Verlust aus der Aufgabe von Geschäftsbereichen	24.780 €	3000 €
=	**Gewinn**	**124.560 €**	**119.602 €**
+	versicherungsmathematische Gewinne bei der Bewertung der Verpflichtung für leistungsorientierte Pensionspläne einschließlich Steuerwirkung		1050 €
-	versicherungsmathematische Verluste bei der Bewertung der Verpflichtung für leistungsorientierte Pensionspläne einschließlich Steuerwirkung	1470 €	
=	**Gesamtergebnis**	**123.090 €**	**120.652 €**

Abb. 6: Beispiel einer Gesamtergebnisrechnung nach dem Gesamtkostenverfahren (leicht abgewandelt aus IFRS Foundation, 2010, 15)

III. Gliederung nach dem Umsatzkostenverfahren

25 Im Umsatzkostenverfahren (IFRS-SMEs Abschn. 5.11 (b)) erfolgt die **Gliederung der Aufwendungen in der Gesamtergebnisrechnung nach Funktionsbereichen** wie zB der Herstellung, der Verwaltung und dem Vertrieb. Als minimale Anforderung wird **der von den übrigen Aufwendungen getrennte Ausweis der Aufwendungen zur Herstellung der abgesetzten Erzeugnisse** verlangt.

Beispiel:

	Gesamtergebnisrechnung (Umsatzkostenverfahren)	X2	X1
	Umsatzerlöse	734.000 €	557.000 €
+	Gewinn aus der Bewertung von als Finanzinvestitionen gehaltenen Immobilien	1000 €	500 €
-	Herstellungsaufwendungen zur Erstellung der abgesetzten Produkte	458.280 €	326.730 €
-	Vertriebsaufwendungen	29.300 €	27.250 €
-	Verwaltungsaufwendungen	25.900 €	24.300 €
-	Finanzaufwendungen	22.300 €	19.700 €
-	Aufwendungen aus Verlustübernahme	100 €	50 €
=	**Gewinn vor Steuern**	**199.120 €**	**159.470 €**
-	Steueraufwand	49.780 €	36.868 €
=	**Gewinn aus andauernder Geschäftstätigkeit**	**149.340 €**	**122.602 €**
-	Verlust aus der Aufgabe von Geschäftsbereichen	24.780 €	3000 €

	Gesamtergebnisrechnung (Umsatzkostenverfahren)	X2	X1
=	**Gewinn**	**124.560 €**	**119.602 €**
+	versicherungsmathematische Gewinne bei der Bewertung der Verpflichtung für leistungsorientierte Pensionspläne einschließlich Steuerwirkung		1050 €
-	versicherungsmathematische Verluste bei der Bewertung der Verpflichtung für leistungsorientierte Pensionspläne einschließlich Steuerwirkung	1470 €	
=	**Gesamtergebnis**	**123.090 €**	**120.652 €**

Abb. 7: Beispiel einer Gesamtergebnisrechnung nach dem Umsatzkostenverfahren (leicht abgewandelt aus IFRS Foundation, 2010, 16)

Die bei Industrieunternehmen erforderlichen Korrekturen um die **anderen aktivierten Eigenleistungen** und die **Bestandsveränderungen an unfertigen und fertigen Erzeugnissen** erfolgt auch hier, jedoch außerhalb der präsentierten Erfolgsrechnung. 26

D. Vergleich mit IFRS und HGB

Im Folgenden sind die wichtigsten Regelungen nach dem IFRS-SMEs, IFRS und HGB hinsichtlich der Gesamtergebnisrechnung gegenübergestellt. 27

Regelung	IFRS (IAS 1)	IFRS-SMEs	HGB
Anwendungsbereich	Umfang und Darstellungsweise der in der Gesamterfolgsrechnung zu präsentierenden Informationen	Umfang und Darstellungsweise der in der Gesamterfolgsrechnung zu präsentierenden Informationen	Umfang und Darstellungsweise der in der Gewinn- und Verlustrechnung zu präsentierenden Informationen
Darstellung des Gesamtergebnisses	Gesamtergebnisrechnung oder Kombination aus gesonderter Gewinn- und Verlustrechnung und Gesamtergebnisrechnung; mehrere Posten im sonstigen Ergebnis	Gesamtergebnisrechnung oder Kombination aus gesonderter Gewinn- und Verlustrechnung und Gesamtergebnisrechnung; maximal drei Posten im sonstigen Ergebnis; falls kein sonstiges Ergebnis und keine Außenfinanzierung mit Eigenkapitalpapieren kann die gesonderte Gewinn- und Verlustrechnung mit der Eigenkapitalveränderungsrechnung zur Ergebnis- und Gewinnrücklagenveränderungsrechnung kombiniert werden	Kapitalgesellschaften: Vorgeschriebene Mindestgliederungsschemata in Staffelform gem. § 275 HGB; Ergänzung durch Gewinnverwendungsrechnung
Gliederungsprinzipien	Gesamtkostenverfahren und Umsatzkostenverfahren; bei Wahl des Umsatzkostenverfahrens zusätzliche Offenlegungen zu Aufwandsarten	Gesamtkostenverfahren und Umsatzkostenverfahren	Kapitalgesellschaften: Gesamtkostenverfahren und Umsatzkostenverfahren; bei Wahl des Umsatzkostenverfahrens zusätzliche Offenlegungen zu Aufwandsarten

Abschnitt 6
Eigenkapitalveränderungsrechnung sowie Ergebnis- und Gewinnrücklagenveränderungsrechnung
(Statement of Changes in Equity and Statement of Income and Retained Earnings)

Matthias Amen

Inhaltsverzeichnis

Schrifttum

Amen, in: Kuhn/Stadtler/Wäscher (Hrsg.), Operations Research in der Betriebswirtschaft – Neue Anwendungsgebiete und Ergebnisse, Wiesbaden 2009, 41-68; *Amen*, EAR 2007, 243-276; *Baetge/Wollmert/Kirsch/Oser/Bischof* (Hrsg.), Rechnungslegung nach IFRS (IFRS-Komm.), 2. Aufl., Stuttgart 2002; *Bonham/Curtis/Davies/Dekker/Denton/Moore/Richards/Wilkinson-Riddle/Williams/Wilson*, International GAAP 2007, London 2006; *Heuser/Theile/Pawelzik*, IFRS-Handbuch, 3. Aufl., Köln 2007; *IFRS Foundation*, Training Material for the IFRS for SMEs, Module 6 – Statement of Changes in Equity and Statement of Income and Retained Earnings, London 2010; *Kirsch*, IFRS-Rechnungslegung für kleine und mittlere Unternehmen, 2. Aufl. Herne, 2009; *Petersen/Bansbach/Dornbach*, IFRS Praxishandbuch, 4. Aufl., München 2009; *Scheffler*, Eigenkapital im Jahres- und Konzernabschluss nach IFRS, München 2006; *Senger/Brune*, in: Bohl/Riese/Schlüter, Beck'sches IFRS-Handbuch, 3. Aufl., München 2009, 643-663; *Wagenhofer*, Internationale Rechnungslegungsstandards – IAS/IFRS, 6. Aufl., München 2009; *Weber*, in: Ballwieser/Beine/Hayn/Peemöller/Schruff/Weber (Hrsg.), Wiley Kommentar zur internationalen Rechnungslegung nach IFRS 2009, 5. Aufl., Weinheim 2009, 115-146.

A. Anwendungsbereich

1 In IFRS-SMEs Abschn. 6 werden die Anforderungen an die Darstellung der Veränderungen des Eigenkapitals während einer Berichtsperiode behandelt. Die Aufstellung der Eigenkapitalentwicklung kann entweder in Form einer **Eigenkapitalveränderungsrechnung** (*statement of changes in equity*) oder wahlweise, sofern bestimmte Voraussetzungen erfüllt sind, durch eine **Ergebnis- und Gewinnrücklagenveränderungsrechnung** (*statement of income and retained earnings*) aufgezeigt werden (IFRS-SMEs Abschn. 6.1). Die Eigenkapitalveränderungsrechnung ist ein eigenständiger Pflichtbestandteil des Jahresabschlusses (IFRS-SMEs Abschn. 3.17(c)).

B. Eigenkapitalveränderungsrechnung

Die Eigenkapitalveränderungsrechnung nach IFRS-SMEs Abschn. 6.2 und 6.3 stellt eine systematische **Überleitungsrechnung der Anfangsbestände der Eigenkapitalbestandteile zu den Endbeständen während einer Rechnungslegungsperiode** dar. In ihr sind die folgenden Posten zu zeigen: 2

- **Gesamtergebnis** der Berichtsperiode, mit separatem Ausweis der auf Anteilseigner der Konzernmutter und auf Minderheitsgesellschafter entfallenden Beträge;
- für jeden Eigenkapitalbestandteil die **Auswirkungen einer retrospektiven Anwendung veränderter Bilanzierungs- und Bewertungsmethoden und der Korrektur von Fehlern** zu Beginn der ersten im Abschluss dargestellten Periode (IFRS-SMEs Abschn. 10);
- für jeden Eigenkapitalbestandteil: **Veränderung durch Gewinn oder Verlust, separater Ausweis der Veränderung durch jede Komponente des sonstigen Ergebnisses sowie separater Ausweis der Veränderungen durch Außenfinanzierungstransaktionen mit den Eigentümern** wie die Kapitalaufnahme (zB Aktienemissionen), Transaktionen eigener Anteile, Ausschüttungen und andere Zahlungen an die Eigentümer (zB Kapitalrückzahlungen), ferner Veränderungen in der Beteiligung an Tochterunternehmen ohne Aufgabe der Beherrschung.

Für die Darstellung der Eigenkapitalveränderungsrechnung empfiehlt sich eine **tabellarische Überleitungsrechnung**, die zugleich **auch die Entwicklung der Vorjahreswerte** beinhaltet, die nach IFRS-SMEs Abschn. 3.14 iVm. IFRS-SMEs Abschn. 3.20 für jeden Abschlussposten anzugeben sind. 3

Beispiel:

	Gezeichnetes Kapital	Kapitalrücklage	Gewinnrücklagen	Kumulierte versicherungsmathematische Gewinne (und Verluste) aus leistungsorientierten Pensionszusagen	Kumulierte Zeitwertänderungen von Sicherungsinstrumenten	**Summe**
01. 01.X1 berichtet	**500 €**	**800 €**	**1500 €**	**-20 €**	**35 €**	**2815 €**
Auswirkungen der retrospektiven Anwendung von veränderten Rechnungslegungsmethoden			30 €			30 €
Auswirkungen der retrospektiven Korrektur von Fehlern			3 €			3 €
01. 01.X1 korrigiert	**450 €**	**150 €**	**1533 €**	**-20 €**	**35 €**	**2148 €**
Gesamtergebnis			287 €	45 €	-17 €	315 €
Kapitalerhöhung	150 €	50 €				200 €
Ausschüttung			-200 €			-200 €
31. 12.X1	**600 €**	**200 €**	**1620 €**	**25 €**	**18 €**	**2463 €**
Gesamtergebnis			313 €	-27 €	-21 €	265 €

	Gezeichnetes Kapital	Kapitalrücklage	Gewinnrücklagen	Kumulierte versicherungsmathematische Gewinne (und Verluste) aus leistungsorientierten Pensionszusagen	Kumulierte Zeitwertänderungen von Sicherungsinstrumenten	**Summe**
Kapitalherabsetzung	-225 €	-75 €	-550 €			-850 €
Ausschüttung			-100 €			-100 €
31. 12.X2	**375 €**	**125 €**	**1283 €**	**-2 €**	**-3 €**	**1778 €**

Abb. 1: Eigenkapitalveränderungsrechnung

4 Bei Kapitalgesellschaften stellen das **gezeichnete Kapital** und die **Kapitalrücklage** sowie etwaige **eigene Anteile,** die als Korrekturposten in einer gesonderten Spalte abgezogen werden, zusammen das **»eingebrachte Kapital«** (*contributed equity*) (IAS 1108) dar. Die **Gewinnrücklagen** (*retained earnings*) werden aus den Gewinnen (und Verlusten) (*profit or loss*) gespeist. Es folgen die **kumulierten Teilbeträge der einzelnen Komponenten des sonstigen Ergebnisses** (*other comprehensive income*) der Gesamtergebnisrechnung.

Bei Nicht-Kapitalgesellschaften ist die Eigenkapitalveränderungsrechnung entsprechend anzupassen. Im Fall von Einzelunternehmen erübrigt sich eine Aufteilung des Eigenkapitals. Bei Personengesellschaften kann zwischen den vertraglichen Gesellschafteranteilen und den variablen Eigenkapitalbestandteilen (Privatkonto) unterschieden werden. Im Fall der Kommanditgesellschaft ist ein separater Ausweis des Eigenkapitals der Komplementäre und der Kommanditanteile sinnvoll.

5 Insbesondere die kumulierten Beträge des sonstigen Ergebnisses können auch negative Werte annehmen. Nach IFRS-SMEs Abschn. 5.4(b) zählen dazu abschließend die folgenden Bestandteile:

- Gewinne und Verluste, die im Konzernabschluss aus der **Fremdwährungsumrechnung** entstehen. Hierzu sei auf IFRS-SMEs-Komm., Teil B, Abschn. 30, Tz. 72 verwiesen.
- **Versicherungsmathematische Gewinne und Verluste aus der Rechnungslegung über leistungsorientierte Pensionszusagen,** sofern sich das Unternehmen nicht dazu entschlossen hat, sie alternativ in der Gewinn- und Verlustrechnung zu erfassen (IFRS-SMEs Abschn. 28.24).
- **Veränderungen des beizulegenden Zeitwerts von Sicherungsinstrumenten** (Hedging). Hierzu sei auf IFRS-SMEs-Komm., Teil B, Abschn. 12, Tz. 90 ff. verwiesen.

Bei den kumulierten versicherungsmathematischen Gewinnen oder Verlusten ist bei einem fortlaufenden Pensionsplan in der Tendenz mit kumulierten Gewinnen, bei einem unmittelbar nach Einführung der Rechnungslegung nach IFRS-SMEs auslaufenden Pensionsplan in der Tendenz mit kumulierten Verlusten zu rechnen (siehe dazu Amen, 2009, 53, und Amen, 2007, 261 und 267).

C. Ergebnis- und Gewinnrücklagenveränderungsrechnung

6 Hat ein Unternehmen in den im Abschluss gezeigten Perioden **ausschließlich Eigenkapitalveränderungen aus Gewinn oder Verlust, Ausschüttungen an Anteilseigner, der retrospektiven Anwendung von veränderten Rechnungslegungsmethoden** und der **retrospektiven**

Berichtigung von Fehlern zu verzeichnen, so kann es statt einer Gesamtergebnisrechnung (IFRS-SMEs Abschn. 5) und einer Eigenkapitalveränderungsrechnung auch eine kombinierte **Ergebnis- und Gewinnrücklagenveränderungsrechnung** aufstellen (IFRS-SMEs Abschn. 3.18 und IFRS-SMEs Absch. 6.4). Da in diesem Fall **keine Bestandteile des sonstigen Ergebnisses vorhanden** sind, würde die Gesamtergebnisrechnung (*statement of comprehensive income*) ohnehin mit der Gewinn- und Verlustrechnung (*income statement*) zusammenfallen (IFRS-SMEs Abschn. 5.2). Die Ergebnis- und Gewinnrücklagenveränderungsrechnung (*statement of income and retained earnings*) ist somit eine, um die Gewinnverwendung und die Auswirkungen von Fehlerkorrekturen bzw. der Anpassungen von Bilanzierungsmethoden erweiterte Gewinn- und Verlustrechnung (*income statement*).

7 Demzufolge führt IFRS-SMEs Abschn. 6.5 die folgenden Posten ein, die nach dem Gewinn oder Verlust, der gem. IFRS-SMEs Abschn. 5 zu ermitteln ist, zusätzlich zu zeigen sind:

- Gewinnrücklagen (*retained earnings*) zu Beginn der Periode;
- zur Ausschüttung vorgesehene oder ausgeschüttete Beträge der Periode;
- Auswirkungen der Korrekturen von Fehlern früherer Perioden auf die Gewinnrücklagen;
- Auswirkungen der Änderungen in den Rechnungslegungsmethoden auf die Gewinnrücklagen;
- Gewinnrücklagen (*retained earnings*) am Ende der Periode.

Beispiel

	Ergebnis- und Gewinnrücklagenveränderungsrechnung	X2	X1
	Umsatzerlöse	703.520 €	550.620 €
+	Sonstige betriebliche Erträge	54.000 €	32.000 €
-	Materialaufwendungen (X1: vormals berichtet 299.300 €)	428.000 €	299.800 €
-	Personalaufwendungen	78.000 €	76.000 €
-	Abschreibungen (X1: vormals berichtet 26.000 €)	25.600 €	29.000 €
-	Sonstige betriebliche Aufwendungen	4500 €	3250 €
-	Finanzaufwendungen	22.300 €	19.700 €
=	**Gewinn vor Steuern (X1: vormals berichtet 158.370 €)**	**199.120 €**	**154.870 €**
-	Steueraufwand (X1: vormals berichtet 47.461 €)	59.736 €	46.461 €
=	**Gewinn = Gesamtergebnis (X1: vormals berichtet 110.909 €)**	**139.384 €**	**108.409 €**
	Gewinnrücklagen zu Beginn der Periode	**150.000 €**	**70.000 €**
+	Gewinn = Gesamtergebnis (X1: vormals berichtet 110.909 €)	139.384 €	108.409 €
-	Ausgeschüttete Beträge	45.384 €	28.409 €
=	**Gewinnrücklagen am Ende der Periode**	**244.000 €**	**150.000 €**
	vormals berichtet		152.500 €
	Fehlerkorrektur		-2000 €
	Änderung Rechnungslegungsmethoden		-500 €

Abb. 2: Ergebnis- und Gewinnrücklagenveränderungsrechnung (verändert aus IFRS Foundation, 2010, 7)

8 Der Begriff der *retained earnings* wurde hier als »Gewinnrücklagen« übersetzt. Auch bei Vernachlässigung der sonstigen Unterschiede zwischen der Rechnungslegung nach IFRS-SMEs und nach dem HGB sind die *retained earnings* nicht identisch mit dem im deutschen Gesellschaftsrecht verwendeten Gewinnrücklagenbegriff.

9 Der Begriff der ***retained earnings*** ist **weiter gefasst als die Definition der (handelsrechtlichen) Gewinnrücklagen,** da sowohl der Gewinnvortrag (bzw. Verlustvortrag) sowie je nach Stand der Gewinnverwendung auch der Jahresüberschuss oder der Bilanzgewinn einbezogen werden. Die Gewinnrücklagenveränderungsrechnung nach IFRS-SMEs Abschn. 6 ist daher **nicht mit der Ergebnisverwendungsrechnung nach § 158 AktG gleichzusetzen,** die sich auf die handelsrechtlichen Begriffsabgrenzungen bezieht. Jedoch sind beide **in einer gemeinsamen Rechnung integrierbar,** wenn als Anfangs- und Endbestand der »retained earnings« die Anfangs- und Endbestände aller bislang nicht ausgeschütteten Gewinne (Gewinnrücklagen zuzüglich Gewinn- bzw. Verlustvortrag sowie je nach Stand der Gewinnverwendung zuzüglich Jahresüberschuss oder Bilanzgewinn) separat aufgeführt werden.

Bei Nicht-Kapitalgesellschaften ist die Ergebnis- und Gewinnrücklagenveränderungsrechnung entsprechend anzupassen. Da sich im Fall von Einzelunternehmen eine Aufteilung des Eigenkapitals erübrigt, wäre hier eine Ergebnis- und Eigenkapitalveränderungsrechnung aufzustellen. Bei Personengesellschaften wären in einer integrierten Ergebnis- und Eigenkapitalveränderungsrechnung nur die Veränderungen der variablen Eigenkapitalbestandteile (Privatkonto) aufzuführen.

D. Vergleich mit IFRS und HGB

10 Nach § 264 Abs. 1 Satz 2 HGB ist der **Eigenkapitalspiegel** zwingender Bestandteil des Jahresabschlusses von **kapitalmarktorientierten Kapitalgesellschaften, die nicht zur Erstellung eines Konzernabschlusses verpflichtet sind.** Ferner ist der Eigenkapitalspiegel nach § 297 Abs. 1 HGB integraler Bestandteil **eines jeden Konzernabschlusses.** Nicht kapitalmarktorientierte Unternehmen können freiwillig einen Eigenkapitalspiegel in den Jahresabschluss aufnehmen.

11 Aussagen zu Wesen, Aufbau und Inhalt eines Eigenkapitalspiegels werden vom deutschen Gesetzgeber nicht getroffen. In den rechtlich relevanten Rechnungslegungsnormen ist lediglich ein **Strukturmuster »Konzerneigenkapitalspiegel« in der Anlage** des vom Deutschen Standardisierungsrat verabschiedeten und vom Bundesministerium der Justiz bekannt gemachten Deutschen Rechnungslegungs Standard Nr. 7 **(DRS 7) »Konzerneigenkapital und Konzerngesamtergebnis«** zu finden, bei dessen Anwendung laut § 342 Abs. 2 HGB die »Beachtung der die Konzernrechnungslegung betreffenden Grundsätze ordnungsmäßiger Buchführung« vermutet wird. Daher sollte sich der Eigenkapitalspiegel an der Beispielstruktur des DRS 7 orientieren.

12 Im Folgenden werden die wichtigsten Regelungen hinsichtlich der Eigenkapitalveränderungsrechnung (bzw. Eigenkapitalspiegel) sowie der Ergebnis- und Gewinnrücklagenveränderungsrechnung nach IFRS-SMEs, IFRS und HGB bzw. DRS 7 einander gegenübergestellt.

Regelung	IFRS (IAS 1)	IFRS-SMEs	HGB bzw. DRS 7
Anwendungsbereich	Umfang und Darstellungsweise der in der Eigenkapitalveränderungsrechnung zu präsentierenden Informationen	Umfang und Darstellungsweise der in der Eigenkapitalveränderungsrechnung zu präsentierenden Informationen	Umfang und Darstellungsweise der im Eigenkapitalspiegel zu präsentierenden Informationen
Eigenkapitalveränderungsrechnung	Darstellung der Veränderung eines jeden Eigenkapitalpostens durch rückwirkende Anpassungen aufgrund von	Darstellung der Veränderung eines jeden Eigenkapitalpostens durch rückwirkende Anpassungen aufgrund von	Für kapitalmarktorientierte Kapitalgesellschaften verpflichtend, jedoch ohne konkrete Vorgaben, es existiert lediglich

Regelung	IFRS (IAS 1)	IFRS-SMEs	HGB bzw. DRS 7
	Fehlerkorrekturen oder Rechnungslegungsänderungen, durch das Gesamtergebnis sowie durch Außenfinanzierungstransaktionen mit den Eigentümern einschließlich der Ausschüttungen	Fehlerkorrekturen oder Rechnungslegungsänderungen, durch das Gesamtergebnis sowie durch Außenfinanzierungstransaktionen mit den Eigentümern einschließlich der Ausschüttungen	ein Strukturmuster; keinerlei Vorgaben für andere Unternehmen
Ergebnis- und Gewinnrücklagenveränderungsrechnung	Nicht erlaubt	Kombinierte Darstellung anstelle einer Gesamtergebnisrechnung und einer Eigenkapitalveränderungsrechnung unter der Voraussetzung, dass keine Außenfinanzierungstransaktionen mit den Eigentümern (außer Ausschüttungen) und keine Bestandteile des sonstigen Ergebnisses vorhanden sind	Kapitalgesellschaften: Verlängerung der Gewinn- und Verlustrechnung um die Gewinnverwendungsrechnung – Diese kann durch Aufnahme weiterer Posten zur Ergebnis- und Gewinnrücklagenveränderungsrechnung ausgebaut werden.

Abschnitt 7 Kapitalflussrechnung (Statement of Cash Flows)

Matthias Amen

Inhaltsverzeichnis

Schrifttum

Amen, in: v. Wysocki/Schulze-Osterloh/Hennrichs/Kuhner (Hrsg.), HdJ, Köln, Abt. IV/3, 2008; *Amen*, Erstellung von Kapitalflußrechnungen, 2. Aufl., München/Wien 1998; *Baetge/Wollmert/Kirsch/Oser/Bischof* (Hrsg.), Rechnungslegung nach IFRS (IFRS-Komm.), 2. Aufl., Stuttgart 2002; *Bonham/Curtis/Davies/Dekker/Denton/Moore/Richards/Wilkinson-Riddle/Williams/Wilson*, International GAAP 2007, London 2006; *Heuser/Theile*, IFRS-Handbuch, 4. Aufl., Köln 2009; *Kirsch*, IFRS-Rechnungslegung für kleine und mittlere Unternehmen, 2. Aufl., Herne 2009; *Peemöller*, in: Ballwieser/Beine/Hayn/Peemöller/Schruff/Weber (Hrsg.), Wiley Kommentar zur internationalen Rechnungslegung nach IFRS 2009, 5. Aufl. Weinheim, 2009, 147-186; *Petersen/Bansbach/Dornbach*, IFRS Praxishandbuch, 5. Aufl., München 2010; *Rudolph*, in: Bohl/Riese/Schlüter, Beck'sches IFRS-Handbuch, 3. Aufl., München 2009, 665-695; *Sonnabend/Raab*, Kapitalflussrechnung nach IFRS, München 2008; *Wagenhofer*, Internationale Rechnungslegungsstandards – IAS/IFRS, 6. Aufl., München 2009.

A. Anwendungsbereich

1 Die Kapitalflussrechnung enthält Informationen zur Veränderung der Zahlungsmittel und Zahlungsmitteläquivalente (*cash and cash equivalents*) einer Rechnungslegungsperiode. Dazu wird die Veränderung durch die laufende Geschäftstätigkeit, die Investitionstätigkeit und die Finanzierungstätigkeit des Unternehmens erklärt (IFRS-SMEs Abschn. 7.1).

B. Zahlungsmittel und Zahlungsmitteläquivalente

In der deutschsprachigen Literatur wird die in der Kapitalflussrechnung benutzte Liquiditätsabgrenzung als **Fonds** bezeichnet. Nach IFRS-SMEs Abschn. 7.1 besteht der Fonds aus den Zahlungsmitteln und den Zahlungsmitteläquivalenten. Als **Zahlungsmittel** werden grundsätzlich Barmittel und jederzeit abrufbare Sichteinlagen (Kasse, Bankguthaben) bezeichnet. **Zahlungsmitteläquivalente** sind kurzfristig veräußerbare **als Liquiditätsreserve gehaltene Wertpapiere** ohne Zinsänderungsrisiko mit einer vom Erwerbsdatum gerechneten **Restlaufzeit von maximal drei Monaten** (IFRS-SMEs Abschn. 7.2). Damit ist hier ein statischer Restlaufzeitbegriff verwendet worden. Würde die jeweils zum Abschlussstichtag gültige Restlaufzeit verwendet, so würden langfristige finanzielle Anlagen durch bloßen Zeitablauf zum Fondsbestandteil werden, mit der Folge des Ausweises einer Liquiditätsmehrung. 2

Banküberziehungen sind im Regelfall als Finanzierungsaktivitäten zu klassifizieren. Handelt es sich jedoch um jederzeit **kündbare Überziehungen, die integraler Bestandteil des Cashmanagements des Unternehmens sind,** dann werden sie als (negativer) Bestandteil des Fonds Zahlungsmittel und Zahlungsmitteläquivalente aufgefasst (IFRS-SMEs Abschn. 7.2). In diesem Zusammenhang ist davon auszugehen, dass **Kontokorrentkonten ebenfalls Fondsbestandteil sind**. 3

C. In einer Kapitalflussrechnung zu zeigende Informationen

I. Bereichsgliederung

In der Kapitalflussrechnung sind die **Cashflows der laufenden Geschäftstätigkeit, der Investitionstätigkeit und der Finanzierungstätigkeit** für eine Rechnungslegungsperiode gesondert darzustellen (IFRS-SMEs Abschn. 7.3). Zu diesen drei Aktivitätsformaten sind weitere Bestandteile zu ergänzen, um eine vollständige Aufstellung der Kapitalveränderungen zu erhalten, die sich wie folgt darstellt: 4

- **Laufende Geschäftstätigkeit**
  (üblicherweise inkl. Zinszahlungen, Steuerzahlungen)
- **Investitionstätigkeit**
  (inkl. Unternehmenserwerbe und -verkäufe)
- **Finanzierungstätigkeit**
  (Eigenkapital- und Fremdkapitalaufnahmen sowie -rückzahlungen, Ausschüttungen)
- **Wechselkurs- und bewertungsbedingte Änderungen des Finanzmittelfonds**
  (zahlungsunwirksame Veränderungen des Finanzmittelfonds, zB Wechselkursschwankungen bei Auslandsbankkonten, Kursschwankungen von in den Finanzmittelfonds einbezogenen Wertpapieren)
- **Finanzmittelfondsänderungsnachweis**
  (Angabe von Anfangs- und Endbestand des Finanzmittelfonds).

Da die **Cashflows aus laufender Geschäftstätigkeit** die **Innenfinanzierung** zeigen, wird mit den **Cashflows aus Finanzierungstätigkeit** allein die **Außenfinanzierung** angesprochen. Werden **Finanzkontrakte zu Sicherungszwecken** (IFRS-SMEs Abschn. 12) gehalten, dann richtet sich die Klassifikation der damit verbundenen Ein- und Auszahlungen nach der Einordnung des abzusichernden Grundgeschäfts. Die ersten drei Bereiche sowie die wechselkurs- und bewertungsbedingten Änderungen des Fonds sollen die Veränderung der Finanzmittel 5 erklären. Der anschließende **Finanzmittelfondsänderungsnachweis** ist eine Überleitung vom Anfangs- zum Endbestand der Finanzmittel.

II. Laufende Geschäftstätigkeit

6 Zur **laufenden Geschäftstätigkeit** zählen die hauptsächlich auf die Erzielung von Umsatzerlösen zielenden Aktivitäten des Unternehmens. Daher führen die Cashflows aus laufender Geschäftstätigkeit früher, gleichzeitig oder später zu Aufwendungen und Erträgen, die in den Gewinn oder Verlust (IFRS-SMEs Abschn. 5) münden. IFRS-SMEs Abschn. 7.4 führt die folgenden Cashflows auf, die mit der operativen Geschäftstätigkeit verbunden sind:

- Einzahlungen aus dem Verkauf von Produkten oder der Erbringung von Dienstleistungen,
- Einzahlungen aus Nutzungsentgelten, Honoraren, Provisionen und anderen Erträgen,
- Auszahlungen an Lieferanten von Gütern und an Dienstleister,
- Auszahlungen an und für Beschäftigte,
- Auszahlungen oder Erstattungen von Ertragsteuern, soweit diese nicht speziellen Finanzierungs- oder Investitionsaktivitäten zugeordnet werden können,
- Einzahlungen und Auszahlungen aufgrund von Anlagen, Ausleihungen oder anderen Kontrakten, die zu Handelszwecken gehalten sind.

7 Die Auflistung in IFRS-SMEs ist lediglich **beispielhaft und keinesfalls als Mindestgliederungsvorschrift** anzusehen. IFRS-SMEs Abschn. 7.4 stellt ferner klar, dass Einzahlungen aus dem Verkauf von Anlagevermögen, deren Veräußerungsgewinn oder -verlust in den Gewinn oder Verlust einfließt, nicht der operativen Geschäftstätigkeit, sondern der Investitionstätigkeit zuzurechnen sind.

III. Investitionstätigkeit

8 Unter die **Investitionstätigkeit** fallen Erwerbe und Abgänge von langfristigen Vermögenswerten und anderen nicht zur laufenden Geschäftstätigkeit gehörenden Anlagen. IFRS-SMEs Abschn. 7.5 führt die folgenden Beispiele an:

- Auszahlungen zur Anschaffung und zur Herstellung von Sachanlagen, immateriellen und anderen langfristigen Vermögenswerten,
- Einzahlungen aus dem Verkauf von Sachanlagen, immateriellen und anderen langfristigen Vermögenswerten,
- Auszahlungen zum Erwerb von Eigenkapital- und Fremdkapitaltiteln anderer Unternehmen und von Anteilen an Gemeinschaftsunternehmen (soweit diese Instrumente nicht zum Fonds gehören oder zu Handelszwecken gehalten werden),
- Einzahlungen aus dem Verkauf von Eigenkapital- und Fremdkapitaltiteln anderer Unternehmen und Anteilen an Gemeinschaftsunternehmen (soweit diese Instrumente nicht zum Fonds gehören oder zu Handelszwecken gehalten werden),
- Auszahlungen iRv. Darlehen, die anderen Unternehmen gewährt wurden,
- Einzahlungen aus der Rückzahlung von Darlehen, die anderen Unternehmen gewährt wurden,
- Auszahlungen iRv. Verträgen über Futures, Forwards, Optionen und Swaps, sofern diese nicht zu Handelszwecken gehalten werden oder als Finanzierungsaktivität klassifiziert werden,
- Einzahlungen iRv. Verträgen über Futures, Forwards, Optionen und Swaps, sofern diese nicht zu Handelszwecken gehalten werden oder als Finanzierungsaktivität klassifiziert werden.

IV. Finanzierungstätigkeit

9 Unter die **Finanzierungstätigkeit** fallen gemäß IFRS-SMEs Abschn. 7.6 Zahlungen im Zusammenhang mit der Außenfinanzierung des Unternehmens, die eine Änderung des Betrags und der Zusammensetzung des Eigen- und Fremdkapitals hervorrufen. Hierzu gehören:

- Einzahlungen aus Kapitalerhöhungen,
- Auszahlungen zum Rückerwerb von Anteilen des Unternehmens,
- Einzahlungen aus der Begebung von unterschiedlichen Arten von Fremdkapitalpapieren (zB Anleihen und Darlehen), sowie weitere kurz- oder langfristige Ausleihungen,
- Auszahlungen für die Tilgung von Fremdkapital,
- Auszahlungen von Leasingnehmern für die Tilgung einer Verbindlichkeit aus Finanzierungsleasing.

10 Auch bei dieser Zusammenstellung zur Finanzierungstätigkeit handelt es sich um **keine Mindestangaben,** sondern um eine nicht abschließende Aufzählung von Beispielen.

D. Darstellung der Cashflows aus laufender Geschäftstätigkeit

11 Die Cashflows aus laufender Geschäftstätigkeit kann ein Unternehmen wahlweise nach der indirekten oder nach der direkten Methode darstellen (IFRS-SMEs Abschn. 7.7). Da weder der **IFRS-SMEs Abschn. 7 noch der IAS 7 eine Mindestgliederung** enthält, wird empfohlen sich an den **Gliederungsschemata des Deutschen Rechnungslegungs Standards (DRS) 2** zu orientieren.

I. Direkte Methode

12 Wird für die Darstellung die **direkte Methode** gewählt, werden die Ein- und Auszahlungen zu wesentlichen Ein- und Auszahlungsarten aggregiert und im Bereich der laufenden Geschäftstätigkeit vollständig gezeigt (IFRS-SMEs Abschn. 7.9). Das folgende Gliederungsschema I des DRS 2 zeigt die Ermittlung bei direkter Darstellung des Cashflows (= Finanzmittelzuflusses) aus laufender Geschäftstätigkeit.

1.		Einzahlungen von Kunden für den Verkauf von Erzeugnissen, Waren und Dienstleistungen
2.	-	Auszahlungen an Lieferanten und Beschäftigte
3.	+	Sonstige Einzahlungen, die nicht der Investitions- und Finanzierungstätigkeit zuzuordnen sind
4.	-	Sonstige Auszahlungen, die nicht der Investitions- und Finanzierungstätigkeit zuzuordnen sind
5.	+/-	Ein- und Auszahlungen aus außerordentlichen Posten
6.	=	**Cashflow aus laufender Geschäftstätigkeit** (Summe aus 1 bis 5)

Abb. 1: Direkte Darstellungsmethode des Bereichs der laufenden Geschäftstätigkeit

13 Von der **Darstellung der Cashflows** ist deren **Ermittlung** zu unterscheiden. Die nach der direkten Methode darzustellenden Ein- und Auszahlungsarten können theoretisch entweder aus den **Bewegungen der Fondskonten** (*from the accounting records*) oder **derivativ aus der Kombination von Aufwendungen und Erträgen der laufenden Geschäftstätigkeit mit den Veränderungen korrespondierender Bilanzposten** ermittelt werden.

14 Zu den Korrekturgrößen dieser Aufwendungen und Erträge zählen beispielsweise die Veränderungen der Vorräte sowie der Forderungen und Verbindlichkeiten, die der laufenden Geschäftstätigkeit zuzuordnen sind. Ferner sind Korrekturen um einige Erfolgsbeträge vorzunehmen, deren Zahlungswirkungen der Investitions- oder Finanzierungstätigkeit zuzurechnen sind. Hierzu gehören beispielsweise die in den sonstigen betrieblichen Aufwendungen oder Erträgen erfassten Gewinne oder Verluste aus Anlagenverkauf, die dem Bereich der Investitionstätigkeit zuzuordnen sind. Diese werden mit dem Abgang zu Restbuchwerten verrechnet, um die Desinvestitionseinzahlungen zu erhalten. Ferner können weitere Korrekturen um zahlungsunwirksame Rechnungsgrößen erforderlich sein. Liegt die Gesamtergebnisrechnung bzw. die gesonderten Gewinn- und Verlustrechnung im Gesamtkostenverfahren vor (IFRS-SMEs Abschn. 5.11(a)), kann eine detaillierte Ein- und Auszahlungsrechnung erstellt werden.

15 Im Fall des **Umsatzkostenverfahrens** verbleibt nur ein großer Funktionsbereich **»betrieblicher Auszahlungen«**, der nicht nach Auszahlungsarten differenziert werden kann. Eine derartige Kapitalflussrechnung ist diesbezüglich weniger aussagekräftig als eine auf Basis des Gesamtkostenverfahrens erstellte Kapitalflussrechnung. Jedoch kann trotz Präsentation der Erfolgslage nach dem Umsatzkostenverfahren im Abschluss intern eine Rechnung zur Erfolgslage nach dem Gesamtkostenverfahren aufgestellt werden, die dann Ausgangsbasis für die Kapitalflussrechnung mit differenzierten Auszahlungsarten ist.

16 Da oftmals die Zuordnung von Auszahlungen zur laufenden Geschäftstätigkeit oder Investitionstätigkeit noch nicht beim Zahlungszeitpunkt möglich ist, scheitert in der Praxis regelmäßig der Versuch, die in der Kapitalflussrechnung auszuweisenden Zahlungen aus den Bewegungen der Fondskonten zu entnehmen. Beispielsweise ergibt sich erst beim Materialverbrauch – also bei der Erfassung als Materialaufwand – ob ein Rohstoff für zum Verkauf bestimmte Produkte (laufende Geschäftstätigkeit) oder für selbsterstellte Anlagen (Investitionstätigkeit) eingesetzt wird. Die derivative Erstellung greift hier implizit auf die im Rahmen aller Buchungen des Geschäftsjahrs vorgenommenen Zuordnungsentscheidungen zurück, weil sie bei den Aufwendungen bzw. Erträgen ansetzt. Zu beachten ist, dass in der Kapitalflussrechnung nicht die Ermittlung aufzuführen ist, sondern nur die ermittelten Cashflows darzustellen sind.

II. Indirekte Methode

17 Wird die **indirekte Methode** der Darstellung gewählt (IFRS-SMEs Abschn. 7.8), so werden die Korrekturen nicht bei den einzelnen Aufwendungen und Erträgen aus laufender Geschäftstätigkeit, sondern am Gewinn oder Verlust vorgenommen. Das alternative Gliederungsschema II des DRS 2 zeigt die indirekte Darstellung im Bereich der laufenden Geschäftstätigkeit.

1.		Periodenergebnis (einschließlich Ergebnisanteilen von Minderheitsgesellschaftern) vor außerordentlichen Posten
2.	+/-	Abschreibungen/Zuschreibungen auf Gegenstände des Anlagevermögens
3.	+/-	Zunahme/Abnahme der Rückstellungen
4.	+/-	Sonstige zahlungsunwirksame Aufwendungen/Erträge (bspw. Abschreibung auf ein aktiviertes Disagio)
5.	-/+	Gewinn/Verlust aus dem Abgang von Gegenständen des Anlagevermögens
6.	-/+	Zunahme/Abnahme der Vorräte, der Forderungen aus Lieferungen und Leistungen sowie anderer Aktiva, die nicht der Investitions- oder Finanzierungstätigkeit zuzuordnen sind
7.	+/-	Zunahme/Abnahme der Verbindlichkeiten aus Lieferungen und Leistungen sowie anderer Passiva, die nicht der Investitions- oder Finanzierungstätigkeit zuzuordnen sind
8.	+/-	Ein- und Auszahlungen aus außerordentlichen Posten
9.	=	**Cashflow aus laufender Geschäftstätigkeit** (Summe aus 1 bis 8)

Abb. 2: Indirekte Darstellungsmethode des Bereichs der laufenden Geschäftstätigkeit

Bei der indirekten Darstellung wird das Jahresergebnis um liquiditätsunwirksame Aufwendungen und Erträge sowie Aufwendungen und Erträge, die der Investitions- und Finanzierungstätigkeit zuzuordnen sind, korrigiert. Das Ergebnis wird um erfolgsunwirksame Einzahlungen und Auszahlungen ergänzt, die der laufenden Geschäftstätigkeit zuzuordnen sind. **18**

Dabei handelt es sich um die gleichen Korrekturen wie die Veränderungen der Vorräte sowie der Forderungen und Verbindlichkeiten, die der laufenden Geschäftstätigkeit zuzuordnen sind, welche auch bei der derivativen Ermittlung der direkten Methode der Darstellung vorzunehmen sind. Ebenfalls sind analog zur derivativen Ermittlung der direkten Darstellungsmethode auch Korrekturen um Erfolgsbeträge vorzunehmen, deren Zahlungswirkungen der Investitions- oder Finanzierungstätigkeit zuzurechnen sind. Im weiteren Verlauf sind nun allerdings wesentlich mehr Korrekturen durchzuführen, da die grundsätzlich liquiditätsneutralen Aufwendungen (und Erträge) aus der Saldogröße »Gewinn oder Verlust« herauszurechnen sind. Beispiele hierfür sind Abschreibungen oder die Bildung von Rückstellungen. Die indirekte Methode erlaubt es nicht, einzelne Ein- und Auszahlungsarten separat darzustellen, so dass der Informationsgehalt wesentlich niedriger ist als bei der direkten Darstellungsmethode. **19**

E. Darstellung der Cashflows aus Investitionstätigkeit und Finanzierungstätigkeit

Für die Darstellung der Cashflows aus der Investitionstätigkeit und aus der Finanzierungstätigkeit gibt IFRS-SMEs Abschn. 7.10 lediglich vor, dass die **wesentlichen Ein- und Auszahlungsarten ausgewiesen** werden sollen. **20**

I. Investitionstätigkeit

In Fortführung des Gliederungsschemas I sind nach dem DRS 2 die folgenden Posten im Bereich der Investitionstätigkeit zu zeigen: **21**

7.		Einzahlungen aus Abgängen von Gegenständen des Sachanlagevermögens
8.	-	Auszahlungen für Investitionen in das Sachanlagevermögen
9.	+	Einzahlungen aus Abgängen von Gegenständen des immateriellen Anlagevermögens
10.	-	Auszahlungen für Investitionen in das immaterielle Anlagevermögen
11.	+	Einzahlungen aus Abgängen von Gegenständen des Finanzanlagevermögens
12.	-	Auszahlungen für Investitionen in das Finanzanlagevermögen
13.	+	Einzahlungen aus dem Verkauf von konsolidierten Unternehmen und sonstigen Geschäftseinheiten
14.	-	Auszahlungen aus dem Erwerb von konsolidierten Unternehmen und sonstigen Geschäftseinheiten
15.	+	Einzahlungen aufgrund von Finanzmittelanlagen iRd. kurzfristigen Finanzdisposition
16.	-	Auszahlungen aufgrund von Finanzmittelanlagen iRd. kurzfristigen Finanzdisposition
17.	=	**Cashflow aus der Investitionstätigkeit** (Summe aus 7 bis 16)

Abb. 3: Bereich der Investitionstätigkeit

Dabei richtet sich DRS 2 nach den Hauptkategorien des Anlagevermögens in § 266 HGB. Bei einer Rechnungslegung nach dem IFRS-SMEs sollte sich die Gliederung im Bereich der Investi- **22** tionstätigkeit **am Gliederungsschema der Bilanz iRd. langfristigen Vermögenswerte orientieren.**

23 Die Cashflows, die aus dem **Erwerb und dem Verkauf von Tochterunternehmen** oder anderen Geschäftsbereichen resultieren, sind separat im Bereich der Investitionstätigkeit auszuweisen. Hierzu ist anzumerken, dass im Konzernabschluss an dieser Stelle nur die Zahlungen abzüglich der erworbenen bzw. veräußerten Fondsbestände ausgewiesen werden können. Sonst würde die Kapitalflussrechnung nicht zur Veränderung der Fondsposten in der Bilanz überleiten, die sich beispielsweise beim Erwerb nur um die Differenz zwischen Kaufpreiszahlung abzüglich erworbener Bestände verändert haben.

24 Bei den **Einzahlungen und Auszahlungen aufgrund von Finanzmittelanlagen iRd. kurzfristigen Finanzdisposition** handelt es sich um diejenigen kurzfristigen Anlagen, die nicht zum Finanzmittelfonds gehören oder zu Handelszwecken gehalten werden.

II. Finanzierungstätigkeit

25 Auch für den Bereich der Finanzierungstätigkeit wird die Mindestgliederung des DRS 2 hier fortgeführt:

18.		Einzahlungen aus Eigenkapitalzuführungen (Kapitalerhöhungen, Verkauf eigener Anteile, etc.)
19.	-	Auszahlungen an Unternehmenseigner und Minderheitsgesellschafter (Dividenden, Erwerb eigener Anteile, Eigenkapitalrückzahlungen, andere Ausschüttungen)
20.	+	Einzahlungen aus der Begebung von Anleihen und aus der Aufnahme von (Finanz-)Krediten
21.	-	Auszahlungen aus der Tilgung von Anleihen und (Finanz-)Krediten
22.	=	**Cashflow aus der Finanzierungstätigkeit** (Summe aus 18 bis 21)

Abb. 4: Bereich der Finanzierungstätigkeit

26 Im Bereich der Finanzierungstätigkeit werden nur die zahlungswirksamen Veränderungen des Bestands an Eigen- und Fremdkapital einschließlich der Dividendenzahlungen erfasst.

F. Cashflows in Fremdwährung

27 Zahlungsflüsse von Transaktionen in Fremdwährung sind in die funktionale Währung **mit dem Kurs des Zahlungszeitpunkts umzurechnen** (IFRS-SMEs Abschn. 7.11). Gleiches gilt auch für die Währungsumrechnung von Cashflows eines Tochterunternehmens (IFRS-SMEs Abschn. 7.12). Bei in Fremdwährung vorhandenen Fondsbestandteilen sind deren Anfangs- und Endbestände mit dem jeweiligen Stichtagskurs umzurechnen.

28 Da der am Jahresende noch vorhandene Teil des Anfangsbestands im Endbestand enthalten ist, entsteht eine Umrechnungsdifferenz aufgrund der zum Jahresende veränderten Bewertung des noch vorhandenen Teils des Anfangsbestands.

29 Weitere unvermeidbare Umrechnungsdifferenzen entstehen aus der Auf- oder Abwertung der im Jahresablauf zum Transaktionskurs umgerechneten Fremdwährungstransaktionen und deren Bewertung zum Stichtagskurs am Jahresende. Diese Umrechnungsdifferenz ist in der Kapitalflussrechnung separat außerhalb der Bereiche der laufenden Geschäftstätigkeit, der Investitionstätigkeit und der Finanzierungstätigkeit auszuweisen (IFRS-SMEs Abschn. 7.13).

Dieser separate Ausweis erfolgt iRd. Fondsänderungsnachweises, der nach DRS 2 die folgende Struktur besitzt: 30

23.		Zahlungswirksame Veränderung des Finanzmittelfonds (Summe aus 6, 17, 22)
24.	+/-	**Wechselkurs-, konsolidierungskreis- und bewertungsbedingte Änderungen des Finanzmittelfonds**
25.	+	Finanzmittelfonds am Anfang der Periode
26.	=	Finanzmittelfonds am Ende der Periode (Summe aus 23 bis 25)

Abb. 5: Fondsänderungsnachweis

Neben wechselkursbedingten Differenzen sind hier **auch bewertungsbedingte Änderungen** zu erfassen, die zB durch **Wertschwankungen der im Finanzmittelfonds einbezogenen Wertpapiere** verursacht werden. In einen Konzernabschluss sind an dieser Stelle die **ge- oder verkauften Fondsmittelbestände bei Veränderungen des Konsolidierungskreises** zu erfassen. Nur durch die Berücksichtigung dieses weiteren Postens gelingt der geschlossene Nachweis der Veränderung der Zahlungsmittel und Zahlungsmitteläquivalente. 31

G. Zinsen und Ausschüttungen

Erhaltene und gezahlte Zinsen und Ausschüttungen sind nach IFRS-SMEs Abschn. 7.14 unter Beachtung des Stetigkeitsgebots (IFRS-SMEs Abschn. 3.11) separat in einem der drei Tätigkeitsbereiche auszuweisen. 32

Dabei schlägt der IFRS-SMEs zunächst vor, **gezahlte Zinsen, erhaltene Zinsen und erhaltene Ausschüttungen** als Cashflows aus laufender Geschäftstätigkeit zu erfassen. Dieser Vorgehensweise entsprechen auch die oben abgebildeten Gliederungsschemata des DRS 2. Alternativ können diese Beträge jedoch auch in den Bereich der Investitionstätigkeit oder der Finanzierungstätigkeit eingestellt werden, da sie das Entgelt für die Nutzung finanzieller Ressourcen oder Erträge aus Investitionen darstellen (IFRS-SMEs Abschn. 7.15). 33

Für **geleistete Ausschüttungen** wird die Erfassung im Bereich der Finanzierungstätigkeit und als Alternative die Erfassung im Bereich der laufenden Geschäftstätigkeit vorgeschlagen, da die Ausschüttungen aus den verdienten laufenden Cashflows zu bezahlen sind (IFRS-SMEs Abschn. 7.16). 34

Für die praktische Anwendung wird hier empfohlen, gezahlte und erhaltene Zinsen sowie erhaltene Ausschüttungen im Bereich der laufenden Geschäftstätigkeit und die geleisteten Ausschüttungen in dem Bereich der Finanzierungstätigkeit zu belassen. Die geleisteten Ausschüttungen sind Residualzahlungen an die Eigentümer des Unternehmens. Anders als die anderen genannten Zahlungsarten werden sie nicht als Aufwand oder Ertrag erfasst. 35

H. Ertragsteuern

Zahlungen aufgrund von Ertragsteuern sind **separat im Bereich der laufenden Geschäftstätigkeit** zu erfassen, **sofern sie nicht speziell aus Finanzierungs- oder Investitionstätigkeiten** resultieren. Entstehen die Ertragsteuerzahlungen in mehreren Tätigkeitsbereichen hat das Unternehmen nur den gesamten Betrag auszuweisen (IFRS-SMEs Abschn. 7.17). 36

37 Da Ertragsteuern aber auf Basis des gesamten steuerlichen Gewinns errechnet werden, der sich aus dem Zusammenspiel von laufender Geschäftstätigkeit, Investitions- und Finanzierungstätigkeit ergibt, sollten Zahlungen aufgrund von Ertragsteuern einheitlich in den Bereich der laufenden Geschäftstätigkeit eingestellt werden – schließlich wäre ansonsten auch die Steuerminderzahlung aufgrund von Abschreibungen in den Investitionsbereich einzustellen. Dieser Empfehlung entsprechen auch die oben abgebildeten Gliederungsschemata des DRS 2.

I. Zahlungsunwirksame Transaktionen

38 Neben den in den Tätigkeitsbereichen erfassten Zahlungen können für die Beurteilung der Innenfinanzierungskraft, der Außenfinanzierung und der Investitionstätigkeit **zahlungsunwirksame Investitions- und Finanzierungstransaktionen** von Bedeutung sein. Aufgrund des Charakters der Kapitalflussrechnung als Zahlungsstromrechnung werden sie jedoch nicht in den Tätigkeitsbereichen gezeigt. Dem Unternehmen steht es frei, derartige Transaktionen an anderer Stelle im Abschluss gegebenenfalls mit ergänzenden Erläuterungen zu veröffentlichen (IFRS-SMEs Abschn. 7.18).

39 Beispiele für derartige Transaktionen sind der **Erwerb von Vermögenswerten durch unmittelbare Kreditgewährung** oder **Finanzierungsleasing,** der **Erwerb eines Unternehmens durch Gewährung von Eigenkapitalrechten** (zB Kapitalerhöhung und Zahlung durch Aktien) an die bisherigen Eigentümer oder die **Wandlung von Fremdkapitaltiteln in Eigenkapital** (zB bei Wandelschuldverschreibungen) (IFRS-SMEs Abschn. 7.19).

J. Bestandteile der Zahlungsmittel und Zahlungsmitteläquivalente

40 Sämtliche Bestandteile des Fonds sind darzustellen. Sie sind in einer **Überleitungsrechnung zu den entsprechenden Bilanzposten** aufzunehmen. Hierfür empfiehlt sich eine tabellarische Darstellung, in der zugleich auch die **Entwicklung der Vorjahreswerte** dargestellt wird, die nach IFRS-SMEs Abschn. 3.14 für jeden Abschlussposten anzugeben ist.

Stand		kurzfristige Wertpapiere	Liquide Mittel	Summe
01.01.X1	Bilanzposten	50 €	230 €	280 €
	Nicht Fondsbestandteil	48 €		48 €
	Fondsbestandteil	**2 €**	**230 €**	**232 €**
31.12.X1	Bilanzposten	45 €	180 €	225 €
	Nicht Fondsbestandteil	22 €		22 €
	Fondsbestandteil	**23 €**	**180 €**	**203 €**
31.12.X2	Bilanzposten	30 €	190 €	220 €
	Nicht Fondsbestandteil	8 €	12 €	20 €
	Fondsbestandteil	**22 €**	**178 €**	**200 €**

Abb. 6: Überleitungsrechnung von den Bilanzposten zu den Fondsbestandteilen

Auf die Überleitungsrechnung kann verzichtet werden, wenn der Gesamtbetrag des Fonds in der Kapitalflussrechnung mit dem Gesamtbetrag der korrespondierenden Bilanzposten übereinstimmt (IFRS-SMEs Abschn. 7.20) 41

Unterschiede können sich schon allein dadurch ergeben, dass in der Bilanz kurzfristige Wertpapiere enthalten sind, davon aber nur die Wertpapiere mit einer statischen Restlaufzeit von bis zu drei Monaten als Zahlungsmitteläquivalente Fondsbestandteil sind. Ferner können beispielsweise in Ländern mit Devisenverkehrsbeschränkungen vorhandene Liquiditätsbestände als Vermögenswert in der Bilanz ausgewiesen werden, sind aber nicht iRd. Finanzmitteldisposition einsetzbar und können daher auch nicht Fondsbestandteil einer Zahlungsstromrechnung sein. 42

K. Weitere Angaben

Im Fall wesentlicher Beträge an **Zahlungsmitteln und Zahlungsmitteläquivalenten, über die ein Unternehmen** zB bei Devisenverkehrsbeschränkungen **nicht völlig frei verfügen kann,** hat das Unternehmen über den Betrag zu berichten und diesen Sachverhalt durch das Management zu kommentieren (IFRS-SMEs Abschn. 7.21). 43

L. Vergleich mit IFRS und HGB

Nach § 264 Abs. 1 Satz 2 HGB ist die Kapitalflussrechnung nur bei **kapitalmarktorientierten Kapitalgesellschaften** ohne verpflichtenden Konzernabschluss zwingender Bestandteil des Jahresabschlusses. Jedoch ist die Kapitalflussrechnung nach § 297 Abs. 1 HGB integraler Bestandteil **eines jeden Konzernabschlusses:** »Der Konzernabschluss besteht aus der Konzernbilanz, der Konzern-Gewinn- und Verlustrechnung, dem Konzernanhang, der Kapitalflussrechnung und dem Eigenkapitalspiegel.« Nicht kapitalmarktorientierte Unternehmen können den Jahresabschluss freiwillig um eine Kapitalflussrechnung ergänzen. 44

Aussagen zu Wesen, Aufbau und Inhalt einer Kapitalflussrechnung werden vom Gesetzgeber nicht getroffen, sondern sind in dem vom Deutschen Standardisierungsrat verabschiedeten und vom Bundesministerium der Justiz bekannt gemachten **Deutschen Rechnungslegungsstandard Nr. 2** (DRS 2) »Kapitalflussrechnung« zu finden, bei dessen Anwendung laut § 342 Abs. 2 HGB die »Beachtung der die Konzernrechnungslegung betreffenden Grundsätze ordnungsmäßiger Buchführung« vermutet wird. Daher sollte auch im Jahresabschluss auf die Regelungen des DRS 2 zurückgegriffen werden. 45

Im Folgenden werden die wichtigsten Regelungen nach dem IFRS-SMEs, IFRS und HGB bzw. DRS 2 hinsichtlich der Kapitalflussrechnung gegenübergestellt. 46

Regelung	IFRS (IAS 7)	IFRS-SMEs	HGB bzw. DRS 2
Anwendungsbereich	Information über die Cashflows des Unternehmens	Information über die Cashflows des Unternehmens	Information über die Cashflows des Unternehmens
Zahlungsmitteläquivalente	Fonds ist Zahlungsmittel und Zahlungsmitteläquivalente; letztere sind in die Finanzdisposition einbezogene Wertpapiere mit einer ursprünglichen Restlaufzeit von nicht mehr als drei Monaten; jederzeit fällige Bankverbindlichkeiten (zB bei Kontokorrentkonten) sind in den Fonds einzubeziehen	Fonds ist Zahlungsmittel und Zahlungsmitteläquivalente; letztere sind in die Finanzdisposition einbezogene Wertpapiere mit einer ursprünglichen Restlaufzeit von nicht mehr als drei Monaten; jederzeit fällige Bankverbindlichkeiten (zB bei Kontokorrentkonten) sind in den Fonds einzubeziehen	Fonds ist Zahlungsmittel und Zahlungsmitteläquivalente; letztere sind in die Finanzdisposition einbezogene Wertpapiere mit einer ursprünglichen Restlaufzeit von nicht mehr als drei Monaten; jederzeit fällige Bankverbindlichkeiten (zB bei Kontokorrentkonten) können in den Fonds einbezogen werden
Informationen, die in einer Kapitalflussrechnung zu zeigen sind	Cashflows aus laufender Geschäftstätigkeit, aus Investitionstätigkeit und aus Finanzierungstätigkeit sowie Fondsbewertungen und ein Fondsänderungsnachweis	Cashflows aus laufender Geschäftstätigkeit, aus Investitionstätigkeit und aus Finanzierungstätigkeit sowie Fondsbewertungen und ein Fondsänderungsnachweis	Cashflows aus laufender Geschäftstätigkeit, aus Investitionstätigkeit und aus Finanzierungstätigkeit sowie Fondsbewertungen und ein Fondsänderungsnachweis
Darstellung der Cashflows aus laufender Geschäftstätigkeit	Direkte oder indirekte Darstellung, Empfehlung für die direkte Darstellung	Direkte oder indirekte Darstellung	Direkte oder indirekte Darstellung
Darstellung der Cashflows aus Investitionstätigkeit und aus Finanzierungstätigkeit	Keine Mindestgliederungen, sondern nicht abschließende beispielhafte Aufzählungen von Posten	Keine Mindestgliederungen, sondern nicht abschließende beispielhafte Aufzählungen von Posten	Grobe Mindestgliederungen
Cashflows in Fremdwährung	Umrechnung zum Kurs am Transaktionstag	Umrechnung zum Kurs am Transaktionstag	Umrechnung zum Kurs am Transaktionstag
Zinsen und Ausschüttungen	Zinsen und erhaltene Ausschüttungen grundsätzlich in den Bereich der laufenden Geschäftstätigkeit; gezahlte Ausschüttungen grundsätzlich in den Bereich der Finanzierungstätigkeit; andere Zuordnungen sind möglich	Zinsen und erhaltene Ausschüttungen grundsätzlich in den Bereich der laufenden Geschäftstätigkeit; gezahlte Ausschüttungen grundsätzlich in den Bereich der Finanzierungstätigkeit; andere Zuordnungen sind möglich	Zinsen und erhaltene Ausschüttungen grundsätzlich in den Bereich der laufenden Geschäftstätigkeit; gezahlte Ausschüttungen grundsätzlich in den Bereich der Finanzierungstätigkeit; andere Zuordnungen sind möglich
Ertragsteuern	Grundsätzlich in den Bereich der laufenden Geschäftstätigkeit; falls auf Investitions- oder Finanzierungsvorgang zurechenbar, dann wie Vorgang zu erfassen	Grundsätzlich in den Bereich der laufenden Geschäftstätigkeit; falls auf Investitions- oder Finanzierungsvorgang zurechenbar, dann wie Vorgang zu erfassen	Grundsätzlich in den Bereich der laufenden Geschäftstätigkeit; falls auf Investitions- oder Finanzierungsvorgang zurechenbar, dann alternativ wie Vorgang zu erfassen
Zahlungsunwirksame Transaktionen	Keine Aufnahme, jedoch Möglichkeit zur Erläuterung, falls für die Investitions- und Finan-	Keine Aufnahme, jedoch Möglichkeit zur Erläuterung, falls für die Investitions- und Finan-	Keine Aufnahme, jedoch Möglichkeit zur Erläuterung, falls für die Investitions- und Finan-

Regelung	IFRS (IAS 7)	IFRS-SMEs	HGB bzw. DRS 2
	zierungstätigkeit von Bedeutung	zierungstätigkeit von Bedeutung	zierungstätigkeit von Bedeutung
Bestandteile der Zahlungsmittel und Zahlungsmitteläquivalente	Überleitungsrechnung falls Bilanzposten nicht mit Fondsposten übereinstimmt	Überleitungsrechnung falls Bilanzposten nicht mit Fondsposten übereinstimmt	Überleitungsrechnung falls Bilanzposten nicht mit Fondsposten übereinstimmt
Weitere Angaben	Erläuterungen bei Beeinträchtigungen der Verfügbarkeit von Fondsmitteln	Erläuterungen bei Beeinträchtigungen der Verfügbarkeit von Fondsmitteln	Erläuterungen bei Beeinträchtigungen der Verfügbarkeit von Fondsmitteln

Abschnitt 8
Anhang
(Notes to the Financial Statements)

Matthias Amen

Inhaltsverzeichnis

Schrifttum

Baetge/Wollmert/Kirsch/Oser/Bischof (Hrsg.), Rechnungslegung nach IFRS (IFRS-Komm.), 2. Aufl., Stuttgart 2002; *Ballwieser/Paarz,* in: Ballwieser/Beine/Hayn/Peemöller/Schruff/Weber (Hrsg.), Wiley Kommentar zur internationalen Rechnungslegung nach IFRS 2009, 5. Aufl., Weinheim 2009, 1335-1409; *Bonham/Curtis/Davies/Dekker/Denton/Moore/Richards/Wilkinson-Riddle/Williams/Wilson,* International GAAP 2007, London 2006; *Driesch,* in: Bohl/Riese/Schlüter (Hrsg.), Beck'sches IFRS-Handbuch, 3. Aufl., München 2009, 697-712; *IFRS Foundation,* Training Material for the IFRS for SMEs, Module 8 – Notes to the Financial Statements, London 2010; *IASCF,* International Financial Reporting Standard for Small and Medium-sized Entities (IFRS for SMEs) – Illustrative Financial Statements, Presentation and Disclosure Checklist, London 2009; *Kirsch,* IFRS-Rechnungslegung für kleine und mittlere Unternehmen, 2. Aufl., Herne 2009; *Krawitz,* Anhang und Lagebericht nach IFRS, München 2005; *Petersen/Bansbach/Dornbach,* IFRS Praxishandbuch, 4. Aufl., München 2009; *Wagenhofer,* Internationale Rechnungslegungsstandards – IAS/IFRS, 6. Aufl., München 2009.

A. Anwendungsbereich

1 Im IFRS-SMEs Abschn. 8 werden die Grundsätze zur Darstellung von Informationen im Anhang erläutert. Der Anhang enthält zusätzliche Informationen zur Bilanz (IFRS-SMEs Abschn. 4), Gesamtergebnisrechnung (IFRS-SMEs Abschn. 5), gesonderten Gewinn- und Verlustrechnung (IFRS-SMEs Abschn. 5), kombinierten Ergebnis- und Gewinnrücklagenrechnung (IFRS-SMEs Abschn. 6), Eigenkapitalveränderungsrechnung (IFRS-SMEs Abschn. 6) und Kapitalflussrechnung (IFRS-SMEs Abschn. 7). Die Konkretisierung der Angaben aus diesen Rechenwerken erfolgt durch eine verbale Beschreibung der Abschlussposten oder einer entsprechenden Aufgliederung. Ferner werden Informationen über Abschlussposten, die nicht in den Rechenwerken darzustellen sind, erläutert. Zusätzlich zu den Anforderungen dieses Abschnitts werden in nahezu jedem Abschnitt dieses Rechnungslegungsstandards Angaben verlangt, die im Anhang auszuweisen sind (vgl. IFRS-SMEs Abschn. 8.1).

B. Struktur des Anhangs

I. Ergänzende Angaben zu den Rechenwerken

Der Anhang ist **integraler Bestandteil der Rechnungslegung** nach IFRS-SMEs. Zusammen mit den Rechenwerken soll er ein den tatsächlichen Verhältnissen entsprechendes Bild der Vermögens-, Finanz- und Ertragslage und der Cashflows des Unternehmens vermitteln. Wenn diese Zielsetzung nicht durch die im IFRS-SMEs einzeln vorgesehenen Angaben erreicht werden kann, weil zB die Abschlussadressaten andernfalls keinen Einblick in spezielle Transaktionen erhalten können, sind im Anhang weitere nicht explizit definierte Angaben und Erläuterungen darzustellen (siehe IFRS-SMEs Abschn. 3.2; IFRS Foundation, 2010, 3). 2

II. Grobgliederung

Für den Anhang ist die folgende Grobgliederung vorgegeben (vgl. IFRS-SMEs Abschn. 8.4): 3

- Eine **Übereinstimmungserklärung mit den IFRS-SMEs**; sofern der Abschluss nicht vollständig mit dem IFRS-SMEs übereinstimmt, ist dies zu erläutern (siehe IFRS-SMEs Abschnitt 3.3 bis 3.7).
- Eine Zusammenfassung der wichtigsten angewandten **Rechnungslegungsmethoden.**
- **Erläuterungen zu den Posten der einzelnen Rechenwerke** in der Reihenfolge, in der die Einzelposten aufgeführt sind. Die Posten der einzelnen Rechenwerke, zu denen es weitere Anhanginformationen gibt, sollten mit den entsprechenden Passagen im Anhang über ein Referenzsystem verknüpft sein (z. B. Querverweise anhand von Textziffern) (IFRS-SMEs Abschn. 8.3).
- Die Darstellung sonstiger Angaben.

Da der IFRS-SMEs zahlreiche Anhangangaben zu den Posten der Rechenwerke im Anhang oder direkt in den einzelnen Rechenwerken verlangt, wird an dieser Stelle auf die *Presentation and Disclosure Checklist* des IFRS-SMEs (IFRS Foundation, 2009, 23-64) verwiesen und keine umfangreiche Synopse der Einzelangaben aufgeführt. 4

Häufig werden im Anhang zunächst **allgemeine Angaben zum Unternehmen** gemacht. Dazu gehören (IFRS-SMEs Abschn. 3.24; IFRS Foundation, 2010, 4): 5

- Unternehmenssitz, Rechtsform, Gründungsland und die im Handelsregister verzeichnete Geschäftsadresse (IFRS-SMEs Abschn. 3.24(a))
- Beschreibung der Geschäftstätigkeit und der wesentlichen Betätigungsfelder (IFRS-SMEs Abschn. 3.24(b))
- Datum der Feststellung des Abschlusses und Angaben zu dem für die Feststellung verantwortlichen Organ (IFRS-SMEs Abschn. 32.9).

Angaben, die für den Abschlussadressaten nicht wesentlich sind, müssen nicht in den Anhang aufgenommen werden. Hinsichtlich des Wesentlichkeitsbegriffs ist IFRS-SMEs Abschn. 2.6 und IFRS-SMEs 3.15 f. zu beachten (vgl. IFRS Foundation, 2010, 5). 6

III. Vergleichsinformationen

Der Anhang bezieht sich nicht nur auf die aktuelle Rechnungslegungsperiode. Nach IFRS-SMEs Abschn. 3.14 sind **zu jedem Posten auch Vergleichsinformationen früherer Perioden** im 7

Abschluss aufzunehmen. IFRS-SMEs Abschn. 3.20 stellt klar, dass damit für jede der dargestellten Perioden **auch ein vollständiger Anhang** zu veröffentlichen ist. Da praktischerweise in einem Abschluss die Rechenwerke mehrerer Perioden in integraler Form durch Spaltenangaben dargestellt werden sollten, sollte auch der Anhang primär in der obigen sachlogischen Gliederung präsentiert werden. Innerhalb der einzelnen Gliederungspunkte bzw. Referenzpunkte kann weitestgehend chronologisch vorgegangen werden, wobei eine Aufgliederung von Abschlussposten in der bewährten Spaltentechnik wiederum hilft, Redundanzen zu vermeiden.

C. Angabe der Rechnungslegungsmethoden

8 Nach IFRS-SMEs Abschn. 8.5 sind die angewandten Bilanzierungs- und Bewertungsgrundsätze und die benutzten Rechnungslegungsmethoden (IFRS-SMEs Abschn. 10) zu erläutern.

9 Im praktischen Fall werden nach IFRS-SMEs mögliche und angewendete Bewertungsansätze für die Hauptgruppen der Vermögenswerte und Schulden prägnant wiedergegeben. Der bloße Hinweis, dass die Bewertung nach dem IFRS-SMEs erfolgt, wäre zwar sogar bei fehlenden Wahlrechten eine eindeutige Aussage, wird aber offensichtlich nicht als ausreichend empfunden. Die Ausführungen können sich auch nicht allein auf die Beschreibung der verbliebenen Wahlrechte (zB in IFRS-SMEs Abschn. 28.24 oder IFRS-SMEs Abschn. 11.2) beschränken. Faktisch werden damit nach Bilanzposten geordnet vielfach nur prägnante Umschreibungen der jeweiligen nach IFRS-SMEs vorgesehen Bewertung zu finden sein (siehe zB IFRS Foundation, 2010, 16-18).

10 Die oben angesprochenen **Abweichungen vom IFRS-SMEs** sollten nicht an dieser Stelle, sondern **unmittelbar nach dem Hinweis der nicht völligen Übereinstimung mit dem IFRS-SMEs erörtert** werden.

D. Informationen zu Beurteilungen

11 Innerhalb der Zusammenfassung der angewandten Rechnungslegungsmethoden oder an anderer Stelle des Anhangs sollen die **Beurteilungen wiedergegeben werden, zu denen das Management im Rahmen der Anwendung der Rechnungslegungsmethoden gekommen ist** und welche die bedeutendste Auswirkung auf die im Abschluss angesetzten Posten haben (IFRS-SMEs Abschn. 8.6). Damit sind **keine Schätzungsunsicherheiten** angesprochen. Vielmehr kann es sich hier beispielsweise um die Überlegungen zur Beurteilung der Unternehmensfortführung (IFRS-SMEs Abschn. 3.8 f.) handeln, die unmittelbar Auswirkungen auf die Bewertung von Vermögenswerten (und Schulden) haben.

Beispiele (vgl. IFRS Foundation, 2010, 18 f.):
- Beurteilung der Wahrscheinlichkeit, das aus einer bestehenden Verpflichtung Auszahlungen entstehen: Wird der künftige Auszahlungsstrom als »überwiegend wahrscheinlich« eingeschätzt, dann ist eine Schuld in der Bilanz anzusetzen.
- Beurteilung, ob mit einer Leasingvereinbarung wirtschaftlich alle Chancen und Risiken auf den Leasingnehmer übergegangen sind: Nur beim Finance Leasing führt dies zu dem Ansatz eines Vermögenswerts und einer Schuld. Beim Operating Leasing wird der Sachverhalt ähnlich wie die Miete verbucht.

- Beurteilung, ob in einem Geschäft der Gefahrenübergang stattgefunden hat: Dies ist für die Realisierung von Umsatzerlösen in der Rechnungslegung von Bedeutung.
- Beurteilung, ob ein anderes Unternehmen vom rechnungslegenden Unternehmen beherrscht wird: Hieraus leitet sich ab, ob das andere Unternehmen als Tochterunternehmen in einen Konzernabschluss einzubeziehen ist.
- Beurteilung, ob das rechnungslegende Unternehmen einen maßgeblichen Einfluss auf ein anderes Unternehmen hat: Hieraus leitet sich ab, ob das andere Unternehmen als assoziiertes Unternehmen in einem Konzernabschluss zu berücksichtigen ist.

12 Die Angabe der wichtigsten Beurteilungen ist für die Interpretation des Abschlusses von entscheidender Bedeutung, da unterschiedliche Beurteilungen signifikant voneinander verschiedene Rechnungslegungsfolgen haben (vgl. IFRS Foundation, 2010, 19).

Beispiele (vgl. IFRS Foundation, 2010, 19):
- Wird ein möglicher Mittelabfluss als »nicht überwiegend wahrscheinlich« eingeschätzt, ist er nicht als Schuld zu passivieren. Wird er jedoch nur geringfügig wahrscheinlicher als »überwiegend wahrscheinlich« eingeschätzt, so ist eine Rückstellung zu bilden.
- Je nach Beurteilung kann ein Gebäude als Finanzinvestition gehaltene Immobilie (*investment property*), als Vorratsvermögen (*inventory*) oder als Sachanlagevermögen (*property, plant and equipment*) klassifiziert werden. Die Klassifikation hat Auswirkungen auf die Folgebewertung (als Finanzinvestition gehaltene Immobilie: beizulegender Zeitwert; Vorratsvermögen: niedriger Wert von Anschaffungs- oder Herstellungskosten und geschätzter Verkaufspreis abzüglich geschätzter Verkaufskosten; Sachanlagevermögen: fortgeführte Anschaffungs- oder Herstellungskosten abzüglich eventueller Wertminderungsaufwendungen).

E. Informationen zu Hauptquellen von Schätzungsunsicherheiten

13 Nach IFRS-SMEs Abschn. 8.7 soll ein Unternehmen im Anhang über die **Hauptannahmen der künftigen Entwicklung und anderen Hauptquellen der Einschätzung von Unsicherheit** zum Abschlussstichtag berichten, aus denen ein wesentliches Risiko für Anpassungen der Buchwerte der Vermögenswerte und Schulden innerhalb des nächsten Geschäftsjahres resultiert. Im Anhang ist daher über die Art der entsprechenden Vermögenswerte und Schulden und deren Buchwerte zum Abschlussstichtag zu berichten.

14 Schätzungsunsicherheiten (vgl. im Folgenden IFRS Foundation, 2010, 21 f.) betreffen die **aktuelle Einschätzung künftiger Entwicklungen.** Für Vermögenswerte, die mit dem **beizulegenden Zeitwert** bewertet werden, kann es hier zu **keiner Berichtspflicht** kommen, da angenommen werden muss, dass der **heutige Zeitwert die bestmögliche Schätzung für einen zukünftigen Wert** ist.

15 Bei allen anderen Vermögenswerten und Schulden muss die Rechnungslegung Punktschätzungen für die Berechnungsparameter abgeben, um zu bestmöglich geschätzten Werten zu gelangen, die in den Abschluss einfließen. Der Unsicherheitscharakter tritt bei der bloßen Angabe einer singulären Wertgröße nicht hervor. Heutige Schätzungen künftiger Größen, bei denen Schätzungsunsicherheiten auftreten, finden beispielsweise statt bei

- der Bestimmung des Nutzungswerts von Sachanlagevermögen,
- der Abschätzung der technologischen Veralterung von Vorratsvermögen,
- der Bestimmung der Rückstellungshöhe in einem Gerichtsverfahren,
- der Bestimmung der Höhe der Pensionsverpflichtung.

16 Der Anhang beschränkt sich auf die Angabe nur der **als wesentlich klassifizierten Schätzungsunsicherheiten, die binnen des nächsten Geschäftsjahres eintreten können.** Die Zeitraumbegrenzung ist wichtig, da mit einer Ausdehnung des Betrachtungszeitraums das Ausmaß der Unsicherheiten ansteigt. Ebenso ist das Wesentlichkeitskriterium von Bedeutung, da andernfalls über jeden nicht mit dem beizulegenden Zeitwert bewerteten Vermögenswert hinsichtlich der abgegebenen Schätzungen der Bewertungsparameter zu berichten wäre.

F. Vergleich mit IFRS und HGB

17 Im Folgenden werden die wichtigsten Regelungen nach dem IFRS-SMEs, IFRS und HGB hinsichtlich des Anhangs gegenübergestellt.

Regelung	IFRS (IAS 1)	IFRS-SMEs	HGB
Anwendungsbereich	Allgemeine Informationen zur praktizierten Rechnungslegung und ergänzende Informationen zu den Abschlussposten	Allgemeine Informationen zur praktizierten Rechnungslegung und ergänzende Informationen zu den Abschlussposten	Allgemeine Informationen zur praktizierten Rechnungslegung und ergänzende Informationen zu den Abschlussposten
Struktur des Anhangs	Übereinstimmungserklärung, Rechnungslegungsmethoden, Abschlusspostenerläuterungen, weitere Angaben	Angaben zum Unternehmen und zum Abschluss, Übereinstimmungserklärung, Rechnungslegungsmethoden, Abschlusspostenerläuterungen, weitere Angaben	Bilanzierungs- und Bewertungsmethoden, Grundlagen für die Währungsumrechnung, Abweichungen von Bilanzierungs- und Bewertungsmethoden, Abschlusspostenerläuterungen
Angabe der Rechnungslegungsmethoden	Erläuterung der angewandten Bewertungsgrundsätze und Rechnungslegungsmethoden	Erläuterung der angewandten Bewertungsgrundsätze und Rechnungslegungsmethoden	Erläuterung der angewandten Bewertungsgrundsätze und Rechnungslegungsmethoden
Informationen zu Beurteilungen	Angabe der für die Rechnungslegung bedeutendsten Managementbeurteilungen und Ermessensentscheidungen	Angabe der für die Rechnungslegung bedeutendsten Managementbeurteilungen und Ermessensentscheidungen	Keine explizite Anforderung; erfolgt im Rahmen der Erläuterungen der angewandten Bewertungsgrundsätze und Rechnungslegungsmethoden
Informationen zu Hauptquellen von Schätzungsunsicherheiten	Erläuterung nur der ganz wesentlichsten Schätzungsunsicherheiten	Erläuterung nur der ganz wesentlichsten Schätzungsunsicherheiten	Keine explizite Anforderung; erfolgt gegebenenfalls im Rahmen der Erläuterungen der angewandten Bewertungsgrundsätze und Rechnungslegungsmethoden oder im Lagebericht

Abschnitt 9
Konzern- und Jahresabschlüsse (Consolidated and Separate Financial Statements)

Ralf Michael Ebeling

Inhaltsverzeichnis

Schrifttum

Baetge/Hayn/Ströher, in: Baetge/Wollmert/Kirsch/Oser/Bischof (Hrsg.), Rechnungslegung nach IFRS (IFRS-Komm.), 2. Aufl., Stuttgart 2002; *Baetge/Kirsch/Thiele,* Konzernbilanzen, 8. Aufl., Düsseldorf 2009; *Busse von Colbe/Ordelheide/Gebhardt/Pellens,* Konzernabschlüsse, 9. Aufl., Wiesbaden 2010; *Ebeling,* DBW 1995, 323 ff.; *Göth,* Das Eigenkapital im Konzernabschluß, Stuttgart 1997; *Hendler,* in: Thiele/von Keitz/Brücks (Hrsg.), Internationales Bilanzrecht, Bonn 2008; *Henselmann/Roos,* KoR 2010, 318 ff.; *Henselmann/Roos,* Working Papers in Accounting Valuation Auditing Nr. 2009-2; *Kirsch,* IFRS-Rechnungslegung für kleine und mittlere Unternehmen, 2. Aufl., Herne 2009; *Kirsch,* RWZ 2009, 336 ff.; *Kirsch,* Der Schweizer Treuhänder 2007, 524 ff.; *Küting/Weber,* Der Konzernabschluss, 11. Aufl., Stuttgart 2008; *Lüdenbach,* in: Lüdenbach/Hoffmann (Hrsg.), Haufe IFRS-Kommentar, 8. Aufl., Freiburg 2010; *Oser,* Der Konzern 2009, 521 ff.; *Senger/Brune,* in: Bohl/Riese/Schlüter (Hrsg.), Beck'sches IFRS-Handbuch, 3. Aufl., München 2009; *Watrin/Hoehne/Lammert,* in: Hennrichs/Kleindiek/Watrin (Hrsg.), Münchener Kommentar zum Bilanzrecht, München 2009.

A. Grundlagen

I. Regelungsbereich

1. Erstellung von Konzernabschlüssen

1 Der IFRS-SMEs folgt wie die IFRS der wirtschaftlichen Betrachtungsweise. Daraus folgt, dass ein Unternehmen als eine **wirtschaftliche Einheit** und nicht als eine rechtliche Einheit aufzufassen ist (IFRS-SMEs Abschn. 9.13). Folglich ist die interne rechtliche Struktur der wirtschaftlichen Einheit, die durch mehrere rechtliche Einheiten gekennzeichnet sein kann, irrelevant. Daraus folgt, dass nicht für die einzelnen rechtlichen Einheiten Jahresabschlüsse aufzustellen sind, sondern die gesamte wirtschaftliche Einheit in einem Abschluss abzubilden ist.

2 In Anwendung dieses Konzepts bestimmt IFRS-SMEs Abschn. 9.2, dass Unternehmen, die Abschlüsse nach IFRS-SMEs aufstellen und die **Mutterunternehmen** sind, Konzernabschlüsse aufzustellen haben. Abweichend von diesem Grundsatz sind bestimmte Mutterunternehmen von der Pflicht zur Aufstellung von Konzernabschlüssen befreit. Aus dem Zusammenhang erschließt sich, dass ein Mutterunternehmen immer dann gegeben ist, wenn ein Unternehmen die Kontrolle über mindestens ein anderes Unternehmen ausüben kann. Da es sich nicht von selbst versteht, wann »Kontrolle« ausgeübt werden kann, wird diese in IFRS-SMEs Abschn. 9.4 ff. definiert.

3 Ein **Konzernabschluss** wird anders als der Jahresabschluss einer rechtlichen Einheit nicht aus einer originären Buchführung abgeleitet. Da ausschließlich die zu einem **Konzern** gehörenden rechtlichen Einheiten, also das Mutterunternehmen und die Tochterunternehmen zur Buchführung verpflichtet sind, nicht jedoch der Konzern als solcher, ist der Konzernabschluss aus den Jahresabschlüssen der zum Konsolidierungskreis gehörenden rechtlichen Einheiten abzuleiten. Dies geschieht im Wege der Konsolidierung, deren Merkmal es ist, dass ausgehend von dem aus den Jahresabschlüssen der rechtlichen Einheiten zu erstellenden Summenabschluss im Grundsatz sämtliche internen Beziehungen, die zwischen diesen Einheiten bestehen und ihren Niederschlag in deren Jahresabschlüssen und damit auch im Summenabschluss gefunden haben, zu eliminieren sind. Welche Grundsätze und Methoden dabei anzuwenden sind, ist Gegenstand der Regelungen in IFRS-SMEs Abschn. 9.13 ff.

4 Da Unternehmen, die IFRS-SMEs-Abschlüsse aufstellen, in aller Regel Mutterunternehmen im Sinne von IFRS-SMEs Abschn. 9 sein werden, ist dieser Abschnitt von nahezu allen IFRS-SMEs-Anwendern zu beachten.

2. Erstellung von Jahresabschlüssen durch Mutter- und Tochterunternehmen

5 IFRS-SMEs Abschn. 9 ist nicht nur für die Erstellung von Konzernabschlüssen relevant, sondern aufgrund ergänzender Regelungen ua. auch für die Erstellung von **Jahresabschlüssen**. Dies gilt zunächst für IFRS-SMEs Abschn. 9.24, der bestimmt, dass Mutterunternehmen und Tochterunternehmen keine separaten Jahresabschlüsse aufzustellen haben. Dies ist damit zu erklären, dass diese Unternehmen nach den einschlägigen Vorschriften bereits in Konzernabschlüsse einzubeziehen sind, die im Sinne der wirtschaftlichen Betrachtungsweise die aussagefähigeren Abschlüsse sind.

6 Relevant ist des Weiteren IFRS-SMEs Abschn. 9.25, der Unternehmen, die nicht Mutterunternehmen sind, aber Beteiligungen an assoziierten Unternehmen oder Gemeinschaftsunternehmen haben und die obligatorisch **besondere Abschlüsse** in Übereinstimmung mit IFRS-SMEs Abschn. 14 betreffend die assoziierten Unternehmen bzw. IFRS-SMEs Abschn. 15 betreffend die Gemeinschaftsunternehmen zu erstellen haben, das Recht gibt, zusätzlich freiwillig separate Jahresabschlüsse zu präsentieren.

Da IFRS-SMEs Abschn. 9.24 die Aufstellung von separaten Jahresabschlüssen durch Mutterunternehmen zwar nicht fordert, aber auch nicht verbietet und da Unternehmen, die ausschließlich Beteiligungen an assoziierten Unternehmen oder Gemeinschaftsunternehmen haben, gemäß IFRS-SMEs Abschn. 9.25 freiwillig zusätzlich separate Jahresabschlüsse aufstellen können, bestimmt IFRS-SMEs Abschn. 9.26, wie Beteiligungen an Tochterunternehmen, assoziierten Unternehmen und Gemeinschaftsunternehmen in separaten Jahresabschlüssen abzubilden sind. IFRS-SMEs Abschn. 9.27 bestimmt die Angaben in solchen Abschlüssen. 7

3. Erstellung von kombinierten Abschlüssen

Kombinierte Abschlüsse sind gemäß IFRS-SMEs Abschn. 9.28 gemeinsame Abschlüsse von zwei oder mehr Unternehmen, die von einem Investor kontrolliert werden. Dabei besteht zwischen diesen Unternehmen keine Kontrollbeziehung. IFRS-SMEs Abschn. 9.28 bestimmt, dass kombinierte Abschlüsse nicht aufzustellen sind, verbietet die Aufstellung solcher Abschlüsse aber nicht. Für den Fall, dass solche Abschlüsse aufgestellt werden, schreibt IFRS-SMEs Abschn. 9.29 zu beachtende Regeln für die Aufstellung und IFRS-SMEs Abschn. 9.30 bestimmte Angaben vor. 8

II. Begriffliche Grundlagen

In Übereinstimmung mit IFRS-SMEs Abschn. 9 werden in dieser Kommentierung folgende Begriffe verwendet. 9

Ein **Mutterunternehmen** ist ein Unternehmen, das Kontrolle über mindestens ein anderes Unternehmen ausüben kann, wobei Kontrolle im Sinne von IFRS-SMEs Abschn. 9.4 ff. zu verstehen ist. Folglich ist ein **Tochterunternehmen** ein Unternehmen, über das ein anderes Unternehmen Kontrolle ausüben kann. Beide werden unter dem Begriff **Konzernunternehmen** zusammengefasst, unabhängig davon, ob die Tochterunternehmen in den Abschluss mit einbezogen werden oder von einem Einbeziehungswahlrecht Gebrauch gemacht wird (vgl. Henselmann/Roos, KoR 2010, 319). Der Begriff des Unternehmens ist in diesem Zusammenhang als rechtliche Einheit und nicht als wirtschaftliche Einheit zu verstehen. Ein **assoziiertes Unternehmen** ist gemäß IFRS-SMEs Abschn. 14.2 ein Unternehmen, auf das der Investor einen signifikanten Einfluss ausüben kann, das jedoch kein Tochterunternehmen und kein Gemeinschaftsunternehmen ist. Ein **Gemeinschaftsunternehmen** ist gemäß IFRS-SMEs Abschn. 15.3 eine vertragliche Vereinbarung zwischen zwei oder mehr Parteien, die gemeinsam kontrollierte Handlungen, gemeinsam kontrollierte Vermögenswerte oder gemeinsam kontrollierte Unternehmen zum Gegenstand haben kann. 10

Ein **Konzernabschluss** ist der Abschluss einer durch ein Mutterunternehmen und mindestens ein Tochterunternehmen gekennzeichneten wirtschaftlichen Einheit. Dem gegenüber ist ein **Jahresabschluss** der Abschluss einer rechtlichen Einheit. Ein **besonderer Abschluss**, der begrifflich allerdings nicht besonders bezeichnet wird, ist der Abschluss eines Unternehmens, das ausschließlich Beteiligungen an assoziierten Unternehmen oder Gemeinschaftsunternehmen hält, die in diesem Abschluss unter Anwendung von IFRS-SMEs Abschn. 14 bzw. IFRS-SMEs Abschn. 15 abgebildet werden. Ein **kombinierter Abschluss** ist ein Abschluss, in dem zwei oder mehr Unternehmen, zwischen denen keine Kontrollbeziehung besteht, die jedoch von einem Investor kontrolliert werden, gemeinsam abgebildet werden. 11

B. Konzernabschlüsse

I. Ablaufschema der Konzernabschlusserstellung

12 Die nachfolgende Abbildung 1 vermittelt einen Überblick über den gesamten **Konsolidierungsprozess**. Die weitere Kommentierung orientiert sich an den Komponenten dieses Prozesses. Vorgelagert ist diesem Prozess die Feststellung, ob ein Unternehmen zur Erstellung von Konzernabschlüssen verpflichtet ist und wenn ja die Klärung, welche Tochterunternehmen in den Konzernabschluss einzubeziehen sind und deshalb zum Konsolidierungskreis gehören. Zu erwähnen ist in diesem Zusammenhang, dass nach IFRS-SMEs Gemeinschafts- und assoziierte Unternehmen nicht konsolidiert werden. Diese gehören folglich nicht zum Konsolidierungskreis ieS, der nur aus dem Mutter- und allen Tochterunternehmen besteht. Begrifflich werden allerdings Gemeinschafts- und assoziierte Unternehmen oft zum Konsolidierungskreis iwS gerechnet, da die Beteiligungen an diesen Unternehmen im Konzernabschluss anders bewertet werden können als im Jahresabschluss (vgl. Kirsch, 2009, 163; vgl. Kirsch, RWZ 2009, 339). In der vorliegenden Kommentierung wird begrifflich vom Konsolidierungskreis ieS ausgegangen.

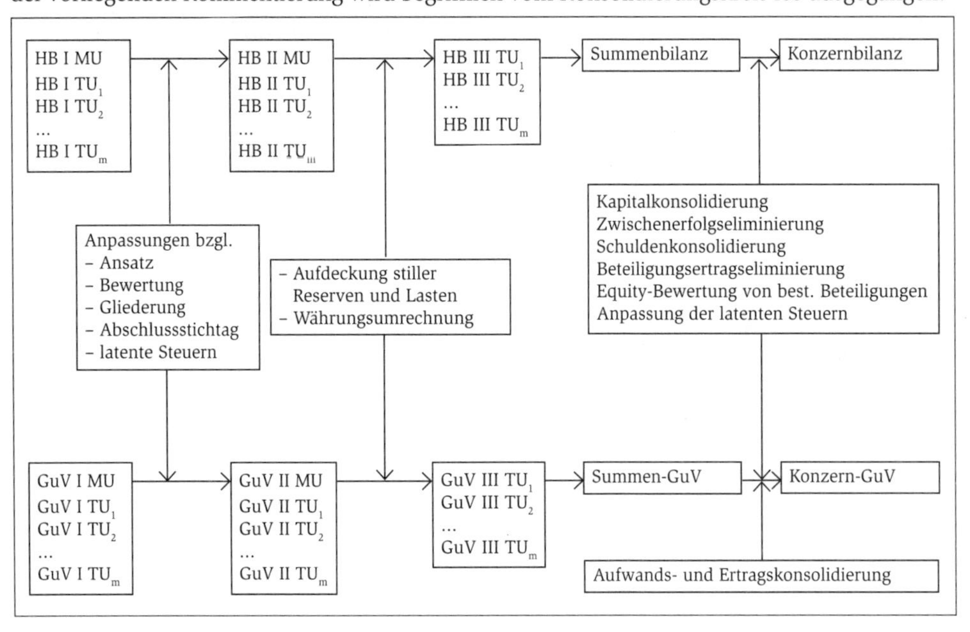

Abb. 1: Ablaufschema der Konzernabschlusserstellung

13 Nach Klärung dieser Vorfragen beginnt der Konsolidierungsprozess bei den originären Jahresabschlüssen, den sog. **Handelsbilanzen I** der zum Konsolidierungskreis gehörenden rechtlichen Einheiten, also des Mutterunternehmens sowie der in den Konsolidierungskreis einzubeziehenden Tochterunternehmen. Diese Jahresabschlüsse sind nach den für die betreffenden Unternehmen vorgeschriebenen nationalen Rechnungslegungsvorschriften erstellt. Da der Konzernabschluss jedoch nach IFRS-SMEs zu erstellen ist, sind zunächst Anpassungen der Jahresabschlüsse der in den Konsolidierungskreis einbezogenen Unternehmen an die Gliederungs-, Ansatz- und Bewertungsvorschriften dieses Standards vorzunehmen. Des Weiteren können die Stichtage der Jahresabschlüsse voneinander abweichen, so dass auch diesbezüglich eine Anpassung erforderlich sein kann, da gemäß IFRS-SMEs Abschn. 9.16 die Abschlussstichtage der einzelnen Konzernunternehmen identisch sein müssen. Eine Erleichterung, dass kein **Zwischenabschluss** erstellt werden muss, sofern der Stichtag der Handelsbilanz I eine bestimmte Zeit-

spanne vor oder nach dem Stichtag des Konzernabschlusses nicht überschreitet, ist in IFRS-SMEs nicht vorgesehen. Lediglich aus Praktikabilitätsgründen kann von dem einheitlichen Stichtag abgewichen werden. Wird davon ausgegangen, dass bereits in den Handelsbilanzen I latente Steuern ausgewiesen sind, so verändern Anpassungen von Ansatz und Bewertung auch die Berechnungsgrundlagen der latenten Steuern, die somit anzupassen sind. Sind in den Handelsbilanzen I keine latenten Steuern ausgewiesen, weil die maßgebenden Vorschriften dies zulassen (zB § 274a Nr. 5 HGB), so sind diese in den sog. **Handelsbilanz II** anzusetzen, da IFRS-SMEs Abschn. 29 die Erfassung latenter Steuern vorschreibt. Maßgebend ist der individuelle Ertragsteuersatz des betreffenden Konzernunternehmens. Die Handelsbilanzen II sind an die Gliederungs-, Ansatz- und Bewertungsvorschriften des Konzernabschlusses, hier also an die Vorschriften nach IFRS-SMEs angepasste Jahresabschlüsse der in den Konsolidierungskreis einzubeziehenden Unternehmen. Sie werden durch Anpassungsbuchungen erstellt, die auf die jeweiligen Handelsbilanzen I aufsetzen.

14 Bei der Erstellung eines Konzernabschlusses wird im Rahmen der Kapitalkonsolidierung davon ausgegangen, dass anstelle der Beteiligung an einem Tochterunternehmen dessen Vermögenswerte und Schulden erworben wurden. Deshalb sind die bei dem erworbenen Tochterunternehmen zum Erwerbszeitpunkt vorhandenen **stillen Reserven und Lasten** aufzudecken und in der Folgezeit fortzuschreiben. Dies erfordert weitere Anpassungsbuchungen, die entweder bereits bei der Erstellung der Handelsbilanz II oder, wie in dem hier verwendeten Ablaufschema der Konzernabschlusserstellung dargestellt, in einer sog. **Handelsbilanz III** erfolgen können. Zu den aufzudeckenden stillen Reserven und stillen Lasten gehören auch latente Steuern. Stille Reserven und Lasten sind immer dann nicht vorhanden, wenn das Tochterunternehmen vom Mutterunternehmen oder einem anderen Tochterunternehmen gegründet wurde. In diesem Fall erübrigt sich die Erstellung einer Handelsbilanz III.

15 Bilanziert ein Tochterunternehmen nicht in Euro, so ist zusätzlich eine **Fremdwährungsumrechnung** durchzuführen. Umzurechnen ist die in den Summenabschluss einzubeziehende Handelsbilanz, also die Handelsbilanz II bzw. wenn eine solche erstellt wird die Handelsbilanz III. Die Umrechnung ist nach dem Konzept der funktionalen Währung gemäß IFRS-SMEs Abschn. 30 vorzunehmen (vgl. IFRS-SMEs-Komm., Teil B, Abschn. 30).

16 Die angepassten Handelsbilanzen II bzw. III werden sodann additiv zu einem **Summenabschluss** zusammengefasst. Auf Grundlage dieses Summenabschlusses finden die vorgeschriebenen Konsolidierungen und Umbewertungen statt. Konzerninterne Sachverhalte sind hierbei unter dem Aspekt der sog. Einheitsfiktion (vgl. Tz. 72) zu eliminieren.

II. Vorfragen der Konzernabschlusserstellung

1. Pflicht zur Erstellung eines Konzernabschlusses

a. *Grundsatz*

17 Aus IFRS-SMEs Abschn. 9.2 ergibt sich, dass ein Unternehmen, das IFRS-SMEs anwendet, immer dann **Konzernabschlüsse** zu erstellen hat, wenn es (mindestens ein) **Tochterunternehmen** hat. Es ist also nicht zulässig, in diesem Fall lediglich einen Jahresabschluss nach IFRS-SMEs zu erstellen. Zu erwähnen ist in diesem Zusammenhang, dass ein Konzernabschluss nach IFRS-SMEs aufgrund der fehlenden Kapitalmarktorientierung keine befreiende Wirkung gem. § 315a HGB hat. Deutsche Unternehmen sind somit verpflichtet, zusätzlich einen Konzernabschluss nach den §§ 290 ff. HGB zu erstellen. Die Anwendung dieses Grundsatzes setzt die Definition eines Tochterunternehmens voraus, die in IFRS-SMEs Abschn. 9.4 erfolgt. Demnach ist ein Tochterunternehmen ein Unternehmen, das von dem Mutterunternehmen kontrolliert wird, wobei unter Kontrolle die Fähigkeit verstanden wird, die Finanz- und

Geschäftspolitik zu bestimmen, um daraus Nutzen zu ziehen. Einen Sonderfall stellen dabei sog. Zweckgesellschaften dar (vgl. Tz. 39 ff.).

18 Zur Konkretisierung dieses sog. ***control*-Konzepts** bestimmt IFRS-SMEs Abschn. 9.5, dass Kontrolle immer dann vermutet wird, wenn das Mutterunternehmen direkt oder indirekt über ein anderes Tochterunternehmen über mehr als die Hälfte der Stimmrechte bei einem anderen Unternehmen verfügt. Diese Vermutung kann ausnahmsweise widerlegt werden, wenn eindeutig nachgewiesen werden kann, dass die Mehrheit der Stimmrechte keine Kontrolle begründet.

19 Andererseits kann **Kontrolle** auch gegeben sein, wenn das Mutterunternehmen nicht über mehr als die Hälfte der Stimmrechte verfügt, nämlich gemäß IFRS-SMEs Abschn. 9.5 immer dann, wenn einer der folgenden Tatbestände erfüllt ist:

(a) Das Mutterunternehmen kann aufgrund einer Vereinbarung mit einem anderen Investor über mehr als die Hälfte der Stimmrechte verfügen.
(b) Das Mutterunternehmen kann die Finanz- und Geschäftspolitik eines anderen Unternehmens aufgrund eines Vertrages oder einer Satzungsbestimmung bestimmen. Gemeint ist damit ua. ein Beherrschungsvertrag im Sinne von § 291 Abs. 1 AktG.
(c) Das Mutterunternehmen kann die Mehrheit der Mitglieder des Geschäftsführungs- oder Aufsichtsorgans eines anderen Unternehmens berufen oder abberufen, wenn die Kontrolle über das andere Unternehmen von diesen Organen ausgeübt wird.
(d) Das Mutterunternehmen verfügt über die Präsenzmehrheit bei Sitzungen des Geschäftsführungs- oder Aufsichtsorgans eines anderen Unternehmens, wenn die Kontrolle über das andere Unternehmen von diesen Organen ausgeübt wird.

20 In den nachfolgenden Abschnitten des Standards werden die verschiedenen möglichen Fälle eines Mutter-Tochter-Verhältnisses konkretisiert. Für alle diese Fälle gilt, dass durch ein solches Tochterunternehmen auch die Pflicht zur Erstellung eines Konzernabschlusses begründet werden kann, wenn es sich dabei um das einzige Tochterunternehmen des Mutterunternehmens handelt.

21 Kontrolle kann auch durch **potentielle Stimmrechte** aufgrund von Options- oder Wandlungsrechten erreicht werden, die aktuell ausgeübt werden können (IFRS-SMEs Abschn. 9.6). Diese müssen zwingend berücksichtigt werden und können, trotz unveränderter tatsächlicher Stimmrechtsquote, zur Konsolidierungspflicht oder auch zur Entkonsolidierung führen. Dabei sind sämtliche Fakten, wie die Bedingungen der Ausübung und andere vertragliche Regelungen zu beurteilen. Unrelevant bleiben jedoch der Wille und die finanziellen Möglichkeiten zur Ausübung dieser Rechte (vgl. Baetge/Hayn/Ströher, in: Baetge et al., IFRS-Komm., Teil B, IAS 27, Tz. 79-82).

22 Ebenso kann die Kontrolle eines Mutterunternehmens über ein anderes Unternehmen dadurch erreicht werden, dass die Anteile an dem anderen Unternehmen von einem im Interesse des Mutterunternehmens agierenden Agenten gehalten werden, der die Fähigkeit hat, die Aktivitäten des anderen Unternehmens zu steuern (IFRS-SMEs Abschn. 9.6).

23 Ein Tochterunternehmen ist nicht von der Konsolidierung ausgeschlossen, weil der Investor eine Wagniskapital- oder ähnliche Organisation ist (IFRS-SMEs Abschn. 9.7).

24 Ein Tochterunternehmen ist nicht von der Konsolidierung ausgeschlossen, wenn es im Vergleich mit den übrigen in den Konsolidierungskreis einbezogenen Einheiten abweichende Geschäftsaktivitäten hat. Vielmehr sind in diesem Fall zusätzliche Anhangsangaben über die Aktivitäten eines solchen Tochterunternehmens erforderlich (IFRS-SMEs Abschn. 9.8).

25 Ein Tochterunternehmen ist nicht von der Konsolidierung ausgeschlossen, wenn es in einem rechtlichen Umfeld agiert, das den Transfer von Geld oder anderen Vermögenswerten nach außerhalb dieses Rechtssystems ausschließt (IFRS-SMEs Abschn. 9.9).

26 Nur für den Fall der **Stimmrechtsmehrheit** ist in IFRS-SMEs Abschn. 9.5 ausdrücklich geregelt, dass ein Mutterunternehmen auch **indirekt** über ein anderes Tochterunternehmen über die Mehrheit der Stimmrechte bei einem weiteren Tochterunternehmen verfügen kann. Dies ist so zu verstehen, dass die Stimmrechte, über die ein Tochterunternehmen bei einem anderen Unternehmen verfügt, dem Mutterunternehmen zugerechnet werden. Verfügt bspw. ein Mutterunternehmen über 80% der Stimmrechte an Tochterunternehmen 1 und dieses über 60% der Stimmrechte an Tochterunternehmen 2, so verfügt das Mutterunternehmen selbst über 60% der Stimmrechte an Tochterunternehmen 2. Wichtig ist in diesem Zusammenhang, dass auch bei einem indirekten Tochterunternehmen die direkten Anteile maßgebend sind, hier also 60%, und nicht die durchgerechneten Anteile des Mutterunternehmens, hier 80% von 60% gleich 48%. Die durchgerechneten Anteile sind im Rahmen der Konsolidierung nur für die Verteilung des Ergebnisses und des Eigenkapitals auf die nicht beherrschenden Gesellschafter maßgebend (vgl. Tz. 74 ff.).

27 Obwohl es in IFRS-SMEs Abschn. 9 keine entsprechenden Regelungen hinsichtlich indirekter Tochterunternehmen für den Fall gibt, dass ein anderes Tochterunternehmen und damit das Mutterunternehmen selbst nicht über die Mehrheit der Stimmrechte verfügt, aber einer der Tatbestände des *control*-Konzepts gemäß IFRS-SMEs Abschn. 9. 5 erfüllt ist, ist davon auszugehen, dass auch diese Rechte eines Tochterunternehmens dem Mutterunternehmen selbst zuzurechnen sind, da auch in diesen Fällen die Kontrolle vom Mutterunternehmen ausgeübt werden kann, weil das Tochterunternehmen, das unmittelbar über diese Rechte verfügt, selbst vom Mutterunternehmen kontrolliert wird. So kann auch durch diese Tatbestände ein indirektes Mutter-Tochter-Verhältnis begründet werden.

28 Das ***control*-Konzept** gemäß IFRS-SMEs Abschn. 9.5 ist identisch mit dem *control*-Konzept gemäß IAS 27.13. Gleiches gilt für die in den folgenden Abschnitten erfolgten Klarstellungen. Es kann deshalb auf die umfangreiche Kommentierung zu IAS 27 zurückgegriffen werden. Diesbezüglich ist zunächst darauf hinzuweisen, dass unabhängig davon, durch welchen Tatbestand des *control*-Konzepts das Mutter-Tochter-Verhältnis begründet wird, es nicht darauf ankommt, dass vom Mutterunternehmen tatsächlich Herrschaft über das Tochterunternehmen ausgeübt wird. Kontrolle ist vielmehr nur die Fähigkeit dazu (siehe hierzu auch Senger/Brune, in: Beck IFRS-Handbuch, § 30, Tz. 5).

29 Die **Stimmrechtsquote** muss nicht mit der Anteilsquote übereinstimmen, weil stimmrechtslose Anteile oder Anteile, die mehrfache Stimmrechte gewähren, bestehen können. Die Stimmrechtsmehrheit begründet nicht automatisch das Bestehen eines Mutter-Tochter-Verhältnisses, sondern ist lediglich eine **widerlegbare Vermutung**. Beispiele für Fälle, in denen das Bestehen von Kontrolle trotz (formaler) Stimmrechtsmehrheit widerlegt werden kann, sind die Nichtausübbarkeit von Stimmrechten gemäß § 20 Abs. 7 AktG aufgrund der Verletzung von Meldepflichten, Satzungsbestimmungen, die eine höhere Quote als die absolute Mehrheit der Stimmen vorschreiben, und die Verwaltung des potentiellen Tochterunternehmens durch einen Insolvenzverwalter (mwN Senger/Brune, in: Beck IFRS-Handbuch, § 30, Tz. 7). Weitere Beispiele sind, dass eine ausländische Rechtsordnung die Stimmrechte von Ausländern auf unter 50% begrenzt oder dass ein Entherrschungsvertrag zwischen Mutter- und Tochterunternehmen besteht (vgl. Watrin/Hoehne/Lammert, in: MünchKommBilR, IAS 27, Tz. 35).

30 Bei **stimmrechtslosen Vorzugsaktien** gemäß § 139 Abs. 1 AktG lebt das Stimmrecht gemäß § 140 Abs. 2 AktG auf, wenn die kumulative Vorzugsdividende in einem Jahr und im nächsten Jahr inkl. des Nachzahlungsbetrages für das Vorjahr nicht vollständig gezahlt wurde. Bei der Ermittlung der Stimmrechtsquote sind sie so lange nicht zu berücksichtigen, wie das Stimmrecht nicht besteht. Werden solche Aktien von nicht beherrschenden Gesellschaftern gehalten und lebt das Stimmrecht auf, so kann dies dazu führen, dass das (bisherige) Mutterunternehmen die Stimmrechtsmehrheit verliert und das ehemalige Tochterunternehmen zu einem assoziierten Unternehmen wird. Theoretisch kann dadurch auch ein Mutter-Tochter-Verhältnis zu einem anderen Unternehmen entstehen.

31 Gemäß § 71b AktG stehen zB einer Aktiengesellschaft keine Rechte aus eigenen Aktien, dh. auch keine Stimmrechte, zu. Dieser Sachverhalt ist ggf. bei der Ermittlung der Stimmrechtsquote zu berücksichtigen.

32 Anders als für die Stimmrechtsmehrheit sieht IFRS-SMEs Abschn. 9.5 für die Tatbestände der **Kontrolle** bei fehlender Stimmrechtsmehrheit dem Wortlaut nach keine Möglichkeit der

Widerlegung des Bestehens von Kontrolle vor. Dennoch ist auch bezüglich dieser Tatbestände davon auszugehen, dass das Bestehen von Kontrolle aufgrund besonderer Umstände widerlegt werden kann. Bspw. ist eine Stimmrechtsmehrheit aufgrund einer Vereinbarung mit anderen Investoren (IFRS-SMEs Abschn. 9.5(a)) wirkungslos, wenn die Satzung für Beschlüsse eine höhere Stimmrechtsquote vorschreibt (vgl. Senger/Brune, in: Beck IFRS-Handbuch, § 30, Tz. 9). Ebenso ist ein Beherrschungsvertrag, der gemäß IFRS-SMEs Abschn. 9.5(b) ein Kontrolle begründender Tatbestand sein kann, wirkungslos, wenn das Tochterunternehmen von einem Insolvenzverwalter verwaltet wird.

33 Ob im Sinne von IFRS-SMEs Abschn. 9.5(c) die Mehrheit der Mitglieder eines **Geschäftsführungs- oder Aufsichtsorgans** bestimmt werden kann, hängt von dem für das betreffende Tochterunternehmen maßgebenden Gesellschaftsrecht und ggf. den ergänzenden Bestimmungen in der Satzung dieses Unternehmens ab. Diesbezüglich ist zu erwähnen, dass Tochterunternehmen grundsätzlich auch im Ausland ansässig sein können (Weltabschlussprinzip) bzw. zwar im Inland ansässig sind, aber nach einem ausländischen Gesellschaftsrecht gegründet wurden (zB britische Limited). Soweit es sich um ein Tochterunternehmen handelt, für das deutsches Gesellschaftsrecht maßgebend ist, ist insbesondere auf das GmbH-Recht zu verweisen, das eine sehr flexible Ausgestaltung des Gesellschaftsvertrags zulässt. Nicht möglich ist ein solches mehrheitliches Organbesetzungsrecht hingegen bei einer deutschen AG. Erstens sind die Vorstandsmitglieder gemäß § 84 Abs. 1 AktG ausschließlich vom Aufsichtsrat zu bestellen. Zweitens kann die Satzung einer AG gemäß § 101 Abs. 2 Satz 3 AktG nur für ein Drittel der den Aktionären zustehenden Aufsichtsratssitze Entsendungsrechte vorsehen.

34 Bei einer KG (§ 164 HGB) bzw. einer KGaA (§ 278 Abs. 2 AktG iVm. § 164 HGB) sind die persönlich haftenden Gesellschafter (Komplementäre) die geborenen Geschäftsführer. Allerdings ist deren Geschäftsführungskompetenz gemäß § 116 Abs. 1 HGB auf die Handlungen beschränkt, die der gewöhnliche Betrieb des Handelsgewerbes der Gesellschaft mit sich bringt. Zur Vornahme aller Handlungen, die darüber hinausgehen, ist gemäß § 116 Abs. 2 HGB ein Beschluss sämtlicher Gesellschafter erforderlich. Deshalb greift hier die Einschränkung gemäß IFRS-SMEs Abschn. 9.5(c), dass ein mehrheitliches Organbesetzungsrecht nur dann Kontrolle begründet, wenn von dem betreffenden Organ die Kontrolle über das Unternehmen ausgeht. Letzteres ist bei den persönlich haftenden Gesellschaftern einer KG oder KGaA, die das Geschäftsführungsorgan einer solchen Gesellschaft sind, nicht der Fall, es sei denn, im Gesellschaftsvertrag sind gemäß § 109 HGB von den gesetzlichen Bestimmungen abweichende Regelungen getroffen. Entsprechendes gilt gemäß § 116 Abs. 2 HGB für die OHG.

35 Schwer vorstellbar ist eine **Präsenzmehrheit** in einem die Kontrolle ausübenden Geschäftsführungs- oder Aufsichtsorgan gemäß IFRS-SMEs Abschn. 9.5(d). Dies setzt die dauerhafte Abwesenheit eines oder mehrerer Mitglieder des betreffenden Organs voraus.

36 Leichter vorstellbar ist eine **Präsenzmehrheit** in einer Gesellschafterversammlung. Damit der Tatbestand gemäß IFRS-SMEs Abschn. 9.5(d) erfüllt ist, muss es sich allerdings bei dem betreffenden Organ um ein Geschäftsführungs- oder Aufsichtsorgan handeln. Letzteres ist jedoch bei der Gesellschafterversammlung einer Personenhandelsgesellschaft immer dann der Fall, wenn die Bestimmungen gemäß § 116 HGB bezüglich der beschränkten Geschäftsführungsbefugnis der persönlich haftenden Gesellschafter gelten, da im Gesellschaftsvertrag keine davon abweichenden Regelungen getroffen wurden. Gleiches gilt gemäß § 278 Abs. 2 AktG auch für die KGaA. Ebenso kann der Gesellschaftsvertrag einer GmbH gemäß § 37 Abs. 1 GmbHG eine starke Stellung der Gesellschafterversammlung vorsehen.

37 IFRS-SMEs Abschn. 9.5(d) schließt normalerweise nicht den Fall einer **Präsenzmehrheit** in der Haupt- oder Gesellschafterversammlung ein, weil von diesen Organen normalerweise nicht die Kontrolle über das Unternehmen ausgeübt wird. Ausnahmen sind lediglich in den genannten Fällen möglich, in denen ein solches Organ als Geschäftsführungs- oder Aufsichtsorgan ausgestaltet ist. Das ist jedoch bei der Hauptversammlung einer deutschen AG nicht möglich. In der Kommentarliteratur zu IAS 27.13 wird jedoch die Möglichkeit eines faktischen Kontrollverhältnisses aufgrund einer nachhaltigen Präsenzmehrheit in der Hauptversammlung kontrovers diskutiert. Herrschende Meinung ist dabei, dass eine nachhaltige Präsenzmehrheit in der Hauptversammlung kein Kontrollverhältnis begründet, weil die Kontrollverhältnisse bei einer Stimmrechtsquote von unter 50% ausdrücklich in IAS 27.13(a)-(d) geregelt sind und eine faktische Stimmrechtsmehrheit darin nicht erwähnt wird. Andererseits wird die Auffassung (insbesondere vom IASB) vertreten, dass im Sinne des IAS 27.13 zugrunde liegenden *control*-Konzepts wahlweise auch Unternehmen als Tochterunternehmen identifiziert und konsolidiert werden können, die aufgrund einer solchen faktischen Stimmrechtsmehrheit beherrscht werden können (mwN Senger/Brune, in: Beck IFRS-Handbuch, § 30, Tz. 10 ff.; Watrin/Hoehne/Lammert, in: MünchKommBilR, IAS 27, Tz. 43). Diese Auffassungen können aufgrund der Wortgleichheit auf IFRS-SMEs Abschn. 9.5 übertragen werden. Im Gegensatz zu diesen Meinungen wird hier die Auffassung vertreten, dass bei einer nachhaltigen faktischen Stimmrechtsmehrheit von einem Mutter-Tochter-Verhältnis auszugehen ist. Es ist unsystematisch, wenn gemäß IFRS-SMEs Abschn. 9.5(d) eine Präsenzmehrheit in einem Geschäftsführungs- oder Aufsichtsorgan ein Kontrollverhältnis begründet, nicht jedoch eine Präsenzmehrheit in der Hauptversammlung. Ergänzend kann argumentiert werden, dass mit einer solchen Präsenzmehrheit die Fähigkeit im Sinne von IFRS-SMEs Abschn. 9.5(c) verbunden ist, die Mehrheit der Mitglieder des Aufsichtsrats und indirekt damit den Vorstand zu berufen.

38 Gegenüber dem Kriterium der Bestimmung der Geschäfts- und Finanzpolitik, ist das Kriterium der **Nutzenerzielung** nicht näher definiert, obgleich beide für die Kontrolle über ein Unternehmen kumulativ erfüllt sein müssen. Unter den Begriff Nutzen werden in der Literatur neben finanziellen Zuflüssen auch Kostenreduktionen, Wettbewerbsvorteile uÄ subsumiert. Das zwingend beide Kriterien vorliegen müssen, kann folglich dazu führen, dass die Beherrschung durch Stimmrechtsmehrheit oder durch einen der vier Tatbestände des IFRS-SMEs Abschn. 9.5 auch durch das fehlende Recht der Nutzenerzielung widerlegt werden kann (vgl. Baetge/Hayn/Ströher, in: Baetge et al. IFRS-Komm., Teil B, IAS 27, Tz. 45-46).

39 Über die Stimmrechtsmehrheit und die ergänzenden Tatbestände ohne Stimmrechtsmehrheit hinaus kann gemäß IFRS-SMEs Abschn. 9.4 auch eine sog. **Zweckgesellschaft** wirtschaftlich betrachtet Tochterunternehmen sein. Merkmal einer Zweckgesellschaft ist zunächst, dass sie zu einem eng begrenzten und genau definierten Zweck gegründet wurde. IFRS-SMEs Abschn. 9.10 nennt als Beispiele für mögliche Zwecke die Durchführung eines Leasinggeschäfts, die Durchführung von Forschungs- und Entwicklungsaktivitäten und die Verbriefung von Forderungen.

40 Eine **Zweckgesellschaft** kann gemäß IFRS-SMEs Abschn. 9.10 rechtlich auf verschiedene Weise organisiert sein. Es kann sich um eine Gesellschaft in einer beliebigen Rechtsform, aber auch um ein Sondervermögen einer Kapitalanlagegesellschaft handeln. Treffender ist deshalb der Begriff der *Special Purpose Entity*.

41 Die Schwierigkeit besteht darin, zu beurteilen, wann die wirtschaftliche Betrachtung für ein **Kontrollverhältnis** spricht. Die Beherrschung richtet sich auch hier in erster Linie nach den allgemeinen Kriterien gemäß IFRS-SMEs Abschn. 9.5, welche jedoch ins Leere laufen, da Zweckgesellschaften gerade so konstruiert sind, dass keiner dieser Tatbestände erfüllt ist. Zweckgesellschaften zeichnen sich vielmehr dadurch aus, dass das gründende Unternehmen, der sog. Initiator oder Sponsor, allenfalls über minimale Anteile an der Zweckgesellschaft verfügt. Die wirtschaftliche Betrachtung spricht aber trotzdem für eine Identifizierung der Zweckgesellschaft als Tochterunternehmen.

42 In IFRS-SMEs Abschn. 9.11 sind deshalb folgende **Indikatoren** aufgeführt, die alternativ zur Identifizierung einer Zweckgesellschaft und damit als Tochterunternehmen führen können:

(a) Die Geschäftsaktivitäten der Zweckgesellschaft werden im Interesse und entsprechend den besonderen Geschäftsbedürfnissen des (Mutter-)Unternehmens durchgeführt.

(b) Das (Mutter-)Unternehmen hat die letztendliche Entscheidungsmacht über die Aktivitäten der Zweckgesellschaft, auch wenn die Entscheidungen über das Tagesgeschäft delegiert sind.
(c) Das (Mutter-)Unternehmen verfügt über das Recht, die Mehrheit des Nutzens aus der Zweckgesellschaft zu ziehen und ist deshalb unter Umständen Risiken ausgesetzt, die aus den Aktivitäten der Zweckgesellschaft resultieren.
(d) Das (Mutter-)Unternehmen behält die Mehrheit der Residual- oder Eigentümerrisiken, die mit der Zweckgesellschaft oder ihren Vermögenswerten verbunden sind.

43 Diese Liste von Indikatoren ist gemäß IFRS-SMEs Abschn. 9.11 ausdrücklich nicht vollständig. Entscheidend ist, ob in einer wirtschaftlichen Betrachtungsweise ein Kontrollverhältnis besteht. Ausdrücklich ausgenommen sind gemäß IFRS-SMEs Abschn. 9.12 langfristige Pensionspläne, die in IFRS-SMEs Abschn. 28 gesondert geregelt sind (siehe IFRS-SMEs-Komm., Teil B, Abschn. 28).

44 Auch diese **Indikatoren** sind interpretations- und erklärungsbedürftig, wobei ergänzend auf die Kommentierung zu SIC-12 zurückgegriffen werden kann, der die Zweckgesellschaft zu einem erheblichen Teil wortgleich für die IFRS regelt. Die Geschäftsaktivitäten der zu einem eng begrenzten und genau definierten Zweck gegründeten Zweckgesellschaft werden zB dann im Sinne von Indikator (a) im Interesse und entsprechend den besonderen Geschäftsbedürfnissen des (Mutter-)Unternehmens geführt, wenn der Zweck der Gesellschaft darin besteht, einen bestimmten Vermögenswert, zB eine Großanlage, zu errichten und an das (Mutter-)Unternehmen oder an ein anderes Konzernunternehmen zu verleasen. Ebenso könnte der Zweck darin bestehen, die Forderungen des Konzerns zu verbriefen oder im Auftrag des Konzerns bestimmte Entwicklungsprojekte zu realisieren. Diese bereits in IFRS-SMEs Abschn. 9.10 angedeuteten möglichen Zwecke sind nicht abschließend. Möglich wäre zB auch eine Funktion als sog. »verlängerte Werkbank«. Zumindest der Hauptzweck muss in dieser Weise definiert sein, damit dieser Indikator zur Identifizierung als Zweckgesellschaft führt. Unschädlich ist es, wenn auch noch Nebenzwecke verfolgt werden, die nicht auf das (Mutter-)Unternehmen ausgerichtet sind (ähnlich Senger/Brune, in: Beck IFRS-Handbuch, § 30, Tz. 20).

45 Die letztendliche Entscheidungsmacht über die Aktivitäten der **Zweckgesellschaft** kann zum einen dann beim (Mutter-)Unternehmen liegen, wenn dieses die Zweckgesellschaft eigenständig auflösen kann oder das Recht zur Satzungsänderung hat. Zum anderen hat das (Mutter-)Unternehmen zB auch dadurch die Entscheidungsmacht, dass der Zweck in der Satzung der Gesellschaft festgeschrieben ist und das (Mutter-)Unternehmen aufgrund eines Minderheitsanteils an der Zweckgesellschaft jegliche Satzungsänderung verhindern kann, weil diese für Änderungen eine entsprechende qualifizierte Mehrheit vorschreibt. Eine solche Konstruktion wird in Anlehnung an SIC 12.10(b) als **»Autopilot-Mechanismus«** bezeichnet (vgl. Senger/Brune, in: Beck IFRS-Handbuch, § 30, Tz. 21). Die Aktivitäten der Zweckgesellschaft sind in diesem Fall entsprechend der Satzung ausgerichtet. Zu entscheiden gibt es insoweit nichts mehr und Änderungen sind gegen den Willen des (Mutter-)Unternehmens nicht möglich.

46 Der Autopilot-Mechanismus entspricht jedoch eher einer rechtlichen Betrachtungsweise. Aufgrund der anzuwendenden **wirtschaftlichen Betrachtungsweise** kann der Indikator (b) jedoch auch auf andere Weise erfüllt sein. So könnte der Zweck einer Gesellschaft zB darin bestehen, bestimmte vom (Mutter-)Unternehmen entwickelte Produkte in Lizenz zu fertigen. Die letztendliche Entscheidungsmacht des (Mutter-)Unternehmens über die Aktivitäten der Zweckgesellschaft könnte aus der Lizenzvereinbarung folgen. Ebenso ist es denkbar, dass eine Zweckgesellschaft im Auftrag des (Mutter-)Unternehmens ein Entwicklungsprojekt realisiert und dem (Mutter-)Unternehmen vertraglich Rechte eingeräumt werden, die dazu führen, dass es über die Aktivitäten der Zweckgesellschaft entscheiden kann. Gleiches könnte aus anderen vertraglichen Vereinbarungen zwischen dem (Mutter-)Unternehmen und der Zweckgesellschaft, wie zB Leasingvereinbarungen, folgen.

Indikator (c) kann zB dadurch erfüllt sein, dass das (Mutter-)Unternehmen durch die Abgabe von Garantien die **Risiken** übernimmt, die aus den Geschäftsaktivitäten der Zweckgesellschaft resultieren, von denen mehrheitlich das (Mutter-)Unternehmen selbst profitiert (in Bezug auf ABS-Aktivitäten siehe Senger/Brune, in: Beck IFRS-Handbuch, § 30, Tz. 23). **47**

Indikator (d) ist zB dann erfüllt, wenn das (Mutter-)Unternehmen mit der Zweckgesellschaft einen **Gewinnabführungsvertrag** abgeschlossen hat und deshalb auch zur Übernahme evtl. Verluste der Zweckgesellschaft verpflichtet ist. Die (fremden) Eigenkapitalgeber erhalten in diesem Fall eine Garantiedividende. Die Residual- und Eigentümerrisiken werden aufgrund des Gewinnabführungsvertrags vom (Mutter-)Unternehmen getragen, obwohl das Eigenkapital, wie es für eine Zweckgesellschaft typisch ist, von anderen bereitgestellt wurde. Genügen würde zur Erfüllung des Indikators (d) auch eine vertragliche Verlustübernahme, weil dieser Indikator allein die Risiken erwähnt. **48**

Eine **Zweckgesellschaft** muss nicht von dem (Mutter-)Unternehmen juristisch gegründet worden sein. Vielmehr kann das (Mutter-)Unternehmen auch eine Gesellschaft erwerben und diese durch eine entsprechende Änderung der Satzung und die Aufnahme von fremden Eigenkapitalgebern als Zweckgesellschaft ausgestalten. **49**

Als **Zweckgesellschaft** im Sinne von IFRS-SMEs Abschn. 9.10 f. kann auch eine Zelle einer zellular aufgebauten Gesellschaft identifiziert werden (IDW RS HFA 2 Tz. 59; Watrin/Hoehne/Lammert, in: MünchKommBilR, IAS 27, Tz. 70). Eine solche Gesellschaft ist dadurch gekennzeichnet, dass sie mehrere Zwecke verfolgt oder ihre Geschäftsaktivitäten nicht nur auf ein anderes Unternehmen ausgerichtet sind, sondern auf mehrere, die einzelnen Aktivitäten jedoch voneinander wirtschaftlich isoliert sind, so dass auf die einzelne Zelle die Merkmale einer auf ein bestimmtes anderes Unternehmen ausgerichteten Zweckgesellschaft erfüllt sind (vgl. auch Senger/Brune, in: Beck IFRS-Handbuch, § 30, Tz. 23). Bspw. könnte das (Mutter-)Unternehmen vertraglich die aus bestimmten, eng begrenzten und genau definierten Aktivitäten einer anderen Gesellschaft resultierenden Risiken tragen. **50**

Wird eine Zweckgesellschaft identifiziert, so ist diese als Tochterunternehmen zu konsolidieren. Handelt es sich dabei um das einzige Tochterunternehmen, so wird dadurch die Pflicht zur Aufstellung eines Konzernabschlusses begründet. **51**

Die Konsolidierung einer **Zweckgesellschaft** führt dazu, dass deren Vermögenswerte und Schulden sowie Erträge und Aufwendungen in den Konzernabschluss eingebucht werden. Da typischerweise das Eigenkapital einer Zweckgesellschaft nicht vom Mutterunternehmen bereitgestellt wird, sondern von Fremden, wird dieses größtenteils unter den Kapitalanteilen nicht beherrschender Gesellschafter (vgl. Tz. 74) ausgewiesen. Ebenso kann je nach Ausgestaltung das Ergebnis einer Zweckgesellschaft größtenteils den nicht beherrschenden Gesellschaftern zuzurechnen sein (vgl. Tz. 75). **52**

Handelt es sich bei der zu konsolidierenden Zweckgesellschaft um eine Gesellschaft, die Vermögenswerte an andere Konzernunternehmen verleast, so werden diese auch dann im Konzernabschluss erfasst, wenn es sich bei den **Leasing**-Verhältnissen um operatives Leasing handelt (IFRS-SMEs Abschn. 20.4). Aber auch wenn es sich um Finanzierungsleasing handelt, ist die Zweckgesellschaft zu konsolidieren. Die Konsolidierung führt in diesem Fall dazu, dass die Regeln für die Abbildung von Finanzierungsleasing (IFRS-SMEs Abschn. 20.9 ff.) nicht anzuwenden sind und ua. aufgrund der Schuldenkonsolidierung (vgl. Tz. 81 ff.) in der Konzernbilanz keine Verbindlichkeiten des Leasingnehmers gegenüber dem Leasinggeber ausgewiesen werden. Es empfiehlt sich deshalb bei Bestehen von Leasingverhältnissen zunächst zu prüfen, ob der Leasinggeber eine Zweckgesellschaft des Leasingnehmers oder eines anderen Konzernunternehmens ist, bevor geprüft wird, ob das Leasingverhältnis Finanzierungsleasing oder operatives Leasing ist. Handelt es sich um eine Zweckgesellschaft, so ist eine Klassifizierung des Leasingvertrages überflüssig, weil der Leasinggegenstand unmittelbar als Vermögenswert in den Konzernabschluss einzubuchen ist und sämtliche Abbildungen als Leasingverhältnis herauszukonsolidieren wären. **53**

b. Ausnahmen

54 IFRS-SMEs Abschn. 9.3 sieht in den folgenden beiden Fällen eine **Ausnahme** von der Pflicht zur Erstellung von Konzernabschlüssen vor:

(a) das Mutterunternehmen ist selbst Tochterunternehmen und das oberste oder ein zwischengeschaltetes Mutterunternehmen erstellt Konzernabschlüsse in Übereinstimmung mit IFRS oder IFRS-SMEs oder
(b) das Mutterunternehmen hat ausschließlich Tochterunternehmen, die mit der Absicht der Weiterveräußerung oder Auflösung innerhalb eines Jahres erworben wurden.

55 Im Fall (b) sind die zur Weiterveräußerung oder Auflösung bestimmten Tochterunternehmen im dann nur zu erstellenden Jahresabschluss des Mutterunternehmens immer dann durch die GuV zum Zeitwert zu bewerten, wenn der Zeitwert der Anteile verlässlich ermittelt werden kann. Anderenfalls werden die Anteile zu Anschaffungskosten abzgl. eventueller Abschreibungen bewertet.

56 IFRS-SMEs Abschn. 9 enthält keine Regelung für den Fall, dass das Mutterunternehmen ausschließlich über Tochterunternehmen verfügt, die als unwesentlich eingestuft werden. Hier wird die Auffassung vertreten, dass dieser Fall eine weitere Ausnahme von der Pflicht zur Erstellung von Konzernabschlüssen darstellt und solche Tochterunternehmen im Jahresabschluss des Mutterunternehmens so abzubilden sind wie die oben unter Fall (b) aufgeführten zur Weiterveräußerung bzw. Auflösung innerhalb eines Jahres bestimmten Tochterunternehmen. IAS 27 enthält ebenfalls keine Ausnahmeregelung für unwesentliche Tochterunternehmen, jedoch wird der allgemeine **Wesentlichkeitsgrundsatz** ua. in dem Sinne interpretiert, dass unwesentliche Tochterunternehmen wahlweise nicht in den Konsolidierungskreis einbezogen werden können (vgl. Senger/Brune, in: Beck IFRS-Handbuch, § 32, Tz. 9). Wichtig ist dabei, dass nicht nur das einzelne Tochterunternehmen unwesentlich ist, sondern auch alle nicht einbezogenen Unternehmen zusammen von untergeordneter Bedeutung sind (vgl. Watrin/Hoehne/Lammert, in: MünchKommBilR, IAS 27, Tz. 130). Daraus ist zu folgern, dass keine Konzernabschlüsse aufzustellen sind, wenn ein Mutterunternehmen ausschließlich über unwesentliche Tochterunternehmen verfügt (so auch Kirsch, 2009, 161 f., welcher in diesem Fall von einer »faktische[n] Befreiung von der Konzernrechnungslegungspflicht« spricht). Da der Wesentlichkeitsgrundsatz gemäß IFRS-SMEs Abschn. 2.6 auch IFRS-SMEs zugrunde liegt, gilt diese Schlussfolgerung für Mutterunternehmen, die Abschlüsse nach diesem Standard erstellen.

57 Daneben kann, trotz fehlender expliziter Nennung in IFRS-SMEs Abschn. 9, der Grundsatz des **Abwägens von Nutzen und Kosten** gemäß IFRS-SMEs Abschn. 2.13 dazu führen, dass ein Tochterunternehmen nicht in den Konzernabschluss einbezogen werden muss. Dies kann zB bei unverhältnismäßig hohen Kosten im Zuge der Informationsbereitstellung der Fall sein. In der Literatur wird dieses Einbeziehungswahlrecht jedoch kontrovers diskutiert und häufig abgelehnt (vgl. Baetge/Hayn/Ströher, in: Baetge et al., IFRS-Komm., Teil B, IAS 27, Tz. 153-156; vgl. Küting/Weber, 2008, 137; a. A. Lüdenbach, in: Haufe IFRS-Kommentar, 8. Aufl., § 32, Tz. 101).

2. Abgrenzung des Konsolidierungskreises

58 In den **Konzernabschluss** sind gemäß IFRS-SMEs 9.2 grundsätzlich das Mutterunternehmen und sämtliche Tochterunternehmen einzubeziehen. Die Vorschriften zur Identifizierung von Tochterunternehmen zwecks Feststellung der Pflicht zur Erstellung von Konzernabschlüssen gemäß IFRS-SMEs Abschn. 9.4 ff. sind deshalb zugleich Vorschriften zur Abgrenzung des Konsolidierungskreises. Dies impliziert auch, dass Tochterunternehmen, die als unwesentlich eingestuft werden, nicht in den Konsolidierungskreis einzubeziehen sind. Wird von diesem Wahlrecht im Sinne einer Nichtkonsolidierung solcher Tochterunternehmen Gebrauch gemacht, so müssen allerdings sämtliche nicht in den Konsolidierungskreis einbezogenen Tochterunternehmen-

men unwesentlich sein (vgl. ähnlich 7. EG-Richtlinie Art. 13 Abs. 1 iVm. Abs. 2; vgl. Watrin/Hoehne/Lammert, in: MünchKommBilR, IAS 27, Tz. 130).

59 Fraglich ist, ob IFRS-SMEs Abschn. 9.3(b) betreffend die zur **Weiterveräußerung** oder Auflösung innerhalb eines Jahres erworbenen Tochterunternehmen ebenfalls eine Vorschrift zur Abgrenzung des Konsolidierungskreises ist. Diese Vorschrift kann zum Einen so interpretiert werden, dass sie nur eine Ausnahme von der Pflicht zur Erstellung von Konzernabschlüssen beinhaltet, dass solche Tochterunternehmen jedoch zu konsolidieren sind, wenn das Mutterunternehmen aufgrund des Vorhandenseins auch anderer Tochterunternehmen zur Erstellung von Konzernabschlüssen verpflichtet ist. Zum Anderen kann die Vorschrift so verstanden werden, dass bezüglich der Konsolidierung solcher Tochterunternehmen ein Wahlrecht besteht. Hier wird die Auffassung vertreten, dass die letztgenannte Interpretation zutreffend ist (ebenso Kirsch, RWZ 2009, 337). Hätte der Standardsetzer die Konsolidierung auch solcher Tochterunternehmen gewollt, so hätte er auch die Aufstellung von Konzernabschlüssen für den Fall vorschreiben müssen, dass ein Mutterunternehmen nur über solche Tochterunternehmen verfügt. Für ein Konsolidierungswahlrecht spricht außerdem die Intention der vertretbaren Erleichterung der Abschlusserstellung durch SME (IFRS-SMEs BC15).

60 Die nachfolgende Abbildung 2 fasst die Kriterien für die Identifizierung von Tochterunternehmen und damit für die Abgrenzung des Konsolidierungskreises zusammen.

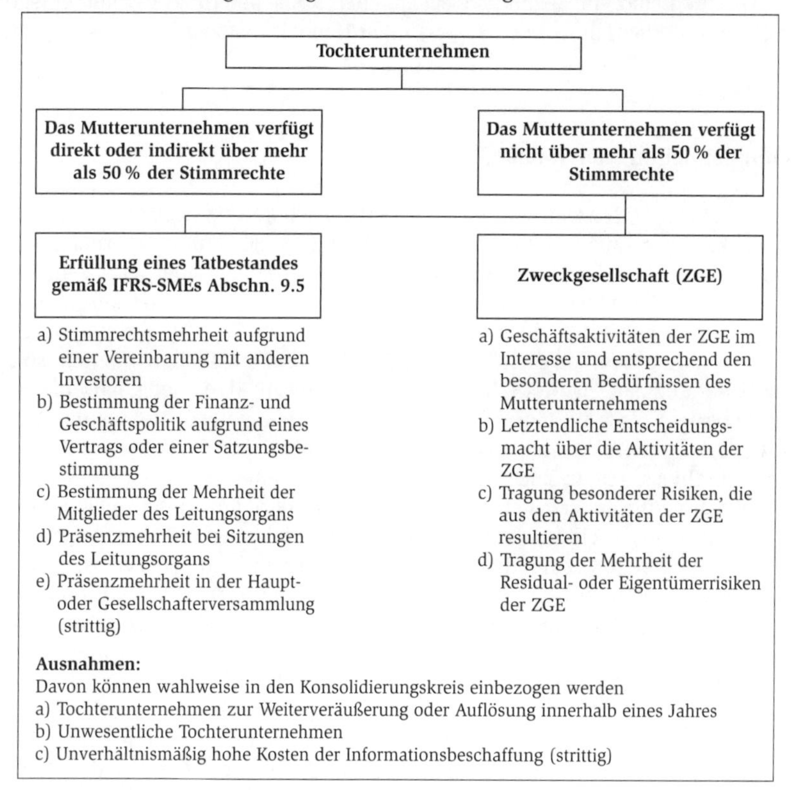

Abb. 2: Identifizierung von Tochterunternehmen

III. Vorbereitung der Jahresabschlüsse für die Konsolidierung

1. Grundsatz

61 Die zum Konsolidierungskreis gehörenden Unternehmen können normalerweise nicht mit ihren originären **Jahresabschlüssen** in den Summenabschluss als Ausgangsgrundlage für die durchzuführenden Konsolidierungen einbezogen werden. Dafür kann es folgende Gründe geben:

(a) Die Stichtage zu dem die Jahresabschlüsse der Konzernunternehmen aufgestellt sind, müssen nicht übereinstimmen.
(b) Die originären Jahresabschlüsse einzelner oder sämtlicher Konzernunternehmen können nach Gliederungs-, Ansatz- und Bewertungsvorschriften erstellt sein, die nicht mit den zu dem Konzernabschluss maßgebenden Vorschriften übereinstimmen.
(c) Wird ein Tochterunternehmen erworben, so sind die zum Erwerbszeitpunkt vorhandenen stillen Reserven und Lasten aufzudecken.
(d) Erstellt ein Tochterunternehmen seinen Jahresabschluss nicht in Euro, so ist eine Währungsumrechnung durchzuführen.

62 Aus diesen Gründen sind vor Beginn der eigentlichen Konsolidierungsarbeiten entsprechende Anpassungen erforderlich, die zu den sogenannten Handelsbilanzen II und ggf. Handelsbilanzen III führen.

2. Vereinheitlichung der Stichtage

63 IFRS-SMEs Abschn. 9.16 schreibt vor, dass die der Konsolidierung zugrunde liegenden, dh. in den Summenabschluss einzubeziehenden Jahresabschlüsse des Mutterunternehmens und der Tochterunternehmen auf denselben **Stichtag** aufzustellen sind. Dabei wird kein bestimmter Stichtag, zB der Stichtag des originären Jahresabschlusses des Mutterunternehmens, vorgeschrieben. Gefordert wird lediglich ein übereinstimmender Stichtag. Stimmen die Stichtage einzelner Konzernunternehmen nicht mit dem Konzernabschlussstichtag überein, so sind Zwischenabschlüsse aufzustellen. IFRS-SMEs Abschn. 9.16 sieht dafür lediglich eine Ausnahme vor, die darin besteht, dass auf eine solche Stichtagsanpassung verzichtet werden kann, wenn dies nicht praktikabel ist. Weitere Ausnahmen, zB in Abhängigkeit von der zeitlichen Distanz zum Konzernabschlussstichtag sind nicht vorgesehen. Dass eine Stichtagsanpassung nicht praktikabel ist, sollte nur eine äußerst seltene Ausnahme sein. Wird von dieser Ausnahme Gebrauch gemacht, so sind Jahresabschlüsse mit unterschiedlichen Stichtagen in den Summenabschluss einzubeziehen. Abgesehen von der dadurch bedingten Einschränkung der Aussagefähigkeit des Konzernabschlusses verursacht eine solche Vorgehensweise erhebliche Probleme bei der Durchführung der Konsolidierungsmaßnahmen, weil konzerninterne Geschäfte in diesem Fall im Konzernabschluss nur einseitig erfasst sein können. ZB kann eine konzerninterne Forderung im Summenabschluss enthalten sein, nicht jedoch die damit korrespondierende konzerninterne Verbindlichkeit. Zur Lösung dieses Problems empfiehlt es sich, konzerninterne Transaktionen in den Jahresabschlüssen mit abweichenden Stichtagen nachträglich zu erfassen. Dies ist die einzige Möglichkeit, sogenannte unechte Aufrechnungsdifferenzen zu vermeiden.

3. Vereinheitlichung von Gliederung, Ansatz und Bewertung

64 IFRS-SMEs Abschn. 9.17 schreibt vor, dass im Konzernabschluss eine einheitliche **Bilanzpolitik** zu verfolgen ist. Dies bedeutet zum Einen, dass unter gleichen Umständen Ansatz- und Bewertungsmethoden einheitlich anzuwenden sind. Ebenso sind die Gliederungsschemata zu

vereinheitlichen, damit eine Addition zum sogenannten Summenabschluss möglich ist. Gemeint ist damit eine Vereinheitlichung auf Basis der für den IFRS-SMEs-Abschluss maßgebenden Vorschriften.

65 **Handelsbilanzen II** werden durch sogenannte **Anpassungsbuchungen** erstellt, indem auftretende Differenzen im Jahr ihrer Entstehung im Gewinn oder Verlust erfasst und in den Folgejahren kumuliert über das Eigenkapital vorgetragen werden. Im Gewinn oder Verlust sind auch die Umkehreffekte zu erfassen, die bei der Auflösung der Differenzen auftreten. Wird zB eine erworbene Anlage im originären Jahresabschluss eines Tochterunternehmens degressiv abgeschrieben und soll sie im Konzernabschluss nach IFRS-SMEs linear abgeschrieben werden, so entsteht in der Anfangsphase eine positive Ergebnisdifferenz, die in der GuV als Verminderung der Abschreibungen zu erfassen ist. In den kommenden Jahren sind die Abschreibungsdifferenzen kumuliert vorzutragen. Ab einem bestimmten Zeitpunkt baut sich die Differenz wieder ab, weil nun linear höhere Abschreibungen zu verrechnen sind. Dies führt zu einer entsprechenden Abschreibungserhöhung in der GuV/Gesamtergebnisrechnung, wodurch der Vortrag sukzessive wieder abgebaut wird.

66 Da die Anpassungen von Ansatz und Bewertung nur in der sogenannten Handelsbilanz II erfolgen, nicht jedoch in der Steuerbilanz des betreffenden Unternehmens, sind die in den originären Jahresabschlüssen ausgewiesenen aktiven und passiven **latenten Steuern** an die in den Handelsbilanzen II geänderten Werte anzupassen. Dabei ist der individuelle Ertragsteuersatz des betreffenden Tochterunternehmens zu verwenden. Wurden in einem originären Jahresabschluss aufgrund eines entsprechenden Wahlrechts latente Steuern nicht (zB gemäß § 274a Nr. 5 HGB) oder nur teilweise (zB gemäß § 274 Abs. 1 Satz 2 HGB) erfasst, so sind diese notwendigerweise in der Handelsbilanz II nachträglich zu erfassen, weil für einen IFRS-SMEs-Abschluss entsprechende Wahlrechte nicht bestehen (IFRS-SMEs Abschn. 29.9 ff.). Da in einem IFRS-SMEs-Abschluss aktivische und passivische latente Steuern abgesehen von bestimmten Ausnahmen unsaldiert auszuweisen sind, müssen bei der Erstellung der Handelsbilanz II eventuell in den originären Jahresabschlüssen vorgenommene Saldierungen aufgehoben werden.

67 In welchem Umfang Anpassungen zur Erstellung der sogenannten **Handelsbilanz II** erforderlich sind, hängt davon ab, welche Vorschriften und welche Bilanzpolitik auf die originären Jahresabschlüsse angewendet wurden. Für deutsche IFRS-SMEs-Anwender folgt der Anpassungsbedarf insbesondere aus den Abweichungen zwischen den Gliederungs-, Ansatz- und Bewertungsvorschriften nach HGB auf der einen und nach IFRS-SMEs auf der anderen Seite. Des Weiteren folgt Anpassungsbedarf aus den Unterschieden zwischen der Bilanzpolitik im originären Jahresabschluss und im IFRS-SMEs-Konzernabschluss. Soweit die Vorschriften dies zulassen, kann der Anpassungsbedarf durch eine auf den IFRS-SMEs-Konzernabschluss abgestellte Bilanzpolitik im originären Jahresabschluss minimiert werden. In der Praxis wird dies durch entsprechende Vorgaben in einer sogenannten Konzernbilanzrichtlinie erreicht. Grundsätzlich gilt dies auch für die Vereinheitlichung der Stichtage. Die originären Jahresabschlüsse können aber auch bilanzpolitisch anders ausgerichtet sein als der Konzernabschluss, so dass bewusst auf eine Vereinheitlichung der Bilanzpolitik bereits in den originären Jahresabschlüssen verzichtet wird und folglich ein erhöhter Anpassungsbedarf bei der Erstellung der sogenannten Handelsbilanzen II in Kauf genommen wird.

68 Auch für die Vereinheitlichung der Ansatz- und Bewertungsvorschriften gilt der allgemeine **Wesentlichkeitsgrundsatz** gemäß IFRS-SMEs Abschn. 2.6 und die Nebenbedingung der **Kosten-Nutzen-Abwägung** gemäß IFRS-SMEs Abschn. 2.13-14. Die Anwendung bedeutet in diesem Fall, dass auf Anpassungen verzichtet werden kann, soweit diese unwesentlich sind oder zu unverhältnismäßig hohen Kosten führen. Bezüglich der Operationalisierung des Wesentlichkeitsgrundsatzes ist auf die Ausführungen hierzu zu verweisen (vgl. IFRS-SMEs-Komm., Teil B, Abschn. 2).

4. Aufdeckung stiller Reserven und Lasten

69 Wird ein Tochterunternehmen erworben, so sind die Anschaffungskosten auf die erworbenen Vermögenswerte und Schulden zu verteilen, die mit den **Zeitwerten** zu bewerten sind (IFRS-SMEs Abschn. 19.14 ff.). Diese Zeitwertbewertung erfordert häufig eine Erstellung der sog. Handelsbilanz III in welcher, ausgehend von den Werten in der Handelsbilanz II erworbener Tochterunternehmen, weitere Anpassungen vorzunehmen sind. Diese folgen der gleichen Logik wie die Anpassungsbuchungen zur Vereinheitlichung der Ansatz- und Bewertungsmethoden. Dabei ist zu beachten, dass nicht nur in den Posten der Handelsbilanz II der Tochterunternehmen stille Reserven und stille Lasten (= Differenzen zwischen den Buch- und den Zeitwerten) vorhanden sein können. Auch Posten, für die im Jahresabschluss ein Bilanzierungsverbot bestand, die aber aus Konzernsicht ansatzpflichtig oder -fähig sind, stellen stille Reserven und Lasten dar. Beispiel dafür sind immaterielle Vermögenswerte, die das Tochterunternehmen in seinem Jahresabschluss angesichts des Verbots der Aktivierung von Entwicklungskosten (vgl. IFRS-SMEs Abschn. 18.14) nicht angesetzt hat, die jedoch aus Konzernsicht keine selbstgeschaffenen, sondern erworbene immaterielle Vermögenswerte sind. In der Folge des Ansatzes der Zeitwerte ist eine weitere Anpassung der latenten Steuern erforderlich. Zweckmäßigerweise wird der Saldo der aufgedeckten stillen Reserven und stillen Lasten einschließlich der Anpassungen latenter Steuern in eine Neubewertungsrücklage gebucht. Diese Neubewertungsrücklage wird im Rahmen der Kapitalkonsolidierung vollständig wieder ausgebucht.

5. Währungsumrechnung

70 Ist der Jahresabschluss eines Tochterunternehmens nicht in Euro erstellt, so sind sämtliche Anpassungen in fremder Währung vorzunehmen. Dies gilt auch für die Aufdeckung der stillen Reserven und Lasten einschließlich der Anpassung latenter Steuern. Im Anschluss daran, hat eine Umrechnung in Euro nach den Vorschriften gemäß IFRS-SMEs Abschn. 30 zu erfolgen. Umzurechnen ist folglich erst die Handelsbilanz III bzw. die Handelsbilanz II, wenn keine Handelsbilanz III erstellt wird.

71 Die in der beschriebenen Weise vorbereiteten Jahresabschlüsse sämtlicher Konzernunternehmen werden zu einer Summenbilanz und einer Summen-GuV zusammengefasst (IFRS-SMEs Abschn. 9.13(a)). Dieser Summenabschluss bildet die Ausgangsgrundlage für die vorzunehmenden Konsolidierungen.

IV. Konsolidierungsmethoden

1. Grundsatz

72 Ein Konzernabschluss wird unter dem Leitgedanken der **Einheitsfiktion** erstellt. Dh., in ihm wird der aus mehreren rechtlichen Einheiten bestehende Konzern als ein einziges Unternehmen abgebildet (IFRS-SMEs Abschn. 9.13). Daraus folgt, dass im Grundsatz alle im Summenabschluss noch enthaltenen konzerninternen Vermögenswerte und Schulden sowie Erträge und Aufwendungen zu eliminieren sind. Folgerichtig schreibt IFRS-SMEs Abschn. 9.13 vor, dass eine Kapitalkonsolidierung durchzuführen ist, indem der Beteiligungsbuchwert aus dem Jahresabschluss des Mutterunternehmens mit dem (anteiligen) Eigenkapital des betreffenden Tochterunternehmens zu verrechnen ist. IFRS-SMEs Abschn. 9.15 schreibt darüber hinaus die vollständige Eliminierung aller auf konzerninterne Geschäfte zurückzuführende Salden und

Transaktionen vor. Gemeint sind damit die Schuldenkonsolidierung, die Zwischenerfolgselimininierung, die Aufwands- und Ertragskonsolidierung und die Beteiligungsertragseliminierung. Der allgemeine Wesentlichkeitsgrundsatz gemäß IFRS-SMEs Abschn. 2.6 ist so zu verstehen, dass ggf. auf diese Konsolidierungen verzichtet werden kann, wenn sie unwesentlich sind.

73 Zur Konsolidierung eines Tochterunternehmens gehört auch dessen Entkonsolidierung, wenn es verkauft wurde. Wurden nicht sämtliche Anteile an einem Tochterunternehmen veräußert, so dass das Mutterunternehmen weiterhin an dem (ehemaligen) Tochterunternehmen beteiligt ist, so hat bezüglich dieser Anteile eine Übergangskonsolidierung zu erfolgen. Regeln für die Ent- und Übergangskonsolidierung enthält IFRS-SMEs Abschn. 9.18-.19. Im Gegensatz zu den übrigen Konsolidierungen kann auf eine Ent- und Übergangskonsolidierung bei Unwesentlichkeit nicht verzichtet werden. Ist ein Tochterunternehmen konsolidiert, so ist bei dessen Veräußerung eine Ent- bzw. Übergangskonsolidierung zu buchen. Vielmehr hätte bei Unwesentlichkeit eines Tochterunternehmens auf dessen Einbeziehung in den Konsolidierungskreis verzichtet werden können (vgl. Tz. 58 ff.), so dass sich dann auch die spätere Ent- bzw. Übergangskonsolidierung erübrigt hätte.

2. Kapitalkonsolidierung

a. *Verteilung des Eigenkapitals*

74 Da dem Mutterunternehmen nicht unbedingt 100% der Anteile an einem Tochterunternehmen gehören, schreiben IFRS-SMEs Abschn. 9.13(c) bzw. IFRS-SMEs Abschn. 9.13(d) vor, dass Anteile **nicht beherrschender Gesellschafter** am Eigenkapital und am Ergebnis eines Tochterunternehmens im Konzernabschluss gesondert auszuweisen sind. IFRS-SMEs Abschn. 9.13(d) erwähnt dabei explizit, dass sich der Anteil dieser Gesellschafter aus dem Betrag der nicht beherrschenden Anteile zum Erwerbszeitpunkt, ermittelt nach IFRS-SMEs Abschn. 19, und den anteiligen Eigenkapitaländerungen seit dem Unternehmenszusammenschluss zusammensetzt. Der gesonderte Ausweis wird dadurch erreicht, dass im Anschluss an die Erstellung des Summenabschlusses der Anteil der nicht beherrschenden Gesellschafter an sämtlichen in der sogenannten Handelsbilanz II bzw. Handelsbilanz III eines Tochterunternehmens ausgewiesenen Eigenkapitalposition auf ein Konto »Anteile nicht beherrschender Gesellschafter« umgebucht wird. Diese Umbuchung betrifft auch den Anteil der nicht beherrschenden Gesellschafter am Periodenergebnis sowie an den Bestandteilen des übrigen Gesamtergebnisses des betreffenden Tochterunternehmens (IFRS-SMEs Abschn. 9.22). Dabei können die Anteile nicht beherrschender Gesellschafter am Ergebnis und am Kapital auch negativ sein.

75 In der GuV bzw. in der Gesamtergebnisdarstellung sind die Anteile der **nicht beherrschenden Gesellschafter** gesondert von den Anteilen des Mutterunternehmens darzustellen. Dies geschieht jedoch nicht zu Lasten der betreffenden Ergebnisse, sondern als Verteilung der den gesamten Konzern betreffenden Ergebnisgrößen. In der Bilanz sind die Anteile nicht beherrschender Gesellschafter innerhalb des Eigenkapitals gesondert auszuweisen (IFRS-SMEs Abschn. 9.20).

76 Hinsichtlich der Verteilung des Periodenergebnisses und des Eigenkapitals schreibt IFRS-SMEs Abschn. 9.14 ausdrücklich vor, dass dies auf Basis der tatsächlichen Eigentumsverhältnisse stattzufinden hat. Potentielle Stimmrechte aus zB Options- oder Wandlungsrechten, welche auch bei den nicht beherrschenden Gesellschaftern im Rahmen der Identifizierung eines Mutter-Tochter-Verhältnisses berücksichtigt werden müssen, spielen hier keine Rolle (so auch Baetge et al., IFRS-Komm., Teil A, Kap. V, Tz. 67).

b. *Konsolidierung des Anteiles des Mutterunternehmens*

77 Während jeweils das am Bilanzstichtag aktuell ausgewiesene Eigenkapital anteilig auf die Anteile nicht beherrschender Gesellschafter umgebucht wird, ist die Konsolidierung des

Anteils des Mutterunternehmens auf der Grundlage der Wertverhältnisse zum Zeitpunkt des Erwerbs der Anteile vorzunehmen. Der Anschaffungswert der Beteiligung ist deshalb mit dem zu diesem Zeitpunkt vorhandenen Eigenkapital zu verrechnen, indem im Rahmen der **Kapitalkonsolidierung** zB bei einer Kapitalgesellschaft das zu diesem Zeitpunkt vorhandene anteilige gezeichnete Kapital, die anteilige Kapitalrücklage und die anteiligen Gewinnrücklagen ausgebucht werden. Es bleibt ggf. ein Geschäfts- oder Firmenwert bzw. ein passivischer Unterschiedsbetrag aus der Kapitalkonsolidierung. Diese Unterschiedsbeträge sind gemäß IFRS-SMEs Abschn. 19 abzubilden. Diese sogenannte Erstkonsolidierung bleibt unverändert, solange das Tochterunternehmen zum Konsolidierungskreis gehört und sich die Beteiligungsverhältnisse nicht ändern.

78 Gemäß IFRS-SMEs Abschn. 9.18 ist der **Stichtag** der sog. Erstkonsolidierung grundsätzlich der Stichtag des Erwerbs des Tochterunternehmens, worunter der Tag zu verstehen ist, an dem die Kontrolle über das Unternehmen erlangt wird. Alle von diesem Stichtag an von dem betreffenden Tochterunternehmen erwirtschaftete Erträge und Aufwendungen sind in der Konzern-GuV zu erfassen. Wird ein Tochterunternehmen unterjährig erworben, so ist auf den Stichtag des Kontrollübergangs zur Ermittlung des an diesem Stichtag vorhandenen Eigenkapitals des Tochterunternehmens und zur Abgrenzung der Erträge und Aufwendungen ein Zwischenabschluss aufzustellen. Die erstmalige Einbeziehung in den Konzernabschluss erfolgt folglich auf der Grundlage eines Jahresabschlusses (Handelsbilanz II bzw. Handelsbilanz III) für ein Rumpfgeschäftsjahr, das den Zeitraum vom Stichtag des Kontrollübergangs bis zum Stichtag des nächsten Konzernabschlusses umfasst.

79 Die Konsolidierung des Anteils des Mutterunternehmens auf der Grundlage der Wertverhältnisse zum Zeitpunkt des Erwerbs der Anteile an dem Tochterunternehmen bedingt, dass im Anschluss daran von dem betreffenden Tochterunternehmen erwirtschaftete Periodenerfolge sowie Bestandteile des übrigen Gesamtergebnisses in den betreffenden Eigenkapitalpositionen stehen bleiben. Die Anteile der nicht beherrschenden Gesellschafter an diesen nach dem Erwerb des Tochterunternehmens erfolgten Eigenkapitaländerungen sind Bestandteile des in der Bilanz auszuweisenden Anteils nicht beherrschender Gesellschafter.

80 Die Regelungen zur **Kapitalkonsolidierung** sind in IFRS-SMEs Abschn. 9 nur kurz gehalten. Detailliertere Vorschriften, insbesondere zur Methode der Kapitalkonsolidierung und zur Behandlung des Unterschiedbetrages, finden sich in IFRS-SMEs Abschn. 19 (vgl. IFRS-SMEs-Komm., Teil B, Abschn. 19).

3. Schuldenkonsolidierung

81 Im Rahmen der **Schuldenkonsolidierung** sind alle konzerninternen Forderungen und Verbindlichkeiten auszubuchen, wobei mit den Begriffen »Forderungen« und »Verbindlichkeiten« nicht nur die ausdrücklich so bezeichneten Bilanzposten gemeint sind, sondern sämtliche Ansprüche und Verpflichtungen aus konzerninterne Rechtsbeziehungen. Stimmen die auszubuchenden Forderungen und Verbindlichkeiten überein, so ist die Schuldenkonsolidierung erfolgsunwirksam. In diesem Fall impliziert die Schuldenkonsolidierung keine Folgebuchungen in den nachfolgenden Geschäftsjahren. Die auszubuchenden Forderungen und Verbindlichkeiten müssen jedoch nicht übereinstimmen. In diesem Fall schließt sich die Frage an, ob es sich bei den festgestellten Differenzen um sogenannte echte oder unechte **Differenzen** handelt. Letztere können zum Einen aus ausnahmsweise voneinander abweichenden Stichtagen der einbezogenen Jahresabschlüsse resultieren (vgl. Tz. 63). Des Weiteren können unechte Differenzen aus Fehlbuchungen resultieren oder aus zeitlichen Buchungsunterschieden, wenn ein Konzernunternehmen kurz vor dem Bilanzstichtag eine Verbindlichkeit gegenüber einem anderen Konzernunternehmen beglichen hat, so dass der Betrag dem Gläubigerunternehmen erst nach dem Bilanzstichtag gutgeschrieben wurde. Unechte Aufrechnungsdifferenzen sind, soweit sie wesentlich sind, durch Korrekturbuchungen zu beseitigen. Im letztgenannten Fall müsste im Rahmen der Schuldenkonsolidierung bereits ein Zahlungseingang bei dem Gläubigerunternehmen gebucht werden. Stichtagsbedingte Aufrechnungsdifferenzen sind dadurch zu beseitigen, dass im Rahmen der Schuldenkonsolidierung die nur einseitig erfassten Forderungen oder Verbindlichkeiten nachgebucht werden. Entsprechende Anpassungen können auch bereits in der Handelsbilanz II gebucht werden.

82 Bei echten **Aufrechnungsdifferenzen** sind die Ursachen dieser Differenzen zu identifizieren, so dass im Rahmen der Schuldenkonsolidierung die verursachenden Buchungen aus den Jahresabschlüssen der beteiligten Konzernunternehmen storniert werden können. Die auf diese Weise ausgebuchte Aufrechnungsdifferenz ist im Folgejahr als Gewinn- bzw. Verlustvortrag vorzutragen. Der spätere Umkehreffekt ist wiederum im Gewinn oder Verlust zu erfassen, wodurch der Gewinn- bzw. Verlustvortrag wieder ausgebucht wird. Dies sei an zwei Beispielen verdeutlicht:

83 Hat ein Konzernunternehmen zugunsten eines anderen Konzernunternehmens eine Rückstellung gebildet, so ist diese auszubuchen und der von dem betreffenden Konzernunternehmen gebuchte Aufwand ist zu stornieren. Hat ein Konzernunternehmen eine Forderung gegen ein anderes Konzernunternehmen abgeschrieben, so ist der Abschreibungsaufwand zu stornieren. Erfolgswirkungen aus der Schuldenkonsolidierung sind solange vorzutragen, bis sich die betreffende Aufrechnungsdifferenz verändert hat. Dann sind die Umkehreffekte aus den Jahresabschlüssen der betreffenden Konzernunternehmen zu stornieren. Wird zB eine konzerninterne Rückstellung in einem späteren Geschäftsjahr wieder aufgelöst, so ist der Ertrag aus der Auflösung dieser Rückstellung zu stornieren. Gleiches gilt für den Fall der Abschreibung einer konzerninternen Forderung. Entweder das Gläubigerunternehmen realisiert später einen Ertrag aus der Zuschreibung oder das Schuldnerunternehmen realisiert einen Ertrag aufgrund einer verminderten Tilgung.

84 Die erfolgswirksame Schuldenkonsolidierung erfordert folglich, dass die Ursachen der **Aufrechnungsdifferenzen** identifiziert werden. Zweckmäßigerweise werden deshalb die einzelnen Konzernunternehmen paarweise betrachtet. Da Differenzen aus der Schuldenkonsolidierung temporärer Natur sind, bedingt die erfolgswirksame Schuldenkonsolidierung eine Anpassung der latenten Steuern, wobei die Anpassung der latenten Steuern auf der Konsolidierungsebene regelmäßig unter Zugrundelegung des durchschnittlichen Ertragsteuersatzes des Konzerns erfolgt.

85 Unabhängig von der Unterscheidung in unechte und echte Aufrechnungsdifferenzen ist zu berücksichtigen, ob diese in den Jahresabschlüssen der Konzernunternehmen im Gewinn oder Verlust, im sonstigen Ergebnis oder direkt im Eigenkapital erfasst wurden. Dementsprechend sind die Aufrechnungsdifferenzen ebenfalls in gleicher Weise zu eliminieren Beispiele für direkt im Eigenkapital erfasste Aufrechnungsdifferenzen sind die Währungsumrechnung und die Fair-Value-Bewertung bestimmter Vermögenswerte und Schulden (so auch Küting/Weber, 2008, 452 f.).

86 Buchungstechnisch möglich ist auch eine globale **Schuldenkonsolidierung** in der Weise, dass sämtliche konzerninternen Forderungen und Verbindlichkeiten undifferenziert verrechnet werden. Wird davon ausgegangen, dass aufgrund einer imparitätischen Bewertung sowie der eventuellen Bilanzierung konzerninterner Rückstellungen, denen keine bilanzierten Forderungen gegenüberstehen, eine passivische Aufrechnungsdifferenz bleibt, so ist eine Erhöhung der passivischen Aufrechnungsdifferenz ein Ertrag und die Verminderung einer passivischen Aufrechnungsdifferenz ein Aufwand aus der Schuldenkonsolidierung. Eine solche undifferenzierte Vorgehensweise erlaubt es jedoch nicht, die einzelnen Ursachen der Aufrechnungsdifferenz zu identifizieren. Ein Ertrag aus der Schuldenkonsolidierung müsste deshalb pauschal als sonstiger betrieblicher Ertrag erfasst werden, ein Aufwand als sonstiger betrieblicher Aufwand. Dann wäre zwar das Periodenergebnis richtig, nicht jedoch die Struktur der Konzern-GuV. Diese Methode kann deshalb nur bei unwesentlichen Differenzen angewandt werden. Wesentliche Differenzen sind durch Eliminierung der verursachenden Ertrags- bzw. Aufwandspositionen zu eliminieren.

87 Ein weiterer Aspekt der Schuldenkonsolidierung ist die Anpassung aller auf Forderungen und Verbindlichkeiten iwS bezogenen **Anhangsangaben** an die Konzernperspektive. Die Anhangsangaben dürfen sich nur auf die Forderungen und Verbindlichkeiten des Konzerns gegenüber Fremden beziehen. Es sind deshalb auch die Angaben aus den Jahresabschlüssen der in den Konsolidierungskreis einbezogenen Unternehmen zu konsolidieren. Gleiches gilt für Angaben zu nicht in den Jahresabschlüssen erfassten finanziellen Verpflichtungen, Eventualverbindlichkeiten und Eventualforderungen. Zu konsolidieren sind

- die Angaben zu nahestehenden Unternehmen gemäß IFRS-SMEs Abschn. 33.9 und Abschn. 33.12,
- die Angaben zur Verpfändung von Finanzinstrumenten zur Absicherung von Verbindlichkeiten gemäß IFRS-SMEs Abschn. 11.46,
- die Angaben zur Fälligkeitsstruktur von Forderungen und Verbindlichkeiten aus Leasingverträgen gemäß IFRS-SMEs Abschn. 20.13 und Abschn. 20.23 bei Finanzierungsleasing bzw. gemäß IFRS-SMEs Abschn. 20.16 und Abschn. 20.30 bei operativem Leasing,
- die Angaben zu Rückstellungen, Eventualverbindlichkeiten und Eventualforderungen gemäß IFRS-SMEs Abschn. 21.14 ff. sowie
- die Angaben zu Forderungen und Verbindlichkeiten aus langfristiger Auftragsfertigung gemäß IFRS-SMEs Abschn. 23.32.

4. Zwischenerfolgseliminierung

88 Die **Zwischenerfolgseliminierung** führt dazu, dass konzernintern erzielte Gewinne und Verluste eliminiert werden, soweit sie noch nicht gegenüber Fremden realisiert wurden. Beispiel: Liefert ein Konzernunternehmen mit Gewinn Fertigerzeugnisse an ein anderes Konzernunternehmen und hat das belieferte Unternehmen diese während des Berichtsjahres bereits weiterveräußert, so ist keine Zwischenerfolgseliminierung durchzuführen, weil der Zwischengewinn durch die Weiterveräußerung an Konzernfremde realisiert ist. Dem Gewinn des konzernintern liefernden Konzernunternehmens entspricht aufgrund eines entsprechend erhöhten Materialaufwands ein niedrigerer Gewinn des belieferten Konzernunternehmens, so dass im Summenabschluss bezüglich dieses Geschäfts kein Zwischengewinn mehr enthalten ist. Der konzerninterne Geschäftsvorfall bedingt nur noch eine Aufwands- und Ertragskonsolidierung (vgl. Tz. 98 ff.), indem der Innenumsatzerlös des liefernden Konzernunternehmens mit dem gleich hohen Materialaufwand des belieferten Konzernunternehmens verrechnet wird.

89 Die Zwischenerfolgseliminierung ist ein **Umbewertungsvorgang**, bei dem die noch im Bestand befindlichen konzernintern gelieferten Vermögenswerte auf die Konzernanschaffungskosten bzw. Konzernherstellungskosten ab- bzw. aufgewertet werden. Zu berücksichtigen ist dabei allerdings, dass Zwischenverluste häufig ein Hinweis auf Wertminderungen sind. Wird dies im Rahmen eines Wertminderungstests bestätigt, dürfen die konzerninternen Verluste nicht eliminiert werden (IFRS-SMEs Abschn. 9.15). Allerdings sind solche Verluste im Rahmen der Aufwands- und Ertragskonsolidierung anders darzustellen, indem sie als Abschreibungen abgebildet werden.

90 Zur Ermittlung der **Konzernanschaffungskosten** ist von den Anschaffungskosten des liefernden Konzernunternehmens auszugehen. Diese sind ggf. zu erhöhen um Anschaffungskostenmehrungen in Form von Anschaffungsnebenkosten des belieferten Konzernunternehmens. Wurde zB eine Immobilie konzernintern weiter veräußert und hat das erwerbende Konzernunternehmen Grunderwerbsteuer gezahlt, so sind die Konzernanschaffungskosten gegenüber den Anschaffungskosten des verkaufenden Konzernunternehmens um die Grunderwerbsteuer erhöht. Ebenso können die **Konzernherstellungskosten** gegenüber den Herstellungskosten des liefernden Konzernunternehmens erhöht oder vermindert sein. Herstellungskostenmehrungen ergeben sich zB aus Transportkosten, die durch den Transport von einem zum anderen

Konzernunternehmen entstanden sind und die aus der Sicht des liefernden Konzernunternehmens keine Herstellungskosten, sondern Vertriebskosten sind. Des Weiteren können Herstellungskostenmehrungen dadurch entstehen, dass bei einem Tochterunternehmen Fertigerzeugnisse auf Anlagen gefertigt werden, in denen bei der Kaufpreisallokation stille Reserven aufgedeckt wurden, so dass aus Konzernsicht die Abschreibungen zu erhöhen sind. Herstellungskostenminderungen sind insbesondere konzerninterne Lizenzgebühren, die aus der Sicht des liefernden Konzernunternehmens Herstellungskosten sind, nicht jedoch aus Konzernsicht. Eine differenzierte Ermittlung der Konzernherstellungskosten ist immer dann erforderlich, wenn es sich um wesentliche Objekte handelt. Ansonsten sind in der Praxis vereinfachende Methoden anerkannt, indem zB mit Gewinnspannen der liefernden Konzernunternehmen gerechnet wird.

91 Abwertungen und Aufwertungen aus der Zwischenerfolgseliminierung sind in den Folgejahren als Verlust- bzw. Gewinnvortrag vorzutragen. Die Zwischenerfolge werden **realisiert** durch Weiterveräußerung der gelieferten Vermögenswerte an Konzernfremde bzw. durch deren Abschreibung. Die Zwischenerfolgseliminierung bedingt folglich auch noch im Jahr der Realisation der zuvor eliminierten Zwischenerfolge Konsolidierungsbuchungen. Dabei werden die Vorträge wieder ausgebucht. Dies sei an folgendem Beispiel erläutert:

92

Beispiel:
Liefert ein Konzernunternehmen Fertigerzeugnisse an ein anderes Konzernunternehmen und wird die Konzern-GuV/Gesamtergebnisrechnung nach dem Gesamtkostenverfahren erstellt, so sind im Jahr der konzerninternen Lieferung zunächst die Innenumsatzerlöse in eine Bestandserhöhung umzubuchen, weil es sich aus Konzernsicht um eine Erhöhung des Bestandes an fertigen und unfertigen Erzeugnissen handelt. Wurde bei der Lieferung ein Zwischengewinn realisiert, so sind die gelieferten und noch nicht weiterveräußerten Vorräte auf die Konzernanschaffungs- bzw. Herstellungskosten abzuwerten. Die Gegenbuchung wird als Verminderung der Bestandserhöhung erfasst. Im Folgejahr und evtl. auch in weiteren Geschäftsjahren ist zunächst die Abwertung als Verlustvortrag vorzutragen. Werden die Fertigerzeugnisse vom belieferten Konzernunternehmen in einem späteren Geschäftsjahr an Fremde weiterveräußert, so ist zunächst der Materialaufwand, den das weiterveräußernde Konzernunternehmen erfasst hat, in eine Bestandsminderung umzubuchen. Aus Konzernsicht handelt es sich um eine Minderung des Bestandes an fertigen und unfertigen Erzeugnissen. Da der Materialaufwand im Jahresabschluss des weiterveräußernden Konzernunternehmens zu dessen Anschaffungskosten erfasst war, ist die Bestandsminderung auf die Konzernanschaffungs- bzw. Herstellungskosten der betreffenden Erzeugnisse zu vermindern. Die Gegenbuchung erfolgt auf dem Konto Vorräte, wodurch die vorgetragene Abwertung wieder ausgebucht wird.

93 Da es sich bei der Zwischenerfolgseliminierung um temporäre Differenzen handelt, sind grundsätzlich **latente Steuern** anzupassen (zum anzuwendenden Steuersatz vgl. Tz. 84). Stets bedingt die Zwischenerfolgseliminierung auch eine Aufwands- und Ertragskonsolidierung (vgl. Tz. 98 ff.). In dem soeben dargestellten Beispiel sind die Umbuchung der Innenumsatzerlöse in eine Bestandserhöhung sowie die Umbuchung des Materialaufwandes in eine Bestandsminderung Fälle der Aufwands- und Ertragskonsolidierung.

94 Wie die **Zwischenerfolgseliminierung** zu buchen ist, hängt davon ab, welche Art von Gegenständen geliefert wurde, ob diese vom liefernden Unternehmen selbst gefertigt wurden oder Handelswaren sind, ob die Lieferung in das Vorratsvermögen oder in das Anlagevermögen des belieferten Konzernunternehmens erfolgte und ob die GuV nach dem Gesamtkostenverfahren oder dem Umsatzkostenverfahren erstellt wird. Die nachfolgende Abbildung 3 zeigt, wie regelmäßig auftretende Fälle der Zwischenerfolgseliminierung bei Erstellung der Konzern-GuV/Gesamtergebnisrechnung nach dem **Gesamtkostenverfahren** abzubilden sind. Dabei wird begrifflich von einem Zwischengewinn ausgegangen, in dem angenommen wird,

dass die konzernintern gelieferten Gegenstände abzuwerten sind; im Fall eines Zwischenverlusts sind sie entsprechend aufzuwerten. Ziff. 1 skizziert jeweils die Konsolidierungsbuchungen im Jahr der Lieferung, Ziff. 2 im Jahr der Realisation des Zwischenerfolgs durch Weiterveräußerung, Verbrauch oder Abschreibung der gelieferten Gegenstände. Auf die dazwischen vorzunehmenden Vortragsbuchungen wird nicht gesondert eingegangen.

Lieferung in das / Lieferung von	Vorratsvermögen	Sachanlagevermögen bzw. langfristige immaterielle Vermögen
Fertigerzeugnissen	1. Umbuchung der Innenumsatzerlöse in eine Bestandserhöhung und Abwertung dieser sowie der Vorräte um den Zwischengewinn. 2. Umbuchung des Materialaufwands in eine Bestandsminderung und Abwertung der Bestandsminderung um den eliminierten Zwischengewinn.	1. Umbuchung der Innenumsatzerlöse in eine andere aktivierte Eigenleistung und Abwertung dieser sowie der langfristigen Vermögenswerte. 2. Verminderung der Abschreibungen bzw. Erhöhung des Abgangsgewinns um den eliminierten Zwischengewinn.
Handelswaren	1. Verrechnung der Innenumsatzerlöse mit dem Materialaufwand; die Differenz entspricht dem Zwischengewinn, um den die Vorräte abzuwerten sind. 2. Verminderung des Materialaufwands um den eliminierten Zwischengewinn.	1. Verrechnung der Innenumsatzerlöse mit dem Materialaufwand; die Differenz entspricht dem Zwischengewinn, um den das Vermögen abzuwerten ist. 2. Verminderung der Abschreibungen bzw. Erhöhung des Abgangsgewinns.
Anlagevermögen	1. Abwertung des gelieferten Vermögens und Ausbuchung des Abgangsgewinns (sonstiger betrieblicher Ertrag). 2. Verminderung des Materialaufwands um den eliminierten Zwischengewinn.	1. Abwertung des gelieferten Vermögens und Ausbuchung des Abgangsgewinns (sonstiger betrieblicher Ertrag). 2. Verminderung der Abschreibungen bzw. Erhöhung des Abgangsgewinns.

Abb. 3: Fälle der Zwischenerfolgseliminierung nach dem Gesamtkostenverfahren

95 Wird die Konzern-GuV/Gesamtergebnisrechnung nach dem **Umsatzkostenverfahren** erstellt, so sind einige Fälle anders zu konsolidieren. In dem oben geschilderten Fall der Lieferung von Fertigerzeugnissen durch ein Konzernunternehmen an ein anderes sind zunächst die Innenumsatzerlöse mit den Herstellungskosten der Umsatzerlöse aus der GuV/Gesamtergebnisrechnung des liefernden Konzernunternehmens zu verrechnen. Verbleibt dabei eine Differenz, so entspricht diese genau dem Zwischenerfolg. Sie wird ausgebucht, indem der gelieferte Vermögenswert ab- bzw. aufgewertet wird. Werden die gelieferten Vorräte in einem späteren Geschäftsjahr weiterveräußert, so sind die in der GuV des weiterveräußernden Konzernunternehmens erfassten Herstellungskosten der Umsatzerlöse um den eliminierten Zwischenerfolg zu vermindern bzw. zu erhöhen. Erfolgte die Lieferung in das Anlagevermögen des belieferten Konzernunternehmens, so werden sie durch eine Verminderung bzw. Erhöhung der Abschreibungen realisiert. Da die Abschreibungen nach dem Umsatzkostenverfahren jedoch weiterverrechnet wurden, sind je nachdem, in welchem Bereich der Vermögenswert genutzt wird, die Herstellungskosten der Umsatzerlöse, die Verwaltungs- oder die Vertriebskosten entsprechend anzupassen.

96 Die folgende Abbildung 4 skizziert die Konsolidierungsbuchungen für regelmäßig auftretende Fälle der Zwischenerfolgseliminierung bei Erstellung der Konzern-GuV/Gesamtergebnisrechnung nach dem Umsatzkostenverfahren. Der wesentliche Unterschied gegenüber dem Gesamtkostenverfahren besteht darin, dass es nach dem Umsatzkostenverfahren keine Bestandserhöhung oder Bestandsminderung sowie keine anderen aktivierte Eigenleistungen gibt. Stattdessen sind in vielen Fällen lediglich die Herstellungskosten der Umsatzerlöse anzupassen.

Lieferung in das / Lieferung von	**Vorratsvermögen**	**Sachanlagevermögen bzw. langfristige immaterielle Vermögen**
Fertigerzeugnissen oder Handelswaren	1. Verrechnung der Innenumsatzerlöse mit den Herstellungskosten der Umsatzerlöse; die Differenz entspricht dem Zwischengewinn, um den die Vorräte abzuwerten sind. 2. Abwertung der Herstellungskosten der Umsatzerlöse um den eliminierten Zwischengewinn.	1. Verrechnung der Innenumsatzerlöse mit den Herstellungskosten der Umsatzerlöse; die Differenz entspricht dem Zwischengewinn, um den die langfristigen Vermögenswerte abzuwerten sind. 2. Abwertung der Herstellungskosten der Umsatzerlöse, der Verwaltungskosten oder der Vertriebskosten um die Abschreibungsdifferenz bzw. Erhöhung des Abgangsgewinns.
Anlagevermögen	1. Abwertung des gelieferten Vermögens und Ausbuchung des Abgangsgewinns (sonstiger betrieblicher Ertrag). 2. Abwertung der Herstellungskosten der Umsatzerlöse um den eliminierten Zwischengewinn.	1. Abwertung des gelieferten Vermögens und Ausbuchung des Abgangsgewinns (sonstiger betrieblicher Ertrag). 2. Abwertung der Herstellungskosten der Umsatzerlöse, der Verwaltungskosten oder der Vertriebskosten um die Abschreibungsdifferenz bzw. Erhöhung des Abgangsgewinns.

Abb. 4: Fälle der Zwischenerfolgseliminierung nach dem Umsatzkostenverfahren

97 Ergänzend sei auf folgende weitere Fälle der **Zwischenerfolgseliminierung** hingewiesen, die sich nicht unmittelbar aus den Abbildungen ergeben:

- Werden vom liefernden Konzernunternehmen selbst geschaffene immaterielle Vermögenswerte an ein anderes Konzernunternehmen veräußert, so hat eine Abwertung auf Null zu erfolgen, da Entwicklungskosten gemäß IFRS-SMEs Abschn. 18.14 nicht angesetzt werden dürfen.
- Eine Zwischenerfolgseliminierung kann auch erforderlich sein, obwohl keine Lieferung eines Gegenstandes erfolgte. Fertigt ein Konzernunternehmen Vermögenswerte in Lizenz und zahlt es Lizenzgebühren an ein anderes Konzernunternehmen, so sind die in Lizenz gefertigten Erzeugnisse um die darin enthaltene Lizenzgebühr abzuwerten.

5. Aufwands- und Ertragskonsolidierung

98 Die **Aufwands- und Ertragskonsolidierung**, auch GuV-Konsolidierung genannt, betrifft allein die Konzern-GuV/Gesamtergebnisrechnung und bedeutet zunächst, dass in der Summen-GuV ausgewiesene Erträge und Aufwendungen, die einander entsprechen, gegeneinander verrechnet werden. Folgende Beispiele sind zu nennen:

- Konzerninterne Umsatzerlöse werden mit dem korrespondierenden Materialaufwand (Gesamtkostenverfahren) bzw. den korrespondierenden Herstellungskosten der Umsatzerlöse (Umsatzkostenverfahren) des Konzernunternehmens verrechnet, dass die gelieferten Gegenstände konzernintern erworben und extern weiter veräußert hat.
- Zinserträge aus einem konzernintern vergebenen Darlehen werden mit den entsprechenden Zinsaufwendungen des Schuldnerunternehmens verrechnet.
- Als sonstige betriebliche Erträge erfasste konzerninterne Miet-, Lizenz- oder sonstige Erträge werden mit den korrespondierenden sonstigen betrieblichen Aufwendungen verrechnet.

99 Wird die Gewinn- und Verlustrechnung bzw. Gesamtergebnisrechnung nach dem **Gesamtkostenverfahren** erstellt, so sind über die Verrechnungen hinaus ggf. folgende Umgliederungen vorzunehmen, die Fälle betreffen, in denen ggf. zugleich Zwischenerfolge zu eliminieren sind:

- Innenumsatzerlöse sind als Erhöhung des Bestandes an fertigen und unfertigen Erzeugnissen auszuweisen, soweit ein Konzernunternehmen Fertigerzeugnisse konzernintern veräußert hat und diese vom belieferten Konzernunternehmen bis zum Stichtag noch nicht weiterveräußert wurden. Werden die betreffenden Fertigerzeugnisse in einem späteren Geschäftsjahr extern weiterveräußert, so weist das weiterveräußernde Konzernunternehmen im Jahresabschluss einen Materialaufwand aus, der in eine Bestandsminderung umzugliedern ist.
- Veräußert ein Konzernunternehmen konzernintern selbst erstelltes Anlagevermögen, so ist der Innenumsatzerlös in eine andere aktivierte Eigenleistung umzugliedern.

6. Beteiligungsertragseliminierung

100 Schüttet ein Tochterunternehmen an das Mutterunternehmen Gewinne aus, so sind diese im Jahresabschluss des Mutterunternehmens als **Beteiligungsertrag** erfasst. Das Ergebnis eines Tochterunternehmens wird jedoch über die Summen-GuV bereits im Jahr der Entstehung im Konzernergebnis berücksichtigt. Folgt ein Jahr später die Ausschüttung, so kann nicht zusätzlich ein Beteiligungsertrag ausgewiesen werden, weil dann das Ergebnis des Tochterunternehmens insoweit doppelt erfasst wäre. Folglich hat eine sogenannte Beteiligungsertragseliminierung zu erfolgen. In dem geschilderten Fall ist der Beteiligungsertrag aus dem Jahresabschluss des Mutterunternehmens mit der im Jahresabschluss des ausschüttenden Tochterunternehmens erfassten Dividendenausschüttung zu verrechnen.

101 Besteht zwischen dem Mutter- und dem Tochterunternehmen ein **Gewinnabführungsvertrag**, so erfolgt die Beteiligungsertragseliminierung im Rahmen der Aufwands- und Ertragskonsolidierung, indem der Ertrag aus Gewinnabführung des Mutterunternehmens mit dem Aufwand aus Gewinnabführung des Tochterunternehmens verrechnet wird. Entsprechendes gilt für Aufwendungen und Erträge aus Verlustübernahme.

102 Zu berücksichtigen sind in diesem Zusammenhang auch eventuelle **Ausgleichszahlungen** gem. § 304 AktG an nicht beherrschende Gesellschafter, die an dem abführenden Tochterunternehmen beteiligt sind. Diese können als Rentabilitätsgarantie oder Rentengarantie ausgestaltet sein und entweder direkt vom Tochterunternehmen oder vom Mutterunternehmen an die nicht beherrschenden Gesellschafter gezahlt werden. In beiden Fällen werden im Jahresabschluss von Tochter- bzw. Mutterunternehmen ein Aufwand und eine Verpflichtung aus dieser Ausgleichszahlung ausgewiesen (vgl. Baetge/Hayn/Ströher, in: Baetge et al., IFRS-Komm., Teil B, IAS 27, Tz. 222). Eine Konsolidierung hat in der Weise stattzufinden, dass der Aufwand storniert und als Ergebnisanteil nicht beherrschender Gesellschafter im Rahmen der Ergebniszuordnung ausgewiesen wird. Nicht zu stornieren ist die Verbindlichkeit, da der Konzern eine Zahlungsverpflichtung hat, die eine Schuld im Sinne von IFRS-SMEs Abschn. 2.15(b) ist.

103 Nach deutschem HGB ist unter bestimmten Voraussetzungen eine sogenannte **phasengleiche Gewinnvereinnahmung** vorzunehmen (ua. immer bei Beteiligungen an Personenhandelsgesellschaften) bzw. kann sie wahlweise vorgenommen werden (HFA: Zur phasengleichen Vereinnahmung von Erträgen aus Beteiligungen an Kapitalgesellschaften nach dem Urteil des BGH vom 12. Januar 1998, WPg 1998, 427 f.). Diese ist dadurch gekennzeichnet, dass im Jahresabschluss des Mutterunternehmens der vom Tochterunternehmen im Berichtsjahr erwirtschaftete Jahresüberschuss ganz bzw. teilweise als Beteiligungsertrag erfasst wird, indem eine Forderung gegen das Tochterunternehmen eingebucht wird. Nach IFRS-SMEs ist diese Form der Gewinnvereinnahmung nicht möglich, da der Rechtsanspruch entstanden sein muss (IFRS-SMEs Abschn. 23.29). Wurde im originären Jahresabschluss des Mutterunternehmens eine phasengleiche Gewinnvereinnahmung gebucht, so ist diese bereits bei der Erstellung der sogenannten Handelsbilanz II zu stornieren.

7. Entkonsolidierung

IFRS-SMEs Abschn. 9.18 enthält Vorschriften zur **Entkonsolidierung** eines Tochterunternehmens. Zunächst wird bestimmt, dass die Erträge und Aufwendungen eines Tochterunternehmens bis zum Zeitpunkt des Kontrollverlusts im Konzernabschluss zu erfassen sind. Des Weiteren wird bestimmt, dass die Differenz zwischen dem Veräußerungserlös und dem im Konzernabschluss zu diesem Zeitpunkt erfassten Reinvermögen des veräußerten Tochterunternehmens als Veräußerungsgewinn oder -verlust zu erfassen ist. Der Buchwert des Reinvermögens des veräußerten Tochterunternehmens entspricht dem um die Konsolidierungen fortgeführten in der sogenannten Handelsbilanz III dieses Tochterunternehmens zum Veräußerungsstichtag ausgewiesenen Eigenkapital (vgl. auch Watrin/Hoehne/Pott, KoR 2008, 736 ff.). Nicht explizit hervorgehoben wird, dass bei der Ermittlung des Abgangsergebnisses nur der Anteil des Mutterunternehmens am veräußerten Reinvermögen zu berücksichtigen ist. Anteile nicht beherrschender Gesellschafter daran sind direkt über das Eigenkapital auszubuchen. **104**

Bei der Entkonsolidierung eines in fremder Währung bilanzierenden Tochterunternehmens, dessen Jahresabschlüsse nach der modifizierten Stichtagskursmethode umgerechnet werden (vgl. IFRS-SMEs-Komm., Teil B, Abschn. 30), wird normalerweise auch die **Währungsrücklage** im Abgangsergebnis erfasst, die während der Konzernzugehörigkeit des Tochterunternehmens gebildet wurde. IFRS-SMEs Abschn. 9.18 schreibt hingegen ausdrücklich vor, dass der Betrag der Währungsrücklage nicht im Abgangsergebnis zu berücksichtigen ist. Dies ist unsystematisch und die dafür in der *Basis for Conclusions* zu findende Begründung der Erleichterung (vgl. IFRS-SMEs BC 123) überzeugt nicht. Wird das veräußerte Reinvermögen mit dem Kurs am Stichtag der Veräußerung umgerechnet und wird dieser Betrag im Abgangsergebnis berücksichtigt, so wird die Währungsrücklage des betreffenden Tochterunternehmens automatisch im Gewinn oder Verlust erfasst. Abgesehen davon, dass die auf ein Tochterunternehmen entfallende Währungsrücklage leicht zu ermitteln ist, muss sie bei der beschriebenen Vorgehensweise nicht bekannt sein. Sie muss hingegen bekannt sein, um die Vorschrift gemäß IFRS-SMEs Abschn. 9.18 umzusetzen, weil es nicht genügt, die Vermögenswerte und Schulden mit dem Kurs am Stichtag der Veräußerung umzurechnen. Vielmehr ist von dem so ermittelten Reinvermögen die auf das Tochterunternehmen entfallende Währungsrücklage abzuziehen. Damit wird genau das Gegenteil von dem erreicht, was eigentlich beabsichtigt war. Die Vorschrift ist jedoch zu beachten. **105**

Konsolidierungstechnisch wird die Entkonsolidierung in der Weise gebucht, dass das veräußerte Tochterunternehmen mit der auf den Veräußerungsstichtag erstellten Handelsbilanz III im Abgangsjahr noch in den Summenabschluss einbezogen wird. Im ersten Schritt sind sämtliche Konsolidierungen einschließlich der Kapitalkonsolidierung so zu buchen, als wenn das Tochterunternehmen nicht veräußert worden wäre. Sodann ist über das Abgangsergebnis zunächst das Reinvermögen des veräußerten Tochterunternehmens auszubuchen. Da das Reinvermögen zu 100% ausgebucht wird, ist eine Korrektur um die abgehenden Anteile nicht beherrschender Gesellschafter erforderlich. Diese geschieht in der Weise, dass der Abgang der Fremdanteile als positive Komponente des Abgangsergebnisses gebucht wird. Ist auf der Konsolidierungsebene noch ein Geschäfts- oder Firmenwert des veräußerten Tochterunternehmens erfasst, so ist auch dieser über das Abgangsergebnis auszubuchen. Des Weiteren sind die bis zum Veräußerungsstichtag durchgeführten Konsolidierungen zu beenden, dh. die Konsolidierungsbuchungen sind zu stornieren. Konkret bedeutet dies zum einen, dass vorgetragene Erfolgswirkungen aus der Eliminierung von Forderungen und Verbindlichkeiten zwischen dem veräußerten Tochterunternehmen und anderen Konzernunternehmen über das Abgangsergebnis aufzulösen sind. Mit dem Verkauf des Tochterunternehmens entsteht ein Schuldverhältnis mit einem fremden Dritten. Zum anderen sind Zwischenerfolge aus Lieferungen an das veräußerte Tochterunternehmen über das Abgangsergebnis zu realisieren, weil mit dem Tochterunternehmen auch die ursprünglich konzernintern gelieferten Vermögenswerte an fremde Dritte veräußert wurden. Hingegen sind Zwischenerfolge aus Lieferungen des veräußerten Tochterunternehmens an andere Kon- **106**

zernunternehmen auch nach der Veräußerung des Tochterunternehmens zu eliminieren, solange sich die gelieferten Vermögenswerte im Bestand des Konzerns befinden. Schließlich ist der Veräußerungserlös zugunsten des Abgangsergebnisses zu buchen, indem das im Jahresabschluss des Mutterunternehmens ausgewiesene Ergebnis aus der Veräußerung der Beteiligung an dem Tochterunternehmen storniert wird. Mit dieser Buchung wird die zuvor gebuchte Kapitalkonsolidierung, dh. die Ausbuchung des Beteiligungsbuchwertes, storniert.

8. Übergangskonsolidierung

107 Behält das Mutterunternehmen noch Anteile an dem ehemaligen Tochterunternehmen, so sind diese gemäß IFRS-SMEs Abschn. 9.19 als finanzielle Vermögenswerte auszuweisen, soweit das ehemalige Tochterunternehmen nunmehr nicht den Status eines assoziierten Unternehmens oder eines Gemeinschaftsunternehmens hat. IFRS-SMEs Abschn. 9.19 schreibt vor, dass die Beteiligung an dem ehemaligen Tochterunternehmen mit dem (anteiligen) Buchwert des Reinvermögens des ehemaligen Tochterunternehmens zum Zeitpunkt der Beendigung des Status eines Tochterunternehmens zu bewerten ist. Die Folgebewertung erfolgt nach den Vorschriften zur Bewertung finanzieller Vermögenswerte. Mit dem Buchwert des Reinvermögens des ehemaligen Tochterunternehmens ist wieder das um die Konsolidierungen fortgeführte in der Handelsbilanz III des ehemaligen Tochterunternehmens zum Abgangsstichtag ausgewiesene Reinvermögen gemeint (vgl. Tz. 104). Zusätzlich ist anteilig ein eventuell ausgebuchter Geschäfts- oder Firmenwert zu berücksichtigen. Damit schreibt IFRS-SMEs Abschn. 9.19 eine erfolgsneutrale Übergangskonsolidierung bezüglich der nicht veräußerten Anteile vor. Die nicht veräußerten Anteile sind folglich zum Stichtag des Kontrollverlusts nicht neu zu bewerten; eine Neubewertung findet ggf. im Rahmen der Folgebewertung statt und beeinflusst deshalb nicht das Abgangsergebnis. Diese Vorschrift ist allerdings nicht konsistent mit der entsprechenden Regelung in IFRS-SMEs Abschn. 14.8(ii), die vorschreibt, dass zurückbehaltene Anteile an einem ehemaligen assoziierten Unternehmen zum Zeitwert zu bewerten sind.

108 Gebucht wird die **Übergangskonsolidierung** wie die Entkonsolidierung (vgl. Tz. 107), allerdings mit der Besonderheit, dass der Wert, mit dem die nicht veräußerten Anteile eingebucht werden, als zusätzliche positive Komponente des Abgangsergebnisses zu erfassen ist.

109 Nicht geregelt ist die Übergangskonsolidierung in dem Fall, dass das ehemalige Tochterunternehmen nunmehr den Status eines assoziierten Unternehmens oder eines Gemeinschaftsunternehmens hat. Da jedoch für den Fall, dass das ehemalige Tochterunternehmen nach dem Kontrollverlust als finanzieller Vermögenswert abzubilden ist, eine erfolgsneutrale Übergangskonsolidierung vorgeschrieben ist, ist davon auszugehen, dass dies auch für die genannten übrigen Fälle gilt. Auch in diesen Fällen ist deshalb keine Neubewertung der nichtveräußerten Anteile vorzunehmen. Es sind die Werte aus der bisherigen Vollkonsolidierung anteilig fortzuführen. Unterschiedlich ist lediglich die Folgebewertung. Allerdings ist es nicht sinnvoll, mit dem aus der bisherigen Folgekonsolidierung abgeleiteten Wert in die Equity-Bewertung einzusteigen (vgl. IFRS-SMEs-Komm., Teil B, Abschn. 14, Tz. 35).

9. Nicht ausdrücklich geregelte Fragen der Konsolidierung

110 Mit der Entkonsolidierung und der Übergangskonsolidierung sind in IFRS-SMEs Abschn. 9 nur einige Spezialfragen der Konsolidierung ausdrücklich geregelt. In der Konsolidierungspraxis treten jedoch weitere Fragen regelmäßig auf, die insbesondere die Kapitalkonsolidierung betreffen. Die Lösung dieser Fragen hat im Sinne der auch IFRS-SMEs zugrunde liegenden Einheitstheorie (IFRS-SMEs Abschn. 9.13) zu erfolgen. Teilweise kann dabei auf ausdrückliche Regelungen nach IFRS und die Kommentarliteratur dazu verwiesen werden.

a. *Nachträgliche Erstkonsolidierung*

111 Eine **nachträgliche Erstkonsolidierung** hat immer dann stattzufinden, wenn ein Unternehmen bereits in der Vergangenheit Tochterunternehmen des Konzerns war, jedoch bisher nicht konsolidiert wurde, weil es zunächst zur Weiterveräußerung erworben wurde (vgl. Tz. 54 und 58 ff.) bzw. als unwesentlich eingestuft wurde (vgl. Tz. 56 und 58 ff.) oder unter Kosten-Nutzen-Gesichtspunkten auf die Konsolidierung verzichtet wurde (vgl. Tz. 57 ff.). Da für diesen Fall keine Ausnahmeregelung besteht, kann geschlussfolgert werden, dass auch in diesem Fall die Erstkonsolidierung gemäß IFRS-SMEs Abschn. 9.18 rückwirkend auf der Grundlage der Wertverhältnisse zum Zeitpunkt des **Kontrollübergangs** zu erfolgen hat. Dazu sind rückwirkend die an diesem Stichtag vorhandenen stillen Reserven und Lasten zu ermitteln und in einer Nebenrechnung fortzuschreiben, um die vorzutragenden Beträge zu ermitteln. Ebenso sind auch die Schuldenkonsolidierung und die Zwischenerfolgseliminierung rückwirkend durchzuführen, indem in der Vergangenheit entstandene Erfolgswirkungen aus der Schuldenkonsolidierung und der Zwischenerfolgseliminierung vorgetragen werden, soweit diese nicht zwischenzeitlich aus den Jahresabschlüssen herausgewachsen sind. Analog sind die latenten Steuern anzupassen. Das Tochterunternehmen ist im aktuellen Konzernabschluss so abzubilden, als wäre es ab dem Erwerbszeitpunkt konsolidiert worden. Da gemäß IFRS-SMEs Abschn. 3.14 auch Vorjahreszahlen anzugeben sind, sollten diese so angepasst werden, als wäre das betreffende Tochterunternehmen bereits im Vorjahr in den Konzernabschluss einbezogen worden.

112 In der Kommentarliteratur zu IFRS findet sich jedoch auch die Auffassung, dass bei der erstmaligen Einbeziehung eines bisher unwesentlichen Tochterunternehmens in den Konsolidierungskreis die für die IFRS-Eröffnungsbilanz vorgesehene **Vereinfachung** gemäß IFRS 1 C4j analog angewendet werden kann (vgl. Lüdenbach, in: Haufe IFRS-Kommentar, 2010, § 31, Tz. 187 f.). Konkret würde die Anwendung dieser Vorschrift bedeuten, dass für das betreffende Tochterunternehmen zunächst die Handelsbilanz II nach IFRS erstellt wird. Sodann wird der Geschäfts- oder Firmenwert in der Weise ermittelt, dass der im Jahresabschluss des Mutterunternehmens ausgewiesene Buchwert der Beteiligung mit dem anteiligen in der Handelsbilanz II des Tochterunternehmens ausgewiesenen Reinvermögen verrechnet wird. Stille Reserven und stille Lasten sind nicht aufzudecken. Der Geschäfts- oder Firmenwert ist zu erfassen, ein evtl. passivischer Unterschiedsbetrag ist direkt über das Eigenkapital aufzulösen. Hier wird die Auffassung vertreten, dass diese Vereinfachung auch bei der erstmaligen Konsolidierung eines in der Vergangenheit wahlweise nicht konsolidierten Tochterunternehmens in einem IFRS-SMEs-Konzernabschluss angewendet werden kann. Auch IFRS-SMEs Abschn. 35.10 erlaubt die Erstkonsolidierung bisher nicht konsolidierter Tochterunternehmen nach dieser vereinfachenden Methode bei erstmaliger Erstellung eines IFRS-SMEs-Abschlusses. Außerdem ist diese Vereinfachung mit der Intention von IFRS-SMEs vereinbar, für kleine und mittlere Unternehmen vereinfachte Vorschriften anzubieten (vgl. IFRS-SMEs BC 15). Stichtag der Erstkonsolidierung ist bei Anwendung dieser Methode der Beginn des Berichtsjahres, weil die Erträge und Aufwendungen eines solchen Tochterunternehmens ab diesem Zeitpunkt in die Konzern-GuV/Gesamtergebnisrechnung einzubeziehen sind. Bestehen zu diesem Zeitpunkt zwischen dem betreffenden Tochterunternehmen und anderen Konzernunternehmen Forderungen und Verbindlichkeiten oder Zwischenerfolge aus zurückliegenden Lieferbeziehungen zwischen diesen Unternehmen, so sind diese über das Eigenkapital zu eliminieren, was implizit wieder einer retrospektiven Eliminierung dieser Beziehungen entspricht. Die Eliminierungen sind in der Folge vorzutragen und über die GuV aufzulösen. Wird ein Tochterunternehmen nach dieser Methode erstmals in den Konzernabschluss einbezogen, so sind die Vorjahreszahlen nicht anzupassen.

b. *Aufstockung der Beteiligung an einem Tochterunternehmen*

113 Eine **Aufstockung** der Beteiligung an einem Tochterunternehmen findet statt, wenn das Mutterunternehmen weitere Anteile an einem Tochterunternehmen hinzu erwirbt. Ein solcher

Vorgang ist entsprechend IAS 27.30 als **Kapitaltransaktion** zwischen Anteilseignern des Konzerns aufzufassen und in analoger Anwendung von IAS 27.31 als direkt im Eigenkapital zu erfassende Transaktion abzubilden. Letzteres bedeutet konkret, dass die zum Zeitpunkt der Aufstockung der Beteiligung des Mutterunternehmens im Konzernabschluss ausgewiesenen Anteile nicht beherrschender Gesellschafter (anteilig) ausgebucht und mit dem im Jahresabschluss des Mutterunternehmens erfassten Anschaffungswert dieser Anteile verrechnet werden. Ein eventueller Unterschiedsbetrag aus dieser Verrechnung ist mit den Gewinnrücklagen zu verrechnen bzw. in die Gewinnrücklagen einzustellen oder alternativ als Verlust- bzw. Gewinnvortrag zu buchen. Die hinzuerworbenen Anteile werden auf diese Weise gesondert konsolidiert. Die Konsolidierung ist zusätzlich zur Konsolidierung der Altanteile in den Folgejahren vorzutragen.

c. *Abstockung der Beteiligung an einem Tochterunternehmen*

114 Veräußert das Mutterunternehmen Anteile an einem Tochterunternehmen, ohne dass dieses den Status eines Tochterunternehmens verliert, so findet eine **Abstockung** der Beteiligung an dem betreffenden Tochterunternehmen statt. Entsprechend IAS 27.30 ist diese wie die Aufstockung der Beteiligung an einem Tochterunternehmen als **Kapitaltransaktion** zwischen Anteilseignern aufzufassen und in analoger Anwendung von IAS 27.31 im Konzernabschluss als direkt im Eigenkapital zu erfassende Transaktion abzubilden. Buchungstechnisch geschieht das in der Weise, dass das Ergebnis aus der Veräußerung der Anteile zugunsten bzw. zu Lasten der Gewinnrücklagen bzw. des Gewinn- oder Verlustvortrags gebucht wird. Die veräußerten Anteile werden so erfolgsneutral entkonsolidiert. Die Kapitalkonsolidierung der weiterhin dem Mutterunternehmen gehörenden Anteile hat unverändert auf der Grundlage der bisherigen Wertverhältnisse zu erfolgen. Dazu ist der Buchungssatz der Kapitalkonsolidierung in den Folgejahren linear an die verminderte Beteiligungsquote anzupassen.

d. *Kapitalveränderungen beim Tochterunternehmen*

115 Wird das Eigenkapital eines Tochterunternehmens gegen **Einlagen** erhöht und erhöht sich der Buchwert der Beteiligung im Jahresabschluss des Mutterunternehmens entsprechend dem Anteil am Eigenkapital des Tochterunternehmens, bleibt der Unterschiedsbetrag aus der Erstkonsolidierung unverändert. Folglich ist lediglich der Buchungssatz zur Kapitalkonsolidierung an die geänderten Werte anzupassen. Ändert sich jedoch die Beteiligungsquote des Mutterunternehmens, zB weil nicht alle Gesellschafter in gleichem Maße an der Kapitalerhöhung teilnehmen, ergibt sich auch ein geänderter Unterschiedsbetrag. Hinsichtlich der Konsolidierung dieses Sachverhaltes existieren im Schrifttum verschiedene Lösungsansätze (ausführlicher hierzu Göth, 1997, 192 ff.). Die Vorgehensweise, die auch der Sicht des IAS 27 entspricht, ist die Abbildung der Kapitalerhöhung als direkt im Eigenkapital zu erfassende Transaktion, dh. die Behandlung wie eine Auf- oder Abstockung der Beteiligung an einem Tochterunternehmen.

116 Wird das Eigenkapital eines Tochterunternehmens zur **Auszahlung** an die Anteilseigner herabgesetzt, so ist zu unterscheiden, ob beim Mutterunternehmen der Buchwert der Beteiligung entsprechend gemindert wurde oder ob die Auszahlung als Gewinnausschüttung erfasst wurde. Im erstgenannten Fall ist der Buchungssatz zur Kapitalkonsolidierung anzupassen, ohne dass sich der Unterschiedsbetrag aus der Kapitalkonsolidierung ändert. Im letztgenannten Fall ist eine Beteiligungsertragseliminierung bei phasenverschobener Gewinnausschüttung zu buchen (vgl. Tz. 100).

117 Werden aufgrund einer **Kapitalerhöhung aus Gesellschaftsmitteln** beim Tochterunternehmen Gewinnrücklagen in gezeichnetes Kapital umgebucht, so ist der Buchungssatz zur Kapitalkonsolidierung an die geänderte Struktur des bilanziellen Eigenkapitals des Tochterunternehmens anzupassen. Im Ergebnis ist das gesamte gezeichnete Kapital des Tochterunternehmens zu konsolidieren, soweit es nicht auf die Anteile nicht beherrschender Gesellschafter umzubuchen ist. Zu berücksichtigen ist lediglich, dass umgebuchte Gewinnrücklagen, die das Tochterunternehmen während der Konzernzugehörigkeit erwirtschaftet hat, im Konzernabschluss weiterhin als Gewinnrücklagen auszuweisen sind, soweit sie nicht den nicht beherrschenden Gesellschaftern zuzurechnen sind. Entsprechendes gilt, wenn das Tochterunternehmen eine Kapitalherabsetzung zum Verlustausgleich durchführt.

118

Beispiel:
Die Problematik sei für den Fall der Kapitalerhöhung aus Gesellschaftsmitteln an folgendem Beispiel verdeutlicht:

Eigenkapital des Tochterunternehmens vor der Kapitalerhöhung aus Gesellschaftsmitteln		**Kapitalkonsolidierung**	**Eigenkapital im Konzernabschluss**
Gezeichnetes Kapital	1.000	- 1.000	0
Gewinnrücklagen	3.000		3.000
Summe	4.000	- 1.000	3.000

Vor der Kapitalerhöhung aus Gesellschaftsmitteln wird das gezeichnete Kapital des dem Mutterunternehmen zu 100% gehörenden Tochterunternehmens iHv. 1000 CU im Rahmen der Kapitalkonsolidierung ausgebucht. Die Gewinnrücklagen iHv. 3000 CU wurden nach dem Erwerb des Tochterunternehmens durch dieses erwirtschaftet und bleiben als solche im Konzernabschluss stehen.

Eigenkapital des Tochterunternehmens nach der Kapitalerhöhung aus Gesellschaftsmitteln		**Kapitalkonsolidierung**	**Eigenkapital im Konzernabschluss**
Gezeichnetes Kapital	2.000	- 2.000	0
Gewinnrücklagen	2.000	1.000	3.000
Summe	4.000	- 1.000	3.000

Nach der Kapitalerhöhung aus Gesellschaftsmitteln weist das Tochterunternehmen im Jahresabschluss ein gezeichnetes Kapital und Gewinnrücklagen iHv. jeweils 2000 CU aus. Der bisherige Buchungssatz zur Kapitalkonsolidierung kann nicht mehr angewendet werden, weil einerseits von dem gezeichneten Kapital des Tochterunternehmens 1000 CU stehenbleiben würden und andererseits die Gewinnrücklagen des Konzerns um 1000 CU zu niedrig ausgewiesen wären. Der Buchungssatz zur Kapitalkonsolidierung ist deshalb in der Weise anzupassen, dass das gezeichnete Kapital von 2000 CU ausgebucht wird und 1000 CU in die Gewinnrücklagen »zurückgebucht« werden. Per Saldo wird unverändert Eigenkapital iHv. 1000 CU ausgebucht.

e. *Abschreibungen und Zuschreibungen von Beteiligungen an Tochterunternehmen*

119

Wird die **Beteiligung** an einem Tochterunternehmen im Jahresabschluss des Mutterunternehmens abgeschrieben, so ist zunächst die Abschreibung zu stornieren, bevor die Kapitalkonsolidierung wie bisher gebucht werden kann. In den Folgejahren ist die Stornierung der Abschreibung der Beteiligung als Gewinnvortrag vorzutragen. Ebenso sind spätere Zuschreibungen der Beteiligung über die GuV bzw. direkt über das Eigenkapital zu stornieren. Die Abschreibung der Beteiligung an einem Tochterunternehmen im Jahresabschluss des Mutterunternehmens sollte Anlass sein zu prüfen, ob im Konzernabschluss der auf das betreffende Tochterunternehmen entfallende Geschäfts- oder Firmenwert außerplanmäßig abzuschreiben ist.

f. *Konsolidierung mehrstufiger Konzerne*

120

Ein **mehrstufiger Konzern** zeichnet sich dadurch aus, dass das Mutterunternehmen an mindestens einem Tochterunternehmen indirekt beteiligt ist. Die einfachste, aber möglicherweise aufwendigste Methode zur Konsolidierung eines solchen Konzerns ist die Methode der **Sukzessivkonsolidierung**. Dabei werden von unten nach oben Teilkonzernabschlüsse erstellt, die auf der nächst höheren Stufe wie Jahresabschlüsse konsolidiert werden. In den Teilkonzernabschlüssen ausgewiesene Anteile nicht beherrschender Gesellschafter sind jeweils in den nächsten Teil- bzw. Gesamtkonzernabschluss zu übernehmen.

121 Alternativ kann ein mehrstufiger Konzern unter Anwendung der Methode der sog. **Simultankonsolidierung** konsolidiert werden. Dabei werden keine Teilkonzernabschlüsse erstellt, sondern alle Tochterunternehmen werden ausgehend von einem Summenabschluss konsolidiert. Allerdings ist jedes Tochterunternehmen individuell zu konsolidieren, da die zum jeweiligen Erwerbszeitpunkt vorhandenen stillen Reserven und Lasten aufzudecken und Geschäfts- oder Firmenwerte zu erfassen sind. Zu beachten ist, dass die Kapitalkonsolidierung eines nachgeordneten Tochterunternehmens mit dem direkten Anteil des Konzerns an diesem Unternehmen zu erfolgen hat, während das nach dem Erwerb des Tochterunternehmens erwirtschaftete Eigenkapital mit dem durchgerechneten Anteil nicht beherrschender Gesellschafter auf deren Anteil umzubuchen ist. Dieser durchgerechnete Anteil kann auch indirekte Anteile nicht beherrschender Gesellschafter umfassen, wenn an einem zwischengeschalteten Mutter-Tochterunternehmen auch Fremdgesellschafter beteiligt sind. Wird diese Regel beachtet, so führt die Simultankonsolidierung zum selben Konzernabschluss wie die Sukzessivkonsolidierung (zur Problematik der Quoten vgl. ausführlich Ebeling, DBW 1995, 323 ff.).

V. Anhangsangaben in Konzernabschlüssen

122 IFRS-SMEs Abschnitt 9.23 schreibt für Konzernabschlüsse folgende **Angaben** vor:

(a) Es muss angegeben werden, dass es sich um einen Konzernabschluss handelt.
(b) In dem Fall, dass das Mutterunternehmen nicht über die Mehrheit der Stimmrechte verfügt, ist anzugeben, worauf sich das Kontrollverhältnis gründet.
(c) Sind die Jahresabschlüsse der in den Konsolidierungskreis einzubeziehenden Konzernunternehmen nicht auf denselben Stichtag erstellt, so ist dies anzugeben.
(d) Anzugeben sind der Grund und das Ausmaß eventueller Beschränkungen für den Transfer von finanziellen Mitteln durch das Tochterunternehmen an das Mutterunternehmen. Solche Beschränkungen können bspw. aus Darlehensverträgen oder staatlichen Regulierungsmaßnahmen resultieren. Der Bilanzleser kann dadurch erkennen, über welche liquiden Mittel die Konzernleitung nicht frei verfügen kann.

Zusätzliche Erläuterungen sind für den Fall vorgeschrieben, dass ein Tochterunternehmen von den übrigen in den Konsolidierungskreis einbezogenen Konzernunternehmen abweichende Geschäftsaktivitäten entfaltet (IFRS-SMEs Abschn. 9.8).

C. Jahresabschlüsse von Mutter- und Tochterunternehmen

123 IFRS-SMEs Abschn. 9.24 stellt klar, dass ein Mutter- oder ein Tochterunternehmen keine separaten **Jahresabschlüsse** zu erstellen hat. IFRS-SMEs Abschn. 9.25 verweist darauf, dass gemäß IFRS-SMEs Abschn. 14 bzw. Abschn. 15 Unternehmen, die zwar keine Tochterunternehmen, jedoch assoziierte Unternehmen oder Gemeinschaftsunternehmen haben, **besondere Abschlüsse** (vgl. Tz. 11) zu erstellen haben, die nicht als separate Jahresabschlüsse zu verstehen sind. Diese Regeln schließen jedoch nicht aus, dass ein Mutterunternehmen oder ein

Investor in ein assoziiertes Unternehmen oder Gemeinschaftsunternehmen separate Jahresabschlüsse nach IFRS-SMEs erstellt. Die Erstellung eines separaten Jahresabschlusses setzt dabei allerdings zwangsläufig voraus, dass ein Konzernabschluss erstellt wird (BoHdR, Fach 5, IFRS-Rechnungslegung für KMU, Tz. 60 ff.).

124 Sofern ein separater Jahresabschluss erstellt wird, schreibt IFRS-SMEs Abschn. 9.26 vor, dass in solchen Abschlüssen die Beteiligungen an Tochterunternehmen, assoziierten Unternehmen (vgl. IFRS-SMEs-Komm., Teil B, Abschn. 14, Tz. 6 ff.) oder gemeinschaftlich kontrollierten Unternehmen (vgl. IFRS-SMEs-Komm., Teil B, Abschn. 15, Tz. 3 ff.) entweder,

(a) zu Anschaffungskosten gemindert um eventuelle Abschreibungen oder
(b) durch die GuV zum Zeitwert zu bewerten sind.

Neben gemeinschaftlich kontrollierten Unternehmen gehören auch gemeinschaftlich kontrollierte Geschäfte und gemeinschaftlich kontrollierte Vermögenswerte gemäß IFRS-SMEs Abschn. 15.3 zu den Gemeinschaftsunternehmen. Diese sind in separaten Jahresabschlüssen so abzubilden wie in Konzernabschlüssen oder besonderen Abschlüssen (vgl. IFRS-SMEs-Komm., Teil B, Abschn. 15, Tz. 6 ff.).

125 Innerhalb einer Klasse von Beteiligungsunternehmen (Tochterunternehmen, assoziierte Unternehmen oder Gemeinschaftsunternehmen) ist die Methode einheitlich anzuwenden. Verschiedene Klassen von Beteiligungsunternehmen können hingegen unterschiedlich abgebildet werden.

126 Gemäß IFRS-SMEs Abschnitt 9.27 sind für separate Jahresabschlüsse, in denen Beteiligungen an Tochterunternehmen, assoziierten Unternehmen oder Gemeinschaftsunternehmen erfasst sind, folgende **Anhangsangaben** vorgeschrieben:

(a) Anzugeben ist die Tatsache, dass es sich um einen Jahresabschluss handelt und
(b) es sind die Methoden zu beschreiben, nach denen die Beteiligungen abgebildet sind.

127 Des Weiteren ist auf den Konzernabschluss oder besonderen Abschluss hinzuweisen, in dem die Beteiligungen konsolidiert bzw. als assoziierte Unternehmen oder Gemeinschaftsunternehmen abgebildet sind.

D. Kombinierte Abschlüsse

128 Für den Fall, dass ein Investor freiwillig **kombinierte Abschlüsse** erstellt, schreibt IFRS-SMEs Abschn. 9.29 vor, dass die gleichen Regeln anzuwenden sind, die für die Erstellung eines Konzernabschlusses gelten. Dh., die Stichtage der Jahresabschlüsse der einbezogenen Unternehmen sollen nach Möglichkeit vereinheitlich werden, Ansatz, Bewertung und Gliederung haben nach IFRS-SMEs zu erfolgen, wobei die Bilanzpolitik zu vereinheitlichen ist, und sämtliche Transaktionen und Salden aus Geschäften zwischen den einbezogenen Unternehmen sind zu eliminieren. Folglich sind eine Schuldenkonsolidierung, Zwischenerfolgseliminierung und Aufwands- und Ertragskonsolidierung durchzuführen. Nicht ausgeschlossen ist, dass auch eine Kapitalkonsolidierung und eine Beteiligungsertrageliminierung durchzuführen sind. Letzteres ist immer dann der Fall, wenn ein in den kombinierten Abschluss einbezogenes Unternehmen an einem anderen beteiligt ist. Es sind allerdings keine Anteile nicht beherrschender Gesellschafter auszuweisen und keine stillen Reserven und Lasten aufzudecken. Des Weiteren ist kein Geschäfts- oder Firmenwert auszuweisen. Unterschiedsbeträge aus der Kapitalkonsolidierung sollten direkt im Eigenkapital erfasst werden. Selbstverständlich sind latente Steuern anzupassen. Ein kombinierter Abschluss ist somit ein Abschluss für einen Gleichordnungskonzern, weil keines der einbezogenen Unternehmen Kontrolle über die anderen ausübt.

Nicht ausgeschlossen ist, dass ein Unternehmen signifikanten Einfluss auf ein anderes Unternehmen ausübt, oder ein Unternehmen ein gemeinschaftlich kontrolliertes Unternehmen eines anderen ist. Die Erstellung eines kombinierten Abschlusses entbindet in diesen Fällen allerdings nicht von der Pflicht, besondere Abschlüsse gemäß IFRS-SMEs Abschn. 14.1 bzw. IFRS-SMEs Abschn. 15.1 zu erstellen.

129 Gemäß IFRS-SMEs Abschnitt 9.30 sind für kombinierte Abschlüsse folgende **Anhangsangaben** vorgeschrieben:

(a) Anzugeben ist die Tatsache, dass es sich um einen kombinierten Abschluss handelt.
(b) Anzugeben ist der Grund, warum kombinierte Abschlüsse erstellt werden.
(c) Anzugeben sind die Kriterien für die Auswahl der in den kombinierten Abschluss einbezogenen Unternehmen.
(d) Anzugeben ist die Grundlage für die Vorbereitung der kombinierten Abschlüsse.
(e) Des Weiteren sind auch in einem kombinierten Abschluss die gemäß IFRS-SMEs Abschn. 33 vorgeschriebenen Angaben zu verbundenen Unternehmen zu machen.

130 Die Vorschriften zu den kombinierten Abschlüssen sind im Standard nur kurz gehalten und lassen noch einige Fragen offen. So ist zB nicht geklärt, wer den Abschluss zu erstellen hat. Unklar ist auch, ob es sich bei dem Investor um eine natürliche Person ebenso wie um ein Unternehmen handeln kann (vgl. ausführlicher hierzu Prasse, in: Baetge et al., IFRS-Komm., Teil A, Kap. V, Tz. 69).

131 Kombinierte Abschlüsse könnten insbesondere im Rahmen der Zinsschrankenregelung relevant sein. Der Gesetzgeber geht hierbei davon aus, dass es auch Konzerne mit natürlichen Personen an der Spitze geben kann (Deutscher Bundestag, BT-Drucks. 16/4841, 50). Somit werden künftig auch für Gleichordnungskonzerne konsolidierte Abschlüsse zu erstellen sein (BoHdR, Fach 5, IFRS-Rechnungslegung für KMU, Tz. 64).

E. Vergleich mit IFRS und HGB

132 Nachfolgende Tabelle vermittelt einen Überblick über die zwischen den verschiedenen Regelwerken bestehenden Unterschiede.

Regelung	IFRS (IAS 27)	IFRS-SMEs	HGB
Pflicht zur Erstellung von Konzernabschlüssen	Möglichkeit, die Finanz- und Geschäftspolitik zu bestimmen, um daraus Nutzen zu ziehen: - Stimmrechtsmehrheit - Beherrschungsvertrag/Satzungsbestimmung - Mehrheitliches Organbesetzungsrecht/Organbeherrschungsmacht - Zweckgesellschaften (SIC 12)	Möglichkeit, die Finanz- und Geschäftspolitik zu bestimmen, um daraus Nutzen zu ziehen: - Stimmrechtsmehrheit - Beherrschungsvertrag/Satzungsbestimmung - Mehrheitliches Organbesetzungsrecht/Organbeherrschungsmacht - Präsenzmehrheit - Zweckgesellschaften	Unmittelbarer oder mittelbarer beherrschender Einfluss: - Stimmrechtsmehrheit - mehrheitliches Organbesetzungsrecht als Gesellschafter - Beherrschungsvertrag/Satzungsbestimmung - Tragung der Mehrheit der Risiken und Chancen bei einer Zweckgesellschaft
Ausnahmen	- Einbeziehung in höheren Konzernabschluss unter best. Voraussetzungen - keine Börsennotierung	- Einbeziehung in höheren Konzernabschluss unter best. Voraussetzungen - Weiterveräußerungsabsicht - Unwesentlichkeit	- Einbeziehung in höheren Konzernabschluss unter best. Voraussetzungen

Regelung	IFRS (IAS 27)	IFRS-SMEs	HGB
	- Beschränkungen bzgl. der Ausübung der Rechte des MU - Unwesentlichkeit - evtl. Abwägen von Nutzen und Kosten	- evtl. Abwägen von Nutzen und Kosten	- Beschränkungen bzgl. der Ausübung der Rechte des MU - Weiterveräußerungsabsicht - Unwesentlichkeit - Abwägen von Nutzen und Kosten
Konsolidierungskreis ieS	Einbeziehung von TU; Wahlrecht der Einbeziehung bei - Unwesentlichkeit - unverhältnismäßig hohen Kosten (strittig)	Einbeziehung von TU; Wahlrecht der Einbeziehung bei - Weiterveräußerungsabsicht - Unwesentlichkeit - unverhältnismäßig hohen Kosten (strittig)	Einbeziehung von TU; Wahlrecht der Einbeziehung bei - Beschränkungen der Ausübung der Rechte*) - unverhältnismäßig hohen Kosten - Weiterveräußerungsabsicht - Unwesentlichkeit
Abschlussstichtag	Abweichende Stichtage um bis zu drei Monate möglich (aber Berücksichtigung der Vorgänge von besonderer Bedeutung)	Einheitlicher Stichtag für alle einbezogenen Unternehmen; Ausnahme nur, wenn dies nicht praktikabel ist	Abweichende Stichtage um bis zu drei Monate möglich (aber Berücksichtigung der Vorgänge von besonderer Bedeutung)
Methoden der Kapitalkonsolidierung	Vollständige Neuberwertung; wahlweise Full-Goodwill-Methode provisorische Erstkonsolidierung möglich	Vollständige Neuberwertung	Vollständige Neuberwertung provisorische Erstkonsolidierung möglich
Stichtag der Kapitalkonsolidierung	Erwerbszeitpunkt; Möglichkeit der nachträglichen Erstkonsolidierung (dh. Stichtag ist der Einbeziehungszeitpunkt)	Erwerbszeitpunkt; nachträgliche Erstkonsolidierung zum Einbeziehungszeitpunkt wird für zulässig gehalten	Erwerbszeitpunkt; Möglichkeit der nachträglichen Erstkonsolidierung (dh. Stichtag ist der Einbeziehungszeitpunkt)
nicht beherrschende Gesellschafter	Bewertung des Anteils auf Basis des Nettovermögens oder wahlweise Bewertung zum Fair-Value Ausweis im Eigenkapital und in der GuV als Ergebniszuordnung	Bewertung des Anteils auf Basis des Nettovermögens Ausweis im Eigenkapital und in der GuV als Ergebniszuordnung	Bewertung des Anteils auf Basis des Nettovermögens Ausweis im Eigenkapital und in der GuV als Ergebniszuordnung
weitere Konsolidierungen	Pflicht zur Eliminierung von konzerninternen Salden und Transaktionen	Pflicht zur Eliminierung von konzerninternen Salden und Transaktionen	Pflicht zur Eliminierung von konzerninternen Salden und Transaktionen
Ent- und Übergangskonsolidierung	Pflicht zur Durchführung zum Zeitpunkt des Kontrollverlusts Einbeziehung der Währungsrücklage in das Abgangsergebnis Bewertung der Restbeteiligung zum Fair-Value	Pflicht zur Durchführung zum Zeitpunkt des Kontrollverlusts keine Einbeziehung der Währungsrücklage in das Abgangsergebnis Bewertung der Restbeteiligung auf Basis des abgehenden Nettovermögens	Pflicht zur Durchführung zum Zeitpunkt des Kontrollverlusts Einbeziehung der Währungsrücklage in das Abgangsergebnis Bewertung der Restbeteiligung auf Basis des abgehenden Nettovermögens
	Keine Pflicht zur Aufstellung von Jahresabschlüssen nach	Keine Pflicht zur Aufstellung von Jahresabschlüssen nach	Pflicht zur Aufstellung von Jahresabschlüssen nach natio-

Regelung	IFRS (IAS 27)	IFRS-SMEs	HGB
Jahresabschlüsse von MU und TU	IFRS-SMEs, wenn Konzernabschlüsse oder besondere Abschlüsse erstellt werden, jedoch freiwillige Erstellung möglich	IFRS-SMEs, wenn Konzernabschlüsse oder besondere Abschlüsse erstellt werden, jedoch freiwillige Erstellung möglich	nalen gesetzlichen Vorschriften
Kombinierte Abschlüsse	Keine entsprechende Regelung	Keine Pflicht zur Aufstellung, jedoch freiwillig möglich, sofern ein Investor über mehrere Unternehmen die Kontrolle hat	Keine entsprechende Regelung

Anmerkung:
*) In diesem Fall kann nach IFRS-SMEs und IFRS das Bestehen eines Kontrollverhältnisses widerlegt werden.

Abschnitt 10 Rechnungslegungsmethoden, Schätzungen und Fehler (Accounting Policies, Estimates and Errors)

Jens Brune

Inhaltsverzeichnis

Schrifttum

Beiersdorf/Eierle/Haller, DB 2009, 1549ff.; *Beiersdorf/Morich,* KoR 2009, 1 ff.; *Blaum/Holzwarth,* in: Baetge/Wollmert/Kirsch/Oser/Bischof (Hrsg.), Rechnungslegung nach IFRS (IFRS-Komm.), IAS 8; *Bömelburg/Landgraf/Pöppel,* PIR 2009, 290 ff.; *Fischer,* PIR 2009, 242 ff.; *Glanz/Pfaff,* IRZ 2009, 417 ff.; *Fodor/Wildner* BB 2009, 1966 ff.; *IFRS Foundation,* Training Material for the IFRS for SMEs, Module 10 – Accounting Policies, Estimates and Errors, London 2010; *Janssen/Gronewold,* KoR 2010, 75 ff.; *Kirsch,* IRZ 2010, 119 ff.; *Loitz,* DB 2008, 249 ff.; *Leker/Mahlstedt/Kehrel,* KoR 2008, 379 ff.; *Simlacher/Schurbohm-Ebneth,* KoR 2009, 389 ff.; *Stamm/Tutt,* Bilanzen im Mittelstand 2009, 87 ff.; *Winkeljohann/Morich,* BB 2009, 1630ff.; *Zülch/Hoffmann/Siggelkow,* KoR 2010, 40 ff.; *Zülch/Willms,* in: MünchKommBilR, IAS 8.

A. Allgemeines und Zielsetzung

1 Ein Abschluss nach IFRS-SMEs soll **entscheidungsnützliche Informationen** über die Vermögens-, Finanz- und Ertragslage eines Unternehmens vermitteln (IFRS-SMEs Abschn. 2.2). Dabei ist die Vergleichbarkeit von Informationen eines Unternehmens im Zeitablauf einerseits und zwischen verschiedenen Unternehmen andererseits (IFRS-SMEs Abschn. 2.11) eine wichtige Voraussetzung für die Entscheidungsnützlichkeit der zur Verfügung gestellten Informationen. Die externe Vergleichbarkeit der Abschlüsse verschiedener Unternehmen hat aufgrund der echten und unechten Wahlrechte der IFRS-SMEs hingegen eine etwas geringere Bedeutung als die interne Vergleichbarkeit der Abschlüsse eines Unternehmens im Zeitablauf. Im Vordergrund der Regelungen in IFRS-SMEs Abschn. 10 steht deshalb das Konzept der internen Ver-

gleichbarkeit, das im Wesentlichen über den Stetigkeitsgrundsatz (vgl. Tz. 10 ff.) realisiert werden soll.

2 Der Zweck der Regelungen des IFRS-SMEs Abschn. 10 besteht demzufolge darin, eine **Vergleichbarkeit von Abschlüssen eines Unternehmens im Zeitablauf** zu gewährleisten, indem Regeln für die Auswahl und Anwendung von Rechnungslegungsmethoden, ihre stetige Anwendung sowie der Durchbrechung der Stetigkeit festgelegt werden. Die Durchbrechung der Stetigkeit wird durch Regelungen zur Änderung von Bilanzierungs- und Bewertungsmethoden, Änderungen von Schätzungen und Korrektur von Fehlern konkretisiert.

3 Die Regelungen des IFRS-SMEs Abschn. 10 wurden aus IAS 8 abgeleitet und entsprechen diesen inhaltlich weitgehend, und zwar ungeachtet der in Teilen abweichenden Wortwahl sowie der größeren Regelungstiefe und -breite innerhalb der IFRS. Darüber hinaus enthält auch IFRS-SMEs Abschn. 10 – wie IAS 8 – Regelungen zur Vorgehensweise bei bestehenden Regelungslücken innerhalb der IFRS-SMEs.

B. Anwendungsbereich

4 Unter Berücksichtigung der in Tz. 2 dargestellten Zielsetzung vereint IFRS-SMEs Abschn. 10 verschiedene Regelungen, die sich auf Auswahl und Anwendung von Rechnungslegungsmethoden beziehen. Diese Regelungen lassen sich in folgende Bereiche gliedern (IFRS-SMEs Abschn. 10.1):

(1) Regelungen zur Auswahl und Anwendung von **Rechnungslegungsmethoden** (vgl. Tz. 8 ff.),
(2) Regelungen zur Abbildung von **Schätzungsänderungen** (vgl. Tz. 33 ff.),
(3) Regelungen zur Korrektur von **Fehlern in Vorperioden** (vgl. Tz. 43 ff.).

5 Die Regelungen des IFRS-SMEs Abschn. 10 gelten sowohl für den Jahres- als auch für den Konzernabschluss nach IFRS-SMEs. Im Bereich der **Konzernrechnungslegung** kommt den Bilanzierungs- und Bewertungsmethoden der in einen Konzernabschluss einbezogenen Unternehmen im Hinblick auf ihre Einheitlichkeit besondere Bedeutung zu, da nur bei einer einheitlichen Anwendung eine zutreffende Abbildung des Konzerns nach Durchführung der Konsolidierungsschritte gewährleistet ist.

6 Bestimmte Bilanzierungs- und Bewertungsmethoden bzw. deren Änderung oder Neuanwendung sind **aus dem Anwendungsbereich** des IFRS-SMEs Abschn. 10 **ausgenommen** (hierzu vgl. Tz. 24). Darüber hinaus findet IFRS-SMEs Abschn. 10 keine Anwendung auf die Aufstellung von Abschlüssen von Unternehmen, die erstmalig ihre Bilanzierung nach den IFRS-SMEs vornehmen. Hierbei sind grundsätzlich die Vorschriften des IFRS-SMEs Abschn. 35 anzuwenden, die vorsehen, dass sämtliche dargestellten Perioden einheitlich nach Maßgabe der Regelungen der IFRS-SMEs zum Zeitpunkt der erstmaligen Anwendung dieser Regeln darzustellen sind. Insoweit kann es für Erstanwender der IFRS-SMEs nicht zu Änderungen der Rechnungslegungsmethoden oder Schätzungen sowie der Korrektur von Fehlern kommen.

7 Neben den Regelungen des IFRS-SMEs Abschn. 10 müssen gegebenenfalls die Regelungen des IFRS-SMEs Abschn. 29 zur Behandlung der **steuerlichen Auswirkungen** der Änderungen herangezogen werden. So sind mögliche steuerliche Folgen aus der Änderung von Bilanzierungs- und Bewertungsmethoden und der Korrektur von Fehlern zu beachten. Sollten durch die Änderung einer Bilanzierungs- und Bewertungsmethode oder die Korrektur eines Fehlers temporäre Differenzen entstehen, sind auf diese unter den Voraussetzungen des IFRS-SMEs Abschn. 29 latente Steuern abzugrenzen (vgl. hierzu generell IFRS-SMEs-Komm., Teil B, Abschn. 29).

C. Bilanzierungs- und Bewertungsmethoden

I. Auswahl und Anwendung von Bilanzierungs- und Bewertungsmethoden

Allgemein handelt es sich nach IFRS-SMEs Abschn. 10.2 bei **Rechnungslegungsmethoden** um Prinzipien, Grundlagen, Konventionen, Regeln und Praktiken, die ein Unternehmen bei der Aufstellung und Darstellung eines Abschlusses anwendet. Folglich sind sämtliche von einem Unternehmen anzuwendenden Ansatz-, Bewertungs-, Ausweis- und Darstellungsmethoden hierunter zu subsumieren. Im Folgenden wird analog der amtlichen deutschen Übersetzung der IFRS der Begriff der Bilanzierungs- und Bewertungsmethoden synonym verwendet. 8

Bei der Auswahl der Rechnungslegungsmethoden gilt nach IFRS-SMEs Abschn. 10.3 der Grundsatz, dass zunächst auf die **expliziten Regelungen** der IFRS-SMEs zurückzugreifen ist, wenn solche Regelungen für einen Geschäftsvorfall oder für sonstige Ereignisse und Bedingungen innerhalb des Standards vorgesehen sind. Diese Pflichtanwendung von Regelungen des Standards korrespondiert mit der Verpflichtung nach IFRS-SMEs 3.3, welche die Anwendung aller Regelungen des Standards als Voraussetzung für einen vollwertigen IFRS-SMEs-Abschluss fordert. Hierdurch wird über die generelle Verpflichtung zur Anwendung der Regelungen des IFRS-SMEs hinaus auch verdeutlicht, dass die bestehenden Regelungen des Standards in jedem Fall den Ausgangspunkt für die Ermittlung der Bilanzierungs- und Bewertungsmethoden bilden (kritisch hinsichtlich der konkreten Umsetzung dieses Grundsatzes vgl. Janssen/Gronewold, KoR 2010, 77). 9

Eine **Ausnahme** von diesem Grundsatz besteht allerdings für den Fall, dass die Auswirkungen der IFRS-SMEs-Anwendung als **unwesentlich** einzustufen sind. Zur Auslegung des Begriffs der Wesentlichkeit ist dabei IFRS-SMEs Abschn. 2.6 heranzuziehen, wonach die Auswirkungen dann als unwesentlich einzustufen sind, wenn sich keine Beeinflussung der wirtschaftlichen Entscheidungen der Abschlussadressaten ergeben (ausführlich zum Wesentlichkeitsbegriff vgl. IFRS-SMEs-Komm., Teil B, Abschn. 2, Tz. 28 ff.). Die Ausnahmeregelung, in diesen Fällen von den IFRS-SMEs abweichen zu können, ist jedoch nicht als faktisches Wahlrecht zur Anwendung der Regelungen der IFRS-SMEs im Einzelfall zu verstehen, sondern verlangt – analog zu der entsprechenden Vorschrift in IAS 8.8 – nach einer engen Auslegung. 10

Gibt es im Einzelfall **Regelungslücken**, bestehen also für einen Geschäftsvorfall keine expliziten Regelungen innerhalb der IFRS-SMEs, liegt es im Verantwortungsbereich des Managements des bilanzierenden Unternehmens, darüber zu entscheiden, welche Bilanzierungs- und Bewertungsmethoden zu entwickeln und anzuwenden sind. IFRS-SMEs Abschn. 10.4 spezifiziert dabei die Anforderungen an die zu entwickelnden Rechnungslegungsmethoden, die sich im Wesentlichen am Relevanzprinzip des IFRS-SMEs Abschn. 2.5 und dem Zuverlässigkeitsprinzip des IFRS-SMEs Abschn. 2.7 orientieren (vgl. Kirsch, IRZ 2010, 120): 11

1) Die durch die Bilanzierungs- und Bewertungsmethode im Einzelfall vermittelte Information muss **relevant** in Bezug auf die Entscheidungsfindung der Abschluss-Adressaten sein (IFRS-SMEs Abschn. 10.4(a)).
2) Die Bilanzierungs- und Bewertungsmethode muss zur **Zuverlässigkeit** des IFRS-SMEs-Abschlusses beitragen, indem sie zutreffend die Vermögens-, Finanz- und Ertragslage darstellt, den wirtschaftlichen Gehalt der zur Beurteilung anstehenden Transaktion angemessen abbildet sowie objektiv, vorsichtig und vollständig alle wesentlichen Aspekte des Geschäftsvorfalls berücksichtigt (IFRS-SMEs Abschn. 10.4(b)).

Der Auswahlprozess für die nach diesen Grundsätzen angemessenen Bilanzierungs- und Bewertungsmethoden wird in IFRS-SMEs Abschn. 10.5 durch eine **hierarchische Ordnung** 12

möglicher Quellen zur Ableitung einer Rechnungslegungsmethode konkretisiert. Danach hat das Management zunächst zu prüfen, ob in einem anderen Abschnitt der IFRS-SMEs ähnliche oder verwandte Sachverhalte geregelt sind. In diesem Fall ist eine Bilanzierungs- und Bewertungsmethode in möglichst weitgehender Analogie zu der Referenzregelung zu wählen. Ist dem Management auf dieser Grundlage eine Bestimmung der Bilanzierungs- und Bewertungsmethoden für einen abzubildenden Sachverhalt nicht möglich, hat es die in IFRS-SMEs Abschn. 2 enthaltenen Definitionen, Ansatz- und Bewertungskriterien für Vermögenswerte, Schulden, Erträge und Aufwendungen heranzuziehen, um auf deren Grundlage eine zutreffende Methode der Bilanzierung zu entwickeln. Dies bedeutet insbesondere auch, dass im Fall von Regelungslücken innerhalb der IFRS-SMEs Bilanzierungs- und Bewertungsmethoden ausscheiden, die nicht im Einklang mit den in IFRS-SMEs Abschn. 2 aufgeführten allgemeinen Prinzipien stehen.

13 Darüber hinaus kann das Management gemäß IFRS-SMEs Abschn. 10.6 die **Regelungen und Umsetzungsleitlinien der IFRS** heranziehen, die ähnliche oder verwandte Sachverhalte regeln. Dies ist jedoch nicht als eine Verpflichtung zu einem Rückgriff auf die IFRS zu verstehen, da die IFRS-SMEs als eigenständige Regelungen konzipiert sind und ein verpflichtender Rückgriff auf die IFRS von den potenziellen IFRS-SMEs-Anwendern als nicht sinnvoll erachtet wird (vgl. Baiersdorf/Morich, KoR 2009, 8). Als Reaktion auf die zahlreichen Einwände gegen einen verpflichtenden Rückgriff auf die IFRS im Kommentierungsverfahren bei der Entwicklung des IFRS-SMEs hat der IASB vollständig auf pflichtmäßige Rückgriffe und Verweise auf die IFRS verzichtet (vgl. Stamm/Tutt, 2009, 88). Deshalb wurde die Regelung des IFRS-SMEs Abschn. 10.6 auch nicht in die Quellen- und Referenzhierarchie des IFRS-SMEs Abschn. 10.5 eingebunden, sondern als eigenständige Regelung formuliert, die einen Rückgriff auf die IFRS nicht vorschreibt, aber als Möglichkeit der Regelfindung durch das Management des bilanzierenden Unternehmens zumindest zulässt. Angesichts der konzeptionellen Gemeinsamkeiten der IFRS-SMEs und der IFRS erscheint die Berücksichtigung von Regelungen der IFRS bei der Entwicklung von Bilanzierungs- und Bewertungsmethoden bei Regelungslücken der IFRS-SMEs in vielen Fällen sinnvoll.

Der mögliche Rückgriff auf Regelungen der IFRS **führt jedoch nicht dazu**, dass über die Regelung des IFRS-SMEs Abschn. 10.6 **sämtliche Wahlrechte und Bilanzierungsmöglichkeiten der IFRS** auch den Nutzern der IFRS-SMEs zugänglich sind. Denn ein Rückgriff auf die IFRS setzt voraus, dass eine entsprechende Regelungslücke der IFRS-SMEs besteht. Dies bedeutet umgekehrt, dass ein Rückgriff nicht möglich ist, wenn eine explizite Regelung in den IFRS-SMEs besteht. Damit hat der IASB Abstand von seiner ursprünglichen Intention genommen, alle Wahlrechte und Bilanzierungsmöglichkeiten der IFRS auch für IFRS-SMEs-Anwender (zumindest als Wahlrecht) zuzulassen (vgl. Beiersdorf/Eierle/Haller, DB 2009, 1550).

Beispiel:
Sachanlagen sind nach IFRS-SMEs Abschn. 17.15 im Rahmen der Folgebilanzierung zu fortgeführten Anschaffungskosten zu bewerten. Dies entspricht der Vorgehensweise des Anschaffungskostenmodells in IAS 16.30. Die Neubewertungsmethode (IAS 16.31 ff.) ist in IFRS-SMEs Abschn. 17 nicht vorgesehen. Sie kann von einem Bilanzierenden auch nicht im Wege des Rückgriffs nach IFRS-SMEs Abschn. 10.6 genutzt werden, da es eine explizite Bewertungsvorschrift innerhalb der IFRS-SMEs gibt und somit keine Regelungslücke vorliegt.

14 Die Auswahl bzw. Entwicklung von Rechnungslegungsmethoden nach den Vorgaben des IFRS-SMEs Abschn. 10.3 ff. kann damit grafisch wie folgt zusammengefasst werden:

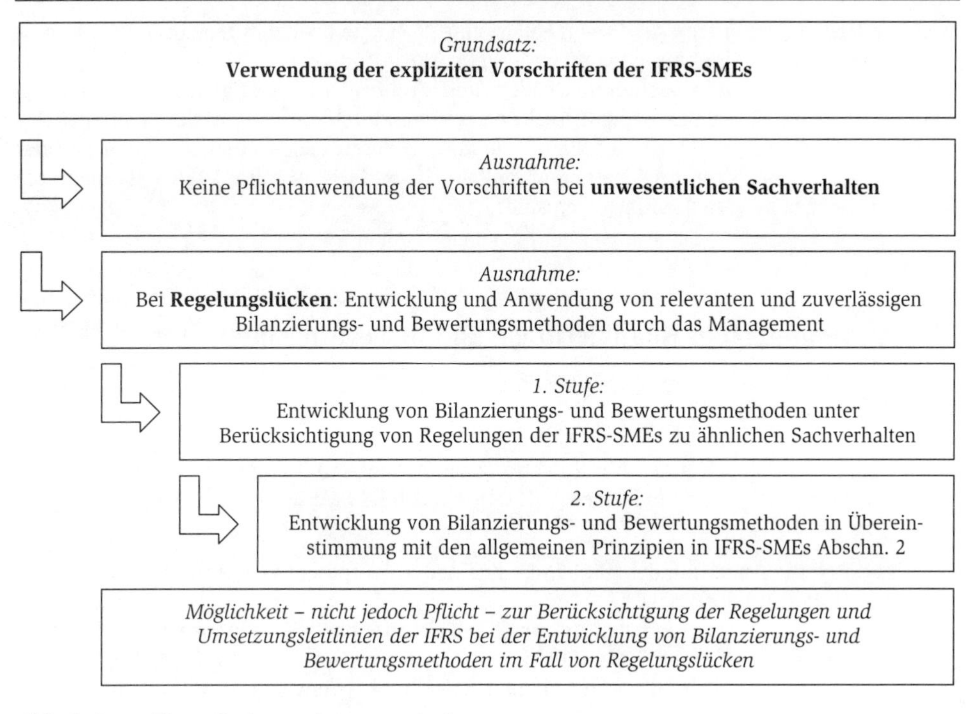

Abb. 1: Auswahl von Rechnungslegungsmethoden

II. Stetigkeitsgrundsatz

15 Der innerhalb der allgemeinen Prinzipien in IFRS-SMEs Abschn. 2.11 kodifizierte Grundsatz der **Vergleichbarkeit** von IFRS-SMEs-Abschlüssen bedingt, dass den Abschlussadressaten zur Identifizierung von Entwicklungstendenzen eines Unternehmens die Vergleichbarkeit von Abschlüssen im Zeitablauf möglich sein muss. Dies kann letztlich nur durch ein **Stetigkeitsgebot** hinsichtlich der Anwendung von Bilanzierungs- und Bewertungsmethoden erreicht werden. Deshalb sieht IFRS-SMEs Abschn. 10.7 vor, dass ein Unternehmen seine Bilanzierungs- und Bewertungsmethoden für ähnliche Geschäftsvorfälle und sonstige Ereignisse grundsätzlich stetig auszuwählen und anzuwenden hat. Die Stetigkeit bezieht sich dabei nicht nur auf Bilanzierungs- und Bewertungsmethoden im engeren Sinne, sondern auch auf angewendete Schätzverfahren, wie zB die Wahl von Abschreibungsmethoden, Verfahren zur Bemessung von Rückstellungen oder zur Ermittlung von Wertberichtigungen.

16 Bei der Stetigkeit ist zwischen **sachlicher und zeitlicher Stetigkeit** zu differenzieren. Während sich die zeitliche Stetigkeit auf die bereits erwähnte Vergleichbarkeit von Abschlüssen im Zeitablauf bezieht, sind nach der sachlichen Stetigkeit Rechnungslegungsmethoden grundsätzlich stetig auf ähnliche, also art- und funktionsgleiche Geschäftsvorfälle, Ereignisse und Umstände anzuwenden (vgl. Achleitner/Wollmert, WPg 2005, S. 245).

17 Die sachliche Stetigkeit gilt indes nicht unbeschränkt. So können nach IFRS-SMEs Abschn. 10.7 **Abweichungen** bei den Bilanzierungs- und Bewertungsmethoden grundsätzlich vergleichbarer Sachverhalte geboten sein, wenn ein anderer Abschnitt der IFRS-SMEs für bestimmte Kategorien von Sachverhalten andere Bilanzierungs- und Bewertungsmethoden

explizit erfordert oder erlaubt. In diesem Fall ist eine geeignete Bilanzierungs- und Bewertungsmethode auszuwählen und für jede Kategorie stetig anzuwenden.

18 Die IFRS-SMEs sehen in bestimmten Fällen die **Durchbrechung des grundsätzlichen Stetigkeitsgebots** des IFRS-SMEs Abschn. 10.7 vor, wenn dadurch die Qualität der Finanzberichterstattung insgesamt erhöht werden kann. Für die in diesen Fällen gebotene Änderung der Bilanzierungs- und Bewertungsmethoden enthält IFRS-SMEs Abschn. 10 Regelungen, die Gegenstand der folgenden Ausführungen sind.

III. Änderungen der Bilanzierungs- und Bewertungsmethoden

1. Begriffsabgrenzung

19 Änderungen der Bilanzierungs- und Bewertungsmethoden – und damit eine Durchbrechung des (zeitlichen) Stetigkeitsgrundsatzes – dürfen nach IFRS-SMEs Abschn. 10.8 nur erfolgen, wenn

(1) dies durch die Änderung der IFRS-SMEs bedingt ist (verpflichtende Änderung nach IFRS-SMEs Abschn. 10.8(a)) oder
(2) dies dazu führt, dass der Abschluss verlässlichere und relevantere Informationen über die Auswirkungen von Geschäftsvorfällen und sonstigen Ereignissen auf die Vermögens-, Finanz- und Ertragslage des Unternehmens vermittelt (freiwillige Änderung nach IFRS-SMEs Abschn. 10.8(b)).

20 Bei **verpflichtenden Änderungen** der Bilanzierungs- und Bewertungsmethoden ist zu beachten, dass die Regelungen des IFRS-SMEs Abschn. 10 nur für Unternehmen gelten, die schon mindestens für ein Geschäftsjahr (einschließlich der Darstellung eines Vorjahrs als Vergleichszahlen) vollständig nach IFRS-SMEs bilanzieren. Handelt es sich dagegen um ein Unternehmen, das die IFRS-SMEs erstmals anwendet, so handelt es sich beim Übergang von bisherigen Rechnungslegungsmethoden zu den IFRS-SMEs nicht um einen Fall von IFRS-SMEs Abschn. 10.8(a). Vielmehr gelangen in diesem Fall die Regelungen für Erstanwender in IFRS-SMEs Abschn. 35 zur Anwendung.

21 Auch ohne eine Änderung der Regelungen des IFRS-SMEs sollen Bilanzierungs- und Bewertungsmethoden im Rahmen einer **freiwilligen Änderung** angepasst werden, wenn dies zu einer verlässlicheren und relevanteren Darstellung von Geschäftsvorfällen und der Vermögens-, Finanz- und Ertragslage des berichtenden Unternehmens führt. Dies kann einerseits der Fall sein, wenn ein explizit in den IFRS-SMEs vorgesehenes Wahlrecht im Zeitablauf abweichend von der Vorperiode ausgeübt wird. Dieser Fall ist nach IFRS-SMEs Abschn. 10.10 ausdrücklich als Anwendungsfall einer freiwilligen Änderung genannt. Andererseits kann in äußerst seltenen Fällen unter den in IFRS-SMEs Abschn. 3.4 genannten Voraussetzungen eine verbesserte Darstellung durch eine Abweichung von den expliziten Regelungen des IFRS-SMEs erzielt werden. Die erstmalige Inanspruchnahme der Ausnahmeregelung nach IFRS-SMEs Abschn. 3.4 ist also ebenfalls eine freiwillige Änderung iSv. IFRS-SMEs Abschn. 10.8(b).

22 Die **praktische Relevanz** von freiwilligen Änderungen der Rechnungslegungsmethoden nach IFRS-SMEs Abschn. 10.8(b) ist gegenüber den IFRS als deutlich geringer einzustufen. Bei einer Abweichung von den Regelungen der IFRS-SMEs handelt es sich gemäß IFRS-SMEs Abschn. 3.4 um äußerst seltene Ausnahmefälle. Deshalb umfassen freiwillige Änderungen nahezu ausschließlich die Änderung einer Wahlrechtsausübung. Da die Anzahl möglicher Bilanzierungs- und Bewertungswahlrechte innerhalb des IFRS-SMEs gegenüber den IFRS deutlich geringer ist (so gibt es bspw. keine Möglichkeit der Zeitbewertung innerhalb der nicht

finanziellen langfristigen Vermögenswerte), beschränkt sich ein freiwilliger Wechsel der Bilanzierungs- und Bewertungsmethoden im Wesentlichen auf die Ausübung der folgenden beiden Wahlrechte:

(1) Nach IFRS-SMEs Abschn. 13.18 besteht für bestimmte Vorräte ein Bewertungswahlrecht im Rahmen eines angewendeten Verbrauchsfolgeverfahrens. So können die Anschaffungs-/Herstellungskosten entweder nach der FIFO-Methode oder nach dem Durchschnittskostenverfahren ermittelt werden, wobei für sachlich ähnliche Vorräte im Rahmen des Stetigkeitsgebots dieselbe Methode anzuwenden ist.
(2) Die Erfassung von versicherungsmathematischen Gewinnen oder Verlusten im Rahmen von leistungsorientierten Altersversorgungsplänen kann nach IFRS-SMEs Abschn. 28.25 entweder im Gewinn und Verlust oder innerhalb des *other comprehensive income* erfolgen. Das Wahlrecht ist einheitlich für alle leistungsorientierten Pläne auszuüben (vgl. Fodor/Wildner, BB 2009, 1967).

23 Nicht um eine freiwillige Methodenänderung iSv. IFRS-SMEs Abschn. 10.8(b) handelt es sich hingegen, wenn **unechte Wahlrechte** (zum Begriff vgl. bspw. Lüdenbach, in: Lüdenbach/Hoffmann, IFRS Kommentar, § 24, Tz. 8 ff.) geändert werden, um eine bessere Darstellung der Vermögens-, Finanz- und Ertragslage zu erreichen. Bei unechten Wahlrechten handelt es sich nicht um explizit in den IFRS-SMEs genannte Alternativen, sondern um notwendige **Ermessensentscheidungen** im Rahmen von Verfahrenswahlrechten zur Erfüllung der spezifischen Regelungen der Einzelabschnitte innerhalb des IFRS-SMEs. Damit gehören diese Änderungen systematisch zu den Schätzungsänderungen (vgl. Tz. 33 ff.). Zu diesen unechten Wahlrechten zählen ua. der Wechsel von der Methoden zur Bestimmung des Fertigstellungsgrads bei Anwendung der PoC-Methode nach IFRS-SMEs Abschn. 23.22 bei der Bewertung von Fertigungsaufträgen oder die Verwendung von unterschiedlichen Bewertungsmodellen (bspw. Binomialmodell oder Black Scholes Modell) zur Bewertung von Optionen.

24 Darüber hinaus werden in IFRS-SMEs Abschn. 10.9 weitere Sachverhalte aufgezählt, die ebenfalls **nicht als Änderung von Rechnungslegungsmethoden** zu qualifizieren sind. Hierzu zählen

(1) die Anwendung einer Bilanzierungs- oder Bewertungsmethode für Geschäftsvorfälle, andere Sachverhalte und Bedingungen, die sich in ihrer wirtschaftlichen Substanz von früheren Transaktionen oder Bedingungen unterscheiden,
(2) die (erstmalige) Anwendung einer Bilanzierungs- und Bewertungsmethode für Geschäftsvorfälle, andere Sachverhalte und Bedingungen, die zuvor nicht im IFRS-SMEs-Abschluss enthalten oder nur von unwesentlicher Bedeutung waren, oder
(3) der Wechsel von der Bewertung zu Zeitwerten zu einer Anschaffungskostenbewertung in Fällen, in denen eine Zeitbewertung aufgrund fehlender Ermittelbarkeit eines stichtagsbezogenen *fair value* oder der Wechsel in umgekehrte Richtung, wenn ein Zeitwert wieder ermittelt werden kann.

Durch diese Negativabgrenzung wird nochmals klargestellt, dass ein Wechsel der Rechnungslegungsmethoden iSv. IFRS-SMEs Abschn. 10.8 ff. nur möglich ist, wenn einerseits bereits nach (anderen zulässigen) Methoden bilanziert wurde und andererseits die Motivation für den Wechsel entweder in einer expliziten Standardänderung oder freiwillig begründet ist.

2. Darstellung im IFRS-SMEs-Abschluss

25 Ändert ein Unternehmen seine Rechnungslegungsmethoden aufgrund einer Standardänderung nach IFRS-SMEs Abschn. 10.8(a) oder freiwillig nach IFRS-SMEs Abschn. 10.8(b), so hat die Umsetzung dieser Änderung in der Finanzberichterstattung den Regelungen in IFRS-SMEs Abschn. 10.11 zu folgen. Darin werden drei mögliche Fallkonstellationen unterschieden:

(1) Werden **Vorschriften der IFRS-SMEs geändert** und resultiert daraus eine verpflichtende Änderung der Bilanzierungs- und Bewertungsmethoden, so richtet sich der Übergang auf die neuen Regelungen nach IFRS-SMEs Abschn. 10.11(a) zunächst nach den spezifischen Übergangsvorschriften in der Neufassung des Standards. Dort kann bspw. eine prospektive oder eine retrospektive Anpassung oder eine bestimmte Behandlung des Übergangserfolgs von der alten zur neuen Regelung gefordert werden. Existieren im Einzelfall keine Übergangsvorschriften, so sind die neuen Rechnungslegungsmethoden retrospektiv anzuwenden.

(2) Eine Sondervorschrift enthält IFRS-SMEs Abschn. 10.11(b) für **Unternehmen**, die gemäß IFRS-SMEs Abschn. 11.2 **freiwillig die Vorschriften des IAS 39** anstelle der Regelungen zu Finanzinstrumenten in IFRS-SMEs Abschn. 11 und 12 **anwenden** (vgl. Glanz/Pfaff, IRZ 2009, 419 sowie IFRS-SMEs-Komm., Teil B, Abschn. 11, Tz. 50 ff.). Bei einer Änderung des IAS 39 haben diese Unternehmen den Übergangsvorschriften der geänderten Fassung des IAS 39 zu folgen, wenn solche Übergangsvorschriften in dem neuen Standard enthalten sind. Damit entspricht der Übergang zu einer Neufassung des IAS 39 der Vorgehensweise, die auch Anwender der IFRS bei einer Standardänderung zu befolgen haben. Dies trägt systematisch dem vollständigen Ersatz der Rechnungslegungsvorschriften der IFRS-SMEs für Finanzinstrumente durch die Regelungen des IAS 39 Rechnung.

(3) Für **alle anderen Arten von Änderungen** der Rechnungslegungsmethoden bestimmt IFRS-SMEs Abschn. 10.11(c) eine retrospektive Anwendung und damit eine Anpassung der Vergleichswerte der Vorperiode an die geänderten Regelungen.

26 Damit sind Änderungen der Bilanzierungs- und Bewertungsmethoden – mit Ausnahme der Erstanwendung von Standardänderungen mit explizit anderslautenden Übergangsvorschriften – **im Regelfall retrospektiv** vorzunehmen. Entsprechend wird in IFRS-SMEs Abschn. 10.12 ausgeführt, wie eine retrospektive Anwendung vorzunehmen ist. Danach ist eine neue Bilanzierungs- oder Bewertungsmethode rückwirkend auf die Vorperioden sowie auf die Berichtsperiode anzuwenden. Praktisch bedeutet dies, dass die Finanzberichterstattung des Unternehmens so ausgestaltet wird, als ob die neu angewandte Methode schon immer angewandt worden wäre. Unter dieser Prämisse ist das Datenmaterial der Vorjahre aufzubereiten und der Anpassungsbedarf zu ermitteln, wobei grundsätzlich alle Vorperioden anzupassen sind, für die dies praktisch durchführbar ist.

27 Damit wird die rückwirkende Anwendung von geänderten Rechnungslegungsmethoden zeitlich durch die **Undurchführbarkeit** begrenzt. Diese ist unter Bezugnahme der Definition des Glossars zu IFRS-SMEs dann zu unterstellen, wenn eine rückwirkende Anwendung in einer früheren Periode trotz angemessener Anstrengungen des Unternehmens nicht durchgeführt werden kann, weil bspw. entsprechende Daten nicht verfügbar sind oder sich nicht adäquat aufbereiten lassen. Dabei kann die Limitierung auf technischen Restriktionen beruhen oder in der Wirtschaftlichkeit der Durchführung begründet sein. Diese Regelung ist jedoch nicht in der Weise zu verstehen, dass aus der Verursachung von Kosten generell ein Grund für einen Verzicht auf eine retrospektive Anwendung abgeleitet werden kann. Vielmehr beschränkt sich das in IFRS-SMEs vertretene Konzept der Undurchführbarkeit einer Maßnahme auf Fälle, in denen die Durchführung dieser Maßnahme zu einem groben Missverhältnis von (Entscheidungs-)Nutzen und den dadurch verursachten Kosten führt.

28 Während die Ermittlung der Anpassungen aufgrund von Änderungen der Rechnungslegungsmethoden möglichst weitgehend alle Vorperioden berücksichtigen soll, sind hinsichtlich der Darstellung innerhalb des IFRS-SMEs-Abschlusses lediglich die **dargestellten Vorperioden** von Bedeutung. Für den Fall, dass die rückwirkende Anpassung der Bilanzierungs- und Bewertungsmethoden nicht für alle dargestellten Vorperioden durchführbar ist, legt IFRS-SMEs Abschn. 10.12 fest, dass das berichtende Unternehmen die Methoden zum frühest möglichen Zeitpunkt auf die Buchwerte der bilanzierten Vermögenswerte und Schulden anwenden soll, für den eine Anpassung möglich ist. Der Standard schließt explizit auch den Fall ein, dass eine

Anpassung nur für die Berichtsperiode durchführbar ist, es mithin überhaupt nicht zu einer rückwirkenden Anpassung der Vorperioden-Vergleichswerte kommt. Eine retrospektive Anwendung ist somit im Einzelfall vor dem Hintergrund der Datenverfügbarkeit und des mit der rückwirkenden Anwendung verbundenen Aufwands zu beurteilen.

29 Die Anpassungen erfolgen gemäß IFRS-SMEs Abschn. 10.12 in der Weise, dass der Anpassungsbetrag mit dem Saldovortrag des betroffenen Eigenkapitalpostens im aktuellen Berichtsjahr verrechnet wird. Es wird sich hierbei idR um die Gewinnrücklagen handeln. Neben dieser Verrechnung des Anpassungsbetrags im Berichtsjahr ist den Vorjahres-Vergleichsinformationen zu entnehmen, ob und in welchem Umfang die Anpassungen im Rahmen der retrospektiven Anwendung auch auf den Vergleichszeitraum entfallen. Ein Teil des Anpassungsbetrags wird mit dem Saldovortrag des betroffenen Eigenkapitalpostens der frühesten dargestellten Periode verrechnet, und zwar die Summe aller Anpassungsbeträge, die vor dieser frühesten dargestellten Periode anfallen. Der Rest der Anpassungssumme betrifft den Vergleichszeitraum, für den Informationen im Abschluss offengelegt werden; er wird auf Grundlage der retrospektiven Anwendung der Bilanzierungs- und Bewertungsmethoden in der angepassten GuV bzw. Gesamtergebnisrechnung sowie in den Posten der Bilanz des jeweiligen Vergleichsjahres berücksichtigt. Dieses Vorgehen gewährleistet, dass den Abschlussadressaten vergleichbare Vorjahreszahlen zur Verfügung gestellt werden, so dass ein sinnvoller Periodenvergleich als entscheidungsnützliche Information durchgeführt werden kann.

30 In bestimmten Fällen bezieht sich die Änderung einer Bilanzierungs- und Bewertungsmethode ausschließlich auf künftige Perioden, so dass keine Anpassungen für Vorjahre erforderlich sind. Eine solche **rein prospektive Anpassung** kann auftreten, wenn bspw. eine Abschreibungsmethode für sämtliche neuen Vermögenswerte einer Gruppe geändert wird, bereits bilanzierte Vermögenswerte jedoch weiter nach der bisher üblichen Abschreibungsmethode abgeschrieben werden. Eine Anpassung des Saldovortrags des betreffenden Eigenkapitalpostens ist in diesen Fällen nicht vorzunehmen. Über den Methodenwechsel ist gleichwohl im Anhang zu berichten.

3. Anhangsangaben zu Änderungen der Bilanzierungs- und Bewertungsmethoden

31 Ergeben sich aus **verpflichtenden Änderungen** der Rechnungslegungsmethoden aufgrund einer Standardänderung gemäß IFRS-SMEs Abschn. 10.8(a) Auswirkungen auf die Berichtsperiode oder auf Vorperioden, so schreibt IFRS-SMEs Abschn. 10.13 die folgenden Anhangsangaben vor:

(1) Es ist eine Beschreibung der Art der Änderung der Rechnungslegungsmethode aufzunehmen. Diese Beschreibung umfasst auch die Nennung der geänderten Vorschrift des IFRS-SMEs sowie Ausführungen zu den vorgegebenen Übergangsvorschriften, sofern solche vorliegen.
(2) Für die Berichtsperiode und jede dargestellte Vergleichsperiode, für die eine Anpassung durchführbar ist, muss der Betrag der Änderung für jeden Posten des Abschlusses angegeben werden.
(3) Es ist der Betrag anzugeben, der auf Perioden entfällt, die vor den dargestellten Vergleichsperioden liegen, falls eine solche Quantifizierung durchführbar ist.
(4) Für den Fall, dass die Betragsangaben nach (2) oder (3) aufgrund der Undurchführbarkeit einer retrospektiven Anpassung nicht gemacht werden können, ist diese Undurchführbarkeit zu erläutern.

Die vorstehenden Angaben sind nur in dem IFRS-SMEs-Abschluss zu machen, der die Periode des Methodenwechsels abdeckt. Sie brauchen in späteren Abschlüssen nicht wiederholt zu werden.

32 Auch aus **freiwilligen Änderungen** der Rechnungslegungsmethoden iSv. IFRS-SMEs Abschn. 10.8(b) können sich Auswirkungen auf die Berichtsperiode oder auf Vorperioden ergeben. In diesen Fällen sind gemäß IFRS-SMEs Abschn. 10.14 die folgenden Angaben zu machen:

(1) Die Art der Änderung der Rechnungslegungsmethode ist zu erläutern.
(2) Da freiwillige Änderungen der Bilanzierungs- und Bewertungsmethoden nur zulässig sind, wenn die die Darstellung der Vermögens-, Finanz- und Ertragslage des Unternehmens verbessern, ist zu erläutern, warum die neue Methode bessere Informationen als die bisher angewandte vermittelt.
(3) Für die Berichtsperiode und jede dargestellte Vergleichsperiode sind die Beträge der Auswirkung des Methodenwechsels für jeden Abschlussposten anzugeben, soweit dies praktisch durchführbar ist. Dabei sind einzeln darzustellen:
- der Betrag, der auf die Berichtsperiode entfällt,
- der Betrag, der auf jede dargestellte Vorperiode entfällt, sowie
- der aggregierte Betrag der Auswirkungen für Perioden, die vor den dargestellten Vergleichsperioden liegen.
(4) Für den Fall, dass die Betragsangaben nach (3) aufgrund der Undurchführbarkeit einer retrospektiven Anpassung nicht gemacht werden können, ist diese Undurchführbarkeit zu erläutern.

Auch diese Angaben sind nur in der Periode des Methodenwechsels zu machen und müssen in späteren Abschlüssen nicht wiederholt werden.

D. Änderungen von Schätzungen

I. Begriffsabgrenzung

33 Die Bewertung von Vermögenswerten und Schulden sowie die Darstellung von Geschäftsvorfällen innerhalb des Jahresabschlusses erfordern in vielen Fällen Schätzungen, wenn eine präzise Ermittlung im Einzelfall nicht möglich ist. Damit sind **Schätzungen** ein notwendiger Bestandteil der Abschlusserstellung und regelmäßig erforderlich, um Beurteilungs- und Ermessensspielräume auszufüllen, ohne dadurch generell die Verlässlichkeit der Abschlussinformationen einzuschränken. Schätzungen sind in Fällen erforderlich, in denen sich Abschlussinformationen nicht vollständig ermitteln lassen oder die Kosten der Informationsbeschaffung zu ihrem Nutzen in keinem angemessenen Verhältnis stehen. Darüber hinaus sind manche Abschlussposten (zB Rückstellungen) systematisch mit einer inhärenten Unsicherheit behaftet, was zur Notwendigkeit einer Schätzung im Rahmen der Bewertung führt. Schätzungen sind bspw. bei der Bestimmung der Nutzungsdauer und des Nutzungsverlaufs von abnutzbaren Vermögenswerten, bei der Ermittlung des Zeitwerts von Finanzinstrumenten oder bei der Bewertung von Rückstellungen erforderlich. Da Schätzungen grundsätzlich auf Basis der **zuletzt verfügbaren und verlässlichen Informationen** zu erfolgen haben, ergeben sich Änderungen von Schätzungen aus dem Vorliegen neuer Informationen oder Entwicklungen. Verfügt das Management also über neue Informationen durch neue Bewertungsumstände oder aufgrund neuer Entwicklungen, so sind die Schätzungen an den aktuellen Kenntnisstand anzupassen.

34 Entsprechend definiert IFRS-SMEs Abschn. 10.15 **Schätzungsänderungen** als Anpassungen des Buchwerts eines Vermögenswerts bzw. einer Schuld oder des betragsmäßigen, periodengerechten Verbrauchs eines Vermögenswerts (Abschreibung), die aus der Einschätzung des derzeitigen Status von Vermögenswerten und Schulden und aus der neuen bzw. geänderten Einschätzung des künftigen Nutzens und der künftigen Verpflichtungen im Zusammenhang mit diesen Vermögenswerten und Schulden resultieren.

35 Gleichzeitig enthält IFRS-SMEs Abschn. 10.15 eine **Abgrenzung der Schätzungsänderungen von der Korrektur von Fehlern**. Schätzungsänderungen resultieren grundsätzlich aus neuen Informationen und Entwicklungen. Dagegen handelt es sich bei der Korrektur von

Fehlern um die Berichtigung bereits im Vorfeld falsch gesetzter Annahmen, obwohl eine Ermittlung von ausreichenden Informationen bzw. deren richtige Auswertung in der Vergangenheit bereits bei Verwendung richtiger Annahmen möglich gewesen wäre. Das folgende Beispiel verdeutlicht die Abgrenzung von Schätzungsänderung und Fehlerkorrektur:

Beispiel:
Aus seiner Geschäftstätigkeit hat ein Unternehmen Gewährleistungsverpflichtungen, die aufgrund von Erfahrungswerten in prozentualer Relation zu den Umsatzerlösen anfallen. Diese Erfahrungswerte belegen, dass für die vergangenen Jahre eine Rückstellung von 5% des Umsatzes notwendig war, um die Gewährleistungsrisiken abzudecken. Für das aktuelle Berichtsjahr wurde nun festgestellt, dass die Gewährleistungsfälle nunmehr eher 6% der Umsätze entsprachen. In diesem Fall ist also die Schätzung von bisher 5% nicht mehr angemessen gewesen und muss für die Zukunft angepasst werden. Anders verhält es sich, wenn die Ermittlung des Gewährleistungssatzes von bisher 5% auf einer fehlerhaften Auswertung des Datenbestandes beruht und auch bisher schon 6% hätten angesetzt werden müssen. In diesem Fall handelt es sich um eine Fehlerkorrektur, die nicht nur zukünftige, sondern auch die bereits vergangenen Perioden betrifft.

36 Schwieriger gestaltet sich die **Abgrenzung der Schätzungsänderungen von Änderungen der Bilanzierungs- und Bewertungsmethoden**. Dies betrifft insbesondere die Berichterstattung über Perioden, in denen Schätzungsänderungen und Methodenwechsel gleichzeitig auftreten.

Beispiel:
Eine Standardüberarbeitung führt zu einer abweichenden Abgrenzung von Auftragskosten und Auftragserlösen im Rahmen der Anwendung der *percentage of completion*-Methode zur Ertragserfassung bei Fertigungsauftragen iSv. IFRS-SMEs Abschn. 23.17 ff. Die Auswirkungen dieser Änderung sind – sofern keine anders lautenden Übergangsvorschriften gelten – retrospektiv als Änderung der Bilanzierungs- und Bewertungsmethoden zu berücksichtigen. Gleichzeitig erfolgt für die Fertigungsaufträge im Rahmen der periodischen Überprüfung eine Neueinschätzung der Gesamterlöse bzw. -kosten. Dabei handelt es sich um Schätzungsänderungen, die grundsätzlich prospektiv zu berücksichtigen sind.

In der betrieblichen Praxis kann es aufgrund des vorliegenden Datenbestands im Einzelfall technisch schwierig sein, beide Effekte eindeutig zu trennen. Auch kann unter Kosten-/Nutzengesichtspunkten eine solche Trennung unwirtschaftlich erscheinen. Für diese Fälle, bei denen eine Trennung der Effekte der schwierig ist, legt IFRS-SMEs Abschn. 10.15 fest, dass der Gesamteffekt als Schätzungsänderung behandelt werden soll. Dies bedeutet insbesondere, dass auf eine retrospektive Anpassung zugunsten einer rein prospektiven Berücksichtigung des Effekts verzichtet wird.

II. Darstellung im IFRS-SMEs-Abschluss

37 Schätzungsänderungen im Periodenabschluss sind nach IFRS-SMEs Abschn. 10.16 grundsätzlich **prospektiv im Gewinn und Verlust** zu erfassen. Handelt es sich um Änderungen, die sich ausschließlich auf die Berichtsperiode beziehen, so werden die Auswirkungen auch nur in dieser Periode erfasst (IFRS-SMEs Abschn. 10.16(a)).

Beispiel:
Forderungen sind zum Abschlussstichtag nach den Regelungen des IFRS-SMEs Abschn. 11.21 auf ihre Werthaltigkeit hin zu untersuchen und wertzuberichtigen, wenn Anhaltspunkte für eine teilweise oder vollständige Uneinbringlichkeit vorliegen. Bei der

Schätzung des Wertberichtigungsbetrags handelt es sich um eine Beurteilung zum Abschlussstichtag, die sich auf die Wertentwicklung innerhalb der Berichtsperiode bezieht. Damit ist der volle Effekt der Schätzungsänderung der Berichtsperiode zuzuordnen und in dieser im Gewinn und Verlust zu erfassen. Davon unberührt bleibt die Notwendigkeit zur Überprüfung der Schätzung zum nächsten Abschlussstichtag, die wiederum zu einer Schätzungsänderung führen kann, welche dann allerdings in der Folgeperiode zu berücksichtigen ist.

Hat die Schätzungsänderung dagegen bereits aus heutiger Sicht nicht nur Auswirkungen auf die Berichtsperiode, sondern auch auf zukünftige Perioden, so sind die Effekte der Schätzungsänderung jeweils in der Periode im Gewinn und Verlust zu erfassen, die sie betreffen (IFRS-SMEs Abschn. 10.16(b)).

Beispiel:
Eine Neueinschätzung der wirtschaftlichen Nutzungsdauer eines Vermögenswerts des Sachanlagevermögens nach IFRS-SMEs Abschn. 17.19 hat zunächst Auswirkungen auf den Abschreibungsbedarf der Berichtsperiode. Insoweit ist er auch im Gewinn und Verlust der Berichtsperiode zu erfassen. Gleichzeitig wirkt die Änderung der Nutzungsdauer aber auch auf den Abschreibungsaufwand zukünftiger Perioden und ist insoweit diesen zuzuordnen.

38 IFRS-SMEs Abschn. 10 enthält keine näheren Regelungen in Bezug auf die Art und Weise, mit der eine prospektive Schätzänderung zu berücksichtigen ist. Dementsprechend steht die Forderung des Standards nach einer prospektiven Berücksichtigung im Vordergrund. Wertansätze von Vermögenswerten und Schulden sind nur in den Fällen anzupassen, in denen die **Änderung durch die künftige Entwicklung begründet** ist. Wird zB festgestellt, dass die Nutzungsdauer eines Vermögenswerts bislang falsch eingeschätzt wurde (vgl. Tz. 37, Beispiel), so scheidet eine Anpassung des Wertansatzes des Vermögenswerts aufgrund der Schätzänderung für vergangene Perioden (*cumulative catch-up method*) grundsätzlich aus; vielmehr ist der bislang geführte Buchwert auf die verbleibende Nutzungsdauer zu verteilen (*reallocation method*). Hingegen kann eine Änderung der Schätzung in Bezug auf das langfristige Zinsniveau die Anpassung der Wertansätze langfristiger Forderungen begründen, da sich in diesem Fall die Wertänderung aus der Diskontierung einer künftigen Zahlung mit einem veränderten Zinssatz ergibt.

39 Die IFRS-SMEs beinhalten keine der Ausnahmeregelung des IAS 11.38 vergleichbare Vorschrift in Bezug auf **Fertigungsaufträge**. IAS 11.38 bestimmt, dass sich Anpassungen von Schätzungen, die sich auf kundespezifische Fertigungsaufträge beziehen, kumulativ zu berücksichtigen und damit nicht über die restliche Auftragsdauer zu verteilen sind. Ziel dieser Darstellung ist eine zutreffende Abbildung des Fertigungsauftrags zum Stichtag unter Berücksichtigung aller relevanten und verfügbaren Informationen. In diesem Fall steht nicht – wie im Falle einer Neueinschätzung der Nutzungsdauer eines Vermögenswerts des Sachanlagevermögens – die verursachungsgerechte Aufteilung eines Restbuchwerts über zukünftige Perioden im Vordergrund, sondern die Abbildung des Auftragsstands zum Abschlussstichtag. Aufgrund der Entscheidungsrelevanz dieser Information und unter Berücksichtigung der konzeptionellen Gleichheit der Vorschriften zur Anwendung der PoC-Methode bei Fertigungsaufträgen in IFRS-SMEs Abschn. 23.17 ff. und in IAS 11 erscheint es sachgerecht, auch bei der Bilanzierung von Fertigungsaufträgen im Rahmen eines IFRS-SMEs-Abschluss die Effekte von Schätzungsänderungen kumulativ zu berücksichtigen, die sich im Wesentlichen auf die Höhe der Auftragserlöse, der Auftragskosten und des Fertigstellungsgrads beziehen (vgl. IFRS-SMEs-Komm., Teil B, Abschn. 23, Tz. 75 ff.).

40 Führt die Änderung einer Schätzung lediglich zu einer Wertänderung bei Vermögenswerten und Schulden oder resultiert aus ihr eine direkte Wertänderung des Eigenkapitals, wird nach IFRS-SMEs Abschn. 10.17 von der grundsätzlichen Regelung des IFRS-SMEs Abschn. 10.16 abgewichen, den Effekt der Schätzänderung im Gewinn und Verlust zu erfassen. In diesen Fällen ist vielmehr die Änderung durch Anpassung des Buchwerts der betroffenen Posten und damit außerhalb des Gewinns und Verlusts zu berücksichtigen. Von dieser **Ausnahmeregelung** sind Vermögenswerte und Schulden betroffen, bei denen **Wertänderungen generell im sonstigen Ergebnis** erfasst werden. Dies trifft beispielsweise auf die Änderung einer Schätzung des Verpflichtungsumfangs eines leistungsbezogenen Pensionsplans zu, wenn das bilanzierende Unternehmen eine Erfassung der versicherungsmathematischen Gewinne und Verluste innerhalb des sonstigen Ergebnisses nach IFRS-SMEs Abschn. 28.24(b) gewählt hat. In diesem Fall ist der Umfang der bilanziell auszuweisenden Schuld anzupassen und der daraus resultierende Anpassungsbetrag nicht innerhalb des Gewinns und Verlusts, sondern im sonstigen Ergebnis zu zeigen.

III. Anhangsangaben zu Schätzungsänderungen

41 Die Kenntnis von Schätzungsänderungen ermöglicht den Abschlussadressaten eine Einschätzung bezüglich der Wirkung von geänderten Rahmenbedingungen und bestimmten Ereignissen auf die Bilanzierung von Vermögenswerten und Schulden. Deshalb verlangt IFRS-SMEs Abschn. 10.16 zunächst **qualitative Angaben** bezüglich der Art der Änderung einer Schätzung sowie der Auswirkungen, welche diese Änderungen auf die Darstellung von Vermögenswerten, Schulden, Erträgen und Aufwendungen in der Berichtsperiode haben.

42 Neben diesen beschreibenden Angaben verlangt IFRS-SMEs Abschn. 10.16 auch **quantitative Angaben** zu den Auswirkungen der Änderungen für eine oder mehrere folgende Berichtsperioden, soweit eine Schätzung dieser Effekte für das Unternehmen praktikabel ist, also mit angemessenem Aufwand die Effekte quantitativ ermittelt werden können. Ist dies nicht der Fall, so können quantitative Angaben unterbleiben, im Gegensatz zu der nach IAS 8.40 vorgeschriebenen Vorgehensweise ist in einem solchen Fall auch nicht zwingend auf die Undurchführbarkeit entsprechender Schätzungen hinzuweisen. Gleichwohl empfiehlt sich ein solcher Hinweis aus Gründen der Vollständigkeit der vermittelten Information.

E. Korrektur von Fehlern in Vorperioden

I. Begriffsabgrenzung

43 Als Fehler gelten fehlende oder fehlerhafte Informationen im Abschluss eines Unternehmens, die aus einer **Nicht- oder Fehlanwendung von zuverlässigen Informationen** resultieren und zu einer unzutreffenden Darstellung in einer oder mehrerer Vorperioden im IFRS-SMEs-Abschluss führen (IFRS-SMEs Abschn. 10.19). Bei der fehlerhaften Abschlusserstellung in Vorperioden müssen demnach verlässliche Informationen zur Verfügung gestanden haben, von denen zu erwarten gewesen wäre, dass das bilanzierende Unternehmen diese einholt und sie bei der Abschlusserstellung hätte berücksichtigen können.

44 Zur Beurteilung der Fehlerhaftigkeit von Angaben in einem Vorperioden-Abschluss ist es daher erforderlich, die theoretisch vorliegenden Informationen (objektiver Informationsumfang) von den Informationen zu differenzieren, die dem Bilanzierenden bei sorgfältiger Sachverhaltswürdigung tatsächlich vorlagen bzw. bei denen es dem Bilanzierenden unter Abwägung von Kosten-Nutzen-Erwägungen zuzumuten war, sie einzuholen (subjektiver Informationsumfang). Nach IFRS-SMEs Abschn. 10.19 liegt ein Fehler nur bei **fehlerhafter** oder **Nichtanwendung** von **subjektiv vorhandenen Informationen** vor (vgl. Küting/Weber/Kessler/Metz, DB 2007, 5). Hierbei ist es entscheidend, dass diese subjektiven Informationen zum

Zeitpunkt der Bilanzaufstellung, also bis zum Ende des nach IFRS-SMEs Abschn. 32 zu berücksichtigenden Wertaufhellungszeitraums nach Abschluss der Berichtsperiode, vorgelegen haben müssen.

45 Hinsichtlich der **Art der Fehler** kann nach IFRS-SMEs Abschn. 10.20 unterschieden werden in Rechenfehler, die unrichtige Anwendung von Bewertungs- und Bilanzierungsmethoden, eine Nichtberücksichtigung oder eine unrichtige Würdigung von Tatsachen und (vorsätzlichen) Betrug (*fraud*), wobei unter Betrug in diesem Zusammenhang nicht die absichtliche fehlerhafte Anwendung von Rechnungslegungsmethoden, sondern die fehlerhafte Bilanzierung infolge von Unterschlagungen, Täuschungen oder andere Arten von Unregelmäßigkeiten zu verstehen ist (vgl. Driesch, in: Beck IFRS-Handbuch, § 45 Tz. 41). Dagegen liegt kein Fehler vor, wenn frühere Schätzungen sich erst aus heutiger Sicht, zB aufgrund neuerer Erkenntnisse oder Ereignisse, als unrichtig erweisen. In diesem Fall handelt es sich um eine Schätzungsänderung iSv. IFRS-SMEs Abschn. 10.15, die prospektiv zu erfassen ist.

46 Während das **Wesentlichkeitskriterium** bei Fehlern nach IAS 8.41 nur eingeschränkt gilt (vgl. Zülch/Wilms, in: MünchKommBilR Bd. I, IAS 11 Tz. 51), wurde bei der Formulierung des IFRS-SMEs Abschn. 10.19 ff. keine Ausdehnung der Korrekturvorschriften auf unwesentliche Sachverhalte vorgenommen, die absichtlich zur Darstellung eines bestimmten Abschluss-Bildes führen sollen. Es ist dementsprechend davon auszugehen, dass sämtliche unwesentlichen Fehler iSv. IFRS-SMEs Abschn. 3.16, also solche, die keinen Einfluss auf die Entscheidungsfindung der Abschlussadressaten haben, keine Korrekturpflicht nach Maßgabe der Regelungen des IFRS-SMEs Abschn. 10.21 f. auslösen. Diese Auslegung des Wortlauts der Vorschrift erscheint auch unter dem Gesichtspunkt der einfacheren Anwendbarkeit der IFRS-SMEs im Vergleich zu den IFRS im Hinblick auf deren Anwendung bei kleinen und mittleren Unternehmen sinnvoll.

II. Darstellung im IFRS-SMEs-Abschluss

47 Weist ein Vorperioden-Abschluss nach IFRS-SMEs wesentliche Fehler auf, so sind diese nach IFRS-SMEs Abschn. 10.21 **retrospektiv zu korrigieren**. Ziel dieser Korrektur (*restatement*) ist eine Darstellung, bei der sowohl die Berichtsperiode als auch sämtliche dargestellte Vorperioden so angepasst werden, als sei der Fehler nie aufgetreten. Hinsichtlich der konkreten Vorgehensweise ist nach dem Zeitpunkt der Fehlerentstehung zu differenzieren:

(1) Handelt es sich um einen (potenziellen) **Fehler der Berichtsperiode**, der jedoch noch vor dem Zeitpunkt der Aufstellung des Abschlusses entdeckt wird, so ist die Korrektur bereits bei der Abschlusserstellung vorzunehmen. In diesem Fall handelt es sich nicht um eine Fehlerkorrektur iSv. IFRS-SMEs Abschn. 10.19 ff., da bisher noch keine fehlerhaften Angaben veröffentlicht wurden.

(2) Betrifft der **Fehler die dargestellte(n) Vorperiode(n)**, so sind die Vorperioden so anzupassen, als sei der Fehler nie aufgetreten, die Fehlerauswirkungen in den einzelnen Perioden sind also zu eliminieren (IFRS-SMEs Abschn. 10.21(a)).

(3) Bezieht sich der **Fehler** auf Perioden, die **vor der ersten dargestellten Vorperiode** liegen, so sind die Eröffnungswerte der Vermögenswerte, Schulden und des Eigenkapitals der ersten dargestellten Periode entsprechend anzupassen (IFRS-SMEs Abschn. 10.21(b)).

Die Fehlerkorrektur zeigt sich in der aktuellen Berichtsperiode damit ausschließlich in den veränderten Saldovorträgen der betroffenen Vermögenswerte, Schulden und des Eigenkapitals und erfolgt damit **außerhalb des Gewinns und Verlusts** der Periode.

48 Ebenso wie die Anpassung an Änderungen der Rechnungslegungsmethoden (vgl. Tz. 27) ist auch die Pflicht zu einer retrospektiven Fehlerkorrektur an die Durchführbarkeit der Ermittlung und Zuordnung der Effekte für die vergangenen Perioden geknüpft. Entsprechend sieht IFRS-SMEs Abschn. 10.22 eine **Ausnahme** von der zuvor beschriebenen Vorgehensweise der Fehlerkorrektur in Vorperioden vor, wenn die Ermittlung der Anpassungsbeträge mit vertretbarem Aufwand nicht zu realisieren ist.

Ist der Anpassungsbetrag für eine oder mehrere Vorperioden nicht in praktikabler Weise ermittelbar, ist eine retrospektive Anpassung auf den Zeitraum zu beschränken, für den eine solche Ermittlung möglich ist. Dies kann – wie IFRS-SMEs Abschn. 10.22 ausführt – im Extremfall auch die aktuelle Berichtsperiode sein. In diesem Fall findet überhaupt keine Anpassung der Vorperiode(n) statt.

In der frühesten Periode, für die eine rückwirkende Korrektur durchführbar ist, sind die Saldenvorträge der betroffenen Vermögenswerte, Schulden und Eigenkapitalposten anzupassen. Der kumulierte Betrag, um den die Saldenvorträge der Berichtsperiode korrigiert werden, enthält in diesem Fall nur die Anpassungen, die in praktikabler Weise durchführbar waren.

49 Die Ausnahmeregelung des IFRS-SMEs Abschn. 10.22 ist indes **nicht als faktisches Wahlrecht** zur Durchführung einer retrospektiven Fehlerkorrektur zu interpretieren. Insoweit entspricht die Abgrenzung der Undurchführbarkeit derjenigen bei der retrospektiven Darstellung der Änderung von Bilanzierungs- und Bewertungsmethoden. Im Einzelfall ist jedoch eine Einschätzung darüber notwendig, ob und mit welchem Ressourcenaufwand ein retrospektives *restatement* vorzunehmen ist. Dabei ist der Informationsnutzen einer angepassten Darstellung gegen die durch die Ermittlung der Beträge verursachten Aufwendungen abzuwägen.

50 Da die Durchführung einer retrospektiven Fehlerkorrektur zu einer Darstellung führen soll, die derjenigen entspricht, die von dem bilanzierenden Unternehmen veröffentlicht worden wäre, wenn der Fehler in der Vergangenheit nicht gemacht worden wäre, sind nicht nur die Buchwerte der Bilanzposten selbst, sondern auch die durch sie induzierten **latenten Steuern** aus Buchwertunterschieden zwischen IFRS-SMEs- und Steuerbilanz in die Anpassung mit einzubeziehen. Bezüglich der Ermittlung latenter Ertragsteuern wird auf IFRS-SMEs-Komm., Teil B, Abschn. 29, verwiesen.

51 Die Vorgehensweise bei einer retrospektiven Fehlerkorrektur nach IFRS-SMEs Abschn. 10.21 soll im folgenden Beispiel zusammenfassend erläutert werden.

Beispiel:
Ein Unternehmen erkennt im Rahmen der Abschlusserstellung für das Jahr 20X9, dass in den beiden vorhergehenden Jahren jeweils Abschreibungen auf Sachanlagen in Höhe von 10.000 GE doppelt verbucht worden sind. Das Unternehmen stellt in seinem IFRS-SMEs-Abschluss die Berichtsperiode sowie eine Vergleichsperiode gemäß IFRS-SMEs Abschn. 3.14 dar. In der GuV/Gesamtergebnisrechnung wurden in der Vorperiode 20X8 die folgenden Werte veröffentlicht:

	20X8 GE
Umsatzerlöse	400.000
Herstellungskosten des Umsatzes	350.000
Gewinn vor Ertragsteuern	50.000
Ertragsteuern (30%)	15.000
Gewinn nach Steuern	35.000

Im Zuge der Fehlererkennung ist in der Bilanz der Berichtsperiode 20X9 zunächst der Buchwert der betroffenen Sachanlagen um die in den Vorperioden zuviel verrechnete Abschreibung zu erhöhen (also um insgesamt 20.000 GE). Darüber hinaus ist für die dargestellte Vorperiode 20X8 die Erfolgsrechnung so darzustellen, als sei der Fehler nicht begangen worden. Die GuV/Gesamtergebnisrechnung im Abschluss 20X9 stellt sich nach Anpassung der Vorperiodenwerte somit wie folgt dar:

	20X9	20X8
	GE	GE
Umsatzerlöse	440.000	400.000
Herstellungskosten des Umsatzes	370.000	340.000
Gewinn vor Ertragsteuern	70.000	60.000
Ertragsteuern (30%)	21.000	18.000
Gewinn nach Steuern	49.000	42.000

Damit wird der auf die Vorperiode entfallende Anteil des Fehlers (10.000 GE) in der Vorjahres-Vergleichspalte der Erfolgsrechnung korrigiert. Der Ertragsteueraufwand wurde ebenfalls entsprechend dem geänderten Vorsteuererfolg angepasst. Der auf die noch davor liegende (und im Abschluss nicht dargestellte) Periode 20X7 entfallende Fehleranteil in Höhe von ebenfalls 10.000 GE ist lediglich im Eröffnungssaldo der Gewinnrücklagen erhöhend zu berücksichtigen. Dasselbe gilt für den dadurch induzierten Ertragsteuereffekt, der zu einer entsprechenden Minderung der Gewinnrücklagen um 3000 GE (= 30% auf 10.000 GE) führt.

III. Anhangsangaben zu Fehlerkorrekturen

52 Im Fall von wesentlichen Fehlern in einer oder mehreren Vorperioden sind nach IFRS-SMEs Abschn. 10.23 zusätzlich zu der Korrektur der Beträge in Bilanz, GuV/Gesamtergebnisrechnung und Eigenkapitalveränderungsrechnung folgende **Angaben im Anhang** zu machen:

(1) Die Art des Fehlers, der in einer oder mehrerer Vorperioden gemacht wurde, ist zu beschreiben.
(2) Für jede dargestellte Vorperiode ist der Anpassungsbetrag für jeden betroffenen Posten innerhalb des Abschlusses anzugeben, soweit diese Beträge in praktikabler Weise ermittelbar sind.
(3) Für die Perioden, die vor der ersten dargestellten Vorperiode liegen, ist der kumulierte Gesamteffekt anzugeben, um den die Eröffnungssalden der entsprechenden Abschlussposten angepasst wurden.
(4) Wenn die Angaben zu den Anpassungsbeträgen aus Gründen mangelnder Ermittelbarkeit nicht gemacht werden können, ist auszuführen, warum die Ermittlung nicht in praktikabler Weise erfolgen konnte.

Die in IFRS-SMEs Abschn. 10.23 verlangten Anhangsangaben sind nur im IFRS-SMEs-Abschluss der Periode der Fehleraufdeckung zu machen. Sie brauchen in den folgenden Abschlüssen **nicht wiederholt** zu werden. Dies gilt auch für den Fall mehrerer dargestellter Vorperioden, bei denen die Fehlerkorrektur ggf. auch Auswirkungen auf die Darstellung der Vorperioden in zukünftigen Abschlüssen hat.

F. Vergleich mit IFRS und HGB

53 Das deutsche Handelsrecht enthält keinen geschlossenen Regelungsbereich in Bezug auf Änderungen von Bilanzierungs- und Bewertungsmethoden, Schätzungsänderungen und Fehlerkorrekturen, sondern lediglich Einzelvorschriften. Allerdings sind in DRS 13 »Grundsatz der

Stetigkeit und Berichtigung von Fehlern« für die Konzernrechnungslegung entsprechende Grundsätze ordnungsmäßiger Buchführung kodifiziert, die in wesentlichen Bereichen den Regelungen der IFRS-SMEs entsprechen. Die Regelungen der DRS entfalten jedoch keine unmittelbare Bindungswirkung für die Abschlüsse nicht-kapitalmarktorienterter Unternehmen sowie für handelsrechtliche Jahresabschlüsse. Deshalb wurden die Regelungen des DRS 13 in der nachstehenden Gegenüberstellung nicht berücksichtigt.

Im Einzelnen stellen sich die wichtigsten Regelungen nach dem IFRS-SMEs, IFRS und HGB wie folgt dar:

Regelung	IFRS (IAS 8)	IFRS-SMEs	HGB
Anwendungsbereich	Auswahl und Änderung von Rechnungslegungsmethoden sowie Schätzungsänderungen und die Korrektur von Fehlern in Vorperioden	Auswahl und Änderung von Rechnungslegungsmethoden sowie Schätzungsänderungen und die Korrektur von Fehlern in Vorperioden	Keine expliziten Vorschriften
Auswahl von Rechnungslegungsmethoden	Wenn keine expliziten Regelungen innerhalb der IFRS enthalten sind, hat das Management Rechnungslegungsmethoden zu entwickeln, die entscheidungsrelevant und verlässlich sind, indem sie den folgenden Anforderungen genügen: - Genauigkeit - wirtschaftlich zutreffende Darstellung - Neutralität - Vorsichtsprinzip - Vollständigkeit	Wenn keine expliziten Regelungen in dem IFRS-SMEs enthalten sind, hat das Management Rechnungslegungsmethoden zu entwickeln, die entscheidungsrelevant und verlässlich sind, indem sie den folgenden Anforderungen genügen: - Genauigkeit - wirtschaftlich zutreffende Darstellung - Neutralität - Vorsichtsprinzip - Vollständigkeit	Festlegung der Bilanzierungs- und Bewertungsmethoden unter Berücksichtigung des Vollständigkeitsprinzips (§ 246 HGB), der allgemeinen Bewertungsgrundsätze (§ 252 HGB) unter Berücksichtigung von - Vorsichtsprinzip - Imparitätsprinzip - Realisationsprinzip sowie ggf. weiterer spezifischer Regelungen zu Einzelposten des HGB
Vorgehen bei Regelungslücken	Entwicklung spezifischer Rechnungslegungsmethoden, zunächst durch analoge Anwendung von IFRS- Regelungen, die sich mit vergleichbaren Sachverhalten befassen, danach in Übereinstimmung mit dem IFRS-Rahmenkonzept. Darüber hinaus ist ein Rückgriff auf Verlautbarungen anderer Standardsetzer zulässig, sofern sie nicht mit Grundprinzipien/Einzelregelungen der IFRS in Konflikt stehen.	Entwicklung spezifischer Rechnungslegungsmethoden, zunächst durch analoge Anwendung von IFRS-SMEs-Regelungen, die sich mit vergleichbaren Sachverhalten befassen, danach in Übereinstimmung mit den allgemeinen Prinzipien der IFRS-SMEs. Rückgriff auf Regelungen der IFRS ist möglich, aber nicht verpflichtend.	Keine expliziten Vorschriften
Stetigkeit der Anwendung der Rechnungslegungsmethoden	Grundsätzlich stetige Anwendung der Rechnungslegungsmethoden, Ausnahmen bei Standardänderungen und besserer wirtschaftlicher Darstellungsmöglichkeit	Grundsätzlich stetige Anwendung der Rechnungslegungsmethoden, Ausnahmen bei Standardänderungen und besserer wirtschaftlicher Darstellungsmöglichkeit	Grundsatz der Bilanzidentität (Ansatzstetigkeit) sowie der Bewertungsstetigkeit nach § 252 Abs. 1 Nr. 1 und 6 HGB
Anpassung der Rechnungslegungsmethoden	Vorbehaltlich anderslautender Übergangsregelungen bei Standardänderungen ist eine retro-	Vorbehaltlich anderslautender Übergangsregelungen bei Standardänderungen ist eine retro-	Aufgrund des Grundsatzes der Bilanzidentität (§ 252 Abs. 1 Nr. 1 HGB sind Änderungen in

Regelung	IFRS (IAS 8)	IFRS-SMEs	HGB
	spektive Anpassung vorzunehmen	spektive Anpassung vorzunehmen	der Rechnungslegungspolitik grundsätzlich prospektiv zu berücksichtigen
Ausnahmen von der retrospektiven Anpassung bei Methodenänderungen	Keine retrospektive Anpassung in Vorperioden, in denen dies nicht praktikabel ist	Keine retrospektive Anpassung in Vorperioden, in denen dies nicht praktikabel ist	Entfällt
Grundlage von Schätzungsänderungen	Neue Informationen, die zu einer Änderung von Abschlussposten führen	Neue Informationen, die zu einer Änderung von Abschlussposten führen	Neue Informationen, die zu einer Änderung von Abschlussposten führen
Darstellung von Schätzungsänderungen	Grundsätzlich prospektive Anpassung in der Berichtsperiode und ggf. Folgeperioden	Grundsätzlich prospektive Anpassung in der Berichtsperiode und ggf. Folgeperioden	Grundsätzlich prospektive Anpassung in der Berichtsperiode und ggf. Folgeperioden
Grundlage von Fehlerkorrekturen	Nicht- oder Fehlanwendung von verlässlichen Informationen in Vorperioden, die entweder vorgelegen haben oder mit vertretbarem Aufwand hätten erlangt werden können	Nicht- oder Fehlanwendung von verlässlichen Informationen in Vorperioden, die entweder vorgelegen haben oder mit vertretbarem Aufwand hätten erlangt werden können	Nicht- oder Fehlanwendung von verlässlichen Informationen in Vorperioden, die entweder vorgelegen haben oder mit vertretbarem Aufwand hätten erlangt werden können
Darstellung von Fehlerkorrekturen	Grundsätzlich retrospektive Anpassung sämtlicher dargestellter Vorperioden sowie der Eröffnungssalden	Grundsätzlich retrospektive Anpassung sämtlicher dargestellter Vorperioden sowie der Eröffnungssalden	Bilanzberichtigung bei fehlerhaften Bilanzansätzen möglich und bei nichtigen Jahresabschlüssen zwingend geboten. Keine retrospektive Anpassung der Vorjahreswerte der Berichtsperiode, sondern Berichtigung des Vorjahresabschlusses erforderlich.
Ausnahmen von der retrospektiven Anpassung bei der Fehlerkorrektur	Keine retrospektive Anpassung in Vorperioden, in denen dies nicht praktikabel ist	Keine retrospektive Anpassung in Vorperioden, in denen dies nicht praktikabel ist	Entfällt

Abschnitt 11
Einfache Finanzinstrumente
(Basic Financial Instruments)

Jan-Velten Große/Martin Schmidt

Inhaltsverzeichnis

Schrifttum

Balz, GmbHR 1983, 185; *Barckow*, in: Bruns/Herz/Neubürger/Tweedie (Hrsg.), Globale Finanzberichterstattung/ Global Financial Reporting, FS Knorr, Stuttgart 2008, 307; *Barckow/Schmidt/Kampmann/Peerless/Weller*, in: European Financial Reporting Advisory Group/Accounting Standards Committee of Germany et al. (Hrsg.), Distinguishing between equity and liabilities, Berlin/Brüssel 2008; *Beiersdorf/Eierle/Haller*, DB 2009, 1549; *Beiersdorf/Morich*, KoR 2009, 1; *Buchheim/Knorr/Schmidt*, KoR 2008, 334; *Buchheim/Knorr/Schmidt*, KoR 2008, 373; *Eierle/Beiersdorf/ Haller*, KoR 2008, 125; *Fischer*, PIR 2009, 242; *Grünberger/Klein*, PiR 2008, 99; *Husband*, The Accounting Review 1938, 241; *Husband*, The Accounting Review 1954, 552; *Knorr*, in: Winkeljohann/Reuther (Hrsg.), Zukunft des Bilanzrechts in Familienunternehmen, Berlin, 2009, 153; *Kuhn/Friedrich*, DB 2007, 925; *Lorenz*, BB-Special Nr. 6/2007, 12; *Paton/Littleton*, An Introduction to Corporate Accounting Standards, Chicago 1940; *Schmidt*, BB 2009, 882; *Schmidt*, WPg 2010, 286; *Haas*, in: Baumbach/Hueck (Hrsg.), GmbHG, 19. Aufl., München 2010; § 60 GmbHG; *Vesper*, Accounting 4/2007, 7; *Ruhnke/Schmidt*, WPg 2003, 1035; *Wolz/Janssen*, WPg 2009, 593.

A. Allgemeines

I. Zielsetzung und Anwendungsbereich

1. Zielsetzung

1 Der Bilanzierungssachverhalt »Finanzinstrumente« und demzufolge die Normen zur Abbildung von Finanzinstrumenten betreffen regelmäßig alle Unternehmen jedweder Größe und Branche. Das Ausmaß der Betroffenheit ist gleichwohl sehr unterschiedlich. Insbesondere für die hiermit oft in Verbindung gebrachte Finanzdienstleistungsbranche, allen voran Banken und Kreditinstitute, sind Vorschriften zu Finanzinstrumenten in starkem Umfange von Bedeutung.

2 Es ist jedoch deutlich zu machen, dass der IFRS-SMEs im Allgemeinen und darin die Abschnitte zur Abbildung von Finanzinstrumenten im Besonderen nicht branchenspezifisch sind. Im Gegenteil - der IASB hat den IFRS-SMEs sogar ausdrücklich (vgl. IFRS-SMEs BC 59) nicht für *financial institutions* konzipiert, denn diese sollen gerade die IFRS - und eben nicht den IFRS-SMEs - anwenden. Diese Sichtweise betrifft gleichermaßen auch Unternehmen aller Branchen, deren Anteile an einer Börse gehandelt werden (IFRS-SMEs BC 58).

3 Der IASB hat die Abbildung von Finanzinstrumenten auf zwei Abschnitte des IFRS-SMEs aufgeteilt: Die Abbildung »einfacher« Finanzinstrumente richtet sich nach IFRS-SMEs Abschn. 11; komplexere Finanzinstrumente sind in IFRS-SMEs Abschn. 12 normiert. Mit dieser Teilung in zwei Abschnitte möchte der IASB den Unternehmen die Anwendung erleichtern: IFRS-SMEs Abschn. 11 dürfte für alle Unternehmen einschlägig sein; da die dort angesprochenen Finanzinstrumente einfacher Art sind, können die für alle Unternehmen einschlägigen Normen schlank gehalten werden. Nur Unternehmen mit komplexeren Finanzinstrumenten sind gezwungen, die (gleichermaßen) komplexeren Normen des IFRS-SMEs Abschn. 12 anzuwenden.

2. Anwendungsbereich und für die Bestimmung des Anwendungsbereichs relevante Definitionen und Begriffe

4 Der Anwendungsbereich der Abschnitte zu Finanzinstrumenten sowie die Unterscheidung zwischen den Anwendungsbereichen der Abschnitte IFRS-SMEs Abschn. 11 und IFRS-SMEs Abschn. 12 ist mehrstufig normiert und aufgebaut. Diese Stufen sind in Abbildung 1 dargestellt; auch der Aufbau dieses Abschnittes der Kommentierung folgt den zuvor genannten Stufen. Die für die Bestimmung des Anwendungsbereiches relevanten Begriffe werden in diesem Abschnitt I. erläutert; Abschnitt II. enthält gesammelt alle Begriffsbestimmungen ein-

schließlich solcher, die für die Bestimmung des Anwendungsbereiches irrelevant sind bzw. die nur in IFRS-SMEs Abschn. 12 verwendet werden.

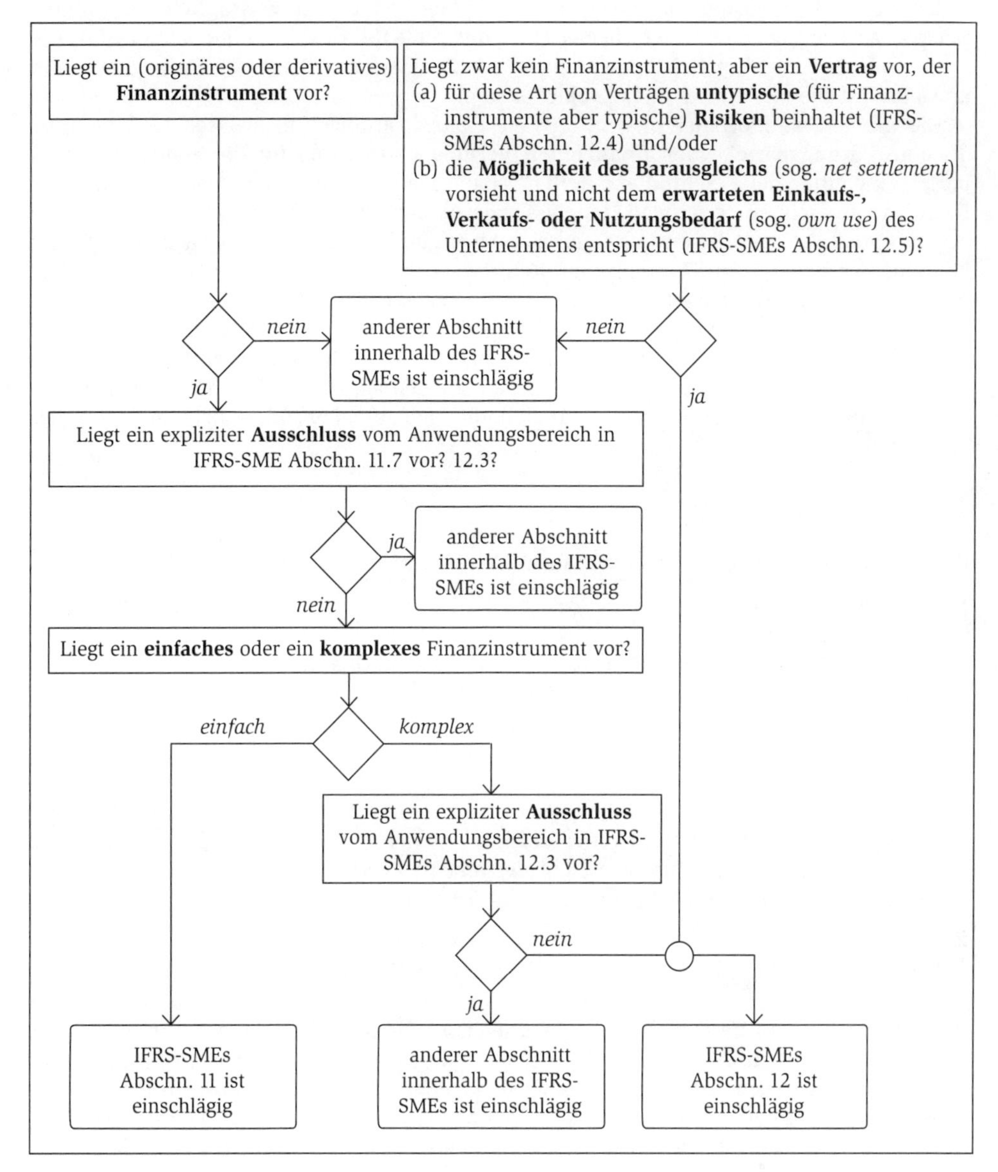

Abb. 1: Entscheidungsbaum zur Bestimmung der Anwendungsbereiche von IFRS-SMEs Abschn. 11 und IFRS-SMEs Abschn. 12.

a. Begriff des Finanzinstruments

aa. Vertraglicher Charakter von Finanzinstrumenten

5 Die Abschnitte IFRS-SMEs Abschn. 11 und IFRS-SMEs Abschn. 12 enthalten die zentralen Normen zur Abbildung von **Finanzinstrumenten**. Um in den Anwendungsbereich dieser beiden Abschnitte zu fallen, muss der abzubildende Posten daher die Definition eines Finanzinstrumentes erfüllen.

6 Eines der Definitionsmerkmale eines Finanzinstrumentes ist sein **vertraglicher Charakter.** Der vertragliche Charakter unterscheidet Finanzinstrumente bspw. von öffentlich-rechtlichen Verpflichtungen wie bspw. Verpflichtungen zur Zahlung von Steuern und Abgaben oder umweltrechtlichen Rekultivierungsverpflichtungen.

7 Das zweite Definitionsmerkmal ist, dass ein Finanzinstrument als zweiseitiger Vertrag für die **eine Vertragspartei einen finanziellen Vermögenswert und für die andere Vertragspartei eine finanzielle Schuld darstellt**. Damit scheiden alle vertraglichen Absatz- oder Beschaffungsgeschäfte für fertige Erzeugnisse oder Waren bzw. Roh-, Hilfs- und Betriebsstoffe oder Vorprodukte aus: Diesen Verträgen ist gemeinsam, dass zwar der Besteller (zumindest idR) eine Verpflichtung zur Zahlung eines Kaufpreises (und damit eine finanzielle Schuld) hat, die Verpflichtung des anderen Vertragspartners aber auf die Lieferung bzw. Hingabe einer Sache oder die Erbringung einer Dienstleistung gerichtet ist. Aus Sicht dieses anderen Vertragspartners besteht demzufolge keine finanzielle, sondern eine Sachleistungsverpflichtung.

8 Finanzielle Vermögenswerte und finanzielle Schulden sind ebenfalls im Glossar definiert; dabei hat der IASB eine kasuistische Definition, dh. eine abschließende Aufzählung von Sachverhalten gewählt.

ab. Finanzielle Vermögenswerte

9 Ein finanzieller Vermögenswert kann in folgenden verschiedenen Formen vorliegen:

(1) in »direkter« Form als
  (a) Zahlungsmittel oder
  (b) Eigenkapitalinstrument (vgl. Tz. 10) eines anderen Unternehmens;
(2) als ein **vertraglicher Anspruch** auf den **Erhalt** von Zahlungsmitteln oder von Eigenkapitalinstrumenten eines anderen Unternehmens;
(3) als ein vertraglicher Anspruch auf den **Tausch** von Finanzinstrumenten unter potentiell vorteilhaften Bedingungen;
(4) als ein Vertrag, der auf den Erhalt einer variablen Anzahl von Eigenkapitalinstrumenten eines anderen Unternehmens gerichtet ist. Diese vierte Kategorie erschließt sich gedanklich besser bei Betrachtung aus Sicht der anderen Vertragspartei (die zur Hingabe der Eigenkapitalinstrumente verpflichtet ist, vgl. Tz. 19 ff.).

10 Zu (1)

Der Begriff des »Eigenkapitalinstruments« selbst ist nicht im IFRS-SMEs definiert. Allerdings enthält das Glossar eine Definition von »Eigenkapital«. Danach ist Eigenkapital der Rest, der verbleibt, wenn vom Vermögen eines Unternehmens die Schulden, dh. Rückstellungen und Verbindlichkeiten (einschließlich der finanziellen Schulden) abgezogen werden. Dieser negativen Abgrenzung folgend ist unter einem Eigenkapitalinstrument ein Finanzinstrument zu verstehen, welches einen Anspruch auf das Residualvermögen des Unternehmens verkörpert. Dabei kann ein residualer Anspruch definitionsgemäß nur dann vorliegen, wenn alle Ansprüche, zu deren Erfüllung das Unternehmen öffentlich-rechtlich, faktisch oder vertraglich verpflichtet ist, befriedigt wurden.

11 Der residuale Charakter muss sich dabei sowohl auf die etwaige **Rückzahlung** des gesamten Instruments als auch auf die **laufende Vergütung** beziehen. Ferner müssen sowohl die Rückzahlung als auch die Bedienung des Instruments im Ermessen des Unternehmens stehen; insofern dürfen keine Verpflichtungen (und damit finanzielle Schulden) vorliegen.

12 Beispiele für ein Eigenkapitalinstrument sind Stamm- und Vorzugsaktien bei deutschen Aktiengesellschaften: Weder besteht für die Aktiengesellschaft eine Rückzahlungspflicht in Bezug auf das durch die Aktionäre eingezahlte Kapital oder thesaurierte Gewinne, noch besteht eine Verpflichtung zur periodenweisen Zahlung von Vergütungen für das überlassene

Kapital (»Dividenden«). Alle Entscheidungen, die sich auf die Auskehrung von Zahlungsmitteln beziehen (Zahlung von Dividenden, Auskehrung von Rücklagen, Liquidation der Gesellschaft) stehen im Ermessen des Unternehmens selbst, in Gestalt der jeweils durch das Aktienrecht bestimmten Unternehmensorgane.

Zu (3) **13**

Mit dieser Formulierung sollen insbesondere solche Finanzinstrumente erfasst werden, die nicht unmittelbar, sondern erst in Zukunft (**»auf Termin«**) erfüllt werden: Folgt das Erfüllungsgeschäft unmittelbar auf das Verpflichtungsgeschäft (sog. Kassageschäfte), so ist bei einer Vereinbarung zwischen rational agierenden und sachkundigen Vertragspartner nämlich zu erwarten, dass sich die zu tauschenden Leistungen wertmäßig entsprechen: Der Tausch kann normaler Weise nicht für die eine Vertragspartei zu vorteilhaften (und dementsprechend für die andere Vertragspartei zu nachteiligen) Bedingungen erfolgen. Vielmehr ist zu erwarten, dass die *fair values* von Leistung und Gegenleistung korrespondieren. Dagegen können sich dann, wenn zwischen Erfüllungsgeschäft und Verpflichtungsgeschäft eine Zeitspanne liegt, die *fair values* ändern, so dass das Tauschverhältnis für die eine Partei vorteilhaft und für die andere nachteilig wird. Dann aber handelt es sich um ein Termingeschäft; im Kontext von Finanzinstrumenten wird dann (in Abgrenzung zu originären Finanzinstrumenten bzw. synonym Kassainstrumenten) zumeist von **derivativen Finanzinstrumenten** gesprochen.

14 Ebenfalls von dieser Bedingung erfasst werden Finanzinstrumente, die neben originären auch derivative Komponenten haben (es muss sich also nicht in Gänze um ein derivatives Finanzinstrument handeln). Beispiele für ein solches zusammengesetztes Instrument (*compound instrument*) sind Wandel- oder Optionsanleihen. Diese kombinieren ein Kassa-(schuld)instrument (Anleihekomponente) mit ein einem Derivat (Aktienoption bzw. Wandlungsrecht in Aktien).

15 Der IFRS-SMEs verzichtet jedoch auf eine gesonderte Definition von Derivaten oder derivativen Finanzinstrumenten, weil eine solche Definition aufgrund der Struktur der Normen von IFRS-SMEs Abschn. 12 nicht notwendig ist. Im Allgemeinen wird unter einem Derivat ein Vertrag verstanden, bei dem zwischen dem Verpflichtungsgeschäft (Vertragsschluss) und dem Erfüllungsgeschäft ein längerer Zeitraum liegt. Ist das nicht der Fall, spricht man von einem Kassageschäft (oder in Abgrenzung zu derivativen von originären Geschäften). Bei einem Kassageschäft folgt das Erfüllungsgeschäft unmittelbar auf das Verpflichtungsgeschäft oder mit einer geringen zeitlichen Verzögerung, die der technischen Abwicklung geschuldet ist (zB in Deutschland zwei Bankarbeitstage). Weitere Merkmale eines Derivates sind, dass sich sein Wert während der Laufzeit vom Vertragsgegenstand (dieser wird bei Derivaten auch als Basiswert oder *underlying* bezeichnet) ableitet (lat. derivare = ableiten) und beim Verpflichtungsgeschäft keine Zahlungen anfallen oder Zahlungen, die gegenüber dem unmittelbaren Erwerb des Basiswertes deutlich geringer sind.

16 Wird bspw. eine Aktie »auf Termin« gekauft, so fällt eine Zahlung erst bei Erfüllung an (Geld gegen Aktie). Während der Laufzeit, also zwischen Verpflichtungs- und Erfüllungsgeschäft, hängt der Zeitwert dieses Vertrages primär vom Zeitwert der Aktie ab. Wird unterstellt, dass die Vertragsparteien rational handeln sowie sachkundig und unabhängig voneinander sind, so werden sie bei Vertragsschluss einen für beide Seiten »fairen« Preis festlegen. Der Tausch erfolgt also zu fairen Bedingungen und ist nicht für die eine Partei vorteilhaft und für die andere nachteilig. Damit ist auch erklärt, warum es bei Kassageschäften idR nicht zu einem Tausch unter vorteilhaften oder nachteiligen Bedingungen kommen kann. Da die Erfüllung unmittelbar auf das Verpflichtungsgeschäft folgt, ist regelmäßig ausgeschlossen, dass sich die Bedingungen so ändern, dass das Geschäft für den einen nachteilig und für den anderen vorteilhaft wird. Dies ist bei Termingeschäften anders: Da der Preis des Vertragsgegenstandes der primäre Parameter ist, der den Zeitwert der vertraglichen Vereinbarung bestimmt, und sich dieser in der (längeren) Zeitspanne zwischen Verpflichtungs- und Erfüllungsgeschäft ändern kann, besteht die Möglichkeit, dass sich die Preise/Werte von Leistung und Gegenleistung (idR

Vertragsgegenstand und Geld) verschieben und der Tausch bei Erfüllung für die eine Vertragspartei vorteilhaft und für die andere nachteilig wird. Für die eine Vertragspartei besteht dann ein Vermögenswert, für die andere eine Verbindlichkeit. Da dieser Vor- bzw. Nachteil erst sicher ist bei Erfüllung, spricht die Definition richtigerweise von »**potentiell** vorteilhaft« bzw. »nachteilig«.

17 Bedeutsam ist aber, dass nicht jedes Derivat zugleich ein Finanzinstrument ist: Je nachdem, ob der Vertragsgegenstand (der Basiswert, das *underlying*) ein Finanzinstrument (Kauf/Verkauf eines Finanzinstruments »auf Termin«) oder nicht (Kauf/Verkauf von Rohstoffen oder Agrarprodukten, zB Edelmetalle, Öl, Gas, Strom, Getreide, Kaffee, Kakao etc.) ist, handelt es sich um ein derivatives Finanzinstrument (synonym: Finanzderivat) oder um ein sog. Warentermingeschäft. Die Definitionen eines finanziellen Vermögenswertes bzw. einer finanziellen Verbindlichkeit umfassen nur derivative Finanzinstrumente, weil nur bei diesen der Vertrag auf die Lieferung bzw. den Erhalt eines Finanzinstruments gerichtet ist. Dagegen ist ein Warentermingeschäft auf die Lieferung/den Erhalt eines Nicht-Finanzinstruments (»Ware«) gerichtet. Demzufolge besteht zwar für die eine Vertragspartei das vertragliche Recht zum Erhalt von Zahlungsmitteln (Kaufpreis), und damit ein finanzieller Vermögenswert, für die andere Vertragspartei aber nicht die Verpflichtung zur Hingabe eines Finanzinstruments, sondern einer Sache. Demzufolge handelt es sich aus Sicht dieser Vertragspartei nicht um eine finanzielle Verbindlichkeit. Ein Finanzinstrument ist aber definiert als ein Vertrag, der für die eine Vertragspartei einen finanziellen Vermögenswert und für die andere Vertragspartei eine finanzielle Verbindlichkeit darstellt. Diese Eigenschaft haben Warentermingeschäfte, wie zuvor dargelegt, gerade nicht. Das Zusammenspiel zwischen Derivaten, derivativen Finanzinstrumenten und Warentermingeschäften verdeutlicht Abbildung 2.

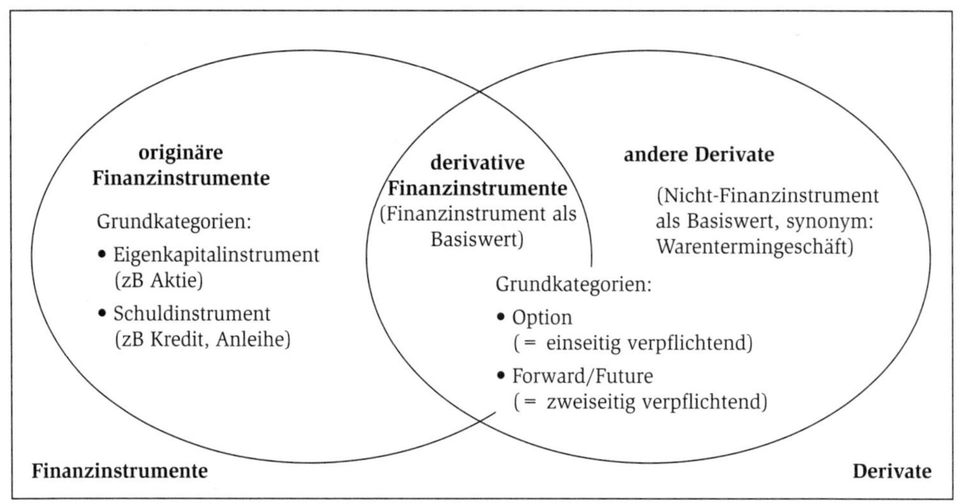

Abb. 2: Derivate, derivative Finanzinstrumente und Warentermingeschäfte (Quelle: Schmidt, BB 2009, 884)

ac. Finanzielle Schulden

18 Eine finanzielle Schuld ist weitgehend »spiegelbildlich« zu einem finanziellen Vermögenswert definiert; auch bei dieser Definition hat der IASB die Form einer abschließenden Aufzählung gewählt:

(1) Verpflichtung zur **Hingabe** von Zahlungsmitteln oder einem Finanzinstrument;
(2) Verpflichtung zum **Tausch** von Finanzinstrumenten unter potentiell nachteiligen Bedingungen (= ein derivatives Finanzinstrument mit negativem Zeitwert);
(3) Verpflichtung zur Hingabe von eigenen Eigenkapitalinstrumenten mit Ausnahme von solchen Vereinbarungen, bei denen eine feste Anzahl von eigenen Eigenkapitalinstrumenten gegen einen festen Geldbetrag hingegeben wird.

19 Eine nähere Begründung, warum nicht **alle** Verpflichtungen zur Hingabe von eigenen Eigenkapitalinstrumenten als finanzielle Schulden eingestuft werden (oder nicht), sondern warum nach den konkreten Bedingungen des Tausches unterschieden wird, findet sich im IFRS-SMEs nicht. Auch in den Grundlagen für Schlussfolgerungen zu IAS 32, der eine inhaltsgleiche Ausnahme, die sog. fixed-for-fixed-Regel, enthält, finden sich keine näheren Informationen.

20 Grundlegend für die Frage,

- ob Verpflichtungen zur Hingabe von eigenen Eigenkapitalinstrumenten Schulden des Unternehmens sein können bzw.
- ob eigene Eigenkapitalinstrumente Vermögenswerte eines Unternehmens sein können,

ist die Sichtweise, die der Erstellung des Jahresabschlusses zugrunde liegt:

21 Der Abschluss kann einerseits die Vermögensposition der Eigentümer (Gesellschafter, Aktionäre) des Unternehmens und seine Veränderungen darstellen. Diese Sichtweise wird im internationalen Schrifttum als »**Proprietary View**« bezeichnet (vgl. bspw. bereits Husband, 1938, und ders., 1954). Nach dieser Sichtweise stellt jedwede Hingabe eigener Eigenkapitalinstrumente (aus Sicht der Eigentümer) einen Aufwand (und demzufolge jedwede Verpflichtung zur Hingabe eine Verbindlichkeit) dar, weil eine solche Hingabe die Vermögensposition grundsätzlich verwässert.

22 Der Abschluss kann andererseits das Nettovermögen und seine Veränderung aus Sicht des Unternehmens darstellen (sog. »**Entity View**«, vgl. etwa Paton/Littleton, 1940, 8f.). Danach liegt ein Aufwand dann vor, wenn sich dieses Nettovermögen verringert. Die Hingabe eigener Eigenkapitalinstrumente führt per se aber nicht zu einer Verringerung dieses Nettovermögens, sondern nur dazu, dass sich das Nettovermögen auf eine größere Anzahl von Eigenkapitalinstrumenten verteilt. (Strenggenommen gilt dies nur dann, wenn die neuen Eigenkapitalinstrumente durch eine Kapitalerhöhung geschaffen werden, sofern entsprechende Transaktionskosten vernachlässigt werden. Werden die Eigenkapitalinstrumente hingegen am Markt erworben, wendet das Unternehmen faktisch Zahlungsmittel und damit Vermögenswerte auf.) Der Vermögenstransfer vollzieht sich außerhalb der Sphäre des Unternehmens auf der Ebene der Anteilseigner, und zwar von den bisherigen Anteilseignern zu den Inhabern der neuen Eigenkapitalinstrumente.

23 Je nach unterstellter Sichtweise müssten dann entweder alle oder keine Verpflichtungen zur Hingabe eigener Eigenkapitalinstrumente als Schulden klassifiziert werden. Weder in den IFRS noch im IFRS-SMEs finden sich indes Hinweise zur unterstellten Sichtweise (vgl. für eine Diskussion der Implikationen beider Sichtweisen auf die Kapitalklassifizierung Barckow et al., 2008, 47ff. sowie für eine Übersicht über die aktuellen Projekte zur Abgrenzung von Eigen- und Fremdkapital Barckow (Barckow, 2008, 307ff.). Selbst im Rahmen seines Projektes zur Überarbeitung des Rahmenkonzepts mangelt es bislang an entsprechenden Hinweisen und selbst an einer entsprechenden Diskussion. Damit fehlt auch für die fixed-for-fixed-Regel im IFRS-SMEs eine Deduktionsbasis. Eine mögliche Erklärung für die Regel könnte die Folgende sein:

24 Wenn die andere Vertragspartei eine feste Anzahl von Eigenkapitalinstrumenten erhält und dafür einen festen Geldbetrag hingeben muss, ist die andere Vertragspartei bereits aktuell genau denjenigen Chancen und Risiken ausgesetzt, denen auch eine Person ausgesetzt ist, die derzeit bereits Inhaber von Eigenkapitalinstrumenten ist: Da die Anzahl der zu empfan-

genden Eigenkapitalinstrumente, aber auch die Gegenleistung, im Vorhinein festgelegt ist, variiert die ökonomische Position direkt in Abhängigkeit des Zeitwertes des/der Eigenkapitalinstrumente: Ein Sinken des Zeitwertes verschlechtert die Position, ein Steigen verbessert sie.

25 Diese Situation und dieses Tauschverhältnis wird nun verglichen zB mit einem Tausch, bei dem immer genau so viele Eigenkapitalinstrumente hingegeben werden, dass gerade ein bestimmter, fester Geldbetrag erreicht wird. Der Vergleich macht offensichtlich, dass in dieser Situation der Empfänger der Eigenkapitalinstrumente gerade nicht den Risiken und Chancen ausgesetzt ist, die für den Inhaber eines Eigenkapitalinstruments typisch sind: Egal, wie sich der Zeitwert der Eigenkapitalinstrumente entwickelt – der Zeitwert seiner Gegenleistung entspricht gerade immer dem festen Geldbetrag; das Unternehmen nutzt die eigenen Eigenkapitalinstrumente gewissermaßen als Zahlungsmittel. Hier liegt auch ein konzeptionelles Problem der fixed-for-fixed-Regel: Konzeptionell müsste man die Regel auf diejenigen Fälle beschränken, in denen das Unternehmen die hinzugebenden Eigenkapitalinstrumente im Wege der Kapitalerhöhung beschaffen kann und nicht am Markt erwirbt. Bei der zuletzt genannten Alternative wendet das Unternehmen nämlich faktisch Zahlungsmittel im Umfang des Kaufpreises dieser Eigenkapitalinstrumente auf. Dies ist wirtschaftlich vergleichbar mit einer Tilgung durch Hingabe von Zahlungsmitteln, die dem *fair value* der eigenen Eigenkapitalinstrumente entsprechen. Eine solche Tilgung wäre aber zweifelsfrei als finanzielle Verbindlichkeit zu klassifizieren.

b. Vom Anwendungsbereich von IFRS-SMEs Abschn. 11 und IFRS-SMEs Abschn. 12 ausgeschlossene Finanzinstrumente

26 Der Anwendungsbereich von IFRS-SMEs Abschn. 11 und IFRS-SMEs Abschn. 12 umfasst nicht **sämtliche** Finanzinstrumente: Einige Finanzinstrumente fallen in den Anwendungsbereich anderer Abschnitte, sodass die dort festgelegten Regelungen vorrangig vor denjenigen der Abschnitte IFRS-SMEs Abschn. 11 und IFRS-SMEs Abschn. 12 anzuwenden sind. Spezialnormen gelangen insbesondere in folgenden Fällen zur Anwendung:

(1) Wenn Finanzinstrumente zugleich Einfluss-, Mitwirkungs- oder Kontrollmöglichkeiten vermitteln, so dass die diese(s) Finanzinstrument(e) zugleich
  (a) Anteile an assoziierten Unternehmen (IFRS-SMEs Abschn. 14),
  (b) Anteile an gemeinschaftlich geführten Unternehmen (IFRS-SMEs Abschn. 15) oder
  (c) Anteile an Tochterunternehmen (IFRS-SMEs Abschn. 9)

  darstellen, so sind die entsprechenden speziellen Abschnitte einschlägig.
(2) Sind »eigene« Eigenkapitalinstrumente (dh. Eigenkapitalinstrumente aus Sicht des Emittenten) abzubilden, so richtet sich die Abbildung nach IFRS-SMEs Abschn. 22 oder, sofern diese vergütungshalber an Mitarbeiter des Unternehmens gegeben werden (anteilsbasierte Vergütungen), nach IFRS-SMEs Abschn. 26.
(3) Auch für Leasingvereinbarungen gilt ein spezieller Abschnitt (IFRS-SMEs Abschn. 20). Beachtlich ist aber, dass sich die **Ausbuchung** von Leasingforderungen und -verbindlichkeiten gleichwohl nach IFRS-SMEs Abschn. 11 richtet. Ferner ist zu beachten, dass gem. IFRS-SMEs Abschn. 12.3(f) einige Leasingvereinbarungen, die auch nicht zu den einfachen Finanzinstrumenten des IFRS-SMEs Abschn. 11 zählen, in den Anwendungsbereich von IFRS-SMEs Abschn. 12 fallen und nicht unter die Spezialvorschriften des IFRS-SMEs Abschn. 20. Hierzu gehören sämtliche Leasingvereinbarungen, die beim Leasingnehmer oder -geber aufgrund vertraglicher Bedingungen zu einem Verlust führen können, der nicht in Zusammenhang steht mit
  (a) Preisänderungen des Leasingobjekts,
  (b) Wechselkursänderungen oder
  (c) einem möglichen Ausfall einer der beiden Vertragsparteien.

(4) Die Abbildung von Vermögenswerten und Verpflichtungen im Zusammenhang mit Leistungen an Arbeitnehmer, insbesondere bei der Altersvorsorge, richtet sich nach IFRS-SMEs Abschn. 28.

27 In IFRS-SMEs Abschn. 12 werden zudem zum einen weitere Posten im Hinblick auf ihren Anwendungsbereich angesprochen; betroffen sind bestimme Versicherungsverträge und Vereinbarungen über mögliche Anpassung der Anschaffungskosten bei einem Unternehmenszusammenschluss (vgl. IFRS-SMEs Abschn. 12.3 sowie IFRS-SMEs-Komm., Teil B, Abschn. 12, Tz. 8). Zum anderen werden bestimmte Verträge, die zwar keine Finanzinstrumente sind, aber bestimmte Merkmale aufweisen, die für Finanzinstrumente typisch sind (zB Risiken oder die Möglichkeit der Erfüllung in bar (*net settlement*), wie Finanzinstrumente abgebildet und den Abschnitten für Finanzinstrumente, hier konkret IFRS-SMEs Abschn. 12, unterworfen (vgl. IFRS-SMEs Abschn. 12.4 f. sowie IFRS-SMEs-Komm., Teil B, Abschn. 12, Tz. 9 f.).

c. *Unterscheidung zwischen »einfachen« und komplexen Finanzinstrumenten*

28 Die Abbildung »einfacher« Finanzinstrumente richtet sich nach IFRS-SMEs Abschn. 11; komplexere Finanzinstrumente sind in IFRS-SMEs Abschn. 12 normiert.

ca. *Einfache Finanzinstrumente*

29 »Einfache Finanzinstrumente« werden in IFRS-SMEs Abschn. 11.8 positiv definiert; im Umkehrschluss gelten alle anderen Finanzinstrumente des Anwendungsbereichs als »komplex« und fallen unter die Normen von IFRS-SMEs Abschn. 12. »Einfache« Finanzinstrumente lassen sich in vier Gruppen aufteilen:

(1) Barmittel und Sichteinlagen,
(2) bestimmte Kreditzusagen aus Sicht des Kreditnehmers,
(3) »einfache« Schuldinstrumente,
(4) »einfache« Eigenkapitalinstrumente.

30 Zu (2)

Von **Kreditzusagen** wird gesprochen, wenn ein Unternehmen (zB eine Bank) einem anderen die Vergabe eines Kredites zugesagt hat, die Inanspruchnahme (Auszahlung, Valutierung) des Darlehens aber erst für einen Zeitpunkt oder -raum in der Zukunft geplant ist. Beispielsweise kann der Kreditgeber die Auszahlung an die rechtswirksame Bestellung von Sicherheiten geknüpft haben (zB bei der Eintragung von Grundpfandrechten) oder der Kreditnehmer hat zunächst nur eine Finanzierungszusage angestrebt für einen wahrscheinlichen Finanzierungsbedarf in der Zukunft, um sich die aktuellen Konditionen zu sichern. Strenggenommen handelt es sich bei einer Kreditzusage daher um eine Kreditoption, weil der Kreditnehmer die Möglichkeit, aber nicht die Verpflichtung hat, das Darlehen in Anspruch zu nehmen.

31 Eine Kreditzusage fällt in den Anwendungsbereich von IFRS-SMEs Abschn. 11, wenn es sich um eine »einfache« Kreditzusage handelt. Darunter ist zu verstehen, dass der später möglicherweise in Anspruch genommene Kredit wiederum ein »einfacher« iSv. IFRS-SMEs Abschn. 11.8 f. ist und nicht durch Barausgleich erfüllt werden kann, dh. der Kreditgeber erfüllt die Kreditzusage durch die Hingabe eines Darlehens und nicht erfüllungshalber durch die Zahlung eines Geldbetrages (»Barausgleich«).

32 Die Bilanzierung von **Kreditzusagen aus Sicht des Kreditgebers** wird in IFRS-SMEs Abschn. 11 und IFRS-SMEs Abschn. 12 nicht angesprochen: Erstens dürften kleine und mittelgroße Unternehmen nur selten als Kreditgeber (über Zahlungsziele für Kunden oder Darlehen an Gesellschafter hinaus) auftreten. Zweitens betreiben Unternehmen, deren Geschäftszweck ua. das Kreditgeschäft ist, zumeist auch das Einlagengeschäft. Dann aber ist die Anwendung des

IFRS-SMEs wegen öffentlicher Rechenschaftspflicht iSv. und gemäß IFRS-SMEs Abschn. 1.13(b) bereits ausgeschlossen.

33 Zu (3)

»Einfache« Schuldinstrumente sind in IFRS-SMEs Abschn. 11.9 definiert, IFRS-SMEs Abschn. 11.5 enthält eine (nicht abschließende) Liste von Beispielen. Danach ist ein einfaches Schuldinstrument durch die gleichzeitige Erfüllung von vier Bedingungen gekennzeichnet:

(a) bestimmte Art von Rendite für den Inhaber;
(b) es gibt keine vertragliche Bestimmung, die dazu führen könnte, dass der Inhaber den Kapitalbetrag und die der Berichtsperiode oder früheren Perioden zurechenbaren Zinsen verliert;
(c) vertragliche Bestimmungen, die dem Emittenten gestatten, die Schuld vorzeitig zurückzuzahlen, oder dem Inhaber gestatten, sie vor Fälligkeit an den Emittenten zurückzugeben, hängen nicht von zukünftigen Ereignissen ab;
(d) mit Ausnahme der in (b) beschriebenen variablen Verzinsung und der in (c) beschriebenen Bestimmung über die vorzeitige Rückzahlung bestehen keine bedingten Rückflüsse oder Rückzahlungsbestimmungen.

34 Zu (a)

Die Rendite für den Inhaber kann bestehen in

(i) einem festen Betrag (zB bei einem endfälligen Darlehen, bei dem auch die Zinsen erst am Ende gezahlt werden) oder
(ii) einer über die Laufzeit des Instruments festen Rendite (zB ein Darlehen mit einem festen Nominalzinssatz) oder
(iii) einer variablen Rendite, die über die Laufzeit einem beobachtbaren Referenzzinssatz (zB dem Zinssatz der Europäischen Zentralbank) entspricht oder
(iv) einer Kombination aus fester (ii) und variabler (iii) Rendite, zB in Form einer Verzinsung, die sich als Summe aus einem beobachtbaren Referenzzinssatz und einem festen Aufschlag berechnet. Dieser Aufschlag muss positiv sein; der zu zahlende Zins muss sich durch Multiplikation des Zinssatzes mit dem noch ausstehenden Kreditbetrag ermitteln.

35 Kritisch sind vor dem Hintergrund dieser Bedingung solche Kredite zu werten, bei denen die Verzinsung zwar variabel ist, aber **nicht an einen beobachtbaren Referenzzinssatz** geknüpft ist. Vielmehr hat die Bank das Recht, die Zinsen in angemessener Weise an die Entwicklung der Refinanzierungskosten bzw. die Entwicklung des Kapitalmarktes anzupassen. Rechtlich handelt es sich dabei um ein einseitiges Leistungsbestimmungsrecht nach § 315 BGB, dessen Ausübung billigem Ermessen entsprechen muss.

36 Zwar ist eine solche Zinsanpassungsklausel gegenüber Verbrauchern iSd. § 13 BGB wegen Verstoßes gegen § 307 BGB seit der Entscheidung des BGH aus dem April 2009 nicht verwendbar (Az. XI ZR 78/08, entsprechende Klauseln in Kreditbedingungen sind unwirksam). Gegenüber anderen Kunden als Verbrauchern ist die Klausel aber verwendbar. Da kleine und mittelständische Unternehmen regelmäßig keine Verbraucher iSd. § 13 BGB sind, dürften sich solche Zinsanpassungsklauseln noch häufig in Kreditbedingungen finden.

37 Solche Zinsanpassungsklauseln sind für die Einstufung als »einfaches« Schuldinstrument und damit auch als »einfaches« Finanzinstrument iSv. IFRS-SMEs Abschn. 11 **schädlich**, denn die in IFRS-SMEs Abschn. 11.19(a) enthaltene Liste ist abschließend. Die Folge ist, dass solche Kredite nach IFRS-SMEs Abschn. 12 und damit zum fair value zu bilanzieren sind.

38 Zu (b)

Diese Bedingung zielt auf Bestimmungen in den Vertragsbedingungen des Schuldinstruments, die bewirken könnten, dass der Inhaber seinen **vertraglichen** Anspruch auf Zins und/ oder Tilgung verlieren könnte, bspw. weil die Zahlungen an den Eintritt oder Nichteintritt einer Bedingung geknüpft ist. Nicht hierunter fallen Situationen, in denen der Schuldner nicht **zahlungsfähig** ist. In diesem Fall bleiben die vertraglichen Ansprüche bestehen, sie werden nur nicht erfüllt. Auch die Nachrangigkeit eines Schuldinstruments gegenüber einem anderen, die dazu führt, dass unter bestimmten Bedingungen (teilweise Zahlungsunfähigkeit des Schuldners) nur der Inhaber eines bestimmten (des nachrangigen) Schuldinstruments einen Ausfall von Zins und/oder Tilgung erleiden muss, wird von dieser Bedingung nicht erfasst und ist unschädlich.

Zu (c) **39**

Wiederum zielt diese Bedingung auf Bestimmungen in den Vertragsbedingungen des Schuldinstruments ab, die einer der beiden Parteien ein Recht gewähren, das Instrument vorzeitig zu tilgen bzw. eine Tilgung zu verlangen, wenn dieses Recht durch **zukünftige Ereignisse** ausgelöst wird. Nicht erfasst und damit unschädlich sind etwa gesetzliche, **ordentliche** Kündigungsrechte von Kreditgeber oder -nehmer (zB § 489 BGB), da diese regelmäßig nur an einen Zeitablauf (zB Ablauf der Zinsbindungsfrist) und damit nicht an zukünftige Ereignisse anknüpft.

Fraglich ist aber, wie **außerordentliche Kündigungsrechte** zu beurteilen sind. Das deutsche Schuldrecht sieht bei Dauerschuldverhältnissen in § 314 BGB grundsätzlich ein Kündigungsrecht aus »wichtigem Grund« vor. Da bei der Kündigung aus wichtigem Grund eine Kündigungsfrist nicht einzuhalten ist, spricht man (in Abgrenzung zur ordentlichen, dh. die vertraglich oder gesetzlich vorgesehene Kündigungsfrist einhaltenden Kündigung) auch von der »außerordentlichen« Kündigung. Ein Kreditvertrag begründet regelmäßig ein Dauerschuldverhältnis. Eines Verweises auf die gesetzlichen Normen (§§ 314, 315, 490 BGB) oder einer Aufnahme der dort enthaltenen Vorgaben in den Kreditvertrag bedarf es daher zum Bestehen außerordentlicher Kündigungsrechte nicht, da sie im allgemeinen Schuldrecht wurzeln. Was im Einzelnen als »wichtiger Grund« zu einer außerordentlichen Kündigung berechtigt, hängt erstens von der Art des Dauerschuldverhältnisses und zweitens von den Umständen des konkreten Einzelfalls ab, die es im Rahmen einer Interessenabwägung zu beurteilen gilt. § 490 BGB enthält insoweit konkret normierte »wichtige Gründe«, die neben § 314 BGB treten (vgl. § 490 Abs. 3 BGB). **40**

Diese Gründe sind **41**

(i) eine wesentliche (tatsächliche oder drohende) Verschlechterung der Vermögensverhältnisse des Kreditnehmers oder der Werthaltigkeit von Sicherheiten, die für den Kredit gestellt wurden, die die Tilgung des Darlehens gefährdet (§ 490 Abs. 1 BGB) oder
(ii) berechtigte Interessen des Kreditnehmers, insbesondere wenn der Kreditnehmer ein Bedürfnis nach einer anderweitigen Verwertung der als Sicherheit gestellten Sache hat. Dabei dürfte es sich zumeist um die anderweitige Verwertung (zB Verkauf) einer als Sicherheit dienenden Immobilie handeln.

Beachtlich ist, dass beide wichtigen Gründe künftige Ereignisse iSv. IFRS-SMEs Abschn. 11.9(c) darstellen. Hier mag man einwenden, dass es sich bei der außerordentlichen Kündigung um das »äußerste Mittel« handelt. Darauf deutet bereits der Wortlaut von § 314 Abs. 1 Satz 2 BGB hin. Gleichwohl wird man nicht argumentieren können, dass es sich bei der Verschlechterung von Vermögensverhältnissen oder dem Verfall der Werthaltigkeit von Sicherheiten (zB ein verpfändetes Wertpapierdepot, eine Immobilie) um äußerst unwahrscheinliche Ereignisse handelt. Auch der gewünschte Verkauf einer Sicherheit durch den Kreditnehmer ist in praxi keineswegs die seltene Ausnahme, wie schon die umfangreiche Rechtsprechung des BGH zur Vorfälligkeitsentschädigung zeigt. Erfolgt eine Orientierung am Wortlaut (diese Erkenntnisquelle hat bei hermeneutischer Auslegung, auf die sowohl die deutsche Jurisprudenz als auch der Europäische Gerichtshof zurückgreift, herausragende Bedeutung), so wäre damit ausgeschlossen, dass ein Kredit nach deutschem Recht ein »einfaches« Finanzinstrument iSd. IFRS-SMEs sein kann. Es ist zu vermuten, dass diese Folge nicht der Intention des IASB entspricht. **42**

Dies gilt umso mehr, als eine ähnliche Problematik auch in anderen Rechtsräumen und -systemen festzustellen ist. Dies zeigt bereits der Blick nach Großbritannien und damit in einen Rechtsraum, an dem sich der IASB bei der Normsetzung bewusst oder unbewusst oftmals orientiert. Zwar kennt das Britische Recht kein gesetzliches außerordentliches Kündigungs- **43** recht; regelmäßig wird auf vertraglicher Ebene in die Kreditbedingungen aber eine sog. »*material adverse change*«-Klausel aufgenommen, die bei wesentlichen Änderungen der Geschäftsgrundlage (*material adverse changes*) die Kündigung erlaubt. Ein *material adverse change* umfasst nahezu dieselben Konstellationen wie der »wichtige Grund« des deutschen Rechts. Darüber hinaus ist sowohl in Großbritannien, aber auch in den USA und anderen Ländern mit einem ähnlichen Rechtssystem der Rückgriff auf sog. *covenants* in Kreditverträgen gebräuchlich. Diese Bedingungen (*covenants*) verpflichten bspw. den Kreditnehmer zu Aufrechterhaltung einer Mindesteigenkapitalquote oder zur Stellung und Unterhaltung von Sicherheiten mit einem bestimmten *fair value*. Mindert sich die Werthaltigkeit der Sicherheit, so muss der Kreditnehmer entweder neue Sicherheiten stellen (ein Recht, welches auch ein deutscher Kreditnehmer hat) oder die kreditgebende Bank kann wegen Verletzung dieser Bedingung den Kredit kündigen. Im Ergebnis hat daher die kreditgebende Bank auch bei Krediten, die solchen Rechtssystemen unterliegen, ein Kündigungsrecht, welches § 490 BGB entspricht. Auch all diese Kredite wären damit iSd. IFRS-SMEs komplex. Vor diesem Hintergrund ist umso unwahrscheinlicher, dass der IASB eine Einstufung als »komplex« aufgrund von IFRS-SMEs Abschn. 11.9 intendiert hat: Vermutlich dürfte es dann »einfache« Kredite weltweit kaum geben. Es bleibt zu hoffen, dass der IASB diesen Aspekt möglichst bald diskutiert und die Norm entsprechend seiner (mutmaßlichen) Intention anpasst.

44 Zu (4)

»Einfache« Eigenkapitalinstrumente iSd. Bedingung sind dem Wortlaut nach nicht wandelbare Vorzugsaktien sowie nicht kündbare Stamm- oder Vorzugsaktien. Dabei umfasst der englischsprachige Begriff »*share*« ganz allgemein einen Anteil an einem anderen Unternehmen. Der Begriff »Aktie« ist demnach nicht auf das Eigenkapitalinstrument einer Aktiengesellschaft (nach deutschem Recht oder dem Recht eines anderen Staates) beschränkt. Umfasst sind auch Eigenkapitalinstrumente von Unternehmen in anderen Rechtsformen, deren Eigenschaften denen einer Aktie entsprechen.

45 Allerdings ist der Begriff »Vorzugsaktie« (*preference share*) etwas missverständlich: In vielen anderen Ländern sind *preference shares*-Finanzinstrumente, die

- eine feste, gewinnunabhängige Verzinsung gewähren und/oder
- durch den Emittenten oder den Inhaber gekündigt werden können oder
- zu einem festen Zeitpunkt zu tilgen sind.

Solche *preference shares* ähneln zum einen teilweise Schuldinstrumenten, zum anderen sind Vorzugsaktien deutschen Typs vollkommen anders ausgestaltet und gewähren keines der zuvor genannten Rechte. Vorzugsaktien deutschen Typs lassen sich demnach eher den *ordinary shares* iSd. IFRS-SMEs subsumieren.

46 Einschlägig bleibt aber gleichwohl die Bedingung, dass die Aktien (oder anderen Anteile an Unternehmen anderer Rechtsform) **nicht kündbar sein dürfen**. Hierunter ist nicht die Möglichkeit des Emittenten zu verstehen, Kapitalherabsetzungen vorzunehmen. Ein solches Recht besteht für den Emittenten regelmäßig immer, weshalb die Bedingung dann ausnahmslos alle Aktien umfassen würde und folglich keinerlei »einfachen« Eigenkapitalinstrumente iSd. IFRS-SMEs Abschn. 11.9(d) existieren würden.

47 Erfasst sind von der Bedingung indes Aktien bzw. andere Anteile, die **durch den Inhaber einseitig gekündigt werden können**. Angesprochen sind damit Anteile an Unternehmen in all jenen Rechtsformen, bei denen der Gesellschafter (und damit Inhaber) ein gesetzliches oder vertragliches Kündigungsrecht hat. In einem deutschen Kontext betrifft dies Anteile an

- Gesellschaften bürgerlichen Rechts (GbR, vgl. 723 Abs. 3 BGB),
- kaufmännischen Personengesellschaften, also
  - offene Handelsgesellschaften (OHG, vgl. §§ 131 Abs. 3 Nr. 3, 132 HGB, 723 Abs. 3 BGB),
  - Kommanditgesellschaften (KG, vgl. §§ 131 Abs. 3 Nr. 3, 132, 161 Abs. 2 HGB, 723 Abs. 3 BGB),

  - GmbH & Co KG,
  - stille Gesellschaft (vgl. § 234 HGB),
- Genossenschaften mit gesetzlichem Regelstatut (vgl. § 65 GenG) und
- Gesellschaften mit beschränkter Haftung (GmbHs, je nach Ausgestaltung des Gesellschaftsvertrages: Bei der GmbH kommen gesellschaftsvertragliche ordentliche Kündigungsrechte bei Fortführung der Gesellschaft in Betracht. Vgl. bereits Balz, 1983, 190 sowie Haas (2010), Rn. 90. Solche Kündigungsrechte sind in der Rechtspraxis die Regel; auch die Mustersatzung der IHK Frankfurt a. M. sieht in § 12 Abs. 2 ein ordentliches Kündigungsrecht vor (abrufbar unter http://www.frankfurt-main.ihk.de/recht/mustervertrag/gmbh_satzung/index.html; Abruf: 11.09.2009).

Unbeschadet einer eventuellen Klassifizierung als Eigenkapital beim Emittenten gem. IFRS-SMEs Abschn. 22 sind solche Anteile beim Inhaber bei Bestehen von Kündigungsrechten keine »einfachen« Eigenkapitalinstrumente, die nach IFRS-SMEs Abschn. 11 abgebildet werden, sondern komplexe Instrumente, deren Bilanzierung sich nach IFRS-SMEs Abschn. 12 richtet.

48 Die folgende Tabelle enthält eine Übersicht der Finanzinstrumente, die für kleine und mittelgroße Unternehmen in einem deutschen Kontext typisch sein dürften (für weitere, allerdings sehr allgemein gehaltene Beispiele vgl. IFRS-SMEs Abschn. 11.10 f.). Beachtlich ist, dass für die Einstufung als »einfach« oder »komplex« jeweils die typische Form und Ausstattung des jeweiligen Finanzinstruments unterstellt wurde. Besondere Ausstattungsmerkmale, insbesondere Anpassungsklauseln oder Optionen, können die Einstufung als »einfaches Finanzinstrument« verhindern; insofern ist stets eine Prüfung der Ausstattungsmerkmale im Einzelfall unerlässlich.

Art des Finanzinstruments	»einfach« (IFRS-SMEs Abschn. 11) oder »komplex« (IFRS-SMEs Abschn. 12)?	Bemerkung
Sichteinlage bei/Guthaben auf einem Kontokorrentkonto bei einem Kreditinstitut	einfach	
Sparguthaben bei einem Kreditinstitut	einfach	
Termineinlage bei einem Kreditinstitut	einfach	
Forderung aus Lieferung und Leistung	einfach	
Forderungen in Fremdwährung	einfach	Währungsumrechnungseffekt wird gem. IFRS-SMEs 11.10 iVm. IFRS-SMEs 30.10 im Ergebnis erfasst Hinweis: IFRS-SMEs 11.10 erwähnt zwar nur Fremdwährungs**verbindlichkeiten**, nicht jedoch **Forderungen** in Fremdwährungen. Bei der in 11.10 enthaltenen Liste handelt es sich indes nur um Beispiele, so dass entsprechend »einfach« ausgestaltete Forderungen in Fremdwährung ebenfalls in den Anwendungsbereich von IFRS-SMEs Abschn. 11 fallen.
Gewährte Kredite (Privatdarlehen, Darlehen an andere Unternehmen)	einfach	idR

Art des Finanzinstruments	»einfach« (IFRS-SMEs Abschn. 11) oder »komplex« (IFRS-SMEs Abschn. 12)?	Bemerkung
Anteil an einem Investmentfonds (zB Geldmarktfonds, Aktienfonds, Rentenfonds, offener Immobilienfonds, gemischter Fonds)	einfach	
Stamm- und Vorzugsaktie einer deutschen AG	einfach	
Anteil an einer deutschen Personengesellschaft (GbR, OHG, KG, GmbH & Co KG)	komplex	Das gesetzliche, gesellschaftsvertraglich nicht ausschließbare Kündigungsrecht des Gesellschafters ist für eine Einstufung als »einfach« schädlich.
Anteil an einer deutschen Genossenschaft	komplex	Das gesetzliche, gesellschaftsvertraglich nicht ausschließbare Kündigungsrecht des Gesellschafters ist für eine Einstufung als »einfach« schädlich.
Anteil an einer deutschen GmbH	einfach oder komplex in Abhängigkeit von Kündigungsrechten der Gesellschafter	Ein Kündigungsrecht des Gesellschafters (zB ein gesellschaftsvertragliches ordentliches Kündigungsrecht) wäre schädlich für eine Einstufung als »einfach«.
Anteil an Unternehmen ausländischer Rechtsform	einfach oder komplex	im Einzelfall prüfen
Verbindlichkeiten aus Lieferung und Leistung, auch in Fremdwährung	einfach	Währungsumrechnungseffekt wird gem. IFRS-SMEs 11.10 iVm. IFRS-SMEs 30.10 im Ergebnis erfasst
Kredit für allgemeine Betriebsmittel, Überziehungsfazilität auf einem Kontokorrentkonto bei einem Kreditinstitut mit Verzinsung, die durch das Kreditinstitut angepasst werden kann	komplex	Zinsanpassungsoption des Kreditinstitutes ist schädlich für eine Einstufung als »einfach«.
Kredit für allgemeine Betriebsmittel, Überziehungsfazilität auf einem Kontokorrentkonto bei einem Kreditinstitut mit Verzinsung, die an einen beobachtbaren Referenzzinssatz geknüpft ist	einfach	
Investitionsdarlehen (Kredit zur Anschaffung von Vermögensgegenständen) mit fester Verzinsung unabhängig von der Art der Tilgung (endfällig oder amortisierend)	einfach	
Ansprüche auf Steuererstattungen (zB verauslagte Umsatzsteuer)	kein Finanzinstrument, da kein Anspruch auf Geld auf vertraglicher Grundlage (siehe IFRS-SMEs Abschn. 26)	

Art des Finanzinstruments	»einfach« (IFRS-SMEs Abschn. 11) oder »komplex« (IFRS-SMEs Abschn. 12)?	Bemerkung
Steuerverbindlichkeiten (zB eingenommene Umsatzsteuer oder andere Verkehrssteuern, Ertragsteuern)	kein Finanzinstrument, da keine Verpflichtung zur Abgabe von Geld auf vertraglicher Grundlage (siehe IFRS-SMEs Abschn. 26)	
Verbindlichkeiten Sozialversicherung	kein Finanzinstrument, da keine Verpflichtung zur Abgabe von Geld auf vertraglicher Grundlage (siehe IFRS-SMEs Abschn. 28)	
Verbindlichkeiten Lohn und Gehalt	kein Finanzinstrument, da keine Verpflichtung zur Abgabe von Geld auf vertraglicher Grundlage (siehe IFRS-SMEs Abschn. 28)	
Derivate, zB Devisentermingeschäfte, Swaps	komplex	
Nicht-Finanzinstrumente, in die ein Derivat eingebettet wurde	komplex	

Tab. 1: Übersicht/Beispiele Finanzinstrumente und ihre Einteilung in »einfache« (IFRS-SMEs Abschn. 11) und komplexe (IFRS-SMEs Abschn. 12)

cb. Komplexe Finanzinstrumente

49 Alle anderen Finanzinstrumente, die nicht die Definition eines »einfachen« Finanzinstruments in IFRS-SMEs Abschn. 11 erfüllen, sind im Umkehrschluss »komplex« und fallen in den Anwendungsbereich von IFRS-SMEs Abschn. 12 und sind daher in IFRS-SMEs-Komm., Teil B, Abschn. 12 kommentiert.

d. Wahlrecht zur Anwendung von IAS 39 Finanzinstrumente: Ansatz und Bewertung

50 IFRS-SMEs Abschn. 11.2 eröffnet dem Unternehmen das Wahlrecht, alternativ zur vollständigen Anwendung von IFRS-SMEs Abschn. 11 und IFRS-SMEs Abschn. 12 IAS 39 »Finanzinstrumente: Ansatz und Bewertung« anzuwenden. Dieses Wahlrecht bezieht sich **nur** auf IAS 39 und nicht auf die anderen Standards der IFRS, die die Abbildung von Finanzinstrumenten betreffen. Das Wahlrecht zur alternativen Anwendung von IAS 39 beschränkt sich zudem auf die Vorgaben zum Ansatz (einschließlich Ausbuchung) und Bewertung; auch bei Inanspruchnahme dieses Wahlrechts richten sich die

- Abgrenzung zwischen Eigenkapital(instrumenten) und Schulden/Schuldinstrumenten nach IFRS-SMEs Abschn. 22 (und nicht nach IAS 32),
- Angaben zu Finanzinstrumenten nach den entsprechenden Vorgaben in IFRS-SMEs Abschn. 11 und IFRS-SMEs Abschn. 12 (und nicht nach IFRS 7). Auch bei Anwendung des IAS 39 erachtet der IASB die Angaben des IFRS-SMEs als ausreichend. Er hat sich damit einer Vielzahl von Stellungnahmen im Entstehungsprozess des IFRS-SMEs angeschlossen (vgl. IFRS-SMEs BC 107).

Das Wahlrecht zur Anwendung von IAS 39 stellt die Wahl einer Bilanzierungsmethode dar. Ob und wann ein Wechsel der Bilanzierungsmethode (und damit eine Durchbrechung des Stetigkeitsgrundsatzes) zulässig ist und welche ergänzenden Angaben zu diesem Methodenwechsel gemacht werden müssen, normieren IFRS-SMEs Abschn. 10.8 ff.

51 Bedeutsam ist an diesem Wahlrecht auch, dass es konkret auf IAS 39 verweist und nicht – in Form eines gleitenden Verweises – auf die für Ansatz und Bewertung einschlägigen Normen der IFRS. Immerhin war zum Zeitpunkt der Verabschiedung des IFRS-SMEs bereits absehbar, dass IAS 39 im Rahmen eines IASB-Projekts zur grundlegenden Überarbeitung von IAS 39 auf kurze Sicht ersetzt würde. Bereits im November 2009 wurde IFRS 9, der neue Standard zum Ansatz und zur Bewertung von finanziellen Vermögenswerten, veröffentlicht. Weitere überarbeitete Bereiche des IAS 39 werden sukzessive in IFRS 9 übernommen und die entsprechenden Abschnitte im alten Standard IAS 39 außer Kraft gesetzt. Mit dem Abschluss der Überarbeitung und der erstmaligen verpflichtenden Anwendung von IFRS 9 ist nicht vor dem Jahr 2013 zu rechnen. Eine vorzeitige freiwillige Anwendung ist aber grundsätzlich (jedoch **nicht** für Unternehmen in der Europäischen Union, vgl. Tz. 52) möglich.

52 Vor dem Hintergrund dieses Projekts stellt sich die Frage, ob Unternehmen im Rahmen des Wahlrechts in IFRS-SMEs Abschn. 11.2 unverändert IAS 39 anwenden sollen, wenn einige Bereiche dieses Standards bereits (im Rahmen der IFRS) außer Kraft gesetzt wurden. Für Anwender in der Europäischen Union verkompliziert sich die Situation zusätzlich, als sich die Europäische Kommission und die European Financial Reporting Advisory Group (EFRAG) nur einen Tag nach der Veröffentlichung von IFRS 9 entschlossen haben, das bereits eingeleitete Endorsement-Verfahren nicht weiter zu betreiben und den Standard zunächst nicht in Europäisches Recht zu übernehmen (vgl. zum Übernahmeprozess im Rahmen der IFRS etwa Buchheim/Knorr/Schmidt, 2008, 343 ff.; dies., 2008, 373 ff.). Vielmehr soll der Abschluss des gesamten Projekts zur Überarbeitung abgewartet werden. IFRS 9 ist demnach bis auf weiteres durch Unternehmen in der Europäischen Union nicht anwendbar. Damit entsteht die derzeit noch hypothetische Frage, wie Anwender des IFRS-SMEs sich verhalten sollen, falls

(1) der IFRS-SMEs nach einer künftigen Überarbeitung nicht mehr auf IAS 39, sondern auf IFRS 9 verweisen sollte und
(2) IFRS 9 zu diesem Zeitpunkt noch nicht in Europäisches Recht übernommen wurde.

Diese Frage lässt sich aber derzeit nicht beantworten, weil nicht bekannt ist, ob und auf welcher Rechtsgrundlage der IFRS-SMEs in der Europäischen Union anwendbar werden wird.

53 Das Wahlrecht zur Anwendung von IAS 39 wurde in den IFRS-SMEs aufgenommen, weil die erhebliche Komplexitätsreduktion im Vergleich zu IAS 39 auch durch die Streichung von Wahlrechten und Möglichkeiten erreicht wurde (vgl. IFRS-SMEs BC 106). Beispielsweise

- erlaubt IAS 39 die Nutzung einer Fair-Value-Option;
- gewährt IAS 39 mehr Flexibilität bei der bilanziellen Abbildung von Sicherungsbeziehungen (hedge accounting); dagegen beschränkt der IFRS-SMEs das hedge accounting auf konkret normierte Situationen, für die gesichertes Risiko, gesichertes Grundgeschäft und das einzusetzende Sicherungsinstrument vorgeschrieben sind – umgekehrt ist das *hedge accounting* in diesen konkret normierten Konstellationen dafür stark vereinfacht;
- erlaubt IAS 39 die Bilanzierung von Eigenkapitalinstrumenten im sonstigen Ergebnis zum fair value (Erfassung der Änderungen des *fair value* nur im sonstigen Ergebnis und nicht in der Gewinn- und Verlustrechnung); viele Unternehmen mögen hierein eine aus ihrer Sicht sachgerechtere Abbildung von Beteiligungen sehen;
- führt das Ausbuchungs-Konzept des IAS 39 in bestimmten Konstellationen zu einer teilweisen Ausbuchung von finanziellen Vermögenswerten, wohingegen das gegenüber IAS 39 vereinfachte Ausbuchungskonzept des IFRS-SMEs eine Ausbuchung nicht zulässt (vgl. Tz. 113 ff.).

Durch das Wahlrecht soll Unternehmen die Möglichkeit gegeben werden, diese Vorteile des IAS 39 gegenüber dem IFRS-SMEs zu nutzen; diese Anwendung wird dann mit höherer Komplexität erkauft.

II. Weitere Begriffsbestimmungen

54 Bei der Darstellung der Regelungen zu Finanzinstrumenten gemäß IFRS-SMEs Abschn. 11 und IFRS-SMEs Abschn. 12 werden nachstehende bedeutsame Begriffe in der jeweiligen Bedeutung verwendet. Diese Begriffe sind im Glossar (*glossary*), einem Anhang des IFRS-SMEs, enthalten und dort definiert. Sie werden in IFRS-SMEs Abschn. 11 und IFRS-SMEs Abschn. 12 einheitlich verwendet.

Beizulegender Zeitwert (*fair value*): Der Betrag, zu dem ein Vermögenswert zwischen sachverständigen, vertragswilligen Geschäftspartnern unter marktüblichen Bedingungen getauscht oder eine Schuld beglichen werden könnte.

Effektivzins (*effective interest rate*): Der Zinssatz, der die geschätzten künftigen Ein- oder Auszahlungen über die erwartete Laufzeit des Finanzinstruments oder eine kürzere Periode, sofern zutreffend, exakt auf den Nettobuchwert des finanziellen Vermögenswerts oder der finanziellen Verbindlichkeit abzinst.

Effektivzinsmethode (*effective interest method*): Eine Methode zur Berechnung der fortgeführten Anschaffungskosten eines finanziellen Vermögenswerts oder einer finanziellen Verbindlichkeit (oder einer Gruppe von finanziellen Vermögenswerten oder finanziellen Schulden) und zur Zuordnung von Zinserträgen oder Zinsaufwendungen auf die jeweiligen Perioden.

Eigenkapital (*equity*): Verbleibender Restbetrag der Vermögenswerte des Unternehmen nach Abzug aller Schulden.

Erwarteter Geschäftsvorfall (*forecast transaction*): Eine nicht verbindliche, aber erwartete zukünftige Transaktion.

Feste Verpflichtung (*firm commitment*): Eine bindende Vereinbarung über den Austausch einer bestimmten Menge Ressourcen zu einem bestimmten Preis zu (einem) bestimmten zukünftigen Zeitpunkt(en).

Finanzieller Vermögenswert (*financial asset*): Jeglicher Vermögenswert, der

(a) ein Zahlungsmittel,
(b) ein Eigenkapitalinstrument eines anderen Unternehmens,
(c) ein vertragliches Recht,
  (i) Zahlungsmittel oder andere finanzielle Vermögenswerte von einem anderen Unternehmen zu erhalten oder
  (ii) Finanzinstrumente mit einem anderen Unternehmen unter möglicherweise vorteilhaften Bedingungen zu tauschen oder
(d) ein Vertrag, der in eigenen Eigenkapitalinstrumenten des Unternehmens erfüllt werden wird oder kann und
  (i) bei dem das Unternehmen zum Erhalt einer variablen Anzahl von eigenen Eigenkapitalinstrumenten verpflichtet ist oder sein kann oder
  (ii) der auf andere Weise als durch den Austausch eines festen Betrags von Zahlungsmitteln oder anderen finanziellen Vermögenswerten gegen eine feste Anzahl von eigenen Eigenkapitalinstrumenten des Unternehmens erfüllt werden wird oder kann. In diesem Sinne beinhalten die eigenen Eigenkapitalinstrumente des Unternehmens keine Instrumente, die selbst Verträge über den künftigen Empfang oder die künftige Abgabe von eigenen Eigenkapitalinstrumenten des Unternehmens darstellen;

ist.

Finanzinstrument (*financial instrument*): Ein Vertrag, der gleichzeitig bei einem Unternehmen zu einem finanziellen Vermögenswert und bei einem anderen zu einer finanziellen Verbindlichkeit oder einem Eigenkapitalinstrument führt.

Finanzielle Verbindlichkeit (*financial liability*): Jegliche Verbindlichkeit, die

(a) eine vertragliche Verpflichtung,
  (i) Zahlungsmittel oder einen anderen finanziellen Vermögenswert an ein anderes Unternehmen abzugeben oder
  (ii) Finanzinstrumente mit einem anderen Unternehmen zu möglicherweise nachteiligen Bedingungen zu tauschen

oder

(b) ein Vertrag, der in eigenen Eigenkapitalinstrumenten des Unternehmens erfüllt werden wird oder kann und
  (i) bei dem das Unternehmen zur Abgabe einer variablen Anzahl von Eigenkapitalinstrumenten des Unternehmens verpflichtet ist oder sein kann oder
  (ii) der auf andere Weise als durch den Austausch eines festen Betrags von Zahlungsmitteln oder anderen finanziellen Vermögenswerten gegen eine feste Anzahl von Eigenkapitalinstrumenten des Unternehmens erfüllt werden wird oder kann. In diesem Sinne beinhalten die Eigenkapitalinstrumente des Unternehmens keine Instrumente, die selbst Verträge über den künftigen Empfang oder die künftige Abgabe von Eigenkapitalinstrumenten des Unternehmens darstellen;

ist.

Fortgeführte Anschaffungskosten eines finanziellen Vermögenswertes oder einer finanziellen Verbindlichkeit (*amortised cost of a financial asset or financial liability*): Der Betrag, mit dem ein finanzieller Vermögenswert oder eine finanzielle Verbindlichkeit bei erstmaliger Erfassung bewertet wird, abzüglich Tilgungen, zuzüglich oder abzüglich der kumulierten Amortisation einer etwaigen Differenz zwischen diesem ursprünglichen Betrag und dem bei Endfälligkeit rückzahlbaren Betrag unter Anwendung der Effektivzinsmethode sowie abzüglich einer etwaigen Minderung (entweder direkt oder mithilfe eines Wertberichtigungskontos) für Wertminderungen oder Uneinbringlichkeit.

Gesichertes Grundgeschäft (*hedged item*): Im Sinne der besonderen Bilanzierung von Sicherungsbeziehungen für KMU nach IFRS-SMEs Abschn. 12 dieses Standards ist ein gesichertes Grundgeschäft

(a) das Zinsänderungsrisiko eines zu fortgeführten Anschaffungskosten bewerteten Schuldinstruments;
(b) das Wechselkursrisiko eines schwebendes Geschäfts oder einer mit hoher Wahrscheinlichkeit erwarteten zukünftigen Transaktion;
(c) das Preisänderungsrisiko eines im Besitz befindlichen Rohstoffes oder eines schwebenden Geschäfts oder einer mit hoher Wahrscheinlichkeit erwarteten zukünftigen Transaktion zum Kauf oder Verkauf eines Rohstoffs oder
(d) das Fremdwährungsrisiko einer Nettoinvestition in einen ausländischen Geschäftsbetrieb.

Hochwahrscheinlich (*highly probable*): Deutlich mehr als nur wahrscheinlich.

Hybrides Finanzinstrument (*compound financial instrument*): Ein Finanzinstrument, das aus Sicht des Emittenten sowohl ein Eigenkapital- als auch Fremdkapitalelement enthält.

Kalkulatorischer Zinssatz (*imputed rate of interest*): Der verlässlicher bestimmbare der folgenden beiden Zinssätze:

(a) der für eine vergleichbare Finanzierung bei vergleichbarer Bonität des Schuldners geltende Zinssatz oder

(b) der Zinssatz, mit dem der Nominalbetrag des Instruments auf den gegenwärtigen Barzahlungspreis für die verkauften Güter oder Dienstleistungen diskontiert wird.

Nominalvolumen (*notional amount*): Die Anzahl an Währungseinheiten, Anteilen, Bündeln, Gewichts- oder anderen definierten Einheiten, die in einem Finanzinstrumentevertrag festgelegt sind.

Öffentlich gehandelt (Schuld- oder Eigenkapitalinstrumente) (*publicly traded (debt or equity instruments)*): In einem öffentlichen Markt (in- oder ausländische Börse oder außerbörslicher Markt, einschließlich lokale Märkte) gehandelt oder kurz vor der Einführung, die einen solchen Handel zukünftig ermöglicht.

Sicherungsinstrument (*hedging instrument*): Im Sinne der besonderen Bilanzierung von Sicherungsbeziehungen für KMU nach IFRS-SMEs Abschn. 12 dieses Standards ist ein Sicherungsinstrument ein Finanzinstrument, das alle folgenden Eigenschaften aufweist:

(a) Es handelt sich um einen Zinsswap, einen Währungsswap, ein Devisentermingeschäft oder ein Warentermingeschäft, von dem erwartet wird, dass er/es hochwirksam ist im Ausgleich eines in 12.17 genannten Risikos, welches als gesichertes Risiko designiert wurde;
(b) mit einer externen Gegenpartei (dh. einer Gegenpartei, die nicht dem Konzern, Segment oder dem Unternehmen zuzurechnen ist, über das berichtet wird);
(c) dessen Nominalvolumen dem Nominalvolumen des designierten Tilgungsbetrags oder Nominalvolumen des gesicherten Grundgeschäfts entspricht;
(d) dessen Laufzeit nicht später endet als
    (i) die des gesicherten Finanzinstruments,
    (ii) der erwartete Erfüllungstag des Warenverkaufs- oder -Kaufgeschäfts,
    (iii) der Eintrittszeitpunkt des erwarteten hochwahrscheinlichen zukünftigen währungs- oder warenbezogenen Geschäftsvorfalls, der gesichert wird,
(e) der/das keine vorzeitige Erfüllung, Rückzahlung oder Laufzeitverlängerung vorsieht.

Ein Unternehmen, das sich entschließt, IAS 39 für die Bilanzierung von Finanzinstrumenten anzuwenden, hat die Definition für ein Sicherungsinstrument aus diesem Standard statt der hier aufgeführten Definition anzuwenden.

Wertminderungsaufwand (*impairment loss*): Der Betrag, um den der Buchwert eines Vermögenswerts (a) im Falle von Vorräten seinen Verkaufserlös abzüglich der Kosten bis zur Fertigstellung und Veräußerung oder (b) im Falle anderer Vermögenswerte dessen *fair value* abzüglich Veräußerungskosten überschreitet.

Wirksamkeit einer Sicherung (*effectiveness of a hedge*): Das Ausmaß, in dem die einem gesicherten Risiko zurechenbaren Änderungen des *fair value* oder der Cashflows des Grundgeschäfts durch Änderungen des *fair value* oder der Cashflows des Sicherungsinstruments kompensiert werden.

Zahlungsmittel (*Cash*): Barmittel und Sichteinlagen

B. Bilanzierungsschritte

I. Ansatz

55 Ein Unternehmen erfasst ein Finanzinstrument in der Bilanz zu dem Zeitpunkt, an dem es Vertragspartei geworden ist (IFRS-SMEs Abschn. 11.12).

II. Ausweis

56 Spezifische Vorgaben zum Ausweis enthalten IFRS-SMEs Abschn. 11 und IFRS-SMEs Abschn. 12 nicht. Die Frage, wie Finanzinstrumente ausgewiesen werden, umfasst

(1) die Gliederung von Bilanz und Gewinn- und Verlustrechnung sowie
(2) die eventuelle Aufrechnung von finanziellen Vermögenswerten mit finanziellen Schulden und von finanziellen Schulden mit Vermögenswerten.

57 Zu (1)
Einschlägig sind zunächst die »allgemeinen« Gliederungsvorgaben des IFRS-SMEs. Danach hat die Bilanz zwingend bestimmte Posten zu enthalten (IFRS-SMEs Abschn. 4.2, Mindestgliederung), zu denen auch Zahlungsmittel (Barmittel und Sichteinlagen), Forderungen aus Lieferung und Leistung, andere Forderungen und andere finanzielle Vermögenswerte sowie Verbindlichkeiten aus Lieferung und Leistung und andere finanzielle Schulden gehören.

58 Ferner sind finanzielle Vermögenswerte bzw. finanzielle Schulden nur insoweit zusammenzufassen bzw. hinreichend zu untergliedern, also in getrennten Bilanzpositionen zu zeigen, wie es die Natur oder Funktion der einzelnen Instrumente sowie das Prinzip der Wesentlichkeit rechtfertigen bzw. erfordern (IFRS-SMEs Abschn. 3.15).

59 Daneben ist die Gliederung in kurz- und langfristige finanzielle Vermögenswerte bzw. Schulden (IFRS-SMEs Abschn. 4.4 ff.) beachtlich.

60 Hinzu treten spezifische Angabepflichten in IFRS-SMEs Abschn. 11. Danach sind die folgenden Beträge entweder in der Bilanz oder im Anhang anzugeben:

(a) erfolgswirksam zum *fair value* bewertete finanzielle Vermögenswerte (IFRS-SMEs Abschn. 11.1(c)(i) sowie IFRS-SMEs Abschn. 12.8 f.);
(b) finanzielle Vermögenswerte, die Schuldinstrumente sind, und die zu fortgeführten Anschaffungskosten bewertet werden (IFRS-SMEs Abschn. 11.14(a), die Definition der Effektivzinsmethode umfasst auch etwaige in Abzug zu bringende Wertminderungen. De facto handelt es sich daher bei dieser Kategorie um aktivische Schuldinstrumente, die zu fortgeführten Anschaffungskosten abzüglich Wertminderungen bewertet werden);
(c) zu Anschaffungskosten abzüglich Wertminderungen bewertete Eigenkapitalinstrumente (IFRS-SMEs Abschn. 11.14(c)(ii));
(d) erfolgswirksam zum *fair value* bewertete finanzielle Schulden (IFRS-SMEs Abschn. 12.8 f.);
(e) zu fortgeführten Anschaffungskosten bewertete finanzielle Schulden (IFRS-SMEs Abschn. 11.14(a)) und
(f) zu Anschaffungskosten abzüglich Wertminderungen bewertete Kreditzusagen (IFRS-SMEs Abschn. 11.14(b)).

Sofern das Unternehmen in der Bilanz eine entsprechende Gliederung iSd. obigen Untergruppen von Finanzinstrumenten wählt, können die Angaben im Anhang entfallen.

61 Zu (2)
Auch hinsichtlich einer eventuellen **Saldierung** sind ausschließlich die allgemeinen Vorgaben in IFRS-SMEs Abschn. 2.52 einschlägig. Danach ist eine Verrechnung (Saldierung) von Vermögenswerten und Schulden grundsätzlich unzulässig und demzufolge ein Bruttoausweis verpflichtend, es sei denn, eine Saldierung ist durch den IFRS-SMEs explizit verlangt oder zulässig.

62 Gleichwohl ist davon auszugehen, dass bei Finanzinstrumenten eine Saldierung bei Erfüllen sehr enger Voraussetzungen verpflichtend ist, nämlich wenn:

(a) das bilanzierende Unternehmen zum **Berichtszeitpunkt** einen **Rechtsanspruch** darauf hat, die erfassten Beträge miteinander zu verrechnen; und
(b) das Unternehmen die **dokumentierte Absicht** hat, von diesem Recht Gebrauch zu machen, dh. bei der Tilgung der Verbindlichkeit den Vermögenswert in Abzug zu bringen

(Tilgung auf saldierter Basis). Als Rechtsanspruch (a) kommt insbesondere eine Aufrechnungslage gem. § 387 BGB in Betracht. Diese setzt voraus, dass Forderung und Verbindlichkeit gleichartig sein müssen und dass die Forderung fällig und die Verbindlichkeit erfüllbar sein muss.

III. Bewertung

1. Erstbewertung

a. *Erfassung zum Transaktionspreis einschließlich Transaktionskosten*

63 Die Bewertung bei erstmaliger Erfassung ist in IFRS-SMEs Abschn. 11.13 normiert und erfolgt grundsätzlich zum **Transaktionspreis**. Dabei werden Transaktionskosten addiert (finanzielle Vermögenswerte) bzw. abgezogen (finanzielle Schulden), es sei denn, das Finanzinstrument wird in der Folge erfolgswirksam zum *fair value* bilanziert. Bei diesem Bewertungskonzept wäre die Berücksichtigung von Transaktionskosten nicht sinnvoll, weil sie auch bei der Folgebewertung nicht berücksichtigt werden können, denn sie sind kein Bestandteil des *fair value*.

b. *Transaktionskosten*

64 Welche Kosten den Transaktionskosten zu subsumieren sind, ist im IFRS-SMEs nicht normiert.

Sachlogisch umfassen Transaktionskosten all jene Kosten und (Bearbeitungs-)Entgelte, die bei der Aufnahme des Darlehens anfallen. Hierzu müssen diese Kosten der einzelnen Darlehensaufnahme **direkt zurechenbar** sein und es muss sich um Kosten handeln, die **ohne die Darlehensaufnahme nicht angefallen wären**. In der Praxis ist hier vor allem an das sog. einmalige Bearbeitungsentgelt zu denken, welches von Kreditinstituten für gewöhnlich bei der Darlehensgewährung in Rechnung gestellt wird und das insbesondere die Kosten der Prüfung des Kreditantrages decken soll. Andere mögliche Transaktionskosten sind Honorare für Berater und Makler sowie etwaige Steuern und Gebühren. Nicht unter die Transaktionskosten fallen ein Agio (Aufgeld) oder ein Disagio (Abgeld), Finanzierungskosten oder Gemeinkosten des Darlehensnehmers (zB Verwaltungskosten). Allerdings geht ein etwaiges Auf- oder Abgeld in die Berechnung des Effektivzinssatzes ein.

c. *Im Transaktionspreis enthaltenes Finanzierungselement*

65 Insbesondere bei Forderungen und Verbindlichkeiten aus Lieferung und Leistung ist zusätzlich zu prüfen, ob das jeweilige Zahlungsziel geschäftsüblich ist. Ist das nicht der Fall und wird bspw. ein Zahlungsziel gewährt, welches das geschäftsübliche Zahlungsziel übersteigt, so ist ein **Finanzierungselement** enthalten: Zu bilanzieren sind dann letztlich zwei Geschäftsvorfälle: Erstens die Veräußerung (bei Forderungen) bzw. der Erwerb (bei Verbindlichkeiten) von Gütern oder Dienstleistungen (Forderung) zum Barwert des Kaufpreises bei Fälligkeit und zweitens eine Kreditgewährung in Gestalt der Stundung bis zur Fälligkeit. Die Differenz zwischen dem nominalen Kaufpreis und dem Barwert stellt das Entgelt (Zins) für das Finanzierungselement dar. Dieses Entgelt ist als Zinsaufwand (Verbindlichkeiten) bzw. Zinsertrag (Forderungen) zu erfassen. Um den Barwert zu ermitteln, ist der nominale Kaufpreis mit einem Zinssatz zu diskontieren, der der Bonität des Schuldners entspricht.

66 Der risikoadäquate Zinssatz lässt sich im Fall von Verbindlichkeiten vereinfachend über den Effektivzins der zuletzt aufgenommenen Finanzierungsmittel oder den aktuell einschlägigen Zinssatz für allgemeine Betriebsmittelkredite bzw. genehmigte Überziehungen des Kontokorrentkontos feststellen. Bei Forderungen aus Lieferung und Leistung ist es nicht zu beanstan-

den, wenn vom durchschnittlichen Ausfallrisiko des Gesamtbestandes an Forderungen aus Lieferung und Leistung ausgegangen wird, sofern nicht besondere Umstände in der Person des Schuldners vorliegen, die ein wesentlich anderes Ausfallrisiko nahelegen. Eine in Bezug auf das Ausfallrisiko adäquate Risikoprämie lässt sich am Kapitalmarkt beobachten. Alternativ kann auf die Risikoprämie abgestellt werden, die im Rahmen der internen Kostenrechnung in die Verkaufspreise für Ausfälle von Debitoren eingerechnet werden, sofern keine Hinweise vorliegen, dass die Risikoprämien dem Ausfallrisiko nicht entsprechen.

2. Folgebewertung

a. *Bewertung zu (fortgeführten) Anschaffungskosten unter Anwendung der Effektivzinsmethode*

67 Im Regelfall sind alle Finanzinstrumente, die in den Anwendungsbereich des IFRS-SMEs Abschn. 11 fallen (»einfache« Finanzinstrumente) zu (fortgeführten) Anschaffungskosten unter Anwendung der sog. Effektivzinsmethode zu bewerten (IFRS-SMEs Abschn. 11.14). Angesprochen sind

(1) sämtliche »einfachen« Schuldinstrumente (hierunter sind alle Schuldinstrumente im Anwendungsbereich des IFRS-SMEs Abschn. 11 zu verstehen, vgl. Tz. 33 ff.), die zu fortgeführten Anschaffungskosten bewertet werden;
(2) sämtliche »einfachen« Kreditzusagen (vgl. Tz. 30 ff.), die zu Anschaffungskosten bewertet werden; die Anschaffungskosten können einerseits Null sein, andererseits ist denkbar, dass ein einmaliges Bearbeitungsentgelt zur Bearbeitung des Kreditantrages in Rechnung gestellt wird, der der Kreditzusage regelmäßig vorausgeht (zu Bereitstellungsprovisionen vgl. Tz. 68 ff.);
(3) sämtliche »einfachen« Eigenkapitalinstrumente, die nicht öffentlich gehandelt werden und bei denen sich der *fair value* nicht auf andere Weise verlässlich ermitteln lässt; solche Eigenkapitalinstrumente sind zu Anschaffungskosten zu bewerten.

Bei allen zuvor angesprochenen Finanzinstrumenten sind zusätzlich ggf. **Wertminderungen** zu erfassen (vgl. Tz. 73 ff.).

68 Zu (2)

Das im Hinblick auf die Bearbeitung eines Kreditantrages in Rechnung gestellte Bearbeitungsentgelt wird teilweise auch als (einmalige) Bereitstellungsprovision bezeichnet. Dabei handelt es sich um Entgelte für zugesagte, aber noch nicht valutierte Kredite, bei denen die Inanspruchnahme des Kredits

- entweder vom Eintreten von Bedingungen abhängt, die außerhalb der Einflusssphäre sowohl der Bank als auch des Kreditnehmers liegen (zB Kredit zur Finanzierung eines Unternehmenserwerbes, wobei der Vollzug des Unternehmenserwerbes von einer kartellrechtlichen Genehmigung abhängt) oder
- der Kreditnehmer noch nicht alle Voraussetzungen für die Valutierung geschaffen hat (zB rechtswirksame Bestellung vereinbarter Sicherheiten).

69 Auch eine solche Bereitstellungsprovision stellt Anschaffungskosten der Kreditzusage dar und ist entsprechend zu aktivieren. Dies gilt dann, wenn und solange die Inanspruchnahme des Kredites überwiegend wahrscheinlich ist. Wird der Kredit in Anspruch genommen, geht die Bereitstellungsprovision als Bestandteil der Transaktionskosten in die Effektivzinsmethode des Kredites ein. Erfolgt entgegen der ursprünglichen Erwartung keine Inanspruchnahme des Darlehens, so ist die Bereitstellungsprovision aufwandswirksam auszubuchen.

70 Von diesen einmaligen Bereitstellungsprovisionen zu unterscheiden sind Bereitstellungsprovisionen für Kreditlinien, die der Kreditnehmer jederzeit in Anspruch nehmen kann. In diesem

Fall zahlt der Kreditnehmer zumeist entweder Zinsen (bei Inanspruchnahme) oder eine Bereitstellungsprovision, die auf den nicht in Anspruch genommenen Kreditbetrag berechnet wird. Die Bereitstellungsprovisionen haben dann eher den Charakter einer Dienstleistung, die darin besteht, dass jederzeit ein Kredit in Anspruch genommen werden kann (möglicherweise, aber nicht zwingend zu im Vorhinein vereinbarten Konditionen).

71 Die aufwandswirksame Erfassung der Bereitstellungsprovisionen erfolgt dann nicht über die Effektivzinsmethode. Da der Kredit keine feste Laufzeit aufweist, wäre die Effektivzinsmethode schon technisch gar nicht anwendbar. Vielmehr sollte die Erfassung – dem Charakter einer Dienstleistung entsprechend, die über die Laufzeit der Zusage sukzessive erbracht wird – dann aufwandswirksam erfolgen, wenn die Provision von der kreditgebenden Bank in Rechnung gestellt wird, dh. bei Fälligkeit.

b. *Bewertung zum fair value*

72 Eine Bewertung zum *fair value* ist bei »einfachen« Finanzinstrumenten verpflichtend nur für Eigenkapitalinstrumente, die öffentlich gehandelt werden oder bei denen der *fair value* auf andere Weise verlässlich ermittelt werden kann (IFRS-SMEs Abschn. 11.14(c)(i)). Diese Bewertung ist Ausfluss

(1) der grundlegenden Wertung des IASB, dass bei Eigenkapitalinstrumenten die Bilanzierung zum *fair value* regelmäßig entscheidungsnützlichere Informationen vermittelt als die Bilanzierung zu Anschaffungskosten;
(2) der *fair value* sich aber, wenn das Eigenkapitalinstrument nicht öffentlich gehandelt wird, nur ausnahmsweise verlässlich ermitteln lässt und die Ermittlung regelmäßig aufwändig ist. Vor dem Hintergrund der *fair presentation* (getreue Darstellung, vgl. IFRS-SMEs Abschn. 3.2) und der Abwägung zwischen Kosten und Nutzen (IFRS-SMEs Abschn. 2.13 f.) ist in diesen Fällen der Bilanzierung zu Anschaffungskosten der Vorzug zu geben.

Die Beschränkung auf nur zwei Bewertungskonzepte soll die Komplexität der Normen reduzieren und die Vergleichbarkeit (und damit einhergehend den Entscheidungsnutzen) der Informationen erhöhen (vgl. IFRS-SMEs.BC100). Nähere Hinweise, wann ein *fair value* als verlässlich ermittelbar gilt, enthält IFRS-SMEs Abschn. 11.30 f. (vgl. Tz. 109 ff.).

c. *Wertminderungen*

ca. *Objektive Hinweise*

73 Die Prüfung und ggf. Erfassung von Wertminderungen ist nur einschlägig für finanzielle Vermögenswerte, die zu fortgeführten Anschaffungskosten oder Anschaffungskosten bewertet werden. Bei einer erfolgswirksamen Fair-Value-Bewertung fließen eingetretene oder erwartete Wertminderungen per Definition in den *fair value* ein und werden automatisch aufwandswirksam berücksichtigt.

74 Der IFRS-SMEs setzt – wie IAS 39 de lege lata – auf ein sog. *incurred-loss*-Konzept. Im November 2009 hat der IASB mit der Veröffentlichung des ED/2009/12 (zur Überarbeitung von IAS 39 vgl. Tz. 51 ff.) vorgeschlagen, künftig auf ein sog. *expected-loss*-Konzept zu setzen. Ob die Vorschläge umgesetzt werden, entscheidet sich erst nach Ende der Frist für Stellungnahmen, die im Sommer 2010 endet. Bei einem *incurred-loss*-Konzept werden nur eingetretene (»*incurred*«) Ausfälle bei finanziellen Vermögenswerten erfasst. Eine bloße Änderung der Wahrscheinlichkeit eines Ausfalls, wie sie sich bspw. in einer Verschlechterung eines Ratings ausdrückt, ist per se unbeachtlich. Im Rahmen dieses *incurred-loss*-Konzepts bedarf es vielmehr sog. »objektiver Hinweise«, die einen **eingetretenen Ausfall indizieren**.

75 Die Unterscheidung zwischen einem bloß »erwarteten« und einem im Sinne des *incurred-loss*-Konzepts »eingetretenen« Verlust ist indes nicht vollends trennscharf: Strenggenommen ist nämlich auch ein »eingetretener« Ausfall nur ein »erwarteter« Ausfall. Eingetreten ist der Ausfall, wenn er feststeht, wie bspw. durch den Abschluss eines Insolvenzverfahrens oder einen Forderungsverzicht. Vorher sind Ausfälle nur mehr oder weniger wahrscheinlich. Das *incurred-loss*-Konzept lässt sich konzeptionell daher eigentlich eher als ein Konzept auf der Grundlage erwarteter Verluste mit zusätzlicher Objektivierungsschwelle in Gestalt des Vorliegens objektiver Hinweise charakterisieren (vgl. Schmidt, 2010, 288). Dadurch entspricht es trotz seiner konzeptionellen Nachteile (vgl. ebenda) eher der Zielsetzung des IFRS-SMEs: Gegenüber alternativ denkbaren Konzepten auf der Grundlage erwarteter Ausfälle stellt es sich in seiner praktischen Anwendung deutlich einfacher dar. Insbesondere entfällt bei Nicht-Vorliegen von objektiven Hinweisen weiterer Handlungsbedarf. Umgekehrt formuliert, besteht der Handlungsbedarf lediglich darin, **am Ende der Berichtsperiode** (vgl. IFRS-SMEs Abschn. 11.21) das Vorliegen von objektiven Hinweisen zu prüfen (vgl. Schmidt, 2010, 292 f.). Das »Warten« auf objektive Hinweise stellt zugleich eine sachgerechte Objektivierung der Informationen zu Wertminderungen dar.

76 IFRS-SMEs Abschn. 11.22 enthält mögliche »objektive Hinweise«:

(a) erhebliche finanzielle Schwierigkeiten des Emittenten oder des Schuldners;
(b) ein Vertragsbruch wie bspw. ein Ausfall oder Verzug von Zins- oder Tilgungszahlungen;
(c) Zugeständnisse, die der Gläubiger dem Schuldner aus wirtschaftlichen oder rechtlichen Gründen im Zusammenhang mit den finanziellen Schwierigkeiten des Schuldners macht, ansonsten aber nicht gewähren würde;
(d) eine Insolvenz oder ein sonstiges Sanierungsverfahren wird wahrscheinlich (das Glossar des IFRS-SMEs definiert »wahrscheinlich« als »es spricht mehr dafür als dagegen«. Dieses Verständnis entspricht dem Begriff der »überwiegenden Wahrscheinlichkeit« im Sinne der deutschen Grundsätze ordnungsmäßiger Buchführung);
(e) beobachtbare Daten, die auf eine messbare Verringerung der erwarteten künftigen Zahlungsströme aus einer Gruppe von finanziellen Vermögenswerten seit deren erstmaligem Ansatz hinweisen, auch wenn die Verringerung noch nicht den einzelnen finanziellen Vermögenswerten der Gruppe zugeordnet werden kann, wie zB nachteilige volkswirtschaftliche oder regionale wirtschaftliche Bedingungen oder nachteilige Veränderungen in den Branchenbedingungen.

77 Ob objektive Hinweise vorliegen, unterliegt teilweise einem gewissen Ermessensspielraum: So dürfte sich bspw. nicht eindeutig bestimmen lassen, ob nachteilige Veränderungen in den Branchenbedingungen sich auch auf den konkret zu bewertenden finanziellen Vermögenswert in Gestalt einer messbaren Verringerung der erwarteten künftigen Zahlungsströme auswirken. Bei anderen objektiven Hinweisen besteht ein solcher Ermessensspielraum nicht, bspw. bei Ausfall oder Verzug von Zins- oder Tilgungszahlungen.

78 Ferner besteht bei den objektiven Hinweisen des IFRS-SMEs Abschn. 11.22 kein weiterer Ermessensspielraum, ob tatsächlich eine Wertminderung zu erfassen ist, wenn objektive Hinweise vorliegen. Dies ergibt sich aus dem Wortlaut (»*Objective evidence that a financial asset **is impaired** [...]*«, Hervorhebung hinzugefügt). Liegen demnach objektive Hinweise vor, so ist auch zwingend die entsprechende Wertminderung zu erfassen.

79 Etwas Anderes gilt für die Hinweise in IFRS-SMEs Abschn. 11.23 (»*Other factors **may** also be evidence of impairment [...]*, Hervorhebung hinzugefügt). Wird festgestellt, dass solche Hinweise vorliegen, ist in einem zweiten Schritt zu prüfen, ob damit eine Wertminderung einhergeht. Die Hinweise in IFRS-SMEs Abschn. 11.23 betreffen wesentliche Veränderungen mit nachteiliger Wirkung im technologischen, marktbezogenen, wirtschaftlichen oder rechtlichen Umfeld, in dem der Emittent bzw. Schuldner tätig ist.

cb. Besonderheiten bei Eigenkapitalinstrumenten, die zu Anschaffungskosten bewertet werden

cb.1. Objektive Hinweise bei Eigenkapitalinstrumenten

80 Die in IFRS-SMEs Abschn. 11.22 f. genannten »objektiven Hinweise« sind für die Prüfung, ob bei einem Eigenkapitalinstrument Wertminderungen aufgetreten sind, teilweise ungeeignet: Sie stellen überwiegend auf vertragliche Zahlungsströme ab, deren Ausbleiben (»Vertragsbruch«) dann einen sachgerechten Hinweis auf eine Wertminderung bedeutet. Auch »Zugeständnisse« (IFRS-SMEs Abschn. 11.22(c)) kann es bei Eigenkapitalinstrumenten schon deshalb nicht geben, weil gar keine Zahlungen vertraglich geschuldet werden, sondern diese gewinnabhängig erfolgen (= Dividenden, Ausschüttungen). Die Liste in IFRS-SMEs Abschn. 11.22 f. ist jedoch nur beispielhaft und nicht abschließend. Insbesondere bei Eigenkapitalinstrumenten kommen daher auch andere Hinweise in Betracht. Beachtlich ist, dass Eigenkapitalinstrumente nur dann dem Wertminderungskonzept unterliegen, wenn sie zu Anschaffungskosten bewertet werden und nicht zum *fair value* (vgl. Tz. 72, 109 ff.).

81 Bei Eigenkapitalinstrumenten stellt auch ein **Sinken des *fair value* unter die Anschaffungskosten** einen objektiven Hinweis dar, der einen Wertberichtigungsbedarf auslöst. Dies gilt zumindest dann, wenn der *fair value* die Anschaffungskosten

(a) für einen längeren Zeitraum oder
(b) nicht nur unwesentlich

unterschreitet.

82 Zu (a)

Eine Unterschreitung über einen längeren Zeitraum dürfte sich nur mit Einschränkungen feststellen lassen: Erstens muss eine Prüfung des Vorliegens objektiver Hinweise nur am Berichtsstichtag erfolgen; zwischenzeitlich besteht keine diesbezügliche Verpflichtung. Zweitens kann der *fair value* bei einer Bewertung zu fortgeführten Anschaffungskosten definitionsgemäß mangels öffentlichen Handels nicht beobachtet und auch nicht anderweitig verlässlich ermittelt werden. Es lässt sich also praktisch nicht feststellen, für welchen Zeitraum der *fair value* ggf. gemindert war. Eine Verpflichtung, stetig einen *fair value* etwa durch Unternehmensbewertung zu bestimmen, lässt sich nicht aus dem Standard ableiten; eine solche Ermittlung wäre zudem extrem aufwändig und widerspräche eklatant dem Kosten/Nutzen-Prinzip.

83 Zu (b)

Im Hinblick auf das Ausmaß, mit dem der *fair value* die Anschaffungskosten unterschreitet, ließe sich allerdings argumentieren, dass zwar ein *fair value* nicht verlässlich ermittelt werden kann, die Prüfung, ob der *fair value* unter den Anschaffungskosten liegt, aber trotzdem durchführbar ist. Wenn sich bspw. der *fair value* nur in einer Bandbreite ermitteln lässt (also nur grob schätzen lässt), sämtliche Werte der Bandbreite aber nicht unwesentlich unter den Anschaffungskosten liegen, so lägen sowohl ein objektiver Hinweis auf eine Wertminderung und zugleich (in einer Bandbreite) das Ausmaß dieser Wertminderung vor. Letztlich unterscheiden sich Prüfung und Vorgehen daher kaum von der Erfassung einer außerplanmäßigen Abschreibung gem. § 253 HGB.

cb.2. Hinweise zum praktischen Vorgehen

84 Zunächst können diejenigen Fälle ausgesondert werden, bei denen solche objektiven Hinweise vorliegen, die explizit in IFRS-SMEs Abschn. 11.22 f. genannt sind. Beispielsweise lösen negative Umfeldveränderungen ohnehin weiteren Handlungs- und Prüfungsbedarf aus (näherungsweise Bestimmung des *fair value*, um festzustellen, in welchem Verhältnis Bandbreite des *fair value* und Anschaffungskosten stehen). Eine negative Umfeldveränderung wird etwa indiziert durch Kursrückgänge bei vergleichbaren börsennotierten Unternehmen. Kursrückgänge bei mehreren Unternehmen der gleichen Branche deuten auf entsprechende Umfeldveränderungen hin, die für alle Unternehmen einer Branche und damit auch für das zu bewertende nicht börsennotierte Eigenkapitalinstrument relevant sind.

85 Fraglich ist insbesondere das praktische Vorgehen bei Eigenkapitalinstrumenten von Unternehmen, bei denen **keinerlei** Umfeldveränderungen mit negativen Auswirkungen festgestellt werden können. Eine Verpflichtung, in diesem Fall zu jedem Berichtsstichtag den *fair value* zu ermitteln, lässt sich dem IFRS-SMEs nicht entnehmen. Eine solche Verpflichtung widerspräche auch dem Normzweck: Die Vorgabe von möglichen objektiven Hinweise im IFRS-SMEs soll erreichen, dass eine Quantifizierung der Wertminderung (IFRS-SMEs Abschn. 11.25) gerade nicht immer, sondern eben nur bei Vorliegen dieser Hinweise erfolgt.

86 Man wird aber auch nicht umgekehrt argumentieren können, dass in Unkenntnis des *fair value* jegliche Prüfung, ob Wertminderungen vorliegen, unterbleiben kann. Dies würde zudem dazu führen, dass sich das Unternehmen erst durch das Entfalten entsprechender Prüfungsaktivitäten selber in die Lage versetzt, überhaupt einen objektiven Hinweis feststellen zu können. Auch diese Schlussfolgerung widerspricht dem Normzweck, denn das Unternehmen kann sich nicht auf die Unkenntnis von objektiven Hinweisen berufen, wenn diese Hinweise bei angemessener Sorgfalt erkennbar gewesen wären.

87 Im Ergebnis ist daher die Anwendung überschlägiger Verfahren, die wenig aufwändig sind, sowohl notwendig als auch hinreichend. Einen ohne größeren Aufwand prüfbaren Faktor stellt zB das Jahresergebnis des betreffenden Unternehmens dar; ein Rückgang dieses Ergebnisses, womöglich sogar über mehrere Perioden, muss in jedem Fall Anlass für genauere Prüfungen sein. Auf das Jahresergebnis aufbauend lässt sich auch ein einfaches Preisfindungsverfahren, etwa ein Multiplikatorverfahren, anwenden. Dabei wird das Jahresergebnis mit einem branchenüblichen Faktor (»Multiplikator«) multipliziert, um überschlägig einen Preis für das Unternehmen zu ermitteln.

cc. Einzel- oder Portfoliobetrachtung

88 Ähnlich dem HGB erlaubt auch der IFRS-SMEs bei der Prüfung und Erfassung von Wertminderungen sowohl eine Einzelbetrachtung (dh. einzelne finanzielle Vermögenswerte werden betrachtet) als auch eine Portfoliobetrachtung (IFRS-SMEs Abschn. 11.24). Eine Einzelbetrachtung ist dabei vorgeschrieben für

(a) Eigenkapitalinstrumente; dabei kann es sich regelmäßig nur um diejenigen Eigenkapitalinstrumente handeln, die zu fortgeführten Anschaffungskosten bewertet werden (vgl. Tz. 72, 109 ff. sowie zum praktischen Vorgehen vgl. Tz. 84 f.) sowie
(b) andere finanzielle Vermögenswerte (bei denen es sich im Umkehrschluss aus (a) nur um Schuldinstrumente oder erhaltene Kreditzusagen handeln kann), die einzeln erheblich (*significant*) sind.

89 Wann ein Schuldinstrument einzeln erheblich ist, regelt der Standard nicht, und ist daher im Wege der Auslegung zu ermitteln:

Ähnlich wie die Wesentlichkeit einer Information wird die Erheblichkeit eines Schuldinstrumentes sowohl durch qualitative und quantitative Eigenschaften bestimmt. (Eine Information ist dann wesentlich, wenn ihr Weglassen die Entscheidungen der Adressaten des Abschlusses beeinflussen könnte, vgl. IFRS-SMEs Abschn. 2.6.) Als Anknüpfungspunkt für quantitative Schwellenwerte eignen sich der gesamte Bestand der zu fortgeführten Anschaffungskosten bewerteten Schuldinstrumente sowie das Jahresergebnis. Als überschlägige Entscheidungsregeln, die indes um qualitative Aspekte ergänzt werden müssen und eine Gesamtbetrachtung nicht ersetzen, könnten dienen:

- Schuldinstrumente, deren Buchwerte 5% des Gesamtbestandes der Schuldinstrumente, die zu fortgeführten Anschaffungskosten bewertet werden, übersteigen oder
- jedes Schuldinstrument, dessen Totalausfall das Jahresergebnis wesentlich verringern würde.

Für alle übrigen finanziellen Vermögenswerte, die zu (fortgeführten) Anschaffungskosten bewertet werden, kann das Unternehmen zwischen der Einzel- und der Portfoliobetrachtung wählen (IFRS-SMEs Abschn. 11.24). **90**

Die Portfoliobetrachtung dient zwei Zwecken: Erstens kann die Situation vorliegen, dass zwar objektive Hinweise in Bezug auf einen Bestand an Schuldinstrumenten vorliegen, die auf Ausfälle hindeuten; die Ausfälle lassen sich aber noch nicht einzelnen Schuldinstrumenten zuordnen. Ähnlich wie bei Garantierückstellungen führt erst die Portfoliobetrachtung aufgrund der Anwendbarkeit bestimmter statistischer Zusammenhänge (zB das sog. Gesetz der großen Zahlen) zu einer entscheidungsnützlichen Bemessung der Wertminderung (höherer Informationsgehalt). Zweitens trägt die Portfoliobetrachtung dem Kosten/Nutzen-Prinzip Rechnung. Selbst wenn eine Einzelbetrachtung möglich wäre, so dürfte wegen der geringeren Buchwerte der einzelnen Schuldinstrumente die gesamte Wertberichtigung für alle Schuldinstrumente nicht wesentlich von derjenigen Wertberichtigung abweichen, die portfoliobasiert ermittelt wird. Durch eine portfoliobasierte Ermittlung kann demnach eine Kostenreduzierung für die Abschlussersteller ohne wesentliche Einschränkungen des (Informations)Nutzens für die Abschlussadressaten erreicht werden. Hieraus lässt sich ableiten, dass unabhängig vom Buchwert des Schuldinstruments eine Einzelbetrachtung erfolgen sollte, wenn objektive Hinweise in Bezug auf ein einzelnes Schuldinstrument vorliegen. **91**

Bei einer Portfoliobetrachtung müssen Portfolien aus Vermögenswerten mit ähnlichen Merkmalen in Bezug auf das Ausfallrisiko gebildet werden. Beispielsweise sollten Schuldinstrumente in Fremdwährung einem separaten Portfolio zugeordnet werden, wobei darauf zu achten ist, dass bei heterogenen Länderrisiken weiter zu untergliedern wäre. Eine Indikation des Länderrisikos bietet bspw. die Prämie, die die Euler Hermes Kreditversicherungs-AG, Anbieterin bzw. Beauftragte für die Ausfuhrgewährleistungen der Bundesrepublik Deutschland, für die Sicherung des »politischen Risikos« eines Darlehens an einen ausländischen Kreditnehmer verlangt. Daneben können Länderrisikoanalysen durch Kreditinstitute, Versicherungen oder Ratingagenturen herangezogen werden. **92**

Wie auch nach dem HGB gilt, dass finanzielle Vermögenswerte entweder einer Einzel- oder einer Portfoliobetrachtung unterzogen werden dürfen. Es ist nicht zulässig, bereits einzelwertberichtigte Schuldinstrumente noch einmal in eine portfoliobasierte Betrachtung einzubeziehen. **93**

Auch das deutsche HGB und das deutsche Ertragsteuerrecht kennen Portfoliowertberichtigungen. Ein bedeutsamer konzeptioneller Unterschied zwischen der Portfoliowertberichtigung nach deutschem Recht und der portfoliobasierten Wertberichtung nach IFRS-SMEs besteht darin, dass auch bei einer portfoliobasierten Betrachtung objektive Hinweise auf einen Ausfall **nach** der erstmaligen Erfassung vorliegen müssen. Es ist demnach nicht zulässig zu unterstellen, dass ein bestimmter Prozentsatz (zB Anteil der ausgefallenen Forderungen des letzten oder eines Durchschnittes der letzten Geschäftsjahre) der Schuldinstrumente ausfallen wird, **ohne** dass es nach der erstmaligen Erfassung objektive Hinweise auf eine Wertminderung gibt. Ob ein bestimmter, prozentualer Ausfall mit Verweis auf Erfahrungen der Vergangenheit **erwartet** wird, ist unerheblich: Im Rahmen des *incurred-loss*-Konzepts des IFRS-SMEs werden auch bei portfoliobasierter Betrachtung nur »**eingetretene**«, dh. durch objektive Hinweise nach Erfassung indizierte, Ausfälle erfasst. **94**

cd. Bemessung der Wertminderung

cd.1. Schuldinstrumente, die zu fortgeführten Anschaffungskosten bewertet werden

Liegt eine Wertminderung vor, so ist in einem zweiten Schritt die Höhe zu bestimmen. Hierzu sind die (durch den Ausfall geminderten) künftigen noch erzielbaren Zahlungsströme zu schätzen und mit dem ursprünglichen Effektivzins auf den Berichtstag zu diskontieren. Auch wenn der IFRS-SMEs dies nicht ausdrücklich erwähnt, ist davon auszugehen, dass die Erlöse **95** aus der Verwertung etwaiger für die Schuldinstrumente gestellter Sicherheiten, die begründet erwartet werden können, in diese Schätzung einzubeziehen sind.

96 Die Differenz zwischen dem wie zuvor beschrieben bestimmten Barwert und dem aktuellen Buchwert stellt die Wertminderung dar.

97 Dabei ist zu beachten, dass bei wertgeminderten Schuldinstrumenten in den Folgeperioden weiterhin die Effektivzinsmethode angewendet wird. Diese bewirkt wiederum eine **Aufzinsung** des Buchwertes, deren Gegenbuchung als Zinsertrag zu erfassen ist:

per	wertgemindertes Schuldinstrument	an	Zinsertrag

98 Sofern sich keine weiteren Wertminderungen ergeben und die Schätzung der künftigen Zahlungsströme zutreffend war, führt die Effektivzinsmethode dazu, dass über den so erfassten Zinsertrag keine weiteren Ergebniseffekte mehr auftreten.

cd.2. Eigenkapitalinstrumente, die zu Anschaffungskosten bewertet werden sowie Kreditzusagen

99 Bei Eigenkapitalinstrumenten ist im Gegensatz zu Schuldinstrumenten bereits mangels Effektivzinses eine Diskontierung der erwarteten künftigen Zahlungsströme nicht möglich. Stattdessen ist der Betrag zu ermitteln, zu dem das Eigenkapitalinstrument veräußert werden könnte; dieser Betrag stellt zugleich den Vergleichswert gegenüber dem Buchwert (Anschaffungskosten) dar. Die Differenz stellt die Wertminderung dar. Konzeptionell handelt es sich bei dem Betrag in IFRS-SMEs Abschn. 11.25(b) um einen Einzelveräußerungspreis, der am Berichtstag erzielt werden könnte. Andere, im deutschen Bilanzrecht als Konkretisierung des niedrigeren beizulegenden Zeitwertes herangezogene Wertmaßstäbe wie der Wiederbeschaffungspreis oder der insbesondere bei Beteiligungen herangezogene Ertragswert, scheiden aus.

100 Falls sich der Einzelveräußerungspreis nur näherungsweise ermitteln lässt, schließt das die Erfassung einer Wertminderung nicht aus. Der IFRS-SMEs gewährt hier gewissermaßen einer Art Vorsichts- und Imparitätsprinzip den Vorrang vor einer exakten Ermittelbarkeit des Wertansatzes (vgl. IFRS-SMEs Abschn. 11.25(b): »*[...] which will necessary be an approximation [...]*«). Der Standard weist auch darauf hin, dass der erzielbare Betrag unter Umständen Null sein kann, wenn in der derzeitigen Marktsituation bei einer Veräußerung des Eigenkapitalinstrumentes kein nennenswerter Preis realisierbar ist.

ce. Erfassung der Wertminderung

101 Jede Wertminderung ist aufwandswirksam im Gewinn und Verlust der Periode zu erfassen. Buchhalterisch kann zwischen zwei Methoden gewählt werden:

(1) die direkte Abschreibung;
(2) die indirekte Abschreibung über ein Wertberichtigungskonto.

Die Zulässigkeit der beiden alternativen Methoden ergibt sich nicht direkt aus IFRS-SMEs Abschn. 11.25, sondern aus dem Wortlaut von IFRS-SMEs Abschn. 11.26. Bei Methode (1) erfolgt die Buchung direkt auf dem Konto des/der betreffenden Schuldinstrumente:

per	Wertminderungsaufwand	an	Schuldinstrument

Bei Methode (2) erfolgt die Buchung dagegen auf einem Wertberichtigungskonto,

per	Wertminderungsaufwand	an	Wertberichtigungskonto

102 Für den Bilanzausweis wird das Bestandskonto »Schuldinstrument« mit dem Wertberichtigungskonto saldiert. Die Ergebnisminderung tritt durch das Aufwandskonto »Wertminderungsaufwand« ein. Bilanz- und Ergebnisausweis unterscheiden sich daher bei beiden Methoden nicht. Methode (2) hat den Vorteil, dass der ursprüngliche Wertansatz vor Erfassung der Wertminderung auf dem Bestandskonto weiterhin in der Buchhaltung erfasst bleibt; es handelt sich gewissermaßen um eine Art Bruttoausweis. Methode (2) bietet sich insbesondere bei portfoliobasierter Betrachtung an, weil die vorgeschriebene weitere Anwendung der Effektivzinsmethode auf diese Art deutlich vereinfacht wird (vgl. für ein Beispiel im Kontext des IAS 39 etwa Grünberger/Klein, 2008).

cf. Zuschreibungen

103 Zuschreibungen sind nach IFRS-SMEs Abschn. 11.26 vorzunehmen, wenn sich die Höhe der Wertminderung in späteren Berichtsperioden verringert und diese Verringerung objektiv auf einen nach der Erfassung der Wertminderung aufgetretenen Sachverhalt zurückgeführt werden kann.

104 Beachtlich ist bei dem Wortlaut des IFRS-SMEs Abschn. 11.26, dass nicht von »objektiven Hinweisen« gesprochen wird (wie im Kontext der Prüfung, ob eine Wertminderung vorliegt), sondern von Sachverhalt (»Event«). Zu vermuten ist aufgrund der unterschiedlichen Wortwahl des Normengebers zunächst, dass an dieses Ereignis auch **andere** Anforderungen zu stellen sind als an einen »objektiven Hinweis«. Als Beispiel für einen Sachverhalt wird auf die Verbesserung des Ratings des Schuldners verwiesen. Dies ist insoweit bemerkenswert, als IAS 39, dessen Normen zu Wertminderungen im Allgemeinen und zu objektiven Hinweisen im Speziellen weitgehend ähnlich aufgebaut sind, eine Ratingverschlechterung **allein nicht** als objektiven Hinweis für eine Wertminderung gelten lässt (vgl. IAS 39.60). Hier soll aber eine Verbesserung des Ratings für eine Wertaufholung ausreichen. Dies ist umso bemerkenswerter, als sich eine Verbesserung des Ratings kaum als einen »Sachverhalt« begreifen lässt. Auch IAS 39 spricht indes im Kontext von Wertaufholungen von »Sachverhalten«.

105 Im Ergebnis ist festzuhalten, dass ein Bedeutungsunterschied zwischen objektiven Hinweisen (Wertminderungen) und Sachverhalten (Wertaufholungen) nicht feststellbar ist. Beide Normen versuchen, Wertminderungen und -aufholungen durch Verweis auf externe Informationen zu objektivieren, um sie von Änderungen in Bezug auf die künftigen Zahlungsströme, die nur auf unternehmensinternen Schätzungen ohne realwirtschaftliche Ereignisse basieren, zu unterscheiden.

106 Wertaufholungen sind stets im Gewinn und Verlust zu erfassen. Buchhalterisch wird dies – je nach der gewählten Methode (vgl. Tz. 101 f.) direkt auf dem Bestandskonto oder indirekt über das Wertberichtigungskonto vollzogen.

d. Bewertung erfolgswirksam zum fair value oder zu Anschaffungskosten

107 Für die Finanzinstrumente im Anwendungsbereich des IFRS-SMEs Abschn. 11 ist eine Bewertung zum *fair value* nur für bestimmte Eigenkapitalinstrumente vorgesehen, nämlich Eigenkapitalinstrumente, die entweder öffentlich gehandelt werden oder bei denen sich der *fair value* auf andere Weise verlässlich ermitteln lässt (vgl. Tz. 67).

108 Ungeachtet dessen enthalten IFRS-SMEs Abschn. 11.27-.29 umfangreiche Vorgaben, wie ein *fair value* in verschiedenen Konstellationen (öffentlicher Handel oder Marktpreise, Bewertungsverfahren, verfügbare Parameter für Bewertungsverfahren) zu ermitteln ist. Ein Großteil der im Anwendungsbereich von IFRS-SMEs Abschn. 11 befindlichen Finanzinstrumente wird aber zu (fortgeführten) Anschaffungskosten bewertet, wohingegen der *fair value* der Bewertungsmaßstab für die komplexen Finanzinstrumente des IFRS-SMEs Abschn. 12 ist. Daher dürften die Vorgaben zur *fair-value*-Ermittlung in IFRS-SMEs Abschn. 11.27-.29 primär bei Finanzinstrumenten im Anwendungsbereich des IFRS-SMEs Abschn. 12 zur Anwendung kommen. Sie sind daher in diesem Werk in der Kommentierung zu IFRS-SMEs Abschn. 12 enthalten (vgl. IFRS-SMEs-Komm., Teil B, Abschn. 12, Tz. 27 ff.).

109 IFRS-SMEs Abschn. 11.30-.32 enthalten zusätzliche Ausführungen zur Frage, in welchen Situationen ein *fair value* auch ohne öffentlichen Handel verlässlich ermittelt werden kann

(IFRS-SMEs Abschn. 11.30-.31) und wie vorzugehen ist, wenn eine verlässliche Ermittelbarkeit zu einem späteren Zeitpunkt nicht mehr gegeben ist (IFRS-SMEs Abschn. 11.32).

110 IFRS-SMEs Abschn. 11.30 führt zunächst aus, wann ein *fair value* auch ohne öffentlichen Handel und damit beobachtbare Marktpreise als verlässlich ermittelbar gilt:

(a) wenn die Bandbreite der möglichen *fair values* nicht erheblich ist oder
(b) wenn sich für die Beträge der Bandbreite Wahrscheinlichkeiten vernünftig ermitteln lassen.

Bei (a) streut der *fair value* nicht groß, so dass durch die Wahl eines geeigneten Betrages innerhalb der Bandbreite (zB Median) weder ein abschlusspolitisches Potential vorliegt, noch eine Irreführung der Abschlussadressaten zu befürchten ist. Der zu bilanzierende *fair value* gilt dann per se als hinreichend verlässlich. Bei (b) streut zwar der *fair value*; auf der Grundlage der Wahrscheinlichkeiten lässt sich aber die Bandbreite zu einem entscheidungsnützlichen Erwartungswert verdichten. In Zusammenhang mit der Angabe der Bandbreite nach IFRS-SMEs Abschn. 11.42 (vgl. Tz. 148 ff.) ist auch ein solcher erwartungswertbasiert ermittelter *fair value* entscheidungsnützlich.

111 IFRS-SMEs Abschn. 11.31 führt aus, dass das Kriterium der verlässlichen Ermittelbarkeit nicht zu eng, aber auch nicht zu weit ausgelegt werden darf. So wäre es mit dem IFRS-SMEs nicht vereinbar, wenn automatisch davon ausgegangen würde, dass ein *fair value* nicht verlässlich ermittelbar sei, nur weil das Eigenkapitalinstrument nicht öffentlich gehandelt würde. Sofern das Eigenkapitalinstrument von einer dritten Partei erworben wird, lässt sich aus Sicht des IASB normaler Weise auch ein *fair value* ermitteln. Dies ist nachvollziehbar, als das erwerbende und zugleich bilanzierende Unternehmen (in Ermangelung eines öffentlichen Handels) irgendein Kalkül zur Feststellung des eigenen Entscheidungswertes sowie zur Preisfindung (Preisfindungsverfahren) angewandt haben muss. (Der Entscheidungswert ist definiert als derjenige Betrag, den das erwerbende Unternehmen rationaler Weise maximal bereit ist zu zahlen.) Dieses Kalkül kann mangels Verfügbarkeit von internen Daten des Emittenten des Eigenkapitalinstruments nur auf öffentlich verfügbaren Daten aufbauen, die dann aber definitionsgemäß idR auch zu späteren Berichtsstichtagen verfügbar sein sollten. (Wegen der widerlegbaren Vermutung in IFRS-SMEs Abschn. 14.3 kann der Anteil an dem emittierenden Unternehmen idR nur unter 20% liegen.) Da ein überschlägiges Preisfindungsverfahren auch ohne größeren Aufwand angewandt werden kann, begegnet diese Vorgabe auch vor dem Hintergrund des Kosten/Nutzen-Prinzips keinen durchgreifenden Bedenken.

112 Fällt die verlässliche Ermittelbarkeit zu einem späteren Zeitpunkt weg (bspw. weil die für das Kalkül benötigten Daten nicht mehr beobachtbar sind), so gilt der letzte Wertansatz, dh. der letzte noch verlässlich ermittelbare *fair value* als Anschaffungskosten. Ab diesem Zeitpunkt sind dann auch Prüfungen auf Wertminderungen obligatorisch (vgl. Tz. 73 ff.).

IV. Ausbuchung

1. Ausbuchung von finanziellen Vermögenswerten

113 Die Ausbuchung von finanziellen Vermögenswerten kann sich in der Beurteilung schnell als komplex erweisen. Bei nicht-finanziellen Vermögenswerten werden die Risiken und Chancen nahezu ausschließlich »als Ganzes« übertragen und dies zumeist auch zusammen mit der Verfügungsmacht an dem Vermögenswert vollzogen. Dagegen stellt sich die abzubildende Realität bei finanziellen Vermögenswerten oftmals komplexer dar:

(1) Nicht alle Risiken und Chancen müssen »zusammen« übertragen werden. Beispielsweise kann ein Veräußerer eines finanziellen Vermögenswertes

- bestimmte Risiken zurückbehalten und andere übertragen; bspw. behält der Veräußerer das Risiko verspäteter Zahlungen zurück und kompensiert den Erwerber für etwaige Zinsschäden, das Ausfallrisiko wird aber übertragen, dh. bei Nicht-Zahlung durch den Schuldner ist der Veräußerer nicht zum Ausgleich verpflichtet; oder
- bestimmte Risiken nur teilweise übertragen; bspw. kann sich der Veräußerer verpflichten, den Erwerber für die ersten Forderungsausfälle in Höhe von X € zu kompensieren oder stets X% eines jeden Ausfalls auszugleichen.

(2) Verfügungsmacht/Kontrolle und Risiken und Chancen können getrennt voneinander übertragen werden; bspw. kann ein Unternehmen sämtliche Forderungen offen an ein drittes Unternehmen (zB ein Factoring- oder Inkassounternehmen) übertragen, welches die Forderungen verwertet und eintreibt; das veräußernde Unternehmen erhält aber nur die Erlöse aus dem Inkasso, trägt also letztlich sämtliche Ausfallrisiken weiterhin.

114 Die Normen für die Ausbuchung sind gegenüber den IFRS vereinfacht (vgl. IFRS-SMEs BC 101 (b)), müssen aber dennoch der Komplexität der ökonomischen Realität Rechnung tragen. Aus diesem Grund wendet der IFRS-SMEs gewissermaßen zwei Prinzipien nebeneinander an. Danach ist ein finanzieller Vermögenswert auszubuchen (IFRS-SMEs Abschn. 11.33), wenn

(1) die vertraglichen Rechte auf die Zahlungsströme auslaufen (weil bspw. Verjährung eintritt, vgl. §§ 241 ff. BGB) oder erfüllt werden (Konstellation 1); oder
(2) das Unternehmen alle substantiellen Risiken und Chancen in Bezug auf den finanziellen Vermögenswert an eine andere Partei überträgt (Risiko/Chancen-Prinzip, Konstellation 2); oder
(3) das Unternehmen die Verfügungsmacht über den Vermögenswert an eine andere Partei übertragen (Kontrollprinzip), aber dabei einige bedeutsame Risiken zurückbehalten hat (Konstellation 3). Dabei wird die Übertragung der Verfügungsmacht danach beurteilt, ob die andere Partei die tatsächliche Fähigkeit hat, den Vermögenswerts in seiner Gesamtheit an einen außenstehenden Dritten weiter zu veräußern, und dies tun kann, ohne dass die Übertragung zusätzlichen Beschränkungen unterliegen muss.

115 In allen drei Fällen hat das Unternehmen den finanziellen Vermögenswert auszubuchen. Da bei Konstellation 3 nicht alle bedeutsamen Risiken und Chancen übertragen (und demzufolge auch bedeutsame Restrisiken/-chancen zurückbehalten) wurden, hat das Unternehmen jegliche im Zuge der Übertragung entstandenen oder zurückbehaltenen Rechte und Verpflichtungen gesondert anzusetzen. In diesem Fall ist der Buchwert des übertragenen Vermögenswerts zwischen den zurückbehaltenen und den übertragenen (= auszubuchenden) Rechten und Verpflichtungen auf der Grundlage ihrer relativen *fair values* zum Zeitpunkt der Übertragung aufzuteilen. Neu entstandene Rechte und Verpflichtungen werden zu ihren *fair values* zu diesem Zeitpunkt bewertet. Etwaige Differenzen zwischen der erhaltenen Gegenleistung und den angesetzten und ausgebuchten Beträgen sind in der Periode der Übertragung im Gewinn und Verlust zu erfassen.

116 Falls das Unternehmen im Rahmen der Übertragung (alle) bedeutsame(n) Risiken und Chancen zurückbehält, scheidet eines Ausbuchung aus (Konstellation 4). Das Unternehmen erfasst demnach den finanziellen Vermögenswert weiterhin, erfasst aber eine finanzielle Verbindlichkeit für die erhaltene Gegenleistung. Der Vermögenswert und die Verbindlichkeit dürfen nicht saldiert werden. In den folgenden Perioden hat das Unternehmen auch sämtliche Erträge (aus dem übertragenen, aber weiter bilanzierten Vermögenswert) und sämtliche Aufwendungen in Bezug auf die finanzielle Verbindlichkeit zu erfassen (IFRS-SMEs Abschn. 11.34).

117 Erfolgt bei der Übertragung der Verfügungsmacht dagegen auch eine Übertragung aller substantiellen Risiken und Chancen, handelt es sich bereits um einen Unterfall von Konstellation 2: Dann braucht die Übertragung der Verfügungsmacht (*control*-Prinzip) gar nicht mehr geprüft werden, weil bereits eine Ausbuchung nach dem Risiko/Chancen-Prinzip erfolgt. Bei Konstellation 2 bleiben nur unerhebliche Restrisiken zurück. Daher brauchen sie auch nicht gesondert erfasst und bilanziert zu werden.

118 Den Entscheidungsweg bei der Ausbuchung finanzieller Vermögenswerte verdeutlicht Abbildung 3.

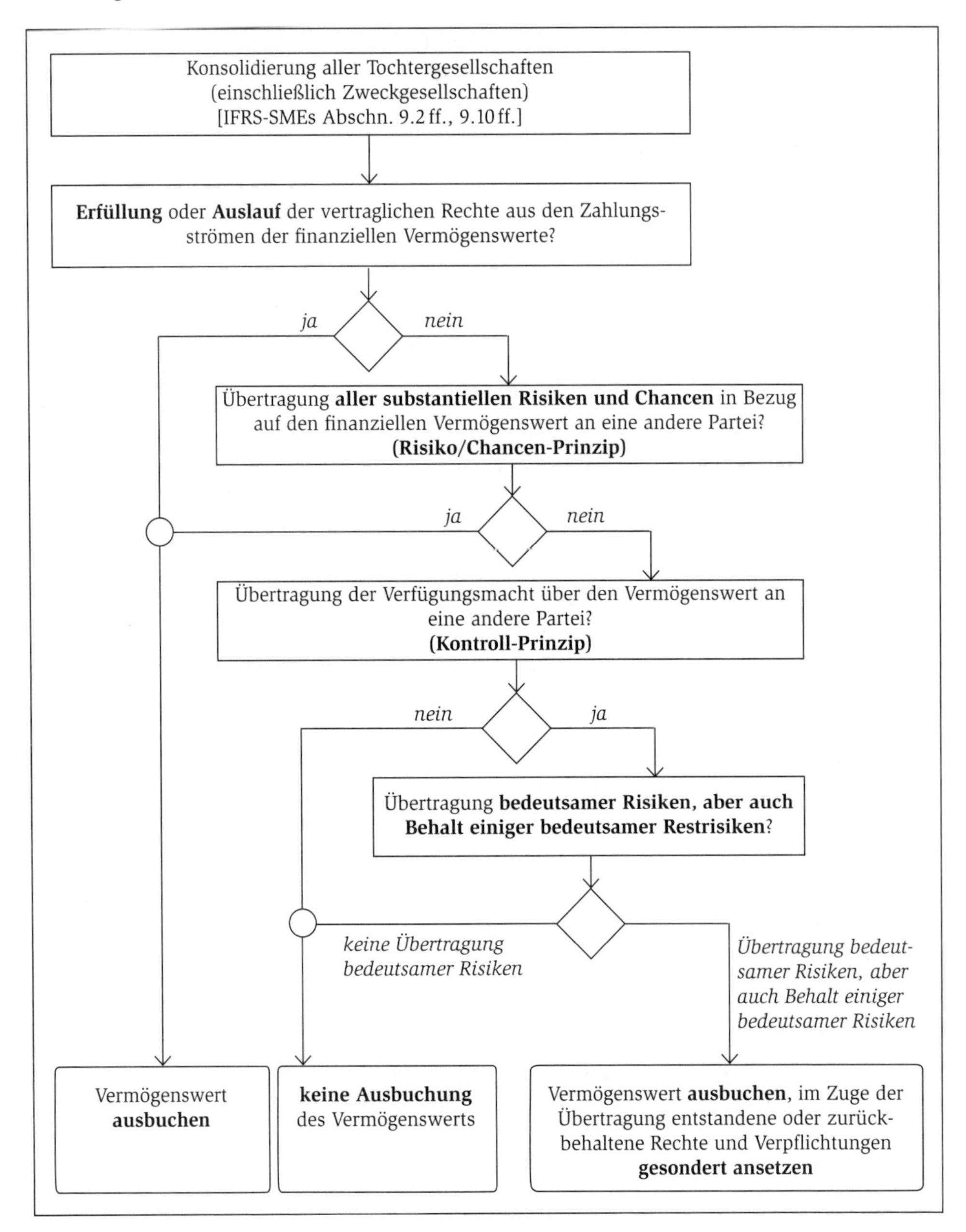

Abb. 3: Entscheidungsbaum für die Ausbuchung finanzieller Vermögenswerte

119 Wann eine Übertragung »**aller substantieller**« Risiken und Chancen (Konstellation 2) festgestellt werden kann (Zweifelsfrage 1) und wie für die Unterscheidung zwischen Konstellation 3 und 4 »**bedeutsame**« Risiken zu verstehen sind (Zweifelsfrage 2), ist im Standard nicht näher normiert und daher im Wege der Auslegung zu ermitteln.

Die Zweifelsfragen werden bei kleinen und mittelgroßen Unternehmen mehrheitlich bei der Übertragung von Schuldinstrumenten, insbesondere Forderungen aus Lieferung und Leistung im Rahmen von Factoringfinanzierungen auftauchen. Die wesentlichen Risiken bei einer Forderung sind 120

(1) das Risiko, dass die Forderung nicht besteht bzw. Einwendungen gegen das der Forderung zu Grunde liegende Grundgeschäft erhoben werden, bspw. wegen Mängeln der gelieferten Leistung oder erbrachten Dienstleistung (sog. Veritätsrisiko);
(2) das Risiko, dass der Schuldner verspätet zahlt (Zinsschadensrisiko);
(3) das Risiko, dass der Schuldner nicht zahlt (als Ausfall-, Bonitäts-, Kredit- oder Delkredererisiko bezeichnet).

Das Veritätsrisiko einer Forderung kann logisch nicht übertragen werden, weil es der eigentlichen Forderungsübertragung inhärent ist: Besteht keine Forderung, so ist bereits die Forderungsübertragung wegen Schlecht- oder Nichterfüllung mangelhaft. Maßgeblich sind demnach nur die Risiken (2) und (3). 121

Zu (1) 122

In vielen Fällen dürfte sich die Übertragung der Risiken und Chancen unproblematisch bestimmen lassen. In den folgenden Fällen ist bspw. auszubuchen:

- Forderungen werden ohne weitere Bedingungen übertragen. Ob bei der Übertragung ein fester Abschlag vom Nominalbetrag der übertragenen Forderungen vorgenommen wird oder nicht, ist unerheblich: Ein etwaiger fester Abschlag stellt ein Entgelt für die Übernahme der Risiken dar. Der Abschlag geht zwar in die Berechnung des Abgangserfolges ein, ein weiteres Risiko besteht danach aber nicht mehr.
- Alternativ zu einem festen Abschlag ist auch der Verkauf von Forderungen ohne weitere Bedingungen verbunden mit dem Abschluss einer Versicherung gegen Forderungsausfälle (Delkredereversicherung) ohne Selbstbehalt und Rückgriff auf das veräußernde Unternehmen denkbar.
- Verkauf von Forderungen ohne weitere Bedingungen unter gleichzeitiger Einräumung einer Option zum Rückkauf zum fair value.

Auch ein weiteres ***»servicing«*** der Forderungen durch das veräußernde Unternehmen steht einer Ausbuchung nicht entgegen, wenn das *servicing* als Dienstleistung im Auftrag des Erwerbers der Forderungen vollzogen wird und das veräußernde Unternehmen nur die Verpflichtung hat, eingehende Zahlungen weiterzuleiten und daher kein Ausfallrisiko oder Risiko verspäteter Zahlungen zurückbehalten hat. 123

Unerheblich ist auch, ob die Forderungsabtretung (Zession) **offen oder still** erfolgt. Bei einer offenen Zession wird dem Schuldner die Zession angezeigt, und er kann danach nur mit schuldbefreiender Wirkung an den neuen Inhaber (Erwerber) der Forderung zahlen. Bei einer stillen Zession erfolgt keine Offenlegung, so dass der Schuldner unverändert mit schuldbefreiender Wirkung an den alten Inhaber der Forderung (Veräußerer) zahlen kann. Entscheidend ist auch hier zunächst, dass sich die Verpflichtung des veräußernden Unternehmens nur auf die Weiterleitung derjenigen Beträge beschränken darf, die tatsächlich eingehen und das veräußernde Unternehmen keine darüber hinausgehende Einstandspflicht hat. Ferner ist notwendig, dass der Erwerber die Möglichkeit hat, die stille in eine offene Zession umzuwandeln, was aber in Deutschland regelmäßig gegeben sein wird. 124

Dagegen ist in den folgenden Fällen **nicht auszubuchen**: 125

- Übertragung von Forderungen mit gleichzeitiger Übernahme einer Ausfallgarantie durch den Veräußerer;
- Wertpapierleihe und echte Wertpapierpensionsgeschäfte (Ersteres ist rechtlich ohnehin gar keine Veräußerung, sondern nur ein Sachdarlehen; Letzteres ist zwar eine rechtsgeschäftliche Veräußerung, zugleich wird aber ein Rückkauf zu einem festen Preis vereinbart);

- Übertragung von Forderungen mit gleichzeitigem Abschluss eines sog. total return swaps;
- Übertragung von Forderungen mit gleichzeitiger Einräumung einer Kaufoption (zu einem festen Preis) für den Veräußerer oder einer Verkaufsoption für den Erwerber.

126 Genauer zu prüfen ist, wenn die veräußerten Forderungen in engem zeitlichem Zusammenhang zu dem Verkauf zurückerworben werden (sog. *wash sale*). In diesem Fall muss erwiesen sein, dass zum Zeitpunkt des ersten Geschäftsvorfalles (Verkauf) keine rechtsgeschäftlichen (schriftlichen oder mündlichen) Abreden über den Rückerwerb getroffen wurden.

127 Eine quantitative Analyse ist notwendig, wenn die Veräußerung der Forderungen erfolgt mit Gewährung von Garantien, möglichen Rückgriffen auf den Veräußerer oder variablen (dh. an den später festzustellenden tatsächlichen Ausfall) geknüpften Kaufpreisabschlägen.

128 Der IASB versteht unter »Risiko« die Möglichkeit, dass Zahlungen nicht oder später eingehen (negative Abweichungen von der Erwartung) und unter »Chance« positive Abweichungen von der Erwartung (bspw., dass ein Ausfall geringer ausfällt als erwartet und entsprechend im Kaufpreis der Forderungen berücksichtigt). Finanzwirtschaftlich bedeutet »Risiko« dagegen nur Unsicherheit, dh. Abweichungen von der Erwartung in positiver wie negativer Hinsicht. Ein Maß für das Risiko in diesem weiteren Sinne (Volatilität) ist bspw. die Standardabweichung.

129 Um zu prüfen, ob und in wieweit das Risiko (Volatilität) durch die Übertragung der Forderung reduziert wird, ist demzufolge die Volatilität aus Sicht des veräußernden Unternehmens vor und nach der Übertragung zu berechnen. Hierzu sind

- alle Szenarien (vertragsgemäße Erfüllung, Szenarien mit verspäteter Erfüllung, vollständiger oder teilweiser Ausfall) zu betrachten und
- die jeweils zu erwartenden Zahlungsströme mit marktbasiert ermittelten Zinssätzen auf den Betrachtungszeitpunkt zu diskontieren und
- in einem letzten Schritt mit Wahrscheinlichkeiten zu belegen.

Die gleiche Betrachtung ist für die Situation nach dem Forderungsverkauf zu wiederholen. Als Faustregel für die Übertragung von »allen substantiellen« Risiken ist eine Größe von maximal 10% anzusetzen, dh. die Volatilität darf nach der Übertragung der Forderungen maximal ein Zehntel der ursprünglichen Volatilität betragen.

130 Im Detail kann das Unternehmen unter einer Vielzahl von konkreten Methoden wählen; die Wahl unterliegt jedoch dem Stetigkeitsprinzip. Demnach ist die gewählte Methode bei allen Übertragungen von Forderungen anzuwenden.

131 Zu (2)

Bereits der Wortlaut deutet hier stärker auf eine qualitative Analyse hin (*»some risks«*). Angesprochen ist daher weniger, welches **Maß** an Risiko übertragen wird, sondern eher, welcher **Art** die übertragenen und zurückbehaltenen Risiken sind. Diesbezüglich können folgende Hinweise gegeben werden:

Beide Risiken, das Ausfallrisiko (Risiko (3)) sowie das Risiko verspäteter Zahlung (Zinsschadensrisiko, Risiko (2)), sind bedeutsame Risiken iSd. IFRS-SMEs Abschn. 11. Eine Ausbuchung ohne nahezu vollständige Übertragung des Ausfallrisikos scheidet aus, weil das Ausfallrisiko wirtschaftlich regelmäßig das bedeutsamere der beiden Risiken ist.

Wird das Ausfallrisiko nahezu vollständig übertragen, das Zinsschadensrisiko aber zurückbehalten (bspw. in der Form, dass das veräußernde Unternehmen den tatsächlich entstandenen Zinsschaden bis zu einer bestimmten Höhe ausgleicht), so kommt eine Ausbuchung in Frage, das zurückbehaltene Risiko ist aber gesondert zu erfassen (= Konstellation 3, vgl. Tz. 114).

132 Stellt das veräußernde Unternehmen Sicherheiten (mit Ausnahme von Zahlungsmitteln), bspw. durch Sicherungszession von Forderungen oder durch Verpfändung von Wertpapieren, hängt die Abbildung davon ab,

- ob der Erwerber/Sicherungsnehmer das Recht hat, die Sicherheiten zu verkaufen, zu verwerten oder weiter abzutreten/zu verpfänden und
- ob der Veräußerer/Sicherheitengeber ausgefallen ist (»default«) oder nicht.

Für die Abbildung gilt Folgendes (IFRS-SMEs Abschn. 11.35):

(a) Auch wenn der Erwerber/Sicherungsnehmer das Recht hat, die Sicherheit zu verkaufen, zu verwerten oder seinerseits abzutreten oder zu verpfänden, so hat der Veräußerer/Sicherheitengeber die Sicherheiten unverändert als Vermögenswerte bilanziell zu erfassen, dies aber gesondert von seinen anderen Vermögenswerten und mit entsprechender Bezeichnung (bspw. als von ihm verliehenen Vermögenswert oder von ihm verpfändetes Eigenkapitalinstrument);
(b) Im Falle einer Verwertung bzw. eines Verkaufs der Sicherheit durch den Erwerber/Sicherheitennehmer hat dieser den Verwertungs-/Veräußerungserlös im Gewinn und Verlust zu erfassen und zugleich (ebenfalls im Gewinn und Verlust) eine Verbindlichkeit für seine Verpflichtung, die Sicherheit zurückzugeben, zu erfassen und zum *fair value* zu bewerten (im Regelfall hat dieser Vorgang demnach per saldo keine Auswirkungen auf das Ergebnis);
(c) Ist der Veräußerer/Sicherheitengeber nach den Bedingungen des Vertrags ausgefallen und nicht länger berechtigt, die Sicherheit zurückzufordern, hat er die Sicherheit auszubuchen. Erst dann hat der Erwerber/Sicherungsnehmer die Sicherheit als seinen Vermögenswert anzusetzen und zum *fair value* zu bewerten oder, wenn dieser die Sicherheit bereits verkauft/verwertet hat, seine Verpflichtung zur Rückgabe der Sicherheit auszubuchen.
(d) Mit Ausnahme der Konstellation (c) hat der Veräußerer/Sicherheitengeber die Sicherheit als seinen Vermögenswert anzusetzen, und der Erwerber/Sicherheitennehmer darf die Sicherheit nicht als Vermögenswert ansetzen.

2. Ausbuchung von finanziellen Schulden

133 Die Ausbuchung von finanziellen Schulden ist vergleichsweise einfacher normiert. Eine Ausbuchung ist dann vorzunehmen, wenn die der Schuld zu Grunde liegende Verpflichtung erloschen ist (IFRS-SMEs Abschn. 11.36). Als erloschen gilt die Verpflichtung, wenn sie beglichen wurde (Tilgung), aufgehoben wurde (bspw. durch einen Forderungsverzicht) oder sie ausläuft (bspw. weil das Unternehmen die Einrede der Verjährung, §§ 214 ff. BGB, geltend machen kann).

134 IFRS-SMEs Abschn. 11.37 adressiert die Abgrenzung zwischen zwei nicht vollends scharf trennbaren Sachverhalten, die indes bilanziell unterschiedliche Konsequenzen haben:

(1) Eine bestehende finanzielle Schuld kann »umgeschuldet« werden. Dabei wird die bestehende Schuld getilgt und eine neue Schuld begründet.
(2) Eine bestehende finanzielle Schuld wird hinsichtlich der Kreditbedingungen modifiziert, so dass die alte Schuld weiter bestehen bleibt.

135 Zu klären ist, wie stark sich die Ausstattungsmerkmale der Schuld nach diesem Vorgang so stark von den Merkmalen vor diesem Vorgang unterscheiden, dass von einem Tausch zweier (hinreichend unterschiedlicher) Schulden gesprochen werden kann. Anders formuliert: Wann hat die Änderung der Ausstattungsmerkmale so viel ökonomische Substanz, dass danach von einer neuen Schuld gesprochen werden kann? Der Standard verwendet in diesem Zusammenhang zweimal den Begriff »substantiell« (*»substantially different terms«*, *»substantial modification«*). Wann ein »substantieller« Unterschied vorliegt, normiert der Standard nicht.

136 In vielen Fällen dürfte sich diese Frage bereits auf der Grundlage der qualitativen Charakteristika der Schuld beantworten lassen (bspw. erheblich andere Laufzeit, Wechsel der Zinsberechnungsmodalität fest/variabel, erheblich abweichender Nominalbetrag).

137 Lässt sich die Frage auf der Grundlage einer solchen qualitativen Betrachtung nicht eindeutig beantworten, ist die Betrachtung um einen quantitativen Test zu ergänzen. Diesbezüglich wird auf den sog. 10%-Barwert-Test zurückgegriffen. Nach diesem Test liegt ein substantieller Unterschied dann vor, wenn sich der Barwert der neuen Schuld um mehr als 10% vom Barwert der bisherigen Schuld (Restschuld) unterscheidet.

138 Falls es sich um einen substantiellen Unterschied handelt, ist die alte Schuld auszubuchen. Die Differenz zwischen dem aufgewendeten Betrag und dem Buchwert ist im Gewinn und Verlust zu erfassen (IFRS-SMEs Abschn. 11.38 und vgl. Tz. 140).

139 Etwaige Transaktionskosten (bspw. Bearbeitungsentgelte, die im Zusammenhang mit der neuen Schuld anfallen), sollten bei der Ermittlung dieses Abgangserfolges berücksichtigt werden. Falls kein substantieller Unterschied vorliegt, wird die bisherige Schuld weiter bilanziert. Transaktionskosten im Rahmen der Umschuldung sind dann effektivzinskonform über die Restlaufzeit der Schuld zu verteilen.

140 Die Differenz zwischen dem aufgewendeten Betrag und dem Buchwert ist im Gewinn und Verlust zu erfassen (IFRS-SMEs Abschn. 11.38). In diesen Abgangserfolg sind auch im Rahmen der Umschuldung zugegangene neue Schulden oder Vermögenswerte zu berücksichtigen.

V. Anhangangaben

1. Bilanzierungsmethoden für Finanzinstrumente

141 IFRS-SMEs Abschn. 11.40 verlangt die Angabe der Bilanzierungsmethoden für Finanzinstrumente als Teil des Berichts über die Bilanzierungsmethoden im Rahmen des IFRS-SMEs Abschn. 8. 5. Anzugeben sind die Bewertungsmaßstäbe, die zur Anwendung gelangen, und sonstige Bilanzierungsmethoden.

142 Bei der Formulierung dieser Angaben sollte darauf geachtet werden, nicht (nur) die Vorgaben des Standards wiederzugeben. Vielmehr sollte Gewicht gelegt werden auf die konkrete **Anwendung** des Standards und die **Ausübung der Wahlrechte und Ermessensspielräume**. Beispielsweise haben Angaben zu den folgenden Bilanzierungsmethoden hohen Informationsgehalt:

- Welche Eigenkapitalinstrumente werden zu Anschaffungskosten und welche zum fair value bilanziert? Für welche nicht öffentlich gehandelten Eigenkapitalinstrumente lässt sich ein fair value nicht anderweitig zuverlässig ermitteln und wie gelangt das Unternehmen zu dieser Einschätzung?
- Für welche Finanzinstrumente erfolgt die Prüfung von Wertminderungen auf Einzel- und für welche auf Portfoliobasis? Nach welchen Kriterien der Finanzinstrumente erfolgt die Bildung der Gruppen von Finanzinstrumenten bei Portfoliobetrachtung?
- Wie erfolgt die Prüfung auf Wertminderungen bei Eigenkapitalinstrumenten, die zu Anschaffungskosten bewertet werden?
- Wie erfolgt die Prüfung auf Wertminderungen bei Eigenkapitalinstrumenten, die zum fair value bewertet werden, die aber nicht öffentlich gehandelt werden?

2. Bewertungskategorien

143 Ferner ist die Angabe der Buchwerte der Finanzinstrumente in Abhängigkeit der jeweiligen Bewertungskategorie und der Art des Finanzinstruments notwendig (IFRS-SMEs Abschn. 11.41). Unterschieden werden dazu die drei Bewertungskategorien »erfolgswirksam zum *fair value*«,

»fortgeführte Anschaffungskosten« und »Anschaffungskosten« sowie die Art des Finanzinstrumentes (aktivisch, passivisch, Schuld- oder Eigenkapitalinstrument, Kreditzusage).

144 Beachtlich ist, dass nicht alle der Finanzinstrumente, die in den Kategorien enthalten sind, auch im Anwendungsbereich des IFRS-SMEs Abschn. 11 sind. Die Angaben betreffen sämtliche Finanzinstrumente und daher auch diejenigen im Anwendungsbereich des IFRS-SMEs Abschn. 12. Hat ein Unternehmen nur »einfache« Finanzinstrumente, vereinfacht sich die Darstellung demnach deutlich; insbesondere fällt Kategorie (d) weg.

(a) erfolgswirksam zum *fair value* bewertete finanzielle Vermögenswerte (IFRS-SMEs Abschn. 11.14 (c) (i), IFRS-SMEs Abschn. 12.8 f.); im Anwendungsbereich des IFRS-SMEs Abschn. 11 handelt es sich dabei ausschließlich um Eigenkapitalinstrumente, die zum ***fair value*** bewertet werden;
(b) zu fortgeführten Anschaffungskosten bewertete aktivische Schuldinstrumente (IFRS-SMEs Abschn. 11.14 (a));
(c) zu Anschaffungskosten abzüglich Wertminderungen bewertete Eigenkapitalinstrumente (IFRS-SMEs Abschn. 11.14 (c) (ii), IFRS-SMEs Abschn. 12.8 f.); dabei handelt es sich um den »Restbestand« zu (a), für den sich ein *fair value* nicht verlässlich ermitteln lässt;
(d) erfolgswirksam zum *fair value* bewertete finanzielle Schulden (IFRS-SMEs 12.8 f.); diese Schulden sind ausschließlich im Anwendungsbereich von IFRS-SMEs Abschn. 12.
(e) zu fortgeführten Anschaffungskosten bewertete finanzielle Schulden (IFRS-SMEs Abschn. 11.14 (a)) und
(f) zu Anschaffungskosten abzüglich Wertminderungen bewertete Kreditzusagen (IFRS-SMEs Abschn. 11.14 (b)).

145 Die Angaben können sowohl im Anhang als auch in der Bilanz selber gemacht werden. Je nach gewählter Bilanzgliederung und Art und Umfang der Finanzinstrumente kann die Angabe demnach auch ganz entfallen. In bestimmten Situationen dürfte es sich jedoch anbieten, die gegliederten Angaben im Anhang zu machen (bspw. die Untergliederung nach Eigenkapitalinstrumenten, die zum *fair value* und zu Anschaffungskosten bewertet werden), um die Klarheit und Übersichtlichkeit der Bilanz nicht zu beeinträchtigen.

3. Sonstige Angaben

a. Bedeutung von Finanzinstrumenten für das Unternehmen

146 Das Unternehmen soll Informationen in den Abschluss aufnehmen, die die »Bedeutung der Finanzinstrumente« für das Unternehmen erhellen (IFRS-SMEs Abschn. 11.42). Das im Standard gegebene Beispiel verdeutlicht, dass es nicht etwa nur um den Umfang der gehaltenen Finanzinstrumente geht. Vielmehr sollen die Informationen den Nutzer des Abschlusses auch in die Lage versetzen zu beurteilen, ob und inwieweit die Vermögens-, Finanz und Ertragslage durch die Finanzinstrumente in der Berichtsperiode beeinflusst wurde und künftig beeinflusst werden wird. Hierzu dürfte es hilfreich sein, finanzwirtschaftliche Risiken zu betrachten (Liquiditätsrisiko, Zinsänderungsrisiko, Währungsrisiko, sonstige Preisrisiken).

147 Beispielsweise ist/sind für die Beurteilung

- des **Liquiditätsrisikos** die Angabe der
  - Restlaufzeiten und Tilgungsmodalitäten der Kreditverbindlichkeiten
  - Informationen in Bezug auf die Verbindlichkeiten und Forderungen aus Lieferung und Leistung (zB Fälligkeiten oder durchschnittliche Dauer bis zur Tilgung) sowie
  - bestehende, nicht genutzte Überziehungsfazilitäten;
- des **Zinsänderungsrisikos** in Bezug auf Schuldinstrumente die Angabe der Art der Zinsberechnung (variabel/fest, Modalität der Anpassung der variablen Zinssätze bzw. Zinsbindungsdauer);

- der **sonstigen Preisrisiken** nähere Angaben zu den gehaltenen Eigenkapitalinstrumenten (Branche, Anteil am Grund-/Stammkapital des anderen Unternehmens, bei ausländischen Emittenten das Herkunftsland)

sinnvoll.

b. Ermittlung des fair value

148 Ein *fair value* kann auf verschiedene Arten bestimmt werden. Die einfachste Art besteht im **Beobachten** (Ablesen) des **Börsen- oder Marktpreises**. Bei den Finanzinstrumenten im Anwendungsbereich des IFRS-SMEs Abschn. 11 handelt es sich dabei ausschließlich um Eigenkapitalinstrumente, die öffentlich gehandelt werden.

149 Abseits von aktiven Märkten ist der Rückgriff auf ein **Bewertungsverfahren** notwendig. Für die Entscheidungsnützlichkeit eines *fair values* haben die dabei verwendeten Rechenparameter hohe Bedeutung:

- Diese können entweder am Markt beobachtet werden (zB Zinssätze, Risikoprämien, Devisenkurse, sog. Daten) oder aus Daten errechnet werden. Daten werden beobachtet und können daher nur richtig oder falsch sein. Beispielsweise lässt sich aus dem Preis eines Schuldinstruments bei Kenntnis der fristenkongruenten Zinssätze für risikofreie Anlageformen die implizite Risikoprämie berechnen.
- Alternativ (wenn sich Parameter nicht in Form von Daten beobachten lassen) müssen Annahmen in das Bewertungsverfahren eingehen (vgl. zur Unterscheidung von Daten und Annahmen bei ***fair values*** Ruhnke/Schmidt, 2003, 1045ff.). Bei Annahmen lässt sich nicht sagen, ob sie richtig oder falsch sind. Annahmen müssen aber neutral und plausibel sein. Bei der Bewertung von Finanzinstrumenten ist häufig die Verwendung von Annahmen unerlässlich. Beispielweise erfordert die Bewertung von Schuldinstrumenten mit Verlängerungs- oder Kündigungsoptionen Annahmen, wie diese Optionen ausgeübt werden.

150 Das Unternehmen hat – für jede Berichtsklasse – die verwendeten Rechenparameter anzugeben (IFRS-SMEs Abschn. 11.43).

151 Der Begriff »Berichtsklasse« ist im IFRS-SMEs Abschn. 11 nicht definiert. Es handelt sich schon wegen des anderen Begriffs (»Berichtsklasse« bzw. »Klasse«) nicht um die Bewertungskategorien im Sinne des IFRS-SMEs Abschn. 11 und der Angabepflicht in IFRS-SMEs Abschn. 11.41. Vielmehr sind für die Zwecke dieser Angabepflicht (und ggf. anderer Angaben) geeignete Gruppen (Berichtsklassen) von Finanzinstrumenten zu bilden. Anzahl und Art der Gruppen steht im Ermessen des Unternehmens und hängen ab vom Umfang der und der Art der vorhandenen Finanzinstrumente. Hierbei gilt es, zwischen einer zu feinen Untergliederung einerseits und einer zu hohen Aggregation andererseits abzuwägen.

152 Mindestens sollten die folgenden Berichtsklassen unterschieden werden:

- Finanzinstrumente, die zum fair value bewertet werden und die »einfach« sind (dh. im Anwendungsbereich des IFRS-SMEs Abschn. 11);
- Finanzinstrumente, die zu (fortgeführten) Anschaffungskosten bewertet werden;
- komplexe Finanzinstrumente (dh. Anwendungsbereich des IFRS-SMEs Abschn. 12, sofern vorhanden).

Auf die »Berichtsklasse« wird auch in IFRS-SMEs Abschn. 11.45 bei den Angaben zu Ausbuchungen und in IFRS-SMEs Abschn. 11.48 zurückgegriffen.

c. Wegfall der verlässlichen Ermittelbarkeit des fair value

153 Sofern die verlässliche Ermittelbarkeit des *fair values* für ein Eigenkapitalinstrument wegfällt, ist dies anzugeben (IFRS-SMEs Abschn. 11.44). In diesem Zusammenhang sollte auch die Art und der Buchwert des betroffenen Eigenkapitalinstruments angegeben werden.

d. *Ausbuchungen*

154 Wenn das Unternehmen in der Berichtsperiode finanzielle Vermögenswerte übertragen hat, diese Übertragung aber nicht zur Ausbuchung führt (bspw., weil die Mehrheit der Risiken und Chancen zurückbehalten wurde), so hat das Unternehmen anzugeben (IFRS-SMEs Abschn. 11.45):

(a) die Art der Vermögenswerte;
(b) die Art der Eigentumsrisiken und -chancen, die bei dem Unternehmen verbleiben sowie
(c) die Buchwerte der Vermögenswerte und etwaiger zugehöriger Verbindlichkeiten, die das Unternehmen weiterhin erfasst.

Diese Angaben sind für den Nutzer der Abschlussinformationen entscheidungsnützlich, weil das Unternehmen u. U. zwar die Verfügungsmacht (Kontrolle) bei der Übertragung abgegeben (IFRS-SMEs Abschn. 11.33(c), Tz. 114), aber mit dem wirtschaftlichen Eigentum verbundene Risiken und Chancen zurückbehalten hat. Bilanziert werden demnach Vermögenswerte, über die das Unternehmen nicht (mehr) frei verfügen kann.

e. *Kreditsicherheiten*

155 Sofern ein Unternehmen einen **finanziellen Vermögenswert** als Sicherheit für Schulden oder Eventualschulden verpfändet, hat es

(a) den Buchwert der finanziellen Vermögenswerte, die als Sicherheit verpfändet wurden; und
(b) die Vertragsbedingungen bezüglich der Verpfändung

anzugeben.

Die Verpfändung ist nach deutschem Recht eine bestimmte Art, eine Sicherheit für eine Schuld zu stellen (vgl. §§ 1204 ff. BGB); die Verpfändung erfordert grundsätzlich die **Übergabe** des Pfandes (vgl. § 1205 BGB). Bei Finanzinstrumenten, die in einem Depot verwahrt werden, muss die Verfügungsberechtigung an dem Depot (bzw. den in diesem Depot verwahrten einzelnen Finanzinstrumenten) daher abgegeben und auf den Kreditgeber, dem die Sicherheit gestellt werden soll, übertragen werden. Die Stellung von finanziellen Vermögenswerten als Sicherheit im Wege einer Verpfändung ist daher nur für nicht-betriebsnotwendiges Vermögen überhaupt möglich; die Verpfändung von jeglichen betriebsnotwendigen Vermögenswerten scheidet regelmäßig aus. Denkbar sind in diesem Zusammenhang daher nur Vermögenswerte, die der langfristigen Anlage dienen.

156 Der Sinn dieser Angabe besteht wiederum darin, den Adressaten über solche finanziellen Vermögenswerte zu informieren, über die das Unternehmen nicht frei verfügen kann. Dieser Sinn gebietet es, den Begriff der »Verpfändung« nicht eng auszulegen. Daher sind auch andere Arten der Stellung von Sicherheiten von dieser Angabe erfasst. In Betracht kommt bei finanziellen Vermögenswerten insbesondere die **Sicherungszession**, dh. die Abtretung von Forderungen zur Sicherheit (vgl. §§ 1273 ff. BGB; rechtlich handelt es sich auch bei der Sicherungszession um ein Pfandrecht (an einem Recht, hier einer Forderung)).

f. *Zahlungsverzug und Vertragsverletzungen bei Darlehensverbindlichkeiten*

157 Ein weiterer Komplex an Angaben bezieht sich auf Zahlungsverzüge oder andere Vertragsverletzungen in Bezug auf Darlehensverbindlichkeiten, sofern diese nicht bis zum Berichtsstichtag behoben wurden. Zu den am Berichtsstichtag angesetzten Darlehensverbindlichkeiten hat ein Unternehmen Folgendes anzugeben (IFRS-SMEs Abschn. 11.47):

(a) Einzelheiten zu dem Zahlungsverzug oder Vertragsbruch;
(b) den Buchwert der betreffenden Darlehensverbindlichkeiten;

(c) ob der Zahlungsverzug behoben oder die Bedingungen der Darlehensverbindlichkeiten neu verhandelt wurden bis zum Zeitpunkt, an dem der Abschluss zur Veröffentlichung freigegeben wurde.

158 Die Angabe bezieht sich nur auf solche Zahlungsverzüge oder Vertragsbrüche, die **am Berichtsstichtag noch bestehen und demzufolge nicht behoben wurden** (»*[...] for which there is a breach [...] that has not been remedied by the reporting date [...]*«). Konsequenterweise verlangt IFRS-SMEs Abschn. 11.47 (c) daher die Angabe, ob und wie der Zahlungsverzug oder der Vertragsbruch bis zum Ende des Wertaufhellungszeitraumes (vgl. IFRS-SMEs Abschn. 32.3 und 32.9) behoben wurde, entweder durch Zahlung oder die Restrukturierung des Darlehens (»Neuverhandlung der Darlehensverbindlichkeiten«).

159 Die Angabe hat hohen Entscheidungsnutzen für Abschlussadressaten. Da sie auf solche Zahlungsverzüge und Vertragsbrüche beschränkt ist, bei denen es dem Unternehmen bis zum Berichtsstichtag nicht gelungen ist, sie zu beheben, informiert diese Angabe über die aktuelle Liquiditätssituation, den bestehenden Liquiditätsspielraum und die Möglichkeit des Unternehmens, sich zusätzlich Finanzierungsmittel zu beschaffen, und hat daher möglicherweise auch Implikation für die *going-concern*-Prämisse, die einem IFRS-SMEs-Abschluss grundsätzlich zu Grunde liegt (vgl. IFRS-SMEs Abschn. 3.8 ff.).

160 Zu bedenken ist aber auch, dass die Offenlegung einer solchen Information die Möglichkeiten des Unternehmens zur Beschaffung zusätzlicher Finanzierungsmittel und die Liquiditätssituation des Unternehmens zusätzlich erheblich beeinträchtigen kann. Beispielsweise könnten Lieferanten die Zahlungskonditionen verschlechtern (bspw. Lieferung nur noch gegen Vorkasse) oder andere Kreditinstitute könnten die Stellung zusätzlicher Sicherheiten verlangen, was die Finanzierungsmöglichkeiten verringert, weil diese Sicherheiten dann nicht mehr für zusätzliche Finanzierungsmittel zu Verfügung stehen. Insofern erzeugt die Angabe das Potential für eine »sich selbst erfüllende Prophezeiung«, weil die Angabe nicht nur auf finanzielle Schwierigkeiten verweist, sondern diese uU verstärkt.

161 Gleichwohl enthält der IFRS-SMEs keine »Schutzklausel«, die es erlaubt, auf die Angabe zu verzichten, wenn die Belange des Unternehmens beeinträchtigt werden. Den diesbezüglichen Wertungsspielraum hat der Normengeber zugunsten der Angabe bereits abschließend ausgeübt. Insofern ist jedem Unternehmen anzuraten, Zahlungsverzüge und Vertragsbrüche nicht über den Berichtsstichtag hinaus bestehen zu lassen und in zeitlicher Nähe zu Berichtsstichtagen besonderes Augenmerk auf die Liquiditätsvorsorge zu richten, so dass es nicht zu Zahlungsverzügen kommt, die dann mangels ausreichender Zeit nicht mehr bis zum Berichtsstichtag behoben werden können und dann die Angabepflicht auslösen.

g. *Gewinn- und Verlustrechnung*

162 Auch zur Gewinn- und Verlustrechnung sind ergänzende Informationen offenzulegen, sofern die Informationen nicht aus der Gewinn- und Verlustrechnung ersichtlich sind (IFRS-SMEs Abschn. 11.48):

(a) Aufwand und Ertrag einschließlich der Änderungen von *fair values* für
   i. erfolgswirksam zum *fair value* bewertete finanzielle Vermögenswerte;
   ii. erfolgswirksam zum *fair value* bewertete finanzielle Schulden;
   iii. zu fortgeführten Anschaffungskosten bewertete finanzielle Vermögenswerte und
   iv. zu fortgeführten Anschaffungskosten bewertete finanzielle Schulden;

(b) den Bruttozinsertrag und den Bruttozinsaufwand (ermittelt unter Verwendung der Effektivzinsmethode) für finanzielle Vermögenswerte oder finanzielle Schulden, die nicht erfolgswirksam zum *fair value* bewertet werden; und

(c) den Betrag eines etwaigen Wertminderungsaufwands für jede Klasse finanzieller Vermögenswerte.

Diese disaggregierten Informationen sind vor allem für die Abschlussanalyse sinnvoll. Sie erlauben die nähere Untersuchung der Ertragslage (Zinsaufwand, Zinsertrag) und die Bestimmung des Ausmaßes, in dem die Ertragslage durch die *fair-value*-Bewertung beeinflusst wurde.

C. Vergleich mit IFRS und HGB

163 Die synoptische Gegenüberstellung der wichtigsten Regelungen für sämtliche Finanzinstrumente nach IFRS, IFRS-SMEs und HGB findet sich in IFRS-SMEs-Komm., Teil B, Abschn. 12, Tz. 115.

Abschnitt 12
Komplexe Finanzinstrumente und weitere Sachverhalte
(Other Financial Instruments Issues)

Jan-Velten Große/Martin Schmidt

Inhaltsverzeichnis

Schrifttum

Beiersdorf/Eierle/Haller, DB 2009, 1549; *Beiersdorf/Morich*, KoR 2009, 1; *Eierle/Beiersdorf/Haller*, KoR 2008, 125; *Fischer*, PIR 2009, 242; *Kuhn/Friedrich*, DB 2007, 925; *Lorenz*, BB-Special Nr. 6/2007, 12; *Vesper*, Accounting 4/2007, 7; *Wolz/Janssen*, WPg 2009, 593; *Knorr*, in: Winkeljohann/Reuther (Hrsg.), Zukunft des Bilanzrechts in Familienunternehmen, Berlin, 2009.

A. Allgemeines

I. Zielsetzung und Anwendungsbereich

Die Vorschriften zu Finanzinstrumenten im Rahmen des IFRS-SMEs sind in den Abschnitten IFRS-SMEs Abschn. 11 und IFRS-SMEs Abschn. 12 enthalten. Die Zielsetzung beider Abschnitte sowie deren Anwendungsbereich – insbesondere die Abgrenzung beider Abschnitte untereinander – sind insgesamt in IFRS-SMEs-Komm., Teil B, Abschn. 11, Tz. 28 ff. dargestellt. Daher gelten die dortigen Ausführungen auch für diesen Abschnitt 12. 1

1. Begriff des Finanzinstruments

Für die Begriffsbestimmung und Definition wird auf IFRS-SMEs-Komm., Teil B, Abschn. 11, Tz. 5 ff. verwiesen. 2

2. Anwendungsbereich von IFRS-SMEs Abschn. 12 einschließlich Abgrenzung zu IFRS-SMEs Abschn. 11

Die Abbildung »einfacher« Finanzinstrumente wird in IFRS-SMEs Abschn. 11 thematisiert. IFRS-SMEs Abschn. 12 hingegen umfasst komplexe Finanzinstrumente sowie weitere Sachverhalte im Zusammenhang mit Finanzinstrumenten. 3

a. »Einfache« Finanzinstrumente

Für eine Darstellung der von IFRS-SMEs Abschn. 11 abgedeckten »einfachen« Finanzinstrumente wird auf IFRS-SMEs-Komm., Teil B, Abschn. 11, Tz. 29 ff. verwiesen. 4

b. Komplexe Finanzinstrumente

Wegen der Struktur der Abschnitte IFRS-SMEs Abschn. 11 und IFRS-SMEs Abschn. 12 und ihres Zusammenspiels lässt sich die Menge der von IFRS-SMEs Abschn. 12 abgedeckten komplexen Finanzinstrumente nur in Form einer Negativabgrenzung aufzeigen. 5

Grundsätzlich zählen zu komplexen Finanzinstrumenten (nur noch) all diejenigen, welche nicht bereits zur Gesamtheit der »einfachen« Finanzinstrumente gemäß der positiven Definition in IFRS-SMEs Abschn. 11 gehören – vgl. Tz. 4 – und welche nicht generell aus den Anwendungsbereichen der Abschnitte zu Finanzinstrumenten (dh. IFRS-SMEs Abschn. 11 und IFRS-SMEs Abschn. 12) ausgeschlossen sind. 6

Nachstehende Finanzinstrumente sind **von IFRS-SMEs Abschn. 12 – und zugleich auch von IFRS-SMEs Abschn. 11 – ausgeschlossen** und werden in anderen Abschnitten adressiert (siehe auch IFRS-SMEs-Komm., Teil B, Abschn. 11, Tz. 26): 7

(1) Wenn Finanzinstrumente zugleich Einfluss-, Mitwirkungs- oder Kontrollmöglichkeiten vermitteln, so dass diese(s) Finanzinstrument(e) zugleich
  (a) Anteile an assoziierten Unternehmen (IFRS-SMEs Abschn. 14),
  (b) Anteile an gemeinschaftlich geführten Unternehmen (IFRS-SMEs Abschn. 15) oder
  (c) Anteile an Tochterunternehmen (IFRS-SMEs Abschn. 9)

  darstellen, so sind die entsprechenden speziellen Abschnitte einschlägig.

(2) Sind »eigene« Eigenkapitalinstrumente (dh. Eigenkapitalinstrumente aus Sicht des Emittenten) abzubilden, so richtet sich die Abbildung nach IFRS-SMEs Abschn. 22 oder, sofern

diese vergütungshalber an Mitarbeiter des Unternehmens gegeben werden (anteilsbasierte Vergütungen), nach IFRS-SMEs Abschn. 26.

(3) Die Abbildung von Vermögenswerten und Verpflichtungen im Zusammenhang mit Leistungen an Arbeitnehmer, insbesondere bei der Altersvorsorge, richtet sich nach IFRS-SMEs Abschn. 28.

8 Darüber hinaus sind folgende weiteren Finanzinstrumente **nur vom Anwendungsbereich des IFRS-SMEs Abschn. 12 ausgenommen**:

(4) Für Leasingvereinbarungen gilt ein spezieller Abschnitt (IFRS-SMEs Abschn. 20). Jedoch sind einige der Leasingvereinbarungen, welche nicht zu den »einfachen« Finanzinstrumenten des IFRS-SMEs Abschn. 11 zählen, in diesem Abschnitt 12 normiert – und fallen somit nicht unter die Spezialvorschriften des IFRS-SMEs Abschn. 20. Hierzu gehören sämtliche Leasingvereinbarungen, die beim Leasingnehmer oder -geber aufgrund vertraglicher Bedingungen zu einem Verlust führen können, der nicht in Zusammenhang steht mit
   (a) Preisänderungen des Leasingobjekts,
   (b) Wechselkursänderungen oder
   (c) einem möglichen Ausfall einer der beiden Vertragsparteien.

(5) Rechte aus Versicherungsverträgen, die beim Versicherungsnehmer oder -geber aufgrund vertraglicher Bedingungen zu einem Verlust führen können, der nicht in Zusammenhang steht mit
   (a) Änderungen des versicherten Risikos,
   (b) Wechselkursänderungen oder
   (c) einem möglichen Ausfall einer der beiden Vertragsparteien.

(6) Wenn Vereinbarungen über einen Unternehmenszusammenschluss eine mögliche Anpassung der Anschaffungskosten vorsehen, so ist ein hieraus resultierender Anspruch auf die potenzielle zusätzliche Gegenleistung beim Erwerber gemäß IFRS-SMEs Abschn. 19 zu bilanzieren; für den Veräußerer gilt diese Ausnahmeregelung nicht.

9 Schließlich werden einige Verträge, die zwar definitionsgemäß keine Finanzinstrumente sind, Letzteren jedoch gleichgestellt; diese Verträge werden somit ebenfalls nach IFRS-SMEs Abschn. 12 abgebildet. Hierbei handelt es sich zum einen um Verträge, die bestimmte – für diese Art von Vertrag untypische – Risiken aufweisen, welche für Finanzinstrumente hingegen aber typisch sind (vgl. IFRS-SMEs Abschn. 12.4), zum anderen um Verträge, die eine Möglichkeit der Erfüllung in bar (*net settlement*) aufweisen und außerdem nicht dem erwarteten Einkaufs-, Verkaufs- oder sonstigem Nutzungsbedarf (sog. *own use*) entsprechen (vgl. IFRS-SMEs Abschn. 12.5).

10 Genannte Verträge gemäß IFRS-SMEs Abschn. 12.4 f. umfassen erstens originäre Kauf- oder Lieferverpflichtungen auf Waren/Rohstoffe, Sachanlagen sowie immaterielle Vermögenswerte und zweitens Termin- oder Optionsgeschäfte auf nicht finanzielle Vermögenswerte (insb. Waren, sog. Warentermingeschäfte) – also derivative Verträge –, die nicht zum eigenen Bedarf geschlossen bzw. gehalten werden und die durch Barausgleich oder Austausch von finanziellen Vermögenswerten vorzeitig erfüllt bzw. aufgelöst werden.

11 Im Ergebnis bleibt die Menge nachstehend (jedoch nicht abschließend) aufgelisteter Finanzinstrumente, deren Bilanzierung durch IFRS-SMEs Abschn. 12 normiert wird:

(1) Derivate mit positivem oder negativem *fair value*: Optionen, unbedingte Termingeschäfte, Swaps;
(2) Finanzinstrumente mit eingebetteten Derivaten (sog. hybride Finanzinstrumente), insb.
   (a) Darlehen mit Kündigungsrechten oder Zinsanpassungsklauseln (zB Betriebsmittel- oder Überziehungskredite),
   (b) Einlagen mit Kündigungsrechten oder Zinsanpassungsklauseln;
(3) Nicht-Finanzinstrumente mit eingebetteten Derivaten;
(4) Investitionen in Stamm- oder Vorzugsaktien, die wandelbar oder kündbar sind;

(5) Investitionen in andere Anteile mit Eigenkapitalcharakter; hier insbesondere Gesellschaftsanteile mit Kündigungsmöglichkeiten, zB
 (a) Anteile an einer Personengesellschaft (weil gesetzliches Kündigungsrecht),
 (b) Anteile an einer Genossenschaft (weil gesetzliches Kündigungsrecht),
 (c) Anteile an einer GmbH, sofern ein vertragliches Kündigungsrecht besteht;
(6) Leasingvereinbarungen, die beim Leasingnehmer oder -geber aufgrund vertraglicher Bedingungen zu einem Verlust führen können, der nicht in Zusammenhang steht mit
 (a) Preisänderungen des Leasingobjekts,
 (b) Wechselkursänderungen oder
 (c) einem möglichen Ausfall einer der beiden Vertragsparteien.

c. *Hedge Accounting*

12 Neben den Vorschriften zur allgemeinen Bilanzierung – also Ansatz, Bewertung und Ausweis – von komplexen Finanzinstrumenten enthält IFRS-SMEs Abschn. 12 auch Normen, die als besonderen Bilanzierungssachverhalt die Abbildung bestimmter Finanzinstrumente in **Sicherungszusammenhängen** regeln. Dabei handelt es sich um eine alternative bilanzielle Abbildung, die sowohl »einfache« als auch komplexe Finanzinstrumente betrifft. Diese bilanzielle Darstellung wird als **Hedge Accounting** bezeichnet.

13 Die Regelungen zum Hedge Accounting sind faktisch übergreifende Regelungen, die eine abweichende Bilanzierung für Finanzinstrumente in IFRS-SMEs Abschn. 11 und IFRS-SMEs Abschn. 12 erlauben. Gleichwohl sind diese in IFRS-SMEs Abschn. 12 integriert, um der zuvor genannten Zielsetzung mit der Abgrenzung beider Abschnitte – »einfache« Sachverhalte/Finanzinstrumente gemäß IFRS-SMEs Abschn. 11, komplexe Sachverhalte und Finanzinstrumente in IFRS-SMEs Abschn. 12 – gerecht zu werden (vgl. IFRS-SMEs-Komm., Teil B, Abschn. 11, Tz. 1 ff.). Weitere besondere Sachverhalte werden nicht aufgeführt bzw. geregelt.

II. Begriffsbestimmungen

14 Aufgrund des Zusammenhangs von IFRS-SMEs Abschn. 11 und IFRS-SMEs Abschn. 12 gelten alle begrifflichen Erläuterungen in IFRS-SMEs-Komm., Teil B, Abschn. 11, Tz. 54 auch für diesen Abschnitt 12. Zusätzlich werden einige Begriffe ausschließlich oder insbesondere im Zusammenhang mit Hedge Accounting verwendet.

15 Das **Hedge Accounting** ist eine Methode der bilanziellen Abbildung sog. Sicherungszusammenhänge. Ein solcher Zusammenhang besteht zwischen zwei bilanzierten Finanzinstrumenten, die in Bezug auf innewohnende finanzielle Risiken gegenläufig und ggf. sogar ausgleichend wirken und somit eine Art wechselseitige Risikoabsicherung darstellen. Hiervon zu unterscheiden ist der ökonomische Sicherungszusammenhang, der auch ***hedging*** genannt wird. Letzterer ist unabhängig von der bilanziellen Abbildung, weil das Hedge Accounting prinzipiell eine alternative Bilanzierungsmethode darstellt – also hierdurch eine andere Methode zur Anwendung kommt als die »Standard-Bilanzierungsvariante«, die ansonsten gelten würde – und das Hedge Accounting zudem grundsätzlich als Wahlrecht ausgestaltet ist. Darüber hinaus kann die bilanzielle Abbildung im Sinne des Hedge Accounting in gewissem Rahmen von der tatsächlichen ökonomischen Absicherung abweichen. (Gewissermaßen einen Extremfall erreicht die Abweichung zwischen bilanzieller Darstellung und tatsächlicher ökonomischer Absicherung, wenn kein Hedge Accounting angewendet wird, was wegen des Wahlrechtscharakters des Hedge Accounting stets möglich ist.)

16 Im Rahmen dieser bilanziellen Abbildung ist grundsätzlich ein Finanzinstrument als risikobegründendes Instrument – sog. **Grundgeschäft**, auch *hedged item* – und ein Finanzinstrument

als risikokompensierendes oder risikoabsicherndes Instrument – sog. **Sicherungsgeschäft**, auch *hedging instrument* – zu definieren. Gleichwohl ist offensichtlich, dass beide als solche definierte Seiten eines Sicherungszusammenhangs wechselseitig als risikobegründend oder -kompensierend betrachtet werden können. Allerdings ist für bilanzielle Zwecke, anders als in der zugrunde liegenden ökonomischen Realität, zwischen Grund- und Sicherungsgeschäft eindeutig zu unterscheiden.

17 Die notwendige ausdrückliche Festlegung, dass und wofür die bilanzielle Alternative Hedge Accounting zur Anwendung kommt, wird **Designation** genannt. Dabei sind verschiedene spezifische Details des so designierten bilanziellen Sicherungszusammenhangs zu bestimmen. Diese werden im Einzelnen später erläutert (vgl. Tz. 49). Schließlich ist eine wesentliche Voraussetzung für die Festlegung eines solchen Sicherungszusammenhangs, dass die unterstellte risikokompensierende Wirkung erwartungsgemäß eintritt (also die Sicherungsbeziehung »effektiv« ist); diese **Effektivität** ist dann im Folgenden auch zu prüfen und nachzuweisen.

B. Bilanzierungsschritte

I. Ansatz

18 Der Ansatz, also die erstmalige Bilanzierung für komplexe Finanzinstrumente unterliegt keinen spezifischen Vorschriften im Vergleich zu »einfachen« Finanzinstrumenten gemäß IFRS-SMEs Abschn. 11. Daher gelten nahezu identische Anforderungen an die Erstbilanzierung. Gleichwohl enthält IFRS-SMEs Abschn. 12 hierfür formal eigene Textziffern.

19 Finanzinstrumente sind erstmals in der Bilanz anzusetzen, wenn das bilanzierende Unternehmen Vertragspartei wird (IFRS-SMEs Abschn. 12.6) und somit vertragliche Rechte und/oder Pflichten eingeht. Dies wird konkretisiert durch den allgemeinen Grundsatz aus IFRS-SMEs Abschn. 2.27 iVm. IFRS-SMEs Abschn. 2.37 bzw. IFRS-SMEs Abschn. 2.39: Demzufolge ist die Erstbilanzierung dann vorzunehmen, sobald der Charakter eines Vermögenswerts resp. einer Schuld erfüllt ist. Dies ist gegeben, wenn dem Unternehmen künftige Nutzen in Form von Zahlungsströmen zu- resp. abfließen und, wenn deren Betrag jeweils verlässlich bestimmbar ist.

II. Ausweis

20 Vorschriften zum Ausweis, dh. zur Gliederung oder Bezeichnung in der Bilanz sowie zur ggf. möglichen oder untersagten Saldierung – also Netto- versus Bruttoausweis –, sind in IFRS-SMEs Abschn. 12 nicht enthalten. Allerdings bestehen Anforderungen an Zusatzangaben, die entweder in der Bilanz oder im Anhang zu erfüllen sind. Sofern diese in der Bilanz umgesetzt werden, sind somit einige Ausweisfragen betroffen. Diese Zusatzangabepflichten werden durch Verweis in IFRS-SMEs Abschn. 12.26 auf IFRS-SMEs Abschn. 11.21 ff. geregelt; deren Erläuterung findet sich in IFRS-SMEs-Komm., Teil B, Abschn. 11, Tz. 56 ff.

21 Des Weiteren gelten noch allgemeine Regelungen anderer Abschnitte. Insbesondere gilt, dass die Verrechnung von finanziellen Vermögenswerten und finanziellen Schulden grundsätzlich unzulässig, also ein Bruttoausweis verpflichtend ist (IFRS-SMEs Abschn. 2.52 analog). Ferner sind finanzielle Vermögenswerte und finanzielle Schulden nur insoweit zusammenzufassen bzw. hinreichend zu untergliedern, also in getrennten Positionen zu zeigen, wie es die Natur oder Funktion der einzelnen Instrumente sowie das Prinzip der Wesentlichkeit rechtfertigen bzw. erfordern (IFRS-SMEs Abschn. 3.15). Zudem sind eine Übersicht von Posten, in

die eine Bilanz mindestens zu gliedern ist (IFRS-SMEs Abschn. 4.2), sowie die geforderte Mindesttrennung in kurz- und langfristige finanzielle Vermögenswerte bzw. ebensolche Schulden (IFRS-SMEs Abschn. 4.4 ff.) beachtlich.

III. Bewertung

1. Erstbewertung

22 Komplexe Finanzinstrumente sind beim erstmaligen Bilanzansatz **zum beizulegenden Zeitwert** (*fair value*) zu bewerten. Dieser entspricht für gewöhnlich dem Transaktionspreis (IFRS-SMEs Abschn. 12.7). Der anzusetzende *fair value* schließt gemäß IFRS-SMEs Abschn. 12.12 im Grundsatz Transaktionskosten nicht ein.

23 Hierin ist aber zugleich eine Ausnahme enthalten. Sie betrifft solche Eigenkapitalinstrumente innerhalb des Anwendungsbereichs von IFRS-SMEs Abschn. 12, welche nicht öffentlich gehandelt werden und für die ein *fair value* auch anderweitig nicht zuverlässig zu ermitteln ist, und Verträge, die sich auf ebensolche Eigenkapitalinstrumente beziehen, sofern bei Ausübung eine Lieferung derjenigen Instrumente erfolgt (IFRS-SMEs Abschn. 12.8).

24 Diese Ausnahme wird zum einen in IFRS-SMEs Abschn. 12.12 implizit – nämlich durch Umkehrschluss – geregelt, und sie ergibt sich zudem aus einer besonderen Differenzierung in der Bewertungsvorschrift für »einfache« Finanzinstrumente (IFRS-SMEs Abschn. 11.13, Satz 1, 1. Halbsatz iVm. IFRS-SMEs Abschn. 12.8). Dieser zufolge sind Finanzinstrumente bei Erstansatz zum Transaktionspreis zzgl. (wenn Vermögenswerte) oder abzgl. Transaktionskosten (wenn Schulden) zu bewerten, außer es handelt sich um Finanzinstrumente, welche zu späteren Zeitpunkten erfolgswirksam zum *fair value* zu bewerten sind – was neben einigen »einfachen« auch auf die meisten, aber nicht alle komplexen Finanzinstrumente zutrifft.

25 Da diese »Ausnahme-Eigenkapitalinstrumente« – in Folgeperioden – nicht erfolgswirksam zum *fair value* zu bewerten sind, ist IFRS-SMEs Abschn. 12.12 wie folgt zu verstehen: Wenn bei Erstansatz (nur) dann keine Transaktionskosten in den Wert einzubeziehen sind, falls in Folgeperioden erfolgswirksam zum *fair value* bilanziert wird, sind im Umkehrschluss für die diskutierten Ausnahmefälle von Eigenkapitalinstrumenten des IFRS-SMEs Abschn. 12 bei Erstansatz Transaktionskosten durch Hinzurechnung oder Abzug zu berücksichtigen.

26 Da bei Erstbewertung der *fair value* den Transaktionskosten entspricht, ist dessen Ermittlung eindeutig und ohne weitere Hinweise und Erläuterungen möglich. Gleichwohl sind im IFRS-SMEs detaillierte Hinweise zur Ermittlung des *fair value* enthalten. Diese sind insbesondere im Rahmen der Folgebewertung relevant und werden daher nachstehend detailliert ausgeführt (vgl. Tz. 27 ff.).

2. Folgebewertung

a. *Folgebewertung zum fair value*

27 Im Gegensatz zur Folgebewertung – der Bewertung zu allen nachfolgenden Zeitpunkten nach der erstmaligen Erfassung – bei »einfachen« Finanzinstrumenten werden komplexe Finanzinstrumente im Regelfall erfolgswirksam zum *fair value* bewertet (IFRS-SMEs Abschn. 12.8, 1. Halbsatz). Dies gilt sowohl für komplexe finanzielle Vermögenswerte als auch für komplexe finanzielle Schulden. Zusätzlich wird für finanzielle Schulden mit Kündigungsmöglichkeit festgelegt, dass deren *fair value* nicht niedriger sein kann als der zu zahlende Betrag, abgezinst vom ersten Tag, von dem an der Betrag zurückgefordert werden kann (IFRS-SMEs Abschn. 12.11).

28 Die Ermittlung des *fair value* erfolgt für alle, also sowohl »einfache« als auch komplexe Finanzinstrumente, nach den Vorschriften des IFRS-SMEs Abschn. 11.27 ff. Diese gelten für alle Abschnitte des IFRS-SMEs analog, also auch für komplexe Finanzinstrumente. Bei der Ermittlung des *fair value* eines jeden beliebigen Finanzinstruments ist ein differenziertes Verfahren festgelegt, welches verschiedene Ermittlungs- und zugleich Qualitätsstufen für den *fair value* unterscheidet. Diese sog. Fair-Value-Hierarchie ist wie folgt definiert:

(1) Marktpreis für ein identisches Instrument;
(2) angepasster Marktpreis für ein identisches Instrument;
(3) Modellpreis, durch individuelles Bewertungsmodell ermittelt.

aa. Marktpreis

29 Der Marktpreis ist ein **an einem aktiven Markt festgestellter, notierter Preis** (IFRS-SMEs Abschn. 11.27(a)), der bei einer tatsächlichen, aktuellen Transaktion mit einem identischen Instrument zustande gekommen ist. Wie aktuell eine Transaktion sein muss, wird nicht ausdrücklich definiert. Es gibt auch keine explizite Definition für einen aktiven Markt. Beides muss aber im Zusammenhang betrachtet werden.

30 Ferner gilt nach IFRS-SMEs Abschn. 11.27(a) zusätzlich Folgendes: Wenn bei Preisnotierungen eine sog. Geld-Brief-Spanne (*bid ask spread*) besteht, ist der aktuelle Geld- oder *bid*-Kurs zu verwenden. Dieser Zusatz ist irreführend: Liegt ein Preis aufgrund einer tatsächlichen Transaktion vor, ist dieser zu verwenden – egal, ob später eine Geld-Brief-Spanne besteht. Würde allerdings bei einer solchen Spanne der Geldkurs verwendet, wäre der (letzte) Transaktionspreis möglicherweise abweichend, damit nicht zu verwenden. Insoweit kann der Zusatz allenfalls in solchen Fällen zur Anwendung kommen, wenn die letzte Transaktion zeitlich soweit zurückliegt, dass das bilanzierende Unternehmen zu dem Schluss kommen muss, dass dieser Preis nicht mehr der beste Schätzer für den *fair value* ist – dann wäre widerlegbar zu vermuten, dass der aktuelle Geldkurs eher den *fair value* repräsentiert.

31 Sofern ein Instrument an einem Markt (zB Börse) regelmäßig gehandelt wird und regelmäßig Preise entstehen, ist von einem aktiven Markt auszugehen. Hier ist von mehreren Transaktionen am selben Tage zwingend auszugehen. Sofern bestimmte Instrumente üblicherweise viel öfter gehandelt werden – zB mehrmals stündlich – kann (muss aber nicht!) ein Markt schon als nicht aktiv gelten, wenn Transaktionen nunmehr in deutlich größeren Abständen stattfinden – zB nur einmal täglich. Es ist also eine unternehmensindividuelle Festlegung erforderlich, wann ein Markt als aktiv gilt und wann eine Transaktion noch als aktuell eingeschätzt wird. Bester Anhaltspunkt hierfür und zugleich auch wichtige Folge aus dieser Einschätzung ist nämlich, ob der zuletzt verfügbare Preis wirklich der beste Schätzer für den aktuellen *fair value* ist. Wenn ein Unternehmen dies verneint, dann ist eine andere Bewertung als dieser Transaktionspreis erforderlich – und der *fair value* entspricht nicht mehr der Hierarchiestufe 1.

32 Sofern an mehreren Orten (zB verschiedenen Börsen) Transaktionen stattfinden, gelten diese als verschiedene Märkte. In diesem Fall ist unternehmensindividuell zu entscheiden, von welchem dieser Märkte der *fair value* abgeleitet wird. Hierbei ist davon auszugehen, dass entweder der Markt, auf dem das bilanzierende Unternehmen üblicherweise selbst handelt, oder der Markt mit den häufigsten Transaktionen oder auch der am leichtesten zugängliche Markt (oftmals alles in einem!) als sog. relevanter oder vorteilhaftester Markt gilt. Dessen jüngste Transaktion ist dann für die Fair-Value-Bestimmung heranzuziehen.

ab. Angepasster Marktpreis

33 Für den Fall, dass auf einem Markt keine aktuellen notierten Preise verfügbar sind, kann auf **die letzte tatsächliche Transaktion** zurückgegriffen werden. Wird die jüngste Transaktion auf einem relevanten Markt als nicht aktuell genug eingeschätzt, weil seitdem signifikante Änderungen preisbestimmender Parameter eingetreten sind bzw. weil diese zeitlich hinreichend weit zurückliegt, ist dieser Preis **anzupassen** (IFRS-SMEs Abschn. 11.27(b)). Der angepasste Preis muss dann den *fair value* wiederspiegeln. Das Unternehmen muss seine Einschätzung, der letzte Marktpreis entspreche nicht dem *fair value,* auch belegen und begründen. Sobald ein wie auch immer gearteter ablesbarer Marktpreis angepasst wird, entspricht ein so errechneter *fair value* nicht mehr der ersten Hierarchiestufe. Hier liegt also eine trennscharfe Unterscheidung vor.

ac. Modellpreis

34 Ein Modellpreis liegt vor, wenn die Berechnung des *fair value* mangels irgendwelcher Marktpreise **anhand eines Bewertungsmodells** stattfindet. Das Bewertungsmodell ist ein Verfahren, bei welchem anhand von Inputparametern derjenige hypothetische Marktpreis errechnet werden soll, zu dem unter unabhängigen Marktteilnehmern bei normalen Marktbedingungen eine Transaktion zustande gekommen wäre (IFRS-SMEs Abschn. 11.27(c)). Die Wahl der Rechenparameter, die in das Bewertungsmodell einfließen, ist soweit wie möglich an etwaige beobachtbare Faktoren anzulehnen. So können etwa risikoadäquate und laufzeitkongruente Zinssätze oder Aufschläge für ein bestimmtes Bonitätsrisiko oftmals von anderen (ähnlichen oder vergleichbaren) Markttransaktionen abgelesen werden.

35 Streng genommen kann auch ein angepasster Marktpreis (Stufe (b)) als Modellpreis (Stufe (c)) verstanden werden – denn unabhängig davon, ob ein vorliegender, öffentlich verfügbarer Marktpreis als Startpunkt für die modellhafte Berechnung verwendet wird oder nicht, ist der ermittelte Wert letztlich ein modellhaft errechneter hypothetischer Preis. Insoweit verschwimmt die gewollte strikte Trennung zwischen zweiter und dritter Hierarchiestufe.

ad. Sonstige Anforderungen

36 Die hier dargestellte dreistufige Bewertungshierarchie des IFRS-SMEs entspricht nicht vollständig derjenigen Fair-Value-Bewertungshierarchie, die den IFRS zugrunde gelegt ist. Insoweit kann nicht auf Auslegungen oder Interpretationen zur IFRS-Bewertungshierarchie zurückgegriffen werden. Einheitlich hingegen ist das Verständnis, dass die Qualität eines *fair value* in abgestufter Form zu verstehen ist, beginnend mit einem unveränderten Marktpreis als höchster und einem vollständig modellhaft errechneten Preis – ggf. unter Verwendung von ausschließlich individuellen Inputfaktoren – als niedrigster Stufe.

37 Ungeachtet dessen ist es möglich, dass auch eine Modellbewertung nicht zu einem hinreichend verlässlichen Wert führt, der (gerade noch) einen *fair value* darstellt. Oder aber, wenn die Bandbreite möglicher Bewertungsergebnisse – die allesamt den *fair value* darstellen könnten – signifikant ist und die jeweilige Wahrscheinlichkeit dieser Werte, der Preis einer tatsächlichen Transaktion zu sein, sich nicht bestimmen lässt, dann ist eine Bewertung zum *fair value* grundsätzlich nicht mehr zulässig (IFRS-SMEs Abschn. 11.31 f.).

b. Folgebewertung zu Anschaffungskosten einschließlich Wertminderung

38 Neben der dargestellten Fair-Value-Bewertung besteht gemäß IFRS-SMEs Abschn. 12.8, 2. Halbsatz eine Ausnahmeregelung bei der Folgebewertung: Folgende Instrumente werden unter definierten Bedingungen nicht zum *fair value,* sondern zu Anschaffungskosten unter Berücksichtigung einer eventuellen Wertminderung bilanziert:

(1) Eigenkapitalinstrumente, sofern
  (a) diese nicht öffentlich gehandelt werden, somit keine öffentlich ablesbaren Marktpreise vorliegen, und
  (b) für diese keine anderweitige Möglichkeit besteht, den *fair value* zuverlässig zu bestimmen;

(2) Verträge mit direktem Bezug zu solchen Eigenkapitalinstrumenten, welche bei Ausübung zur Lieferung dieser Eigenkapitalinstrumente führen.

39 Hierbei handelt es sich also um gehaltene Aktien oder andere Anteile an einem Unternehmen, die nicht börsennotiert sind oder anderweitig regelmäßig gehandelt werden, sowie um finanzielle Vermögenswerte oder finanzielle Schulden, die Fremdkapitalcharakter haben, aber eine Wandlung in Eigenkapital – mit oder ohne Bedingungen – nach sich ziehen oder ermöglichen; hierzu gehören insb. Wandelanleihen. Dies schließt auch Finanzinstrumente mit derivativem Charakter (zB Optionen oder sog. *debt equity swaps*) ein.

40 Die Anschaffungskosten entsprechen dem Transaktionspreis, welcher bei erstmaliger Bilanzierung als Wertansatz zugrundegelegt wurde. Eine Bewertung zu Anschaffungskosten einschließlich eventueller Wertminderungen ist nach IFRS-SMEs Abschn. 12.9 auch dann vorzunehmen, wenn ein nicht öffentlich gehandeltes Eigenkapitalinstrument zwar bisher – zu Zeitpunkten nach dem Erstansatz – erfolgswirksam zum *fair value* bewertet wurde, nunmehr (nachträglich) aber die Möglichkeit der verlässlichen Fair-Value-Bewertung entfallen ist. Ab diesem Zeitpunkt ist ein solches Instrument mit Anschaffungskosten zu bewerten, wobei die Anschaffungskosten nicht dem ursprünglichen Transaktionspreis, sondern dem *fair value* desjenigen Tages, an dem der *fair value* letztmals zuverlässig ermittelt werden konnte, entsprechen.

41 Jedoch ist die Fair-Value-Bewertung wieder aufzunehmen, sobald Marktpreise verfügbar oder *fair values* anderweitig verlässlich ermittelbar sind. In diesem Fall ist die Differenz zwischen dem ab nun (wieder) zugrunde gelegten *fair value* und dem bisherigen Buchwert – entsprechend der grundlegenden Vorgehensweise – als Wertänderung erfolgswirksam zu erfassen.

c. Folgebewertung zu fortgeführten Anschaffungskosten

42 Eine Bewertung nach diesem Wertmaßstab kommt für komplexe Finanzinstrumente nicht in Betracht.

d. Wertminderungen

43 Eine Wertminderung ist für komplexe Finanzinstrumente nur – in dem systematischen Ausnahmefall – zu ermitteln, wenn diese Instrumente zu Anschaffungskosten gemäß IFRS-SMEs Abschn. 12.8 bewertet werden. Für diese Fälle sind dieselben Wertminderungsvorschriften wie für »einfache« Finanzinstrumente anzuwenden (IFRS-SMEs Abschn. 12.13 iVm. IFRS-SMEs Abschn. 11.21 ff.). Die Ausführungen in IFRS-SMEs-Komm., Teil B, Abschn. 11, Tz. 73 ff. gelten hier analog.

IV. Ausbuchung

44 Die Ausbuchung von komplexen finanziellen Vermögenswerten und Schulden wird gemäß IFRS-SMEs Abschn. 12.14 nach denselben Vorschriften vorgenommen wie für »einfache« Finanzinstrumente, welche in IFRS-SMEs Abschn. 11 beschrieben werden. Demnach gelten sämtliche Ausführungen in IFRS-SMEs-Komm., Teil B, Abschn. 11, Tz. 113 ff. hier analog.

V. Anhangangaben

45 Zusätzliche Angaben im Anhang sind auch für komplexe Finanzinstrumente des IFRS-SMEs Abschn. 12 zu machen. Deren Umfang ist jedoch IFRS-SMEs Abschn. 11.39 ff. festgelegt, wobei die dort aufgeführten Anforderungen für »einfache« Finanzinstrumente gemäß IFRS-SMEs Abschn. 12.26 analog für komplexe Finanzinstrumente gelten.

46 Darüber hinaus sind gemäß IFRS-SMEs Abschn. 12.27 ff. weitere Zusatzangaben zu machen; diese betreffen nur das Hedge Accounting und werden daher an anderer Stelle erläutert (vgl. Tz. 98 ff.).

C. Hedge Accounting

I. Allgemeines

47 Das Hedge Accounting ist eine bilanzielle Abbildungsmöglichkeit, die als Alternative zur ansonsten geltenden »standardmäßigen« Bilanzierung zu verstehen ist. Dies soll ermöglichen, dass bestimmte Finanzinstrumente, welche zur wechsel- oder gegenseitigen Absicherung finanzieller Risiken dienen und idR zu diesem Zwecke überhaupt abgeschlossen wurden, auch diesem Zweck entsprechend bilanziert werden. Dabei ist gedanklicher Ausgangspunkt, dass die grundlegenden Vorschriften zur Bilanzierung und Bewertung dazu führen, dass Finanzinstrumente, welche zur gegenseitigen wirtschaftlichen Risikoabsicherung bestehen, nicht adäquat abgebildet werden. Insbesondere werden mögliche, risikobedingte Wertschwankungen solcher Instrumente nicht insoweit kompensatorisch bewertet und ausgewiesen, wie sie – wirtschaftlich betrachtet – entstehen. Vereinfacht formuliert: Die risikokompensierende Wirkung von Sicherungsgeschäften wird bilanziell nicht oder nicht vollständig abgebildet. Diese Bilanzierungsalternative Hedge Accounting ist nur dann zulässig, sofern bestimmte Voraussetzungen erfüllt sind und zudem gewissen Folgepflichten nachgekommen wird.

48 Im IFRS-SMEs Abschn. 12.15 ff. wird geregelt, wie Finanzinstrumente zu bilanzieren und zu bewerten sind, wenn sie die Anforderungen des Hedge Accounting erfüllen. Zudem sind im IFRS-SMEs Abschn. 12.26 ff. mit dem Hedge Accounting verbundene zusätzliche Angabepflichten verankert. Hedge Accounting ist die rein bilanzielle Abbildung – also der Ansatz, der Ausweis und die Bewertung einschließlich Erfassung von Wertänderungen – bestimmter Finanzinstrumente, welche in einem ökonomischen Sicherungszusammenhang beim bilanzierenden Unternehmen oder Konzern stehen. Dabei folgt die Abbildung zwar ausdrücklichen Regeln, bei denen die tatsächliche ökonomische Absicherung eine Voraussetzung ist, jedoch sind die Art der ökonomischen Absicherung und deren nachvollzogene bilanzielle Darstellung nicht zwingend deckungsgleich. Da das Hedge Accounting als ein Wahlrecht ausgestaltet ist, ist davon auszugehen, dass auch einige oder gar zahlreiche ökonomisch bestehende Sicherungszusammenhänge bilanziell nicht durch Hedge Accounting, sondern nach den gewöhnlichen Normen abgebildet werden. In diesen Fällen wird also die ökonomische Absicherung bilanziell gar nicht nachvollzogen – hier ist das Maß der Deckungsgleichheit nahezu Null.

II. Anforderungen an das Hedge Accounting

1. Grundlegende Konzeption

49 Eine bilanzielle Abbildung im Sinne des Hedge Accounting ist eine als Wahlrecht ausgestaltete alternative Bilanzierungsvariante für bestimmte Finanzinstrumente, die einen Sicherungszusammenhang darstellen oder für die ein solcher dargestellt werden kann. Bei Anwendung

des Hedge Accounting ist die ansonsten verpflichtende »Standard-Bilanzierung« für die betreffenden Instrumente außer Kraft gesetzt.

50 Hedge Accounting ist nur möglich, wenn der dahinter stehende Sicherungszusammenhang hinreichend präzisiert wird. Dies impliziert die ausdrückliche Entscheidung – sog. **»Designation«** – derjenigen Instrumente, welche die angesprochene gegen- oder wechselseitige Risikoabsicherung ausmachen und entsprechend anders bilanziert werden sollen. Für diese Designation geht der IFRS-SMEs davon aus, dass es bei solchen Sicherungsbeziehungen stets eine **abgesicherte** und eine **sichernde Seite** gibt. Dh. es wird ausdrücklich gefordert, dass sowohl dasjenige Instrument, welches ein finanzielles – und zu sicherndes – Risiko begründet, als auch jenes Instrument, welches dieses Risiko absichert, also teilweise oder ganz kompensiert, entsprechend festgelegt werden. Erstere werden Grundgeschäfte, Letztere werden Sicherungsgeschäfte genannt. Zugleich ist auch das abgesicherte **Risiko** zu definieren und festzulegen. Desweiteren ist Voraussetzung, dass von Anfang an und jederzeit von einer hohen **Wirksamkeit** (also einem hohen Grad der Effektivität) dieser Absicherung oder Kompensation ausgegangen wird.

51 Sind all diese Voraussetzungen erfüllt, ist eine abweichende Bilanzierung vorzunehmen. Diese umfasst sowohl eine **abweichende Bewertung** als auch eine gesonderte **Erfassung** von möglichen Wertänderungen dieser Finanzinstrumente, die dem Hedge Accounting per Wahlrecht unterworfen wurden. Hinzukommt, dass – gemäß der obigen Festlegung – eine hinreichende **Dokumentation** zu erfolgen hat, und deren Inhalte ferner zu umfassenden spezifischen **Anhangangaben** führen.

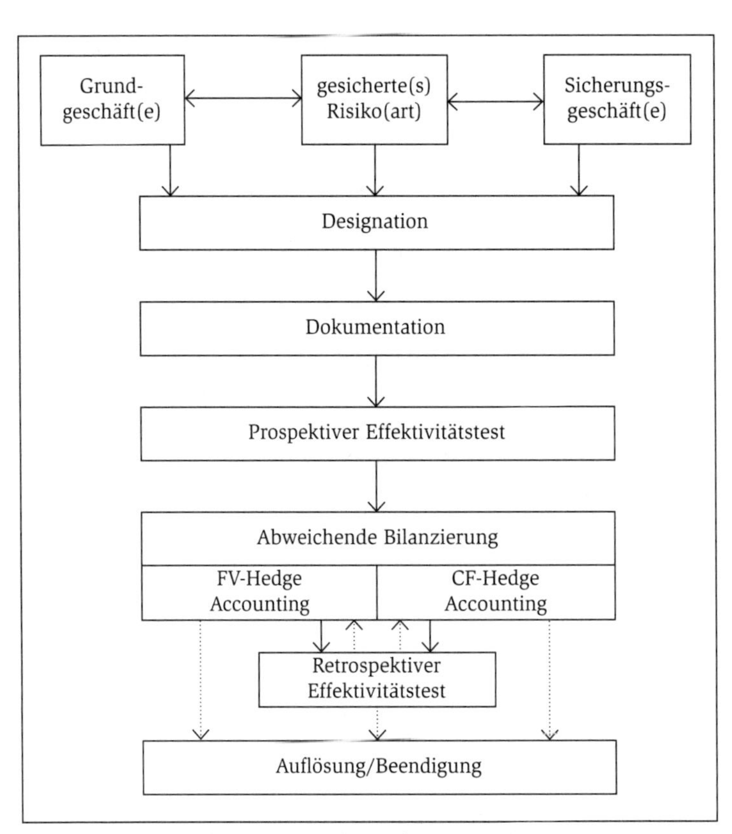

Abb. 1: Grundlegende Konzeption des Hedge Accounting

2. Zulässige Grundgeschäfte

52 Gemäß der dargestellten Konzeption ist ein Finanzinstrument als Grundgeschäft (*hedged item*) festzulegen. In unmittelbarem Zusammenhang damit ist auch das abzusichernde Risiko (*hedged risk*) für den bilanziellen Sicherungszusammenhang zu definieren.

53 Diese ganz grundsätzliche Anforderung erscheint in einer Hinsicht unscharf formuliert. Obwohl nach der Hedge-Accounting-Konzeption zulässige Grundgeschäfte und zulässige Risiken ausdrücklich voneinander zu unterscheiden sind (siehe IFRS-SMEs Abschn. 12.16(a)), werden das gesicherte Grundgeschäft und das abzusichernde Risiko teils in Zusammenhang gebracht (IFRS-SMEs Abschn. 12.17) oder sogar gleichgestellt (IFRS-SMEs, Glossary, »*hedged item*«). Verwirrend kommt hinzu, dass an anderer Stelle (IFRS-SMEs.BC101(c)) die Grundgeschäfte und/oder abzusichernde Risiken sogar als Hedgetypen oder -varianten bezeichnet werden.

54 Um diese Unschärfe auszuräumen, wird nachfolgend die genannte Unterscheidung beibehalten, auch wenn sie in IFRS-SMEs Abschn. 12.17 unklar wirkt. Hiernach gelten Finanzinstrumente mit folgenden Eigenschaften als für das Hedge Accounting zulässige Grundgeschäfte:

(1) Grundgeschäfte können nur Schuldinstrumente, feste Verpflichtungen, hochwahrscheinliche geplante Transaktionen sowie Nettoinvestitionen in eine ausländische Einheit sein.
(2) Sofern es sich um Schuldinstrumente handelt, müssen diese zu fortgeführten Anschaffungskosten bewertet sein.
(3) All diese Grundgeschäfte sind allerdings jeweils nur in Bezug auf ausgewählte (nicht beliebige) abzusichernde Risiken im Rahmen des Hedge Accounting zulässig (dies wird unten differenziert dargestellt (vgl. Tz. 61 ff.)).

Nicht explizit genannt, aber dennoch zweifelsfrei ist auch, dass ein Schuldinstrument als Grundgeschäft mit einem externen Kontrahenten abgeschlossen sein muss – also ein Finanzinstrument darstellt, welches bilanziell angesetzt wird.

Der Ausdruck »Schwebende Geschäfte« wird oftmals als Synonym für »feste Verpflichtungen« angesehen (teils auch als Übersetzung des eigentlichen Begriffs *firm commitment* verwendet). Zwar werden üblicherweise als schwebende Geschäfte verstandene Vereinbarungen grundsätzlich für das Hedge Accounting zugelassen, jedoch sind feste Zusagen wegen der spezifischen Anforderungen (vgl. Glossar im IFRS-SMEs-Komm., Teil B, Abschn. 11, Tz. 54) nur ein Spezialfall schwebender Geschäfte. Deshalb gelten schwebende Geschäfte unter Umständen – etwa bei unbestimmten Zahlungszeitpunkten oder -beträgen – nicht als feste Verpflichtungen gemäß der Definition.

55 Folglich sind Eigenkapitalinstrumente und auch Derivate als Grundgeschäft ausgeschlossen. Darüber hinaus sind Schuldinstrumente, die zum *fair value* oder zu (nicht fortgeführten) Anschaffungskosten bilanziert werden, nicht für das Hedge Accounting zulässig.

3. Zulässige Sicherungsgeschäfte

56 Ein Finanzinstrument ist für das Hedge Accounting als Sicherungsgeschäft zulässig, wenn nachstehende Bedingungen gemäß IFRS-SMEs Abschn. 12.18 kumulativ erfüllt sind:

(a) Es handelt sich um ein Derivat, das entweder einen Zinsswaps, einen Währungsswap, ein Währungstermingeschäft (Future) oder ein Waren- bzw. Rohstofftermingeschäft darstellt.
(b) Das Sicherungsgeschäft ist mit einem externen Kontrahenten abgeschlossen.
(c) Dessen Nominalbetrag ist identisch mit dem des Grundgeschäfts.
(d) Es hat einen feststehenden Fälligkeitszeitpunkt, der nicht später ist als
    (i) die Fälligkeit des gesicherten Grundgeschäfts oder

(ii) der erwartete Abschluss- oder Ausgleichszeitpunkt für einen zugesagten Waren- bzw. Rohstoffterminkauf oder -verkauf oder
(iii) der erwartete Zeitpunkt, an dem die hochwahrscheinliche geplante Transaktion, die als Grundgeschäft bestimmt wurde, eintritt.

(e) Das Sicherungsgeschäft enthält keinerlei Vereinbarungen, die eine frühzeitige Rückzahlung, eine frühzeitige Beendigung oder eine Ausweitung bzw. Verlängerung zulassen.

57 Dies bedeutet, dass **nicht alle Derivate als Sicherungsgeschäft zulässig** sind: Zinswährungsswaps oder Zinsfutures, Termingeschäfte auf Aktienrisiken sowie sämtliche Optionen (also bedingte Termingeschäfte) sind vom Hedge Accounting ausgeschlossen. Gleichermaßen unzulässig als bilanzielle Sicherungsgeschäfte sind alle originären Finanzinstrumente (Kassainstrumente).

4. Zulässige Risikoarten

58 Die Konzeption der Hedge Accounting-Regeln beinhaltet, dass im Rahmen dieser bilanziellen Abbildung das abgesicherte Risiko einer Sicherungsbeziehung bestimmt und festgelegt wird. Die hierfür zugelassenen gesicherten Risiken werden explizit und abschließend im IFRS-SMEs Abschn. 12.17 – im Zusammenhang mit zulässigen Grundgeschäften – aufgelistet. Für Zwecke dieser Kommentierung wird bei der Diskussion, für welche Risiken das Hedge Accounting anwendbar ist, unterschieden in zulässige Risikoarten (auch Risikofaktoren) und den zulässigen Risikoumfang (also das Ausmaß) – Letzteres wird an späterer Stelle dargestellt (vgl. Tz. 77 ff.).

59 Bei der Betrachtung der zulässigen Risikoarten ist allerdings wichtig zu unterscheiden zwischen denen, die einer ökonomischen Absicherung – also dem wirtschaftlichen Hedge – zugrundeliegen, und denjenigen, welche für die bilanzielle Absicherung als Risiko designiert werden können und sollen. Für Letztere gilt nachstehende explizite und abschließende Aufzählung (IFRS-SMEs Abschn. 12.17):

(1) Zins(änderungs)risiko – sowohl variable als auch feste Zinssätze,
(2) Währungs- oder Wechselkurs(änderungs)risiko,
(3) Waren- oder Rohstoffpreis(änderungs)risiko.

Alle genannten Risikoarten sind jeweils nur in bestimmten Konstellationen zulässig, nämlich nur, wenn sie bestimmten zulässigen Grundgeschäften innewohnen (hierzu vgl. Tz. 61 ff.).

60 Aus der eben angesprochenen gedanklichen Unterscheidung zwischen dem Risiko, welches einem Finanzinstrument – damit auch einer wirtschaftlichen Absicherung – zugrunde liegt, und dem Risiko, das in einer bilanziellen Sicherungsbeziehung designiert wird, ergibt sich eine grundlegende Frage. Es ist zu klären, ob die bilanzielle Abbildung durch Hedge Accounting stets mit der tatsächlichen ökonomischen Absicherung deckungsgleich sein muss oder, ob beim Hedge Accounting auch abweichende, wenn nicht sogar künstliche Zusammenhänge gebildet werden können. Zur Klärung dieser Frage sind zunächst folgende denkbare Konstellationen zu unterscheiden:

(1) Die bestehende ökonomische Absicherung eines oder mehrerer Risiken wird gar nicht bilanziell – im Sinne und nach den Regeln des Hedge Accounting – abgebildet; Hedge Accounting ist ein Wahlrecht und kommt hier eben nicht zur Anwendung. Da Hedge Accounting ein Wahlrecht darstellt, ist die Nicht-Designation von Risikoarten, also die Nicht-Anwendung des Hedge Accounting, zweifelsfrei und »uneingeschränkt« möglich.
(2) Die ökonomische Absicherung eines oder mehrerer Risiken soll bilanziell gemäß Hedge Accounting nachgebildet werden, allerdings nicht in derselben Form oder in demselben Umfange. Es ist bspw. denkbar, nur einen Teil – dh. nur ausgewählte Instrumente oder nur eines von mehreren Risiken einer existierenden, größeren ökonomischen Sicherungs-

maßnahme bilanziell als solche abzubilden. Hedge Accounting kommt hier zwar zur Anwendung, allerdings in einem frei bestimmten (willkürlichen) Ausmaß.

(3) Die ökonomische Absicherung eines oder mehrerer Risiken darf bilanziell nicht in dem Maße oder in der Form abgebildet werden, wie die ökonomische Absicherung tatsächlich aussieht. Hedge Accounting kommt hier zwar zur Anwendung, aber wiederum in einer von der realen Absicherung abweichenden Form. Diesmal wäre die Abweichung allein regelbedingt, also gezwungenermaßen notwendig. Ob und inwieweit es zulässig oder notwendig ist, für Zwecke des Hedge Accounting eine von der ökonomischen Absicherung abweichende Designation von Risikoarten vorzunehmen, wird im Folgenden – nach den für das Hedge Accounting zulässigen Risikoarten differenziert – genauer ausgeführt.

a. *Zinsrisiken*

61 Die Absicherung des Risikos aus einer Zins(satz)änderung ist im Rahmen des Hedge Accounting grundsätzlich zulässig. Dies ist aber beschränkt auf Finanzinstrumente mit Fremdkapitalcharakter (*debt instruments*), sofern diese zu fortgeführten Anschaffungskosten bewertet werden, sowie auf nicht bilanzierte feste Verpflichtungen und hochwahrscheinliche geplante Transaktionen (IFRS-SMEs Abschn. 12.17(a), (b)). Nicht zulässig ist somit die Absicherung des Zins(änderungs)risikos von Schuldinstrumenten, die wegen besonderer Komponenten zu den komplexen Finanzinstrumenten zählen (somit zum *fair value* zu bewerten sind) oder etwa von finanziellen Vermögenswerten, die Eigenkapitalinstrumente darstellen, jedoch eine Verzinsung beinhalten, die sich in Abhängigkeit von Marktgegebenheiten ändern kann – also einem Änderungsrisiko ausgesetzt ist.

62 Wurden mehrere dieser zulässigen Finanzinstrumente wirtschaftlich zusammenhängend abgesichert, so ist es nicht möglich, eines oder einzelne hiervon mittels Hedge Accounting als Sicherungsbeziehung bzgl. des Zinsrisikos zu bilanzieren, während die anderen gerade nicht einbezogen sind. Sofern ein einziger Zinsswap die gesamte ökonomische Absicherung mehrerer Instrumente darstellt, kann allerdings eines (statt aller) Grundgeschäfte sowie dieser Zinsswap entsprechend anteilig in einem bilanziellen Hedge designiert werden.

63 Eine Unterscheidung beim Zinsrisiko zwischen festen und variablen Zinssätzen ist für die Betrachtung der Zulässigkeit zum Hedge Accounting irrelevant – daher hier nicht aufgeführt –, jedoch von Bedeutung für die später dargestellte Bilanzierung (vgl. Tz. 84 ff.).

b. *Währungsrisiken*

64 Auch das Währungsrisiko ist im Rahmen des Hedge Accounting im Grundsatz zugelassen. Dies gilt wiederum eingeschränkt, nämlich nur insoweit, als das Grundgeschäft eine nicht-bilanzierte feste Zusage oder eine hochwahrscheinliche geplante Transaktion oder eine Nettoinvestition in eine ausländische Geschäftseinheit darstellt (IFRS-SMEs Abschn. 12.17(b), (d)). Bilanzierte Schuldinstrumente sind für ein Hedge Accounting in Bezug auf das Währungsrisiko – im Gegensatz zum Zinsrisiko – nicht zulässig (IFRS-SMEs Abschn. 12.17). Dies wird damit begründet, dass insoweit keine einseitige ergebnisrelevante Fair-Value-Veränderung aufgrund von Währungsschwankungen entstehen könnten, als gemäß IFRS-SMEs Abschn. 30.10 eine Pflicht zur erfolgswirksamen Erfassung von Währungsschwankungen bei finanziellen Schulden bestünde – welche dann den etwaigen gegenläufigen Ergebniseffekt des bestehenden Sicherungsgeschäfts (ein Zinswährungsswap oder Währungsfuture) ohnehin kompensieren würde. Somit sei für diesen Fall die Alternative Hedge Accounting mit dem Ziel der kompensatorischen Bewertung bzw. Ergebniswirkung nicht erforderlich.

65 Diese Einschränkung ist missverständlich. Mit der angesprochenen Vorschrift aus IFRS-SMEs Abschn. 30.10 wird eine Erklärung nur für den Ausschluss von finanziellen Schulden aus dem Hedge Accounting für Währungsrisiken abgegeben, obwohl eine solche Begründung gleichermaßen für entsprechende finanzielle Vermögenswerte angebracht wäre. Immerhin gilt diese Vorschrift ja auch für finanzielle Vermögenswerte. Der Verweis bzw. die Begründung kann sinnvollerweise nur auf beide Arten von Finanzinstrumenten gleichermaßen bezogen sein. Insoweit muss die Begründung für beides gelten.

66 Grundsätzlich erscheint aber schlüssig, dass das Währungsrisiko hierfür unzulässig ist. Der formale Ausschluss vom Hedge Accounting ist faktisch keine Einschränkung, weil die Erfassung von Währungsgewinnen oder -verlusten ohne Hedge Accounting stattfindet. Eine Bilanzierungsalternative ist damit nicht erforderlich.

c. *Waren- und Rohstoffpreisrisiken*

67 Das Preis(änderungs)risiko für Waren und Rohstoffe ist im Rahmen des Hedge Accounting ebenfalls im Grundsatz zugelassen. Die diesbezüglich abschließende Aufzählung nennt Grundgeschäfte, die entweder eine nicht bilanzierte feste Verpflichtung oder geplante Transaktion für den Kauf/Verkauf der Ware bzw. des Rohstoffs oder einen Bestand dieser Ware bzw. dieses Rohstoffs, auf dessen Risiko die Absicherung zielt, darstellen (IFRS-SMEs Abschn. 12.17(c)). Sieht man von der Tatsache ab, dass ein (jegliches) Risiko dann generell nicht designiert werden kann, sofern das betroffene Grundgeschäft ein Derivat sein soll, ist die Zulässigkeit von Waren- und Rohstoffpreisrisiken für das Hedge Accounting faktisch gar nicht eingeschränkt. Daher wäre die Aufzählung in IFRS-SMEs Abschn. 12.17(c) entbehrlich.

d. *Kombination aus verschiedenen Risiken*

68 Als wesentliche denkbare Kombination ist die gleichzeitige Absicherung von Zins- und Währungsrisiko zu nennen. Eine typische Konstellation ist eine verzinsliche Forderung in Fremdwährung, welche mit einem Zinswährungsswap gesichert ist.

69 Nach dem Wortlaut ist zum einen ein Zinswährungsswap nicht für das Hedge Accounting als Sicherungsgeschäft zulässig (abschließende Aufzählung im IFRS-SMEs Abschn. 12.18(a), im Widerspruch hierzu steht aber IFRS-SMEs Abschn. 12.17, Satz 6). Zum anderen ist das Währungsrisiko bei einem bilanzierten Schuldinstrument nicht als Risikoart designationsfähig (abschließende Aufzählung im IFRS-SMEs Abschn. 12.17). Insoweit ist die gemeinsame Designation beider Risikoarten in einer bilanziellen Hedgebeziehung nicht zulässig.

70 Da – wie bereits gezeigt wurde – für das Währungsrisiko eines bilanzierten finanziellen Vermögenswerts bzw. einer finanziellen Schuld ein Hedge Accounting nicht erforderlich ist, kommt in Betracht, nur das (in diesem Beispiel noch verbleibende) Zinsrisiko zu designieren. Somit würde – für Zwecke des Hedge Accounting, jedoch entgegen der tatsächlichen wirtschaftlichen Absicherung – nur eine der beiden Risikoarten designiert. Dagegen spricht aber der Wortlaut des IFRS-SMEs Abschn. 12.16(a), wonach das Risiko, das dem Grundgeschäft innewohnt, zugleich das abgesicherte Risiko ist. Dieses fordert einen Gleichklang zwischen ökonomischer und bilanzieller Hedgebildung. Schlussfolgernd können Grundgeschäfte, die mehrere Risikoarten einschließen, in keiner Weise in einer bilanziellen Sicherungsbeziehung designiert werden.

71 Diskutabel bleibt allerdings, warum eine durchaus übliche Absicherung von Zins- und Fremdwährungsrisiko mittels Zinswährungsswaps – also zusammenhängend mit einem einzigen Sicherungsgeschäft – ausgeschlossen sein soll. Drei Überlegungen spielen hierbei eine Rolle:

(1) Sofern hierin eine solch komplexe Konstellation gesehen wird, die zu einer Anwendung des (wesentlich komplexeren) IAS 39 führen soll, um eine solche ökonomische Absicherung bilanziell abbilden zu können, wäre dies nicht realitätsnah.

(2) Sofern hingegen für eine solche Absicherung mittels Zinswährungsswap die Zulässigkeit des Hedge Accounting gewollt ist, wäre die Regelung irrtümlich falsch formuliert. Wenn das Finanzinstrument sowohl ein Zins- als auch ein Währungsrisiko beinhaltet – was die gewählte ökonomische Absicherung beweist – müsste ein Zinswährungsswaps als Siche-

rungsinstrument gemäß Hedge Accounting ausdrücklich zugelassen sein und zudem das Fremdwährungsrisiko für bilanzierte Finanzinstrumente explizit aufgezählt werden. Beides ist nicht der Fall. Die unterstellte Annahme, dass das Fremdwährungsrisiko wegen der unvermeidlichen beiderseitigen Erfassung von Wertschwankungen (vgl. Tz. 64 ff.) kein Hedge Accounting erfordert und somit nicht zugelassen werden muss, steht offensichtlich der gemeinschaftlichen bilanziellen Absicherung zweier Risiken im Wege. Hier kann nur eine zukünftige Regeländerung für Klarheit sorgen.

(3) Schließlich erscheint auch die mögliche Vermutung, dass der automatische bilanzielle Ausgleich eines Fremdwährungsrisikos so zu verstehen ist, als dass gar kein solches Risiko bestünde - somit also nur noch ein Zinsrisiko dem zu sichernden Grundgeschäft innewohne, wonach das Hedge Accounting für lediglich das Zinsrisiko doch möglich sei -, abwegig. Erstens wäre fraglich, warum ein ökonomisch vorhandenes (und gesichertes) Risiko aus bilanzieller Sicht als nicht vorhanden gilt, und zweitens wäre dann immer noch das ökonomisch existierende Sicherungsinstrument (Zinswährungsswap) nicht als bilanzielles Sicherungsinstrument designationsfähig.

e. *Zusammenfassung*

72 Nachstehende Übersicht zeigt zusammenfassend – unter Angabe der jeweils relevanten Norm –, welche Grundgeschäfte mit welchen innewohnenden Risiken für eine Berücksichtigung im Rahmen des bilanziellen Hedge Accounting zulässig sind:

Zulässiges Risiko / Zulässiges Grundgeschäft	Festzinsrisiko	Variabler-Zins-Risiko	Währungsrisiko	Waren- und Rohstoffpreisrisiko
bilanziertes nicht-derivatives Schuldinstrument	zulässig (12.17(a))	zulässig (12.17(a))	--	--
(nicht bilanzierte) feste Verpflichtung	zulässig (12.17(b))	zulässig (12.17(b))	zulässig (12.17(b))	zulässig (12.17(c))
(nicht bilanzierte) hochwahrscheinliche geplante Transaktion	zulässig (12.17(b))	zulässig (12.17(b))	zulässig (12.17(b))	zulässig (12.17(c))
Waren oder Rohstoffe	--	--	--	zulässig (12.17(c))
Nettoinvestition in ausländische Einheit	--	--	zulässig (12.17(d))	--

Tab. 1: Für das Hedge Accounting zulässige Kombinationen aus Grundgeschäft und Risiko

5. Zulässiger Umfang der bilanziellen Absicherung

a. *Absicherung mehrerer Instrumente*

73 Die Konzeption des Hedge Accounting unterstellt den Zusammenhang zwischen einem Grund- und einem Sicherungsgeschäft. Somit ist zumindest eine 1:1-Sicherungsbeziehung für bilanzielle Abbildungszwecke in den explizit zulässigen Risikokonstellationen möglich.

74 Zu hinterfragen ist, ob für jede »Seite« dieses Zusammenhangs auch mehr als ein Instrument designiert werden kann. Beispielsweise ist denkbar, mehrere einzelne Darlehensverträge (somit mehrere finanzielle Vermögenswerte) zusammenzufassen und in einer bilanziellen Sicherungsbeziehung mit einem Zinsswap, der dann das Zinsrisiko für die Summe bzw. das Gesamtvolumen dieser Darlehen ausgleichen soll, abzubilden. Zudem ist denkbar, dass auch mehrere Derivate, etwa Zinsswaps, so zusammengefasst werden, dass sie als Paket von Sicherungs-

geschäften – deren Volumen oder Nominal genau dem des/der zu sichernden Darlehen(s) entspricht – designiert werden.

75 Darüber hinaus könnte auch nachfolgende Konstellation grundsätzlich Hedge Accounting-relevant sein: Finanzielle Vermögenswerte wie Forderungen oder Darlehen sowie finanzielle Verpflichtungen, die allesamt aufgrund ihrer Zinszahlungsvereinbarungen einem Zinsrisiko unterliegen, und zwar teilweise sogar gegenläufig, lassen sich zusammengefasst als ein Portfolio betrachten. Das verbleibende (Rest-)Zinsrisiko dieses Portfolios wird durch zB einen Zinsswap abgesichert. Diese gesamte Konstellation stellt einen sog. (ökonomischen) Portfoliohedge dar, der möglicherweise bilanziell entsprechend abgebildet werden soll.

76 Alle Kombinationen mehrerer *hedged items* oder mehrerer *hedging instruments* sind aber im Rahmen des Hedge Accounting gemäß IFRS-SMEs nicht möglich. Nach Wortlaut des IFRS-SMEs ist immer nur von jeweils einem Instrument die Rede. Klarstellend wird in IFRS-SMEs.BC104(c) explizit ausgeführt, dass eine Bildung sog. Portfoliohedges nicht zulässig ist.

b. *Anteilige Absicherung von Risiken oder Instrumenten*

77 Obgleich sie in der Praxis unterschiedlich verbreitet sein mögen, sind weitere denkbare Arten der Absicherung zu erörtern. Die Überlegungen an dieser Stelle betreffen wirtschaftliche Absicherungen, die Risiken bzw. risikotragende Instrumente nur teilweise kompensieren sollen. In Betracht kommen:

(1) Absicherung eines prozentualen Anteils eines Finanzinstruments, das Risiken enthält – sog. *proportions* (zB 50% eines Darlehen über 10 Mio. EUR oder 50% eines entsprechenden Swaps);
(2) zeitanteilige Absicherung eines Finanzinstruments – sog. *part-term hedge* (zB Absicherung eines 10-jährigen Darlehens gegen Zinsänderungen nur für die ersten fünf Jahre);
(3) Absicherung eines Teils der Zahlungsströme – sog. *portions* (zB Darlehen mit variablen Zinsen, die LIBOR + 1,5% entsprechen, wobei nur ein Teil der Veränderung des LIBOR oder nur dessen negative Veränderung als gesichertes Risiko designiert wird).

78 Fall (1) kommt für ein Hedge Accounting in Betracht. Entscheidend hierbei ist, dass die bilanzielle Sicherungsbeziehung letztlich aus einem Grund- und einem Sicherungsgeschäft besteht, und diese für sich vollständig und in Bezug auf alle Risiken als gesichert designiert wurden. Die vertragliche Grundlage wird – bis auf den Aspekt des anteiligen Volumens – unverändert in der bilanziellen Sicherungsbeziehung designiert. Dahinter steckt das Prinzip *substance over form*, demzufolge es für die Zulässigkeit des Hedge Accounting unerheblich sein muss, ob etwa zwei Darlehen über je 5 Mio. EUR durch einen Swap in Höhe der Summe oder durch zwei Swaps jeweils in Höhe eines der beiden Darlehen gesichert werden – solange die risikorelevanten Details wie Zinssatz, Zinszahlungstermine und -rhythmus identisch sind.

79 Für (2) und (3) sehen die IFRS-SMEs jedoch keine Möglichkeit des Hedge Accounting vor. Dies ist darin begründet, dass unter dem Ziel eines einfachen Regelwerkes nur solche Konstellationen für das Hedge Accounting zulässig werden, welche für kleine und mittelgroße Unternehmen typisch sind (IFRS-SMEs.BC 101(c), 104).

6. Effektivität

80 Schließlich besteht an das Hedge Accounting die Anforderung, dass ein bilanziell designierter Sicherungszusammenhang **erwartungsgemäß hoch effektiv** ist. Diese Effektivität oder Wirksamkeit stellt das Ausmaß dar, in welchem sich Schwankungen des *fair value* oder der Zahlungsströme aus dem Grund- und dem Sicherungsgeschäft gegenseitig ausgleichen (IFRS-SMEs Abschn. 12.16(d)). Diese rein qualitative Bedingung wird nicht weiter konkretisiert; insbesondere gibt es keine quantitative Anforderung (etwa einen Grenzwert in Prozent) an den Effektivitätsgrad, bis zu dem die Anwendung des Hedge Accounting zulässig ist. Es bleibt daher ein Freiheitsgrad bestehen.

81 Dieser kann allerdings nicht willkürlich ausgelegt werden. Bei der vorhergehenden Beurteilung, ob ein Hedge erwartungsgemäß effektiv ist, sind vertragliche Daten zur Risikoausprägung zu prüfen. Sind diese – etwa Zinssatz, Zahlungszeitpunkt und -rhythmus – nicht deckungsgleich, kann ein Hedge nicht als erwartungsgemäß effektiv eingeschätzt und auch nicht designiert werden. Hier ist also eine Effektivität von weit über 90% anzunehmen. Im Nachhinein ist die **tatsächliche Effektivität** zu prüfen. Ohne etwaige vertragliche Anpassungen oder vorzeitige (ggf. auch verspätete) Rückzahlungen kann die Effektivität auch im Nachhinein kaum von der zuvor vermuteten abweichen. Ist dies aber der Fall, ist schon aus qualitativen Aspekten das Hedge Accounting nicht (mehr) zulässig. Gleichwohl kann hier – falls vertraglich keinerlei Veränderungen entstanden – eine vorübergehend etwas größere Abweichung akzeptabel sein. Wegen der identischen Hedge Accounting-Konzeption ist die in IAS 39 festgelegte Effektivitäts-Bandbreite von 80-125% (IAS 39.AG105(b)) auch hier als Maßgabe anzunehmen.

82 Mit der Effektivitätsanforderung verbunden ist ein **Nachweis**, dass die Effektivität voraussichtlich eintritt bzw. zu erwarten ist. Hierzu ist – im Voraus – ein sog. prospektiver Effektivitätstest durchzuführen. Für diesen sind allerdings keine konkreten Anforderungen oder eine spezifische Methode festgelegt. Vielmehr soll auch hier eine Flexibilität zugelassen sein, die es ermöglicht, dass die Methode den jeweiligen Besonderheiten des Unternehmens angemessen gewählt wird (so etwa IFRS-SMEs.BC103). Von der Effektivitätsanforderung losgelöst zu sehen ist jedoch eine regelmäßige Pflicht zur Effektivitätsermittlung im Nachhinein. Dies ist allerdings nicht als vorausgehende Bedingung für die Anwendung des Hedge Accounting, sondern als (nachgelagerte) Folgepflicht zu charakterisieren und wird entsprechend an anderer Stelle ausgeführt (vgl. Tz. 104 ff.).

III. Bilanzierung bei erstmaliger Erfassung

83 Für die erstmalige bilanzielle Erfassung eines Grund- oder eines Sicherungsgeschäfts gelten keine alternativen Vorschriften im Rahmen des Hedge Accounting. Auch wenn sofort bei Erstansatz ein zu bilanzierendes Finanzinstrument im Rahmen des Hedge Accounting designiert wird, gelten dennoch die grundlegenden Vorschriften für Erstansatz und -bewertung des IFRS-SMEs Abschn. 11.12 f. oder IFRS-SMEs Abschn. 12.6 f.

IV. Bilanzierung zu Folgezeitpunkten

1. Zielsetzung

84 Sofern die dargestellten Bedingungen des IFRS-SMEs Abschn. 12.16 erfüllt sind, ist eine abweichende Bewertung zulässig. Dies soll ermöglichen, dass aufgrund dieser spezifischen Bewertung einschließlich des spezifischen Ausweises von Wertänderungen eine bilanziell sichtbare gegenseitige Kompensation von Wertschwankungen entsteht, was ohne Hedge Accounting nicht der Fall wäre (vgl. Tz. 47). Dies impliziert, dass erst die so vorgenommene bilanzielle Abbildung den wirtschaftlich entstehenden (kompensatorischen) Bewertungseffekten gleichsteht oder gerecht wird.

85 Dieses Ziel wird auf zwei verschiedene Arten einer »alternativen« Bilanzierung erreicht. Zum einen werden – für bestimmte Sicherungszusammenhänge – die Bewertung und der sich

anschließende Ausweis von Wertschwankungen beim **Grundgeschäft** abweichend vorgeschrieben – und zwar so, dass diese der Bewertung des Sicherungsgeschäfts folgen bzw. gleichgestellt werden (Variante A). Zum anderen wird – entsprechend für andere Sicherungszusammenhänge – der Ausweis von Wertänderungen beim **Sicherungsgeschäft**, nicht jedoch dessen Bewertung an sich, abweichend vorgeschrieben. Auch hierdurch wird eine gleichgerichtete Behandlung von Grund- und Sicherungsgeschäft angestrebt und ggf. auch erreicht (Variante B). Während durch das Hedge Accounting sich ökonomisch ausgleichende risikobedingte Bewertungseffekte auch bilanziell ausgleichend (dh. per Saldo nicht mehr sichtbar) dargestellt werden sollen, ist hingegen beabsichtigt, dass eine eventuelle, ggf. anteilige Nichtkompensation – die sog. Ineffektivität – dann auch bilanziell sichtbar bleibt. Für einige bestimmte Sicherungszusammenhänge wird keine abweichende Bilanzierung zugelassen bzw. geregelt (Variante C); hier wird unverändert die gewöhnliche Bilanzierung vorgenommen. Die Frage, warum eine Zulässigkeit des Hedge Accounting besteht, dennoch aber keine abweichende Bilanzierung geregelt wurde, wird nachstehend (vgl. Tz. 96) erörtert.

2. Variante A: abweichende Bewertung des Grundgeschäfts

a. Art der Bewertung

86 Die erste der beiden Arten der alternativen Bilanzierung schreibt vor, dass das Sicherungsgeschäft als finanzieller Vermögenswert oder finanzielle Schuld bilanziert und stets erfolgswirksam zum *fair value* bewertet wird (IFRS-SMEs Abschn. 12.19(a)). Dies entspricht genau der Bilanzierung, wie sie auch ohne Hedge Accounting vorzunehmen wäre. Das Grundgeschäft wird zu fortgeführten Anschaffungskosten, die um den Bewertungseffekt des abgesicherten Risikos (und nur diesen) angepasst werden, bilanziert, wobei die Wertänderungseffekte aus diesem Risiko im Gewinn oder Verlust zu erfassen sind (IFRS-SMEs Abschn. 12.19(b)). Sowohl die bezeichnete Anpassung des Wertansatzes als auch der Ausweis der risikobedingten Wertänderung stellen eine Abweichung zur sonst (also ohne Hedge Accounting) »üblichen« Bilanzierung dar. Sie führen allerdings zu einer Gleichbehandlung mit dem Sicherungsgeschäft: Denn bei beiden wird nunmehr das als gesichert designierte Risiko im Wertansatz berücksichtigt als auch – sofern daraus eine Wertänderung entsteht – im Gewinn oder Verlust ausgewiesen.

87 Soweit eine Kompensation zwischen beiden Geschäften besteht, verbleibt im Gewinn oder Verlust per Saldo kein Effekt. Im Übrigen – also wenn keine vollständige Kompensation erreicht wird – verbleibt ein Nettoeffekt im Gewinn oder Verlust, der den ineffektiven Anteil dieser Absicherung darstellt und abbildet.

b. Begründung der Bewertung

88 Diese Bilanzierung erscheint intuitiv als sachgerecht, da sowohl der Bilanzansatz, also die Bewertung – zumindest soweit die abgesicherte und designierte Risikoart einbezogen ist –, als auch der Ausweis entsprechender Wertänderungen im Gewinn und Verlust gleichgestellt werden. Dieses Vorgehen ist auch aus normativer Sicht sachgerecht, weil die designierte Risikoart faktisch sowohl bei Grund- als auch Sicherungsgeschäft eine jederzeitige Auswirkung auf den *fair value* hat. Folglich zielt die Abbildung ab auf einen identischen Einbezug des gesicherten Risikos im Bilanzansatz sowie darauf, dass dessen Veränderung – nämlich das Fair-Value-Risiko – einheitlich und kompensatorisch berücksichtigt wird. Im Gewinn oder Verlust verbleibt dann nur eine Netto-Fair-Value-Änderung übrig. Beides gelingt mit der vorgeschriebenen Bilanzierungsmethodik.

89 Diese Art der Bilanzierung kommt nur für ausgewählte, genau festgelegte Sicherungsvarianten in Betracht. Details hierzu werden in tabellarischer Form später dargestellt (vgl. Tz. 97).

3. Variante B: abweichender Ausweis des Sicherungsgeschäfts

a. *Art des Ausweises*

Die andere Variante sieht vor, dass für das Sicherungsgeschäft derjenige Anteil an der (bislang vollständig im Gewinn oder Verlust ausgewiesenen) Fair-Value-Änderung, welcher auf das als gesichert designierte Risiko entfällt, aber nur soweit die Sicherung tatsächlich effektiv ist, im sonstigen Ergebnis (*other comprehensive income*) erfasst wird. Der ineffektive Anteil an diesem Risiko sowie die von anderen Faktoren bedingten Anteile an der Wertänderung sind unverändert im Gewinn oder Verlust zu zeigen. Der Wertansatz des Sicherungsgeschäfts insgesamt bleibt unverändert, nämlich zum *fair value*. Das Grundgeschäft wird unverändert so bilanziert und bewertet, wie es auch ohne Hedge Accounting behandelt würde. Dies ist insbesondere von Bedeutung für all solche Grundgeschäfte, die (noch) gar nicht bilanziell angesetzt sind. Das Hedge Accounting führt in dieser Variante also nur zu einer Abweichung beim Sicherungsgeschäft – und hier auch nur zu einem teilweise abweichenden Ausweis von Wertschwankungen. **90**

Die grundsätzlich beabsichtigte Gleichbehandlung von Grund- und Sicherungsgeschäften wird auch hier erreicht, wobei dies noch zu differenzieren ist. Diese Variante kommt primär für nicht-bilanzierte Grundgeschäfte zur Anwendung. In diesem Fall besteht ohne Hedge Accounting, aber bei existierender ökonomischer Risikoabsicherung, eine bilanzielle Ungleichheit in Bezug auf die Auswirkung auf den Gewinn oder Verlust. Beim bilanzierten Sicherungsgeschäft entstehen Wertschwankungen, die im Gewinn oder Verlust einseitig erfasst werden – da das nicht-bilanzierte Grundgeschäft mangels Bewertung keinerlei Wertänderungen erzeugt, die im Gewinn oder Verlust erfasst werden könnten. Somit kann die hier entscheidende Verzerrung bei der bilanziellen Abbildung durch Hedge Accounting ausgeräumt werden. In den übrigen Anwendungsfällen – insbesondere für Schuldinstrumente mit variabler Verzinsung – werden die Wertschwankungen des Sicherungsgeschäfts vom Gewinn oder Verlust ins sonstige Ergebnis verlagert. Da aus dem (unverändert bewerteten) Grundgeschäft keine zinsrisikobedingten Wertschwankungen ausgewiesen werden, bliebe es bei einem einseitigen Ausweiseffekt unrealisierter Wertänderungen. **91**

b. *Begründung des Ausweises*

Diese Variante des Hedge Accounting erscheint zunächst nur teilweise sachgerecht, weil (scheinbar) lediglich eine Verschiebung, keine Kompensation erzeugt wird. Dies ist begründet in der zugrunde liegenden Natur des gesicherten Risikos und der per Hedge Accounting abgebildeten Risikoauffassung. Im primären Fall besteht das Risiko bzw. dessen Auswirkung, welche aus dem innewohnenden und designierten Risikofaktor folgen, in der Unsicherheit über künftig zu erhaltende/zahlende Geldbeträge – sowohl bei Warenpreis- als auch bei Währungsrisiken (bei Letzterem der Betrag in eigener Währung). Da sich dieses Risiko erst im Zeitpunkt der späteren Zahlung – zumeist dann auch der Zeitpunkt des erstmaligen Ansatzes des Grundgeschäfts – durch Zu- oder Abschlag des Geldbetrags niederschlägt, soll das Risiko auch solange bilanziell keine Auswirkung haben. Dies wird mangels Ansatz auch verhindert. Aus dem Sicherungsgeschäft hingegen würde, weil es bereits bilanziert und fortlaufend bewertet wird, ein eventueller Fair-Value-Unterschied sofort im Gewinn oder Verlust erfasst und folglich wirksam. **92**

Es ist sachgerecht, diese (unvermeidliche) Bewertungsdifferenz nun abweichend im sonstigen Ergebnis zu erfassen – zumindest vorübergehend. Wenn dann Zahlungsströme aus dem Sicherungsgeschäft fließen, wird deren Höhe aufgrund des jeweils zugrundliegenden Währungs-, Warenpreis- oder Zinsrisikos (Letzteres bei variabler Verzinsung) entsprechend beeinflusst und wirkt sich dann ökonomisch aus. Im selben Moment wäre aufgrund risikobedingt höherer oder niedrigerer Zahlungen des Sicherungsgeschäfts der Gewinn oder Verlust beein- **93** flusst. Auch im selben Moment würde – eine wirksame Absicherung vorausgesetzt – aus dem Grundgeschäft eine Zahlung fließen, die demselben Risiko ausgesetzt und deren Höhe somit ebenfalls, aber gegenläufig beeinflusst war. Wenn sich nun beide Zahlungen nicht nur ökonomisch, sondern auch bilanziell zeitgleich und kompensierend niederschlagen, ist diese Darstellung als passendere Abbildung der wirtschaftlichen Absicherung zu sehen. Dies wird mit dem vorgeschriebenen Ausweis erreicht: Die reine Bewertungsschwankung aus dem Sicherungsinstrument wird nicht erfolgswirksam; sie wird zwar im sonstigen Ergebnis »angesammelt«, ist aber im Gewinn oder Verlust aufzulösen, wenn das Grundgeschäft erstmals bilanziert wird (IFRS-SMEs Abschn. 12.23 am Ende). Dies ist genau jener Zeitpunkt, wenn der gegenläufige Effekt aus dem Grundgeschäft im Gewinn und Verlust wirksam wird. Die ökonomische Kompensation wird, soweit sie denn besteht, bilanziell nachgezeichnet.

94 Auch in den übrigen als den als primär bezeichneten Fällen wird die Kompensation bilanziell als solche gezeigt. Hier jedoch erfolgt die »Auflösung« der im sonstigen Ergebnis zwischenzeitlich erfassten Wertdifferenzen nicht einmalig, sondern nach und nach; dh. zeitanteilig über mehreren Perioden und jeweils zu den Zahlungszeitpunkten (IFRS-SMEs Abschn. 12.24). Auch hier bleibt per Saldo ein eventueller Unterschiedsbetrag übrig, soweit wirtschaftlich keine vollständige Kompensation erzielt wird.

95 Diese Variante B kommt ebenfalls nur für bestimmte, definierte Sicherungsvarianten in Betracht. Welche das sind, ist in tabellarischer Form weiter unten dargestellt (vgl. Tz. 97).

4. Variante C: keine abweichende Bilanzierung

96 Für die Absicherung des Zinsrisikos (fest und variabel) in Bezug auf nicht-bilanzierte feste Verpflichtungen und hochwahrscheinliche geplante Transaktionen ist nach dem Wortlaut des IFRS-SMEs keine abweichende Bilanzierung zulässig; weder die Vorschriften des IFRS-SMEs Abschn. 12.19 ff. (Variante A) noch des IFRS-SMEs Abschn. 12.23 ff. (Variante B) schließen diese Risiken ein. Dies ist nicht nachvollziehbar, und dies umso weniger, als bei der Aufzählung der für Hedge Accounting zulässigen Risiken (siehe IFRS-SMEs Abschn. 12.17) diese Risikokonstellationen explizit unter 12.17(b) genannt werden. Sind also die Bedingungen des IFRS-SMEs Abschn. 12.16 erfüllt, wäre Hedge Accounting demnach also (eigentlich) anwendbar. Unter den Vorschriften zur **Umsetzung** des Hedge Accounting – also der dann folgenden alternativen Bilanzierung – werden diese Konstellationen aber weder für Variante A noch für Variante B zugelassen. Obwohl hier offenbar dem IASB ein Fehler unterlaufen ist und die Vorschriften zur Umsetzung des Hedge Accounting daher vermutlich auch nicht der Intention des IASB entsprechen, ist der Wortlaut eindeutig. Faktisch kommt demzufolge für diese Konstellationen kein Hedge Accounting im Sinne einer alternativen Bilanzierung in Betracht. Hier bestehen also lediglich zusätzliche Angabepflichten (dazu vgl. Tz. 98 ff.). Es ist aber zu hoffen, dass dieser Fehler im Rahmen einer künftigen Überarbeitung des IFRS-SME behoben wird, sodass die Absicherung des Zinsrisikos (fest und variabel) in Bezug auf nicht-bilanzierte feste Verpflichtungen und hochwahrscheinliche geplante Transaktionen dann entweder unter das Hedge Accounting gemäß IFRS-SMEs Abschn. 12.19 ff. (Variante A) oder gemäß IFRS-SMEs Abschn. 12.23 ff. (Variante B) fällt.

5. Zusammenfassung

97 Nachstehende Tabelle zeigt im Überblick, welche Variante der Bilanzierung in welcher Konstellation aus Grundgeschäft und im Rahmen des Hedge Accounting designiertem Risiko anzuwenden ist:

Zulässiges Risiko / Zulässiges Grundgeschäft	Festzinsrisiko	Variabler-Zins-Risiko	Währungsrisiko	Waren- und Rohstoffpreisrisiko
bilanziertes nicht-derivatives Finanz-instrument (FK)	Variante A (12.19)	Variante B (12.23)	--	--
(nicht bilanzierte) feste Verpflichtung	Variante C (kein Hedge Accounting)	Variante C (kein Hedge Accounting)	Variante B (12.23)	Variante B (12.23)
(nicht bilanzierte) hochwahrscheinliche geplante Transaktion	Variante C (kein Hedge Accounting)	Variante C (kein Hedge Accounting)	Variante B (12.23)	Variante B (12.23)
Waren oder Rohstoffe	--	--	--	Variante A (12.19)
Nettoinvestition in ausländische Einheit	--	--	Variante B (12.23)	--

Tab. 2: Bilanzierung und Bewertung bei den für das Hedge Accounting zulässigen Konstellationen

V. Anhangangaben

Die Anhangangaben betreffend das Hedge Accounting gliedern sich in drei Teile. Zum ersten sind allgemeine Angaben zu den gebildeten bilanziellen Hedges – nach Risikoarten untergliedert – erforderlich. Diese haben vorrangig qualitativen Charakter. Zum zweiten sind spezifische quantitative Angaben zur Anwendung des Hedge Accounting gemäß IFRS-SMEs Abschn. 12.19 ff. (als Variante A bezeichnet) zu machen. Zum dritten sind Angaben qualitativer und quantitativer Art zu machen, soweit Hedge Accounting gemäß IFRS-SMEs Abschn. 12.23 ff. (Variante B) angewendet wurde. **98**

1. Qualitative Angaben

Gemäß IFRS-SMEs Abschn. 12.27 sind folgende Angaben verbaler Art zu machen, falls Hedge Accounting angewendet wird, und zwar für jede Risikoart getrennt: **99**

(a) Beschreibung der Absicherung;
(b) Beschreibung der als Sicherungsgeschäft designierten Finanzinstrumente einschließlich Angabe ihrer *fair values*;
(c) Angabe des gesicherten Risikos einschließlich Beschreibung der designierten Grundgeschäfte.

Insgesamt werden Details hierzu nicht ausdrücklich vorgegeben. Die Absicherung – der Hedge – kann im ökonomischen oder bilanziellen Sinne verstanden werden, dh., entweder ist die wirtschaftliche oder die designierte bilanzielle Sicherungsbeziehung zu beschreiben. Da Letztere durch das abgesicherte Instrument, das abgesicherte Risiko und das Sicherungsgeschäft determiniert wird, sind diese zumindest zusammengefasst darzustellen. Deren Beschreibung wird durch (b) und (c) abgedeckt. Folglich kann unter (a) nur die wirtschaftlich zugrunde liegende Absicherung gemeint sein. Es sind also hierunter die Grundzüge der wirtschaftlichen Sicherungsaktivitäten darzustellen. Dies umfasst eine kurze Beschreibung zumindest der auftretenden Risikoarten, die Art der Geschäfte, die diese Risiken entstehen lassen, sowie der grundsätzlichen Absicherungskonstellationen. **100**

Die Forderung, diese Beschreibung nach Risikoarten bzw. -konstellationen – nämlich gemäß der Vierteilung im IFRS-SMEs Abschn. 12.17 – zu differenzieren, bedeutet, dass zum **101** einen je Risikoart eine aggregierte Darstellung möglich ist und zum anderen verschiedene Risikokonstellationen nicht zusammenhängend beschrieben werden dürfen. Sofern Risiken nicht abgesichert werden, ist – im Zusammenhang mit Hedge Accounting – dies nicht zu beschreiben. All diese Angaben sind nämlich grundsätzlich nur zu machen, wenn und soweit eine bilanzielle Abbildung mittels Hedge Accounting vorgenommen wird. Ohne vorliegende wirtschaftliche Absicherung kann Hedge Accounting gar nicht angewendet werden.

2. Angaben bei Variante A

102 Gemäß IFRS-SMEs Abschn. 12.28 sind – ergänzend zu den bisher ausgeführten Angaben – lediglich folgende beiden Werte anzugeben, wenn Variante A des Hedge Accounting angewendet wird:

(a) der Gesamtbetrag der Fair-Value-Änderung des/der Sicherungsgeschäfte(s), der in der abgelaufenen Periode im Gewinn oder Verlust erfasst wurde;
(b) der Gesamtbetrag der Fair-Value-Änderung des/der Grundgeschäfte(s), der in der abgelaufenen Periode im Gewinn oder Verlust erfasst wurde.

3. Angaben bei Variante B

103 Gemäß IFRS-SMEs Abschn. 12.29 sind zusätzlich folgende quantitativen wie auch eine qualitative Angabe zu machen, wenn Variante B des Hedge Accounting angewendet wird:

(a) eine Übersicht, nach Perioden gegliedert, in der alle Zahlungsströme aus Grund- und Sicherungsgeschäften anhand ihrer Zahlungszeitpunkte und ihrer Erfassung im Gewinn oder Verlust verteilt sind – neben der Periodendarstellung ist keine weitere Aufgliederung gefordert;
(b) eine verbale Beschreibung solcher geplanter Transaktionen, für welche Hedge Accounting (bisher) angewendet wurde, deren Eintritt aber nicht mehr erwartet wird;
(c) der Gesamtbetrag der Fair-Value-Änderung des/der Sicherungsgeschäfte(s), der in der abgelaufenen Periode im sonstigen Ergebnis erfasst wurde;
(d) der Gesamtbetrag, der vom sonstigen Ergebnis in den Gewinn und Verlust der abgelaufenen Periode umgegliedert wurde – eine solche Umgliederung ist vorzunehmen, wenn eine nicht-bilanzierte, abgesicherte Transaktion eintritt und somit erstmals bilanziert wird, wenn eine solche nicht mehr zu erwarten ist, oder wenn ein bilanzieller Hedge aus anderen Gründen beendet wird;
(e) der Gesamtbetrag, der jegliche ineffektiven Anteile von Wertänderungen eines Grund- oder eines Sicherungsgeschäfts im Rahmen des Hedge Accounting einschließt, welche aufgrund dieser Ineffektivität im Gewinn oder Verlust der abgelaufenen Periode erfasst wurden.

VI. Weitere Aspekte des Hedge Accounting

1. Effektivitätsmessung

104 Zum Ende einer jeden Periode ist eine Effektivitätsmessung vorzunehmen. Diese Messung dient zur Feststellung, inwieweit die bilanzielle Sicherungsbeziehung wirksam bzw. nicht wirksam war. Dabei ist entscheidend, dass derjenige **Anteil** an der Fair-Value- oder Zahlungsstromveränderung des Grund- oder Sicherungsgeschäft, der aufgrund des abgesicherten Risikos entstand, jedoch nicht kompensiert wurde (also die **Ineffektivität**), ermittelt werden kann. Dieser Betrag ist bilanziell so auszuweisen, dass er stets im Gewinn oder Verlust der Periode gezeigt wird. In diesem Zusammenhang kann es wichtig sein, ob ein Überhang auf Seiten des Grund- oder des Sicherungsgeschäfts besteht – anders gesagt, ob ein Über- oder ein Unterhedge bestand. Lediglich für die bloße Feststellung, dass überhaupt eine (teilweise) Ineffektivität besteht, ist irrelevant, welcher »Seite« diese zuzurechnen ist. Die Berechnung der Ineffektivität wird für Hedge Accounting der Varianten A und B unterschiedlich vorgenommen. Sie folgt in beiden Fällen aber einem einfachen Vorgehen.

Zu Variante A: **105**

Die Fair-Value-Änderung des Grundgeschäfts und die des Sicherungsgeschäfts werden beide vollständig im Gewinn oder Verlust erfasst. Sofern sie sich nicht vollständig ausgleichen, entsteht per Saldo ein Überschuss. Dieser Überschuss ist somit ein Teil der Fair-Value-Änderung einer der beiden Seiten des Sicherungszusammenhangs; er gilt als ineffektiver Teil. Dieser Anteil verbleibt automatisch im Gewinn oder Verlust. Somit ist die Berechnung der Ineffektivität faktisch eher eine Feststellung dieser, denn weder für den bilanziellen Ausweis noch für (Zusatz-)Angabezwecke ist eine Berechnung oder gezielte Erfassung notwendig. Zudem ist hier nicht erforderlich festzustellen, ob der Überhang – also die Ineffektivität – dem Grund- oder dem Sicherungsgeschäft zuzurechnen ist.

Zu Variante B: **106**

Bei dieser Variante des Hedge Accounting entsteht lediglich beim Sicherungsgeschäft eine bewertungsbedingte Fair-Value-Änderung, die bilanziell zu erfassen ist. Diese Wertänderung ist in einen effektiven und einen ineffektiven Anteil aufzuspalten, da beide unterschiedlich ausgewiesen werden: Der Anteil an der Fair-Value-Änderung des Sicherungsgeschäfts, der den effektiven Umfang der Absicherung wiederspiegelt – also eine Kompensation des abgesicherten *fair value* oder der abgesicherten Zahlungsströme ermöglicht – ist im sonstigen Ergebnis zu erfassen. Der eventuell übrige Anteil entspricht der Ineffektivität und ist hingegen im Gewinn oder Verlust der Periode zu zeigen. Um diese Trennung in einen effektiven und einen ineffektiven Anteil zu ermöglichen, ist als erstes rechnerisch zu ermitteln, welche Fair-Value- oder Zahlungsstromänderungen beim Sicherungsgeschäft und beim Grundgeschäft entstanden sind. Als nächstes ist zu vergleichen, ob beim Sicherungs- oder beim Grundgeschäft eine größere Änderung (also ein Überhang) zu verzeichnen ist. Wenn die risikobedingte und bilanziell relevante Wertänderung aus dem Sicherungsgeschäft größer ist als die – rechnerische, da nicht bilanziell wirksame – Wertänderung aus dem Grundgeschäft, liegt ein sog. Überhedge vor. In diesem Fall – jedoch nicht im umgekehrten (!) – ist der Betrag dieses Überhangs als Ineffektivität auszuweisen.

107 Wirtschaftlich gesehen mag es zweifelhaft sein, dass eine Ineffektivität nur ausgewiesen wird, wenn die Wertänderung des Sicherungsgeschäfts größer ist als die des Grundgeschäfts, aber nicht im umkehrten Fall. Im Sinne einer Absicherung ist es schließlich unerheblich, ob das Sicherungsgeschäft »zu wenig« oder »zu viel« Absicherung bedeutet – erst recht, da ja im Sinne einer Risikodefinition im Vorhinein unklar ist, ob die (nicht vorhersehbare) Wertentwicklung zu einem Gewinn oder Verlust aus diesem Überhang führt. Allerdings muss dieser Einwand unberücksichtigt bleiben, denn Ziel des Hedge Accounting ist die bilanzielle Abbildungsmöglichkeit eines Sicherungszusammenhangs. Da – wie bereits ausgeführt – ein Grundgeschäft oftmals gar nicht bilanziert wird, ist bis zu dessen Ansatz oder zur Erfassung seiner Zahlungsströme faktisch eine Erfassung von Gewinnen oder Verlusten nur aus dem (bilanzierten) derivativen Sicherungsgeschäft möglich.

2. Hedgeauflösung

108 Unter bestimmten Bedingungen ist es erforderlich, die Bilanzierung eines Sicherungszusammenhangs – also das Hedge Accounting – zu beenden. Dies ist sowohl für Variante A als auch für Variante B festgelegt. Gemäß IFRS-SMEs Abschn. 12.21 sowie IFRS-SMEs Abschn. 12.25 ist das Hedge Accounting zu beenden, wenn:

(a) das Sicherungsgeschäft ausläuft, verkauft bzw. glattgestellt oder beendet wird, oder
(b) die Sicherungsbeziehung nicht mehr die grundsätzlichen Anforderungen des Hedge Accounting nach IFRS-SMEs Abschn. 12.16 erfüllt, oder
(c) eine hochwahrscheinliche künftige Transaktion abgesichert ist, deren Eintritt sich nunmehr als nicht mehr hochwahrscheinlich erweist – dies kann nur für Variante B gelten –, oder
(d) das Hedge Accounting »widerrufen« wird – also die bilanzielle Abbildung des Hedgebeziehung schlicht freiwillig beendet wird.

109 Zu (a), (c), (d)

Zum einen ist damit explizit erlaubt, das Hedge Accounting ohne Gründe freiwillig zu beenden. (Bedingung (d)). Dies ist völlig unabhängig davon, ob die dahinterstehende wirtschaftliche Absicherung noch so oder anders besteht. Zum anderen wird klargestellt, dass Hedge Accounting für einen konkreten Sicherungszusammenhang zu beenden ist, sobald das Sicherungsgeschäft nicht mehr bilanziert wird – unabhängig vom Grund dafür (Bedingung (a)). Des Weiteren ist Hedge Accounting zu beenden, wenn mit dem gesicherten Grundgeschäft, das eine künftige Transaktion darstellt, nicht mehr im dem bisherigen Maße gerechnet wird (Bedingung (c)).

110 Zu (b)

Die »Generalbedingung« (b) ist hier zu differenzieren – nämlich in die vier ursprünglichen Hedgeanforderungen gemäß IFRS-SMEs Abschn. 12.16 (Designation und Dokumentation; spezifisches Grundgeschäft; spezifisches Sicherungsgeschäft und gesichertes Risiko; erwartete Effektivität).

111 Bedingung (b) ist erstens nicht erfüllt, wenn **Designation und Dokumentation** nicht (mehr) gegeben sind. Beides sind streng genommen einmalige Aktivitäten im Zeitpunkt der erstmaligen Hedgebildung, die – wenn sie unternommen wurden und Hedge Accounting dann angewendet wurde – im Nachhinein nicht entfallen können. Ein Wegfall der Designation oder Dokumentation ist vielleicht bei einer technischen Störung denkbar; faktisch aber unmöglich. Eine Nichterfüllung der ursprünglichen Anforderungen liegt zweitens vor, wenn das **designierte Grundgeschäft** nicht mehr eindeutig ist. Dies ist der Fall, wenn dieses nicht (mehr) bilanziert wird – unabhängig vom Grund (zB Verkauf, Glattstellung, sonstiger Abgang). Insoweit schließt (b) die obige Bedingung (c) bereits ein; (c) dient dennoch zur Klarstellung, weil hier nicht eindeutig zwischen Ansatz/Nichtansatz getrennt werden kann, sondern die Eintrittswahrscheinlichkeit als Kriterium stetig ist. Stattdessen ist eine Grenze zu setzen, ab welchem Wahrscheinlichkeitsgrad das Hedge Accounting nicht oder nicht mehr zulässig ist. Explizit ist die Grenze unterschritten, sobald die Transaktion nicht mehr »hochwahrscheinlich« ist (IFRS-SMEs Abschn. 12.25(c)); sie muss somit nicht gleich unwahrscheinlich sein, sondern »nur noch« wahrscheinlich. Es bleibt somit unpräzise, welches Maß an Wahrscheinlichkeit ein Hedge Accounting rechtfertigt. Man kann davon ausgehen, dass eine Wahrscheinlichkeit über 50% – also eher wahrscheinlich als unwahrscheinlich – ausreicht. Andernfalls ist bei Eintritt eines Ereignisses, das vom bis dato hochwahrscheinlichen Eintritt deutlich wegführt, ggf. schon nicht mehr genügende Wahrscheinlichkeit gegeben. Bedingung (b) bedeutet drittens, dass Hedge Accounting zu beenden ist, wenn **designiertes Risiko und Sicherungsgeschäft** nicht mehr eindeutig sind. Dies wird bereits mit Bedingung (a) gefordert.

112 Folglich bleibt primär der Wegfall der letzten der vier ursprünglichen Hedgeanforderungen – nämlich die **erwartete Effektivität** – Kernaspekt der Bedingung (b). Ab dem Moment, ab welchem vorausschauend (prospektiv) ein bilanziell designierter Hedge erwartungsgemäß nicht mehr hoch effektiv ist, muss das Hedge Accounting beendet werden. Die Beendigung ist nicht rückwirkend vorzunehmen, sondern erst ab jenem Zeitpunkt, ab dem die Bedingung nicht mehr erfüllt ist. Dies gilt selbst dann, wenn festgestellt wird, dass bereits vor dem aktuellen Zeitpunkt, aber nach der letztmaligen (positiven) Beurteilung dieser Erwartung der Wegfall der Effektivitätsvermutung eintrat (IFRS-SMEs.BC102).

113 Wird das Hedge Accounting in der Variante A beendet, und das bisher designierte Grundgeschäft wird weiterhin bilanziert, ist die kumulierte Veränderung des Wertes des Grundgeschäft, die auf das gesicherte Risiko zurückzuführen ist – das sog. Adjustment –, nach und nach über die sog. »Restlebensdauer« des Instruments verteilt in den Gewinn oder Verlust umzugliedern. Für bilanzierte verzinsliche Finanzinstrumente als *hedged item* ist hierunter die Restlaufzeit zu verstehen; für abgesicherte Waren und Rohstoffe ist der (verbleibende) Zeitraum, über den sich deren Verbrauch verteilt, zugrunde zu legen. Wird das einst designierte Grundgeschäft ausgebucht, wird dieses Adjustment automatisch sofort vollständig im Gewinn oder Verlust erfasst. Bei Beendigung des Hedge Accounting in der Variante B, sofern die erwartete künftige Transaktion nicht mehr hochwahrscheinlich ist oder das bilanzierte Grundgeschäft ausgebucht wird, wird der kumulierte Betrag, der im sonstigen Ergebnis aufgelaufen ist, sofort vollständig in den Gewinn oder Verlust umgegliedert.

D. Vergleich mit IFRS und HGB

114 Mit Inkrafttreten des BilMoG wurde die Bewertung bestimmter finanzieller Vermögenswerte und finanzieller Schulden zum beizulegenden Zeitwert (Fair Value) erstmals in das HGB eingeführt (§ 340e HGB). Dieser gilt jedoch nur für Kredit- und Finanzdienstleistungsinstitute; da der IFRS-SMEs für diese Unternehmen nicht anwendbar ist (vgl. IFRS-SMEs.BC59), wird § 340e HGB in der Synopse nicht berücksichtigt. Zugleich wurden Hinweise zur Bestimmung des Zeitwerts aufgenommen (§ 255 Abs. 4 HGB). Damit wurden Anforderungen der Fair-Value-Richtlinie übernommen. Des Weiteren wurde die Bilanzierung von sog. Bewertungseinheiten und deren spezifische kompensatorische Bilanzierung kodifiziert (§ 254 HGB). Hiermit ist beabsichtigt, bisher gängige Bilanzierungspraxis – sofern den GoB entsprechend – zu kodifizieren. Sowohl die Bewertung bestimmter Finanzinstrumente zum *fair value* als auch eine spezifische Bewertung von Instrumenten, die in einem Sicherungszusammenhang stehen und somit kompensatorisch zu betrachten sind, sind auch Teil der Grundkonzeption von IAS 39 und den IFRS-SMEs in Bezug auf Finanzinstrumente. In vielen Details unterscheiden sich die Vorschriften aber deutlich.

115 Im Einzelnen ergibt eine Gegenüberstellung der wichtigsten Regelungen nach dem IFRS-SMEs, IFRS und HGB das folgende Bild:

Regelung	IFRS de lege lata (IAS 32, IAS 39, IFRS 7)	IFRS 9	IFRS-SMEs (IFRS-SMEs Abschn. 11 und IFRS-SMEs 12)	HGB idF des BilMoG
Zielsetzung	Ansatz und Bewertung von Finanzinstrumenten (IAS 39), deren Darstellung (IAS 32) sowie Zusatzangaben (IFRS 7)	Ansatz und Bewertung von finanziellen Vermögenswerten	Ansatz und Bewertung von Finanzinstrumenten sowie Zusatzangaben; zusätzlich Abgrenzung zwischen »einfachen« und komplexen Finanzinstrumenten	Keine Gliederung nach Bilanzierungssachverhalten, sondern allgemeingültige Bilanzierungs- und Ausweisnormen einschließlich der Grundsätze ordnungsmäßiger Buchführung (GoB); Zusatzregeln für einige Bilanzierungssachverhalte (zB immaterielle Vermögensgegenstände, Pensionsrückstellungen), zu Finanzinstrumenten lediglich für Bewertungseinheiten (*hedge accounting*) spezielle Regeln (mit Ausnahme einiger Angaben im Anhang und Lagebericht)
Anwendungsbereich	Ausgrenzung von - Anteilen an Tochterunternehmen, Joint Ventures und Assoziierten Unternehmen, - Eigenen Eigenkapitalanteilen, - Leasingverträgen, - Arbeitnehmeransprüchen und -verpflichtungen, - Versicherungsverträgen, - Eventualverpflichtungen	Nur finanzielle Vermögenswerte, zur Ausgrenzung Verweis auf IAS 39	Ausgrenzung von - Anteilen an Tochterunternehmen, Joint Ventures und Assoziierten Unternehmen, - Eigenen Eigenkapitalanteilen, - Leasingverträgen, - Arbeitnehmeransprüchen und -verpflichtungen, - Versicherungsverträgen, - Eventualverpflichtungen aus Unternehmenszusammenschlüssen; Wahlrecht der Anwendung von IFRS-SMEs Abschn. 11 und IFRS-SMEs Abschn. 12 oder IAS 39	Allgemeine Bilanzierungsnormen (Ansatz, Bewertung) sind auch für Finanzinstrumente einschlägig; für einige Finanzinstrumente spezielle Ausweisregeln, zB für - Beteiligungen (§ 271 HGB), - Eigenkapital (§ 272 HGB) sowie Eigenkapital- und Schuldinstrumente gegenüber verbundenen Unternehmen und Beteiligungsunternehmen (Bilanzgliederung, § 266 HGB)
Begriffsbestimmungen	Definition von Finanzinstrumenten, desweiteren Derivate und Hedge Accounting; Definition sechs verschiedener (Bewertungs-)Kategorien und jeweils Zuordnung aus-	Verweis auf Definition in IAS 32 und IAS 39; Zusätzlich Definition von Anschaffungskosten, Transaktionskosten und Effektivzinsmethode	Definition von Finanzinstrumenten, weitere im Glossar; Definition und (nicht-abschließende) Liste von »einfachen« und komplexen Finanzinstrumenten	Keine Definition von Finanzinstrument, Derivat, finanzieller Vermögensgegenstand und finanzielle Schuld; »Vermögensgegenstand» und »Schuld« im HGB verwendet, aber

Regelung	IFRS de lege lata (IAS 32, IAS 39, IFRS 7)	IFRS 9	IFRS-SMEs (IFRS-SMEs Abschn. 11 und IFRS-SMEs 12)	HGB idF des BilMoG
	gewählter Finanzinstrumente			nicht definiert; ihr Inhalt ist nach den GoB zu bestimmen; diesbezügliche Auslegungen im Schrifttum unterscheiden sich geringfügig; Begriff »Bewertungseinheit« (*hedge accounting*) in § 254 HGB adressiert; (unterschiedliche) Definitionen des Begriffs »Finanzinstrument« aber in anderen Gesetzen, zB §§ 1a III, 1 XI KWG
Eingebettete Derivate	Definition, Pflicht zur Prüfung einer Trennungspflicht, ggf. getrennte Bilanzierung, Wahlrecht zum Verzicht auf Trennung	Definition eingebettetes Derivat, Trennung in finanzielle und nicht-finanzielle Basisverträge - nicht-finanzielle Basisverträge: Pflicht zur Prüfung auf Trennung (ggf. Trennung und getrennte Bilanzierung) - finanzielle Basisverträge: Kategorisierung erfolgt als Ganzes, keine Trennung	Keine Spezialnormen	Keine Spezialnormen
Ansatz	Ansatz sofort bei Vertragsschluss	Ansatz sofort bei Vertragsschluss	Ansatz sofort bei Vertragsschluss	Keine finanzinstrumente-spezifische Normen, sondern GoB; danach Ansatz, wenn Definition eines Vermögensgegenstandes bzw. Schuld erfüllt; wegen des Realisationsprinzips sind Derivate ohne Anschaffungskosten mit positivem Zeitwert bilanzunwirksam; bei negativem Zeitwert-Rückstellung ansetzen
Ausbuchung	Komplexer Ausbuchungstest für Aktiva; Ausbuchung einer Schuld, wenn diese erloschen	Vereinfachter Ausbuchungstest; keine Bilanzierung des »anhaltenden Engagements« mehr	Einfacher Ausbuchungstest für Aktiva; Ausbuchung einer Schuld, wenn diese erloschen	Ausbuchung, wenn Definition eines Vermögensgegenstandes bzw. einer Schuld nicht mehr erfüllt

Regelung	IFRS de lege lata (IAS 32, IAS 39, IFRS 7)	IFRS 9	IFRS-SMEs (IFRS-SMEs Abschn. 11 und IFRS-SMEs 12)	HGB idF des BilMoG
Kategorisierung	Definition und Festlegung von vier Aktiv- (FVPL, AfS, HtM, LaR) und zwei Passivkategorien (FVPL, OL); jeweilige Zuordnung anhand von Charakteristika des Finanzinstruments und Geschäftsabsicht; zusätzlich Fair-Value-Bewertungsoption; Kategorie determiniert die Folgebewertung	Formal je zwei Aktiv- und Passivkategorien (Fair-Value- oder *amortised-cost*-Bewertung); faktisch dritte Aktivkategorie (OCI-Option); jeweilige Zuordnung anhand von Charakteristika des Finanzinstruments und Geschäftsmodell; zusätzlich Fair-Value-Bewertungsoption; Kategorie determiniert die Folgebewertung	Keine Definition, aber faktische Kategorienbildung durch Trennung in »einfache« und komplexe Finanzinstrumente; jeweilige Zuordnung anhand von Charakteristika des Finanzinstruments; Trennung zwischen »einfachen« und komplexen Finanzinstrumenten determiniert die Folgebewertung	Zwei Kategorien, Zuordnung anhand der Geschäftsabsicht (Haltedauer bzw. Verwendungsabsicht): - Finanzinstrumente des Anlagevermögens, - Finanzinstrumente des Umlaufvermögens
Umkategorisierung	Verbot der Umkategorisierung in die/aus der Fair-Value-Kategorie, außer für Nichtderivate unter besonderen Umständen; Umkategorisierung von HtM nach AfS unter Bedingungen zulässig	Verpflichtend bei Änderung des Geschäftsmodells, im Übrigen unzulässig	Nicht zulässig	Umwidmungen zulässig
Erstbewertung	Alle Finanzinstrumente zum *fair value*, teils inkl. Transaktionskosten	Alle Finanzinstrumente zum *fair value*, teils inkl. Transaktionskosten	»Einfache« Finanzinstrumente zum Transaktionspreis, ggf. inkl. Transaktionskosten, Finanzierungsgeschäfte jedoch zum Barwert künftiger Zahlungsströme; komplexe Finanzinstrumente zum *fair value*, der meist dem Transaktionspreis entspricht	Keine finanzinstrumente-spezifischen Normen; Anschaffungs- oder Herstellungskosten zzgl. etwaiger Transaktionskosten (§ 253 Abs. 1 HGB)
Folgebewertung	Abhängig von Kategorie; Aktiva zum *fair value*, außer: - HtM und LaR zu fortgeführten Anschaffungskosten, - nicht handelbare/ -bewertbare Eigenkapital-Instrumente zu Anschaffungskosten ggf. inkl. Wertminderung Passiva zu fortgeführten Anschaffungskosten, außer:	Abhängig von Kategorie; grds. erfolgswirksam zum *fair value*, außer: - Zahlungsströme haben Charakter von Nominal und Verzinsung und - Geschäftsmodell auf Vereinnahmung vertraglicher Zahlungsströme ausgelegt, dann *amortised-cost*-Bewertung	»Einfache« Finanzinstrumente zu fortgeführten Anschaffungskosten, außer: - sofort fällige Finanzinstrumente zum undiskontierten Zahlungsbetrag, - feste Verpflichtungen zum Zahlungsbetrag ggf. inkl. Wertminderung, - handelbare oder bewertbare Eigenkapital-Instrumente zum *fair value*,	Keine finanzinstrumente-spezifischen Normen; Bewertung maximal in Höhe der Anschaffungs- oder Herstellungskosten (§§ 252 Abs. 1 Nr. 4, 2. Halbsatz, 253 HGB), Niederstwertprinzip (§ 253 HGB); Ansatz einer Rückstellung für Derivate mit negativem Zeitwert (§ 249 Abs. 1 Satz 1 HGB)

Regelung	IFRS de lege lata (IAS 32, IAS 39, IFRS 7)	IFRS 9	IFRS-SMEs (IFRS-SMEs Abschn. 11 und IFRS-SMEs 12)	HGB idF des BilMoG
	– Handelspassiva und Derivate zum *fair value*		– andere Eigenkapital-Instrumente zu Anschaffungskosten ggf. inkl. Wertminderung komplexe Finanzinstrumente erfolgswirksam zum *fair value*, außer: nicht-handelbare/-bewertbare EK-Instrumente zu Anschaffungskosten ggf. inkl. Wertminderung	
Bewertung allgemein	Hinweise zur Fair-Value- und zur Effektivzins-Ermittlung; Dreistufige Fair-Value-Hierarchie	Verweis auf IAS 39; ergänzende Hinweise zur Fair-Value-Ermittlung bei nicht-notierten Eigenkapitalinstrumenten	Hinweise zur Fair-Value- und zur Effektivzins-Ermittlung; Dreistufige Fair-Value-Hierarchie	Keine Spezialnormen
Wertminderung	Impairmenttest bei Anlässen, falls positiv dann erfolgswirksame Erfassung, Impairmentbetrag ist Differenz zwischen Buchwert und Barwert erwarteter oder geschätzter Zahlungen; Umkehrung immer erfolgswirksam, max. bis früherer Buchwert, bei EK-Instrumenten erfolgswirksame Umkehrung unzulässig	Verweis auf IAS 39	Impairmenttest bei Anlässen, falls positiv dann erfolgswirksame Erfassung, Impairmentbetrag ist Differenz zwischen Buchwert und Barwert erwarteter oder geschätzter Zahlungen; Umkehrung erfolgswirksam oder in gesondertem Posten, max. bis früherer Buchwert	Abschreibung auf den niedrigeren Börsenpreis, Marktpreis oder beizulegenden Wert (Umlaufvermögen); Abschreibung auf den niedrigeren beizulegenden Wert bei voraussichtlich dauerhaften Wertminderungen (Anlagevermögen); Bewertung der Rückstellung (Derivate) nach »vernünftiger kaufmännischer Beurteilung« und Vorsichtsprinzip
Hedge Accounting	Abweichende Bilanzierung zulässig, wenn Hedgedesignation, Dokumentation und Effektivitätserwartung; für fast alle Risiken und fast alle nichtderivativen Grundgeschäfte; fast alle Derivate als Sicherungsgeschäft; Mikro-, Makro und Portfoliohedges, auch anteilige Hedges; Zwei Abbildungsvarianten: Derivat	Nicht enthalten	Abweichende Bilanzierung zulässig wenn Hedgedesignation, Dokumentation und Effektivitätserwartung; nur für bestimmte Risiken und wenige Grundgeschäfte; nur wenige Derivate als Sicherungsgeschäft; nur Mikrohedges, keine anteiligen Hedges; Zwei Abbildungsvarianten: Derivat ergebnisneutral oder	Abweichende Bilanzierung zulässig, wenn Designation sog. Bewertungseinheit, Dokumentation und Effektivitätserwartung; für fast alle Risiken und fast alle nichtderivativen Grundgeschäfte; Derivate und Warentermingeschäfte als Sicherungsgeschäft; Mikro- Makro und Portfoliohedges, auch

Regelung	IFRS de lege lata (IAS 32, IAS 39, IFRS 7)	IFRS 9	IFRS-SMEs (IFRS-SMEs Abschn. 11 und IFRS-SMEs 12)	HGB idF des BilMoG
	ergebnisneutral (sog. Cashflowhedge) oder Grundgeschäft um Risiko adjustiert (sog. Fair-Value-Hedge)		Grundgeschäft um Risiko adjustiert	anteilige Hedges; Abbildung durch Aussetzen von Realisations- und Imparitätsprinzip für effektiven Teil, dh. Nichtbewertung des Derivats oder Grundgeschäft risikoadjustiert (sog. Einfrierungs- oder Durchbuchungsmethode)
Angaben	Umfassende Angabepflichten bzgl. - Bilanzierungsmethoden, - Buchwerte nach Kategorien, - risikobezogene Informationen, - qualitative und quantitative Fair-Value-Angaben (inkl. Bewertungsmethoden und Fair-Value-Hierarchie), - Umkategorisierung, - Übertragungen, Sicherheiten, Ausfälle, - Nettoergebnis für 6 Kategorien, - Hedge Accounting	Nicht enthalten	Wenige Angabepflichten bzgl. - Bilanzierungsmethoden, - Buchwerte gegliedert - qualitative Fair-Value-Angaben (inkl. Bewertungsmethoden), - Übertragungen, Sicherheiten, Ausfälle, - Nettoergebnis für 2 Kategorien, - Hedge Accounting	Umfassende Angabepflichten im (Konzern-) Anhang und (Konzern-)Lagebericht ua. von - Informationen zu außerplanmäßigen Abschreibungen, - Art und Zeitwert von Derivaten - Eventualschulden und Haftungsverhältnisse - umfangreiche risikorelevante Informationen (Risikobericht als Teil des Lageberichts/Konzernlageberichts) Detailangaben zu Bewertungseinheiten (§ 285 Nr. 23, § 314 Nr. 15 HGB)

Abschnitt 13
Vorräte
(Inventories)

Reiner Quick

Inhaltsverzeichnis

Schrifttum

Adler/Düring/Schmaltz, Rechnungslegung nach Internationalen Standards, Stuttgart 2002 ff.; *Coenenberg/Haller/Schultze*, Jahresabschluss und Jahresabschlussanalyse, 21. Aufl., Stuttgart 2009; *Ellrott*, in: Ellrott/Förschle/Kozikowski/Winkeljohann (Hrsg.), Beck'scher Bilanzkommentar, 7. Aufl., München 2010; *Ellrott/Brendt*, in: Ellrott/Förschle/Hoyos/Winkeljohann (Hrsg.), Beck'scher Bilanzkommentar, 6. Aufl., München 2006; *Engel-Ciric*, BC 2001, 73 ff.; *Fischer/Wenzel*, WPg 2001, 597 ff.; *Jacobs*, IAS 2 Vorräte, in: Baetge/Wollmert/Kirsch/Oser/Bischof (Hrsg.), Rechnungslegung nach IFRS (IFRS-Komm.), 2. Aufl., Stuttgart 2008; *Kümpel*, DB 2003, 2609ff.; *Kümpel*, B&B 2004, 269 ff.; *Küting/Harth*, BB 1999, 2393ff.; *Küting/Harth*, BB 1999, 2343ff.; *Peemöller*, Abschnitt 6: Vorräte, in: Ballwieser/Beine/Hayn/Peemöller/Schruff/Weber (Hrsg.), Wiley Kommentar zur internationalen Rechnungslegung nach IFRS, 3. Aufl., Weinheim 2007; *Petersen/Bansbach/Dornbach*, IFRS Praxis-Handbuch, 5. Aufl., München 2010; *Quick*, DB 2008, 2206ff.; *Riese*, § 8 Vorräte, in: Bohl/Riese/Schlüter (Hrsg.), Beck'sches IFRS-Handbuch, 3. Aufl., München 2009; *Ruhnke*, Rechnungslegung nach IFRS und HGB, 2. Aufl., Stuttgart 2008; *Schmidt*, Kostenrechnung. Grundlagen der Vollkosten-, Deckungsbeitrags- und Plankostenrechnung sowie des Kostenmanagements, 5. Aufl., Stuttgart 2008; *Zülch/Hendler*, Bilanzierung nach IFRS, Weinheim 2009.

A. Grundlagen und Anwendungsbereich

1 IFRS-SMEs Abschn. 13 regelt die Bilanzierung von Vorräten. Diese Vorschriften folgen systematisch und konzeptionell weitgehend den Regelungen zur Bilanzierung von Vorräten der IFRS (IAS 2). Der Abschnitt enthält Richtlinien für die Bemessung der Anschaffungs- und Herstellungskosten, die vereinfachte Zuordnung dieser Kosten, die Durchführung außerplanmäßiger Abschreibungen auf einen niedrigeren Nettoveräußerungswert, die spätere Erfassung der Anschaffungs- und Herstellungskosten als Aufwand und die notwendigen Angaben im Anhang. Ansatzvorschriften zu den Vorräten sind nicht Gegenstand dieses Standards. Sie werden im IFRS-SMEs Abschn. 2 Concepts and Pervasive Principles geregelt.

2 **Vorräte** sind nach IFRS-SMEs Abschn. 13.1 definiert als Vermögenswerte, die

- zum Verkauf im normalen Geschäftsgang gehalten werden,
- sich in der Herstellung für einen solchen Verkauf befinden oder

- als Roh-, Hilfs- und Betriebsstoffe dazu bestimmt sind, bei der Herstellung oder der Erbringung von Dienstleistungen verbraucht zu werden.

3 Diese Definition ist unabhängig von der Vertretbarkeit der entsprechenden Vermögenswerte. Folglich können auch vertretbare Gegenstände, die an Börsen gehandelt werden, unter den Anwendungsbereich von IFRS-SMEs Abschn. 13 fallen, wenn sie von der obigen Definition erfasst werden und nicht in die Ausnahmetatbestände von IFRS-SMEs Abschn. 13.2 einzuordnen sind (analog zu IAS 2 vgl. Baetge et al., IFRS-Komm., Teil B, IAS 2, Tz. 6). Gemäß dieser Definition können Vorräte zB auch **immaterielle Vermögenswerte** (zB Software-Programme) sowie **Grundstücke und Gebäude**, die zum Weiterverkauf bestimmt sind, sein.

4 Nicht zum Vorratsvermögen gehören **Betriebsstoffe**, die keinen Bezug zur Fertigung aufweisen, sondern den üblichen betrieblichen Bereichen dienen, wie zB Büromaterial, Werbematerial, nicht für die Fertigung benötigtes Heizmaterial, Treibstoffe für Transportmittel, die dem Vertriebsbereich zuzuordnen sind, oder Vorräte der Kantine. Sind diese wesentlich, müssen sie außerhalb des Vorratsvermögens, etwa unter den sonstigen Vermögensgegenständen, ausgewiesen werden (analog zu IAS 2 vgl. Petersen/Bansbach/Dornbach, 2010, 217). Auch mit Weiterveräußerungsabsicht erworbene Vermögenswerte, die außerhalb des normalen Verkaufsprogramms des bilanzierenden Unternehmens liegen (zB beim Selbsteintritt erworbene sicherungsübereignete Gegenstände), zählen nicht zu den Vorräten.

5 Die Regelungen des Abschnitts 13 sind nach IFRS-SMEs Abschn. 13.2 **nicht anzuwenden** auf

- Unfertige Erzeugnisse aus Auftragsfertigung einschließlich damit unmittelbar zusammenhängender Dienstleistungsverträge (zB von Projektleitern oder Architekten). Hierzu finden sich Regelungen in IFRS-SMEs Abschn. 23.17-27 und 31-32.
- Finanzinstrumente, deren bilanzielle Behandlung durch IFRS-SMEs Abschn. 11 und IFRS-SMEs Abschn. 12 geregelt wird.
- Biologische Vermögenswerte, die mit landwirtschaftlicher Tätigkeit und Produktion zum Zeitpunkt der Ernte in Zusammenhang stehen. Hier ist IFRS-SMEs Abschn. 34.2-10 anzuwenden.

6 IFRS-SMEs Abschn. 13 ist gem. IFRS-SMEs Abschn. 13.3 **nicht auf die Bewertung von Vorräten anzuwenden**, die

- von Erzeugern land- und forstwirtschaftlicher Erzeugnisse, landwirtschaftlicher Produktionen nach der Ernte sowie von Mineralien und mineralischen Stoffen (zB Erze, Erdöl, Erdgas), soweit sie mit dem beizulegenden Zeitwert abzüglich Veräußerungskosten bewertet werden, oder
- von Warenmaklern/-Händlern, die ihre Vorräte mit dem Nettoveräußerungswert abzüglich der Verkaufsaufwendungen bewerten, gehalten werden.

B. Ansatz

7 Der Ansatz von Vorräten ist in IFRS-SMEs Abschn. 13 nicht speziell geregelt, so dass auf die allgemeinen Regelungen des IFRS-SMEs Abschn. 2 zurückzugreifen ist. **Ansatzvoraussetzungen** sind daher:

- Die Vorräte sind mit einem künftigen ökonomischen Nutzen verknüpft, dh. sie führen durch ihre Nutzung oder ihren Verkauf direkt oder indirekt zu einem potenziellen Zufluss an Zahlungsmitteln oder Zahlungsmitteläquivalenten (IFRS-SMEs Abschn. 2.17). Das Eigentumsrecht ist nicht entscheidend, sofern das Unternehmen den erwarteten Nutzenzufluss kontrolliert (IFRS-SMEs Abschn. 2.19).

- Der künftige wirtschaftliche Nutzenzufluss muss wahrscheinlich sein (IFRS-SMEs Abschn. 2.27(a), .29 und .37).
- Die Anschaffungs- oder Herstellungskosten bzw. der Wert der Vorräte lässt sich zuverlässig ermitteln (IFRS-SMEs Abschn. 2.27(b), IFRS-SMEs Abschn. 2.30–.32 und IFRS-SMEs Abschn. 3.37).

8 Für die Erlangung der Kontrolle über den erwarteten Nutzenzufluss bei **Unterwegsware** ist auf den Zeitpunkt des Gefahrenübergangs abzustellen. Vor diesem Zeitpunkt zählen die Vorräte zum Vermögen des Verkäufers, danach zum Vermögen des Käufers. **Kommissionsware** zählt zu den Vorräten des Kommittenten, denn sie geht regelmäßig nicht in die Verfügungsmacht des Kommissionärs über. Bei **Vorräten in Konsignationslagern** geht die Verfügungsmacht regelmäßig bei Entnahme aus diesen über. Die Verfügungsmacht über unter **Eigentumsvorbehalt** gelieferte Vorräte liegt beim Erwerber.

C. Bewertung

I. Erstbewertung

1. Einzelbewertung fremdbezogener Vermögenswerte

9 Die **Anschaffungskosten** stellen den originären Wertmaßstab für alle von Dritten erworbene Vermögenswerte dar. Vermögenswerte gelten als erworben, wenn sie durch Kauf, Tausch oder eine sonstige Übertragung in das wirtschaftliche Eigentum des Unternehmens gelangt sind und nicht von dem Unternehmen selbst erstellt wurden.

10 In die Anschaffungskosten von Vorräten sind nach IFRS-SMEs Abschn. 13.5 alle **Kosten des Erwerbs** sowie sonstige Kosten einzubeziehen, die angefallen sind, um die Vorräte an ihren derzeitigen Ort und in ihren derzeitigen Zustand zu versetzen. Sie umfassen folgende Komponenten:

	Anschaffungspreis
+	Anschaffungsnebenkosten
+	Sonstige Kosten
–	Anschaffungspreisminderungen
=	Anschaffungskosten

11 Der **Anschaffungspreis** bildet regelmäßig den Hauptbestandteil der Anschaffungskosten. Steuern, die das Unternehmen später von den Steuerbehörden zurückerlangen kann, dh. insbesondere die abziehbare Vorsteuer, zählen nicht zu den Kosten des Erwerbs. Dagegen sind die nicht abziehbare Umsatzsteuer und sonstige, von den Steuerbehörden nicht rückforderbare Steuern in den Kaufpreis einzubeziehen (IFRS-SMEs Abschn. 13.6).

12 **Anschaffungsnebenkosten** dürfen nach IFRS-SMEs Abschn. 13.6 nur berücksichtigt werden, sofern sie dem Erwerb der Vorräte unmittelbar zugerechnet werden können. Dies setzt nach der hM nicht voraus, dass es sich um Einzelkosten handelt (analog zu IAS 2 vgl. Kümpel, DB 2003, 2609 f.; Baetge et al., IFRS-Komm., Teil B, IAS 2, Tz. 12; ADS Int 2002, Abschn. 15, Tz. 42). Lediglich fixe Gemeinkosten gelten demnach nicht als Bestandteil der Anschaffungskosten. Gemeinkosten, die durch den Anschaffungsvorgang veranlasst sind, seien durch einen geeigneten Schlüssel als Anschaffungsnebenkosten des Vermögenswertes zu aktivieren. Allerdings lassen Anschaffungsvorgänge regelmäßig keine vernünftige Schlüsselung von vermeintlich zuordenbaren Gemeinkosten zu. Zu den Anschaffungsnebenkosten gehören zB Einfuhrzölle (sofern das bilanzierende Unternehmen keinen entsprechenden Erstattungsanspruch hat), Transportkosten, Versicherungen, Provisionen und Kommissionskosten. Für die Berück-

sichtigung von Anschaffungsnebenkosten ist es unerheblich, ob es sich um interne oder externe Kosten handelt.

13 **Sonstige Kosten** sind nur insoweit in die Anschaffungskosten einzubeziehen, als sie angefallen sind, um die Vorräte an ihren derzeitigen Ort und in ihren derzeitigen Zustand zu versetzen (IFRS-SMEs Abschn. 13.11 iVm. IFRS-SMEs Abschn. 13.6). Damit seien die Gemeinkosten des Anschaffungsvorgangs angesprochen, zB Transportkosten iSv. unternehmensinternen Speditionsleistungen. Problematisch dürfte es allerdings sein, für diese angemessene Schlüssel zu ermitteln. Insofern dürfe bei unwesentlichen Kosten auf eine Aktivierung verzichtet werden (analog zu IAS 2 vgl. Riese, in: Beck IFRS-Handbuch, 3. Aufl., Tz. 22).

14 Im Gegensatz zu der hM wird mitunter die Auffassung vertreten, dass sich die Anschaffungsnebenkosten **auf Einzelkosten beschränken** (zB Quick, DB 2008, 2206, 2208). Die Formulierung des IFRS-SMEs Abschn. 13.6 (»dem Erwerb ... unmittelbar zugerechnet werden können«) sei nicht iSv. variablen Kosten, sondern iSv. Einzelkosten zu verstehen. Dafür spräche auch der Wortlaut des IFRS-SMEs Abschn. 13.8 (»Kosten, die ... direkt zuzurechnen sind«), der unstrittig im Sinne von Einzelkosten interpretiert wird. Insofern darf aus Vereinfachungsgründen auf die Einbeziehung von Gemeinkosten insbesondere dann verzichtet werden, wenn die notwendigen Daten nicht mit vertretbarem Aufwand und der erforderlichen Zuverlässigkeit ermittelt werden können.

15 **Nachträgliche Anschaffungskosten** resultieren aus einer Erhöhung des Anschaffungspreises oder der Anschaffungsnebenkosten (zB aufgrund eines Prozesses oder eines Vergleichs).

16 Als **Anschaffungspreisminderungen** sind Skonti, Boni, Rabatte ua. vergleichbare Beträge abzuziehen. Boni stellen allerdings nur dann eine Minderung der Anschaffungskosten dar, sofern die entsprechenden Vorräte im Zeitpunkt der Entstehung des Anspruchs noch ganz oder teilweise vorhanden sind. Sind die Vorräte nur noch zT vorhanden, so sind die Anschaffungskosten nur anteilig zu mindern. Dagegen sind Boni im Gewinn oder Verlust, dh. zB als Verminderung des Materialaufwandes zu erfassen, sofern die Vorräte überhaupt nicht mehr vorhanden sind.

17 Dagegen besteht keine Möglichkeit, die Anschaffungskosten um Zuschüsse zu kürzen. Für Zuwendungen für Vermögenswerte ist, bei gleichzeitigem Ausweis des unverminderten Buchwerts der betreffenden Vorräte, ein passiver Rechnungsabgrenzungsposten zu bilden, welcher mit Erfüllung der Leistungsbedingungen im Gewinn oder Verlust aufzulösen ist (IFRS-SMEs Abschn. 24.4 (b) und (c)).

18 Im Gegensatz zu den IFRS, die unter Umständen einen Einbezug von Fremdkapitalkosten verlangen (IAS 2.17 mit Verweis auf IAS 23), dürfen nach IFRS-SMEs Abschn. 25.2 **Fremdkapitalkosten** nicht in die Anschaffungskosten von Vorräten einbezogen werden, sondern sind in der Periode ihres Anfalls zwingend als Aufwand zu erfassen. Dies gilt auch für Fremdkapitalkosten, die direkt dem Erwerb eines qualifizierten Vermögenswertes, dh. eines Vermögenswertes, für den ein beträchtlicher Zeitraum erforderlich ist, um ihn in seinen beabsichtigten gebrauchs- oder verkaufsfähigen Zustand zu versetzen, zugeordnet werden können und die nach IFRS verpflichtend in die Anschaffungskosten einzubeziehen sind.

19 IFRS-SMEs Abschn. 13.13 listet Kostenbestandteile auf, die ausdrücklich nicht in die Anschaffungskosten einfließen dürfen. Solche **Aktivierungsverbote** existieren zB für Lagerkosten, es sei denn, dass diese im Produktionsprozess vor einer Produktionsstufe erforderlich sind, und Verwaltungsgemeinkosten, die nicht dazu beitragen, die Vorräte an ihren derzeitigen Ort und in ihren derzeitigen Zustand zu versetzen. Sofern das Unternehmen beim Erwerb von Vorräten Zahlungsziele in Anspruch nimmt und die Vereinbarung effektiv ein Finanzierungselement beinhaltet, wird dieses Element über den Zeitraum des Zahlungsziels als Zinsaufwand erfasst und nicht den Anschaffungskosten der Vorräte zugerechnet (IFRS SMEs Abschn. 13.7), dh. **gestundete Zahlungsbedingungen** ziehen keine Aktivierung nach sich. Ein nicht ausgenutzter Lieferantenskonto ist daher als Zinsaufwand zu erfassen (analog zu IAS 2 vgl. Kümpel, B&B 2004, 269 f.).

20 Bei Vorräten, die in **Fremdwährung** angeschafft werden, sind die Anschaffungskosten nach IFRS-SMEs Abschn. 30.7 mit dem Kassakurs in die Berichtswährung umzurechnen. Aus prakti-

schen Erwägungen heraus gestattet es IFRS-SMEs Abschn. 30.8, auch Wochen- oder Monatsdurchschnittskurse zu verwenden, sofern die Wechselkurse keinen starken Schwankungen unterliegen.

21 Werden Vorräte im Wege des **Tauschs** erworben, so ist nach den für Sachanlagen entwickelten Grundsätzen (IFRS-SMEs Abschn. 17.14) zu verfahren. Grundsätzlich bestimmen sich die Anschaffungskosten des erworbenen nach dem beizulegenden Zeitwert des hingegebenen Vermögenswertes, es sei denn, dem Tauschgeschäft fehlt es an wirtschaftlicher Substanz oder der beizulegende Zeitwert des hingegebenen Vermögenswertes ist nicht verlässlich messbar. Im letzteren Fall bestimmen sich die Anschaffungskosten nach dem beizulegenden Zeitwert des erhaltenen Vermögenswertes. Ist auch dieser nicht verlässlich ermittelbar, werden die Anschaffungskosten durch den Buchwert des hingegebenen Vermögenswertes bestimmt. Gleiches gilt, sofern es dem Tauschgeschäft an wirtschaftlicher Substanz fehlt.

22 Bei **unentgeltlich erworbenen Vermögenswerten** ist es sachgerecht, die Anschaffungskosten nach dem beizulegenden Zeitwert des Vermögenswertes zu bemessen (analog zu IAS 2 vgl. ausführlich ADS Int 2002, Abschn. 15, Tz. 53). Eine explizite Regelung hierzu existiert aber nicht.

2. Einzelbewertung selbst erstellter Vermögenswerte

23 Als originärer Bewertungsmaßstab für unfertige und fertige Erzeugnisse sind die **Herstellungskosten** heranzuziehen. Diese sind als **produktionsbezogene Vollkosten** zu bemessen, dh. dem Bilanzierenden wird vom Grundsatz her kein Spielraum bei der Bestimmung der Höhe der Herstellungskosten eingeräumt. Damit wird dem *matching principle* Genüge geleistet, wonach alle Aufwendungen der Periode zuzurechnen sind, in der die korrespondierenden Erträge erfasst werden. Die während des Herstellungsvorgangs angefallenen Aufwendungen dürfen also erst in der Periode im Gewinn oder Verlust erfasst werden, in der die Vermögenswerte auch tatsächlich abgesetzt werden. Einen Ansatz zu Teilkosten lehnt der IFRS-SMEs ab.

24 In die Herstellungskosten sind nach IFRS-SMEs Abschn. 13.5 nicht nur alle Kosten der Herstellung, sondern auch alle sonstigen Kosten einzubeziehen, die anfallen, um die Vorräte an ihren derzeitigen Ort zu bringen und in ihren vorgesehenen Zustand zu versetzen. Neben den Einzelkosten sind auch variable und fixe Produktionsgemeinkosten zu berücksichtigen, die bei der Verarbeitung der Ausgangsstoffe zu Fertigerzeugnissen anfallen, sofern sie angemessen sind und auf den Zeitraum der Herstellung entfallen (IFRS-SMEs Abschn. 13.8).

25 Die Herstellungskosten umfassen also zunächst **Einzelkosten**, dh. die Kosten, die den Produktionseinheiten direkt zuzurechnen sind, also Materialeinzelkosten, Fertigungseinzelkosten und Sondereinzelkosten der Fertigung. Die **Materialeinzelkosten** umfassen den Verbrauch an Rohstoffen, Hilfsstoffen sowie selbst erstellten bzw. fremdbezogenen Fertigteilen, die als Hauptbestandteile unmittelbar in das Produkt eingehen. Ferner gehört zu den Materialeinzelkosten auch der produktionsbezogene Verschnitt oder Ausschuss, sofern dieser in üblichem Volumen anfällt. Verpackungsmaterial ist insofern hinzuzurechnen, als die Eigenart des Erzeugnisses die Verpackung notwendig macht, um das Erzeugnis in einen verkaufsfähigen Zustand zu versetzen (zB Verpackungen für Saft, Kosmetika oder DVD-Hüllen) (analog zu IAS 2 vgl. Zülch/Hendler, 2009, 308). Zu den **Fertigungseinzelkosten** zählen Löhne, Lohnnebenkosten, Gehälter sowie der fremdbezogene Einsatz von Arbeitskräften für den Produktionsprozess, sofern diese dem jeweiligen Produkt einzeln zugerechnet werden können. Bei Fertigungsaufträgen fallen häufig noch vor Beginn des eigentlichen Herstellungsprozesses Kosten für bestimmte Vorleistungen (zB Modelle, Entwürfe, Schablonen, Spezialwerkzeuge oder Rezepturen) an. Soweit diese Kosten einem bereits erhaltenen Auftrag als Einzelkosten direkt zugerechnet werden können, so sind sie als **Sondereinzelkosten der Fertigung** zu aktivieren.

26 Des Weiteren sind alle systematisch zurechenbaren fixen und variablen Produktionsgemeinkosten, dh. nicht direkt der Produktion zurechenbare Kosten, in die Herstellungskosten einzubeziehen, die bei der Verarbeitung der Ausgangsstoffe zu Fertigerzeugnissen anfallen. **Fixe Gemeinkosten** sind dadurch gekennzeichnet, dass sie unabhängig vom Produktionsvolumen in konstanter Höhe anfallen (zB Abschreibungen und Instandhaltungen von Betriebsgebäuden und -einrichtungen, Kosten des Managements und der Qualitätskontrolle, fertigungsbezogene Verwaltungskosten). Es dürfen nur angemessene Teile der Gemeinkosten einbezogen werden. Die fixen Gemeinkosten werden daher gem. IFRS-SMEs Abschn. 13.9 auf Basis einer **Normalauslastung** der Produktionskapazitäten zugerechnet. Diese normale Kapazität ist das Produktionsvolumen, das im Durchschnitt über eine Anzahl von Perioden bzw. Saisons unter normalen Umständen und unter Berücksichtigung von Ausfällen aufgrund planmäßiger Instandhaltung erwartet werden kann. Bei der Bestimmung der Normalauslastung sind sowohl die Geschäftstätigkeit, als auch konjunkturelle Einflüsse vom Bilanzierenden zu beachten. Das tatsächliche Produktionsniveau kann zugrunde gelegt werden, wenn es der Normalkapazität nahe kommt. Offen bleibt, wann dies gegeben ist. Eine Abweichung von 30% von der normalerweise erreichbaren Kapazität dürfte jedoch nicht mehr angemessen sein (analog zu IAS 2 vgl. Küting/Harth, BB 1999, 2343, 2346). Die Normalauslastung determiniert die zurechenbaren fixen Produktionsgemeinkosten pro Stück. **Leerkosten** kommen nicht zum Ansatz, sondern werden als Periodenaufwand verrechnet, dh., die fixen Gemeinkosten pro Einheit erhöhen sich bei Unterauslastung nicht. Liegt dagegen die Auslastung über der Normalkapazität, mindert sich der auf die einzelne Produktionseinheit entfallende Betrag der fixen Gemeinkosten. Vorräte können also nicht höher bewertet werden als die tatsächlich angefallenen Ist-Kosten.

27 **Variable Produktionsgemeinkosten** sind dadurch gekennzeichnet, dass sie unmittelbar oder nahezu unmittelbar mit dem Produktionsvolumen variieren (analog zu IAS 2 vgl. Riese, in: Beck IFRS-Handbuch, 3. Aufl., Tz. 38). Sie werden den einzelnen Produktionseinheiten auf der Grundlage des tatsächlichen Einsatzes der Produktionsmittel zugerechnet. IFRS-SMEs Abschn. 13.8 nennt hier beispielhaft die Material- und die Fertigungsgemeinkosten.

28 Zu den **Materialgemeinkosten** zählen zB Aufwendungen für Hilfsstoffe, den Einkauf, die Warenannahme und -prüfung, die Materialverwaltung, die Lagerhaltung, den Transport innerhalb des Unternehmens und die Versicherung des Materials. In die **Fertigungsgemeinkosten** fließen ua. Aufwendungen für Betriebsstoffe, Energie sowie für laufende Instandhaltungen (zB für Maschinen, Vorrichtungen und Werkzeuge) ein, soweit diese auf den Herstellungsbereich entfallen.

29 Wegen der generellen Einbeziehungspflicht produktionsbezogener Kosten müssen alle **Verwaltungskosten** aufgeschlüsselt und einer betrieblichen Funktion zugeordnet werden. Die Verwaltungskosten des Material- und Fertigungsbereichs sind in der Regel vollständig den fixen oder variablen Produktionsgemeinkosten zuzurechnen und daher aktivierungspflichtig. Handelt es sich dagegen um Verwaltungskosten des Vertriebs, so unterliegen sie wie die primären Vertriebskosten einem Aktivierungsverbot. Die verbleibenden **Kosten der allgemeinen Verwaltung** sind ebenfalls zu aktivieren, sofern sie dem Produktionsbereich zuzuordnen sind (analog zu IAS 2 vgl. Riese, in: Beck IFRS-Handbuch, 3. Aufl., Tz. 39 f.). Für alle anderen Kosten des allgemeinen Verwaltungsbereichs (zB für die Jahresabschlusserstellung oder den Werkschutz) besteht dagegen ein Aktivierungsverbot. Maßstab für die Zuordnung ist dabei der Grad der Unterstützung der jeweiligen Funktion. Eine solche Differenzierung der allgemeinen Verwaltungskosten nach betrieblichen Funktionen setzt ein leistungsfähiges internes Rechnungswesen voraus. Ist ein solches nicht gegeben, so dürfen die produktionsbezogenen Kosten der allgemeinen Verwaltung unter Anwendung des Grundsatzes der Wesentlichkeit auch pauschaliert verrechnet werden. Im Einzelfall ist es unter Abwägung der Kosten und Nutzen der Informationsbereitstellung auch vertretbar, die Kosten der allgemeinen Verwaltung in voller Höhe als Periodenaufwand zu erfassen (so zB Riese, in: Beck IFRS-Handbuch, 3. Aufl., Tz. 41).

30 Kosten für soziale Einrichtungen des Betriebs (zB Werkskindergarten), für freiwillige soziale Leistungen (zB Jubiläumszuwendungen) und für betriebliche Altersversorgung (zB Beiträge an Pensionskassen) erfahren in IFRS-SMEs Abschn. 13, wie auch in IAS 2, keine explizite Regelung. Diese **Kosten des sozialen Bereichs** stellen ebenfalls einen Pflichtbestandteil der Herstellungskosten dar, wenn sie dem Herstellungsvorgang zuzuordnen sind. Dazu bedarf es einer Aufschlüsselung der sozialen Kosten auf die Funktionsbereiche. Kosten der betrieblichen Altersversorgung und der freiwilligen sozialen Leistungen lassen sich sachgerecht aufteilen, indem die Anteile, welche die im Produktionsprozess beschäftigten Mitarbeiter betreffen, den aktivierungspflichtigen Herstellungskosten zugerechnet werden. Im Gegensatz zu solchen primären Sozialkosten weisen die sog. sekundären Sozialkosten, die den Arbeitnehmern nicht unmittelbar zugutekommen, wie zB Kosten für eine werksärztliche Versorgung, häufig keinen engen Zusammenhang mit der Produktion auf, so dass sie nur ausnahmsweise zu aktivieren sind.

31 **Sonstige Kosten** sind nach IFRS-SMEs Abschn. 13.11 nur insoweit in die Herstellungskosten einzubeziehen, als sie angefallen sind, um die Vorräte an ihren derzeitigen Ort und in ihren derzeitigen Zustand zu versetzen. Hierzu zählen zB die Kosten für notwendige innerbetriebliche Transporte und die Kosten der Produktentwicklung für bestimmte Kunden.

32 Analog zu der Bemessung der Anschaffungskosten sind nach IFRS-SMEs Abschn. 25.2 **Fremdkapitalkosten** zwingend als Periodenaufwand zu erfassen. Fremdkapitalkosten dürfen demnach nicht in die Herstellungskosten von Vorräten einbezogen werden. Dies gilt auch für den Fall, dass ein qualifizierter Vermögenswert, dh. ein Vermögenswert, für den ein beträchtlicher Zeitraum erforderlich ist, um ihn in seinen beabsichtigten gebrauchs- oder verkaufsfähigen Zustand zu versetzen, vorliegt und die Fremdkapitalkosten dem Herstellungsvorgang direkt zugerechnet werden können.

33 **Steuern** werden in IFRS-SMEs Abschn. 13, wie auch in IAS 2, nicht explizit erwähnt. Sie sind aber gemäß dem Konzept der produktionsbezogenen Vollkosten insoweit aktivierungspflichtig als sie auf den Zeitraum der Herstellung entfallen. Soweit Substanzsteuern, wie zB die Grundsteuer, auf einen Vermögenswert entfallen, der der Herstellung dient, sind sie als Fertigungsgemeinkosten in die Herstellungskosten einzubeziehen. Für Ertragsteuern besteht hingegen grundsätzlich ein Aktivierungsverbot, da sie erst im Anschluss an die Herstellung anfallen (analog zu IAS 2 vgl. Küting/Harth, BB 1999, 2393, 2395).

34 Grundsätzlich dürfen nach IFRS-SMEs Abschn. 18.14 Forschungs- und Entwicklungskosten nicht aktiviert werden. Sie sind vielmehr als Aufwand zu erfassen. Diese Regelung ist im Sinne einer Vereinfachung zu verstehen. Mit ihr ist allerdings der Nachteil verbunden, dass sie dem Grundsatz der Periodenabgrenzung (*accrual basis*; IFRS-SMEs Abschn. 2.36) widerspricht. **Forschungskosten** resultieren nach IFRS-SMEs Glossary of Terms, analog zu IAS 38.8, aus der eigenständigen und planmäßigen Suche mit der Aussicht, zu neuen wissenschaftlichen oder technischen Erkenntnissen zu gelangen. **Entwicklungskosten** fallen zumeist vor Beginn der kommerziellen Produktion oder Nutzung an und betreffen die Anwendung von Forschungsergebnissen oder von anderem Wissen auf einen Plan oder Entwurf für die Produktion von neuen oder beträchtlich verbesserten Materialien, Vorrichtungen, Produkten, Verfahren, Systemen oder Dienstleistungen (IFRS-SMEs Glossary of Terms; analog zu IAS 38.8). Nach IFRS-SMEs Abschn. 18.14 soll das Aktivierungsverbot für Forschungs- und Entwicklungskosten nicht gelten, wenn diese Teil der Herstellungskosten eines anderen aktivierungspflichtigen Vermögenswertes geworden sind. Diese Aussage erscheint vor dem Hintergrund problematisch, als dass IFRS-SMEs Abschn. 13.8-.10 für einen Einbezug in die Herstellungskosten einen Produktionsbezug verlangt. Ein solcher dürfte für Forschungskosten regelmäßig nicht gegeben sein. Forschungskosten dürfen somit nicht in die Herstellungskosten einbezogen werden. Für Entwicklungskosten ist die Einbeziehungsfrage schwieriger zu beantworten. Einerseits sind diese, sofern sie als Voraussetzung für die Entwicklung neuer Produkte angesehen werden können, mittelbar mit der Produktion der gegenwärtigen Produkte verbunden und müssten diesen aufgrund des Produktionsbezugs anteilig zugerechnet werden (analog zu IAS 2 vgl. Küting/Harth, BB 1999, 2393, 2398). Andererseits findet sich in der Literatur das Argument,

dass die Neuentwicklung von Produkten bzw. von Herstellungsverfahren zeitlich weit vor dem Herstellungsprozess liegt, so dass ein konkreter Zusammenhang mit einem bestimmten zu bewertenden Erzeugnis fehle und die entsprechenden Aufwendungen nicht in die Herstellungskosten der Erzeugnisse aufgenommen werden könnten. Kosten für die Weiterentwicklung, zB für die Verbesserung der laufenden Serienproduktion, könnten hingegen den Fertigungsgemeinkosten hergestellter Erzeugnisse zugeordnet werden, da ein unmittelbarer Zusammenhang mit dem Fertigungsprozess besteht (vgl. Ellrott/Brendt, § 255, in: Beck Bil.-Komm., 6. Aufl., Tz. 425). Das grundsätzliche Aktivierungsverbot für Forschungs- und Entwicklungskosten und die Zielsetzung des IFRS-SMEs, die Rechnungslegung zu vereinfachen, sprechen allerdings gegen eine Einbeziehung von Entwicklungskosten in die Herstellungskosten, denn die exakte Bemessung der zu aktivierenden Anteile ist aufwändig bzw. in vielen Fällen nicht möglich. Aus diesen konfliktären Argumenten lässt sich für den Bilanzierenden ein Ermessensspielraum für die Einbeziehung von Entwicklungskosten in die Herstellungskosten ableiten, sofern die Entwicklung zeitnah zum Herstellungsprozess stattgefunden hat.

35 In IFRS-SMEs Abschn. 13.13 sind **Aktivierungsverbote** enthalten. Die Aufzählung ist allerdings nicht abschließend. Vielmehr werden lediglich beispielhaft einzelne Kosten aufgelistet, die aufgrund des produktionsbezogenen Vollkostenprinzips von der Aktivierung ausgeschlossen sind (analog zu IAS 2 vgl. Riese, in: Beck IFRS-Handbuch, 3. Aufl., Tz. 50). **Überhöhte Kosten**, die etwa für nicht angemessenen Materialaufwand durch Fehlarbeiten anfallen, dürfen demnach nicht in die Herstellungskosten einbezogen werden. Gleiches gilt für **Kosten der Endlagerung**. Anders verhält es sich dagegen in Fällen, in denen die Lagerung für den eigentlichen Produktionsvorgang erforderlich ist und Wert erhöhend wirkt. In diesem Ausnahmefall zählen die Lagerkosten zu den Herstellungskosten (analog zu IAS 2 vgl. Engel-Ciric, BC 2001, 74). Schließlich besteht auch für Vertriebskosten ein Ansatzverbot. Alle genannten Kosten müssen vielmehr in der Periode ihres Anfalls als Aufwand erfasst werden.

36 Eine **Kuppelproduktion** liegt vor, wenn der Produktionsprozess dazu führt, dass mehr als ein Produkt gleichzeitig produziert wird, so dass die Herstellungskosten jedes einzelnen Produktes nicht einzeln feststellbar sind. So fallen zB bei der Benzinerzeugung aus naturgesetzlich-technischen Gründen im Rahmen eines gemeinsamen Produktionsprozesses auch Heizöl, Schweröl und Bitumen an. In solchen Fällen müssen die Herstellungskosten den Produkten auf einer vernünftigen und sachgerechten Basis zugeordnet werden (IFRS-SMEs Abschn. 13.10). Können die Kuppelprodukte als gleichwertige Hauptprodukte angesehen werden, so lassen sich die Herstellungskosten gemäß dem Prinzip der Kostentragfähigkeit basierend auf den relativen (dh. mit der abgesetzten Menge gewichteten) Verkaufspreisen aufteilen (**Marktwertmethode**, vgl. Schmidt, 2008, 153). Entsteht dagegen ein Hauptprodukt und ein oder mehrere Nebenprodukte, werden die Nebenprodukte zum Nettoveräußerungserlös bewertet. Zur Ermittlung der Herstellungskosten des Hauptproduktes müssen die Nettoveräußerungserlöse der Nebenprodukte von den gesamten Herstellungskosten abgezogen werden (**Restwertmethode**, vgl. Schmidt, 2008, 136 f.).

37 Nach IFRS-SMEs Abschn. 13.14 beinhalten die **Herstellungskosten bei Dienstleistungsunternehmen** in erster Linie die Kosten des Personals, das unmittelbar für die Bereitstellung der Dienste eingesetzt ist. Dazu gehören auch die Kosten für die leitenden Angestellten und die zurechenbaren Gemeinkosten, wie zB Kosten, die mit der Nutzung von Räumlichkeiten zusammenhängen. Personalkosten des Vertriebs und der allgemeinen Verwaltung dürfen dagegen nicht einbezogen werden. Auch die Gewinnmarge unterliegt einem Ansatzverbot (analog zu IAS 2 vgl. Riese, in: Beck IFRS-Handbuch, 3. Aufl., Tz. 55).

38 Vorräte, die **landwirtschaftliche Erzeugnisse** umfassen, die ein Unternehmen von biologischen Vermögenswerten geerntet hat, sind mit dem beizulegenden Zeitwert im Zeitpunkt der Ernte abzüglich der geschätzten Verkaufskosten am Verkaufszeitpunkt zu bewerten. Dieser Wert stellt die Herstellungskosten der Vorräte dar (IFRS-SMEs Abschn. 13.15).

3. Vereinfachende Verfahren der Kostenbemessung

39 Für die Ermittlung der Anschaffungs- oder Herstellungskosten sind grundsätzlich die tatsächlichen Kosten (Ist-Kosten) maßgebend. Diese Art der Ermittlung ist aber uU aufwändig und nicht immer zweckmäßig. Davon abweichend lässt IFRS-SMEs Abschn. 13.16 daher **vereinfachende Verfahren** zu, wenn die Ergebnisse den tatsächlichen Anschaffungs- oder Herstellungskosten nahe kommen. Ob diese Voraussetzung erfüllt ist, ist im Einzelfall unter Rückgriff auf den Grundsatz der Wesentlichkeit (IFRS-SMEs Abschn. 2.6 und IFRS-SMEs Abschn. 3.15-.16) zu entscheiden, dh. die vereinfachte Bestimmung der Anschaffungs- oder Herstellungskosten darf die ökonomischen Entscheidungen der Jahresabschlussadressaten nicht beeinflussen. Als insoweit zulässige Verfahren werden beispielhaft die Standardkostenmethode, die retrograde Methode und die Ermittlung unter Rückgriff auf den zuletzt verfügbaren Anschaffungspreis genannt.

40 Die **Standardkostenmethode** (*standard cost method*) ermittelt Plankosten als Grundlage der Bewertung von Vorräten. Dabei werden die Herstellungskosten unter Rückgriff auf festgelegte Planpreise und unter der Annahme einer normalen Höhe des Materialeinsatzes und der Löhne sowie einer normalen Leistungsfähigkeit und Kapazitätsauslastung der Anlagen bestimmt. Es kommen somit budgetierte Kosten zum Ansatz. Diese Plangrößen sind allerdings regelmäßig zu überprüfen und erforderlichenfalls an die aktuellen Gegebenheiten anzupassen (IFRS-SMEs Abschn. 13.16). Damit soll sichergestellt werden, dass die Höhe der mit der Standardkostenmethode ermittelten Herstellungskosten nicht wesentlich von den tatsächlichen Herstellungskosten abweicht. In welchem Abstand die Überprüfung vorzunehmen ist, ist nicht vorgeschrieben und daher in Abhängigkeit von den individuellen Gegebenheiten des jeweiligen Betriebes zu entscheiden. Eine unterjährige Überprüfung der Standardkosten dürfte nur erforderlich sein, wenn wesentliche Veränderungen (zB bei hoher Preisvolatilität) zu vermuten sind (aA Jacobs, in: Baetge et al., IFRS-Komm., Teil B, IAS 2, Tz. 42, der eine Überprüfung mindestens zu jeder Zwischenberichterstattung fordert). Diese Methode verhindert eine Überbewertung der Vorräte, da sie einen normalen Betriebsablauf und somit Kosten ineffizienter Produktion, ungewöhnliche Ausschusskosten oder Kosten der Unterbeschäftigung nicht in die Herstellungskosten einbezieht (analog zu IAS 2 vgl. ADS Int 2002, Abschn. 15, Tz. 106). Zwischen Ist- und Normalkosten auftretende Differenzen sind im Gewinn und Verlust zu erfassen.

41 Die **retrograde Methode** (*retail method*) kommt häufig im Einzelhandel zur Anwendung, wenn große Stückzahlen rasch wechselnder Vorratspositionen mit ähnlicher Bruttogewinnspanne zu bewerten sind. Voraussetzung für die Anwendung ist, dass andere Verfahren zur Bemessung der Anschaffungskosten nicht durchführbar oder wirtschaftlich nicht vertretbar sind. Im Rahmen dieser Methode werden die Vorräte schon beim Einkauf mit ihren Verkaufspreisen erfasst. Die Anschaffungskosten werden gem. IFRS-SMEs Abschn. 13.16 durch den Abzug einer sachgerechten prozentualen Bruttogewinnspanne vom Verkaufspreis der Vorräte ermittelt. Der angewandte Prozentsatz berücksichtigt auch Vorräte, deren ursprünglicher Verkaufspreis herabgesetzt worden ist. Zur Vermeidung von Schätzfehlern sollte für jede einzelne Warengruppe ein eigener Durchschnittsprozentsatz berechnet werden. Die Vereinfachung der retrograden Methode ist darin zu sehen, dass nicht exakt nachgehalten werden muss, welche Ware zu welchem Preis bereits verkauft worden ist.

42 Die Heranziehung des **zuletzt verfügbaren Anschaffungspreises** (*most recent purchase price*) zur approximativen Ermittlung der Anschaffungs- oder Herstellungskosten stellt eine zusätzliche Erleichterung für SMEs dar. So könnte zB ein Handelsunternehmen, das normalerweise einen konstanten Gewinnaufschlag in den Verkaufspreis einkalkuliert, aufgrund von Lieferschwierigkeiten seines Lieferanten in der Zeit vor dem Bilanzstichtag die Waren zu einem höheren Einkaufspreis von alternativen Lieferanten beziehen, und entscheiden, diesen nicht auf die Kunden zu überwälzen. Die betroffenen Vorräte sollten in einer solchen Situation nicht nach der retrograden Methode, sondern über den zuletzt verfügbaren Anschaffungspreis bewertet werden. In IAS 2 ist dieses vereinfachte Verfahren nicht vorgesehen.

4. Bewertungsvereinfachungen

43 Unabhängig davon, ob Vorratsgegenstände angeschafft oder hergestellt wurden, gilt grundsätzlich der Einzelbewertungsgrundsatz. Vorräte, die gewöhnlich nicht austauschbar sind (dh. etwa Einzelstücke wie Kunstgegenstände oder Oldtimer), und Erzeugnisse, Waren oder Leistungen, die für spezielle Projekte hergestellt oder ausgesondert werden (zB auftragsbezogene Sonderbestände), unterliegen nach IFRS-SMEs Abschn. 13.17 der Einzelbewertung, dh. bestimmten Vorräten werden spezielle Anschaffungs- oder Herstellungskosten zugeordnet.

44 Bei der Lagerung und Produktion von Vorräten kommt es häufig zu einer Vermischung von zu unterschiedlichen Kosten angeschafften oder hergestellten Vorräten, so dass eine Einzelbewertung bei schwankenden Kosten unmöglich ist bzw. unverhältnismäßig hohe Kosten verursacht. Es besteht ein Vereinfachungsbedarf. Bewertungsvereinfachungsverfahren dürfen nur auf **gleichartige**, dh. normalerweise untereinander austauschbare **Gegenstände des Vorratsvermögens** angewendet werden, die **nicht projektbezogen angeschafft oder hergestellt** worden sind. Hier sind gem. IFRS-SMEs Abschn. 13.18 Vereinfachungsverfahren allerdings **zwingend vorgeschrieben** (aA ist offensichtlich Ruhnke, 2008, 487). Damit sollen **Manipulationen** dergestalt, dass die am Abschlussstichtag verbleibenden Vorräte bewusst danach ausgewählt werden, den Wertansatz und damit das Jahresergebnis in bestimmter Weise zu beeinflussen, **ausgeschlossen** werden.

45 Sowohl das **Fifo-Verfahren** als auch die **Durchschnittsbewertung** sind nach IFRS-SMEs Abschn. 13.18 erlaubt.

46 Das Fifo-Verfahren (*first in – first out*) geht von der Annahme aus, dass die zeitlich früher angeschafften bzw. hergestellten Vorratsbestände zuerst verbraucht oder veräußert werden. Somit wird der Endbestand mit den Anschaffungs- bzw. Herstellungskosten der zuletzt beschafften Vorräte bewertet.

47 Es handelt sich um ein vergleichsweise einfaches Verfahren, das jedoch eine fortlaufende Aufzeichnung zumindest der Zugänge voraussetzt. Das Fifo-Verfahren erlaubt einen guten **Einblick in die Vermögenslage** des Unternehmens, da die Vorratsendbestände am Bilanzstichtag mit gegenwartsnahen Preisen bewertet werden. Hingegen ist der **Einblick in die Ertragslage** schlecht, da der Verbrauch mit »alten« Preisen bewertet wird.

48 Bei der Durchschnittsbewertung wird aus den Anschaffungs- oder Herstellungskosten des Anfangsbestandes und denjenigen der Zugänge ein gewogener Durchschnitt gebildet. Die Durchschnittsbewertung kann dabei sowohl periodisch als auch gleitend, dh. bei jedem Lagerzugang erfolgen. **Periodische Durchschnittsbewertung** bedeutet, dass ein einheitlicher Durchschnittswert ermittelt und dieser der Bewertung des Verbrauchs und des Endbestandes zu Grunde gelegt wird. Bei der **gleitenden Durchschnittsbewertung** werden die Durchschnittswerte permanent aktualisiert und die Abgänge bzw. der Endbestand mit dem jeweils gültigen Durchschnittswert bewertet.

49 Sämtliche Vorräte, die von ähnlicher Beschaffenheit und Verwendung für das Unternehmen sind, müssen einheitlich nach demselben Verfahren bewertet werden. Dies bedeutet jedoch nicht, dass sämtliche Vorräte eines Unternehmens einheitlich zu bewerten sind. Vielmehr können für Vorräte unterschiedlicher Kategorien und für art- und funktionsverschiedene Posten unterschiedliche Bewertungsverfahren zur Anwendung kommen (IFRS-SMEs Abschn. 13.18). Zu beachten bleibt jedoch das Stetigkeitsgebot für das einmal gewählte Verfahren.

50 Die Anwendung des **Lifo-Verfahrens** ist nach IFRS-SMEs Abschn. 13.18 nicht erlaubt. Dies ist auch darin begründet, dass die Annahme des Lifo-Verfahrens, dass zuletzt zugegangene Vorräte zuerst verbraucht oder veräußert werden, nur in wenigen Fällen haltbar ist. Folglich deckt sich diese Verbrauchsfolgefiktion nur selten mit den tatsächlichen Lagerbewegungen, so dass ihre Anwendung die wirtschaftliche Lage nicht zuverlässig darstellen würde (analog zu IAS 2 vgl. Kümpel, DB 2003, 2609, 2613).

51 Der **Einsatz sonstiger Verbrauchsfolgeverfahren**, die nicht in IFRS-SMEs Abschn. 13 genannt sind, ist **grundsätzlich nicht zulässig**. Dies gilt sowohl für die beschaffungspreisbestimmten als auch für die konzernbestimmten Verbrauchsfolgeverfahren. Auch die **Festbewertung** ist nicht vorgesehen. In der Literatur findet sich häufig der Hinweis, die Festbewertung sei unter Rückgriff auf den Grundsatz der Wesentlichkeit zulässig, da der Festwert den tatsächlichen Wertansatz annähern soll, und die mit einem Festwert bewerteten Vermögenswerte für das Unternehmen von nachrangiger Bedeutung sein müssen (analog zu IAS 2 vgl. Coenenberg et al., 2009, 221; Ellrott, § 256, in: Beck Bil.-Komm., 7. Aufl., Tz. 79; Ruhnke, 2008, 490; Baetge et al., IFRS-Komm., Teil B, IAS 2, Tz. 47; Kümpel, DB 2003, 2609, 2614; Riese, in: Beck IFRS-Handbuch, 2. Aufl., Tz. 86). Dem ist nicht uneingeschränkt zu folgen. Mit dem gleichen Argument müssten auch alle anderen möglichen Bewertungsvereinfachungen, ua. auch das ausdrücklich abgeschaffte Lifo-Verfahren, bei Vorräten von nachrangiger Bedeutung zulässig sein. Insofern ist die Anwendung weiterer Vereinfachungen denkbar, sofern der zugrunde liegende Sachverhalt im Sinne des IFRS-SMEs Abschn. 2.6 unwesentlich ist. Die Frage der Wesentlichkeit ist dabei im Einzelfall zu beurteilen, so dass Festwerte iSd. § 240 Abs. 3 HGB nicht generell beibehalten werden können.

52 Bei den Bewertungsvereinfachungsverfahren handelt es sich lediglich um Verfahren zur vereinfachten Ermittlung der ursprünglichen Anschaffungs- oder Herstellungskosten und nicht um einen eigenständigen Bewertungsmaßstab. Soweit die durch ein vereinfachtes Verfahren ermittelten Anschaffungs- oder Herstellungskosten über dem Verkaufserlös abzüglich der Kosten bis zur Fertigstellung und Veräußerung liegen, ist eine entsprechende **Abwertung auf den Niederstwert** vorzunehmen (IFRS-SMEs Abschn. 13.4) und zwar unabhängig davon, ob die Wertminderung auf Beschädigung, Veralterung oder allgemein rückläufige Verkaufspreise am Absatzmarkt zurückzuführen ist (IFRS-SMEs Abschn. 13.19).

II. Wertminderung

53 Die Folgebewertung von Vorräten unterliegt einer laufenden **Überprüfung** hinsichtlich **der Werthaltigkeit** der einzelnen Vermögenswerte. In den Folgeperioden ist demnach zu kontrollieren, ob deren ursprünglicher Wert noch aktuell ist. Um festzustellen, ob eine Wertminderung vorliegt, ist am Bilanzstichtag der Verkaufserlös abzüglich der Kosten bis zur Fertigstellung und Veräußerung (zB Verpackungs-, Fracht-, und Versandkosten, Verkaufsprovisionen oder Kosten für Werbung), dh. der **Nettoveräußerungswert** zu schätzen. Liegt dieser unter den historischen Anschaffungs- oder Herstellungskosten, muss nach IFRS-SMEs Abschn. 13.4 und IFRS-SMEs Abschn. 13.19 außerplanmäßig auf diesen niedrigeren Wert abgeschrieben werden, denn der Nutzen eines Vorratspostens ist auf den Betrag beschränkt, der durch seinen Verkauf erzielt werden kann. Damit wird eine **verlustfreie Bewertung** des Vorratsvermögens gewährleistet, so dass beim Verkauf der zu bewertenden Vorräte nach dem Bilanzstichtag kein Verlust mehr entstehen kann; denn die Abschreibung rechnet den erwarteten Verlust bereits der abgeschlossenen Periode zu. Mit dem IFRS-SMEs Abschn. 13.4 werden darüber hinaus die **historischen Anschaffungs- oder Herstellungskosten** als **Wertobergrenze** für den Ansatz von Vermögenswerten des Vorratsvermögens fixiert. Ein niedrigerer Nettoveräußerungswert kann zB aus Beschädigung, vollständiger oder teilweiser Veralterung, rückläufigen Verkaufspreisen, gestiegenen geschätzten Kosten der Fertigstellung oder gestiegenen geschätzten Verkaufskosten resultieren.

54 Grundsätzlich sind die **Verhältnisse des Absatzmarktes** maßgeblich und eine beschaffungsmarktorientierte Wertermittlung ist nicht vorgesehen. Für die Bestimmung des Nettoverkaufserlöses ist darauf abzuzielen, welcher Betrag **im normalen Geschäftsgang erzielbar** ist. Zur Ermittlung des Nettoveräußerungserlöses darf also kein Zwangs- oder Notverkauf unterstellt werden (analog zu IAS 2 vgl. ADS Int 2002, Abschn. 15, Tz. 123). Allerdings ist ein **unternehmensspezifischer Wert** zu ermitteln. Es ist also nicht erforderlich, den Nettover-

äußerungswert unter der Annahme eines Veräußerungsgeschäfts zwischen sachverständigen, vertragswilligen und voneinander unabhängigen Geschäftspartnern zu bestimmen. Insofern unterscheidet sich der Nettoveräußerungswert vom beizulegenden Zeitwert (*fair value*). Die **notwendigen Vertriebskosten** müssen nicht in jedem Fall einzeln bestimmt, sondern dürfen auch unter Rückgriff auf angemessene Erfahrungswerte (zB als Prozentsatz vom Verkaufspreis) **pauschal geschätzt** werden. Zur Ermittlung des Nettoveräußerungswertes bleibt die abzuführende Umsatzsteuer unberücksichtigt. Etwaige Erlösschmälerungen sind abzuziehen. Unzulässig ist dagegen der Abzug einer üblichen Gewinnspanne.

55 Die Ermittlung des Nettoveräußerungswertes hat zu jedem Abschlussstichtag nach den **zuverlässigsten substanziellen Hinweisen** zu erfolgen, die zum Zeitpunkt der Schätzung hinsichtlich des für die Vorräte voraussichtlich erzielbaren Betrages verfügbar sind. Dabei stellen vorliegende Börsen- oder Marktpreise die besten Schätzwerte dar. Nur wenn ein solcher Wert nicht verfügbar ist, muss eine gesonderte Ermittlung eines beizulegenden Wertes durchgeführt werden (analog zu IAS 2 vgl. Riese, in: Beck IFRS-Handbuch, 3. Aufl., Tz. 96). Fraglich ist, ob Abschreibungen aufgrund von Wechselkursänderungen vorzunehmen sind. Dies ist nur gerechtfertigt, falls die entsprechenden Vorräte einen eindeutigen Bezug zum Absatz in das Land mit der entsprechenden Währung haben, zB wenn der Absatz nur länderspezifisch möglich ist (analog zu IAS 2 vgl. Baetge et al., IFRS-Komm., Teil B, IAS 2, Tz. 60). **Wertaufhellende Informationen**, dh. Preis- und Kostenänderungen, die bereits am Abschlussstichtag bestanden haben, aber erst in der neuen Berichtsperiode bekannt geworden sind, sind zu berücksichtigen. **Wertbegründende Ereignisse** bleiben dagegen unberücksichtigt (IFRS-SMEs Abschn. 32).

56 Schätzungen des Nettoveräußerungswertes haben den **Zweck**, zu dem die Vorräte gehalten werden, zu berücksichtigen. So basiert zB der Nettoveräußerungswert von Vorräten, die zur Erfüllung abgeschlossener Liefer- und Leistungsverträge gehalten werden, auf den vertraglich vereinbarten Preisen und nicht auf allgemeinen Verkaufspreisen. Fällt nur ein Teil der im Bestand befindlichen Vorräte unter eine solche Festpreisvereinbarung, müssen die Nettoveräußerungserlöse der übrigen, nicht der Vertragsbindung unterliegenden Vorräte auf Basis der allgemeinen Verkaufspreise ermittelt werden.

57 Für die Wertfeststellung sind zwar grundsätzlich die Verhältnisse am Abschlussstichtag maßgebend, es ist aber nicht zwingend der aktuelle Verkaufswert heranzuziehen, zu dem der Vorratsgegenstand in seinem gegenwärtigen Zustand verkauft werden kann. Eine absatzmarktorientierte Stichtagsbewertung führt nicht immer zu sachgerechten Ergebnissen. **Unfertige Erzeugnisse** hätten zB einen Nettoveräußerungswert von null, sofern diese noch keinen Wert als Verkaufsprodukt und keinen Wert mehr als Rohstoff besitzen. Solange jedoch die Fertigerzeugnisse, in die die unfertigen Erzeugnisse eingehen, zumindest zu ihren Herstellungskosten verkauft werden können, besteht keine Abwertungsnotwendigkeit. Eine Abschreibung würde dem Going-concern-Prinzip widersprechen (analog zu IAS 2 vgl. Baetge et al., IFRS-Komm., Teil B, IAS 2, Tz. 56).

58 IFRS-SMEs Abschn. 13 enthält keinen Hinweis auf eine besondere Behandlung von **Roh-, Hilfs- und Betriebsstoffen**. Ein Rückgriff auf IAS 2.32 erscheint an dieser Stelle sinnvoll. Danach sind Roh-, Hilfs- und Betriebsstoffe von der Pflicht, eine Abwertung auf den niedrigeren Nettoveräußerungswert vorzunehmen, ausgenommen, wenn sie für die Herstellung von Vorräten bestimmt sind, und die Fertigerzeugnisse, in die sie eingehen, voraussichtlich mindestens zu ihren Herstellungskosten verkauft werden können. Die isolierte Wertentwicklung der Stoffe ist hier irrelevant. Nur für den Fall, dass ein Preisrückgang bei den Roh-, Hilfs- und Betriebsstoffen darauf hindeutet, dass der Nettoveräußerungswert der Fertigerzeugnisse unterhalb der Herstellungskosten liegt, ist eine Abschreibung vorzunehmen. Es muss sich also für den gesamten Herstellungs- und Absatzvorgang des Fertigerzeugnisses ein Verlust abzeichnen. Werden Roh-, Hilfs- und Betriebsstoffe für die Herstellung unterschiedlicher Vorräte verwendet, die teils mit Gewinn, teils mit Verlust verkauft werden, ist für die Bestimmung möglicher Wertminderungen der Gesamtbestand anhand plausibler Annahmen den einzelnen

Fertigerzeugnissen zuzurechnen (analog zu IAS 2 vgl. Petersen/Bansbach/Dornbach, 2010, 222). Besteht ein Abwertungserfordernis, können die **Wiederbeschaffungskosten** der Roh-, Hilfs- und Betriebsstoffe die beste verfügbare Bewertungsgrundlage für den Nettoveräußerungswert sein. Es besteht keine Orientierung am Absatz-, sondern am Beschaffungsmarkt. Für **Überbestände an Roh-, Hilfs- und Betriebsstoffen** ist entsprechend der Orientierung an der beabsichtigten Verwendung der Vorräte auf deren Nettoveräußerungswert abzustellen.

59 Die Ermittlung des Nettoveräußerungswertes unterstellt eine uneingeschränkte Gängigkeit der Vorräte. Ist dies nicht gegeben, weil einzelne Artikel zB technisch nicht mehr auf dem neusten Stand sind, muss diesem Umstand durch individuelle oder pauschale **Gängigkeitsabschläge** Rechnung getragen werden, die sich ausgehend von Erfahrungssätzen der Vergangenheit nach dem Alter der Vorräte bemessen. Alternativ zu solchen Altersabschlägen kommen auch Reichweitenabschläge in Frage, die sich am Verhältnis zwischen den verkauften Artikeln und dem Bestand am Bilanzstichtag orientieren. Gängigkeitsabschläge dürfen allerdings nicht zur Bildung stiller Reserven führen.

60 Für die Durchführung einer Werthaltigkeitsprüfung von Vorräten ist grundsätzlich eine **Einzelbewertung** vorgesehen. Damit soll verhindert werden, dass unrealisierte Gewinne bei einigen Vorräten die unrealisierten Verluste bei anderen Gütern ausgleichen (analog IAS 2 vgl. Peemöller, in: Wiley IFRS-Komm., 3. Aufl., Tz. 44). Ausnahmsweise ist jedoch eine **gruppenbezogene Bewertung** von ähnlichen oder miteinander zusammenhängenden Vorräten zulässig. Dies kann etwa bei Vorräten der Fall sein, die derselben Produktlinie angehören und einen ähnlichen Zweck oder Endverbleib haben, in demselben geografischen Gebiet produziert und vermarktet werden und praktisch nicht unabhängig von anderen Gegenständen aus dieser Produktlinie bewertet werden können (IFRS-SMEs Abschn. 27.3). Ein Anwendungsfall liegt vor, wenn unterschiedliche Vorräte nur als Set angeboten werden (zB diverse Campingartikel). Unzulässig ist eine solche gruppenbezogene Bewertung jedoch für eine gesondert auszuweisende Gruppe von Vorräten (zB Fertigerzeugnisse), für Vorräte eines bestimmten Industriezweiges oder für Vorräte eines bestimmten geografischen Segmentes. Auch für Dienstleistungsunternehmen kommt eine gruppenbezogene Bewertung nicht in Betracht, da im Allgemeinen die Herstellungskosten für jede gesondert abzurechnende Leistung einzeln erfasst werden.

61 IFRS-SMEs Abschn. 13.19 gibt vor, dass in einigen Fällen eine Wertaufholung früherer Wertminderungen erforderlich ist. Liegen die Umstände für eine außerplanmäßige Abschreibung nicht mehr vor, weil zB Vorräte, die auf Grund des Rückgangs ihres Verkaufspreises zum Nettoveräußerungswert angesetzt waren, sich in einer Folgeperiode noch im Bestand befinden und sich ihr Verkaufspreis wieder erhöht hat, besteht eine **Wertaufholungspflicht** (analog IAS 2 vgl. Fischer/Wenzel, WPg 2001, 597, 603). Der Betrag der Wertminderung ist jedoch nur insoweit rückgängig zu machen, dass der neue Buchwert dem niedrigeren Wert aus Anschaffungs- bzw. Herstellungskosten und aktualisiertem Nettoveräußerungswert entspricht. **Wertobergrenze** jeder Wertaufholung sind folglich die historischen Anschaffungs- oder Herstellungskosten.

D. Erfassung als Aufwand

62 IFRS-SMEs Abschn. 13.20-21 regelt, wann es bei der Bilanzierung von Vorräten zu Vorgängen kommt, die im Gewinn oder Verlust zu erfassen sind. Sind Vorräte verkauft worden, ist der Buchwert dieser Vorräte in der Berichtsperiode als Aufwand zu erfassen, in der die zugehörigen Erträge realisiert sind. Diese Vorschrift dient einer **periodengerechten Verrechnung** von Aufwendungen und Erträgen (*matching principle*, IFRS-SMEs Abschn. 2.45). Wertminderungen auf Vorräte sind in der Periode als Aufwand zu erfassen, in der die Abschreibung vor-

genommen wurde. Wertaufholungen sind als Verminderung des Materialaufwandes in der Periode zu erfassen, in der die Wertaufholung eintritt.

63 Eine Verteilung der Anschaffungs- oder Herstellungskosten auf mehrere Perioden kommt nur dann in Betracht, wenn Vorräte anderen Vermögenswerten zugeordnet werden, zB indem sie in selbst erstellte Sachanlagen einfließen. In solchen Fällen werden im Laufe der Nutzungsdauer dieses Vermögenswertes die Anschaffungs- oder Herstellungskosten der Vorräte als Teil der planmäßigen Abschreibungen als Aufwand erfasst (IFRS-SMEs Abschn. 13.21).

E. Ausweis

64 Vorräte sind nach IFRS-SMEs Abschn. 4.2(d) in der Bilanz unter entsprechender Postenbezeichnung gesondert auszuweisen. In der Regel erfüllen Vorräte die Voraussetzungen für **kurzfristige Vermögenswerte** (*current assets*) gem. IFRS-SMEs Abschn. 4.5. Wird die Bilanz in kurzfristige und langfristige Vermögenswerte untergliedert (IFRS-SMEs Abschn. 4.4), sind Vorräte in die kurzfristigen Vermögenswerte einzuordnen.

65 IFRS-SMEs Abschn. 4.11(c) verlangt, den ausgewiesenen Buchwert der Vorräte **zu untergliedern**. Diese Aufgliederung kann wahlweise in der Bilanz oder im Anhang vorgenommen werden:

- **Zum Verkauf im Rahmen der gewöhnlichen Geschäftstätigkeit vorgesehene Vorräte**
  Hierunter fallen zum einen Handelswaren. Diese sind ohne wesentliche Be- oder Verarbeitung zur Weiterveräußerung vorgesehen. Zum anderen sind in diese Kategorie die Fertigerzeugnisse zu subsumieren. Sie haben im Unternehmen eine Be- oder Verarbeitung erfahren und sind ohne wesentliche Weiterverarbeitung verkaufsfertig.
- **Unfertige Erzeugnisse**
  Zu den unfertigen Erzeugnissen gehören alle Vorräte, durch deren Be- oder Verarbeitung bereits Aufwendungen entstanden sind, denen es aber an der Verkaufsfähigkeit fehlt.
- **Roh-, Hilfs- und Betriebsstoffe**
  Dabei handelt es sich um Vorräte, die unmittelbar oder mittelbar in der Produktion Verwendung finden. Rohstoffe gehen unmittelbar in das Erzeugnis ein und bilden den Hauptbestandteil (zB Holz für Möbel). Hilfsstoffe gehen ebenfalls in das Erzeugnis ein, bilden aber nur unwesentliche Bestandteile (zB Beize, Leim und Schrauben für Möbel). Betriebsstoffe gehen nicht in das Erzeugnis ein, sondern werden bei der Produktion mittelbar oder unmittelbar verbraucht (zB Energiestoffe, Reinigungsmaterial, Schmierstoffe).

66 **Geleistete Anzahlungen** auf Vorräte sind aktivierungspflichtig und grundsätzlich gesondert auszuweisen. Es handelt sich um Finanzinstrumente iSv. IFRS-SMEs Abschn. 11. Wegen der sachlichen Nähe zu den Vorräten ist aber auch ein Ausweis der geleisteten Anzahlungen auf Vorräte unter den Vorräten vertretbar (analog zu IAS 2 vgl. Baetge et al., IFRS-Komm., Teil B, IAS 2, Tz. 14). **Erhaltene Anzahlungen** auf Vorräte müssen als kurzfristige Verbindlichkeiten ausgewiesen werden, denn nach IFRS besteht gem. IFRS-SMEs Abschn. 2.52 ein generelles Saldierungsverbot. Ein Saldieren der erhaltenen Anzahlungen mit den Vorräten ist daher unzulässig (analog zu IAS 2 vgl. Coenenberg et al., 2009, 219). Dagegen erscheint eine offene Absetzung der erhaltenen Anzahlungen von den Vorräten zulässig, soweit die auftragsbezogenen Vorräte nicht überschritten werden (analog zu IAS 2 vgl. ADS Int 2002, Abschn. 15, Tz. 149).

F. Angaben im Anhang

Nach IFRS-SMEs Abschn. 13.22 sind für den Bereich der Vorräte im Jahresabschluss zusätzliche Angaben zu machen. Diese Informationen könnten auch in die Bilanz oder die Gewinn- und Verlustrechnung aufgenommen werden. Eine Aufnahme in den Anhang ist aber in der Regel zweckmäßig. **67**

Im Einzelnen sind folgende Angaben zu machen: **68**

- Angewendete Bilanzierungs- und Bewertungsmethoden (IFRS-SMEs Abschn. 13.22(a)). Im Einzelnen sind hier Informationen über die Bemessung der Anschaffungs- und Herstellungskosten, dabei angewandte vereinfachende Verfahren der Kostenkalkulation und die Anwendung von Bewertungsvereinfachungsverfahren anzugeben. Bei gleichzeitiger Anwendung des Fifo-Verfahrens und der Durchschnittsbewertung ist unter Angabe der Größenordnung der nach dem jeweiligen Verfahren bewerteten Vorratsteile auch auf diesen Umstand hinzuweisen.
- Gesamtbuchwert der Vorräte und die Buchwerte in einer unternehmensspezifischen Untergliederung (IFRS-SMEs Abschn. 13.22(b); vgl. Tz. 65). Grund für die Angabe ist, dass die Kenntnis über die Höhe und die Veränderung des Buchwertes einzelner Vorratsgruppen für einen Abschlussadressaten von großem Nutzen sein kann.
- Betrag der Vorräte, die als Aufwand in der Berichtsperiode erfasst worden sind (IFRS-SMEs Abschn. 13.22(c)). Dieser Aufwand, der oft als Umsatzkosten bezeichnet wird, umfasst die Kosten, die zuvor Teil der Bewertung der verkauften Vorräte waren. Hier sind auch bisher nicht aktivierte Produktionsgemeinkosten und anormale Produktionskosten der Vorräte zu berücksichtigen. Kommt das Gesamtkostenverfahren zur Anwendung, gibt das Unternehmen die als Aufwand erfassten Kosten für Rohstoffe und Verbrauchsgüter, Personalkosten ua. Kosten zusammen mit dem Betrag der Bestandsveränderungen des Vorratsvermögens in der Berichtsperiode an.
- Betrag jeglicher erfasster Wertminderungen und vorgenommener Wertaufholungen von Vorräten (IFRS-SMEs Abschn. 13.22(d)). Es muss also über die Vornahme von außerplanmäßigen Abschreibungen auf einen niedrigeren Nettoveräußerungswert am Bilanzstichtag berichtet werden. Wurden zum Bilanzstichtag in Vorperioden vorgenommene Abwertungen rückgängig gemacht, weil der Grund dafür entfallen ist, muss darüber ebenfalls berichtet werden. Derartige Aufwandsminderungen sind für den Abschlussadressaten aus der Gewinn- und Verlustrechnung nicht ersichtlich.
- Buchwert der als Sicherheit für Verbindlichkeiten verpfändeten Vorräte (IFRS-SMEs Abschn. 13.22(e)). Dabei kann es sich sowohl um eigene Verbindlichkeiten als auch um Verbindlichkeiten anderer Unternehmen handeln, für die das bilanzierende Unternehmen eine entsprechende Haftungsverpflichtung übernommen hat.
- Wertbeeinflussende Ereignisse mit Bezug zu den Vorräten, die zwischen dem Bilanzstichtag und dem Tag der Aufstellung des Jahresabschlusses auftreten, sofern diese wesentlich sind (IFRS-SMEs Abschn. 32.10). Anzugeben ist nicht nur die Art des Ereignisses (zB ungewöhnlich große Änderungen der Preise von Vorräten), sondern auch eine Schätzung der finanziellen Auswirkungen oder eine Aussage darüber, dass eine solche Schätzung nicht vorgenommen werden kann.

G. Vergleich mit IFRS und HGB

Durch das BilMoG wurden ua. die §§ 255 und 256 HGB neu gefasst und damit auch in der Vorratsbewertung eine Annäherung an die IFRS und den IFRS-SMEs bewirkt. Durch die **69**

Heraufsetzung der Herstellungskostenuntergrenze, dh. Material- und Fertigungsgemeinkosten sowie der Werteverzehr sind nunmehr aktivierungspflichtig, sind die potenziellen Unterschiede in der Bemessung der Herstellungskosten reduziert. Da für die restlichen Gemeinkosten nach HGB ein Aktivierungswahlrecht besteht (und keine Aktivierungspflicht) und dieses Wahlrecht auch nicht-produktionsbezogene Kosten umfasst, verbleiben aber in diesem Punkt noch Unterschiede. Ähnliches gilt für die Bewertungsvereinfachungsverfahren. Die international unzulässigen beschaffungspreis- und konzernbestimmten Verfahren sind nunmehr auch im HGB nicht mehr vorgesehen. Zusätzlich zu der Durchschnittsbewertung und dem Fifo-Verfahren sind aber nach HGB weiterhin das Lifo-Verfahren und die Festbewertung zulässig. Als weitere HGB-Besonderheit ist die Frage des relevanten Marktes im Rahmen der Niederstwertabschreibungen zu nennen, denn je nach Vorratskategorie können der Beschaffungsmarkt, der Absatzmarkt oder auch beide Märkte relevant sein. Die IFRS und der IFRS-SMEs sind dagegen auf den Absatzmarkt fokussiert.

Zwischen dem IFRS-SMEs und den IFRS existieren nur wenige Unterschiede. Fremdkapitalkosten müssen nach den IFRS unter bestimmten Umständen in die Anschaffungs- oder Herstellungskosten einbezogen werden, während sie nach dem IFRS-SMEs zwingend als Aufwand zu verrechnen sind. Zudem nennt der IFRS-SMEs mit den zuletzt verfügbaren Absatzpreisen ein zusätzliches vereinfachendes Verfahren der Kostenbemessung. Schließlich ist im IFRS-SMEs die Frage, ob anteilige Entwicklungskosten in die Herstellungskosten einzubeziehen sind, nicht eindeutig geklärt.

Nachfolgende Tabelle stellt die wichtigsten Regelungen nach IFRS, IFRS-SMEs und HGB gegenüber:

Regelung	IFRS (IAS 2)	IFRS-SMEs	HGB
Ansatzkriterien	Wahrscheinlicher künftiger Nutzenzufluss, zuverlässige Wertermittlung	Wahrscheinlicher künftiger Nutzenzufluss, zuverlässige Wertermittlung	Wirtschaftlicher Wert, selbständige Bewertbarkeit, selbständige Verwertbarkeit
Umfang Anschaffungskosten	Nur Einzelkosten, Einbeziehungsverbot für Gemeinkosten	Nur Einzelkosten, Einbeziehungsverbot für Gemeinkosten	Nur Einzelkosten, Einbeziehungsverbot für Gemeinkosten
Nicht ausgenutzter Lieferantenskonto	Als Zinsaufwand zu erfassen	Als Zinsaufwand zu erfassen	Als Bestandteil der Anschaffungskosten zu aktivieren
Konzeption der Herstellungskosten	Fixwertprinzip, produktionsbezogener Vollkostenansatz	Fixwertprinzip, produktionsbezogener Vollkostenansatz	Wahlrecht zwischen Teilkosten- und Vollkostenansatz
Einbeziehung von Verwaltungskosten	Produktionsbezogen: Pflicht, nicht-produktionsbezogen: Verbot	Produktionsbezogen: Pflicht, nicht-produktionsbezogen: Verbot	Wahlrecht
Einbeziehung von Sozialkosten	Produktionsbezogen: Pflicht, nicht-produktionsbezogen: Verbot	Produktionsbezogen: Pflicht, nicht-produktionsbezogen: Verbot	Wahlrecht
Einbeziehung von Finanzierungskosten	Pflicht, sofern ein qualifizierter Vermögensgegenstand vorliegt, es sei denn, dass Vorräte in großen Mengen wiederholt angefertigt werden	Verbot	Anschaffungskosten: Verbot Herstellungskosten: Wahlrecht, sofern ein sachlicher und zeitlicher Bezug

Regelung	IFRS (IAS 2)	IFRS-SMEs	HGB
Einbeziehung von Forschungs- und Entwicklungskosten	Forschungskosten: Verbot Entwicklungskosten: Pflicht	Forschungskosten: Verbot Entwicklungskosten: evtl. Ermessensspielraum	Forschungskosten: Verbot Entwicklungskosten: Pflicht
Vereinfachende Kostenbemessung	Standardkostenmethode, retrograde Methode	Standardkostenmethode, retrograde Methode, zuletzt verfügbare Absatzpreise	Standardkostenmethode, retrograde Methode
Bewertungsvereinfachungen	Fifo-Verfahren, Durchschnittsbewertung	Fifo-Verfahren, Durchschnittsbewertung	Fifo-Verfahren, Lifo-Verfahren, Durchschnittsbewertung, Festbewertung
Wertminderung	Strenges Niederstwertprinzip	Strenges Niederstwertprinzip	Strenges Niederstwertprinzip
Relevanter Markt	Grundsätzlich Absatzmarkt	Grundsätzlich Absatzmarkt	Roh-, Hilfs- und Betriebsstoffe: Beschaffungsmarkt Unfertige und fertige Erzeugnisse: Absatzmarkt Handelswaren: doppelte Maßgeblichkeit von Absatz- und Beschaffungsmarkt
Wertaufhellung	Pflicht	Pflicht	Pflicht

Abschnitt 14 Anteile an assoziierten Unternehmen (Investments in Associates)

Ralf Michael Ebeling

Inhaltsverzeichnis

Schrifttum

Baetge/Bruns/Klaholz, in: Baetge/Wollmert/Kirsch/Oser/Bischof (Hrsg.), Rechnungslegung nach IFRS (IFRS-Komm.), 2. Aufl., Stuttgart 2002, Stand Dezember 2006; *Baetge/Kirsch/Thiele,* Konzernbilanzen, 8. Aufl., Düsseldorf 2009; *Busse von Colbe/Ordelheide/Gebhardt/Pellens,* Konzernabschlüsse, 9. Aufl., Wiesbaden 2010; *Hayn,* in: Bohl/Riese/Schlüter (Hrsg.), Beck'sches IFRS-Handbuch, 3. Aufl., München 2009; *Henselmann/Roos,* KoR 2010, 318 ff.; *Henselmann/Roos,* Working Papers in Accounting Valuation Auditing Nr. 2009-2; *IFRS Foundation,* Training Material for the IFRS for SMEs, Module 14 – Investments in Associates, London 2010; *Kirsch,* IFRS-Rechnungslegung für kleine und mittelgroße Unternehmen, in: Hofbauer/Kupsch (Hrsg.), Bonner Handbuch der Rechnungslegung, 2. Aufl., Bonn 2001; *Kirsch,* IFRS-Rechnungslegung für kleine und mittlere Unternehmen, 2. Aufl., Herne 2009; *Kirsch,* RWZ 2009, 336 ff.; *Köster,* in: Hennrichs/Kleindiek/Watrin (Hrsg.), MünchKomm-BilanzR, München 2009; *Küting/Weber,* Der Konzernabschluss, 11. Aufl., Stuttgart 2008; *Lüdenbach,* in: Lüdenbach/Hoffmann (Hrsg.), Haufe IFRS-Kommentar, 8. Aufl., Freiburg 2010; *Oser,* Der Konzern 2009, 521 ff.

A. Grundlagen

I. Regelungsbereich

1 Ein assoziiertes Unternehmen ist ein Unternehmen, auf das ein Investor einen signifikanten Einfluss ausübt. IFRS-SMEs Abschn. 14 regelt, wie Anteile an solchen Unternehmen

(a) in Konzernabschlüssen und
(b) in besonderen Abschlüssen

des Investors abzubilden sind. Nicht geregelt ist die Abbildung solcher Anteile in den Jahresabschlüssen des Investors. Diesbezüglich ist auf IFRS-SMEs Abschn. 9.26 zu verweisen (vgl. IFRS-SMEs-Komm., Teil B, Abschn. 9, Tz. 124).

2 Wann ein Investor Konzernabschlüsse aufzustellen hat, ist in IFRS-SMEs Abschn. 9.2 ff. geregelt (vgl. IFRS-SMEs-Komm., Teil B, Abschn. 9, Tz. 17 ff.). Besondere Abschlüsse hat der

Investor gemäß IFRS-SMEs Abschn. 14.1 bzw. IFRS-SMEs Abschn. 15.1 iVm. IFRS-SMEs Abschn. 9.25 aufzustellen, wenn er keine Konzernabschlüsse aufzustellen hat, weil er nicht mindestens ein Tochterunternehmen hat, er jedoch Anteile an assoziierten Unternehmen oder Gemeinschaftsunternehmen hält.

3 IFRS-SMEs Abschn. 14 ist so aufgebaut, dass zunächst assoziierte Unternehmen definiert werden, um Investoren in die Lage zu versetzen, solche Unternehmen zu identifizieren. Im Anschluss daran werden die verschiedenen Methoden beschrieben, die für die Abbildung der Anteile an assoziierten Unternehmen gewählt werden können. Es folgen die obligatorischen Anhangsangaben.

II. Begriffliche Grundlagen

4 Ein **assoziiertes Unternehmen** ist gemäß IFRS-SMEs Abschn. 14.2 ein Unternehmen, auf das der Investor einen signifikanten Einfluss ausüben kann, das jedoch kein Tochterunternehmen und kein Gemeinschaftsunternehmen ist. Ein **Gemeinschaftsunternehmen** ist gemäß IFRS-SMEs Abschn. 15.3 eine vertragliche Vereinbarung zwischen zwei oder mehr Parteien, die gemeinschaftlich kontrollierte Geschäfte, gemeinschaftlich kontrollierte Vermögenswerte oder gemeinschaftlich kontrollierte Unternehmen zum Gegenstand haben kann.

5 Ein **Konzernabschluss** ist der Abschluss einer durch ein Mutterunternehmen und mindestens ein Tochterunternehmen gekennzeichneten wirtschaftlichen Einheit. Demgegenüber ist ein **Jahresabschluss** der Abschluss einer rechtlichen Einheit. Ein **besonderer Abschluss**, der begrifflich allerdings nicht besonders bezeichnet wird, ist der Abschluss eines Unternehmens, das ausschließlich Beteiligungen an assoziierten Unternehmen oder Gemeinschaftsunternehmen hält, die in diesem Abschluss unter Anwendung von IFRS-SMEs Abschn. 14 bzw. IFRS-SMEs Abschn. 15 abgebildet werden.

B. Identifizierung assoziierter Unternehmen

6 Gemäß IFRS-SMEs ist ein **assoziiertes Unternehmen** ein Unternehmen, auf das ein Investor einen signifikanten Einfluss hat, ohne dass es sich bei diesem Unternehmen um ein Tochterunternehmen oder ein Gemeinschaftsunternehmen handelt. In IFRS-SMEs Abschn. 14.3 ist **signifikanter Einfluss** definiert als die Fähigkeit der Teilhabe an den Entscheidungen über die Finanz- und Geschäftspolitik unterhalb der Schwelle der Kontrolle oder der gemeinschaftlichen Kontrolle. Signifikanter Einfluss wird gemäß IFRS-SMEs Abschn. 14.3(a) vermutet, wenn der Investor direkt oder indirekt, das heißt über ein Tochterunternehmen, über mindestens 20% der Stimmrechte an dem assoziierten Unternehmen verfügt. Bei der Ermittlung der Stimmrechtsquote sind gemäß IFRS-SMEs Abschn. 14.8(b) auch potenzielle Stimmrechte zu berücksichtigen. Potentielle Stimmrechte können aus Options- und Wandlungsrechten resultieren (vgl. die entsprechende Regelung für die Identifizierung eines Tochterunternehmens in IFRS-SMEs-Komm., Teil B, Abschn. 9, Tz. 21).

7 Die **Stimmrechtsquote** eines Investors muss nicht mit dessen Kapitalanteil an dem assoziierten Unternehmen übereinstimmen. So ist das Bestehen signifikanten Einflusses bspw. zu bejahen, wenn die Gesellschafter einer OHG oder einer KG gemäß § 119 Abs. 2 HGB bzw. § 161 Abs. 2 iVm. § 119 Abs. 2 HGB nicht nach Anteilsquoten, sondern nach Köpfen abstimmen und der betreffende Investor dadurch die Stimmrechtsquote von 20% erreicht, obwohl sein Kapitalanteil unterhalb dieser Schwelle liegt.

8 Die **Vermutung** eines signifikanten Einflusses bei Erreichen oder Überschreiten der Stimmrechtsquote von 20% ist eine widerlegbare Vermutung. Verfügt der Investor über diese Stimmrechtsquote, so kann ein signifikanter Einfluss allerdings nur dadurch widerlegt werden, dass klar dargelegt wird, dass ein solcher Einfluss nicht besteht.

9 Umgekehrt gilt dementsprechend die Vermutung, dass bei einer Beteiligung von weniger als 20% kein signifikanter Einfluss besteht. Dies ist jedoch auch widerlegbar. Wird es deutlich nachgewiesen, so kann signifikanter Einfluss gemäß IFRS-SMEs Abschn. 14.3(b) auch bestehen, wenn der Investor über weniger als 20% der Stimmrechte an dem assoziierten Unternehmen verfügt.

10 Aufgrund dieser Kriterien stellt sich erstens die Frage, wie gegebenenfalls **signifikanter Einfluss** widerlegt werden kann, obwohl der Investor über mehr als 20% der Stimmrechte an dem assoziierten Unternehmen verfügt. IFRS-SMEs Abschn. 14.3(c) stellt klar, dass eine substanzielle oder eine Mehrheitsbeteiligung eines anderen Investors signifikanten Einfluss des einen Investors nicht automatisch ausschließt. Entsprechend der Regelung des IFRS-SMEs Abschn. 10.6, wonach bei Regelungslücken die IFRS angewendet werden dürfen, wird hier die Auffassung vertreten, dass für eine evtl. Widerlegung des vermuteten signifikanten Einflusses die Indikatoren gemäß IAS 28.7 herangezogen werden können. Demnach kann in der Regel auf signifikanten Einfluss geschlossen werden, wenn einer der folgenden Indikatoren vorliegt:

(a) Der Investor ist im Geschäftsführungs- oder Aufsichtsorgan bzw. einem gleichartigen Leitungsorgan des Beteiligungsunternehmens vertreten;
(b) der Investor nimmt an den Entscheidungsprozessen des Beteiligungsunternehmens teil, einschließlich der Teilnahme an Entscheidungen über Ausschüttungen;
(c) es werden wesentliche Geschäftsvorfälle zwischen dem Investor und dem Beteiligungsunternehmen abgewickelt;
(d) zwischen dem Investor und dem Beteiligungsunternehmen findet ein Austausch von Führungspersonal statt oder
(e) der Investor stellt dem Beteiligungsunternehmen bedeutende technische Informationen zur Verfügung.

11 Demnach kann **signifikanter Einfluss** nicht widerlegt werden, wenn einer dieser Indikatoren gegeben ist. Signifikanter Einfluss kann aber zB widerlegt werden, wenn der Investor die ihm zustehenden Stimmrechte nicht ausüben kann, bspw. weil das Unternehmen von einem Insolvenzverwalter verwaltet wird (vgl. auch Senger/Brune, in: Beck IFRS-Handbuch, § 30, Tz. 36), weil er vertraglich auf die Ausübung der Stimmrechte verzichtet hat oder diese auf einen anderen Investor übertragen hat, weil das Beteiligungsunternehmen einen Prozess gegen den Investor führt, weil der Mehrheitsanteilseigner die Teilnahme des Investors an der Finanz- und Geschäftspolitik ausschließt oder weil der Investor vergeblich versucht, einen Vertreter in das Leitungsorgan zu entsenden (vgl. Baetge/Bruns/Klaholz, in: Baetge et al., IFRS-Komm., Teil B, IAS 28, Tz. 23). Zu berücksichtigen sind im Einzelnen auch die Sperrminoritäten. Können wichtige Entscheidungen zB mit einer einfachen Mehrheit getroffen werden, und verfügt ein anderer Gesellschafter über diese Mehrheit, so ist nicht von einem signifikanten Einfluss auszugehen (vgl. Lüdenbach, in: Haufe IFRS-Kommentar, 8. Aufl., § 33, Tz. 9). Daneben können ebenso auch sämtliche Sachverhalte zur Widerlegung des signifikanten Einflusses führen, die auch im Rahmen der Prüfung eines Mutter-Tochter-Verhältnisses zur Verneinung der Kontrolle führen würden (vgl. Köster, in: MünchKommBilR, IAS 28, Tz. 16 sowie IFRS-SMEs-Komm., Teil B, Abschn. 9, Tz. 17 ff.).

12 Zweitens stellt sich die Frage, wie signifikanter Einfluss nachgewiesen werden kann, obwohl der Investor über weniger als 20% der Stimmrechte an dem assoziierten Unternehmen verfügt. Auch diesbezüglich ist zunächst auf die og. Indikatoren zu verweisen, die auch erfüllt sein können, wenn der Investor weniger als 20% der Stimmrechte besitzt.

13 Nach hier vertretender Auffassung ist das Kriterium des Verfügens über mindestens 20% der Stimmrechte eine sichere Orientierungsgröße. Soll diese **Vermutung** widerlegt werden, so bedarf es triftiger Gründe. Gleiches gilt für die Begründung von signifikantem Einfluss unterhalb dieser Schwelle. Gleichwohl kann ein Investor ein Interesse daran haben, dass ein bestimmtes Beteiligungsunternehmen als assoziiertes Unternehmen klassifiziert wird oder nicht. Ein Grund für oder gegen die Klassifizierung als assoziiertes Unternehmen könnte sein, dass in diesem Fall die Equity-Methode angewendet werden kann, die aufgrund der phasengleichen Berücksichtigung der Periodenerfolge des Beteiligungsunternehmens zu einem höheren Periodenerfolg im Konzernabschluss bzw. im besonderen Abschluss des Investors führen kann.

C. Methoden der Abbildung von Anteilen an assoziierten Unternehmen in Konzern- und besonderen Abschlüssen

I. Methodenwahlrecht

14 IFRS-SMEs Abschn. 14.4 erlaubt dem Investor die Abbildung der Anteile an assoziierten Unternehmen

(a) nach der Anschaffungskostenmethode,
(b) nach der Equity-Methode oder
(c) nach der Zeitwertmethode.

15 Die **Methode** kann allerdings nicht völlig frei gewählt werden. IFRS-SMEs Abschn. 14.5 schreibt vor, dass die Anschaffungskostenmethode nur angewendet werden darf, wenn es für die zu bewertenden Anteile keine veröffentlichte Kursnotierung gibt. Faktisch besteht damit ein **Wahlrecht** zwischen der Equity-Methode einerseits und der Zeitwertmethode bzw. ersatzweise der Anschaffungskostenmethode andererseits (so auch Kirsch, 2009, 194, hinsichtlich des Wahlrechts für Gemeinschaftsunternehmen, welches mit der Regelung für assoziierte Unternehmen übereinstimmt). Da IFRS-SMEs Abschn. 14.4 vorschreibt, dass für alle Beteiligungen an assoziierten Unternehmen eine der drei Methoden anzuwenden ist, kann das Wahlrecht nicht für jede Beteiligung neu ausgeübt werden. Der Investor muss sich vielmehr entscheiden, ob er alle Beteiligungen an assoziierten Unternehmen at Equity oder zum Zeitwert bzw. ersatzweise zu Anschaffungskosten bewerten will. Allerdings wird hier die Auffassung vertreten, dass, wenn grundsätzlich die Equity-Methode angewendet wird, dennoch wahlweise einzelne Beteiligungen an assoziierten Unternehmen zum Zeitwert bzw. zu Anschaffungskosten bewertet werden können. Dies ist aufgrund des allgemeinen **Wesentlichkeitsgrundsatzes** gemäß IFRS-SMEs Abschn. 2.6 der Fall bei unwesentlichen assoziierten Unternehmen. Gleiches gilt in Anwendung des Grundsatzes der **Abwägung von Kosten und Nutzen** gemäß IFRS-SMEs Abschn. 2.13 f. für assoziierte Unternehmen, bei denen die Anwendung der Equity-Methode mit unverhältnismäßig hohen Kosten verbunden wäre. Schließlich ist es naheliegend, dass der Grundsatz gemäß IFRS-SMEs Abschn. 9.3(b), wonach Tochterunternehmen, die mit der Absicht der Weiterveräußerung oder Auflösung innerhalb eines Jahres erworben wurden, nicht konsolidiert werden müssen, sondern wahlweise zum Zeitwert oder zu fortgeführten Anschaffungskosten bewertet werden können (vgl. auch IFRS-SMEs-Komm. Abschn. 9, Tz. 59), auf die Abbildung assoziierter Unternehmen analog angewendet werden kann.

16 Unabhängig davon, welche Methode angewendet wird, sind Beteiligungen an assoziierten Unternehmen gemäß IFRS-SMEs Abschn. 14.11 als langfristige Vermögenswerte zu klassifizieren und in der Bilanz gemäß IFRS-SMEs Abschn. 4.2(j) gesondert auszuweisen.

II. Bewertung der Anteile zu Anschaffungskosten

17 Bezüglich der **Anschaffungskostenmethode** verweist IFRS-SMEs Abschn. 14.5 auf IFRS-SMEs Abschn. 27, der die Wertminderung von Vermögenswerten zum Gegenstand hat. Bewertungsmaßstab sind somit die Anschaffungskosten abzüglich eventueller kumulierter Wertminderungen.

18 In IFRS-SMEs Abschn. 14.6 wird konkret darauf hingewiesen, dass Ausschüttungen des assoziierten Unternehmens als Erträge gelten und nicht zu einer Anpassung der Anschaffungskosten führen, auch wenn es sich um Gewinne handelt, die vor Erwerb der Beteiligung erwirtschaftet wurden.

III. Bewertung der Anteile nach der Equity-Methode

1. Regeln

19 Nach der **Equity-Methode** findet eine Fortschreibung des Anschaffungswertes der Beteiligung um Eigenkapitalveränderungen beim assoziierten Unternehmen sowie um die Abschreibung bzw. Auflösung der implizit im Anschaffungswert der Beteiligung enthaltenen stillen Reserven und Lasten sowie des enthaltenen Geschäfts- oder Firmenwerts statt. Gewinne und Verluste des assoziierten Unternehmens erhöhen bzw. vermindern im Berichtsjahr anteilig den Equity-Wert der Beteiligung. Auszugehen ist gemäß IFRS-SMEs Abschn. 14.8 von den Anschaffungskosten der Beteiligung einschließlich Anschaffungsnebenkosten. Im Einzelnen schreibt IFRS-SMEs Abschn. 14.8 folgende Regeln für die Durchführung der Equity-Bewertung vor:

20 Der **Equity-Wert** der Beteiligung ist um Gewinnausschüttungen des assoziierten Unternehmens zu vermindern und außerdem um anteilige Veränderungen des übrigen Gesamtergebnisses anzupassen (IFRS-SMEs Abschn. 14.8(a)). Letzteres bedeutet, dass der Equity-Wert der Beteiligung anteilig erhöht bzw. vermindert wird, wenn das assoziierte Unternehmen Währungsgewinne oder -verluste in einer Währungsrücklage erfasst, versicherungsmathematische Gewinne und Verluste aus der Bewertung von Pensionsverpflichtungen sowie Zeitwertänderungen eines Sicherungsinstrumentes direkt im Eigenkapital erfasst (IFRS-SMEs Abschn. 5.4(b)) oder wenn Finanzinstrumente aufgrund der gemäß IFRS-SMEs Abschn. 11.2 alternativ möglichen Anwendung von IAS 39 direkt über das Eigenkapital zum Zeitwert bewertet werden.

21 Maßgebend für die Ermittlung der anteilig im Equity-Wert zu berücksichtigenden Eigenkapitaländerungen ist die aktuelle Beteiligungsquote (IFRS-SMEs Abschn. 14.8(b)). Potentielle Anteile sind nicht zu berücksichtigen, obwohl sie als potentielle Stimmrechte bei der Identifizierung eines assoziierten Unternehmens zu berücksichtigen sind.

22 In analoger Anwendung von IFRS-SMEs Abschn. 19.22 - 19.24 sind zum Zeitpunkt des Erwerbs der Beteiligung alle bei dem assoziierten Unternehmen vorhanden Vermögenswerte und Schulden zu identifizieren und mit ihren **Zeitwerten** zu bewerten (IFRS-SMEs Abschn. 14.8(c)). Die Differenz zwischen dem Anschaffungswert der Beteiligung und dem Anteil des Investors am so ermittelten Reinvermögen des assoziierten Unternehmens ist der implizit in den Anschaffungskosten der Beteiligung enthaltene Geschäft- oder Firmenwert bzw. der passivische Unterschiedsbetrag. Die Aufdeckung der stillen Reserven und Lasten des assoziierten Unternehmens führt zu zusätzlichen Abschreibungen bzw. Erträgen, die anteilig im Ergebnis aus der Equity-Bewertung zu berücksichtigen sind. Gleiches gilt für eventuelle Abschreibungen des Geschäfts- oder Firmenwerts. Ein passivischer Unterschiedsbetrag aus der Equity-Bewertung führt in analoger Anwendung der Regeln für die Vollkonsolidierung (vgl. IFRS-SMEs Abschn. 19.24) sofort zu einer im Gewinn oder Verlust erfassten Erhöhung des Equity-Werts. Da IFRS-SMEs Abschn. 19.24 für die Vollkonsolidierung ein *reassessment* vorschreibt und IFRS-SMEs Abschn. 14.8(c) ausdrücklich

auf diese Vorschrift verweist, ist auch im Rahmen der Equity-Bewertung ein *reassessment* durchzuführen, bevor der passivische Unterschiedsbetrag im Gewinn oder Verlust erfasst wird (aA bezüglich IAS 28 Köster, in: MünchKommBilR, IAS 28, Tz. 46).

Gibt es Anzeichen dafür, dass die Beteiligung an einem assoziierten Unternehmen wertgemindert sein könnte, so ist die Beteiligung insgesamt einem **Wertminderungstest** gemäß IFRS-SMEs Abschn. 27 zu unterziehen (IFRS-SMEs Abschn. 14.8(d)). Der im Equity-Wert gegebenenfalls enthaltene Geschäfts- oder Firmenwert wird folglich nicht gesondert auf Wertminderung geprüft. 23

Zwischenerfolge aus Geschäften zwischen dem Investor und dem assoziierten Unternehmen sind entsprechend der Beteiligungsquote des Investors zu eliminieren, unabhängig davon, ob es sich um Lieferungen des assoziierten Unternehmens an den Konzern (sog. Upstream-Lieferungen) oder um Lieferungen des Konzerns an das assoziierte Unternehmen (sog. Downstream-Lieferungen) handelt (IFRS-SMEs Abschn. 14.8(e)). Da ein assoziiertes Unternehmen nach der Equity-Methode nur entsprechend der Beteiligungsquote des Mutter- oder des Tochterunternehmens in den Konzernabschluss bzw. in den besonderen Abschluss einbezogen wird, sind auch die Zwischenerfolge unabhängig von der Lieferrichtung nur im Umfang dieser Quote zu eliminieren. 24

Sind Zwischenerfolge aus **Downstream-Lieferungen** zu eliminieren, so ist der Equity-Wert der Beteiligung um die zu eliminierenden Zwischengewinne abzuwerten bzw. um die zu eliminierenden Zwischenverluste zu erhöhen. Die Gegenbuchung erfolgt über das in der GuV gesondert auszuweisende Ergebnis aus der Beteiligung an assoziierten Unternehmen. Werden die Zwischenerfolge später realisiert (vgl. hierzu auch IFRS-SMEs-Komm., Teil B, Abschn. 9, Tz. 88 ff.), so ist dies ebenfalls über den Equity-Wert der betreffenden Beteiligung und das Ergebnis aus der Beteiligung an assoziierten Unternehmen zu buchen. Fraglich ist, wie bei **Upstream-Lieferungen** zu buchen ist. Hier könnte argumentiert werden, dass die gelieferten Vermögenswerte im Abschluss des Investors erfasst sind, so dass diese um die zu eliminierenden Zwischenerfolge ab- bzw. aufgewertet werden können. Obwohl die betreffenden Vermögenswerte vollständig im Abschluss des Investors erfasst sind, ist allerdings der Zwischenerfolg auch bei Upstream-Lieferungen nur in Höhe der Beteiligungsquote des Investors zu eliminieren. Die Vermögenswerte wären folglich um den anteiligen Zwischenerfolg ab- bzw. aufzuwerten. Alternativ könnte auch bei Upstream-Lieferungen der anteilige Zwischenerfolg über den Equity-Wert der Beteiligung eliminiert werden. Diese Vorgehensweise ist überzeugender, weil einerseits die Umbewertung der gelieferten Vermögenswerte im Abschluss des Investors zu einer nicht durch die tatsächliche Wertentwicklung dieser Vermögenswerte gerechtfertigten Bewertung führen würde und andererseits der Zwischenerfolg bei dem assoziierten Unternehmen entstanden ist. Es wird deshalb hier die Auffassung vertreten, dass die Zwischenerfolgseliminierung auch bei Upstream-Lieferungen über den Equity-Wert der Beteiligung zu erfolgen hat (dies ist auch nach DRS 8.32 ausdrücklich vorgeschrieben). Die Erfolgswirkungen aus der Eliminierung und der späteren Realisation der Zwischenerfolge sind auch in diesem Fall über das Ergebnis aus der Beteiligung an assoziierten Unternehmen zu erfassen. 25

Zwischenverluste können gemäß IFRS-SMEs Abschn. 14.8(e) ein Hinweis auf Wertminderungen der gelieferten Vermögenswerte sein, so dass ggf. keine Zwischenverlusteliminierung vorzunehmen ist. 26

Der Jahresabschluss des assoziierten Unternehmens, der der Equity-Bewertung zugrunde gelegt wird, soll auf denselben Stichtag erstellt sein, wie der Abschluss des Investors in dem die Equity-Bewertung stattfindet (IFRS-SMEs Abschn. 14.8(f)). Von dieser Regel kann abgewichen werden, wenn deren Anwendung nicht praktikabel ist. In diesem Fall soll der Investor den letzten verfügbaren Abschluss des assoziierten Unternehmens verwenden, wobei Anpassungen vorzunehmen sind, wenn es wesentliche Geschäftsvorfälle zwischen den voneinander abweichenden Stichtagen gegeben hat. 27

Keine Aussage trifft der Standard darüber, ob der Equity-Bewertung der Jahresabschluss oder ggf. der **Konzernabschluss** bzw. ein besonderer Abschluss des assoziierten Unterneh- 28 mens zugrunde zu legen ist. Da Konzernabschlüsse bzw. besondere Abschlüsse per se aussagefähiger sind als Jahresabschlüsse (anderenfalls würde IFRS-SMEs die Erstellung solcher Abschlüsse nicht vorschreiben), sollte der letzte verfügbare Konzernabschluss bzw. besondere Abschluss des assoziierten Unternehmens verwendet werden (analoge Anwendung von IAS 28.21; vgl. zu IAS 28 auch Köster, in: MünchKommBilR, IAS 28, Tz. 41). Wird der Equity-Bewertung ein Konzernabschluss zugrunde gelegt, so ist bei der Ermittlung des Anteils am Reinvermögen und am Ergebnis des assoziierten Unternehmens von dem nicht auf nicht beherrschende Gesellschafter entfallenden Teil des Reinvermögens und des Ergebnisses auszugehen (siehe ua. Hayn, in: Beck IFRS-Handbuch, 3. Aufl., § 36, Tz. 35). Auf diese Größen ist die Beteiligungsquote des Investors anzuwenden, bei deren Ermittlung die nicht beherrschenden Gesellschafter nicht zu berücksichtigen sind, da diese nicht an dem assoziierten Unternehmen, sondern an dessen Tochterunternehmen beteiligt sind.

29 Die der Equity-Bewertung zugrunde zu legenden Abschlüsse des assoziierten Unternehmens sind anzupassen, wenn das assoziierte Unternehmen andere Bilanzierungsmethoden anwendet als der Investor, es sei denn diese Anpassungen sind nicht praktikabel (IFRS-SMEs Abschn. 14.8(g)). Aus dieser Regel folgt, dass für das assoziierte Unternehmen eine sogenannte Handelsbilanz II (vgl. hierzu IFRS-SMEs-Komm., Teil B, Abschn. 9, Tz. 13 u. Tz. 61 ff.) zu erstellen ist.

30 Übersteigen die **Verluste** eines assoziierten Unternehmens den (bisherigen) Equity-Wert der Beteiligung, so ist die Beteiligung mit Null zu bewerten (IFRS-SMEs Abschn. 14.8(h)). Ein negativer Equity-Wert darf nicht ausgewiesen werden. Die Equity-Bewertung ist in einer Nebenrechnung fortzuführen. Sobald der Equity-Wert wieder positiv ist, dh. wenn der Gewinnanteil den Verlustvortrag wieder übersteigt, ist der positive Wert anzusetzen. Zu prüfen ist, ob bei einem negativen Equity-Wert auftretende Verluste als Rückstellung zu erfassen sind. Dieses ist dann der Fall, wenn der Investor eine entsprechende rechtliche oder faktische Verpflichtung hat.

31 Die Equity-Bewertung ist bis zu dem Zeitpunkt fortzuführen, zu dem der **signifikante Einfluss** endet (IFRS-SMEs Abschn. 14.8(i)). Sie ist folglich gegebenenfalls unterjährig zu beenden.

32 Der signifikante Einfluss kann auch dadurch enden, dass aus dem assoziierten Unternehmen ein Tochterunternehmen oder ein Gemeinschaftsunternehmen wird. In diesem Fall ist die Beteiligung an dem assoziierten Unternehmen zum Zeitpunkt der Beendigung des signifikanten Einflusses, dh. zum Zeitpunkt der Erlangung des Status eines Tochter- oder Gemeinschaftsunternehmens erfolgswirksam zum Zeitwert zu bewerten (IFRS-SMEs Abschn. 14.8(i)(i)). Dieser Zeitwert ist in der Folge der Vollkonsolidierung des Tochterunternehmens bzw. der Abbildung als Gemeinschaftsunternehmen zugrunde zu legen. Im Fall der Vollkonsolidierung bedeutet das, dass die Kapitalkonsolidierung mit dem Zeitwert der Beteiligung zum Übergangszeitpunkt zu erfolgen hat. Die sog. Übergangskonsolidierung von der Equity-Bewertung auf eine andere Methode ist folglich erfolgswirksam.

33 Geht der signifikante Einfluss auf ein assoziiertes Unternehmen durch den vollständigen oder teilweisen Verkauf der Anteile verloren, so ist im Konzernabschluss ein **Abgangsergebnis** zu erfassen (IFRS-SMEs Abschn. 14.8(i)(ii)). Dieses entspricht der Differenz zwischen dem Veräußerungserlös und dem Equity-Wert der Beteiligung zum Zeitpunkt der Beendigung des signifikanten Einflusses. Behält das Mutterunternehmen einen Teil der Anteile zurück, so sind diese zum Zeitwert zu bewerten. Zur Ermittlung des Abgangsergebnisses ist damit folgende Formel zu verwenden:

Veräußerungserlös:
+ Zeitwert zurückbehaltener Anteile
– Equity-Wert der Beteiligung
= Abgangsergebnis

Abb. 1: Ermittlung des Abgangsergebnisses bei Verlust des signifikanten Einflusses

Die zurückbehaltenen Anteile werden in der Folge in Übereinstimmung mit IFRS-SMEs Abschn. 11 und IFRS-SMEs Abschn. 12 als Finanzinstrumente bewertet.

34 Der **signifikante Einfluss** auf ein assoziiertes Unternehmen kann auch ohne Anteilsveräußerung verlorengehen (IFRS-SMEs Abschn. 14.8(i)(iii)). ZB kann ein Grund für die Widerlegung der Vermutung eines signifikanten Einflusses (vgl. Tz. 11) nachträglich gegeben sein. Auch in diesem Fall sind die Anteile zum Zeitpunkt der Beendigung des signifikanten Einflusses erfolgswirksam zum Zeitwert zu bewerten und in der Folge unter Anwendung der Regeln gemäß IFRS-SMEs Abschn. 11 und IFRS-SMEs Abschn. 12 als Finanzinstrumente abzubilden.

35 Entsteht der **signifikante Einfluss** auf ein assoziiertes Unternehmen dadurch, dass das Mutterunternehmen Anteile an einem bisherigen **Tochterunternehmen** veräußert, jedoch so viele Anteile zurückbehält, dass das ehemalige Tochterunternehmen nunmehr den Status eines assoziierten Unternehmens hat, so hat eine sog. Übergangskonsolidierung von der bisherigen Vollkonsolidierung auf die Equity-Bewertung zu erfolgen. Dabei ist zu beachten, dass die zurückbehaltenen Anteile nach der Entkonsolidierung des Tochterunternehmens mit dem anteiligen um die Konsolidierungen fortgeführten in der Handelsbilanz III des ehemaligen Tochterunternehmens zum Abgangsstichtag ausgewiesene Reinvermögen zu bewerten sind (vgl. IFRS-SMEs-Komm., Teil B, Abschn. 9, Tz. 107 und 109). Es ist jedoch nicht zweckmäßig, mit diesem Wert in die Equity-Bewertung einzusteigen, weil nicht die im Rahmen der bisherigen Vollkonsolidierung aufgedeckten stillen Reserven und Lasten im Rahmen der Equity-Bewertung aufzudecken sind, sondern die zum Zeitpunkt der Erlangung signifikanten Einflusses vorhandenen stillen Reserven und Lasten zu identifizieren, zu bewerten und im Rahmen der Equity-Bewertung fortzuführen sind. In dem aus der bisherigen Vollkonsolidierung übernommenen Buchwert sind die aktuellen stillen Reserven sowie der aktuelle Geschäfts- oder Firmenwert jedoch nicht implizit enthalten. Vielmehr sind darin die fortgeführten historischen Werte implizit enthalten. Die Anteile sollten deshalb vor Beginn der Equity-Bewertung über die GuV zum Zeitwert bewertet werden. Gleiches gilt für den Fall, dass aus einem Gemeinschaftsunternehmen mit der Aufgabe der gemeinschaftlichen Kontrolle (vgl. IFRS-SMEs-Komm., Teil B, Abschn. 15, Tz. 3) ein assoziiertes Unternehmen wird.

2. Methodische Vorgehensweise

36 Die Equity-Methode ist eine Methode der **Beteiligungsbewertung**, indem in der Bilanz Anteile an assoziierten Unternehmen und in der GuV ein Ergebnis aus Beteiligungen an assoziierten Unternehmen abgebildet wird. Da somit nicht die Vermögenswerte und Schulden und nicht die Erträge und Aufwendungen eines nach der Equity-Methode abzubildenden assoziierten Unternehmens im Konzernabschluss bzw. in dem zu erstellenden besonderen Abschluss ausgewiesen werden, können die vorzunehmenden Wertanpassungen in Nebenrechnungen ermittelt werden. Die nachfolgende Abbildung 1 gibt wieder, wie der **Equity-Wert** der Beteiligung fortzuschreiben ist und das gemäß IFRS-SMEs Abschn. 5.5(c) in der GuV gesondert auszuweisende Ergebnis aus assoziierten Unternehmen, die nach der Equity-Methode abgebildet werden, zu ermitteln ist.

	Anschaffungskosten inkl. Anschaffungsnebenkosten bzw. Equity-Wert am Ende des Vorjahres	
+/-	anteiliger Jahresüberschuss/Jahresfehlbetrag	= **Ergebnis aus der Beteiligung an dem assoziierten Unternehmen im Berichtsjahr**
-	Abschreibung aufgedeckter stiller Reserven	
+	Auflösung aufgedeckter stiller Lasten (u.a. latente Steuern)	
+	Auflösung eines passivischen UB aus der Equity-Bewertung	
-/+	eliminierte anteilige Zwischengewinne/Zwischenverluste aus Downstream- und Upstream-Lieferungen	
+/-	realisierte anteilige Zwischengewinne/Zwischenverluste früherer Geschäftsjahre aus Downstream- und Upstream-Lieferungen	
-/+	Wertminderung/Werterhöhung des Equity-Wertes	
+/-	anteilige erfolgsneutrale Bewertungseffekte nach IFRS-SME	
-	vereinnahmte Gewinnausschüttungen	
-	anteilige Kapitalherabsetzungen zur Auszahlung	
+	anteilige Kapitalerhöhungen gegen Einlagen	
=	**Equity-Wert der Beteiligung am Bilanzstichtag**	

Abb. 2: Fortschreibung des Equity-Wertes im Berichtsjahr (Variante 1)

37 Werden die Anteile an einem assoziierten Unternehmen im Berichtsjahr erstmals at Equity bewertet, so ist von den **Anschaffungskosten der Anteile** inkl. den Anschaffungsnebenkosten auszugehen, ansonsten vom Equity-Wert am Ende des Vorjahres. Da nach IFRS-SMEs ggf. die Bewertungsmethoden zu vereinheitlichen sind, wird unterstellt, dass für das Berichtsjahr eine sog. Handelsbilanz II des assoziierten Unternehmens erstellt wird. Zumindest bei umfangreichen Anpassungen dürfte es nicht möglich sein, diese in Nebenrechnungen fortzuführen. Der anteilig zu berücksichtigende Jahresüberschuss bzw. -fehlbetrag ist das in der GuV dieser Handelsbilanz II ausgewiesene Periodenergebnis.

38 Die zum Zeitpunkt der Erlangung signifikanten Einflusses auf das assoziierte Unternehmen bei diesem vorhandenen **stillen Reserven und Lasten** führen zu zusätzlichen Abschreibungen und Erträgen. Dazu gehören auch Erträge und Aufwendungen aus der Auflösung passivischer und aktivischer latenter Steuern aufgrund der Aufdeckung stiller Reserven und Lasten (IFRS-SMEs Abschn. 29.15). Diese Ergebniskomponenten sind dann nicht gesondert zu berücksichtigen, wenn für das assoziierte Unternehmen eine sog. Handelsbilanz III erstellt wird und das Schema mit dem in der GuV der Handelsbilanz III ausgewiesenen Periodenergebnis gerechnet wird.

39 Latente Steuern aus sog. ***outside-basis-differences*** dürfen dann nicht gebildet werden, wenn es sich um ausländische Unternehmen handelt und die Differenzen auf einbehaltenen Gewinnen beruhen, die in absehbarer Zeit nicht ausgeschüttet werden (IFRS-SMEs Abschn. 29.16(a); vgl. grundlegend zu den *outside-basis-differences* auch IFRS-SMEs-Komm., Teil B, Abschn. 29, Tz. 116 und Tz. 123-125). Ebenso sind auch hier keine latenten Steuern auf den Goodwill zu erfassen (IFRS-SMEs Abschn. 29.16(b)).

40 Da ein **passivischer Unterschiedsbetrag** aus der Equity-Bewertung in analoger Anwendung von IFRS-SMEs Abschn. 19.24 sofort im Gewinn oder Verlust zu erfassen ist, kann dieser Ergebniseffekt nur im Jahr der erstmaligen Equity-Bewertung eines assoziierten Unternehmens auftreten.

41 Da der Equity-Wert der Beteiligung an einem assoziierten Unternehmen ggf. einem **Werthaltigkeitstest** in entsprechender Anwendung von IFRS-SMEs Abschn. 27 zu unterziehen ist, sind dabei festgestellte Wertminderungen und Wertaufholungen im Equity-Wert der Beteiligung sowie im Ergebnis aus der Beteiligung an dem assoziierten Unternehmen zu berücksichtigen.

42 Nach IFRS-SMEs sind einige **Wertänderungen** direkt im Eigenkapital zu erfassen und in der Gesamtergebnisdarstellung als sonstiges Gesamtergebnis darzustellen. Im Einzelnen handelt es sich dabei um Währungsgewinne oder -verluste, versicherungsmathematische Gewinne und Verluste aus Leistungen an Arbeitnehmer, Zeitwertänderungen eines Sicherungsinstrumentes oder Zeitwertänderungen von Finanzinstrumenten, die aufgrund der alternativ möglichen Anwendung von IAS 39 direkt über das Eigenkapital zum Fair Value bewertet werden (IFRS-SMEs Abschn. 5.4(b))). Diese im Jahresabschluss des assoziierten Unternehmens im sonstigen Ergebnis erfassten Wertänderungen sind anteilig auch im Equity-Wert der Beteiligung zu berücksichtigen. Sie sind auch im Konzernabschluss bzw. im besonderen Abschluss nicht im Gewinn oder Verlust zu erfassen, sondern direkt im Eigenkapital zu erfassen und gehen deshalb nicht in das Ergebnis aus der Beteiligung an dem assoziierten Unternehmen ein. Sie sind jedoch in der Gesamtergebnisdarstellung zu zeigen und hierbei auch einzeln als sonstiges Gesamtergebnis aus assoziierten Unternehmen aufzuführen (IFRS-SMEs Abschn. 5.5(h)).

43 Nicht das Ergebnis aus der Beteiligung an dem assoziierten Unternehmen und auch nicht das im Konzernabschluss bzw. im besonderen Abschluss darzustellende Gesamtergebnis, jedoch den Equity-Wert der Beteiligung berühren vom Investor vereinnahmte Gewinnausschüttungen des assoziierten Unternehmens sowie anteilige Kapitalveränderungen beim assoziierten Unternehmen.

44 Der Equity-Wert der Beteiligung an einem assoziierten Unternehmen kann **alternativ** ausgehend von dem im Jahresabschluss des Investors aktuell ausgewiesenen Wert der Beteiligung ermittelt werden. Die Vorgehensweise ist in der nachfolgenden Abbildung 2 dargestellt.

	Wert der Beteiligung im Abschluss des Investors vor der Equity-Bewertung
+/–	kumulierte Ab- und Zuschreibungen der Beteiligung im Jahresabschluss des Investors
=	**historische Anschaffungskosten der Beteiligung (inkl. Kapitalveränderungen)**
+/–	kumulierte anteilige Jahresüberschüsse/Jahresfehlbeträge
–	kumulierte Abschreibungen aufgedeckter stiller Reserven
+	kumulierte Auflösungen aufgedeckter stiller Lasten (u.a. latenter Steuererträge)
+	Auflösung eines passivischen Unterschiedsbetrags aus der Equity-Bewertung
–	kumulierte vereinnahmte Gewinnausschüttungen
–/+	kumulierte eliminierte anteilige Zwischengewinne/Zwischenverluste aus Downstream- und Upstream-Lieferungen
+/–	kumulierte realisierte anteilige Zwischengewinne/Zwischenverluste früherer Geschäftsjahre aus Downstream- und Upstream-Lieferungen
+/–	kumulierte anteilige erfolgsneutrale Bewertungseffekte nach IFRS-SME
–/+	kumulierte Wertminderungen/Werterhöhungen des Equity-Wertes
=	**Equity-Wert der Beteiligung am Bilanzstichtag**

Abb. 3: Kumulierte Ermittlung des Equity-Wertes (Variante 2)

45 Auszugehen ist von dem Wert, mit dem die Beteiligung bei Erstellung eines Konzernabschlusses im Summenabschluss bzw. in einem besonderen Abschluss des Investors vor der Buchung der **Equity-Bewertung** erfasst ist. Unerheblich ist es, ob es sich dabei um (fortgeführte) Anschaffungskosten oder um den Zeitwert der Beteiligung handelt. Zu stornieren sind zunächst sämtliche Zu- und Abschreibungen des Wertes der Beteiligung, die der Investor evtl. seit der Anschaffung der Anteile vorgenommen hat. Als Zwischensumme ergeben sich die historischen Anschaffungskosten der Beteiligung. Darin berücksichtigt sind evtl. nachträgliche Anschaffungskosten oder Anschaffungskostenminderungen aufgrund von Kapitalerhöhungen gegen Einlagen bzw. Kapitalherabsetzungen zur Ausschüttung. Werden ausgehend von dieser Zwischensumme alle seit Beginn der Equity-Bewertung gebuchten im Gewinn oder Verlust, im sonstigen Ergebnis oder direkt im Eigenkapital erfassten Anpassungen des Equity-Werts der

Beteiligung inkl. der das Berichtsjahr betreffenden Buchungen kumuliert addiert bzw. subtrahiert, so ergibt sich der Equity-Wert am Ende des Berichtsjahres.

46 In der praktischen Anwendung empfiehlt es sich, den **Equity-Wert** zur Plausibilisierung auch nach der zweiten Variante zu ermitteln. Wird er nur nach der zweiten Variante ermittelt, so sind in Nebenrechnungen das Ergebnis aus der Beteiligung an dem assoziierten Unternehmen und die Auswirkung der Equity-Bewertung auf das übrige Gesamtergebnis zu ermitteln. Die Ermittlung dieser Größen kann alternativ in das Ermittlungsschema integriert werden, indem nur die bis zum Ende des Vorjahres erfolgten Anpassungen kumuliert addiert bzw. subtrahiert werden, so dass sich als weitere Zwischensumme der Equity-Wert nach dem Stand am Ende des Vorjahres ergibt. Das Schema wird danach gemäß Variante 1 fortgeführt.

47 Die zweite Variante ist außerdem hilfreich für die Analyse des Unterschieds zwischen dem Equity-Wert der Beteiligung und dem im Ausgangsabschluss angesetzten Wert bzw. den historischen Anschaffungskosten der Beteiligung. Da bei der **Equity-Bewertung** stets wieder von dem im Ausgangsabschluss angesetzten Wert ausgegangen wird, ist jeweils die Differenz zwischen dem Equity-Wert der Beteiligung und dem im Ausgangsabschluss angesetzten Wert nach dem Stand am Ende des Vorjahres als Gewinn- oder Verlustvortrag vorzutragen. Dabei empfiehlt es sich, diese Differenz nicht in einem Betrag, sondern differenziert vorzutragen. Zumindest sollten die eliminierten Zwischenerfolge aus Downstream-Lieferungen gesondert zugunsten bzw. zu Lasten des Equity-Wertes vorgetragen werden. Da jeweils am Bilanzstichtag zu prüfen ist, ob die Zwischenerfolge zwischenzeitlich realisiert wurden, ist es hilfreich, einen Merkposten in den Büchern zu haben.

IV. Bewertung der Anteile zum Zeitwert

48 IFRS-SMEs Abschn. 14.9 schreibt vor, dass die Eingangsbewertung der Anteile an assoziierten Unternehmen bei Anwendung der **Zeitwertmethode** zu den Anschaffungskosten zu erfolgen hat, wobei evtl. Anschaffungsnebenkosten in diesem Fall ausdrücklich nicht zu berücksichtigen sind. Sie sind folglich sofort im Gewinn oder Verlust zu erfassen. Diese Regelung erklärt sich aus der Logik der Zeitwertmethode (ED/2009/5 Fair Value Measurement.16).

49 Die **Folgebewertung** erfolgt gemäß IFRS-SMEs Abschn. 14.10 an jedem Bilanzstichtag über die GuV zum Zeitwert. Hierbei wird hinsichtlich der Ermittlung des Zeitwertes auf die Regelungen des IFRS-SMEs Abschn. 11.27 ff. verwiesen. Auch wenn Beteiligungen an assoziierten Unternehmen nach der Zeitwertmethode abgebildet werden, sind die Anteile an einzelnen (oder sämtlichen) assoziierten Unternehmen nach der Anschaffungskostenmethode zu bewerten, wenn es nicht praktikabel ist, den Zeitwert ohne unverhältnismäßig hohe Kosten oder unverhältnismäßig hohen Aufwand zu ermitteln.

V. Anhangsangaben

50 Folgende **Angaben** sind gemäß IFRS-SMEs Abschn. 14.12 ff. zu assoziierten Unternehmen vorgeschrieben:

(a) Anzugeben ist die Methode, nach der die Beteiligungen an assoziierten Unternehmen abgebildet werden (vgl. IFRS-SMEs Abschn. 14.12(a)).

(b) Anzugeben ist der Buchwert der Beteiligungen an assoziierten Unternehmen. IFRS-SMEs Abschn. 14.12(b) verweist auf IFRS-SMEs Abschn. 4.2(j), der den gesonderten Ausweis der assoziierten Unternehmen in der Bilanz vorschreibt. Die Anforderung ist deshalb mit diesem gesonderten Ausweis erfüllt.

(c) Anzugeben ist der Zeitwert der Beteiligungen an assoziierten Unternehmen, die nach der Equity-Methode abgebildet werden, soweit für diese Anteile eine veröffentliche Kursnotierung vorliegt (vgl. IFRS-SMEs Abschn. 14.12(c)).

(d) Anzugeben sind für Beteiligungen an assoziierten Unternehmen, die nach der Anschaffungskostenmethode abgebildet werden, die im Gewinn oder Verlust vereinnahmten Dividenden (vgl. IFRS-SMEs Abschn. 14.13).

(e) Zu den Beteiligungen an assoziierten Unternehmen, die nach der Equity-Methode abgebildet werden, sind der Anteil des Investors am Gewinn oder Verlust dieser Unternehmen sowie der Anteil an nichtfortgeführten Aktivitäten dieser Unternehmen anzugeben (vgl. IFRS-SMEs Abschnitt 14.14). Nach hier vertretener Auffassung ist mit dieser Vorschrift keine Aufteilung des Ergebnisses aus Beteiligungen an assoziierten Unternehmen gemeint, sondern die Angabe der Anteile an den Gewinnen und Verlusten dieser Unternehmen, die in den der Equity-Bewertung zugrunde liegenden Jahresabschlüssen dieser Unternehmen ausgewiesen sind und die Aufteilung dieser Periodenergebnisse auf fortgeführte und nicht fortgeführte Aktivitäten.

(f) Zu assoziierten Unternehmen, die nach der Zeitwertmethode abgebildet werden, sind die gemäß IFRS-SMEs Abschnitt 11.41-.44 geforderten Angaben zu machen.

51 Die Angaben sind jeweils für die assoziierten Unternehmen insgesamt, dh. nicht für jedes einzelne Unternehmen zu machen.

E. Vergleich mit IFRS und HGB

52 Nachfolgende Tabelle vermittelt einen Überblick über die zwischen den verschiedenen Regelwerken bestehenden Unterschiede.

Regelung	IFRS (IAS 28)	IFRS-SMEs	HGB
Aufstellung eines besonderen Abschlusses	Pflicht, wenn kein Konzernabschluss erstellt wird	Pflicht, wenn kein Konzernabschluss erstellt wird	Keine Pflicht
Kriterien für assoziierte Unternehmen	Signifikanter Einfluss widerlegbare Vermutung ab 20% der Stimmrechte	Signifikanter Einfluss widerlegbare Vermutung ab 20% der Stimmrechte	Maßgeblicher Einfluss widerlegbare Vermutung ab 20% der Stimmrechte
Methoden der Abbildung	Equity-Bewertung	Wahlrecht zwischen Equity-Bewertung und Zeitwertbewertung bzw. Anschaffungskostenmethode (bei fehlender Kursnotierung)	Equity-Bewertung
Abschlussstichtag	Abweichende Stichtage um bis zu drei Monate möglich, aber Berücksichtigung der Vorgänge von besonderer Bedeutung in Bilanz und GuV	Nach Möglichkeit einheitliche Abschlussstichtage	Abweichende Stichtage um bis zu drei Monate möglich, aber Berücksichtigung der Vorgänge von besonderer Bedeutung in Bilanz und GuV oder im Anhang

Regelung	IFRS (IAS 28)	IFRS-SMEs	HGB
Zeitpunkt der erstmaligen Equity-Bewertung	Zeitpunkt der Erlangung von signifikantem Einfluss provisorische Erstbewertung möglich	Zeitpunkt der Erlangung von signifikantem Einfluss	Zeitpunkt der Erlangung von maßgeblichem Einfluss provisorische Erstbewertung möglich
Konsolidierungen	Pflicht zur Zwischenerfolgseliminierung keine Regelung hinsichtlich anderer Konsolidierungen	Pflicht zur Zwischenerfolgseliminierung keine Regelung hinsichtlich anderer Konsolidierungen	Pflicht zur Zwischenerfolgseliminierung keine Regelung hinsichtlich anderer Konsolidierungen
negativer Equity-Wert	Kein Ausweis in der Bilanz; Fortführung in einer Nebenrechnung	Kein Ausweis in der Bilanz; Fortführung in einer Nebenrechnung	Kein Ausweis in der Bilanz; Fortführung in einer Nebenrechnung
Abbildung der Beendigung der Equity-Bewertung	Im Gewinn oder Verlust erfasste »Entkonsolidierung« bei Veräußerung von Anteilen Bewertung der Beteiligung zum Zeitwert im Zeitpunkt des Verlustes des signifikanten Einflusses (bei Ab- wie Aufwärtswechsel)	Im Gewinn oder Verlust erfasste »Entkonsolidierung« bei Veräußerung von Anteilen Bewertung der Beteiligung zum Zeitwert im Zeitpunkt des Verlustes des signifikanten Einflusses (bei Ab- wie Aufwärtswechsel)	Im Gewinn oder Verlust erfasste »Entkonsolidierung« bei Veräußerung von Anteilen Bewertung der Beteiligung auf Grundlage des bisherigen Nettovermögens (bei Ab- wie Aufwärtswechsel)

Abschnitt 15 Gemeinschaftsunternehmen (Investments in Joint Ventures)

Ralf Michael Ebeling

Inhaltsverzeichnis

Schrifttum

Baetge/Klaholz/Harzheim, in: Baetge/Wollmert/Kirsch/Oser/Bischof (Hrsg.), Rechnungslegung nach IFRS (IFRS-Komm.), 2. Aufl., Stuttgart 2002; *Baetge/Kirsch/Thiele,* Konzernbilanzen, 8. Aufl., Düsseldorf 2009; *Brune,* in: Bohl/Riese/Schlüter (Hrsg.), Beck'sches IFRS-Handbuch, 3. Aufl., München 2009; *Busse von Colbe/Ordelheide/Gebhardt/Pellens,* Konzernabschlüsse, 9. Aufl., Wiesbaden 2010; *Henselmann/Roos,* KoR 2010, 318 ff.; *Henselmann/Roos,* Working Papers in Accounting Valuation Auditing Nr. 2009-2; *Kirsch, IFRS Foundation,* Training Material for the IFRS for SMEs, Module 15 – Investments in Joint Ventures, London 2010; IFRS-Rechnungslegung für kleine und mittelgroße Unternehmen, in: Hofbauer/Kupsch (Hrsg.), Bonner Handbuch der Rechnungslegung, 2. Aufl., Bonn 2001; *Kirsch,* IFRS-Rechnungslegung für kleine und mittlere Unternehmen, 2. Aufl., Herne 2009; *Kirsch,* RWZ 2009, 336 ff.; *Köster,* in: Hennrichs/Kleindiek/Watrin (Hrsg.), MünchKommBilanzR, München 2009; *Küting/Weber,* Der Konzernabschluss, 11. Aufl., Stuttgart 2008; *Lüdenbach,* in: Lüdenbach/Hoffmann (Hrsg.), Haufe IFRS-Kommentar, 8. Aufl., Freiburg 2010; *Oser,* Der Konzern 2009, 521 ff.

A. Grundlagen

I. Regelungsbereich

1 IFRS-SMEs Abschn. 15 regelt die Abbildung von Gemeinschaftsunternehmen iwS in **Konzernabschlüssen** sowie in **besonderen Abschlüssen** des Investors. Wann ein Investor einen Konzernabschluss zu erstellen hat, ist in IFRS-SMEs Abschn. 9.26 geregelt (vgl. auch IFRS-SMEs-Komm., Teil B, Abschn. 9, Tz. 17 ff.). Besondere Abschlüsse hat der Investor gemäß IFRS-SMEs Abschn. 14.1 bzw. IFRS-SMEs Abschn. 15.1 iVm. IFRS-SMEs Abschn. 9.25 aufzustellen, wenn er keine Konzernabschlüsse aufzustellen hat, weil er nicht mindestens ein Tochterunternehmen hat, er jedoch Anteile an assoziierten Unternehmen oder Gemeinschaftsunternehmen hält. IFRS-SMEs Abschn. 15 ist nicht relevant für die Abbildung von Anteilen an

Gemeinschaftsunternehmen in separaten Jahresabschlüssen des Investors, die in IFRS-SMEs Abschn. 9.26 geregelt ist.

2 IFRS-SMEs Abschn. 15.18 stellt klar, dass ein Investor in ein Gemeinschaftsunternehmen, der jedoch keine gemeinschaftliche Kontrolle über dieses Unternehmen ausübt, die Anteile entweder gemäß IFRS-SMEs Abschn. 11 als Finanzinstrumente oder, wenn er signifikanten Einfluss hat, gemäß IFRS-SMEs Abschn. 14 als eine Beteiligung an einem assoziierten Unternehmen abzubilden hat.

II. Begriffliche Grundlagen

3 Zentrale Begriffe des Abschnitts sind die Begriffe **gemeinschaftliche Kontrolle** und **Gemeinschaftsunternehmen** (Joint Venture). Gemeinschaftliche Kontrolle ist gemäß IFRS-SMEs Abschn. 15.2 die vertraglich vereinbarte Teilung der Kontrolle über eine wirtschaftliche Aktivität unter der Voraussetzung, dass die strategischen Finanz- und Geschäftsentscheidungen von den Vertragsparteien einstimmig zu treffen sind. Wie auch in IAS 31 sind hier die vertragliche Vereinbarung und die gemeinschaftliche Führung konstitutive Merkmale eines Joint Ventures. Die vertragliche Vereinbarung kann dabei neben einem schriftlichen Vertrag auch in Form einer mündlichen Vereinbarung oder einer Satzungsvereinbarung vorliegen (vgl. Brune, in: Beck IFRS-Handbuch, § 29, Tz. 5). Hinsichtlich der gemeinschaftlichen Führung ist die Einstimmigkeit nicht bei allen Entscheidungen, sondern nur bei der strategischen Geschäfts- und Finanzpolitik notwendig. Beispiele dafür sind Entscheidungen über den Unternehmenszweck, zur Unternehmensplanung, zur Finanz- und Investitionsstrategie sowie die Organbesetzung (vgl. Köster, in: MünchKommBilR, IAS 31, Tz. 18 ff.).

4 Ein Gemeinschaftsunternehmen ist gemäß IFRS-SMEs Abschn. 15.3 eine vertragliche Vereinbarung, der zufolge zwei oder mehr Vertragspartner eine wirtschaftliche Aktivität unter gemeinschaftlicher Kontrolle entfalten. Dabei kann es sich um

- gemeinschaftlich kontrollierte Tätigkeiten
- gemeinschaftlich kontrollierte Vermögenswerte oder
- gemeinschaftlich kontrollierte Unternehmen

handeln.

5 Der Begriff des Gemeinschaftsunternehmens ist also im weiteren Sinne zu verstehen. Gemeinschaftlich kontrollierte Unternehmen sind folglich Gemeinschaftsunternehmen ieS.

B. Abbildung von Gemeinschaftsunternehmen

I. Abbildung von gemeinschaftlich kontrollierten Tätigkeiten

6 Bei **gemeinschaftlich kontrollierten Tätigkeiten** handelt jeder Investor unter Einsatz seines eigenen Vermögens und seiner eigenen Mitarbeiter auf eigene Rechnung. Typischerweise wird jedoch eine Aufteilung der Erlöse aus dem gemeinschaftlich kontrollierten Geschäft vereinbart (IFRS-SMEs Abschn. 15.4). Als Beispiele für gemeinschaftlich kontrollierte Tätigkeiten können Bauarbeitsgemeinschaften angeführt werden. Dabei ist es unerheblich, ob diese Aktivitäten rechtlich als eine BGB-Gesellschaft zu klassifizieren sind oder nicht.

7 Aus dem Wesen gemeinschaftlich kontrollierter Tätigkeiten folgt, dass jeder Investor seine eigenen Vermögenswerte und Schulden sowie seine durch das Geschäft verursachten Aufwen-

dungen bilanziert. Des Weiteren erfasst er seinen Anteil an den Erlösen aus dem gemeinschaftlich kontrollierten Geschäft (IFRS-SMEs Abschn. 15.5). Die Regelung hat folglich lediglich klarstellenden Charakter. Auch in einem separaten Jahresabschluss eines Investors sind gemeinschaftlich kontrollierte Tätigkeiten in der beschriebenen Weise abzubilden.

II. Abbildung von gemeinschaftlich kontrollierten Vermögenswerten

8 Ein Gemeinschaftsunternehmen kann auch die **gemeinschaftliche Kontrolle** oder sogar das **gemeinschaftliche Eigentum über Vermögenswerte** beinhalten, die zur Durchführung der gemeinschaftlich kontrollierten Aktivitäten eingesetzt werden oder angeschafft wurden (IFRS-SMEs Abschn. 15.6). Beispiel hierfür wären Ölgesellschaften, welche gemeinsam eine Pipeline besitzen (vgl. Lüdenbach, in: Haufe IFRS-Kommentar, 8. Aufl., § 34, Tz. 12). Ein weiteres Beispiel wäre eine gemeinsam angeschaffte Tunnelbohrmaschine. Folgende Abbildungsvorschriften sind in diesem Fall gemäß IFRS-SMEs Abschn. 15.7 zu beachten:

(a) Jeder Investor hat seinen Anteil an den gemeinschaftlich kontrollierten Vermögenswerten zu erfassen und entsprechend der Natur der Vermögenswerte zu klassifizieren.
(b) Jeder Investor hat Verbindlichkeiten zu erfassen, die er eingegangen ist.
(c) Bei gemeinschaftlich eingegangenen Verbindlichkeiten hat jeder Investor seinen Anteil daran zu passivieren.
(d) Jeder Investor erfasst seinen Anteil an den Erträgen und Aufwendungen aus dem Gemeinschaftsunternehmen.
(e) Soweit einem Investor zusätzliche Aufwendungen im Hinblick auf das Gemeinschaftsunternehmen entstanden sind, erfasst er diese vollständig in seinem Abschluss.

9 Bezüglich der **Verbindlichkeiten** ist klarzustellen, dass es sich in Punkt (b) in analoger Anwendung von IAS 31 um Verpflichtungen zur Finanzierung des Anteils am Gemeinschaftsunternehmen handelt (IAS 31.22(b)). Hinsichtlich der Verbindlichkeiten aus Punkt (c) ist nicht geklärt, wie die bilanzielle Abbildung zu erfolgen hat, sofern nur ein Investor gegenüber Dritten als Schuldner auftritt. Möglich wäre, dass dieser Investor den vollen Betrag passiviert und gleichzeitig eine Forderung gegen die anderen Investoren ansetzt, oder dass jeder Investor seinen Anteil an der Verbindlichkeit passiviert. Während aus IAS 31 die erste Möglichkeit abzuleiten war, ergibt sich aus ED 9 nur noch die zweite Variante (vgl. Brune, in: Beck IFRS-Handbuch, § 29, Tz. 41).

III. Abbildung von gemeinschaftlich kontrollierten Unternehmen

1. Methodenwahlrecht

10 Liegt den gemeinschaftlich kontrollierten ökonomischen Aktivitäten die Errichtung eines Unternehmens in der Rechtsform einer Kapital- oder einer Personenhandelsgesellschaft zugrunde, an dem jeder Vertragspartner beteiligt ist, so handelt es sich gemäß IFRS-SMEs Abschn. 15.8 um ein **gemeinschaftlich kontrolliertes Unternehmen**. Voraussetzung ist, dass alle Vertragspartner auf dieses Unternehmen gemeinschaftliche Kontrolle iSv. IFRS-SMEs Abschn. 15.2 (vgl. Tz. 3) ausüben. Abgesehen von dieser Besonderheit agiert dieses Unternehmen wie ein gewöhnliches Unternehmen.

11 IFRS-SMEs Abschn. 15.9 erlaubt dem Investor die Abbildung der Anteile an assoziierten Unternehmen

(a) nach der Anschaffungskostenmethode,
(b) nach der Equity-Methode oder
(c) nach der Zeitwertmethode.

12 Die **Methode** kann allerdings nicht völlig frei gewählt werden. IFRS-SMEs Abschn. 15.10 schreibt vor, dass die Anschaffungskostenmethode nur angewendet werden darf, wenn es für die zu bewertenden Anteile keine veröffentlichte Kursnotierung gibt. Faktisch besteht damit ein **Wahlrecht** zwischen der Equity-Methode einerseits und der Zeitwertmethode bzw. ersatzweise der Anschaffungskostenmethode andererseits (so auch Kirsch, 2009, 194). Da IFRS-SMEs Abschn. 15.9 vorschreibt, dass für alle Beteiligungen an gemeinschaftlich kontrollierten Unternehmen eine der drei Methoden anzuwenden ist, kann das Wahlrecht nicht für jede Beteiligung neu ausgeübt werden. Der Investor muss sich vielmehr entscheiden, ob er alle Beteiligungen an gemeinschaftlich kontrollierten Unternehmen at Equity oder zum Zeitwert bzw. ersatzweise zu Anschaffungskosten bewerten will. Allerdings wird hier die Auffassung vertreten, dass, wenn grundsätzlich die Equity-Methode angewendet wird, dennoch wahlweise einzelne Beteiligungen an gemeinschaftlich kontrollierten Unternehmen zum Zeitwert bzw. zu Anschaffungskosten bewertet werden können. Dies ist aufgrund des allgemeinen **Wesentlichkeitsgrundsatzes** gemäß IFRS-SMEs Abschn. 2.6 der Fall bei unwesentlichen gemeinschaftlich kontrollierten Unternehmen. Gleiches gilt in Anwendung des Grundsatzes der **Abwägung von Kosten und Nutzen** gemäß IFRS-SMEs Abschn. 2.13 f. für gemeinschaftlich kontrollierte Unternehmen, bei denen die Anwendung der Equity-Methode mit unverhältnismäßig hohen Kosten verbunden wäre. Schließlich ist es naheliegend, dass der Grundsatz gemäß IFRS-SMEs Abschn. 9.3(b), wonach Tochterunternehmen, die mit der Absicht der Weiterveräußerung oder Auflösung innerhalb eines Jahres erworben wurden, nicht konsolidiert werden müssen, sondern wahlweise zum Zeitwert oder zu fortgeführten Anschaffungskosten bewertet werden können (vgl. auch IFRS-SMEs-Komm., Abschn. 9, Tz. 59), auf die Abbildung gemeinschaftlich kontrollierter Unternehmen analog angewendet werden kann.

13 Unabhängig davon, welche Methode angewendet wird, sind Beteiligungen an gemeinschaftlich kontrollierten Unternehmen in analoger Anwendung von IFRS-SMEs Abschn. 14.11 als langfristige Vermögenswerte zu klassifizieren und in der Bilanz des Investors gemäß IFRS-SMEs Abschn. 4.2(k) gesondert auszuweisen.

2. Bewertung der Anteile zu Anschaffungskosten

14 Bezüglich der **Anschaffungskostenmethode** verweist IFRS-SMEs Abschn. 15.10 auf IFRS-SMEs Abschn. 27, der die Wertminderung von Vermögenswerten zum Gegenstand hat. Bewertungsmaßstab sind die Anschaffungskosten abzüglich eventueller kumulierter Wertminderungen.

15 Konkret darauf hingewiesen wird in IFRS-SMEs Abschn. 15.11, dass Ausschüttungen des gemeinschaftlich kontrollierten Unternehmens als Erträge gelten und nicht zu einer Anpassung der Anschaffungskosten führen, auch wenn es sich um Gewinne handelt, die vor Erwerb der Beteiligung entstanden sind.

3. Bewertung der Anteile nach der Equity-Methode

16 Entscheidet sich der Investor für die Anwendung der **Equity-Methode**, so ist diese gemäß IFRS-SMEs Abschn. 15.13 unter Anwendung der Regeln gemäß IFRS-SMEs Abschn. 14.8 anzuwenden (vgl. hierzu ausführlich IFRS-SMEs-Komm., Teil B, Abschn. 14, Tz. 19 ff.).

17 In der GuV bzw. in der Gesamtergebnisdarstellung sind das Ergebnis aus der Beteiligung an den nach der Equity-Methode abgebildeten Gemeinschaftsunternehmen bzw. die Anteile an den sonstigen Gesamtergebnissen dieser Unternehmen darzustellen (IFRS-SMEs Abschn. 5.5(c)

bzw. 5.5(h)). Dabei ist nicht zwischen den nach der Equity-Methode abgebildeten assoziierten Unternehmen und den nach der Equity-Methode abgebildeten gemeinschaftlich kontrollierten Unternehmen zu differenzieren.

4. Bewertung der Anteile zum Zeitwert

18 IFRS-SMEs Abschn. 15.14 schreibt vor, dass die Eingangsbewertung der Anteile an gemeinschaftlich kontrollierten Unternehmen bei Anwendung der **Zeitwertmethode** zu den Anschaffungskosten zu erfolgen hat, wobei evtl. Anschaffungsnebenkosten in diesem Fall ausdrücklich nicht zu berücksichtigen sind. Sie sind folglich sofort im Gewinn oder Verlust zu erfassen. Diese Regelung erklärt sich aus der Logik der Zeitwertmethode (ED/2009/5 *Fair Value Measurement*.16).

19 Die Folgebewertung erfolgt gemäß IFRS-SMEs Abschn. 15.15 an jedem Bilanzstichtag über die GuV zum Zeitwert. Hierbei wird hinsichtlich der Ermittlung des Zeitwertes auf die Regelungen des IFRS-SMEs Abschn. 11.27 ff. verwiesen. Auch wenn die Zeitwertmethode angewendet wird, sind die Anteile nach der Anschaffungskostenmethode zu bewerten, wenn es nicht praktikabel ist, den Zeitwert ohne unverhältnismäßig hohe Kosten oder unverhältnismäßig hohen Aufwand zu ermitteln.

IV. Abbildung von Transaktionen mit dem Gemeinschaftsunternehmen

20 Haben **Lieferungen** zwischen dem Gemeinschaftsunternehmen und einem Investor stattgefunden, so ist nach den Regeln gemäß IFRS-SMEs Abschn. 15.16-15.17 eine **Zwischenerfolgseliminierung** durchzuführen. Im Gegensatz zu IFRS-SMEs Abschn. 14 hat diese nicht nur bei Anwendung der Equity-Methode zu erfolgen, sondern bei allen Formen von Gemeinschaftsunternehmen und unabhängig davon, wie diese abgebildet werden (vgl. Kirsch, RWZ 2009, 340). IFRS-SMEs Abschn. 15.16 regelt den Fall der Veräußerung von Vermögenswerten durch einen Investor an das Gemeinschaftsunternehmen. In diesem Fall darf der Investor Gewinne nur entsprechend der Beteiligungsquote der übrigen Vertragspartner realisieren. Gleiches gilt für Verluste, die jedoch vollständig zu erfassen sind, wenn von einer Wertminderung auszugehen ist.

21 **Lieferungen** des Investors an das Gemeinschaftsunternehmen können sowohl bei gemeinschaftlich kontrollierten Vermögenswerten als auch bei gemeinschaftlich kontrollierten Unternehmen auftreten. Ein gemeinschaftlich kontrollierter Vermögenswert kann zum Beispiel von einem Investor an das Gemeinschaftsunternehmen veräußert worden sein. Im Abschluss des veräußernden Investors ist der Vermögenswert wie dargestellt anteilig zu erfassen. Erfolgte die Lieferung mit Gewinn oder Verlust, so ist dieser Teil des im Abschluss des Investors erfassten Vermögenswertes um den Zwischengewinn ab- bzw. den Zwischenverlust aufzuwerten, der der Beteiligungsquote des betreffenden Investors entspricht. Erfolgte die Lieferung an ein gemeinschaftlich kontrolliertes Unternehmen und wird dieses nach der Equity-Methode abgebildet, so ist bezüglich der Eliminierung eventueller Zwischenerfolge auf die Ausführungen zu IFRS-SMEs Abschn. 14 zu verweisen (vgl. IFRS-SMEs-Komm., Teil B, Abschn. 14, Tz. 25). Diese Technik der **Zwischenerfolgseliminierung** funktioniert jedoch nicht, wenn das Gemeinschaftsunternehmen nach der Anschaffungskosten- oder nach der Zeitwertmethode abgebildet wird. Der zu eliminierende Teil des Zwischengewinns ist deshalb in diesem Fall als Verbindlichkeit, der zu eliminierende Teil eines Zwischenverlusts als Vermögenswert abzugrenzen. Sobald das Gemeinschaftsunternehmen die Vermögenswerte weiterveräußert, verbraucht oder abgeschrieben hat, sind die Abgrenzungsposten über den Gewinn oder Verlust aufzulösen. Daneben wäre auch die Anpassung des Beteiligungsbuchwertes in analoger Anwendung der

Equity-Methode eine Möglichkeit der bilanziellen Abbildung (vgl. Kirsch, RWZ 2009, 340). Diese Methode würde allerdings zu Anschaffungs- bzw. Zeitwerten führen, die den Definitionen widersprechen.

22 Nicht unmittelbar einleuchtend ist die Regelung in IFRS-SMEs Abschn. 15.16 wonach **Zwischenverluste** vollständig zu erfassen sind, wenn von einer Wertminderung auszugehen ist. Da die Vermögenswerte teilweise an andere Vertragspartner weiter veräußert werden, sind über die eigene Quote des Investors hinausgehende Verluste für diesen nicht relevant. Die Regelung ist jedoch so zu verstehen, dass der Investor den Vermögenswert vor der Veräußerung in seinem Abschluss abwertet, so dass er den Verlust vollständig erfasst. Die Weiterveräußerung ist dann erfolgsneutral.

23 IFRS-SMEs Abschn. 15.17 regelt den Fall, dass der Investor Vermögenswerte von einem Gemeinschaftsunternehmen erworben hat. Dabei kann es sich um ursprünglich gemeinschaftlich kontrollierte Vermögenswerte oder um Vermögenswerte eines gemeinschaftlich kontrollierten Unternehmens handeln. In diesem Fall darf der Investor seinen Anteil an den Gewinnen oder Verlusten des Gemeinschaftsunternehmens nicht realisieren, es sei denn, es liegt im Verlustfall eine Wertminderung der erworbenen Vermögenswerte vor. Bezüglich der technischen Umsetzung dieser Regelung ist wieder zu unterscheiden, wie das Gemeinschaftsunternehmen im Abschluss des Investors abgebildet ist. Hat der Investor einen gemeinschaftlich kontrollierten Vermögenswert erworben, so hat er seinen Anteil am Erlös auszubuchen und den erworbenen Vermögenswert um den anteiligen Zwischengewinn ab- bzw. um den anteiligen Zwischenverlust aufzuwerten. Handelt es sich bei dem Gemeinschaftsunternehmen um ein gemeinschaftlich kontrolliertes Unternehmen und wird dieses nach der Equity-Methode abgebildet, so hat die Zwischenerfolgseliminierung nach den Regeln für die Zwischenerfolgseliminierung im Rahmen der Equity-Bewertung zu erfolgen (vgl. IFRS-SMEs-Komm., Teil B, Abschn. 14, Tz. 25). Wird das gemeinschaftlich kontrollierte Unternehmen nach der Anschaffungskosten- oder der Zeitwertmethode abgebildet, so sind ebenfalls die erworbenen Vermögenswerte im Abschluss des Investors ab- bzw. aufzuwerten. Da in diesen Fällen die Erlöse des Gemeinschaftsunternehmens nicht im Abschluss des Investors erfasst sind, sind die Abwertungsverluste bzw. die Aufwertungsgewinne als sonstige betriebliche Aufwendungen bzw. sonstige betriebliche Erträge zu erfassen.

V. Anhangsangaben

24 Folgende **Angaben** sind gemäß IFRS-SMEs Abschnitt 15.19 im Abschluss des Investors zu machen:

(a) Anzugeben sind die Methoden, nach denen gemeinschaftlich kontrollierte Unternehmen abgebildet werden.

(b) Anzugeben ist der Buchwert der Anteile an gemeinschaftlich kontrollierten Unternehmen der gemäß IFRS-SMEs Abschnitt 4.2(k) gesondert in der Bilanz des Investors darzustellen ist.

(c) Zu gemeinschaftlich kontrollierten Unternehmen, die nach der Equity-Methode abgebildet werden, ist der Zeitwert anzugeben, wenn es veröffentlichte Kursnotierungen gibt.

(d) Anzugeben ist der Gesamtbetrag der Verpflichtungen in Bezug auf das Gemeinschaftsunternehmen. Dazu gehört der Anteil des Investors an den Zahlungsverpflichtungen, die er zusammen mit anderen Investoren eingegangen ist, wie auch sein Anteil an den Zahlungsverpflichtungen des Gemeinschaftsunternehmens selbst. Die Formulierung lässt erkennen, dass es über Zahlungsverpflichtungen hinaus weitere Verpflichtungen des Investors in Bezug auf Gemeinschaftsunternehmen geben kann. In Betracht kommen zB Liefer- oder Abnahmeverpflichtungen. Naturgemäß handelt es sich bei allen diesen Verpflichtungen um nicht in der Bilanz des Investors erfasste Verpflichtungen.

Die Angaben sind jeweils für die assoziierten Unternehmen insgesamt, dh. nicht für jedes einzelne Unternehmen zu machen. 25

Werden gemeinschaftlich kontrollierte Unternehmen nach der Equity-Methode abgebildet, so sind auch die Angaben gemäß IFRS-SMEs Abschnitt 14.14 zu machen (vgl. auch IFRS-SMEs-Komm., Teil B, Abschn. 14, Tz. 50 f.). 26

Zu Gemeinschaftsunternehmen, die nach der Zeitwertmethode abgebildet werden, sind gemäß IFRS-SMEs Abschnitt 15.21 zusätzlich die Angaben gemäß IFRS-SMEs Abschnitt 11.41-11. 44 zu machen. 27

C. Vergleich mit IFRS und HGB

Nachfolgende Tabelle vermittelt einen Überblick über die zwischen den verschiedenen Regelwerken bestehenden Unterschiede. 28

Regelung	IFRS (IAS 31 bzw. ED 9)	IFRS-SMEs	HGB
Aufstellung eines besonderen Abschlusses	Pflicht, wenn kein Konzernabschluss erstellt wird	Pflicht, wenn kein Konzernabschluss erstellt wird	keine Pflicht
Abbildung von gemeinschaftlich kontrollierten Tätigkeiten	Erfassung der in der Verfügungsmacht des Investors stehenden Vermögenswerte und Schulden sowie der anteiligen Erlöse aus dem Geschäft	Erfassung der in der Verfügungsmacht des Investors stehenden Vermögenswerte und Schulden sowie der anteiligen Erlöse aus dem Geschäft	keine Regelung, aber entsprechende Abbildung angesichts der Natur des Geschäfts
Abbildung von gemeinschaftlich kontrollierten Vermögenswerten	Anteilige Erfassung der gemeinschaftlichen Vermögenswerte und Schulden sowie der Erträge und Aufwendungen daraus vollständige Erfassung der zusätzlichen Verbindlichkeiten und Aufwendungen des Investors	Anteilige Erfassung der gemeinschaftlichen Vermögenswerte und Schulden sowie der Erträge und Aufwendungen daraus vollständige Erfassung der zusätzlichen Verbindlichkeiten und Aufwendungen des Investors	Anteilige Erfassung der gemeinschaftlichen Vermögenswerte und Schulden sowie eines anteiligen Ergebnisses (IDW HFA 1/1993)
Abbildung von gemeinschaftlich kontrollierten Unternehmen	Konzernabschluss oder besonderer Abschluss: Equity-Bewertung (Abschaffung der Quotenkonsolidierung durch ED 9) Jahresabschluss: Abbildung nach der Anschaffungskostenmethode oder gemäß IAS 39	Konzernabschluss oder besonderer Abschluss: Wahlrecht zwischen Equity-Bewertung und Zeitwertbewertung bzw. Anschaffungskostenmethode (bei fehlender Kursnotierung) Jahresabschluss: Anschaffungskostenmethode oder wahlweise Zeitwertmethode	Konzernabschluss: Quotenkonsolidierung; wahlweise auch Equity-Methode Jahresabschluss: Ausweis einer Beteiligung und Bewertung zu fortgeführten Anschaffungskosten
Konsolidierungen	Pflicht zur Zwischenerfolgseliminierung keine Regelung hinsichtlich anderer Konsolidierungen	Pflicht zur Zwischenerfolgseliminierung keine Regelung hinsichtlich anderer Konsolidierungen	Bei Anwendung der Quotenkonsolidierung analoge Anwendung der Regelungen zur Vollkonsolidierung bei Anwendung der Equity-Methode Pflicht lediglich zur Zwischenerfolgseliminierung

Abschnitt 16
Als Finanzinvestition gehaltene Immobilien (Investment Property)

Henrik Baumunk

Inhaltsverzeichnis

Schrifttum

Baumunk/Böckem/Schurbohm, GuG 06/02, 354–361; *Baumunk*, in: Weber/Baumunk/Pelz (Hrsg.), IFRS Immobilien, 2. Aufl., Neuwied 2009, 75 ff.; *Böckem/Schurbohm*, in: Weber/Baumunk/Pelz (Hrsg.), IFRS Immobilien, 2. Aufl., Neuwied 2009, 5 ff.; *Böckem/Schurbohm*, KoR 2002, 38–51; *Böckem/Schurbohm*, KoR 2003, 335–343; *Hinrichs/Schultz*, GuG 5/2003, 265–272; *Hoffmann/Lüdenbach*, DStR 2003, 568 ff.; *Huschens*, in: Handbuch Risikomanagement, Bad Soden 2000, 180–218; *IASC*, Exposure Draft ED 40 – Financial Instruments, London 1991; *IASC Foundation*, Training Material for the IFRS for SMEs, Module 16 – Investment Property, 2009; *Katte et al.*, GuG 1/2001, 1–11; *Kleiber/Simon/Weyers*, Verkehrswertermittlung von Grundstücken, 3. Aufl., Bonn 2002; *Kölschbach*, GuG 4/99, 200–205; *KPMG* (Hrsg.), »Improvement Project« des International Accounting Standards Board (IASB), 2004; *KPMG International*, Insights into IFRS – A practical guide to International Financial Reporting Standards, London 2004; *Vogel*, in: Weber/Baumunk/Pelz (Hrsg.), IFRS Immobilien, 2. Aufl., Neuwied 2009, 171 ff.; *Seele*, VR 1982, 105–121; *Zülch*, Die Bilanzierung von Investment Properties, Düsseldorf 2003.

A. Allgemeines und Vergleich mit IAS 40

1 Der vorliegende IFRS-SMEs Abschn. 16 regelt die Bilanzierung von als Finanzinvestition gehaltenen Immobilien (nachfolgend: *Investment Property*). Er folgt konzeptionell – dem Umfang nach jedoch in stark verkürzter Form – den Vorschriften des IAS 40 (*Investment Property*) und ist wie der IAS der einzige Abschnitt, der sich ausschließlich mit Immobilien auseinandersetzt.

2 Die Frage, die sich die Anwender der Vorschrift stellen, ist: Kann IFRS-SMEs Abschn. 16 mit 11 Paragraphen inhaltlich weitestgehend die gleiche Praktikabilität leisten wie IAS 40 mit 86 Paragraphen? Vereinfachung ist eines der Ziele des IFRS-SMEs. Ein weiteres wichtiges Ziel sollte eine einfache Handhabung sein.

Die Frage kann, wie in vielen anderen Fällen, nicht eindeutig mit Ja beantwortet werden. Vereinfachend wirkt zunächst das strikte Abstellen auf die Verlässlichkeit der Ermittlung des beizulegenden Zeitwerts (*fair value*) bei der Klassifizierung der *Investment Property*. Weiterhin entfällt die Bilanzierung von gemischt genutzten Immobilien zum beizulegenden Zeitwert durch die strikte Trennung des eigen- und fremdgenutzten Anteils.

Erschwerend wirkt, dass es – aufgrund der Kürze der Vorschrift – Querverweise zu anderen Abschnitten und Paragraphen gibt, die sehr viel mehr Interpretations- und Auslegungsspielraum lassen als die ausführlichen Regelungen des IAS 40 (zB Folgebewertung).

Die nachfolgenden Ausführungen konzentrieren sich auf die aus Anwendersicht offenen Punkte und sollen helfen diesen Spielraum zu verkleinern. 3

B. Anwendungsbereich

In den Anwendungsbereich des Abschnitts 16 fallen sämtliche Grundstücke und Gebäude, welche die Definition in IFRS-SMEs Abschn. 16.2 erfüllen, sowie Leasingverhältnisse, die im Abschluss des Leasingnehmers als Operating-Leasing bilanziert werden (IFRS-SMEs Abschn. 16.3) und wie Investment Property zu behandeln sind. 4

IFRS-SMEs Abschn. 16.1 schränkt weiterhin ein, dass nur für die *Investment Property*, bei denen das bilanzierende Unternehmen, ohne unangemessene Kosten und Aufwand zu verursachen, den beizulegenden Zeitwert laufend verlässlich ermitteln kann, in den Anwendungsbereich des Abschnittes 16 fallen. 5

Alle übrigen Immobilien werden solange vom Anwendungsbereich des IFRS-SMEs Abschn. 17 (Sachanlagen) erfasst und mit Hilfe des dortigen Abschreibungsmodells bewertet und bilanziert, bis entweder eine verlässliche Methode der Fair Value-Ermittlung zur Verfügung steht oder bis erwartet werden kann, den Fair Value laufend und verlässlich ermitteln zu können. 6

Aufgrund der in IFRS-SMEs Abschn. 16.2 vorliegenden Definition ist die Unmöglichkeit der Ermittlung unter Beachtung der in IFRS-SMEs Abschn. 11.27-.32 gegebenen Hinweise nahezu ausgeschlossen. Ebenso sollte die laufende Ermittlung – wie die Erfahrungen bei der Anwendung des IAS 40 gezeigt haben – keine unangemessenen Kosten oder Aufwand verursachen. 7

Eine Bilanzierung von Investment Property nach den Vorschriften von IFRS-SMEs Abschn. 17 sollte es demzufolge grundsätzlich nicht geben. 8

C. Definitionen

Investment Property sind sog. nicht betriebsnotwendige Immobilien (Grund und Boden, Gebäude, Teile von Gebäuden oder beides), die vom bilanzierenden Unternehmen als Eigentümer oder Leasingnehmer im Rahmen eines Finanzierungsleasingverhältnisses für die Zwecke der Erzielung von Mieteinnahmen und/oder Zwecke der Wertsteigerung gehalten werden (IFRS-SMEs Abschn. 16.2). 9

Die Erzielung von Mieteinnahmen – hier ist die Vermietung an konzernfremde Dritte gemeint – hat dabei Vorrang vor der Absicht der Wertsteigerung, die grundsätzlich mit jeder Immobilieninvestition verfolgt wird. Auch eine derzeit leer stehende Immobilie, deren Zweckbestimmung nicht genau definiert ist und die somit potentiell für eine Fremdvermietung zur Verfügung steht, fällt unter diese Definition. 10

Davon abzugrenzen sind betriebsnotwendige Immobilien, die für Produktionszwecke, die Erbringung von Dienstleistungen oder Verwaltungszwecke genutzt oder innerbetrieblich vermietet werden. Die Abgrenzung sollte sich dabei an der Notwendigkeit zur Aufrechterhaltung der Wertschöpfungskette des Unternehmens orientieren. So ist die Erzielung von Einnahmen aus der Vermietung von Mehrfamilienhäusern durch ein Maschinenbauunternehmen nicht unmittelbar dessen originärer Wertschöpfungskette zuzurechnen. Anders ausgedrückt: Die Cashflows der Investment Property sind per Definition unabhängig von den Cashflows anderer betrieblicher Leistungsprozesse. 11

12 Darüber hinaus sind die Investment Property von den Vorratsimmobilien zu unterscheiden, das heißt Immobilien, die zum Verkauf im Rahmen der gewöhnlichen Geschäftstätigkeit gehalten werden. Die Verkaufsabsicht ist dahingehend zu präzisieren, dass sie bereits bei Ankauf/Anschaffung der Immobilie bestanden haben muss, es sich somit dem Grunde nach um eine Weiterveräußerungsabsicht handelt. Dies trifft regelmäßig auf das Geschäftsmodell von Projektentwicklern oder Unternehmen zu, die Wohnimmobilien für die Zwecke der Aufteilung in Eigentumswohnungen erwerben.

13 Ein Leasingnehmer eines Operating-Leasingverhältnisses kann die geleaste Immobilie als Investment Property klassifizieren und bilanzieren, wenn die Immobilie die Definitionskriterien von Investment Property erfüllt und die Ermittlung des beizulegenden Zeitwerts möglich ist, ohne unangemessene Kosten und Aufwand zu verursachen. Die Regelung zielt auf Haupt- und Unterleasingverhältnisse an Grund und Boden, sog. *head and subleases*, ab und kann fallweise angewendet werden (IFRS-SMEs Abschn. 16.3.).

14 Aufgrund seiner zeitlich unbegrenzten Nutzungsmöglichkeit qualifiziert die zeitlich befristete Nutzungsüberlassung von Grund und Boden (Erbpacht) regelmäßig als Operating-Leasing, sofern nicht das rechtliche Eigentum am Ende der Vertragslaufzeit auf den Leasingnehmer übertragen wird. Werden nun diese gepachteten Grundstücke – wie insbesondere in Großbritannien üblich – unterverpachtet, erfüllen sie grundsätzlich die Definitionsanforderungen von Investment Property.

15 Gemischt genutzte Immobilien sind grundsätzlich in einen Teil Investment Property und einen Teil eigen genutzte Immobilie zu unterscheiden. Anders als im IAS 40 kommt eine Klassifizierung der gesamten Immobilien als Investment Property hier nicht wegen Unwesentlichkeit des eigen genutzten Anteils, sondern ausschließlich aufgrund der Verhältnismäßigkeit von Aufwand und Kosten bei der Ermittlung des beizulegenden Zeitwerts in Betracht (IFRS-SMEs Abschn. 16.4).

Die Verhältnismäßigkeit sollte regelmäßig bejaht werden, so dass damit eine Trennung der beiden Bestandteile zwingend erforderlich ist. Inwieweit dies praktisch – ohne Wesentlichkeitsabwägung – umzusetzen ist, bleibt abzuwarten. In jedem Fall ist davon auszugehen, dass SMEs mit dieser Vorschrift gegenüber Anwendern des IAS 40 benachteiligt sind.

16 Weitere Grenzfälle – wie etwa Betreiberimmobilien (Hotel, Shopping-Center etc.) oder das Vorliegen von immobilienrelevanten Dienstleistungen in Ergänzung zur Vermietungsleistung – werden in IFRS-SMEs Abschn. 16.4 nicht erwähnt.

D. Erstbewertung

17 Der erstmalige Ansatz von Investment Property erfolgt wie bei den eigen genutzten Immobilien zu Anschaffungs- oder Herstellungskosten (IFRS-SMEs Abschn. 16.5). Die Anschaffungskosten setzen sich dabei aus dem Anschaffungspreis und den Anschaffungsnebenkosten wie Maklerhonorare, Notargebühren, Grunderwerbsteuer und anderen Transaktionskosten zusammen. Gemäß IFRS-SMEs Abschn. 17.10(a) sind die Anschaffungskosten noch um Rabatte und Skonti zu vermindern.

18 Wird die Zahlung für ein Investment Property über das normale Zahlungsziel hinaus verschoben, entsprechen die Anschaffungskosten den diskontierten zukünftigen Zahlungen, dh. dem Barpreisäquivalent. Die Abzinsung sollte mit einem fristen- und risikokongruenten Zinssatz erfolgen.

19 Hat ein SME die Immobilie selbst hergestellt, so ermitteln sich die Herstellungskosten nach IFRS-SMEs Abschn. 17.10-.14 analog zu den Herstellungskosten eigen genutzter Immobilien.

20 Handelt es sich bei dem Investment Property um einen Vermögenswert, der unter den Anwendungsbereich des IFRS-SMEs Abschn. 20 (Leasingverhältnisse) fällt, so ermitteln sich

Anschaffungs- und Herstellungskosten nach IFRS-SMEs Abschn. 20.9, dh., die Immobilie ist mit dem niedrigeren Wert aus beizulegendem Zeitwert zzgl. anfänglicher direkter Kosten und Barwert der Mindestleasingzahlungen anzusetzen. Ein Betrag in gleicher Höhe ist in Übereinstimmung mit IFRS-SMEs Abschn. 20.9 zu passivieren (IFRS-SMEs Abschn. 16.6).

E. Folgebewertung

21 Soweit einer laufenden, verlässlichen Bewertung zum beizulegenden Zeitwert nichts entgegensteht, ist der beizulegende Zeitwert der Investment Property zu jedem Abschlussstichtag zu ermitteln und die Bewertungsunterschiede zur Vorperiode sind als Aufwand bzw. Ertrag in der GuV zu erfassen. IFRS-SMEs Abschn. 16 enthält selbst keine Hinweise, wie der beizulegende Zeitwert zu ermitteln ist, verweist jedoch auf entsprechende Ausführungen in IFRS-SMEs Abschn. 11 (Finanzinstrumente).

22 Dort findet sich unter IFRS-SMEs Abschn. 11.27 eine Bewertungshierarchie, der bei der Bewertung Folge zu leisten ist:

(a) Am besten eignen sich zur Ermittlung des beizulegenden Zeitwerts Angebotspreise eines aktiven Marktes für identische Vermögenswerte.
(b) Falls nicht vorhanden, sollen Preise von identischen Vermögenswerten herangezogen werden, deren Transaktionen entweder kürzlich zurück lagen oder bei denen es im Vergleich zum aktuellen wirtschaftlichen Umfeld keine signifikanten Änderungen gegeben hat.

23 Im Gegensatz zu Finanzinstrumenten ist die Formulierung *»identical asset«* im Zusammenhang mit Immobilien ein Widerspruch in sich. Auffällig ist dennoch, dass IFRS-SMEs Abschn. 16.7 iVm. 11.27(a) und (b) im Gegensatz zu IAS 40.46(b) keinen Hinweis darauf enthält, dass das Wort *»identical«* bei der Anwendung auf Immobilien durch *»similar«* zu ersetzen ist. Um IFRS-SMEs Abschn. 11.27(a) und (b) aus Immobiliensicht sinnvoll umzusetzen, ist diese Ersetzung jedoch zwingend erforderlich. Daher sollte das Wort *»guidance«* hier nicht im Sinne einer Vorschrift, sondern eher im Sinne einer groben Richtlinie interpretiert werden.

24 Aus IFRS-SMEs Abschn. 11.27 geht weiterhin hervor, dass der IFRS-SMEs den direkten Vergleich mit Preisen für identische oder ähnliche Vermögenswerte nicht als Bewertungsmethode im engeren Sinne ansieht, sondern die Zuhilfenahme von Bewertungsmethoden explizit erst als letzte Hierarchiestufe aufgeführt wird (IFRS-SMEs Abschn. 11.27(c)).

Es sollen die Methoden zur Anwendung kommen, die gewöhnlich von Marktteilnehmern eingesetzt werden, um verlässliche Schätzungen des Preises zu erhalten, der im aktuellen Marktumfeld zu erzielen wäre. Insbesondere wird hier das Discounted-Cash-Flow-Verfahren (kurz: DCF-Verfahren) erwähnt.

25 Analog IAS 40 lassen die Ausführungen zur Immobilienbewertung den Schluss zu, dass auch SMEs bei der Bilanzierung von Investment Property dem direkten bzw. indirekten Preisvergleich den Vorrang vor allen übrigen Verfahren zu geben haben. Bei genauerer Betrachtung handelt es sich bei jedem Bewertungsverfahren um ein Vergleichswertverfahren. Der Unterschied liegt lediglich in der Ebene, auf der Parameter miteinander verglichen werden.

26 Wird beim Vergleichswertverfahren (oder *comparison method*) das Marktgeschehen direkt oder indirekt über Einzelimmobilientransaktionen, dh. mittels der Immobilie als Ganzes nachvollzogen, erfolgt der Vergleich bspw. im DCF-Verfahren zunächst auf Ebene der Bewertungsparameter wie zB:

(1) Marktmiete und deren Entwicklung,
(2) Bewirtschaftungskosten (unter anderem Verwaltung, Instandhaltung),
(3) Leerstand,

(4) Fluktuation,
(5) Neuvermietungskosten,

bevor das »Rechenergebnis« mit Vergleichskaufpreisen (oder Bandbreiten von diesen) plausibilisiert wird.

27 Unabhängig von der Verfahrenswahl im Einzelfall führen sämtliche Methoden bei sachlogischer und richtiger Anwendung stets zum beizulegenden Zeitwert, da die Bewertungsmethode nur ein Hilfsmittel und keine Determinante des Ergebnisses darstellt. Aus diesem Grund lässt sich zusammenfassend feststellen, dass beide Forderungen des IFRS-SMEs Abschn. 11.29:

(a) Nachvollziehbare Reflexion des Preisgeschehens und
(b) Inputparameter, welche das Risiko-Chancen-Profil des Vermögenswertes widerspiegeln,

in jedem Fall bei der Folgebewertung von Investment Property erfüllt werden.

28 Für diejenigen Investment Property, bei denen das bilanzierende Unternehmen nicht ohne unangemessene Kosten und Aufwand zu verursachen den beizulegenden Zeitwert laufend ermitteln kann, verweist IFRS-SMEs Abschn. 16.7 nochmals auf die Anwendung des Abschreibungsmodells in IFRS-SMEs Abschn. 17. Unter Berücksichtigung der Ausführungen eingangs sollte dies nur in Einzelfällen oder gar nicht geboten sein.

F. Umgliederungen

29 IFRS-SMEs Abschn. 16.8 sieht ebenfalls die Anwendung der Folgebewertungsvorschriften in IFRS-SMEs Abschn. 17 für die jeweilige Immobilie vor, wenn der bis dato ermittelte beizulegende Zeitwert nicht mehr verlässlich ermittelt werden kann, ohne unangemessene Kosten und Aufwand zu verursachen.

Aus Immobiliensicht ist dieser Anwendungsfall in der Praxis schwer vorstellbar, weil es keinen nachvollziehbaren und plausiblen Grund gibt, weshalb eine laufende und dem Kosten-Nutzen-Primat entsprechende Bewertung zum beizulegenden Zeitwert einer vermieteten oder potentiell vermietbaren Immobilie von einem Bilanzstichtag auf den anderen nicht mehr oder nur noch unter erheblich höherem und nicht mehr vertretbarem Aufwand möglich sein soll.

Leider werden im Standard keine Beispiele für diese Übertragungen angeführt, so dass es der Bilanzierungspraxis überlassen bleibt, diese Fälle – so sie vorhanden sind – hervorzubringen.

30 Sollte die Umgliederung erforderlich sein, so ermittelt sich der Buchwert zum Stichtag der Übertragung nach den Vorschriften von IFRS-SMEs Abschn. 17. Der Wechsel ist im Anhang gemäß IFRS-SMEs Abschn. 16.10(e)(iii) anzugeben; er stellt eine Änderung von Rahmenbedingungen, keinen Wechsel von Bilanzierungsmethoden dar, so dass keine Anpassung von Vorjahreszahlen erfolgt.

31 Andere Gründe als die genannten für die Übertragungen von oder hin zu den Investment Property sind gemäß IFRS-SMEs Abschn. 16.9 nur zulässig, wenn eine Immobilie erstmals die Definition für Investment Property erfüllt oder eine Änderung der Zweckbestimmung (zB Eigennutzung) die Anwendung von IFRS-SMEs Abschn. 16 ausschließt.

G. Anhangangaben

32 Für alle Investment Property, die zum beizulegenden Zeitwert gemäß IFRS-SMEs Abschn. 16.7 bilanziert werden, muss das Unternehmen folgende Anhangangaben machen (IFRS-SMEs Abschn. 16.10):

(1) die Methoden und wesentlichen Annahmen, welche in die Ermittlung des beizulegenden Zeitwertes eingeflossen sind. Dazu gehören vor allem Beschreibungen des Bewertungsverfahrens, der Ableitung der Marktmieten und Bewirtschaftungskosten, der Diskontierungs- und Kapitalisierungszinssätze sowie die Angabe von Quelle, Umfang und Qualität der verwendeten Vergleichstransaktionen;
(2) die Angabe, ob die Bewertung zum beizulegenden Zeitwert durch einen unabhängigen, qualifiziertern Sachverständigen erfolgte, der über hinreichend Erfahrung in der Bewertung des jeweiligen lokalen Immobilienteilmarktes verfügt. Wenn die Bewertung durch das Unternehmen selbst erfolgte, ist dies ebenfalls anzugeben. Nach Veröffentlichung des IAS 40 haben zunächst nur wenige Unternehmen externe Bewerter für die Ermittlung des beizulegenden Zeitwertes herangezogen. Mittlerweile hat sich dieser Trend ins Gegenteil verkehrt, so dass die interne Bewertung nunmehr die Ausnahme ist. Bezüglich der Vorgehensweise haben sich verschiedene Modelle am Markt etabliert: Vorherrschend ist die jährliche externe Bewertung, gefolgt von der halbjährlichen. Aufgrund der Veränderungen auf den Immobilienmärkten in den letzten 18 Monaten steigt jedoch die Nachfrage nach externen Quartalsbewertungen stark an. Sollten die Bewertungen nicht quartalsweise erfolgen, ist für die übrigen Bilanzstichtage eine interne Bewertung erforderlich. Der Nachweis der Qualifikation und Marktkenntnis der beauftragten Bewerter sollte idealerweise aus Basis einer Kombination aus anerkannten Berufsexamina (unter anderem MRICS, ö. b. u.v., HypCert), das Vorhandensein langjähriger Bewertungserfahrung und aktueller Referenzprojekte erfolgen;
(3) das Vorhandensein und die Quantifizierung der Höhe von Restriktionen im Rahmen einer Transaktion oder bei der Überweisung von Erlösen aus dem Verkauf;
(4) vertragliche Verpflichtungen zum Kauf, Bau oder Entwicklung von Investment Property oder deren Reparatur, Instandhaltung und Verbesserung. Hierzu zählen insbesondere Unterhaltungsverpflichtungen aus Miet- und Leasingverträgen, Verpflichtungen aus Kaufverträgen bezüglich der Beseitigung von Instandhaltungsstau zwecks Wiederherstellung der Verkehrssicherheit von Immobilien sowie Baufertigstellungsgarantien;
(5) eine Überleitung des Bilanzansatzes für Investment Property vom Beginn bis zum Ende der jeweiligen Berichtsperiode (keine Vorperioden), wobei Folgendes separat ausgewiesen werden muss:
    (a) Zugänge, davon Zugänge aus Akquisitionen im Rahmen von Unternehmenszusammenschlüssen,
    (b) Saldobetrag der Erträge und Aufwendungen aus den Anpassungen des beizulegenden Zeitwerts,
    (c) Umgliederungen in Sachanlagen, wenn die verlässliche Bewertung zum beizulegenden Zeitwert nicht länger möglich ist, ohne unangemessene Kosten und Aufwand zu verursachen,
    (d) Umgliederungen in und von den Vorratsimmobilien und eigen genutzten Immobilien,
    (e) weitere Veränderungen.

33 Gemäß IFRS-SMEs Abschn. 16.11 und in Übereinstimmung mit IFRS-SMEs Abschn. 20 hat der Eigentümer von Investment Property Anhangangaben als Leasinggeber zu veröffentlichen. Unternehmen, die Investment Property im Rahmen von Finanzierungsleasingverhältnissen halten, berichten entsprechende Anhangangaben des Leasingnehmers, bei Operating-Leasing entsprechende Angaben des Leasinggebers.

H. Vergleich mit IFRS und HGB

34

Regelung	IFRS (IAS 40)	IFRS-SMEs	HGB/BilMoG
Anwendungsbereich	Investment Property	Investment Property	Immobilien des Anlagevermögens
Definition	An Konzernfremde vermietete oder potentiell vermietbare nicht betriebsnotwendige Immobilien	An Konzernfremde vermietete oder potentiell vermietbare nicht betriebsnotwendige Immobilien	Langfristig eigen- und fremdgenutzte Immobilien (betriebs- und nicht betriebsnotwendig)
Wertbegriff	Beizulegender Zeitwert (Fair value)	Beizulegender Zeitwert (Fair value)	Beizulegender Wert
Erstansatz	Anschaffungs- oder Herstellungskosten	Anschaffungs- oder Herstellungskosten	Anschaffungs- oder Herstellungskosten
Anschaffungskosten	Anschaffungspreis zzgl. Anschaffungsnebenkosten abzgl. Anschaffungspreisminderungen (Rabatte, Skonti)	Anschaffungspreis zzgl. Anschaffungsnebenkosten abzgl. Anschaffungspreisminderungen (Rabatte, Skonti)	Anschaffungspreis zzgl. Anschaffungsnebenkosten abzgl. Anschaffungspreisminderungen (Rabatte, Skonti)
Herstellungskosten	Durch die Ausübung von Wahlrechten ineinander überführbar	Durch die Ausübung von Wahlrechten ineinander überführbar	Durch die Ausübung von Wahlrechten ineinander überführbar
Folgebewertung	Wahlrecht für alle Investment Properties	Kein Wahlrecht	Kein Wahlrecht
Anschaffungskostenmodell	Zulässig	Eingeschränkt zulässig bei unverhältnismäßigem Aufwand für die Ermittlung des beizulegenden Wertes	Alleinig zulässig
Planmäßige Abschreibungen	Linear, gleiche Abschreibungszeiträume möglich	Linear, gleiche Abschreibungszeiträume möglich	Linear, gleiche Abschreibungszeiträume möglich
Wertminderungsaufwand	Differenz aus Buchwert und erzielbarem Betrag	Differenz aus Buchwert und erzielbarem Betrag	Differenz aus Buchwert und beizulegendem Wert
Modell des beizulegenden Zeitwerts	Zulässig	Allein zulässig	Nicht zulässig
GuV-Auswirkung	Nicht realisierte Gewinne oder Verluste aus Bewertung zum beizulegenden Zeitwert	Nicht realisierte Gewinne oder Verluste aus Bewertung zum beizulegenden Zeitwert	N/A
Umgliederung	Bei Verwendungswechsel	Bei Verwendungswechsel	Keine, da nicht zwischen betriebs- und nicht betriebsnotwendig unterschieden wird
Anhangangaben	Großer Umfang	Geringer Umfang	Mittlerer Umfang

Abschnitt 17
Sachanlagen
(Property, Plant and Equipment)

Oliver Köster

Inhaltsverzeichnis

Schrifttum

Adler/Düring/Schmaltz, Rechnungslegung nach Internationalen Standards, Stuttgart 2002; *Andrejewski/Böckem*, KoR 2005, 75 ff.; *Baetge et al.* (Hrsg.), Rechnungslegung nach IFRS, 2. Aufl., Stuttgart 2002; *Beiersdorf/Morich*, KoR 2009, 1 ff.; *Burger/Fröhlich/Ulbrich*, KoR 2004, 353 ff.; *Buschhüter/Striegel* (Hrsg.), Internationale Rechnungslegung, Wiesbaden 2009; *Deffner*, Bilanzanalytische Erfolgsspaltung auf Basis der IFRS, Marburg 2009; *Eierle/Beiersdorf/Haller*, KoR 2008, 152 ff.; *Hagemeister*, Bilanzierung von Sachanlagevermögen nach dem Komponentenansatz des IAS 16, Düsseldorf 2004; *Hommel/Rößler*, BB 2009, 2526 ff.; *IFRS Foundation*, Training Material for the IFRS for SMEs, Module 17 – Property, Plant and Equipment, 2009; *Institut der Wirtschaftsprüfer e. V.* (Hrsg.), WP-Handbuch, Band 1, 13. Aufl., Düsseldorf 2006; *Institut der Wirtschaftsprüfer e. V.*, Rechnungslegungshinweis: Handelsrechtliche Zulässigkeit einer komponentenweisen planmäßigen Abschreibung von Sachanlagen (IDW RH HFA 1016), Stand 20.5.2009; *Kajüter/Schoberth/Zapp/Lübbig*, KoR 2008, 589 ff.; *Knorr*, Accounting 2005, 6 ff.; *Küting/Ranker*, DB 2007, 753 ff.; *Müller/Wobbe/Reinke*, KoR 2008. 630 ff.; *Quick*, in: MünchKommBilR, München 2009; *Rossmanith/Funk/Eha*, IRZ 2009, 159 ff.; *Scheinpflug*, in: Beck'sches IFRS-Handbuch, 3. Aufl., München/Wien 2009; *Thiele/von Keitz/Brücks* (Hrsg.), Internationales Bilanzrecht, Bonn 2008; *Rechnungslegungs Interpretations Committee*, Rechnungslegungs Interpretation Nr. 1 (RIC 1), Stand: 25. März 2009; *Wenk/Jagosch/Schmidt*, DStR 2009, 2164 ff.; *Winkeljohann/Morich*, BB 2009, 1630 ff.

A. Allgemeines

1 Die Bilanzierung des Sachanlagevermögens nach den IFRS wird im Allgemeinen nicht als besonders problematisch wahrgenommen. Obwohl von erheblicher Bedeutung für fast alle kleinen und mittelgroßen Unternehmen (vgl. Kajüter/Schoberth/Zapp/Lübbig, KoR 2008, 599) wird dieser Bilanzierungsbereich nur selten in den Ranglisten komplexer Bilanzierungsthemen aufgeführt. Dies liegt zumindest in Deutschland wohl auch daran, dass die konzeptionellen Unterschiede im Vergleich zum HGB begrenzt sind (ausführlich vgl. Tz. 98). Auch die quantitativen Auswirkungen einer Bilanzierung nach IFRS auf das Sachanlagevermögen sind eher von untergeordneter Bedeutung und lassen sich im Wesentlichen auf den Ansatz unterschiedlicher Nutzungsdauern zurückführen (vgl. Burger/Fröhlich/Ulbrich, KoR 2004, 361).

Dies gilt auch für die Bilanzierung des Sachanlagevermögens nach dem IFRS-SMEs, da sich IFRS-SMEs Abschn. 17 konzeptionell eng an IAS 16 anlehnt. In diesem Abschnitt wird die ursprüngliche Intention des IASB bei der Entwicklung des IFRS-SMEs besonders deutlich, nämlich zunächst die für kleine und mittelgroße Unternehmen bedeutenden Sachverhalten zu identifizieren und für diese dann die grundsätzlichen Prinzipien aus den IFRS in einen eigenständigen Standard zu übernehmen (zur Projekthistorie vgl. Köster, in: Buschhüter/Striegel (Hrsg.), 2009, § 10, Tz. 5 ff.).

2 IFRS-SMEs Abschn. 17 regelt im Wesentlichen den Ansatz und die Bewertung von Sachanlagen. Im Hinblick auf die Bewertung differenziert der Abschnitt, wie auch IAS 16, nach Erst- und Folgebewertung. Die Vorschriften für die Erstbewertung enthalten die Regelungen für die Ermittlung der Anschaffungs- bzw. Herstellungskosten (vgl. Tz. 35 ff.). Bezüglich der Erstbewertung von Vermögenswerten des Sachanlagevermögens, die im Rahmen eines Unternehmenszusammenschlusses erworben wurden (vgl. IFRS-SMEs-Komm., Teil B, Abschn. 19, Tz. 25 ff.). Im Rahmen der Folgebewertung regelt der Abschnitt die Festlegung der Nutzungsdauer, des Abschreibungsvolumens und der Abschreibungsmethode (vgl. Tz. 63 ff.). Anders als IAS 16 enthält der IFRS-SMEs kein Wahlrecht zur Folgebewertung nach der so genannten Neubewertungsmethode, bei der einzelne Klassen von Vermögenswerten in bestimmten Zeitabständen zum beizulegenden Zeitwert angesetzt werden können (ausführlich zur Neubewertungsmethode vgl. Baetge et al., IFRS-Komm., Teil B, IAS 16, Tz. 30-39). Die ursprüngliche Intention des IASB, sämtliche Wahlrechte der IFRS auch den kleinen und mittelgroßen Unternehmen zur Verfügung zu stellen, wurde zugunsten der Eigenständigkeit des IFRS-SMEs und der Komplexitätsreduktion fallen gelassen (ausführlich dazu vgl. Wenk/Jagosch/Schmidt, 2009, 2166).

3 Darüber hinaus regelt IFRS-SMEs Abschn. 17, wann eine Wertminderung eines Vermögenswertes vorliegt (vgl. Tz. 80 ff.) und eine außerplanmäßige Abschreibung vorzunehmen ist. Die Durchführung des so genannten Wertminderungstest ist aber nicht in diesem Abschnitt, sondern in IFRS-SMEs Abschn. 27 (ausführlich vgl. IFRS-SMEs-Komm., Teil B, Abschn. 27) geregelt. Außerdem enthält der Standard noch Regelungen, wann Sachanlagen auszubuchen sind (vgl. Tz. 84 ff.) und Vorschriften zu den erforderlichen Anhangangaben (vgl. Tz. 93 ff.).

I. Anwendungsbereich

4 Die Regelungen des IFRS-SMEs Abschn. 17 sind auf Vermögenswerte des **Sachanlagevermögens** anzuwenden. Dazu zählen sämtliche materiellen Vermögenswerte, die erwartungsgemäß länger als eine Periode für Zwecke der Herstellung oder der Lieferung von Gütern und Dienstleistungen, zur Vermietung an Dritte oder für Verwaltungszwecke gehalten werden. Materielle Vermögenswerte sind solche, die eine physische bzw. körperliche Substanz haben, wie zB Grundstücke, Gebäude, Maschinen, technische Anlagen, Fahrzeuge, sowie die Betriebs-

und Geschäftsausstattung. Während der erstmalige Ansatz von Vermögenswerten des Sachanlagevermögens, die im Rahmen eines Finanzierungsleasingverhältnisses (vgl. IFRS-SMEs-Komm., Teil B, Abschn. 20, Tz. 45) von dem Unternehmen gehalten werden, in IFRS-SMEs Abschn. 20.9 geregelt ist, richtet sich die Folgebilanzierung nach IFRS-SMEs Abschn. 17 (IFRS-SMEs Abschn. 20.12).

5 Damit Vermögenswerte zum Sachanlagevermögen zählen, müssen sie »erwartungsgemäß« länger als eine Periode gehalten werden. **Erwartungsgemäß** in diesem Zusammenhang bedeutet, dass die geplante Nutzungsdauer im Zeitpunkt des Erwerbs (vgl. Thiele/Eckert, in: Thiele/von Keitz/Brücks (Hrsg.), 2008, IAS 16 Tz. 126) mehr als eine Periode betragen muss. Eine spätere Änderung der geplanten Nutzungsdauer ändert nichts an der Einstufung des Vermögenswertes als Sachanlage (hierzu vgl. Tz. 71). Die geplante Nutzungsdauer von mehr als einer Periode ist ein wesentliches Unterscheidungsmerkmal zur Abgrenzung von Vorräten, die im Zeitpunkt des Erwerbs zur Weiterveräußerung, zum Einsatz im Produktionsprozess oder zur Erstellung von Dienstleistungen (IFRS-SMEs Abschn. 13.1) bestimmt sind (ausführlich vgl. Tz. 19).

6 Dieser Abschnitt ist darüber hinaus auf Grundstücke und Gebäude anzuwenden, die als **Finanzinvestition** gehalten werden (vgl. IFRS-SMEs-Komm. Teil B, Abschn. 16, Tz. 4), für die ein Zeitwert nicht ohne unverhältnismäßige Kosten und Aufwendungen ermittelbar ist. Nicht vom Anwendungsbereich des IFRS-SMEs Abschn. 17 erfasst sind hingegen biologische Vermögenswerte, die im Zusammenhang mit landwirtschaftlicher Tätigkeit stehen (vgl. IFRS-SMEs-Komm. Abschn. 34, Tz. 4). Die Bilanzierung von Abbau- und Schürfrechten sowie Bodenschätzen, wie Öl, Erdgas und ähnliche nicht regenerativen Ressourcen ist im IFRS-SMEs nicht geregelt. Bezüglich der Bilanzierung nicht geregelter Sachverhalte (vgl. IFRS-SMEs-Komm., Abschn. 10, Tz. 11). Die Kosten für materielle Vermögenswerte, die im Zusammenhang mit der Exploration und Evaluierung von Bodenschätzen stehen, sind gemäß IFRS-SMEs Abschn. 17 zu bilanzieren (IFRS-SMEs Abschn. 34.11).

II. Terminologie

7 Bei der Anwendung des IFRS-SMEs Abschn. 17 sind folgende Schlüsselbegriffe zu unterscheiden, die im Glossar des IFRS-SMEs definiert werden.

8 Das **Sachanlagevermögen** umfasst materielle Vermögenswerte, die zum Zweck der Produktion, der Lieferung von Gütern oder Dienstleistungen, der Vermietung an Dritte, als Investment oder zu Verwaltungszwecken gehalten werden und von denen erwartet wird, dass sie mehr als eine Periode genutzt werden. Davon abzugrenzen sind die **als Finanzinvestition gehaltene Immobilien** (Grundstücke oder Gebäude – oder Teile von Gebäuden – oder beides), die vom Eigentümer oder vom Leasingnehmer im Rahmen eines Finanzierungsleasingverhältnisses zur Erzielung von Mieteinnahmen und/oder zum Zwecke der Wertsteigerung gehalten werden und nicht zur Herstellung oder Lieferung von Gütern bzw. zur Erbringung von Dienstleistungen oder für Verwaltungszwecke oder zum Verkauf im Rahmen der gewöhnlichen Geschäftstätigkeit dienen.

9 Der **Buchwert** ist der Betrag, mit dem ein Vermögenswert nach Abzug aller kumulierten Abschreibungen und kumulierten Wertminderungsaufwendungen erfasst wird. **Abschreibungen** sind die systematische Verteilung des Abschreibungsvolumens eines Vermögenswertes über die Nutzungsdauer. Das **Abschreibungsvolumen** (vgl. Tz. 68) ist die Differenz zwischen den Anschaffungs- oder Herstellungskosten (vgl. Tz. 35 ff.) oder eines Ersatzbetrags, wie zB der beizulegende Zeitwert im Rahmen der erstmaligen Aufstellung eines Abschlusses nach dem IFRS-SMEs (IFRS-SME Abschn. 35.10(c)) und dem Restwert. Der **Restwert** (vgl. Tz. 68) ist der geschätzte Betrag, den ein Unternehmen derzeit bei Abgang des Vermögenswertes nach

Abzug des bei Abgang voraussichtlich anfallenden Aufwands erhalten würde, wenn der Vermögenswert alters- und zustandsmäßig schon am Ende seiner Nutzungsdauer angelangt wäre. Die **Nutzungsdauer** (vgl. Tz. 70) ist der Zeitraum, in dem der Vermögenswert voraussichtlich von dem Unternehmen genutzt werden kann oder die voraussichtliche durch den Vermögenswert im Unternehmen zu erzielende Anzahl an Produktionseinheiten oder ähnliche Maßgrößen. Damit umfasst die Nutzungsdauer nicht zwangsläufig einen fest umrissenen Zeitraum, sondern kann zeitlich unbestimmt durch ein definiertes Leistungsvolumen (zB km Fahrleistung) ausgedrückt werden.

10 Wenn der Buchwert den erzielbaren Betrag überschreitet, stellt die Differenz einen **Wertminderungsaufwand** dar. Der **erzielbare Betrag** ist der höhere der beiden Beträge aus Zeitwert abzüglich Veräußerungskosten und Nutzungswert (ausführlich vgl. IFRS-SMEs-Komm., Teil B, Abschn. 27, Tz. 19).

11 Wenn bestimmte Voraussetzungen erfüllt bzw. nicht mehr gegeben sind, darf der Vermögenswert nicht mehr angesetzt werden. Die Eliminierung des vormals angesetzten Vermögenswertes oder der Schuld aus der Bilanz des Unternehmens wird als **Ausbuchung** (vgl. Tz. 84 ff.) bezeichnet.

B. Bilanzierung des Sachanlagevermögens

I. Ansatz

12 Der IFRS-SMEs folgt konzeptionell dem zweistufigen Ansatzkonzept der IFRS:

- es muss ein Vermögenswert vorliegen und
- die konkreten Ansatzkriterien des IFRS-SMEs Abschn. 17.4 müssen erfüllt sein.

1. Vermögenswert

13 Auf der ersten Stufe ist zunächst zu prüfen, ob ein Vermögenswert des Unternehmens vorliegt. Ein Vermögenswert ist gemäß IFRS-SMEs Abschn. 2.15(a) eine Ressource, die auf Grund von **Ereignissen** der Vergangenheit in der Verfügungsmacht des Unternehmens steht, und von der erwartet wird, dass dem Unternehmen aus ihr künftiger wirtschaftlicher Nutzen zufließt. Das Ereignis der Vergangenheit kann in diesem Zusammenhang eine Transaktion darstellen, dh. die Ressource ist auf Grund eines Erwerbsvorgangs in die Verfügungsmacht des Unternehmens gelangt. Aber auch andere Ereignisse, die dem Unternehmen die Verfügungsmacht an der Ressource verschaffen, wie zB Schenkungen, stehen der Vermögenswertdefinition nicht entgegen.

14 Eine Ressource steht in der **Verfügungsmacht** des Unternehmens, wenn ihm der wirtschaftliche Nutzen zufließt und es in der Lage ist, Dritte von der Nutzung des Vermögenswertes auszuschließen (Thiele/Eckert, in: Thiele/von Keitz/Brücks (Hrsg.), 2008, IAS 16, Tz. 122). Gemäß dem Grundsatz *substance over form* (IFRS-SMEs Abschn. 2.8) kommt es in diesem Zusammenhang nicht darauf an, dass das Unternehmen über das rechtliche Eigentum der Ressource verfügt, sondern ob es substanziell über die wesentlichen Eigentumsrechte verfügt. Dies ist bereits dann der Fall, wenn das Unternehmen über den wesentlichen Teil des künftigen wirtschaftlichen Nutzens verfügen und während des wesentlichen Teils der Nutzungsdauer Dritte von der Nutzung ausschließen kann. So hat zB bei einem Finanzierungsleasingverhältnis (vgl. IFRS-SMEs-Komm., Teil B, Abschn. 20, Tz. 46) der Leasingnehmer den Vermögenswert in seiner Bilanz auch ohne Übertragung des rechtlichen Eigentums anzusetzen. Bezüglich der Klassifizierung von Leasingverhältnissen (vgl. IFRS-SMEs-Komm., Teil B, Abschn. 20, Tz. 9).

15 Das Ereignis muss in der **Vergangenheit**, dh. vor dem Abschlussstichtag liegen, maW die Verfügungsmacht über die Ressource muss bereits vor dem Abschlussstichtag auf das Unternehmen übergegangen sein. Grundsätzlich kommt es in diesem Zusammenhang auf die sachenrechtliche Übertragung an. Ein vor Abschlussstichtag abgeschlossener wirksamer Kaufvertrag führt idR nicht zum Ansatz eines Vermögenswertes, auch wenn die sachenrechtliche Übertragung bis zur Freigabe der Veröffentlichung des Abschlusses (IFRS-SMEs Abschn. 32.9) erfolgt. Etwas anderes gilt nur, wenn das Unternehmen bereits mit Abschluss des Kaufvertrags wie ein Eigentümer über die Sache verfügen kann. Auch bedingte oder unbedingte Rechte zum Erwerb eines Vermögenswertes führen nicht zum Ansatz des künftig erworbenen Vermögenswertes, können aber selbst immaterielle (vgl. IFRS-SMEs-Komm., Teil B, Abschn. 18) oder finanzielle Vermögenswerte (vgl. IFRS-SMEs-Komm., Teil B, Abschn. 11) sein.

16 Der künftige **wirtschaftliche Nutzen** aus dem Vermögenswert kann dem Unternehmen direkt in Form von Zahlungsmitteln oder Zahlungsmitteläquivalenten zufließen oder indirekt durch die Verringerung des Mittelabflusses durch Kosteneinsparungen. Gleichgültig für die Vermögenswertdefinition ist, ob dem Unternehmen der wirtschaftliche Nutzen aus der Nutzung oder dem Verkauf des Vermögenswertes zufließt (IFRS-SMEs Abschn. 2.17). Beim Sachanlagevermögen erzielt das Unternehmen typischerweise den wesentlichen wirtschaftlichen Nutzen aus der Nutzung des Vermögenswertes.

2. Konkrete Ansatzkriterien

17 Basierend auf den allgemeinen Grundsätzen des IFRS-SMEs Abschn. 2.27 bzw. IFRS-SMEs Abschn. 2.37 ist ein Vermögenswert nur dann in der Bilanz anzusetzen, wenn er die konkreten Ansatzkriterien erfüllt. So bestimmt IFRS-SMEs Abschn. 17.4, dass die Anschaffungs- bzw. Herstellungskosten einer Sachanlage nur dann als Vermögenswert anzusetzen sind, wenn

(1) es wahrscheinlich ist, dass der mit der Sachanlage verbundene wirtschaftliche Nutzen dem Unternehmen zufließt und
(2) die Anschaffungs- bzw. Herstellungskosten der Sachanlage sich zuverlässig bewerten lassen.

18 Eingeschränkt wird die abstrakte Bilanzierungsfähigkeit von Vermögenswerten somit im Wesentlichen durch das erste Kriterium: der künftige wirtschaftliche Nutzen aus dem Vermögenswert darf nicht nur erwartet (vgl. Tz. 13) werden, sondern er muss **wahrscheinlich** sein. Wahrscheinlich (*probable*) wird im Glossar des IFRS-SMEs als *»more likely than not«* definiert, dh. der Nutzenzufluss muss mit einer mehr als 50%-igen Wahrscheinlichkeit gegeben sein.

3. Abgrenzung zu Vorräten

19 Die Abgrenzung von Sachanlagen und Vorräten erfolgt im Wesentlichen über die intendierte Nutzung der Vermögenswerte im Beschaffungszeitpunkt. Als Sachanlagen sind solche Vermögenswerte zu qualifizieren, deren **erwartete Nutzung** länger als eine Periode ist (vgl. Tz. 5). Unter Periode ist in diesem Zusammenhang das Geschäftsjahr zu verstehen, also ein Zeitraum von zwölf Monaten (IFRS-SMEs Abschn. 3.10). Somit ist eine Einstufung eines Vermögenswertes als Sachanlage nicht möglich, wenn die erwartete Nutzung des Vermögenswertes zwar über den Abschlussstichtag hinausgeht, aber nicht länger als zwölf Monate beträgt (glA Quick, 2009, Tz. 8; Thiele/Eckert, in: Thiele/von Keitz/Brücks (Hrsg.), 2008, IAS 16, Tz. 139; a. A. Scheinpflug, 2009, Tz. 3; Baetge et al., IFRS-Komm., Teil B, IAS 16, Tz. 10). Dies ist unabhängig davon, ob der Geschäftszyklus eines Unternehmens länger oder kürzer als zwölf Monate ist (zum Begriff Geschäftszyklus vgl. IFRS-SMEs-Komm., Teil B, Abschn. 4, Tz. 14 ff.). Dh., geht

die geplante Nutzung des Vermögenswerts zwar über den Geschäftszyklus hinaus, beträgt dieser aber weniger als zwölf Monate, ist der Vermögenswert zwar als langfristig, nicht aber als Sachanlage zu klassifizieren. Insofern zeigt sich, dass die Gliederungskriterien des IFRS-SMEs (lang- und kurzfristige Vermögenswerte) auch nicht deckungsgleich mit der Unterteilung des HGB in Anlage- und Umlaufvermögen sind (vgl. RIC, 2009, Tz. 35). Ist umgekehrt die erwartete Nutzungsdauer kürzer als der Geschäftszyklus aber mehr als zwölf Monate, hängt die Einstufung als Sachanlagevermögen oder Vorratsvermögen davon ab, ob der Vermögenswert dem Geschäftszyklus zugeordnet werden kann.

Beispiel:
Bei einer Malt-Whiskey Destillerie beträgt der Geschäftszyklus aufgrund des langen Reifeprozesses 10-12 Jahre. Zwar beträgt die Nutzungsdauer der Eichenfässer zur Lagerreifung weniger als zehn Jahre, aber während der Lagerreifung wird der Whiskey mehrfach in Fässer mit verschiedenen vorangegangenen Belegungen umgefüllt. Die Fässer lassen sich daher nicht einem Geschäftszyklus zuordnen und stellen daher idR Anlagevermögen dar.

20 In Folge der og. Voraussetzung unterscheiden sich Vermögenswerte des Sachanlagevermögens von Vermögenswerten des Vorratsvermögens weiterhin darin, dass der Nutzenzufluss bei ersteren vorrangig aus der Nutzung und nicht aus der Veräußerung resultiert. Daran ändert auch ein geplanter Verkauf des Vermögenswertes am Ende seiner Nutzungsdauer nichts. Auch eine Änderung der ursprünglichen Verwendungsabsicht, dh., ein Verkauf vor Ablauf der Nutzungsdauer führt nicht zu einer Umgliederung in das Vorratsvermögen (zu Vermögenswerten des Sachanlagevermögens, die zum Verkauf bestimmt sind vgl. Tz. 80).

21 **Ersatzteile und Hilfsmittel** sind grundsätzlich als Vorräte zu bilanzieren und bei Verbrauch erfolgswirksam auszubuchen (vgl. IFRS-SMEs Abschn. 17.5). Bedeutende Ersatzteile und Bereitschaftsausrüstungen stellen Anlagevermögen dar, wenn sie länger als zwölf Monate genutzt werden können (vgl. IFRS Foundation, 2009, Module 17, Beispiele 10-12). Unabhängig von der Nutzungsdauer kann eine Erfassung als Sachanlagevermögen dieser Ersatzteile und Bereitschaftsausrüstungen entsprechend dem Wesentlichkeitsgrundsatz (vgl. IFRS-SMEs-Komm., Teil B, Abschn. 3, Tz. 43) unterbleiben, wenn sie insgesamt unwesentlich sind. Außerdem sind Ersatzteile und Hilfsmittel als Sachanlagevermögen zu qualifizieren, wenn sie nur im Zusammenhang mit einem bestimmten Vermögenswert des Sachanlagevermögens genutzt werden können. Sie werden damit Bestandteil der entsprechenden Sachanlage (vgl. Thiele/Eckert, in: Thiele/von Keitz/Brücks (Hrsg.), 2008, IAS 16, Tz. 138).

4. Bilanzierungsobjekt und Komponentenansatz

22 Eine für die Praxis bedeutsame Frage ist, auf welche Bezugsobjekte die Aktivierungskriterien anzuwenden sind, dh. die Abgrenzung des Bilanzierungsobjekts. Die Regelungen in IFRS-SMEs Abschn. 17.6-7 geben Hinweise und übernehmen – leicht modifiziert – den **Komponentenansatz** des IAS 16 (dazu ausführlich vgl. Andrejewski/Böckem, 2005, 75 ff.). Damit hat sich der IASB der vielfältig geäußerten Kritik, insbesondere dass der Komponentenansatz für kleine und mittelgroße Unternehmen zu kostenintensiv und wenig nutzenstiftend sei (vgl. Eierle/Beiersdorf/Haller, 2008. 160), nicht angeschlossen. Auch in dem im Herbst 2007 durchgeführten Feldstudien in Deutschland, gehörte der Komponentenansatz zu den am häufigsten geäußerten Kritikpunkten (vgl. Beiersdorf/Morich, 2009, 6).

a. *Bedeutende Teile eines Vermögenswertes*

23 Nach dem Komponentensatz des IFRS-SMEs sind die Ansatzkriterien auf Teile von Sachanlagen, die in regelmäßigen Zeitabständen ersetzt werden, gesondert anzuwenden. **Bilanzierungs-**

objekt des IFRS-SMEs ist daher nicht ein nach dem einheitlichen Nutzungs- und Funktionszusammenhang abgegrenzter Vermögenswert, wie im HGB (vgl. WP-Handbuch 2006, Abschn. E, Tz. 383), sondern die wesentlichen Bestandteile eines Vermögenswertes. Die Differenzierung ist nicht nur im Hinblick auf eine ggf. erforderliche differenzierte Abschreibung (ausführlich vgl. Tz. 64 ff.) erforderlich, sondern auch in Bezug auf die Beurteilung, welche Kosten nach erstmaliger Anschaffung bzw. Herstellung des entsprechenden Vermögenswertes anfallen (nachträgliche Anschaffungs- und Herstellungskosten) und auf welche Maßeinheit die Ausbuchungsregeln des IFRS-SMEs Abschn. 17.27 ff. anzuwenden sind (hierzu vgl. Tz. 91 ff.).

24 Anders als die IFRS verlangt der IFRS-SMEs aber nicht die separate Bilanzierung jedes bedeutsamen Teils einer Sachanlage, sondern nur solcher Teile, die regelmäßig ersetzt werden. Auf Grund des allgemein gültigen Wesentlichkeitsgrundsatzes (vgl. IFRS-SMEs-Komm., Teil B, Abschn. 3, Tz. 41) müssen diese Teile im Vergleich zum gesamten Vermögenswert auch wesentlich sein. Darüber hinaus müssen die ersetzten Teile gemäß IFRS-SMEs Abschn. 17.6 auch einen zusätzlichen künftigen Nutzen erwarten lassen. Diese im Vergleich zum IAS 16 zusätzliche Einschränkung darf aber nicht dahingehend missverstanden werden, dass die ersetzten Teile eine Erweiterung oder eine über den ursprünglichen Zustand hinausgehende Verbesserung darstellen müssen, wie dies § 255 Abs. 1 Satz 1 HGB erfordert. Die Forderung des »zusätzlichen Nutzens« ist bereits implizit in den konkreten Ansatzkriterien (vgl. Tz. 17) enthalten, die auch auf die separierbaren Komponenten anzuwenden sind. Dem entsprechend ist der zusätzliche Nutzen nicht anhand des ursprünglichen Zustands des Vermögenswertes, sondern entsprechend seines Zustands im Ersatzzeitpunkt zu beurteilen (vgl. Thiele/Eckert, in: Thiele/von Keitz/Brücks (Hrsg.), 2008, IAS 16, Tz. 157).

Beispiel:
Eine Maschine erfordert regelmäßig (alle 4-5 Jahre) den Ersatz eines Antriebsteils. Die Anschaffungskosten für das Ersatzteil und den Einbau sind wesentlich in Bezug auf die ursprünglichen Anschaffungskosten der Maschine. Gemäß IFRS-SMEs Abschn. 17.6 sind die Kosten des Ersatzteils und des Einbaus dem Buchwert der Maschine hinzuzurechnen, auch wenn dadurch nur sichergestellt wird, dass die Maschine in ihrem ursprünglichen Einsatzgebiet und mit der ursprünglichen Kapazität weiterlaufen kann. Der Teil des Buchwerts, der auf die ersetzte Komponente entfällt, ist auszubuchen.

25 Nach dem ganz überwiegenden Teil des Schrifttums zum deutschen Handelsrecht wäre der oben genannte Ersatz der Komponente nicht als nachträgliche Anschaffungs- bzw. Herstellungskosten anzusehen, sondern direkt im Aufwand zu erfassen. Nach der Verabschiedung des BilMoG und dem damit verbundenen Wegfall der Aufwandsrückstellungen findet allerdings ein Umdenken statt und der Komponentenansatz wird nunmehr zumindest für möglich erachtet (vgl. IDW, 2009, Tz. 5).

26 Ob der Komponentenansatz für kleine und mittelgroße Unternehmen von praktischer Bedeutung ist, kann nicht pauschal beurteilt werden. Bei der Identifizierung der regelmäßig zu ersetzenden Teile sind die Verhältnisse des Unternehmens individuell zu würdigen. Anhaltspunkte können Erfahrungen der Vergangenheit, Vorschriften des Herstellers des Vermögenswertes oder Instandhaltungspläne des Unternehmens sein (zu Letzterem vgl. Andrejewski/Böckem, 2005, 77). Insbesondere die Abwägung, ob der durch den Komponentenansatz entstehende zusätzliche Informationsnutzen die dadurch entstehenden Kosten rechtfertigt (IFRS-SMEs Abschn. 2.13), führt uU zu einer großzügigeren Auslegung. Der **Informationsnutzen** des Komponentenansatzes besteht insbesondere in einer periodengerechteren Gewinnermittlung (mit Beispielen vgl. Hommel/Rößler, 2009, 2526ff.). Vor diesem Hintergrund scheint es sachgerecht, die im Schrifttum zum IAS 16 aufgeführte Bandbreite für den Signifikanztest, die zwischen 5-10 % der gesamten Anschaffungs- bzw. Herstellungskosten liegt (stellvertretend vgl. Rossmanith/Funk/Eha, 2009, 209), für Zwecke des IFRS-SMEs eher am oberen Rand festzusetzen oder auf der Basis von Kosten-Nutzen-Überlegungen gar zu erhöhen. Die individuelle Festlegung des Schwellenwertes hängt insbesondere von der Struktur und Bedeutung des Sachanlagevermögens des entsprechenden Unternehmens ab. Die damit zusammenhängenden Ermessenentscheidungen sind sorgfältig zu treffen, da eine zu großzügige Gruppenbildung einer zutreffenden Darstellung der Ertragslage entgegensteht (vgl. Knorr, 2005, 6). Ist diese Entscheidung für das Unternehmen wesentlich, hat eine Anhangangabe gemäß IFRS-SMEs Abschn. 8.6 zu erfolgen.

27 Nicht explizit verlangt wird vom IFRS-SMEs, dass bereits bei Anschaffung bzw. Herstellung der Sachanlage eine Aufteilung in die einzelnen Komponenten stattfinden muss. Dies scheint nur geboten, wenn die einzelnen Bestandteile separat abgeschrieben werden müssen (zu den Voraussetzungen vgl. Tz. 64). Zur Anwendung der Ausbuchungsregeln erscheint aber eine Identifizierung der wesentlichen Bestandteile bereits bei der erstmaligen Aktivierung des Vermögenswertes sinnvoll (vgl. Andrejewski/Böckem, 2005, 77; zu der Ermittlung der Anschaffungs- bzw. Herstellungskosten separater Komponenten vgl. Tz. 50 und zur Ermittlung des Restwertes vgl. Tz. 91). Andernfalls muss der Restwert der ersetzten Komponente rückwirkend ermittelt werden, sofern die Komponente vorzeitig ersetzt werden muss, was mit vermeidbarem Kosten- und Zeitaufwand verbunden sein kann.

b. *Großreparaturen und Wartungen*

28 Zu den separat identifizierbaren Komponenten zählen aber nicht nur wesentliche, regelmäßig zu ersetzende körperliche Komponenten des Vermögenswertes, sondern auch **regelmäßige größere Wartungen und Überholungen**, die eine Bedingung für die Fortführung der Nutzung des Vermögenswertes sind (IFRS-SMEs Abschn. 17.7). Dies gilt unabhängig davon, ob im Rahmen dieser Wartungen Teile ausgetauscht werden. Der IFRS-SMEs führt das Beispiel eines Busses an, der in regelmäßigen Zeitabständen einer Untersuchung zu unterziehen ist, damit er weiter zur Personenbeförderung zugelassen ist (vgl. auch IFRS Foundation, 2009, Module 17, Beispiel 14).

29 Fraglich ist in diesem Zusammenhang, wie die Voraussetzung »Bedingung für die Fortführung der Nutzung« auszulegen ist. Obgleich regelmäßige Wartungen und Überholungen im Rahmen von gesetzlichen Sicherheitsvorschriften den Hauptanwendungsfall dieser Vorschrift darstellen dürften, erscheint eine Beschränkung auf gesetzlich geforderte Wartungen vor dem Hintergrund des Sinn und Zwecks des Komponentenansatzes (vgl. Tz. 26) nicht sachgerecht. Trotzdem dürfte die praktische Relevanz der separaten Erfassung von Großreparaturen und Wartungen für kleine und mittelgroße Unternehmen auf einige Einzelfälle beschränkt sein.

30 Wird eine Wartung durchgeführt und sind die konkreten Ansatzkriterien des IFRS-SMEs Abschn. 17.4 erfüllt, sind sie als Bestandteil des Buchwerts des Vermögenswertes zu erfassen. Der Restwert einer vorangegangenen Wartung ist auszubuchen, auch wenn diese bei dem ursprünglichen Erwerb oder der Herstellung nicht separat identifiziert wurden (zur Ermittlung der Anschaffungs- bzw. Herstellungskosten vgl. Tz. 50 und zur Ermittlung des Restwertes vgl. Tz. 91). Im Hinblick auf die Wesentlichkeit gelten die Ausführungen zu den bedeutenden Teilen (vgl. Tz. 26).

31 Alle **anderen Reparaturen**, die die o.g. Kriterien nicht erfüllen, also insbesondere die gewöhnlichen Instandhaltungsmaßnahmen und unwesentliche Reparaturen sind im Zeitpunkt des Anfalls aufwandswirksam zu erfassen.

32 Dieser Teil des Komponentenansatzes stellt eine wesentliche Abweichung zu den deutschen handelsrechtlichen Vorschriften dar. Dies gilt auch nach neuerer Interpretation durch das IDW (vgl. Tz. 25), da hiernach nur solche Komponenten separat erfasst werden dürfen, die eine physische Substanz haben (vgl. IDW, 2009, Tz. 7).

c. *Grundstücke und Gebäude*

33 **Grundstücke** und darauf errichtete **Gebäude** stellen gemäß IFRS-SMEs Abschn. 17.8 nicht nur Komponenten, sondern separate Vermögenswerte dar, die eigenständig zu bilanzieren sind, auch wenn sie in einer einheitlichen Transaktion erworben wurden. Zur Aufteilung der Anschaffungskosten bei einheitlichem Erwerb vgl. Tz. 50. Die separaten Vermögenswerte stellen daher die Bezugsgrößen bei der Beurteilung dar, ob weitere wesentliche separierbare Komponenten enthalten sind.

Beispiel:
Ein Unternehmen erwirbt ein Grundstück mit Gebäude für insgesamt 2 Mio. GE. Davon entfällt jeweils die Hälfte auf das Grundstück und das Gebäude. Bei dem Gebäude wurde das Dach als separierbare Komponente iSd. IFRS-SMEs Abschn. 17.6 identifiziert. Die darauf entfallenden Anschaffungskosten betragen 100.000 GE. Die Wesentlichkeitsgrenze des Unternehmens liegt bei 10 %.

Im Hinblick auf den separaten Vermögenswert »Gebäude« stellt das Dach ggf. eine separierbare Komponente dar (vgl. Tz. 23 ff.). Wären Gebäude und Grundstück als einheitlicher Vermögenswert anzusehen, würde das Dach keine wesentliche Komponente (AK der Komponente betragen nur 5 % der gesamten AK) darstellen.

II. Bewertung bei erstmaligem Ansatz

1. Grundsatz

34 Vermögenswerte des Sachanlagevermögens sind beim erstmaligen Ansatz grundsätzlich mit ihren Anschaffungs- bzw. Herstellungskosten anzusetzen. **Anschaffungskosten** sind allgemein die Summe der Werte der zur Erlangung der Verfügungsgewalt über den erworbenen Vermögenswert hingegebenen Zahlungsmittel und Zahlungsmitteläquivalente und der Zeitwert anderer hingegebener Vermögenswerte im Zeitpunkt des Erwerbs (IFRS-SMEs Abschn. 2.35(a)). Sie stellen den Wertmaßstab für alle fremdbezogenen Vermögenswerte des Sachanlagevermögens dar, dh. wenn sie durch Kauf, Tausch oder sonstige Übertragungen in die Verfügungsmacht des Unternehmens gelangt sind (vgl. Quick, 2009, Tz. 20). **Herstellungskosten** werden im IFRS-SMEs nicht allgemein definiert. Vielmehr werden die einzelnen Bestandteile in IFRS-SMEs Abschn. 13.8 aufgeführt, auf den auch im Rahmen der Erstbewertung von selbst erstellten Vermögenswerten des Sachanlagevermögens zurückgegriffen wird (ausführlich vgl. Tz. 44).

2. Bestandteile der Anschaffungs- bzw. Herstellungskosten

a. *Anschaffungskosten*

35 Die **Anschaffungskosten** umfassen gemäß IFRS-SMEs Abschn. 17.10 folgende Bestandteile:

	Kaufpreis (vgl. Tz. 36)
+	direkt zurechenbare Kosten (vgl. Tz. 40)
+	ursprünglich geschätzte Kosten für den Abbruch und das Abräumen des Vermögenswertes und die Wiederherstellung des Standorts (vgl. Tz. 46 ff.)
=	Anschaffungskosten iSd. IFRS-SMEs Abschn. 17.10

aa. *Kaufpreis*

36 Der **Kaufpreis** ist die vertraglich festgelegte Gegenleistung für den Erwerb des Vermögenswertes. Er ist in der Regel in Zahlungsmittel bzw. Zahlungsmitteläquivalenten festgelegt. In Einzelfällen

kommen aber auch andere finanzielle oder nicht finanzielle Vermögenswerte, zB Tausch (vgl. Tz. 52 ff.) in Betracht. Der Kaufpreis ist um abziehbare Vorsteuern zu vermindern. Einfuhrzölle und nicht erstattungsfähige Vorsteuern sind Bestandteil des Kaufpreises. Der Kaufpreis ist um gewährte Skonti und Rabatte zu vermindern. Er entspricht dem Barzahlungspreis im Ansatzzeitpunkt. Wird die Zahlung über das normale Zahlungsziel hinausgeschoben, ergibt sich der Kaufpreis aus dem Barwert aller zukünftigen Zahlungen (vgl. IFRS Foundation, 2009, Module 17, Beispiel 16). Der anzuwendende Diskontierungssatz ergibt sich in diesem Fall analog zu IFRS-SMEs Abschn. 23.5 aus einem laufzeit- und risikoadäquaten Marktzinssatz.

Beispiel:
Das Unternehmen erwirbt eine Maschine zu einem Kaufpreis von 100.000 GE. Die Zahlung erfolgt nach 2 Monaten. Das übliche Zahlungsziel ist 14 Tage ohne Abzug. Der Zinssatz für ein Darlehen mit gleicher Laufzeit und für Unternehmen mit vergleichbarer Bonität beträgt 8% pa.
Der Barpreis ergibt sich aus der Abzinsung mit dem adäquaten Marktzinssatz:
(100.000 GE x (1-0,08x60/365) = 98.685 GE

37 Wird der Kaufpreis in einer **fremden Währung** entrichtet (zum Begriff Fremdwährung vgl. IFRS-SMEs-Komm., Teil B, Abschn. 30, Tz. 11), erfolgt die Umrechnung in die funktionale Währung des Unternehmens (vgl. IFRS-SMEs-Komm., Teil B, Abschn. 30, Tz. 35) zum gültigen Kassakurs der Fremdwährung im Ansatzzeitpunkt. Wird zur Sicherung der Kaufpreisverbindlichkeit ein Sicherungsgeschäft (zB Devisentermingeschäft) abgeschlossen, erfolgt der Ansatz des Vermögenswertes zunächst ebenfalls zum Kassakurs im Erwerbszeitpunkt. Werden die über den Sicherungszeitraum im übrigen Ergebnis erfassten Gewinne und Verluste mit den Anschaffungskosten verrechnet (*basis adjustment*), erfolgt – hundertprozentige Effektivität vorausgesetzt – jedoch im Ergebnis ein Ansatz zum Sicherungskurs.

38 Ein **überhöhter Kaufpreis** führt nicht unmittelbar zu einer Korrektur des Kaufpreises, kann aber Anlass für einen zu erfassenden Wertminderungsaufwand sein (zu Wertminderungsaufwendungen ausführlich vgl. IFRS-SMEs-Komm., Teil B, Abschn. 27, Tz. 12).

39 Erhält das Unternehmen für den Erwerb eines Vermögenswertes **Zuwendungen aus öffentlicher Hand**, sind diese nicht als Minderung der Anschaffungskosten, sondern ertragswirksam zu erfassen, wenn die Leistungsbedingungen erfüllt sind (IFRS-SMEs Abschn. 24.4).

bb. Anschaffungsnebenkosten

40 Sämtliche **direkt zurechenbaren Kosten**, die anfallen, um den Vermögenswert zu dem Standort und in den erforderlichen, von der Geschäftsleitung beabsichtigen betriebsbereiten Zustand zu bringen, wie Kosten der Standortvorbereitung (zB Fundamente), Lieferkosten (zB Transportkosten), Kosten der Installation und Montage sowie Kosten für Qualitätsprüfung und Funktionstests sind in die Anschaffungskosten einzubeziehen (IFRS-SMEs Abschn. 17.10(b)). Die Aufzählung des Standards ist aber nicht abschließend. So sind auch Honorare für Berater und Gutachter Bestandteil der Anschaffungskosten, soweit sie im Zusammenhang mit einem konkreten Erwerbsvorgang angefallen sind und nicht lediglich der Entscheidungsfindung gedient haben (analog zu IAS 16 vgl. ADS Int 2002, Abschn. 9, Tz. 29).

41 Das Kriterium der direkten Zurechenbarkeit beschränkt die einbeziehungspflichtigen Kosten aber nicht auf Einzelkosten. Auch Gemeinkosten die über Schlüsselgrößen hinzugerechnet werden können, wie zB Abschreibungen für Vermögenswerte, die bei der Standortvorbereitung eingesetzt wurden (vgl. IFRS Foundation, 2009, Module 17, Beispiel 15), sind Bestandteil der Anschaffungskosten, soweit sie durch die Anschaffung oder Versetzung in den betriebsbereiten Zustand veranlasst sind (ADS Int 2002, Abschn. 9, Tz. 31). Bei kleinen und mittelgroßen Unternehmen wird unter Berücksichtigung von Kosten-Nutzenaspekten die Notwendigkeit zum Einbezug von Gemeinkosten damit letztlich von der Fähigkeit des Rechnungswesens geeignete

Schlüsselungen mit vertretbarem Aufwand vorzunehmen sowie von der Beurteilung der Wesentlichkeit abhängen. Allgemeine Kosten, die keinen Bezug zu einem konkreten Anschaffungsvorgang haben, wie Kosten für den Unterhalt der Einkaufs- und Rechtsabteilung, sind dagegen keine Anschaffungskostenbestandteile.

42 Kosten, die **nach der erstmaligen Versetzung in den beabsichtigten, betriebsbereiten Zustand** anfallen, zählen nicht mehr zu den Anschaffungskosten. Entsprechend sind Kosten für die Verlagerung eines Vermögenswertes, Anlaufverluste usw. nicht in die Anschaffungskosten einzubeziehen. Kosten für Modifizierung des Vermögenswertes sind daraufhin zu überprüfen, ob sie als separate Komponente die Ansatzkriterien erfüllen (vgl. Tz. 23 ff.).

43 Die in IFRS-SMEs Abschn. 17.11(a)-(c) genannten Kosten für

- die Eröffnung einer neuen Betriebsstätte,
- die Einführung eines neuen Produkts oder einer Dienstleistung und
- für die Geschäftstätigkeit in einem neuen Gebiet oder einer neuen Kundengruppe

sind keine Anschaffungskostenbestandteile, weil sie nicht im Zusammenhang mit der Anschaffung oder Herstellung eines Vermögenswertes stehen. Bezüglich der **allgemeinen Verwaltungs- und anderer Gemeinkosten** vgl. Tz. 41.

Ebenfalls nicht zu den Anschaffungskosten gehören, anders als nach den IFRS (ausführlich vgl. Köster, in: Thiele/von Keitz/Brücks (Hrsg.), 2008, IAS 23) die im Anschaffungszeitraum angefallenen **Fremdkapitalkosten** (IFRS-SMEs Abschn. 17.11(e)).

b. *Herstellungskosten*

44 Die Herstellungskosten als Bewertungsmaßstab für selbsterstellte Vermögenswerte des Sachanlagevermögens sind in IFRS-SMEs Abschn. 17 nicht geregelt. Sie sind daher analog zu den Herstellungskosten für Vermögenswerte des Vorratsvermögens (vgl. IFRS-SMEs Abschn. 13.8 ff.) zu entwickeln (zur analogen Anwendung allgemein vgl. IFRS-SMEs-Komm., Teil B, Abschn. 10, Tz. 12). Sie bemessen sich dementsprechend zu den **produktionsbezogenen Vollkosten**. Dazu zählen neben den Material- und Fertigungseinzelkosen, Sondereinzelkosten der Fertigung auch sämtliche variablen und fixen Produktionsgemeinkosten, soweit sie angemessen und produktionsbezogen sind und auf den Herstellungszeitraum entfallen (vgl. Quick, 2009, Tz. 38). Angemessen bedeutet in diesem Zusammenhang, dass fixe Kosten nur auf Basis der normalen Kapazitätsauslastung und normalen Prozessergebnisse einbezogen werden dürfen. So genannte Leerkosten und Kosten für übermäßigen Ausschuss und Fehlproduktionen dürfen nicht einbezogen werden. Die allgemeinen Verwaltungskosten, Kosten der sozialen Bereiche sind einbeziehungspflichtig, soweit sie auf den Herstellungsbereich entfallen. Zur Ermittlung der Herstellungskosten und weiteren Einzelheiten vgl. IFRS-SMEs-Komm., Teil B, Abschn. 13, Tz. 23; zur Problematik des Einbezugs von Forschungs- und Entwicklungskosten in die Herstellungskosten vgl. IFRS-SMEs-Komm.,Teil B, Abschn. 18, Tz. 22.

45 Bezüglich der Nebenkosten und der **nicht einbeziehungsfähigen Kosten** gelten die Ausführungen zu den Anschaffungskosten analog (vgl. Tz. 42 f.)

c. *Kosten für Rückbauverpflichtungen*

46 Wie auch nach IAS 16, aber in Abweichung zu den deutschen handelsrechtlichen Vorschriften, gehören weiterhin die ursprünglich geschätzten Kosten für den **Abbruch** und das **Abräumen** eines Vermögenswertes und die **Wiederherstellung** des Standortes zu den Anschaffungs- bzw. Herstellungskosten (IFRS-SMEs Abschn. 17.10(c)). Ziel dieser Regelung ist die Periodisierung der Gesamtkosten der Sachanlage über den Nutzungszeitraum, da sie als Bestandteil der Anschaffungskosten in das Abschreibungsvolumen (vgl. Tz. 68) eingehen und so über den Abschreibungszeitraum verteilt werden.

47 Voraussetzung für die Einbeziehung in die Anschaffungs- bzw. Herstellungskosten ist jedoch, dass eine **Verpflichtung** iSd. IFRS-SMEs Abschn. 21 vorliegt, die im Zeitpunkt des Erwerbs eingegangen wurde oder die aus der Nutzung für andere Zwecke als zur Herstellung von Vorräten resultiert. Verpflichtungen, die sich ratierlich im Zusammenhang mit der Herstellung von Vorräten (zB durch die Förderung von Bodenschätzen) aufbauen, sind nicht Bestandteil der Anschaffungs- bzw. Herstellungskosten des Sachanlagevermögens, sondern des Vorratsvermögens.

48 Für kleine- und mittelgroße Unternehmen dürften insbesondere die Rückbauverpflichtungen in gemieteten Gebäuden bzw. auf gemieteten Grundstücken Hauptanwendungsbereich sein.

> *Beispiel:*
> Ein Unternehmen errichtet auf einem für 20 Jahre gemieteten Grundstück eine Fabrikations- und Lagerhalle. Die Herstellungskosten betragen 2.000.000 GE. Am Ende der Mietzeit ist das Grundstück in seinem ursprünglichen Zustand an den Vermieter herauszugeben. Die geschätzten Abbruchkosten betragen 200.000 GE.
> Aufgrund der vertraglich vereinbarten Rückbauverpflichtung betragen die gesamten aktivierungspflichtigen Herstellungskosten 2.200.000 GE. Gleichzeitig ist eine Rückstellung in Höhe von 200.000 GE zu erfassen.

49 Die **Bewertung** erfolgt gemäß IFRS-SMEs Abschn. 21.7 mit der bestmöglichen Schätzung zum Barwert der künftigen Verpflichtung. Künftig zu erwartende Preissteigerungen und Einsparungen aus Erfahrungseffekten und neuen Technologien sind zu berücksichtigen, soweit sie am Abschlussstichtag hinreichend konkretisiert sind. Spätere Schätzungsänderungen sind entsprechend IFRS-SMEs Abschn. 10.15 ff. als **Schätzungsänderung** zu erfassen, dh. die Verpflichtung und die Anschaffungs- bzw. Herstellungskosten sind entsprechend anzupassen und über die restliche Nutzungsdauer abzuschreiben. Dies betrifft sowohl Schätzungsänderungen bezüglich der Höhe oder des zeitlichen Anfalls der Zahlungsmittelabflüsse als auch Schätzungsänderungen hinsichtlich des anzuwendenden Abzinsungssatzes. Führt die Schätzungsänderung zu einer Erhöhung des Buchwertes, ist zu prüfen, ob eine Wertminderung zu erfassen ist (vgl. Tz. 80 ff.). Die Beträge aus der Aufzinsung der Verpflichtung sind indes nicht Bestandteil der Anschaffungs- bzw. Herstellungskosten, sondern sind im Gewinn oder Verlust der Periode zu erfassen.

3. Besonderheiten der Ermittlung von Anschaffungs- bzw. Herstellungskosten

a. Erwerb von Gruppen von Vermögenswerten und Zuordnung auf Komponenten

50 Werden **Gruppen von Vermögenswerten** erworben, ist der Gesamtkaufpreis auf die einzelnen Vermögenswerte aufzuteilen. Die Aufteilung hat analog zu den Regelungen zur Umsatzerfassung des IFRS-SMEs Abschn. 23.9 anhand der relativen Zeitwerte zu erfolgen. Ist der Gesamtkaufpreis höher als die Summe der Zeitwerte der einzelnen Vermögenswerte, ist ein Wertminderungstest entsprechend IFRS-SMEs Abschn. 27.5 ff. durchzuführen. Bildet die Gruppe der Vermögenswerte einen Geschäftsbetrieb (zur Definition vgl. IFRS-SMEs-Komm., Teil B, Abschn. 19, Tz. 9), sind die Vermögenswerte mit ihren beizulegenden Zeitwerten zum Erwerbszeitpunkt anzusetzen (IFRS-SMEs Abschn. 19.14).

51 Eine vergleichbare Problematik ergibt sich bei der Aufteilung der Anschaffungs- oder Herstellungskosten auf die bedeutenden **Komponenten** eines Vermögenswertes bzw. auf regelmäßig durchzuführende Großreparaturen und Wartungen (vgl. Tz. 23 ff.). Eine direkte Aufteilung wird in den seltensten Fällen möglich sein (zu Beispielen vgl. Hagemeister, 2004, 174 ff.). Grundsätzlich sollte daher die Aufteilung auf Basis der relativen Zeitwerte der bedeutenden

Komponenten unter Berücksichtigung des Restbestandteils (vgl. Küting/Ranker, 2007, 754) erfolgen. Lassen sich die Zeitwerte der einzelnen Komponenten nicht bestimmen, erlaubt IFRS-SMEs Abschn. 17.7 für Großreparaturen und Wartungen auch ersatzweise die künftigen geschätzten Kosten. Dies dürfte auch analog für die nach IFRS-SMEs Abschn. 17.6 separat zu erfassenden Komponenten gelten (vgl. Tz. 91).

b. Tausch

52 Werden Vermögenswerte des Sachanlagevermögens im Tausch mit anderen nicht monetären Vermögenswerten oder durch Tausch mit einer Zuzahlung erworben, bemessen sich die Anschaffungskosten grundsätzlich nach den **beizulegenden Zeitwerten** (IFRS-SMEs Abschn. 17.14). Beim Tausch kommt es daher regelmäßig zu einer Gewinnrealisierung, da die Differenz zwischen dem Buchwert des hingegebenen Vermögenswertes und den so ermittelten Anschaffungskosten im Gewinn oder Verlust der Periode zu erfassen sind. Hiervon ausgenommen sind jedoch Transaktionen, die (a) keine wirtschaftliche Substanz haben (vgl. Tz. 54) oder (b) bei denen weder der beizulegende Zeitwert des hingegebenen noch des erhaltenen Gegenstands verlässlich ermittelt werden kann. In diesen Fällen erfolgt keine **Gewinnrealisierung**, dh. der neu erworbene Vermögenswert wird mit dem Buchwert des hingegebenen Vermögenswertes angesetzt.

53 Anders als IAS 16 legt IFRS-SMEs Abschn. 17.14 nicht fest, dass grundsätzlich der Zeitwert des hingegebenen Vermögenswertes zu Grunde zu legen ist. Bei einer Tauschtransaktion mit wirtschaftlicher Substanz unter fremden Dritten ist allerdings davon auszugehen, dass sich die beizulegenden Zeitwerte des hingegebenen und des erworbenen Vermögenswertes weitgehend entsprechen. Insofern stellt der Verzicht auf eine bestimmte Festlegung eine **Erleichterung** für kleine und mittelgroße Unternehmen dar, sie denjenigen beizulegenden Zeitwert heranziehen können, der leichter ermittelbar ist.

54 Weiterhin lässt der IFRS-SMEs offen, wann es einer Transaktion an **wirtschaftlicher Substanz** mangelt. Die IFRS gehen davon aus, dass wirtschaftliche Substanz dann gegeben ist, wenn sich entweder die Struktur (Höhe, zeitlicher Anfall, Risiko) der Zahlungsmittelströme oder der unternehmensspezifische Wert des von der Tauschtransaktion betroffenen Unternehmensteils signifikant ändert, wobei signifikant eine Änderung der entsprechenden Bezugsgröße um mindestens 10% erfordert. Der Verzicht auf diese Präzisierung in IFRS-SMEs Abschn. 17.24 deutet darauf hin, dass eine mittelstandsfreundliche Interpretation dieser Restriktion möglich ist und auf umfangreiche Berechnungen idR verzichtet werden kann. Insofern ist zu unterstellen, dass Tauschtransaktionen zwischen fremden Dritten wirtschaftliche Substanz haben, es sein denn, es gibt Hinweise, dass dies nicht der Fall ist. Erfolgt der Tausch im Rahmen einer steuerlichen Gestaltungsmaßnahme, reicht dies für die Unterstellung einer wirtschaftlichen Substanz idR aus, da die veränderten Steuerzahlungen einen Einfluss auf den unternehmensspezifischen Wert des betroffenen Unternehmensteils haben, der auf der Basis einer Nachsteuerbetrachtung ermittelt wird.

c. Sacheinlagen

55 Bedeutsamer als der Tausch unter fremden Dritten dürfte für kleine und mittelgroße Unternehmen auf Grund der häufig engen Verflechtung der Unternehmenseigentümer mit dem Unternehmen der Erwerb von Vermögenswerten im Rahmen der Sacheinlage sein. Dieser Sachverhalt ist in IFRS-SMEs Abschn. 26 geregelt, da dieser nicht nur auf Mitarbeitervergütungen in Aktien und Aktienoptionspläne anzuwenden ist, sondern auf alle Transaktionen, bei denen das Unternehmen Güter oder Dienstleistungen gegen die Ausgabe von Gesellschaftsanteilen erhält (IFRS-SMEs Abschn. 26.1). Gehen die Vermögenswerte im Rahmen der **Sacheinlage** zu, bemessen sich die Anschaffungskosten nach dem beizulegenden Zeitwert der eingelegten Vermögenswerte im Zugangszeitpunkt und zwar unabhängig vom vereinbarten Ausgabebetrag.

Maßgeblicher Zugangszeitpunkt in diesem Zusammenhang ist die Übertragung der Eigentumsrechte, nicht die Wirksamkeit der Kapitalerhöhung. Mit Zugang des Vermögenswertes sind die entsprechenden Beträge in das Eigenkapital einzustellen.

56 Ist der beizulegende Zeitwert der eingelegten Vermögenswerte ausnahmsweise nicht ermittelbar, werden die Anschaffungskosten ersatzweise in Höhe des beizulegenden Zeitwertes der ausgegebenen Gesellschaftsanteile angesetzt (IFRS-SMEs Abschn. 26.7).

57 Ist für steuerliche Zwecke die **Buchwertverknüpfung** möglich, entsteht eine temporäre Differenz, für die passive latente Steuern anzusetzen sind (zu latenten Steuern vgl. IFRS-SMEs-Komm., Teil B, Abschn. 29). Die Eigenkapitalzuführung ist in diesem Fall entsprechend zu mindern.

58 Stellen die eingelegten Vermögenswerte einen wirtschaftlichen Geschäftsbetrieb dar, richtet sich die Zugangsbilanzierung nicht nach IFRS-SMEs Abschn. 26, sondern nach IFRS-SMEs Abschn. 19. Ausgangspunkt für die Kaufpreisaufteilung ist der Zeitwert der ausgegebenen Gesellschaftsanteile (vgl. IFRS-SMEs Abschn. 19.11). Beherrscht der einlegende Gesellschafter aber das Unternehmen nach der Sacheinlage, liegt ein Unternehmenszusammenschluss unter gemeinsamer Beherrschung vor. Hinsichtlich der damit grundsätzlich zusammenhängenden Probleme (vgl. Köster, in: Thiele/von Keitz/Brücks (Hrsg.), 2008, IFRS 3, Tz. 114 ff. und der Bilanzierung bei kleinen und mittelgroßen Unternehmen (vgl. IFRS-SMEs-Komm., Teil B, Abschn. 19, Tz. 68).

d. *Erwerb ohne Gegenleistung*

59 Nicht geregelt ist der Erwerb von Vermögenswerten ohne Gegenleistung, wie zB Schenkung oder Einlage eines Gesellschafters ohne Ausgabe von Gesellschaftsanteilen. Ob die im Schrifttum zu den IFRS geforderte Ansatzpflicht zum beizulegenden Zeitwert (vgl. Baetge et al., IFRS-Komm., Teil B, IAS 16, Tz. 59) uneingeschränkt auf kleine und mittelgroße Unternehmen übertragbar ist, darf bezweifelt werden. Zwar ist der IFRS-SMEs aus den Rahmengrundsätzen und den übergreifenden Bilanzierungsgrundsätzen der IFRS abgeleitet worden (IFRS-SMEs Abschn. 2.35). Indes ist die Bewertung zum beizulegenden Zeitwert im IFRS-SMEs gegenüber den IFRS nur sehr eingeschränkt zulässig. Darüber hinaus besteht bei kleinen und mittelgroßen Unternehmen idR eine stärkere Verflechtung von Gesellschaftern und Unternehmen als bei kapitalmarktorientierten Unternehmen, so dass es vergleichsweise häufiger zu Transaktionen ohne Gegenleistung kommt. Diese können zB rein steuerlich getrieben sein oder in persönlichen Motiven des Gesellschafters liegen. In Folge dessen erscheint es angemessen, für kleine und mittelgroße Unternehmen ein Ansatzwahlrecht für Vermögenswerte zu unterstellen, die ohne messbare Gegenleistung erworben wurden.

60 Vermögenswerte, die ein Gesellschafter dem Unternehmen lediglich zur Nutzung überlässt, wie das steuerliche **Sonderbetriebsvermögen** bei Personengesellschaften, stehen grundsätzlich nicht in der Verfügungsmacht des Unternehmen und sind daher nicht anzusetzen.

e. *Bewertungsvereinfachungen*

61 Da Investitionen in das Sachanlagevermögen idR eine gewisse Bedeutung haben, dürfte die Zuordnung der Anschaffungs- und Herstellungskosten grundsätzlich auf Einzelvermögensebene möglich sein. Lediglich dann, wenn austauschbare Vermögenswerte laufend in hoher Zahl beschafft werden, stellt sich die Frage nach einer Bewertungsvereinfachung. In diesen Fällen dürfte die **Durchschnittsbewertung** in analoger Anwendung von IFRS-SMEs Abschn. 13.18 möglich sein. Die **Fifo-Methode** (detailliert vgl. IFRS-SMEs-Komm., Teil B, Abschn. 13, Tz. 46) dürfte mangels regelmäßigem Abgang nicht anwendbar sein.

62 Eine dem HGB vergleichbare Regelung zum **Festwertansatz** enthalten weder der IFRS-SMEs noch die IFRS. Für die IFRS wird daraus teilweise die Nichtanwendbarkeit eines Festwertansatzes von Vermögenswerten des Anlagevermögens geschlossen (vgl. WP-Handbuch 2006, Abschn. N, Tz. 288). Allerdings ist die Anwendung der Regelungen des IFRS-SMEs Abschn. 17 nur erforderlich, soweit sie für das Unternehmen wesentlich sind (IFRS-SMEs Abschn. 10.3).

Daher dürften gegen einen Festwertansatz keine Bedenken bestehen, wenn die sich daraus ergebenden Auswirkungen im Vergleich zu der Bilanzierung nach IFRS-SMEs Abschn. 17 für die Beurteilung der Vermögens-, Finanz- und Ertragslage unwesentlich sind (so auch für die IFRS vgl. ADS Int 2002, Abschn. 16, Tz. 98). An den Nachweis der Wesentlichkeit sind für kleine und mittelgroße Unternehmen indes keine allzu hohen Anforderungen zu stellen, da sonst die Vereinfachung durch umfangreiche Berechnungen zum Nachweis der Unwesentlichkeit konterkariert werden. So dürfte es ausreichen, wenn die in Frage kommenden Vermögenswerte insgesamt für die entsprechende Vermögensgruppe (zum Begriff vgl. Tz. 93) von untergeordneter Bedeutung sind und regelmäßig ersetzt werden und daher einen relativ konstanten Bestand aufweisen (zB Transportpaletten und Container).

III. Folgebewertung

1. Grundsatz

63 Vermögenswerte des Sachanlagevermögens sind nach ihrer erstmaligen Erfassung gemäß IFRS-SMEs Abschn. 17.15 mit ihren Anschaffungs- bzw. Herstellungskosten (zur Ermittlung vgl. Tz. 35 ff.) abzüglich kumulierter planmäßiger Abschreibungen und abzüglich kumulierter Wertminderungen zu bewerten (vgl. IFRS Foundation, 2009, Module 17, Beispiel 17). Das Wahlrecht der IFRS zur regelmäßigen **Neubewertung** einzelner Klassen von Vermögenswerten steht kleinen und mittelgroßen Unternehmen nach dem IFRS-SMEs nicht zu. Dies war eine Konzession zugunsten der Eigenständigkeit des IFRS-SMEs und der Bilanzierungsvereinfachung (Winkeljohann/Morich, 2009, 1632). Aus Sicht des deutschen Mittelstandes erscheint dieser Verzicht verkraftbar, zeigt doch eine Untersuchung bei den kapitalmarktorientierten Unternehmen, dass die Neubewertung nur in wenigen Fällen in Anspruch genommen wurde (vgl. Baetge et al., IFRS-Komm., Teil B, IAS 16, Tz. 29).

2. Abschreibung nach Komponenten

64 Sofern die bedeutenden Teile eines Vermögenswertes einen unterschiedlichen Nutzenverlauf haben, sind diese gesondert über ihre entsprechende Nutzungsdauer abzuschreiben (vgl. IFRS Foundation, 2009, Module 17, Beispiel 18). Damit hat der IASB für den IFRS-SMEs auch hinsichtlich der Abschreibung eine abgeschwächte Version des **Komponentenansatzes** übernommen: während nach IAS 16.43 die Aufspaltung eines Vermögenswertes des Sachanlagevermögens in seine bedeutenden Komponenten grundsätzlich vorzunehmen ist und diese nur unter der Voraussetzung, dass sie einen gleichen Nutzenverlauf haben, für Zwecke der Abschreibung wieder zusammengefasst werden können, hat eine Aufteilung bei Anwendung des IFRS-SMEs nur dann zu erfolgen, wenn sich die Nutzenverläufe signifikant unterscheiden. Alle anderen Vermögenswerte des Sachanlagevermögens sind einheitlich über die erwartete Nutzungsdauer abzuschreiben (IFRS-SMEs Abschn. 17.16). Durch die im Vergleich zu den IFRSs umgekehrte Ausnahme-Regel-Vermutung wird der IASB der Annahme gerecht, dass sich die Bedeutung des Komponentenansatzes für kleine und mittelständische Unternehmen auf besondere Einzelfälle, wie zB Gebäudeteile, beschränkt (vgl. Tz. 26).

65 Ein **unterschiedlicher Nutzenverlauf** in diesem Zusammenhang ist nicht mit einer unterschiedlichen Nutzungsdauer gleichzusetzen, wie verschiedentlich in der Literatur angeführt wird (vgl. Rossmanith/Funk/Eha, 2009, 209). Auch bei identischer Nutzungsdauer sind die Komponenten, die einen signifikant anderen Nutzenverlauf haben und die damit einer anderen Abschreibungsmethode unterliegen, zunächst separat zu erfassen und abzuschreiben.

> *Beispiel:*
> Eine Maschine hat ein bedeutendes Aggregat. Der Nutzenverlauf der Maschine ist degressiv, da die Kapazität produktionstechnisch mit zunehmendem Alter sinkt. Das Aggregat gibt über die gesamte Lebensdauer eine gleichmäßige Leistung ab. Das Aggregat wie der Rest der Anlage hat eine einheitliche Nutzungsdauer von zehn Jahren.

In diesem Beispiel wird deutlich, dass das Aggregat trotz gleicher Nutzungsdauer prinzipiell separat von der Maschine abzuschreiben ist. Das Beispiel macht ebenfalls deutlich, dass der Komponentenansatz bezüglich des Ansatzes (vgl. Tz. 23) und der Abschreibung nicht deckungsgleich sein muss, denn das Aggregat stellt kein regelmäßig zu ersetzendes Teil iSd. IFRS-SMEs Abschn. 17.6 dar. **Grundstücke** haben grundsätzlich eine unbeschränkte Lebensdauer und sind daher nicht abzuschreiben (IFRS-SMEs Abschn. 17.16).

66 Auch hier erscheint eine **maßvolle Auslegung** unter besonderer Berücksichtigung des Kosten-Nutzen-Verhältnisses des Informationsmehrwertes einer differenzierten Abschreibung, wie bei separatem Ansatz einzelner Komponenten (vgl. Tz. 26) geboten. Dies ist insbesondere vor dem Hintergrund zu sehen, dass die Beurteilung unterschiedlicher Nutzungsverläufe stark ermessensbehaftet ist und ggf. äußerst komplexe Folgeprobleme nach sich zieht, wie die Schätzung der einzelnen Nutzungsdauern und Restwerte. Ergeben sich im Verlauf der Lebensdauer Hinweise auf Änderungen, sind die Einschätzungen analog zu den Regelungen für Abschreibungsmethoden und Restwerte (vgl. Tz. 75 und 71) zu überprüfen und ggf. anzupassen.

67 Die so ermittelten Abschreibungsbeträge sind grundsätzlich im **Gewinn oder Verlust** der entsprechenden Perioden zu erfassen. Abschreibungen auf Vermögenswerte des Herstellungsbereichs und des produktionsbezogenen Verwaltungsbereichs gehen als Herstellungskostenbestandteil in die Vorräte ein (IFRS-SMEs Abschn. 17.17) bzw. in die Herstellungskosten selbst erstellter Vermögenswerte des Sachanlagevermögens (vgl. IFRS Foundation, 2009, Module 17, Beispiel 19).

3. Abschreibungsvolumen und Nutzungsdauer

68 Das **Abschreibungsvolumen** eines Vermögenswertes ergibt sich aus seinen Anschaffungskosten bzw. einem ersatzweise herangezogenen anderen Wert (zB beizulegender Zeitwert vgl. Tz. 55) und seinem Restwert. Der **Restwert** ist gemäß Definition (vgl. Tz. 9) so zu ermitteln, als hätte der Vermögenswert bereits das Alter und den Zustand am Ende seiner Nutzungsdauer erreicht. Dies bedeutet, dass auf die am Abschlussstichtag vorliegenden Erkenntnisse abzustellen ist und Verminderungen des Restwertes auf Grund bislang noch nicht konkretisierter künftiger Entwicklungen (zB neue Technologien, Modellwechsel) nicht bei der ursprünglichen Prognose zu berücksichtigen sind. Sobald diese Ereignisse eintreten, sind sie aber Anlass die angesetzten Nutzungsdauern, die Abschreibungsmethode und den Restwert zu überprüfen (vgl. Tz. 71 bzw. 75).

69 Häufig hat der Restwert eines Vermögenswertes keinerlei Bedeutung und ist daher aus Wesentlichkeitsgründen zu vernachlässigen. In bestimmten Fällen jedoch, wie zB bei einer Autovermietung, bei der die Fahrzeuge regelmäßig ersetzt werden, können sie eine wesentliche Bedeutung für das Unternehmen haben und sind entsprechend bei der Ermittlung des Abschreibungsvolumens zu berücksichtigen.

70 Die **Nutzungsdauer** (Definition vgl. Tz. 9) ist auf der Grundlage der erwarteten Nutzung des Vermögenswertes bzw. seiner Komponenten zu schätzen (IFRS-SMEs Abschn. 17.21). Grundlage dafür ist die Investitionspolitik des Unternehmens, dh. die betriebsindividuelle Nutzungsdauer kann kürzer sein als die wirtschaftliche oder technische Lebensdauer eines Vermögenswertes (vgl. Beyhs/Wagner, in: Buschhüter/Striegel (Hrsg.), 2009, § 5 Tz. 60; IFRS Foundation, 2009, Module 17, Beispiele 22-25). Typisierte Abschreibungen, wie zB nach dem deutschen Steuerrecht, können daher nicht unmittelbar übernommen werden. Weiterhin ist die geplante Nutzung (zB Anzahl der Schichten) und der dadurch bedingte physische Verschleiß und das geplante Reparatur- und Wartungsprogramm während der Stillstandszeiten bei der Schätzung zu berücksichtigen (vgl. IFRS Foundation, 2009, Module 17, Beispiel 23). Grundlage sind die Erfahrungen des Unternehmens mit ähnlichen Vermögenswerten in der Vergangenheit, wobei innerhalb eines Unternehmens bzw. Konzerns durchaus unterschiedliche Nutzungsdauern für gleichartige Vermögenswerte, bedingt durch eine unterschiedliche geplante Nutzung, zur Anwendung kommen können. Auch externe Faktoren, die die wirtschaftliche Nutzungsdauer eines Vermögenswertes begrenzen können, wie technische oder wirtschaftliche Überalterung durch Änderung der Produktionstechniken oder Marktgegebenheiten sowie rechtliche und ähnliche Beschränkungen (zB Vertragsdauer eines Leasingvertrags) sind ebenfalls in Betracht zu ziehen.

71 Anders als nach den IFRS sind die Restwerte und Nutzungsdauern der Vermögenswerte des Sachanlagevermögens gemäß IFRS-SMEs Abschn. 17.19 nicht mindestens am Ende eines jeden Geschäftsjahres zu **überprüfen**, sondern nur dann, wenn konkrete Anhaltspunkte für eine Änderung der ursprünglichen Schätzung vorliegen. Solche konkreten Anhaltspunkte können bspw. die Einführung neuer Technologien, Modellwechsel, verminderte Marktgängigkeit der erzeugten Produkte aber auch eine von der ursprünglich geplanten abweichende Nutzung (zB Verwendung im 3- statt 2-Schichtbetrieb) oder ein geplanter vorzeitiger Verkauf des Vermögenswertes sein.

Beispiel:
Eine Maschine mit Anschaffungskosten von 1.000.000 GE hat eine Nutzungsdauer von zehn Jahren und einen Restwert nach Ablauf der Nutzungsdauer von Null. Am Ende des 5. Jahres entscheidet das Unternehmen, die Maschine wegen einer Änderung des Produktsortiments zu verkaufen. Die Suche nach einem Käufer hat bereits begonnen und erste Verhandlungen mit den möglichen Käufern haben bereits stattgefunden. Das Unternehmen geht auf Grund des Fortschritts der Verhandlungen am Abschlussstichtag davon aus, die Maschine innerhalb eines halben Jahres für 600.000 GE zu verkaufen. Veräußerungskosten fallen nicht an.

Der geplante Verkauf, der am Abschlussstichtag auch wahrscheinlich ist, führt zu einer Neueinschätzung der Nutzungsdauer und des Restwertes. Da der Restwert den Buchwert übersteigt, ist keine planmäßige Abschreibung mehr vorzunehmen. Im Ergebnis ist das Resultat vergleichbar mit den als **zur Veräußerung gehaltenen langfristigen Vermögenswerten** iSd. der IFRS (vgl. Tz. 80). Allerdings sind aus Objektivierungsgründen an die Neuschätzung der Nutzungsdauer und des Restwertes in diesen Fällen hohe Anforderungen zu stellen. Der Verkauf muss am Abschlussstichtag hoch wahrscheinlich sein, dh. er muss in seinem derzeitigen Zustand veräußerbar sein und mit der Vermarktung muss aktiv begonnen worden sein, mit deren Abschluss in absehbarer Zeit nach dem Abschlussstichtag zu rechnen ist. Eine bloße Entscheidung oder der Plan der Geschäftsführung einen Vermögenswert verkaufen zu wollen reicht indes nicht.

72 Grundsätzlich ist eine **Änderung der Nutzungsdauer** oder des Restwerts als Schätzungsänderung (vgl. IFRS-SMEs-Komm., Teil B, Abschn. 10, Tz. 34) zu bilanzieren (IFRS-SMEs Abschn. 17.19). Danach erfolgt eine Verteilung des neu geschätzten Abschreibungsvolumens im Zeitpunkt der Neueinschätzung über die neu geschätzte Restnutzungsdauer (vgl. IFRS Foundation, 2009, Module 17, Beispiel 20). Anpassungen abgelaufener Rechnungsperioden im Sinne einer retrospektiven Anpassung oder einer Aufholungsanpassung (*catch-up adjustment*), bei der der Buchwert so angepasst wird, als wäre die Neueinschätzung von Anfang an bekannt gewesen, sind nicht zulässig. Die Neueinschätzung der Nutzungsdauer bzw. des Restwertes stellt nur in Ausnahmefällen die Änderung einer Bilanzierungs- und Bewertungsmethode dar, die retrospektiv zu erfassen ist (ausführlich zur Abgrenzung vgl. Köster, in: Thiele/von Keitz/Brücks (Hrsg.), 2008, IAS 8, Tz. 152 ff.).

4. Abschreibungsmethoden

73 Die verwendete Abschreibungsmethode soll so gewählt werden, dass sie dem erwarteten Nutzungsverlauf des Vermögenswertes bzw. der Komponente entspricht (IFRS-SMEs Abschn. 17.22, vgl. IFRS Foundation, 2009, Module 17, Beispiele 26-27). Grundsätzlich kommen dafür die lineare, die degressive und die Abschreibung nach Leistungseinheiten in Betracht, wobei die Aufzählung nicht abschließend ist. Auch ein planmäßiger Wechsel bzw. ein Wechsel auf Grund einer Schätzungsänderung ist möglich, soweit dies dem tatsächlichen Nutzenverlauf des Vermögenswertes entspricht. Rein steuerlich motivierte Wechsel zwischen den Abschreibungsmethoden sind unzulässig (für die IFRS analog vgl. Quick, 2009, Tz. 67). Neben der technischen Leistung sind auch die wirtschaftliche Nutzung, wie Produktionsmengen und -erträge sowie der Verlauf von Wartungs- und Instandhaltungskosten bei der Bestimmung der Abschreibungsmethode zu berücksichtigen. Aufgrund der damit zusammenhängenden Schätzungsprobleme dominiert bei kapitalmarktorientierten Unternehmen die **lineare Abschreibungsmethode** (vgl. Müller/Wobbe/Reinke, 2008, 638). Daher dürfte auch für kleine und mittelgroße Unternehmen diese Abschreibungsmethode vorzugsweise in Betracht kommen.

74 Gegen eine **Vollabschreibung** im Zugangsjahr von Vermögenswerten, die wertmäßig von untergeordneter Bedeutung sind, dürften unter Heranziehung des Wesentlichkeitsgrundsatzes keine Bedenken bestehen. Die Wertgrenze kann in diesem Zusammenhang deutlich über derjenigen der steuerlichen geringwertigen Wirtschaftsgüter bzw. der des Sammelpostens (§ 6 Abs. 2 bzw. Abs. 2a EStG) liegen. Zu beachten ist jedoch, dass in diesem Fall wegen der Abweichung zu den steuerlichen Buchwerten, latente Steuern entstehen (vgl. IFRS-SMEs Abschn. 29.9), die der angestrebten Vereinfachung uU entgegenstehen.

75 Liegen konkrete Anhaltspunkte vor, dass die ursprüngliche Schätzung bzw. die am letzten Abschlussstichtag gültige Schätzung des Nutzenverlaufs nicht mehr den tatsächlichen Gegebenheiten entspricht, ist die Abschreibungsmethode anzupassen. Die Änderung ist wie die Neuschätzung der Nutzungsdauer und des Restwerts (vgl. Tz. 72) grundsätzlich als Schätzungsänderung zu bilanzieren (IFRS-SMEs Abschn. 17.23, vgl. IFRS Foundation, 2009, Module 17, Beispiel 28).

5. Beginn und Beendigung der Abschreibung

76 Die Abschreibung des Vermögenswertes bzw. der Komponente **beginnt**, wenn sich der Vermögenswert an seinem Standort und in dem von der Geschäftsleitung beabsichtigten betriebsbereiten Zustand befindet (IFRS-SMEs Abschn. 17.20). Abzustellen ist daher auf die potenzielle Nutzungsmöglichkeit des Unternehmens und nicht auf die tatsächliche Nutzung. Die potenzielle Nutzungsmöglichkeit durch das Unternehmen markiert gleichzeitig das Ende des Anschaffungs- bzw. Herstellungsvorgangs im Hinblick auf die Ermittlung der Anschaffungs- bzw. Herstellungskosten (vgl. Tz. 42).

77 Die Abschreibung **endet**, wenn der Vermögenswert ausgebucht wird (zum Zeitpunkt der Ausbuchung vgl. Tz. 85). Anders als nach den IFRS endet die Abschreibung bei kleinen und mittelgroßen Unternehmen erst, wenn die Ausbuchungskriterien erfüllt sind, und nicht, wenn die **Veräußerung der Vermögenswerte** am Abschlussstichtag geplant und hoch wahrscheinlich ist. Die geplante und wahrscheinliche Veräußerung kann aber zu einer Neueinschätzung des Abschreibungszeitraums und des Restwertes führen, mit demselben wirtschaftlichen Ergebnis (vgl. Tz. 71).

78 Geplante oder ungeplante **Unterbrechungen** der Nutzung, zB während Leerlauf oder Stillstandszeiten aufgrund technischer Überholungen oder zur kurzfristigen Kapazitätsanpassung führen nicht zur Beendigung bzw. Unterbrechung der Abschreibung (vgl. IFRS Foundation, 2009, Module 17, Beispiel 21). Allerdings kann der Abschreibungsbetrag bei Verwendung der leistungsabhängigen Abschreibung Null betragen (IFRS-SMEs Abschn. 17.20).

79 Bei **unterjährigen Zu- und Abgängen** von Vermögenswerten ist die Abschreibung grundsätzlich zeitanteilig, dh. mindestens monatsweise, vorzunehmen. Vereinfachungsregeln, wie zB die volle Jahresabschreibung im Zugangsjahr und keine Abschreibung im Abgangsjahr oder die volle Jahresabschreibung bei Zugang im ersten Halbjahr und die halbe Jahresabschreibung bei Zugang im zweiten Halbjahr, sind auf Basis des Wesentlichkeitsgrundsatzes denkbar. Bezüglich der Problematik latenter Steuern gilt das unter Tz. 74 Gesagte.

6. Wertminderung und Wertaufholungen

80 Liegen am Abschlussstichtag Anzeichen für **Wertminderungen** von Vermögenswerten des Sachanlagevermögens vor, so ist IFRS-SMEs Abschn. 27 »Wertminderungen von Vermögenswerten« anzuwenden (IFRS-SMEs Abschn. 17.24) . Neben physischen Anzeichen, wie übermäßiger Verschleiß oder Beschädigungen können auch wirtschaftliche Faktoren, wie Verringerung der Deckungsbeiträge der auf der Anlage produzierten Produkte, Anlass für einen Wertminderungstest sein (ausführlich vgl. IFRS-SMEs-Komm., Teil B, Abschn. 27, Tz. 15). Darüber hinaus ist der **geplante Verkauf eines Vermögenswertes** vor Ablauf seiner erwarteten Nutzungsdauer ein Indikator für eine Wertminderung (IFRS-SMEs Abschn. 17.26). Zusätzlich erfordert der geplante Verkauf bei hinreichender Konkretisierung eine Neueinschätzung der Nutzungsdauer und des Restwertes (vgl. Tz. 71). Zwar erfordert der IFRS-SMEs nicht den separaten Ausweis von als zur Veräußerung gehaltenen Vermögenswerten. Bei wesentlichen Verkäufen ist allerdings eine Angabe nach IFRS-SMEs Abschn. 32.11(c) geboten. Liegt am Abschlussstichtag bereits ein bindender Kaufvertrag vor, sind zusätzlich die Angaben nach IFRS-SMEs Abschn. 4.14 erforderlich (detailliert vgl. IFRS-SMEs, Teil B, Abschn. 4, Tz. 33). Insgesamt wird so ein Ergebnis erreicht, das vergleichbar mit den als zur Veräußerung gehaltenen langfristigen Vermögenswerten entsprechend den IFRS ist (IFRS-SMEs BC 119).

81 Zeigt der Wertminderungstest, dass der erzielbare Betrag (Definition vgl. Tz. 10) unter dem Buchwert liegt, so ist in Höhe der Differenz ein **Wertminderungsaufwand** zu erfassen. Die Dauerhaftigkeit wie nach § 253 Abs. 3 Satz 3 HGB der Wertminderung ist zwar keine Voraussetzung für die Erfassung eines Wertminderungsaufwandes. Da der realisierbare Betrag des Sachanlagevermögens aber aus einem Zukunftserfolgswert abgeleitet wird, ist die Voraussetzung der Dauerhaftigkeit implizit im Bewertungsmaßstab enthalten (a. A. Baetge et al., IFRS-Komm., Teil B, IAS 16, Tz. 55). Andererseits ergeben sich eine Reihe anderer konzeptioneller Unterschiede zur handelsrechtlichen außerplanmäßigen Abschreibung (im Einzelnen vgl. IFRS-SMEs-Komm., Teil B Abschn. 27, Tz. 59).

82 Stellt sich in späteren Abschlussperioden heraus, dass die Gründe für die Wertminderung weggefallen sind, ist bis zur Höhe der fortgeführten Anschaffungs- bzw. Herstellungskosten eine **Wertaufholung** vorzunehmen. Dabei ist höchstens auf den erzielbaren Betrag zuzuschreiben.

83 **Entschädigungen von Dritten**, die ein Unternehmen bei einer eingetretenen Wertminderung erhält, wie Versicherungsleistungen oder öffentliche Entschädigungsleistungen, sind separat vom Buchwert des Vermögenswertes im Gewinn oder Verlust der Abschlussperiode zu erfassen, wenn die Bedingungen zur Zahlung dieser Leistungen erfüllt sind (IFRS-SMEs Abschn. 17.25, vgl. IFRS Foundation, 2009, Module 17, Beispiel 29).

IV. Ausbuchung

1. Voraussetzungen und Zeitpunkt

84 Ein Vermögenswert (bzw. eine Komponente vgl. Tz. 91) des Sachanlagevermögens ist entweder im Zeitpunkt seines **Abgangs**, wie zB Verkauf oder Verschrottung, auszubuchen (IFRS-SMEs Abschn. 17.27(a)) oder wenn kein künftiger wirtschaftlicher Nutzen aus der Nutzung

oder dem Verkauf erwartet wird (IFRS-SMEs Abschn. 17.27(b)). Damit ist ein Vermögenswert bzw. eine Komponente spätestens mit seinem körperlichen Abgang auszubuchen (erster Fall). Eine frühere Ausbuchung hat zu erfolgen, wenn am Abschlussstichtag kein wirtschaftlicher Nutzen, unabhängig von der fortgesetzten Nutzung, zu erwarten ist (zweiter Fall). Der zweite Fall betrifft im Wesentlichen **Stilllegungen**, bei der die Vermögenswerte voraussichtlich dauerhaft nicht mehr genutzt bzw. verkauft werden können (vgl. IFRS Foundation, 2009 Module 17, Beispiel 31). Aber selbst dann, wenn der Vermögenswert noch weiter genutzt wird, aber ein wirtschaftlicher Nutzen dem Unternehmen daraus nicht mehr zufließt, ist der Vermögenswert auszubuchen (vgl. Thiele/Eckert, in: Thiele/von Keitz/Brücks (Hrsg.), 2008, IAS 16, Tz. 288). Insofern ist der tatsächliche Ausbuchungszeitpunkt eine ermessensbehaftete Entscheidung der Geschäftsleitung. Allerdings ist anzunehmen, dass in den Fällen, in dem den Unternehmen kein wirtschaftlicher Nutzen aus dem Vermögenswert mehr zufließt, idR auch ein Wertminderungsaufwand zu erfassen ist (vgl. Tz. 80). Die tatsächlichen Auswirkungen der Ermessensentscheidungen auf den Periodenerfolg dürften daher begrenzt sein.

85 Der **Abgangszeitpunkt** bei einem Verkauf bestimmt sich gemäß IFRS-SMEs Abschn. 17.29 nach den Realisationskriterien für eine Umsatzerfassung aus dem Verkauf von Gütern (vgl. IFRS Foundation, 2009, Module 17, Beispiele 21, 30, 34). Nach IFRS-SMEs Abschn. 23.10 erfordert der Abgang mithin, dass

- die maßgeblichen Risiken und Chancen, die mit dem Eigentum des Vermögenswertes verbunden sind, auf den Käufer übergegangen sind;
- dem Unternehmen keine mit dem Eigentum vergleichbare Verfügungsmacht verbleibt;
- die Höhe der Erlöse verlässlich bestimmt werden kann;
- es wahrscheinlich ist, dass dem Unternehmen der wirtschaftliche Nutzen aus dem Verkauf zufließen wird und
- die mit dem Verkauf angefallenen oder noch anfallenden Kosten zuverlässig ermittelt werden können.

Zu den Einzelheiten der Kriterien vgl. IFRS-SMEs-Komm., Teil B, Abschn. 23, Tz. 19 ff.

2. Abgangsergebnis

86 Im Abgangszeitpunkt ist das Ergebnis aus dem Abgang im **Gewinn oder Verlust** der Abschlussperiode zu erfassen (IFRS-SMEs Abschn. 17.28). Dies gilt nicht, wenn der verkaufte Vermögenswert im Rahmen eines Finanzierungsleasingverhältnisses zurückgeleast wird (IFRS-SMEs Abschn. 17.28 iVm. IFRS-SMEs Abschn. 20.23). Bezüglich Rückleasing im Rahmen eines Operatingleasingverhältnisses vgl. IFRS-SMEs-Komm., Teil B, Abschn. 20, Tz. 95.

87 Das **Abgangsergebnis** ist die positive (Gewinn) bzw. negative (Verlust) Differenz zwischen dem Nettoveräußerungserlös und dem Restbuchwert des Vermögenswertes (vgl. IFRS Foundation, 2009, Module 17, Beispiele 32–33). Zum Abgangsergebnis von Komponenten vgl. Tz. 91. Der Nettoveräußerungserlös entspricht dem Veräußerungserlös abzüglich der Veräußerungskosten. Hinsichtlich der Bemessung der Veräußerungskosten gelten die gleichen Grundsätze wie bei der Ermittlung der Anschaffungskosten (vgl. Tz. 36 ff.).

Zu den **Verkaufskosten** zählen alle direkt der Verkaufstransaktion zurechenbaren Kosten, die anlässlich des Verkaufs anfallen (vgl. IFRS Foundation, 2009, Module 17, Beispiel 35). Ähnlich wie bei den Anschaffungsnebenkosten (vgl. Tz. 41) zählen hierzu aber nicht nur Einzelkosten, sondern auch schlüsselbare variable Gemeinkosten, die anlässlich des Verkaufs entstanden sind (aA Brücks/Kerkhoff/Richter, in: Thiele/von Keitz/Brücks (Hrsg.), 2008, IAS 36, Tz. 155). Die zu berücksichtigenden Verkaufskosten umfassen bspw. Gerichts-, Anwalts-, Makler- und Beratungskosten, Transaktionssteuern, Aufwendungen für die Verschrottung bzw. die Versetzung in einen verkaufsfähigen Zustand (Demontage). Sonstige Abbruchkosten, die bislang nicht im Rahmen der Anschaffungs- bzw. Herstellungskosten als Rückstellung erfasst wurden, gehören ebenfalls zu den Verkaufskosten (vgl. Scheinpflug, 2009, Tz. 145).

88 Der Veräußerungsgewinn bzw. -verlust ist grundsätzlich mit seinem Betrag vor Steuern netto im **operativen Ergebnis** (zB »sonstige Erträge« bzw. » andere Aufwendungen«) auszuweisen. Der Bruttoausweis, dh. die Erfassung des Verkaufserlöses als Umsatz und die Ausbuchung des Buchwertes in den betrieblichen Aufwendungen ist grundsätzlich nicht zulässig (IFRS-SMEs Abschn. 17.28). Dies resultiert daraus, dass Verkäufe von Vermögenswerten des Sachanlagevermögens eher unregelmäßig auftreten und vom Betrag her wesentlich sein können. Die Prognosefähigkeit der Kerngröße Umsatzerlöse (vgl. Deffner, 2009, 393)würde dadurch erheblich eingeschränkt. Gehört indes der **regelmäßige Verkauf** von Vermögenswerten des Sachanlagevermögens zum Geschäftsmodell des Unternehmens und treten diese somit regelmäßig in vergleichbarer Höhe auf, wie zB bei einer Autovermietung, ist ein Bruttoausweis des Verkaufserlöses in den Umsatzerlösen und die Ausbuchung des Buchwertes in den betrieblichen Kosten (Umsatzkosten bzw. Materialaufwand, vgl. IFRS-SMEs Abschn. 5.11) unter Umständen sachgerechter.

89 Gehören die verkauften Vermögenswerte zu einem **aufgegebenen Geschäftsbereich** (Definition vgl. IFRS-SMEs-Komm., Teil B, Abschn. 5, Tz. 14), ist das Verkaufsergebnis mit dem Nachsteuerbetrag in dem separaten Posten des Ergebnisses aus aufgegebenen Geschäftsbereichen in der Gesamtergebnisrechnung bzw. in der Gewinn- oder Verlustrechnung auszuweisen (vgl. IFRS-SMEs Abschn. 5.5(e)).

90 Nicht unüblich bei kleinen und mittelgroßen Unternehmen ist der Abgang durch **Sachentnahme** eines Gesellschafters. Zu diesem Fall enthält der IFRS-SMEs keine Regelung, so dass auf Basis der grundlegenden Prinzipien des IFRS-SMEs Abschn. 2 eine Bilanzierungspolitik abzuleiten ist. Grundsätzlich kommen als Erfassung der Sachausschüttung in Betracht:

(1) der Ansatz zum Buchwert des Vermögenswertes, dh. ohne Erfolgswirkung;
(2) der Ansatz zum beizulegenden Zeitwert des Vermögenswertes und Erfassung einer möglichen Differenz zum Buchwert im Gewinn oder Verlust oder
(3) der Ansatz zum beizulegenden Zeitwert des Vermögenswertes und Erfassung einer möglichen Differenz zum Buchwert im übrigen Gesamtergebnis.

Da bei kleinen und mittelgroßen Unternehmen die Erfassung von Aufwendungen und Erträgen im übrigen Gesamtergebnis auf die in IFRS-SMEs Abschn. 4.1(b) explizit genannten Ausnahmetatbestände beschränkt ist, kommt Alternative 3) hier nicht in Betracht. Während Alternative 1) eher auf das Verhältnis zwischen Unternehmen und Gesellschafter abstellt, das einer Gewinnrealisierung entgegensteht, stellt Alternative 2) den wahren Wertabfluss des Unternehmens an seinen Gesellschafter besser dar. Darüber hinaus führt diese Alternative zum gleichen Ergebnis, wie der Verkauf an einen Dritten mit anschließender Barausschüttung. Auf Grund der fehlenden Regelung, haben kleine und mittelgroße Unternehmen hier ein faktisches Bilanzierungswahlrecht zwischen der Alternative 1) und 2), das gemäß IFRS-SMEs Abschn. 10.7 stetig anzuwenden ist.

3. Ausbuchung von Komponenten

91 Werden bedeutende Komponenten eines Vermögenswertes ersetzt, ist der auf diese Komponenten anteilig entfallende **Buchwert** als Abgang erfolgswirksam zu erfassen (IFRS-SMEs Abschn. 17.6 iVm. Abschn. 17.27-.30). Dies gilt unabhängig davon, ob den Komponenten bei Anschaffung bzw. Herstellung des Vermögenswertes ein Teil der Anschaffungs- bzw. Herstellungskosten zugewiesen wurde und ob sie separat abgeschrieben wurden (vgl. Tz. 27 u. 65). Unter Umständen ist daher der Buchwert erst nachträglich bei Ersatz der Komponente zu ermitteln. Da eine nachträgliche Zuordnung der Anschaffungs- bzw. Herstellungskosten zu der Komponente und fiktive Fortführung auf den Ersatzzeitpunkt zur Ermittlung des Buchwertes der Komponente häufig nicht möglich ist, können analog zu den Großreparaturen und Instandhaltungen (IFRS-SMEs Abschn. 17.7) die Anschaffungskosten der Komponente im Ersatzzeitpunkt als Basis herangezogen werden.

Beispiel:
Bei einer Maschine mit Anschaffungskosten von 100.000 GE und einer Nutzungsdauer von zehn Jahren wird nach 6 Jahren eine bedeutende Komponente mit Anschaffungskosten von 12.000 GE ausgetauscht. Im Zugangsjahr sind der Komponente keine Anschaffungskosten zugeordnet worden. Die Abschreibung erfolgt einheitlich linear über die Nutzungsdauer, da die Komponente keinen signifikant abweichenden Nutzenverlauf hat.
Da sich der Buchwert der Komponente im Nachhinein nicht mehr ermitteln lässt, werden die Anschaffungskosten im Ersatzzeitpunkt zur Ermittlung des Buchwertes herangezogen. Auf dieser Grundlage ergibt sich ein Buchwert von 4800 GE = 12.000 GE/10 x (10-6). Der Buchwert der Maschine nach Ersatz beträgt 40.000 GE – 4800 GE + 12.000 GE = 47.200 GE.

92 Gleiches gilt bei der Durchführung von **Großreparaturen und Wartungen** iSd. IFRS-SMEs Abschn. 17.7 (vgl. Tz. 28 ff.).

V. Ausweis und Angaben

93 Das Sachanlagevermögen ist in der **Bilanz** innerhalb des langfristigen Vermögens zumindest als ein gesonderter Posten auszuweisen (IFRS-SMEs Abschn. 4.2). In Abhängigkeit von der Größe und Bedeutung des Sachanlagevermögens für das Unternehmen kann eine weitere Unterteilung des Sachanlagevermögens angebracht sein (IFRS-SMEs Abschn. 4.0 f.). Gegen eine Übernahme der Mindestgliederung des § 266 Abs. 2 A.II. HGB auch für Zwecke des IFRS-SMEs bestehen keine Einwände, so dass folgende Gruppen in Betracht kommen:

- Grundstücke, grundstücksgleiche Rechte und Bauten einschließlich der Bauten auf fremden Grundstücken;
- technische Anlagen und Maschinen;
- andere Anlagen, Betriebs- und Geschäftsausstattung;
- geleistete Anzahlungen und Anlagen im Bau

Aber auch andere Klassifizierungen und weitere Untergliederungen bzw. Zusammenfassungen sind denkbar. Die einzelnen Gruppen sind zumindest im Anhang gesondert anzugeben (vgl. Tz. 96).

94 Die Erfassung der Abschreibung in der **Gesamtergebnisrechnung** hängt davon ab, ob diese nach der Art der Aufwendungen (Gesamtkostenverfahren) oder nach der Funktion der Aufwendungen (Umsatzkostenverfahren) aufgestellt wird. Im ersten Fall werden idR die gesamten Abschreibungen zusammen mit den Abschreibungen auf immaterielle Vermögenswerte in einem separaten Posten ausgewiesen (IFRS-SMEs Abschn. 5.11(a). Wird die Gesamtergebnisrechnung nach dem Umsatzkostenverfahren aufgestellt, sind die Abschreibungen den Funktionsbereichen Produktion, Vertrieb und Verwaltung zuzuordnen und innerhalb der Funktionskosten auszuweisen. Gleiches gilt grundsätzlich für erfasste Wertminderungen und Wertaufholungen, wobei die Beträge und die Posten im Anhang gesondert anzugeben sind (IFRS-SMEs Abschn. 27.32).

95 Die Zahlungsmittelabflüsse aus dem Zugang bzw. Zahlungsmittelzuflüsse aus dem Abgang von Vermögenswerten des Anlagevermögens sind im Investitionsbereichs der **Kapitalflussrechnung** auszuweisen (IFRS-SMEs Abschn. 7.5(a)-(b).

96 Im **Anhang** sind bezogen auf die einzelnen Gruppen für jede Gruppe gesondert die folgenden Angaben zu machen (IFRS-SMEs Abschn. 17.31(a)-(c)):

- die Bewertungsgrundlagen für die Bestimmung des Bruttobuchwertes der Anschaffungs- oder Herstellungskosten;

- die verwendeten Abschreibungsmethoden;
- die zugrundegelegten Nutzungsdauern und Abschreibungsgrundsätze.

Die Zusammenfassung von Vermögenswerten mit unterschiedlichen Nutzungsdauern zu einer Gruppe und die Angabe einer Bandbreite der Nutzungsdauer ist möglich und in der IFRS-Praxis auch üblich.

Die Angaben des IFRS-Abschn. 17.31(d)-(e) werden in der IFRS-Praxis häufig zusammen in einem Brutto-Anlagenspiegel nach dem handelsrechtlichen Vorbild gemacht. Erforderlich ist aber streng genommen nur ein Nettospiegel, dh. die Entwicklung des Buchwertes mit gesonderter Angabe der Bruttoanschaffungs- bzw. Herstellungskosten und der kumulierten Abschreibungen einschließlich kumulierter Wertminderungen. Die *illustrative financial statments* als Anlage zu dem Standard enthalten in IFRS-SMEs Abschn. 13 ein Beispiel in Form eines Bruttospiegels.

97 Darüber hinaus sind gemäß IFRS-SMEs Abschn. 17.32 die Buchwerte von Sachanlagen, die als Sicherheiten für Schulden verpfändet wurden oder bei denen Einschränkungen der Verfügungsrechte bestehen, anzugeben. Weiterhin ist der Betrag der vertraglichen Verpflichtungen für den Erwerb von Sachanlagen anzugeben (Bestellobligo).

C. Vergleich mit IFRS und HGB

98 Konzeptionell unterscheidet sich die Bilanzierung des Sachanlagevermögens nicht allzu sehr zwischen den drei Rechungslegungssystemen. Wesentlicher **Unterschied zu den IFRS** ist, dass nach dem IFRS-SMEs die Folgebewertung nur nach dem Anschaffungskostenmodell möglich ist, während der IAS 16 im System der IFRS ein Wahlrecht zur Folgebewertung entweder nach dem Anschaffungskostenmodell oder durch regelmäßige Neubewertung vorsieht.

99 Die Bilanzierung des Sachanlagevermögens nach **HGB** hat sich durch die Verabschiedung des BilMoG weiter an die IFRS angenähert, aber es bestehen weiterhin einige Unterschiede. Die Synopse fasst die Unterschiede zusammen.

Regelung	IFRS (IAS 16)	IFRS-SMEs	HGB
Anwendungsbereich	Sachanlagen, außer - zur Veräußerung gehaltene langfristige Vermögenswerte, - biologische Vermögenswerte, - Abbau- und Schürfrechte	Sachanlagen, außerbiologische Vermögenswerte, Abbau- und Schürfrechte. Außerdem ist Abschn. 17 anzuwenden auf zur Veräußerung gehaltene langfristige Vermögenswerte und als Finanzinvestition gehaltene Immobilien, für die ein beizulegender Zeitwert nicht ohne weiteres ermittelt werden kann.	Sachanlagen. Nach HGB erfolgt keine vergleichbare Differenzierung, so dass die entsprechenden Vorschriften auch auf die anderen Vermögenswerte anzuwenden sind.
Erstbewertung	Anschaffungskosten	Anschaffungskosten	Anschaffungskosten
Einbezug von Abbruch- und Beseitigungskosten in die Anschaffungs- und Herstellungskosten	Pflicht	Pflicht	Verbot

Regelung	IFRS (IAS 16)	IFRS-SMEs	HGB
Herstellungskosten	Produktionsbezogene Vollkosten	Produktionsbezogene Vollkosten	Vollkosten. Wahlrecht bzgl. Kosten der allgemeinen Verwaltung und freiwillige soziale Leistungen
Einbezug von Fremdkapitalkosten in die Anschaffungs- und Herstellungskosten	Pflicht bei qualifizierten Vermögenswerten	Verbot	Wahlrecht
Komponentenansatz	Pflicht	Pflicht, aber nur bei bedeutenden Komponenten mit signifikant unterschiedlichem Nutzungsverlauf	Wahlrecht, aber nur bezogen auf physische Komponenten
Gewinnrealisierung bei Tauschtransaktionen	Pflicht zur Gewinnrealisierung, wenn Transaktion wirtschaftliche Substanz hat	Pflicht zur Gewinnrealisierung, wenn Transaktion wirtschaftliche Substanz hat	Wahlrecht zur Gewinnrealisierung
Folgebewertung	Fortgeführte Anschaffungs- bzw. Herstellungskosten oder Neubewertung (Wahlrecht)	Fortgeführte Anschaffungs- bzw. Herstellungskosten	Fortgeführte Anschaffungs- bzw. Herstellungskosten
Überprüfung Bewertungsgrundlagen	Mindestens zu jedem Abschlussstichtag	Nur wenn Anzeichen für Änderungen bestehen	Nicht geregelt. Praktisch wohl wie IFRS-SMEs.
Ausweis	Gesonderter Ausweis im langfristigen Vermögen in einem Posten	Gesonderter Ausweis im langfristigen Vermögen in einem Posten	Größen- und rechtsformabhängig. U. U. detailliertere Mindestgliederung
Anlagenspiegel	Nettospiegel im Anhang einschließlich Vorperiode	Nettospiegel im Anhang nur für Abschlussjahr	Rechtsformabhängig: Bruttospiegel in Bilanz oder Anhang nur für Abschlussjahr.
Anhangangaben	Pflichtbestandteile und Empfohlene Angaben	Nur Pflichtangaben mit etwas geringerem Umfang	Bei mittelgroßen Kapitalgesellschaften vergleichbar IFRS-SMEs

Abschnitt 18
Immaterielle Vermögenswerte mit Ausnahme des Geschäfts- oder Firmenwertes (Intangible Assets other than Goodwill)

Rolf Uwe Fülbier/Malte Klein

Inhaltsverzeichnis

Schrifttum

Arbeitskreis »Immaterielle Werte im Rechnungswesen« der Schmalenbach-Gesellschaft für Betriebswirtschaft e. V., Immaterielle Werte im Rahmen der Purchase Price Allocation bei Unternehmenszusammenschlüssen nach IFRS – Ein Beitrag zur Best Practice, ZfbF-Sonderheft 60/09, 2009; *Arbeitskreis »Immaterielle Werte im Rechnungswesen« der Schmalenbach-Gesellschaft für Betriebswirtschaft e. V.*, DB 2008, 1813ff.; *Baetge/Wollmert/Kirsch/Oser/Bischof* (Hrsg.), Rechnungslegung nach IFRS (IFRS-Komm.) 2. Aufl., Stuttgart 2002; *Fülbier/Gassen*, Bilanzrechtsregulierung: Auf der ewigen Suche nach der eierlegenden Wollmilchsau, in: *Wagner/Schildbach/Schneider* (Hrsg.), Festschrift Streim, Wiesbaden 2008, 135–155; *Gjesdal*, JAR 1981, 208–231; *Haller et al.*, Rechnungslegung aus Sicht von Kreditinstituten als Rechnungslegungsadressaten, Projektbericht des DRSC (Hrsg.), Berlin/Regensburg 2008; *Haller/Löffelmann/Etzel*, KoR 2009, 216 ff.; *Heuser/Theile* (Hrsg.), IFRS-Handbuch. Einzel- und Konzernabschluss, 4. Aufl., Köln 2009; *Hommelhoff*, Deutscher Mittelstand und internationale Rechnungslegung, in: Marten et al. (Hrsg.), Weichenstellungen im Mittelstand, Düsseldorf 2008, 73 ff.; *Ijiri*, Theory of Accounting Measurement, Sarasota/Florida 1975; *Moxter*, BB 1979, 1102 ff.; *Ossadnik*, WPg 1993, 617 ff.; *Pellens/Fülbier/Gassen/Sellhorn*, Internationale Rechnungslegung, 7. Aufl., Stuttgart 2008; *Thiele/von Keitz/Brücks*, Internationales Bilanzrecht – Rechnungslegung nach IFRS, Bonn/Berlin 2008; *Wagenhofer*, Internationale Rechnungslegungsstandards – IAS/IFRS, 6. Aufl., München 2009; *Wolz*, Wesentlichkeit im Rahmen der Jahresabschlussprüfung, Düsseldorf 2003; *Wolz/Weinand*, KoR 2010, 130 ff.

A. Allgemeines

I. Vorbemerkungen

1 Der Wandel von einer Industrie- zu einer Dienstleistungs-, Hochtechnologie- und Informationsgesellschaft wird von einem immensen Bedeutungszuwachs immaterieller Werte flankiert. Diese Entwicklung betrifft auch kleine und mittelgroße Unternehmen und ist empirisch zB in den hohen Marktwert-Buchwert-Relationen des Eigenkapitals beobachtbar, so wie sie bei Unternehmensakquisitionen zum Ausdruck kommen. Marktwert-Buchwert-Diskrepanzen repräsentieren aber auch die alte Erkenntnis, dass immaterielle Werte als »ewige Sorgenkinder des Bilanzrechts« (Moxter, BB 1979, 1102) nur teilweise bilanziell erfasst werden können. Ihre immaterielle Natur erschwert oft die Abgrenzung, Objektivierung und auch Quantifizierung dieser Werte, ein Umstand der für kleine und mittelgroße Unternehmen aufgrund ihrer idR eingeschränkten Ressourcen umso schwerer wiegt. Selbst in der kapitalmarktorientierten Rechnungslegung, zB nach IFRS, ist es nicht durchweg gelungen, diese schwer fassbaren Werte einer Bilanzierung zuzuführen. Insbesondere selbst geschaffene immaterielle Werte sind auch nach IAS 38 nur in Teilbereichen und nur unter bestimmten Voraussetzungen aktivierungsfähig (insbesondere vgl. IAS 38.51-.64). Insofern ist es nicht verwunderlich, dass ihre bilanzielle Erfassung in der Rechnungslegung kleiner und mittelgroßer Unternehmen noch stärker eingeschränkt ist (hierzu vgl. Tz. 22). Für diese Unternehmen steht die bewertungsrelevante prospektive Information (*valuation*) anonymer Kapitalmärkte nicht im Vordergrund. Ihre Situation ist stärker von anderen Unternehmensbeteiligten geprägt, die oft näher und persönlicher am Unternehmen stehen, ihre Ansprüche regelmäßig bilateral und einzelvertraglich sichern und hierzu geeignete Informationen benötigen (ähnlich vgl. Hommelhoff, in: Marten et al., 2008, 80). Diese Informationen sind nicht zwingend bewertungsrelevant (vgl. Gjesdal, JAR 1981, 210f.), sondern dienen vielmehr der Vertragskoordination (*contracting*), die terminologisch oft als Rechenschaftsziel oder auch als *stewardship* bezeichnet wird (vgl. Fülbier/Gassen, in: Wagner/Schildbach/Schneider (Hrsg.), 2008). Die analytische Forschung hat gezeigt, dass die Notwendigkeit, vertragliche Ansprüche zu überwachen und durchzusetzen deutlich erhöhte Objektivierungsanforderungen an Informationen für die vertragliche Koordination stellt; die angloamerikanische Literatur spricht in diesem Zusammenhang auch von notwendiger *hardness* (vgl. Ijiri, 1975, 36 und Gjesdal, JAR 1981, 218f.). Diese **hohen Objektivierungsanforderungen** sind gerade bei der Bilanzierung immaterieller Vermögenswerte zu beachten, wenn es um eine ernsthafte Leitlinie bei der Kommentierung von Rechnungslegungsvorschriften für kleine und mittelgroße Unternehmen geht. Sie werden durch IFRS-SMEs Abschn. 2.7 zwar adressiert, jedoch ohne dass dort ihre zentrale, ja übergeordnete Bedeutung gerade für immaterielle Vermögenswerte zum Ausdruck kommt. Zudem ist zu berücksichtigen, dass für kleine und mittelgroße Unternehmen **Kosten-Nutzen**- und damit **Wirtschaftlichkeitserwägungen** eine zentrale Rolle spielen und die abstrakte Kapitalmarkteffizienz zur Rechtfertigung erhöhter Bilanzierungskosten dabei nicht herangezogen werden kann. Insofern erlangt auch IFRS-SMEs Abschn. 2.13-.14 eine deutliche höhere Bedeutung für immaterielle Werte. Vor diesem Hintergrund ist der Rückgriff auf IAS 38 bei der Auslegung von IFRS-SMEs Abschn. 18, wenn überhaupt, nur mit großer Vorsicht vorzunehmen. IAS 38 gilt im Wesentlichen für bewertungsrelevante und nicht für vertragskoordinierende Informationen. Ferner wurde er ursprünglich für kapitalmarktorientierte Unternehmen konzipiert und berücksichtigt insofern ein völlig anderes Kosten-Nutzen-Kalkül.

II. Anwendungsbereich

Ungeachtet ihrer Rechtsform und Branchenzugehörigkeit sind die Regelungen des IFRS-SMEs Abschn. 18 (*Intangible Assets other than Goodwill*) von allen kleinen und mittelgroßen Unternehmen im Sinne des IFRS-SMEs Abschn. 1.2 anzuwenden, die immaterielle Vermögenswerte (*intangible assets*) besitzen. Der **persönliche Anwendungsbereich** ist demnach **unbeschränkt**. 2

Sachlich beschränkt sich der **Anwendungsbereich** des Abschnitts gem. IFRS-SMEs Abschn. 18.1 grundsätzlich auf die bilanzielle Behandlung **immaterieller Vermögenswerte**, mit Ausnahme der in IFRS-SMEs Abschn. 18.1 und 18.3 genannten. Gemäß IFRS-SMEs Abschn. 18.2 handelt es sich bei immateriellen Vermögenswerten um sämtliche identifizierbaren (*identifiable*), nicht monetären (*non-monetary*) Vermögenswerte (*assets*), die keine physische Substanz besitzen (*without physical substance*). Die per Definition erforderlichen Einzelmerkmale müssen kumulativ erfüllt sein, um eine Ressource als immateriellen Vermögenswert zu qualifizieren (vgl. Tz. 11-17). 3

Gem. IFRS-SMEs Abschn. 18.1 sind bestimmte immaterielle Vermögenswerte, deren bilanzielle Behandlung in anderen Abschnitten des IFRS-SMEs geregelt ist, vom Anwendungsbereich des IFRS-SMEs Abschn. 18 ausgenommen. Mit Verweis auf die jeweils einschlägigen Abschnitte des IFRS-SMEs gilt dies für 4

- einen durch Unternehmenszusammenschluss (*business combination*) entstehenden derivativen Geschäfts- oder Firmenwert (*goodwill*),
- immaterielle Vermögenswerte, die im Rahmen des gewöhnlichen Geschäftsbetriebs zum Verkauf bestimmt sind.

Die Bilanzierung eines durch Unternehmenszusammenschluss entstehenden derivativen Geschäfts- oder Firmenwertes bestimmt sich nach den Vorschriften des IFRS-SMEs Abschn. 19 (*Business Combinations and Goodwill*). Demnach ist ein nach IFRS-SMEs Abschn. 19.14 identifizierter (positiver) *goodwill* als Vermögenswert anzusetzen (IFRS-SMEs Abschn. 19.22) und nach den Regelungen des IFRS-SMEs Abschn. 18.19-.24 folgezubewerten (IFRS-SMEs Abschn. 19.23). Ein negativer *goodwill* ist zunächst zu überprüfen und, falls er verbleiben sollte, ertragswirksam zu vereinnahmen (IFRS-SMEs Abschn. 19.24). Hinsichtlich der Einzelregelungen sei auf IFRS-SMEs-Komm., Teil B, Abschn. 19 verwiesen. 5

Immaterielle Vermögenswerte, die im Rahmen des gewöhnlichen Geschäftsbetriebs zum Verkauf bestimmt sind, werden ebenfalls nicht vom Regelungsbereich des IFRS-SMEs Abschn. 18 erfasst. Ihre bilanzielle Behandlung unterliegt vielmehr den Bestimmungen des IFRS-SMEs Abschn. 13 (*Inventories*) bzw. Abschn. 23 (*Revenue*). IFRS-SMEs Abschn. 13 ist hierbei für die Bilanzierung von Vorräten an immateriellen Vermögenswerten ausschlaggebend (ausführlich vgl. IFRS-SMEs-Komm., Teil B, Abschn. 13). IFRS-SMEs Abschn. 23 nimmt Bezug auf langfristige Fertigungsaufträge an immateriellen Vermögenswerten, für die die Umsatzrealisation nach dem Grade ihrer Fertigstellung erfolgt (ausführlich vgl. IFRS-SMEs-Komm., Teil B, Abschn. 23). 6

Anhand der an dieser Stelle vorgenommenen Negativabgrenzung macht der IASB deutlich, dass IFRS-SMEs Abschn. 18 lediglich auf **langfristige immaterielle Vermögenswerte** anzuwenden ist (in Analogie zu IAS 38 vgl. Baetge et al. (Hrsg.), IFRS-Komm., Teil B, IAS 38, Tz. 11). Ein immaterieller Vermögenswert ist gem. IFRS-SMEs Abschn. 4.5 als langfristig einzustufen, sofern dieser nicht innerhalb des normalen Geschäftszyklus realisiert, verkauft oder verbraucht werden soll, er nicht primär zu Handelszwecken gehalten wird oder eine Realisation innerhalb von 12 Monaten nach dem Bilanzstichtag geplant ist (ausführlich vgl. IFRS-SMEs-Komm., Teil B, Abschn. 4, Tz. 14 f.).

IFRS-SMEs Abschn. 18.3 schränkt den sachlichen Anwendungsbereich des Standards weiter ein. Demnach sind folgende Vermögenswerte nicht als immaterielle Vermögenswerte einzustufen und infolgedessen vom Anwendungsbereich des IFRS-SMEs Abschn. 18 ausgeschlossen: 7

- Finanzielle Vermögenswerte,
- Mineralische Ressourcen oder genauer, die entsprechenden Abbaurechte für diese Ressourcen.

8 Die **Abgrenzung finanzieller Vermögenswerte** vom Anwendungsbereich des IFRS-SMEs Abschn. 18 hat hierbei eher klarstellende Bedeutung. Gemäß seiner Definition in IFRS-SMEs Abschn. 18.2 zeichnet sich ein immaterieller Vermögenswert unter anderem dadurch aus, dass er nicht monetär ist (vgl. Tz. 14). Da finanzielle Vermögenswerte laut ihrer Definition im IFRS-SMEs Glossar ua. auch nicht monetäre Vermögenswerte umfassen, könnten sie zumindest teilweise unter immateriellen Vermögenswerten subsumiert werden. Hinsichtlich der Bilanzierung finanzieller Vermögenswerte sind jedoch die Vorschriften der IFRS-SMEs Abschn. 11 (*Basic Financial Instruments*) und Abschn. 12 (*Other Financial Instruments Issues*) vorrangig zu beachten (vgl. IFRS-SMEs-Komm., Teil B, Abschn. 11 und IFRS-SMEs-Komm., Teil B, Abschn. 12). Infolgedessen schließt IFRS-SMEs Abschn. 18.3(a) sämtliche finanziellen Vermögenswerte vollständig vom Anwendungsbereich dieses Abschnitts aus.

9 Die zweite in IFRS-SMEs Abschn. 18.3 vorgenommene Abgrenzung betrifft die bilanzielle Behandlung **mineralischer Ressourcen oder genauer, der entsprechenden Rechte** zu Exploration und Abbau dieser Ressourcen (IFRS-SMEs Abschn. 18.3(b)). Als Beispiele für typische mineralische Bodenschätze, die in der rohstofffördernden Industrie gewonnen werden, führt der IASB Öl und Erdgas auf. Laut IFRS-SMEs Abschn. 18.3 sind jedoch auch weitere, nicht erneuerbare Ressourcen (zB Kohle, Metalle, Edelmetalle, etc.) und dahingehende Rechte vom Anwendungsbereich dieses Abschnitts ausgeschlossen. Während mineralische Ressourcen aufgrund ihrer physischen Substanz von vornherein nicht unter den Anwendungsbereich des IFRS-SMEs Abschn. 18 fallen (vgl. Tz. 15), wären die entsprechenden Rechte zur Erforschung und Förderung dieser Rohstoffe unter den Voraussetzungen des IFRS-SMEs 18.2 als immaterielle Vermögenswerte zu qualifizieren. In Anbetracht der speziellen Vorschriften des IFRS-SMEs Abschn. 34.11 (*Extractive Activities*) für Unternehmen der rohstoffgewinnenden Industrie, sind mineralische Ressourcen samt entsprechender Rechte an ihnen konsequenterweise vom Regelungsbereich des IFRS-SMEs Abschn. 18 ausgenommen.

III. Merkmale eines immateriellen Vermögenswertes

10 Von zentraler Bedeutung für die Anwendung der Regelungen des IFRS-SMEs Abschn. 18 ist der Begriff des immateriellen Vermögenswertes, der im Folgenden gesondert herausgestellt wird. Weitere Schlüsselbegriffe des IFRS-SMEs Abschn. 18 werden bei Verwendung in dieser Kommentierung erläutert.

1. Definitionskriterien

11 IFRS-SMEs Abschn. 18.2 definiert einen immateriellen Vermögenswert als einen identifizierbaren, nicht monetären Vermögenswert ohne physische Substanz. Ein immaterieller Vermögenswert liegt genau dann vor, wenn diese vier Einzeltatbestandsmerkmale kumulativ erfüllt sind. Die Definition nach IFRS-SMEs Abschn. 18.2 dient dabei nicht nur der Begriffsbestimmung, sondern gleichzeitig auch der Abgrenzung des sachlichen Anwendungsbereichs von IFRS-SMEs Abschn. 18., dessen Regelungsgehalt sich gerade auf die Bilanzierung immaterieller Vermögenswerte im Sinne dieser Definition erstreckt (vgl. Tz. 3). Die Definition eines immateriellen Vermögenswertes ist ferner notwendige Bedingung zur Bestimmung der Ansatzpflicht (vgl. Tz. 18).

12 Ein immaterieller Vermögenswert hat zunächst die **allgemeinen Kriterien eines Vermögenswertes** gem. IFRS-SMEs Abschn. 2.15(a) zu erfüllen. Demnach muss es sich hierbei um eine Ressource handeln, die sich aufgrund von Ereignissen der Vergangenheit in der Verfügungsmacht des Unternehmens befindet und für die der Zufluss künftigen ökonomischen Nutzens erwartet wird. Ein dahingehend qualifizierter Vermögenswert ist als immaterieller Vermögenswert einzustufen, sofern er desweiteren identifizierbar, nicht monetär und ohne körperliche Substanz ist. Die Kriterien gem. IFRS-SMEs Abschn. 18.2 lassen sich damit wie folgt systematisieren (ähnlich vgl. ADS Int 2002, Abschn. 8, Tz. 41):

1) Vorliegen eines Vermögenswertes:
   a) Verfügungsmacht über die Ressource aufgrund von Ereignissen aus der Vergangenheit,
   b) künftiger ökonomischer Nutzen wird erwartet (vgl. Tz. 19).
2) Identifizierbarkeit des Vermögenswertes (vgl. Tz. 13), sofern
   a) der Vermögenswert separierbar ist, oder
   b) ihm vertragliche oder sonstige Rechte zugrunde liegen.
3) Nicht monetärer Charakter (vgl. Tz. 14).
4) Keine physische Substanz (vgl. Tz. 15-17).

Hinsichtlich der allgemeinen Kriterien eines Vermögenswertes sei ergänzend auf IFRS-SMEs-Komm., Teil B, Abschn. 2, Tz. 60-70 verwiesen.

2. Identifizierbarkeit

13 Das Kriterium der **Identifizierbarkeit** dient dazu, immaterielle Vermögenswerte vom Geschäfts- oder Firmenwert bzw. von Gütern, die dem Geschäfts- oder Firmenwert zuzuordnen sind, abzugrenzen. Gem. IFRS-SMEs Abschn. 18.2 ist ein Vermögenswert identifizierbar, sofern

- er **separierbar** ist (IFRS-SMEs Abschn. 18.2(a)). Ein immaterieller Vermögenswert ist separierbar, wenn er vom Unternehmen abgetrennt und als solcher veräußert, übertragen, lizensiert, vermietet oder getauscht werden kann. Dabei spielt es keine Rolle, ob der immaterielle Vermögenswert eigenständig oder nur gemeinsam mit einem Recht, einem Vermögenswert oder einer Verbindlichkeit verwertet werden kann. Oder alternativ, sofern
- er auf **vertraglichen oder gesetzlichen Rechten** basiert (IFRS-SMEs Abschn. 18.2(b)), wie bspw. Lizenzen, Konzessionen oÄ. Die Identifizierbarkeit ist auch dann gegeben, wenn diese Rechte nicht vom Unternehmen oder anderen Rechten und Verpflichtungen trennen und eigenständig übertragen lassen (zB bei Exklusivrechten).

3. Nicht-Monetarität

14 Gem. IFRS-SMEs Abschn. 18.2 zeichnen sich immaterielle Vermögenswerte desweiteren dadurch aus, dass sie **nicht monetär** sind. Dieses Merkmal lässt sich allerdings nur indirekt definieren, da das Glossar der IFRS-SMEs lediglich den Begriff der monetären Güter näher bestimmt. In Umkehrung dieser Definition sind nicht monetäre Güter infolgedessen diejenigen Güter, die nicht unter den Kassenbestand oder unter Vermögenswerte und Verbindlichkeiten fallen, die in festen oder bestimmbaren Geldbeträgen ausgezahlt bzw. beglichen werden. Durch das Merkmal »nicht monetär« sollen damit offenkundig Finanzinstrumente von den immateriellen Vermögenswerten abgegrenzt werden. Bestimmte Finanzinstrumente, die variable bzw. nicht bestimmbare Zahlungen aufweisen (zB Aktien, Fondsanteile, etc.) würden allerdings bei Erfüllen der weiteren drei Definitionskriterien des IFRS-SMEs Abschn. 18.2 strenggenommen unter den Begriff der immateriellen Vermögenswerte fallen. Diese Abgrenzungsproblematik ist jedoch insofern zu vernachlässigen, als finanzielle Vermögenswerte gem.

IFRS-SMEs Abschn. 18.3(a) grundsätzlich keine immateriellen Vermögenswerte darstellen und vom Anwendungsbereich dieses Abschnitts ausgeschlossen sind (vgl. Tz. 8).

4. Mangel an physischer Substanz

15 Bereits ihrer Bezeichnung nach ist die **mangelnde physische Substanz** das typische Merkmal immaterieller Vermögenswerte. Diese Eigenschaft grenzt dabei die immateriellen, dh. gegenstandslosen, von den materiellen, dh. körperlichen, Vermögenswerten ab. Dem Wortlaut nach sind immaterielle Vermögenswerte dadurch gekennzeichnet, dass sie keinerlei körperliche Substanz aufweisen.

16 Demnach ist fraglich, wie Vermögenswerte zu behandeln sind, die sowohl aus einer immateriellen als auch materiellen Komponente bestehen. Typisches Beispiel ist eine Software, deren Existenz an ein gegenständliches Speichermedium (zB Festplatte, CD-ROM, Chip, etc.) gebunden ist (so auch als Beispiel in IAS 38.4 genannt). Anders als der korrespondierende IFRS, IAS 38, enthält IFRS-SMEs Abschn. 18 keine Regeln zur Behandlung derartig **gemischt zusammengesetzter Vermögenswerte**. Andere Abschnitte (insbesondere IFRS-SMEs Abschn. 17) adressieren diese Problematik ebenfalls nicht. Es lässt sich jedoch nicht sinnvoll vertreten, dass ein (uU nur geringfügiges) physisches Merkmal dazu führt, einen gemischten Vermögenswert generell als nicht immateriellen Vermögenswert einstufen zu müssen. Ausschlaggebend dürfte hierbei in inhaltlicher Anlehnung an IAS 38.4 die Wesentlichkeit beider Komponenten sein.

Ist die physische Komponente von insgesamt zu vernachlässigender Bedeutung, dürfte ein gemischt zusammengesetzter Vermögenswert unter Berufung auf den Wesentlichkeitsgrundsatz gem. IFRS-SMEs Abschn. 2.6 als immaterieller Vermögenswert zu klassifizieren sein. Dies wäre zB bei einer auf CD-ROM ausgelieferten Software der Fall, bei der der (ohnehin geringwertige) Datenträger nur als Transport- bzw. Aufbewahrungsmedium dient (analog zu IAS 38 vgl. Baetge et al., IFRS-Komm., Teil B, IAS 38, Tz. 20). Unstrittig dürfte auch die bilanzielle Behandlung gemischt zusammengesetzter Vermögenswerte sein, bei der beide Komponenten zwar wesentlich sind, diese aber ohne Beeinträchtigung ihrer jeweiligen Funktion voneinander getrennt werden können. Demnach wäre die immaterielle Komponente nach den Vorschriften des IFRS-SMEs Abschn. 18, die materielle Komponente hingegen gem. IFRS-SMEs Abschn. 17 (*Property, Plant and Equipment*) als Vermögenswert des Sachanlagevermögens zu bilanzieren.

Der IFRS-SMEs gibt indes keinen Anhaltspunkt wie ein gemischter Vermögenswert zu behandeln ist, dessen Komponenten nicht unmittelbar voneinander getrennt werden können. Ein Beispiel hierfür wäre eine spezifische Steuerungssoftware, die mit einer Produktionsanlage ausgeliefert wird und nicht anderweitig genutzt werden kann. Das Beispiel macht deutlich, dass die Gesamtfunktion des Vermögenswerts von der Verbindung beider Komponenten abhängt. Zieht man IAS 38.4 heran, so liegt es dem Willen des IASB nach im eigenen Ermessen des Bilanzierenden zu beurteilen, welche der Komponenten von größerer Wesentlichkeit ist. Je nachdem, welcher Bestandteil überwiegt, ist der Vermögenswert dann insgesamt entweder als immaterieller oder als materieller Vermögenswert zu behandeln (vgl. IAS 38.4).

17 Der IFRS-SMEs gibt keine Hinweise, wie eine dahingehende Beurteilung der Wesentlichkeit praktikabel erfolgen könnte. Eine handhabbare Vorgehensweise für kleine und mittelgroße Unternehmen könnte darin bestehen, die Anschaffungskosten bzw. beizulegenden Zeitwerte (je nach Art des Erwerbs; vgl. Tz. 24-31) für die immaterielle und materielle Komponente getrennt zu ermitteln und den Vermögenswert insgesamt auf Basis des wertmäßig höheren Anteils zu qualifizieren. Andere Vorgehensweisen zur Konkretisierung von Wesentlichkeitsgrenzen und -erwägungen existieren in der Bilanzierungs- und Prüfungspraxis (zB vgl. Ossadnik, WPg 1993 oder Wolz, 2003) und können an dieser Stelle genutzt werden. All diese Erwägungen setzen jedoch voraus, dass die Wertbeiträge getrennt voneinander und verlässlich bestimmt werden können. Am Beispiel der oben aufgeführten Produktionsanlage wäre dies zB der Fall, wenn auf einer Eingangsrechnung zwischen der (materiellen) Anlage und der Steuerungssoftware unter

Angabe von Einzelbeträgen unterschieden würde. Sollte diese nicht möglich sein, so erscheint es sachgemäß, im Einklang mit IAS 38.4 auf die Bedeutung der Komponenten für die Gesamtfunktion des gesamten Vermögenswerts abzustellen (vgl. Baetge et al., IFRS-Komm., Teil B, IAS 38, Tz. 20). Am (auch bereits hier im Vorfeld verwendeten) Beispiel der Produktionsanlage führt der IASB an, dass dieser Vermögenswert insgesamt als Sachanlage zu behandeln sei, da die Steuerungssoftware integraler Bestandteil der Anlage ist und sie ohne diese nicht genutzt werden kann (vgl. IAS 38.4). Letztlich wird damit deutlich, dass eine Abgrenzung materieller und immaterieller Komponenten eines gemischt zusammengesetzten Vermögenswertes vom subjektiven Ermessen des Bilanzierenden abhängt. Sollte eine wert- oder funktionsmäßige Abgrenzung für ein kleines oder mittelgroßes Unternehmen nicht möglich sein, so dürfte es unter Berufung auf die für diese Unternehmen zentralen Wirtschaftlichkeitserwägungen (vgl. Tz. 1) zulässig sein, den Vermögenswert nach eigenen Kriterien zu qualifizieren. Hierbei muss es aber auch möglich sein, bei einem unverhältnismäßig hohen Aufwand einer Trennung, theoretisch trennbare Komponenten dennoch zusammen als materiellen oder immateriellen Vermögenswert zu erfassen, die Trennung folglich also zu unterlassen. Dahingehend böte es sich an, die zugrunde gelegten Entscheidungskriterien erläuternd im Anhang offenzulegen, sofern der betroffene immaterielle Vermögenswert von insgesamt wesentlicher Bedeutung für das Unternehmen ist.

B. Bilanzierungsschritte

I. Ansatzvorschriften

1. Grundlegende Ansatzprinzipien

18 IFRS-SMEs Abschn. 18.4 bestimmt, wann ein immaterieller Vermögenswert in der Bilanz eines kleinen oder mittelgroßen Unternehmens anzusetzen ist. Demnach ist ein immaterieller Vermögenswert genau dann zu bilanzieren, wenn er neben der Definition nach IFRS-SMEs Abschn. 18.2 (vgl. Tz. 11-17) die allgemeinen Ansatzvoraussetzungen für einen Vermögenswert gem. IFRS-SMEs Abschn. 2.27 erfüllt. Dabei stellt IFRS-SMEs Abschn. 18.4(c) explizit klar, dass Vermögenswerte, die auf intern angefallene Ausgaben zur Schaffung immaterieller Güter beruhen, nicht anzusetzen sind. Somit bleiben alle selbsterstellten immateriellen Vermögenswerte des Anlagevermögens von einer Aktivierung in den Bilanzen kleiner und mittelgroßer Unternehmen ausgeschlossen (ausführlich vgl. Tz. 22). Die allgemeinen Ansatzvoraussetzungen nach IFRS-SMEs Abschn. 2.27 werden in IFRS-SMEs Abschn. 18.4 wiederholend aufgeführt. Infolgedessen ist ein immaterieller Vermögenswert dann **als Vermögenswert anzusetzen**, und zwar nur dann, wenn

- es **wahrscheinlich** ist, dass der erwartete künftige ökonomische Nutzen dem Unternehmen auch zufließt (vgl. Tz. 19),
- die Anschaffungskosten bzw. der beizulegende Zeitwert des Vermögenswerts **verlässlich bestimmt** werden können (vgl. Tz. 20), und
- der Vermögenswert **nicht** aus Aufwendungen resultiert, die **intern** für ein immaterielles Gut angefallen sind (vgl. Tz. 22).

19 Ein immaterieller Vermögenswert ist nur dann anzusetzen, wenn es hinreichend wahrscheinlich ist, dass der erwartete ökonomische Nutzen dem Unternehmen auch zufließt (IFRS-SMEs Abschn. 18.4 bzw. allgemein IFRS-SMEs Abschn. 2.37). Der **ökonomische Nutzen** eines Vermögenswerts bestimmt sich dabei durch seine Fähigkeit, direkt oder indirekt Zahlungsströme zu generieren. Die Zahlungsströme können dabei aus der betrieblichen Verwendung des Vermögenswerts (zB Erstellung von Produkten, die anschließend verkauft werden) oder auch aus der Veräußerung des Vermögenswerts entstehen (IFRS-SMEs Abschn. 2.17).

Die Schätzung der Wahrscheinlichkeit eines zukünftigen Nutzenzuflusses aus einem immateriellen Vermögenswert bedarf idR einer subjektiven Einschätzung. Gem. IFRS-SMEs Abschn. 18.5 sollte die Wahrscheinlichkeit dabei anhand vernünftiger und nachvollziehbarer Annahmen bestimmt werden, die die bestmögliche Einschätzung des Managements eines kleinen oder mittelgroßen Unternehmens der wirtschaftlichen Rahmenbedingungen über die gesamte Nutzungsdauer des immateriellen Vermögenswertes repräsentieren. Dabei ist der Grad der Wahrscheinlichkeit künftigen Nutzenzuflusses für einen immateriellen Vermögenswert auf Grundlage derjenigen Informationen zu ermitteln, die zum Zeitpunkt des erstmaligen Ansatzes des Vermögenswertes vorliegen (IFRS-SMEs Abschn. 18.6). Ausschlaggebend sind somit die Verhältnisse am Bilanzstichtag nach Erwerb des betroffenen immateriellen Vermögenswertes folgt (IFRS-SMEs Abschn. 2.29).

Im Interesse einer möglichst objektiven und nachvollziehbaren Schätzung, ist extern vorliegenden Hinweisen stets größeres Gewicht beizumessen als rein subjektiven Einschätzungen. Externe Hinweise lassen sich bspw. aus Transaktionen für gleiche oder ähnliche Vermögenswerte ableiten, aber auch aus Branchen- oder Wettbewerbsanalysen (vgl. ADS Int 2002, Abschn. 8, Tz. 81).

Der IFRS-SMEs bestimmt nicht, ab welchem Grad künftiger Nutzenzufluss als wahrscheinlich im Sinne des IFRS-SMEs Abschn. 2.37 bzw. IFRS-SMEs Abschn. 18.4(a) anzusehen ist. Für die IFRS, in deren Rahmenkonzept die Ansatzvoraussetzungen für einen Vermögenswert identisch formuliert sind (vgl. F.83), sieht die Literaturmeinung das Wahrscheinlichkeitskriterium ab einem Schwellenwert von **mindestens 50%** als erfüllt an (vgl. Wagenhofer, 2009, 146 f. und Pellens/Fülbier/Gassen/Sellhorn, 2008, 124). Folglich ist davon auszugehen, dass auch für den IFRS-SMEs das Wahrscheinlichkeitskriterium dann erfüllt ist, wenn mehr für einen Zufluss künftigen ökonomischen Nutzens spricht, als dagegen.

Das Kriterium der hinreichenden Wahrscheinlichkeit nach IFRS-SMEs Abschn. 18.4(a) ist stets als erfüllt anzusehen, sofern der immaterielle Vermögenswert gesondert erworben wird (IFRS-SMEs Abschn. 18.7). Die Bereitschaft den vereinbarten Kaufpreis zu zahlen, zeigt in diesem Fall, dass das Management mit hinreichender Wahrscheinlichkeit davon ausgeht, dass mit diesem Vermögenswert adäquate Zahlungsüberschüsse erwirtschaftet werden können.

20 Als weitere Ansatzvoraussetzung fordert IFRS-SMEs Abschn. 18.4(b), dass die Anschaffungskosten bzw. der beizulegende Zeitwert eines immateriellen Vermögenswertes **verlässlich bewertet** werden können. Dieses Kriterium ist stets erfüllt, sofern ein immaterieller Vermögenswert gesondert gegen Geldleistung erworben wird. Die (verlässlich bestimmbaren) Anschaffungskosten ermitteln sich hierbei gem. IFRS-SMEs Abschn. 18.10 als Anschaffungspreis samt etwaig anfallender Nebenkosten, unter Abzug von Anschaffungspreisminderungen (ausführlich vgl. Tz. 24-28). Wird ein immaterieller Vermögenswert durch Tausch erworben, bestimmen sich seine Anschaffungskosten nach dem beizulegenden Zeitwert des erhaltenen Gutes. Selbst wenn dieser nicht ermittelt werden kann, ist das Kriterium der verlässlichen Messbarkeit stets als erfüllt anzusehen, da sich die Anschaffungskosten ersatzweise nach dem Buchwert des hingegebenen Vermögenswertes bestimmen (IFRS-SMEs Abschn. 18.13; ausführlich vgl. Tz. 31). Problematisch ist die verlässliche Bestimmbarkeit der Anschaffungskosten allenfalls bei immateriellen Vermögenswerten, die durch Zuwendung der öffentlichen Hand erworben werden. Diese sind im Zeitpunkt des Zugangs mit ihrem beizulegenden Zeitwert ansetzen (IFRS-SMEs Abschn. 18.12; vgl. Tz. 30). Lässt sich dieser nicht bestimmen, ist der immaterielle Vermögenswert infolgedessen nicht zu aktivieren. Die verlässliche Bewertbarkeit immaterieller Vermögenswerte die durch Unternehmenszusammenschluss erworben werden, wird gesondert im Folgenden (vgl. Tz. 21) problematisiert.

2. Ansatz bei Erwerb als Teil eines Unternehmenszusammenschlusses

21 IFRS-SMEs Abschn. 18.8 widmet sich der Aktivierung immaterieller Vermögenswerte im Zuge einer Unternehmensakquisition. Bei der Neubewertung der Vermögenswerte und Schulden des akquirierten (Tochter-)Unternehmens, die im Sprachgebrauch technisch nicht ganz präzise als **Kaufpreisallokation** *(purchase price allocation, PPA)* bezeichnet wird, sind nach IFRS-SMEs Abschn. 18.8 und 19.14-.15 auch immaterielle Vermögenswerte aufzudecken und zu aktivieren, sofern ihr beizulegender Zeitwert verlässlich bestimmt werden kann (ausführlich vgl. IFRS-SMEs-Komm., Teil B, Abschn. 19; Tz. 30).

Der IASB geht in IFRS-SMEs Abschn. 18.8 mit einem gewissen Idealismus davon aus, dass der beizulegende Zeitwert der erhaltenen Vermögenswerte normalerweise verlässlich bestimmt werden kann. Gerade bei kleinen und mittelgroßen Unternehmen dürfte dies in der Realität aber häufig nicht der Fall sein. Die PPA stellt selbst große, kapitalmarktorientierte Unternehmen vor oft schwer lösbare Aufgaben, da für eine Vielzahl aufzudeckender immaterieller Vermögenswerte eine idealtypische, marktpreisorientierte (sog. *mark-to-market*) Bewertung erst gar nicht in Frage kommt. So lassen sich bspw. für Kundenlisten oder individuelle Markennamen idR keine identischen Transaktionen auf einem aktiven Markt beobachten (*mark-to-market*, Level I), demnach also auch keine Marktpreise zur Bestimmung ihres beizulegenden Zeitwerts heranziehen. Selbst zumindest synthetische Preise, abgeleitet aus Transaktionen ähnlicher Vermögenswerte auf einem aktiven Markt oder gleicher Vermögenswerte auf einem inaktiven Markt (*mark-to-market*, Level II), dürften sich in vorgenanntem Beispiel kaum identifizieren lassen. Dahingehend geht die PPA in vielen Fällen zwangsläufig mit einer hochkomplexen, damit teuren und insbesondere auch stark ermessensbehafteten, modelltheoretischen Bewertung (sog. *mark-to-model*, Level III) aufzudeckender immaterieller Werte einher (vgl. Arbeitskreis »Immaterielle Werte im Rechnungswesen« der Schmalenbach-Gesellschaft für Betriebswirtschaft e. V., ZfbF 2009).

Während IAS 38/IFRS 3 aber die zuverlässige Messbarkeit der beizulegenden Zeitwerte schlichtweg unterstellen und insofern eine komplexe und stark ermessensbehaftete PPA mit Aufdeckung immaterieller Vermögenswerte erzwingen, ist dies in IFRS-SMEs Abschn. 18.8 und IFRS-SMEs Abschn. 19.15(c) anders geregelt: Angesichts der Spezifika kleiner und mittelgroßer Unternehmen betonen diese Abschnitte die verlässliche Bewertbarkeit als explizit zu prüfendes Ansatzkriterium. IFRS-SMEs Abschn. 18.8(b) sieht in diesem Zusammenhang eine verlässliche Bewertbarkeit wohl nur dann als gegeben an, wenn der beizulegende Zeitwert aufgedeckter immaterieller Vermögenswerte aus Transaktionen identischer oder zumindest ähnlicher Vermögenswerte abgeleitet werden kann (Level I und II). IdS wäre zB eine Software dann verlässlich bewertbar, wenn Sie zum Zeitpunkt des Unternehmenszusammenschlusses noch im freien Handel erhältlich ist und damit ein Marktpreis existiert (Level I) oder, falls sie bspw. nicht mehr existiert, ihr beizulegender Zeitwert anhand der Preise vergleichbarer Software bestimmt werden kann (Level II).

Aus IFRS-SME Abschn. 18.8 lässt sich somit folgern, dass die *mark-to-model* Bewertung (Level III) offensichtlich unerwünscht ist und sich eine verlässliche Bestimmbarkeit grundsätzlich auf den *mark-to-market* Bereich beschränkt (»[...] *otherwise estimating fair value would be dependent on immeasurable variables.*«; IFRS-SMEs Abschn. 18.8(b)). Der Verzicht auf modelltheoretische Level III-Bewertungen wäre sogar ohne expliziten Hinweis in diesem Abschnitt aus den spezifischen Charakteristika kleiner und mittelgroßer Unternehmen ableitbar gewesen. Die hier im Vordergrund stehenden Wirtschaftlichkeitserwägungen lassen es nicht opportun erscheinen, diesen Unternehmen die dafür oftmals notwendigen externen Bewertungsgutachten mit ihren hohen Kosten aufzubürden. Vor diesem Hintergrund dürfte eine deutlich restriktivere Aufdeckung immaterieller Vermögenswerte bei kleinen und mittelgroßen Unternehmen gerechtfertigt sein. Immer dann, wenn eine verlässliche Messbarkeit immaterieller Werte – gerade im *mark-to-model* Bereich – nicht gegeben ist, sind die entsprechenden Werte in der Kaufpreisallokation nicht separat aufzudecken und im derivativen Geschäfts- oder Firmenwert zu belassen.

Die fehlende Aufdeckung führt dabei nicht zwangsläufig zu einem Informationsverlust für die Jahresabschlussadressaten. Deren Informationsbedürfnis wird insofern Rechnung getragen, als Vermögenswerte die zwar die Ansatzkriterien nicht erfüllen, jedoch zur Beurteilung der wirtschaftlichen Situation des betroffenen Unternehmens wesentlich sind, im Anhang oder ergänzenden Berichtswerken zu erläutern sind (IFRS-SMEs Abschn. 2.32).

3. Ansatz selbsterstellter immaterieller Vermögenswerte

22 IFRS-SMEs Abschn. 18.4(c) stellt im Zusammenhang mit den allgemeinen Ansatzprinzipien klar, dass selbsterstellte immaterielle Vermögenswerte des Anlagevermögens grundsätzlich nicht aktiviert werden dürfen (vgl. Tz. 18). IFRS-SMEs Abschn. 18.14 wiederholt noch einmal explizit, dass das **Aktivierungsverbot für selbsterstellte immaterielle Vermögenswerte** sämtliche Ausgaben aus Forschungs- und Entwicklungsphase beinhaltet. Damit markiert dieser Standard hinsichtlich der Entwicklungsphase eine deutliche Abweichung von IAS 38 und auch ED IFRS-SMEs. Ersterer sieht unter bestimmten Voraussetzungen ein Aktivierungsgebot für Aufwendungen der Entwicklungsphase vor, Letzterer beinhaltete seinerzeit noch ein Aktivierungswahlrecht. Da kleine und mittelgroße Unternehmen jedoch häufig nicht über die notwendigen Ressourcen verfügen, stringent zwischen Forschungs- und Entwicklungsphase bzw. dahingehenden Aufwendungen zu trennen, ließ der IASB dieses Wahlrecht im finalen IFRS-SMEs fallen (vgl. IFRS-SMEs BC 113 f.). Desweiteren ist das kategorische Aktivierungsverbot auch darauf zurückzuführen, dass aktivierte Entwicklungsausgaben von den mithin bedeutsamsten Adressaten kleiner und mittelgroßer Unternehmen, nämlich Banken, aufgrund fehlender Objektivierbarkeit überwiegend nicht als entscheidungsrelevante Information wahrgenommen werden (vgl. IFRS-SMEs BC 113 f., für Deutschland vgl. Haller/Löffelmann/Etzel, KoR 2009, 220 f. und Haller et al., 2008, 27, mit Betonung der Bedeutung von Objektivität für Banken vgl. Wolz/Weinand, KoR 2010, 134 f.). Somit ist das nunmehr final formulierte Aktivierungsverbot den besonderen Objektivierungsanforderungen und dem spezifischen Kosten-Nutzen-Kalkül kleiner und mittelgroßer Unternehmen geschuldet.

Konsequenterweise sind infolgedessen sämtliche Ausgaben, die mit der Schaffung selbsterstellter immaterieller Vermögenswerte in Forschungs- und Entwicklungsphase einher gehen, in der Periode, in der sie aufgetreten sind, als Aufwand im Gewinn oder Verlust zu erfassen. IFRS-SMEs Abschn. 18.14 deutet im letzten Halbsatz jedoch an, dass sowohl Forschungs- als auch Entwicklungsausgaben (*»expenditure for* ***both*** *research and development activities«*) sehr wohl in den Herstellungskosten von Vermögenswerten zu erfassen sind, die unter den Regelungsbereich anderer Abschnitte der IFRS-SMEs fallen. Diese Formulierung ist allerdings insofern als problematisch anzusehen, als eine Aktivierung von Forschungsausgaben als Herstellungskostenbestandteil von bspw. Vorräten infolge des fehlenden Produktionsbezugs (IFRS-SME Abschn. 13.5, 13.8-.11) regelmäßig ausgeschlossen sein dürfte. Bei Entwicklungsausgaben ist die Frage der Einbeziehung in die Herstellungskosten schwieriger zu beantworten (vgl. hierzu auch IFRS-SME-Komm., Teil B, Abschn. 13, Tz. 34). Obwohl der Produktionsbezug zumindest bei bestimmten Entwicklungskosten denkbar erscheint, ergeben sich andere Einwände. Berücksichtigt man das in IFRS-SMEs 18.14 deutlich ausgesprochene Aktivierungsverbot, erscheint es konzeptionell wenig sinnvoll, Entwicklungsausgaben (und vorrangig natürlich auch Forschungsausgaben) abweichend als Herstellungskostenbestandteil nicht immaterieller Vermögenswerte zuzulassen. Gegen die Einbeziehung der Entwicklungsausgaben sprechen aber auch die Objektivierungsbedürfnisse des Anwenderkreises sowie Wirtschaftlichkeitserwägungen. Die Schlüsselung der Entwicklungsausgaben setzt schließlich eine komplexere Gemeinkostenverrechnung voraus, die kleinen und mittelgroßen Unternehmen nicht zwingend zugemutet werden kann.

Zur weiteren Klarstellung nennt IFRS-SME Abschn. 18.15(a)-(f) explizite Beispiele, die nicht zu einem aktivierungsfähigen immateriellen Vermögenswert führen und deren Ausgaben sofort als Aufwand im Gewinn oder Verlust zu erfassen sind:

- Selbstgeschaffene Marken, Logos, Titel, Kundenlisten und ähnliche Güter,
- Aufwendungen die im Rahmen eines Start-up anfallen,
- Weiterbildungsmaßnahmen,
- Werbemaßnahmen,
- Aufwendungen zur Standortverlagerung oder Neuorganisation des Unternehmens,
- Intern geschaffener (originärer) Geschäfts- oder Firmenwert.

Die Auflistung der Beispiele in IFRS-SMEs Abschn. 18.15 hat lediglich unterstreichenden Charakter. Das allgemeine Aktivierungsverbot für selbsterstellte immaterielle Vermögenswerte in Abschn. 18.4(c) und 18.14 hätte die Aktivierung der dort aufgezählten Sachverhalte ohnehin nicht zugelassen.

II. Bewertungsvorschriften

1. Zugangsbewertung immaterieller Vermögenswerte

23 Immaterielle Vermögenswerte sind zum Zeitpunkt ihres Zugangs grundsätzlich zu **Anschaffungskosten** (*at cost*) zu bewerten (IFRS-SMEs Abschn. 18.9). Die Bemessung der Anschaffungskosten hängt dabei von der Art und Weise ab, wie ein kleines oder mittelgroßes Unternehmen die wirtschaftliche Verfügungsmacht über einen immateriellen Vermögenswert erlangt. Gem. IFRS-SMEs Abschn. 18.10-.13 sind vier Formen des Erwerbs zu unterscheiden:

- Separater Erwerb (vgl. Tz. 24-28),
- Erwerb als Bestandteil eines Unternehmenszusammenschlusses (vgl. Tz. 29),
- Erwerb durch Zuwendung der öffentlichen Hand (vgl. Tz. 30),
- Erwerb durch Tausch (vgl. Tz. 31).

a. *Separater Erwerb*

24 Die Anschaffungskosten eines immateriellen Vermögenswertes, welcher gesondert angeschafft wird, bestimmen sich nach den Regeln des IFRS-SMEs Abschn. 18.10. Die Anschaffungskosten setzen sich hierbei aus dem vereinbarten Preis des immateriellen Vermögenswertes, etwaig anfallenden Einfuhrzöllen und nicht erstattungsfähigen Erwerbssteuern zusammen (IFRS-SMEs Abschn. 18.10(a)). Desweiteren sind sämtliche direkt zurechenbaren Aufwendungen, die dazu dienen, den immateriellen Vermögenswert in einen betriebsbereiten Zustand zu versetzen, regelmäßig Teil der Anschaffungskosten (IFRS-SMEs Abschn. 18.10(b)). Gewährte Preisnachlässe (zB Skonti, Rabatte) sind von den Anschaffungskosten abzusetzen (IFRS-SMEs Abschn. 18.10(a)). Die Anschaffungskosten setzen sich damit aus folgenden Bestandteilen zusammen:

	Kaufpreis	(vgl. Tz. 25)
+	Anschaffungsnebenkosten (Importzölle, nicht erstattungsfähige Steuern)	(vgl. Tz. 26)
+	Kosten der Inbetriebnahme	(vgl. Tz. 27)
-	Anschaffungspreisminderungen	(vgl. Tz. 28)
=	**Anschaffungskosten**	

Tab. 1: Anschaffungskosten bei separatem Erwerb

Aufwendungen für immaterielle Güter, die im laufenden Geschäftsjahr als Aufwand erfasst wurden, dürfen zu einem späteren Zeitpunkt **nicht nachträglich** als Bestandteil der Anschaffungskosten aktiviert werden (IFRS-SMEs Abschn. 18.17).

25 Grundlage für die Ermittlung der Anschaffungskosten ist regelmäßig der vereinbarte **Kaufpreis,** welcher üblicherweise einer Eingangsrechnung entnommen werden kann. Ist der Kaufpreis in einer anderen Währung zu begleichen, als die Währung in der ein kleines oder mittelgroßes Unternehmen seinen Jahresabschluss aufstellt, so ist der Kaufpreis mit dem entsprechenden Kassakurs zum Zeitpunkt der Transaktion umzurechnen (IFRS-SMEs Abschn. 30.7; ausführlich vgl. IFRS-SMEs-Komm., Teil B, Abschn. 30, Tz. 45).

26 Importzölle sowie nicht erstattungsfähige Erwerbssteuern sind gem. IFRS-SMEs Abschn. 18.10(a) den Anschaffungskosten hinzuzurechnen. Demnach ist bspw. die auf einen immateriellen Vermögenswert anfallende Umsatzsteuer Bestandteil der Anschaffungskosten, sofern das Unternehmen als umsatzsteuerliches Kleinunternehmen gem. § 19 UStG nicht zum Vorsteuerabzug berechtigt ist.

27 Gem. IFRS-SMEs Abschn. 18.10(b) umfassen die Anschaffungskosten eines immateriellen Vermögenswertes desweiteren sämtliche direkt zurechenbaren Aufwendungen, die anfallen, um den Vermögenswert für seine vorgesehene Verwendung vorzubereiten. Die Formulierung deutet hierbei an, dass Aufwendungen nur bis zu dem Zeitpunkt erfasst werden können, in dem der Vermögenswert erstmalig Betriebsbereitschaft erlangt. Bspw. ist eine Software üblicherweise erst einsatzfähig, sobald sie auf einem Rechner installiert und unternehmensspezifisch konfiguriert ist. Demnach ließe sich der anteilige Personalaufwand eines Mitarbeiters oder das Honorar eines externen Technikers als Teil der Anschaffungskosten erfassen. Weitere Beispiele wären Kosten für Testläufe, die zeigen sollen, ob ein immaterieller Vermögenswert ordnungsgemäß funktioniert (so auch IAS 38.28), Rechts- und Beratungskosten oder Vermittlungsprovisionen (analog zu IAS 38 vgl. Thiele/Kühle, IAS 38, in: Internationales Bilanzrecht, Tz. 194). Aufwendungen die anfallen, sobald die Betriebsbereitschaft erlangt ist, dürfen demnach nicht zu den Anschaffungskosten gezählt werden.

Die Erfassung derartiger Aufwendungen als Teil der Anschaffungskosten setzt voraus, dass sie dem immateriellen Vermögenswert direkt zurechenbar sind. Dieser Tatbestand ist für Einzelkosten bereits ihrer Definition nach unmittelbar erfüllt. Desweiteren deutet der Wortlaut an, dass auch anteilige Gemeinkosten, die der Inbetriebnahme eines immateriellen Vermögenswertes dienen und diesem zugerechnet werden können (zB über Verteilungsschlüssel), mithin zu berücksichtigen sind. Im Kontext der in IAS 38 identischen Formulierung (*»any directly attributable cost of preparing the asset for its intended use«*; IAS 38.27(b)) sieht die Kommentarliteratur eine anteilige Erfassung anschaffungsbezogener Gemeinkosten als zulässig an (vgl. ADS Int 2002, Abschn. 8, Tz. 162; vgl. Baetge et al., IFRS-Komm., Teil B, IAS 38, Tz. 91; vgl. Theile, in: IFRS-Handbuch, 4. Aufl., Tz. 1130), obwohl IAS 38.29(c) dies nicht explizit vermuten lässt. Die Aktivierung von Gemeinkosten wird für ein kleines oder mittelgroßes Unternehmen allerdings nur dann in Betracht kommen, sofern das interne Controlling deren zweifelsfreie Zuordnung zum erworbenen immateriellen Vermögenswert erlaubt. Andernfalls sollte eine Aktivierung von Gemeinkostenbestandteilen schon aus Wirtschaftlichkeitserwägungen unterbleiben. Gerade beim Erwerb immaterieller Vermögenswerte dürften jedoch in den seltensten Fällen **Anschaffungsnebenkosten** in Form von Gemeinkosten auftreten, somit ihre (anteilige) Aktivierung in der Bilanzierungspraxis eine wohl eher untergeordnete Rolle spielen.

28 **Anschaffungspreisminderungen** wie Skonti und Rabatte sind gem. IFRS-SMEs Abschn. 18.10(a) bei der Ermittlung der Anschaffungskosten vom Kaufpreis abzuziehen. Ein Skonto stellt dabei eine (idR prozentuale) Anschaffungspreisminderung dar, die der Lieferant gewährt, wenn der Rechnungsbetrag innerhalb einer bestimmten Zahlungsfrist (Skontierfrist) beglichen wird (vgl. Baetge et al., IFRS-Komm., Teil B, IAS 38, Tz. 82). Ob die Zahlung tatsächlich innerhalb der Skontierfrist erfolgt, dürfte jedoch uU mit Eingang der Rechnung noch nicht abschließend feststehen. Für die Bilanzierungspraxis erscheint es demnach praktikabel, Skonti bei der Ermittlung der Anschaffungskosten zunächst unbeachtet zu lassen. Diese können im Folgenden dann als nachträgliche Anschaffungspreisminderung berücksichtigt werden, wenn der Rechnungsbetrag tatsächlich innerhalb der Skontierfrist bezahlt wird. Da Rabatte (zB

Mengennachlässe) nicht von Zahlungsbedingungen abhängen, sind sie bei der Ermittlung der Anschaffungskosten stets unstrittig von Kaufpreis abzusetzen.

b. *Erwerb als Teil eines Unternehmenszusammenschlusses*

29 Die im Rahmen der Kaufpreisallokation (PPA; vgl. Tz. 21) aufgedeckten und aktivierten immateriellen Vermögenswerte sind gem. IFRS-SMEs Abschn. 18.8 und IFRS-SMEs Abschn. 19.15(c) zum beizulegenden Zeitwert zu bewerten. Da die verlässliche Messbarkeit desselben bereits Ansatzvoraussetzung ist (vgl. Tz. 18, 20), dürfte diese Bewertung unproblematisch sein. Andernfalls wäre der Ansatz zu überdenken. Da die *mark-to-model* Bewertung auf Level III-Ebene gem. IFRS-SMEs Abschn. 18.8(b) nicht in Frage kommt (vgl. Tz. 21), beschränkt sich die Erstbewertung der im Rahmen der PPA aufgedeckten Werte auf **beizulegende Zeitwerte im *mark-to-market* Bereich** (Level I und II). Insofern lässt sich dem Wortlaut des IFRS-SMEs und den hier im Vordergrund stehenden Wirtschaftlichkeitserwägungen auch entnehmen, dass kleine und mittelgroße Unternehmen grundsätzlich keine externen Bewertungsgutachten zur Bestimmung modelltheoretischer Level III-Bewertungen im Rahmen der PPA vornehmen brauchen.

c. *Erwerb durch Zuwendung der öffentlichen Hand*

30 Immaterielle Vermögenswerte die einem kleinen oder mittelgroßen Unternehmen durch Zuwendung der öffentlichen Hand gewährt werden, sind zum Zeitpunkt ihrer Gewährung erstmals mit ihrem **beizulegenden Zeitwert** anzusetzen (IFRS-SMEs Abschn. 18.12). Als Beispiele für derartige Vermögenswerte lassen sich öffentlich gewährte Lizenzen, Radio- bzw. Fernsehrechte oder Emissionsrechte anführen (vgl. Baetge et al., IFRS-Komm., Teil B, IAS 38, Tz. 94 bzw. IAS 38.44). IFRS-SMEs Abschn. 18 gibt keine Auskunft darüber wie der beizulegende Zeitwert eines durch öffentliche Zuwendung gewährten immateriellen Vermögenswertes zu bestimmen ist. Dieser dürfte sich stets dann zweifelsfrei ermitteln lassen, wenn die Zuwendung mit einer Wertangabe seitens des öffentlichen Trägers erfolgt. Andernfalls ist der beizulegende Zeitwert vom Bilanzierenden auf geeignete Weise zu bestimmen, wobei auch hier - in Analogie zu IFRS-SMEs Abschn. 18.8 (vgl. Tz. 21 u. 29) - davon auszugehen ist, dass aufwändige und ermessensbehaftete *mark-to-model* Bewertungen nicht notwendig sind. Ist eine Wertermittlung nicht verlässlich möglich, ist ein dahingehender immaterieller Vermögenswert nicht anzusetzen, da es bereits an der entsprechenden Ansatzvoraussetzung mangelt (IFRS-SMEs Abschn. 18.4(b); vgl. Tz. 18).

d. *Erwerb durch Tausch*

31 IFRS-SMEs Abschn. 18.13 regelt die Zugangsbewertung immaterieller Vermögenswerte die durch Tausch gegen einen bzw. mehrere nicht monetäre Vermögenswerte oder eine Kombination monetärer und nicht monetärer Vermögenswerte erworben werden. Ein durch Tausch erworbener immaterieller Vermögenswert ist im Zeitpunkt des Tauschs zum **beizulegenden Zeitwert** anzusetzen, es sei denn

- dem Tauschgeschäft fehlt es an wirtschaftlicher Substanz (IFRS-SMEs Abschn. 18.13(a)), **oder**
- weder der beizulegende Zeitwert des empfangenen Vermögenswertes, noch der des hingegebenen Vermögenswertes lassen sich verlässlich bestimmen (IFRS-SMEs Abschn. 18.13(b)).

Das Kriterium der wirtschaftlichen Substanz wird im IFRS-SMEs nicht näher ausgeführt. Zieht man zB IAS 38.46 zur Auslegung heran, so hat ein Tauschgeschäft demnach stets dann wirtschaftliche Substanz, wenn sich die Spezifikationen (Risiko, zeitlicher Anfall, Betrag) der Zahlungsströme des erhaltenen Vermögenswertes, von denen des übertragenen Vermögenswertes unterscheiden (weiterführend vgl. IAS 38.46).

Aus der Formulierung des IFRS-SMEs Abschn. 18.13(b) wird deutlich, dass die Zugangsbewertung eines durch Tausch erworbenen immateriellen Vermögenswertes einer Art Bewertungshierarchie folgt. Grundsätzlich ist der empfangene immaterielle Vermögenswert mit seinem beizulegenden Zeitwert anzusetzen. Ist dieser nicht verlässlich bestimmbar, so ist für die Zugangsbewertung ersatzweise der beizulegende Zeitwert des hingegebenen Vermögenswertes (bzw. der Gruppe oder Kombination derselben) als Bewertungsgröße heranzuziehen. Sollte sich auch dieser nicht verlässlich ermitteln lassen, so ist der empfangene immaterielle Vermögenswert in einer Art Auffangtatbestand mit dem Buchwert des hingegebenen Vermögenswertes (bzw. der Gruppe oder Kombination derselben) zum Tauschzeitpunkt zu bewerten.

Hingegebene Vermögenswerte sind nach den Bestimmungen der für sie relevanten Abschnitte des IFRS-SMEs bei Tausch auszubuchen.

2. Folgebewertung immaterieller Vermögenswerte

a. Überblick

32 Mit den Bestimmungen zur Folgebewertung immaterieller Vermögenswerte in den IFRS-SMEs Abschn. 18.18-25 wird deutlich, dass der IASB vorrangig das Ziel möglichst einfach und objektiv anzuwendender Folgebewertungsregeln im Interesse kleiner und mittelgroßer Unternehmen verfolgt hat. Demnach wird immateriellen Vermögenswerten im IFRS-SMEs vereinfachend eine stets begrenzte Nutzungsdauer zugeschrieben. Die **Folgebewertung** erfolgt zudem ausschließlich **zu fortgeführten Anschaffungskosten**, dh. zu Anschaffungskosten unter Berücksichtigung planmäßiger (vgl. Tz. 33-40) sowie ggf. außerplanmäßiger Abschreibungen (vgl. Tz. 41-43).

b. Planmäßige Abschreibungen

aa. Ermittlung der Abschreibungsbeträge

33 Immaterielle Vermögenswerte sind zum Bilanzstichtag grundsätzlich zu fortgeführten Anschaffungskosten zu bewerten (IFRS-SMEs Abschn. 18.18). Die fortgeführten Anschaffungskosten eines immateriellen Vermögenswertes ergeben sich aus dessen ursprünglichen Anschaffungskosten unter Abzug der bis zu diesem Zeitpunkt aufgelaufenen planmäßigen und ggf. außerplanmäßigen Abschreibungsbeträge:

	Ursprüngliche Anschaffungskosten
–	(kumulierte) planmäßige Abschreibungen
–	(kumulierte) außerplanmäßige Abschreibungen abzgl. (kumulierte) Wertaufholungen
=	**Fortgeführte Anschaffungskosten**

Tab. 2: Fortgeführte Anschaffungskosten immaterieller Vermögenswerte

Die ursprünglichen Anschaffungskosten eines immateriellen Vermögenswertes repräsentieren den künftigen wirtschaftlichen Nutzen, der zum Zeitpunkt seines Zugangs mindestens erwartet wird. Es ist jedoch davon auszugehen, dass ein immaterieller Vermögenswert sein Nutzenpotential mit fortschreitender Lebensdauer verbraucht. Infolgedessen ist es die Aufgabe planmäßiger Abschreibungen (*amortisation*), den Verbrauch des künftigen wirtschaftlichen Nutzens eines immateriellen Vermögenswertes systematisch abzubilden. Dies wird erreicht, indem die ursprünglichen Anschaffungskosten unter Abzug eines Restwertes (*residual value*) planmäßig über die erwartete Nutzungsdauer (*useful life*) des immateriellen Vermögenswertes verteilt werden. Demnach bestimmt sich der für einen immateriellen Vermögenswert jährlich zu berücksichtigende, planmäßige Abschreibungsbetrag anhand folgender Faktoren:

- Ursprüngliche Anschaffungskosten (vgl. Tz. 24-31),
- Restwert (vgl. Tz. 34),
- Nutzungsdauer (vgl. Tz. 35),
- Abschreibungsmethode (vgl. Tz. 36).

Ausgangspunkt für die Bestimmung der jährlichen planmäßigen Abschreibung sind die ursprünglichen Anschaffungskosten eines immateriellen Vermögenswertes, von dem ggf. ein **Restwert** abzuziehen ist. Diese Differenz wird auch als Abschreibungsvolumen bezeichnet. Ein Restwert, dh. ein am Ende der Abschreibungsdauer verbleibender Buchwert eines immateriellen Vermögenswertes ist gem. IFRS-SMEs Abschn. 18.23 nur unter sehr rigiden Voraussetzungen zu berücksichtigen. Üblicherweise wird ein **Restwert von Null** angenommen, es sei denn **34**

- ein Dritter hat sich dazu verpflichtet, den Vermögenswert am Ende seiner Nutzungsdauer zu einem vereinbarten Preis zu erwerben, oder
- es existiert ein aktiver Markt für diesen Vermögenswert und
  - der Restwert kann im Hinblick auf diesen Markt bestimmt werden, und
  - es ist wahrscheinlich, dass ein derartiger Markt am Ende der Nutzungsdauer des Vermögenswerts existiert.

Es wird deutlich, dass ein Restwert nach dem Willen des IASB nur dann zu berücksichtigen ist, wenn er hinreichend objektivierbar bestimmt werden kann. Dies ist unstrittig dann der Fall, wenn sich ein Dritter dazu verpflichtet, den immateriellen Vermögenswert zu einem vereinbarten Preis am Ende der Nutzungsdauer abzunehmen. Dem Wortlaut von IFRS-SMEs Abschn. 18.23(a) nach kann vermutet werden, dass diese Verpflichtung justiziabel sein muss (»*there is a commitment by a third party* [...]; IFRS-SMEs Abschn. 18.23(a)). In diesem Fall ergibt sich der Restwert als der vereinbarte Kaufpreis, für den der Vermögenswert am Ende der Nutzungsdauer abgenommen wird.

Daneben ist ein Restwert eines immateriellen Vermögenswertes auch zu berücksichtigen, wenn er nach dessen Lebensdauer als auf einem aktiven Markt erzielbarer Preis bestimmt werden kann (IFRS-SMEs Abschn. 18.23(b)). Die bloße Vermutung, einen immateriellen Vermögenswert nach seiner Nutzungsdauer verkaufen zu können, ist für die Festlegung des Restwertes somit nicht ausreichend. Ferner setzt der Abschnitt voraus, dass nach Nutzung ein aktiver Markt vorhanden sein muss, auf dem der Vermögenswert regelmäßig gehandelt werden kann. Dieser Markt muss so beschaffen sein, dass er die eindeutige Bestimmung eines Marktpreises erlaubt. Es scheint, dass eine derartige, idR mehrere Jahre in die Zukunft greifende Einschätzung, wohl nur in wenigen Fällen verlässlich zu treffen sein dürfte. In Anbetracht der zentralen Objektivierbarkeitsbedürfnisse kleiner und mittelgroßer Unternehmen, dürfte ein Restwert von Null in der Bilanzierungspraxis damit vorzuziehen sein.

Gemäß IFRS-SMEs Abschn. 18.21 ist das Abschreibungsvolumen systematisch über die geplante **Nutzungsdauer** des Vermögenswertes zu verteilen. Folglich hängen planmäßige Abschreibungen also von dem Zeitraum ab, in dem ein immaterieller Vermögenswert voraussichtlich genutzt werden kann. **35**

Obwohl theoretisch immaterielle Vermögenswerte mit unbegrenzter Nutzungsdauer denkbar sein können, spricht IFRS-SMEs Abschn. 18.19 vereinfachend sämtlichen immateriellen Vermögenswerten (und auch dem *goodwill*) eine stets begrenzte Nutzungsdauer zu. Der IASB ist sich durchaus bewusst, damit eine nicht zwangsläufig konzeptionell stringente Konvention geschaffen zu haben (ausführlich vgl. IFRS-SMEs BC 111). Die Fiktion einer stets begrenzten Nutzungsdauer immaterieller Vermögenswerte und des *goodwill* erscheint jedoch aus Kosten-Nutzen-Erwägungen als eine im Interesse kleiner und mittelgroßer Unternehmen notwendige Vereinfachung (vgl. IFRS-SMEs BC 112). Implizit dokumentiert sich an dieser Stelle auch der

Objektivierungsgedanke. Die planmäßige Abschreibung selbst wirtschaftlich unbegrenzt nutzbarer immaterieller Vermögenswerte vermag eine höhere Objektivität zu versprechen als der möglicherweise stark ermessensbehaftete *impairment-only* Ansatz (IFRS-SMEs BC 111), der nur außerplanmäßige Wertminderungen berücksichtigt.

Grundsätzlich bestimmt sich die Nutzungsdauer immaterieller Vermögenswerte, die aus vertraglichen oder sonstigen gesetzlichen Rechten resultieren, ebenfalls nach der Dauer ihrer wirtschaftlichen Nutzungsfähigkeit. IFRS-SMEs Abschn. 18.19 stellt jedoch klar, dass die Nutzungsdauer in diesem Fall die Dauer der vertraglichen oder gesetzlichen Vereinbarung nicht überschreiten darf. Beinhaltet die vertragliche oder gesetzliche Vereinbarung eine Verlängerungsoption, darf die Nutzungsdauer uU auf den Verlängerungszeitraum ausgedehnt werden. Hierfür muss belegbar sein, dass das Unternehmen die Verlängerung in Anspruch zu nehmen beabsichtigt und dies ohne erhebliche Kosten möglich ist (IFRS-SMEs Abschn. 18.19). Lässt sich die geplante Nutzungsdauer eines immateriellen Vermögenswert nicht verlässlich bestimmen, so wird eine Nutzungsdauer von **10 Jahren** als Konvention unterstellt. Auch diese Konvention dient der sinnvollen Vereinfachung und der Steigerung der Objektivität.

36 Der jährlich für einen immateriellen Vermögenswert zu verrechnende Abschreibungsbetrag wird zudem von der Methode bestimmt, mit der das Abschreibungsvolumen über die geplante Nutzungsdauer des Vermögenswertes verteilt wird. Die gewählte **Abschreibungsmethode** (*amortisation method*) muss dabei grundsätzlich den erwarteten Verbrauch des künftigen wirtschaftlichen Nutzens über die Nutzungsdauer des immateriellen Vermögenswertes abbilden (IFRS-SMEs Abschn. 18.22). IFRS-SMEs Abschn. 18 nennt keine Beispiele für gängige Methoden, verlangt jedoch die Methode zu wählen, welche die wirtschaftliche Leistungsabgabe des Vermögenswertes hinreichend repräsentiert. Je nach Nutzung des Vermögenswertes können also alle gängigen Methoden (zB degressive Abschreibungsverfahren, lineare Abschreibung, leistungsmäßige Abschreibung) in Frage kommen. Für ein Gros der immateriellen Vermögenswerte dürfte jedoch fraglich sein, inwiefern sich der wirtschaftliche Nutzenverbrauch tatsächlich verlässlich bestimmen lässt. Ist keine adäquate Abschreibungsmethode ermittelbar, muss gem. IFRS-SMEs Abschn. 18.22 im Zweifelsfall die **lineare Abschreibungsmethode** gewählt werden.

37 Planmäßige Abschreibungen sind grundsätzlich ab dem **Zeitpunkt** zu berücksichtigen, ab dem ein immaterieller Vermögenswert betriebsbereit ist, dh. an dem Ort und in dem Zustand, in dem er in der Lage ist, dem vom Management des Unternehmens vorgesehenen Zweck zu erfüllen (IFRS-SMEs Abschn. 18.22). Dies erfordert bei unterjähriger Inbetriebnahme des immateriellen Vermögenswertes eine Abschreibung *pro rata temporis*. Unter Wirtschaftlichkeitserwägungen dürfte bei kleinen und mittelgroßen Unternehmen eine Vereinfachung in Richtung einer nur monats- oder halbjahresgenauen Rechnung erlaubt sein. Die planmäßige Abschreibung eines immateriellen Vermögenswertes endet mit Ablauf seiner Nutzungsdauer oder falls er ausgebucht wird (IFRS-SMEs Abschn. 18.22).

38 Gem. IFRS-SMEs Abschn. 18.21 sind planmäßige Abschreibungen in dem Geschäftsjahr, in dem sie angefallen sind, grundsätzlich als Aufwand im Gewinn oder Verlust zu erfassen. Indes sind Abschreibungsbeträge, die **Bestandteil der Herstellungskosten anderer Vermögenswerte** sind, zu aktivieren. Demnach sind Abschreibungen auf immaterielle Vermögenswerte, die der Herstellung von Vorräten oder Sachanlagen dienen, nach den Bestimmungen der für sie relevanten Abschnitte den Herstellungskosten hinzuzurechnen (IFRS-SMEs Abschn. 18.21 iVm. IFRS-SMEs Abschn. 13 bzw. IFRS-SMEs Abschn. 17).

bb. Behandlung von Schätzungsänderungen

39 Die Festlegung von Nutzungsdauer, Abschreibungsmethode und Restwert eines immateriellen Vermögenswertes unterliegt den Annahmen des Bilanzierenden, die zum Zeitpunkt der Aktivierung dieses Vermögenswertes getroffen werden. Demnach stellt sich die Frage, wie etwaige Schätzungsänderungen der vorgenannten Parameter zu behandeln sind. Erneut verfolgt der

IASB an dieser Stelle das Ziel einer möglichst einfachen Handhabung für kleine und mittelgroße Unternehmen.

IFRS-SMEs BC 136 stellt hierbei klar, dass die im Bezug auf Nutzungsdauer, Abschreibungsmethode und Restwert eines immateriellen Vermögenswerts getroffenen Annahmen **nicht an jedem Bilanzstichtag** erneut überprüft werden müssen. Eine Anpassung ist stets nur dann notwendig, sofern seit dem zurückliegenden Bilanzstichtag **konkrete Hinweise** aufgetreten sind (*indicator approach*), die eine Anpassung der genannten Faktoren notwendig erscheinen lassen (IFRS-SMEs Abschn. 18.24). Der Abschnitt nennt an dieser Stelle beispielhaft Ereignisse wie einen veränderten Nutzungszweck eines immateriellen Vermögenswertes, technologischen Fortschritt (der damit ggf. eine Anpassung der Nutzungsdauer erforderlich macht) oder veränderte Marktpreise, die zu einer Anpassung des Restwertes führen müssten. Es ist davon auszugehen, dass diese Aufzählung nicht abschließend ist. In einer Negativauslegung des Wortlautes, sind demnach Nutzungsdauer, Abschreibungsmethode und Restwert nur dann nicht anzupassen, wenn tatsächlich keinerlei konkrete Hinweise vorliegen, die eine Änderung der getroffenen Annahmen notwendig machen. Anzeichen für eine eventuell notwendige Anpassung der Annahmen, können sich auch aus den Indikatoren ergeben, die auf einen außerplanmäßigen Wertminderungsbedarf hindeuten (IFRS-SMEs Abschn. 27.10; hierzu vgl. Tz. 42).

40 Gem. IFRS-SMEs Abschn. 18.24 sind Schätzungsänderungen bezüglich Nutzungsdauer, Abschreibungsmethode und Restwert eines immateriellen Vermögenswertes nach den Bestimmungen der IFRS-SMEs Abschn. 10.15-.18 zu behandeln (ausführlich vgl. IFRS-SMEs-Komm., Teil B, Abschn. 10, Tz. 33-42). Demnach sind die fortgeführten Anschaffungskosten eines immateriellen Vermögenswertes zum relevanten Bilanzstichtag auf Basis der geänderten Annahmen neu zu bestimmen und der bisherige Buchwert anzupassen (IFRS-SMEs Abschn. 10.17). Der Anpassungsbetrag ist nach Maßgabe des IFRS-SMEs Abschn. 10.16 im Gewinn oder Verlust zu erfassen.

c. *Außerplanmäßige Wertminderungen*

41 Die fortgeführten Anschaffungskosten immaterieller Vermögenswerte umfassen gem. IFRS-SMEs Abschn. 18.18 regelmäßig auch die bis zum jeweiligen Bilanzstichtag aufgelaufenen außerplanmäßigen Wertminderungen. Ob und in welcher Höhe eine Wertminderung vorliegt, wird gem. IFRS-SMEs Abschn. 18.25 nach Maßgabe von IFRS-SMEs Abschn. 27 (*Impairment of Assets*) im Rahmen eines **Werthaltigkeits- bzw. -minderungstests** ermittelt und erfasst (ausführlich vgl. IFRS-SMEs-Komm., Teil B, Abschn. 27).

42 Kleine und mittelgroße Unternehmen haben demnach an jedem Bilanzstichtag zu prüfen, ob **objektivierbare Hinweise** vorliegen, die daraufhin deuten, dass ein immaterieller Vermögenswert wertgemindert sein könnte (IFRS-SMEs Abschn. 27.5). IFRS-SMEs Abschn. 27.9 nennt hierbei potenzielle externe und interne Informationen, die möglicherweise auf die Notwendigkeit einer außerplanmäßigen Wertminderung hindeuten. Beispielhaft seien aus diesem nicht abschließenden Katalog folgende Indikatoren mit Relevanz für immaterielle Vermögenswerte herausgegriffen:

- Der Marktwert eines immateriellen Vermögenswerts ist drastisch gesunken, was so vorab nicht absehbar war (zB überraschende Markteinführung eines substituierenden Konkurrenzproduktes).
- Es sind Ereignisse aufgetreten, die die Nutzung des immateriellen Vermögenswertes einschränken oder unmöglich machen (zB Lizenzstreitigkeiten; gerichtliches Verbot ein Recht nutzen zu dürfen).

43 In den Folgeperioden ist zu jedem Abschlussstichtag die Möglichkeit einer Wertaufholung zu prüfen. Mit Ausnahme des derivativen *goodwill* gilt für alle aktivierten immateriellen Vermögenswerte ein **Wertaufholungsgebot,** sofern die Gründe für eine außerplanmäßige Wertminderung nicht mehr bestehen oder deren Höhe sich verringert hat. Ist eine Wertaufholung eingetreten und vorzunehmen, darf sie nicht die fortgeführten Anschaffungskosten übersteigen, die sich ohne außerplanmäßige Abschreibung ergeben hätten. IFRS-SMEs Abschn. 18.25 iVm. Abschn. 27.28-31 regelt die entsprechenden Einzelheiten (ausführlich vgl. IFRS-SMEs-Komm., Teil B, Abschn. 27, Tz. 50-56).

III. Ausbuchung immaterieller Vermögenswerte

44 Immaterielle Vermögenswerte sind unter Berücksichtigung etwaiger Veräußerungsgewinne oder -verluste in folgenden Fällen auszubuchen (IFRS-SMEs Abschn. 18.26):

- bei Verkauf, **oder**
- wenn aus der weiteren Nutzung oder dem Verkauf kein künftiger wirtschaftlicher Nutzen mehr zu erwarten ist.

Veräußerungsgewinne oder -verluste sind im Zeitpunkt ihres Auftretens als Ertrag bzw. Aufwand im Gewinn oder Verlust zu erfassen (IFRS-SMEs Abschn. 18.26).

IV. Darstellung im Jahresabschluss

45 IFRS-SMEs Abschn. 18 enthält mit Ausnahme der geforderten Anhangangaben (vgl. Tz. 49-52) keine weiteren Vorschriften zum Ausweis immaterieller Vermögenswerte in den Jahresabschlüssen kleiner und mittelgroßer Unternehmen. Entsprechende Informationen finden sich in den allgemeinen Bestimmungen der IFRS-SMEs Abschn. 4-7 zur Gestaltung von Bilanz, Gewinn- und Verlustrechnung sowie Kapitalflussrechnung.

46 Ein nach dem IFRS-SMEs berichtendes Unternehmen hat in seiner Bilanz mindestens die in IFRS-SMEs Abschn. 4.2 aufgeführten Positionen (*line items*) gesondert auszuweisen. Demnach sind **immaterielle Vermögenswerte in einem eigenen Bilanzposten** (*»intangible assets«*) abzubilden (IFRS-SMEs Abschn. 4.2(g)), der aufgrund des sachlichen Anwendungsbereichs von IFRS-SMEs Abschn. 18 (vgl. Tz. 6) lediglich langfristige immaterielle Vermögenswerte beinhaltet.

Eine weitere Untergliederung dieser Position ist, anders als bei den in IFRS-SMEs Abschn. 4.11 aufgeführten Posten (bspw. Sachanlagevermögen), nicht explizit vorgeschrieben. Da jedoch im Rahmen der nach IFRS-SMEs Abschn. 18.27 offenzulegenden Anhangangaben immaterielle Vermögenswerte nach Klassen, also nach Gruppen von Vermögenswerten mit gleichen oder ähnlichen Charakteristika, zu differenzieren sind (vgl. Tz. 49), bietet es sich an diese Kategorisierung auch in der Bilanz darzustellen.

47 Planmäßige Abschreibungen immaterieller Vermögenswerte sind in der Periode, in der sie anfallen, als Aufwand im Gewinn oder Verlust zu erfassen (vgl. Tz. 38). Werden die Aufwendungen in der Gewinn- und Verlustrechnung gem. IFRS-SMEs Abschn. 5.11(a) nach ihrer Art gegliedert, können die **planmäßigen Abschreibungsbeträge** als **Abschreibungen auf immaterielle Vermögenswerte gesondert ausgewiesen** werden. Es bietet sich aber ebenso an, diese mit planmäßigen Abschreibungen auf andere Vermögenswerte, zB Sachanlagen, in einem Posten **zusammenzufassen**. Werden Aufwendungen ihrer Funktion nach gegliedert (IFRS-SMEs Abschn. 5.11(b)), so ist darauf zu achten, dass planmäßige Abschreibungen auf immaterielle Vermögenswerte, die Bestandteil der Herstellungskosten anderer Vermögenswerte bilden, auch gesondert als solche ausgewiesen werden.

Außerplanmäßige Abschreibungen auf immaterielle Vermögenswerte, welche gem. IFRS-SMEs 27.6 als Aufwand im Gewinn oder Verlust zu erfassen sind (vgl. Tz. 41), stellen idR entscheidungsrelevante Informationen dar und sollten demnach **eigens abgebildet werden**. Gleiches gilt für im Gewinn oder Verlust zu erfassende Veräußerungsgewinne oder -verluste, die bei Ausbuchung immaterieller Vermögenswerte auftreten können (vgl. Tz. 44).

48 Der Erwerb und die Veräußerung immaterieller Vermögenswerte berühren desweiteren auch die Kapitalflussrechnung kleiner und mittelgroßer Unternehmen. Dahingehend anfallende Zahlungen sind gem. IFRS-SMEs Abschn. 7.5(a) als Bestandteil des Cashflows aus Investitionstätigkeit zu erfassen (ausführlich vgl. IFRS-SMEs-Komm., Teil B, Abschn. 7, Tz. 8 u. 21-24).

V. Anhangangaben

49 In Ergänzung zu den in den Rechenwerken präsentierten Informationen über immaterielle Vermögenswerte haben kleine und mittelgroße Unternehmen weiterführende Angaben im Anhang offenzulegen. Die im Folgenden aufgeführten Pflichtangaben gem. IFRS-SMEs Abschn. 18.27 sind für jede Klasse (*class*) von immateriellen Vermögenswerten vorzunehmen. Eine Klasse umfasst dabei diejenigen Vermögenswerte, die sich hinsichtlich ihrer Natur und ihres Gebrauchs ähneln (vgl. IFRS-SMEs Glossar). Im Einzelnen sind gem. IFRS-SMEs Abschn. 18.27 anzugeben:

(a) die gewöhnlichen Nutzungsdauern oder Abschreibungsquoten,
(b) die verwendeten Abschreibungsmethoden,
(c) der Bruttobuchwert und die kumulierte Abschreibung (zusammengefasst mit den kumulierten Wertminderungsaufwendungen) zu Beginn und zu Ende des Geschäftsjahres,
(d) der/die Posten der Gewinn- und Verlustrechnung, in dem/denen die Abschreibung auf immaterielle Vermögenswerte enthalten ist/sind,
(e) eine Überleitung zwischen Buchwert zu Beginn und zum Ende des Geschäftsjahres unter zusätzlicher Angabe der Zugänge, Abgänge, Erwerbe im Zuge von Unternehmenszusammenschlüssen, (planmäßigen) Abschreibungen, Wertminderungsaufwendungen und sonstiger Veränderungen.

Eine explizite Form der Darstellung ist hierbei nicht vorgegeben. Es bietet sich jedoch an, die Angaben nach IFRS-SMEs Abschn. 18.27(c) und (e) in einer Art **Anlagespiegel** immaterieller Vermögenswerte tabellarisch zusammenzufassen. Dem Wortlaut nach ist es dabei ausreichend, Bewegungen im immateriellen Anlagevermögen zu Buchwerten zu erfassen (sog. direkte Nettomethode; vgl. Theile, in: IFRS-Handbuch, 4. Aufl., Tz. 1090). Demnach ließe sich ein Anlagespiegel immaterieller Vermögenswerte wie folgt darstellen:

	Klassen immaterieller Vermögenswerte, zB Software …	Gesamt
Anschaffungskosten am 01.01.20XX Kumulierte Abschreibungen (inkl. Wertminderungen)		
Buchwert am 01.01.20XX Zugänge durch Unternehmenszusammenschluss Sonstige Zugänge Abgänge Sonstige Veränderungen (+/-) Planmäßige Abschreibungen Wertminderungen Wertaufholungen **Buchwert am 31.12.20XX**		
Anschaffungskosten am 31.12.20XX		

Tab. 3: Mögliche Gestaltung eines Anlagespiegels immaterieller Vermögenswerte

Es erscheint ebenso zulässig, wie in der deutschen Bilanzierungspraxis (auch durch die Nähe zum handelsrechtlichen Anlagespiegel) gängig, Bewegungen im immateriellen Anlagevermögen sowie in den kumulierten Abschreibungen zu Anschaffungskosten auszuweisen (direkte Bruttomethode), da mit dieser Methode kein Informationsverlust verbunden ist (vgl. Theile, in: IFRS-Handbuch, 4. Aufl., Tz. 1090).

IFRS-SMEs Abschn. 18.27 stellt explizit klar, dass die Überleitungsrechnung vorheriger Geschäftsjahre an dieser Stelle nicht offengelegt werden muss. Auf die Angabe von **Vergleichszahlen der Vorjahre** kann insofern verzichtet werden.

50 Desweiteren sind folgende Angaben offenzulegen (IFRS-SMEs Abschn. 18.28):

(a) eine Beschreibung, den Buchwert und die restliche Abschreibungsdauer für jeden einzelnen immateriellen Vermögenswert, der als wesentlich für die Bilanz anzusehen ist,
(b) für immaterielle Vermögenswerte aus Zuwendungen der öffentlich Hand, die ursprünglich zum beizulegenden Zeitwert bewertet wurden der beizulegende Zeitwert, der für diese Vermögenswerte angesetzt wurde sowie deren Buchwerte,
(c) der Hinweis auf immaterielle Vermögenswerte unter Angabe ihrer Buchwerte, mit denen ein eingeschränktes Eigentumsrecht verbunden ist oder die als Sicherheit für Verbindlichkeiten begeben wurden,
(d) der Betrag für vertragliche Verpflichtungen zum Erwerb immaterieller Vermögenswerte.

51 Ein kleines oder mittelgroßes Unternehmen hat darüber hinaus die im abgelaufenen Geschäftsjahr angefallenen **Aufwendungen für Forschung und Entwicklung**, die unmittelbar als Aufwand erfasst wurden, zusammengefasst anzugeben (IFRS-SMEs Abschn. 18.29). Hiervon sind diejenigen Aufwendungen, die ggf. als Bestandteil der Herstellungskosten anderer Vermögenswerte aktiviert wurden, ausgenommen.

52 Die Angabepflichten von IFRS-SMEs Abschn. 18.27-.29 sind für kleine und mittelgroße Unternehmen durchaus umfangreich und kostenintensiv. Möglichkeiten der **Erleichterungen** sind den entsprechenden Angabepflichten nicht explizit zu entnehmen, insofern existieren dort auch keine Hinweise auf bestimmte Voraussetzungen, unter denen die Angaben reduziert werden können. Dennoch ist aus den für kleine und mittelgroße Unternehmen zentralen **Wirtschaftlichkeitserwägungen** abzuleiten, dass die Bereitstellung der Angaben nicht zu unverhältnismäßig hohen Kosten führen darf. Angesichts der klaren Angabepflicht der Norm muss die Kosten-Nutzenabwägung aber schon ein außergewöhnliches Missverhältnis in der Kostenrelation identifizieren, um an dem Wortlaut der Norm vorbei Angaben im Einzelfall zu reduzieren. Neben Wirtschaftlichkeitserwägungen im engeren Sinne treten gerade bei den oft sensiblen Angaben zu immateriellen Vermögenswerten konkurrenzinduzierte Gründe für eine Reduzierung der Angaben hinzu. Gerade bei kleinen und mittelgroßen Unternehmen mögen Angaben zu immateriellen Vermögenswerten für das bilanzierende Unternehmen zu **Wettbewerbsnachteilen** führen. Diese sind als Kosten im weiteren Sinne in die Wirtschaftlichkeitserwägungen einzubeziehen und können insofern ebenfalls unter den vorgenannten Voraussetzungen zur Reduzierung von Angaben führen.

C. Vergleich mit IFRS und HGB

53 Mit Inkrafttreten des BilMoG und der damit einhergehenden Neufassung des § 248 HGB wurde das generelle Ansatzverbot für selbsterstellte immaterielle Vermögensgegenstände des Anlagevermögens zu Gunsten einer Annäherung an die Usancen Internationaler Rechnungslegungsgrundsätze aufgehoben. Diese dürfen nunmehr gem. § 248 Abs. 2 HGB aktiviert werden und sind bei erstmaligem Ansatz in Höhe der bei ihrer Entwicklung angefallenen Aufwendungen zu bewerten (§ 255 Abs. 2a HGB). Es ist offenkundig, dass die IFRS hierbei eine Vorbildfunktion eingenommen haben dürften (zB vgl. Arbeitskreis »Immaterielle Werte im Rechnungswesen« der Schmalenbach-Gesellschaft für Betriebswirtschaft e. V., DB 2008, 1813), auch wenn der verwandte IAS 38 kein Wahlrecht, sondern unter weiteren Voraussetzungen eine Aktivierungspflicht vorsieht. Zusammenfassend wird damit deutlich, dass der Regelungsgehalt von IFRS-SMEs Abschn. 18 sowohl hinter IAS 38 als auch der entsprechenden nationalen Regulierung zurückbleibt. Letztlich hatte sich der IASB angesichts der für kleine und mittelgroße Unternehmen dominanten Objektivierbarkeitserwägungen sowie ihres spezifischen Kosten-Nutzen-Kalküls dazu entschieden, das noch im ED IFRS-SMEs formulierte Wahlrecht zur Aktivierung aus Entwicklung hervorgehender immaterieller Vermögenswerte endgültig zu streichen (hierzu vgl. Tz. 22).

Die wichtigsten Regelungen der IFRS-SMEs, IFRS und des HGB lassen sich wie folgt gegenüberstellen. Die Darstellung bezieht sich dabei ausschließlich auf immaterielle Vermögenswerte bzw. -gegenstände des Anlagevermögens:

Regelung	IFRS (IAS 38)	IFRS-SMEs	HGB
Anwendungsbereich	Immaterielle Vermögenswerte	Immaterielle Vermögenswerte	Immaterielle Vermögensgegenstände
Ansatzwahlrechte	Keine	Keine	Immaterielle Vermögensgegenstände des Anlagevermögens, die aus einer Entwicklungsphase entstanden sind (bewertet zu Entwicklungskosten)
Ansatzverbote	Selbst geschaffene Markennamen, Drucktitel, Verlagsrechte, Kundenlisten oder ähnliche Sachverhalte, Immaterielle Werte aus Forschungsphase	Sämtliche selbst geschaffenen immateriellen Vermögenswerte des Anlagevermögens	Selbst geschaffene Marken, Drucktitel, Verlagsrechte, Kundenlisten oder ähnliche Sachverhalte, Immaterielle Werte aus Forschungsphase
Zugangsbewertung	Anschaffungs-/Herstellungskosten (AK/HK)	Anschaffungskosten (AK)	Anschaffungs-/Herstellungskosten
Folgebewertung	- AK/HK, vermindert um planmäßige (nur sofern Nutzungsdauer begrenzt ist) und außerplanmäßige Abschreibungen (fortgeführte AK/HK) - Oder: Neubewertung zum beizulegenden Zeitwert (sofern aktiver Markt vorhanden), vermindert um planmäßige und außerplanmäßige Abschreibungen, die nach Neubewertung anfallen	AK, vermindert um planmäßige und außerplanmäßige Abschreibungen (fortgeführte AK)	AK/HK, vermindert um planmäßige (nur sofern Nutzungsdauer begrenzt ist) und außerplanmäßige Abschreibungen (fortgeführte AK/HK)
Außerplanmäßige Wertminderungen *(impairment)*			

Regelung	IFRS (IAS 38)	IFRS-SMEs	HGB
Prüfung auf Wertminderung (Werthaltigkeitstest)	- Jährlich bei immateriellen Vermögenswerten mit unbestimmter Nutzungsdauer bzw. - Sofern am Abschlussstichtag Anhaltspunkte vorliegen, die andeuten, dass ein immaterieller Vermögenswert wertgemindert sein könnte	Sofern am Abschlussstichtag Anhaltspunkte vorliegen, die andeuten, dass ein immaterieller Vermögenswert wertgemindert sein könnte	Zu jedem Abschlussstichtag
Höhe der Wertminderung	Differenz aus fortgeführten AK/HK bzw. Neubewertungsbetrag und (niedrigerem) erzielbaren Betrag	Differenz aus fortgeführten AK und (niedrigerem) erzielbaren Betrag	Differenz aus fortgeführten AK/HK und (niedrigerem) beizulegendem Zeitwert, sofern die Wertminderung voraussichtlich dauerhaft ist
Wertaufholung	Wertaufholungsgebot; Aufholung maximal bis zu planmäßig fortgeführten AK/HK bzw. bei Neubewertung Umkehrung der Wertminderung	Wertaufholungsgebot; Aufholung maximal bis zu planmäßig fortgeführten AK	Wertaufholungsgebot; Aufholung maximal bis zu planmäßig fortgeführten AK/HK
Darstellung in der Bilanz	Ausweis als gesonderter Posten innerhalb der langfristigen Vermögenswerte	Ausweis als gesonderter Posten innerhalb der langfristigen Vermögenswerte	Ausweis als gesonderter Posten innerhalb der Vermögensgegenstände des Anlagevermögens
Anhangangaben	Sehr großer Umfang	Großer Umfang	Geringer Umfang

Abschnitt 19
Unternehmenszusammenschlüsse und Geschäfts- oder Firmenwert (Business Combinations and Goodwill)

Michael Buschhüter/Kristina Schwedler

Inhaltsverzeichnis

Schrifttum

Baetge/Hayn/Ströher, IFRS 3, in: Baetge/Wollmert/Kirsch/Oser/Bischof (Hrsg.), Rechnungslegung nach IFRS (IFRS-Komm.), 2. Aufl., Stuttgart 2002, 9. Erg. Lfg. Oktober 2009; *Baetge/Kirsch/Thiele*, Konzernbilanzen, 8. Aufl., Düsseldorf 2009; *Beyhs/Wagner*, DB 2008, 73 ff.; *Buschhüter/Senger*, IRZ 2009, 23 ff.; *Buschhüter*, in: Buschhüter/Striegel (Hrsg.), Internationale Rechnungslegung, Wiesbaden 2009, 313 ff.; *Deloitte*, Business combinations and changes in ownership interests, London, 2008; *Deloitte*, iGAAP 2010, 3. Aufl., London 2009; *Ernst & Young*, International GAAP 2009, Chichester 2009; *IASB*, Business Combinations Phase II – Project Summary and Feedback Statement, London 2008; *Hayn/Spanheimer*, in: Vater et al. (Hrsg.), IFRS Änderungskommentar 2009, 2. Aufl., Weinheim, 2009; *Kasperzak/Lieck*, WPg 2009, 1015 ff.; *KPMG*, IFRS aktuell, Stuttgart 2004; *KPMG*, Insights into IFRS, 6. Aufl., London 2009; *Lüdenbach*, in: Lüdenbach/Hoffmann (Hrsg.), IFRS-Kommentar, 7. Aufl., Freiburg 2009; *PriceWaterhouseCoopers*, A Global Guide to Accounting for Business Combinations and Noncontrolling Interests, New York 2008; *PriceWaterhouseCoopers*, IFRS manual of accounting 2009, Kingston-upon-Thames 2009; *Senger/Brune/Diersch/Elprana*, in: Bohl/Riese/Schlüter (Hrsg.), Beck'sches IFRS-Handbuch, 3. Aufl., München 2009; *Schwedler*, KoR 2008, 125 ff.; *Schwedler*, Accounting 2008, 12 ff.; *Zwirner*, KoR 2009, 138 ff.

A. Allgemeines

I. Anwendungsbereich

1 IFRS-SMEs Abschn. 19 *Business Combinations and Goodwill* regelt die Bilanzierung von **Unternehmenszusammenschlüssen**. IFRS-SMEs Abschn. 19.3 definiert einen Unternehmenszusammenschluss als die Zusammenführung von separaten Unternehmen oder Geschäftsbetrieben in ein berichtendes Unternehmen. Ein Unternehmenszusammenschluss hat normalerweise zur Folge, dass der Erwerber die Beherrschung über einen oder mehrere Geschäftsbetriebe erwirbt.

2 Die Definition verdeutlicht, dass Unternehmenszusammenschlüsse auf unterschiedliche Art und Weise und mittels verschiedener rechtlicher Gestaltungen bewirkt werden können. Im einfachsten Fall erwirbt das berichtende Unternehmen alle Anteile an einem anderen Unternehmen gegen die Ausgabe liquider Mittel oder anderer Vermögenswerte bzw. gegen Ausgabe von Anteilen an dem berichtenden Unternehmen. Alternativ kann sich das berichtende Unternehmen im Gegenzug für die Beherrschung über ein anderes Unternehmen zur Übernahme von Schulden des Veräußerers oder des erworbenen Unternehmens verpflichten (vgl. IFRS-SMEs Abschn. 19.5).

3 Das berichtende Unternehmen muss nicht alle Anteile an dem anderen Unternehmen erwerben. Vielmehr erfüllt jeder Anteilserwerb, der dem berichtenden Unternehmen die Beherrschung über das andere Unternehmen verschafft, die Definition eines Unternehmenszusammenschlusses. Dies ist idR jeder Anteilserwerb, der dem Erwerber die Mehrheit der Stimmrechte an dem erworbenen Unternehmen gibt. In besonderen Fällen kann aber auch ein Anteilserwerb von weniger als der Hälfte der Stimmrechte oder der Abschluss einer vertraglichen Vereinbarung die Beherrschung eines anderen Unternehmens begründen. Für Einzelheiten zu diesen Fällen wird auf die Erläuterungen in IFRS-SMEs-Komm., Teil B, Abschn. 9 verwiesen.

4 Es ist gemäß IFRS-SMEs Abschn. 19.4 auch nicht erforderlich, dass sich der Unternehmenszusammenschluss auf den Kauf eines ganzen Unternehmens bezieht. Der Erwerb eines Geschäftsbetriebs eines anderen Unternehmens reicht aus. Erwirbt das berichtende Unternehmen bspw. nur einen von zwei Geschäftszweigen eines anderen Unternehmens, liegt ebenfalls ein Unternehmenszusammenschluss vor. Ein Unternehmenszusammenschluss kann schließlich auch ohne Erwerbsgeschäft zustande kommen. Beispiele hierfür sind insbesondere Verschmelzungen. So kann ein Unternehmenszusammenschluss etwa in der Verschmelzung eines anderen Unternehmens auf das berichtende Unternehmen liegen (Verschmelzung durch Aufnahme). Die Definition eines Unternehmenszusammenschlusses ist ferner erfüllt, wenn das berichtende Unternehmen und das andere Unternehmen auf eine neue Rechtseinheit verschmolzen werden (Verschmelzung durch Neugründung).

5 Die folgenden Transaktionen sind gemäß IFRS-SMEs Abschn. 19.2 von den Vorschriften zur Bilanzierung von Unternehmenszusammenschlüssen ausgenommen:

(1) **Zusammenschlüsse von Unternehmen oder Geschäftsbetrieben unter gemeinsamer Beherrschung.** Eine gemeinsame Beherrschung liegt vor, wenn alle sich zusammenschließenden Unternehmen oder Geschäftsbetriebe vor und nach der Transaktion letztendlich von der gleichen Partei beherrscht werden und die Beherrschung nicht nur vorübergehender Natur ist. Ausgenommen von den Vorschriften in IFRS-SMEs Abschn. 19 sind damit alle konzerninternen Umstrukturierungen. Ausführlich hierzu vgl. Tz. 67 ff.

(2) **Die Gründung eines Gemeinschaftsunternehmens.** Die Gründung eines Gemeinschaftsunternehmens ist von den Vorschriften in IFRS-SMEs Abschn. 19 ausgenommen. Stattdessen sollen die besonderen Vorschriften für Gemeinschaftsunternehmen, in IFRS-SMEs Abschn. 15 *Investments in Joint Ventures* zur Anwendung kommen.

(3) **Der Erwerb einer Gruppe von Vermögenswerten.** Soweit eine Gruppe von Vermögenswerten nicht die Definition eines Geschäftsbetriebs erfüllt, ist diese von den Vorschriften

in IFRS-SMEs Abschn. 19 ausgenommen. Der IFRS-SMEs lässt es dabei offen, wie der Erwerb einer Gruppe von Vermögenswerten alternativ abgebildet werden soll. UE erscheint es insbesondere unter Rückgriff auf die allgemeinen Grundsätze zum erstmaligen Ansatz und Bewertung von Vermögenswerten und Schulden sachgerecht, wenn der Erwerber die Anschaffungskosten einer Gruppe von Vermögenswerten nach Maßgabe der beizulegenden Zeitwerte der einzelnen Vermögenswerte und Schulden im Erwerbszeitpunkt den Vermögenswerten und Schulden zuordnet. Ein Geschäfts- oder Firmenwert wird nicht bilanziert. Zum Erwerb einer Gruppe von Vermögenswerten nach IFRS 3 vgl. Deloitte, 2009, 2182f.

II. Terminologie

6 IFRS-SMEs Abschn. 19.3 definiert einen Unternehmenszusammenschluss als die Zusammenführung von separaten Unternehmen oder Geschäftsbetrieben in ein berichtendes Unternehmen. **Erwerber** ist gemäß IFRS-SMEs Abschn. 19.8 das Unternehmen, das im Rahmen des Unternehmenszusammenschlusses die Beherrschung über ein anderes Unternehmen erwirbt. Das beherrschte Unternehmen wird als das **erworbene Unternehmen** bezeichnet. Erwerber kann nur ein Unternehmen, nicht aber eine natürliche Person sein. Das erworbene Unternehmen ist entweder ein anderes Unternehmen oder ein Teil eines anderen Unternehmens (vgl. Tz. 4).

7 Das erworbene Unternehmen, nicht aber der Erwerber, muss die Definition eines **Geschäftsbetriebs** erfüllen. Der IFRS-SMEs definiert einen Geschäftsbetrieb als eine integrierte Gruppe von Tätigkeiten und Vermögenswerten, die mit dem Ziel geführt und geleitet werden:

(1) für die Investoren Erträge zu erwirtschaften; oder
(2) niedrigere Kosten oder sonstigen wirtschaftlichen Nutzen den Versicherungsnehmern oder Teilnehmern direkt und anteilig zukommen zu lassen.

8 Der IFRS-SMEs führt weiter aus, dass im Allgemeinen (a) der Einsatz von Ressourcen, (b) darauf anzuwendende Verfahren und (c) daraus resultierende Leistungen, die gegenwärtig oder zukünftig genutzt werden, um Erträge zu erwirtschaften, Kennzeichen eines Geschäftsbetriebs sind. Die Definition verlangt vom bilanzierenden Unternehmen in erheblichem Umfang die Ausübung von Ermessen und bereitet in der Praxis oft Schwierigkeiten bei der Auslegung. So kommt es bspw. nicht darauf an, dass ein Geschäftsbetrieb im Einzelfall immer alle Indikatoren eines Geschäftsbetriebes erfüllt. Entscheidend ist das Gesamtbild aller mit einer Gruppe von Vermögenswerten und Schulden zusammenhängenden Sachverhalte. Ein Unternehmen, das sich noch in der Gründungsphase befindet, kann daher bspw. schon die Definition eines Geschäftsbetriebs erfüllen, obwohl es noch keine Leistungen erbringt. Umgekehrt muss das erwerbende Unternehmen nicht jede einzelne Komponente des bestehenden Geschäftsbetriebs übernehmen, sondern ist frei, einzelne betriebliche Funktionen durch eigene Ressourcen oder Verfahren zu ersetzen.

9 Im Allgemeinen weisen die folgenden **Indikatoren auf das Vorliegen eines Geschäftsbetriebes** hin:

(1) Die Tätigkeiten und Vermögenswerte des erworbenen Unternehmens sind eng mit einander verbunden. Die Geschäftstätigkeit geht also über das bloße Halten von Vermögenswerten hinaus.
(2) Der Erwerber übernimmt die Mehrzahl der Anstellungsverhältnisse des erworbenen Unternehmens.
(3) Das erworbene Unternehmen verfügt über einen eigenen Kundenstamm.
(4) Dem erworbenen Unternehmen kann ein Geschäfts- oder Firmenwert zugeordnet werden (Der IFRS-SMEs vermutet in diesem Fall das Vorliegen eines Geschäftsbetriebs!).

10 Die Frage, ob der Erwerber die Tätigkeiten des erworbenen Unternehmens auch in der Zukunft fortführen möchte, ist hingegen unerheblich für die Einstufung als Geschäftsbetrieb. Für weitere Einzelheiten zur Definition eines Geschäftsbetriebes vgl. Senger et al. Unternehmenszusammenschlüsse, in: Beck IFRS-Handbuch, 3. Aufl., Tz. 3 ff.; PriceWaterhouseCoopers, 2008, 9 ff.

11 Erfüllt eine Transaktion die Definition eines Unternehmenszusammenschlusses, muss dieser nach der **Erwerbsmethode** bilanziert werden. IFRS-SMEs Abschn. 19.7 verzichtet auf eine Definition der Erwerbsmethode und zählt stattdessen die Schritte auf, aus denen sich die Erwerbsmethode zusammensetzt. Dies sind:

(1) die Bestimmung des Erwerbers;
(2) die Bemessung der Anschaffungskosten des Unternehmenszusammenschlusses; und
(3) die Aufteilung der Anschaffungskosten auf
  (a) die erworbenen Vermögenswerte (einschließlich eines Geschäfts- oder Firmenwerts),
  (b) die übernommenen Schulden und
  (c) Rückstellungen für Eventualverbindlichkeiten.

12 **Bewertungsstichtag** der Anschaffungskosten ist der Tauschzeitpunkt, dh. der Zeitpunkt, an dem die Vermögenswerte, Schulden, Eventualverbindlichkeiten sowie die Gegenleistung rechtsgültig übertragen werden. Die Bewertung der erworbenen Vermögenswerte und übernommen Schulden bzw. Eventualverbindlichkeiten erfolgt zum Erwerbsstichtag, dh. dem Tag, an dem der Erwerber die Beherrschung über das erworbene Unternehmen erhält. Tauschzeitpunkt und Erwerbsstichtag dürften für die meisten Unternehmenszusammenschlüsse zusammenfallen.

13 Im Einzelfall kann der Erwerbszeitpunkt aber auch vor oder nach dem Tauschzeitpunkt liegen, zB wenn eine schriftliche Vereinbarung vorliegt, nach der die Beherrschung schon vor dem Tauschzeitpunkt übergeht. Zu beachten ist hierbei jedoch, dass der faktische Übergang der Beherrschung entscheidend ist; insbesondere ist eine rückwirkende Übertragung der Beherrschung nicht möglich. Tausch- und Erwerbszeitpunkt fallen auch bei sukzessiven Unternehmenszusammenschlüssen, also bei Unternehmenserwerben, die in mehren Erwerbsschritten erfolgen, auseinander. Der Tauschzeitpunkt ermittelt sich hier gesondert für jeden Erwerbsschritt. Der Erwerber erlangt die Beherrschung über das andere Unternehmen aber erst mit Abschluss des letzten Erwerbsschritts. Dies ist der Erwerbszeitpunkt (vgl. Tz. 59 ff.).

14 Von besonderer Bedeutung bei der Bilanzierung von Unternehmenszusammenschlüssen ist der Begriff des **Geschäfts- oder Firmenwerts**. Der IFRS-SMEs definiert den Geschäfts- oder Firmenwert als den künftigen wirtschaftlichen Nutzen aus Vermögenswerten, die nicht einzeln identifiziert und separat angesetzt werden können. Die in IFRS-SMEs Abschn. 19.6 vorgeschriebene Erwerbsmethode ermittelt den Geschäfts- oder Firmenwert aber nur indirekt als den Differenzbetrag zwischen den Anschaffungskosten und dem erworbenen Nettovermögen des erworbenen Unternehmens. Im Ergebnis ist der Geschäfts- oder Firmenwert daher eine Residualgröße, auf die sich neben dem künftigen Nutzen aus wirtschaftlichen Vorteilen, die nicht einzeln und separat angesetzt werden können, auch andere Einflussfaktoren, wie etwa Schätzungsfehler oder überhöhte Kaufpreiszahlungen des Erwerbers, auswirken können.

15 Die Vorschriften zur Bilanzierung von Unternehmenszusammenschlüssen greifen auf die Terminologie zahlreicher anderer Abschnitte des IFRS-SMEs zurück. Es wird an dieser Stelle auf die entsprechenden Erläuterungen in den anderen Kapiteln dieses Kommentars verwiesen. Hierzu gehören insbesondere die folgenden Begriffe:

- **Abschreibungen** – IFRS-SMEs-Komm., Teil B, Abschn. 17;
- **Beizulegender Zeitwert** – IFRS-SMEs-Komm., Teil B, Abschn. 17;
- **Beherrschung** – IFRS-SMEs-Komm., Teil B, Abschn. 9;
- **Eventualverbindlichkeiten** – IFRS-SMEs-Komm., Teil B, Abschn. 21;
- **Gemeinschaftsunternehmen** – IFRS-SMEs-Komm., Teil B, Abschn. 15;
- **Wertminderungen** – IFRS-SMEs-Komm., Teil B, Abschn. 27.

B. Erstkonsolidierung/Bilanzierungsschritte der Erwerbsmethode

I. Vorbemerkung

Auf sämtliche Unternehmenszusammenschlüsse, die in den Anwendungsbereich des IFRS-SMEs Abschn. 19 fallen, ist die **Erwerbsmethode** anzuwenden (vgl. IFRS-SMEs Abschn. 19.6). 16

Die Erwerbsmethode betrachtet einen Unternehmenszusammenschluss aus der Perspektive des sich zusammenschließenden Unternehmens, das als Erwerber identifiziert wurde. Unabhängig von Form und Ausgestaltung des Unternehmenszusammenschlusses wird auf die dahinter stehenden Vermögenswerte und Schulden abgestellt (**Einzelerwerbsfiktion**), dh. der Erwerber hat die erworbenen Vermögenswerte sowie die übernommenen Schulden und Eventualschulden einzeln in seine Konzernbilanz aufzunehmen. 17

Entsprechend bilden den Kern der Bilanzierung von Unternehmenszusammenschlüssen die Identifizierung und Bewertung der erworbenen Vermögenswerte, der übernommenen Schulden und Rückstellungen für Eventualschulden (**Kaufpreisallokation**). Als Schätzungsparameter nicht vorliegender Einzelanschaffungskosten dient der beizulegende Zeitwert. Im Einzelabschluss des erworbenen Unternehmens enthaltene stille Reserven (oder auch Lasten) sind aufzudecken. 18

Buchwert- und **Neubewertungsmethode** stellen unterschiedliche Ausprägungen der Erwerbsmethode dar. Sie unterscheiden sich im Umfang aufzudeckender stiller Reserven. Bei der Neubewertungsmethode werden auch die auf konzernfremde Gesellschafter entfallenden stillen Reserven aufgedeckt. Die Folge ist ein entsprechend höherer Ausgleichsposten für Anteile konzernfremder Gesellschafter. Zulässig ist gemäß IFRS-SMEs Abschn. 19.6 iVm. 19.14 ausschließlich die Neubewertungsmethode (Zu Konzeption, Ursprung und Ausprägungen der Erwerbsmethode vgl. Baetge/Kirsch/Thiele, 2009, 174 ff.). 19

Der Kaufpreisallokation (Verteilung der Anschaffungskosten des Unternehmenszusammenschlusses auf die erworbenen Vermögenswerte, Schulden und Rückstellungen für Eventualschulden) voraus gehen die **Identifizierung des Erwerbers** sowie die **Ermittlung der Anschaffungskosten** (vgl. Tz. 12). 20

II. Identifizierung des Erwerbers

Da die Erwerbsmethode einen Unternehmenszusammenschluss aus der Perspektive des Erwerbers betrachtet, ist für ihre Anwendung die Identifizierung eines Erwerbers zwingend erforderlich. Wie oben (vgl. Tz. 7) ausgeführt, gilt als **Erwerber** das Unternehmen, welches die Beherrschung über andere Unternehmen oder Geschäftsbetriebe erlangt (vgl. IFRS-SMEs Abschn. 19.8). 21

Beherrschung ist dabei die Möglichkeit, die Finanz- und Geschäftspolitik eines Unternehmens oder eines Geschäftsbetriebs zu bestimmen, um aus dessen Tätigkeit Nutzen zu ziehen (vgl. IFRS-SMEs Abschn. 19.9). Weitere Ausführungen – wie die Annahme, dass ein sich zusammenschließendes Unternehmen die Beherrschung über das andere erlangt, wenn es mehr als die Hälfte der Stimmrechte des anderen Unternehmens erwirbt – enthält IFRS-SMEs Abschn. 9 *Consolidated and Separate Financial Statements*. 22

Weitere Anhaltspunkte, anhand derer sich der Erwerber eines Unternehmenszusammenschlusses bestimmen lässt, bilden gemäß IFRS-SMEs Abschn. 19.10: 23

(1) Unternehmensgröße. Ist der beizulegende Zeitwert eines der sich zusammenschließenden Unternehmen bedeutend größer als der des anderen Unternehmens, wird idR das Unternehmen mit dem größeren beizulegenden Zeitwert der Erwerber sein.

(2) Art der Bezahlung. Ist der Unternehmenszusammenschluss durch einen Tausch von gewöhnlichen Eigenkapitalinstrumenten mit Stimmrechten gegen Zahlungsmittel oder andere Vermögenswerte zustande gekommen, wird voraussichtlich das Unternehmen der Erwerber sein, das Zahlungsmittel und andere Vermögenswerte liefert.
(3) Unternehmensführung. Führt der Unternehmenszusammenschluss dazu, dass die Geschäftsleitung eines der sich zusammenschließenden Unternehmen die Möglichkeit hat, die Geschäftsleitung des entstandenen zusammengeschlossenen Unternehmens zu bestimmen, wird das Unternehmen mit einer solchen Dominanz seiner Geschäftsleitung wahrscheinlich der Erwerber sein.

Hierbei handelt es sich nicht um eine abschließende Aufzählung. Ferner sind die Vermutungen im Einzelfall widerlegbar.

24 Vorschriften für den Sonderfall eines **umgekehrten Unternehmenszusammenschlusses** sind im IFRS-SMEs nicht enthalten. Bei einem umgekehrten Unternehmenszusammenschluss weichen im Hinblick auf den Erwerb der Beherrschung die wirtschaftlichen Verhältnisse von der rechtlichen Gestaltung ab. Sachgerecht erscheint es uE allein auf die wirtschaftliche Sichtweise abzustellen und das Unternehmen als Erwerber zu identifizieren, das die Beherrschung über das andere Unternehmen erwirbt, unabhängig davon ob es sich hierbei nach juristischen Maßstäben um den Erwerber oder das erworbene Unternehmen handelt (ausführlich zur Bilanzierung umgekehrter Unternehmenserwerbe nach IFRS 3 vgl. zB Baetge/Hayn/Ströher, in: Baetge et al., IFRS-Komm., Teil B, IFRS 3, Tz. 360 ff.).

Beispiel 1:
Ein Unternehmen A erwirbt Anteile eines anderen Unternehmens B. Als Gegenleistung werden so viele Anteile des Unternehmens A an die Anteilseigner von B ausgegeben, dass die Anteilseigner von B das Unternehmen A beherrschen. Bei wirtschaftlicher Betrachtungsweise ist demnach nicht Unternehmen A, sondern B der Erwerber (ausführlich hierzu die Fallstudie von Zwirner, KoR 2009, 138 ff.).

III. Bestimmung der Anschaffungskosten des Zusammenschlusses

25 Der **Tauschzeitpunkt**, welcher in den meisten Fällen mit dem Erwerbszeitpunkt zusammenfällt, ist gemäß IFRS-SMEs Abschn. 19.11 als Bewertungsstichtag der Anschaffungskosten zugrunde zu legen (vgl. Tz. 13 f.).

26 Bei der Bestimmung der Anschaffungskosten sind die beizulegenden Zeitwerte der für den Erwerb

(1) hingegebenen Vermögenswerte,
(2) eingegangenen oder übernommenen Schulden sowie
(3) vom Erwerber im Austausch gegen die Beherrschung des erworbenen Unternehmens emittierten Eigenkapitalinstrumente zu berücksichtigen

(vgl. IFRS-SMEs Abschn. 19.11(a)).

27 Ebenfalls Bestandteil der Anschaffungskosten sind alle dem Unternehmenszusammenschluss **direkt zurechenbaren Kosten** (vgl. IFRS-SMEs Abschn. 19.11(b)). Typische Beispiele für direkt dem Unternehmenszusammenschluss zurechenbare Kosten sind Honorare für Wirtschaftsprüfer, Rechtsberater, Gutachter und andere im Zusammenhang mit dem Zusammenschluss tätige Berater. Kosten, die nicht direkt dem Unternehmenszusammenschluss zugeordnet werden können, sind erfolgswirksam als Aufwand zu erfassen. Hierzu zählen zB allgemeine Verwaltungskosten, einschließlich der Kosten für den Unterhalt einer M&A-Abteilung.

Wenn eine **von künftigen Ereignissen abhängige Anpassung der Anschaffungskosten** vereinbart wurde, ist der Betrag dieser Anpassung bereits zum Erwerbszeitpunkt in die Anschaffungskosten einzubeziehen, wenn die Anpassung wahrscheinlich ist und verlässlich bewertet werden kann (vgl. IFRS-SMEs Abschn. 19.12). Sofern eine Kaufpreisanpassung aufgrund künftiger Ereignisse entweder nicht wahrscheinlich ist oder nicht verlässlich bewertet werden kann, ist sie zum Zeitpunkt der erstmaligen Bilanzierung des Zusammenschlusses nicht zu berücksichtigen. **28**

Werden im Nachhinein das Wahrscheinlichkeitskriterium und das Kriterium der verlässlichen Bewertung erfüllt, ist die Kaufpreisanpassung als retrospektive Anpassung der Anschaffungskosten des Zusammenschlusses zu behandeln (vgl. IFRS-SMEs Abschn. 19.13). Resultat ist regelmäßig eine Anpassung des Geschäfts- oder Firmenwerts. Gleiches gilt, wenn eine ursprüngliche Schätzung revidiert werden muss. **29**

Beispiel 2:
Das erwerbende Unternehmen E erwirbt vom Veräußerer V am 1.10.20X0 das Unternehmen U zu einem Basispreis von 30 Mio. €. E sichert V mittels einer sog. Earn-Out-Klausel zu, 3 Jahre nach dem Unternehmenszusammenschluss am 1.10.20X3 zusätzlich 3 Mio. € zu zahlen, wenn die Jahresüberschüsse von U in den Jahren 20X1 und 20X2 um mehr als 10% über dem Jahresüberschuss des Jahres 20X0 liegen.
Angenommen wird, dass E zum Erwerbszeitpunkt und zum Bilanzstichtag am 31. 12. 20X0 Ergebnissteigerungen von über 10% für nicht wahrscheinlich hält. Auf Basis der Erwartungen von E belaufen sich die Anschaffungskosten für U, die der Erstkonsolidierung zugrunde zu legen sind, auf 30 Mio. €.
Innerhalb des folgenden Geschäftsjahrs 20X1 zeichnet sich ab, dass die Wachstumsrate des Jahresüberschusses von U zum 31.12.20X1 deutlich über 10% liegt. Auch für das Jahr20X2 ist mit einem ähnlich hohen Jahresüberschuss zu rechnen. Die bedingte Kaufpreiszahlung ist damit zum 31.12.20X1 als retrospektive Anpassung der Anschaffungskosten zu behandeln, dh., es ist so zu bilanzieren, als hätten die Anschaffungskosten bereits zum Erwerbszeitpunkt 33 Mio. € betragen.

IV. Durchführung der Kaufpreisallokation

1. Verteilung der Anschaffungskosten des Zusammenschlusses

Der Erwerber hat die Anschaffungskosten des Unternehmenszusammenschlusses zu verteilen, indem er zum Erwerbszeitpunkt die identifizierbaren Vermögenswerte, Schulden und Eventualschulden zu ihren beizulegenden Zeitwerten ansetzt (vgl. IFRS-SMEs Abschn. 19.14). Es spielt dabei keine Rolle, ob die Vermögenswerte, Schulden und Eventualschulden bereits bisher schon vom erworbenen Unternehmen bilanziert wurden. Ausschlaggebend ist, dass zum Erwerbszeitpunkt die Ansatzkriterien gemäß IFRS-SMEs Abschn. 19.15 erfüllt sind. **30**

Die Ansatzkriterien gemäß IFRS-SMEs Abschn. 19.15 differenzieren: Bei immateriellen Vermögenswerten und Eventualschulden wird gefordert, dass deren beizulegender Zeitwert verlässlich ermittelt werden kann. Bei allen anderen Vermögenswerten muss es darüber hinaus wahrscheinlich sein, dass dem Erwerber ein wirtschaftlicher Nutzen aus den Vermögenswerten zufließt. Bei allen anderen Schuldpositionen ist neben einer verlässlichen Ermittlung des beizulegenden Zeitwerts auch ein wahrscheinlicher Ressourcenabfluss zur Erfüllung der Verpflichtung erforderlich. **31**

Schulden für künftige Verluste oder sonstige zu erwartende Kosten, die in Folge eines Zusammenschlusses entstehen, erfüllen nicht die in IFRS-SMEs Abschn. 19.14 f. genannten **32**

Kriterien und sind daher bei der Verteilung der Anschaffungskosten nicht anzusetzen. Schulden für die Beendigung oder Verringerung der Aktivitäten des erworbenen Unternehmens sind im Rahmen der Verteilung der Anschaffungskosten des Zusammenschlusses nur dann anzusetzen, wenn das erworbene Unternehmen zum Erwerbszeitpunkt eine bestehende Restrukturierungsrückstellung nach IFRS-SMEs Abschn. 21 *Provisions and Contingencies* angesetzt hat (vgl. IFRS-SMEs Abschn. 19.19).

2. Spezifische Vermögenswert- und Schuldpositionen

a. *Immaterielle Vermögenswerte*

33 Im Zuge eines Unternehmenszusammenschlusses werden die selbsterstellten immateriellen Vermögenswerte des akquirierten Unternehmens zu erworbenen immateriellen Vermögenswerten des Konzernmutterunternehmens. Da für sämtliche selbsterstellte immaterielle Vermögenswerte gemäß IFRS-SMEs Abschn. 18.4(c) ein Ansatzverbot besteht, sind in der (Einzel-)Bilanz des akquirierten Unternehmens diese immateriellen Vermögenswerte nicht ausgewiesen. Im Zuge der Durchführung der Kaufpreisallokation ist daher ein systematischer Identifizierungsprozess zur Erfassung der immaterieller Vermögenswerte erforderlich, die innerhalb des akquirierten Unternehmens selbst geschaffen wurden.

34 Ein immaterieller Vermögenswert ist identifizierbar (vgl. IFRS-SMEs Abschn. 18.2), wenn

- er separierbar ist, dh. vom Unternehmen getrennt oder geteilt werden kann und somit ein Verkauf, eine Übertragung, eine Lizensierung, eine Vermietung oder ein Tausch möglich ist. Dies kann einzeln oder iVm. einem Vertrag, einem Vermögenswert oder einer Schuld erfolgen; oder
- er aus vertraglichen oder anderen gesetzlichen Rechten entsteht, unabhängig davon, ob diese Rechte vom Unternehmen oder von anderen Rechten und Verpflichtungen separiert werden können.

35 Identifizierbare immaterielle Werte des akquirierten Unternehmens qualifizieren sich regelmäßig für eine Bilanzierung im Rahmen der Kaufpreisallokation. Die Ansatzkriterien (wahrscheinlicher Nutzenzufluss, verlässliche Wertermittlung) haben keinen erheblichen Einfluss auf einen vom Geschäfts- oder Firmenwert getrennten Ausweis. Wie oben (vgl. Tz. 32) ausgeführt, wird die Erfüllung des Kriteriums des wahrscheinlichen Nutzenzuflusses bei einem im Rahmen eines Unternehmenszusammenschlusses erworbenen immateriellen Vermögenswert nicht verlangt. Darüber hinaus ist gemäß IFRS-SMEs Abschn. 18.8 ein immaterieller Vermögenswert, der im Rahmen eines Unternehmenszusammenschlusses erworben wurde, normalerweise als Vermögenswert anzusetzen, da sein beizulegender Zeitwert mit ausreichender Verlässlichkeit bestimmt werden kann.

36 Ein im Rahmen eines Unternehmenszusammenschlusses erworbener immaterieller Vermögenswert ist jedoch **nicht anzusetzen**, wenn er aus gesetzlichen oder anderen vertraglichen Rechten entsteht und sein beizulegender Zeitwert nicht verlässlich bestimmt werden kann, weil der Vermögenswert entweder

- nicht vom Geschäfts- oder Firmenwert trennbar ist oder
- trennbar vom Geschäfts- oder Firmenwert ist, es aber keine Historie über oder Hinweise auf Tauschvorgänge für dieselben oder ähnliche Vermögenswerte gibt und die Schätzung des beizulegenden Zeitwerts ansonsten von nicht messbaren Variablen abhinge.

37 Beispiele für bei einem Unternehmenszusammenschluss selbstständig zu erfassende immaterielle Vermögenswerte sind

- Markenrechte, Internetadressen, Wettbewerbsunterlassungsvereinbarungen (absatzmarktbezogene immaterielle Vermögenswerte);

- (vertragliche und nicht vertragliche) Kundenbeziehungen, Kundenlisten (kundenbezogene immaterielle Werte);
- Bücher, Kompositionen, Gemälde, Videoaufzeichnungen (Immaterielle im künstlerischen Bereich);
- Lizenzen, Werbeverträge, Leasingverträge, Baurechte (auf Verträgen basierende immaterielle Vermögenswerte);
- (patentierte und nicht patentrechtlich geschützte) Technologien, EDV-Software, Datenbanken (technologiebezogene immaterielle Werte).

Die Beispiele sind dem Katalog in IFRS 3.IE16 ff. entnommen, der uE für die Umsetzung von IFRS-SMEs Abschn. 18.14 f. ebenfalls eine hilfreiche Illustration darstellt.

b. *Rückstellungen für Eventualschulden*

38 Eventualschulden sind:

- wahrscheinliche, aber unsichere Verpflichtungen (Typ 1);
- gegenwärtige Verpflichtungen, bei denen ein Abfluss von Ressourcen nicht wahrscheinlich ist (Typ 2);
- gegenwärtige Verpflichtungen, deren Höhe nicht ausreichend verlässlich bemessen werden kann (Typ 3).

(Vgl. IFRS-SMEs Abschn. 21.12 iVm. 21.4).

39 Im Unterschied zu den Vorschriften des IFRS-SMEs Abschn. 21, nach denen für alle drei Typen von Eventualschulden ein Ansatzverbot gilt, sind bei Unternehmenszusammenschlüssen Eventualschulden im Erwerbszeitpunkt zu passivieren, wenn ihr beizulegender Zeitwert zuverlässig bestimmt werden kann, dh., Eventualschulden von Typ 1 und 2 finden Eingang in die Konzernbilanz.

40 Eventualschulden vom Typ 3 sind auch bei Unternehmenszusammenschlüssen von der Bilanzierung ausgenommen. Sie erhöhen damit entweder den Geschäfts- oder Firmenwert oder den Überschuss über die Anschaffungskosten des Anteils des Erwerbers an dem beizulegenden Nettozeitwert der identifizierbaren Vermögenswerte, Schulden und Eventualschulden. Für im Rahmen eines Unternehmenszusammenschlusses übernommene Eventualschulden vom Typ 3 gilt es, gemäß IFRS-SMEs Abschn. 19.20 analog zu IFRS-SMEs Abschn. 21.15, diese kurz zu beschreiben und, falls praktikabel, die folgenden Angaben zu machen:

- eine Schätzung der finanziellen Auswirkungen;
- die Angabe von Unsicherheiten hinsichtlich der Höhe oder der Fälligkeit eines jeden Abflusses; sowie
- die Möglichkeit jeglicher Erstattungen.

Wenn die Angaben nicht durchführbar sind, ist diese Tatsache anzugeben.

> *Beispiel 3: Berücksichtigung von Eventualverbindlichkeiten bei einem Unternehmenszusammenschluss*
> Kunde K verklagt das Unternehmen U1 für Schäden, die ein fehlerhaftes Produkt von U1 verursacht hat. U1 bestreitet jede Schuld, da sich K bei der Verwendung des Produkts nicht an die Gebrauchsanweisung gehalten hat. Die Rechtsanwälte von U1 halten eine Verurteilung von U1 in einem gerichtlichen Verfahren für unwahrscheinlich. Es handelt sich um eine Eventualschuld des Typs 2, zu der U1 in seinem (Jahres-)Abschluss Anhangangaben macht, aber keine Rückstellung in der Bilanz erfasst.
> Unternehmen U2 erwirbt im folgenden Jahr alle Anteile an Unternehmen U1. Der beizulegende Zeitwert der Eventualverbindlichkeit wird am Erwerbsstichtag mit T€ 100 bewertet und eine Rückstellung in dieser Höhe in der Konzernbilanz von U2 angesetzt.

3. Behandlung von Unterschiedsbeträgen

a. *Aktiver Unterschiedsbetrag (Geschäfts- oder Firmenwert)*

41 Der Geschäfts- oder Firmenwert – definiert als künftiger wirtschaftlicher Nutzen aus Vermögenswerten, die nicht einzeln identifiziert und separat angesetzt werden können (vgl. Tz. 15) – ist gemäß IFRS-SMEs Abschn. 18.20 zum Erwerbszeitpunkt als Vermögenswert anzusetzen.

42 Die Erstbewertung des Geschäfts- oder Firmenwerts erfolgt zu seinen Anschaffungskosten, die sich als der Überschuss der Anschaffungskosten des Zusammenschlusses über den vom Erwerber gemäß IFRS-SMEs Abschn. 19.14 angesetzten Anteil an dem beizulegenden Nettozeitwert der identifizierbaren Vermögenswerte, Schulden und Eventualschulden ergeben.

b. *Passiver Unterschiedsbetrag*

43 Wenn der Anteil des Erwerbers an der Summe der beizulegenden Zeitwerte der gemäß IFRS-SMEs Abschn. 19.14 angesetzten identifizierbaren Vermögenswerte, Schulden und Eventualschulden die Anschaffungskosten des Zusammenschlusses übersteigt, entsteht ein passiver Unterschiedsbetrag. Dieser kann durch Fehler bei der Bestimmung der Kosten des Zusammenschlusses oder der beizulegenden Zeitwerte der identifizierbaren Vermögenswerte, Schulden und Eventualschulden oder durch einen besonders günstigen Kaufpreis begründet sein.

44 Innerhalb des IFRS-SMEs wird ein passiver Unterschiedsbetrag als Überschuss über die Anschaffungskosten des Anteils des Erwerbers an dem beizulegenden Nettozeitwert der identifizierbaren Vermögenswerte, Schulden und Eventualschulden oder mitunter auch als negativer Geschäfts- oder Firmenwert bezeichnet. Er ist erfolgswirksam zu erfassen, nachdem die Bemessung der Anschaffungskosten sowie die Identifizierung und Bewertung der übernommenen Vermögenswerte, Schulden und Eventualschulden des erworbenen Unternehmens nochmals kritisch überprüft wurden (vgl. IFRS-SMEs Abschn. 19.24. Detailliert zum sog. *reassessment* bei einem passiven Unterschiedsbetrag gemäß der gleich lautenden Regelung in IFRS 3.34-36 Kasperzak/Lieck, WPg 2009, 1015 ff.).

C. Folgebilanzierung

I. Vorbemerkung

45 Die Vorschriften in IFRS-SMEs Abschn. 19 beziehen sich grundsätzlich auf die erstmalige Erfassung und Bewertung der in einem Unternehmenszusammenschluss erworbenen Vermögenswerte und Schulden bzw. Eventualverbindlichkeiten. IFRS-SMEs Abschn. 19 enthält abgesehen von wenigen Ausnahmen keine Vorschriften zur Folgebilanzierung. Die Folgebilanzierung der in einem Unternehmenszusammenschluss erworbenen Vermögenswerte und Schulden richtet sich daher idR nach den allgemeinen Vorschriften in anderen Abschnitten des IFRS-SMEs.

46 Hat der Erwerber im Rahmen des Unternehmenszusammenschlusses bspw. Produktionsmaschinen erworben, werden diese gemäß IFRS-SMEs Abschn. 19.14 am Erwerbsstichtag mit ihrem beizulegenden Zeitwert angesetzt. Auf alle nachfolgenden Berichtsperioden müssen die Vorschriften zur Bilanzierung von Sachanlagen in IFRS-SMEs Abschn. 17 *Property, Plant and Equipment* angewendet werden. Sachanlagen müssen nach IFRS-SMEs Abschn. 17.15 zu fortgeführten Anschaffungs- oder Herstellungskosten bilanziert werden. Als Anschaffungskosten der Produktionsmaschinen gelten die ihnen im Rahmen der Aufteilung des Unternehmenskaufpreises zugewiesenen beizulegenden Zeitwerte. Abschreibungsmethode und -zeitraum müssen im Erwerbszeitpunkt bestimmt werden. Die bloße Übernahme der vom erworbenen Unternehmen angewendeten Abschreibungsmethoden und -zeiträume ist nicht zulässig.

47 IFRS-SMEs Abschn. 19 enthält Sonderregeln zur Folgebilanzierung solcher Vermögenswerte, Schulden oder Eventualverbindlichkeiten, bei denen ein Rückgriff auf die allgemeinen Vorschriften zur Folgebilanzierung in anderen Abschnitten des IFRS-SMEs nicht möglich ist. Hierzu gehört die Folgebilanzierung der Eventualverbindlichkeiten und des Geschäfts- oder Firmenwerts.

II. Folgebilanzierung der Eventualverbindlichkeiten

48 Die besonderen Ansatzvorschriften für in einem Unternehmenszusammenschluss erworbene Eventualverbindlichkeiten machen weitere Vorschriften zur Folgebilanzierung erforderlich, da ansonsten in einem Unternehmenszusammenschluss erstmalig angesetzte Eventualverbindlichkeiten in Folgeperioden wieder ausgebucht werden müssten: Die Ansatzkriterien in IFRS-SMEs Abschn. 21 sind nicht erfüllt. IFRS-SMEs Abschn. 19.21 schreibt daher vor, dass im Rahmen eines Unternehmenszusammenschlusses angesetzte Eventualverbindlichkeiten in Folgeperioden mit dem höheren der folgenden beiden Beträge angesetzt werden müssen:

(a) **Dem nach IFRS-SMEs Abschn. 21 anzusetzenden Betrag**. Aufgrund des Ansatzverbots für Eventualverbindlichkeiten in IFRS-SMEs Abschn. 21.12 ist dieser Wert normalerweise Null. Die Gründe für das Ansatzverbot der Eventualverbindlichkeit können in Folgeperioden aber wegfallen, wenn bspw. später die Unsicherheit über das Bestehen einer Verpflichtung nicht mehr besteht oder der Eintritt der Verpflichtung später als wahrscheinlich eingeschätzt wird bzw. die Höhe der Verpflichtung verlässlich geschätzt werden kann. Muss die Verpflichtung in Folgeperioden nach den Vorschriften in IFRS-SMEs Abschn. 21 als Schuld bilanziert werden, ist diese mit der bestmöglichen Schätzung der zur Erfüllung der gegenwärtigen Verpflichtung zum Abschlussstichtag erforderlichen Ausgaben zu bewerten.

(b) **Dem im Rahmen des Unternehmenszusammenschlusses angesetzten Betrag**. Dies ist der beizulegende Zeitwert der Eventualverbindlichkeit am Erwerbsstichtag. Der Betrag ist gegebenenfalls um nach IFRS-SMEs Abschn. 23 zu erfassende, mit der Eventualverbindlichkeit zusammenhängende Erträge zu kürzen. Der IFRS-SMEs äußert sich allerdings nicht zu der Frage, auf welche Eventualverbindlichkeiten bzw. auf welche damit verbundenen Erträge sich die Vorschrift bezieht. Gedacht sein könnte hier bspw. an Gebühren für die Bereitstellung von Garantien, soweit die Garantie als Eventualverbindlichkeit und nicht als Finanzinstrument bilanziert wurde (vgl. Ernst & Young, 2009, 668 f.).

Beispiel 4 (Fortsetzung von Beispiel 3): Folgebilanzierung von Eventualverbindlichkeiten
Ein halbes Jahr nach dem Unternehmenszusammenschluss gelingt es dem Kläger, erhebliche Konstruktionsmängel an dem Produkt nachzuweisen. Die Rechtsanwälte von U2 erachten einen Schuldspruch nunmehr für wahrscheinlich. Die Rechtsanwälte schätzen die Höhe der Schadensersatzzahlung auf a) T€ 50 bzw. b) T€ 150.

Variante a) Die Rückstellung im (Konzern-)Abschluss von U2 wird weiterhin mit T€ 100 bewertet.
Variante b) U2 erfasst einen Aufwand in Höhe von T€ 50 und weist eine Rückstellung von T€ 150 aus.

III. Folgebilanzierung des Geschäfts- oder Firmenwerts

49 Der **Geschäfts- oder Firmenwert** repräsentiert den künftigen wirtschaftlichen Nutzen aus bei einem Unternehmenszusammenschluss erworbenen wirtschaftlichen Vorteilen, die nicht einzeln identifiziert und separat angesetzt werden. Er ermittelt sich gemäß IFRS-SMEs Abschn. 19.22 als Unterschiedsbetrag zwischen den Anschaffungskosten für das erworbene Unternehmen und dem Nettobetrag der mit dem beizulegenden Zeitwert bewerteten erworbenen Vermögenswerte bzw. übernommenen Schulden und Eventualverbindlichkeiten. Der Wertansatz muss gemäß IFRS-SMEs Abschn. 19.23 in Folgeperioden planmäßig abgeschrieben werden.

50 Auf die **Abschreibungen** müssen die Vorschriften in den Paragraphen 19 ff. von IFRS-SMEs Abschn. 18 *Intangible Assets and Goodwill* angewendet werden. Die Abschreibungen sollen danach über die voraussichtliche wirtschaftliche Nutzungsdauer des Geschäfts- oder Firmenwerts vorgenommen werden. Weder IFRS-SMEs Abschn. 18 noch IFRS-SMEs Abschn. 19 geben allerdings weitere Hinweise darauf, wie die wirtschaftliche Nutzungsdauer eines Geschäfts- oder Firmenwerts bestimmt werden soll, da hier naturgemäß auf keine Vertragslaufzeiten oder gesetzlichen Fristen zurückgegriffen werden kann. Entscheidend ist die Einschätzung der Geschäftsleitung, über welchen Zeitraum die in dem Geschäfts- oder Firmenwert enthaltenen Werte, wie etwa realisierbare Synergien oder der Personalbestand des erworbenen Unternehmens, genutzt werden können. Sieht sich die Geschäftsleitung nicht in der Lage, eine verlässliche Schätzung vorzunehmen, muss der Geschäfts- oder Firmenwert nach IFRS-SMEs Abschn. 19.23 über zehn Jahre abgeschrieben werden.

51 IFRS-SMEs Abschn. 18.21 schreibt keine bestimmte Abschreibungsmethode vor, sondern verlangt lediglich eine systematische Grundlage für die Verteilung der Anschaffungskosten auf die wirtschaftliche Nutzungsdauer des Geschäfts- oder Firmenwerts. Die Abschreibungsmethode soll aber dem wirtschaftlichen Nutzungsverlauf entsprechen. Kann ein solcher nicht zuverlässig ermittelt werden, muss der Geschäfts- oder Firmenwert linear abgeschrieben werden. Der Abschreibungszeitraum beginnt im Erwerbszeitpunkt und endet spätestens mit der Ausbuchung des Vermögenswerts, etwa weil der Geschäftsbetrieb, auf den sich der Geschäfts- oder Firmenwert bezogen hat, veräußert wurde. Nach IFRS-SMEs Abschn. 18.24 müssen Abschreibungszeitraum und die Angemessenheit der Abschreibungsmethode überprüft und gegebenenfalls angepasst werden, sobald sich Hinweise auf eine Änderung der den Schätzungen zugrunde liegenden Gegebenheiten ergeben. Für weitere Einzelheiten wird auf die Kommentierung von IFRS-SMEs Abschn. 18 verwiesen.

52 Auf den Geschäfts- oder Firmenwert sind auch die Vorschriften zur **Wertminderung** von Vermögenswerten in IFRS-SMEs Abschn. 27 *Impairment of Assets* anzuwenden. IFRS-SMEs Abschn. 27.5 schreibt eine außerordentliche Abschreibung des Geschäfts- oder Firmenwerts vor, wenn der Buchwert über dem erzielbaren Betrag liegt. Der erzielbare Betrag bezeichnet dabei gemäß IFRS-SMEs Abschn. 27.11 den höheren Wert der beiden Beträge aus dem beizulegenden Zeitwert abzüglich der Verkaufskosten und dem Nutzungswert. Der Nutzungswert entspricht nach IFRS-SMEs Abschn. 27.15 dem Barwert der künftigen Zahlungsmittelzuflüsse, die mit dem Vermögenswert erzielt werden können.

53 Die Natur des Geschäfts- oder Firmenwerts bedingt, dass eine eigenständige Überprüfung seiner Werthaltigkeit nicht möglich ist, da dem Geschäfts- oder Firmenwert keine Zahlungsströme direkt zugeordnet werden können. IFRS-SMEs Abschn. 27.24 schreibt daher eine indirekte Überprüfung der Werthaltigkeit des Geschäfts- oder Firmenwerts mittels **zahlungsmittelgenerierender Einheiten** vor. Diese sind die kleinsten identifizierbaren Gruppen von Vermögenswerten, denen Zahlungsströme zugeordnet werden können. Ein im Rahmen eines Unternehmenszusammenschlusses zu bilanzierender Geschäfts- oder Firmenwert muss auf alle zahlungsmittelgenerierenden Einheiten aufgeteilt werden, von denen erwartet wird, dass sie von dem Unternehmenszusammenschluss profitieren.

Ergibt sich auf Ebene der zahlungsmittelgenerierenden Einheit ein Wertminderungsbedarf, muss gemäß IFRS-SMEs Abschn. 27.21 zunächst der der zahlungsmittelgenerierenden Einheit zugeordnete Geschäfts- oder Firmenwert abgeschrieben werden. Erst wenn der Geschäfts- oder Firmenwert auf Null abgeschrieben ist, kann sich ein Wertminderungsbedarf bei anderen Vermögenswerten ergeben. Die spätere Rückgängigmachung eines einmal erfassten Wertminderungsaufwands ist nicht zulässig. Für weitere Einzelheiten wird auf die Kommentierung von IFRS-SMEs Abschn. 27 verwiesen. **54**

Die Vorschriften zur Folgebewertung des Geschäfts- oder Firmenwerts im IFRS-SMEs unterscheiden sich von denen in den IFRS, die keine planmäßigen Abschreibungen des Geschäfts- oder Firmenwerts vorsehen, so dass hier nur die Vorschriften zur Wertminderung zur Anwendung kommen (sog. Impairment-Only-Approach). **55**

D. Angaben

IFRS-SMEs Abschn. 19.25 f. schreiben eine Reihe von Anhangangaben für Unternehmenszusammenschlüsse vor. Zunächst muss der Erwerber für sämtliche **innerhalb der Berichtsperiode erfolgten Unternehmenszusammenschlüsse** die folgenden Angaben machen: **56**

- die Namen und eine Beschreibung der sich zusammenschließenden Unternehmen bzw. Geschäftsbetriebe;
- den Erwerbszeitpunkt;
- den Prozentsatz der erworbenen Eigenkapitalinstrumente mit Stimmrechten;
- die Anschaffungskosten des Zusammenschlusses und eine Beschreibung der Bestandteile dieser Anschaffungskosten (wie zB Zahlungsmittel, Eigen- und Fremdkapitalinstrumente);
- die für jede Klasse von Vermögenswerten, Schulden und Eventualverbindlichkeiten des erworbenen Unternehmens zum Erwerbszeitpunkt angesetzten Beträge, einschließlich eines Geschäfts- oder Firmenwerts;
- den Gewinn aus einem Erwerb des anderen Unternehmens zu einem Preis unter dem Marktpreis (siehe IFRS-SMEs Abschn. 19.24) unter Angabe des Postens in der Gesamtergebnisrechnung, in dem der Überschuss erfasst wurde.

Zusätzlich muss der Erwerber **für alle Unternehmenszusammenschlüsse**, unabhängig davon, ob die Unternehmenszusammenschlüsse innerhalb der Berichtsperiode oder schon früher erfolgten, den Buchwert des Geschäfts- oder Firmenwerts zu Beginn der Berichtsperiode auf den Buchwert am Ende der Berichtsperiode überleiten. Dabei sind mindestens die folgenden Posten gesondert auszuweisen: **57**

- Veränderungen aus neuen Unternehmenszusammenschlüssen;
- Wertminderungsaufwendungen;
- Abgänge zuvor erworbener Geschäftsbetriebe;
- sonstige Änderungen.

Die Überleitungsrechnung muss nur für die laufende Berichtsperiode aufgestellt werden. Die Angabe von Vorjahresvergleichszahlen ist nicht erforderlich. **58**

E. Sonderfragen

I. Sukzessiver Anteilserwerb

59 Ein sukzessiver Unternehmenszusammenschluss ist ein Zusammenschluss der mehrere Transaktionen umfasst. Bereits zum Zeitpunkt der Erlangung der Beherrschung sind Anteile am Tochterunternehmen vorhanden. Diese Anteile bilden einen Teil der Gegenleistung des Mutterunternehmens.

60 Bei der bilanziellen Erfassung derartiger Zusammenschlüsse stellt sich die Frage, ob auf die Erwerbszeitpunkte der einzelnen Tranchen oder ausschließlich auf den Zeitpunkt abzustellen ist, zu dem Kontrolle über das stufenweise erworbene Unternehmen erlangt wird. Da der Standard den spezifischen Sachverhalt eines sukzessiven Anteilserwerbs nicht explizit aufgreift, bleibt die Antwort auf diese Frage offen.

61 Wird als Bezugspunkt eine dem Anschaffungskostenkonzept folgende Erwerbsbilanzierung gewählt, sind stufenweise die Kosten der einzelnen Anteilserwerbe mit dem prozentualen Anteil des Erwerbers am beizulegenden Zeitwert des Nettovermögens zu vergleichen, um die Höhe des Geschäft- und Firmenwerts zu bestimmen, dh., vom Erwerber ist jede Transaktion gesondert zu berücksichtigen. Diese Vorgehensweise war in der bis 2009 gültigen Version von IFRS 3 (2004) vorgesehen (vgl. IFRS 3 (2004) 58 f., ferner KPMG, 2004, 94 ff.).

62 Alternativ möglich ist, bereits bestehende Beteiligungen im Zeitpunkt der Erlangung der Kontrolle (erfolgswirksam) zum beizulegenden Zeitwert zu bewerten und diesen der Bestimmung der Gegenleistung zugrunde zu legen. Eine Neubewertung kann damit gerechtfertigt werden, dass mit dem Kontrollerwerb die bisherige Beteiligung zugunsten der neuen Mutter-Tochter-Beziehung aufgegeben wird. Hier wird mit dem Kontrollerwerb ein Abgang der bisherigen Minderheitsbeteiligung unterstellt. Ein solches Vorgehen ist im gegenwärtig gültigen IFRS 3 vorgesehen (vgl. IFRS 3 (2008) 41 f., ferner Hayn/Spanheimer, 2009, 87 ff.; Baetge/Hayn/Ströher, in: Baetge et al., IFRS-Komm., Teil B, IFRS 3, Tz. 332 ff.).

63 Für eine stufenweise Berücksichtigung, wie ehemals in IFRS 3 (2004) enthalten, spricht, dass der IFRS-SMEs dessen anschaffungskostenbezogende Sichtweise teilt. IFRS 3 (2008) vermeidet weitestgehend den Begriff »Kosten« bei der Beschreibung der Erwerbsmethode und auch im weiteren Standardtext zugunsten einer weitreichenden Zeitwertorientierung. Innerhalb von IFRS 3 (2004) und im IFRS-SMEs bilden die Anschaffungskosten den Bezugspunkt und deren Ermittlung und Verteilung explizite Bestandteile der Erwerbsmethode.

64 Vor dem Hintergrund, dass die Bilanzierung sukzessiver Unternehmenszusammenschlüsse nach den Regeln in IFRS 3 (2008) weniger komplex und deutlich einfacher ist, sollte uE allerdings auch die Anwendung der alternativen Vorgehensweise, bereits bestehende Beteiligungen im Zeitpunkt der Erlangung der Kontrolle (erfolgswirksam) zum beizulegenden Zeitwert zu bewerten, kleinen und mittelgroßen Unternehmen offen stehen.

II. Umgekehrter Unternehmenserwerb

65 Hierzu vgl. Tz. 25.

III. Zusammenschlüsse von Unternehmen unter gemeinsamer Beherrschung

Liegt ein Zusammenschluss von Unternehmen oder Geschäftsbetrieben unter gemeinsamer Beherrschung vor, ist dieser von den Vorschriften in IFRS-SMEs Abschn. 19 befreit (vgl. Tz. 5). Eine gemeinsame Beherrschung liegt vor, wenn alle sich zusammenschließenden Unternehmen oder Geschäftsbetriebe vor und nach der Transaktion letztendlich von der gleichen Partei beherrscht werden und die Beherrschung nicht nur vorübergehender Natur ist. Ausgenommen von den Vorschriften in IFRS-SMEs Abschn. 19 sind damit alle konzerninternen Umstrukturierungen, wie bspw. die Verschmelzung zweier Tochterunternehmen oder der Erwerb eines Tochterunternehmens durch ein anderes Tochterunternehmen des gleichen Konzernverbunds. Ausgenommen sind auch Zusammenschlüsse zwischen Unternehmen oder Geschäftsbetrieben, die von ein und derselben natürlichen Person beherrscht werden, obwohl diese keinen Konzernabschluss aufstellt. Ein Zusammenschluss zwischen Unternehmen oder Geschäftsbetrieben unter gemeinsamer Beherrschung liegt also bspw. auch dann vor, wenn die natürliche Person X zwei Unternehmen A und B besitzt und beschließt A auf B zu verschmelzen, obwohl X keinen eigenen Abschluss aufstellt. **66**

IFRS-SMEs Abschn. 19.2 lässt es offen, ob die gemeinsame Beherrschung auch von einer Gruppe natürlicher Personen, also etwa von mehreren Mitgliedern derselben Familie, ausgeübt werden kann. UE ist dies dem Wesen nach insbesondere dann zu bejahen, wenn eine Gruppe von Personen aufgrund vertraglicher Vereinbarungen gemeinsam die Möglichkeit hat, dessen Finanz- und Geschäftspolitik zu bestimmen, um aus seinen Geschäftstätigkeiten Nutzen zu ziehen. Der Begriff der vertraglichen Vereinbarung sollte in diesem Zusammenhang weit ausgelegt werden und setzt uE nicht das Vorliegen eines schriftlichen Vertrags voraus. Daher können bspw. auch enge Familienverhältnisse in ähnlicher Weise wie eine vertragliche Vereinbarung ein gemeinsames Beherrschungsverhältnis begründen. Zur Behandlung nach IFRS vgl. IFRS 3.B2. **67**

Im Fall eines Unternehmenszusammenschlusses von Unternehmen unter gemeinsamer Beherrschung hat das berichtende Unternehmen ein Methodenwahlrecht, nach dem es einerseits freiwillig die Vorschriften in IFRS-SMEs Abschn. 19, also insbesondere die im Folgenden beschriebene Erwerbsmethode, anwenden kann. Andererseits erscheint aber auch eine Erfassung des Geschäftsvorfalls zu Buchwerten nach der sog. *Pooling of Interest*-Methode vertretbar. Während die Erwerbsmethode die in den bilanzierten und nicht bilanzierten Vermögenswerten des erworbenen Unternehmens enthaltenen stillen Reserven, einschließlich eines Geschäfts- oder Firmenwerts, aufdeckt, sieht die *Pooling of Interest*-Methode die Fortführung der Buchwerte des erworbenen Unternehmens vor. Der Geschäfts- oder Firmenwert des erworbenen Unternehmens wird nicht bilanziert. Das Methodenwahlrecht muss stetig angewendet werden. (Für weitere Einzelheiten zur Bilanzierung von Unternehmenszusammenschlüssen von Unternehmen oder Geschäftsbetrieben unter gemeinsamer Beherrschung vgl. ua. Buschhüter/Senger, IRZ 2009, 23 ff.; Ernst & Young, 2009, 757 ff.; KPMG, 2009, 166 ff.). **68**

IV. Bewertung auf Basis vorläufiger Informationen

Grundsätzlich erfolgt die erstmalige Erfassung eines Unternehmenszusammenschlusses spätestens bis zum ersten Abschlussstichtag nach dem Erwerb. Können bei der erstmaligen Abbildung nicht alle Sachverhalte abschließend beurteilt werden, ist auf Basis vorläufiger Informationen zu bilanzieren. Bis zu zwölf Monate nach dem Erwerbszeitpunkt sind zusätzliche Informationen durch retrospektive Anpassungen zu berücksichtigen. Nach Ablauf der zwölf Monate sind lediglich Fehlerkorrekturen iSv. IFRS-SMEs Abschn. 10 *Accounting Policies, Estimates and Errors* vorzunehmen (vgl. IFRS-SMEs Abschn. 19.19). **69**

F. Künftige Entwicklungen

70 IFRS-SMEs Abschn. 19 übernimmt zwar Teile der jüngsten Fassung von IFRS 3 *Business Combinations* (2008), greift aber bei zahlreichen Ansatz und Bewertungsfragen auf die Vorschriften der Vorgängerversion IFRS 3 (2004) zurück. Die beiden Versionen unterscheiden sich insbesondere im Hinblick auf die Erfassung der Anschaffungsnebenkosten, die nach der neuesten Fassung von IFRS 3 als Aufwand erfasst werden müssen, und bedingter Kaufpreiszahlungen, die in der Neufassung zum beizulegenden Zeitwert erfasst werden müssen. Die Folgebilanzierung bedingter Kaufpreiszahlungen nach den Vorschriften anderer Standards führt in der Neufassung von IFRS 3 normalerweise zu einer erfolgswirksamen Erfassung aller späteren Änderungen des beizulegenden Zeitwerts. Weitere Unterschiede umfassen die Bilanzierung der Anteile nicht-beherrschender Gesellschafter, für die IFRS 3 (2008) ein Wahlrecht zur Bilanzierung zum beizulegenden Zeitwert vorsieht, sowie die Behandlung sukzessiver Anteilserwerbe, die in der Neufassung nur noch einen einzigen Bewertungsstichtag haben, nämlich den Erwerbsstichtag.

71 Die umfassende Überarbeitung der Vorschriften zur Bilanzierung von Unternehmenszusammenschlüssen in IFRS 3 bringt die Frage mit sich, ob die Neuerungen bei der nächsten Überarbeitung in den IFRS-SMEs eingehen werden. Hiervon kann zumindest nicht automatisch ausgegangen werden. Einerseits macht es natürlich Sinn, in dem IFRS-SMEs und den IFRSs möglichst vergleichbare Rechnungslegungsgrundsätze zu haben. Andererseits darf aber nicht vergessen werden, dass es sich bei dem IFRS-SMEs um ein eigenständiges Rechnungslegungssystem handelt, das in begründeten Fällen durchaus zu von den IFRSs abweichenden Rechnungslegungsgrundsätzen kommen kann. Der IASB hat im gleichen Zeitraum über den IFRS-SMEs und die Überarbeitung von IFRS 3 beraten. Die Änderungen in IFRS 3 waren also bekannt und hätten theoretisch in den IFRS-SMEs übernommen werden können. Der Board hat sich jedoch bewusst gegen eine Übernahme der Änderungen in den IFRS-SMEs entschieden und stattdessen auf die Vorschriften der Vorgängerversion von IFRS 3 (2004) zurückgegriffen. Der Grund hierfür dürfte wohl nicht zuletzt darin liegen, dass die neuen Vorschriften in erheblichem Umfang die Erst- und Folgebewertung der erworbenen Vermögenswerte bzw. übernommen Schulden und Anteile nicht beherrschender Gesellschafter zum beizulegenden Zeitwert erfordern und dies für kleine und mittelständische Unternehmen als unverhältnismäßig angesehen wurde.

72 Begrüßenswert wäre uE aber eine erneute Überarbeitung der Vorschriften zur Bilanzierung sukzessiver Unternehmenszusammenschlüsse und der auf den gleichen Prinzipien basierenden Vorschriften zum Verlust der Beherrschung bzw. eines wesentlichen Einflusses auf ein anderes Unternehmen. Während Paragraph 8 in IFRS-SMEs Abschn. 14 *Investments in Associates* für den Verlust des wesentlichen Einflusses auf die im Rahmen des Projekts zur Bilanzierung von Unternehmenszusammenschlüssen entwickelten Grundsätze zurückgreift und die Bewertung zurückbehaltener Anteile an dem ehemals assoziierten Unternehmen zum beizulegenden Zeitwert fordert, verbietet IFRS-SMEs Abschn. 9.19 bei Verlust der Beherrschung über ein anderes Unternehmen die Bewertung eventuell zurückbehaltener Anteile zum beizulegenden Zeitwert. In ähnlicher Weise erlaubt IFRS-SMEs Abschn. 19 die Bilanzierung eines sukzessiven Unternehmenszusammenschlusses ohne Aufdeckung der stillen Reserven der bereits vor dem Erwerbsstichtag gehaltenen Anteile an dem anderen Unternehmen. Eine Vereinheitlichung der Vorschriften wäre insbesondere vor dem Hintergrund zu überlegen, dass die Bilanzierung sukzessiver Unternehmenszusammenschlüsse nach den Regeln in IFRS 3 (2008) deutlich einfacher ist als in der Vorgängerversion.

G. Vergleich mit IFRS und HGB

73

Regelung	IFRS (IFRS 3)	IFRS-SMEs	HGB
Methode zur Abbildung von Unternehmenszusammenschlüssen	Erwerbsmethode in Ausprägung der Neubewertungsmethode; Option zur Anwendung der *Full-Goodwill*-Methode/Bewertung der Anteile nicht-kontrollierender Gesellschafter zum beizulegenden Zeitwert (IFRS 3.19)	Erwerbsmethode in Ausprägung der Neubewertungsmethode (IFRS-SMEs Abschn. 19.6 und 14)	Erwerbsmethode in Ausprägung der Neubewertungsmethode (§ 301 Abs. 1 Satz 2 HGB)
Interpretation und Schritte der Erwerbsmethode	Sichtweise der Erwerbsmethode primär als Zeitwert-orientierten Bewertungsprozess; Schritte der als *acquisition method* bezeichneten Erwerbsmethode: 1. Identifizierung des Erwerbers, 2. Ermittlung des Erwerbszeitpunkts, 3. Ansatz und Bewertung der identifizierbaren Vermögenswerte, Schulden und der Anteile nicht-kontrollierender Gesellschafter, 4. Ansatz und Bewertung des Geschäfts- oder Firmenwerts bzw. eines Gewinns, welcher aus einem günstigen Kauf resultiert (IFRS 3.5)	Weitgehend dem Anschaffungskosten-Konzept folgende Erwerbsbilanzierung; Schritte der als *purchase method* bezeichneten Erwerbsmethode: 1. Identifizierung des Erwerbers, 2. Ermittlung der Anschaffungskosten des Unternehmenszusammenschlusses, 3. Verteilung der Anschaffungskosten des Unternehmenszusammenschlusses auf die erworbenen Vermögenswerte sowie die übernommenen Schulden und Eventualschulden zum Erwerbszeitpunkt (IFRS-SMEs Abschn. 19.7)	Weitgehend dem Anschaffungskosten-Konzept folgende Erwerbsbilanzierung
Identifikation des Erwerbers/ Umgekehrter Unternehmenserwerb	Abstellen auf den wirtschaftlichen Gehalt des zu beurteilenden Unternehmenszusammenschlusses (IFRS 3.7)	Abstellen auf den wirtschaftlichen Gehalt des zu beurteilenden Unternehmenszusammenschlusses (IFRS-SMEs Abschn. 19.8 ff.)	Juristische Sichtweise vorherrschend
Sukzessiver Anteilserwerb	Erwerbsbilanzierung zum Statuswechsel mit einer gleichzeitigen Bewertung zum beizulegenden Zeitwert (IFRS 3.41 f.)	Keine explizite Regelung	Keine explizite Regelung; analoge Behandlung zu IFRS 3 aus § 301 Abs. 2 Satz 1 HGB ableitbar
Berücksichtigung von Anschaffungsnebenkosten	Unmittelbar erfolgswirksam zu erfassen (IFRS 3.53)	Bestandteil der Anschaffungskosten des Unternehmenszusammenschlusses (IFRS-SMEs Abschn. 19.11 b)	Bestandteil der Anschaffungskosten des Unternehmenszusammenschlusses
Aktive Unterschiedsbeträge: Geschäfts- oder Firmenwert	Aktivierungspflicht, zusätzlich Wahlrecht zur Aktivierung des *full-goodwill*/Bewertung der Anteile nicht-kontrollierender Gesellschafter zum beizulegenden Zeitwert (IFRS 3.32); Folgebilanzierung gemäß *impairment only approach*, der eine Zuordnung zu zahlungsgene-	Aktivierungspflicht (IFRS-SMEs Abschn. 19.22); Pflicht zur planmäßigen Abschreibung über wirtschaftliche Nutzungsdauer (IFRS-SMEs Abschn. 19.23 iVm. 18.19 ff.); ggf. außerplanmäßige Abschreibung (IFRS-SMEs Abschn. 27.24 ff.); Wertauf-	Aktivierungspflicht (§ 301 Abs. 3 Satz 1 HGB); Pflicht zur planmäßigen Abschreibung über wirtschaftliche Nutzungsdauer (§ 309 Abs. 1 iVm. § 253 Abs. 3 Satz 1 und 2 HGB); ggf. außerplanmäßige Abschreibung (§ 309 Abs. 1 iVm. § 253 Abs. 3 Satz 3 HGB); Wertauf-

Regelung	IFRS (IFRS 3)	IFRS-SMEs	HGB
	rierden Einheiten erfodert (IAS 36.65 ff.)	holungsverbot (IFRS-SMEs Abschn. 27.28)	holungsverbot (§ 253 Abs. 5 HGB)
Passive Unterschiedsbeträge	Nach einem *reassessment* erfolgswirksam zu erfassen (IFRS 3.34)	Nach einem *reassessment* erfolgswirksam zu erfassen (IFRS-SMEs Abschn. 19.24)	Gesonderter Ausweis von passiven Unterschiedsbeträgen (§ 301 Abs. 3 Satz 1 HGB); im Folgenden erfolgswirksame Auflösung bei Eintreten der bei einer Akquisition antizipierten Verluste oder bei Vorliegen eines realisierten Gewinns (§ 309 Abs. 2 HGB)

Abschnitt 20
Leasing
(Leases)

Thomas Gruber

Inhaltsverzeichnis

Schrifttum

Accounting Standards Board (Hrsg.), Leases: Implementation of a new approach, G4 + 1 Position Paper, 1999; *Adler/Düring/Schmaltz*, Rechnungslegung nach internationalen Standards, Stuttgart 2002; *Alvarez/Büttner*, PIR 2008, 45 ff.; *Beine/Nordmann*, in: Wiley-Kommentar zur internationalen Rechnungslegung nach IFRS, 5. Aufl., Weinheim 2009; *Doll*, in: Beck'sches IFRS-Handbuch, 3. Aufl., München 2009; *BMF*, BStBl. I 1971, 264 f.; *BMF*, BStBl. I 1972, 188 ff.; *BMF*, DB 1976, 172 f.; Bundesregierung 2008, Entwurf eines Gesetzes zur Modernisierung des Bilanzrechts, im Internet abrufbar unter www.bmj.de; *Eierle/Haller/Beiersdorf*, 2007 im Internet abrufbar unter www.standardsetter.de/drsc/docs/sme_befragung_final_280907.pdf; *Eierle/Haller/Beiersdorf*, DB 2009, 1549ff.; *Epstein/Jermarkovicz*, IFRS 2009, Hoboken, 2009; *Findeisen*, RIW 1997, 838 ff.; *IASB*, International Financial Reporting Standard for Small and Medium-sized Entities, project report, im Internet abrufbar unter www.iasb.org; *Kühne/Melcher*, DB 2009, Beilage 5/2009, 15 ff.; *Kümpel/Becker*, Leasing nach IFRS. Beurteilung, Bilanzierung und Berichtspflichten, München 2006; *Lüdenbach/Freiberg*, in: Haufe IFRS-Kommentar, 6. Aufl., Freiburg 2008; *McGregor*, Accounting for Leases, Special Report, 1996; *Mellwig*, DB 1998, Beilage 12/1998; *Vater*, DStR 2002, 2094ff.; *Weinstock*, Die Bilanzierung von Leasingverträgen nach IASC, Frankfurt a. M. 2000.

A. Einführung

1 Um der Informationsfunktion des Jahresabschlusses gerecht zu werden, sind Leasingverhältnisse entsprechend ihrem wirtschaftlichen Gehalt zu bilanzieren. IFRS-SMEs Abschn. 20 unterscheidet auf der Grundlage des wirtschaftlichen Gehalts zwischen **Finanzierungs-Leasing- und Operating-Leasingverhältnissen**. Werden durch den Leasingvertrag im Wesentlichen alle Chancen und Risiken aus dem Eigentum des Leasinggegenstands auf den Leasingnehmer übertragen, so liegt ein Finanzierungs-Leasingverhältnis vor und der Leasinggegenstand ist beim Leasingnehmer zu bilanzieren. Alle anderen Leasingverhältnisse sind Operating-Leasingverhältnisse, bei denen der Leasinggegenstand beim Leasinggeber bilanziert wird. Auf Basis der Unterscheidung in Finanzierungs- und Operating-Leasingverhältnisse regelt IFRS-SMEs Abschn. 20 die Bilanzierung und Bewertung beim Leasingnehmer und beim Leasinggeber. Darüber hinaus enthält IFRS-SMEs Abschn. 20 spezielle Vorschriften zur Erfassung von Gewinnen oder Verlusten aus Sale-and-leaseback-Transaktionen.

Die Regeln zur Leasingbilanzierung in IFRS-SMEs Abschn. 20 entsprechen konzeptionell und systematisch den Vorschriften zur Leasingbilanzierung in IAS 17. Im Hinblick auf die Regelungsdichte und Definitionen ist IFRS-SMEs Abschn. 20 deutlich kürzer gefasst als IAS 17. Daraus resultieren **Regelungslücken bei der Leasingbilanzierung nach den IFRS-SMEs**. Für deren Interpretation helfen oft andere IFRS-SMEs-Regeln zu vergleichbaren Sachverhalten und die allgemeinen Regeln in IFRS-SMEs nicht weiter. In diesen Fällen können die Regelungslücken in IFRS-SMEs Abschn. 20 einerseits unter **Rückgriff auf Definitionen und Detailregelungen in IAS 17** ausgelegt werden. Andererseits können durch die Regelungslücken **Ermessensspielräume** in der Leasingbilanzierung nach IFRS-SMEs entstehen.

B. Anwendungsbereich

I. Leasingverhältnisse

2 Die **Definition von Leasingverhältnissen** ist im Glossar des IFRS-SMEs enthalten. Danach ist ein Leasingverhältnis »eine Vereinbarung, bei der der Leasinggeber dem Leasingnehmer gegen eine Zahlung oder eine Reihe von Zahlungen das Recht auf Nutzung eines Vermögenswertes für einen vereinbarten Zeitraum überträgt«. Demzufolge umfasst der Begriff Leasing nach IFRS-SMEs nicht nur Leasingverhältnisse ieS, sondern sämtliche Übertragungen von Nutzungsrechten an Vermögenswerten. Als Leasingverhältnisse gelten demnach auch Mietverhältnisse, Pachtverhältnisse, Erbbaurechte und Mietkaufverträge.

3 IFRS-SMEs Abschn. 20 ist auf alle Vereinbarungen anzuwenden, durch die ein **Recht zur Nutzung von Vermögenswerten** übertragen wird. Das Nutzungsrecht bezieht sich zwar häufig auf Sachanlagen (zB Gebäude, Fahrzeuge, Kopierer), Gegenstand eines Leasingverhältnisses können aber auch immaterielle Vermögenswerte sein (zB Software).

IFRS-SMEs Abschn. 20 ist auch anzuwenden, wenn in Verbindung mit dem Einsatz oder der Erhaltung der genutzten Vermögenswerte wesentliche Dienstleistungen des Leasinggebers nachgefragt werden. Vereinbarungen, die sowohl die Übertragung eines Nutzungsrechts als auch ein Dienstleistungsverhältnis umfassen (zB Fuhrparkmanagement), sind bilanziell in ein Leasingverhältnis und ein Dienstleistungsverhältnis aufzuspalten. Auf **Vereinbarungen über Dienstleistungen**, bei denen das Nutzungsrecht an Vermögenswerten nicht übertragen wird, finden die Regeln zur Leasingbilanzierung demgegenüber keine Anwendung (vgl. IFRS-SMEs Abschn. 20.2).

II. Übertragungen von Nutzungsrechten, die wirtschaftlich Leasingverhältnissen entsprechen

4 Bei der Abgrenzung von Leasingverhältnissen ist auf die **wirtschaftliche Substanz der Vereinbarung** und nicht ausschließlich auf die rechtliche Form abzustellen (vgl. IFRS-SMEs Abschn. 10.4(b)(ii) sowie IFRS-SMEs Abschn. 2.8). Auf der Basis der wirtschaftlichen Betrachtungsweise werden auch Vereinbarungen, die rechtlich nicht als Leasingverhältnisse zu werten sind, aber dennoch Nutzungsrechte gegen Zahlungen übertragen, bilanziell wie Leasingverhältnisse behandelt (**sog. verdeckte Leasingverhältnisse**). Dazu zählen nach IFRS-SMEs Abschn. 20.3 zB:

- Outsourcing-Vereinbarungen (zB Auslagerung von IT-Dienstleistungen, Logistikfunktionen oder Produktionsprozessen), durch die sich ein Unternehmen indirekt das Recht zur Nutzung von Vermögenswerten (zB IT-Anlagen, Logistikzentren, Produktionsanlagen) sichert,
- Telekommunikationsverträge, bei denen Anrechte auf Netzkapazitäten eingeräumt werden und
- »Take-or-pay-Verträge«, bei denen die Erwerber im Rahmen von langfristigen Liefer- oder Leistungsverträgen festgelegte Zahlungen unabhängig davon leisten, ob sie die vertraglich vereinbarten Lieferungen oder Serviceleistungen abnehmen.

5 Bei der **Identifikation verdeckter Leasingverhältnisse** kommt es maßgeblich darauf an, dass ein Nutzungsrecht an einem Vermögenswert gegen Leistung einer Zahlungen oder einer Reihe von Zahlungen übertragen wird. In IFRS-SMEs Abschn. 20.3 sind darüber hinaus keine weiteren Hinweise enthalten, wie verdeckte Leasingverhältnisse zu identifizieren sind. Aus der Entstehungsgeschichte der IFRS-SMEs lässt sich jedoch entnehmen, dass IFRIC 4 grundsätzlich übernommen werden soll (vgl. IASB, IFRS-SMEs, project report, Anm. 51). Insofern kann bei der Überprüfung, ob Leasingverhältnisse nach wirtschaftlichen Gesichtspunkten vorliegen, auf IFRIC 4 zurückgegriffen werden. Im Einzelnen behandelt IFRIC 4 folgende Fragestellungen (vgl. Alvarez/Büttner, 2008, 45 ff.):

(1) Wie festzustellen ist, **ob eine Vereinbarung ein verdecktes Leasingverhältnis enthält**.
Hierfür ist zu prüfen, ob die Erfüllung einer Vereinbarung von der Nutzung eines spezifischen Vermögenswerts abhängt und ob durch die Vereinbarung ein Recht zur Nutzung eines Vermögenswerts übertragen wird.

(2) Wann die **erstmalige und erneute Beurteilung des Vorliegens eines verdeckten Leasingverhältnisses** zu erfolgen hat.
IFRIC 4.10 bestimmt, dass die erstmalige Beurteilung eines verdeckten Leasingverhältnisses zum Zeitpunkt des Vertragsbeginns oder ggf. zu einem früheren Zeitpunkt, an dem sich die Vertragsparteien über die wesentlichen Bedingungen des Vertrags geeinigt haben, zu erfolgen hat. Eine erneute Beurteilung eines verdeckten Leasingverhältnisses ist vorzunehmen, wenn eine der folgenden Bedingungen erfüllt ist:
   (a) Veränderungen der Vertragsbedingungen, soweit nicht ausschließlich Erneuerungs- oder Verlängerungsoptionen ausgeübt werden;
   (b) Ausübung einer Verlängerungsoption oder Vereinbarung einer Vertragsverlängerung, die nicht bereits bei der Bestimmung der ursprünglichen Laufzeit des Leasingverhältnisses berücksichtigt wurden;
   (c) Änderungen der Einschätzung, ob die Erfüllung der Vereinbarung von der Nutzung eines spezifischen Vermögenswerts abhängt;
   (d) Wesentliche Veränderungen des Vermögenswerts.

(3) Wie ggf. **Leasingzahlungen von anderen Elementen einer Vereinbarung getrennt werden** können.
Verdeckte Leasingverhältnisse sind häufig Mehrkomponentenverträge. Da die Regeln zur Leasingbilanzierung nur auf die Leasingkomponenten anzuwenden sind, sind die Leasing-

komponenten von den übrigen Komponenten wertmäßig zu trennen. Nach IFRIC 4.13 hat die Separierung der Leasingkomponenten auf der Basis der relativen beizulegenden Zeitwerte zu erfolgen. Ist eine Schätzung des Leasinganteils erforderlich, so kann dies zB dadurch erfolgen, dass die Leasingzahlungen eines exklusiven Leasingverhältnisses für einen ähnlichen Vermögenswert herangezogen werden.

6 Wurde ein verdecktes Leasingverhältnis identifiziert, so hat die Klassifizierung verdeckter Leasingvereinbarungen als Finanzierungs-Leasing- oder Operating-Leasingverhältnis und ihre Bilanzierung und Bewertung nach IFRS-SMEs Abschn. 20 zu erfolgen.

III. Ausnahmen

7 In IFRS-SMEs Abschn. 20.1 werden folgende Leasingverhältnisse **vom Anwendungsbereich ausgenommen**:

(1) Leasingverhältnisse in Bezug auf die Entdeckung und Verarbeitung von Mineralien, Öl, Erdgas und ähnlichen nicht regenerativen Ressourcen. Diese Leasingtransaktionen werden entsprechend IFRS-SMEs Abschn. 34 als spezielle Tätigkeiten behandelt.
(2) Lizenzvereinbarungen beispielsweise über Filme, Videoaufnahmen, Theaterstücke, Manuskripte, Patente und Urheberrechte. Hierzu wird auf IFRS-SMEs Abschn. 18 zur Bilanzierung von immateriellen Vermögenswerten verwiesen. Die Ausnahme für Lizenzvereinbarungen bedeutet allerdings nicht, dass Leasingverhältnisse über immaterielle Werte generell vom Anwendungsbereich des IFRS-SMEs Abschn. 20 ausgenommen sind (vgl. analog zu IAS 14 Beine/Nordmann, 2009, Abschn. 14, Tz. 15).
(3) Leasingverhältnisse, die aufgrund vertraglicher Bedingungen unabhängig von Preisänderungen des Leasinggegenstands, Wechselkursänderungen oder dem Ausfall eines der Vertragspartner für Leasinggeber oder Leasingnehmer zu einem Verlust führen können. Derartige Leasingverhältnisse sind nach IFRS-SMEs Abschn. 12.3 (f) als Finanzinstrumente zu bilanzieren.
(4) Belastende Operating-Leasingverhältnisse. Diese Leasingverhältnisse werden in IFRS-SMEs Abschn. 21.1 in den Anwendungsbereich der Bilanzierungsregeln für Rückstellungen und Eventualposten einbezogen.

8 Speziell **von den Bewertungsnormen** des IFRS-SMEs Abschn. 20 werden folgende Vertragsverhältnisse **ausgenommen**:

(1) Von Leasingnehmern gehaltene Immobilien, die als Finanzinvestitionen gelten und entsprechend den Vorschriften für Finanzinvestitionen in IFRS-SMEs Abschn. 16 bewertet werden.
(2) Als Finanzinvestition gehaltene Immobilien, die von Leasinggebern im Rahmen eines Operating-Leasingverhältnisses vermietet werden, die ebenfalls nach IFRS-SMEs Abschn. 16 zu bewerten sind.
(3) Biologische Vermögenswerte, die von Leasingnehmern im Rahmen eines Finanzierungs-Leasingverhältnisses gehalten werden. Hierfür gelten die Bewertungsvorschriften in IFRS-SMEs Abschn. 34 für spezielle Aktivitäten.
(4) Biologische Vermögenswerte, die von Leasinggebern im Rahmen eines Operating-Leasingverhältnisses vermietet werden. Auch hierfür sind die Bewertungsvorschriften in IFRS-SMEs Abschn. 34 anzuwenden.

Diese Vertragsverhältnisse fallen grundsätzlich im Hinblick auf ihre Klassifizierung, die Erfassung von Erträgen und Aufwendungen, Vermögenswerten und Verbindlichkeiten und im Hinblick auf Anhangangaben unter den Anwendungsbereich von IFRS-SMEs Abschn. 20. Nur die

Bewertung erfolgt auf der Basis der entsprechenden Vorschriften für Finanzinvestitionen bzw. spezielle Aktivitäten.

C. Klassifizierung von Leasingverhältnissen

I. Überblick

9 Die Klassifizierung von Leasingverhältnissen basiert auf der **Unterscheidung von Finanzierungs- und Operating-Leasingverhältnissen**, die mit Hilfe der wirtschaftlichen Betrachtungsweise vorgenommen wird. Ob ein Leasingverhältnis als Finanzierungs-Leasingverhältnis oder als Operating-Leasingverhältnis klassifiziert wird, hängt von der wirtschaftlichen Substanz der Vereinbarung, weniger von der rechtlichen Form ab (vgl. IFRS-SMEs Abschn. 20.5).

Ein Leasingverhältnis wird dann als **Finanzierungs-Leasingverhältnis** klassifiziert, wenn es im Wesentlichen alle Risiken und Chancen, die mit dem Eigentum am Leasinggegenstand verbunden sind, auf den Leasingnehmer überträgt. Die Übertragung des rechtlichen Eigentums ist dafür nicht erforderlich. Sind die Chancen und Risiken nicht im Wesentlichen auf den Leasingnehmer übergegangen, wird das Leasingverhältnis als **Operating-Leasingverhältnis** klassifiziert (vgl. IFRS-SMEs Glossar).

10 Der **Übergang von Risiken und Chancen** aus dem Leasinggegenstand wird in IFRS-SMEs Abschn. 20.5(a) bis (e) durch Kriterien in Form von **Beispielen** konkretisiert. Danach führen die folgenden Merkmale normalerweise für sich genommen oder in Kombination zur Klassifizierung eines Leasingverhältnisses als Finanzierungs-Leasing:

(1) Durch den Leasingvertrag wird am Ende der Laufzeit des Leasingverhältnisses das rechtliche Eigentum am Leasinggegenstand auf den Leasingnehmer übertragen.
(2) Der Leasingnehmer hat eine Kaufoption zum Erwerb des Vermögenswerts zu einem Preis, der deutlich unter dem beizulegenden Wert zum Ausübungszeitpunkt liegt (= günstige Kaufoption).
(3) Die Vertragslaufzeit ist für den wesentlichen Teil der wirtschaftlichen Nutzungsdauer des Vermögenswerts vereinbart.
(4) Zu Beginn des Leasingverhältnisses entspricht der Barwert der Mindestleasingzahlungen mindestens im Wesentlichen dem beizulegenden Wert des Leasinggegenstands.
(5) Der Leasinggegenstand ist von so spezieller Natur, dass ihn nur der Leasingnehmer ohne wesentliche Veränderungen nutzen kann.

11 Neben den Beispielen, werden in IFRS-SMEs Abschn. 20.6 zusätzlich **Indikatoren** genannt, die für sich oder gemeinsam ebenfalls zu einem Finanzierungs-Leasingverhältnis führen können:

(1) Wenn der Leasingnehmer das Leasingverhältnis auflösen kann und die Verluste des Leasinggebers aus der Auflösung durch den Leasingnehmer getragen werden.
(2) Gewinne oder Verluste, die durch Restwertschwankungen des Leasinggegenstands entstehen fallen dem Leasingnehmer zu (beispielsweise in Form einer Mietrückerstattung, die einem Großteil des Verkaufserlöses am Ende des Leasingverhältnisses entspricht).
(3) Der Leasingnehmer hat die Möglichkeit das Leasingverhältnis über eine zweite Laufzeit zu einer Miete fortzuführen, die wesentlich unter der marktüblichen Miete liegt.

12 Die Aufzählung der Kriterien und Indikatoren ist nicht abschließend. Es ist grundsätzlich nicht nur eine isolierte Überprüfung der einzelnen Kriterien, sondern eine **ganzheitliche Würdi-**

gung der ökonomischen Konsequenzen erforderlich. Die Beispielkriterien führen nicht automatisch, sondern »normalerweise« zur Klassifizierung als Finanzierungs-Leasing. Das Vorliegen der Indikatoren kann, muss aber nicht zur Wertung als Finanzierungs-Leasing führen. Aus der Unterscheidung von Beispielen und Indikatoren kann geschlossen werden, dass bei Vorliegen eines der Beispielkriterien nur in Ausnahmefällen eine Klassifizierung als Operating-Leasingverhältnis in Betracht kommt. Demgegenüber wird bei Vorliegen eines der Indikatoren ein Finanzierungs-Leasingverhältnis vermutet, was aber widerlegt werden kann. Die Indikatoren sind deshalb bei der Klassifizierung eines Leasingverhältnisses ergänzend zu den Beispielen insbesondere dahingehend zu überprüfen, ob bei wirtschaftlicher Betrachtung sich Auswirkungen auf die Laufzeit des Leasingverhältnisses und/oder die Mindestleasingzahlungen ergeben.

13 Wenn aufgrund anderer Umstände klar ist, dass durch die Leasingvereinbarung nicht im Wesentlichen alle Risiken und Chancen übertragen werden, dann ist das Leasingverhältnis als Operating-Leasingverhältnis zu klassifizieren (vgl. IFRS-SMEs Abschn. 20.7). Als **Beispiele für das Vorliegen von Operating-Leasingverhältnissen** trotz der Erfüllung von Kriterien für Finanzierungs-Leasingverhältnisse werden folgende Fälle genannt:

- Übertragung des Eigentums am Ende der Laufzeit für eine variable, dem beizulegenden Wert zu diesem Zeitpunkt entsprechende Zahlung;
- Bedingte Leasingraten, wenn sie dazu führen, dass der Leasingnehmer nicht im Wesentlichen alle Chancen und Risiken des Eigentums trägt.

14 Die **Klassifizierung** eines Leasingverhältnisses ist auf Basis der vorstehenden Kriterien jeweils **unabhängig von Leasingnehmer und Leasinggeber** durchzuführen. Dabei können Leasingnehmer und Leasinggeber zu unterschiedlichen Klassifizierungs-Ergebnissen kommen,

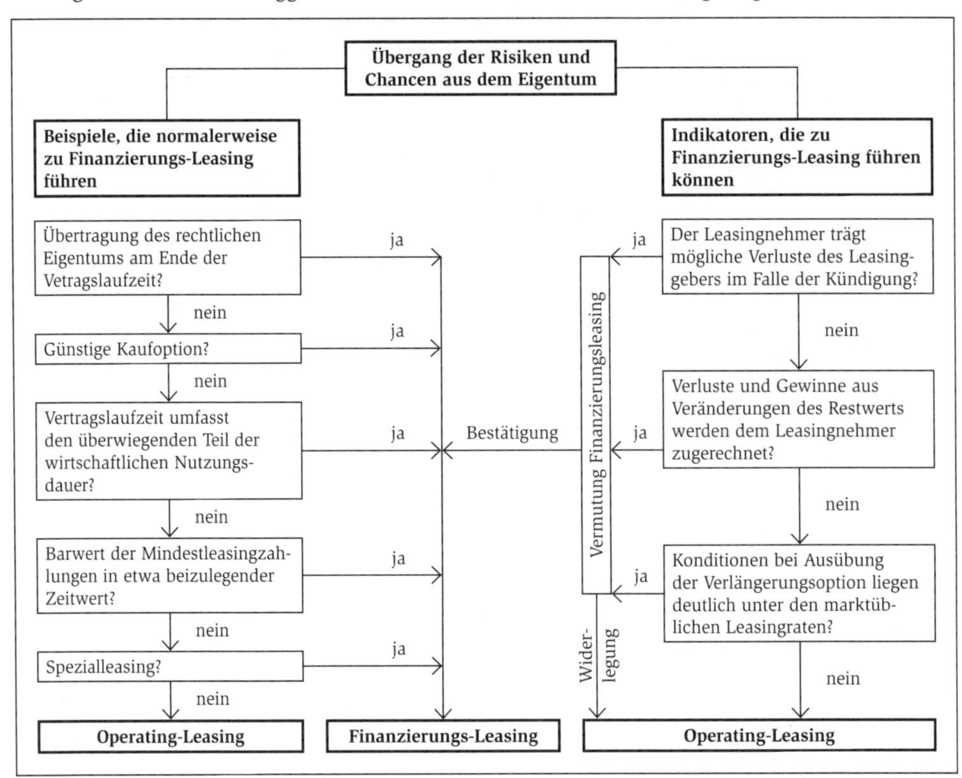

Abb. 1: Klassifizierung von Leasingverträgen

da zB Restwerte oder Optionen unterschiedlich berücksichtigt werden oder bei der Diskontierung der Mindestleasingzahlungen unterschiedliche Zinssätze zur Anwendung kommen. Dadurch sind sowohl Fälle möglich, in denen der Leasinggegenstand weder beim Leasingnehmer noch beim Leasinggeber bilanziert wird, als auch Leasingverhältnisse, bei denen sowohl der Leasinggeber als auch der Leasingnehmer den Leasinggegenstand in der Bilanz erfassen.

Zusammenfassend wird der Prozess der Klassifizierung von Leasingverhältnissen auf Basis der Beispiele und Indikatoren in Abbildung 1 dargestellt.

II. Zeitpunkt der Klassifizierung

15 Die Klassifizierung des Leasingvertrages wird bezogen auf den Beginn des Leasingverhältnisses (= *inception of the lease*) vorgenommen (vgl. IFRS-SMEs Abschn. 20.8). Vom Zeitpunkt des Beginns des Leasingverhältnisses ist der Zeitpunkt des Beginns der Laufzeit des Leasingverhältnisses (= *commencement of the lease term*) zu unterscheiden. Die Definitionen der beiden Zeitpunkte finden sich nicht in den IFRS-SMEs, es kann daher auf die entsprechenden Definitionen in IAS 17.4 zurückgegriffen werden. Danach ist der **Beginn des Leasingverhältnisses** der Zeitpunkt des Vertragsabschlusses oder ein früherer Zeitpunkt, zu dem bereits die wesentlichen Vertragsbedingungen festliegen. Der **Beginn der Laufzeit des Leasingverhältnisses** ist der Zeitpunkt, ab dem der Leasingnehmer sein Recht zur Nutzung des Leasinggegenstands ausüben kann.

Die Regelung ist so zu interpretieren, dass für die Klassifizierung des Leasingverhältnisses die zu Beginn des Leasingverhältnisses bestehenden Verhältnisse und Erwartungen maßgeblich sind, auch wenn das Leasingverhältnis erst zu Beginn der Laufzeit in der Bilanz von Leasinggeber und Leasingnehmer zu erfassen ist.

Die auf den Beginn des Leasingverhältnisses vorgenommene Klassifizierung darf nicht verändert werden, es sei denn, Leasingnehmer und Leasinggeber kommen überein, die Vereinbarungen des Leasingvertrages zu ändern (vgl. IFRS-SMEs Abschn. 20.8). Hieraus ist zu schließen, dass bei veränderten Schätzungen, zB im Hinblick auf die wirtschaftliche Nutzungsdauer, den Restwert, veränderte Rahmenbedingungen oder im Hinblick auf die Ausübungswahrscheinlichkeit einer Verlängerungsoption des Leasingnehmers keine neue Klassifizierung des Leasingvertrags vorzunehmen ist. (vgl. hierzu auch die ausführlichere Regelung in IAS 17.13).

III. Kriterien für Finanzierungs-Leasingverhältnisse

1. Vereinbarte Übertragung des rechtlichen Eigentums

16 Vereinbaren die Vertragsparteien, dass am Ende der Vertragslaufzeit des Leasingverhältnisses das rechtliche Eigentum am Leasinggegenstand auf den Leasingnehmer übergeht, dann liegt ein Finanzierungs-Leasingverhältnis vor. Diese Regelung betrifft in erster Linie Miet- oder Ratenkaufverträge, bei denen die Zahlung des Kaufpreises in Raten erfolgt und mit der Zahlung der letzten Rate das rechtliche Eigentum auf den Leasingnehmer übergeht (vgl. Kümpel/ Becker, 2006, 22). Darüber hinaus ist das Leasingverhältnis auch im Falle eines Andienungsrechts des Leasinggebers, dessen Ausübung als hinreichend sicher gilt, als Finanzierungs-Leasingverhältnis zu klassifizieren (vgl. ADS Int 2002, Abschn. 12, Tz. 35).

2. Günstige Kaufoption

17 Wird im Rahmen des Leasingverhältnisses dem Leasingnehmer eine Option eingeräumt, den Leasinggegenstand zu einem deutlich unter dem beizulegenden Zeitwert liegenden Preis zu erwerben, und erscheint die Ausübung der Option im Zeitpunkt des Vertragsabschlusses hinreichend sicher, liegt eine günstige Kaufoption und damit normalerweise ein Finanzierungs-Leasingverhältnis vor. Zur Überprüfung des Vorliegens einer günstigen Kaufoption sind folgende Schritte notwendig:

(1) Schätzung des **beizulegenden Zeitwerts des Leasinggegenstands** im Zeitpunkt der Optionsausübung. Der beizulegende Zeitwert ist in IFRS-SMEs Abschn. 2.34(b) definiert als Betrag, zu dem ein Vermögenswert zwischen sachverständigen, vertragswilligen und voneinander unabhängigen Geschäftspartnern getauscht werden könnte. Bei der Bestimmung dieses Werts haben die Bilanzersteller in vielen Fällen einen erheblichen Ermessensspielraum.

(2) Wertung, wann ein **Optionspreis »deutlich« unter dem beizulegenden Wert** liegt. Hierfür geben die IFRS keine quantitativen Grenzen. UE kann im Normalfall unter Berücksichtigung der bestehenden Ermessensspielräume als Anhaltspunkt für eine günstige Kaufoption ein Unterschreiten des beizulegenden Werts um mindestens 20% angesehen werden (vgl. Kümpel/Becker, 2006, 31).

(3) Wertung, ob die **Ausübung der Option »hinreichend sicher«** erscheint. Dies ist dann der Fall, wenn der sich aus der Ausübung der Option ergebende Vorteil so groß ist, dass sich ein rational handelnder Leasingnehmer ihm nicht entziehen kann (= ökonomischer Ausübungszwang). Davon ist auszugehen, wenn bei typischem Geschehensablauf bereits zu Beginn des Leasingverhältnisses der spätere Kauf des Leasinggegenstands durch den Leasingnehmer zu vermuten ist (vgl. Mellwig, 1998, 4 f.). Dabei sind ggf. auch Kompensationszahlungen zu berücksichtigen, zu denen ein Leasingnehmer für den Fall der Nichtausübung der Kaufoption verpflichtet ist. Solche Zahlungen erhöhen den Vorteil für den Fall der Optionsausübung.

3. Verhältnis der Vertragslaufzeit zur wirtschaftlichen Nutzungsdauer

18 Ein Finanzierungs-Leasingverhältnis ist normalerweise anzunehmen, wenn die Laufzeit des Leasingvertrages den überwiegenden Teil der wirtschaftlichen Nutzungsdauer des Leasinggegenstands umfasst. Nach diesem Kriterium, das auch als **Laufzeittest** bezeichnet wird, gehen Risiken und Chancen aus dem Leasinggegenstand im Wesentlichen dann auf den Leasingnehmer über, wenn das Nutzungspotential des Leasinggegenstands überwiegend durch den Leasingnehmer ausgeschöpft wird. Der Laufzeittest ist in folgenden Schritten durchzuführen:

(1) Bestimmung der Laufzeit des Leasingverhältnisses
(2) Bestimmung der wirtschaftlichen Nutzungsdauer des Leasinggegenstands
(3) Vergleich zwischen der Laufzeit des Leasingverhältnisses und der wirtschaftlichen Nutzungsdauer des Leasinggegenstands.

19 Bei der Definition der **Laufzeit des Leasingverhältnisses** kann mangels Hinweisen im IFRS-SMEs auf die Definitionen in IAS 17.4 zurückgegriffen werden. Danach umfasst die Laufzeit eines Leasingverhältnisses den unkündbaren Zeitraum, für den der Gegenstand geleast wurde, zusammen mit weiteren Zeiträumen, für die der Leasingnehmer mit oder ohne Zahlungen eine Verlängerungsoption hat und zu Beginn des Leasingverhältnisses die Ausübung der Option hinreichend sicher ist.

Ein **unkündbares Leasingverhältnis** ist dann gegeben, wenn es nur in folgenden Fällen aufgelöst werden kann:

(1) ein unwahrscheinliches Ereignis tritt ein,
(2) der Leasinggeber gibt seine Einwilligung zur Auflösung,
(3) der Leasingnehmer geht mit demselben Leasinggeber ein neues Leasingverhältnis über denselben oder einen entsprechenden Vermögenswert ein; oder
(4) wenn durch den Leasingnehmer ein zusätzlicher Betrag in einer Höhe zu leisten ist, dass schon bei Vertragsbeginn die Fortführung des Leasingverhältnisses hinreichend sicher ist.

Diese Kündigungsmöglichkeiten sind somit für die Bestimmung der Laufzeit des Leasingverhältnisses nicht relevant. Alle anderen Kündigungsmöglichkeiten begrenzen den unkündbaren Zeitraum. Bei Miet- und Pachtverträgen mit unbefristeter Vertragsdauer gilt die gesetzliche oder vertragliche Kündigungsfrist als Laufzeit.

20 Die zweite Komponente des Laufzeittests ist die **wirtschaftliche Nutzungsdauer.** Diese wird zwar allgemein im Glossar von IFRS-SMEs definiert, im Hinblick auf die Bestimmung der wirtschaftlichen Nutzungsdauer speziell von Leasinggegenständen kann jedoch die leasingspezifische Definition in IAS 17.4 zugrunde gelegt werden. Danach entspricht die wirtschaftliche Nutzungsdauer dem Zeitraum, über den ein Vermögenswert erwartungsgemäß von einem oder mehreren Nutzern genutzt werden kann, oder dem Zeitraum, der sich aus den Produktionseinheiten oder ähnlichen Maßgrößen ergibt, die mit dem Vermögenswert von einem oder mehreren Nutzern erzielt werden können. Die wirtschaftliche Nutzungsdauer ist damit zum Zweck der Klassifizierung des Leasingverhältnisses unternehmensunabhängig zu bestimmen. Sie kann sich von der unternehmensspezifischen Nutzungsdauer unterscheiden (vgl. ADS Int 2002, Abschn. 12, Tz. 56). Bei Leasingverhältnissen über gebrauchte Leasinggegenstände ist von der verbleibenden wirtschaftlichen Nutzungsdauer zu Beginn des Leasingverhältnisses auszugehen.

21 Weder IFRS-SMEs Abschn. 20 noch IAS 17 geben eine quantitative Grenze für die **Bestimmung des »wesentlichen Teils«** der wirtschaftlichen Nutzungsdauer. Um den Laufzeittest für Bilanzersteller und Prüfer zu operationalisieren, werden in der Literatur zu IAS 17 prozentuale Grenzen zwischen 50% und 90% diskutiert (vgl. Vater, DStR 2002, 2095). Oft wird auch eine analoge Anwendung des US-GAAP Laufzeittests nach FAS 13 gefordert, wonach ein Finanzierungs-Leasingverhältnis anzunehmen ist, wenn die Laufzeit des Leasingvertrages 75% der wirtschaftlichen Nutzungsdauer übersteigt. Die 75%-Grenze kann uE im Normalfall als Anhaltspunkt dienen. Allerdings wird in den IFRS bewusst auf quantitative Grenzziehungen verzichtet, um Vertragsstrukturierungen zum Erreichen einer gewollten Bilanzklassifizierung zu vermeiden. Es ist daher im Hinblick auf das Verhältnis zwischen Vertragslaufzeit und wirtschaftlicher Nutzungsdauer grundsätzlich eine Einzelfallprüfung auf Basis einer gesamtheitlichen Würdigung erforderlich.

4. Verhältnis des Barwerts der Mindestleasingzahlungen zum beizulegenden Zeitwert des Leasinggegenstands

22 Ein Finanzierungs-Leasingverhältnis liegt normalerweise dann vor, wenn zu Beginn des Leasingverhältnisses der Barwert der Mindestleasingzahlungen mindestens im Wesentlichen dem beizulegenden Zeitwert des Leasinggegenstands entspricht. Für diesen sog. **Barwerttest** sind folgende Schritte erforderlich:

(1) Bestimmung der Mindestleasingzahlungen
(2) Bestimmung des Diskontierungszinssatzes und Ermittlung des Barwerts der Mindestleasingzahlungen
(3) Bestimmung des beizulegenden Zeitwerts
(4) Vergleich zwischen dem Barwert der Mindestleasingzahlungen und dem beizulegenden Zeitwert.

a. *Mindestleasingzahlungen*

23 Der Begriff der Mindestleasingzahlungen ist in IFRS-SMEs nicht definiert. Eine inhaltliche Konkretisierung ist unter Rückgriff auf die Definition in IAS 17.4 möglich. Danach umfassen die Mindestleasingzahlungen alle Zahlungen während der Vertragslaufzeit, zu denen der Leasingnehmer verpflichtet ist oder verpflichtet werden kann. Die Vertragslaufzeit ist für den Barwerttest genauso zu bestimmen wie für den Laufzeittest. Danach gehören auch optionale Verlängerungszeiträume zur Vertragslaufzeit, wenn zu Beginn des Leasingverhältnisses die Ausübung der Option hinreichend sicher ist.

Bei Teilamortisationsverträgen werden häufig Restwertgarantien vereinbart, wodurch der Leasingnehmer ggf. an Verlusten aus der Veräußerung des Leasinggegenstands nach Ablauf der Vertragslaufzeit beteiligt wird. Zu den Mindestleasingraten gehören daher auch alle Beträge, die vom Leasingnehmer oder dem Leasingnehmer nahestehenden Unternehmen oder Personen garantiert werden. Einer Garantie gleichzustellen ist ein Andienungsrecht des Leasinggebers. Die Garantien sind grundsätzlich mit dem Betrag einzubeziehen, der im ungünstigsten Fall zu zahlen ist (vgl. ADS Int 2002, Abschn. 12, Tz. 65).

24 Beim **Barwerttest des Leasinggebers** sind über die vom Leasingnehmer und dem Leasingnehmer nahestehenden Unternehmen und Personen hinaus geleisteten Garantien zusätzlich auch Garantien einzubeziehen, die von unabhängigen und finanzkräftigen Dritten geleistet werden. Dazu zählen zB Rücknahmeverpflichtungen, zu denen sich Hersteller oder Händler gegenüber dem Leasinggeber verpflichtet haben.

25 Nicht zu den Mindestleasingzahlungen gehören bedingte Leasingzahlungen, Kosten für Dienstleistungen und Steuern, die der Leasinggeber zu zahlen hat und die ihm vom Leasingnehmer erstattet werden. **Bedingte Leasingraten** sind nach IAS 17.4 definiert als der Teil der Leasingzahlungen, der betraglich nicht feststeht und nicht nur vom Zeitablauf, sondern vom Eintritt ungewisser künftiger Ereignisse abhängig ist. Hierunter fallen insbesondere umsatzabhängige oder nutzungsabhängige Leasingraten, wie zB kilometerabhängige Leasingzahlungen beim Fahrzeugleasing. Darüber hinaus sind auch indexabhängige Leasingraten, wie zB Mietzahlungen, deren Höhe von künftigen Preissteigerungen abhängt, und Leasingraten, deren Höhe an künftige Marktzinssätze gekoppelt ist, bedingte Leasingraten. Auf der Grundlage der wirtschaftlichen Betrachtungsweise sind bedingte Leasingraten ausnahmsweise dann in die Mindestleasingzahlungen einzubeziehen, wenn der künftige Eintritt der Bedingung zu Beginn des Leasingverhältnisses faktisch feststeht (vgl. Kümbel/Becker, 2006, 44).

26 Sofern in den vereinbarten Leasingraten auch **Dienstleistungen des Leasinggebers** oder Versicherungen vergütet werden (zB im Rahmen eines Fuhrparkmanagements), gehören die auf die Dienstleistungen, Versicherungen und ähnliche Leistungen entfallenden Teile nicht zu den Mindestleasingzahlungen.

b. *Diskontierungszinssatz*

27 Zur Ermittlung des Barwerts der Mindestleasingzahlungen ist der Diskontierungszinssatz festzulegen. In den Regelungen zur Klassifizierung von Leasingverhältnissen in IFRS-SMEs Abschn. 20 (und auch in IAS 17) sind keine Hinweise auf den anzuwendenden Diskontierungszinssatz enthalten. Allerdings enthalten die Vorschriften zur Bewertung von Vermögenswerten und Schulden im Rahmen von Leasingverhältnissen Regelungen zum Diskontierungszinssatz, die auch auf die Klassifizierung von Leasingverhältnissen anzuwenden sind. Danach hat der **Leasinggeber** den **Zinssatz anzuwenden, der dem Leasingvertrag zugrunde liegt** (vgl. IFRS-SMEs Abschn. 20.17). Dieser ist definiert als der Zinssatz, bei dem zu Beginn des Leasingverhältnisses die Summe aus dem Barwert der Mindestleasingzahlungen und dem Barwert des ungarantierten Restwerts der Summe aus dem beizulegenden Zeitwert des Leasinggegenstands und jeglichen anfänglichen direkten Kosten des Leasinggebers entspricht (vgl. IFRS-SMEs Glossar).

Anfängliche direkte Kosten sind Kosten, die unmittelbar im Zusammenhang mit der Verhandlung und dem Abschluss des Leasingvertrags anfallen. Hierzu zählen sowohl externe Kosten, wie zB an Händler zu zahlende Vermittlungsprovisionen oder Rechtsanwaltsgebühren als auch interne Kosten, wie zB Kosten der Kreditwürdigkeitsprüfung. Nicht einzubeziehen sind allgemeine Gemeinkosten, die zB durch die Vertriebs- oder Marketingabteilung verursacht werden (vgl. IAS 17.36). **28**

Der **Leasingnehmer** hat grundsätzlich ebenfalls den Zinssatz anzuwenden, der dem Leasingvertrag zugrunde liegt, soweit er bestimmt werden kann. Falls der Leasingnehmer den Vertragszinssatz nicht kennt und er ihn auch nicht ermitteln kann, hat der Leasingnehmer den Barwert der Mindestleasingzahlungen auf der Grundlage seines Grenzfremdkapitalzinssatzes zu ermitteln (vgl. IFRS-SMEs Abschn. 20.10). Als Grenzfremdkapitalzinssatz kann der Zinssatz zugrundegelegt werden, der für einen vergleichbaren Leasingvertrag oder für die Aufnahme von Fremdkapital mit vergleichbarer Laufzeit und mit vergleichbaren Sicherheiten zu zahlen ist. In der Praxis ist für den Leasingnehmer ein Rückgriff auf seinen Grenzfremdkapitalzinsfuß dann erforderlich, wenn ihm Informationen zB über den Restwert des Leasinggegenstands am Ende der Laufzeit fehlen oder die Vereinbarungen über Leasingraten so komplex sind, dass ein Vertragszinssatz nicht ohne weiteres ermittelt werden kann. **29**

c. *Beizulegender Zeitwert des Leasinggegenstands*

Der **beizulegende Zeitwert** (*fair value*) ist im Glossar von IFRS-SMEs definiert als der Betrag, zu dem ein Vermögenswert zwischen sachverständigen, vertragswilligen und voneinander unabhängigen Vertragsparteien zu Marktbedingungen erworben werden kann. Hat eine unabhängige Leasinggesellschaft als Leasinggeber den Leasinggegenstand erworben, so können idR die Anschaffungskosten des Leasinggebers mit dem beizulegenden Zeitwert gleichgesetzt werden. Liegt allerdings der Zeitpunkt der Anschaffung durch die Leasinggesellschaft schon einige Zeit zurück, so ist der beizulegende Zeitwert auf Basis von ggf. veränderten Marktpreisen zu Beginn des Leasingverhältnisses zu ermitteln (vgl. ADS Int 2002, Abschn. 12, Tz. 90). **30**

Ist der Leasinggeber zugleich Händler oder Hersteller des Leasinggegenstands, enthält der beizulegende Zeitwert neben den Anschaffungs- oder Herstellungskosten des Leasinggegenstands auch einen angemessenen Gewinnaufschlag. Der beizulegende Zeitwert sollte dann aus dem üblichen Verkaufspreis unter Berücksichtigung marktüblicher Bedingungen abgeleitet werden. **31**

d. *Vergleich zwischen dem Barwert der Mindestleasingzahlungen und dem beizulegenden Zeitwert des Leasinggegenstands*

Damit ein Finanzierungs-Leasingverhältnis vorliegt, muss der **Barwert der Mindestleasingzahlungen** zu Beginn des Leasingverhältnisses **mindestens im Wesentlichen dem beizulegenden Zeitwert des Leasinggegenstands** entsprechen. Liegt der Zeitpunkt des Vertragsabschlusses wesentlich vor dem Zeitpunkt des Beginns der Laufzeit des Leasingverhältnisses, zB wenn ein Leasingverhältnis über einen noch herzustellenden Leasinggegenstand begründet wird, ist entgegen dem Wortlaut von IFRS-SMEs Abschn. 20.5(d) auf den Beginn der Laufzeit abzustellen, da erst für diesen Zeitpunkt der beizulegende Wert ermittelt werden kann (vgl. ADS Int 2002, Abschn. 12, Tz. 92). **32**

Auch beim Barwerttest enthalten die IFRS keine quantitativen Hinweise, wann »im Wesentlichen« der Barwert der Mindestleasingzahlungen dem beizulegenden Zeitwert entspricht. Die Formulierung eröffnet einerseits einen Interpretationsspielraum und erfordert andererseits eine gesamthafte Wertung von Bilanzerstellern und -prüfern. In der IFRS-Praxis wird hilfsweise häufig die quantitative Grenzziehung des entsprechenden US-GAAP Kriteriums in FAS 13 angewandt. Danach muss der Barwert der Mindestleasingzahlungen mindestens 90% des beizulegenden Zeitwerts des Leasinggegenstands betragen. Diese Grenzziehung dürfte im Nor- **33** malfall auch zu einer sachgerechten Klassifizierung nach IFRS führen. Allerdings ist zu berücksichtigen, dass die Formulierungen in den IFRS und IFRS-SMEs darauf abzielen, vertragliche Gestaltungen, die ggf. auch zum Erreichen gewünschter Bilanzwirkungen vorgenommen werden, im wirtschaftlichen Gesamtzusammenhang zu würdigen. Die 90%-Grenze ist daher im Gegensatz zu den US-GAAP nach IFRS nicht als »harte Grenze« anzuwenden.

5. Spezialleasing

34 Ist ein **Leasinggegenstand von so spezieller Natur**, dass er ohne Vornahme wesentlicher Veränderungen nur vom Leasingnehmer genutzt werden kann, so ist das Leasingverhältnis als Finanzierungs-Leasing zu klassifizieren. Werden Leasinggegenstände speziell für die Bedürfnisse des Leasingnehmers hergestellt, so wird davon ausgegangen, dass auch die wirtschaftlichen Risiken und Chancen beim Leasingnehmer liegen. In der Praxis wird dieses Kriterium nur ergänzend herangezogen, denn üblicherweise ist davon auszugehen, dass bei speziell für die Bedürfnisse des Leasingnehmers hergestellten Leasinggegenständen die Vertragskonditionen (zB Laufzeit des Leasingvertrages, Barwert der Mindestleasingzahlungen) so gestaltet werden, dass bereits auf Basis der anderen Kriterien ein Finanzierungs-Leasingverhältnis gegeben ist.

IV. Indikatoren für Finanzierungs-Leasingverhältnisse

35 Wenn der Leasingnehmer das Leasingverhältnis auflösen kann und die Verluste des Leasinggebers aus der Vertragsauflösung durch den Leasingnehmer getragen werden, ist ein Indiz für das Vorliegen eines Finanzierungs-Leasingverhältnisses gegeben (**Verlustausgleich bei Kündigung oder Vertragsauflösung**). Die Beurteilung dieses Kriteriums hängt entscheidend von der Höhe der vereinbarten Kündigungsentschädigung im Gesamtkontext ab. Führt die vereinbarte Verlusttragung im Falle einer Vertragsauflösung dazu, dass der Leasingnehmer unter wirtschaftlichen Erwägungen den Vertrag fortführen muss, so ist beim Laufzeittest und beim Barwerttest von einer Laufzeit und von Mindestleasingzahlungen ohne Berücksichtigung der Kündigungsmöglichkeit auszugehen. Ist der Verlustausgleich nicht so hoch, dass hinreichend sicher mit einer längeren Vertragslaufzeit zu rechnen ist, dann beschränkt sich die Laufzeit des Leasingverhältnisses auf den kürzeren Zeitraum (unter Berücksichtigung der Kündigungsmöglichkeit) und die Kündigungsentschädigung ist ggf. in die Mindestleasingzahlungen einzubeziehen. Für sich alleine reicht die Verlusttragung im Falle der Auflösung des Vertragsverhältnisses nicht für eine Klassifizierung als Finanzierungs-Leasingverhältnis (vgl. ADS Int 2002, Abschn. 12, Tz. 97).

36 Als weiterer Indikator für das Vorliegen eines Finanzierungs-Leasingverhältnisses gilt, wenn **Gewinne oder Verluste aus Restwertschwankungen** dem Leasingnehmer zugeordnet werden. Die Übertragung von Gewinnen oder Verlusten aus Restwertschwankungen nach Beendigung der Laufzeit des Leasingvertrages kann durch Rückerstattung von Leasingraten, durch Kaufoptionen und/oder Garantien des Leasingnehmers oder durch Andienungsrechte des Leasinggebers erfolgen. Insofern sind in diesen Fällen auch Auswirkungen auf den Laufzeittest und den Barwerttest zu berücksichtigen. So sind zB Restwertgarantien durch den Leasingnehmer oder Andienungsrechte des Leasinggebers bei der Ermittlung der Mindestleasingraten mit einzubeziehen.

37 Ein dritter Indikator für das Vorliegen eines Finanzierungs-Leasingverhältnisses ist die Möglichkeit des Leasingnehmers, das Leasingverhältnis über eine zweite Laufzeit zu einer Miete fortzuführen, die wesentlich unter der marktüblichen Miete liegt (= **günstige Verlängerungs-**

option). Ebenso wie die beiden ersten Indikatoren ist auch die günstige Verlängerungsoption im Kontext mit dem Barwertkriterium und dem Laufzeitkriterium zu beurteilen. Ist die vereinbarte Anschlussmiete so günstig, dass ein rational handelnder Leasingnehmer mit hinreichender Sicherheit die Verlängerungsoption wahrnehmen wird, ist die verlängerte Laufzeit bereits beim Laufzeit- und beim Barwertkriterium zu berücksichtigen. Sofern der Barwert- und der Laufzeittest nicht zu einer Klassifizierung als Finanzierungs-Leasingverhältnis führen, ist die günstige Verlängerungsoption allein nicht ausschlaggebend für die Klassifizierung als Finanzierungs-Leasingverhältnis.

V. Praxisbeispiele zur Klassifizierung von Leasingverhältnissen

38

Beispiel 1:
Zu Beginn der Periode t1 wird über eine Laufzeit von drei Jahren ein Leasingvertrag für ein Fahrzeug mit Anschaffungskosten (= beizulegender Wert) von € 99.000 abgeschlossen. Die wirtschaftliche Nutzungsdauer des Fahrzeugs beträgt fünf Jahre. Die jährlichen nachschüssigen Leasingraten betragen € 30000. Der Restwert nach drei Jahren wird auf € 25.000 geschätzt. Das Restwertrisiko trägt der Leasinggeber. Die anfänglichen direkten Kosten betragen € 1.000.
Es wurde nicht vereinbart, dass das rechtliche Eigentum am Leasinggegenstand am Ende der Laufzeit auf den Leasingnehmer übergeht. Es wurde auch keine günstige Kaufoption eingeräumt und ein Spezialleasingvertrag liegt auch nicht vor. Auch die Indikatoren für Finanzierungs-Leasingverhältnisse, Verlustausgleich bei Kündigung durch den Leasingnehmer, Zuordnung von Restwertschwankungen zum Leasingnehmer und günstige Verlängerungsoption liegen nicht vor. Die Überprüfung der Klassifizierungskriterien konzentriert sich daher auf den Laufzeittest und den Barwerttest.
Die Laufzeit des Leasingvertrages beträgt drei Jahre und damit 60% der wirtschaftlichen Nutzungsdauer des Fahrzeugs. Der Laufzeittest führt daher nicht zu einer Klassifizierung als Finanzierungs-Leasingverhältnis.
Für den Barwerttest ist vom Leasinggeber in einem ersten Schritt der anzuwendende Diskontierungszinssatz (= Vertragszinssatz) dadurch zu ermitteln, dass die Summe aus dem Barwert der Mindestleasingzahlungen (einschließlich des garantierten Restwerts) und dem ungarantierten Restwert dem beizulegenden Wert des Leasinggegenstands zuzüglich der anfänglichen direkten Kosten entsprechen muss:

$$\sum_{t=1}^{3} \frac{MLZ}{(1+i)^t} + \frac{RWu}{(1+i)^3} = FV + dK$$

mit

MLZ = Mindestleasingzahlungen
RWu = Ungarantierter Restwert
FV = Beizulegender Wert (Fair Value)
dK = Direkte Kosten
i = Diskontierungszinssatz

Durch Einsetzen der Werte und Umformung ergibt sich die Interne-Zinsfuß-Formel, anhand derer der Vertragszinssatz ermittelt werden kann:

$$0 = -100.000 + \frac{30.000}{(1+i)} + \frac{30.000}{(1+i)^2} + \frac{30.000}{(1+i)^3} + \frac{25.000}{(1+i)^3}$$

Der Vertragszinssatz beträgt somit 6,57%. Der Barwert der Mindestleasingzahlungen (BW MLZ) wird dann folgendermaßen ermittelt:

$$BWMLZ = +\frac{30.000}{1,0657} + \frac{30.000}{1,0657^2} + \frac{30.000}{1,0657^3}$$

Er beträgt € 79.346,69 und damit rd. 80% des beizulegenden Zeitwerts des Leasingfahrzeugs. Der Barwerttest führt somit nicht zu einer Klassifizierung als Finanzierungs-Leasingverhältnis. Sofern auch unter Berücksichtigung der übrigen Beispielskriterien und der Indikatoren keine Anhaltspunkte dafür vorliegen, dass im Wesentlichen alle Chancen und Risiken aus dem Leasingverhältnis auf den Leasingnehmer übergegangen sind, ist das Leasingverhältnis als Operating-Leasingverhältnis zu klassifizieren.

39 *Beispiel 2:*
Es gelten die gleichen Annahmen wie in Beispiel 1, nur dass der Leasingnehmer den Restwert in Höhe von € 20.000 garantiert.
Die Überprüfung der Klassifizierungskriterien konzentriert sich auf den Barwerttest und ggf. auf den Indikator der Zuordnung von Gewinnen und Verlusten aus Restwertschwankungen zum Leasingnehmer. Die Mindestleasingzahlungen erhöhen sich um den garantierten Restwert in Periode t3. Der anhand der Internen-Zinsfuß-Formel ermittelte Vertragszinssatz bleibt jedoch der gleiche wie in Beispiel 1, da sich der ungarantierte Restwert entsprechend vermindert:

$$0 = -100.000 + \frac{30.000}{(1+i)} + \frac{30.000}{(1+i)^2} + \frac{30.000 + 20.000}{(1+i)^3} + \frac{5.000}{(1+i)^3}$$

Der Barwert der Mindestleasingzahlungen erhöht sich gegenüber Beispiel 1 um den garantierten Restwert:

$$BWMLZ = +\frac{30.000}{1,0657} + \frac{30.000}{1,0657^2} + \frac{30.000 + 20.000}{1,0657^3}$$

Er beträgt € 95.869,34 und damit rd. 97% des beizulegenden Zeitwerts des Leasingfahrzeugs. Das Barwertkriterium ist damit erfüllt, so dass das Leasingverhältnis als Finanzierungs-Leasingverhältnis zu klassifizieren ist, sofern sich aus der ganzheitlichen Würdigung kein anderes Bild ergibt.

VI. Änderungen des Leasingvertrages

40 IFRS-SMEs Abschn. 20.8 unterscheidet zwischen Veränderungen von Leasingvereinbarungen *(change of the provisions of the lease)* und Verlängerungen des Leasingvertrags (*renewing the lease*) und fordert bei Vertragsveränderungen eine Neuklassifizierung. Die Unterscheidung zwischen Veränderungen und Verlängerungen des Vertragsverhältnisses ist nach ihrem Sinn

und Zweck so zu interpretieren, dass unter **Verlängerungen des Leasingvertrages** nur solche zu verstehen sind, die bereits zu Beginn des Leasingverhältnisses optional vereinbart wurden, deren Ausübung als hinreichend sicher angesehen wurde und die deshalb bei der Bemessung der Laufzeit und/oder der Mindestleasingraten berücksichtigt wurden (glA. ADS Int 2002, Abschn. 12, Tz. 127, aA Beine/Nordmann, IFRS 2009, Abschn. 14, Tz. 41). Nachträglich vereinbarte Vertragsverlängerungen sind demgegenüber als Veränderungen von Leasingvereinbarungen anzusehen.

Veränderungen von Leasingvereinbarungen können zB Anpassungen der Höhe oder des Zeitpunkts der Leasingzahlungen, Änderungen der Restwertgarantie, Anpassungen der Laufzeit des Leasingvertrages oder Anpassungen im Hinblick auf eine Kaufoption sein (vgl. Kümpel/Becker, 2006, 75). Nicht als Vertragsänderung sind von vornherein vereinbarte bedingte Leasingraten (zB nutzungsabhängige oder indexabhängige Leasingraten) anzusehen.

41 IFRS-SMEs Abschn. 20 enthält keine Hinweise darauf, wie die Neuklassifizierung im Falle einer Vertragsveränderung vorzunehmen ist. Möglich ist eine analoge Anwendung der entsprechenden Regelungen in IAS 17.13, wonach eine **Neubeurteilung der Klassifizierung in zwei Schritten** vorzunehmen ist. Zunächst ist zu prüfen, ob die veränderten Vereinbarungen rückwirkend zum Zeitpunkt des Beginns des Leasingverhältnisses eine geänderte Klassifizierung erforderlich gemacht hätten (retrospektive Prüfung). Dabei ist unter Berücksichtigung der Vertragsveränderung bei sonst unveränderten Parametern (zB wirtschaftliche Nutzungsdauer, Diskontierungszinssatz, beizulegender Wert des Leasinggegenstands) die Vertragsklassifizierung nochmals bezogen auf den Beginn des Leasingverhältnisses vorzunehmen. Nur wenn sich daraus eine andere als die ursprüngliche Klassifizierung ergibt, muss das Leasingverhältnis prospektiv neu klassifiziert werden (vgl. Lüdenbach/Freiberg, § 15 Leasing, Tz. 86, Kümpel/Becker, 2006, 75 ff.). Führt auch die prospektive Neuklassifizierung zu einem anderen Ergebnis als die Erstklassifizierung, so ist das Leasingverhältnis verändert zu bilanzieren (als Operating-Leasingverhältnis anstatt als Finanzierungs-Leasingverhältnis oder umgekehrt).

42 Die Überprüfung der Neuklassifizierung haben Leasingnehmer und Leasinggeber jeweils unabhängig voneinander vorzunehmen. Ebenso wie die Erstklassifizierung muss auch die Neuklassifizierung nicht notwendigerweise zu symmetrischen Ergebnissen führen. Ist beim **Leasingnehmer** ein bisheriges Finanzierungs-Leasingverhältnis künftig als Operating-Leasingverhältnis zu bilanzieren, so sind der Leasinggegenstand und die Leasingverbindlichkeit auszubuchen und der Wertunterschied im Gewinn oder Verlust zu erfassen. Wird ein bisheriges Operating-Leasingverhältnis zu einem Finanzierungs-Leasingverhältnis, so sind Leasinggegenstand und Leasingverbindlichkeit beim Leasingnehmer mit dem Barwert der Mindestleasingraten bzw. dem niedrigeren beizulegenden Zeitwert des Leasinggegenstands erfolgsneutral einzubuchen.

Beim **Leasinggeber** hat die Umklassifizierung eines bisherigen Finanzierungs-Leasingverhältnisses zur Folge, dass die Forderung auszubuchen ist und der Leasinggegenstand mit dem beizulegenden Zeitwert einzubuchen ist. Wird ein bisheriges Operating-Leasingverhältnis zu einem Finanzierungs-Leasingverhältnis, so ist der Leasinggegenstand auszubuchen, die Forderung zum Barwert der verbleibenden Mindestleasingzahlungen einzubuchen. Wertdifferenzen sind jeweils im Gewinn oder Verlust zu erfassen (vgl. Lüdenbach/Freiberg, 2008, § 15, Abschn. 82 f.).

VII. Besonderheiten beim Immobilienleasing

43 In IFRS-SMEs Abschn. 20 sind keine spezifischen Hinweise zur **Klassifizierung von Immobilien-Leasingverhältnissen** enthalten. Daher sind Immobilien-Leasingverhältnisse nach den allgemeinen Grundsätzen in Finanzierungs- und Operating-Leasingverhältnisse zu klassifizieren. Allerdings ist zu berücksichtigen, dass sich bei der Klassifizierung von Grundstücken eine

Besonderheit ergibt. Grundstücke weisen eine unbegrenzte wirtschaftliche Nutzungsdauer auf, so dass, sofern nicht die Übertragung des rechtlichen Eigentums vorgesehen ist, die Risiken und Chancen aus dem Eigentum des Grundstücks normalerweise nicht im Wesentlichen auf den Leasingnehmer übergehen. **Leasingverhältnisse über Grundstücke** sind daher idR als Operating-Leasingverhältnisse einzuordnen. Nur wenn der Übergang des rechtlichen Eigentums am Ende der Vertragslaufzeit vereinbart wurde oder aufgrund einer günstigen Kaufoption bzw. eines Andienungsrechts mit hinreichender Sicherheit vom Übergang des Eigentums auszugehen ist, erfolgt eine Klassifizierung als Finanzierungs-Leasingverhältnis.

44 Bei **Leasingverhältnissen über bebaute Grundstücke** führt die Regelungslücke in IFRS-SMEs Abschn. 20 zu Ermessensspielräumen bei den bilanzierenden Unternehmen. Geht das rechtliche Eigentum für Grundstück und Gebäude erwartungsgemäß am Ende der Vertragslaufzeit auf den Leasingnehmer über, ist das Leasingverhältnis insgesamt als Finanzierungs-Leasingverhältnis einzustufen. Ist dies nicht der Fall, so fordert IFRS-SMEs Abschn. 20 im Gegensatz zu IAS 17 keine Aufteilung des Leasingverhältnisses auf Grundstück und Gebäude. Insofern erscheint es mit IFRS-SMEs Abschn. 20 vereinbar, die Klassifizierung des Leasingverhältnisses insgesamt nach den allgemeinen Kriterien unter Zugrundelegung der wirtschaftlichen Nutzungsdauer des Gebäudes vorzunehmen. Alternativ kann in analoger Anwendung von IAS 17.15 die Klassifizierung jeweils getrennt für Grundstück und Gebäude vorgenommen werden. Danach ist das Leasingverhältnis über das Grundstück normalerweise als Operating-Leasingverhältnis zu klassifizieren, während die Klassifizierung des Leasingverhältnisses über das Gebäude anhand der allgemeinen Kriterien vorzunehmen ist.

D. Abschlüsse von Leasingnehmern

I. Finanzierungs-Leasingverhältnisse

1. Erfassung, Ausweis und Erstbewertung

45 Wird ein Leasingverhältnis als Finanzierungs-Leasing klassifiziert, so hat der Leasingnehmer das Recht zur Nutzung des Leasinggegenstands als Vermögenswert in der Bilanz zu aktivieren und die Verpflichtung aus dem Leasingverhältnis als Schuld zu passivieren. Der **Zeitpunkt der erstmaligen Erfassung** des Vermögenswertes und der Schuld ist der Beginn der Laufzeit des Leasingvertrages, also der Zeitpunkt ab dem der Leasingnehmer sein Recht zur Nutzung des Leasinggegenstands ausüben kann (vgl. IFRS-SMEs Abschn. 20.9) In der Zeit zwischen dem Beginn des Leasingverhältnisses und dem Beginn der Laufzeit des Leasingverhältnisses (vgl. Tz. 15) ist das Leasingverhältnis als schwebendes Geschäft zu behandeln, das nur dann bilanziell erfasst wird, wenn es sich als belastender Vertrag herausstellt (vgl. IFRS-SMEs Abschn. 21.2).

46 Die IFRS-SMEs regeln nicht, unter welchen Bilanzposten das Leasingverhältnis im Abschluss des Leasingnehmers auszuweisen ist. Aus den Angabepflichten in IFRS-SMEs-Abschn. 20.13, 14 ist jedoch zu schließen, dass der **Ausweis geleaster Vermögenswerte** auf der Basis des Mindestbilanzgliederungsschemas in IFRS-SMEs Abschn. 4.2 entsprechend ihrer Natur zu erfolgen hat. Danach sind geleaste Vermögenswerte im Rahmen von Finanzierungs-Leasingverhältnissen idR als Sachanlagen oder immaterielle Vermögenswerte auszuweisen.

47 Da **Verpflichtungen aus Leasingverträgen** grundsätzlich als Finanzinstrumente betrachtet werden (vgl. IAS 32.11 iVm. IAS 32 AG 9), sind uE Verbindlichkeiten aus Leasingverträgen unter den finanziellen Verbindlichkeiten auszuweisen (für den Ausweis unter den sonstigen Verbindlichkeiten Becker/Kümbel, 2006, 104 und Lüdenbach/Freiberg, § 15, Tz. 164). Bei den Leasing-

verbindlichkeiten ist zudem eine Aufteilung in kurzfristige und langfristige Teile vorzunehmen, wobei als kurzfristige Leasingverbindlichkeiten idR die Beträge auszuweisen sind, die innerhalb von 12 Monaten nach dem Berichtsstichtag fällig werden (vgl. IFRS-SMEs Abschn. 4.7).

48 Der Leasingnehmer hat bei der **Erstbewertung** das Nutzungsrecht und die Verpflichtung aus dem Leasingverhältnis in gleicher Höhe anzusetzen. Die Bewertung erfolgt zum **beizulegenden Zeitwert des Leasinggegenstands** (vgl. Tz. 30) oder zum **Barwert der Mindestleasingzahlungen** (vgl. Tz. 23 ff.) bezogen auf den Zeitpunkt des Vertragsbeginns, je nachdem, welcher Wert niedriger ist. Die Bewertung zum niedrigeren Barwert der Mindestleasingzahlungen war nach dem ED nicht vorgesehen und wurde erst in der Endfassung des Standards zugelassen (vgl. IFRS-SMEs BC 34(s)). Auf Basis der Klarstellung, dass der Leasingnehmer nicht den Leasinggegenstand selbst, sondern das Nutzungsrecht zu aktivieren hat (vgl. IFRS-SMEs Abschn. 20.9), erscheint die Bewertung zum Barwert der Mindestleasingzahlungen eher systemgerecht als zum beizulegenden Zeitwert des Leasinggegenstands, der uE allenfalls hilfsweise als Wertmaßstab für das zu aktivierende Nutzungsrecht geeignet ist. In der Praxis ist der beizulegende Zeitwert des Leasinggegenstands nur in Ausnahmefällen als Bewertungsmaßstab für die Erstbewertung relevant. Bei Kenntnis des Vertragszinssatzes durch den Leasingnehmer kommt eine Bewertung zum beizulegenden Zeitwert generell nicht in Betracht, zumal der Barwert der Mindestleasingzahlungen nicht höher sein kann als die Anschaffungskosten des Leasinggegenstands (vgl. Weinstock, 2000, 167).

49 Bei der Bewertung des Vermögenswerts sind nach IFRS-SMEs Abschn. 20.9 als Anschaffungsnebenkosten zusätzlich **anfängliche direkte Kosten** einzubeziehen, die in direktem Zusammenhang mit der Verhandlung und Vereinbarung des Leasingvertrages stehen (vgl. Tz. 28).

50 *Beispiel 3 (Fortführung von Beispiel 2):*

Zu Beginn der Periode t1 wird über eine Laufzeit von drei Jahren ein Leasingvertrag für ein Fahrzeug mit Anschaffungskosten (= beizulegender Zeitwert) von € 99.000 abgeschlossen. Der Leasingnehmer erhält unmittelbar mit Abschluss des Vertrages das Recht, das Fahrzeug zu nutzen. Die wirtschaftliche Nutzungsdauer des Fahrzeugs beträgt fünf Jahre. Die jährlichen nachschüssigen Leasingraten betragen € 30.000. Der Restwert nach drei Jahren wird auf € 25.000 geschätzt. Der Leasingnehmer garantiert einen Restwert von € 20.000. Die anfänglichen direkten Kosten des Leasingnehmers betragen € 1.000. Es wird angenommen, dass der Leasingnehmer, den in Beispiel 1 ermittelten Vertragszinssatz von 6,57% kennt.

Zu Beginn der Laufzeit des Leasingvertrages (= zu Beginn der Periode t1) sind das Nutzungsrecht und die Leasingverbindlichkeit beim Leasingnehmer mit dem niedrigeren Wert aus (a) dem beizulegenden Zeitwert des Leasinggegenstands und (b) dem Barwert der Mindestleasingraten anzusetzen. Der beizulegende Zeitwert des Leasingfahrzeugs beträgt € 99.000. Die Mindestleasingraten setzen sich zusammen aus den drei jährlichen Leasingraten von € 30.000 und dem garantierten Restwert am Ende der Vertragslaufzeit (= € 20.000). Der Barwert der Mindestleasingraten wurde bereits in Beispiel 2 ermittelt (vgl. Tz. 39) und beläuft sich auf € 95.869,34. Die Leasingverbindlichkeit ist daher mit dem niedrigeren Wert von € 95.869,34 zu passivieren und in einen kurzfristigen und einen langfristigen Teil aufzuteilen. Bei der Erstbewertung des Nutzungsrechts sind zusätzlich die anfänglichen direkten Kosten von € 1.000 zu berücksichtigen. Der Aktivposten ist daher mit € 96.869,34 zu bewerten. Die Erstbewertung beim Leasingnehmer wird durch folgende Buchungssätze vorgenommen:

Sachanlagen (Fahrzeug)	€ 95.869,34	
Sachanlagen (anfängliche direkte Kosten)	€ 1.000,00	
an kurzfristige Verbindlichkeiten aus Leasingverhältnissen		€ 28.149,53
an langfristige Verbindlichkeiten aus Leasingverhältnissen		€ 67.719,81
an Bank		€ 1.000,00

2. Folgebewertung

51 Im Rahmen der Folgebewertung sind die Bewertung der Leasingverpflichtung und die Bewertung des Nutzungsrechts unabhängig voneinander vorzunehmen. Für die **Bewertung der Leasingverbindlichkeit** sind die vom Leasingnehmer zu leistenden Leasingraten in die Finanzierungskosten und in den Tilgungsanteil aufzuteilen. Bei der Aufteilung in Finanzierungskosten und Tilgungsanteil ist die Effektivzinsmethode anzuwenden (vgl. IFRS-SMEs Abschn. 20.11).

52 Bei Anwendung der **Effektivzinsmethode** ergeben sich die Finanzierungskosten durch die Anwendung eines konstanten Zinssatzes auf die jeweilige Restschuld. Der Tilgungsanteil stellt die Differenz zwischen den Leasingraten und den Finanzierungskosten dar. Er reduziert jeweils den Buchwert der Verbindlichkeit. Der anzuwendende Zinssatz (= Effektivzinssatz) ist der Zinssatz bei dem die künftigen Zahlungen über die Laufzeit einer finanziellen Verbindlichkeit exakt auf den Buchwert abgezinst werden (vgl. IFRS-SMEs Abschn. 11.16). Bei Leasingverbindlichkeiten, die im Rahmen der Ersterfassung zum Barwert der Mindestleasingraten bewertet wurden, ist dies der Zinssatz, der im Rahmen der erstmaligen Erfassung zur Anwendung kam.

53 *Beispiel 4 (Fortführung von Beispiel 3):*

Es wurde ein Leasingverhältnis über eine Laufzeit von drei Jahren vereinbart. Die jährlichen nachschüssigen Leasingraten betragen € 30.000. Der Restwert nach drei Jahren wird auf € 25.000 geschätzt. Der Leasingnehmer garantiert einen Restwert von € 20.000. Die Leasingverbindlichkeit wurde im Rahmen der Erstbewertung mit dem Barwert der Mindestleasingraten in Höhe von € 95.869,34 passiviert. Der zugrundeliegende Zinssatz i beträgt (gerundet) 6,57 %.

Die Folgebewertung der Leasingverbindlichkeit entsprechend der Effektivzinsmethode führt zu einer Restschuld in Höhe des durch den Leasingnehmer garantierten Restwerts am Ende der Laufzeit des Leasingverhältnisses. Sofern der Leasingnehmer nicht aufgrund der Restwertgarantie in Anspruch genommen wird, ist die Restschuld von € 20.000 am Ende der Laufzeit ergebniserhöhend im Gewinn oder Verlust aufzulösen.

Jahr	Verbindlichkeit 1.1. in € (1)	Leasingrate in € (2)	Finanzierungskosten in € (3) = (1) x i	Tilgung in € (4) = (2)-(3)	Verbindlichkeit 31.12. in € (5) = (1)-(4)
1	95.869,34	30.000,00	6.302,19	23.697,81	72.171,52
2	72.171,52	30.000,00	4.744,36	25.255,64	46.915,88
3	46.915,88	30.000,00	3.084,12	26.915,88	20.000,00
Summe		90.000,00	14.130,66	75.869,34	

Tab. 1: Beispiel zur Folgebewertung von Leasingverbindlichkeiten

Die Verbuchung der Folgebewertung der Verbindlichkeit aus Leasingverhältnissen ist zum 31.12.01 anhand der folgenden Buchungen vorzunehmen:

Finanzierungskosten	€ 6.302,19	
Verbindlichkeiten aus Leasingverhältnissen	€ 23.697,81	
an Bank		€ 30.000

54 **Bedingte Leasingraten** (vgl. Tz. 25) werden nicht als Teil der Leasingverbindlichkeit passiviert, sondern in der jeweiligen Periode als Aufwand im Gewinn oder Verlust erfasst. Führt die Vereinbarung von bedingten Leasingraten zu einer Minderung der Leasingraten, so ist die Minderung in der jeweiligen Periode aufwandsmindernd im Gewinn oder Verlust zu berücksichtigen.

55

Der **Leasinggegenstand** ist je nachdem, ob es sich um einen materiellen oder immateriellen Wert handelt, entsprechend den relevanten Vorschriften für Sachanlagen, immaterielle Vermögenswerte bzw. für Unternehmenszusammenschlüsse **abzuschreiben** (vgl. IFRS-SMEs Abschn. 20.12). Als Abschreibungsdauer ist der kürzere Zeitraum aus a) der Laufzeit des Leasingverhältnisses oder b) der wirtschaftlichen Nutzungsdauer des Leasinggegenstands anzusetzen. Sofern mit hinreichender Sicherheit das Eigentum am Ende der Laufzeit auf den Leasingnehmer übergeht, ist der Leasinggegenstand über seine wirtschaftliche Nutzungsdauer abzuschreiben. Nach dem Wortlaut von IFRS-SMEs Abschn. 20.12 ist der Vermögenswert ganz abzuschreiben, sofern das Eigentum am Leasinggegenstand nicht nach Ablauf der Laufzeit des Leasingverhältnisses auf den Leasingnehmer übergeht. Ein **Restwert** ist demzufolge nur dann zu berücksichtigen, wenn das Eigentum am Ende der Vertragslaufzeit auf den Leasingnehmer übergeht und der Leasinggegenstand über die wirtschaftliche Nutzungsdauer abzuschreiben ist (glA Weinstock, 2000, 179, Kümpel/Becker, 2006, 111, aA ADS Int 2002, Abschn. 12, Tz. 169).

56

Beispiel 5 (Fortführung von Beispiel 3):

Zu Beginn der Periode t1 wurde über eine Laufzeit von drei Jahren ein Leasingvertrag über ein Fahrzeug mit Anschaffungskosten (= beizulegender Zeitwert) von € 99.000 abgeschlossen. Die jährlichen nachschüssigen Leasingraten betragen € 30.000. Die wirtschaftliche Nutzungsdauer des Fahrzeugs beträgt fünf Jahre. Der Restwert nach drei Jahren wird auf € 25.000 geschätzt. Der Leasingnehmer garantiert einen Restwert von € 20.000. Die anfänglichen direkten Kosten betragen € 1.000. Im Rahmen der Erstbewertung wurde der Leasinggegenstand mit dem gegenüber dem beizulegenden Zeitwert niedrigeren Barwert der Mindestleasingzahlungen zuzüglich der anfänglichen direkten Kosten angesetzt (Ausgangswert = € 96.869,34).

Da kein Eigentumsübergang am Ende der Laufzeit und auch keine günstige Kaufoption vereinbart wurden, erfolgt die Abschreibung über die Vertragslaufzeit. Die jährliche Abschreibung ermittelt sich bei Anwendung der linearen Abschreibungsmethode wie folgt:

$$\textit{Jährliche Abschreibung} = \frac{\textit{Ausgangswert}}{\textit{Vertragslaufzeit}}$$

$$= \frac{€\ 96.869,34}{3}$$

$$= €\ 32.289,78$$

Sofern der Leasingnehmer keine Aufwendungen aus der Garantie des Restwerts zu tragen hat, entsprechen seine Aufwendungen über die Laufzeit des Leasingverhältnisses der Summe der Leasingraten zuzüglich der anfänglichen direkten Kosten von insgesamt € 91.000.

Stichtag	Verbindlichkeit in €	Leasing-gegenstand in €	Finanzierungs-kosten in €	Abschreibungen in €	Summe in €
01.01.01	95.869,34	96.869,34			
31.12.01	72.171,52	64.579,56	6.302,19	32.289,78	38.591,96
31.12.02	46.915,88	32.289,78	4.744,36	32.289,78	37.034,14
31.12.03	20.000,00	0,00	3.084,12	32.289,78	35.373,90
Summe			14.130,66	96.869,34	111.000,00
Ergebniserhöhende Auflösung der Verbindlichkeit					-20.000,00
Gesamtaufwand aus dem Leasingverhältnis					91.000,00

Tab. 2: Beispiel zu Bilanz und GuV-Auswirkungen aus der Folgebewertung des Leasingverhältnisses beim Leasingnehmer

57 Neben den planmäßigen Abschreibungen ist nach IFRS-SMEs Abschn. 20.12 iVm. IFRS-SMEs Abschn. 27 an jedem Abschlussstichtag zu prüfen, ob Anhaltspunkte für eine **Wertminderung des Leasinggegenstands** vorliegen. Liegt ein Anhaltspunkt für eine Wertminderung vor, so ist der erzielbare Betrag zu schätzen. Sofern der erzielbare Betrag unter dem Buchwert liegt, muss eine Abschreibung auf den erzielbaren Betrag vorgenommen werden.

3. Anhangangaben

58 Nach IFRS-SMEs Abschnitt 20.13 haben Leasingnehmer im Anhang folgende Informationen zu Finanzierungs-Leasingverhältnissen auszuweisen:

(a) Für jede Gruppe von Vermögenswerten der **Buchwert der Leasinggegenstände** zum Abschlussstichtag. Eine Gruppe von Vermögenswerten ist im IFRS-SMEs Glossar definiert als Gruppe von Vermögenswerten von ähnlicher Natur und Nutzung, wie zB unbebaute Grundstücke, bebaute Grundstücke, Maschinen und technische Anlagen, Schiffe, Flugzeuge, Kraftfahrzeuge sowie Betriebs- und Geschäftsausstattung.
(b) Die **künftigen Mindestleasingzahlungen am Abschlussstichtag** nach folgender zeitlicher Aufgliederung:
  (i) Zahlungen, die innerhalb eines Jahres fällig werden
  (ii) Zahlungen, die nach mehr als einem Jahr und höchstens fünf Jahren fällig werden
  (iii) Zahlungen, die nach mehr als fünf Jahren fällig werden
(c) Eine **allgemeine Beschreibung der bedeutenden Leasingverhältnisse** des Leasingnehmers, einschließlich beispielsweise Informationen über bedingte Leasingraten, Verlängerungsoptionen, Kaufoptionen, Ausstiegsklauseln, Untermietverhältnisse und Einschränkungen durch Leasingvereinbarungen.

59 Darüber hinaus sind nach IFRS-SMEs Abschn. 20.14 die Anhangangaben zu Vermögenswerten nach IFRS-SMEs Abschnitt 17, 18, 27, und 34 auch für im Rahmen eines Finanzierungs-Leasingverhältnisses geleaste Vermögenswerte zu machen. In diesem Zusammenhang ist zB über Bewertungs- und Abschreibungsmethoden sowie Nutzungsdauern von geleasten Vermögenswerten zu berichten. Außerdem sind bei Finanzierungs-Leasingverhältnissen auch Leasinggegenstände in den Anlagespiegel des Leasingnehmers aufzunehmen.

II. Operating-Leasingverhältnisse

60 Wird ein Leasingverhältnis als Operating-Leasingverhältnis klassifiziert, so ist es beim Leasingnehmer nicht in der Bilanz zu erfassen. Das Leasingverhältnis wird bilanziell als schwebendes Geschäft behandelt, bei dem der Leasingnehmer grundsätzlich weder Vermögenswerte noch Verbindlichkeiten zu bilanzieren hat. Nur wenn es sich um einen belastenden Vertrag handelt, bei dem die unvermeidbaren Kosten aus dem Leasingverhältnis für den Leasingnehmer höher sind als der voraussichtlich erzielbare wirtschaftliche Nutzen, ist für das Leasingverhältnis eine Rückstellung für nachteilige Verträge nach IFRS-SMEs Abschn. 21 zu bilden.

1. Erfassung und Bewertung

61 Leasingzahlungen sind nach IFRS-SMEs Abschn. 20.15 **grundsätzlich linear**, dh. in gleichen Beträgen über die Laufzeit als Aufwand zu erfassen, es sei denn

(a) eine andere systematische Verteilung entspricht dem zeitlichen Verlauf des Nutzens beim Leasingnehmer, auch wenn der Verlauf der Zahlungen anders ist, oder
(b) die Zahlungen an den Leasinggeber steigen mit der erwarteten allgemeinen Inflation, um die erwarteten inflationären Kostensteigerungen des Leasinggebers zu kompensieren. Wenn die Zahlungen aus anderen Gründen als der allgemeinen Inflation variieren, ist Bedingung (b) nicht erfüllt.

Es wird bezweckt, dass einmalige Abschlusszahlungen, die zB zum Ausgleich geringerer laufender Leasingraten vereinbart werden oder mietfreie Perioden zu Beginn oder zum Ende der Laufzeit des Leasingverhältnisses so abgegrenzt werden, dass eine gleichmäßige Aufwandsverrechnung beim Leasingnehmer entsteht. **62**

Beispiel 6:
Es wird eine Lagerhalle über eine Laufzeit von fünf Jahren geleast. Das Leasingverhältnis wird als Operating-Leasingverhältnis klassifiziert. Es werden über vier Jahre jährliche Leasingraten von € 25.000 vereinbart. Das letzte (fünfte) Jahr kann der Leasingnehmer die Lagerhalle mietfrei nutzen.
Über die Laufzeit des Leasingverhältnisses von fünf Jahren entstehen somit insgesamt Leasingzahlungen von € 100.000, die linear über die Laufzeit zu verteilen sind. Die jährlichen Aufwendungen betragen € 20.000. Der Leasingnehmer hat in den Jahren 1-4 die Aufwendungen wie folgt zu buchen:

Mietaufwand	€ 20.000	
Sonstige Forderungen (Rechnungsabgrenzung)	€ 5.000	
an Liquide Mittel		€ 25.000

Im Jahr 5 ist folgende Buchung vorzunehmen:

Mietaufwand	€ 20.000	
an Sonstige Forderungen (Rechnungsabgrenzung)		€ 20.000

Wird bei marktüblichen Leasingraten eine **Restwertgarantie des Leasingnehmers** vereinbart, so hat der Leasingnehmer für die Restwertgarantie dann eine Rückstellung zu bilden, wenn eine Inanspruchnahme wahrscheinlich ist und der Betrag der Inanspruchnahme verlässlich geschätzt werden kann (vgl. IFRS-SMEs Abschn. 21.4). Um laufende Leasingraten attraktiv zu gestalten, werden in der Praxis oft Leasingverhältnisse vereinbart, bei denen marktunüblich niedrigen laufenden Leasingraten hohe Restwertgarantien des Leasingnehmers gegenüberstehen. In diesem Fall werden Restwertgarantien des Leasingnehmers als Abschlusszahlungen angesehen, die in die Abgrenzung der Leasingraten mit einzubeziehen sind (vgl. ADS Int 2002, Abschn. 12, Tz. 190). **63**

Der Fall, dass eine **nicht lineare systematische Verteilung der Aufwendungen** dem zeitlichen Verlauf des Nutzens beim Leasingnehmer entspricht, ist beispielsweise dann gegeben, wenn die Leasingraten sich nach der Nutzung des Leasinggegenstands richten, wie zB von der Kilometerleistung abhängige Leasingraten beim Fahrzeugleasing. **64**

Werden in einem Leasingverhältnis **entsprechend der erwarteten Inflationsrate** auf der Basis von veröffentlichten Indices oder Statistiken **ansteigende Leasingraten** vereinbart, um inflatorisch steigende Kosten des Leasinggebers auszugleichen, so können entsprechend ansteigende Leasingraten auch in der GuV beim Leasingnehmer verrechnet werden. Solange ansteigende Leasingraten nicht nachvollziehbar auf der Basis veröffentlichter Indices oder Statistiken entsprechend den inflatorischen Kostensteigerungen strukturiert werden, ist eine **65** lineare Verrechnung der Leasingraten in der GuV des Leasingnehmers vorzunehmen (vgl. IFRS-SMEs Abschn. 20.15).

Beispiel 7: Entsprechend der Inflationsrate ansteigende Leasingraten
Ausgehend von dem Leasingverhältnis für ein Fahrzeug in Beispiel 1 wird eine Leasingrate von € 30.000 im Jahr 1 vereinbart, die vertragsgemäß in den Jahren 2 und 3 entsprechend der Inflationsrate ansteigt. Auf Basis der Veröffentlichungen des statistischen Bundesamts wird eine Inflationsrate von jeweils 5% zugrunde gelegt. Die Leasingraten sind beim Leasingnehmer über die Jahre 1-3 wie folgt zu verrechnen:

Jahr	Aufwand in €
1	30.000
2	31.500
3	33.075

Tab. 3: GuV/Gesamtergebnisrechnung-Auswirkungen bei entsprechend der Inflationsrate ansteigenden Leasingraten

Werden ansteigende Leasingraten ohne klaren Bezug zur erwarteten Inflationsrate vereinbart, so hat der Leasingnehmer über die Laufzeit des Leasingverhältnisses die durchschnittliche Leasingrate von € 31.525 zu verrechnen.

66 Das Erfordernis, Leasingzahlungen grundsätzlich linear über die Laufzeit des Leasingverhältnisses zu verrechnen, betrifft Leasingraten im engeren Sinne, also nicht **Kosten für Dienstleistungen**, wie zB Wartungen oder Versicherungen, die nach den allgemeinen Grundsätzen der Periodenabgrenzung als Aufwand zu verrechnen sind. Auch zum Zweck der Abgrenzung der Leasingzahlungen sind deshalb aus den vereinbarten Leasingraten Kosten für Dienstleistungen herauszurechnen.

67 Weder IFRS-SMEs Abschn. 20 noch IAS 17 enthalten Regeln zur bilanziellen Behandlung von Aufwendungen, die dem Leasingnehmer bei Operating-Leasingverhältnissen **im Zusammenhang mit dem Abschluss des Leasingvertrags** entstanden sind. Es gelten deshalb die allgemeinen Grundsätze der Periodenabgrenzung. Im Normalfall sind diese Ausgaben als Aufwand der Periode zur erfassen, in der sie anfallen. Da der Leasingvertrag selbst als schwebendes Geschäft behandelt wird, kommt uE eine Aktivierung der anfänglichen direkten Kosten als immaterieller Vermögenswert im Allgemeinen nicht in Betracht.

2. Anhangangaben

68 Da Operating-Leasingverhältnisse beim Leasingnehmer grundsätzlich nicht bilanziert werden, kommt den Anhangangaben eine erhöhte Bedeutung zu. Bilanzanalysten beziehen bei der Ermittlung der Verschuldung eines Unternehmens idR die auf Basis der Anhangangaben geschätzten Verpflichtungen aus Operating-Leasingverhältnissen mit ein. Nach IFRS-SMEs Abschn. 20.16 sind für Operating-Leasingverhältnisse vom Leasingnehmer folgende Informationen anzugeben:

(a) die **gesamten Mindestleasingraten** aus nicht-kündbaren Operating-Leasingverhältnissen nach folgender zeitlicher Aufgliederung:
   (i) Zahlungen, die innerhalb eines Jahres fällig werden
   (ii) Zahlungen, die nach mehr als einem Jahr und höchstens fünf Jahren fällig werden
   (iii) Zahlungen, die nach mehr als fünf Jahren fällig werden
(b) als **Aufwand der Periode erfasste Leasingraten**

(c) eine **allgemeine Beschreibung der wesentlichen Leasingverhältnisse**, einschließlich bspw. bedingter Leasingzahlungen, Verlängerungs- oder Kaufoptionen und Ausstiegsklauseln, Sub-lease-Verhältnisse und Einschränkungen durch Leasingvereinbarungen. Unter diesem Punkt ist ua. auch anzugeben, welche Vermögenswerte im Rahmen von Operating-Leasingverhältnissen genutzt werden und welche Laufzeit die Operating-Leasingverhältnisse durchschnittlich aufweisen (vgl. Kümpel/Becker, 2006, 146).

E. Abschlüsse von Leasinggebern

I. Finanzierungs-Leasingverhältnisse

1. Erfassung, Ausweis und Erstbewertung

Zwar treten in der Praxis kleine und mittelgroße Unternehmen eher selten als Leasinggeber im Rahmen von Finanzierungs-Leasingverhältnissen auf, so dass der Regelungsbedarf im Laufe des Standardsetzungsverfahrens zunächst fraglich erschien (vgl. Eierle/Haller/Beiersdorf, 2009, 16 f.). Dennoch wird im endgültigen IFRS-SMEs Abschn. 20, anders als im Entwurf, nicht mehr auf IAS 17 verwiesen, sondern auch die Bilanzierung von Finanzierungs-Leasingverhältnissen beim Leasinggeber explizit geregelt. **69**

Ein Finanzierungs-Leasingverhältnis wird beim Leasinggeber wie die Veräußerung eines Vermögenswerts behandelt. Sind im Wesentlichen alle mit dem rechtlichen Eigentum verbundenen Chancen und Risiken übertragen worden, ist das wirtschaftliche Eigentum auf den Leasingnehmer übergegangen und der Leasinggegenstand wird beim Leasinggeber gegen eine **Forderung auf künftige Leasingraten** ausgebucht. Die Voraussetzungen für die Einbuchung einer Forderung beim Leasinggeber sind dann gegeben, wenn der Leasingnehmer berechtigt ist, den Leasinggegenstand zu nutzen (= Beginn der Laufzeit des Leasingverhältnisses).

Für den **Ausweis** der Forderung des Leasinggebers ist im Mindestgliederungsschema (vgl. IFRS-SMEs Abschn. 4.2) kein gesonderter Posten vorgesehen. Ein gesonderter Ausweis der Leasingforderungen ist nach IFRS-SMEs Abschn. 4.3 erforderlich, wenn Leasing der Hauptgeschäftszweck oder ein wesentlicher Geschäftszweck des Leasinggebers ist. Ist dies nicht der Fall, sind Leasingforderungen unter den übrigen Forderungen auszuweisen. Unabhängig davon sind Leasingforderungen in einen kurzfristigen und einen langfristigen Teil aufzuteilen. Als kurzfristig gelten die Leasingforderungen idR dann, wenn sie innerhalb von 12 Monaten fällig werden. **70**

Die Forderung ist zum **Nettoinvestitionswert** zu bewerten (vgl. IFRS-SMEs Abschn. 20.17). Der Nettoinvestitionswert wird abgeleitet aus dem Bruttoinvestitionswert abgezinst zum Zinssatz, der dem Leasingverhältnis zugrunde liegt. Der Bruttoinvestitionswert entspricht der Summe aus **71**

(a) den Mindestleasingzahlungen aus Sicht des Leasinggebers und
(b) jeglichem nicht garantierten Restwert, der dem Leasinggeber zusteht.

Der **Zinssatz, der dem Leasingverhältnis zugrunde liegt**, ist nach dem IFRS-SMEs Glossar definiert als der Abzinsungssatz, bei dem zu Beginn des Leasingverhältnisses die Summe der Barwerte der Mindestleasingzahlungen und des nicht garantierten Restwertes der Summe des beizulegenden Zeitwerts des Leasinggegenstands und der anfänglichen direkten Kosten des Leasinggebers entspricht (vgl. Tz. 27).

Außer bei Hersteller- oder Händlerleasing sind **anfängliche direkte Kosten** in den Wert der Forderung einzubeziehen (vgl. IFRS-SMEs Abschn. 20.18). Die aktivierten Vertragsabschlusskosten reduzieren dadurch das über die Laufzeit des Leasingverhältnisses zu realisierende Ergebnis.

72 *Beispiel 8 (Variante von Beispiel 1 aus Sicht des Leasinggebers):*
Zu Beginn der Periode t1 wird über eine Laufzeit von drei Jahren ein Leasingvertrag für ein Fahrzeug mit Anschaffungskosten (= beizulegender Zeitwert) von € 99.000 abgeschlossen. Die wirtschaftliche Nutzungsdauer des Fahrzeugs beträgt fünf Jahre. Die jährlichen nachschüssigen Leasingraten betragen € 30.000. Der dem Leasinggeber zustehende Restwert nach drei Jahren wird auf € 25.000 geschätzt. Der Restwert in Höhe von € 20.000 wird von einem unabhängigen Händler garantiert. Die anfänglichen direkten Kosten des Leasinggebers betragen € 1.000.
Der anzuwendende Diskontierungszinssatz (= Vertragszinssatz) wird vom Leasinggeber dadurch ermittelt, dass die Summe aus dem Barwert der Mindestleasingzahlungen und dem ungarantierten Restwert dem beizulegenden Zeitwert des Leasinggegenstands zuzüglich der anfänglichen direkten Kosten des Leasinggebers entsprechen muss. Der so ermittelte Vertragszinssatz beträgt (gerundet) 6,57% (vgl. Tz. 38). Aufgrund des Barwerttests klassifiziert der Leasinggeber den Leasingvertrag als Finanzierungs-Leasingverhältnis.
Der Bruttoinvestitionswert setzt sich wie folgt zusammen:

Mindestleasingzahlungen aus Sicht des Leasingnehmers	€ 90.000
+ von unabhängigen Dritten garantierter Restwert	€ 20.000
= Mindestleasingzahlungen aus Sicht des Leasinggebers	€ 110.000
+ dem Leasinggeber zustehender Restwert	€ 5.000
= Bruttoinvestitionswert	€ 115.000

Tab. 4: Beispiel zum Bruttoinvestitionswert

Abgezinst zum Vertragszinssatz von 6,57% ergibt sich der Nettoinvestitionswert in Höhe von € 100.000:

$$Nettoinvestitionswert = \frac{30.000}{1,0657} + \frac{30.000}{1,0657^2} + \frac{30.000}{1,0657^3} + \frac{20.000}{1,0657^3} + \frac{5.000}{1,0657^3}$$

Damit unterscheidet sich der Nettoinvestitionswert vom Bruttoinvestitionswert um den während der Laufzeit des Leasingverhältnisses zu realisierenden Finanzertrag:

Bruttoinvestitionswert	€ 115.000
- noch nicht realisierter Finanzertrag	- € 15.000
= Nettoinvestitionswert	€ 100.000

Tab. 5: Beispiel zum Nettoinvestitionswert

Aufgrund der Methodik bei der Ermittlung des Vertragszinssatzes stellt der Nettoinvestitionswert auch die Summe aus dem beizulegenden Zeitwert des Leasinggegenstands und den anfänglichen direkten Kosten des Leasinggebers dar:

Beizulegender Zeitwert des Leasingfahrzeugs	€ 99.000
+ anfängliche direkte Kosten	+ € 1.000
= Nettoinvestitionswert	€ 100.000

Tab. 6: Beispiel zum Nettoinvestitionswert

2. Folgebewertung

73 Im Rahmen der Folgebewertung wird die Art und Weise der Tilgung der Forderung und die Erfassung der Finanzerträge in der Gewinn- und Verlustrechnung des Leasinggebers geregelt. Nach IFRS-SMEs Abschn. 20.19 sind die **Finanzerträge** so zu erfassen, dass sich eine konstante

periodische Verzinsung der Nettoinvestition ergibt. Hierfür sind die Leasingraten (ohne Serviceleistungen, wie zB Versicherungen und Wartung) in einen Zins- und einen Tilgungsanteil aufzuteilen. Der Tilgungsanteil reduziert den Nettoinvestitionswert der Forderung. Der Zinsanteil ist als Finanzertrag im Gewinn oder Verlust zu erfassen und reduziert den noch nicht realisierten Finanzertrag.

Beispiel 9 (Fortführung von Beispiel 8):
Durch Anwendung des Vertragszinssatzes i von 6,57% auf den jeweiligen Forderungswert wird der Finanzertrag ermittelt. Die Differenz zwischen den erhaltenen Leasingraten und dem Finanzertrag reduziert als Tilgungsanteil den Forderungswert. So wird die Forderung über die Vertragslaufzeit auf den erwarteten Restwert getilgt:

Jahr	Forderung 1. 1. in € (1)	Leasingrate in € (2)	Finanzertrag in € (3) = (1) x i	Tilgungsanteil in € (4) = (2)-(3)	Forderung 31. 12. in € (5) = (1)-(4)
1	100.000	30.000	6.574	23.426	76.574
2	76.574	30.000	5.034	24.966	51.607
3	51.607	30.000	3.393	26.607	25.000
Summe		90.000	15.000	75.000	

Tab. 7: Beispiel zur Folgebewertung von Finanzierungs-Leasingverhältnissen beim Leasinggeber

74 Forderungen aus Leasingverhältnissen sind zu jedem Berichtsstichtag auf ihre Werthaltigkeit zu überprüfen. Gibt es Hinweise darauf, dass sich der **ungarantierte Restwert während der Laufzeit des Leasingverhältnisses wesentlich vermindert** hat, so ist die Verteilung des Finanzertrags über die Laufzeit des Leasingverhältnisses zu berichtigen und die kumulierte Änderung des Zinsergebnisses unmittelbar im Gewinn oder Verlust zu erfassen (vgl. IFRS-SMEs Abschn. 20.19).

Beispiel 10 (Variante von Beispiel 9):
Am Ende des zweiten Jahres der Laufzeit des Leasingverhältnisses stellt sich heraus, dass der Restwert auf € 15.000 gesunken ist.
Im ersten Schritt ist der Vertragszinssatz i zu bestimmen, der sich auf der Grundlage des neuen Restwerts von € 15.000 ergibt (= 2,31%). Auf dieser Basis ergibt sich folgende Verteilung des Finanzertrags und Entwicklung des Forderungswerts:

Jahr	Forderung 1. 1. in € (1)	Leasingrate in € (2)	Finanzertrag in € (3) = (1) x i	Tilgungsanteil in € (4) = (2)-(3)	Forderung 31. 12. in € (5) = (1)-(4)
1	100.000	30.000	2.312	27.688	72.312
2	72.312	30.000	1.672	28.328	43.983
3	43.983	30.000	1.017	28.983	15.000
Summe		90.000	5.000	85.000	

Tab. 8: Beispiel zur Folgebewertung von Finanzierungs-Leasingverhältnissen beim Leasinggeber bei gesunkenem Restwert

Entsprechend dieser Verteilung hätte in der ersten Periode nur ein Finanzertrag von € 2.312 realisiert werden dürfen, während tatsächlich ein Ertrag von € 6.574 erfasst wurde. Im zweiten Schritt ist deshalb der in der ersten Periode realisierte Finanzertrag um den Differenzbetrag von € 4.262 zu korrigieren. Der in der zweiten Periode zu erfassende Finanzertrag beläuft sich daher auf € -2.590 (= € 1.672 - € 4.262). In der Periode 2 ist somit wie folgt zu buchen:

Liquide Mittel	€ 30.000	
Finanzertrag	€ 2.590	
an Forderungen aus Leasingverhältnissen		€ 32.590

Durch die Reduktion der Forderung um € 32.590 wird erreicht, dass der Forderungswert am Ende der Periode 1 von € 76.574 auf den unter Berücksichtigung der Restwertminderung richtigen Wert von € 43.983 am Ende der Periode 2 angepasst wird.

75 Der Wortlaut der Vorschrift des IFRS-SMEs Abschn. 20.19 ist insofern widersprüchlich, als im Gegensatz zu der entsprechenden Regelung in IAS 17.41 nicht nur Reduktionen des Restwerts sondern generell Veränderungen, also auch **Erhöhungen** zu berücksichtigen wären. Andererseits wird nur für Reduktionen des Restwerts eine sofortige Erfassung im Gewinn oder Verlust gefordert. Da weder aus der Entstehungsgeschichte noch aus der Zielsetzung oder dem Sinnzusammenhang des IFRS-SMEs-Regelungswerks erkennbar ist, dass bei Erhöhungen von Restwertschätzungen eine Zuschreibung des Forderungswerts bezweckt wird, erscheint es sachgerecht, erhöhte Restwertschätzungen auch im Rahmen der Leasingbilanzierung nach IFRS-SMEs Abschn. 20 unberücksichtigt zu lassen. Sofern allerdings nach einer erfolgten Restwertminderung wieder eine Erhöhung des Restwerts eintritt, ist entsprechend dem allgemeinen Zuschreibungsgebot die Verteilung des Finanzertrags mit dem ursprünglich geschätzten Restwert als Obergrenze wieder zu korrigieren (vgl. ADS Int 2002, Abschn. 12, Tz. 258).

76 Neben der Werthaltigkeit des Restwerts ist auch die **Werthaltigkeit** der im Forderungswert berücksichtigten **Mindestleasingzahlungen** zu überprüfen. Zwar sind in den Regelungen zur Leasingbilanzierung in IFRS-SMEs Abschn. 20 keine Hinweise zu finden, wie Wertminderungen der Mindestleasingzahlungen zu erfassen sind. Es erscheint allerdings sachgerecht, Wertminderungen von Leasingforderungen entsprechend den für andere finanzielle Vermögenswerte geltenden Regeln (vgl. IFRS-SMEs Abschn. 11.21-26) zu behandeln. Danach ist zum Ende einer jeden Berichtsperiode zu prüfen, ob es objektive Hinweise für das Vorliegen einer Wertminderung gibt. Ist dies der Fall, so ist die Wertminderung unmittelbar im Gewinn oder Verlust zu erfassen.

3. Hersteller oder Händler als Leasinggeber

77 Ist der **Leasinggeber zugleich Hersteller oder Händler** des Leasinggegenstands, so liegt im Falle eines Finanzierungs-Leasingverhältnisses sowohl ein Verkaufsgeschäft als auch ein Leasinggeschäft vor. Demzufolge sind vom Leasinggeber auch zwei unterschiedliche Ergebnisse zu erfassen: einerseits der Gewinn oder Verlust aus dem Verkaufsgeschäft und andererseits der Ertrag aus dem Leasinggeschäft. Da zur Absatzunterstützung Leasingverträge von Händlern oder Herstellern häufig zu einem unter dem Marktzinssatz liegenden Zinssatz angeboten werden, besteht die Möglichkeit, das Ergebnis aus dem Verkaufsgeschäft zu hoch und das Ergebnis aus dem Leasinggeschäft zu gering auszuweisen. Zur Verhinderung derartiger Ergebnisverschiebungen enthält IFRS-SMEs Abschn. 20 Sonderregelungen für Hersteller- oder Händlerleasing.

78 IFRS-SMEs Abschn. 20.21 schreibt vor, das **Ergebnis aus dem Verkaufsgeschäft** sofort, dh. zu Beginn der Laufzeit des Leasingverhältnisses im Gewinn oder Verlust zu erfassen, während der Finanzertrag über die Laufzeit des Leasingverhältnisses zu vereinnahmen ist. Das Verkaufsergebnis ist so zu ermitteln, dass es dem Äquivalent des Gewinns oder Verlusts aus einem direkten Verkauf zu normalen Verkaufspreisen und unter Berücksichtigung anwendbarer Mengen- oder Handelsrabatte entspricht. Dabei wird ein Umsatz in Höhe des beizulegenden Werts des Leasinggegenstands oder, falls niedriger, in Höhe des Barwerts der Mindestleasingzahlun-

gen unter Zugrundelegung eines marktüblichen Zinssatzes ausgewiesen. Zeitgleich zum Umsatz sind zu Beginn der Laufzeit des Leasingvertrages Umsatzkosten in Höhe der Anschaffungs- oder Herstellungskosten bzw. des niedrigeren Buchwerts abzüglich des ungarantierten Restwerts zu erfassen.

79 Im Gegensatz zu allen anderen Leasingverhältnissen werden bei Herstellern oder Händlern **anfängliche direkte Kosten** nicht aktiviert, sondern im Zeitpunkt der Realisierung des Verkaufsergebnisses als Aufwand im Gewinn oder Verlust ausgewiesen (vgl. IFRS-SMEs Abschn. 20.22).

Beispiel 11:

Zu Beginn der Periode t1 schließt ein Fahrzeughändler als Leasinggeber einen Leasingvertrag für ein Fahrzeug über eine Laufzeit von vier Jahren ab. Die Anschaffungskosten des Fahrzeugs (= Buchwert) betragen für den Händler € 55.000. Der Listenpreis des Fahrzeugs beläuft sich auf € 68.000. Die handelsüblichen Verkaufsnachlässe (Rabatte, Skonti) betragen € 4.000, die wirtschaftliche Nutzungsdauer des Fahrzeugs ist fünf Jahre. Die jährlichen nachschüssigen Leasingraten betragen € 15.000. Der Restwert nach vier Jahren wird auf € 10.000 geschätzt. In Höhe von € 5.000 wird der Restwert vom Leasingnehmer garantiert. Die anfänglichen direkten Kosten des Leasinggebers betragen € 1.000. Auf Basis dieser Daten wird ein Vertragszinssatz von 2,79% ermittelt. Der Marktzinssatz für ein Darlehen an den Leasingnehmer mit vergleichbarer Laufzeit und Sicherheit wird auf 6% geschätzt. Aufgrund des Laufzeittests klassifiziert der Leasinggeber den Leasingvertrag als Finanzierungs-Leasingverhältnis.

Zunächst ist der Umsatz des Verkaufsgeschäfts aus dem niedrigeren Wert aus (a) dem beizulegenden Zeitwert des Leasinggegenstands und (b) dem Barwert der dem Leasinggeber zustehenden Mindestleasingzahlungen zu ermitteln. Der beizulegende Zeitwert ergibt sich aus dem Listenpreis abzüglich der handelsüblichen Verkaufsnachlässe und beträgt € 64.000 (= € 68.000 - € 4.000). Der Barwert der Mindestleasingzahlungen (= BW MLZ) wird unter Zugrundelegung des Marktzinssatzes von 6% wie folgt ermittelt:

$$BW\ MLZ = \frac{€\,15.000}{1{,}06} + \frac{€\,15.000}{1{,}06^2} + \frac{€\,15.000}{1{,}06^3} + \frac{€\,15.000}{1{,}06^4} + \frac{€\,5.000}{1{,}06^4}$$

Der Barwert der Mindestleasingzahlungen beträgt € 55.937 und ist damit niedriger als der beizulegende Zeitwert, so dass der Verkaufsumsatz auf Basis des Barwerts der Mindestleasingzahlungen ermittelt wird. Dem sind als Umsatzkosten die Anschaffungskosten (= € 55.000) abzüglich des Barwerts des ungarantierten Restwerts (€ 3.960), also € 51.040 gegenüberzustellen. Außerdem sind die anfänglichen direkten Kosten von € 1.000 zu berücksichtigen. Der zu Beginn der Laufzeit zu realisierende Verkaufsgewinn beträgt somit € 3.897:

Umsatzerlöse		€ 55.937
- Umsatzkosten		
Anschaffungskosten	€ 55.000	
- Barwert des ungarantierten Restwerts	€ 3.960	
+ Anfängliche direkte Kosten	€ 1.000	€ 52.040
= Verkaufsergebnis		€ 3.897

Tab. 9: Ermittlung des Verkaufsergebnisses bei Herstellern oder Händlern als Leasinggeber

Das Verkaufsgeschäft und die Ersterfassung des Leasinggeschäfts beim Händler werden wie folgt gebucht:

Forderung aus Leasingverhältnissen	€ 55.937	
an Umsatzerlöse		€ 55.937
Umsatzkosten	€ 51.040	
Forderung aus Leasingverhältnissen (= ungarantierter Restwert)	€ 3.960	
an Waren		€ 55.000
Umsatzkosten (anfängliche direkte Kosten)	€ 1.000	
an Bank		€ 1.000

81 Im Rahmen der Folgebewertung ist die Forderung aus dem Leasingverhältnis (= Barwert der Mindestleasingraten und Barwert des ungarantierten Restwerts) beim Fahrzeughändler auf den erwarteten Restwert von € 10.000 zu tilgen. Dabei ist der Finanzertrag durch Anwendung des Marktzinssatzes von 6% auf den jeweiligen Restwert zu ermitteln. Der Tilgungsanteil, der sich als Differenzbetrag zwischen der erhaltenen Leasingrate und dem Finanzertrag ergibt, mindert den jeweiligen Restwert.

Jahr	Forderung 01.01. in €	Leasingraten in €	Finanzertrag in €	Tilgungsanteil in €	Forderung 31.12. in €
1	59.898	15.000	3.594	11.406	48.491
2	48.491	15.000	2.909	12.091	36.401
3	36.401	15.000	2.184	12.816	23.585
4	23.585	15.000	1.415	13.585	10.000
Summe		60.000	10.102	49.898	

Tab. 10: Folgebewertung von Finanzierungs-Leasingverhältnissen bei Herstellern oder Händlern als Leasinggeber

4. Anhangangaben

82 Nach IFRS-SMEs Abschnitt 20.23 haben Leasinggeber im Anhang folgende Informationen zu Finanzierungs-Leasingverhältnissen anzugeben:

(a) eine **Überleitungsrechnung von der Summe der Bruttoinvestitionswerte zur Summe der Barwerte der Mindestleasingzahlungen** am Ende der Berichtsperiode. Bei dieser Angabepflicht ist zu beachten, dass hier nicht eine Überleitung auf den Bilanzwert der Leasingforderungen verlangt wird, sondern eine Überleitung zum Barwert der Mindestleasingzahlungen ohne den Barwert von ungarantierten, dem Leasinggeber zustehenden Restwerten.
Zusätzlich sind die **Bruttoinvestitionswerte und die Barwerte der Mindestleasingzahlungen** zum Ende der Berichtsperiode nach folgender Aufgliederung anzugeben:
  (i) Zahlungen, die innerhalb eines Jahres fällig werden
  (ii) Zahlungen, die nach mehr als einem Jahr und höchstens fünf Jahren fällig werden
  (iii) Zahlungen, die nach mehr als fünf Jahren fällig werden

(b) der **noch nicht realisierte Finanzertrag**

(c) die dem Leasinggeber zustehenden **nicht garantierten Restwerte**

(d) die **kumulierten Abschreibungen** auf uneinbringliche Leasingforderungen

(e) **bedingte Leasingraten**, die im Berichtsjahr als Ertrag erfasst wurden

(f) Eine **allgemeine Beschreibung der bedeutenden Leasingverhältnisse** des Leasinggebers, einschließlich zB von Erläuterungen zu bedingten Leasingzahlungen, Verlängerungs- oder

Kaufoptionen und Ausstiegsklauseln, Sub-lease-Verhältnissen sowie Einschränkungen durch Leasingvereinbarungen. Diese Verpflichtung enthält Interpretationsspielräume zum einen im Hinblick auf den Inhalt der allgemeinen Beschreibung und zum anderen zu der Frage, wann Leasingverhältnisse bedeutend sind. Im Rahmen der allgemeinen Beschreibung der Leasingverhältnisse sind Informationen darüber zu geben, über welche Vermögenswerte und über welchen Zeitraum die Leasingverhältnisse typischerweise abgeschlossen werden. Zur Frage, wann ein Leasingverhältnis bedeutend ist, kann der Grundsatz der Relevanz in IFRS-SMEs Abschn. 10.4 (a) herangezogen werden. Demnach sind Informationen über Leasingverhältnisse dann bedeutend, wenn sie relevant für Entscheidungen der Abschlussadressaten sein können.

II. Operating-Leasingverhältnisse

1. Erfassung und Bewertung

83 Bei Operating-Leasingverhältnissen verbleiben Chancen und Risiken aus dem Leasinggegenstand und damit das **wirtschaftliche Eigentum am Leasinggegenstand beim Leasinggeber**, der den Leasinggegenstand deshalb in seiner Bilanz auszuweisen hat. IFRS-SMEs Abschn. 20.24 enthält keine besonderen Bilanzierungs- und Bewertungsregeln für Leasinggegenstände in der Bilanz des Leasinggebers. Anzuwenden sind Bilanzierungs- und Bewertungsregeln in Abhängigkeit von der Art des Vermögenswerts. Dies sind insbesondere IFRS-SMEs Abschn. 17 für Sachanlagen und IFRS-SMEs Abschn. 18 für immaterielle Vermögenswerte, die die Erstbewertung zu Anschaffungs- oder Herstellungskosten und die Abschreibung über die wirtschaftliche Nutzungsdauer vorsehen. Das Leasingverhältnis selbst und die daraus entstandenen Ansprüche und Verpflichtungen werden beim Leasinggeber nicht bilanziert, solange es sich nicht um einen belastenden Vertrag nach IFRS-SMEs Abschn. 21.2 handelt.

84 **Leasingerträge aus Operating-Leasingverhältnissen** sind – abgesehen von Beträgen für Dienstleistungen wie Versicherungen und Instandhaltung – linear über die Laufzeit zu erfassen, es sei denn

(a) eine andere systematische Verteilung entspricht eher dem zeitlichen Verlauf der Vorteile des Leasingnehmers aus dem Leasinggegenstand, auch wenn der Verlauf der Leasingzahlungen dem nicht entspricht, oder
(b) die Zahlungen an den Leasinggeber verlaufen entsprechend der erwarteten allgemeinen Inflationsrate, um die erwartete inflationäre Kostenentwicklung des Leasinggebers zu kompensieren. Sofern Zahlungen an den Leasinggeber aus anderen Gründen als der Inflation variieren, ist die Voraussetzung zur Abweichung von der linearen Erfassung nicht gegeben (vgl. IFRS-SMEs Abschn. 20.25).

Werden **Einmalzahlungen oder mietfreie Zeiträume** vereinbart, so wird die Ertragsvereinnahmung beim Leasinggeber ebenso linearisiert wie die Aufwandsverrechnung beim Leasingnehmer (vgl. Tz. 62). Dies gilt auch für Fälle, in denen der Leasinggeber dem Leasingnehmer im Zusammenhang mit dem Vertragsabschluss eine Incentivezahlung gewährt. Die hierzu in SIC 15 enthaltene Regelung gilt zwar nicht unmittelbar für die Auslegung der IFRS-SMEs, eine entsprechende Handhabung ergibt sich aber auch aus den allgemeinen Periodenabgrenzungsgrundsätzen.

Beispiel 12:
Es wird ein Bürogebäude über eine Laufzeit von fünf Jahren vermietet. Das Leasingverhältnis wird als Operating-Leasingverhältnis klassifiziert. Der Leasinggeber erhält fünf

gleichbleibende nachschüssige jährliche Leasingraten von € 20.000. Zu Beginn der Laufzeit des Leasingverhältnisses erstattet der Leasinggeber dem Leasingnehmer Umzugskosten in Höhe von € 10.000.
Über die Laufzeit des Leasingverhältnisses erhält der Leasinggeber insgesamt Leasingzahlungen von € 90.000, die linear über die Laufzeit zu verteilen sind. Die jährlichen Erträge betragen € 18.000. Der Leasinggeber nimmt zu Beginn der Laufzeit des Leasingverhältnisses folgende Buchung vor:

Sonstige Forderungen (Rechnungsabgrenzung)	€ 10.000	
an Liquide Mittel		€ 10.000

Zum Periodenende sind die erhaltenen Leasingzahlungen über die Laufzeit des Leasingverhältnisses jeweils wie folgt zu verbuchen:

Liquide Mittel	€ 20.000	
Mieterträge	€ 18.000	
an Sonstige Forderungen (Rechnungsabgrenzung)		€ 2.000

85 **Bedingte Leasingraten** sind nicht in die Abgrenzung der Leasingerträge einzubeziehen, sondern entsprechend den allgemeinen Grundsätzen der Ertragsvereinnahmung zu erfassen (vgl. IFRS-SMEs Abschn. 2.23).

86 Der Leasinggeber hat einschließlich der Abschreibungen die **Aufwendungen** zu erfassen, die im Zusammenhang mit den Leasingerträgen anfallen. Die auf Leasinggegenstände anzuwendende Abschreibungsmethode soll der Abschreibungsmethode entsprechen, die der Leasinggeber auf vergleichbare Vermögenswerte anwendet (vgl. IFRS-SMEs Abschn. 20.26).

87 **Anfängliche direkte Kosten**, die dem Leasinggeber im Zusammenhang mit der Vertragsverhandlung und dem Vertragsabschluss entstehen, sind als Nebenkosten zum Buchwert des Leasinggegenstands zu addieren, zu aktivieren und über die Laufzeit des Leasingvertrages entsprechend der zeitlichen Verteilung der Leasingerträge zu amortisieren (vgl. IFRS-SMEs Abschn. 20.27).

88 Der Leasinggeber muss an jedem Abschlussstichtag prüfen, ob Anhaltspunkte für eine **Wertminderung** des Leasinggegenstands vorliegen (vgl. IFRS-SMEs Abschn. 20.28 iVm. IFRS-SMEs Abschn. 27.7). Liegt ein Anhaltspunkt für eine Wertminderung vor, so ist der erzielbare Betrag zu schätzen. Liegt der erzielbare Betrag unter dem Buchwert, ist eine Abschreibung auf den erzielbaren Betrag vorzunehmen.

89 Sofern ein **Hersteller oder Händler** ein Operating-Leasingverhältnis eingegangen ist, darf er kein Verkaufsergebnis ausweisen, da bei einem Operating-Leasingverhältnis Chancen und Risiken im Wesentlichen nicht auf den Leasingnehmer übergegangen sind und daher bilanziell kein Verkauf vorliegt (vgl. IFRS-SMEs Abschn. 20.29). Für die Bilanzierung von Operating-Leasingverhältnissen bei Herstellern und Händlern bestehen daher keine Abweichungen von den allgemeinen Grundsätzen.

2. Anhangangaben

90 Leasinggeber haben für Operating-Leasingverhältnisse folgende Anhangangaben offen zu legen (vgl. IFRS-SMEs Abschn. 20.30):

(a) Die **zukünftigen Mindestleasingzahlungen** aus unkündbaren Leasingverhältnissen nach folgender zeitlicher Aufgliederung:
  (i) Zahlungen, die innerhalb eines Jahres fällig werden
  (ii) Zahlungen, die nach mehr als einem Jahr und höchstens fünf Jahren fällig werden
  (iii) Zahlungen, die nach mehr als fünf Jahren fällig werden

(b) die gesamten **bedingten Leasingraten**, die in der Berichtsperiode als Ertrag erfasst wurden

(c) eine **allgemeine Beschreibung der bedeutenden Leasingverhältnisse** des Leasinggebers, einschließlich zB Erläuterungen über bedingte Leasingzahlungen, Verlängerungs- oder Kaufoptionen und Ausstiegsklauseln sowie Einschränkungen durch Leasingvereinbarungen.

91 Zusätzlich hat der Leasinggeber auch für im Rahmen eines Operating-Leasingverhältnisses vermietete Vermögenswerte **Anhangangaben** zu machen, die nach den IFRS-SMEs Abschn. 17, 18, 27 und 34 **für die entsprechenden Kategorien von Vermögenswerten** gefordert werden. In diesem Zusammenhang ist zB über Bewertungs- und Abschreibungsmethoden sowie Nutzungsdauern von geleasten Vermögenswerten zu berichten. Außerdem ist bei Operating-Leasingverhältnissen vom Leasinggeber auch für Leasinggegenstände ein Anlagespiegel zu erstellen.

F. Sale-and-leaseback-Transaktionen

92 Ein **Sale-and-leaseback-Geschäft** liegt vor, wenn im Rahmen eines Veräußerungsgeschäfts das zivilrechtliche Eigentum an einem Gegenstand übertragen wird, der Veräußerer aber gleichzeitig durch einen Leasingvertrag als Leasingnehmer den Gegenstand zurückmietet. Der Erwerber im Rahmen des Veräußerungsgeschäfts ist Leasinggeber im Rahmen des Leasinggeschäfts.

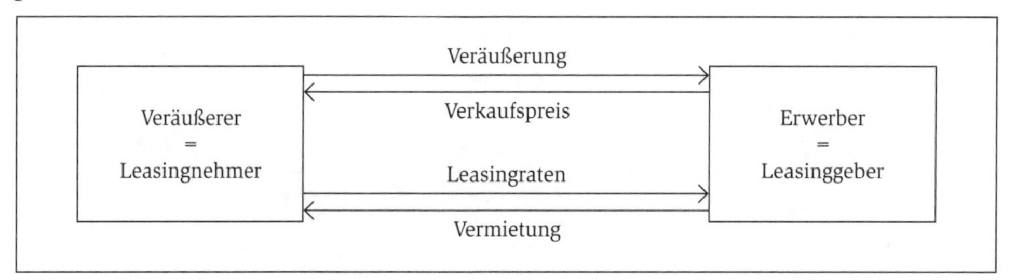

Abb. 2: Sale-and-leaseback-Geschäfte

93 Im Rahmen von Sale-and-leaseback-Geschäften besteht die Möglichkeit, zur Ergebnisverschiebung zwischen der Verkaufstransaktion und der Leasingtransaktion. Die Bilanzierungsregeln zu Sale-and-leaseback-Geschäften tragen diesem Umstand Rechnung und korrigieren entsprechende Ergebnisstrukturierungen unter Rückgriff auf marktübliche Vereinbarungen zu den einzelnen Komponenten. IFRS-SMEs Abschn. 20.32 geht deshalb davon aus, dass die Höhe der Leasingzahlungen und der Verkaufspreis im Rahmen der Vertragsverhandlungen üblicherweise gemeinsam festgelegt werden und interdependent miteinander verbunden sind.

94 Die bilanzielle Behandlung des Veräußerungsvorgangs ist von der Klassifizierung des Leasingverhältnisses abhängig, die entsprechend den Klassifizierungskriterien in IFRS-SMEs Abschn. 20.5 und IFRS-SMEs Abschn. 20.6 vorzunehmen ist. Wird eine Transaktion als **Finanzierungs-Leasing** klassifiziert, verbleibt das wirtschaftliche Eigentum am Leasinggegenstand beim Veräußerer. Unter wirtschaftlichen Gesichtspunkten hat keine Veräußerung stattgefunden. Die Differenz zwischen dem höheren Veräußerungspreis und dem Buchwert kann der Veräußerer und Leasingnehmer nicht unmittelbar als Veräußerungsgewinn erfassen. IFRS-SMEs Abschn. 20.33 schreibt vor, einen **Veräußerungsgewinn passivisch abzugrenzen** und

über die Laufzeit des Leasingverhältnisses ertragswirksam im Gewinn oder Verlust zu erfassen.

Zur Behandlung von **Veräußerungsverlusten** enthält IFRS-SMEs Abschn. 20 keine Regelung. Unter Rückgriff auf die Regelungen zu Wertminderungen in IFRS-SMEs Abschn. 27 und die entsprechende leasingspezifische Regelung in IAS 17.64 ist die sofortige Erfassung des Verlusts vorzunehmen, wenn der erzielbare Betrag unter dem Buchwert liegt. Entsteht dagegen ein Verlust, weil ein unter dem Marktwert liegender Verkaufspreis vereinbart wurde, so ist der Verlust aktivisch abzugrenzen und aufwandswirksam über die Laufzeit des Leasingverhältnisses abzugrenzen (glA. ADS Int 2002, Abschn. 12, Tz. 212, Kümpel/Becker, 2006, 193, Weinstock, 2000, 179).

95 Wird eine Sale-and-leaseback-Transaktion als **Operating-Leasingverhältnis** klassifiziert, liegen die Chancen und Risiken aus dem Eigentum des Leasinggegenstands im Wesentlichen beim Erwerber/Leasinggeber, der den Leasinggegenstand bilanziert. Sofern in diesem Fall die **Transaktion zu marktüblichen Konditionen** stattfindet, ist der Veräußerungsgewinn oder -verlust unmittelbar im Gewinn oder Verlust zu erfassen.

Liegt der **Verkaufspreis unter dem Marktwert**, so ist der entstandene Gewinn oder Verlust ebenfalls unmittelbar im Gewinn oder Verlust zu erfassen, es sei denn, der Verlust wird durch niedrigere Leasingraten kompensiert. In diesem Fall ist ein Veräußerungsverlust abzugrenzen und über die Zeit zu verteilen, in der der Leasingnehmer den Leasinggegenstand voraussichtlich nutzt. Dies ist in der Regel die Laufzeit des Leasingverhältnisses (vgl. Kümpel/Becker, 2006, 201).

Liegt der **Verkaufspreis über dem Marktwert**, so hat der Verkäufer die Differenz zwischen Verkaufspreis und Marktwert passivisch abzugrenzen und über die erwartete Nutzungsdauer des Vermögenswerts ergebniserhöhend im Gewinn oder Verlust zu erfassen. Sofern dabei der Buchwert unter dem Marktwert liegt, ist die Differenz zwischen Buchwert und Marktwert unmittelbar als Gewinn zu erfassen.

96 Die möglichen Fallunterscheidungen werden in Tabelle 11 zusammengefasst.

Fälle	Behandlung des Veräußerungsergebnisses
Finanzierungs-Leasingverhältnis	
(a) Veräußerungsgewinn	Abgrenzung eines Veräußerungsgewinns und Verteilung über die Laufzeit des Leasingvertrages
(b) Verlust aufgrund des Vorliegens einer Wertminderung	Sofortige aufwandswirksame Erfassung des Verlusts im Gewinn oder Verlust
(c) Verlust aufgrund eines unter dem erzielbaren Betrag liegenden Verkaufspreises	Abgrenzung eines Veräußerungsverlusts und Verteilung über die Laufzeit des Leasingvertrages
Operating-Leasingverhältnis	
(a) Transaktion zu marktüblichen Konditionen	Sofortige Erfassung des Veräußerungsergebnisses im Gewinn oder Verlust
(b) Verkaufspreis liegt unter dem Marktpreis und es entsteht ein Veräußerungsgewinn	Sofortige Erfassung des Veräußerungsgewinns
(c) Verkaufspreis liegt unter dem Marktpreis und es entsteht ein Veräußerungsverlust, der nicht durch unter Marktwerten liegende Leasingraten ausgeglichen wird	Sofortige Erfassung des Veräußerungsverlusts
(d) Verkaufspreis liegt unter dem Marktpreis und wird durch unter den marktüblichen Raten liegende Leasingraten ausgeglichen	Abgrenzung des Veräußerungsverlusts und Verteilung über die Laufzeit, in der der Leasingnehmer den Leasinggegenstand voraussichtlich nutzt

Fälle	Behandlung des Veräußerungsergebnisses
(e) Verkaufspreis liegt über dem Marktpreis	Abgrenzung des über dem Marktpreis liegenden Betrags und Verteilung über die Laufzeit, in der der Leasingnehmer den Leasinggegenstand voraussichtlich nutzt. Sofortige ertragserhöhende Vereinnahmung der Differenz zwischen Buchwert und Marktwert

Tab. 11: Fallunterscheidungen zur Behandlung von Veräußerungsergebnissen bei Sale-and-leaseback-Geschäften

Die Leasingnehmer und Leasinggeber betreffenden **Angabepflichten im Anhang** gelten auch für Sale-and-leaseback-Transaktionen. Die geforderte Erläuterung wesentlicher Leasingverhältnisse erfordert eine Beschreibung einzigartiger oder ungewöhnlicher Vereinbarungen im Rahmen von Sale-and-leaseback-Transaktionen (vgl. IFRS-SMEs Abschn. 20.35). **97**

G. Vergleich mit IFRS und HGB

Wie bereits eingangs erwähnt, folgen die Regeln in **IFRS-SMEs Abschn. 20** konzeptionell denen in **IAS 17** (vgl. Tz. 1). Die **Unterschiede** liegen in erster Linie in der höheren Regelungsdichte und den umfassenderen Definitionen in IAS 17. Die in IFRS-SMEs Abschn. 20 enthaltene Klarstellung, dass der Leasingnehmer im Rahmen von Finanzierungs-Leasingverhältnissen das Recht zur Nutzung des Leasinggegenstands und nicht den Leasinggegenstand selbst zu aktivieren hat, führt zu keinen Unterschieden bei der Bilanzierung und Bewertung. Die materiellen Unterschiede zwischen IFRS-SMEs Abschn. 20 und IAS 17 sind insgesamt von untergeordneter Bedeutung. Zu erwähnen ist die verpflichtend vorgeschriebene Effektivzinsmethode bei der Folgebewertung der Leasingverbindlichkeiten im Rahmen von Finanzierungs-Leasingverhältnissen beim Leasingnehmer (vgl. IFRS-SMEs Abschn. 20.11), für die nach IAS 17.26 auch Näherungsverfahren zugelassen sind. Andererseits führen Regelungslücken, zB bei Immobilien-Leasingverhältnissen zu Ermessensspielräumen bei der Bilanzierung nach IFRS-SMEs. Darüber hinaus hat der Leasingnehmer nach IFRS-SMEs Abschn. 20.13 und IFRS-SMEs Abschn. 20.16 geringere Angabepflichten zu befolgen als nach IAS 17. **98**

Im Vergleich zu den umfassenden Regeln zur Klassifizierung, Bilanzierung und Bewertung von Leasingverhältnissen nach IFRS-SMEs gibt es nach HGB keine besonderen Vorschriften zur Leasingbilanzierung. Mit dem BilMoG wurde in **§ 246 Abs. 2 HGB** erstmals gesetzlich geregelt, dass **Vermögensgegenstände beim wirtschaftlichen Eigentümer** zu bilanzieren sind, wenn rechtliches und wirtschaftliches Eigentum auseinanderfallen. Die Auslegung des wirtschaftlichen Eigentums und die Erfassung und Bewertung von Leasingverhältnissen erfolgt darüber hinaus auf der Basis der Grundsätze ordnungsmäßiger Buchführung und anhand der allgemeinen Bilanzierungs- und Bewertungsvorschriften. **99**

Die handelsrechtliche Praxis der Leasingbilanzierung in Deutschland orientiert sich traditionell überwiegend an den **steuerlichen Leasingerlassen** (vgl. zu Mobilien BMF, BStBl. I 1971, 264 f. und BMF, DB 1976, 172 f. und zu Immobilien BMF, BStBl. I 1972, 188 ff.) und der steuerlichen Rechtsprechung. In der Begründung zum Regierungsentwurf des BilMoG wurde klargestellt, dass die von der Rechtsprechung erarbeiteten Grundsätze und die steuerlichen Leasingerlasse weiterhin ihre Gültigkeit behalten sollen (vgl. Bundesregierung, 2008, 47). Es bleibt allerdings abzuwarten, ob sich auf der Basis des BilMoG die HGB-Bilanzierung von Leasingverhältnissen der IFRS-Bilanzierung annähern wird (vgl. Kühne/Melcher, DB 2009, 17 f.).

100 Im Hinblick auf den Grundsatz der Bilanzierung des Leasinggegenstands beim wirtschaftlichen Eigentümer entsprechen sich IFRS-SMEs und HGB. Im Einzelnen sind jedoch Unterschiede zu verzeichnen, die eine unterschiedliche Bilanzierung und Bewertung nach IFRS-SMEs und HGB zur Folge haben. Die **Gegenüberstellung der wichtigsten Unterschiede** zur Bilanzierung von Leasingverhältnissen entsprechend IAS 17, IFRS-SMEs Abschn. 20 und HGB (nach den steuerlichen Leasingerlassen) ergibt folgendes Bild:

Regelung	IFRS (IAS 17)	IFRS-SMEs	HGB
Inhalt der Regelung	Ausführliche Regelung zur Klassifizierung, Erfassung und Bewertung beim Leasingnehmer und Leasinggeber, Ausdehnung des Anwendungsbereichs auf verdeckte Leasingverhältnisse durch IFRIC 4	Verkürzte Regelung zur Klassifizierung, Erfassung und Bewertung beim Leasingnehmer und Leasinggeber, Anwendungsbereich einschließlich verdeckter Leasingverhältnisse, konzeptionelle Übereinstimmung mit IAS 17	Keine speziellen Regelungen zur Leasingbilanzierung im HGB, allgemeine Regelung zur bilanziellen Zurechnung beim wirtschaftlichen Eigentümer in § 246 Abs. 1; Klassifizierung von Leasingverhältnissen in der Praxis auf der Grundlage von Leasingerlassen der Finanzverwaltung
Kriterien und Indikatoren zur Klassifizierung von Finanzierungs- und Operating-Leasingverhältnissen	**Kriterien für Finanzierungs-Leasingverhältnisse:** - Übergang des rechtlichen Eigentums am Ende der Vertragslaufzeit - Günstige Kaufoption (Vergleich von Kaufpreis und beizulegendem Zeitwert des Leasinggegenstands) - Laufzeittest: Vertragslaufzeit umfasst den überwiegenden Teil der wirtschaftlichen Nutzungsdauer - Barwerttest (Barwert der Mindestleasingzahlungen entspricht im Wesentlichen dem beizulegenden Zeitwert des Leasinggegenstands) - Spezialleasing **Indikatoren für Finanzierungs-Leasingverhältnisse:** - Leasingnehmer trägt im Falle einer Kündigung die Verluste des Leasinggebers - Gewinne oder Verluste aus Restwertschwankungen werden vom Leasingnehmer getragen - Leasingnehmer hat günstige Option zur Anschlussmiete Spezielle Hinweise zur Klassifizierung von Immobilien-Leasingverhältnissen, die für Grundstücke und Gebäude jeweils gesondert vorzunehmen ist	**Kriterien für Finanzierungs-Leasingverhältnisse:** - Übergang des rechtlichen Eigentums am Ende der Vertragslaufzeit - Günstige Kaufoption (Vergleich von Kaufpreis und beizulegendem Zeitwert des Leasinggegenstands) - Laufzeittest: Vertragslaufzeit umfasst den überwiegenden Teil der wirtschaftlichen Nutzungsdauer - Barwerttest (Barwert der Mindestleasingzahlungen entspricht im Wesentlichen dem beizulegenden Zeitwert des Leasinggegenstands) - Spezialleasing **Indikatoren für Finanzierungs-Leasingverhältnisse:** - Leasingnehmer trägt im Falle einer Kündigung die Verluste des Leasinggebers - Gewinne oder Verluste aus Restwertschwankungen werden vom Leasingnehmer getragen - Leasingnehmer hat günstige Option zur Anschlussmiete Keine speziellen Hinweise zur Klassifizierung von Immobilien-Leasingverhältnissen	Unterscheidung zwischen Vollamortisationsverträgen und Teilamortisationsverträgen auf Basis der Leasingerlasse **Kriterien für Vollamortisationsverträge bei Mobilien:** - Zurechnung zum Leasingnehmer bei Übergang des rechtlichen Eigentums am Ende der Vertragslaufzeit - Zurechnung zum Leasingnehmer bei günstiger Kaufoption (Vergleich von Kaufpreis und Buchwert des Leasinggegenstands) - Zurechnung zum Leasingnehmer bei günstiger Mietverlängerungsoption - Laufzeittest: bei Grundmietzeit zwischen 40% und 90% der betriebsgewöhnlichen Nutzungsdauer Zurechnung zum Leasinggeber - Zurechnung von Spezialleasing zum Leasingnehmer **Kriterien für Teilamortisationsverträge bei Mobilien:** Zurechnung des Leasinggegenstands zum Leasinggeber bei - Andienungsrecht des Leasinggebers - Anteil des Leasingebers am Mehrerlös mindestens 25% - Bei einem kündbaren Vertrag Anrechnung von mehr als 90% des Veräußerungs-

Regelung	IFRS (IAS 17)	IFRS-SMEs	HGB
			erlöses auf die Abschlusszahlung des Leasingnehmers Spezielle Kriterien für Immobilien-Leasingverhältnisse auf der Basis der Unterscheidung zwischen Voll- und Teilamortisationsverträgen
Anfängliche direkte Kosten	Beim Leasinggeber Aktivierung von anfänglichen direkten Kosten im Rahmen von Finanzierungs- und Operating-Leasingverhältnissen (Ausnahme: Hersteller oder Händler) Beim Leasingnehmer Aktivierung von anfänglichen direkten Kosten im Rahmen von Finanzierungs-Leasingverhältnissen	Beim Leasinggeber Aktivierung von anfänglichen direkten Kosten im Rahmen von Finanzierungs- und Operating-Leasingverhältnissen (Ausnahme: Hersteller oder Händler) Beim Leasingnehmer Aktivierung von anfänglichen direkten Kosten im Rahmen von Finanzierungs-Leasingverhältnissen	Sofortige Aufwandsverrechnung jeglicher anfänglicher direkter Kosten
Sale-and lease-back-Geschäfte	Differenzierte Einzelregelungen zur Behandlung des Veräußerungsergebnisses	Verkürzte differenzierte Einzelregelungen zur Behandlung des Veräußerungsergebnisses (vgl. Tz. 97)	Keine gesetzliche Regelung zur Behandlung des Veräußerungsergebnisses. Bei Zurechnung des Leasinggegenstands zum Leasinggeber sofortige Realisierung des Veräußerungsergebnisses, sofern der Verkaufspreis den Marktverhältnissen entspricht. Bei Zurechnung des Leasinggegenstands zum Leasingnehmer Verteilung des Veräußerungsergebnisses über die Laufzeit.
Anhangangaben	Spezifizierte und umfangreiche Angabepflichten beim Leasingnehmer und beim Leasinggeber	Spezifizierte Angabepflichten beim Leasingnehmer und beim Leasinggeber, im Vergleich zu IAS 17 geringere Angabepflichten beim Leasingnehmer (vgl. Tz. 59 f., 69, 83, 91 f., 98)	Angaben zu Leasingverhältnissen sind in allgemeinen Angabepflichten enthalten (z.B Art und Zweck sowie Risiken und Vorteile von nicht in der Bilanz enthaltenen Geschäften (vgl. § 285 Abs. 3 HGB), Angabe des Gesamtbetrags der sonstigen finanziellen Verpflichtungen, soweit dies für die Beurteilung der Finanzlage von Bedeutung ist (vgl. § 285 Abs. 3a HGB).

Abschnitt 21
Rückstellungen und Eventualposten (Provisions and Contingencies)

Dirk Simons/Julia Grathwohl

Inhaltsverzeichnis

Schrifttum

Alfredson, Applying International Financial Reporting Standards, Enhanced ed., Milton ua., 2007; *BMF*, IV B 2 – S 2133, BB 1995, 1533; *Coenenberg/Haller/Schultze*, Jahresabschluss und Jahresabschlussanalyse, Stuttgart 2009; *Dechow/Skinner*, Acc. Hor. 2000, 235-250; *Epstein/Jermakowicz*, Wiley IFRS 2010, New Jersey 2010; *Ernst&Young* (Hrsg.), International GAAP 2009, Chichester 2009; *Gelhausen/Fey/Kämpfer*, Rechnungslegung und Prüfung nach dem Bilanzrechtsmodernisierungsgesetz, Düsseldorf 2009; *Haaker*, PiR 2005, 51-56; *Hachmeister*, Verbindlichkeiten nach IFRS, München 2006; *Haller/Beiersdorf/Eierle*, BB 2007, 540-551; *Hebestreit/Schrimpf-Dörges*, in: Bohl/Riese/Schlüter (Hrsg.), Beck'sches IFRS-Handbuch, 3. Aufl., München 2009; *Hoffmann*, in: Lüdenbach/Hoffmann (Hrsg.), IFRS-Kommentar, 7. Aufl., Freiburg i.Br. 2009; *KPMG* (Hrsg.), IFRS aktuell, 2. Aufl., Stuttgart 2006; *Köhler*, StBp 2003, 212-215; *Künkele/Zwirner*, BRZ 2009, 442-444; *Lüdenbach*, in: Lüdenbach/Hoffmann (Hrsg.), IFRS-Kommentar, 7. Aufl., Freiburg i.Br. 2009; *Moehrle*, Acc. Rev. 2002, 397-413; *Pellens/Fülbier/Gassen/Sellhorn*, Internationale Rechnungslegung, 7. Aufl., Stuttgart 2008; *Pfitzer/Wirth/Staß*, in: Baetge et al. (Hrsg.), Rechnungslegung nach IFRS (IFRS-Komm.), 2. Aufl., Stuttgart, Stand 2008; *RIC*, Anwendungshinweis IFRS (2009/01): Bilanzierung von Ausgaben zur Registrierung nach der EU-Chemikalienverordnung REACH, 2009; *Riese*, in: Bohl/Riese/Schlüter (Hrsg.), Beck'sches IFRS-Handbuch, 3. Aufl., München 2009; *Ross/Drögemöller*, BB 2006, 1044-1047; *Ruhnke*, Rechnungslegung nach IFRS und HGB, 2. Aufl., Stuttgart 2008; *Oser/Ross*, WPg 2005, 1069-1077; *Schulze/Osthoff*, in: Bohl/Riese/Schlüter (Hrsg.), Beck'sches IFRS-Handbuch, 3. Aufl., München 2009; *von Keitz/Wollmert/Oser/Wader*, in: Baetge et al. (Hrsg.), Rechnungslegung nach IFRS (IFRS-Komm.), 2. Aufl., Stuttgart, Stand 2010; *Wagenhofer*, Internationale Rechnungslegungsstandards – IAS/IFRS, 6. Aufl., München 2009; *v. Torklus*, Rückstellungen nach internationalen Normen, Düsseldorf, 2007; *Wolz*, Grundzüge der internationalen Rechnungslegung, München 2005.

A. Grundlagen

I. Zielsetzung

1 Abschnitt 21 (IFRS-SMEs Abschn. 21) des IFRS für kleine und mittelgroße Unternehmen (small and medium-sized entities, SME) regelt **Ansatz, Bewertung und Anhangangaben für Rückstellungen, Eventualverbindlichkeiten und Eventualforderungen**. Die zu gewährenden Informationen sollen die Bilanzadressaten in die Lage versetzen, Art, zeitlichen Anfall und Höhe des unsicheren Ressourcenabflusses zu verstehen. Auch wenn im Gegensatz zu IAS 37 eine Zielsetzung nicht explizit formuliert ist, kann unterstellt werden, dass diese **mit der Zielsetzung des IAS 37 deckungsgleich** ist. Dafür spricht auch, dass IFRS-SMEs Abschn. 21 entsprechend der Ableitungstabelle ausschließlich aus IAS 37 exzerpiert wurde (vgl. Haller et al., BB 2007, 548).

II. Anwendungsbereich

2 Die Vorschriften des IFRS-SMEs Abschn. 21 sind grundsätzlich von SMEs für **alle Arten von Rückstellungen, Eventualverbindlichkeiten und Eventualforderungen** anzuwenden. Sie sind jedoch nicht anzuwenden für Rückstellungen, die von anderen Abschnitten dieses Standards abgedeckt werden. Dazu gehören:

(a) Leasingverhältnisse (IFRS-SMEs Abschn. 20 Leasingverhältnisse),
(b) Fertigungsaufträge (IFRS-SMEs Abschn. 23 Erträge),
(c) Leistungen an Arbeitnehmer (IFRS-SMEs Abschn. 28 Leistungen an Arbeitnehmer) und
(d) Ertragsteuern (IFRS-SMEs Abschn. 29 Ertragsteuern).

3 Explizit aus dem Anwendungsbereich des IFRS-SMEs Abschn. 21 ausgeschlossen sind Rückstellungen, die sich in Verbindung mit schwebenden Geschäften ergäben. Dieser **Ausschluss gilt** allerdings **nicht** für Rückstellungen zur Antizipation von Konsequenzen belastender Verträge (vgl. IFRS-SMEs Abschn. 21.2), so genannte **Rückstellungen für drohende Verluste aus schwebenden Geschäften**. (hierzu ausführlich vgl. Tz. 18 ff.). Im Fall eines belastenden Vertrags ist eine Drohverlustrückstellung in Höhe des erwarteten Aufwendungsüberschusses über den wirtschaftlichen Nutzen zu bilden und in der Gewinn- und Verlustrechnung zu erfassen. Solange der zu erwartende wirtschaftliche Nutzen aus einem schwebenden Geschäft die zu erwartenden Aufwendungen überschreitet, ist keine Rückstellung in der Bilanz zu bilden.

4 Ebenfalls **nicht** in IFRS-SMEs Abschn. 21 geregelt sind die im Englischen als *provisions* bezeichneten **Wertberichtungen auf Vermögenswerte** (vgl. IFRS-SMEs Abschn. 27) und auf **Forderungen** (vgl. IFRS-SMEs Abschn. 11.25(b)).

5 Im Gegensatz zu IAS 37 werden Versicherungsverträge, die nach IFRS 4 behandelt werden, nicht explizit aus dem Anwendungsbereich des IFRS-SMEs Abschn. 21 ausgeschlossen. Hier ist allerdings zu berücksichtigen, dass der IASB **Versicherungsunternehmen aus dem Anwenderkreis des IFRS-SMEs ausschließt**. Ursache hierfür ist, dass Versicherungsunternehmen als öffentlich rechenschaftspflichtig eingeordnet werden (vgl. IFRS-SMEs Abschn. 1.3(b); Haller et al., BB 2007, 543 f.). Konsequenterweise hat der IFRS 4 als branchen- bzw. tätigkeitsspezifischer Standard im Gegensatz zu IAS 41 oder IFRS 6 keinen Eingang in den IFRS-SMEs gefunden.

6 Zur **Auslegung** des IFRS-SMEs Abschn. 21 können in Zweifelsfällen nachrangig zum IAS 37 auch die einschlägigen IFRIC-Interpretationen herangezogen werden. Die Interpretationen werden vom *International Financial Reporting Interpretations Committee* (IFRIC) erarbeitet

und dienen in Fällen, in denen ein Standard unterschiedlich oder falsch interpretiert werden kann bzw. neue Sachverhalte in den bisherigen Standards nicht ausreichend gewürdigt wurden, als Hilfestellung für den Anwender. Derzeit sind folgende einschlägige IFRIC in Kraft (vgl. Ernst&Young (Hrsg.), 2009, 1472):

(a) **IFRIC 1**: »Änderungen bestehender Rückstellungen für Entsorgungs-, Wiederherstellungs- und ähnliche Verpflichtungen« regelt, wie Bewertungsänderungen derartiger Verpflichtungen zu behandeln sind.
(b) **IFRIC 6**: »Schulden, die aus der Beteiligung an bestimmten Märkten resultieren – Entsorgung von Elektro- und Elektronikgeräten« ist eine Reaktion auf die sogenannte Elektroschrottrichtlinie der EU. Diese Richtlinie begründet eine umfassende Rücknahmepflicht von Herstellern, die eine umweltschonende Entsorgung herbeizuführen haben. IFRIC 6 stellt klar, dass das verpflichtende Ereignis, das die Rückstellungsbildung begründet, die künftige Marktteilnahme ist.

7 Zusätzlich könnte **IFRIC 5** einschlägig sein, der die Bewertung von Anteilen an Fonds für Zwecke der Entsorgung, Wiederherstellung oder Rekultivierung regelt. Von zunehmender Bedeutung könnte die Behandlung von Emissionsrechten sein. Die einschlägige Regelung **IFRIC 3** wurde zurückgezogen, so dass hier formal eine Regelungslücke besteht. Faktisch geht der IASB davon aus, dass IFRIC 3 trotz des Rückzuges weiterhin eine sachgerechte Regelung darstellt (vgl. Pfitzer/Wirth/Staß, in: Baetge et al., IFRS-Komm., Teil B, IAS 20, Tz. 82 ff.).

III. Terminologie

8 Das **Glossar** deckt die meisten für IFRS-SMEs Abschn. 21 relevanten Begriffe nicht ab (vgl. IFRS-SMEs 209 ff.). Die in IFRS-SMEs Abschn. 21 verwendeten Definitionen, die über den Abschnitt verteilt eingeführt werden, entsprechen denen nach IAS 37.10 weitestgehend, so dass sich die **Bilanzierung für Rückstellungen nach IAS 37 und IFRS-SMEs Abschn. 21** entsprechen (vgl. Haller et al., BB 2007, 548). Eine Ausnahme stellt der Begriff des schwebenden Geschäfts dar, der zwar nicht in IAS 37.10, dafür aber in IFRS-SMEs Abschn. 21.2 definiert wird.

1. Rückstellung

9 Eine **Rückstellung** (*provision*) ist eine Schuld, die der Fälligkeit oder der Höhe nach ungewiss ist (IFRS-SMEs Abschn. 21.1). Lediglich die Unsicherheit unterscheidet also die Rückstellung von einer Verbindlichkeit (vgl. Alfredson, 2007, 167). Im Gegensatz dazu ist die Unterscheidung zwischen Rückstellungen und unsicheren Verbindlichkeiten (so genannten *accruals*) unter Umständen schwierig. Die als *accruals* bezeichneten unsicheren Verbindlichkeiten unterscheiden sich von den Rückstellungen letztlich lediglich dadurch, dass der Grad der Unsicherheit bezüglich der Höhe der Verpflichtung bzw. dem Zeitpunkt des Ausgleichs bei einem *accrual* im Vergleich zu einer Rückstellung geringer ist (vgl. Wagenhofer, 2009, 265; Wolz, 2005, 193). Sachverhalte, wie beispielsweise die für das Berichtsjahr abzuführenden Ertragsteuern oder noch nicht in Anspruch genommene Urlaubstage von Arbeitnehmern, die nach HGB zu Steuer- bzw. Urlaubsrückstellungen führen, stellen nach IFRS *accruals* dar (vgl. Wagenhofer, 2009, 265). Die Unterscheidung ist von Bedeutung, da Rückstellungen und unsichere Verbindlichkeiten unterschiedliche Angabepflichten nach sich ziehen (vgl. Ernst&Young (Hrsg.), 2009, 1475).

2. Schuld

Eine **Schuld** (*liability*) ist eine gegenwärtige Verpflichtung des Unternehmens, die aus Ereignissen der Vergangenheit entstanden ist und deren Erfüllung für das Unternehmen erwartungsgemäß mit einem Abfluss von Ressourcen verbunden ist, denen ein wirtschaftlicher Nutzen zuzurechnen ist (vgl. IFRS-SMEs Abschn. 2.15(b) bzw. IFRS-SMEs Glossar 220). Unter den Begriff Schuld werden sowohl Verbindlichkeiten als auch Rückstellungen subsumiert. Dies unterstreicht, dass es sich bei Rückstellungen um eine Teilmenge der Schulden handelt. Die Definition einer Schuld wird in IFRS-SMEs Abschn. 21 nicht explizit aufgeführt, obwohl sie Teil der Rückstellungsdefinition ist. 10

3. Verpflichtendes Ereignis

Ein **verpflichtendes Ereignis** (*obligating event*) schafft eine rechtliche oder faktische Verpflichtung, der sich das Unternehmen nicht entziehen kann. Das bedeutet, dem Unternehmen bleibt keine realistische Alternative zur Erfüllung der Verpflichtung aus diesem Ereignis (vgl. IFRS-SMEs Abschn. 21.6; von Keitz et al., in: Baetge et al., IFRS-Komm., Teil B, IAS 37, Tz. 18). Der Eintritt des verpflichtenden Ereignisses ist somit regelmäßig Auslöser für die bilanzielle Berücksichtigung einer Rückstellung, sofern der Ressourcenabfluss hinreichend wahrscheinlich ist. Sofern unsicher ist, ob eine gegenwärtige Verpflichtung besteht, kann uU der Ausweis einer Eventualverbindlichkeit geboten sein (vgl. Wagenhofer, 2009, 267). 11

4. Rechtliche Verpflichtung

Eine **rechtliche Verpflichtung** (*legal obligation*) kann durch Verträge, Gesetze, Erlasse, Verlautbarungen oder ähnliche Legalquellen begründet werden (vgl. IFRS-SMEs Abschn. 2.20 bzw. IFRS-SMEs Abschn. 21.6). Wesentliches Merkmal einer rechtlichen Verpflichtung ist ihre tatsächliche Durchsetzbarkeit (vgl. Hebestreit/Schrimpf-Dörges, Rückstellungen, in: Beck IFRS-Handbuch, 3. Aufl., Tz. 38). Die Einschätzung, ob eine rechtliche Verpflichtung vorliegt, ist regelmäßig unkritisch (vgl. Ernst&Young (Hrsg.), 2009, 1477). 12

5. Faktische Verpflichtung

Eine **faktische Verpflichtung** (*constructive obligation*) ist eine aus den Aktivitäten eines Unternehmens entstehende Verpflichtung, bei der 13

(a) das Unternehmen durch sein bisher **übliches Geschäftsgebaren**, öffentlich angekündigte Maßnahmen oder eine ausreichend spezifische, aktuelle Aussage anderen Parteien gegenüber die Übernahme gewisser Verpflichtungen angedeutet hat und
(b) das Unternehmen dadurch bei den anderen Parteien eine **gerechtfertigte Erwartung** geweckt hat, dass es diesen Verpflichtungen nachkommt (vgl. IFRS-SMEs Abschn. 2.20).

Einer faktischen Verpflichtung liegt der Gedanke zugrunde, dass sich ein Unternehmen Ansprüchen gegenüber sehen kann, deren Erfüllung zwar nicht rechtlich durchsetzbar ist, denen sich das Unternehmen zB aus ethischen oder ökonomischen Gründen dennoch nicht entziehen kann. Dies ist zB dann gegeben, wenn die Nichterfüllung den Ausfall zukünftiger Gewinne nach sich zieht. Insofern übersteigen die Opportunitätskosten, die aus der Nicht-Erfüllung resultieren, die Kosten der Anspruchserfüllung.

6. Eventualschuld

14 Eine **Eventualschuld** (*contingent liability*) ist

(a) eine mögliche Verpflichtung, die aus vergangenen Ereignissen resultiert und deren Existenz nur durch den Eintritt oder Nichteintritt eines oder mehrerer unsicherer künftiger Ereignisse bestimmt wird, die nicht gänzlich der Kontrolle des Unternehmens unterliegen, oder

(b) eine gegenwärtige Verpflichtung, die auf vergangenen Ereignissen beruht, jedoch nicht als Rückstellung erfasst wird, weil
   (i) ein Abfluss von Ressourcen mit wirtschaftlichem Nutzen zur Begleichung dieser Verpflichtung nicht wahrscheinlich ist oder
   (ii) die Höhe der Verpflichtung nicht verlässlich geschätzt werden kann (vgl. IFRS-SMEs Abschn. 2.40).

15 Die Gemeinsamkeit von Rückstellung und Eventualschuld besteht darin, dass es sich bei beiden um ungewisse Zahlungsverpflichtungen handelt. Im Gegensatz zu einer Rückstellung ist eine Eventualschuld jedoch entweder eine **mögliche, aber unsichere** Verpflichtung oder eine **gegenwärtige** Verpflichtung, die **nicht ansatzfähig** ist. Die Ansatzfähigkeit kann gemäß Tz. 14 entweder daran scheitern, dass der Ressourcenabfluss nicht wahrscheinlich oder die Höhe des Ressourcenabflusses nicht verlässlich bestimmbar ist. Möglich ist eine Verpflichtung dann, wenn weniger Gründe für als gegen ihr Eintreten sprechen. Eine Übersicht zu typischen Wahrscheinlichkeitszuordnungen zeigt Abbildung 1 (vgl. Wagenhofer, 2009, 271).

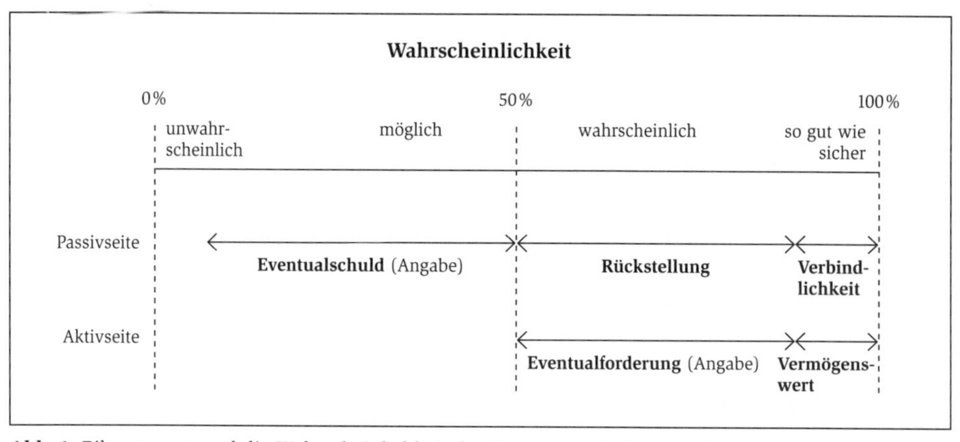

Abb. 1: Bilanzposten und die Wahrscheinlichkeit des Ressourcenab- bzw. -zuflusses

7. Eventualforderung

16 Eine **Eventualforderung** (*contingent asset*) ist ein möglicher Vermögenswert, der aus vergangenen Ereignissen resultiert und dessen Existenz erst durch den Eintritt oder Nichteintritt eines oder mehrerer unsicherer künftiger Ereignisse bestimmt wird, die nicht gänzlich der Kontrolle des Unternehmens unterliegen (vgl. IFRS-SMEs Glossar 211). ZB stellt eine Schadenersatzleistung, deren Erhalt zwar wahrscheinlich aber noch nicht so gut wie sicher ist, eine Eventualforderung dar. Der Erhalt kann zB deshalb unsicher sein, weil ein Gerichtsurteil noch nicht rechtskräftig ist. Die Zahlung ist nicht so gut wie sicher, weil der Gegner Berufung einlegen kann und damit sowohl die Höhe als auch der Erhalt unsicher sind.

17 Liegt eine Eventualforderung vor, ist diese im Anhang zu erläutern (vgl. IFRS-SMEs Abschn. 21.16; Ernst&Young (Hrsg.), 2009, 1482). Hinsichtlich der Wahrscheinlichkeitsabgrenzung ist die **Eventualforderung** also das **Pendant zur Rückstellung**. Die zugehörigen Berichtspflichten sind jedoch analog zur Eventualschuld ausgestaltet.

8. Belastender Vertrag

18 Ein **belastender Vertrag** (*onerous contract*) ist ein Vertrag, bei dem die unvermeidbaren Kosten zur Erfüllung der vertraglichen Verpflichtungen den erwarteten wirtschaftlichen Nutzen übersteigen (vgl. IFRS-SMEs Abschn. 21 A.2 bzw. IFRS-SMEs Glossar 221). Insofern liegt hier der Fall eines drohenden Verlustes aus einem schwebenden Geschäft vor (vgl. von Keitz et al., in: Baetge et al., IFRS-Komm., Teil B, IAS 37, Tz. 25). Damit setzt das Vorliegen eines belastenden Vertrages regelmäßig das Vorliegen eines (teilweise) schwebenden Geschäftes voraus.

9. Schwebendes Geschäft

19 Ein **schwebendes Geschäft** (*executory contract*) ist eine bindende Vereinbarung, bei der beide Parteien ihre Verpflichtung in keiner Weise oder teilweise zu gleichen Teilen erfüllt haben (vgl. IFRS-SMEs Abschn. 21.2). Derartige Geschäfte dürfen bilanziell nicht berücksichtigt werden, dh., solange beide Parteien nicht geleistet haben, findet keinerlei bilanzielle Berücksichtigung statt. Diese Regelung verhindert, dass zB abgeschlossene Lieferverträge in der Bilanz erfasst werden. Die Bilanzierung sämtlicher eingegangener Vereinbarungen würde die Bilanz lediglich aufblähen und die Übersichtlichkeit beeinträchtigen (vgl. IFRS-SMEs Abschn. 2.4). Für diese Reglung existiert keine theoretische Fundierung; sie ist als rein pragmatisch zu klassifizieren (vgl. schon zu IAS 37 Ernst&Young (Hrsg.), 2009, 1474).

20 Die **Ausgeglichenheit der Leistungsverpflichtungen** ist bei schwebenden Geschäften **zukunftsorientiert** zu beantworten. Ist die Ausgeglichenheit der verbleibenden **Leistungsverpflichtungen nur temporär aufgehoben**, ist IFRS-SMEs Abschn. 21 nicht einschlägig, da kein erwarteter Verpflichtungsüberschuss vorliegt:

- Hat der Leistungsempfänger eine (teilweise) Vorauszahlung geleistet, kommt es beim Leistungsverpflichteten zum Ausweis einer **erhaltenen Anzahlung** unter den sonstigen Verbindlichkeiten (vgl. Schulze/Osthoff, Übrige Schulden, in: Beck IFRS-Handbuch, 3. Aufl., Tz. 22). Beim Leistungsempfänger ist der Ausweis einer **geleisteten Anzahlung** unter dem Bilanzposten, dem die angezahlten Vermögenswerte zuzuordnen sind, vertretbar (vgl. Riese, Vorräte, in: Beck IFRS-Handbuch, 3. Aufl., Tz. 118; mittlerweile abweichend Lüdenbach, Darstellung des Abschlusses, in: Lüdenbach/Hoffmann, IFRS-Komm., 7. Aufl., Tz. 44). Allerdings wird ein separater Ausweis von geleisteten Anzahlungen in einem eigenen Bilanzposten präferiert (vgl. Riese, Vorräte, in: Beck IFRS-Handbuch, 3. Aufl., Tz. 118).
- Hat der Leistungsverpflichtete bereits (teilweise) geliefert ohne die Gegenleistung erhalten zu haben, entsteht eine **Verbindlichkeit aus Lieferungen und Leistungen** bzw. eine **Forderung aus Lieferungen und Leistungen**.

10. Restrukturierung

21 Eine **Restrukturierung** (*restructuring*) ist ein Programm, das von der Geschäftsleitung geplant und kontrolliert wird und entweder

(a) das vom Unternehmen abgedeckte Geschäftsfeld oder
(b) die Art, in der dieses Geschäft durchgeführt wird,

wesentlich verändert (vgl. IFRS-SMEs Abschn. 21A.3).

22 Dabei ist es regelmäßig nicht ausreichend, wenn die Restrukturierung lediglich von der Geschäftsleitung geplant wurde. Die Restrukturierung muss vor Berichtsjahresende an die von der Restrukturierung Betroffenen kommuniziert sein, so dass eine gerechtfertigte Erwartung hinsichtlich der tatsächlichen Durchführung der Umgestaltung vorliegt. Soll mit der Durchführung des Plans nicht zeitnah begonnen werden, darf eine Rückstellung für Restrukturierungsmaßnahmen trotz der gerechtfertigten Erwartung der Betroffenen nicht gebildet werden.

B. Der Ansatz von Rückstellungen

23 Entsprechend den terminologischen Grundlagen ist eine Rückstellung definiert als eine Schuld, die der Fälligkeit oder der Höhe nach ungewiss ist. Zu erfassen ist eine Rückstellung genau dann, wenn die folgenden Ansatzkriterien kumulativ erfüllt sind (vgl. IFRS-SMEs Abschn. 21.4):

(a) das Unternehmen hat am Bilanzstichtag eine gegenwärtige Verpflichtung aus einem Ereignis der Vergangenheit,
(b) es ist wahrscheinlich (dh. es spricht mehr dafür als dagegen), dass das Unternehmen im Zuge der Erfüllung verpflichtet sein wird, Ressourcen mit wirtschaftlichem Nutzen zu übertragen und
(c) der Betrag der Verpflichtung verlässlich geschätzt werden kann.

Die Schulddefinition ist in den Ansatzkriterien einer Rückstellung enthalten ((a) und (b)), weshalb es keiner gesonderten Beurteilung darüber bedarf, ob die Definition der Schuld erfüllt ist. Ist eine der drei Bedingungen nicht erfüllt, darf keine Rückstellung gebildet werden (vgl. Wagenhofer, 2009, 266).

I. Vorliegen einer Verpflichtung

24 Es muss eine gegenwärtige Verpflichtung vorliegen, die aus einem Ereignis des laufenden oder eines früheren Geschäftsjahres resultiert (vgl. IFRS-SMEs Abschn. 21.4(a)). Das bedeutet, dass ein zukünftiges Ereignis keinesfalls zu einer Verpflichtung führt (**Gegenwartskriterium**). Zur Erfüllung der Verpflichtung darf der Bilanzierende keine realistische Alternative haben. Das heißt, der Bilanzierende darf sich der Verpflichtung nicht entziehen können (**Unentziehbarkeitskriterium**). Dies ist der Fall, wenn die Verpflichtung **rechtlich** durchgesetzt werden kann oder das Unternehmen eine **faktische Verpflichtung** hat.

25 Rechtlich durchsetzbare Verpflichtungen beruhen auf einem Vertrag, einem Gesetz oder juristisch durchsetzbaren Verlautbarungen. Diese legen regelmäßig objektivierte Tatbestände fest, an die die Verpflichtung geknüpft ist. Ggf. kann es für die Beantwortung der Frage, ob eine **rechtliche Verpflichtung** (ausführlicher vgl. Tz. 12) vorliegt, notwendig sein, auf die Einschätzung eines Sachverständigen zurückzugreifen. In Analogie zu IAS 37.22 kann es außerdem geboten sein, die Verabschiedung von **Gesetzesentwürfen** zu antizipieren, wenn einzelne Bestimmungen des Gesetzes noch nicht feststehen, die Verabschiedung des Entwurfes aber so gut wie sicher ist. In diesem Fall fingiert IAS 37.22 eine rechtliche Verpflichtung. Das Vorliegen einer rechtlichen Verpflichtung ist keine notwendige Bedingung für eine Rückstellungsbildung. Sehr viel häufiger wird auf das Vorliegen einer faktischen Verpflichtung abzustellen sein (vgl. Hebestreit/Schrimpf-Dörges, Rückstellungen, in: Beck IFRS-Handbuch, 3. Aufl., Tz. 38).

26 Eine **faktische Verpflichtung** (ausführlicher vgl. Tz. 13) liegt dann vor, wenn der Bilanzierende durch sein Verhalten bei Dritten eine **berechtigte Erwartung** hervorgerufen hat, die

rechtlich nicht durchsetzbare Verpflichtung erfüllen zu wollen. Die geweckte Erwartung entfaltet ihre Bindungswirkung dadurch, dass sich ein Abweichen vom erwarteten Handeln nachteilig auf die ökonomische Entwicklung des Unternehmens auswirken würde. Zentral ist hierbei, dass das Unternehmen Erwartungen bei anderen Parteien geweckt haben muss, dh., die bloße Entscheidung des Managements, in bestimmter Weise zu handeln, ist nicht ausreichend für das Vorliegen einer faktischen Verpflichtung. Vielmehr muss diese Entscheidung **den Begünstigten kommuniziert** worden bzw. durch das Ergreifen zielgerichteter Maßnahmen für diese erkennbar geworden sein. So ist das freiwillige, regelmäßig praktizierte Entgegenkommen des Unternehmens bei der Rücknahme schadhafter Produkte nach Ablauf der Garantiefrist (Kulanzleistung) zur Kundenbindung ein Beispiel für eine Geschäftspraxis, die eine faktische Verpflichtung begründet. Sofern alle übrigen Ansatzvoraussetzungen erfüllt sind, ist eine Rückstellung zu erfassen, weil bereits der Verkauf des Produktes die faktische Verpflichtung begründet. Offenkundig birgt die Identifikation einer faktischen Verpflichtung sehr viel mehr Ermessensspielraum als die einer rechtlichen Verpflichtung (vgl. Alfredson, 2007, 167).

27 Verpflichtungen müssen grundsätzlich einem oder mehreren Dritten gegenüber bestehen (**Außenverpflichtungsgrundsatz**), wobei es sich auch um eine nicht spezifizierte Gruppe, wie Kunden oder Mitarbeiter, handeln kann. Ebenso kann die Identität des Anspruchsberechtigten (noch) unbekannt sein (vgl. Hebestreit/Schrimpf-Dörges, Rückstellungen, in: Beck IFRS-Handbuch, 3. Aufl., Tz. 37; Wagenhofer, 2009, 266). Eine reine Innenverpflichtung, wie sie zB Reparaturen, Inspektionen und Instandhaltungen an vorhandenen Vermögenswerten darstellen, begründet keine gegenwärtige Verpflichtung. Daraus folgt, dass **Aufwandsrückstellungen nicht ansatzfähig** sind (vgl. Hachmeister, 2006, 114).

28 Verpflichtungen, die aus **zukünftigen Handlungen** des Unternehmens entstehen (zB die künftige Fortführung der Geschäftstätigkeit), erfüllen die Bedingung der gegenwärtigen Verpflichtung nicht. Dies gilt unabhängig davon, wie wahrscheinlich sie eintreten werden. Sie stellen selbst dann keine gegenwärtige Verpflichtung dar, wenn sie aufgrund gesetzlicher Anforderungen für die Beibehaltung der Betriebstätigkeit in ihrer aktuellen Form notwendig wären.

Beispiel (vgl. IAS 37.19 bzw. Anhang C Beispiel 6):
Ein Unternehmen ist aufgrund neuer Umweltschutzbedingungen zum 30. Juni 20X1 zur Installation von Rauchfiltern gezwungen, um den gegenwärtigen, abgasintensiven Produktionsprozess beibehalten zu dürfen. Zum 31. Dezember 20X1 wurde mit dem Einbau der Rauchfilter noch nicht begonnen.

Lösung:
a) Zum 31. Dezember 20X0 liegt eine gegenwärtige Verpflichtung nicht vor, da weder mit dem Einbau der Rauchfilter begonnen wurde noch der Tatbestand der Nichteinhaltung einer gesetzlichen Regelung erfüllt ist. Da das Unternehmen die Ausgaben für den Einbau von Rauchfiltern immer noch durch Prozessveränderungen mit dem Ziel der Abgasreduktion vermeiden könnte, liegt keine gegenwärtige Verpflichtung vor. Folglich ist zum 31. Dezember 20X0 keine Rückstellung zu bilden.
b) Selbst wenn zum 31. Dezember 20X1 der Einbau der Rauchfilter für 20X2 geplant wäre, ist unabhängig von der Entscheidung über eine Fremd- oder Eigeninstallation die Bildung einer Rückstellung unzulässig. Im ersten Fall handelt es sich um ein schwebendes Geschäft, wobei keine Indizien für einen belastenden Vertrag vorliegen. Im zweiten Fall scheitert die Rückstellungsbildung an der mangelnden Außenverpflichtung. Es ist also nach wie vor keine Rückstellung für den Einbau der Rauchfilter zu bilden.
Fall b) unterscheidet sich von Fall a) allerdings dadurch, dass eine Verpflichtung zur Zahlung einer Strafe entstanden sein könnte, da ein verpflichtendes Ereignis in Form des nicht rechtskonformen Handels eingetreten ist. Es ist zu prüfen, ob dieses Unterlassen zu einem wahrscheinlichen Abfluss von Ressourcen führt.

II. Wahrscheinlicher Nutzenabfluss

29 Die Ansatzkriterien des wahrscheinlichen Nutzenabflusses und der verlässlichen Bewertbarkeit stimmen inhaltlich mit den allgemeinen Kriterien zur Erfassung von Abschlussposten in IFRS-SMEs Abschn. 2 überein. Dabei ist unerheblich, dass die **Ansatzkriterien nach IFRS-SMEs Abschn. 2** im Wortlaut allgemeiner gehalten sind, um sowohl für aktive als auch passive Bilanzposten Gültigkeit zu besitzen. Diese Ansatzkriterien sind in IFRS-SMEs Abschn. 21 nicht weiter erläutert, weshalb auf die Erklärungen in IFRS-SMEs Abschn. 2 zurückzugreifen ist.

30 Die **Wahrscheinlichkeit** des Abflusses von Ressourcen mit wirtschaftlichem Nutzen stellt für den Anwendungsbereich des IFRS-SMEs Abschn. 21 **nicht nur ein Ansatzkriterium** für die Bildung einer Rückstellung dar. Sie determiniert darüber hinaus auch, ob ggf. eine Eventualverbindlichkeit vorliegt.

31 Für die Bildung einer Rückstellung muss der **Nutzenabfluss wahrscheinlich** sein (vgl. IFRS-SMEs Abschn. 2.29). Dabei verzichtet der Standardsetzer bewusst auf numerische Abgrenzungen von Eintrittswahrscheinlichkeiten. Stattdessen wird in IFRS-SMEs Abschnitt 21.4(b) festgelegt, dass eine Rückstellung zu bilden ist, wenn der Nutzenabfluss »eher wahrscheinlich als unwahrscheinlich« ist. Aus Gründen der Einfachheit und Kommunizierbarkeit wird »eher wahrscheinlich als unwahrscheinlich« mit »mehr als 50%« übersetzt (vgl. Wagenhofer, 2009, 268).

32 Beträgt die Wahrscheinlichkeit des Nutzenabflusses weniger als 50%, so wird sie als möglich bezeichnet. Eine gegenwärtige Verpflichtung, deren **Nutzenabfluss möglich** ist, wird als Eventualverbindlichkeit berücksichtigt. Tritt der **Nutzenabfluss** mit einer Wahrscheinlichkeit von weniger als 5%-10% auf, so wird er als **unwahrscheinlich** bezeichnet (vgl. Hebestreit/Schrimpf-Dörges, Rückstellungen, in: Beck IFRS-Handbuch, 3. Aufl., Tz. 31; Ruhnke, 2008, 577, die eine Grenze von 10% favorisieren und Ernst&Young (Hrsg.), 2009, 1482; Wagenhofer, 2009, 272, die eine 5%-Schwelle ansetzen). Eine Eventualverbindlichkeit liegt dann nicht vor (zu einer Gegenüberstellung der verschiedenen Wahrscheinlichkeitskategorien auch Abbildung 1, vgl. Tz. 15).

33 Die **Beurteilung** des mit dem Zufluss eines künftigen wirtschaftlichen Nutzens verbundenen **Grades an Unsicherheit** erfolgt auf der Grundlage der zum Zeitpunkt der Aufstellung des Abschlusses **verfügbaren substanziellen Hinweise**. Diese Bewertungen werden für Sachverhalte, die für sich genommen wesentlich sind, einzeln und für eine große Menge an unwesentlichen Sachverhalten gemeinsam durchgeführt. Im Rahmen von Garantieleistungen erfolgt die Beurteilung der Wahrscheinlichkeit des Nutzenabflusses beispielsweise auf Basis aller verkauften Produkte und nicht auf der Einzelproduktebene. Das bedeutet, dass das Ansatzkriterium erfüllt ist, wenn damit zu rechnen ist, dass zumindest ein Teil der Produkte Garantieleistungen nach sich ziehen wird und hierfür das Wahrscheinlichkeitskriterium erfüllt ist (vgl. Hebestreit/Schrimpf-Dörges, Rückstellungen, in: Beck IFRS-Handbuch, 3. Aufl., Tz. 26 ff.).

III. Bewertbarkeit

34 Das zweite Ansatzkriterium ist erfüllt, wenn dem zu würdigenden Sachverhalt ein Erfüllungsbetrag oder ein anderer vergleichbarer Wert beizumessen ist, der **verlässlich ermittelt** werden kann (vgl. IFRS-SMEs Abschn. 2.30 ff.). Dabei wird unter Erfüllungsbetrag der »beste Schätzer für den Betrag [verstanden], der zur Begleichung der Verpflichtung am Berichtsstichtag erforderlich ist« (vgl. IFRS-SMEs Abschn. 21.7). Ist der Erfüllungsbetrag nicht bekannt, so bedarf es hinreichend genauer Schätzungen, um die Verlässlichkeit des Abschlusses nicht zu beeinträchtigen. Aus diesem Grund ist regelmäßig auf anerkannte Methoden zur Bestimmung des bestmöglichen Schätzers zurückzugreifen, wobei **mathematisch-statistische Verfahren** zu be-

vorzugen sind (vgl. Hebestreit/Schrimpf-Dörges, Rückstellungen, in: Beck IFRS-Handbuch, 3. Aufl., Tz. 54). Ist im Ausnahmefall eine hinreichend genaue Bestimmung des bestmöglichen Schätzwertes nicht möglich, so wird der Sachverhalt nicht als Rückstellung, sondern als Eventualverbindlichkeit erfasst.

35 IAS 37.37 unterscheidet den Betrag, der zur Erfüllung der Verpflichtung am Bilanzstichtag erforderlich ist (**Erfüllungsbetrag**), von dem Betrag, der zur Übertragung der Verpflichtung auf einen Dritten erforderlich wäre (**Ablösungsbetrag**, vgl. zur Terminologie von Keitz et al., in: Baetge et al., IFRS-Komm., Teil B, IAS 37, Tz. 98). Im Regelfall sollten diese beiden Beträge unter Annahme rational handelnder Akteure nicht zu weit auseinanderliegen. Betrachtet man Rückstellungen, die erst in mehreren Perioden zu erfüllen sind, ist vom Erfüllungs- bzw. Ablösungsbetrag der **Verpflichtungsbetrag** zu unterscheiden. Dieser ist definiert als der Betrag, der zur Begleichung der Verpflichtung im Fälligkeitszeitpunkt aufzuwenden ist. Durch eine geeignete Diskontierung lässt sich der Verpflichtungsbetrag in den Erfüllungsbetrag überführen (vgl. Pellens et al., 2008, 424).

IV. Formen der Erfassung im Jahresabschluss

36 Sind die unter I.-III. erläuterten Ansatzvoraussetzungen kumulativ erfüllt, so hat der Bilanzierende den zu würdigenden Sachverhalt als **Rückstellung** in der Bilanz anzusetzen. Die Dotierung der Rückstellung mit dem Erfüllungs-/Ablösungsbetrag erfolgt über die Erfassung in der **Gewinn- und Verlustrechnung**. Die Erfolgswirkung unterbleibt jedoch, wenn (a) der Rückstellungsbetrag Bestandteil der Herstellungskosten von Vorräten ist (vgl. IFRS-SMEs Abschn. 13.4) oder (b) er gemäß IFRS-SMEs Abschnitt 17.9 in den Anschaffungs- oder Herstellungskosten von Sachanlagen enthalten ist (vgl. IFRS-SMEs Abschn. 21.5). Unabhängig davon kommt es zum Ausweis der Rückstellung.

> *Beispiel (vgl. Epstein/Jermakowicz, 2010, 311):*
> In eine gemietete Produktionshalle wird vom Mieter eine Spezialmaschine eingebaut, die nach Ablauf des Mietvertrages für die Halle vollständig entfernt werden muss. Die auf den Mietvertrag zurückgehende Verpflichtung zur Entfernung der Maschine stellt bereits im Zeitpunkt des Einbaus eine gegenwärtige rechtliche Verpflichtung dar, die den Ansatz einer Rückstellung begründet. Die Rückstellung stellt gemäß IFRS-SMEs Abschn. 17.10(c) einen Bestandteil der Anschaffungskosten für die Maschine dar, so dass ihre Dotierung erfolgsneutral erfolgt (vgl. Pellens et al., 2008, 315; Ruhnke, 2008, 438).

37 Ist eine gegenwärtige Verpflichtung gegeben, aber eines der Ansatzkriterien nicht erfüllt, so liegt keine Rückstellung, sondern vielmehr eine **Eventualverbindlichkeit** vor, die – sofern der Ressourcenabfluss nicht unwahrscheinlich ist – im Anhang zu zeigen ist (ferner vgl. Tz. 32). Eine Eventualverbindlichkeit ist außerdem dann im Anhang anzugeben, wenn es sich zwar nicht um eine gegenwärtige Verpflichtung, aber doch um eine mögliche, aber unsichere Verpflichtung handelt. Handelt es sich hingegen weder um eine gegenwärtige noch eine mögliche Verpflichtung oder um eine mögliche Verpflichtung, für die die Wahrscheinlichkeit eines Nutzenabflusses als gering einzustufen ist, ist keine Anhangangabe erforderlich.

> *Beispiel (in Anlehnung an Alfredson, 2007, 169):*
> Die Brau GmbH übernimmt eine Bürgschaft für einen Kredit, den die Bank der Wein GmbH gewährt hat.
>
> - Im Fall, dass die Wein GmbH solvent und in der Lage ist, den Kredit zurückzubezahlen, gibt die Brau GmbH lediglich eine Eventualschuld im Anhang des Jahresabschlusses an.

- Im Fall, dass die Wein GmbH den Kredit nicht zurückbezahlen kann und es wahrscheinlich ist, dass die Brau GmbH einspringen muss, ist im Jahresabschluss eine Rückstellung in Höhe des Betrags auszuweisen, der voraussichtlich notwendig sein wird, um die Schuld zu begleichen.

38 Eine **Ausnahme** gilt für Eventualverbindlichkeiten im Rahmen eines **Unternehmenserwerbs**. IFRS-SMEs Abschn. 19 sieht vor, dass derartige Eventualverbindlichkeiten bei der Kaufpreisallokation berücksichtigt werden, sofern deren Zeitwert (*fair value*) verlässlich ermittelt werden kann (vgl. IFRS-SMEs Abschn. 19.15(c)).

39 Eine **Zusammenfassung** der Berücksichtigung unsicherer Schulden im Jahresabschluss gibt Abbildung 2 (vgl. IAS 37 Appendix B; Hoffmann, Rückstellungen/Verbindlichkeiten, in: Lüdenbach/Hoffmann, IFRS-Komm., 7. Aufl., Tz. 19).

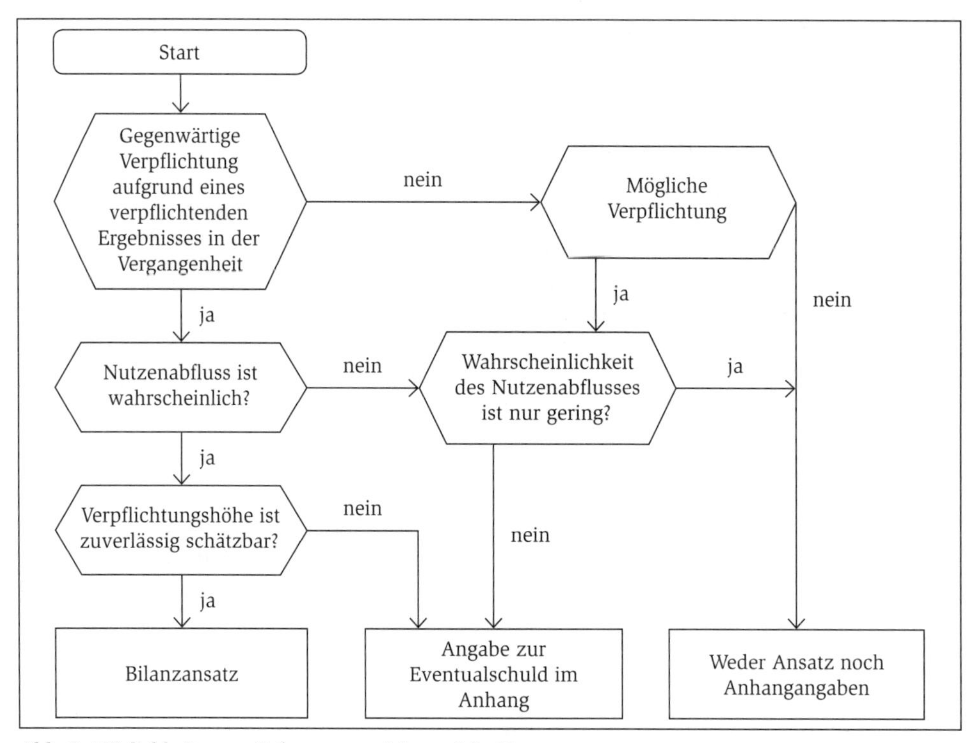

Abb. 2: Möglichkeiten zur Erfassung unsicherer Schulden

V. Auflösung einer passivierten Rückstellung

40 Eine Rückstellung ist **aufzulösen**, wenn sie für die Zwecke in Anspruch genommen wird, für die sie gebildet wurde. Insoweit ein in früheren Perioden zurückgestellter Betrag der tatsächlichen **Inanspruchnahme** entspricht, führt die Buchung gegen die Rückstellung wie intendiert zu einer erfolgsneutralen Erfassung der Inanspruchnahme. Auftretende Über- oder Unterdeckungen führen in der aktuellen Periode jedoch zu einer Erfolgswirkung.

41 **Entfällt der Grund für die Rückstellungsbildung** oder ist ein Abfluss wirtschaftlicher Ressourcen nicht mehr als wahrscheinlich anzusehen, ist die Rückstellung ebenfalls aufzulö-

sen. Ggf. ist eine Eventualschuld im Anhang zu erfassen. In diesem Fall wirkt sich die Auflösung der Rückstellung erhöhend auf das Geschäftsjahresergebnis aus. Keinesfalls jedoch ist eine Rückstellung umzuwidmen oder mit einem anderen Sachverhalt zu verrechnen.

C. Die Bewertung von Rückstellungen

I. Erstbewertung

42 Konform zu IAS 37.1 verlangt auch IFRS-SMEs von kleinen oder mittelgroßen Unternehmen, zur Bewertung von Rückstellungen den **bestmöglichen Schätzwert** für die Höhe des **erwarteten Ressourcenabflusses** heranzuziehen, der zur Begleichung der Verpflichtung am Berichtsstichtag erforderlich ist, dh., es ist der **Erfüllungs- bzw. Ablösungsbetrag** anzusetzen (vgl. IFRS-SMEs Abschn. 21.7). Zur Bestimmung des besten Schätzwertes ist zwischen **Massenverpflichtungen**, dh. einer Vielzahl gleichartiger Verpflichtungen, und **Einzelverpflichtungen** zu unterscheiden (vgl. zur Terminologie IAS 37.39; von Keitz et al., in: Baetge et al., IFRS-Komm., Teil B, IAS 37, Tz. 101). Da der Betrag anzusetzen ist, den eine ökonomisch sachverständige Partei aufwenden müsste, um die Verpflichtung zum Bilanzstichtag zu begleichen oder an eine dritte Partei weiterzureichen, besteht grundsätzlich eine **Diskontierungspflicht**. Dabei ist irrelevant, ob eine sofortige Begleichung oder Weitergabe der Schuld geplant ist. Es handelt sich hier lediglich um eine Bewertungsfiktion (vgl. Hoffmann, Rückstellungen/Verbindlichkeiten, in: Lüdenbach/Hoffmann, IFRS-Komm., 7. Aufl., Tz. 110). Die Diskontierungspflicht ist allerdings auf Fälle beschränkt, bei denen die Diskontierung eine wesentliche Auswirkung hat. Es muss also nicht abgezinst werden, wenn die Differenz zwischen Verpflichtungsbetrag der Schuld und dem zugehörigen Barwert vernachlässigbar ist bzw. wenn mit der Inanspruchnahme in naher Zukunft zu rechnen ist. Wesentlichkeit wird für alle Verpflichtungen angenommen, deren Fälligkeit mehr als zwölf Monate in der Zukunft liegt.

43 Aufgrund ihres zukünftigen Charakters unterliegen Rückstellungen erheblichen **Ermessensspielräumen** im Zuge der Schätzung. Die Notwendigkeit von Schätzungen selbst steht nicht im Widerspruch zur Verlässlichkeit eines Abschlusses (vgl. von Keitz et al., in: Baetge et al., IFRS-Komm., Teil B, IAS 37, Tz. 97). Allerdings sind Rückstellungen in hohem Maße anfällig für Bilanzpolitik (vgl. Pellens et al., 2008, 425). Insbesondere die intertemporale Glättung von Gewinnen (*income smoothing*) stellt ein wiederkehrendes Motiv in der Literatur zur Bilanzpolitik dar (vgl. Dechow/Skinner, Acc. Hor. 2000, 235-250). Dabei werden in ertragsstarken Jahren erhöhte Dotierungen von Rückstellungen vorgenommen, um in ertragsschwachen Jahren über einen entsprechenden Puffer zu verfügen. Ein derartiges bilanzpolitisches Verhalten lässt sich zB im Zusammenhang mit Restrukturierungsrückstellungen in den USA beobachten (vgl. Moehrle, Acc. Rev. 2002, 397-413).

44 Die **Bestimmung des besten Schätzwertes** liegt in der **Verantwortung des Managements**, dh., Rückstellungen sind nach vernünftigem kaufmännischem Ermessen zu dotieren. Dieser Weg wird gewählt, um die Expertise des Managements nutzbar zu machen. Daraus folgt unmittelbar, dass nicht nur das Zahlenwerk des konkreten Einzelfalls zu berücksichtigen ist, sondern auch Erfahrungswerte, die mit ähnlichen Verpflichtungen aus der Vergangenheit gemacht wurden. Außerdem sind werterhellende Tatsachen, die dem Management nach dem Bilanzstichtag bekannt werden, bei der Bewertung einzubeziehen (vgl. IFRS-SMEs Abschn. 32). Auch die Expertise unabhängiger Sachverständiger und Gutachter kann unterstützend hinzugezogen werden. In speziellen Fällen kann die Hinzuziehung sogar geboten sein, zB bei Verpflichtungen aus Rechtsstreitigkeiten oder aufgrund von Umweltschutzvor-

schriften sowie bei Verpflichtungen, deren Höhe auf versicherungsmathematischen Gutachten beruht. Unabhängig davon bleibt das Management für die Ordnungsmäßigkeit der Rechnungslegung und damit auch für die Richtigkeit der Rückstellungen verantwortlich (vgl. von Keitz et al., in: Baetge et al., IFRS-Komm., Teil B, IAS 37, Tz. 100).

45 Zur Verdeutlichung der **Komplexität von Bewertungsproblemen** dient nachfolgendes, verkürzt wiedergegebenes Beispiel.

Beispiel (vgl. Haaker, PiR 2005, 53):
Ein Automobilzulieferer stellt bei einer Produktcharge, die bereits teilweise ausgeliefert ist, einen Qualitätsmangel fest. Die Ansatzerfordernisse zur Bildung einer Rückstellung sind erfüllt, hinsichtlich der Bewertung stellen sich u. a. folgende Fragen:

- Handelt es sich um geringfügige Mängel, Mängel, die die Gebrauchsfähigkeit der Produkte einschränken oder solche, die eine Gefährdung des Letztverbrauchers nach sich ziehen?
- Führen Produktionsstopps zur Behebung der Mängel zu Regressforderungen bzw. Konventionalstrafen von Automobilherstellern wegen fehlender Termintreue?
- Sind ggf. bereits Schäden beim Endverbraucher aufgetreten, weil der Mangel bereits in früheren Chargen bestand?
- In welchem Umfang ist ggf. eine Rückrufaktion für betroffene PKW-Baureihen zu initiieren?

Wahrscheinlichkeiten für derartige Unwägbarkeiten lassen sich nicht objektiv ermitteln.

46 Bei **Massenverpflichtungen** (vgl. IFRS-SMEs Abschn. 21.7(a)) basiert die unsichere Verbindlichkeit auf einer großen Grundgesamtheit gleichartiger Sachverhalte. Das bedeutet, dass sich aufgrund statistischer Gesetzmäßigkeiten (starkes Gesetz der großen Zahl) extreme Schwankungen einzelner Fälle wechselseitig aufheben, so dass der **Erwartungswert** den besten Schätzwert darstellt. Dies gilt insbesondere bei natürlich auftretenden statistischen Verteilungen, wie zB der Wahrscheinlichkeitsverteilung, dass im Produktionsprozess verwendete Naturprodukte schadhaft sind.

47 Zur **Ermittlung des Erwartungswertes** werden die einzelnen erwarteten Verpflichtungsbeträge mit der Wahrscheinlichkeit ihres Eintritts gewichtet.

Beispiel (vgl. IAS 37.39; Pellens et al., 2008, 423):
Ein Unternehmen verkauft Flachbildschirme. Sämtliche Materialdefekte und Reparaturen, die innerhalb der ersten sechs Monate nach dem Verkauf auftreten, sind als Garantiefall zu behandeln und dementsprechend kostenlos durch das Unternehmen zu beseitigen. Insgesamt befinden sich am Bilanzstichtag noch 1000 Geräte in der Garantiezeit. Tritt ein geringfügiger Schaden auf, so verursacht eine Reparatur Kosten in Höhe von 100 EUR, tritt ein schwerwiegender Schaden auf, verursacht eine Reparatur 400 EUR. Aufgrund von Erfahrungen der Vergangenheit und Haltbarkeitstests, die an einzelnen Komponenten im Unternehmenslabor durchgeführt wurden, geht das Unternehmen davon aus, dass 15% der Geräte einen geringfügigen und 5% der Geräte einen schwerwiegenden Defekt aufweisen werden.

Lösung:
Da es sich um eine Massenverpflichtung handelt, werden die erwarteten Reparaturkosten als bester Schätzwert herangezogen. Der Erwartungswert wird wie folgt berechnet:

- 5% von 1000 Geräten erleiden einen schwerwiegenden Defekt: 0,05*1000 [Stck.]*400 [EUR/Stck.] = 20.000 EUR

- 15% von 1000 Geräten erleiden einen geringfügigen Defekt: 0,15*1000 [Stck.]*100 [EUR/Stck.] = 15.000 EUR
- 80% der Geräte erleiden keinen Defekt und benötigen keine Reparatur: 0 EUR

In der Summe ergibt sich ein Schätzwert für den zukünftigen Ressourcenabfluss in Höhe von 35.000 EUR. Mit diesem Betrag ist die Rückstellung zu dotieren.
Entstammen die möglichen wertmäßigen Inanspruchnahmen einem stetigen Intervall, wobei für jede Inanspruchnahme die gleiche Wahrscheinlichkeit angenommen wird (Gleichverteilung), so wird der mittlere Wert dieses Intervalls als bester Schätzwert herangezogen. Statistisch gesehen handelt es sich hier wiederum um den Erwartungswert, der aufgrund der Gleichverteilungsannahme mit dem Median zusammenfällt.

48 Typische **Beispiele für Massenverpflichtungen** sind (vgl. Hoffmann, Rückstellungen/Verbindlichkeiten, in: Lüdenbach/Hoffmann, IFRS-Komm., 7. Aufl., Tz. 115):

- Garantieleistungen,
- Kulanzleistungen und
- Wechselobligo.

49 Wenn die Rückstellung auf einer **Einzelverpflichtung** (IFRS-SMEs Abschn. 21.7(b)) beruht, ist das **wahrscheinlichste Ergebnis** der bestmögliche Schätzwert des Betrags, der zur Erfüllung der Verpflichtung erforderlich ist. Auch in einem derartigen Fall betrachtet das Unternehmen aber die Möglichkeit anderer Ergebnisse. Wenn andere mögliche Ergebnisse wertmäßig entweder größtenteils über oder unter dem wahrscheinlichsten Ergebnis liegen, wird der beste Schätzwert ein höherer bzw. niedrigerer Betrag sein.

Beispiel (in Anlehnung an IAS 37.40; Ruhnke, 2008, 588):
Ein Maschinenbauunternehmen hat einen Auftrag ausgeführt, wobei sich mit erheblicher Zeitverzögerung herausgestellt hat, dass die ausgelieferte Maschine einen Konstruktionsfehler aufweist. Sofern eine Nachbesserung ausgeführt wird, verursacht sie gemessen an aktuellen Beschaffungspreisen für den erforderlichen Faktoreinsatz Kosten in Höhe von 100.000 EUR. In vergleichbaren Fällen kommt es in 60% der Fälle zu einer Klage auf Nachbesserung. Erfahrungsgemäß urteilen die Gerichte mit 70% Wahrscheinlichkeit, dass eine vollständige Nachbesserung zu erfolgen hat, in 30% der Fälle wird auf eine hälftige Nachbesserung entschieden.

Lösung:
Der Erwartungswert des zukünftigen Ressourcenabflusses beträgt
(1-0,6)*0 + 0,6*(0,7*100.000 + 0,3*50.000) = 51.000 EUR
Da es sich um eine Einzelverpflichtung handelt, ist jedoch der wahrscheinlichste Wert anzusetzen. Die zugehörige Wahrscheinlichkeitsverteilung sieht folgendermaßen aus:

Betrag	0 EUR	50.000 EUR	100.000 EUR
Wahrscheinlichkeit	40%	(0,6*0,3) = 18%	(0,6*0,7) = 42%

Somit wäre der **beste Schätzwert 100.000 EUR**. Allerdings verlangen IFRS-SMEs Abschn. 21.7(b) 2 und 3, dass die **Verteilung auch in ihrer Gesamtheit zu würdigen** ist. Liegen die übrigen Realisationen in der Mehrzahl über (unter) dem wahrscheinlichsten Wert, so wird auch der beste Schätzwert höher (niedriger) sein. In dem vorliegenden Beispiel liegt die Mehrzahl der Realisationen unter dem wahrscheinlichsten Wert, so dass ein **Wertansatz zwischen dem Erwartungswert und dem wahrscheinlichsten Wert**, in diesem Fall zwischen 51.000 EUR und 100.000 EUR, gerechtfertigt sein dürfte.

Alternativ könnte bei Einzelverpflichtungen eine Mindestwahrscheinlichkeit angesetzt werden, mit der die Inanspruchnahme betragsmäßig vollständig durch die gebildete Rückstellung abgedeckt wäre (vgl. Ruhnke, 2008, 588).

Beispielmodifikation:
Modifiziert man das Beispiel dahingehend, dass es weiterhin in 60% der Fälle zu einer Klage kommt, aber mit einer Wahrscheinlichkeit von 30% auf eine vollständige und mit 70% auf eine hälftige Nachbesserung entschieden wird, so verändert sich die Argumentation wie folgt.

Lösung:
Der Erwartungswert beträgt:
(1-0,6)*0 + 0,6*(0,3*100.000 + 0,7*50.000) = 39.000 EUR
Die Wahrscheinlichkeitsverteilung stellt sich wie folgt dar:

Betrag	0 EUR	50.000 EUR	100.000 EUR
Wahrscheinlichkeit	40%	(0,6*0,7) = 42%	(0,6*0,3) = 18%

Der **wahrscheinlichste Wert ist 50.000 EUR**, der damit den besten Schätzwert darstellt. Da die übrigen Realisationen weder mehrheitlich über noch unter dem wahrscheinlichsten Wert liegen, scheint kein Spielraum für Modifikationen vorzuliegen.

50 Bei konsequenter Anwendung der Erwartungswertmethode auch für Einzelverpflichtungen wäre 39.000 EUR der zu bevorzugende Wertansatz. Allerdings wird die Eignung der **Erwartungswertmethode für Einzelverpflichtungen** in Teilen der Literatur angezweifelt (vgl. Hoffmann, Rückstellungen/Verbindlichkeiten, in: Lüdenbach/Hoffmann, IFRS-Komm., 7. Aufl., Tz. 116).

51 Sind die Auswirkungen des Zeitwerts des Geldes wesentlich, so ist als Rückstellungsbetrag der Barwert des zur Erfüllung erwarteten Betrags anzusetzen (vgl. IFRS-SMEs Abschn. 21.7). Ist mit der Inanspruchnahme aus der Verpflichtung nicht binnen Jahresfrist zu rechnen, so dürfte in Anlehnung an die Praxis zu IAS 37 eine Abzinsung geboten sein (vgl. Pellens et al., 2008, 424). Die Pflicht zur Abzinsung erstreckt sich auf alle Rückstellungsarten unabhängig davon, ob es sich um Geld- oder Sachleistungsverpflichtungen handelt. Dies schließt auch Drohverlustrückstellungen ein. Nicht zu diskontieren sind jedoch Rückstellungen für latente Steuerschulden und Verpflichtungen, die ohnehin marktüblich verzinst werden (vgl. von Keitz et al., in: Baetge et al., IFRS-Komm., Teil B, IAS 37, Tz. 111 sowie IFRS-SMEs Abschn. 29).

52 Zum Zwecke der **Diskontierung** ist ein **Marktzinssatz vor Steuern** zu wählen, dabei ist Laufzeitäquivalenz sicherzustellen. Für die Bestimmung des **laufzeitadäquaten risikolosen Zinssatzes** werden typische Staatsanleihen herangezogen, deren Laufzeit mit der Restlaufzeit der Verpflichtung übereinstimmt. In Ländern mit beeinträchtigter Bonität kann es geboten sein, ausländische Staatsanleihen vorzuziehen.

53 Ob ein **Nominal- oder ein Realzinssatz** anzuwenden ist, hängt davon ab, ob der Bewertung die Auszahlungsverpflichtung zu Tageswerten oder am Verpflichtungszeitpunkt zugrunde gelegt wird. Grundsätzlich wird für die Bewertung der Rückstellungen der Nominalzins zur Diskontierung herangezogen, wenn die Auszahlungsverpflichtung zum zukünftigen Preisniveau betrachtet wird, dh. wenn der Auszahlungsbetrag zum Verpflichtungszeitpunkt herangezogen wird. Im Gegensatz dazu ist der Realzinssatz anzuwenden, wenn die Auszahlungsverpflichtung zu Tagespreisen, dh. zu den am Bilanzstichtag gültigen Wertansätzen, zugrunde gelegt wird. Nachfolgendes Beispiel (vgl. Ernst&Young (Hrsg.), 2009, 1488f.) verdeutlicht, dass beide Verfahren zu identischen Ergebnissen führen:

Beispiel:
Der erwartete Auszahlungsbetrag beträgt 100.000 EUR zu Tagespreisen. Da die Auszahlung erst in drei Jahren erwartet wird, ist eine Diskontierung vorzunehmen. Der adäquate Nominalzinssatz beträgt 7,5 %, wobei eine Inflationsrate von 5 % vorliegt. Es sei unterstellt, dass sich die Daten über den Betrachtungszeitraum nicht verändern.

Lösung:
a) Verwendung der Nominalzinsmethode:
Bei der Nominalzinsmethode muss der zukünftige Wert der Auszahlungsverpflichtung zugrunde gelegt werden. Dieser ergibt sich durch Aufzinsung des Wertansatzes zu Tageswerten mit der Inflationsrate, dh. $100.000*(1{,}05)^3 = 115.762$ EUR
Die Rückstellungsentwicklung ergibt sich damit wie folgt:

Jahr	0	1	2	3
Rückstellungsbetrag	$93.184\text{ EUR} = \frac{115.762}{(1{,}075)^3}$	$110.173\text{ EUR} = \frac{115.762}{(1{,}075)^2}$	$107.686\text{ EUR} = \frac{115.762}{(1{,}075)^1}$	115.762 EUR

Die Zuschreibungen, die von einem Jahr auf das nächste entstehen, sind als Finanzierungsaufwendungen zu verbuchen.
b) Verwendung der Realzinsmethode:
Bei der Realzinsmethode wird der erwartete Rückzahlungsbetrag auf Basis heutiger Wertansätze, dh. zum Bilanzstichtag, herangezogen. In vorliegenden Fall sind dies 100.000 EUR. Zusätzlich ist der Realzins zu bestimmen. Dieser ergibt sich zu $1{,}075/1{,}05-1 = 2{,}381\,\%$.
Folglich ergeben sich nachfolgende Wertansätze:

Jahr	0	1	2	3
Rückstellungsbetrag	$93.184\text{ EUR} = \frac{100.000}{(1{,}02381)^3}$	$100.173\text{ EUR} = \frac{105.000}{(1{,}02381)^2}$	$107.686\text{ EUR} = \frac{110.250}{(1{,}02381)^1}$	115.762 EUR

Im Gegensatz zur Nettozinsmethode sind die ausgewiesenen Finanzierungsaufwendungen nach der Realzinsmethode deutlich kleiner, weil ein wesentlicher Teil der Aufwendungen als inflationsbedingte Anpassung ausgewiesen wird. Man erkennt dies, wenn man den Rückstellungsbetrag des Jahres 1 aus dem des Jahres 0 entwickelt.

Rückstellung zum 31.12.00	93.184 EUR
Verzinsung des bestehenden Rückstellungsbetrages	2.219 EUR $(= 93.184 * 0{,}02381)$
inflationsbedingte Anpassung des Rückstellungsbetrages	4.770 EUR $\left(= 100.000 * \frac{0{,}05}{1{,}02381^2}\right)$
Rückstellungsbetrag zum 31.12.01	100.173 EUR

Die **spezifischen Risiken der Schuld** sind entweder durch eine **Risikoadjustierung des Zinssatzes** oder durch eine **Anpassung des Schätzwerts** des für die Erfüllung der Verpflichtung erforderlichen Betrags zu berücksichtigen. **Doppelberücksichtigungen** sind strikt **zu vermeiden**. 54

Beispiel (vgl. Ernst&Young (Hrsg.), 2009, 1490):
Ein Unternehmen hat eine Rückstellung für eine ungewisse Auszahlungsverpflichtung gebildet. Der erwartete Mittelabfluss wird in drei Jahren 1.500 EUR betragen. Das risikoaverse Management würde die unsichere Auszahlung gegen eine sichere Zahlung von

1.600 EUR – ebenfalls fällig in drei Jahren – eintauschen. Die Risikoadjustierung könnte auf zwei Wegen erfolgen:

- Das sogenannte Sicherheitsäquivalent in Höhe von 1.600 EUR kann mit dem risikolosen Zinssatz in Höhe von 5% abgezinst werden, was einen Barwert von 1.382 EUR ergäbe.
- Der erwartete Auszahlungsbetrag in Höhe von 1.500 EUR wird mit dem Zinssatz abgezinst, der zu einem Barwert in Höhe von 1.382 EUR führt. Dieser risikoadjustierte Zinssatz beträgt 2,75%.

Das Beispiel verdeutlicht, dass weniger auf die objektiven Risikoeigenschaften abgestellt wird, die dem Verpflichtungsanspruch immanent sind, als dass auf das **subjektive Risikoempfinden des Managements** und damit auf eine subjektive Bewertungsgrundlage abgestellt wird (vgl. auch Hoffmann, Rückstellungen/Verbindlichkeiten, in: Lüdenbach/Hoffmann, IFRS-Komm., 7. Aufl., Tz. 118). Außerdem verdeutlicht das Beispiel, dass die Risikoadjustierung hier zu einer Reduktion des Zinssatzes führt.

55 Zukünftige Ereignisse können einen Einfluss auf die Höhe der Verpflichtung haben. Eine **Einbeziehung** derartiger **zukünftiger Ereignisse** in die Bewertung ist nur dann vorzunehmen, wenn objektiv mit dem Eintreten dieser Ereignisse zu rechnen ist (vgl. Pellens et al., 2008, 424). Hier ist zB an Kostenminderungen aus technologischen Entwicklungen und Lerneffekten zu denken, die rückstellungsmindernd wirken (vgl. von Keitz et al., in: Baetge et al., IFRS-Komm., Teil B, IAS 37, Tz. 105). Verpflichtungen aus angekündigten Gesetzesänderungen sind erst dann in die Bewertung einzubeziehen, wenn die Verabschiedung so gut wie sicher ist (vgl. IAS 37.50).

56 Kommt es im Zusammenhang mit der Erfüllung der Verpflichtung zur **Veräußerung von Vermögenswerten**, so ist der **Grundsatz der Einzelbewertung** zu beachten. Das bedeutet, dass im Zeitpunkt der Rückstellungsbildung die erwarteten Aufwendungen und die erwarteten Erträge nicht saldiert werden dürfen (vgl. IFRS-SMEs Abschn. 21.8). Die Vorschrift hat nur klarstellenden Charakter (vgl. analog für IAS 37 Baetge et al., IFRS-Komm., Teil B, IAS 37, Tz. 112).

57 Wenn der zur Erfüllung einer Verpflichtung erforderliche Betrag ganz oder teilweise von einer anderen Partei erstattet werden könnte, zB infolge eines Versicherungsanspruchs oder der Gewährleistungsverpflichtung eines Lieferanten, so darf der **Erstattungsanspruch** (vgl. IFRS-SMEs Abschn. 21.9; von Keitz et al., in: Baetge et al., IFRS-Komm., Teil B, IAS 37, Tz. 114) nur dann als eigenständiger Vermögenswert ausgewiesen werden, wenn die Erstattung so gut wie sicher gewährt wird. Dabei darf der zu bilanzierende Wert des Erstattungsanspruchs den Wertansatz der Rückstellung nicht überschreiten. Darüber hinaus darf der Erstattungsanspruch in der Bilanz nicht gegen die Rückstellung aufgerechnet werden (**Saldierungsverbot**). Hierbei handelt es sich nicht um eine formelle Auslegung des Einzelbewertungsgrundsatzes, sondern um eine materiell gerechtfertigte Trennung, da der Erstattungsanspruch ein grundlegend anderes Rechtsgeschäft darstellt als der Auszahlungszwang des Unternehmens. Dies wird allein daran deutlich, dass sich Verpflichtung und Anspruch gegen unterschiedliche Parteien richten. Im Gegensatz dazu kann in Anlehnung an IAS 37 in der Gewinn- und Verlustrechnung eine Erstattung anderer Parteien gegen den Aufwand zur Bildung einer Rückstellung aufgerechnet werden (vgl. IAS 37.54; Ernst&Young (Hrsg.), 2009, 1492).

58 Damit ein Erstattungsanspruch aktiviert werden kann, muss er fast sicher sein, dh., er muss annähernd 100% betragen. Im Gegensatz dazu wird eine Rückstellung bereits dann gebildet, wenn mehr Gründe für als gegen die Inanspruchnahme sprechen, dh., wenn eine Wahrscheinlichkeit von mehr 50% angenommen wird. Damit fallen die erforderlichen Wahrscheinlichkeitsschwellen deutlich auseinander, was sich als **imparitätische Behandlung von Vermögenswert und Schuld** interpretieren lässt (vgl. Ruhnke, 2008, 590).

II. Folgebewertung

Gegen eine bilanzierte Rückstellung dürfen zur **Neutralisierung der Erfolgswirksamkeit** nur solche Auszahlungen verbucht werden, die dem **ursprünglichen Zweck** für die Rückstellungsbildung entsprechen (IFRS-SMEs Abschn. 21.10). Das bedeutet, eine Umwidmung von Rückstellungen ist unzulässig. Ist der Grund für die Bildung einer Rückstellung entfallen, so ist diese erfolgswirksam aufzulösen. 59

An **jedem Bilanzstichtag** ist der **Wertansatz** einer Rückstellung **zu überprüfen** (vgl. IFRS-SMEs Abschn. 21.11) und ggf. anzupassen, um den aktuell besten Schätzwert des Erfüllungsbetrags widerzuspiegeln. Alle Anpassungen sind unter dem Aufwandsposten zu erfassen, der auch bei der Dotierung der Rückstellung angesprochen wurde. 60

Eine **Ausnahme** liegt vor, wenn die Rückstellung ursprünglich als **Bestandteil der Anschaffungs- oder Herstellungskosten** eines Vermögenswertes gebildet wurde (vgl. IFRS-SMEs Abschn. 17.10(c)). Da für die Erstbewertung des Vermögenswerts lediglich der Barwert des Verpflichtungsbetrags berücksichtigt und durch die gleichzeitige Bildung einer Rückstellung ausgeglichen wird, muss die **Rückstellung im Zeitablauf aufgezinst** werden, damit sie im Erfüllungszeitpunkt dem Verpflichtungsbetrag entspricht. Die entsprechende Zuführung zu der Rückstellung wird als **Finanzierungsaufwand** verbucht. 61

Für mittelständische deutsche Unternehmen ist die **Finanzierung aus Rückstellungsgegenwerten** nach wie vor bedeutsam. Die sukzessive Aufzinsung langfristiger Rückstellungen, die zur Fortschreibung des Erfüllungsbetrags erforderlich ist, bis auf den vollen Verpflichtungsbetrag **reduziert die Innenfinanzierungswirkung** gegenüber einer sofortigen vollständigen Passivierung des Erfüllungsbetrags. Allerdings führt der Ausweis der Zuführungen zu den Rückstellungen unter den Finanzierungsaufwendungen zu einem den tatsächlichen Verhältnissen entsprechenden Abbild. 62

D. Übersicht typischer Rückstellungen

I. Rückstellungen im Beispielkatalog des IFRS-SMEs Abschn. 21

Der **Anhang zu IFRS-SMEs Abschn. 21** ist nicht Bestandteil des Abschnitts. Er gibt jedoch Leitlinien zur Anwendung der Anforderungen aus IFRS-SMEs Abschn. 21 zum Ansatz und zur Bewertung von Rückstellungen. 63

Der **Beispielkatalog** ist im Vergleich zu IAS 37 umfangreicher. Er umfasst folgende Geschäftsvorfälle:

(1) Künftige betriebliche Verluste
(2) Belastende Verträge
(3) Restrukturierungen
(4) Gewährleistungen
(5) Erstattungspolitik
(6) Schließung eines Unternehmensbereichs – Umsetzung nicht vor dem Ende der Berichtsperiode
(7) Schließung eines Unternehmensbereichs – Mitteilung und Umsetzung vor dem Ende der Berichtsperiode
(8) Mitarbeiterschulungen aufgrund der Änderung des Einkommensteuersystems
(9) Gerichtsverfahren.

1. Künftige betriebliche Verluste

64 **Künftige betriebliche Verluste** resultieren im Vergleich zu einem belastenden Vertrag nicht aus einem bestimmten bindenden Rechtsgeschäft, sondern sind eher allgemeiner Natur (vgl. IFRS-SMEs Abschn. 21A.1). Beispielsweise kann ein Unternehmen feststellen, dass es wahrscheinlich ist, dass ein Segment seines Betriebs künftig betriebliche Verluste über mehrere Jahre hinweg erleiden wird. Diese künftigen betrieblichen Verluste sind zwar evtl. mit einem Abfluss von wirtschaftlichen Ressourcen verbunden, sie stellen aber keine gegenwärtige Verpflichtung dar, da ihnen kein verpflichtendes Ereignis aus der Vergangenheit zugrunde liegt. Das Unternehmen ist in diesem Fall eben gerade noch nicht zur Abgabe von Ressourcen verpflichtet, sondern kann den Aufwendungen durch geeignete Maßnahmen möglicherweise noch ausweichen. In der Folge darf das Unternehmen keine Rückstellung für künftige betriebliche Verluste erfassen (vgl. Hebestreit/Schrimpf-Dörges, Rückstellungen, in: Beck IFRS-Handbuch, 3. Aufl., Tz. 45). Die Erwartung künftiger betrieblicher Verluste kann jedoch ein Anzeichen dafür sein, dass ein oder mehrere Vermögenswerte wertgemindert sind (vgl. hierzu IFRS-SMEs Abschn. 27).

2. Belastende Verträge

65 Ein **belastender Vertrag** ist ein Vertrag, bei dem die unvermeidbaren Kosten zur Erfüllung der vertraglichen Verpflichtungen den erwarteten wirtschaftlichen Nutzen übersteigen (vgl. Tz. 18). Ein belastender Vertrag stellt damit einen speziellen Fall eines schwebenden Geschäfts dar, welches grundsätzlich nicht zu bilanzieren ist. Erst wenn nicht mehr von der Ausgeglichenheit von Verpflichtung und Anspruch ausgegangen werden kann, muss eine Rückstellung aufwandswirksam erfasst werden. Die Rückstellung ist in Höhe der unvermeidbaren Kosten zu bilden, wobei die unvermeidbaren Kosten das Minimum aus Aufwandsüberschuss und Kosten der Vertragsannullierung (zB Konventionalstrafen bei Nichterfüllung), sind.

Beispiel (vgl. IFRS-SMEs Abschn. 21A.2):
Ein Unternehmen ist im Rahmen eines Mietleasingverhältnisses verpflichtet, Leasingzahlungen für einen Vermögenswert zu leisten, für den es keine Verwendung mehr hat.

Lösung:
Das Mietleasingverhältnis stellt zunächst ein ausgeglichenes schwebendes Geschäft dar, das nicht zu bilanzieren ist. Da den zukünftigen Aufwendungen aufgrund des veränderten Nutzungsprofils kein zukünftiger Ertrag mehr gegenüber steht, ist der Vertrag belastend geworden. Folglich ist eine so genannte Rückstellung für drohende Verluste aus schwebenden Geschäften zu bilden. Die **unvermeidbaren Kosten** stellen dabei den **kleineren Wert von Kosten der Vertragserfüllung** und Kosten der **Vertragsauflösung** dar (vgl. Alfredson, 2007, 176).

3. Restrukturierungen

66 Eine Restrukturierung ist ein **Programm, das von der Geschäftsleitung geplant und kontrolliert** wird und entweder

(a) das von dem Unternehmen abgedeckte Geschäftsfeld oder
(b) die Art, in der dieses Geschäft durchgeführt wird, wesentlich verändert.

Weiterhin wird geregelt, dass eine faktische Verpflichtung zur Restrukturierung nur entsteht, wenn ein Unternehmen

(a) einen **detaillierten, formalen Restrukturierungsplan** hat, in dem mindestens Folgendes festgelegt ist:
  (i) der betroffene Geschäftsbereich oder Teil eines Geschäftsbereichs,
  (ii) die wichtigsten betroffenen Standorte,
  (iii) der Standort, die Funktion und die ungefähre Anzahl der Arbeitnehmer, die für die Beendigung ihres Beschäftigungsverhältnisses eine Abfindung erhalten werden,
  (iv) die entstehenden Ausgaben und
  (v) der Umsetzungszeitpunkt des Plans; und
(b) bei den Betroffenen eine **gerechtfertigte Erwartung geweckt** hat, dass es die Restrukturierung umsetzen wird, indem es mit der Umsetzung des Plans begonnen oder dessen wesentliche Bestandteile den Betroffenen gegenüber mitgeteilt hat (vgl. IFRS-SMEs Abschn. 21A.3, vgl. auch IAS 37.72).

Beispiele, die unter die Definition einer **Restrukturierung** fallen, können sein (vgl. IAS 37.70): **67**

(a) Verkauf oder Auflösung eines Geschäftsbereichs,
(b) die Schließung von Standorten in einem klar abgegrenzten Gebiet, wie Land oder Region, oder die Verlagerung von Geschäftsaktivitäten von einem Gebiet in ein anderes,
(c) Änderungen der Leitungsorganisation, zB Auflösung einer Managementebene oder
(d) grundsätzliche Neuausrichtung der Ablauforganisation mit wesentlichen Auswirkungen auf die Geschäftstätigkeit.

Die Definition ist sehr weit gefasst. Dennoch ist der **Ansatz einer Restrukturierungsrückstellung restriktiv** zu verstehen. Auch bei der Restrukturierungsrückstellung gelten selbstverständlich die Voraussetzungen zur Rückstellungsbildung. Das bedeutet, dass eine gegenwärtige Verpflichtung als Ergebnis eines verpflichtenden Ereignisses aus der Vergangenheit vorliegen muss. Da eine rechtliche Verpflichtung nur in Ausnahmefällen besteht, ist regelmäßig das **Vorliegen einer faktischen Verpflichtung notwendig**. Hieraus lässt sich schließen, dass ein Unternehmen dann keine Rückstellung zu berücksichtigen hat, wenn es lediglich plant, eine Restrukturierung durchzuführen. Selbst wenn die Geschäftsleitung bereits eine Restrukturierung beschlossen hat, ohne dass Dritte davon Kenntnis erlangt haben, ist keine Rückstellung zu bilden, da der Beschluss allein kein verpflichtendes Ereignis darstellt. Erst wenn mit der Umsetzung des Restrukturierungsplans begonnen wurde oder die Auswirkungen der Restrukturierung den Betroffenen mitgeteilt wurden und diese eine gerechtfertigte Erwartung haben, dass der Restrukturierungsplan umgesetzt wird, darf eine Rückstellung gebildet werden (vgl. IAS 37.75; Ernst&Young (Hrsg.), 2009, 1495). **68**

Indikatoren, dass das Management mit der Umsetzung des Restrukturierungsplans begonnen hat, können beispielsweise sein (vgl. IAS 37.73): **69**

- Demontage von Anlagen
- Verkauf von Vermögenswerten aufzugebender oder umzuorganisierender Organisationseinheiten
- Veröffentlichung der Hauptpunkte eines hinreichend strukturierten und detaillierten Restrukturierungsplans, welche eine gerechtfertigte Umsetzungserwartung bei Dritten hervorruft.

Die Erwartung, dass der Restrukturierungsplan auch umgesetzt wird, dürfte regelmäßig dann begründet sein, wenn der **geplante Beginn der Restrukturierung nahe in der Zukunft liegt** und zügig durchgeführt werden soll, so dass Änderungen am Plan unwahrscheinlich sind. Sollte zwischen dem Plan und der Umsetzung eine wesentliche Zeitspanne liegen, darf eine Rückstellung nicht gebildet werden, da Änderungen des Plans wahrscheinlich sind und die Rückstellungsbildung damit als verfrüht anzusehen ist (vgl. IAS 37.74; Ernst&Young (Hrsg.), 2009, 1497). **70**

Aufwendungen, die in einer Restrukturierungsrückstellung **berücksichtigungsfähig sind**, sind Aufwendungen, die **71**

(a) zwangsweise durch die Restrukturierung entstehen und
(b) nicht in Zusammenhang mit dem normalen Geschäftsverlauf stehen.

Durch das erste Kriterium soll verhindert werden, dass die Rückstellung über das erforderliche Maß hinaus ausgedehnt wird. Dem zweiten Kriterium liegt das Argument zugrunde, dass den zukünftigen Aufwendungen, die in Zusammenhang mit dem normalen Geschäftsverlauf anfallen, zukünftige Erträge gegenüberstehen. Insofern widerspräche es dem Periodisierungsprinzip, diese Aufwendungen von den durch sie alimentierten Erträgen zu trennen. Eine Antizipation dieser Aufwendungen im Rahmen der Restrukturierungsrückstellung bewirkte jedoch genau diese Trennung.

72 Als **Aufwendungen, die nicht erfasst werden dürfen**, werden beispielsweise die Umschulung oder die Versetzung weiterbeschäftigter Mitarbeiter, Marketing und Investitionen in neue Systeme und Vertriebsnetze betrachtet. Demgegenüber werden Aufwendungen im Zusammenhang mit der Freistellung von Mitarbeitern oder der frühzeitigen Beendigung von Leasing- und anderen Verträgen als rückstellungsfähige Aufwendungen betrachtet, sofern sie in direktem Zusammenhang mit der Reorganisation stehen (vgl. IAS 37.81; Ernst&Young (Hrsg.), 2009, 1498).

Beispiel (in Anlehnung an Hachmeister, 2006, 157):
Die Geschäftsleitung einer großen Kaufhauskette hat sich dazu entschlossen, ein Viertel ihrer Filialen zu schließen, weil diese unrentabel geworden sind. Die Öffentlichkeit wurde über diese Entscheidung vor Geschäftsjahresende per Pressemitteilung informiert. Den Mitarbeitern der betroffenen Filialen hingegen wurde die Nachricht auch durch den Betriebsrat übermittelt. Einige wenige Mitarbeiter sollen durch andere Filialen übernommen werden; für alle anderen Mitarbeiter ist die Entlassung und Abfindung geplant. Die Schließung soll im Februar des folgenden Jahres durchgeführt werden.

Lösung:
Die Voraussetzungen für das Bestehen einer faktischen Verpflichtung sind in oben beschriebenem Fall gegeben. Wie erfordert ist eine gerechtfertigte Erwartung bei anderen Parteien (den Mitarbeitern und der Öffentlichkeit) geweckt worden, dass das Unternehmen in einer gewissen Weise handelt. In diesem Fall ist die Handlung die Schließung einzelner Filialen und die Entlassung des größeren Teils der Mitarbeiter. Auch ist der Schließungsplan sehr konkret und soll zeitnah umgesetzt werden. Der Ressourcenabfluss ist als wahrscheinlich anzusehen. Eine verlässliche Bewertung ist möglich, da konkrete Informationen zu den Standorten, den betroffenen Mitarbeitern etc. vorliegen. Zu beachten ist, dass nur in direktem Zusammenhang mit der Schließung stehende Aufwendungen bei der Bildung der Rückstellung berücksichtigt werden dürfen. In diesem Fall dürften also Kosten der Einarbeitung in andere Filialgegebenheiten für die Mitarbeiter, die an anderen Standorten weiterbeschäftigt werden, nicht einbezogen werden, da diese nicht mit der Schließung, sondern in Zusammenhang mit der normalen Geschäftstätigkeit stehen.

73 Im Anhang zu IFRS-SMEs Abschn. 21 werden neben Beispiel 3 (»Restrukturierungen«) zusätzlich zwei Beispiele zur Schließung eines Unternehmensbereichs aufgeführt, wobei in einem Fall die Schließung nicht vor dem Ende der Berichtsperiode erfolgt und im anderen Fall Mitteilung und Umsetzung vor Ende der Berichtsperiode stattfinden.

Beispiel (vgl. IFRS-SMEs Abschn. 21A.6):
Am 12. Dezember 20X0 beschloss die Geschäftsleitung, einen Unternehmensbereich zu schließen. Vor dem Ende der Berichtsperiode (31. Dezember 20X0) wurde diese Entscheidung den Betroffenen noch nicht mitgeteilt und es wurden auch keine anderen Maßnahmen zur Umsetzung der Entscheidung getroffen.

Lösung:
Es gibt kein verpflichtendes Ereignis, welches eine gegenwärtige Verpflichtung begründen würde. Eine rechtliche Verpflichtung, den Unternehmensbereich zu schließen, liegt nicht vor. Ebenso wenig liegt eine faktische Verpflichtung vor, da das Unternehmen noch keine Erwartungshaltung bei Dritten, in diesem Fall bei den betroffenen Mitarbeitern, erzeugt hat, da diese noch nicht über die Schließung informiert wurden. Auch ist mit der Umsetzung der Schließung noch nicht begonnen worden. Zudem ist der Plan sehr unkonkret, da nur von der Schließung eines Unternehmensbereichs gesprochen wird, ohne Spezifikationen hinsichtlich des genauen Bereichs, des Zeitpunkts der Umsetzung etc. vorzunehmen. Das Unternehmen darf daher keine Rückstellung erfassen.

Beispiel (vgl. IFRS-SMEs Abschn. 21A.7):
Identisch zum vorhergehenden Beispiel beschloss die Geschäftsleitung am 12. Dezember 20X0, einen bestimmten Produktionsbereich zu schließen, der ein bestimmtes Produkt herstellt. Abweichend zu oben einigte sich die Geschäftsleitung am 20. Dezember 20X0 auf einen detaillierten Plan für die Schließung des Unternehmensbereichs. Die Kunden wurden schriftlich darauf hingewiesen, sich alternative Lieferanten zu suchen und die Belegschaft des Bereiches erhielt Kündigungsschreiben.

Lösung:
Das verpflichtende Ereignis ist die Mitteilung des Beschlusses an die Kunden und Mitarbeiter. Hierdurch entsteht ab diesem Zeitpunkt eine faktische Verpflichtung, da eine gerechtfertigte Erwartung geweckt wird, dass der Bereich geschlossen wird. Da der Abfluss von Ressourcen mit wirtschaftlichem Nutzen bei der Erfüllung wahrscheinlich ist, setzt das Unternehmen zum 31. Dezember 20X0 eine Rückstellung in Höhe des Erfüllungsbetrages (Abfindungen, Konventionalstrafen, etc.) an.

74 **Restrukturierungen**, die im Rahmen einer **Unternehmensübernahme** geplant sind, fallen unter die Regelungen des IFRS-SMEs Abschn. 19.

4. Gewährleistungen

75 Der Verkauf eines Produktes, welcher eine gesetzlich bindende Gewährleistung nach sich zieht, stellt das verpflichtende Ereignis dar, so dass eine **Gewährleistungsrückstellung** zu bilden ist (vgl. IFRS-SMEs Abschn. 21A.4; Coenenberg et al., 2009, 448; IFRS-SMEs Abschn. 21 Anhang C). Die Wahrscheinlichkeit des Abflusses von wirtschaftlichem Nutzen ist in Abhängigkeit des Produkts einzelfallbezogen oder für eine Gruppe von Produkten zu beurteilen. Der anzusetzende Betrag ist der Betrag, der wahrscheinlich aufgewendet werden muss, um die Gewährleistungen für alle bis zum Bilanzstichtag verkauften Produkte erfüllen zu können. Bei der Ermittlung der Höhe der Rückstellung ist auf Erfahrungswerte zurückgreifen. Gleiches gilt für nicht rechtlich verpflichtend zu leistende Kulanzrückstellungen (hierzu vgl. Tz. 78).

76 Grundsätzlich sind Rückstellungen einzeln zu bilden. Wenn verschiedene Rückstellungen bezüglich ihrer Art hinreichend ähnlich sind, können sie aggregiert und in zusammengefasster Form abgebildet werden. So **können Gewährleistungsrückstellungen für verschiedene Produkte zusammengefasst werden**. Es ist hingegen nicht möglich, Gewährleistungsrückstellungen aus dem laufenden Geschäftsbetrieb und Gewährleistungen, die einem Rechtsstreit unterliegen, zusammenzufassen (vgl. IAS 37.87; von Keitz et al., in: Baetge et al., IFRS-Komm., Teil B, IAS 37, Tz. 136).

77

Beispiel (vgl. IFRS-SMEs Abschn. 21A.4):
Ein Hersteller gibt den Käufern seines Produkts zum Verkaufszeitpunkt eine **Gewährleistungsgarantie**. Nach den Bedingungen des Kaufvertrags übernimmt der Hersteller die Verpflichtung zur Beseitigung von Herstellungsfehlern durch Reparatur oder Ersatz, die **innerhalb von drei Jahren** ab Datum des Verkaufs auftreten. Nach bisherigen Erfahrungen ist es wahrscheinlich (dh. es spricht mehr dafür als dagegen), dass einige Ansprüche aus diesen Gewährleistungen erhoben werden.

Lösung:
a) Ansatz:
Das verpflichtende Ereignis ist der Verkauf des Produkts mit einer Gewährleistung, die zu einer rechtlichen Verpflichtung führt. Der Abfluss von Ressourcen mit wirtschaftlichem Nutzen ist für jede einzelne Gewährleistung zwar nicht wahrscheinlich, jedoch für alle von dem Unternehmen gegebenen Gewährleistungen. Da ein Wert für die Verpflichtung auf Basis von Erfahrungswerten ermittelt werden kann, hat das Unternehmen eine Rückstellung in Höhe des bestmöglichen Schätzwerts anzusetzen, der für die Beseitigung von Fehlern an Produkten entsteht, die vor dem Berichtsstichtag mit Gewährleistung verkauft wurden.
b) Bewertung:
Im Jahr 20X0 werden Güter im Wert von 1.000.000 EUR verkauft. Erfahrungen zeigen, dass 90% der verkauften Produkte keine Gewährleistungsreparaturen erfordern, 6% der verkauften Produkte kleinere Reparaturen erfordern, die 30% des Verkaufspreises ausmachen, und 4% der verkauften Produkte größere Reparaturen oder einen Ersatz erfordern, wobei Kosten in Höhe von 70% des Verkaufspreises entstehen. Somit ergeben sich die geschätzten Gewährleistungsaufwendungen wie folgt:

1.000.000 EUR*90%*0	=	0 EUR
1.000.000 EUR*6%*30%	=	18.000 EUR
1.000.000 EUR*4%*70%	=	28.000 EUR
Summe:		46.000 EUR

c) mehrjährige Bewertung:
Gewährleistungsreparaturen und Ersatz für im Jahr 20X0 verkaufte Produkte werden zu 60% im Jahr 20X1, zu 30% im Jahr 20X2 und zu 10% im Jahr 20X3 erwartet. In die Schätzung der Zahlungsüberschüsse gehen bereits Vermutungen über die Eintrittswahrscheinlichkeiten ein. Außerdem wird angenommen, dass keine anderweitigen Risiken oder Unsicherheiten zu berücksichtigen sind. Daher verwendet das Unternehmen zur Ermittlung des Barwerts dieser Zahlungsüberschüsse einen risikolosen Diskontierungssatz, der auf Basis laufzeitkongruenter Staatsanleihen ermittelt wird (im Bsp. 6% für Ein-Jahres-Anleihen und 7% für Zwei- und Drei-Jahres-Anleihen). Ende 20X0 erfolgt die Berechnung des Barwerts der geschätzten Auszahlungsüberschüsse, die sich auf die Gewährleistungen für im Jahr 20X0 verkaufte Produkte beziehen, wie folgt:

Jahr		Erwartete Auszahlungen	Abzinsungssatz	Abzinsungsfaktor	Barwert
1	60%*46.000 EUR	27.600 EUR	6%	0,9434 (6% für 1 Jahr)	26.038 EUR
2	30%*46.000 EUR	13.800 EUR	7%	0,8734 (7% für 2 Jahre)	12.053 EUR
3	10%*46.000 EUR	4.600 EUR	7%	0,8163 (7% für 3 Jahre)	3.755 EUR
Summe:					**41.846 EUR**

Das Unternehmen erfasst Ende 20X0 eine Gewährleistungsverpflichtung in Höhe von 41.846 EUR für im Jahr 20X0 verkaufte Produkte.

5. Erstattungspolitik bzw. Kulanzrückstellungen

78 Kulanzleistungen sind **Ausgleichsleistungen für schadhafte Produkte** außerhalb der Gewährleistungspflicht oder Ausgleichsleistungen für Produkte, die obwohl objektiv fehlerfrei nach dem **subjektiven Empfinden des Kunden mangelhaft** sind. Das bedeutet, es handelt sich um Leistungen, die ein Unternehmen erbringt, ohne dazu gesetzlich verpflichtet zu sein. In der Regel werden **Kulanzleistungen** von einem Unternehmen gewährt, weil es sich davon einen Wettbewerbsvorteil oder die Vermeidung eines Wettbewerbsnachteils verspricht. Somit kann eine gegenwärtige Verpflichtung nur auf Basis einer faktischen Verpflichtung entstehen. Diese faktische Verpflichtung liegt vor, wenn Dritte gerechtfertigte Erwartungen haben, dass diese Leistungen erbracht werden. Dies wiederum ist genau dann der Fall, wenn es sich um eine allseits bekannte Unternehmenspolitik handelt. Nur in diesem Fall hat das Unternehmen eine Rückstellung zu bilden. Diese wird mit dem Erfüllungsbetrag bewertet.

Beispiel (vgl. IFRS-SMEs Abschn. 21 A.5):
Ein Einzelhändler verfolgt die Politik, unzufriedenen Kunden ihre Käufe zu erstatten, auch wenn er hierzu rechtlich nicht verpflichtet ist. Seine Erstattungspolitik ist allgemein bekannt.

Lösung:
Das verpflichtende Ereignis ist der Verkauf des Produkts. Hierdurch entsteht zwar keine rechtliche, jedoch eine faktische Verpflichtung. Dies gilt, weil die betriebliche Praxis bei den Kunden eine gerechtfertigte Erwartung weckt, dass das Unternehmen den Kaufpreis erstattet, sofern das Produkt nicht die gewünschten Eigenschaften aufweist. Die Inanspruchnahme der Erstattung durch einen Teil der Kunden ist als wahrscheinlich anzusehen. Das Unternehmen hat eine Rückstellung in Höhe des bestmöglichen Schätzwerts anzusetzen.

6. Zukünftige betriebliche Aufwendungen

79 Aufwendungen, die der **Aufrechterhaltung der zukünftigen Betriebsbereitschaft** dienen, werden nicht passiviert. Dies gilt selbst dann, wenn bis zum vorgegebenen Stichtag zwingend erforderliche Maßnahmen noch nicht ergriffen wurden. Grund hierfür ist, dass eine Änderung der Unternehmensprozesse die Durchführung der Anpassungsmaßnahmen obsolet machen kann (vgl. auch Tz. 28).

Beispiel (vgl. IFRS-SMEs Abschn. 21 A.8):
Der Steuergesetzgeber führt eine Reihe von Änderungen im Einkommensteuersystem ein. Aufgrund dieser Änderungen muss ein Unternehmen im Finanzdienstleistungsbereich Schulungen für einen großen Teil seiner Verwaltungsangestellten und Verkaufsmitarbeiter durchführen, um sicherzustellen, dass die regulatorischen Anforderungen an Finanzdienstleister auch weiterhin erfüllt werden. Zum Ende der Berichtsperiode fanden noch keine Mitarbeiterschulungen statt.

Lösung:
Es handelt sich bei den Schulungen um eine Innenverpflichtung, die keine gegenwärtige Verpflichtung im Sinne der IFRS darstellt, da sie weder zwingend aufgrund rechtlicher Vorschriften ist, noch eine gerechtfertigte Erwartungshaltung bei Dritten auslöst (faktische Verpflichtung). Es liegt also keine gegenwärtige Verpflichtung vor, da kein verpflichtendes

Ereignis eingetreten ist. In der Folge darf das Unternehmen keine Rückstellung für die Schulungskosten ansetzen.

7. Rückstellungen für Rechtsstreitigkeiten

80 Zukünftige **potentielle Zahlungsverpflichtungen aus Rechtsstreitigkeiten** stellen nicht zwangsläufig eine gegenwärtige Verpflichtung dar. Da eine rechtliche Verpflichtung gerade noch nicht vorliegt, ist zu prüfen, ob die Verpflichtung faktisch gegeben ist. Es muss festgestellt werden, ob die Verpflichtung als unentziehbar einzustufen ist oder ob es sich lediglich um eine mögliche Verpflichtung handelt. Da im letztgenannten Fall keine faktische Verpflichtung vorliegt, darf keine Rückstellung gebildet werden; typischerweise kommt eine Eventualverbindlichkeit in Betracht. Im erstgenannten Fall, in dem von einer unentziehbaren Verpflichtung auszugehen ist, liegt eine faktische und damit eine gegenwärtige Verpflichtung vor. Ist außerdem die Wahrscheinlichkeit des Nutzenabflusses hinreichend hoch und ist eine zuverlässige Bewertung möglich, so muss eine Rückstellung gebildet werden. Regelmäßig ist für die Einschätzung, ob eine unentziehbare oder nur eine mögliche Verpflichtung gegeben ist, auf die Expertise von Juristen zurückzugreifen.

Beispiel (vgl. IFRS-SMEs Abschn. 21 A.9):
Ein Kunde hat Unternehmen X für Verletzungen, die der Kunde angeblich durch den Gebrauch eines von Unternehmen X verkauften Produkts erlitten hat, auf Schadenersatz verklagt. Unternehmen X lehnt die Haftung aufgrund der Annahme ab, dass der Kunde nicht den Gebrauchsanweisungen für das Produkt gefolgt ist. Bis zu dem Tag, an dem die Geschäftsleitung den Abschluss für das Jahr zum 31. Dezember 20X1 zur Veröffentlichung freigibt, sind die Rechtsanwälte des Unternehmens der Meinung, dass das Unternehmen wahrscheinlich nicht haftbar gemacht werden könne. Bei der Aufstellung des Abschlusses für das Jahr zum 31. Dezember 20X2 kommen die Anwälte jedoch zu dem Schluss, dass das Unternehmen aufgrund der Entwicklung des Falls nunmehr wahrscheinlich doch haftbar gemacht wird.

Lösung:
a) Zum 31. Dezember 20X1
Zum Bilanzstichtag 20X1 besteht auf der Grundlage der zum Zeitpunkt der Genehmigung des Abschlusses verfügbaren Hinweise keine gegenwärtige Verpflichtung aufgrund eines Ereignisses der Vergangenheit. Folglich wird keine Rückstellung gebildet. Da es sich aber um eine mögliche Verpflichtung handelt, wird die Angelegenheit als Eventualschuld im Anhang ausgewiesen, sofern ein Abfluss von wirtschaftlichen Ressourcen nicht als unwahrscheinlich angesehen wird.
b) Zum 31. Dezember 20X2
Auf der Grundlage der nun verfügbaren Hinweise besteht eine gegenwärtige Verpflichtung, welche rechtlich begründet ist. Der Abfluss von Ressourcen mit wirtschaftlichem Nutzen zur Erfüllung der Verpflichtung ist als wahrscheinlich anzusehen, so dass eine Rückstellung in Höhe des bestmöglichen Schätzwerts für den zur Erfüllung der Verpflichtung erforderlichen Betrag am Berichtsstichtag angesetzt wird.

II. Übersicht über weitere typische Rückstellungen

81 Unter die **Aufwandsrückstellungen** fallen nach § 249 HGB Rückstellungen für unterlassene Instandhaltungen, die innerhalb von drei Monaten nachgeholt werden und für unterlassene Abraumbeseitigung, die innerhalb eines Jahres nachgeholt wird (vgl. Gelhausen et al., 2009, 105). Im Gegensatz dazu begründen diese Sachverhalte nach IFRS keine Rückstellungsbildung. Eine rechtliche Verpflichtung liegt zum Betrachtungszeitpunkt nicht vor, weil Aufwandsrückstellungen einen Innenverpflichtungscharakter haben. Eine faktische Verpflichtung liegt ebenfalls nicht vor, da keine unentziehbare Verpflichtung gegenüber einem Dritten besteht. Folglich dürfen Aufwandrückstellung nach IFRS grundsätzlich nicht gebildet werden.

82 Zu den Rückstellungen aufgrund der Gewährung von **Altersteilzeit** vergleiche die Ausführungen zu IFRS-SMEs Abschn. 28.

83 Bei ausstehenden **Aufsichtsratsvergütungen** handelt es sich um eine abgegrenzte Schuld und nicht um eine Rückstellung, da Höhe und Fälligkeit der Verpflichtung bekannt sind. Folglich mangelt es an der Unsicherheit, die für eine Rückstellung Ansatzvoraussetzung ist (vgl. Hebestreit/Schrimpf-Dörges, Rückstellungen, in: Beck IFRS-Handbuch, 3. Aufl., Tz. 96).

84 Ausstehende Beiträge zu **Berufsgenossenschaften** stellen abgegrenzte Schulden dar (vgl. Hebestreit/Schrimpf-Dörges, Rückstellungen, in: Beck IFRS-Handbuch, 3. Aufl., Tz. 108).

85 Bei **Boni, Treuerabatten oä. umsatzabhängigen Mengenrabatten**, die typischerweise auf Jahresbasis bestimmt werden, können die Ansatzvoraussetzungen für eine Rückstellungsbildung erfüllt sein, sofern Höhe und Fälligkeit des Ressourcenabflusses unsicher sind. In diesem Fall wird die Rückstellung zu Lasten der Umsatzerlöse dotiert (vgl. IFRS-SMEs Abschn. 23.3). Hängt die Einräumung der Rabatte von zukünftigen Ereignissen ab, ist eine Eventualschuld zu berichten (vgl. Hebestreit/Schrimpf-Dörges, Rückstellungen, in: Beck IFRS-Handbuch, 3. Aufl., Tz. 109). Sind Höhe und Fälligkeit der gewährten Rabatte sicher, ist statt einer Rückstellung eine abgegrenzte Schuld auszuweisen (vgl. von Keitz et al., in: Baetge et al., IFRS-Komm., Teil B, IAS 37, Tz. 190).

86 Mit Bonuszahlungen werden Mitarbeiter idR für die von ihnen erbrachte Leistung über eine bestimmte Zeitspanne zusätzlich zu ihrem Gehalt entlohnt. Da der Bonus erst nach Ablauf der Zeitspanne ausbezahlt wird, der Anspruch aber schon während der Zeitspanne erdient wurde, entsteht zum Bilanzstichtag idR ein Leistungsüberhang, für den das Unternehmen eine **Rückstellung für ausstehende Bonuszahlungen an Mitarbeiter** zu bilden hat.

87 **Drohverlustrückstellungen** aus schwebenden Geschäften sind aufgrund eines belastenden Vertrags zu bilden, hierzu ausführlich vgl. Tz. 65.

88 Mit Inkrafttreten des Gesetzes über das In-Verkehr-Bringen, die Rücknahme und die umweltverträgliche Entsorgung von Elektro- und Elektronikgeräten (ElektroG) am 16. März 2005 ist der deutsche Gesetzgeber seiner Verpflichtung nachgekommen, eine Regelung zur Entsorgung von Elektro- und Elektronikaltgeräten zu erlassen (vgl. KPMG (Hrsg.), 2006, 156). Diese Verpflichtung resultiert aus der EU-Richtlinie 2002/96/EG über Elektro- und Elektronikaltgeräte vom 27. Januar 2003. Hersteller von Elektrogeräten haben seit Inkrafttreten des Gesetzes eine öffentlich-rechtliche Verpflichtung zur Rücknahme und Entsorgung dieser Geräte. Die bilanzielle Abbildung dieser Verpflichtung in Form einer **Elektroschrott-Entsorgungs-Rückstellung** ist abhängig davon, wer die Geräte nutzt und wann sie an die Nutzer abgegeben wurden. Bei den Nutzern wird zwischen privaten und kommerziellen Nutzern unterschieden. Bezüglich des Zeitpunkts der Abgabe sind Geräte, die vor dem 13.08.2005 in Umlauf gebracht wurden (historische Altgeräte), und Geräte, die nach dem 13.08.2005 in Umlauf gebracht wurden (neue Altgeräte), zu unterscheiden (vgl. Oser/Ross, WPg 2005, 1070). Dabei fallen folgende Geräte grundsätzlich unter die Regelung: Haushaltsgroßgeräte, Haushaltskleingeräte, Geräte der Informations- und Telekommunikationstechnik, Geräte der Unterhaltungselektronik, Beleuchtungskörper, elektrische und elektronische Werkzeuge (ausgenommen sind ortsfeste industrielle Großgeräte), Spielzeug sowie Sport- und Freizeitgeräte, medizinische Geräte

(außer implantierte oder infektiöse Produkte), Überwachungs- und Kontrollinstrumente sowie automatische Ausgabegeräte (vgl. § 2 ElektroG; Hachmeister, 2006, 176).

89 Folgende Fälle sind zu unterscheiden (vgl. Oser/Ross, WPg 2005, 1070 ff.):

a) Private Nutzer; historische Altgeräte:
Das Gesetz ermöglicht, dass Verbraucher seit dem 24. März 2006 ihre Altgeräte kostenlos bei kommunalen Sammelstellen abgeben können. Die Hersteller sind verpflichtet, die dort gesammelten Geräte zurückzunehmen und die Entsorgung nach dem Stand der Technik zu übernehmen sowie die Finanzierung der Entsorgung zu tragen.

Nach IFRIC 6.9 stellt die Teilnahme am Markt im Erfassungszeitraum und nicht das In-Verkehr-Bringen des Geräts das verpflichtende Ereignis dar und begründet damit die Rückstellungsbildung. Die Höhe der Rückstellung bemisst sich nach den durch ein Unternehmen zu tragenden Kosten für die Entsorgung der zurückgegebenen historischen Altgeräte. Dabei werden die **Gesamtkosten** der im Kalenderjahr zurückgegebenen Geräte auf die **am Markt aktiven Hersteller verteilt**. Als **Verteilungsschlüssel** dient der **Absatzanteil bezogen auf Neugeräte im Kalenderjahr** des Rücklaufs. Der Absatzanteil im Kalenderjahr des Verkaufs der historischen Altgeräte ist nicht von Bedeutung. Hierdurch wird deutlich, dass sich ein Hersteller der Verpflichtung durch Marktaustritt entziehen kann und damit eine Rückstellungsbildung im Zeitpunkt der Abgabe nicht gerechtfertigt ist.

b) Private Nutzer; neue Altgeräte:
Die Entsorgungsverantwortung liegt beim Hersteller. Jeder Hersteller muss der zuständigen Behörde jährlich eine insolvenzsichere Garantie für die Finanzierung der Rücknahme und Entsorgung nachweisen. So soll sichergestellt werden, dass sich kein Hersteller seinen Entsorgungspflichten entziehen kann. Für die Höhe der Entsorgungsverpflichtung ist das angewendete Verteilungskonzept bedeutsam. Hierbei ist zwischen **Vorwärtsfinanzierung** und **Umlagefinanzierung** zu unterscheiden. Bei Anwendung der Vorwärtsfinanzierung wird die den Herstellern zuzurechnende Menge an Altgeräten auf Basis exakter Sortierung oder auf Basis wissenschaftlich anerkannter statistischer Methoden bestimmt. Die Nachweispflicht hierfür liegt beim Hersteller. Im Rahmen der Umlagefinanzierung wird die einem Hersteller zuzurechnende Menge anhand seines Anteils an der in der jeweiligen Berichtsperiode insgesamt in Verkehr gebrachten Menge bestimmt. Im Rahmen der Vorwärtsfinanzierung begründet das In-Verkehr-Bringen der Geräte eine gegenwärtige Verpflichtung. Findet die Umlagefinanzierung Anwendung, ist zum Zeitpunkt des In-Verkehr-Bringens keine Rückstellung zu bilden, da keine gegenwärtige Verpflichtung vorliegt (nach Oser/Ross wäre die Bildung einer Rückstellung zum Zeitpunkt des In-Verkehr-Bringens auch in diesem Fall denkbar; vgl. Oser/Ross, WPg 2005,1074).

c) Kommerzielle Nutzer; historische Altgeräte:
Die Verantwortung für die Entsorgung der Altgeräte liegt beim Nutzer. Der Hersteller hat daher keine Rückstellung zu erfassen. Der **Nutzer** hingegen hat mit Erwerb des Geräts eine **Entsorgungsrückstellung zu bilden**. Die Rückstellungsbildung entfaltet jedoch keine Auswirkung auf den Gewinn und Verlust, da die Rückstellung in Übereinstimmung mit IFRS-SMEs Abschn. 17 einen Teil der Anschaffungskosten des Vermögenswerts darstellt. Denkbar ist, dass auf Basis anders lautender vertraglicher Vereinbarung die Entsorgungspflicht auf den Hersteller übertragen werden kann. Dieser hat in diesem Fall zum Zeitpunkt der Abgabe des Geräts eine Rückstellung zu bilden.

d) Kommerzielle Nutzer; neue Altgeräte:
Die Entsorgungsverpflichtung liegt in diesem Fall beim **Hersteller**. Dieser hat **zum Zeitpunkt des In-Verkehr-Bringens** des Geräts eine **Rückstellung** zu erfassen. Auch in diesem Fall ist eine abweichende vertragliche Vereinbarung denkbar, so dass die Entsorgungspflicht auf den

Nutzer übergeht. Die Rückstellung ist dann beim Nutzer zum Zeitpunkt des Erwerbs erfolgsneutral zu bilden. Sie erhöht die Anschaffungskosten des zugrundeliegenden Vermögenswerts. Eine Übersicht über die möglichen Kombinationen gibt Tabelle 1.

	Historische Altgeräte (vor 13.08.2005 in Umlauf gebracht)	**Neue Altgeräte** (nach 13.08.2005 in Umlauf gebracht)
Private Nutzer	Rückstellungspflicht beim Hersteller proportional zur Rückgabequote	Rückstellungspflicht beim Hersteller; Zeitpunkt abhängig von Umlage- oder Vorwärtsfinanzierung
Kommerzielle Nutzer	Vermögenswert erhöhende Rückstellung beim Nutzer; ggf. Rückstellung zum Zeitpunkt des In-Verkehr-Bringens beim Hersteller	Rückstellung zum Zeitpunkt des In-Verkehr-Bringens beim Hersteller; ggf. Vermögenswert erhöhende Rückstellung beim Nutzer

Tab. 1: Übersicht über die Fälle der Elektroschrott-Entsorgungs-Richtlinie

90 Das Gesetz über Arbeitnehmer-Erfindungen vom 25.07.1957 (ArbEG) regelt das Verfahren bei Erfindungen von Arbeitnehmern innerhalb von Arbeits- oder Dienstverhältnissen, die patent- oder gebrauchsmusterschutzfähig sind, sowie bei technischen Verbesserungsvorschlägen (§ 2 ArbEG). Eine »**Erfinder**«-**Rückstellung** für ausstehende Erfindervergütungen ist zu bilden, wenn davon ausgegangen werden muss, dass eine bereits gemachte Erfindung eines Mitarbeiters eine Kompensationszahlung im Rahmen des Gesetzes über Arbeitnehmer-Erfindungen nach sich zieht.

91 Viele Unternehmen müssen ihren Jahresabschluss aufgrund gesetzlicher oder satzungsmäßiger Bestimmungen prüfen lassen. Mit Vollendung des Geschäftsjahres ist der Tatbestand der gesetzlichen bzw. satzungsmäßigen Regelung zur Erstellung bzw. Prüfung des Jahresabschlusses erfüllt, so dass eine rechtlich begründete gegenwärtige Verpflichtung vorliegt. Eine **Rückstellung für Jahresabschlussaufwendungen** ist in Höhe des erwarteten bzw. bereits vereinbarten Honorars zu bilden und zwar unabhängig davon, in welchem Umfang die Prüfung schon erfolgt ist.

92 Es dürfen **keine Rückstellungen für Mitarbeiterschulungen** bilanziell erfasst werden. Mitarbeiterschulungen dienen dazu, das künftige Verhalten von Mitarbeitern zu beeinflussen bzw. zu verändern. Ein vergangenes Ereignis, welches eine gegenwärtige Verpflichtung begründen könnte, fehlt, so dass die Voraussetzungen zum Ansatz einer Rückstellung nicht erfüllt sind (vgl. Hachmeister, 2006, 118).

93 Wird zusammen mit dem Verkauf die **Erbringung von Nachbetreuungsleistungen** vereinbart, wie zB bei Optikern oder Hörgeräteherstellern üblich, so kommen **zwei Interpretationen** in Betracht. Wird der Vorgang als Mehrkomponentenvertrag angesehen, so handelt es sich teilweise um abzugrenzendes Einkommen. Insofern kann keine Rückstellung gebildet werden (vgl. von Keitz et al., in: Baetge et al., IFRS-Komm., Teil B, IAS 37, Tz. 185). Nach der zweiten Interpretation sind die Nachbetreuungsleistungen als Verpflichtung aus einem vergangenen Ereignis zu interpretieren, denen sich das Unternehmen nicht entziehen kann. Folglich ist in diesem Fall eine Rückstellung zwingend zu bilden (vgl. Hoffmann, Rückstellungen/Verbindlichkeiten, in: Lüdenbach/Hoffmann, IFRS-Komm., 7. Aufl., Tz. 173).

94 Sagt das Unternehmen eine betriebliche Direktversorgung zu, so ist eine **Pensionsrückstellung** zu bilden (vgl. hierzu IFRS-SMEs Abschn. 28).

95 Das In-Umlauf-Bringen von zusätzlichen Flaschen in den Pfandkreislauf seitens eines Abfüllers ist mit der Verpflichtung verbunden, die dafür erhaltene Vergütung (Pfand) bei Rückgabe zurück zu gewähren. Daher ist zum Zeitpunkt des In-Umlauf-Bringens eine **Rückstellung für Pfandleergutrückgabe** zu erfassen (vgl. Hoffmann, Rückstellungen/Verbindlichkeiten, in: Lüdenbach/Hoffmann, IFRS-Komm., 7. Aufl., Tz. 173; g. A. BMF, IV B 2 – S 2133, BB 1995, 1533; a. A. Köhler, Stl. BP 2003, 215).

96 Beratungsdienstleistungen, die zB von Rechtsanwälten für das Unternehmen erbracht werden, werden typischerweise zeitraumbezogen abgerechnet. Eine gegenwärtige Verpflichtung wird dadurch begründet, dass die andere Vertragspartei ihren Teil des Dienstleistungsvertrags – in diesem Fall das Erbringen einer Beratungsleistung – bereits erfüllt hat. Insofern ist eine **Rückstellung für noch nicht in Rechnung gestellte Rechtsanwaltshonorare** zu bilden.

97 Aufgrund der EU-Chemikalien-Verordnung (REACH) sind Hersteller und Importeure verpflichtet, bestimmte chemische Stoffe registrieren zu lassen, wenn die hergestellte bzw. in die EU eingeführte Menge eine Tonne pro Kalenderjahr überschreitet. Das Tatbestandsmerkmal, an das die Registrierungspflicht anknüpft, ist das erstmalige Überschreiten der kritischen Menge. Allerdings setzt die Herstellung bzw. Einfuhr der den kritischen Punkt überschreitenden Menge den Abschluss des Registrierungsverfahrens voraus. Folglich fallen die Registrierungskosten regelmäßig an, bevor das auslösende Tatbestandsmerkmal erfüllt ist. Insofern sind die Aufwendungen den korrespondierenden Erträgen vorgelagert, was eine Aufwandsantizipation in Form einer Rückstellungsbildung ausschließt. Eine faktische Verpflichtung liegt zum Zeitpunkt des Kostenanfalls ebenfalls nicht vor, so dass keine rückstellungsbegründende gegenwärtige Verpflichtung vorliegt. Es ist daher keine **Rückstellung für Registrierungskosten** nach der EU-Chemikalienverordnung zu bilden (vgl. RIC Anwendungshinweis IFRS (2009/01); Ross/Drögemöller, BB 2006, 1044 ff.). Im Ergebnis entspricht dieser Fall dem Beispiel in Tz. 28.

98 Gesetzliche Regelungen oder vertragliche Vereinbarungen können ein Unternehmen zu **Rekultivierungs- bzw. Rückbaumaßnahmen** verpflichten. Unter Rekultivierung versteht man die Wiederherstellung eines Umweltzustands, der vor der unternehmerischen Tätigkeit gegeben war. Typische Beispiele für Rekultivierungen sind die Verfüllung von Kiesgruben, Sandgruben oder Steinbrüchen. Unter Rückbaumaßnahmen versteht man die Beseitigung nutzungsbedingter Schäden und Beeinträchtigungen, die ein Unternehmen mit Ablauf der Nutzungsdauer eines Vermögenswerts vornehmen muss. Beispiele können sein (vgl. Hoffmann, Rückstellungen/Verbindlichkeiten, in: Lüdenbach/Hoffmann, IFRS-Komm., 7. Aufl., Tz. 79):

(a) die Pflicht zum Rückbau von Mietereinbauten,
(b) die Pflicht zum Rückbau von Veränderungen an Leasingobjekten,
(c) die Entfernungsverpflichtung für Funkmasten auf fremdem Gebäude und
(d) Abbruch- bzw. Rückbauverpflichtung für betriebene Anlagen zur Energiegewinnung.

Sofern der Nutzenabfluss wahrscheinlich ist, ist diese gegenwärtige Verpflichtung mit dem Erfüllungsbetrag zu bilanzieren. Der Erfüllungsbetrag ist idR der Betrag, der zur Begleichung der Rückbauverpflichtung notwendig ist und auf den Bilanzstichtag abgezinst wurde.

Die **Rückstellung für Rückbauverpflichtungen** stellt ggf. in Übereinstimmung mit Abschnitt 17 einen Teil der Anschaffungskosten des zugrundeliegenden Vermögenswerts dar (vgl. IFRS-SMEs-Komm., Teil B, Abschn. 17).

Beispiel (in Anlehnung an Alfredson, 2007, 183):
Der Mietvertrag über eine Produktionshalle verpflichtet ein Unternehmen dazu, eine Spezialmaschine am Ende der Nutzung abzubauen und das zugehörige Fundament zu beseitigen, um die Produktionshalle in die ursprüngliche Verfassung zu bringen. Am Bilanzstichtag ist die Spezialmaschine installiert, sie wurde jedoch noch nicht in Betrieb genommen.

Lösung:
Der Einbau der Maschine zieht die rechtliche Verpflichtung nach sich, diese nach der Nutzung wieder zu entfernen und den Hallenboden in den ursprünglichen Zustand zu versetzen. Damit stellt der Einbau der Maschine das verpflichtende Ereignis dar. Des Weiteren ist wahrscheinlich, dass der Abbau der Maschine und das Entfernen des Fundamentes mit dem Abfluss von wirtschaftlichen Ressourcen verbunden sind. Der notwendige Betrag kann verlässlich geschätzt werden.

99 In regelmäßigen Abständen wiederkehrende Aufwendungen (Reparatur- und Instandhaltungsaufwendungen), die notwendig oder gesetzlich erforderlich sind, um einen Vermögenswert weiterhin nutzen zu können, stellen regelmäßig keine rechtliche oder faktische Verpflichtung dar, weil den Aufwendungen durch entsprechendes Handeln (bspw. Verkauf des Vermögenswerts oder Umstellung des Produktionsprozesses) entgangen werden kann. Insofern ist es nicht möglich, eine **Reparatur- oder Instandhaltungsrückstellung** zu bilanzieren. Damit kann der Aufwand nicht über mehrere Perioden verteilt werden.

Eine Möglichkeit, den Aufwand dennoch über mehrere Perioden zu verteilen, bieten die Regelungen zur Bilanzierung von Sachanlagen (IFRS-SMEs Abschn. 16). Stellt der Teil des Vermögenswerts, der regelmäßig in Stand gesetzt werden muss, eine **Komponente** im Sinne des IFRS-SMEs Abschn. 16 dar, kann diese über die kürzere Nutzungsdauer (Zeitraum bis zur nächsten Instandsetzung) abgeschrieben werden. Die Kosten, die durch die Instandhaltung entstehen, werden dann wiederum als Vermögenswert aktiviert. Die **Erfolgswirkung der Instandhaltungsaufwendungen** wird über die Abschreibung des Vermögenswerts über die Folgeperioden **verteilt** (vgl. Epstein/Jermakowicz, 2010, 605).

100 Schadenersatz ist zu leisten, wenn ein Unternehmen rechtswidrig gehandelt oder eine Handlung unterlassen hat. Dabei können Schadenersatzforderungen grundsätzlich auf gesetzlichen oder vertraglichen Regelungen basieren. Eine Verpflichtung zum Schadenersatz ist daher idR rechtlich begründet. Ist der Tatbestand des rechtswidrigen Handels bzw. des Unterlassens erfüllt, liegt eine gegenwärtige Verpflichtung vor, mit der Folge, dass eine **Rückstellung für Schadenersatzleistungen** gebildet werden muss. Ist unklar, ob der Tatbestand erfüllt ist, ist die Wahrscheinlichkeit zu beurteilen. Ggf. ist lediglich eine Eventualverbindlichkeit im Anhang zu erfassen.

101 Gemäß Neuntem Buch Sozialgesetzbuch (SGB IX) Teil 2 Kapitel 2 »Beschäftigungspflicht« ist die sogenannte Schwerbehindertenabgabe sowohl von privaten als auch von Arbeitgebern der öffentlichen Hand ab einer Betriebsgröße von 20 Mitarbeitern zu entrichten, wenn nicht mindestens fünf Prozent der Arbeitsplätze mit schwerbehinderten Mitarbeitern besetzt sind. Die Höhe der Abgabe wird in Abhängigkeit des Erreichens des Zielwerts ermittelt. Unternehmen, welche die geforderte Anzahl an Arbeitsplätzen stark unterschreiten, müssen pro Arbeitsplatz eine höhere Abgabe entrichten als ein Unternehmen, welches die Anforderungen annähernd erfüllt. Auch wenn die Berechnung vom Unternehmen selbst durchzuführen und bei der Agentur für Arbeit einzureichen ist, herrscht aufgrund der zeitlichen Verzögerung zum Bilanzstichtag Unsicherheit bezüglich der Höhe der zu entrichtenden Abgabe, so dass eine **Rückstellung für die Schwerbehindertenabgabe** zu erfassen ist.

102 Kosten zur Behebung von gesetzeswidrigen Umweltschädigungen sind den Perioden zuzuordnen, in denen die Schädigung entstanden ist. Die Schädigung stellt ein vergangenes Ereignis dar, welches zu einer gegenwärtigen Verpflichtung führt. Für die zur Beseitigung der Schäden notwendigen finanziellen Mittel ist eine **Umweltschutzrückstellung** zu erfassen (vgl. von Keitz et al., in: Baetge et al., IFRS-Komm., Teil B, IAS 37, Tz. 199).

Im Falle, dass die Umweltschädigung nicht gesetzeswidrig war, weil eine entsprechende Regelung fehlt, kann eine gegenwärtige Verpflichtung gegebenenfalls auch faktisch begründet sein. Dies ist dann der Fall, wenn das Unternehmen öffentlich kundgetan hat, dass es für alle von ihm verursachten Umweltschäden Verantwortung übernehmen und diese beseitigen wird. Ausschlaggebend ist also, ob es eine gerechtfertigte Erwartung von Dritten gibt, die das Unternehmen faktisch zwingen, die Umweltschädigungen zu beseitigen. Neben dem Vorliegen einer gegenwärtigen Verpflichtung, müssen die beiden Ansatzkriterien wahrscheinlicher Nutzenabfluss und verlässliche Bewertbarkeit erfüllt sein.

103 Ergebnisabführungsverträge berechtigen bzw. verpflichten ein Mutterunternehmen dazu, den Gewinn bzw. den Verlust eines Tochterunternehmens zu vereinnahmen bzw. zu übernehmen. Für die Übernahme von künftigen Verlusten aufgrund eines Ergebnisabführungsvertrags ist **keine Rückstellung für Verlustübernahmen aus Ergebnisabführungsverträgen** zu bilden. Es handelt sich nicht um eine gegenwärtige Verpflichtung, da es sich um künftige Verluste und nicht

bereits realisierte Verluste handelt (vgl. Hachmeister, 2006, 118). Allerdings muss die Beteiligung ggf. in Übereinstimmung mit IFRS-SMEs Abschn. 11 auf Wertminderung geprüft werden.

104 Darüber hinaus werden in der Kommentarliteratur folgende Rückstellungen, auf die hier nicht detailliert eingegangen werden soll, diskutiert:

- Abfindungen (vgl. IFRS-SMEs Abschn. 28),
- Abrechnungsverpflichtung (im Baugewerbe),
- Altfahrzeuge, Rücknahmeverpflichtung für Hersteller und Importeure nach Altfahrzeuggesetz (vgl. Tz. 87 Elektroschrott),
- Aufbewahrungspflichten für Geschäftsunterlagen, zB nach § 257 HGB oder § 147 AO,
- Gleitzeitguthaben (vgl. IFRS-SMEs Abschn. 28),
- Gratifikationen/Jubiläen (vgl. IFRS-SMEs Abschn. 28),
- Handelsvertreter (Ausgleichsanspruch),
- Urlaubsverpflichtung (vgl. IFRS-SMEs Abschn. 28).

E. Eventualschulden und Eventualforderungen

I. Eventualschuld

105 Eine **Eventualschuld** ist entweder eine **wahrscheinliche, aber unsichere Verpflichtung** oder eine **gegenwärtige Verpflichtung**, die noch nicht als Rückstellung erfasst wird, da sie ein oder beide weitere Ansatzkriterium(en) nicht erfüllt. Ein Unternehmen darf eine Eventualschuld nicht als Schuld ansetzen. Eine **Anhangangabe** ist jedoch verpflichtend, es sei denn der Eintritt der Verpflichtung ist unwahrscheinlich. In diesem Fall kann auf freiwilliger Basis im Anhang berichtet werden.

106 **Eventualschulden** eines erworbenen Unternehmens bei einem **Unternehmenszusammenschluss** sind hingegen **bilanzierungsfähig**. Es ist eine sogenannte Rückstellung für Eventualschulden zu bilden (vgl. IFRS-SMEs Abschn. 19.20). Diese Bezeichnung ist uE unglücklich gewählt, da sie die definitorische Unterscheidung zwischen Rückstellung und Eventualschuld verwischt.

II. Eventualforderung

107 Ein Unternehmen darf eine **Eventualforderung nicht als Vermögenswert** ansetzen. Es sind jedoch Anhangangaben nach IFRS-SMEs 21.16 erforderlich.

> *Beispiel (vgl. Alfredson, 2007, 187):*
> Eine mögliche Schadenersatzleistung stellt eine Eventualforderung dar. Wurde in der Gerichtsverhandlung zwar zu Gunsten des Unternehmens entschieden, aber noch nicht über den eigentlichen Schadenersatz verhandelt, ist der Nutzenzufluss unsicher, so dass ein Vermögenswert bilanziell nicht erfasst werden darf. Zudem hat das Unternehmen keinen Einfluss auf die Entscheidung, denn diese wird vom Gericht getroffen. Allerdings ist es aufgrund des günstigen Urteils eher wahrscheinlich (> 50%) als nur möglich oder gar unwahrscheinlich, dass Schadenersatzleistungen vereinnahmt werden können. Es liegt folglich eine Eventualforderung vor, über die im Anhang zu berichten ist.

Eine Zusammenfassung der Berichtskonsequenzen in Abhängigkeit von der Wahrscheinlichkeit des Nutzenabflusses gibt Tabelle 2 (vgl. Ernst&Young (Hrsg.), 2009, 1482).

Wahrscheinlichkeit des Nutzenzu- bzw. -abflusses	Bilanzierung von Eventualschulden	Bilanzierung von Eventualforderungen
So gut wie sicher (> ~95%)	Keine Eventualschuld, sondern Rückstellung	Keine Eventualforderung, sondern Vermögenswert
Wahrscheinlich (~50%-~95%)	Keine Eventualschuld, sondern Rückstellung	Eventualforderung; Anhangangabe
Möglich (~5%-50%)	Eventualschuld; Anhangangabe	Keine Eventualforderung; keine Anhangangabe erlaubt
Unwahrscheinlich (< ~5%)	Keine Anhangangabe notwendig	Keine Anhangangabe erlaubt

Tab. 2: Wahrscheinlichkeit des Ressourcenzu- bzw. -abflusses und bilanzielle Konsequenzen

F. Angabepflichtige Informationen

I. Angaben zu Rückstellungen

108 Für jede Rückstellungsart ist eine **Überleitungsrechnung** (IFRS-SMEs Abschn. 21.14(a)) anzugeben, die mindestens die folgenden Punkte enthält:

- den Buchwert zu Beginn und zum Ende der Berichtsperiode,
- Zuführungen zur Rückstellung während der Periode, einschließlich Auswirkungen des Zinseffektes,
- Höhe der Inanspruchnahme in der aktuellen Periode,
- Höhe der wegen Wegfall des Grundes aufgelösten Rückstellungen.

Dies kann in Form eines **Rückstellungsspiegels** zusammengefasst werden (vgl. Tz. 113; Ruhnke, 2008, 591).

109 Darüber hinaus ist eine kurze **Beschreibung des Rückstellungsgrundes** mitsamt der erwarteten Höhe und der erwarteten zeitlichen Verteilung von Zahlungsverpflichtungen anzugeben, die damit verbundenen Unsicherheiten sind zu charakterisieren und erwartete Erstattungsansprüche sind anzuführen.

110 Angaben zu Rückstellungen, die einen **Vergleich zur Vorperiode** ermöglichen, können im Anhang unterbleiben (vgl. IFRS-SMEs Abschn. 21.14 sowie IFRS-SMEs Abschn. 21 Anhang C.21.14).

II. Angaben zu Eventualschulden

111 Eine Eventualverbindlichkeit ist im Anhang nur dann zu erläutern, wenn ein Mittelabfluss nicht als unwahrscheinlich eingestuft wird. Für jede Klasse von Eventualverbindlichkeiten ist zum Bilanzstichtag zwingend eine **kurze Erläuterung der Natur der Eventualverbindlichkeit** anzugeben.

112 Darüber hinaus sind, soweit praktikabel, folgende Angaben zu machen:

- eine **Schätzung über mögliche finanzielle Auswirkungen** in Übereinstimmung mit den Bewertungsvorschriften des IFRS-SMEs Abschn. 21,
- eine Erläuterung der mit den eventuellen Zahlungsverpflichtungen verbunden Unsicherheiten und
- gegebenenfalls existierende Erstattungsansprüche.

Erfolgen diese grundsätzlich verpflichtenden Angaben aufgrund Undurchführbarkeit nicht, so ist zumindest der Grund für das Fehlen anzugeben (vgl. IFRS-SMEs Abschn. 21 Anhang C.21.15).

III. Angaben zu Eventualforderungen

113 Die **Natur der Eventualforderung** ist im Anhang zu **erläutern**. Darüber hinaus ist die erwartete finanzielle Auswirkung, bewertet in Übereinstimmung mit den Bewertungsvorschriften des IFRS-SMEs Abschn. 21, nach Möglichkeit anzugeben. Ist eine Wertbestimmung nicht praktikabel, so ist die Tatsache der fehlenden Bewertbarkeit im Anhang festzuhalten (vgl. sowie IFRS-SMEs Abschn. 21 Anhang C.21.16).

114 *Beispiel:*
Der Rückstellungsspiegel und weitere Anhangangaben sind in Abbildung 3 in Auszügen dargestellt.

Rückstellungen und Eventualverbindlichkeiten

	Rückstellungen für Rechtsfälle	Rückstellungen für Umweltschutz	Restrukturierungsrückstellungen	Sonstige Rückstellungen	Total
Buchwert zu Beginn der Periode (1. Januar 2009)	6.600	930	870	3.345	11.745
Zuführungen zur Rückstellung einschließlich des Barwertanstiegs der Rückstellungen im Zeitablauf und der Konsequenzen aus Änderungen der Abzinsungsfaktoren	585	195	660	2.680	4.120
Wegen Wegfall des Grundes aufgelöste Rückstellungen	(460)	(5)	(140)	(200)	(805)
Während des Jahres verbrauchte Rückstellungen	(1.440)	(55)	(410)	(1.575)	(3.480)
Buchwert zum Ende der Periode (31. Dezember 2009)	5.285	1.065	980	4.250	11.580

Rückstellungen für Rechtsfälle
Die Rückstellungen für Rechtsfälle bestehen hauptsächlich aus verschiedenen Rechtsfällen in den USA, die aufgrund von Unterschieden im Patentrecht anhängig sind. Es wird erwartet, dass der Buchwert der Rückstellungen dem erwarteten Zahlungsanfall in den kommenden fünf Jahren entspricht. Dabei wird ein jährlich gleichmäßiger Zahlungsanfall erwartet. Aufgrund der Rechtsanhängigkeit der Verfahren unterliegen diese Erwartungen den üblichen Unsicherheiten. Erstattungsansprüche bestehen nicht.

Rückstellungen für Umweltschutz
....

Restrukturierungsrückstellungen
....

Sonstige Rückstellungen
...

Eventualverbindlichkeiten
Regulatorische Entwicklungen einschließlich der Umweltschutzregelungen in den Ländern, in welchen das Unternehmen tätig ist, können den Gewinn im Laufe der Zeit unterschiedlich stark beeinflussen. Art und Umfang entsprechender Risiken, die schwer versicherbar sind, wie auch deren Auswirkungen auf die zukünftigen Geschäftstätigkeiten und Gewinne sind nicht vorhersehbar.

Abb. 3: Auszüge aus dem Anhang

IV. Nachteilige Angaben

115 In sehr seltenen Ausnahmefällen könnte ein Unternehmen durch die geforderten **Anhangangaben** (IFRS-SMEs Abschn. 21.14-21.16) einen **Nachteil** in Auseinandersetzungen mit dritten Parteien erleiden. In diesem Fall kann auf die geforderten Anhangangaben zur Rückstellung verzichtet werden. Ersatzweise ist die Natur der Auseinandersetzung zu beschreiben. Weiterhin ist zu begründen, warum die geforderten Anhangangaben nicht gemacht werden können (IFRS-SMEs Abschn. 21.17 sowie IFRS-SMEs Abschn. 21 Anhang C.21.17).

G. Vergleich mit IFRS und HGB

116 Unterschiede zwischen dem IFRS for SMEs und dem HGB ergeben sich primär aus der **unterschiedlichen Bedeutung des Vorsichtsprinzips**. Systematische Unterschiede sind in Tabelle 3 dargestellt (vgl. Ruhnke, 2008, 594).

Regelung	IFRS (IAS 37)	IFRS for SMEs	HGB
Anwendungsbereich	Rückstellungen, Eventualverbindlichkeiten und Eventualforderungen	Rückstellungen, Eventualverbindlichkeiten und Eventualforderungen	Rückstellungen (§ 249 HGB), Eventualverbindlichkeiten (§ 251 HGB), Eventualforderungen existieren nach HGB nicht
Ansatz			
Definition	Vorliegen einer gegenwärtigen Verpflichtung, die wahrscheinlich zu einem Ressourcenabfluss führt und bewertbar ist	Vorliegen einer gegenwärtigen Verpflichtung, die wahrscheinlich zu einem Ressourcenabfluss führt und bewertbar ist	Vorliegen einer gegenwärtigen Verpflichtung, die wahrscheinlich zu einem Ressourcenabfluss führt und bewertbar ist
Gegenwärtige Verpflichtung	Gegenwärtige Verpflichtung liegt eher spät vor. Faktische Verpflichtungen bspw. werden im Gegensatz zu HGB nach IFRS erst dann bilanziert, wenn eine gerechtfertigte Erwartung bei einer anderen Partei geweckt wurde	Gegenwärtige Verpflichtung liegt eher spät vor. Faktische Verpflichtungen bspw. werden im Gegensatz zu HGB nach IFRS erst dann bilanziert, wenn eine gerechtfertigte Erwartung bei einer anderen Partei geweckt wurde	Gegenwärtige Verpflichtung liegt aufgrund des Vorsichtsprinzips eher früh vor. Das Vorliegen einer faktischen Verpflichtung erfordert nicht das Vorhandensein einer gerechtfertigten Erwartung bei einer anderen Partei
Außenverpflichtung	Außenverpflichtungsgrundsatz: Bildung von Aufwandsrückstellungen nicht möglich	Außenverpflichtungsgrundsatz: Bildung von Aufwandsrückstellungen nicht möglich	Nach § 249 HGB ist die Bildung von Aufwandsrückstellungen begrenzt
Aufwandsperiodisierung	Im Rahmen des Komponentenansatzes können Instandhaltungs- und Reparaturaufwendungen über mehrere Perioden verteilt werden.	Im Rahmen des Komponentenansatzes können Instandhaltungs- und Reparaturaufwendungen über mehrere Perioden verteilt werden.	HGB erlaubt die verursachungsgerechte Aufwandsperiodisierung nur in Ausnahmefällen (vgl. IDW RH HFA 1.016 Rn. 5 ff.)
Bewertung			
Erstbewertung	Bester Schätzer, Erwartungswertprinzip	Bester Schätzer, Erwartungswertprinzip	Nach kaufmännischen Ermessen ermittelter Wert, Vorsichtsprinzip

Regelung	IFRS (IAS 37)	IFRS for SMEs	HGB
Abzinsung	Abzinsungspflicht	Abzinsungspflicht	Abzinsungspflicht
Künftige Ereignisse	Künftige bewertungsrelevante Ereignisse sind zu berücksichtigen	Künftige bewertungsrelevante Ereignisse sind zu berücksichtigen	Künftige bewertungsrelevante Ereignisse sind zu berücksichtigen
Anhangangaben			
Umfang	Relativ umfangreiche Angabepflichten	Relativ umfangreiche Angabepflichten	Relativ geringe Angabepflichten

Abschnitt 22
Schulden und Eigenkapital (Liabilities and Equity)

Jens Brune

Inhaltsverzeichnis

Schrifttum

Adler/Düring/Schmaltz, Rechnungslegung nach Internationalen Standards, Stuttgart 2002, Abschnitt 22; *Beiersdorf/Eierle/Haller,* DB 2009, 1549ff.; *Beiersdorf/Morich,* KoR 2009, 1 ff.; *Bömelburg/Landgraf/Pöppel,* PIR 2009, 290 ff.; *Clemens,* in: Beck'sches IFRS-Handbuch, 3. Aufl., München 2009, § 12; *Epstein/Jermakowicz,* Wiley IFRS 2010: Interpretation and Application of International Financial Reporting Standards, 7. Aufl., Hoboken/NJ 2010; *Glanz/Pfaff,* IRZ 2009, 417 ff.; *Heintges/Kroner/Urbanczik,* KoR 2009, 494 ff.; *Hüttche/Lopatta,* BB 2007, 2447ff.; *IDW,* IDW RS HFA 9; *Janssen/Gronewold,* KoR 2010, 75 ff.; *Kirsch,* IRZ 2010, 119 ff.; *Kuhn/Scharpf,* Rechnungslegung von Financial Instruments nach IAS 39, 3. Aufl., Stuttgart 2006; *Lüdenbach,* in: Haufe IFRS-Komm., 8. Aufl., Freiburg 2010, § 20; *Mentz,* in: MünchKommBilR, München 2009, IAS 32; *Loitz,* DB 2008, 249 ff.; *Leker/Mahlstedt/Kehrel,* KoR 2008, 379 ff.; *Redeker,* BB 2007, 673 ff.; *Rückle,* IRZ 2008, 227 ff.; *Schmidt,* BB 2008, 434 ff.; *Simlacher/Schurbohm-Ebneth,* KoR 2009, 389 ff.; *Weidenhammer,* PIR 2008, 213 ff.; *Winkeljohann/Morich,* BB 2009, 1630 ff.

A. Allgemeines

1 Die Abgrenzung von Eigen- und Fremdkapital in der Rechnungslegung ist in vielfacher Hinsicht von entscheidender Bedeutung sowohl für die Abschlussersteller als auch für die Abschlussadressaten. Insbesondere haben **eigenkapitalbasierte Bilanzkennzahlen Signalwirkung** an externe Abschlussadressaten und beeinflussen vielfach nicht unwesentlich die Reputation sowie die Kreditwürdigkeit und damit die Finanzierungsmöglichkeiten des bilanzierenden Unternehmens (vgl. Mentz, in: MünchKommBilR, 2009, IAS 32, Tz. 48).

2 Der IFRS-SMEs kann als universelle Rechnungslegungsnorm bei der Abgrenzung des Eigenkapitalbegriffs nationalen gesellschaftsrechtlichen Regelungen nicht Rechnung tragen. So wird in IFRS-SMEs Abschn. 2.22 das bilanzielle Eigenkapital rein rechnerisch als **Residualgröße** aus Vermögenswerten abzüglich Schulden definiert (vgl. IFRS-SMEs-Komm., Teil B, Abschn. 2, Tz. 82). Dies entspricht der Eigenkapitaldefinition des Frameworks der IFRS (vgl. F.49(c)).

3 Die vom IASB gewählte negative Eigenkapitalabgrenzung bedingt jedoch, dass es eindeutige Kriterien gibt, nach denen die Posten der Passivseite der Bilanz in Schulden (also Fremdkapital) und Eigenkapital unterschieden werden können. Die **Klassifizierung von Finanzinstrumenten** in Eigen- bzw. Fremdkapital ist damit entscheidend für ihren bilanziellen Ausweis und bedingt gleichzeitig spezifische Ansatz- und Bewertungsvorschriften für als Eigenkapital klassifizierte Finanzinstrumente. Vor diesem Hintergrund ist es systematisch konsequent, dass innerhalb des Standards Regelungen, die das Eigenkapital betreffen nicht als eigenständiger Themenbereich, sondern in Abgrenzung zu den übrigen Schulden in IFRS-SMEs Abschn. 22 geregelt werden. Auch dies entspricht der Vorgehensweise der IFRS. Allerdings werden dort die Fragen der Eigenkapitalabgrenzung im Zusammenhang mit den übrigen Finanzinstrumenten in IAS 32 thematisiert, während mit IFRS-SMEs Abschn. 22 dieser Abgrenzung sowie der Bilanzierung von Eigenkapitalinstrumenten ein gesonderter Standardabschnitt gewidmet wurde. Dies lässt erkennen, dass der IASB der Klassifizierung von Finanzinstrumenten in Eigen- und Fremdkapitaltitel eine besondere Bedeutung beimisst.

4 Neben den Regelungen zur Klassifizierung enthält IFRS-SMEs Abschn. 22 **Ansatz-, Bewertungs- und Ausweisvorschriften** für Finanzinstrumente, die als Eigenkapital klassifiziert werden. Dabei gilt das Grundprinzip, dass sämtliche Transaktionen, die sich auf Eigenkapitalinstrumente und Anteilseigner beziehen, ausschließlich innerhalb des Eigenkapitals abzubilden sind und keine Auswirkungen auf die GuV bzw. die Gesamtergebnisrechnung eines Unternehmens oder Konzerns haben. Unter Transaktionen mit Anteilseignern sollen im Folgenden nur solche Transaktionen verstanden werden, die durch das Beteiligungsverhältnis begründet werden (IFRS-SMEs verwendet in diesem Zusammenhang den Begriff *investors in equity instruments in their capacity as owners*). Dies schließt nicht aus, dass es auch andere Transaktionen zwischen Anteilseignern und dem berichtenden Unternehmen gibt (zB aus Leistungsbeziehungen). Diese Transaktionen sind jedoch nicht Gegenstand der Regelungen in IFRS-SMEs Abschn. 22.

5 Die nach den Klassifizierungskriterien des IFRS-SMEs Abschn. 22 als **Fremdkapital** einzustufenden Finanzinstrumente sind nach Maßgabe der Regelungen in IFRS-SMEs Abschn. 11 und 12 in einem IFRS-SMEs-Abschluss zu erfassen und darzustellen (vgl. Bömelburg/Landgraf/Pöppel, PIR 2009, 293).

B. Regelungsbereich

6 In IFRS-SMEs Abschn. 22.1 werden die folgenden Bereiche der in diesem Abschnitt enthaltenen Regelungen in Bezug auf Eigenkapitalinstrumente genannt:

(1) Grundlagen zur Abgrenzung von Finanzinstrumenten als Eigen- oder Fremdkapital,
(2) Bilanzierungsregeln für Eigenkapitalinstrumente, die an Personen oder andere Parteien ausgegeben wurden, die als Eigenkapitalgeber (also Eigentümer) fungieren.

Im Mittelpunkt der Bilanzierungsregeln für Eigenkapitalinstrumente stehen also Transaktionen zwischen dem berichtenden Unternehmen und seinen Anteilseignern, die aus dem **Gesellschafterverhältnis** resultieren. Die Unterscheidung zwischen solchen Transaktionen und den übrigen Geschäftsvorfällen des Unternehmens entspricht konzeptionell der Darstellung innerhalb der Eigenkapitalveränderungsrechnung, in der gleichermaßen zwischen Transaktionen mit Anteilseignern aus deren Gesellschafterverhältnis und den übrigen Transaktionen unterschieden wird. Letztere sind in der Eigenkapitalveränderungsrechnung in der Zeile »Gesamtergebnis« zusammenzufassen und innerhalb der Gesamtergebnisrechnung zu erläutern.

7 In manchen Fällen werden Eigenkapitalinstrumente auch dazu genutzt, Lieferanten, Arbeitnehmer oder andere Leistungserbringer des Unternehmens zu bezahlen. Regelungen zu diesen **anteilsbasierten Vergütungen** sind gesondert in IFRS-SMEs Abschn. 26 enthalten und ergänzen insoweit die Vorschriften des IFRS-SMEs Abschn. 22 zu Eigenkapitalinstrumenten.

8 **Ausgenommen vom Regelungsbereich** des IFRS-SMEs Abschn. 22 sind folgende Sachverhalte, für die Sonderregelungen in anderen Abschnitten des Standards existieren:

(1) Anteile an Tochterunternehmen, assoziierten Unternehmen und Gemeinschaftsunternehmen, die nach Maßgabe der Regelungen von IFRS-SMEs Abschn. 9, IFRS-SMEs Abschn. 14 bzw. IFRS-SMEs Abschn. 15 zu bilanzieren sind,
(2) die Rechte und Verpflichtungen eines Arbeitgebers aus leistungsorientierten Versorgungsplänen, für welche die Regelungen von IFRS-SMEs Abschn. 28 einschlägig sind,
(3) Vereinbarungen zu bedingten Gegenleistungen im Rahmen eines Unternehmenszusammenschlusses, die gemäß IFRS-SMEs Abschn. 19 zu bilanzieren sind,
(4) Finanzinstrumente, vertragliche Vereinbarungen und Verpflichtungen im Zusammenhang mit anteilsbasierten Vergütungsregelungen, auf die IFRS-SMEs Abschn. 26 anzuwenden ist. Allerdings sind die Klassifizierungsregelungen in IFRS-SMEs Abschn. 22.3-22.6 auch auf eigene Anteile anzuwenden, die im Rahmen anteilsbasierter Vergütungen vom Unternehmen an Leistungserbringer übertragen werden.

C. Abgrenzung zwischen Fremdkapital- und Eigenkapitalinstrumenten

9 Die Definition des Eigenkapitals als Restgröße der Vermögenswerte eines Unternehmens abzüglich sämtlicher Schulden in IFRS-SMEs Abschn. 22.3 legt zunächst konzeptionell nahe, dass Vermögenswerte und Schulden eindeutig definiert und abgegrenzt werden, um anschließend das bilanzielle **Eigenkapital als Residualgröße** rechnerisch ermitteln zu können. Dies gestaltet sich im Hinblick auf die Vermögenswerte – also die Aktivseite der Bilanz – vergleichsweise unproblematisch. Die Abgrenzung der Vermögenswerte richtet sich nach der allgemeinen Definition in IFRS-SMEs Abschn. 2.17 ff., ergänzt durch die Vorschriften anderer Abschnitte (zB IFRS-SMEs Abschn. 17 für Sachanlagen oder IFRS-SMEs Abschn. 13 für Vorräte). Auf der Passivseite ist dagegen zu unterscheiden zwischen denjenigen Finanzinstrumenten, die definitionsgemäß Schuldcharakter für das Unternehmen haben und solchen, die einen Residualanspruch auf das (anteilige) Nettoreinvermögen des Unternehmens repräsentieren und damit als Eigenkapital einzustufen sind. Bei dieser Unterscheidung ist die **Dauerhaftigkeit der Kapitalüberlassung** das maßgebliche Abgrenzungskriterium zwischen Eigen- und Fremdkapital.

I. Schulden

10 Die Regelungen des IFRS-SMEs Abschn. 22 bezüglich der Abgrenzung von Schulden als Voraussetzung für die rechnerische Bestimmung des Eigenkapitals als Restgröße sind konzeptionell mit denen der IFRS vergleichbar, jedoch im Hinblick auf ihren Umfang und Detaillierungsgrad deutlich weniger ausgeprägt. Der als Erleichterung für kleine und mittlere Unternehmen

gedachte **geringere Regelungsumfang** bei gleichzeitiger Übernahme der Eigenkapitalkonzeption der IFRS führt in vielen Fällen zu Regelungslücken im Detail und damit zur Interpretationsnotwendigkeit durch den Bilanzierenden. Nach der Normenhierarchie in IFRS-SMEs Abschn. 10.5 sind bei Auslegungsfragen zunächst vergleichbare Normen sowie die allgemeinen Bilanzierungs- und Bewertungsregeln in IFRS-SMEs Abschn. 2 heranzuziehen. Ein Rückgriff auf Regelungen der IFRS ist nach IFRS-SMEs Abschn. 10.6 möglich, aber nicht verpflichtend. Gerade in Bezug auf die Regelungen zur Abgrenzung von Eigen- und Fremdkapital scheint eine Berücksichtigung der Regelungen der IFRS (hier insbesondere IAS 32) in Zweifelsfällen sinnvoll zu sein.

11 Bei der Definition von Schulden greift IFRS-SMEs Abschn. 22.3 auf die Regelungen in IFRS-SMEs Abschn. 2.39 f. zurück, wonach eine Schuld eine **derzeitige Verpflichtung** des Unternehmens darstellt, die aus einem **vergangenen Ereignis** resultiert und deren Erfüllung voraussichtlich mit einem **Abfluss von Ressourcen** mit einem wirtschaftlichen Nutzen verbunden sein wird (vgl. IFRS-SMEs-Komm., Teil B, Abschn. 2, Tz. 71 ff.). Wesentliches Merkmal ist das Bestehen einer gesetzlichen, vertraglichen oder wirtschaftlichen Verpflichtung gegenüber einem Dritten, deren Erfüllung zu einem Abfluss von Vermögenswerten führen wird. Zu den Schulden zählen sowohl Rückstellungen als auch Verbindlichkeiten.

12 Nach IFRS-SMEs Abschn. 21.1 iVm. 21.4 sind **Rückstellungen** (*provisions*) solche Schulden, die der Höhe oder der Fälligkeit nach unsicher sind. Voraussetzung für den Ansatz ist eine zuverlässige Schätzung der Höhe dieser Verpflichtung (IFRS-SMEs Abschn. 21.4(c)). Eine **sonstige Schuld** (*liability*) besteht in Abgrenzung zu Rückstellungen dann, wenn sie dem Grund, der Höhe sowie der Fälligkeit nach (quasi-)sicher ist. Zu einer **finanziellen Verbindlichkeit** führt nach der Definition des Glossars zu IFRS-SMEs jeder Vertrag bzw. jedes Finanzinstrument, der bzw. das eine Verpflichtung zur Übertragung von Barmitteln oder anderen finanziellen Vermögenswerten auf einen Dritten oder zum Tausch von Finanzinstrumenten mit einem Dritten unter potenziell nachteiligen Bedingungen begründet. Sofern ein Unternehmen eine vertragliche Verpflichtung durch Eigenkapitalinstrumente erfüllen kann, ist sie als finanzielle Verbindlichkeit zu behandeln, sofern die Anzahl der zu übertragenden Eigenkapitalinstrumente mit den Änderungen des Zeitwerts dieser Eigenkapitalinstrumente korreliert, dh. immer dem Betrag der vertraglichen Verpflichtung entspricht. In allen anderen Fällen handelt es sich um eine **sonstige Verbindlichkeit**.

13 Durch die negative Eigenkapitalabgrenzung in IFRS-SMEs Abschn. 22.3 wird eine Zweiteilung der Kapitalgliederung etabliert. Für passivisch auszuweisende Finanzinstrumente ist der **Ausweis als Eigenkapital oder Schuld zwingend**; ein gesonderter Posten zwischen Eigenkapital und Schulden ist somit nicht zulässig. Die Festlegung des Ausweises erfolgt bei der erstmaligen Bilanzierung vorwiegend nach dem wirtschaftlichen Charakter eines Finanzinstruments und nicht nach seiner rechtlichen Ausgestaltung (Grundsatz der wirtschaftlichen Betrachtungsweise, *substance over form*; vgl. IFRS-SMEs Abschn. 2.8). Die Einteilung der Passivseite der Bilanz in Eigenkapital und verschiedene Arten von Schulden kann somit grafisch wie in Abbildung 1 dargestellt veranschaulicht werden.

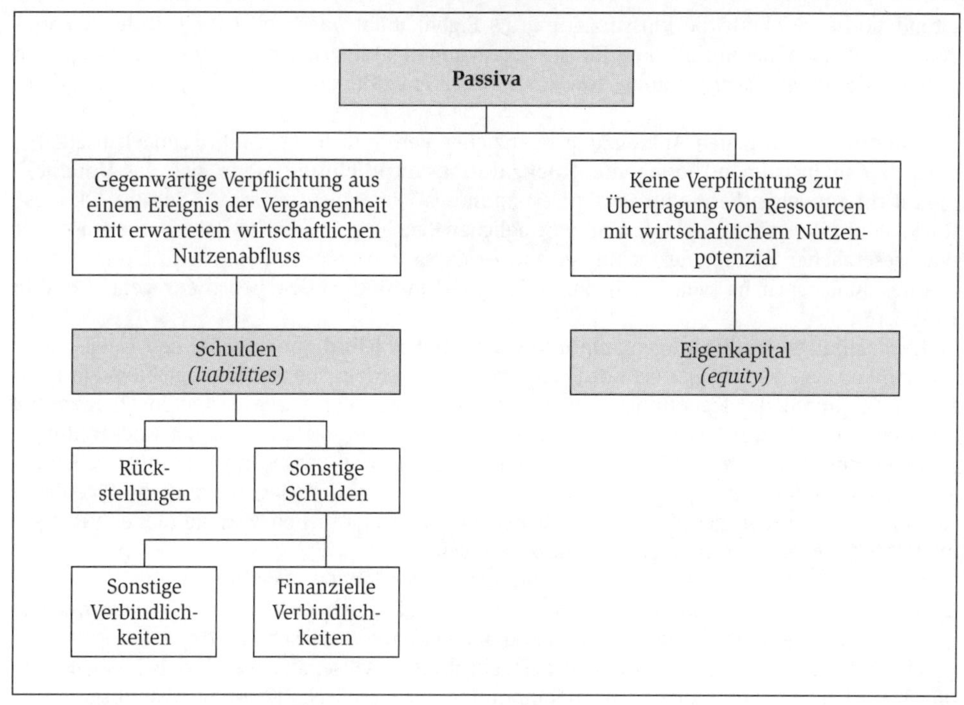

Abb. 1: Einteilung der Passivseite in Schulden und Eigenkapital

14 IFRS-SMEs Abschn. 22.3 ff. befasst sich dem Wortlaut nach mit der Klassifikation von »Instrumenten« als Eigen- oder Fremdkapital. IFRS-SMEs Abschn. 22.4 präzisiert, dass hiermit **Finanzinstrumente** gemeint sind, sodass es sich bei der Abgrenzung von Eigen- und Fremdkapital um eine Frage der Unterscheidung von finanziellen Verbindlichkeiten und Eigenkapitalinstrumenten handelt.

II. Eigenkapitalinstrumente

15 Ungeachtet der grundsätzlichen Negativabgrenzung des Eigenkapitals skizziert der IASB in IFRS-SMEs Abschn. 22.3 eine **wirtschaftliche Interpretation des bilanziellen Eigenkapitals**. Danach umfasst das Eigenkapital die Beteiligung der Anteilseigner an einem Unternehmen, die durch profitable Unternehmensaktivitäten im Fall der Nichtentnahme der wirtschaftlichen Gewinne vergrößert und durch unprofitable Geschäftsaktivitäten reduziert wird. Trotz des wenig operationalen Charakters dieser Beschreibung wird aus der Formulierung deutlich, dass es sich bei Eigenkapital um das den Anteilseignern in ihrer Eigenschaft als Eigentümer zuzurechnende Netto-Reinvermögen des Unternehmens handelt.

16 Aus der Definition des Eigenkapitals als Residualgröße aus der Summe der Vermögenswerte abzüglich sämtlicher Schulden ergibt sich, dass Eigenkapitalinstrumente keine Ausstattungsmerkmale aufweisen dürfen, die zum Ansatz einer Schuld führen würden. In Verbindung mit den Eigenschaften eines Finanzinstruments folgt hieraus, dass sich gegenüber dem Vertragspartner **zu keiner Zeit eine vertragliche Verpflichtung zur Übertragung von Geld oder anderen finanziellen Vermögenswerten** ergeben darf. Bei diesen grundsätzlich nicht kündbaren Eigenkapitalinstrumenten ist eine Rangfolge der Bedienung mit Dividenden und/oder

Liquidationserlösen für die Klassifizierung als Eigenkapital unerheblich (vgl. Kuhn/Scharpf, 2006, 527). Ebenfalls unschädlich für die Eigenkapitalklassifizierung sind Verpflichtungen im Rahmen der Ergebnisverwendung, soweit sie auf einem gültigen Gesellschafterbeschluss beruhen.

17 Aufgrund der formalen Abgrenzung finanzieller Verbindlichkeiten führt zunächst jede bei einem Finanzinstrument bestehende **Rückzahlungsverpflichtung**, derer sich das Unternehmen nicht entziehen kann, zur Qualifizierung dieses Finanzinstruments als **Schuld**. Ob diese Rückzahlungsverpflichtung aufgrund vertraglicher Regelungen oder im Rahmen vertraglicher oder gesetzlicher Kündigungsrechte besteht, ist dabei unerheblich. Somit wird die Definition des Residualanspruchs (vgl. Tz. 9) durch den IASB im IFRS-SMEs ebenso eng gefasst wie in IAS 32.16.

18 Rückzahlungsverpflichtungen aufgrund **vertraglicher Kündigungsrechte** der Anteilseigner können von den Vertragsparteien dispositiv gestaltet werden, sodass eine Eigenkapitalqualifikation der durch die Eigentümer dem Unternehmen zur Verfügung gestellten Finanzmittel dadurch herbeigeführt werden kann, dass ein entsprechender Ausschluss der Rückzahlungsverpflichtung vereinbart wird. Gleichwohl kann im Einzelfall zwischen einer entsprechenden vertraglichen oder satzungsmäßigen Änderung mit der Folge der Klassifikation von Eigenkapital einerseits und den gesellschaftsrechtlichen und wirtschaftlichen Vorteilen eines vertraglichen Kündigungsrechts andererseits abzuwägen sein.

19 Unter bestimmten Voraussetzungen steht den Anteilseignern eines Unternehmens auch ein **gesetzliches Kündigungsrecht** zu, das in vielen Fällen auch nicht durch einzelvertragliche Regelungen ausgeschlossen werden kann. So haben zB die Gesellschafter deutscher Personengesellschaften ein gesetzliches Kündigungsrecht ihres Gesellschaftsanteils nach Maßgabe der §§ 131 f. HGB. Dieses Kündigungsrecht kann durch den Gesellschaftsvertrag zwar ausgestaltet, nicht jedoch vollständig ausgeschlossen werden (vgl. Clemens, in: Beck IFRS-Handbuch, 2009, § 12, Tz. 94). Insoweit handelt es sich bei Einlagen in Personengesellschaften in jedem Fall um kündbare Finanzinstrumente, was grundsätzlich bei enger Auslegung des Begriffs des Residualanspruchs nach IFRS-SMEs Abschn. 22.3 zu einer Klassifikation als finanzielle Verbindlichkeit und damit zu Fremdkapital führen würde, obwohl bei wirtschaftlicher Sichtweise die Kapitalüberlassung aufgrund ihrer Dauerhaftigkeit und im Hinblick auf die mit ihr verbundenen Haftungsfunktion deutliche Charakteristika von Eigenkapital aufweist.

20 Das konzeptionelle Problem, dass **wirtschaftliches Eigenkapital** aufgrund einer nicht abdingbaren Rückzahlungsverpflichtung **als Fremdkapital zu qualifizieren** ist, wurde bereits in der IFRS-Literatur und Bilanzierungspraxis vielfach kritisiert. Dabei war der Kreis der betroffenen Unternehmen unter IFRS-Anwendern noch relativ klein, da es sich idR um kapitalmarktorientierte Kapitalgesellschaften handelt, bei denen Personengesellschaften allenfalls im Rahmen des Konzernabschlusses eine gewisse Rolle spielen. Da sich der IFRS-SMEs jedoch an nicht kapitalmarktorientierte Unternehmen wendet (IFRS-SMEs Abschn. 1.2), die – insbesondere in Deutschland – häufig in der Rechtsform einer Personenhandelsgesellschaft geführt werden, erlangt das Problem der Kapitalabgrenzung eine weitaus größere Tragweite als unter Anwendern der IFRS.

21 Bereits im Zusammenhang mit der Überarbeitung der Eigenkapitalabgrenzung in IAS 32 wurde vom IASB das Problem aufgegriffen, ohne dass allerdings eine grundsätzliche Änderung der Eigenkapitalkonzeption vorgenommen wurde. Vielmehr wurden **Ausnahmetatbestände** für bestimmte kündbare Finanzinstrumente sowie für Instrumente, die einen Anspruch auf eine beteiligungsproportionale Zahlungen im Liquidationsfall gewähren, aufgenommen, sodass diese Finanzinstrumente – bei Vorliegen bestimmter Voraussetzungen – als Eigenkapital eingestuft werden. Diese Vorgehensweise wurde in IFRS-SMEs Abschn. 22 übernommen, indem IFRS-SMEs Abschn. 22.4 bestimmte Finanzinstrumente beschreibt, die zwar grundsätzlich die Charakteristika einer Schuld aufweisen, aufgrund ihrer Funktion bei der Finanzierung des Unternehmens jedoch als Eigenkapital zu klassifizieren sind (vgl. Beiersdorf/Morich, KoR 2009, 10).

III. Ausnahmen für bestimmte Finanzinstrumente

1. Kündbare Finanzinstrumente

22 Die erste Gruppe von Finanzinstrumenten, die grundsätzlich die Voraussetzungen für eine Schuld erfüllen, gleichwohl jedoch im Hinblick auf ihren wirtschaftlichen Gehalt als Eigenkapital klassifiziert werden sollen, bilden kündbare Finanzinstrumente. Dabei handelt es sich gemäß IFRS-SMEs Abschn. 22.4(a) um solche Instrumente,

(1) bei denen der Inhaber das Recht hat, diese an die ausgebende Gesellschaft **zurück zu veräußern** und dafür Finanzmittel oder andere finanzielle Vermögenswerte zu erhalten, oder
(2) die seitens der Gesellschaft **abgelöst oder zurückerworben** werden können, wenn bestimmte unsichere zukünftige Ereignisse eintreten (zB Tod des Anteilseigners).

23 Kündbare Finanzinstrumente iSv. IFRS-SMEs Abschn. 22.4(a) sind als Eigenkapital zu behandeln, wenn die folgenden **Voraussetzungen** kumulativ erfüllt sind:

(1) Bei Liquidation des Emittenten hat der Inhaber des Finanzinstruments einen beteiligungsproportionalen Anspruch auf dessen Nettovermögen,
(2) das Finanzinstrument befindet sich im Vergleich zu den anderen Finanzinstrumenten in der aus rechtlicher Sicht nachrangigsten Klasse; dh. im Falle der Liquidation sind zuerst alle anderen Finanzinstrumente zu bedienen, bevor ein Auszahlungsanspruch aus dem Finanzinstrument entsteht. Es dürfen weder Vorzugsrechte im Verhältnis zu anderen Inhabern vergleichbarer Finanzinstrumente bestehen, noch darf eine vorherige Umwandlung erforderlich sein,
(3) sofern nur eine Klasse von Finanzinstrumenten mit identischen Ausstattungsmerkmalen emittiert wurde (zB alle Instrumente kündbar mit der gleichen Berechnungsformel oder -methode für die Bemessung des Rückkaufwerts), gilt diese als die nachrangigste Klasse,
(4) das Finanzinstrument enthält keine weiteren vertraglichen Ansprüche, Zahlungsmittel oder andere finanzielle Vermögenswerte an eine andere Einheit zu Bedingungen abzugeben, die für den Emittenten unvorteilhaft sind. Ferner darf es sich nicht um einen Vertrag handeln, der durch die Ausgabe von Eigenkapitalinstrumenten des Emittenten erfüllt werden kann,
(5) die gesamten erwarteten Cashflows aus dem Finanzinstrument basieren über dessen Laufzeit im Wesentlichen auf dem erzielten Ergebnis, dh. Gewinnen und Verlusten oder der Veränderung des bilanziellen Nettovermögens oder den beizulegenden Zeitwerten des bilanzierten und nicht bilanzierten Nettovermögens des Emittenten.

24 Betrachtet man das gesellschaftsrechtliche Eigenkapital deutscher Personenhandelsgesellschaften vor dem Hintergrund der vorstehend dargestellten Anforderungen des IFRS-SMEs, so ist festzustellen, dass durch die Ausnahmeregelung des IFRS-SMEs Abschn. 22.4(a) **in vielen Fällen** – zumindest im Jahresabschluss – auch **bilanzielles Eigenkapital** ausgewiesen werden kann (vgl. Beiersdorf/Eierle/Haller, DB 2009, 1556; Weidenhammer, PIR 2008, 218). Die unterschiedliche Außenhaftung von Komplementären und Kommanditisten einer Kommanditgesellschaft ist nicht als Verletzung der Bedingung in IFRS-SMEs Abschn. 22.4(a)(i) zu sehen, da die persönliche Haftung des Komplementärs von der Einlage abgespalten und als gesondertes Finanzinstrument betrachtet wird (vgl. RIC 3.9). Insoweit können auch bei einer KG oder einer GmbH & Co KG die Einlagen der Kommanditisten bei Erfüllung der übrigen Voraussetzungen als Eigenkapital ausgewiesen werden. Auch eine Vergütung für den Komplementär verhindert nach Ansicht des RIC 3.20 nicht die Klassifikation der Einlage als Eigenkapital, unter der Voraussetzung, dass die Vergütung ergebnisunabhängig ausgestaltet ist und einem Fremdvergleich standhält.

25 Gleichwohl verbleiben Fälle, bei denen auch die Regelung des IFRS-SMEs Abschn. 22.4(a) den Ausweis von wirtschaftlichem bzw. gesellschaftsrechtlichem Eigenkapital als bilanzielles Eigenkapital nicht ermöglicht. Dies kann zunächst bei **Abfindungsklauseln** für ausscheidende Gesellschafter der Fall sein. Soweit diese als Buchwertklauseln ausgestaltet sind, kann die Bedingung des IFRS-SMEs Abschn. 22.4(a)(i) verletzt sein, nach der dem Anteilseigner ein beteiligungsproportionaler Anteil am Nettoreinvermögen (zu Zeitwerten) zustehen muss (zur schädlichen Ausgestaltung von Buchwertklauseln vgl. Tz. 30). Schädlich für die Eigenkapitalqualifizierung sind darüber hinaus Zahlungen an Gesellschafter, die nicht vom Gewinn, Änderungen des realisierten Nettovermögens oder Änderungen des beizulegenden Zeitwerts abhängen. Abhilfe kann in diesem Fall durch einen Ausschluss des erfolgsunabhängigen Entnahmerechts der Anteilseigner einer deutschen Personenhandelsgesellschaft im Gesellschaftsvertrag geschaffen werden, was nach § 109 HGB aufgrund des dispositiven Charakters auch möglich ist (vgl. Rückle, IRZ 2008, 232). Unternehmen mit kündbaren Eigenkapitalinstrumenten, die eine Anwendung des IFRS-SMEs in Erwägung ziehen, sollten in jedem Fall bestehende Abfindungsklauseln auf ihre Konformität mit den Anforderungen des IFRS-SMEs Abschn. 22.4(a) überprüfen und diese ggf. anpassen.

2. Rückzahlungsverpflichtungen an Dritte im Liquidationsfall

26 Der in IFRS-SMEs Abschn. 22.4(b) beschriebene zweite Ausnahmefall, durch den Finanzinstrumente, die aufgrund ihrer formalen Ausstattungsmerkmale grundsätzlich als Fremdkapital auszuweisen wären gleichwohl als Eigenkapital klassifiziert werden, betrifft diejenigen Instrumente, die der nachrangigsten Klasse von Finanzinstrumenten des emittierenden Unternehmens angehören und **nur im Fall der Liquidation des Unternehmens** einen **Zahlungsanspruch eines Dritten** auf einen beteiligungsproportionalen Anteil am Nettoreinvermögen bedingen. Während sich die ansonsten gleichlautende Regelung des IFRS-SMEs Abschn. 22.4(a)(i) auf Zahlungsansprüche von Anteilseignern an diese selbst bezieht, werden durch IFRS-SMEs Abschn. 22.4(b) Finanzinstrumente abgedeckt, die im Liquidationsfall zu einer Zahlungsverpflichtung an Dritte führen. Im Hinblick auf die Anforderungen an die Nachrangigkeit bzw. den anteiligen Anspruch am Nettoreinvermögen im Liquidationsfall ergeben sich jedoch keine Änderungen gegenüber den entsprechenden Regelungen zu kündbaren Instrumenten, weshalb insoweit auf die Ausführungen weiter oben (vgl. Tz. 23) verwiesen wird.

27 Die Abgrenzung von Eigen- und Fremdkapital unter Berücksichtigung des Abgrenzungsgrundsatzes und bestimmter, genau abgegrenzter Ausnahmetatbestände in IFRS-SMEs Abschn. 22 kann durch das **Prüfungsschema** in Abbildung 2 dargestellt werden (in Anlehnung an Schmidt, BB 2008, 435):

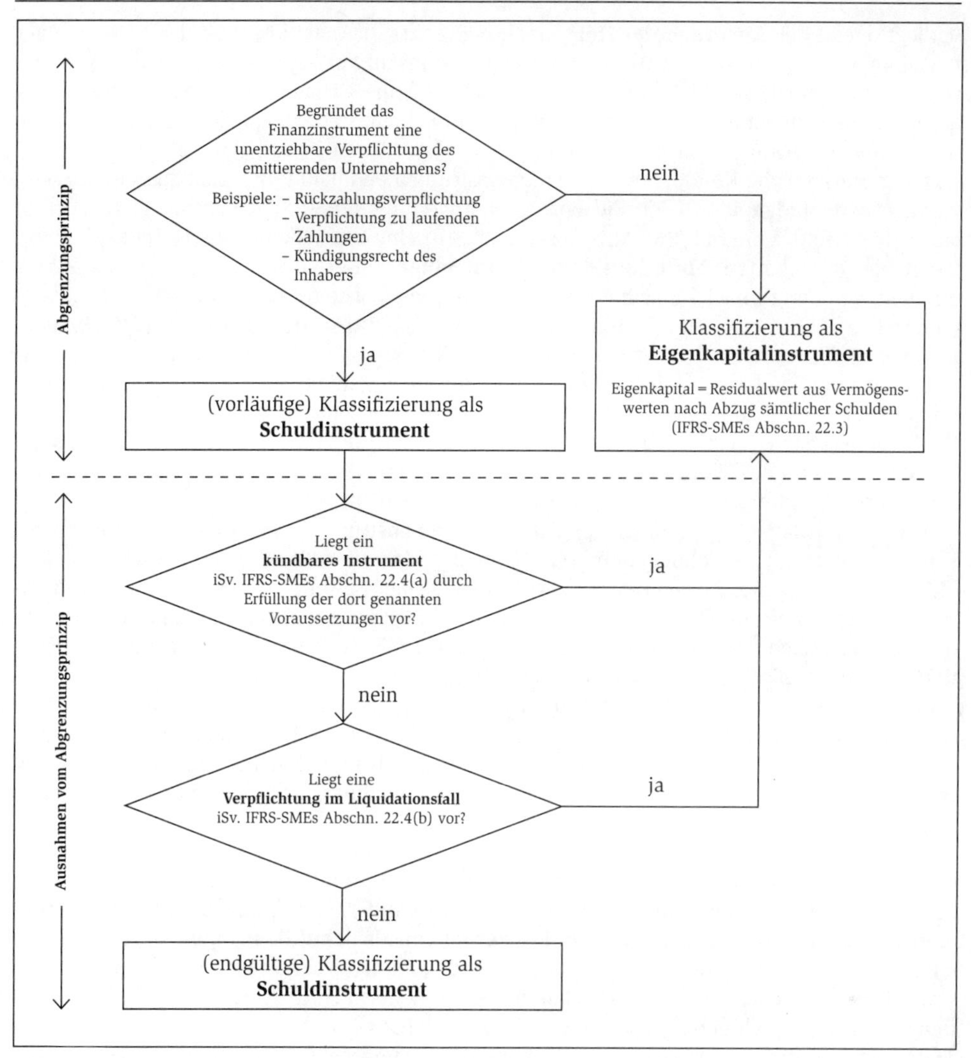

Abb. 2: Prüfschema zur Abgrenzung von Eigen- und Fremdkapital

3. Sonderfälle mit Fremdkapitalcharakter

28 Durch die Übernahme der Eigenkapital-Konzeption der IFRS in den IFRS-SMEs, die durch spezifische Ausnahmeregelungen ergänzt wird, sah sich der IASB veranlasst, ihm wesentlich erscheinende Zweifelsfälle zu erläutern, bei denen nach Ansicht des Board der **Fremdkapitalcharakter** überwiegt, obwohl die Kriterien der Ausnahmetatbestände des IFRS-SMEs Abschn. 22.4 teilweise, jedoch nicht vollständig, erfüllt werden. Im Einzelnen nennt der Standard fünf Beispielfälle, in denen eine Klassifizierung als Fremdkapital vorzunehmen ist.

29 Nach der Ausnahmeregelung des IFRS-SMEs Abschn. 22.4(b) sind Finanzinstrumente, die einen Anspruch auf einen proportionalen Anteil am Nettoreinvermögen eines Unternehmens im Liquidationsfall gewähren, als Eigenkapitalinstrumente zu klassifizieren. IFRS-SMEs Abschn. 22.5(a) stellt indes klar, dass ein Ausnahmefall iSv. IFRS-SMEs Abschn. 22.4 nicht vorliegt, wenn der **Anspruch der Höhe nach begrenzt** ist. Angeführt wird das Beispiel einer Regelung, bei der ein solcher Anspruch im Liquidationsfall auf einen Maximalbetrag begrenzt ist und der übersteigende Betrag an eine gemeinnützige Organisation oder die Regierung gezahlt wird. Die betragsmäßige Begrenzung führt in einem solchen Fall zu der Klassifizierung des gesamten Instruments als Fremdkapital.

30 Die grundsätzliche Kündbarkeit von Finanzinstrumenten allein führt nicht zu einer Klassifizierung als Fremdkapital, wenn die Voraussetzungen des IFRS-SMEs Abschn. 22.4(a) erfüllt sind. Gleichwohl schreibt IFRS-SMEs Abschn. 22.5(b) eine Klassifikation als Fremdkapital vor, wenn die vereinbarten **Abfindungsbeträge auf einer anderen Basis** als nach IFRS-SMEs ermittelt werden (zB nach lokalen Rechnungslegungsvorschriften). Im Zusammenhang mit der identischen Problematik innerhalb der IFRS wurde jedoch darauf hingewiesen (vgl. Weidenhammer, PIR 2008, 214 f.), dass der beizulegende Zeitwert des Unternehmens auch bei Verwendung einer anderen Basis der Abfindung regelmäßig nicht in unangemessener Weise unterschritten wird, da einer solchen Vorgehensweise die einschlägige Rechtsprechung des BGH entgegensteht (vgl. Lüdenbach, in: Lüdenbach/Hoffmann IFRS-Komm., 2009, § 20, Tz. 34). Aufgrund des Wortlauts der Vorschrift dürfte eine vergleichbare Auslegung der Zulässigkeit von Abfindungsvereinbarungen unter IFRS-SMEs nicht zulässig sein.

31 Bei der Klassifizierung als Eigenkapital dürfen Finanzinstrumente nur zu Verpflichtungen des Unternehmens im Liquidationsfall führen. Dementsprechend stellt IFRS-SMEs Abschn. 22.5(c) klar, dass Instrumente, die den Inhaber zum Empfang einer **Zahlung zu einem vor der Liquidation liegenden Zeitpunkt** berechtigen als Fremdkapital einzustufen sind. Darunter fallen sämtliche regelmäßigen und unregelmäßigen Zahlungsverpflichtungen des Unternehmens gegenüber seinen Anteilseignern, denen sich das Unternehmen nicht entziehen kann, wie zB eine Garantiedividende oder Mindestausschüttung. Die Verpflichtung zur Zahlung einer Ausschüttung aufgrund eines entsprechenden Beschlusses der Gesellschaft führt hingegen nicht zu einer Fremdkapitalklassifizierung, da es im Ermessen des Unternehmens liegt, einen solchen Beschluss herbeizuführen. Es besteht insofern keine unbedingte und unentziehbare Verpflichtung für das Unternehmen.

32 In IFRS-SMEs Abschn. 22.5(d) wird deutlich, dass sich die Ausnahmetatbestände des IFRS-SMEs Abschn. 22.4 ausschließlich auf die Ebene des Jahresabschlusses beziehen, indem klargestellt wird, dass ein im Jahresabschluss eines Tochterunternehmens als Eigenkapital klassifiziertes kündbares Finanzinstrument **auf Konzernebene als Schuldinstrument** einzustufen ist. Aufgrund der Technik der Kapitalkonsolidierung kommt dieser Effekt allerdings nur zum Tragen, wenn an einer Tochtergesellschaft in der Rechtsform einer Personengesellschaft neben den Konzernunternehmen noch weitere (Minderheits-)Gesellschafter beteiligt sind. Die Anteile dieser nicht beherrschenden Gesellschafter sind dann – ungeachtet der Klassifikation als Eigenkapital im Jahresabschluss der Gesellschaft – nicht innerhalb des Konzern-Eigenkapitals, sondern im Fremdkapital auszuweisen und entsprechend zu bewerten (hierzu kritisch vgl. Schmidt, BB 2008, 438).

33 Als letztes Beispiel für Finanzinstrumente, die als Fremdkapital einzustufen sind, werden in IFRS-SMEs Abschn. 22.5(e) Vorzugsaktien genannt, die mit einer **Verpflichtung des Unternehmens zum Rückerwerb** zu einem bestimmten Zeitpunkt verbunden sind. Dabei ist es unerheblich, ob der Rückkaufsbetrag bereits zu Beginn oder später festgelegt wird. Entscheidend ist allein die Verpflichtung des Unternehmens zum Rückkauf und die damit verbundene Zahlungsverpflichtung. Dies gilt sogar dann, wenn kein verpflichtender Rückkauf vorgesehen ist und der Anteilseigner lediglich ein Andienungsrecht hat. Denn auch in diesem Fall kann sich das Unternehmen der Rückerwerbsverpflichtung nicht entziehen, sodass die entsprechenden Instrumente als Fremdkapital zu behandeln sind.

34 In IFRS-SMEs Abschn. 22.5 wird explizit klargestellt, dass es sich bei den dargestellten Sachverhalten um Beispiele handelt, die **Aufzählung also keinen abschließenden Charakter** hat. Die Kriterien zur Klassifizierung als Eigen- bzw. Fremdkapital sind also in jedem Einzelfall unter Berücksichtigung der konkreten Ausgestaltung der Finanzinstrumente zu prüfen.

4. Genossenschaftsanteile

Neben Personenhandelsgesellschaften stellen Genossenschaften (*co-operative entities*) eine weitere Unternehmensform dar, bei der die Anteilseigner ein unabdingbares Kündigungsrecht bezüglich der von ihnen gehaltenen Gesellschaftsanteile haben und dementsprechend die Anwendung der grundsätzlichen Eigenkapitalabgrenzung gemäß IFRS-SMEs Abschn. 22.3 zu Problemen führen kann. Gerade im Bereich der nicht kapitalmarktorientierten Unternehmen – und mithin der potenziellen Anwender des IFRS-SMEs – stellen Genossenschaften eine häufige gesellschaftsrechtliche Organisationsform für wirtschaftliche Aktivitäten dar, weshalb der IASB auch für diese Gesellschaftsform eine **Ausnahmeregelung** in Bezug auf die Eigenkapitalabgrenzung in IFRS-SMEs Abschn. 22 aufgenommen hat. Auch diese Regelung entspricht inhaltlich im Wesentlichen den Regelungen des IFRIC 2 für den Eigenkapitalausweis bei Genossenschaften. **35**

Anteile an Genossenschaften sind nach IFRS-SMEs Abschn. 22.6 in zwei Fällen als Eigenkapital zu klassifizieren: **36**

(1) Die Genossenschaft hat das uneingeschränkte Recht, den Rückkauf der Genossenschaftsanteile von einem Anteilseigner zu verweigern.
(2) Eine Rücknahme der Anteile ist aufgrund der lokalen Gesetzgebung, entsprechenden Regulierungsvorschriften oder Satzungsbestimmungen ausgeschlossen.

Beide Voraussetzungen widersprechen den Vorschriften des GenG, sodass die Ausnahmeregelung des IFRS-SMEs Abschn. 22.6 **für deutsche Genossenschaften nicht zum Tragen kommt**. Die jeweiligen Genossenschaftsanteile sind damit idR als Fremdkapital in der Bilanz dieser Genossenschaften auszuweisen.

IV. Anmerkungen zur Eigenkapitalkonzeption

Die Eigenkapitalabgrenzung des IFRS-SMEs folgt konzeptionell sowie hinsichtlich expliziter Sonderregelungen weitestgehend der Vorgehensweise der IFRS. Dies bedingt, dass die Schwächen der IFRS-Regelungen, die Gegenstand der Kritik in der spezifischen Kommentar- und Fachliteratur waren und sind (exemplarisch vgl. Lüdenbach, in: Lüdenbach/Hoffmann IFRS-Komm., 2009, § 20, Tz. 27; Clemens, in: Beck IFRS-Handbuch, 2009, § 12, Tz. 100; Schmidt, BB 2008, 439), auch für die IFRS-SMEs gelten. Diese Schwächen resultieren aus der **konzeptionellen Ausrichtung des Eigenkapitalbegriffs an Kapitalgesellschaften** und führen insbesondere bei Unternehmensformen, bei denen eine Kündigung der Kapitalanteile durch die Anteilseigner möglich ist, zu einem Auseinanderfallen von wirtschaftlichem und bilanziellem Eigenkapital. Im Einzelnen sind insbesondere folgende Punkte kritisch hervorzuheben: **37**

(1) Durch die Kombination von grundsätzlicher Kapitalabgrenzung, basierend auf dem Bestehen einer Zahlungsverpflichtung seitens des Unternehmens, und den Ausnahmeregelungen für kündbare Instrumente und Genossenschaftsanteile sowie für Verpflichtungen in der Liquidation kann der im IFRS-SMEs geregelte Eigenkapitalbegriff nicht als prinzipienorientiert (*principle based*) angesehen werden. Die »Reparaturarbeiten« an IAS 32 und deren Übernahme in IFRS-SMEs Abschn. 22 haben zu einer **konzeptionell unbefriedigenden Kasuistik** geführt.
(2) Durch die Sonderregelung des IFRS-SMEs Abschn. 22.4 wird auch Unternehmen mit kündbaren Instrumenten grundsätzlich ein Eigenkapitalausweis ermöglicht. Allerdings sind in vielen Fällen die restriktiven Voraussetzungen für eine Klassifizierung als Eigenkapital nicht erfüllt, mit der Folge, dass für diese Unternehmen ein **Eigenkapitalausweis weiterhin nicht möglich** ist. Dies gilt insbesondere für einen Teil der Personenhandelsgesell-

schaften sowie für Genossenschaften, die einen bedeutenden Teil kleiner und mittelgroßer Unternehmen in Deutschland ausmachen. Für die betroffenen Unternehmen kann die fehlende Möglichkeit, bilanzielles Eigenkapital ausweisen zu können, uU maßgeblich für die Entscheidung gegen eine Anwendung des IFRS-SMEs sein.

(3) Die Möglichkeit des Ausweises bilanziellen Eigenkapitals für Unternehmen mit kündbaren Instrumenten beschränkt sich auf die Darstellung im Jahresabschluss. Eine entsprechende Möglichkeit für den **Konzernabschluss** wird durch IFRS-SMEs Abschn. 22.5(d) explizit ausgeschlossen. Davon sind insbesondere Konzerne mit Tochtergesellschaften in der Rechtsform einer Personengesellschaft und umfangreichen Minderheitenanteilen betroffen. Die entsprechenden Anteile nicht beherrschender Gesellschafter sind in den betroffenen Konzernabschlüssen als Fremdkapital auszuweisen und zu bewerten.

(4) Die in IFRS-SMEs Abschn. 22.6 vorgesehenen Sonderregelungen für *co-operative entities* sind insbesondere **für deutsche Genossenschaften nicht anwendbar**, da sie gegen gesetzliche Vorgaben verstoßen. Genossenschaftlich organisierte Unternehmen können deshalb idR kein bilanzielles Eigenkapital nach IFRS-SMEs ausweisen.

38 Durch die Ableitung der Regelungen zur Eigenkapitalabgrenzung des IFRS-SMEs aus den Vorgaben der IFRS wird eine Abhilfe für die dargestellten Problembereiche wohl erst nach einer **konzeptionellen Überarbeitung des Eigenkapitalbegriffs** in den IFRS möglich sein (vgl. Janssen/Gronewold, KoR 2010, 78). Ein entsprechendes Projekt ist derzeit beim IASB anhängig. Es ist zu hoffen, dass der IASB sich für eine prinzipiengestützte Eigenkapitalabgrenzung entscheidet, die dann auch – im Zuge des nächsten Überarbeitungszyklusses – Eingang in den IFRS-SMEs finden könnte.

D. Kapitalmaßnahmen

39 Neben den Regelungen zur Abgrenzung von Eigen- und Fremdkapital bilden Vorschriften zur bilanziellen Abbildung von Kapitalmaßnahmen einen weiteren Schwerpunkt von IFRS-SMEs Abschn. 22. Geregelt werden solche Maßnahmen, die unter Verwendung von reinen Eigenkapitalinstrumenten oder hybriden Finanzinstrumenten durchgeführt werden sollen. Während es sich bei den Regelungen zur Kapitalabgrenzung lediglich um Vorschriften zur Darstellung in der Bilanz handelt, werden im Zusammenhang mit Kapitalmaßnahmen auch Vorgaben in Bezug auf die Bewertung der entsprechenden Posten gemacht.

I. Ausgabe von Aktien und anderen Eigenkapitalinstrumenten

40 Die Vorgehensweise bei der Ausgabe von Aktien oder anderen Eigenkapitalinstrumenten ist in IFRS-SMEs Abschn. 22.7 ff. geregelt. Gemeint ist dabei die erstmalige Ausgabe dieser Finanzinstrumente, also Maßnahmen der **erstmaligen Kapitaleinzahlung bzw. Kapitalerhöhung**, die zu einer unmittelbaren Erhöhung des ausgewiesenen bilanziellen Eigenkapitals eines Unternehmens führen. Darüber hinaus sind diese Regelungen auch auf die Ausgabe derivativer Finanzinstrumente mit Eigenkapitalcharakter anzuwenden (hierzu vgl. Tz. 47).

41 Zunächst legt IFRS-SMEs Abschn. 22.7 fest, dass ein Unternehmen, das Aktien oder andere Eigenkapitalinstrumente emittiert, zum Emissionszeitpunkt die entsprechende **Erhöhung innerhalb des Eigenkapitals** zu erfassen hat, wenn die Anteilseigner zu diesem Zeitpunkt zur Zahlung von Finanzmitteln oder anderer Ressourcen an das Unternehmen als Ausgleich für die erhaltenen Finanzinstrumente verpflichtet sind. Die konkrete Form der bilanziellen Erfassung von Eigenkapitalerhöhung und Gegenleistung richtet sich nach den Umständen der Abwicklung der Transaktion. Hierbei werden drei Fälle unterschieden:

(1) Wenn die Eigenkapitalinstrumente emittiert wurden bevor dem Unternehmen dafür Finanzmittel oder andere Ressourcen zugeflossen sind (**ausstehende Einlagen**), ist der ausstehende Betrag in der Bilanz vom Eigenkapital abzusetzen (IFRS-SMEs Abschn. 22.7(a)). Möglich erscheint hier ein offener Abzug in einer Vorspalte oder der Ausweis des Nettobetrags innerhalb des Eigenkapitals. Hingegen ist ein aktivischer Ausweis eines Vermögenswerts für die noch ausstehenden Einzahlungen der Anteilseigner aufgrund des Wortlauts der Regelung ausgeschlossen.
(2) Wenn dem Unternehmen die aus der Emission resultierenden Finanzmittel oder andere Ressourcen vor der Ausgabe der Eigenkapitalinstrumente zugeflossen sind und für das Unternehmen keine Rückzahlungsverpflichtung für die zugeflossenen Beträge besteht, ist eine Erhöhung des Eigenkapitals in Höhe der zugeflossenen Mittel vorzunehmen (IFRS-SMEs Abschn. 22.7(b)). Noch ausstehende Beträge sind wie in (1) beschrieben zu behandeln.
(3) Wurden die zu begebenden Eigenkapitalinstrumente zwar von den (zukünftigen) Anteilseignern gezeichnet, ohne dass jedoch eine Ausgabe der Instrumente erfolgte und das Unternehmen noch keine Gegenleistung erhalten hat, so ist insoweit noch keine bilanzielle Erfassung der Eigenkapitalerhöhung möglich (IFRS-SMEs Abschn. 22.7(c)). Erst wenn entweder die Emission erfolgt ist (Fall (1)) oder das Unternehmen einen Eingang der Gegenleistung zu verzeichnen hat (Fall (2)), ist eine bilanzielle Erfassung der Eigenkapitalerhöhung vorzunehmen.

42 Die Bewertung der ausgegebenen Eigenkapitalinstrumente soll gemäß IFRS-SMEs Abschn. 22.8 in Höhe des **beizulegenden Zeitwerts** (*fair value*) der bereits erhaltenen oder noch zu empfangenden Gegenleistung erfolgen. Im Fall des Erhalts von Finanzmitteln stellt sich dies als unproblematisch dar, da der Nominalwert der Barmittel dem beizulegenden Zeitwert entspricht. Ist eine Zahlung erst später vorzunehmen, so hat der Ansatz mit dem Barwert zu erfolgen, wenn der Abzinsungseffekt nicht unwesentlich ist. Im Einzelfall kann sich die Ermittlung des beizulegenden Zeitwerts bzw. eines daraus abgeleiteten Barwerts bei einer Gegenleistung in Form anderer Ressourcen jedoch schwieriger gestalten. Bei der Ermittlung des *fair value* von Finanzinstrumenten als Gegenleistung ist dabei die Ermittlungshierarchie des IFRS-SMEs Abschn. 11.27 zu berücksichtigen. Inwieweit die Vorgehensweise nach IFRS-SMEs Abschn. 10.5(a) auch auf die Bestimmung der *fair values* anderer Vermögenswerte anzuwenden sein kann, ist im Einzelfall zu entscheiden.

43 Aufwendungen, die unmittelbar im Zusammenhang mit der Ausgabe von Eigenkapitalinstrumenten anfallen (**Eigenkapitalbeschaffungskosten**), sind nicht als Aufwand in der GuV/Gesamtergebnisrechnung zu erfassen, sondern nach IFRS-SMEs Abschn. 22.9 direkt **vom bilanziellen Eigenkapital abzuziehen**. Dagegen sind Aufwendungen im Zusammenhang mit einer Kapitalerhöhung aus Gesellschaftsmitteln oder einer Teilung von Anteilen (vgl. Tz. 50 ff.) aufwandswirksam zu erfassen, da es sich zwar um eine Eigenkapitaltransaktion handelt, diese jedoch nicht zu einem Nettozufluss an Eigenkapital führt (vgl. ADS Int 2002, Abschn. 22, Tz. 97).

44 Im Gegensatz zu IAS 32 gibt IFRS-SMEs Abschn. 22.9 keine Hinweise auf Art und **Umfang der vom Eigenkapital** abzuziehenden Aufwendungen. In IFRS-SMEs Abschn. 22.8 wird lediglich der Begriff der »direkten Ausgabekosten der Eigenkapitalinstrumente« verwendet. Bei der Interpretation dieses Begriffs ist ein Rückgriff auf die IFRS nur bedingt möglich, da die dort genannten Aufwendungen einer Börsenplatzierung von Anteilen aufgrund der Beschränkung des Anwendungsbereichs des IFRS-SMEs auf nicht kapitalmarktorientierte Unternehmen bei den IFRS-SMEs-Anwendern grundsätzlich nicht anfallen können. Damit beschränkt sich der Umfang der vom Eigenkapital zu kürzenden direkten Eigenkapitalbeschaffungsaufwendungen im Wesentlichen auf Register- und andere behördliche Gebühren, Honorare von Rechtsberatern und Wirtschaftsprüfern sowie andere Kosten, die ohne die Eigenkapitalbeschaffung vermieden worden wären. Interne Gemeinkosten wie Personalaufwand sind grundsätzlich nicht abziehbar, da sie nicht unmittelbar zuzurechnen sind (vgl. Lüdenbach, in: Lüdenbach/Hoffman IFRS-Komm., 2009, § 20, Tz. 61; zwischen echten und unechten Gemeinkosten differenzierend vgl. Hüttche/Lopatta, BB 2007, 2450).

45 Der Betrag, um den das Eigenkapital zu reduzieren ist, ist um die mit einer ggf. steuerlichen Abzugsfähigkeit verbundenen **Ertragsteuervorteile** zu mindern (IFRS-SMEs Abschn. 22.9). Sofern bei einer verschobenen Transaktion einzelne Arbeitsergebnisse zukünftig noch genutzt werden können, sind die diesen eindeutig zurechenbaren Aufwendungen durch Abgrenzung erfolgsneutral vorzutragen und im Anhang zu erläutern (vgl. Hüttche/Lopatta, BB 2007, 2452 f.). Aufwendungen für eine nicht durchgeführte Eigenkapitalmaßnahme sind hingegen aufwandswirksam zu erfassen, wenn abzusehen ist, dass die Durchführung unwahrscheinlich geworden ist.

46 Die definitorische Abgrenzung des Eigenkapitals als Residualgröße (vgl. Tz. 9) schließt nicht aus, dass hinsichtlich der bilanziellen Darstellung eine **Untergliederung** durch das Unternehmen vorgenommen wird. Eine solche Untergliederung kann bspw. aufgrund nationaler gesetzlicher Vorschriften erforderlich sein. Dementsprechend weist IFRS-SMEs Abschn. 22.10 darauf hin, dass die Darstellung von Kapitalmaßnahmen innerhalb des Eigenkapitals von den anwendbaren gesetzlichen Regelungen abhängt. Als Beispiel wird die Aufteilung des Erhöhungsbetrags in den Nominalbetrag der ausgegebenen Eigenkapitalinstrumente einerseits und in einen über diesen Nominalwert hinausgehenden Ausgabeaufschlag genannt. Dies entspricht bei deutschen Kapitalgesellschaften der Aufteilung des Erhöhungsbetrags auf die Bilanzposten »Gezeichnetes Kapital« (Nominalbetrag) und »Kapitalrücklage« (Ausgabeaufschlag bzw. Agio). Bei Personenhandelsgesellschaften ist eine solche Aufteilung dagegen nicht vorzunehmen, da dort der Ausweis der Kapitaleinlagen der Gesellschafter auf Gesellschafterkonten vorgenommen wird.

II. Optionen und Bezugsrechte

47 Neben Aktien und vergleichbaren originären Eigenkapitalinstrumenten gelten auch **derivative Finanzinstrumente**, die in eigenen Eigenkapitalinstrumenten des bilanzierenden Unternehmens (also des Emittenten) erfüllt werden nach IFRS-SMEs Abschn. 22.4 als Eigenkapitalinstrumente, da sie über den Bezug des zugrunde liegenden Eigenkapitalinstruments ebenfalls einen Residualanspruch des Anteilseigners auf das Nettoreinvermögen des Unternehmens vermitteln. Entsprechend sind erhaltene Prämien für Stillhalterverpflichtungen bzw. gezahlte Prämien für das Optionsrecht im Eigenkapital zu erfassen. Die Ausgabe solcher derivativen Instrumente – IFRS-SMEs nennt hier beispielhaft Optionen und Bezugsrechte – ist gemäß IFRS-SMEs Abschn. 22.11 nach denselben Grundsätzen zu behandeln wie die Ausgabe originärer Eigenkapitalinstrumente (dh. entsprechende Anwendung der Regelungen in IFRS-SMEs Abschn. 22.7-22.10). Ausnahmen und/oder Sonderregeln für diese Finanzinstrumente wurden vom IASB für entbehrlich gehalten, da derivativen Eigenkapitalinstrumenten bei nicht kapitalmarktorientierten SMEs eine **deutlich geringere Bedeutung** zukommt als bei den (idR kapitalmarktorientierten) Anwendern der IFRS.

48 Derivative Finanzinstrumente sind daher ebenfalls eigenkapitalerhöhend unter analoger Anwendung der Regelungen des IFRS-SMEs Abschn. 22.7 (vgl. Tz. 41) in der Bilanz des Emittenten zu erfassen. Die Bewertung erfolgt zum beizulegenden Zeitwert der dem Unternehmen zufließenden Gegenleistung, ggf. unter Berücksichtigung von Abzinsungseffekten. Direkt zurechenbare Kosten der Ausgabe der derivativen Eigenkapitalinstrumente sind – einschließlich der ggf. zu berücksichtigenden Ertragsteuereffekte – vom Eigenkapital in Abzug zu bringen (analog IFRS-SMEs Abschn. 22.8 f.).

49 Die Erfassung der Eigenkapitalerhöhung in Höhe des *fair value* der erhaltenen Gegenleistung (idR Finanzmittel) erfolgt regelmäßig **in der Kapitalrücklage**, da eine Veränderung der

Anzahl und des Nominalvolumens des gezeichneten Kapitals erst bei Ausübung der Option und dem damit verbundenen Bezug von Anteilen an dem Unternehmen erfolgt. Gleiches gilt für die Ausübung von Bezugsrechten (vgl. Clemens, in: Beck IFRS-Handbuch, 2009, § 12, Tz. 59).

III. Bonusanteile und Teilung von Geschäftsanteilen

50 Kapitalmaßnahmen, die lediglich zu einer **Veränderung der Einteilung oder Stückelung des Eigenkapitals** führen, nicht jedoch dessen Höhe insgesamt beeinflussen, haben aufgrund dessen auch keinen Einfluss auf die Höhe des bilanziell auszuweisenden Eigenkapitals. IFRS-SMEs Abschn. 22.12 nennt hierfür als typische Fälle solcher Kapitalmaßnahmen die Kapitalerhöhung aus Gesellschaftsmitteln und die Teilung von Geschäftsanteilen.

51 Wird bei einer Kapitalgesellschaft eine **Kapitalerhöhung aus Gesellschaftsmitteln** vorgenommen, so werden Gewinnrücklagen in gezeichnetes Kapital umgewandelt, ohne dass sich die Höhe des Eigenkapitals insgesamt verändert. Dementsprechend verlangt auch IFRS-SMEs Abschn. 22.12, dass lediglich eine Umgliederung innerhalb des Eigenkapitals nach Maßgabe der jeweils anzuwendenden gesetzlichen Vorschriften erfolgt. Es handelt sich damit um eine reine Ausweisfrage, die zu keiner Änderung der Bewertung des Eigenkapitals führt. Hinsichtlich des Zeitpunkts der Umgliederung ist für deutsche Kapitalgesellschaften auf den Zeitpunkt der Eintragung in das Handelsregister abzustellen (so auch Clemens, in: Beck IFRS-Handbuch, 2009, § 12, Tz. 47).

52 Bei der **Teilung von Geschäftsanteilen** (bei Aktiengesellschaften auch Aktiensplits genannt) verändert sich weder die Höhe noch die Gliederung des bilanziell auszuweisenden Eigenkapitals. Innerhalb des gezeichneten Kapitals kommt es lediglich zu einer anderen Stückelung der Anteile, sodass sich der Nennwert der einzelnen Anteile reduziert, der Gesamtbetrag des Eigenkapitalpostens jedoch unverändert bleibt. Deshalb führt eine Teilung von Geschäftsanteilen idR nicht zu einer Veränderung des bilanziellen Eigenkapitalausweises. Allerdings sind im Rahmen der Anhangangabepflichten zum Eigenkapital nach IFRS-SMEs Abschn. 4.12 bzw. 4.13 die Auswirkungen der Kapitalmaßnahme zu berücksichtigen.

IV. Wandelanleihen und andere zusammengesetzte Finanzinstrumente

53 Als weitere Finanzierungsform besteht bei Kapitalgesellschaften die Möglichkeit, Schuldinstrumente (Anleihen) zu begeben und diese mit dem Recht der Wandlung dieser Instrumente in Eigenkapitalinstrumente zu verknüpfen. Die zusätzliche Ausstattung mit dem Wandlungsrecht ermöglicht dabei eine geringere Verzinsung der Anleihe während ihrer Laufzeit, führt jedoch auch dazu, dass das Finanzinstrument sowohl Eigenkapital- als auch Fremdkapitalkomponenten aufweist. Mit diesen **zusammengesetzten Finanzinstrumenten** (*compound financial instruments*), deren häufigste Ausprägung die Wandelanleihe ist, befasst sich IFRS-SMEs Abschn. 22.13 ff.

54 Bei zusammengesetzten Finanzinstrumenten ist die vom Unternehmen **erhaltene Gegenleistung aufzuteilen** in einen eigenkapitalbezogenen Teil und einen schuldbezogenen Teil. Nur der eigenkapitalbezogene Teil wirkt sich als Erhöhung des bilanziellen Eigenkapitals aus, der schuldbezogene Teil ist als Fremdkapital auszuweisen und zu bewerten. Die Aufteilung zwischen beiden Komponenten erfolgt nach IFRS-SMEs Abschn. 22.13 in der Weise, dass zunächst die Fremdkapitalkomponente durch das bilanzierende Unternehmen zu ermitteln ist. Der beizulegende Zeitwert dieser Komponente soll nach Auffassung des IASB durch einen

Fremdvergleich mit vergleichbaren Anleihen ohne Wandelrecht ermittelt werden. Der so ermittelte Wert der Fremdkapitalkomponente soll vom Gesamtbetrag der Gegenleistung abgezogen werden, um so den Wert der Eigenkapitalkomponente zu bestimmen. Die in IFRS-SMEs Abschn. 22.13 vorgegebene Aufteilung und Bewertungssystematik nach der **Restwertmethode** lässt sich grafisch veranschaulichen (Abb. 3).

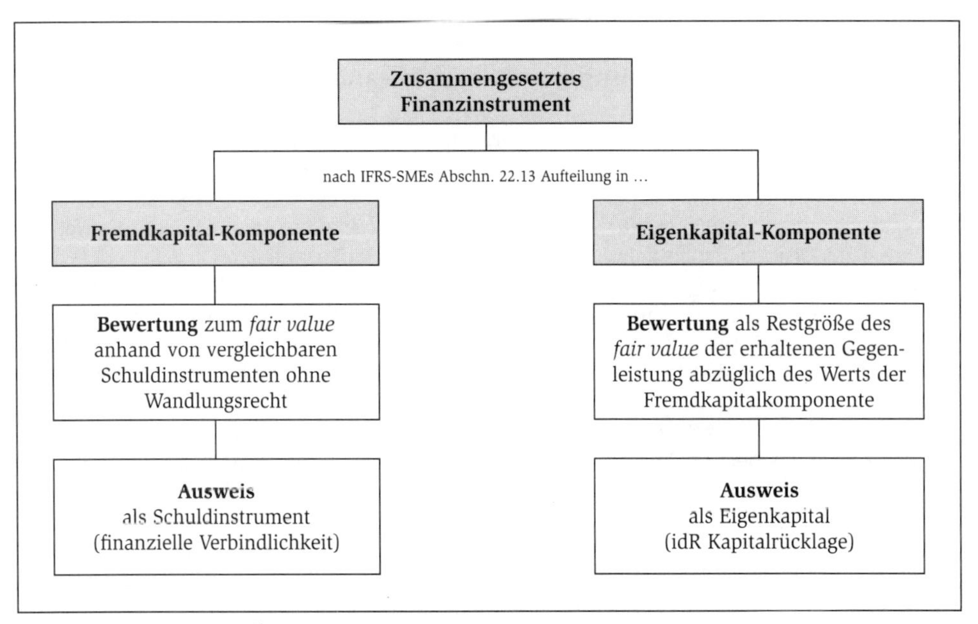

Abb. 3: Aufteilung zusammengesetzter Finanzinstrumente

55 Der vom IASB geforderten Ermittlungs- bzw. Aufteilungssystematik liegt die pragmatische Annahme zugrunde, dass es im Regelfall einfacher ist, den beizulegenden Zeitwert eines Schuldinstruments zu bestimmen als den Wert eines Wandlungsrechts. Dies entspricht auch der für die Wertermittlung zusammengesetzter Finanzinstrumente vorgeschriebenen Vorgehensweise in IAS 32. Anders als bei (idR kapitalmarktorientierten) IFRS-Bilanzierern kann es bei SMEs mitunter **schwierig** sein, den **Marktwert eines Schuldinstruments** zu ermitteln, das kein Wandlungsrecht aufweist, ansonsten jedoch den Ausstattungsmerkmalen des begebenen zusammengesetzten Schuldinstruments entspricht. Dies liegt vor allem daran, dass viele SMEs zur Finanzierung nicht auf den Kapitalmarkt zurückgreifen, sondern ihr Fremdkapital direkt durch eine Bankfinanzierung erhalten. Deshalb ist die Datengrundlage für Schuldinstrumente derselben Risiko- und Ausstattungskategorie in vielen Fällen für ein Unternehmen nur eingeschränkt verlässlich zu ermitteln. Dies führt zu Ermessens- und Schätzungsspielräumen, die der beabsichtigten Objektivierungsfunktion der Vergleichspreisermittlung in IFRS-SMEs Abschn. 22.13 entgegenstehen.

56 **Transaktionsaufwendungen**, die im Zusammenhang mit der Ausgabe zusammengesetzter Finanzinstrumenten stehen, sind nach IFRS-SMEs Abschn. 22.13 der Eigen- und Fremdkapitalkomponente proportional nach Maßgabe der relativen *fair values* der Komponenten zuzurechnen.

57 Die Aufteilung zusammengesetzter Finanzinstrumente ist nach Maßgabe der Verhältnisse und Wertrelationen im Zeitpunkt der Ausgabe der Instrumente vorzunehmen. Nach IFRS-SMEs Abschn. 22.14 ist diese **Aufteilung in den Folgeperioden beizubehalten**, auch wenn sich aufgrund geänderter Rahmenbedingungen zu einem späteren Zeitpunkt eine andere Aufteilung ergeben würde.

58 Die **Folgebilanzierung** der zusammengesetzten Finanzinstrumente beschränkt sich dadurch auf die Fortentwicklung der Fremdkapitalkomponente. Für diese legt IFRS-SMEs Abschn. 22.15 fest, dass sämtliche Unterschiede zwischen der ausgewiesenen Fremdkapitalkomponente und dem späteren tatsächlichen Rückzahlungsbetrag als Zinsaufwand zu erfassen sind. Die Verteilung dieses Zinsaufwands über die Laufzeit des Finanzinstruments erfolgt dabei unter Anwendung der **Effektivzinsmethode**.

59 Zur Illustration dieser Vorgehensweise wurde IFRS-SMEs Abschn. 22 um einen **Anhang** ergänzt, der ein Beispiel zur Aufteilung, Erst- und Folgebilanzierung einer Wandelanleihe enthält. Der IASB weist darauf hin, dass dieser Anhang nicht als verpflichtender Bestandteil des IFRS-SMEs anzusehen ist. Gleichwohl soll er insbesondere die für kleine und mittlere Unternehmen als anspruchsvoll empfundene und bei vielen Unternehmen bisher wenig verbreitete Effektivzinsmethode bei der Bilanzierung von Schuldinstrumenten verdeutlichen. Das vom IASB verwendete Beispiel wird im Folgenden leicht verkürzt wiedergegeben:

Beispiel:
Am 1. Januar 20X5 begibt ein Unternehmen 500 Wandelanleihen. Die zusammengesetzten Finanzinstrumente werden zum Nominalwert von CU 100 (*CU = currency unit*) emittiert und haben eine Laufzeit von fünf Jahren. Transaktionskosten fallen bei der Ausgabe nicht an. Damit ergibt sich ein Emissionsvolumen (= erhaltene Gegenleistung) von CU 50.000. Die Verzinsung der Anleihe erfolgt jährlich nachschüssig mit einem Zinssatz von 4,0 Prozent pa. Jede Wandelanleihe berechtigt den Inhaber zur Wandlung in 25 Stammaktien zu einem beliebigen Zeitpunkt während der Laufzeit. Der beobachtbare Vergleichszinssatz für reine Schuldinstrumente ohne Wandlungsrecht bei ansonsten identischer Ausstattung beläuft sich zum Zeitpunkt der Ausgabe auf 6,0 Prozent pa.
Zum Ausgabezeitpunkt ist eine Trennung in Eigen- und Fremdkapitalkomponente vorzunehmen. Dazu ist zunächst der beizulegende Zeitwert der Fremdkapitalkomponente zu bestimmen. Dieser ergibt sich aus dem Barwert der Verpflichtung unter Berücksichtigung des Marktzinssatzes von 6,0 Prozent. Der sich ergebende Wert ist von der gesamten Gegenleistung abzuziehen, um so den Wert der Eigenkapitalkomponente zu ermitteln.

	CU
Erhaltene Gegenleistung aus der Emission (A)	50.000
Barwert des Anleihekapitals (B)CU 50.000 / $(1{,}06)^5$ =	37.363
Barwert der Zinszahlungen (jährlich nachschüssig für 5 Jahre) (C)	
[(CU 50.000 x 0,04) / 0,06] x [1 - (1 / $1{,}06)^5$] =	8425
Barwert der Fremdkapitalkomponente	
(D) = (B + C)	45.788
Barwert der Eigenkapitalkomponente (Residualgröße A - D)	4212

Das emittierende Unternehmen bucht damit zum Emissionszeitpunkt wie folgt:

Liquide Mittel	CU 50.000	an	Finanzielle Verb.	CU 45.788
			Eigenkapital	CU 4212

Da der Barwert der Eigenkapitalkomponente als eine Verringerung der Fremdkapitalkomponente wirkt, die über die Laufzeit durch eine entsprechende Aufzinsung an den Rückzahlungsbetrag herangeführt wird, kann auch wie folgt unsaldiert gebucht werden:

Liquide Mittel	CU 50.000	an	Finanzielle Verb.	CU 50.000
Finanzielle Verb.	CU 4212		Eigenkapital	CU 4212

Nach der erstmaligen Erfassung ist die finanzielle Verbindlichkeit unter Anwendung der Effektivzinsmethode fortzuschreiben. Der Unterschiedsbetrag zwischen der erhaltenen Gegenleistung (CU 50.000) und der zum Emissionszeitpunkt ausgewiesenen finanziellen Verbindlichkeit (CU 45.788) ist demnach wie folgt über die Laufzeit der Wandelanleihe bis zum 31.12.20X9 zu erfassen:

in CU	(a) **Zinszahlung**	(b) **Gesamt-Zinsaufwand** 6% x (e)	(c) **Amortisation der Differenz** (b) – (a)	(d) **Verbleibende Differenz** (d) – (c)	(e) **Finanzielle Verbindlichk.** 50.000 – (d)
01.01.20X5	-	-	-	4212	45.788
31.12.20X5	2000	2747	747	3465	46.535
31.12.20X6	2000	2792	792	2673	47.327
31.12.20X7	2000	2840	840	1833	48.167
31.12.20X8	2000	2890	890	943	49.057
31.12.20X9	2000	2943	943	0	50.000
Summe	10.000	14.212	4212		

Tab. 1: Beispiel Anwendung der Effektivzinsmethode bei zusammengesetzten Finanzinstrumenten

Aus der vorstehenden Tabelle ergeben sich die Daten für die Buchung zum 31.12.20X5 wie folgt:

Zinsaufwand	CU 2747	an	Finanzielle Verb.	CU 747
			Liquide Mittel	CU 2000

Die Aufzinsung der finanziellen Verbindlichkeit in den folgenden Perioden bis zu ihrem Rückzahlungsbetrag von CU 50.000 ermittelt sich analog zu der Vorgehensweise in 20X5.

V. Umwandlung von Fremd- in Eigenkapital

60 Die Umwandlung von Fremdkapitalinstrumenten in Eigenkapital (*dept-equity-swap*) ist eine Kapitalmaßnahme, die insbesondere bei drohender Insolvenz des Schuldners **im Rahmen eines Sanierungskonzepts** durchgeführt wird. Damit soll zum einen der Zinsaufwand und der damit verbundene Mittelabfluss aus der unbedingten Zahlungsverpflichtung für Fremdkapitalinstrumente reduziert werden. Zum anderen sollen durch eine Verbesserung der Bilanzstruktur (Reduzierung des bilanziellen Verschuldungsgrads bzw. Verbesserung der Eigenkapitalquote) die Finanzierungsmöglichkeiten des Unternehmens verbessert werden (vgl. Clemens, in: Beck IFRS-Handbuch, 2009, § 12, Tz. 55).

61 Die rechtliche Umsetzung dieser Maßnahme erfolgt idR durch eine **Kapitalherabsetzung mit anschließender Kapitalerhöhung**, wobei der Gläubiger seine Forderung als Sacheinlage einbringt. Die Einbringung der bisherigen Forderung erfolgt dabei entweder durch Übertragung der Forderung auf den Gläubiger (wobei diese dann durch Konfusion entfällt) oder durch einen

Erlassvertrag nach § 387 BGB (ausführlich zu rechtlichen Rahmenbedingungen und Gestaltungsmöglichkeiten vgl. Redecker, BB 2007, 673 f.).

62 Die IFRS-SMEs enthalten – ebenso wie die IFRS – keine spezifischen Regelungen zur Bilanzierung der Umwandlung von Fremd- in Eigenkapital. Konzeptionell sind jedoch **zwei Buchungsmöglichkeiten** denkbar:

(1) Die neu auszugebenden Anteile werden im Rahmen der Verbuchung der Kapitalerhöhung mit dem Buchwert der Schulden zum Zeitpunkt der Umwandlung in Eigenkapital bewertet.
(2) Die Schulden werden zunächst in der GuV auf den beizulegenden Zeitwert zum Zeitpunkt der Umwandlung wertberichtigt und anschließend mit dem neuen Buchwert in Eigenkapital umgewandelt.

Während beide Alternativen dieselben Auswirkungen auf das Eigenkapital des Schuldners insgesamt haben, unterscheiden sie sich hinsichtlich der Auswirkungen auf die Struktur des Eigenkapitals, da im zweiten Fall der Wertanpassungseffekt in der GuV erfasst wird.

63 Die unterschiedlichen Buchungsalternativen lassen sich anhand des folgenden Beispiels verdeutlichen:

Beispiel:
Eine nicht börsennotierte Aktiengesellschaft hat mit ihrer Hausbank einen Darlehensvertrag über ein Nominalvolumen von CU 10 Mio. geschlossen. Das Darlehensverhältnis beginnt am 1.1.20X1, ist endfällig und hat eine Laufzeit von 6 Jahren. Aufgrund wirtschaftlicher Schwierigkeiten des Schuldners stimmt die Gläubigerbank zum 31.12.20X4 einer Umwandlung des Darlehens in Eigenkapital zu. Die im Rahmen der Kapitalherabsetzung mit anschließender Kapitalerhöhung auszugebenden Aktien haben einen Nominalwert von CU 7 Mio. Dies entspricht auch dem beizulegenden Wert dieser Anteile. Die Kapitalmaßnahme kann bei dem Schuldnerunternehmen wie folgt erfasst werden:

Alternative 1: Erhöhung des Eigenkapitals um CU 10 Mio. mit gleichzeitiger Ausbuchung des Darlehens in Höhe von ebenfalls CU 10 Mio.

Alternative 2: Zunächst Reduzierung der Schuld um CU 3 Mio. durch Buchung in der GuV mit anschließender Umwandlung der verbleibenden Restschuld von CU 7 Mio. in Eigenkapital.

64 Unter Berücksichtigung der handelsrechtlichen Vorgehensweise ist für deutsche Bilanzierende nach der hier vertretenen Ansicht die zweite Alternative zu präferieren. Da handelsrechtlich der Wert der Sacheinlage maximal den beizulegenden Zeitwert des Darlehens zum Zeitpunkt der Umwandlung erreichen kann, ist somit regelmäßig ein Ertrag in Höhe der Differenz zwischen Buchwert und Zeitwert der Schulden zu erfassen. Anschließend kann der Restbuchwert der Schuld in Eigenkapital umgewandelt werden (vgl. Kuhn/Scharpf, 2006, 252 f.).

E. Sonderfragen des Eigenkapitalausweises

I. Eigene Anteile

65 Der Erwerb **eigener Anteile** (treasury shares) ist bei Unternehmen in der Rechtsform einer Kapitalgesellschaft möglich. Die konkreten Voraussetzungen eines solchen Erwerbs sind für deutsche Aktiengesellschaften in den §§ 71 bis 71e, 93 Abs. 3 Nr. 3 AktG und für eine GmbH

in den §§ 33, 43 Abs. 3 GmbHG geregelt. Da eigene Anteile Eigenkapitalinstrumente des Unternehmens darstellen und weder als finanzielle Vermögenswerte oder Schulden noch als Sicherungsinstrumente einzustufen sind, ist nach IFRS-SMEs Abschn. 22.16 das Eigenkapital unmittelbar um den Zeitwert der abgegebenen Gegenleistung (= Anschaffungskosten der eigenen Anteile) zu mindern. Dies gilt auch dann, wenn dadurch das Eigenkapital im Konzern negativ wird, zB weil es aufgrund früherer Verrechnungen von Geschäfts- oder Firmenwerten mit Gewinnrücklagen gemindert und diese in Folge der Ausübung des Wahlrechts nach IFRS-SMEs Abschn. 35.10 im Zuge der Erstanwendung der IFRS-SMEs nicht rückgängig gemacht wurden.

66 Der Abzugsbetrag für eigene Anteile ist nach IFRS-SMEs Abschn. 4.12(a)(vi) im Anhang anzugeben und die Veränderung des Eigenkapitals in der Eigenkapitalveränderungsrechnung darzustellen. Die **Art und Weise der Verrechnung** wird durch IFRS-SMEs Abschn. 22.16 nicht festgelegt, sodass unter Berücksichtigung der IFRS-Bilanzierungspraxis die nachfolgend dargestellten **drei zulässigen Methoden** der Verrechnung möglich erscheinen (vgl. Epstein/Jermakowicz, 2010, 696 ff.):

(1) Verminderung des Eigenkapitals in Höhe der Anschaffungskosten durch einen gesonderten Posten (sog. *cost method* oder *one-line adjustment*),
(2) Verrechnung des Nennwerts der erworbenen Anteile mit dem gezeichneten Kapital sowie des ursprünglichen Agios mit der Kapitalrücklage. Ein ggf. verbleibender Restbetrag zu den Anschaffungskosten wird von jenen Gewinnrücklagen abgezogen, die keinen Verwendungsrestriktionen unterliegen (sog. *par value method*),
(3) Verrechnung des Nennwerts der erworbenen Anteile mit dem gezeichneten Kapital. Eine ggf. verbleibende Differenz zu den Anschaffungskosten wird nach Ermessen des Unternehmens unter Beachtung der gesellschaftsrechtlichen Beschränkungen mit den übrigen Eigenkapitalposten verrechnet (sog. *constructive retirement method* oder modifizierte *par value method*).

67 Bei einem Rückkauf eigener Anteile sind auch ggf. innerhalb des Eigenkapitals für die ursprüngliche Emission dieser Anteile bilanziell berücksichtigten **Eigenkapitalbeschaffungskosten** anteilig zu korrigieren (hierzu ausführlich vgl. Clemens, in: Beck IFRS-Handbuch, 2009, § 12, Tz. 81).

68 Eine **erneute Veräußerung** der zurückerworbenen Anteile ist, wie alle anderen Transaktionen mit eigenen Anteilen, nach IFRS-SMEs Abschn. 22.16 nicht anders darzustellen als die erstmalige Ausgabe. Dementsprechend handelt es sich auch bei der Wiederveräußerung um einen Vorgang der ausschließlich innerhalb des Eigenkapitals darzustellen ist und die GuV bzw. Gesamtergebnisrechnung nicht beeinflusst. Wurde bei der Verrechnung der Anteile die *cost method* (vgl. Tz. 66) angewendet, so ist der gesonderte Posten um den Ausgabekurs der verkauften eigenen Anteile zu mindern. Unterschreitet der Veräußerungserlös die ursprünglichen Anschaffungskosten der eigenen Anteile ist zum Zeitpunkt des Verkaufs zum Ausgleich des gesonderten Postens zunächst die Kapitalrücklage anteilig aufzulösen. Sollte danach immer noch ein Unterschiedsbetrag verbleiben, so ist dieser mit den Gewinnrücklagen zu verrechnen. In jedem Fall ist zu gewährleisten, dass der gesonderte Posten bei vollständigem Verkauf der eigenen Anteile komplett aufgelöst wird. Wurden eigene Anteile zu unterschiedlichen Zeitpunkten und/oder Kursen erworben, können die Anschaffungskosten der veräußerten eigenen Anteile nach der Durchschnittsmethode oder einem anderen sachgerechten Verbrauchsfolgeverfahren ermittelt werden (vgl. IDW RS HFA 9, Tz. 44).

69 Insgesamt ist festzuhalten, dass die Behandlung eigener Anteile in IFRS-SMEs Abschn. 22 grundsätzlich derjenigen der IFRS entspricht. Aufgrund der unterschiedlichen Rechtsformen und der fehlenden Kapitalmarktorientierung kleiner und mittlerer Unternehmen ist die Bedeutung der Regelungen bezüglich des Ausweises eigener Anteile jedoch deutlich geringer als bei IFRS-Anwendern.

II. Ausschüttungen an Anteilseigner

Während Zahlungen im Zusammenhang mit Finanzinstrumenten, die als Fremdkapital klassifiziert wurden, grundsätzlich aufwandswirksam in der Periode des Mittelabflusses zu erfassen sind, werden Ausschüttungen an Anteilseigner – also Zahlungen auf Eigenkapitalinstrumente – nach IFRS-SMEs Abschn. 22.17 **direkt vom Eigenkapital abgezogen**. Die Gewinnverwendung berührt somit die GuV bzw. Gesamtergebnisrechnung des berichtenden Unternehmens nicht. Nach dem Bilanzstichtag vorgeschlagene oder beschlossene Dividenden auf Eigenkapitalinstrumente dürfen nach IFRS-SMEs Abschn. 32.8 zum Bilanzstichtag weder als Rückstellungen noch als Verbindlichkeiten bilanziert werden; eine phasengleiche Gewinnvereinnahmung bei Kapitalgesellschaften ist damit ausgeschlossen. Statt dessen wird ein Ausweis des Dividendenbetrags als gesonderter Bestandteil des Ergebnisvortrags zum Ende der Berichtsperiode vom IASB vorgeschlagen. **70**

Bei der nach IFRS-SMEs Abschn. 22.17 vorgeschriebenen Vorgehensweise sind ggf. durch die Ausschüttung verursachte **Ertragsteuereffekte** mit einzubeziehen. Solche Effekte können sich ergeben, wenn die Ausschüttung an die Anteilseigner einem anderen (idR niedrigeren) Ertragsteuersatz unterliegt als die Thesaurierung der Ergebnisse (vgl. IFRS-SMEs-Komm., Teil B, Abschn. 29, Tz. 87). Durch die Ausschüttung kommt es dann zu einer Ertragsteuergutschrift, die bei der Kürzung des Eigenkapitals gegenläufig zu berücksichtigen ist. Hinsichtlich der Bilanzierung einzubehaltender Steuern auf Ausschüttungen wird auf die Regelungen des IFRS-SMEs Abschn. 29.26 verwiesen. Dort wird klargestellt, dass es sich bei Steuern, die für Anteilseigner einzubehalten und abzuführen sind, um einen Teil der Gewinnausschüttung handelt und diese Steuern dementsprechend ebenfalls direkt vom Eigenkapital in Abzug zu bringen sind. **71**

Werden im Rahmen von Ausschüttungen in Ausnahmefällen keine Finanzmittel an die Anteilseigner gezahlt, sondern erhalten diese stattdessen andere Vermögenswerte, so stellt sich zusätzlich zur Frage des bilanziellen Ausweises auch die Frage der Bewertung der ausgegebenen Vermögenswerte. Bei den sog. **Sachdividenden** ist nach IFRS-SMEs Abschn. 22.18 zunächst die aus dem Ausschüttungsbeschluss resultierende Verbindlichkeit mit dem beizulegenden Zeitwert der an die Gesellschafter zu übertragenden nicht finanziellen Vermögenswerte zu bewerten. In den Folgeperioden ist zu jedem Berichtszeitpunkt sowie zum Zeitpunkt der Erfüllung der Sachdividende die Bewertung der Verbindlichkeit zu prüfen und ggf. anzupassen, wobei diese Anpassung ebenfalls direkt gegen das Eigenkapital als Anpassung des Ausschüttungsbetrags zu verrechnen ist. Entsprechend ist bei der Darstellung in der Eigenkapitalveränderungsrechnung zu verfahren. Bei Erfüllung der Sachdividende ist dann ein möglicher Unterschiedsbetrag zwischen dem bisher ausgewiesenen Buchwert der übertragenen Vermögenswerte und dem Buchwert der Verbindlichkeit als Buchgewinn oder -verlust erfolgswirksam zu erfassen (vgl. *Heintges/Kroner/Urbanczik*, KoR 2009, 496 f.). **72**

F. Anteile nicht beherrschender Gesellschafter im Konzern

Im Konzernabschluss sind Anteile nicht beherrschender Gesellschafter (Minderheitsgesellschafter, *non-controlling interest*) gemäß IFRS-SMEs Abschn. 9.20 iVm. IFRS-SMEs Abschn. 4.2(q) als **gesonderter Posten innerhalb** des **Konzerneigenkapitals** auszuweisen. In diesem Posten sind neben dem Kapitalanteil der nicht beherrschenden Gesellschafter auch das anteilige, auf diese Gesellschafter entfallende Konzernergebnis, die anteiligen Währungsumrechnungsdifferenzen sowie die übrigen anteiligen Posten des sonstigen Ergebnisses zu erfassen, soweit sie den nicht beherrschenden Gesellschaftern zuzurechnen sind. **73**

74 Dagegen ist das im Einzelabschluss eines Tochterunternehmens in der Rechtsform einer Personenhandelsgesellschaft ausgewiesene kündbare Eigenkapital (vgl. Tz. 23 ff.) im Konzernabschluss des Konzernmutterunternehmens als **Fremdkapital** auszuweisen, soweit es auf nicht beherrschende Gesellschafter an dem Tochterunternehmen entfällt. Zur Begründung wird angeführt, dass eine **Liquidationshierarchie** innerhalb des Konzerns zu beachten ist, bei der die Tochterunternehmen zeitlich vor dem Mutterunternehmen zu liquidieren sind. Deshalb können Anteile von nicht beherrschenden Gesellschaftern das zur Eigenkapitalqualifikation bei kündbaren Instrumenten erforderliche Nachrangigkeitskriterium des IFRS-SMEs Abschn. 22.4(a)(ii) nicht erfüllen. Die Bewertung der Anteile nicht beherrschender Gesellschafter von Tochtergesellschaften in der Rechtsform einer Personengesellschaft erfolgt demzufolge mit dem Anspruch bei fiktiver Ausübung des Kündigungsrechts.

75 **Transaktionen zwischen Mehrheits- und Minderheitsgesellschaftern**, die zu einer Erhöhung bzw. Verringerung der im Eigenkapital auszuweisenden Anteile der nicht beherrschenden Gesellschafter führen, sind nach IFRS-SMEs Abschn. 22.19 als reine Eigenkapitaltransaktionen zu behandeln, solange sich nichts am Beherrschungsverhältnis über das Tochterunternehmen verändert. In diesem Fall handelt es sich lediglich um einen Tausch zwischen Anteilseignern untereinander, aus dem weder ein Gewinn noch ein Verlust resultieren kann, der in der GuV bzw. Gesamtergebnisrechnung des Konzerns zu erfassen wäre (vgl. Kirsch, IRZ 2010, 122). Bei einer solchen Veränderung der Beteiligungsverhältnisse zwischen den beherrschenden und nicht beherrschenden Gesellschaftern ist der Eigenkapitalposten der nicht beherrschenden Gesellschafter so anzupassen, dass er die neuen Beteiligungsverhältnisse wiedergibt. Ein bei der Transaktion ggf. entstehender Unterschiedsbetrag zwischen dem Anpassungsbetrag des Postens der nicht beherrschenden Gesellschafter und eines an diese Gesellschafter gezahlten Betrags ist den beherrschenden Anteilseignern zuzurechnen und dementsprechend direkt mit dem Konzern-Eigenkapital zu verrechnen (idR in der Kapitalrücklage). IFRS-SMEs Abschn. 22.19 stellt darüber hinaus klar, dass eine Transaktion zwischen Anteilseignern nicht zu einer Anpassung der Wertansätze der Vermögenswerte und Schulden des Tochterunternehmens im Konzernabschluss führt.

76 Im Rahmen von Unternehmenszusammenschlüssen iSv. IFRS-SMEs Abschn. 19 übernehmen in manchen Fällen Mitglieder der Unternehmensleitung des erworbenen Tochterunternehmens Anteile oder behalten Alt-Gesellschafter Anteile, die sie erst zu einem späteren Zeitpunkt an das erwerbende Mutterunternehmen veräußern wollen bzw. können. Die Bilanzierung solcher **erworbener Call-Optionen** (*minority interest call options*) oder **geschriebener Put-Optionen** (*minority interest put options*), die sich auf die verbleibenden Anteile nicht beherrschender Gesellschafter beziehen, als Eigenkapitalinstrumente erfolgt grundsätzlich entsprechend der Bilanzierung vergleichbarer Optionen für eigene Anteile des Mutterunternehmens, dh. wenn die Voraussetzungen für die Existenz eines Eigenkapitalinstruments vorliegen (vgl. Tz. 15 ff.; zu *minority options* vgl. Clemens, in: Beck IFRS-Handbuch, 3. Aufl. 2009, § 12, Tz. 120).

77 Führen Transaktionen zwischen beherrschenden und nicht beherrschenden Gesellschaftern hingegen dazu, dass das bisherige Beherrschungsverhältnis nicht weiter besteht, so handelt es sich nicht mehr um eine reine Eigenkapitaltransaktion. Vielmehr ist im Falle der **Beendigung des Beherrschungsverhältnisses** ein Ausscheiden des bisherigen Tochterunternehmens aus dem Konsolidierungskreis in Form einer Entkonsolidierung nach den Regelungen in IFRS-SMEs Abschn. 9.18 vorzunehmen (hierzu vgl. IFRS-SMEs-Komm., Teil B, Abschn. 9, Tz. 104 ff.).

G. Vergleich mit IFRS und HGB

78 Die Regelungen zur Abgrenzung und Bilanzierung von Eigenkapitalinstrumenten in IFRS-SMEs Abschn. 22 wurden aus IAS 1 und IAS 32 abgeleitet (vgl. *derivation table* des IFRS-SMEs). Dabei stimmen die meisten Regelungen inhaltlich vollständig, mitunter sogar wörtlich, mit denjenigen in IAS 32 überein. Demgegenüber weichen die deutschen handelsrechtlichen Regelungen, insbesondere hinsichtlich der Abgrenzung von Eigen- und Fremdkapital aufgrund eines abweichenden Eigenkapitalkonzepts von den Regelungen des IFRS-SMEs ab.

Im Einzelnen ergibt eine Gegenüberstellung der wichtigsten Regelungen nach IFRS-SMEs, IFRS und HGB das folgende Bild:

Regelung	IFRS (IAS 1, IAS 32)	IFRS-SMEs	HGB
Anwendungsbereich	Abgrenzung und Darstellung von Finanzinstrumenten, in diesem Zusammenhang auch Klassifizierung von Finanzinstrumenten in Eigen- und Fremdkapital	Klassifizierung von Finanzinstrumenten in Eigen- und Fremdkapital, Bilanzierung von Transaktionen mit Anteilseignern, die aus dem Gesellschafterverhältnis begründet sind.	Keine entsprechende Abgrenzung
Definition von (finanziellen) Schulden	Eine Schuld ist eine gegenwärtige Verpflichtung des Unternehmens zur Abgabe von Ressourcen mit ökonomischem Nutzen aufgrund eines vergangenen Ereignisses. Finanzielle Schulden resultieren aus dem Vorliegen einer vertraglichen Verpflichtung zur Abgabe von flüssigen Mitteln oder anderer finanzieller Vermögenswerte.	Eine Schuld ist eine gegenwärtige Verpflichtung des Unternehmens zur Abgabe von Ressourcen mit ökonomischem Nutzen aufgrund eines vergangenen Ereignisses. Keine explizite Definition finanzieller Schulden, sondern Hinweis, dass Finanzinstrumente die Schuldendefinition erfüllen können.	Die Definition von Schulden ist kein Abgrenzungskriterium in Bezug auf das Eigenkapital, da dieses nicht als Residualgröße definiert ist.
Abgrenzung von Eigenkapital im Grundsatz	Residualgröße, die nach Abzug der finanziellen und nicht-finanziellen Schulden von den bilanzierten Vermögenswerten verbleibt.	Residualgröße aus bilanzierten Vermögenswerten abzüglich sämtlicher Schulden.	Keine expliziten Regelungen. Nach hM ist auf die Funktion des zur Verfügung gestellten Kapitals abzustellen (materieller Kapitalbegriff). Dabei wird auf die folgenden Funktionen verwiesen, die kumulativ zu erfüllen sind: - Haftungs- und Garantiefunktion - Nachrangigkeit der Kapitalüberlassung - Nachhaltigkeit der Mittelzuführung
Ausnahmeregelungen	Folgende Instrumente sind als Eigenkapital zu klassifizieren, obwohl sie grundsätzlich die Definition einer Schuld erfüllen: - Kündbare Instrumente (bei Vorliegen bestimmter Voraussetzungen)	Folgende Instrumente sind als Eigenkapital zu klassifizieren, obwohl sie grundsätzlich die Definition einer Schuld erfüllen: - Kündbare Instrumente (bei Vorliegen bestimmter Voraussetzungen)	Entfällt

Regelung	IFRS (IAS 1, IAS 32)	IFRS-SMEs	HGB
	- Instrumente, die Ansprüche nur im Liquidationsfall gewähren - Genossenschaftsanteile mit bestimmten Ausstattungs-merkmalen	- Instrumente, die Ansprüche nur im Liquidationsfall gewähren - Genossenschaftsanteile mit bestimmten Ausstattungs-merkmalen	
Ausgabe von Eigenkapitalinstrumenten	Erhöhung des Eigenkapitals um den beizulegenden Zeitwert der vom Anteilseigner erbrachten oder zu erbringenden Gegenleistung, Darstellung der Erhöhung nach Maßgabe der anzuwendenden gesetzlichen Vorschriften.	Erhöhung des Eigenkapitals um den beizulegenden Zeitwert der vom Anteilseigner erbrachten oder zu erbringenden Gegenleistung, Darstellung der Erhöhung nach Maßgabe der anzuwendenden gesetzlichen Vorschriften.	Erhöhung des Eigenkapitals um den Betrag der erhaltenen Gegenleistung durch die Anteilseigner
Kosten der Ausgabe von Eigenkapitalinstrumenten	Die direkt mit der Ausgabe von Eigenkapitalinstrumenten verbundenen Aufwendungen sind direkt vom Eigenkapital abzuziehen. Dabei sind ggf. aus der steuerlichen Abzugsfähigkeit dieser Aufwendungen resultierende Steuervorteile zu berücksichtigen.	Die direkt mit der Ausgabe von Eigenkapitalinstrumenten verbundenen Aufwendungen sind direkt vom Eigenkapital abzuziehen. Dabei sind ggf. aus der steuerlichen Abzugsfähigkeit dieser Aufwendungen resultierende Steuervorteile zu berücksichtigen.	Die Kosten der Eigenkapitalausgabe sind nach Maßgabe der ertragsteuerlichen Regelungen auch handelsrechtlich als Aufwand der Periode zu erfassen.
Zusammengesetzte Finanzinstrumente	Trennungspflicht in Eigen- und Fremdkapitalanteil zum Emissionszeitpunkt. Aufteilung nach Maßgabe der relativen *fair values*, keine spätere Anpassung dieser Aufteilung möglich. Der Unterschiedsbetrag zwischen Fremdkapitalanteil und Rückzahlungsbetrag der Schuld ist über die Laufzeit als Zinsaufwand unter Verwendung der Effektivzinsmethode zu erfassen.	Trennungspflicht in Eigen- und Fremdkapitalanteil zum Emissionszeitpunkt. Aufteilung nach Maßgabe der relativen *fair values*, keine spätere Anpassung dieser Aufteilung möglich. Der Unterschiedsbetrag zwischen Fremdkapitalanteil und Rückzahlungsbetrag der Schuld ist über die Laufzeit als Zinsaufwand unter Verwendung der Effektivzinsmethode zu erfassen.	Keine expliziten Regelungen. Wandelschuldverschreibungen sind bis zur Umwandlung in Eigenkapital als Fremdkapital zum Rückzahlungsbetrag zu bilanzieren. Eine Aufteilung in Komponenten wird nicht vorgenommen. Der Zinsaufwand bemisst sich nach der Nominalverzinsung und ist Aufwand der Perioden der Laufzeit bzw. bis zur Wandlung.
Eigene Anteile	Kürzung des beizulegenden Zeitwerts der für den Erwerb eigener Anteile aufgewendeten Gegenleistung vom bilanziellen Eigenkapital. Ein Gewinn oder Verlust aus einer späteren Wiederveräußerung ist ebenfalls direkt im Eigenkapital zu verrechnen.	Kürzung des beizulegenden Zeitwerts der für den Erwerb eigener Anteile aufgewendeten Gegenleistung vom bilanziellen Eigenkapital. Ein Gewinn oder Verlust aus einer späteren Wiederveräußerung ist ebenfalls direkt im Eigenkapital zu verrechnen.	Offene Absetzung des Nennbetrags der erworbenen Anteile vom gezeichneten Kapital, Verrechnung eines Unterschiedsbetrags mit den frei verfügbaren Rücklagen. Bei Wiederveräußerung ist die Kürzung des gezeichneten Kapitals und der frei verfügbaren Rücklagen entsprechend rückgängig zu machen, ein übersteigender Betrag ist in die Kapitalrücklage einzustellen.

Regelung	IFRS (IAS 1, IAS 32)	IFRS-SMEs	HGB
Ausschüttungen an Anteilseigner	Ausschüttungen sind in der Periode des Mittelabflusses vom Eigenkapital abzuziehen. Dabei sind ggf. Steuervorteile mit einzubeziehen, die sich aus unterschiedlichen Steuersätzen für ausgeschüttete und thesaurierte Gewinne ergeben. Steuern auf Ausschüttungen, die vom Unternehmen einzubehalten und abzuführen sind, stellen einen Teil der Ausschüttung dar und sind deshalb in die Kürzung des Eigenkapitals einzubeziehen.	Ausschüttungen sind in der Periode des Mittelabflusses vom Eigenkapital abzuziehen. Dabei sind ggf. Steuervorteile mit einzubeziehen, die sich aus unterschiedlichen Steuersätzen für ausgeschüttete und thesaurierte Gewinne ergeben. Steuern auf Ausschüttungen, die vom Unternehmen einzubehalten und abzuführen sind, stellen einen Teil der Ausschüttung dar und sind deshalb in die Kürzung des Eigenkapitals einzubeziehen.	Ausschüttungen kürzen das Eigenkapital im Zeitpunkt des Gewinnverwendungsbeschlusses. Steuern auf Ausschüttungen, die vom Unternehmen einzubehalten und abzuführen sind, stellen einen Teil der Ausschüttung dar und sind deshalb in die Kürzung des Eigenkapitals einzubeziehen.
Anteile nicht beherrschender Gesellschafter	Anteile nicht beherrschender Gesellschafter im Konzern sind als separater Posten im Eigenkapital auszuweisen. Anteile nicht beherrschender Gesellschafter mit kündbaren Instrumenten sind im Konzernabschluss immer als Fremdkapital auszuweisen.	Anteile nicht beherrschender Gesellschafter im Konzern sind als separater Posten im Eigenkapital auszuweisen. Anteile nicht beherrschender Gesellschafter mit kündbaren Instrumenten sind im Konzernabschluss immer als Fremdkapital auszuweisen.	Anteile von Minderheitsgesellschaftern im Konzern sind als separater Posten innerhalb des Eigenkapitals auszuweisen.
Transaktionen zwischen beherrschenden und nicht beherrschenden Anteilseignern	Transaktionen zwischen Gesellschaftern ohne Änderung der Beherrschungsverhältnisse (Anteilsverkäufe an oder Anteilskäufe von nicht beherrschenden Gesellschaftern) sind als reine Eigenkapitaltransaktionen darzustellen. Aus diesen Transaktionen ist kein Gewinn oder Verlust in der GuV bzw. Gesamtergebnisrechnung zu erfassen. (Regelung in IAS 27 bzw. IFRS 3).	Transaktionen zwischen Gesellschaftern ohne Änderung der Beherrschungsverhältnisse (Anteilsverkäufe an oder Anteilskäufe von nicht beherrschenden Gesellschaftern) sind als reine Eigenkapitaltransaktionen darzustellen. Aus diesen Transaktionen ist kein Gewinn oder Verlust in der GuV bzw. Gesamtergebnisrechnung zu erfassen.	Keine expliziten Regelungen. Nach dem Einheitsgrundsatz sind die aus diesen Transaktionen zu- bzw. abfließenden Beträge direkt im Eigenkapital zu erfassen (analog Kapitalerhöhung mit Agiozahlung, Kapitalrückzahlung).

Abschnitt 23
Erlöse
(Revenue)

Jens Brune

Inhaltsverzeichnis

Schrifttum

Beiersdorf/Eierle/Haller, DB 2009, 1549; *Beiersdorf/Morich,* KoR 2009, 1; *Bischof/Doleczik,* in: Baetge/Wollmert/Kirsch/Oser/Bischof, Rechnungslegung nach IFRS (IFRS-Komm.), 2. Aufl., Stuttgart 2006, IAS 18; *Fischer,* PIR 2009, 242; *Hoffmann,* in: Lüdenbach/Hoffmann IFRS-Kommentar, 7. Aufl., § 4; *IFRS Foundation,* Training Material for the IFRS for SMEs, Module 23 – Revenue, London 2010; *Janssen/Gronewold,* KoR 2010, 75; *Kirsch/Koelen,* in: MünchKommBilR, München 2009, IAS 10; *Kirsch,* IRZ 2010, 119; *KPMG,* Insights into IFRS, 6. Aufl., London 2009/2010; *Kuhner,* in: Münchener Kommentar BilanzR, München 2009, IAS 18; *Loitz,* DB 2008, 249; *Leker/Mahlstedt/Kehrel,* KoR 2008, 379; *Riese,* in: Beck'sches IFRS-Handbuch, 3. Aufl., München 2009, § 9; *Scheinpflug,* in: Beck'sches IFRS-Handbuch, 3. Aufl., München 2009, § 5; *Schlüter,* in: Beck'sches IFRS-Handbuch, 3. Aufl., München 2009, § 15; *Simlacher/Schurbohm-Ebeneth,* KoR 2009, 389; *Winkeljohann/Morich,* BB 2009, 1630; *Zülch/Hoffmann/Siggelkow,* KoR 2010, 40.

A. Anwendungsbereich

1 Erlöse sind der Ausgangspunkt jeder unternehmerischen Leistungsermittlung. Dabei geht es einerseits um die **Höhe der zu realisierenden Erlöse** und andererseits um den **Zeitpunkt der jeweiligen Erlösrealisation**. Deshalb regelt IFRS-SMEs Abschn. 23 den Realisationszeitpunkt von Umsatzerlösen und anderen Erträgen im Einzel- und Konzernabschluss und damit indirekt auch über die Höhe und Verteilung der Gesamterträge im Zeitablauf. Die bereits in IFRS-SMEs Abschn. 2.27 ff. sowie IFRS-SMEs Abschn. 2.41 kodifizierten allgemeinen Realisierungsgrundsätze erfahren durch IFRS-SMEs Abschn. 23 eine Konkretisierung.

2 Erlöse (*revenue*) werden in IFRS-SMEs Abschn. 2.25 als Ertrag (*income*) aus der **gewöhnlichen Geschäftstätigkeit** eines Unternehmens definiert. Unter den Oberbegriff *Erlöse* sind dabei Verkaufserlöse, Dienstleistungsentgelte, Zinsen, Dividenden, Lizenzerträge und Mieten zu subsumieren. Damit fallen in den unmittelbaren Anwendungsbereich IFRS-SMEs Abschn. 23 lediglich Erlöse aus der gewöhnlichen Geschäftstätigkeit eines Unternehmens. Außerordentliche Aufwendungen und Erträge sind innerhalb der IFRS-SMEs konzeptionell nicht vorgesehen. Dies entspricht der Sichtweise der IFRS, wonach sämtliche Erträge stets im Rahmen der gewöhnlichen Geschäftstätigkeit eines Unternehmens anfallen. Dementsprechend ist eine separate Darstellung von außerordentlichen Erträgen nach IFRS-SMEs Abschn. 5.10 weder in der Gesamtergebnisrechnung bzw. gesonderten Gewinn- und Verlustrechnung noch im Anhang zulässig.

3 IFRS-SMEs Abschn. 23 umfasst daher Regelungen zu den Voraussetzungen und damit für den **Zeitpunkt der Realisation von Erlösen** aus folgenden Bereichen (IFRS-SMEs Abschn. 23.1):

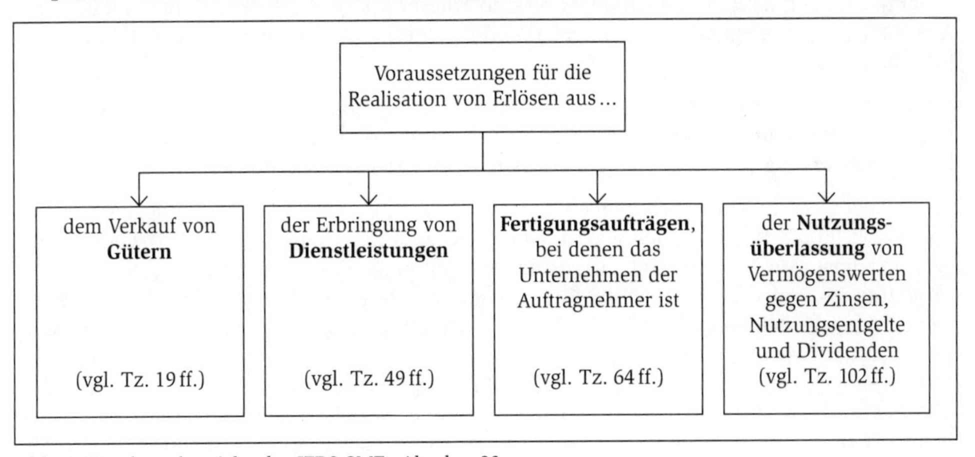

Abb. 1: Regelungsbereiche des IFRS-SMEs Abschn. 23

Anders als die Vorschriften in IAS 18 zur Erlösrealisation wird somit von IFRS-SMEs Abschn. 23 auch die Bilanzierung von Fertigungsaufträgen abgedeckt, so dass ein separater Abschnitt dazu in den IFRS-SMEs nicht vorgesehen ist. Diese Vorgehensweise ist zum einen als Vereinfachung zu sehen. Sie trägt zum anderen auch dem Bestreben des IASB Rechnung, die Vorschriften zur Erlösrealisation auch innerhalb der IFRS in einem Standard zusammenzufassen.

4 Darüber hinaus ergeben sich aus weiteren Abschnitten Einzelregelungen zur Erlösrealisation für die folgenden Sachverhalte, so dass die davon betroffenen Transaktionen **aus dem Anwendungsbereich** von IFRS-SMEs Abschn. 23 **ausgenommen** sind:

(1) Leasingverträge (behandelt in IFRS-SMEs Abschn. 20),
(2) Dividenden oder andere Erträge für Anteile, die nach der Equity-Methode bilanziert werden (behandelt in IFRS-SMEs Abschn. 14 und 15),

(3) Änderungen des beizulegenden Zeitwerts finanzieller Vermögenswerte und finanzieller Verbindlichkeiten bzw. deren Abgang (behandelt in IFRS-SMEs Abschn. 11 und 12),
(4) Änderungen des beizulegenden Zeitwerts von Renditeimmobilien (behandelt in IFRS-SMEs Abschn. 16),
(5) erstmaliger Ansatz und Änderungen des beizulegenden Zeitwerts biologischer Vermögenswerte, die mit landwirtschaftlicher Tätigkeit in Zusammenhang stehen (behandelt in IFRS-SMEs Abschn. 34),
(6) erstmaliger Ansatz landwirtschaftlicher Erzeugnisse (behandelt in IFRS-SMEs Abschn. 34).

Obgleich nicht explizit vom Anwendungsbereich des IFRS-SMEs Abschn. 23 ausgeschlossen, sind bei der Erlösrealisation aus *sale-and-lease-back*-Transaktionen primär die entsprechenden Spezialvorschriften des IFRS-SMEs Abschn. 20.32 ff. anzuwenden.

B. Grundsätze der Erfassung und Bewertung von Erlösen

I. Allgemeine Realisationskriterien

5 Erwirtschaftet ein Unternehmen Erlöse, die in den Anwendungsbereich des IFRS-SMEs Abschn. 23 fallen, ist hinsichtlich der Realisation dieser Erlöse zu prüfen, ob die in IFRS-SMEs Abschn. 2.27 festgelegten allgemeinen Erfassungskriterien erfüllt sind. Danach erfordert die Erlösrealisation,

(1) dass es wahrscheinlich ist, dass ein mit dem Sachverhalt verbundener **künftiger wirtschaftlicher Nutzen** dem Unternehmen zufließen wird, **und**
(2) die **Bewertung** des Sachverhalts **verlässlich** vorgenommen werden kann.

Eine Realisation von Umsatzvorgängen, die signifikanten Unsicherheiten unterliegen, ist somit unzulässig. Ergeben sich jedoch erst zu einem späteren Zeitpunkt begründete Zweifel an der Werthaltigkeit von Erlösen, sind bis zu diesem Zeitpunkt Erlöse nach den Vorschriften des Abschnitts zu realisieren. Bei Eintritt der Ereignisse, die eine Erlösrealisation (teilweise) als nicht mehr wahrscheinlich erscheinen lassen, ist dann eine aufwandswirksame Wertberichtigung vorzunehmen.

6 Diese allgemeinen Vorschriften zur Erlöserfassung (vgl. Kirsch, IRZ 2010, 120) werden in IFRS-SMEs Abschn. 23 durch zusätzlich zu beachtende spezielle Regelungen für die vier unterschiedlichen Transaktionstypen Verkauf von Gütern, Erbringung von Dienstleistungen, Fertigungsaufträge sowie Nutzungsüberlassung von Vermögenswerten ergänzt.

7 Die in IFRS-SMEs Abschn. 23 kodifizierten Erfassungskriterien für Erlöse sind gemäß IFRS-SMEs Abschn. 23.8 grundsätzlich **auf einzelne Geschäftsvorfälle gesondert anzuwenden**. Einige Transaktionen erfordern jedoch die Zerlegung des Gesamtgeschäfts in seine einzeln abgrenzbaren Leistungskomponenten, um auf diese Weise den wirtschaftlichen Gehalt des Geschäftsvorfalls sachgerecht abzubilden (sog. Mehrkomponentenverträge). Demgegenüber kann es bei anderen Transaktionen auch sachgerecht sein, die Erlösrealisationskriterien auf mehrere Geschäftsvorfälle zusammen anzuwenden, sofern diese in einer Art und Weise miteinander verbunden sind, dass die wirtschaftlichen Auswirkungen ohne Bezugnahme auf die Gesamtheit der Geschäftsvorfälle nicht verständlich zu erfassen sind. So kann ein Unternehmen Waren veräußern und gleichzeitig in einer getrennten Absprache einen späteren Rückkauf vereinbaren, der die wesentlichen Auswirkungen des Veräußerungsgeschäfts rückgängig macht. Hierbei sind die beiden Geschäfte zusammen zu behandeln.

8 Im Zusammenhang mit der Abgrenzung von Erlös-Realisationsvorgängen geht IFRS-SMEs Abschn. 23.9 auch auf gewährte **Treueprämien** ein. Erhält ein Kunde bspw. im Zusammenhang mit einem Kauf eine Prämie, die er bei späteren Einkäufen einlösen oder anrechnen lassen kann, so ist diese Prämiengewährung als separat von der eigentlichen Verkaufstransaktion bei dem Veräußerer zu erfassen (vgl. Tz. 48). Obwohl die zugrunde liegende vertragliche Vereinbarung keine Trennung vornimmt, ist die Veräußerung mit Prämiengewährung hinsichtlich der Erlösrealisation als Mehrkomponentenvorgang zu beurteilen. Dies bedeutet, dass die bereits vereinnahmte oder noch zu erhaltende Vergütung mit ihrem beizulegenden Zeitwert auf die beiden Komponenten »Verkaufgeschäft« und »Prämiengewährung« aufzuteilen ist. Der auf die Prämiengewährung entfallende Teil der Vergütung bemisst sich nach dem Preis, der für eine entsprechende Vergünstigung losgelöst von dem Verkaufgeschäft von einem Dritten zu zahlen wäre. In Höhe dieses Betrags ist eine Schuld zu passivieren, bis der Kunde die Prämie zu einem späteren Zeitpunkt einlöst oder anrechnen lässt. Im Ergebnis findet durch die Aufteilung der Gegenleistung zum Veräußerungszeitpunkt eine Erlösrealisation nur in dem Umfang statt, der auf das unmittelbare Absatzgeschäft entfällt. Zu Mehrkomponentengeschäften wird im Übrigen auf die Ausführungen weiter unten (vgl. Tz. 108 ff.) verwiesen.

II. Bewertung von Erlösen

9 Die Bewertung der zu realisierenden Erlöse ist gemäß IFRS-SMEs Abschn. 23.3 mit dem **beizulegenden Zeitwert der erhaltenen oder zu beanspruchenden Gegenleistung** vorzunehmen, wobei durch das Unternehmen gewährte Preisnachlässe, Skonti oder Mengenrabatte zum Abzug zu bringen sind.

10 Werden einem Kunden **Mengen- bzw. Umsatzrabatte in Abhängigkeit von der Höhe eines festgelegten Jahresumsatzes** oder einer bestimmten Jahresmenge gewährt, besteht in der Praxis das Problem, dass bei unterjährigen Bestellungen ggf. später gewährte Rabatte noch nicht verlässlich feststehen. Ist eine verlässliche Schätzung des vollständigen Rabattvolumens nicht möglich, darf der Erlös lediglich unter der Annahme der erwarteten Erlösschmälerung realisiert werden (vgl. Bischof/Doleczik, in: Baetge et al. (Hrsg.), IFRS-Komm., Teil B, IAS 18, Tz. 15; KPMG, Insights into IFRS, 5. Aufl. 2008/2009, 809). In diesen Fällen ist nicht der maximal mögliche Rabatt, sondern der am wahrscheinlichsten zu erzielende Rabatt zugrunde zu legen. Für den Fall, dass sich die zu gewährenden Rabatte verlässlich schätzen lassen, ist die zu erwartende Erlösschmälerung über eine Rückstellung zu Lasten der Erlöse zu erfassen (vgl. Kuhner, in: MünchKommBilR, IAS 18, Tz. 36; ADS Int 2002, Abschn. 4, Tz. 49).

11 **Durchlaufende Posten** wie bspw. Umsatzsteuer oder andere Verkehrsteuern sowie alle anderen Beträge, die im Namen und/oder auf Rechnung Dritter durch das bilanzierende Unternehmen vereinnahmt werden, sind nach IFRS-SMEs Abschn. 23.4 nicht als Erlöse zu erfassen, da sie für das Unternehmen keinen wirtschaftlichen Nutzenzufluss generieren. Gleiches gilt für die im Rahmen von Kommissionsgeschäften an den Auftraggeber weiterzuleitenden Beträge (vgl. KPMG, Insights into IFRS, 6. Aufl. 2009/2010, 859 f.). Einen Erlös stellt lediglich die für das Vermittlungsgeschäft erhaltene Provision dar, da hierbei dem Unternehmen ein wirtschaftlicher Nutzen zufließt.

III. Verzögerte Zahlungen

12 Bei zeitlichen Verzögerungen des Zuflusses der Zahlungsmittel bzw. Zahlungsmitteläquivalente (zB aufgrund langer Zahlungsziele) kann der **beizulegende Zeitwert der Gegenleistung unter dem Nominalwert** der erhaltenen oder zu beanspruchenden Zahlungsmittel liegen. Es

ist deshalb in diesen Fällen zu prüfen, ob der Geschäftsvorfall bzw. die zugrunde liegende Vereinbarung neben einer Sach- oder Dienstleistung auch eine Finanzierungsleistung enthält.

13 Als **Finanzierungsleistung** können in diesem Zusammenhang bspw. die Gewährung eines zinslosen Kredits an den Käufer durch die Gewährung eines längerfristigen Zahlungsziels oder die Akzeptanz eines – gemessen am Marktzins – unterverzinslichen Wechsels für den Verkauf von Gütern angesehen werden. Bei derartigen Sachverhalten liegt der Erlösrealisation zusätzlich zu dem eigentlichen Absatzgeschäft auch ein Finanzierungsgeschäft zugrunde. IFRS-SMEs Abschn. 23.5 legt fest, dass die beiden Geschäfts hinsichtlich der Erlösrealisation separat voneinander zu betrachten sind. Der beizulegende Zeitwert des Entgelts für das Absatzgeschäft bestimmt sich demzufolge anhand des mittels eines kalkulatorischen Zinssatzes abgezinsten Betrags aller künftigen Zahlungen (Barwert). Dieser ist als Umsatzerlös nach IFRS-SMEs Abschn. 23.10 ff. (im Falle eines Güterverkaufs) oder nach IFRS-SMEs Abschn. 23.14 ff. (im Falle einer Dienstleistung) zu vereinnahmen. Der Differenzbetrag zwischen dem Barwert und dem Nominalwert des Entgelts ist gemäß den Regelungen des IFRS-SMEs Abschn. 23.28-29 sowie des IFRS-SMEs Abschn. 11 bezogen auf die Laufzeit als Zinsertrag zu erfassen.

14 Voraussetzung für die Anwendung einer solchen Barwertmethode ist die **Bestimmung eines Zinssatzes**, welcher der Diskontierung der verzögerten Zahlung zugrunde zu legen ist. Da es sich bei der Finanzierungskomponente idR um ein implizites Finanzierungsgeschäft handelt, wird ein Zinssatz regelmäßig nicht vereinbart. Deshalb schlägt IFRS-SMEs Abschn. 23.5 zwei alternative Verfahren zur Zinssatzbestimmung vor:

(1) Abzinsung mit einem Zinssatz, der demjenigen für eine vergleichbare Finanzierung bei einer vergleichbaren Bonität des Schuldners entspricht (**Vergleichszinssatz**).
(2) Abzinsung mit einem Zinssatz, mit dem der Nominalbetrag der Einnahmen auf den gegenwärtigen Barauszahlungspreis für die verkauften Erzeugnisse, Waren oder Dienstleistungen diskontiert wird (**interner Zinsfuß**).

15 Die Wahl des zugrunde zu legenden Zinssatzes ist einzelfallbezogen vorzunehmen, wobei jeweils dasjenige Verfahren zur Anwendung kommen soll, bei dem ein Zinssatz verlässlicher bestimmbar ist. In der **Möglichkeit der Methodenwahl** zur Zinssatzbestimmung, die der IASB den Bilanzierern damit einräumt, ist eine weitere Erleichterung für kleinere Unternehmens gegenüber den rigideren Vorschriften der IFRS zu sehen. Dort hat, sofern ein Kunde un- bzw. unterverzinsliche Finanzierungen erhält, die Diskontierung der zukünftigen Zuflüsse nicht mittels des internen Zinsfußes des Finanzierungsgeschäfts, sondern mit einem adäquaten Marktzinssatz zu erfolgen (vgl. Heuser/Theile, IFRS-Handbuch, 3. Aufl. 2007, Tz. 614; Kuhner, in: MünchKommBilR, IAS 18, Tz. 49). Mit der alternativen Verwendung des internen Zinsfußes wird der Tatsache Rechnung getragen, dass es aus Sicht insbesondere kleiner Unternehmen in einer signifikanten Anzahl von Fällen vergleichbare Markttransaktionen hinsichtlich der Finanzierung nicht oder nur mit unverhältnismäßig hohem Aufwand zu identifizieren wären.

IV. Erlösrealisation bei Tauschgeschäften

16 Einen weiteren Sonderfall der Erlösrealisation stellen Tauschgeschäfte dar, da sich bei ihnen die Bestimmung der Höhe der Leistung und/oder der Gegenleistung mitunter schwierig gestaltet. Nach IFRS-SMEs Abschn. 23.6 ist eine **Erlösrealisatio**n deshalb bei bestimmten Tauschgeschäften **nicht zulässig**. Dabei werden zwei Gruppen von Tauschgeschäften unterschieden:

(1) Tauschgeschäfte, bei denen Güter oder Dienstleistungen gegen gleichartige und gleichwertige Güter oder Dienstleistungen getauscht werden (IFRS-SMEs Abschn. 23.6(a)). Bei derartigen Transaktionen liegt ein Aktivtausch vor und **kein echtes Absatzgeschäft,** das einen Umsatzvorgang beinhaltet, der Grundlage für eine Erlösrealisation sein könnte.

(2) Tauschgeschäfte, bei denen Güter oder Dienstleistungen zwar gegen art- bzw. wertmäßig unterschiedliche Güter oder Dienstleistungen getauscht werden, bei denen es dem Geschäftsvorfall jedoch an **wirtschaftlicher Substanz** fehlt (IFRS-SMEs Abschn. 23.6(b)). Hierunter fallen in der Praxis bspw. Verkaufstransaktionen zum Geschäftsjahresende, die unmittelbar im neuen Geschäftsjahr rückabgewickelt werden. Aus wirtschaftlicher Sichtweise hat in diesen Fällen ebenfalls kein Umsatzvorgang stattgefunden, der eine Erlösrealisation auslösen würde.

17 Eine **Erlösrealisation** aus einem Tauschgeschäft ist demgegenüber nach IFRS-SMEs Abschn. 23.7 **geboten**, wenn Güter oder Dienstleistungen im Rahmen einer Transaktion mit wirtschaftlichem Gehalt gegen art- bzw. wertmäßig unterschiedliche Güter oder Dienstleistungen getauscht werden. Hinsichtlich der Bemessung der Ertragsrealisation gibt IFRS-SMEs Abschn. 23.7(a) bis (c) eine Hierarchie der Wertmaßstäbe vor. Dabei hat sich der zu verbuchende Umsatz vorrangig an dem beizulegenden Zeitwert der erhaltenen Güter oder Dienstleistungen (ggf. angepasst an in diesem Zusammenhang übergegangene Zahlungsmittel oder Zahlungsmitteläquivalente) zu bemessen. Sofern der beizulegende Zeitwert der erhaltenen Vermögenswerte nicht hinreichend verlässlich bestimmt werden kann, ist bei der Erlösrealisation subsidiär der beizulegende Zeitwert der hingegebenen Vermögenswerte (ebenfalls unter Berücksichtigung möglicher Zahlungen) zugrunde zu legen. In Fällen, in denen weder der beizulegende Zeitwert der erhaltenen noch der hingegebenen Vermögenswerte ermittelt werden kann, ist als nachrangigster Wertmaßstab der Buchwert der hingegebenen Vermögenswerte (wiederum unter Berücksichtigung von in diesem Zusammenhang geflossenen Zahlungsmitteln bzw. Zahlungsmitteläquivalenten) bei der Erlösrealisation zugrunde zu legen.

18 Obwohl die Regelungen des IFRS-SMEs Abschn. 23.7 auf die Begriffe der **Gleichartigkeit** und **Gleichwertigkeit** (*similar nature and value*) von getauschten Gütern oder Dienstleistungen Bezug nehmen, enthält IFRS-SMEs Abschn. 23 keine Definition dieser Begriffe. Im Sinne einer Praktikabilität der Begriffe in der Bilanzierungspraxis erscheint es sachgerecht, bei einem Tauschvorgang unter Dritten, der auch wirtschaftlich als Leistungsaustausch einzustufen ist, zunächst von einer Gleichwertigkeit auszugehen, auch wenn verifizierbare Marktpreise für die getauschten Güter oder Dienstleistungen nicht oder nicht vollständig verfügbar sind. Die Gleichartigkeit ist ebenfalls vor dem Hintergrund der beabsichtigten wirtschaftlichen Wirkung des Tauschgeschäfts zu beurteilen. So kann bspw. ein Tausch zur Vermeidung von erheblichen Transportkosten auf eine Gleichartigkeit der getauschten Güter schließen lassen (vgl. Schlüter, in: Beck IFRS-Handbuch, 3. Aufl. 2009, § 15 Tz. 35). Eine solchermaßen eher weite Auslegung der Begriffe Gleichartigkeit und Gleichwertigkeit reduziert tendenziell die Fälle realisationspflichtiger Tauschsachverhalte und trägt damit dem Vereinfachungsgedanken der IFRS-SMEs Rechnung.

C. Erlösrealisation beim Verkauf von Gütern

I. Allgemeines

19 Im Rahmen der Spezifikation der allgemeinen Realisationsprinzipien für bestimmte Erlöse befasst sich IFRS-SMEs Abschn. 23 zunächst mit Umsatzgeschäften aus der Veräußerung von Gütern. Bei der Realisation von Erlösen aus dem Verkauf von Gütern müssen neben den allgemeinen (vgl. Tz. 5) auch spezielle Erfassungskriterien erfüllt sein. Eine **Definition des Begriffs** »Güter« enthält IFRS-SMEs Abschn. 23 nicht, so dass zur Begriffsabgrenzung auf die IFRS Bezug genommen werden kann. Hiernach handelt es sich bei Gütern um Erzeugnisse, die von einem Unternehmen für den Verkauf hergestellt werden oder um Waren, die für den Weiterverkauf erworben wurden (bspw. Handelswaren).

II. Voraussetzungen für die Erlösrealisation beim Verkauf von Gütern

20 Ein Erlös aus dem Verkauf von Gütern gilt gemäß IFRS-SMEs Abschn. 23.10 als realisiert, sofern die folgenden Bedingungen **kumulativ** erfüllt sind:

(1) Bei der Verkaufstransaktion werden die maßgeblichen Chancen und Risiken, die mit dem Eigentum an den verkauften Waren und Erzeugnissen verbunden sind, vom bilanzierenden Unternehmen auf den Käufer übertragen.
(2) Es verbleibt weder ein weiter bestehenden Verfügungsrecht, wie es gewöhnlich mit dem Eigentum verbunden ist, noch eine wirksame Verfügungsmacht über die verkauften Waren und Erzeugnisse beim bilanzierenden Unternehmen.
(3) Die Höhe der Erlöse ist verlässlich bestimmbar.
(4) Ein wirtschaftlicher Nutzenzufluss aus dem Verkauf beim bilanzierenden Unternehmen ist hinreichend wahrscheinlich.
(5) Die bei dem Verkauf angefallenen oder noch anfallenden Kosten können hinreichend zuverlässig bestimmt werden.

21 Bei der Beurteilung der vorstehend genannten Kriterien soll eine **wirtschaftliche Betrachtungsweise** zugrunde gelegt werden. Erfolgt die Veräußerung von Gütern zusammen mit anderen wirtschaftlichen Aktivitäten, die für die Erlösrealisation relevant sind, ist ggf. eine Separierung von Teilgeschäften vorzunehmen, deren Erlöse nicht dem Verkauf von Gütern zuzuordnen sind und damit nicht nach IFRS-SMEs Abschn. 23.10 ff. erfasst werden. So stellen bspw. Transportleistungen im Rahmen von Güterverkäufen grundsätzlich Dienstleistungen dar, deren Erlöse nach IFRS-SMEs Abschn. 23.14 ff. anzusetzen sind. Da jedoch in den meisten Fällen Transportleistungen in Relation zur Gesamtleistung lediglich einen unwesentlichen Teil ausmachen, kann aus Praktikabilitäts- und Wesentlichkeitsgründen auf eine gesonderte Erfassung in vielen Fällen verzichtet werden (vgl. ADS Int 2002, Abschn. 4, Tz. 75). In diesen Fällen erfolgt eine Zuordnung auch der Transporterlöse zu den Verkauferlösen für Güter.

Der Vorgehensweise des IFRS-SMEs Abschn. 23 folgend werden nachstehend die einzelnen Kriterien zur Ertragsrealisation bei Güterveräußerungen näher erläutert.

1. Übertragung von Chancen und Risiken

22 Als erstes die Erlösrealisation bei Gütern auslösendes Kriterium gilt die Übertragung von Chancen und Risiken am Eigentum der Ware von Seiten des Verkäufers auf den Käufer. Bei einer Beurteilung der Erfüllung dieser Bedingung sind nach IFRS-SMEs Abschn. 23.11 die **Gesamtumstände des Verkaufs** zu betrachten. Diese umfassen neben der juristischen vor allem auch eine wirtschaftliche Sichtweise. Im Rahmen einer solchen Betrachtungsweise ist der Übergang von Risiken und Chancen an den Käufer dann erfolgt, wenn sich künftig eintretende Schäden und das Recht, Früchte aus der Nutzung der Sache zu ziehen (usus fructus), in der Verringerung bzw. Erhöhung des Reinvermögens der Käufers und nicht des Verkäufers widerspiegeln (vgl. Kuhner, in: MünchKommBilR, IAS 18, Tz. 63). Die Übertragung von Chancen und Risiken setzt des Weiteren voraus, dass der Verkäufer vor der Veräußerung der Waren die Stellung des wirtschaftlichen Eigentümers angenommen hat. So agiert der Verkäufer im Rahmen von Kommissionsgeschäften lediglich als Vermittler zwischen seinem Auftraggeber und dem Käufer und ist nicht in der Stellung des wirtschaftlichen Eigentümers der Ware mit der Folge, dass er keine Erlöse aus dem Verkauf der Ware, sondern lediglich aus seiner Vermittlungsprovision zu realisieren hat.

23 Eine Übertragung der Chancen und Risiken fällt zumeist mit der **rechtlichen Eigentumsübertragung** oder dem Besitzübergang auf den Käufer zusammen (IFRS-SMEs Abschn. 23.11).

Dies ist regelmäßig bspw. bei Verkäufen im Bereich des Einzelhandels der Fall. In anderen Fällen kann sich die Übertragung der Chancen und Risiken aber zu einem von der rechtlichen Eigentumsübertragung oder dem Besitzübergang abweichenden Zeitpunkt vollziehen. In Deutschland wird die Übertragung von Chancen und Risiken durch die Regelungen zum Übergang von Nutzen und Lasten im bürgerlichen Recht determiniert.

24 Bei einem **Kauf- oder Werkvertrag** erfolgt der Übergang der Nutzen und Lasten gemäß § 446 BGB (Kaufvertrag) bzw. § 651 BGB (Werkvertrag) im Zeitpunkt der Übergabe des entsprechenden Gegenstands vom Verkäufer an den Käufer. Eine formale Abnahme ist idR nicht erforderlich. Erfolgt die Übergabe durch den (auftragsgemäßen) Versand eines Dritten, so findet der Übergang nach § 447 BGB mit der Auslieferung des Gegenstands an den Dritten statt. Wird die Übergabe einer Ware durch ein Übergabesurrogat ersetzt, so ist der Zeitpunkt der Übergabe, und damit auch der Erlösrealisation, durch den Zeitpunkt der Vereinbarung des Surrogats bestimmt, das die Übergabe ersetzt. Übergabesurrogate finden sich regelmäßig in der Form von Besitzmittlungsverhältnissen (zB Verwahrungsvereinbarungen).

25 Befindet sich der Abnehmer in einem **Annahmeverzug** hinsichtlich des Gegenstands des Kauf- oder Werkvertrags, so lassen sich zwei Fälle unterscheiden:

(1) Ist das Vorliegen des Annahmeverzugs unstreitig, so liegt nach § 446 BGB gleichwohl ein Übergang der Chancen und Risiken vor, so dass die Voraussetzungen für eine Erlösrealisation erfüllt sind.
(2) Ist das Vorliegen des Annahmeverzugs hingegen zwischen Käufer und Verkäufer streitig, so kommt eine Erlösrealisation aufgrund der Unsicherheit bezüglich einer endgültigen Annahme in vielen Fällen nicht in Betracht.

26 Bei einem **Kauf auf Probe** wird der Zeitpunkt der Erlösrealisation durch die Billigung des Kaufgegenstands durch den Käufer determiniert. Alternativ dazu ist in solchen Fällen eine Realisation vorzunehmen, wenn eine vereinbarte Rückgabefrist abgelaufen ist, ohne dass der Käufer den Kaufgegenstand innerhalb dieser Frist zurückgegeben hat (IFRS-SMEs Abschn. 23A.5).

27 Manche Verträge sehen **Teillieferungen** einer insgesamt festgelegten Gesamtleistungsmenge vor. In diesen Fällen folgt die Erlösrealisation aufgrund des sukzessiven Übergangs der Chancen und Risiken grundsätzlich den einzelnen Teillieferungen. Besteht zwischen den Gegenständen der einzelnen Teillieferungen jedoch ein Funktionszusammenhang und trägt der Verkäufer das Gesamtfunktionsrisiko, so kommt der Verkäufer seiner Leistungspflicht erst dann vollständig nach, wenn alle Komponenten geliefert wurden und zusammen funktionieren. Eine Erlösrealisation kann deshalb frühestens zu dem Zeitpunkt erfolgen, an dem nur noch ein unwesentliches Risiko hinsichtlich der Gesamtfunktionsfähigkeit besteht.

28 Die veräußerte Ware befindet sich in manchen Fällen zum Zeitpunkt des Verkaufs **nicht im Warenbestand des Verkäufers**. Dies kann daran liegen, dass der Herstellungsprozess noch nicht abgeschlossen ist oder dass ein Dritter mit der Herstellung und Lieferung der Ware betraut wurde. Hat der Veräußerer gleichwohl bereits Zahlungen des Kunden erhalten, so stellt sich die Frage nach dem Realisationszeitpunkt hinsichtlich der gezahlten Beträge. IFRS-SMEs Abschn. 23 enthält hierzu keine expliziten Regelungen. Es erscheint jedoch sinnvoll, die Grundsätze aus IAS 18.A4 analog anzuwenden. Hiernach sind Erlöse aus dem Veräußerungsvorgang beim Verkäufer erst dann zu realisieren, wenn eine Auslieferung an den Kunden stattgefunden hat. Bei Warenlieferungen durch Dritte im Auftrag des Verkäufers ist darüber hinaus die Frage zu beurteilen, ob der Veräußerer nicht lediglich als Vertreter des Dritten auftritt. In diesem Fall handelt es sich bei dem gezahlten Kaufpreis nicht um einen Umsatzerlös aus einem Güterverkauf iSv. IFRS-SMEs Abschn. 23.10 ff., sondern ggf. um eine Vermittlungsleistung nach IFRS-SMEs Abschn. 23.14 ff. (zu Zwischenhändlern vgl. ADS Int 2002, Abschn. 4, Tz. 126-130).

29 Verbleiben **wesentliche Eigentumsrisiken** auf Seiten des Verkäufers, ist nach IFRS-SMEs Abschn. 23.12 keine Umsatzerfassung zulässig. Beispielhaft werden die folgenden Sachverhalte genannt, in denen der Verkäufer maßgebliche Risiken und Chancen zurückbehält:

(1) Das Unternehmen übernimmt Verpflichtungen aus der Schlechterfüllung, die über die geschäftsüblichen Garantie- und Gewährleistungsverpflichtungen hinausgehen.
(2) Der Erhalt eines bestimmten Verkaufserlöses ist von den Erlösen aus dem Weiterverkauf der Waren oder Erzeugnisse durch den Käufer abhängig.
(3) Die Lieferung von Gegenständen einschließlich Aufstellung und Montage, wobei diese Leistungen einen wesentlichen Vertragsbestandteil darstellen, der vom Verkäufer noch nicht erbracht wurde.
(4) Die Wahrscheinlichkeit der Inanspruchnahme eines im Kaufvertrag vereinbarten Rücktrittsrechts kann vom Verkäufer nicht eingeschätzt werden.

30 Der Verbleib **unwesentlicher Eigentumsrisiken** beim Verkäufer führt hingegen nicht zu einer Einschränkung der Umsatzrealisation (IFRS-SMEs Abschn. 23.13). Dies ist bspw. dann der Fall, wenn sich der Verkäufer zur Sicherung seiner Forderungen das rechtliche Eigentum an den verkauften Gegenständen vorbehält. Ebenfalls ist der Übergang von maßgeblichen Eigentumsrisiken gegeben, wenn Rückgaberechte vorliegen, wie sie typischerweise im Einzelhandel auftreten. Ein Erlös ist in diesem Fall unter der Bedingung zu erfassen, dass der Verkäufer die Wahrscheinlichkeit der Rückgabe auf der Grundlage von historischen Daten hinreichend genau bestimmen kann, so dass beim bilanzierenden Unternehmen eine entsprechende Rückstellung in Übereinstimmung mit IFRS-SMEs Abschn. 21 passiviert werden kann.

2. Bestehende Verfügungsrechte und wirksame Verfügungsmacht

31 Für eine Realisation von Erlösen darf auf Seiten des Käufers kein weiteres Verfügungsrecht oder eine wirksame Verfügungsmacht über die verkauften Waren und Erzeugnisse mehr bestehen. Ein Verfügungsrecht stellt dabei das **Recht zur Nutzung, Veränderung, Gestaltung sowie zur Veräußerung eines Guts** dar (vgl. Kuhner, in: MünchKommBilR, IAS 18, Tz. 62). Ob eine Übertragung von Verfügungsrechten bzw. der Verfügungsmacht stattgefunden hat, ist einzelfallbezogen anhand des Gesamtbilds zu beurteilen (vgl. Tz. 22 ff.). Dabei ist letztlich eine Beurteilung darüber vorzunehmen, ob dem Veräußerer nach dem Verkauf eines Vermögenswerts aus diesem noch ein wirtschaftlicher Nutzen zufließt. Sollte dies zutreffen, ist eine vollständige Übertragung der Verfügungsrechte bzw. der Verfügungsmacht nicht anzunehmen. Bis zur Abgabe aller (wesentlichen) Verfügungsrechte ist dementsprechend kein Ertrag aus der Veräußerung von Gütern im Rahmen von IFRS-SMEs Abschn. 23 zu realisieren.

3. Verlässliche Bestimmbarkeit der Erlöse

32 Eine verlässliche Bestimmbarkeit der Erlöse liegt vor, sofern zwischen Käufer und Verkäufer für den Verkauf von Gütern ein eindeutiger und fester Preis vereinbart wurde. Dieser kann sich auf die gesamte Transaktion beziehen oder pro Mengeneinheit vereinbart worden sein, wobei dann die ausgelieferte Menge und der pro Mengeneinheit vereinbarte Preis die Grundlage der Erlösrealisation bilden. Bei variablen Kaufpreisvereinbarungen kann zumeist eine verlässliche Bestimmung der Erlöse aufgrund von **Erfahrungswerten** erfolgen. Sollte eine derartige Schätzung nicht möglich sein, ist zunächst keine Erlösrealisation vorzunehmen. Diese ist nachzuholen, sobald die Voraussetzungen für eine verlässliche Bestimmung der Erlöse vorliegen.

4. Wahrscheinlichkeit des wirtschaftlichen Nutzenzuflusses

33 Die Realisation von Erlösen nach IFRS-SMEs Abschn. 23.10 hängt weiterhin von der Wahrscheinlichkeit eines wirtschaftlichen Nutzenzuflusses ab, der sich in der Regel in Form eines Zuflusses von Zahlungsmitteln oder Zahlungsmitteläquivalenten darstellt. Eine Realisation von Erlösen, bei denen keine hinreichende Sicherheit bzgl. der Wahrscheinlichkeit eines Nutzenzuflusses besteht, ist demnach nicht zulässig.

34 **Unsicherheiten hinsichtlich eines wirtschaftlichen Nutzenzuflusses** können verschiedene Ursachen haben. So kann ein Adressatenrisiko mit Zweifeln an der Bonität eines Kunden den Zufluss wirtschaftlichen Nutzens im Einzelfall erheblich beeinträchtigen. Diesem Risiko ist nach IFRS-SMEs Abschn. 11.21 durch die Abwertung der entsprechenden Forderung Rechnung zu tragen; in Höhe der vorgenommenen Wertberichtigung wird entsprechend kein Erlös realisiert. Diese Vorgehensweise ist jedoch einzelfall- oder erfahrungswertbasiert für einzelne Veräußerungstransaktionen vorzunehmen. Das allgemeine Ausfallrisiko von Forderungen steht einer Erlösrealisation jedoch nicht entgegen. Sofern bereits erfasste Erlöse im nachhinein uneinbringlich werden, ist in Höhe des uneinbringlichen oder zweifelhaften Betrags eine aufwandswirksame Wertberichtigung zu erfassen und insoweit eine zuvor vorgenommene Erlösrealisation zu kompensieren.

Weitere Unsicherheiten können sich aus Meinungsverschiedenheiten in Bezug auf den Veräußerungsvorgang selbst ergeben. Neben dem bereits erwähnten Fall eines zwischen den Parteien streitigen Annahmeverzugs (vgl. Tz. 29) können auch unterschiedliche Auffassungen über die vertragsgemäße Lieferung oder den Zustand der Ware dazu führen, dass der Kunde (zunächst) den vereinbarten Kaufpreis nicht oder nicht in voller Höhe zu zahlen bereit ist.

Beim Bestehen von Unsicherheiten in Bezug auf die Höhe des zukünftigen Nutzenzuflusses ist deshalb am Abschluss-Stichtag anhand der Umstände des Einzelfalls zu beurteilen, ob und in welchem Umfang Erlöse aus der Transaktion bereits realisiert werden können.

5. Verlässliche Bestimmbarkeit der Kosten

35 IFRS-SMEs Abschn. 23.10(e) fordert eine verlässliche Bestimmbarkeit der im Rahmen des Verkaufs angefallenen oder noch anfallenden Kosten zum Zeitpunkt der Erfassung der Erlöse. Hintergrund dieser Regelung ist die **Ermittlung des Gesamterfolgs** der zu verbuchenden Transaktion, der die Grundlage der Erlöserfassung im Zeitpunkt des Übergangs der Chancen und Risiken darstellt. Ist eine verlässliche Bestimmbarkeit des Gesamterfolgs nicht möglich, weil bspw. erhebliche Unsicherheiten in Bezug auf die noch aufzuwendenden Kosten bestehen, darf der (in Teilen noch unsicheren) Erfolg nicht realisiert werden.

36 In die **Kostenberechnung** fließen neben den Anschaffungs- oder Herstellungskosten eines Guts auch die beim Verkauf entstehenden Nebenkosten sowie Gewährleistungskosten, Rücknahmekosten, Montage- und Inbetriebnahmekosten (soweit Gegenstand der Liefervereinbarung) sowie weitere nach der Lieferung des Guts anfallende Kosten ein. Hingegen werden kalkulatorische Kosten innerhalb der Berechnung der Kosten nicht berücksichtigt (vgl. ADS Int 2002, Abschn. 4, Tz. 104).

37 Die Bestimmung der noch anfallenden Kosten ist insbesondere in Fällen von Bedeutung, bei denen es nach der Übertragung von Chancen und Risiken noch zu **signifikanten Kosten im Rahmen der Verkauftransaktion** kommen kann, wie bspw. bei Gewährleistungsrisiken. Von der Regelung weniger betroffen sind hingegen Lieferungen von Maschinen und Anlagen, da dort ohnehin erst nach Abschluss der Montage bzw. einer Funktionsprüfung und der Abnahme durch den Käufer der Zeitpunkt der Übertragung der Chancen und Risiken bestimmt wird (vgl. Tz. 27; zu beachten ist jedoch der Sonderfall untergeordneter Montageleistungen, vgl. Tz. 41).

38 Sofern aufgrund einer nicht verlässlichen Bestimmbarkeit des Umfangs der noch anfallenden Kosten von einer Erlösrealisation abgesehen werden muss, sind bis zum Eintritt der

Voraussetzung bereits für den Verkauf der Waren erhaltenen Gegenleistungen als Verbindlichkeiten zu passivieren.

III. Ausgewählte Beispiele zur Erlösrealisation beim Güterverkauf

39 Die Realisation von Erlösen ist innerhalb der IFRS-SMEs eine der zentralen Fragestellungen, da sie die Grundlage der betrieblichen Leistungserfassung ist. Der IASB hat deshalb in IFRS-SMEs Abschn. 23 A Beispiele zur Anwendung der Erlösrealisationsprinzipien in besonderen Fällen zusammengestellt, wobei insbesondere auf den Zeitpunkt der Erlösrealisation (Übergang von Chancen und Risiken) abgestellt wird. Soweit die dort behandelten Sachverhalte nicht bereits Gegenstand der bisherigen Ausführungen waren, wird im Folgenden auf die Regelungen zu Sondersachverhalten eingegangen.

40 In IFRS-SMEs Abschn. 23 A.3 finden sich Hinweise zur Erlösrealisation bei sog. ***bill-and-hold-sales***. Bei diesen Transaktionen handelt es sich um Verkaufsgeschäfte, bei denen die Waren auf Wunsch des Kunden zunächst noch beim Verkäufer verbleiben, dieser jedoch die Rechnung akzeptiert. Bei derartigen Transaktionen ist der Erlös mit dem Übergang des rechtlichen Eigentums als realisiert anzusehen. IFRS-SMEs Abschn. 23 A.3 nennt in diesem Zusammenhang die folgenden Voraussetzungen:

(1) die Lieferung der Ware ist wahrscheinlich,
(2) die Ware ist zum Zeitpunkt der Umsatzrealisation verfügbar, für den bestimmten Kunden gekennzeichnet und versandfertig,
(3) der Käufer hat der dem Übergang des rechtlichen Eigentums nachgelagerten Liefervereinbarung zugestimmt, und
(4) es gelten die üblichen Zahlungsbedingungen.

Eine Erlösrealisation ist jedoch nicht vorzunehmen, wenn lediglich die Absicht des Unternehmens besteht, die Waren zu kaufen oder herzustellen.

41 Sofern die Lieferung eines Vermögenswerts mit einer **Montage** und Abnahme durch den Kunden vereinbart wurde, hat eine Realisation von Erlösen erst danach zu erfolgen (vgl. Tz. 27). IFRS-SMEs Abschn. 23 A.4 sieht in diesem Zusammenhang ausnahmsweise vor, eine Realisation von Erlösen bereits bei der **Annahme der Lieferung** durch den Käufer vorzunehmen, wenn es sich bei der Montage um eine einfache Routinearbeit handelt oder wenn eine Abnahme nicht der Bestimmung des Zeitpunkts des Übergangs von Chancen und Risiken, sondern lediglich der endgültigen Festlegung des Verkaufspreises dient.

42 Bei **Kommissionsgeschäften** hat der Kommittent einen Erlös nach IFRS-SMEs Abschn. 23 A.6 erst zu dem Zeitpunkt zu erfassen, an dem der Kommissionär die Ware an einen Dritten veräußert hat.

43 Bei Vereinbarungen, die eine **Zahlung** zur Voraussetzung für eine (ansonsten uneingeschränkt mögliche) Auslieferung machen, ist ein Erlös nach IFRS-SMEs Abschn. 23 A.7 zu dem Zeitpunkt zu erfassen, an dem der Veräußerer oder ein von ihm beauftragter Dritter die Zahlung erhält. Vereinbarungen über eine Veräußerung gegen Ratenzahlungen sind gemäß IFRS-SMEs Abschn. 23 A.8 wie normale Veräußerungsgeschäfte zu behandeln. Erfolgt die Auslieferung der Ware erst nach Eingang der letzten Zahlung, so wird ein Erlös erst bei Auslieferung realisiert. Davon abweichend kann bei Vorliegen von Erfahrungswerten aus der Vergangenheit ein Erlös bereits bei Eingang einer (signifikanten) Anzahlung realisiert werden, wenn die betroffenen Waren beim Veräußerer zur Übergabe an den Kunden bereit liegen. Ist diese Voraussetzung nicht erfüllt, kann ein Erlös erst bei Übergabe der Ware an den Kunden realisiert werden (IFRS-SMEs Abschn. 23 A.9, vgl. Tz. 28).

44 Bei der Erlösrealisation sind **Rückkaufverpflichtungen** des Verkäufers mit zu berücksichtigen. Solche Verpflichtungen können entweder als Rückverkaufs-Option des Kunden oder als

Rückkaufs-Option des Veräußerers ausgestaltet sein (ausführlich zur Ausgestaltung von Rückkaufverpflichtungen vgl. Zülch/Hoffmann/Siggelkow, KoR 2010, 40). Darüber hinaus kann in Einzelfällen auch eine Rückkaufpraxis ohne vertragliche Grundlage existieren, die jedoch zu einer faktischen Rückkaufsverpflichtung führt. IFRS-SMEs Abschn. 23 A.10 verlangt in diesen Fällen eine Beurteilung, ob die mit dem Eigentum verbundenen wirtschaftlichen Chancen und Risiken unter Berücksichtigung der Gesamtumstände im Wesentlichen auf den Käufer übergegangen sind (vgl. Tz. 29). Nur in diesem Fall ist ein Ertrag aus der Transaktion zu realisieren.

45 Einen Sonderfall der Erlösrealisation stellen **Abonnements von Druckerzeugnissen** oder anderen Publikationen dar. Diese sind dadurch gekennzeichnet, dass eine Zahlung des Kunden für einen Zeitraum erfolgt, die Lieferung der Erzeugnisse innerhalb des Zeitraums jedoch sukzessive stattfindet. IFRS-SMEs Abschn. 23 A.12 legt in solchen Fällen fest, dass die Erlösrealisation nach Maßgabe des Werts der Einzellieferungen zum gezahlten Gesamtpreis über die Periode zu verteilen sind. Haben alle Ausgaben der Periodika denselben Wert, entspricht die Vorgehensweise einer linearen Verteilung der Erlöse über den Abonnementszeitraum.

46 Bei einem Güterverkauf gegen **Ratenzahlungen** ist der Barwert aller Zahlungen beim Übergang der Chancen und Risiken als Kaufpreis zu realisieren. Zur Abzinsung ist ein kalkulatorischer Zinsfuß für Finanzierungsgeschäfte zugrunde zu legen. Der verbleibende Zinsanteil ist gemäß der Effektivzinsmethode über die Laufzeit der Ratenzahlungen als Erlös zu erfassen (IFRS-SMEs Abschn. 23 A.13; vgl. Tz. 100).

47 Bei der Errichtung und dem **Verkauf von Wohngebäuden oder Wohneinheiten** (zB Eigentumswohnungen) ist gemäß IFRS-SMEs Abschn. 23 A.14 zu unterscheiden: Kann der Käufer Einfluss auf die strukturellen Hauptelemente des zu errichtenden Wohngebäudes oder der Wohneinheit vor oder während deren Errichtung nehmen oder stellt der Käufer im wesentlichen die Baumaterialien. Im letzteren Fall handelt es sich um eine Errichtungsdienstleistung, bei der die PoC-Methode zur Anwendung gelangt (vgl. Tz. 64 ff.). In allen übrigen Fällen liegt ein normaler Güterverkauf vor, für den die Regelungen des IFRS-SMEs Abschn. 23 A.10 ff. gelten. Dies bedeutet insbesondere, dass der Erlös nicht kontinuierlich während der Errichtung, sondern erst bei Übergang der Chancen und Risiken auf den Käufer zu realisieren sind. Die Regelung entspricht damit inhaltlich den Regelungen zu Immobilienverkäufen des IFRIC 15.

48 Bei **Bonus- und Kundenbindungsprogrammen** im Zusammenhang mit Güterverkäufen (in Deutschland zB Payback, Happy Digits u. a.) verlangt IFRS-SMEs Abschn. 23 A.16 f. die Aufteilung des Kaufpreises in einen Erlösanteil und einen Schuldanteil für den noch zu gewährenden Bonus. Die Aufteilung auf beide Komponenten erfolgt nach Maßgabe der relativen *fair values* dieser beiden Komponenten.

Beispiel:

Ein Unternehmen verkauft ein Produkt A für 100 GE. Die Kunden, die dieses Produkt erwerben, erhalten gleichzeitig einen Gutschein, der es ihnen ermöglicht, ein anderes Produkt B, das normalerweise 18 GE kostet, für 10 GE zu erwerben. Dabei ist davon auszugehen, dass ca. 40 % der Kunden von diesem Angebot Gebrauch machen werden. Der »normale« Verkaufpreis für Produkt A (ohne Berücksichtigung der Vergünstigung) beträgt 95 GE.

Der vereinnahmte Kaufpreis für das Produkt A ist nun hinsichtlich der Erlösrealisation nach Maßgabe des Verhältnisses der relativen *fair values* aufzuteilen. Der *fair value* der Bonusschuld errechnet sich wie folgt:

Bonusschuld = 40 % von (18 GE – 10 GE) = 3,20 GE

Das Unternehmen verteilt den Kaufpreis von 100 GE also nach Maßgabe des Verhältnisses der beiden fair values (also 95 GE und 3,20 GE):

Erlös für Produkt A: 100 CU x (95 GE / (95 GE + 3,20 GE)) = 96,74 GE

Erlös für Produkt B: 100 CU x (3,20 GE / (95 GE + 3,20 GE)) = 3,26 GE

Die Erlöse sind jeweils zum Zeitpunkt der Übertragung der Chancen und Risiken an den Produkten A bzw. B zu realisieren.

D. Erlösrealisation bei der Erbringung von Dienstleistungen

I. Allgemeines

49 Die Erlösrealisation bei der Erbringung von Dienstleistungen ist in IFRS-SMEs Abschn. 23.14 ff. geregelt. Das Erbringen von Dienstleistungen umfasst regelmäßig die **Ausführung vertraglich vereinbarter Aufgaben über einen vereinbarten Zeitraum** (vgl. auch IAS 18.4). Dabei können die Dienstleistungen innerhalb einer einzelnen Periode oder über mehrere Perioden hinweg erbracht werden. Unter Dienstleistungen fallen dabei sowohl Dienst- als auch Werkverträge.

50 Liegen Geschäftsvorfälle vor, die **Verkaufs- und Dienstleistungskomponenten** enthalten, ist zu prüfen, ob die vereinbarten Dienstleistungen einen wesentlichen Teil an der Gesamtleistung ausmachen. In diesem Fall sind die Erlöse aufzuteilen, und der auf den Dienstleistungsanteil entfallende Teilerlös ist nach IFRS-SMEs Abschn. 23.14 ff. zu realisieren.

II. Voraussetzungen und Vorgehensweise bei der Erlösrealisation

51 Die Erlösrealisation bei Dienstleistungen erfolgt nach IFRS-SMEs Abschn. 23.14 grundsätzlich nach Maßgabe des Fertigstellungsgrades der geschuldeten Dienstleistung am Abschluss-Stichtag. Damit ist die sog. ***Percentage of Completion*-Methode** (PoC-Methode) die Grundlage der Erlösrealisation bei Dienstleistungen. Die Anwendung der Methode führt im Ergebnis dazu, dass es durch die fertigstellungsgradproportionale Erlösvereinnahmung zu einer Teilgewinnrealisation bezogen auf die Gesamtleistung kommt.

52 Voraussetzung für die Anwendung der PoC-Methode ist eine **zuverlässige Ermittelbarkeit des Gesamtergebnisses** aus dem Dienstleistungsverhältnis. Deshalb geht IFRS-SMEs Abschn. 23.14 auf Voraussetzungen ein, die vorliegen müssen, um eine verlässliche Schätzung des Gesamtergebnisses (und damit fertigstellungsgradproportional auch der erbrachten Teilergebnisse) unterstellen zu können:

(1) Der Gesamterlös aus der Transaktion kann verlässlich ermittelt werden.
(2) Mit hinreichender Wahrscheinlichkeit fließt dem Unternehmen aus der Transaktion ein wirtschaftlicher Nutzen zu.
(3) Der Fertigstellungsgrad des Geschäfts lässt sich am Bilanzstichtag verlässlich ermitteln.
(4) Die im Rahmen der Transaktion bereits angefallenen und bis zu einer vollständigen Abwicklung zu erwartenden Kosten können zuverlässig ermittelt werden.

53 Den einfachsten Fall einer dem fertigstellungsgradproportionalen Erlösrealisation stellt die **kontinuierliche Leistungserbringung** über einen bestimmten Zeitraum dar. Für diese Fälle gestaltet sich auch die Anwendung der PoC-Methode entsprechend unproblematisch, nach IFRS-SMEs Abschn. 23.15 ist entsprechend eine lineare Erlösrealisation über den Leistungszeitraum vorzunehmen. Dabei wird unterstellt, dass die Leistungserbringung proportional zum Zeitablauf erfolgt. Liegen Anzeichen dafür vor, dass dies in Einzelfällen nicht zutrifft, so ist eine Verteilungsmethode zu wählen, die besser geeignet ist, die tatsächliche Leistungserbringung abzubilden. Für den Fall, dass im Verlauf der Leistungserbringung ein Ereignis von essentieller Bedeutung für die Gesamttransaktion ist (zB ein Funktionstest oder die Abnahme durch den Kunden), so ist eine Erlösrealisation bis zum Zeitpunkt dieses Ereignisses zu verschieben.

54 In manchen Fällen kann die Ausführung von Dienstleistungen mit **Unsicherheiten** behaftet sein, die dazu führen können, dass eine verlässliche Ermittelbarkeit des Gesamtergebnisses iSd. Voraussetzungen des IFRS-SMEs Abschn. 23.14 nicht möglich ist. So können zB bei Pilotprojekten oder bei der Anwendung neuer technologischer Verfahren die Gesamtkosten mitunter nicht mit hinreichender Genauigkeit prognostiziert werden. Da in diesen Fällen nicht notwendi-

gerweise von einem positiven Gesamttransaktionsergebnis ausgegangen werden kann, kommt die Anwendung der PoC-Methode mit der ihr inhärenten Teilgewinnrealisation für diese Dienstleistungsprojekte nicht in Betracht. Statt dessen legt IFRS-SMEs Abschn. 23.16 fest, dass in diesen Fällen Umsatzerlöse nur bis zur Höhe der angefallenen und gegenüber dem Kunden abrechenbaren Kosten realisiert werden dürfen. Diese auch als ***Zero Profit*-Methode** bezeichnete Vorgehensweise trägt somit dem Vorsichtsprinzip bei der Erlösrealisation Rechnung.

III. Ausgewählte Beispiele für die Erlöserfassung bei der Erbringung von Dienstleistungen

Auch hinsichtlich der Erlösrealisation aus Dienstleistungstransaktionen sind im Anhang zu IFRS-SMEs Abschn. 23 Beispiele zu Sonderfällen aufgeführt, die im Folgenden kurz dargestellt werden. Die Beispiele sind nicht als abschließend anzusehen; sie sollen den Bilanzierern vielmehr exemplarische Hilfestellungen zu einer Anwendung der Erlösrealisationsprinzipien des IFRS-SMEs Abschn. 23.14 ff. geben. Jeder Einzelfall ist im Hinblick auf eine adäquate Anwendung dieser Prinzipien zu beurteilen. **55**

Installations- bzw. Montagegebühren sind beim Verkäufer grundsätzlich nach dem Fertigstellungsgrad am Abschluss-Stichtag zu erfassen. Eine Ausnahme besteht nach IFRS-SMEs Abschn. 23 A.18 dann, wenn sie als Nebenleistung in einem unwesentlichen Umfang beim Verkauf von Gütern anfallen. In diesem Fall sind sie aus Wesentlichkeitsgründen nach Maßgabe der Erlösrealisationskriterien für den Verkauf von Gütern zu behandeln. **56**

Sofern der Verkaufspreis eines Produkts einen bestimmbaren Betrag für **nachfolgende Dienstleistungen** enthält, ist dieser Betrag abzugrenzen und zeitanteilig über die Perioden zu verteilen, in denen die Dienstleistung erbracht wird. Der Betrag bemisst sich dabei an den erwarteten Kosten für die Leistungserbringung zuzüglich eines angemessenen Gewinnaufschlags (IFRS-SMEs Abschn. 23 A.19). **57**

Entgelte für die mediale Verbreitung von Werbebotschaften sind nach IFRS-SMEs Abschn. 23 A.20 zum Zeitpunkt der Veröffentlichung der **Werbung** zu erfassen. Entgelte für die Herstellung von Werbeleistungen sind nach den normalen Realisationskriterien entsprechend ihres Fertigstellungsgrads zu erfassen. **58**

Bei **Versicherungsprovisionen**, die ein Versicherungsvertreter erhalten hat oder einfordern kann, sind nach IFRS-SMEs Abschn. 23 A.21 zwei Fälle zu unterscheiden. Sind keine über die Vermittlung der Police hinausgehenden Leistungen zu erbringen, erfolgt die Realisation der Erlöse mit dem Beginn des Versicherungszeitraums bzw. der Erneuerung der Police. Bestehen hingegen weitere Leistungsverpflichtungen während der Laufzeit der Police, wird ein entsprechender Teilbetrag abgegrenzt und über die Laufzeit der Police entsprechend der Leistungserbringung verteilt. **59**

Eintrittsgelder für Veranstaltungen sind nach IFRS-SMEs Abschn. 23 A.22 zum Zeitpunkt der Veranstaltung als Erlös zu erfassen. Bei einem Abonnement für verschiedene Veranstaltungen ist die Realisation von Erlösen entsprechend dem Anteil des jeweiligen Leistungsumfangs am gesamten Leistungsumfang vorzunehmen. **60**

Leistungen im Rahmen von **Lehrtätigkeiten** werden üblicherweise kontinuierlich über einen bestimmten Zeitraum erbracht. Insoweit ist für die Erlösrealisation IFRS-SMEs Abschn. 23.15 einschlägig. Gleichwohl wird in IFRS-SMEs Abschn. 23 A.23 nochmals explizit darauf hingewiesen, dass die mit der Lehrtätigkeit in Zusammenhang stehenden Erlöse über den Leistungszeitraum zu erfassen sind. **61**

Die Erlöserfassung bei **Aufnahme-, Eintritts- und Mitgliedsbeiträgen** hängt gemäß IFRS-SMEs Abschn. 23 A.24 von der Art der Dienstleistung ab. Wird das Entgelt für ein reines Mitgliedschafts- oder Teilnahmerecht gezahlt, ohne dass damit ein Recht auf Waren oder wei- **62** teren Dienstleistungen verbunden ist, wird der Erlös vereinnahmt, sofern keine wesentliche Unsicherheit hinsichtlich der Einbringlichkeit besteht. Ist jedoch mit einem Mitgliedschafts- oder Teilnahmerecht ein Anspruch auf fortlaufend zu gewährende Leistungen, auf Publikationen oder auf Vergünstigungen beim Erwerb von Gütern oder Dienstleistungen verbunden, erfolgt die Erfassung des Erlöses entsprechend des zeitlichen Anfalls, der Art und Weise und des Werts des eingeräumten Vorteils. Dabei ist die zeitliche Verteilung der Erlösrealisation nach einer Methode vorzunehmen, die den wirtschaftlichen Gegebenheiten möglichst weitgehend entspricht.

63 Eine besondere Form von Dienstleistungsverträgen stellen **Franchiseverträge** dar. Bei diesen Verträgen erfolgt die Erfassung von Erlösen entsprechend der Zweckbestimmung der Entgelte. IFRS-SMEs Abschn. 23 A.26 ff. gibt Hinweise für die Erlösrealisation bei folgenden Varianten von Franchisevereinbarungen:

(1) **Überlassung von materiellen Vermögenswerten**: Der Franchisegeber hat zum Zeitpunkt der Lieferung bzw. des zivilrechtlichen Eigentumsübergangs den beizulegenden Zeitwert der verkauften Vermögenswerte zu realisieren.
(2) **Fortlaufende Franchisegebühren**: Gebühren für ein fortlaufendes vereinbartes Nutzungsrecht oder für andere während der Vertragslaufzeit zur Verfügung gestellte Leistungen sind nach Maßgabe der tatsächlichen Erbringung der Leistung oder des Gebrauchs des Nutzungsrechts zu erfassen.
(3) **Vermittlungstransaktionen**: Transaktionen, bei denen der Franchisenehmer lediglich als Agent des Franchisegebers handelt, führen zu keinen Erlösen.
(4) **Vergütungen für die Entwicklung branchenspezifischer Software**: Der Softwareentwickler hat die Erlöse nach Maßgabe des Fertigstellungsgrads der Software zu realisieren, wobei in dem Gesamtumfang der zu erbringenden Leistung auch vertraglich vereinbarte Dienstleistungen nach der Lieferung der Software zu berücksichtigen sind.

E. Fertigungsaufträge

I. Allgemeines

64 IFRS-SMEs Abschn. 23 integriert in seinen Anwendungsbereich Regelungen zur **Erlöserfassung bei Fertigungsaufträgen** und grenzt sich damit von den IFRS ab, die in diesem Zusammenhang mit IAS 11 einen eigenständigen Standard zur Realisation von Erlösen aus Fertigungsaufträgen enthalten. Die Integration der Regelungen zu Fertigungsaufträgen in die Vorschriften zur allgemeinen Erlösrealisation dient nicht nur der Vereinfachung der Regelungssystematik, sondern erscheint auch konzeptionell geboten, da es sich materiell um eine spezifische Form einer Dienstleistungserbringung handelt. Dabei ist allerdings zu berücksichtigen, das IFRS-SMEs Abschn. 23 sich vorrangig (mit Ausnahme der Anhangsangaben, vgl. Tz. 114) mit der Erlösrealisation im Rahmen der PoC-Methode befasst, während IAS 11 auch die Darstellung der korrespondierenden Posten in Bilanz und Gesamtergebnisrechnung/GuV beinhaltet.

65 Die Darstellung der Behandlung von Fertigungsaufträgen in IFRS-SMEs Abschn. 23 wurde vom IASB außerordentlich kurz gehalten. Dies könnte in der Tatsache begründet sein, dass nur ein Bruchteil der IFRS-SMEs-Anwender überhaupt Fertigungsaufträge bearbeitet. Auch die Übersichtlichkeit der Vorschrift spricht für eine kurze Darstellung. Angesichts der Tatsache, dass die Bilanzierung von Fertigungsaufträgen unter IFRS sich in der Praxis als ein **hochkomplexes und technisch wie organisatorisch anspruchvolles Bilanzierungsfeld** erwiesen hat, dürfte jedoch eine zutreffende Anwendung der PoC-Bilanzierung von Fertigungsaufträgen von

den betroffenen Unternehmen ohne einen weitgehenden Rückgriff auf die Regelungen und die Kommentarliteratur des IAS 11 regelmäßig nicht möglich sein. Dies gilt insbesondere in Bezug auf die durch die PoC-Bilanzierung an das interne Rechnungswesen gestellten Anforderungen hinsichtlich der Auftragsabwicklung und Auftragsverfolgung. Gerade kleinere und mittlere Unternehmen dürften hier noch vor größeren Herausforderungen stehen als die nach IAS 11 bilanzierenden idR börsenorientierten Unternehmen, denen regelmäßig ein umfangreicheres und besser funktionierendes Auftragscontrolling zur Verfügung steht. Die faktische Rückgriffsnotwendigkeit auf die IFRS-Regelungen läuft zwar der Intention des IASB zuwider, mit IFRS-SMEs einen Standard zur Verfügung zu stellen, der aus sich selbst heraus angewendet werden kann, sie erscheint jedoch im Hinblick auf eine zutreffende und vergleichbare Anwendung der Regelungen zu Fertigungsaufträgen weitgehend alternativlos. Inhaltlich ist ein Rückgriff darüber hinaus als vergleichsweise unproblematisch anzusehen, da sich die Regelungen in IFRS-SMEs Abschn. 23.17 ff. und IAS 11 konzeptionell weitestgehend entsprechen, auch wenn es im Detail abweichende Regelungen und Ermessensspielräume gibt (zB in Bezug auf die Berücksichtigung von Fremdkapitalkosten, vgl. Tz. 88).

II. Abgrenzung von Fertigungsaufträgen

66 IFRS-SMEs Abschn. 23 selbst enthält keine **Definition** von Fertigungsaufträgen. Diese findet sich vielmehr im Glossar zu den IFRS-SMEs. Danach handelt es sich bei einem Fertigungsauftrag um einen Vertrag über eine mit dem Kunden im Einzelfall ausgehandelte Fertigung einzelner Vermögenswerte oder einer Anzahl von Vermögenswerten, die hinsichtlich Design, Technologie und Funktion oder hinsichtlich ihrer Verwendung aufeinander abgestimmt sind. Somit sind Fertigungsaufträge durch eine auftragsbezogene und kundenindividuelle Herstellung charakterisiert. Diese Merkmale grenzen die kundenspezifischen Fertigungsaufträge gleichzeitig gegenüber der »normalen« Güterproduktion und -veräußerung ab. Auch die Herstellung von Serien- oder Standardprodukten, die um kundenindividuelle Wünsche in ihrer Verarbeitung ergänzt werden (zB PKW mit kundenindividueller Ausstattung nach Katalogkomponenten), stellen keine Fertigungsaufträge iSv. IFRS-SMEs Abschn. 23.17 ff. dar. Als typische Beispiele für Fertigungsaufträge sind die kundenspezifische Fertigung von Maschinen und Anlagen, Gebäuden, Straßen, Schiffen oder Straßen zu nennen.

67 Das Vorliegen eines Fertigungsauftrags muss in jedem Einzelfall geprüft werden. Da die Definition und Abgrenzung von Fertigungsaufträgen in IFRS-SMEs Abschn. 23 derjenigen des IAS 11 entspricht, erscheint es sinnvoll, auf die vom IDW in IDW RS HFA 2 Tz. 1 niedergelegten **Anhaltspunkte** zurückzugreifen, die auf das Vorliegen eines Fertigungsauftrags hindeuten:

(1) begrenzte Anzahl der insgesamt gefertigten Vermögenswerte,
(2) Komplexität der gefertigten Vermögenswerte (geringer Standardisierungsgrad),
(3) Exklusivität der gefertigten Vermögenswerte (beschränkter Abnehmerkreis),
(4) kundenspezifische und aufwändige Planung und Entwicklung.

Die Einstufung eines Auftrags als Fertigungsauftrag hat jedoch letztlich auf einer Gesamtbeurteilung sämtlicher Kriterien sowie aller rechtlichen und wirtschaftlichen Umstände des Vertragsverhältnisses zu basieren. Das Bestehen eines solchen Vertragsverhältnisses, das dem Kunden substanzielle Weisungsrechte in Bezug auf die Art und den Umfang der zu erbringenden Leistung vermittelt, ist jedoch in jedem Fall grundlegende Voraussetzung für die Einordnung als Fertigungsauftrag.

68 IFRS-SMEs Abschn. 23 enthält wie IAS 11 **kein zeitliches Abgrenzungsmerkmal** von Fertigungsaufträgen in Form einer determinierten Abwicklungsdauer mit der Folge, dass ein solcher Auftrag auch dann vorliegen kann, wenn die Abwicklungsdauer weniger als ein Jahr beträgt. Insoweit ist der gelegentlich im Zusammenhang mit der Abgrenzung von Fertigungsaufträgen nach IAS 11 verwendete Begriff der »langfristigen Auftragsfertigung« irreführend.

69 Sofern die Voraussetzungen für einen Fertigungsauftrag vorliegen, ist es nicht bedeutend, in welcher Weise der Auftragnehmer alle mit dem Eigentum verbundenen Chancen und Risiken des gefertigten Vermögenswerts an den Auftraggeber überträgt (vgl. IDW RS HFA 2 Tz. 4). Dies kann daher neben einer juristischen Eigentumsübertragung auch im Rahmen eines **Finanzierungsleasingverhältnisses** erfolgen. Ein Fertigungsvertrag liegt jedoch nicht vor, sofern der gefertigte Vermögenswert nach der Herstellung wirtschaftlich weiterhin dem Auftragnehmer zuzurechnen ist, wie es bspw. bei Operating-Leasingverhältnissen der Fall ist. Hier ist eine Aktivierung des Vermögenswerts beim herstellenden Unternehmen mit den Herstellungskosten nach den Vorschriften des IFRS-SMEs Abschn. 17 vorzunehmen. Eine Erlösrealisation nach den Regelungen des IFRS-SMEs Abschn. 23.17 ff. scheidet daher insoweit aus.

III. Segmentierung und Zusammenfassung von Fertigungsaufträgen

70 Grundsätzlich sind die Regelungen des IFRS-SMEs Abschn. 23 **auf jeden Fertigungsauftrag gesondert** anzuwenden (IFRS-SMEs Abschn. 23.18). Zu einer sachgerechten Darstellung des wirtschaftlichen Gehalts eines Vertrags bzw. einer Gruppe von Verträgen kann es jedoch erforderlich sein, die Vorschriften zur Erlösrealisation bei Fertigungsaufträgen auf einzeln abgrenzbare Teile eines Vertrags oder auf eine Gruppe von (korrespondierenden) Verträgen anzuwenden. Um willkürliche Segmentierungen oder Zusammenfassungen von Fertigungsaufträgen zu vermeiden, nennt IFRS-SMEs Abschn. 23.19 f Voraussetzungen, die für eine entsprechende Segmentierung bzw. Aggregation erfüllt sein müssen.

71 Sofern ein Vertrag mehrere Vermögenswerte umfasst, ist nach IFRS-SMEs Abschn. 23.19 jede Fertigung unter den nachstehenden Bedingungen als eigener Fertigungsauftrag zu behandeln (sog. **Segmentierung**), soweit die folgenden Kriterien kumulativ zutreffen:

(1) Für jeden Vermögenswert/jede Teilleistung wurden separate Angebote unterbreitet.
(2) Über jeden Vermögenswert wurde getrennt verhandelt, und sowohl der Auftragnehmer als auch der Kunde konnten die Vertragsbestandteile jedes einzelnen Vermögenswerts getrennt voneinander ablehnen oder akzeptieren.
(3) Die Kosten und Erlöse jedes einzelnen Vermögenswertes können getrennt voneinander ermittelt werden.

In der Praxis gestaltet sich die Abgrenzung zwischen einem einheitlichen Fertigungsauftrag und separat zu betrachtenden einzelnen Vertragsteilen in vielen Fällen fließend. In Abhängigkeit von den Vertragsverhandlungen bzw. deren Dokumentation verbleibt – unter der Voraussetzung einer zutreffenden Zurechenbarkeit der Kosten und Erlöse – ein nicht unbeträchtlicher Ermessensspielraum für das bilanzierende Unternehmen.

72 Eine Gruppe von Verträgen mit einem oder mehreren Kunden ist zu einem Fertigungsauftrag zu aggregieren, wenn die folgenden Kriterien (kumulativ) eine solche **Zusammenfassung** wirtschaftlich sinnvoll erscheinen lassen (IFRS-SMEs Abschn. 23.20):

(1) Die Verträge wurden gemeinsam als einheitliches Paket verhandelt.
(2) Die einzelnen Verträge sind so eng miteinander verbunden, dass sie als einheitliches Projekt mit einer Gesamtgewinnmarge zu verstehen sind.
(3) Die Aufträge werden gleichzeitig oder unmittelbar aufeinanderfolgend abgewickelt.

Auch bei der Zusammenfassung von Verträgen besteht ein signifikanter Ermessensspielraum. Im Regelfall dürfte jedoch eine zutreffende Auftragsabgrenzung mit der entsprechenden Projektabgrenzung im Auftragscontrolling korrespondieren. Eine solche Projektabgrenzung ist regelmäßig auch die Voraussetzung für eine verursachungsgerechte Erfassung von Auftragserlösen und Auftragskosten im Rahmen der PoC-Bilanzierung, die hinsichtlich der (geplanten) Gesamtauftragserlöse und -kosten sowie des Fertigstellungsgrads ebenfalls auf eine gleichlautende Abgrenzung des Projekts in internem und externem Rechnungswesen angewiesen ist.

IV. Erlösrealisation bei Fertigungsaufträgen

73 Die Erlösrealisation im Zusammenhang mit Fertigungsaufträgen entspricht grundsätzlich derjenigen bei der Erbringung von Dienstleistungen. IFRS-SMEs Abschn. 23.17 legt fest, dass die im Zusammenhang mit dem jeweiligen Fertigungsauftrag stehenden Auftragserlöse und Auftragskosten nach Maßgabe des Fertigstellungsgrads zum Ende der Berichtsperiode in der Erfolgsrechnung des Unternehmens zu erfassen sind, sofern eine verlässliche Schätzung des Auftragsergebnisses möglich ist. Dabei ist die verlässliche Schätzung des Auftragsergebnisses mit einer verlässlichen Schätzung des Leistungsfortschritts, der anfallenden Kosten sowie der Einbringlichkeit von Zahlungen verbunden. Mithin kommt auch für Fertigungsaufträge die **PoC-Methode** zur Anwendung. Nach IFRS-SMEs Abschn. 23.25 ist jedoch auch bei Fertigungsaufträgen die ***Zero-Profit*-Methode** anzuwenden, falls eine verlässliche Bestimmung der Gesamtkosten bzw. Gesamterlöse nicht möglich erscheint.

74 Kernpunkte der Anwendung der PoC-Methode in Bezug auf Fertigungsaufträge sind die Bestimmung der Auftragserlöse und der Auftragskosten, die sich hieraus ergebende Auftragsmarge sowie der zum Abschluss-Stichtag zu berücksichtigende Fertigstellungsgrad, der die Grundlage der anteiligen Margenrealisation darstellt. Der Zusammenhang zwischen diesen Größen lässt sich grafisch wie in Abbildung 2 veranschaulichen:

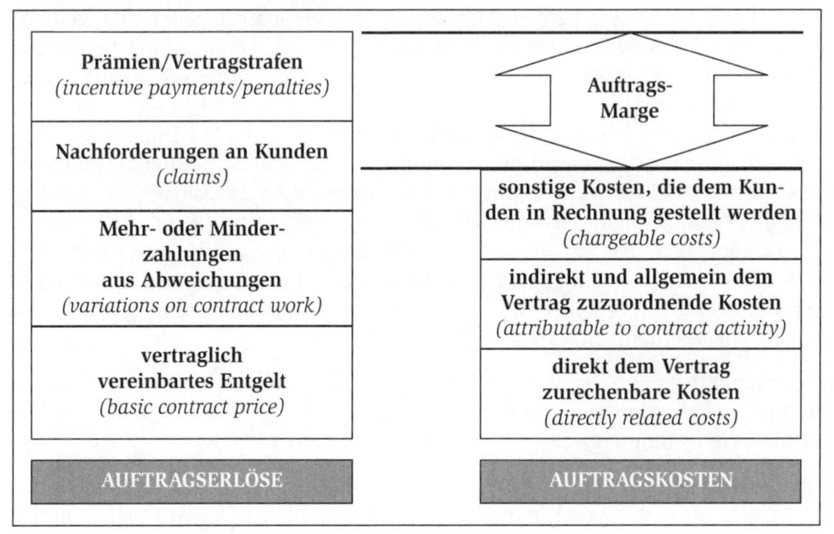

Abb. 2: Auftragserlöse, Auftragskosten und Marge

1. Auftragserlöse

75 IFRS-SMEs Abschn. 23 enthält keine Regelungen zur definitorischen Abgrenzung der **Auftragserlöse** und **Auftragskosten**. Gleichwohl ist die Bestimmung dieser Größen – neben der Ermittlung eines zutreffenden Fertigstellungsgrads – die entscheidende Voraussetzung für die

Anwendung der PoC-Methode. Es erscheint deshalb sinnvoll, sich an der konzeptionell vergleichbaren Abgrenzung der Auftragserlöse in IAS 11.11 ff. und der Auftragskosten in IAS 11.16 ff. zu orientieren.

76 Die Auftragserlöse umfassen danach die **im Vertrag vereinbarte Gegenleistung** für die Vertragserfüllung durch den Auftragnehmer sowie nachträgliche Veränderungen dieses Entgelts. Damit setzen sich die im Rahmen der PoC-Methode zu berücksichtigenden Erlöse idR zusammen aus

(1) dem vertraglich vereinbarten Preis,
(2) Zahlungen für Abweichungen,
(3) Zahlungen für Nachforderungen,
(4) Prämien bzw. Vertragstrafen.

Die einzelnen Erlöskomponenten dürfen jeweils nur dann einbezogen werden, wenn sie wahrscheinlich zu Erlösen oder Erlösminderungen führen und zudem **verlässlich ermittelt** werden können. Dabei ist die Wahrscheinlichkeit der zukünftigen Realisation zu jedem Abschluss-Stichtag zu prüfen. Schätzungen sind an geänderte Verhältnisse anzupassen, zB aufgrund vereinbarter Abweichungen für Folgeperioden, durch Preisgleitklauseln oder Vertragsstrafen.

77 Als **Abweichung** gilt eine Anweisung des Kunden, den vertraglich zu erbringenden Leistungsumfang zu ändern. Dadurch kann es zu einer Erhöhung oder Minderung des Auftragserlöses kommen. Die Gesamterlöse sind am nächstmöglichen Stichtag um Ansprüche aus den Abweichungen zu ergänzen, soweit über die Abweichung und eine eventuell aus ihr resultierende Preiserhöhung oder Preisminderung wahrscheinlich Einvernehmen erzielt wird. Aus den Abweichungen resultierende Kosten sind bei der Ermittlung der Gesamtkosten und des Fertigstellungsgrads zu berücksichtigen. Besteht nur Einvernehmen über die Abweichung, nicht jedoch über die damit verbundenen Preisänderungen, dürfen diese nur in dem Umfang berücksichtigt werden, in dem sie vom Auftraggeber voraussichtlich genehmigt werden.

78 Im Unterschied zu Abweichungen sind **Nachforderungen** (sog. *claims*) Beträge, die dem Kunden oder einer anderen Partei als Vergütung für nicht im Vertragspreis enthaltene Kosten in Rechnung gestellt werden. Hierbei erfolgt die Änderung zwar nicht auf Veranlassung des Kunden (wie im Falle der Abweichung), gleichwohl hat der Kunde die Umstände zu vertreten, die zu der Änderung des Leistungsumfangs geführt haben. Nachforderungen resultieren regelmäßig aus Auftragsmodifikationen, vom Kunden verursachten zeitlichen Verzögerungen oder im Vertrag nicht enthaltenen, zur Auftragsausführung gleichwohl aber erforderlichen Kosten. Für den Auftragnehmer besteht im Fall einer Nachforderung die Unsicherheit, ob bzw. in welcher Höhe dieser vom Kunden akzeptiert wird. Daher dürfen bei nach IAS 11 bilanzierten Fertigungsaufträgen Nachforderungen nur unter folgenden Voraussetzungen in den erwarteten Erlös einberechnet werden:

(1) Die Verhandlungen sind so weit fortgeschritten, dass die Nachforderung voraussichtlich vom Kunden akzeptiert wird, und
(2) die Höhe der Nachforderung kann zuverlässig bestimmt werden.

Diese Voraussetzungen sind nur dann als erfüllt anzusehen, wenn es sich um identifizierbare, verhältnismäßige und nicht durch mangelnde Leistungsfähigkeit des Auftragnehmers begründete Zusatzkosten handelt; diese müssen unter rechtlicher Würdigung als Ansprüche aus dem zugrunde liegenden Vertrag auf anderer rechtlicher Grundlage bestehen (ähnlich Patzak/Kerscher-Preis, in: Baetge et al. IFRS-Komm., Teil B, IAS 11, Tz. 70). In der Baubranche und im Anlagenbau wird die Anmeldung von *claims* häufig mit **Gegenclaims** beantwortet. Es ist offensichtlich, dass die vorgenannten Voraussetzungen zur Einbeziehung eines *claims* in den Auftragserlös unter solchen Umständen in vielen Fällen nicht gegeben sein werden. Bei einer inhaltlichen Substanz eines Gegenclaims ist vom Auftragnehmer außerdem zu prüfen, ob und in welchem Umfang der darin geltend gemachte Anspruch in die Auftragskosten (vgl. Tz. 81 ff.) einzubeziehen ist.

Manche Fertigungsverträge sehen **Prämien** als zusätzlich an den Auftragnehmer zu zahlende Beträge bei Erreichen oder Überschreiten vertraglicher Leistungsanforderungen vor. Als Teil der Auftragserlöse sind die Prämien zu berücksichtigen, wenn das Gesamtprojekt so weit fortgeschritten ist, dass ein Erreichen oder Überschreiten der Leistungsanforderungen wahrscheinlich ist und die Prämie hinreichend sicher quantifiziert werden kann. Analog dazu sind jedoch auch **Vertragstrafen** als Erlösminderungen zu berücksichtigen, wenn absehbar ist, dass es zu einer Reduzierung der vertraglich vereinbarten Gegenleistung kommen wird. **79**

Die Quantifizierung der vorgenannten Erlösbestandteile ist regelmäßig mit nicht unerheblichen **Ermessensspielräumen** behaftet. Gerade zu Beginn eines Auftrags lassen sich die Erlöskomponenten (mit Ausnahme des Vertragspreises) häufig nur grob schätzen. Darüber hinaus erfordert die Bewertung insbesondere von Nachforderungen eine individuelle Einschätzung durch das Management des bilanzierenden Unternehmens. Dabei kommt in vielen Fällen dem (dokumentierten) Verhandlungsstand zwischen Auftraggeber und Auftragnehmer eine große Bedeutung zu. **80**

2. Auftragskosten

IFRS-SMEs Abschn. 23.17 grenzt Auftragskosten nur insoweit ab, als sie »mit dem Vertrag zusammenhängen« müssen. Zur inhaltlichen Abgrenzung erscheint auch hier eine Referenz zu den Regelungen der IFRS zielführend. In IAS 11.16 werden **drei Kategorien** von Auftragskosten unterschieden, nämlich direkte, dem Vertrag zurechenbare Kosten, indirekte und dem Vertrag allgemein zurechenbare Kosten sowie sonstige, dem Kunden vertragsgemäß in Rechnung zu stellende Kosten. **81**

Die Auftragskosten umfassen alle dem Vertrag zurechenbaren Kosten von der Auftragserlangung bis zur Vertragserfüllung, unabhängig davon, ob sie bereits entstanden sind oder noch bis zur endgültigen Vertragserfüllung anfallen werden. Die Kosten, die zur **Erlangung eines konkreten Auftrags** erforderlich sind, gehören ebenfalls zu den Auftragskosten, auch wenn sie naturgemäß zeitlich vor der Auftragserlangung anfallen. Eine Voraussetzung für die Berücksichtigung von Auftragserlangungskosten innerhalb der PoC-Methode ist allerdings, dass zum Abschluss-Stichtag ein Kundenvertrag vorliegt. Andernfalls sind die Kosten als Periodenaufwand zu erfassen; eine nachträgliche Berücksichtigung bereits als Aufwand erfasster Kosten innerhalb der Auftragskosten ist nicht zulässig. **Nachlaufende Herstellungskosten** (zB für Nacharbeiten oder Erfüllung von Gewährleistungsansprüchen) entfallen ursächlich auf den Zeitraum der Herstellung und sind daher ebenfalls in die Auftragskosten einzubeziehen (vgl. IDW RS HFA 2 Tz. 8). **82**

Im Zusammenhang mit Fertigungsaufträgen werden in vielen Fällen **Generalunternehmer-Verträge** abgeschlossen. Der Generalunternehmer, der die komplette Vertragsleistung schuldet, bedient sich zur Leistungserbringung idR Nachunternehmern. Die dem Generalunternehmer seitens der Subunternehmer in Rechnung gestellten Leistungen stellen für den Generalunternehmer Auftragskosten dar (Epstein/Jermakowicz, 2008, 235). **83**

Obwohl die Abarbeitungsdauer eines Fertigungsauftrags keine Voraussetzung zur Anwendung der PoC-Methode ist, wird es sich in den meisten Fällen um eine langfristige, über mehrere Perioden reichenden Auftragsfertigung handeln. Deshalb ist es notwendig, die Effekte voraussichtlicher **Lohn- und/oder Preisveränderungen** auf die Auftragskosten zu berücksichtigen. **84**

Im Zusammenhang mit Fertigungsaufträgen sind den **direkten Kosten** folgende Komponenten zuzuordnen: **85**

(1) Fertigungslöhne und Löhne bzw Gehälter für die Projektüberwachung,
(2) Fertigungsmaterial,
(3) Abschreibungen der für die Vertragsleistung eingesetzten Maschinen und Anlagen,

(4) Transportkosten für Anlagen, Maschinen, Ausrüstung und Materialien zum und vom Erfüllungsort,
(5) Kosten für die Anmietung von Anlagen und Maschinen,
(6) Kosten der Ausgestaltung und der technischen Projektunterstützung,
(7) Kosten für Nachbesserungen und Garantieleistungen einschließlich Gewährleistungsaufwand (als Schätzgrößen),
(8) Nachforderungen Dritter.

86 Werden **zusätzliche Erträge** erzielt, die nicht zum vereinbarten Auftragserlös gehören, bspw. durch den Verkauf von überschüssigem Material oder nicht mehr benötigten Anlagen nach Fertigstellung des Projekts, sind die Kosten um diese Beträge zu reduzieren. Entsprechendes gilt für sich im Projektverlauf einstellende Einkaufsvorteile beim Fertigungsmaterial oder konkretisierte Minderkosten durch Kalkulationsunterschreitungen im Bereich der Fertigungslöhne (vgl. Riese, in: Beck IFRS-Handbuch, § 9 Tz. 41). Kosten, die auf einen **überhöhten Materialverbrauch** zurückzuführen sind und einem bestimmten Auftrag zugeordnet werden können, sind als Bestandteil der Auftragskosten zu erfassen (vgl. IDW RS HFA 2 Tz. 6). Gleiches trifft für **Leerkosten zu**, zB wenn sie auf planmäßigen

Abschreibungen zeitweilig ungenutzter Anlagen beruhen, die speziell zur Abwicklung eines bestimmten Auftrags eingesetzt werden. Darüber hinaus sind Leerkosten aus nicht genutzten Anlagen dem Auftrag weder direkt noch als Gemeinkosten zuzurechnen und daher sofort im Periodenaufwand zu verrechnen.

87 Die einem Fertigungsauftrag zuzuordnenden **indirekten Kosten** umfassen

(1) Versicherungsprämien (zB Sachversicherungen für eingesetzte Maschinen und Anlagen),
(2) Kosten der Ausgestaltung und der Projektunterstützung, die nicht unmittelbar mit dem Projekt zusammen hängen,
(3) Fertigungsgemeinkosten. Hierunter fallen zB auch Kosten für die Lohnabrechnung der im Fertigungsbereich eingesetzten Mitarbeiter.

Bei der Ermittlung der indirekten Kosten nach IAS 11.18 ist von einer **normalen Kapazitätsauslastung** auszugehen. Alle ähnlichen bzw. vergleichbaren Kosten(-arten) sind auf Basis einer einheitlichen und stetigen Zuordnungsmethode zu bewerten. Die Kosten müssen dabei auf den Herstellungszeitraum entfallen und mittels planmäßiger und sachgerechter Methoden zugerechnet werden.

88 Zu der dritten Kostenkategorie der **sonstigen,** dem Kunden in Rechnung zu stellenden und hier zu erfassenden **Auftragskosten**, zählen zB vertragsgemäß abrechenbare allgemeine Verwaltungskosten und Entwicklungskosten. Auch IFRS-SMEs Abschn. 23.23 verlangt die Aktivierung von Kosten, die im Rahmen des Fertigungsauftrags (zukünftig) vergütet werden. Allerdings liefert der Wortlaut wenig Anhaltspunkte zur Abgrenzung dieser Kosten. Allgemein kann es sich um dem Kunden gesondert in Rechnung gestellte Entwicklungs- und Designkosten, Dokumentationskosten, Aufwendungen für die behördliche Abnahme oder eine technische Sicherheits- und Funktionsprüfung oÄ handeln. Kosten zur Erlangung eines konkreten Auftrags **(Sondereinzelkosten des Vertriebs)** gehören zu den Auftragskosten, sofern sie einzeln bestimmbar sind und verlässlich ermittelt werden können. Zudem muss es wahrscheinlich sein, dass es zum Vertragsabschluss kommt. In einer Periode als Aufwand erfasste Akquisitionskosten für einen in einer späteren Periode zum Vertragsabschluss gelangten Fertigungsauftrag sind dagegen nicht nachträglich als Auftragskosten in die PoC-Bewertung einzubeziehen.

89 Können Kosten einzelnen Aufträgen weder direkt noch indirekt zugeordnet werden, entsprechen sie nicht den Anforderungen an Auftragskosten nach IFRS-SMEs Abschn. 23.17. Dementsprechend sind folgenden Kosten **nicht** in die Bestimmung der Auftragskosten **einzubeziehen**

(1) Kosten der allgemeinen Verwaltung, soweit deren Abrechnung nicht vertraglich vereinbart wurde,
(2) Vertriebskosten,

(3) Forschungs- und Entwicklungskosten, soweit eine Erstattung nicht vertraglich vereinbart wurde,
(4) planmäßige Abschreibungen auf ungenutzte Anlagen, die nicht für die Erfüllung eines bestimmten Fertigungsauftrags verwendet werden (Leerkosten).

Diese Kosten sowie alle anderen Kosten, die nicht im Rahmen des Auftrags vom Auftraggeber vergütet werden, sind gemäß IFRS-SMEs Abschn. 23.24 unmittelbar in der Periode ihres Anfalls als Aufwand von dem berichtenden Unternehmen zu erfassen.

90 Dies gilt grundsätzlich auch für die auf den Fertigungsprozess entfallenden **Fremdkapitalkosten**, die nach IFRS-SMEs Abschn. 25.2 einem generellen Aktivierungsverbot unterliegen. Damit weicht die Berücksichtigung von Fremdkapitalkosten hinsichtlich der Einbeziehung in die Auftragskosten von den Regelungen der IFRS ab. Auch wenn diese Regelung in Einzelfällen aus wirtschaftlicher Sichtweise zu einer Unterdotierung der Auftragskosten führt, wurde die generelle Aufwandsverrechnung von Fremdkapitalkosten vom IASB doch bewusst als Vereinfachung gerade für kleine und mittlere Unternehmen in IFRS-SMEs aufgenommen. Eine weitgehend problemlose Bestimmung und Abgrenzung von projektbezogenen Finanzierungskosten ist nämlich meistens nur bei Vorliegen einer abgegrenzten Projektfinanzierung möglich (vgl. Scheinpflug, in: Beck IFRS-Handbuch, § 5 Tz. 43). Gerade bei SMEs ist eine projektbezogene Finanzierung jedoch eher die Ausnahme. IdR erfolgt dort die Projektfinanzierung als Mischfinanzierung im Rahmen der allgemeinen Unternehmensfinanzierung. Vor dem Hintergrund der damit verbundenen Schwierigkeiten bei der projektbezogenen Zurechnung der allgemeinen Finanzierungskosten erscheint das generelle Berücksichtigungsverbot des IFRS-SMEs Abschn. 25.2 als angemessene Vereinfachung für kleine und mittlere Unternehmen.

91 Auch im Rahmen der Kostenabgrenzung spielt das Ausüben **von Ermessen** in der Praxis eine bedeutende Rolle. Die relativ weite und nicht immer trennscharfe Abgrenzung des Kostenbegriffs, verbunden mit dem Gebot einer verlässlichen Kostenschätzung, kann zu nicht unerheblichen bilanzpolitischen Gestaltungsspielräumen führen.

3. Fertigstellungsgrad

92 Die Gewinnrealisation nach dem Leistungsfortschritt mittels der PoC-Methode ist gemäß IFRS-SMEs Abschn. 23.21 auf Fertigungsaufträge anzuwenden, bei denen die Gesamterlöse, die Gesamtkosten und der Fertigstellungsgrad zuverlässig ermittelt werden können sowie bei der Erlösrealisation im Zusammenhang mit der Erbringung von Dienstleistungen. Dabei ist die Anwendung der PoC-Methode nicht nur auf Dienstleistungen beschränkt, die unmittelbar mit Fertigungsaufträgen zusammenhängen. Der Erfolgsbeitrag eines Fertigungsauftrags fällt demnach entsprechend des Leistungsfortschritts eines Projekts an, was impliziert, dass Gewinne bereits auch bei einem fehlenden Rechtsanspruch auf eine Abrechnung des Gesamtprojekts realisiert werden können. Als **Maßstab zur Bestimmung des anteilig zu realisierenden Gesamterlöses** (und damit einer anteiligen Gewinnmarge) ist nach der Bestimmung der Auftragserlöse und -kosten der Fertigstellungsgrad zu ermitteln.

93 IFRS-SMEs Abschn. 23.22 sieht für die Ermittlung des Fertigstellungsgrads eines Auftrags **verschiedene Methoden** vor. Beispielhaft werden in der Vorschrift die folgenden Methoden zur Bestimmung des Fertigstellungsgrads aufgeführt:

(1) ***cost-to-cost*-Verfahren** (IFRS-SMEs Abschn. 23.22(a)): Die Ermittlung des Fertigstellungsgrads erfolgt, indem die bis zum Stichtag angefallenen Auftragskosten zu den Gesamtkosten ins Verhältnis gesetzt werden.
(2) Verfahren der **direkten Leistungsermittlung** (IFRS-SMEs Abschn. 23.22(b)): Der Fertigstellungsgrad wird anhand der Inaugenscheinnahme des zu erstellenden Vermögenswerts (zB durch Aufmaß) ermittelt.

(3) **Milestone-Verfahren** (IFRS-SMEs Abschn. 23.22(c)): Die Ermittlung des Fertigstellungsgrads erfolgt nach Maßgabe von zuvor definierten Leistungsabschnitten (Milestones), bei deren Erreichen ein bestimmter Fertigstellungsgrad unterstellt wird.

IFRS-SMEs Abschn. 23.22 weist explizit darauf hin, dass es sich bei den dort aufgeführten Methoden zur Ermittlung des Fertigstellungsgrads nicht um eine abschließende Aufzählung handelt. Es ist jeweils dasjenige Verfahren anzuwenden, mit dem die erbrachte Leistung am verlässlichsten bestimmt werden kann. Systematisch kann bei den Verfahren zur Ermittlung des Fertigstellungsgrads zwischen **Input- und Output-orientierten Verfahren** zu unterscheiden werden. Während bei den Output-orientierten Verfahren die Ermittlung des Fertigstellungsgrads direkt anhand des Zustands der zu erbringenden Vertragsleistung erfolgt, wird bei den Input-orientierten Verfahren eine Korrelation zwischen Input- und Output-Faktoren unterstellt. Bezogen auf das *cost-to-cost*-Verfahren bedeutet dies bspw. die Unterstellung, dass die Kosten hinsichtlich ihres zeitlichen Anfalls der erbrachten Leistung im Zeitablauf näherungsweise entsprechen. Analog dazu basiert das vorrangig für Dienstleistungsaufträge zur Anwendung gelangende und in IFRS-SMEs Abschn. 23.22 nicht explizit erwähnte *efforts-expected*-Verfahren darauf, dass eine Korrelation zwischen den bereits abgeleisteten Arbeitsstunden und der anteiligen Erbringung der gesamten Dienstleistung besteht. Damit kann man die in der Praxis angewendeten Verfahren grafisch wie in Abbildung 3 veranschaulichen.

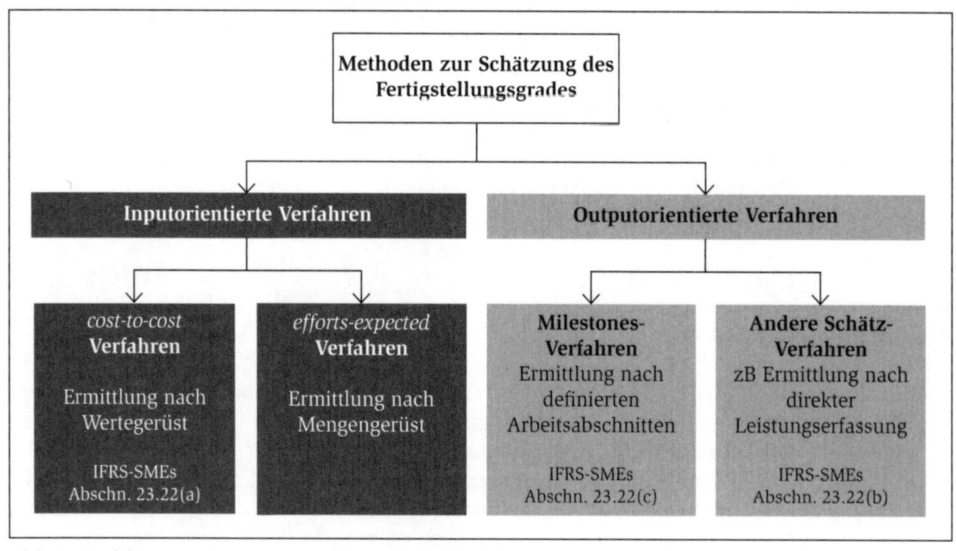

Abb. 3: Verfahren zur Bestimmung des Fertigstellungsgrads

94 IFRS-SMEs Abschn. 23.22 verlangt die Anwendung desjenigen Verfahrens, welches möglichst sachgerecht den Fertigstellungsgrad ermittelt. Deshalb sind im Einzelfall und unter Berücksichtigung der Substanz der zugrunde liegenden Transaktion die **Vor- und Nachteile der Verfahren** gegeneinander abzuwägen. Dabei spricht für die Output-orientierten Verfahren, dass sie unmittelbar bei einer Messung der erbrachten Leistung ansetzen und auf die Korrelationsvermutung der Input-orientierten Verfahren verzichten können. Dafür setzen sie eine zuverlässige Leistungsbestimmung voraus. Diese ist in manchen Branchen (zB Bauindustrie) gegeben, so dass dort in großem Umfang Output-orientierte Verfahren zur Anwendung gelangen. Gerade bei komplexen Fertigungsaufträgen (zB im Bereich des Maschinen- und Anlagenbaus) stößt eine direkte Leistungsermittlung jedoch regelmäßig an ihre Grenzen. Hier gelangen entsprechend in größerem Umfang Input-orientierte Verfahren – insbesondere das *cost-to-cost*-Verfahren – zur Anwendung, da in vielen Fällen eine ausreichende Korrelation zwischen

Input- und Output-Faktoren nachgewiesen werden kann. Allerdings ist bei der Anwendung des *cost-to-cost*-Verfahrens darauf zu achten, dass Voraus- und Anzahlungen, denen zum Abschluss-Stichtag noch keine entsprechende Leistung gegenübersteht, nicht in die Bestimmung des Fertigstellungsgrads eingehen dürfen. Hierauf weist auch IFRS-SMEs Abschn. 23.22 ausdrücklich hin.

95 Bei der Wahl des Verfahrens zur Bestimmung des Fertigstellungsgrads handelt es sich um eine **Bilanzierungs- und Bewertungsmethode** iSv. IFRS-SMEs Abschn. 10. Ein einmal als sachgerecht eingeschätztes Verfahren ist dann sowohl im Hinblick auf vergleichbare Sachverhalte als auch im zeitlichen Ablauf stetig anzuwenden. Eine Änderung des Verfahrens stellt eine Änderung der Bilanzierungs- und Bewertungsmethoden dar und ist nach IFRS-SMEs Abschn. 10.13 im Anhang zu erläutern.

96 Sofern es am Bilanzstichtag wahrscheinlich ist, dass ein **Verlustauftrag** vorliegt, dh., die gesamten Auftragskosten die gesamten Auftragserlöse übersteigen, sind die erwarteten Verluste nach IFRS-SMEs Abschn. 23.26 unmittelbar als Aufwand der Periode der Verlusterkennung zu erfassen. Verluste werden also auch nach IFRS-SMEs unter Beachtung des Vorsichtsprinzips unmittelbar und in voller Höhe erfasst, während Auftragsgewinne nach der PoC-Methode nur anteilig realisiert werden. Die Berücksichtigung eines Auftragsverlusts soll nach dem Wortlaut in IFRS-SMEs Abschn. 23.26 als Rückstellung für nachteilige Verträge iSv. IFRS-SMEs Abschn. 21 bilanziert werden. Bei einem solchen Brutto-Ausweis ist eine Rückstellung in Höhe des erwarteten Verlusts – unabhängig vom Ausweis eines Forderungs- oder Verbindlichkeitspostens aus dem Fertigungsauftrag zu bilden. Unter Berücksichtigung des wirtschaftlichen Gehalts und der Praxis der Bilanzierung von Fertigungsaufträgen nach IFRS sollte jedoch – analog zu der Vorgehensweise nach IAS 11 – auch eine vorrangige Abwertung des entsprechenden Aktivpostens – und damit eine Netto-Darstellung – zulässig sein. In diesem Fall wäre nur ein den Aktivposten übersteigender Verlustbetrag als Rückstellung passivisch zu berücksichtigen.

97 Als eher technische Vorgabe verlangt IFRS-SMEs Abschn. 23.27, dass Beträge, die bereits als Auftragserlöse erfasst worden sind, im Falle ihrer **Uneinbringlichkeit** als Aufwand der Periode der Uneinbringlichkeit zu erfassen sind. In diesen Fällen soll der Umfang der Auftragserlöse nachträglich nicht reduziert werden. Diese Vorschrift ist zum einen als Vereinfachung der Ermittlung zu verstehen, da eine Anpassung der Auftragserlöse über die Bestimmung des Fertigstellungsgrads die gesamte Ergebnisermittlung des Fertigungsauftrags beeinflussen würde. Zum anderen trägt die sofortige Aufwandserfassung auch dem Charakter der Uneinbringlichkeit als Wertberichtigung eines Bilanzansatzes Rechnung; Wertberichtigungen führen konzeptionell innerhalb der IFRS-SMEs regelmäßig zu Aufwand.

Als Beispiele für Konstellationen, in denen eine Uneinbringlichkeit angefallener Kosten zu prüfen ist, können in Analogie zu IAS 11.34 die folgenden Sachverhalte genannt werden:

(1) Verträge, die aufgrund zweifelhafter Gültigkeit nicht in vollem Umfang durchsetzbar sind,
(2) Aufträge, deren Fertigstellung aufgrund vom Ergebnis eines schwebenden Prozesses oder eines laufenden Gesetzgebungsverfahrens abhängig ist,
(3) Aufträge, die in Verbindung mit Vermögenswerten stehen, die wahrscheinlich beschlagnahmt oder enteignet werden,
(4) Aufträge, bei denen der Kunde seine Verpflichtungen nicht erfüllen kann,
(5) Aufträge, bei denen der Auftragnehmer nicht in der Lage zur Fertigstellung des Auftrags oder zur Erfüllung seiner Auftragsverpflichtungen in der Lage ist.

4. Ausweis und Darstellung

98 Während IFRS-SMEs Abschn. 23.25 die grundsätzliche Ertrags- und Aufwandserfassung im Rahmen der PoC-Methode vorschreibt, ist der Ausweis von Erlösen und Kosten aus Fertigungs-

aufträgen in der **GuV/Gesamtergebnisrechnung** in IFRS-SMEs Abschn. 23 nicht explizit geregelt. Zum Zweck der Erlöserfassung wird gedanklich eine Teilfakturierung unterstellt, indem die erbrachte Leistung als Umsatz gebucht und der Fertigungsaufwand aufwandswirksam verrechnet wird. Die Darstellung hängt dabei von der Darstellungsform der Ergebnisrechnung ab. Während bei Anwendung des Umsatzkostenverfahrens die angefallenen Projektkosten Bestandteil der Herstellungskosten des Umsatzes sind, verteilen sie sich bei Anwendung des Gesamtkostenverfahrens auf die verschiedenen Kostenarten. Die Differenz aus Umsatz einschließlich Gewinnanteil und Fertigungsaufwand führt zur anteiligen Gewinnerfassung der Periode. IFRS-SMEs Abschn. 23.25 verlangt dabei die Erfassung der Auftragserlöse und der Auftragskosten jeweils entsprechend dem ermittelten Fertigstellungsgrad. Werden zur Ermittlung des Fertigstellungsgrads Methoden verwendet, die sich nicht wie das *cost-to-cost*-Verfahren an den als Aufwand erfassten Auftragskosten orientieren, so kann zur Darstellung des zutreffenden Periodengewinns eine Kostenabgrenzung erforderlich werden. Überschreiten die gebuchten Auftragskosten einer Periode die nach Maßgabe des Fertigstellungsgrads zu verrechnenden Auftragskosten, so ist eine aktive Anpassung, im umgekehrten Fall eine passive Abgrenzung in der Bilanz vorzunehmen.

99 Hinsichtlich des Ausweises von Fertigungsaufträgen in der **Bilanz** enthält IFRS-SMEs Abschn. 23 ebenfalls keine expliziten Regelungen. Aus dem Trainingsmaterial der IFRS Foundation zu IFRS-SMEs Abschn. 23 kann jedoch geschlossen werden, dass die Bilanzierung von Fertigungsaufträgen weitgehend analog zu der Vorgehensweise nach IAS 11 vorgenommen werden soll (vgl. *IFRS Foundation*, Training Material for the IFRS for SMEs, Module 23 – Revenue, Beispiel 54). Demnach ist für alle zum Bilanzstichtag noch in Ausführung befindlichen Fertigungsaufträge ein aktivischer Saldo gegenüber dem Auftraggeber als Vermögenswert oder ein passivischer Saldo gegenüber dem Auftraggeber als Schuld auszuweisen. Der dabei zugrunde zu legende Saldo ergibt sich dabei wie folgt:

	Summe der bis zum Bilanzstichtag angefallenen aktivierbaren Auftragskosten
+	Summe der bereits realisierten Teilgewinne
./.	Summe der realisierten Auftragsverluste
+	Summe der Beträge, die dem Auftraggeber bereits in Rechnung gestellt wurden
=	Aktivposten (falls Saldo > 0) oder
=	Passivposten (falls Saldo < 0)

100 Ein positiver Saldo ist somit als Vermögenswert, ein negativer Saldo als Schuld in der Bilanz zu erfassen. Weder nach IFRS-SMEs Abschn. 23 noch nach IAS 11 sind spezifische Ausweisposten für einen aktiven bzw. passiven Saldo vorgegeben. Dem Grundsatz der Teilgewinnrealisierung folgend, welche unabhängig von rechtlichen Aspekten wie zB einer Teilabnahme oder einem Gefahrenübergang stattfindet, sind **Aktivposten als Forderungen auszuweisen**. Für den Ansatz des **Passivpostens** ist dagegen nach der Ursache des Passivsaldos zu differenzieren. Handelt es sich um einen Überhang der dem Auftraggeber in Rechnung gestellten Beträge, übersteigt also der im Rahmen von *progress billings* dem Kunden belastete Betrag die tatsächlich bis zum Abschlussstichtag erbrachte Leistung, so ist der Passivüberhang **als Verbindlichkeit** auszuweisen. Sind hingegen bereits realisierte Auftragsverluste für die Entstehung des Passivpostens ursächlich, so ist der Passivüberhang **als Rückstellung** für nachteilige Verträge iSv. IFRS-SMEs Abschn. 21.2 zu passivieren.

101 Konzeptionell erfordert die PoC-Methode eine auftragsindividuelle Ermittlung von Auftragserlösen, Auftragskosten und Fertigstellungsgrad. Eine **Saldierung** der ober (vgl. Tz. 99) genannten Positionen zum Zwecke der Ermittlung des Saldobetrags erfolgt dementsprechend ebenfalls projektweise; mehrere separate Aufträge dürfen nicht saldiert werden, was in der Bilanz eines Fertigungsunternehmens idR sowohl zu einem Ausweis von Aktiv- als auch Passivposten führt. Damit kann die Unterscheidung hinsichtlich des Ausweises von Fertigungsaufträgen in der Bilanz des Auftragnehmers grafisch wie in Abbildung 4 veranschaulicht werden.

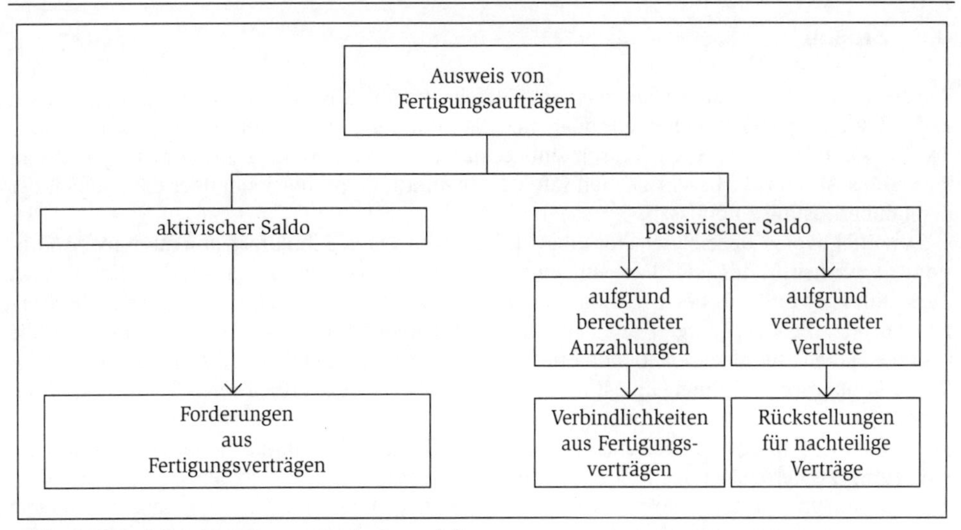

Abb. 4: Bilanzieller Ausweis von Fertigungsaufträgen

F. Erlösrealisation bei Zinsen, Nutzungsentgelten und Dividenden

I. Allgemeines

102 Die Nutzungsüberlassung von Vermögenswerten eines Unternehmens an Dritte kann zu Erlösen in Form von Zinsen, Nutzungsentgelten oder Dividenden führen. Diese sind entsprechend den Regelungen des IFRS-SMEs Abschn. 23.18 zu dem **Zeitpunkt** zu realisieren, an dem

(1) mit hinreichender Wahrscheinlichkeit dem Unternehmen der wirtschaftliche Nutzen der Transaktion zufließt und
(2) eine verlässliche Bestimmung der Höhe der Erlöse möglich ist.

Diese Definition entspricht der allgemeinen Erlösrealisationsvorgabe des IFRS-SMEs Abschn. 2.27 und impliziert hinsichtlich des Kriteriums der hinreichenden Wahrscheinlichkeit eines wirtschaftlichen Nutzenzuflusses, dass keine Zweifel an der Bonität des Schuldners im Zeitpunkt der Erlösrealisation vorliegen dürfen bzw. solche Zweifel im Rahmen des Umfangs der Erlösrealisation berücksichtigt werden. Im Nachhinein auftretende Adressatenrisiken sind in der Periode ihres Bekanntwerdens über eine aufwandswirksame Wertberichtigung zu berücksichtigen.

103 Bei der Erfassung von Erlösen aus Nutzungsentgelten gibt IFRS-SMEs Abschn. 23.29 die folgenden Vorgaben:

(1) Zinsen sind unter Anwendung der Effektivzinsmethode gemäß IFRS-SMEs Abschn. 11.15 bis 20 zu erfassen.
(2) Nutzungsentgelte sind periodengerecht in Übereinstimmung mit den Bestimmungen des zugrunde liegenden Vertrags zu erfassen.
(3) Dividenden sind mit der Entstehung des Rechtsanspruchs des Anteilseigners auf Zahlung zu erfassen.

Diese Regelungen sollen im Folgenden einzeln betrachtet werden.

II. Zinsen

104 Bei Zinsen handelt es sich allgemein um Entgelte für die Überlassung von Zahlungsmitteln bzw. Zahlungsmitteläquivalenten oder für die Stundung von Zahlungsansprüchen (zum Begriff vgl. auch IAS 18.5(a)). Zinsen sind gemäß IFRS-SMEs Abschn. 23.29(a) mittels der in IFRS-SMEs Abschn. 11 beschriebenen **Effektivzinsmethode** proportional über die Laufzeit der Kapitalüberlassung zu erfassen.

105 Der Effektivzins bezeichnet eine über die Laufzeit eines Schuldinstruments hinweg **konstante Verzinsung** des jeweiligen Buchwerts. Unterscheiden sich Zugangs- und Nenn- bzw. Rückzahlungswerte (zB bei Vereinbarung eines Disagios), müssen in jeder Periode Abschreibungen oder Zuschreibungen auf den Buchwert vorgenommen werden, um eine über die gesamte Haltedauer gleich bleibende Effektivverzinsung des jeweiligen Restbuchwerts darstellen zu können (vgl. Kuhner, in: MünchKommBilR, IAS 18, Tz. 110). Diese Ab- und Zuschreibungen haben, ebenso wie Agien und Disagien sowie Gebührenbestandteile in direktem Zusammenhang mit der Kapitalüberlassung, einen Zinscharakter und sind damit innerhalb des Zinsertrags zu berücksichtigen. Der ermittelte Effektivzins stellt denjenigen Zins dar, mit dem die geschätzten künftigen Einzahlungen über die erwartete Laufzeit des Finanzinstruments auf den Buchwert des finanziellen Vermögenswerts diskontiert werden (IFRS-SMEs Abschn. 11.16). Bei der Ermittlung des Effektivzinssatzes sind die vertraglichen Bedingungen der Finanzinstrumente, wie Vorauszahlungen oder Kauf- bzw. andere Optionen), nicht jedoch mögliche Kreditausfälle zu berücksichtigen. Zu weiteren Aspekten der Anwendung der Effektivzinsmethode wird auf die Ausführungen in IFRS-SMEs Komm., Teil B, Abschn. 11 Tz. 67 ff. verwiesen.

III. Nutzungsentgelte

106 Da die IFRS-SMEs selbst keine Definition des Begriffs von Nutzungsentgelten vorsehen, erscheint auch in dieser Hinsicht eine **Begriffsabgrenzung** unter Bezugnahme nach IFRS-SMEs Abschn. 10.6 auf die konzeptionell vergleichbaren Vorschriften der IFRS sinnvoll. Danach handelt es sich bei Nutzungsentgelten um Entgelte für die Überlassung immaterieller Vermögenswerte eines Unternehmens, wie bspw. Patente, Warenzeichen, Urheberrechte und Computersoftware (IAS 18.5(b)).

107 Für Nutzungsentgelte sieht IFRS-SMEs Abschn. 23.29(b) grundsätzlich eine **periodengerechte Erfassung** in Übereinstimmung mit den Bestimmungen des zugrunde liegenden Vertrags vor. Aus Praktikabilitätsgründen erscheint hierzu in vielen Fällen eine lineare Vereinnahmung von Erträgen aus der Nutzungsüberlassung von Vermögenswerten für einen bestimmten vertraglich determinierten Zeitraum über die Laufzeit des Vertrags als sachgerecht (IFRS-SMEs Abschn. 23A.34). Als mögliche Anwendungsfälle einer derartigen linearen Erlösvereinnahmung werden in IFRS-SMEs Abschn. 23A.34 Markenrechte, Patente, Softwarelizenzen, Copyright auf Musiktitel oder Filmlizenzen genannt. Die Voraussetzungen für eine (vereinfachende) Linearisierung der Ertragsvereinnahmung sind im Einzelfall auf der Grundlage der vertraglichen Vereinbarungen zu prüfen. Insbesondere dann, wenn die Nutzung nicht primär zeitraumbezogen erfolgt, kann auch eine andere Methode als eine lineare Erfassung zugrunde zu legen sein. Bspw. ist bei stückabhängigen Nutzungsentgelten (sog. nicht zeitraumbezogene Stücklizenzen) der Ertrag zu dem Zeitpunkt zu realisieren, zu dem die zugrunde liegenden Bedingungen erfüllt sind und eine hinreichende Wahrscheinlichkeit bzgl. des Zuflusses der Erlöse besteht (vgl. ADS Int 2002, Abschn. 4, Tz. 258).

108 Wird für einen unbegrenzten und nicht-kündbaren Lizenzvertrag eine **einmalige Nutzungsgebühr** erhoben und bestehen nach Abschluss des Vertrags keine weiteren Leistungs-

verpflichtungen seitens des Lizenzgebers, erfolgt die Ertragsvereinnahmung gemäß IFRS-SMEs Abschn. 23 A.35 nach der Maßgabe einer einfachen Verkaufstransaktion. Der Standard nennt in diesem Zusammenhang als mögliches Beispiel Softwarelizenzvereinbarungen, bei denen dem Lizenzgeber nach der Lieferung keine weiteren Verpflichtungen verbleiben. Ebenfalls unter diese Regelung fallen Verwertungsrechte für Filme auf Märkten, in denen der Lizenzgeber keinen Einfluss auf den Filmverleiher hat oder Einnahmen aus dem Verkauf von Eintrittsgeldern erwarten kann.

109 Manche Lizenzvereinbarungen machen die Zahlung eines Entgelts abhängig vom Eintritt eines oder mehrerer künftiger Ereignisse (zB die Erteilung einer behördlichen Zulassung oder Betriebsgenehmigung). Besteht im Fall solcher **bedingter Lizenzvereinbarungen** eine Abhängigkeit der Entgeltzahlung für ein Nutzungsrecht von einem bestimmten zukünftigen Ereignis, so ist eine Erlösrealisation vorzunehmen, wenn das Ereignis tatsächlich eintritt und das Unternehmen mit hinreichender Wahrscheinlichkeit die Gebühr erhält (IFRS-SMEs Abschn. 23 A.36).

IV. Dividenden

110 Dividenden sind Gewinnausschüttungen an die Inhaber von Kapitalbeteiligungen im Verhältnis zu den von ihnen gehaltenen Anteilen einer bestimmten Kapitalgattung. Sie sind nach IFRS-SMEs Abschn. 23.29(c) mit der **Entstehung des Rechtsanspruchs auf Zahlung** als Erlös zu erfassen. Dabei richtet sich der Zeitpunkt der Entstehung des Rechtsanspruchs auf Zahlung der Dividende nach den nationalen zivil- und gesellschaftsrechtlichen Regelungen.

111 Die Regelung des IFRS-SMEs Abschn. 23.29(c) entspricht grundsätzlich den ertragsteuerrechtlichen Regelungen in Deutschland. Bei deutschen **Kapitalgesellschaften** in Form von Aktiengesellschaften entsteht der Ausschüttungsanspruch mit dem Gewinnverwendungsbeschluss der Hauptversammlung (§ 174 AktG); bei einer GmbH bestimmt sich der Realisationszeitpunkt nach dem Beschluss über die Ergebnisverwendung (§ 42a Abs. 2 GmbHG). Eine Pflicht zur phasengleichen Gewinnvereinnahmung im Einzelabschluss eines Mutterunternehmens, das sämtliche Anteile an einer Kapitalgesellschaft hält, ist nach IFRS-SMEs Abschn. 23.29(c) konzeptionell nicht vorgesehen. Eine phasengleiche Gewinnvereinnahmung ist lediglich bei Vorliegen eines Ergebnisabführungsvertrags zulässig. Der Ergebnisabführungsvertrag führt dazu, dass der Rechtsanspruch auf den Gewinn bereits mit Ablauf des Geschäftsjahrs entsteht. In diesen Fällen ist für die Erfassung des Dividendenanspruchs kein Gewinnverwendungsbeschluss mehr erforderlich, und die Voraussetzungen der Erlösrealisation in IFRS-SMEs Abschn. 23.29(c) sind damit gegeben. Eine phasengleiche Dividendenvereinnahmung vor dem Gewinnverwendungsbeschluss kommt mit Ausnahme eines bestehenden Ergebnisabführungsvertrag nach den IFRS-SMEs grundsätzlich nicht in Betracht, da in IFRS-SMEs Abschn. 23 explizit auf den Zeitpunkt des Entstehens des Rechtsanspruchs auf Ausschüttung Bezug genommen wird.

112 Bei **Personengesellschaften** entsteht nach den gesetzlichen Regelungen in Deutschland (§§ 120-122, 161 Abs. 2, 167, 169 HGB) der individuelle Rechtsanspruch auf den Gewinnanteil dem Grunde nach bereits zum Bilanzstichtag. Ausnahmen hiervon können sich aufgrund abweichender Vorschriften im Gesellschaftsvertrag ergeben. Sofern die Höhe des Gewinnanteils innerhalb des Wertaufhellungszeitraums verlässlich geschätzt werden kann, ist nach IFRS-SMEs Abschn. 23.29(c) eine phasengleiche Gewinnvereinnahmung auf Seiten des Gesellschafters vorzunehmen.

G. Erlösrealisation bei Mehrkomponentengeschäften

113 Bei Mehrkomponentengeschäften wird zwischen dem Leistungserbringer und dem Kunden eine Gesamtleistung vereinbart, die sich aus **einzelnen identifizierbaren und abgrenzbaren Teilleistungen** (Komponenten) zusammensetzt. Die Teilleistungen sind dabei idR wirtschaftlich eng miteinander verbunden, so dass in einem Vertrag ein Gesamtpreis für sämtliche Teilleistungen vereinbart wird. In der Praxis beinhalten Mehrkomponentenverträge häufig Elemente eines Verkaufs- und eines Dienstleistungsvertrags. Dies bedeutet jedoch, dass für jede Teilleistung eine gesonderte Beurteilung der Erlösrealisationsvoraussetzungen anhand der entsprechenden Kriterien des IFRS-SMEs Abschn. 23 vorzunehmen ist.

114 Mehrkomponentengeschäfte treten in einer großen Anzahl von Variationen auf. Beispielhaft werden im folgenden einige typische Mehrkomponentenvereinbarungen genannt, die eine gesonderte Erlösbetrachtung der Einzelkomponenten erfordern:

(1) **Verkaufsgeschäfte mit Serviceanteil**: Diese Vertragstypen werden zB beim Absatz von Kraftfahrzeugen genutzt. Der Kunde erhält mit Zahlung des vereinbarten Verkaufspreises zusätzliche Serviceleistungen, die er zukünftig in Anspruch nehmen kann (»kostenlose« Wartung innerhalb der ersten drei Jahre, Übernahme der KFZ-Versicherungsprämie, etc.).

(2) **Verkaufsgeschäfte mit Kundenbindungsanteilen**: Kundenbindungsprogramme kommen insbesondere im Einzelhandel zum Einsatz. Mit jedem Einkauf erwirbt der Kunde im Verhältnis zum gezahlten Einkaufspreis einen Bonusanspruch, der später mit dem Kauf weiterer Waren verrechnet werden kann (in Deutschland zB »Payback« oder »Happy Digits«, vgl. Tz. 48).

(3) **Dienstleistungsvereinbarungen mit Warenzugabe**: Der Kunde erhält bei Abschluss eines Dienstleistungsvertrags »kostenlos« oder verbilligt einen Vermögenswert vom Anbieter der Dienstleistung. Typisches Anwendungsfeld dieser Geschäftsmodelle ist die Zugabe eines Mobiltelefons bei Abschluss eines entsprechenden Mobilfunkvertrags.

115 Obwohl die in IFRS-SMEs Abschn. 23 kodifizierten Erlösrealisationskriterien nach IFRS-SMEs Abschn. 23.8 auf jeden einzelnen Geschäftsvorfall separat anzuwenden sind, kann in den skizzierten Fällen von Mehrkomponentenverträgen die Zerlegung des Gesamtgeschäfts in seine einzeln abgrenzbaren Leistungskomponenten erforderlich sein, um auf diese Weise das der Transaktion zugrunde liegende Vertragsverhältnis wirtschaftlich sachgerecht abzubilden. Enthält der Verkaufspreis eines Produkts einen **bestimmbaren Betrag** für nachfolgend zu erbringende Serviceleistungen, wie es häufig im IT-Bereich vorkommt, ist der Betrag für die Serviceleistungen passivisch abzugrenzen und über den Zeitraum als Erlös zu erfassen, in dem die Leistung tatsächlich erbracht wird.

116 Eine Aufteilung eines Mehrkomponentengeschäfts erfordert eine **sachliche und wertmäßige Trennung** der einzelnen Elemente (vgl. Lüdenbach/Hoffmann, DStR 2006, 154 ff.). Eine sachliche Trennung liegt idR vor, wenn der Kunde die einzelnen Teilleistungen theoretisch von unterschiedlichen Anbietern beziehen kann. Sofern das Gesamtentgelt objektiv auf einzelne Komponenten verteilt werden kann, ist eine wertmäßige Trennung gegeben. Für den Fall, dass keine sachliche und wertmäßige Trennung möglich ist, wird der Geschäftsvorfall bilanziell als eine Einheit behandelt (vgl. Kuhner, in: Münchener Kommentar BilanzR, IAS 18, Tz. 57).

117 Zum Zweck einer wirtschaftlich zutreffenden Darstellung der Erlösrealisation nach IFRS-SMEs Abschn. 23.8 kann es allerdings auch erforderlich sein, zivilrechtlich **getrennte Geschäftsvorfälle** aufgrund ihres wirtschaftlichen Gehalts bilanziell zu einem Geschäftsvorfall **zusammenzufassen**. Dies ist bspw. der Fall, wenn Waren verkauft werden und in einer separaten Vereinbarung festgelegt wird, diese Waren zu einem späteren Zeitpunkt zurück zu erwerben. Obgleich hierbei zivilrechtlich zwei voneinander unabhängige Verträge vorliegen, sind die vereinbarten Transaktionen wirtschaftlich eng miteinander verbunden, so dass eine einheitliche bilanzielle Würdigung der Verkaufstransaktion unter Berücksichtigung des Rückkaufs (vgl. Tz. 44) zu erfolgen hat.

H. Anhangangaben

118 Die in IFRS-SMEs Abschn. 23 verlangten Anhangsangaben erstrecken sich zum einen auf Angaben zur allgemeinen Erlösrealisation, zum anderen werden Angaben in Bezug auf Fertigungsaufträge verlangt. Insbesondere Letztere sind hinsichtlich ihres Umfangs gegenüber den IFRS deutlich reduziert.

Im Zusammenhang mit der **Erlösrealisation** schreibt IFRS-SMEs Abschn. 23.30 die folgenden Anhangangaben vor:

(1) eine Beschreibung der bzgl. der Erfassung der Erlöse angewandten **Bilanzierungs- und Bewertungsmethoden** einschließlich der Methoden zur Ermittlung des Fertigstellungsgrads bei Dienstleistungsgeschäften,
(2) der Betrag der in der Berichtsperiode realisierten Erlöse jeder wesentlichen **Kategorie**, wobei jeweils mindestens die folgenden Erlöse separat anzugeben sind:
   - aus dem Verkauf von Gütern
   - aus der Erbringung von Dienstleistungen
   - Zinsen
   - Nutzungsentgelte
   - Dividenden
   - Provisionen
   - öffentliche Zuwendungen
   - andere wesentliche Erlösarten.

119 Des Weiteren sind von Unternehmen, die Erlöse aus **Fertigungsaufträgen** realisiert haben, die nachstehenden Angaben zu machen (IFRS-SMEs Abschn. 23.31):

(1) die in der Periode erfassten Auftragserlöse,
(2) die Methoden zur Ermittlung der in der Periode erfassten Auftragserlöse,
(3) die Methoden zur Ermittlung des Fertigstellungsgrads laufender Projekte.

Neben den Angaben zur Erlösrealisation verlangt IFRS-SMEs Abschn. 23.32 bei Vorliegen von Fertigungsaufträgen auch Angaben zum bilanziellen Ausweis. So sind einerseits Fertigungsaufträge mit aktivischem Saldo gegenüber Kunden als Vermögenswert und andererseits Fertigungsaufträge mit passivischem Saldo gegenüber Kunden als Schuld auszuweisen und betragsmäßig im Anhang anzugeben. Da die Regelungen für Fertigungsaufträge für jeden Auftrag einzeln anzuwenden sind, können zu einem Abschluss-Stichtag sowohl Forderungen als auch Verbindlichkeiten aus Fertigungsaufträgen sowie ggf. Rückstellungen für drohende Verluste auszuweisen sein. Eine Einzeldarstellung der Aufträge im Anhang wird von IFRS-SMEs Abschn. 23.32 nicht verlangt. So dürfen alle Fertigungsaufträge mit aktivischem Saldo zu einer Größe zusammengefasst werden, ebenso diejenigen mit passivischem Saldo. Nicht zulässig hingegen ist die Saldierung von aktivischen mit passivischen Salden.

I. Vergleich mit IFRS und HGB

120 Die deutsche handelsrechtliche Rechnungslegung kennt keine geschlossene Darstellung der Erlösrealisationsvorschriften wie in IFRS-SMEs Abschn. 23. Die Erlösrealisation unterliegt dem **Vorsichts- und Imparitätsprinzip** des § 252 Abs. 1 Nr. 4 HGB, das inhaltlich vom Vorsichtsprinzip in IFRS-SMEs Abschn. 2.9 abweicht.

Im Einzelnen stellen sich die wichtigsten Regelungen nach dem IFRS-SMEs, IFRS und HGB wie folgt dar:

Regelung	IFRS (IAS 11, IAS 18)	IFRS-SMEs	HGB
Anwendungs-bereich	Erlöse aus - Güterverkäufen (IAS 18) - Dienstleistungen (IAS 18) - Fertigungsaufträgen (IAS 11) - Zinsen, Nutzungsentgelten und Dividenden (IAS 18)	Erlöse aus - Güterverkäufen - Dienstleistungen - Fertigungsaufträgen - Zinsen, Nutzungsentgelten und Dividenden	Keine explizite Abgrenzung des Anwendungsbereichs
Bewertung von Erlösen	Beizulegender Zeitwert der erhaltenen oder noch zu erhaltenden Gegenleistung	Beizulegender Zeitwert der erhaltenen oder noch zu erhaltenden Gegenleistung	Keine explizite Regelung. Im Regelfall Nominalwert der vereinbarten Gegenleistung lt. Vertrag
Abgrenzung von Erlösen	Sämtliche wirtschaftliche Nutzenzuwächse ohne Beträge, die im Namen oder auf Rechnung Dritter vereinnahmt werden	Sämtliche wirtschaftliche Nutzenzuwächse ohne Beträge, die im Namen oder auf Rechnung Dritter vereinnahmt werden	Sämtliche Einnahmen aus der Transaktion ohne Beträge, die im Namen oder auf Rechnung Dritter vereinnahmt werden
Verzögerte Zahlungen	Erfassung der Erlöse bei Übergang der Chancen und Risiken nur in Höhe des Barwerts unter Verwendung des verlässlicheren Zinses aus - Vergleichs-Marktzins - Interner Zinsfuß	Erfassung der Erlöse bei Übergang der Chancen und Risiken nur in Höhe des Barwerts unter Verwendung des verlässlicheren Zinses aus - Vergleichs-Marktzins - Interner Zinsfuß	Keine explizite Regelung. Erfassung der Erlöse bei Übergang der Chancen und Risiken.
Tauschgeschäfte	Keine Erlöserfassung bei gleichartigen und gleichwertigen Tauschgütern oder Dienstleistungen	Keine Erlöserfassung bei gleichartigen und gleichwertigen Tauschgütern oder Dienstleistungen sowie bei Transaktionen ohne wirtschaftliche Substanz	Keine Erlöserfassung bei gleichartigen und gleichwertigen Tauschgütern oder Dienstleistungen
Verkauf von Gütern	Voraussetzungen für die Erlöserfassung: - Übergang von Chancen und Risiken - keine Verfügungsmacht mehr über die Güter - verlässliche Bestimmbarkeit der Erlöse - wahrscheinlicher wirtschaftlicher Nutzenzufluss - verlässliche Bestimmung der angefallenen und noch zu erwartenden Kosten	Voraussetzungen für die Erlöserfassung: - Übergang von Chancen und Risiken - keine Verfügungsmacht mehr über die Güter - verlässliche Bestimmbarkeit der Erlöse - wahrscheinlicher wirtschaftlicher Nutzenzufluss - verlässliche Bestimmung der angefallenen und noch zu erwartenden Kosten	Keine expliziten Regelungen zur Erlöserfassung. Maßgeblicher Zeitpunkt ist der Übergang von Nutzen und Lasten gemäß der zugrunde liegenden Vereinbarung.
Erbringung von Dienstleistungen	Voraussetzungen für die Erlöserfassung: - verlässliche Bestimmbarkeit der Erlöse - wahrscheinlicher wirtschaftlicher Nutzenzufluss - verlässliche Bestimmung des Fertigstellungsgrads	Voraussetzungen für die Erlöserfassung: - verlässliche Bestimmbarkeit der Erlöse - wahrscheinlicher wirtschaftlicher Nutzenzufluss - verlässliche Bestimmung des Fertigstellungsgrads	Keine expliziten Regelungen zur Erlöserfassung. Maßgeblicher Zeitpunkt ist die Leistungserbringung gemäß der zugrunde liegenden Vereinbarung.

Regelung	IFRS (IAS 11, IAS 18)	IFRS-SMEs	HGB
	– verlässliche Bestimmung der angefallenen und noch zu erwartenden Kosten	– verlässliche Bestimmung der angefallenen und noch zu erwartenden Kosten	
Fertigungsaufträge – Definition	Kundenspezifische Aufträge zur Herstellung eines Vermögenswerts	Kundenspezifische Aufträge zur Herstellung eines Vermögenswerts	Keine Sonderregelungen zu Fertigungsaufträgen
Fertigungsaufträge – Separierung und Zusammenfassung	Fertigungsaufträge sind nach Maßgabe ihres wirtschaftlichen Gehalts abzugrenzen. Ggf. sind Verträge aufzuteilen oder zusammenzufassen.	Fertigungsaufträge sind nach Maßgabe ihres wirtschaftlichen Gehalts abzugrenzen. Ggf. sind Verträge aufzuteilen oder zusammenzufassen.	Keine Sonderregelungen zu Fertigungsaufträgen
Fertigungsaufträge – Erlöserfassung	Grundsätzlich nach der PoC-Methode (Teilgewinnrealisation). Bei nicht hinreichend verlässlicher Margensicherheit kommt die *Zero-Profit*-Methode zur Anwendung	Grundsätzlich nach der PoC-Methode (Teilgewinnrealisation). Bei nicht hinreichend verlässlicher Margensicherheit kommt die *Zero-Profit*-Methode zur Anwendung	Keine Sonderregelungen zu Fertigungsaufträgen, dh. eine Erlösrealisation ist zum Zeitpunkt des Übergangs von Nutzen und Lasten (idR mit Abnahme der Leistung durch den Kunden) vorzunehmen. Grundsätzlich keine vorgelagerte Teilgewinnrealisation
Fertigungsaufträge – Bestimmung des Fertigstellungsgrads	Sowohl nach Output- als auch nach Imput-orientierten Verfahren möglich. Es soll das Verfahren gewählt werden, dass den tatsächlichen Fertigstellungsgrad am besten wiedergibt.	Sowohl nach Output- als auch nach Imput-orientierten Verfahren möglich. Es soll das Verfahren gewählt werden, dass den tatsächlichen Fertigstellungsgrad am besten wiedergibt.	Entfällt, da keine Teilgewinnrealisation vorgesehen ist
Zinsen	Erlösrealisation unter Verwendung der Effektivzinsmethode	Erlösrealisation unter Verwendung der Effektivzinsmethode	Erfassung nach den allgemeinen Regelungen, keine Vorgabe einer Verzinsungsmethode
Nutzungsentgelte	Erlöse sind über die Laufzeit abzugrenzen und nach Maßgabe der zugrunde liegenden Vereinbarung zu vereinnahmen	Erlöse sind über die Laufzeit abzugrenzen und nach Maßgabe der zugrunde liegenden Vereinbarung zu vereinnahmen	Keine expliziten Regelungen, jedoch erscheint es sachgerecht Erlöse über die Laufzeit abzugrenzen und nach Maßgabe der zugrunde liegenden Vereinbarung zu vereinnahmen
Dividenden	Erlösrealisation zum Zeitpunkt der Entstehung des Rechtsanspruchs des Anteilseigners	Erlösrealisation zum Zeitpunkt der Entstehung des Rechtsanspruchs des Anteilseigners	Pflicht zur phasengleichen Vereinnahmung von Dividenden im Einzelabschluss eines MU, das sämtliche Anteile an einer Kapitalgesellschaft hält, im Übrigen bei Entstehung des Anspruchs des Anteilseigners
Anhangsangaben	IAS 11: mittlerer Umfang IAS 18: geringer Umfang	Geringer Umfang	Geringer Umfang

Abschnitt 24
Zuwendungen der öffentlichen Hand
(Government Grants)

Reiner Quick

Inhaltsverzeichnis

Schrifttum

Adler/Düring/Schmaltz, Rechnungslegung nach Internationalen Standards, Stuttgart 2002; *Ballwieser/Beine/Hayn/Peemöller/Schruff/Weber*, IFRS 2009 – Wiley Kommentar zur internationalen Rechnungslegung nach IFRS, 3. Aufl., Weinheim 2009; *Barden/Poole/Hall/Rigelsford/Spooner*, Deloitte iGAAP 2009: A guide to IFRS reporting, 2nd ed., London 2008; *Eppe*, Subventionen und staatliche Geschenke – Begriffliche und verwaltungsrechtliche Bedeutung, Stuttgart 1966; *Hasenburg*, in: Hennrichs/Kleindiek/Watrin (Hrsg.), MünchKommBilR, München 2009; *Hoffmann*, in: Lüdenbach/Hoffmann (Hrsg.), Haufe IFRS-Komm., 8. Aufl., Freiburg 2010; *IASC*, WPg 1981, 667 ff.; *IFRS Foundation*, Training Material for the IFRS for SMEs, Module 24: Government Grants, London 2009; *IDW ST/HFA 1/1984*, WPg 1984, 612 ff.; *Küting*, DStR 1996, 276 ff.; *Küting/Koch*, DB 2006, 569 ff.; *Staß/Piesbergen/Prasse*, in: Baetge/Wollmert/Kirsch/Oser/Bischof (Hrsg.), Rechnungslegung nach IFRS (IFRS-Komm.), 2. Aufl., Stuttgart 2002, 11. Ergänzungslieferung Dez. 2009; *Uhlig*, Grundsätze ordnungsgemäßer Bilanzierung für Zuschüsse, Düsseldorf 1989; *Wagenhofer*, Internationale Rechnungslegungsstandards IAS/IFRS, 6. Aufl., Stuttgart 2009.

A. Hintergrund und Zielsetzung

1 Durch die Gewährung von Vorteilen an einzelne Gesellschaften oder Gruppen von Gesellschaften greift die öffentliche Hand in zahlreichen Fällen in deren wirtschaftliche Aktivitäten ein. Zielsetzung ist dabei, Unternehmen zu einem bestimmten Handeln zu veranlassen, um wirtschafts-, sozial- oder strukturpolitische Wirkungen erzielen zu können (vgl. Ballwieser et al., 2009, Abschn. 26, Tz. 2; Staß et al., in: Baetge et al., IFRS-Komm., Teil B, IAS 20, Tz. 2). Für die Unterstützungsmaßnahmen sind dabei unterschiedliche Begrifflichkeiten geläufig (zB Beihilfen, Subventionen, Zuschüsse, Zuwendungen). Neben Infrastrukturmaßnahmen und Investitionsförderungen können die gewährten Vorteile auch Ertragszuschüsse umfassen, so dass der öffentlichen Hand ein breites Spektrum an Möglichkeiten zur Gewährung von Vorteilen zur Verfügung steht.

Aufgrund der Bedeutung öffentlicher Zuwendungen auch für kleine und mittelgroße Unternehmen erfolgt die Aufnahme des Abschnitts 24 *Government Grants* in den vom IASB im Jahr 2009 erstmalig veröffentlichten Internationalen Rechnungslegungsstandard für kleine und mittelgroße Unternehmen (IFRS-SMEs). Die Inhalte von IFRS-SMEs Abschnitt 24 stellen einen Extrakt der IFRS dar (vgl. IFRS-SMEs Derivation Table), wobei einzelne in IAS 20 *Accounting for Government Grants and Disclosure of Government Assistance* enthaltene Wahlrechte im IFRS-SMEs eliminiert wurden. 2

Der Standard zielt darauf ab, den Abschlussadressaten hinreichende Informationen zur Verfügung zu stellen, so dass diese beurteilen können, inwieweit die Vermögens-, Finanz- und Ertragslage eines Unternehmens durch die Gewährung von Zuwendungen der öffentlichen Hand beeinflusst wurde bzw. zukünftig beeinflusst werden wird (analog zu IAS 20 vgl. Hasenburg, in: MünchKommBilR, Band 1, IAS 20, Tz. 1). 3

B. Terminologische Abgrenzungen

I. Beihilfen der öffentlichen Hand

Der Begriff *government*, welcher mit dem Terminus **öffentliche Hand** übersetzt wird (vgl. Küting/Koch, DB 2006, 569; ADS Int 2002, Abschn. 11, Tz. 7; Ballwieser et al., 2009, Abschn. 26, Tz. 5; Staß et al., in: Baetge et al., IFRS-Komm., Teil B, IAS 20, Tz. 7), umfasst sämtliche öffentlichen Institutionen, unabhängig davon, ob es sich um lokale, regionale, nationale, supranationale oder internationale Einrichtungen handelt. Neben Regierungsbehörden und Organisationen mit hoheitlichen Aufgaben werden ähnliche Körperschaften, wie zB die Kreditanstalt für Wiederaufbau (KfW), die Bundesagentur für Arbeit (BA) und der Sonderfonds Finanzmarktstabilisierung (SoFFin), die mit der Allokation von Ressourcen beauftragt sind, unter diesem Begriff subsumiert (vgl. Küting/Koch, DB 2006, 569; ADS Int 2002, Abschn. 11, Tz. 7; Hasenburg, in: MünchKommBilR, Band 1, IAS 20, Tz. 7). Außer den internationalen Organisationen, welche Fördermaßnahmen durchführen, umfasst diese Definition auch die Europäische Union mit ihren zahlreichen Förderprogrammen. 4

Alle Formen von Zuschüssen, die einem Unternehmen durch die öffentliche Hand gewährt werden, fallen gem. IFRS-SMEs Abschn. 24.1 zunächst unter den Oberbegriff der **Beihilfe der öffentlichen Hand** (*government assistance*). Beihilfen dienen dazu, einem Unternehmen oder einer Gruppe von Unternehmen, die definierte Kriterien erfüllen, einen unmittelbaren ökonomischen Nutzen (Vermögensvorteil) zu gewähren (vgl. IAS 20.3; IFRS-SMEs Abschn. 24.1). 5

Durch die Beihilfe soll der Empfänger zu einem **Verhalten** motiviert werden, das von dem ohne Gewährung des wirtschaftlichen Vorteils abweicht (vgl. Küting/Koch, DB 2006, 569; Uhlig, 1989, 49 f.). Nicht unter den Begriff der Beihilfe fallen solche Fördermaßnahmen öffentlicher Institutionen, die lediglich allgemeine wirtschaftliche Vorteile bewirken, wie etwa die Bereitstellung von Infrastruktur- und Kommunikationsnetzen für eine Vielzahl von wirtschaftlichen Akteuren (vgl. IAS 20.38; analog zu IAS 20 vgl. Barden et al., 2008, 2322; Küting/Koch, DB 2006, 569). 6

II. Zuwendungen der öffentlichen Hand

Analog zu IAS 20.3 wird in IFRS-SMEs Abschn. 24.1 und 24.2 zwischen solchen Beihilfen unterschieden, die bilanzierbare **Zuwendungen der öffentlichen Hand** (*government grants*) darstellen, und anderen Formen von Beihilfen (**Sonstige Beihilfen**), welche nicht zu bilanzieren sind. 7

8 Zuwendungen der öffentlichen Hand (*government grants*) sind als Beihilfe der öffentlichen Hand in Form einer Übertragung von Mitteln zum Ausgleich für die vergangene oder künftige Erfüllung bestimmter Bedingungen im Zusammenhang mit der betrieblichen Tätigkeit des Unternehmens definiert (IFRS-SMEs Abschn. 24.1). Sie stellen somit eine Gegenleistung bzw. einen Ausgleich für die vergangene und/oder zukünftige Erfüllung **bestimmter Bedingungen** (*compliance with specified conditions*) im Zusammenhang mit der betrieblichen Tätigkeit des empfangenden Unternehmens dar (IFRS-SMEs Abschn. 24.1; IAS 20.3; analog zu IAS 20 vgl. ADS Int 2002, Abschn. 11, Tz. 11; Hasenburg, in: MünchKommBilR, Band 1, IAS 20, Tz. 8). Eine Zuwendung der öffentlichen Hand kann auch dann vorliegen, wenn die Voraussetzungen der Beihilfe neben dem Kriterium, in einer bestimmten Region oder Branche tätig zu sein, keine weiteren sich auf die betriebliche Tätigkeit des Zuwendungsempfängers beziehenden Bedingungen enthält (analog zu SIC-10.3).

9 Zuwendungen der öffentlichen Hand sind dazu bestimmt, einem Unternehmen einen unmittelbaren wirtschaftlichen Vorteil durch die **Übertragung von Mitteln** zu gewähren (*transfer of resources*). Diese erfolgt idR in Form **monetärer Zahlungsmittel**. Dabei ist es denkbar, dass die Zuwendung auch durch die Verrechnung mit bestehenden Verbindlichkeiten seitens des empfangenden Unternehmens gegenüber der gewährenden Behörde erfolgt. Die Art der Ressourcenübertragung beeinflusst die Bilanzierungsmethode nicht (analog zu IAS 20.9).

10 Auch kann die Übertragung der Mittel zB durch **erlassbare Darlehen** (*forgivable loans*) erfolgen (analog zu IAS 20 vgl. Wagenhofer, 2009, 158). Diese Darlehen sind regelmäßig dadurch charakterisiert, dass die Gläubiger das Darlehen bereits bei der Vergabe mit der Zusage gewähren, die Rückzahlung unter bestimmten Bedingungen zu erlassen (vgl. ADS Int 2002, Abschn. 11, Tz. 13; Hasenburg, in: MünchKommBilR, Band 1, IAS 20, Tz. 19).

11 Ausnahmsweise ist auch eine **Übertragung nicht monetärer Mittel**, bspw. in Form eines Grundstücks, denkbar.

12 Andere unmittelbare Vergünstigungen werden, sofern sie sich nicht angemessen bewerten lassen, als **sonstige Beihilfen** bezeichnet und fallen nicht unter die Zuwendungen der öffentlichen Hand (vgl. IFRS-SMEs Abschn. 24.2). Ein Beispiel für sonstige direkte Beihilfen, die sich nicht angemessen bewerten lassen, ist zB die **Bereitstellung von Garantien** (*provision of guarantees*) (zB Hermes-Bürgschaften oder vom »Wirtschaftsfonds Deutschland« gewährte Bürgschaften). Auch die unentgeltliche technische, juristische oder Markterschließungs-Beratung (*free technical or marketing advice*) fällt nicht unter den Begriff der Zuwendungen der öffentlichen Hand und somit nicht in den Anwendungsbereich des IFRS-SMEs Abschn. 24 (analog zu IAS 20 vgl. Hasenburg, in: MünchKommBilR, Band 1, IAS 20, Tz. 8; Ballwieser et al., 2009, Abschn. 26, Tz. 10; Staß et al., in: Baetge et al., IFRS-Komm., Teil B, IAS 20, Tz. 10). Die Nichtanwendbarkeit der Regelungen des Abschnitts gilt ferner für solche Transaktionen mit der öffentlichen Hand, welche sich inhaltlich nicht von gewöhnlichen Geschäftsvorfällen unterscheiden. Dies betrifft zB Umsatzerlöse mit öffentlichen Institutionen, welche im Rahmen eines gewöhnlichen Bezugs von Leistungen durch die öffentliche Hand erfolgen (analog zu IAS 20 vgl. ADS Int 2002, Abschn. 11, Tz. 12; Hasenburg, in: MünchKommBilR, Band 1, IAS 20, Tz. 8; Ballwieser et al., 2009, Abschn. 26, Tz. 6).

13 **Indirekt** gewährte Vorteile, die auf allgemeine Wirtschaftsbedingungen zurückzuführen sind und das Umfeld des Unternehmens beeinflussen, wie bspw. die Bereitstellung von allgemeinen Infrastruktur- und Kommunikationsnetzen, sind ebenfalls nicht Gegenstand des IFRS-SMEs Abschn. 24. Dies gilt in gleichem Maße für die einem Unternehmen als Vorteil bei der Einkommensbesteuerung gewährten **steuerlichen Vergünstigungen,** deren bilanzielle Behandlung explizit in IFRS-SMEs Abschn. 29 *Income Tax* geregelt ist.

III. Zinslose und niedrigverzinsliche Darlehen

14 Während nach IAS 20.10A die Gewährung öffentlich-rechtlicher Darlehen, die entweder gar keine oder eine unter dem Marktzins liegende Verzinsung vorsehen, explizit als Zuwendung der öffentlichen Hand klassifiziert wird, ist dieser Sachverhalt im IFRS-SMEs als sonstige Beihilfe eingeordnet (IFRS-SMEs Abschn. 24.7 iVm. 24.6(c)). Zuwendungen der öffentlichen Hand umfassen nach IFRS-SMEs Abschn. 24.2 lediglich solche Beihilfen, die sich angemessen bewerten lassen. Es lässt sich argumentieren, dass bei zinslosen und niedrigverzinslichen Darlehen der Vorteil nicht durch die Berechnung der Zinsen quantifiziert wird. Demnach müssen Unternehmen, welche ein solches Darlehen in Anspruch nehmen und den IFRS-SMEs anwenden, lediglich eine Angabe im Anhang vornehmen (IFRS-SMEs Abschn. 24.6(c)).

IV. Zuwendungen für Vermögenswerte

15 IFRS-SMEs Abschn. 24 enthält keine ausdrückliche Differenzierung hinsichtlich der **Zuwendungen für Vermögenswerte** (*grants related to assets*) und **erfolgsbezogenen Zuwendungen** (*grants related to income*). Allerdings erfolgt die Gewährung von Zuschüssen durch die öffentliche Hand bzw. die Ausgestaltung von Zuschüssen regelmäßig unabhängig von der Größe des empfangenden Unternehmens. Die vom IASB in IAS 20 gewählte Differenzierung zwischen den beiden og. Kategorien ist daher auch dem Verständnis der Bilanzierung öffentlicher Zuwendungen bei kleinen und mittelgroßen Unternehmen (SMEs) dienlich.

16 **Zuwendungen für Vermögenswerte** bezeichnen solche Beihilfen der öffentlichen Hand, deren Hauptbedingungen an die Anschaffung oder die Herstellung langfristiger Vermögenswerte (*long term assets*) gebunden ist. Gleichzeitig sind diese Zuwendungen häufig an die Einhaltung konkreter Nebenbedingungen geknüpft, die zB die Haltedauer oder den Standort des Vermögenswerts im Unternehmen anbelangen (analog zu IAS 20 vgl. Barden et al., 2008, 2323; Ballwieser et al., 2009, Abschn. 26, Tz. 7; Staß et al., in: Baetge et al., IFRS-Komm., Teil B, IAS 20, Tz. 13). Unter die Zuwendungen für Vermögenswerte fallen sowohl die in Deutschland gemeinhin bekannten steuerpflichtigen Investitionszuschüsse als auch steuerfreie Investitionszulagen (analog zu IAS 20 vgl. Hasenburg, in: MünchKommBilR, Band 1, IAS 20, Tz. 8).

V. Erfolgsbezogene Zuwendungen

17 Als **erfolgsbezogene Zuwendungen** werden solche Zuwendungen der öffentlichen Hand bezeichnet, die nicht als Zuwendung für Vermögenswerte klassifiziert werden (Negativabgrenzung). Die erfolgsbezogenen Zuwendungen werden mit dem Ziel der Deckung von vergangenen oder zukünftigen Aufwendungen gewährt (**Aufwandszuschüsse**).

18 Zu den erfolgsbezogenen öffentlichen Zuwendungen gehören ferner solche Zuschüsse, die einem von der Insolvenz bedrohten Unternehmen (*sick units*) als finanzielle Soforthilfe von staatlicher Seite gewährt werden und in der Vergangenheit angefallene Verluste ausgleichen sollen (**Ertragszuschüsse**) (analog zu IAS 20 vgl. Küting/Koch, DB 2006, 571). Dem Empfänger werden diese Zuwendungen zur Verfügung gestellt, ohne dass eine spezifische korrespondierende Aufwendung vorliegen muss (vgl. IAS 20.21). Stattdessen tritt im Fall staatlicher Soforthilfe der Primärzweck, ein bestimmtes Verhalten zu erzielen, in den Hintergrund und der Sekundärzweck, durch den Erhalt des empfangenden Unternehmens einen »Gewinn für das Gemeinwohl« zu erlangen, dominiert (vgl. Eppe, 1966, 111; zu den Motiven der Zuschussgewährung siehe auch Uhlig, 1989, 49 f.; Küting, DStR 1996, 277). Obwohl der IFRS-SMEs als auch die

IFRS derartige Ertragszuschüsse nicht explizit regeln, sind die Vorschriften zu den erfolgsbezogenen Zuwendungen nach hM auch auf Ertragszuschüsse anzuwenden, da diese wirtschaftlich mit den genannten Aufwandszuschüssen vergleichbar sind (analog zu IAS 20 vgl. Staß et al., in: Baetge et al., IFRS-Komm., Teil B, IAS 20, Tz. 14; Hoffmann, in: Haufe IFRS-Komm., 8. Aufl., § 12, Tz. 21; Küting/Koch, DB 2006, 571; ADS Int 2002, Abschn. 11, Tz. 57).

19 Grafisch kann die Abgrenzung der Begrifflichkeiten wie in Abb. 1 dargestellt werden:

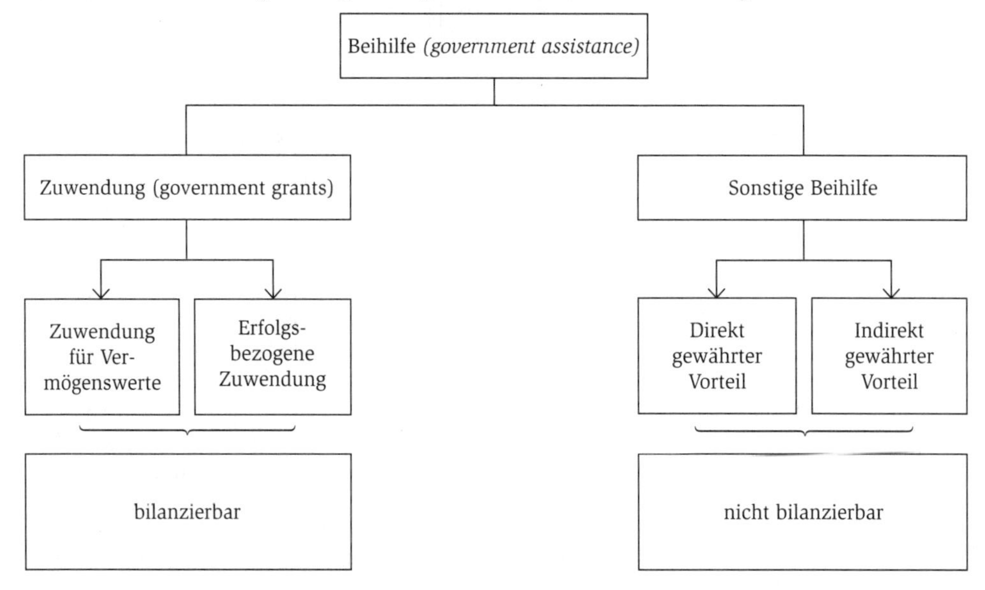

Abb. 1: Systematisierung der Beihilfen

C. Bilanzielle Abbildung von Zuwendungen der öffentlichen Hand

I. Zeitpunkt der Bilanzierung von Zuwendungen

20 Abschnitt 24.4 des IFRS-SMEs regelt den **Ansatz** und die **Realisation** von Zuwendungen der öffentlichen Hand. Danach hat ein Unternehmen Zuwendungen, die an keine bestimmten künftigen Leistungsbedingungen geknüpft sind (**unbedingte Zuwendungen**), mit dem Entstehen des Anspruchs auf die Zuwendung als Ertrag zu erfassen (IFRS-SMEs Abschn. 24.4(a); analog zu IAS 20 vgl. Wagenhofer, 2009, 379).

21 Die in IFRS-SMEs Abschn. 24.4 formulierte Voraussetzung des **Entstehens eines Anspruchs** für die Vereinnahmung im Gewinn oder Verlust fällt im Vergleich zu den IFRS wenig konkret aus und führt zu Interpretationsfreiräumen. So geht aus dem IFRS-SMEs nicht eindeutig hervor, zu welchem Zeitpunkt ein Anspruch auf Zuwendung besteht (*grant proceeds are receivable*). Der Anspruch auf eine Zuwendung könnte demnach mit Vorliegen des maßgeblichen Tatbestands, dh. der Erfüllung bestimmter Voraussetzungen, gegeben sein. Andererseits könnte argumentiert werden, dass der Anspruch erst mit dem Eingehen des rechtsverbindlichen Bescheids zur tatsächlichen Gewährung von Fördermitteln entsteht.

22 Eine Zuwendung, die von der Erfüllung bestimmter künftiger Leistungsbedingungen, die an den Empfänger gestellt werden, abhängt (**bedingte Zuwendung**), wird hingegen nur dann als Ertrag erfasst, wenn die Leistungsbedingungen erfüllt sind (IFRS-SMEs Abschn. 24.4(b)). Eine solche bedingte Zuwendung kann zB an die Auflage geknüpft sein, dass ein Unternehmen ein bestimmtes Gebäude für einen festgelegten Zeitraum betrieblich nutzt. Wird die vorgegebene Zeitspanne nicht eingehalten, muss die Zuwendung vollständig an den Gewährenden zurückgezahlt werden (analog zu IAS 20 vgl. Ballwieser et al., 2009, Abschn. 26, Tz. 51). Zuwendungen, die vor Erfüllung von Leistungsbedingungen erlangt werden, sind als Verbindlichkeit zu passivieren (IFRS-SMEs Abschn. 24.4(c)).

23 Ein erlassbares Darlehen (*forgivable loan*) der öffentlichen Hand wird als finanzielle Zuwendung behandelt, wenn angemessene Sicherheit darüber besteht, dass die Bedingungen für den Erlass des Darlehens vom Unternehmen erfüllt werden. Es ist somit nicht erforderlich, dass die Erlassbedingungen bereits zum Zeitpunkt der Bilanzierung als Zuwendung eingetreten sind. Für die erstmalige Bilanzierung von Zuwendungen, die als Darlehen mit einer Erlassklausel gewährt werden, besteht somit dieselbe Bilanzierungsproblematik, wie für andere Zuwendungen, welche mit einer bedingten Rückzahlungsverpflichtung gewährt werden (analog zu IAS 20 vgl. Staß et al., in: Baetge et al., IFRS-Komm., Teil B, IAS 20, Tz. 26).

II. Bewertung von Zuwendungen

24 Zur **Bewertung** von Zuwendungen der öffentlichen Hand ist gemäß IFRS-SMEs Abschn. 24.5 der beizulegende Zeitwert (*fair value*) heranzuziehen. Dieser bemisst den Betrag, zu dem ein Vermögenswert zwischen sachverständigen, vertragswilligen und voneinander unabhängigen Vertragspartnern getauscht oder eine Schuld getilgt werden könnte (IFRS-SMEs Abschn. 2.34(b); IAS 20.3).

III. Vereinnahmung im Gewinn oder Verlust

25 Grundsätzlich gäbe es zwei Möglichkeiten zur Bilanzierung von Zuwendungen der öffentlichen Hand. Einerseits könnte die Zuwendung unmittelbar im Eigenkapital vereinnahmt werden. Andererseits ließen sich die Zuwendungen im Gewinn oder Verlust erfassen. Der IFRS-SMEs sieht ausschließlich die **Erfassung im Gewinn oder Verlust** (*recognized in income*) der Zuwendungen vor (IFRS-SMEs Abschn. 24.4). Eine Bilanzierung direkt im Eigenkapital ist dem Wortlaut des IFRS-SMEs folgend nicht vorgesehen.

26 Durch diese Behandlung als Ertrag werden die Auswirkungen einer Subvention auf die Ertragslage besser wiedergegeben (IASC, WPg 1981, 667). Zuwendungen der öffentlichen Hand sind nicht mit der Finanzierung durch Gesellschaftermittel gleichzusetzen und daher auch nicht direkt im Eigenkapital zu erfassen. Zudem lässt sich anmerken, dass die Zuwendungen meist an die Erfüllung bestimmter Voraussetzungen geknüpft sind. Zuschüsse, welche als Kompensation dienen, sollten daher gemeinsam mit den relevanten Aufwendungen im Gewinn oder Verlust vereinnahmt werden. Auch die Tatsache, dass die Zuwendungen dem Unternehmen und nicht den Gesellschaftern zur Verfügung gestellt werden, spricht gegen eine unmittelbare Einstellung im Eigenkapital. Schließlich ist zu berücksichtigen, dass für Zuschüsse, welche der steuerlichen Veranlagung unterliegen, der Steueranteil ohnehin nicht dem Eigenkapital zugeführt werden kann.

IV. Ausweis und Vereinnahmung von Zuwendungen für Vermögenswerte

27 Zuwendungen für Vermögenswerte (vgl. Tz. 16), die vor Erfüllung der Kriterien für die Ertragserfassung empfangen werden, sind erfolgsneutral abzugrenzen (vgl. Tz. 22). Für die erfolgsneutrale Abgrenzung von Zuwendungen sieht der IFRS-SMEs ausschließlich die Periodisierung durch die Passivierung einer Verbindlichkeit in Form eines passivischen Abgrenzungsposten (*deferred income*) bei gleichzeitigem Ausweis des unverminderten Buchwerts des Vermögenswerts vor (**Bruttomethode**) (IFRS-SMEs Abschn. 24.4(c)). Sofern die vermögensbezogenen Zuwendungen eine Höhe erreichen, die wesentlichen Einfluss auf die tatsächliche Vermögens-, Finanz- und Ertragslage nimmt, muss der Abgrenzungsposten gesondert innerhalb des Fremdkapitals – zB unter der Bezeichnung »erhaltene Anzahlungen« – ausgewiesen werden (vgl. IAS 1.29 iVm. IAS 1.71(a); analog zu IAS 20 vgl. ADS Int 2002, Abschn. 11, Tz. 31).

28 Der passivische Abgrenzungsposten ist nach IFRS-SMEs Abschn. 24.4(b) im Zeitpunkt der Erfüllung der Leistungsbedingungen durch Erfassung im Gewinn oder Verlust vollständig aufzulösen. Der Ausweis des Ertrags ist dabei in den **sonstigen betrieblichen Erträgen** (*other income*) oder einem gesonderten Posten vorzunehmen (analog zu IAS 20 vgl. Ballwieser et al., 2009, Abschn. 26, Tz. 37; Staß et al., in: Baetge et al., IFRS-Komm., Teil B, IAS 20, Tz. 64). Die Erfassung auf einer planmäßigen und vernünftigen Grundlage im Gewinn oder Verlust über die Nutzungsdauer des Vermögenswerts, dh., eine anteilige Auflösung des passivischen Abgrenzungspostens, wie sie IAS 20.26 vorsieht, ist unzulässig. IFRS-SMEs Abschn. 24 sieht für die Vereinnahmung kein *matching* einer Zuwendung mit den entsprechenden Aufwendungen vor, die sie kompensieren soll (IFRS Foundation, 2009, Module 24, 18).

29 Die in IAS 20.24 für den bilanziellen Ausweis von Zuwendungen für Vermögenswerte alternativ vorgesehene **Nettomethode,** bei deren Anwendung der Zuwendungsbetrag in voller Höhe vom Buchwert des bezuschussten Vermögenswerts abzusetzen ist, ist im IFRS-SMEs **nicht vorgesehen**.

V. Ausweis und Vereinnahmung von erfolgsbezogenen Zuwendungen

30 Erfolgsbezogene Zuwendungen (vgl. Tz. 17f.), welche dazu dienen, in der Vergangenheit **angefallene Aufwendungen** und Verluste auszugleichen, sind direkt in der Periode als Ertrag zu vereinnahmen, in welcher der Anspruch auf die Förderung entsteht (analog zu IAS 20.20).

31 Werden die erfolgsbezogenen Zuwendungen hingegen mit der Intention erteilt, die in **zukünftigen** Perioden anfallenden **Aufwendungen** zu subventionieren, muss wiederum zwischen unbedingten und bedingten Zuwendungen differenziert werden. Unbedingte Zuwendungen sind gem. IFRS-SMEs Abschn. 24.4(a) ebenfalls mit Entstehung des Förderungsanspruchs als Ertrag zu vereinnahmen. Bei bedingten Zuwendungen darf dies erst nach Erfüllung der Leistungsbedingungen erfolgen. Solange die Leistungsbedingungen nicht erfüllt sind, ist gem. IFRS-SMEs Abschn. 24.4(c) die Bildung eines passivischen Abgrenzungspostens innerhalb des Fremdkapitals erforderlich (analog zu IAS 20 vgl. ADS Int 2002, Abschn. 11, Tz. 63). Die Vereinnahmung von erfolgsbezogenen Zuwendungen durch die Auflösung des Abgrenzungspostens hat dabei analog zur Auflösung des Abgrenzungspostens für Zuwendungen für Vermögenswerte in dem Posten »sonstige betriebliche Erträge« (*other income*) zu erfolgen.

32 Ob die in IAS 20.29 alternativ als zulässig erachtete **Saldierung mit den korrespondierenden Aufwendungen** auch bei Anwendung des IFRS-SMEs zulässig ist, muss bezweifelt werden. Schließlich wird auch die in den IFRS bei Zuwendungen für Vermögenswerte zugelassene Anwendung der Nettomethode im IFRS-SMEs ausgeschlossen.

33 In IAS 20.19 ist geregelt, dass Zuwendungen auch **Teil eines Bündels von Fördermaßnahmen** sein können, die an verschiedenartige Bedingungen geknüpft sind. Es ist denkbar, dass eine Zuwendung der öffentlichen Hand sowohl vermögenswertbezogene Bestandteile als auch erfolgsbezogene Bestandteile beinhaltet. In diesem Fall kann es notwendig sein, die einzelnen Bestandteile der Zuwendung auf unterschiedliche Grundlagen zu verteilen (analog zu IAS 20 vgl. Ballwieser et al., 2009, Abschn. 26, Tz. 31; Staß et al., in: Baetge et al., IFRS-Komm., Teil B, IAS 20, Tz. 42).

VI. Rückzahlungspflichtige Zuwendungen

34 Regelmäßig sind Zuwendungen an die Erfüllung bestimmter Voraussetzungen wie zB die Schaffung und den Erhalt von Arbeitsplätzen oder die Tätigung bestimmter Investitionen gebunden (vgl. Tz. 8), um den Zuwendungszweck zu sichern. Sofern eine derartige Voraussetzung nicht eingehalten wird, sehen die Zuwendungsbedingungen oftmals eine vollständige oder anteilige **Rückzahlungsverpflichtung** gegenüber der gewährenden Institution vor. Bei bedingten Zuwendungen, für welche die Leistungsbedingungen noch nicht erfüllt sind, muss daher nach der erstmaligen Erfassung einer Zuwendung der öffentlichen Hand zum Stichtag der Folgeperioden auf Grundlage der jeweils vorliegenden Erkenntnisse beurteilt werden, ob die Erfassungskriterien noch erfüllt sind. Muss eine Zuwendung zurückgezahlt werden, ist eine **Korrektur des passivischen Abgrenzungspostens** vorzunehmen.

35 Zugleich ist in der Bilanz des Zuwendungsempfängers, welcher die Zuwendungen gem. IFRS-SMEs Abschn. 24.4 bereits erhalten hat, eine **Rückzahlungsverpflichtung** zu bilden. Die Bildung einer **Rückstellung** ist angemessen, sofern die zum Zeitpunkt der Aufstellung des Jahresabschlusses vorliegenden Umstände stärker auf einen Verstoß gegen die zu erfüllenden Zuwendungsbedingungen hindeuten als auf deren Erfüllung, dh. die Wahrscheinlichkeit einer Rückzahlung der Zuwendung höher ist als die Wahrscheinlichkeit, dass keine Rückzahlung zu leisten ist (*more likely than not*) (IFRS-SMEs Abschn. 21.4(b); analog zu IAS 20 vgl. Küting/Koch, DB 2006, 574). Ist hingegen bereits sicher, dass eine Rückzahlung in bestimmter Höhe zu leisten ist, muss der Rückzahlungsbetrag in voller Höhe in die **Verbindlichkeiten** eingestellt werden.

36 Die Verpflichtung zur Rückzahlung einer Zuwendung ist zunächst im Rahmen einer **erfolgsneutralen Umbuchung** vorzunehmen. Dabei wird der passivische Abgrenzungsposten durch einen erfolgsneutralen Passivtausch in eine Rückstellung oder Verbindlichkeit umgewandelt. Im Falle einer **Teilrückzahlung** einer Zuwendung erfolgt eine anteilige Umbuchung aus dem passivischen Abgrenzungsposten (analog zu IAS 20 vgl. Staß et al., in: Baetge et al., IFRS-Komm., Teil B, IAS 20, Tz. 70 ff.).

37 Ist die Möglichkeit der Entstehung einer Rückzahlungsverpflichtung nicht zweifelsfrei auszuschließen und spricht aufgrund der zum Zeitpunkt der Erstellung vorliegenden tatsächlichen Verhältnisse mehr für die Erfüllung der Zuwendungsbedingungen, sieht IFRS-SMEs Abschn. 21.12 den Ausweis einer **Eventualschuld** (*contingent liability*) im Anhang vor.

38 Ebenfalls im Anhang darzustellen ist die **Änderung der** im Abschluss zugrunde gelegten **Schätzung** (*changes in accounting estimates*), welche ursächlich dafür ist, dass ein zunächst als hinreichend sicher erachteter Anspruch auf eine Zuwendung der öffentlichen Hand (möglicherweise) nicht länger besteht (IFRS-SMEs Abschn. 10.18; analog zu IAS 20 vgl. Hasenburg, in: MünchKommBilR, Band 1, IAS 20, Tz. 37).

D. Anhangangaben

39 Neben der bilanziellen Erfassung von Zuwendungen der öffentlichen Hand (*government grants*) enthält der IFRS-SMEs Vorschriften, welche die verpflichtenden **Anhangangaben** zu den Zuwendungen (IFRS-SMEs Abschn. 24.6(a); IFRS-SMEs Abschn. 24.6(b)) regeln. Darüber hinaus verlangt der IFRS-SMEs, wie auch die IFRS, die Offenlegung relevanter Informationen zu den vom bilanzierenden Unternehmen empfangenen Beihilfen der öffentlichen Hand (*government assistance*) (IFRS-SMEs Abschn. 24.6(c)).

40 IFRS-SMEs Abschn. 24.6(a) sieht die Angabe über die Art und den Betrag (*nature and amount*) der im Abschluss erfassten Zuwendungen der öffentlichen Hand vor. Hinsichtlich der Verpflichtung zur Angabe der **Art der Unterstützung** (*nature*) bietet sich eine Einteilung der Zuwendungen in vermögens- und erfolgsbezogene Zuwendungen an (analog zu IAS 20 vgl. Küting/Koch, DB 2006, 575). Wenn ein Unternehmen zahlreiche verschiedenartige Zuwendungen erhält, die an die Erfüllung unterschiedlicher Bedingungen geknüpft sind und die zur Beurteilung der Vermögens-, Finanz- und Ertragslage als wesentlich einzustufen sind, kann bei der Aufstellung im Anhang eine Unterscheidung anhand bestimmter Kriterien – wie zB den Förderzielen oder den Zuwendungsvoraussetzungen – vorgenommen werden (analog zu IAS 20 vgl. Staß et al., in: Baetge et al., IFRS-Komm., Teil B, IAS 20, Tz. 78).

41 Um der Pflicht zur Angabe des **Betrags der Zuwendung** (*amount*) nachzukommen, reicht es aus, wenn der Betrag des Gesamtbestands der am Abschlussstichtag erfassten Zuwendungen sowie der während der Periode im Gewinn oder Verlust vereinnahmten Unterstützungen angegeben wird.

42 Darüber hinaus sind **unerfüllte Bedingungen** (*unfulfilled conditions*), dh. solche, die vom Unternehmen bis zum Abschlussstichtag noch nicht erfüllt wurden, im Anhang darzustellen (IFRS-SMEs Abschn. 24.6(b)). Diese Angabepflicht erstreckt sich auch auf andere **Erfolgsunsicherheiten** (*other contingencies*) im Zusammenhang mit der Zuwendung der öffentlichen Hand, welche nicht im Gewinn oder Verlust erfasst wurden.

43 Obwohl die Auswirkungen von **Beihilfen** auf die Vermögens-, Finanz- und Ertragslage – wie zB durch den unentgeltlich gewährten Rat in fachlichen oder Marketingfragen oder die Bereitstellung von Garantien – nicht monetär bewertet werden können, muss im Anhang des empfangenden Unternehmens ein Hinweis über diese Formen der unmittelbaren Begünstigung gegeben werden (IFRS-SMEs Abschn. 24.6(c); analog zu IAS 20 vgl. Barden et al., 2008, 2334 f.). Der Hinweis sollte analog zu den Anhangangaben für Zuwendungen über Art und Umfang der empfangenen Leistungen informieren.

E. Vergleich mit IFRS und HGB

44

Regelung	IFRS (IAS 20)	IFRS-SMEs	HGB (IDW HFA 1/1984)
Zeitpunkt der Bilanzierung, sofern am Abschlussstichtag die Voraussetzungen für die Gewährung eines Zuschusses zwar erfüllt sind, zum Zeitpunkt der Abschlusserstellung jedoch noch kein Antrag auf die Zuwendung gestellt wurde	Ansatz setzt eine angemessene Sicherheit voraus (IAS 20.7).	Keine explizite Regelung; analog zu IAS 20.7.	Ansatz setzt eine an Sicherheit grenzende Wahrscheinlichkeit voraus.
Bilanzierung und Vereinnahmung von Zuwendungen der öffentlichen Hand	Zuwendungen für Vermögenswerte sind nach IAS 20.25-27 entweder von den Anschaffungs- oder Herstellungskosten abzusetzen (Nettomethode) oder durch die Bildung eines Passivpostens erfolgsneutral darzustellen (Bruttomethode). Bedingte Zuwendungen für Vermögenswerte sind über die Nutzungsdauer des Vermögenswerts auf einer planmäßigen und vernünftigen Grundlage im Gewinn oder Verlust zu erfassen (IAS 20.26). Erfolgsbezogene Zuwendungen sind in den Perioden sachgerecht zu erfassen, in denen die mit ihnen zusammenhängenden Aufwendungen anfallen. Zuwendungen, die mit dem Ziel gewährt werden, einem Unternehmen sofortige finanzielle Hilfe zu gewähren, sind in der Periode im Gewinn oder Verlust zu erfassen, in der der entsprechende Forderungsanspruch entsteht (IAS 20.20).	Zuwendungen, die vor Erfüllung der Kriterien für die Ertragserfassung empfangen werden, sind als Schuld zu erfassen, dh. durch einen passiven Abgrenzungsposten darzustellen (Bruttomethode) (IFRS-SMEs Abschn. 24.4(c)). Unbedingte Zuwendungen sind mit Entstehen des Anspruchs (IFRS-SMEs Abschn. 24.4(a)), bedingte Zuwendungen mit Erfüllung der Leistungsbedingung (IFRS-SMEs Abschn. 24.4(b)) im Gewinn oder Verlust zu vereinnahmen.	Zuwendungen für Vermögensgegenstände (bzw. Vermögenswerte) sind nach der Stellungnahme des IDW handelsrechtlich entweder von den Anschaffungs- oder Herstellungskosten abzusetzen (Nettomethode) oder durch die Bildung eines Passivpostens (zB Sonderposten für Investitionszuschüsse zum Anlagevermögen) erfolgsneutral darzustellen (Bruttomethode). Durch die Auflösung des Passivpostens erfolgt die Vereinnahmung im Gewinn oder Verlust über die Nutzungsdauer des angeschafften Vermögensgegenstands. Diese können als Aufwandsminderung angesehen und direkt bei den betreffenden Aufwandsposten gekürzt oder unter den sonstigen Erträgen ausgewiesen werden. Zuwendungen, welche ein Unternehmen zur Deckung zukünftiger Aufwendungen (Aufwandszuschüsse) erhalten hat, sind, sofern diese nicht bereits verwendet wurden, als sonstige Verbindlichkeiten bzw. – soweit die sonstigen Voraussetzungen vorliegen – auch als passive Rechnungsabgrenzungsposten auszuwei-

Regelung	IFRS (IAS 20)	IFRS-SMEs	HGB (IDW HFA 1/1984)
			sen. Vereinnahmte Aufwandszuschüsse sind in der Gewinn- und Verlustrechnung unter den sonstigen Erträgen auszuweisen. Eine Saldierung der Zuschüsse mit den Aufwendungen ist unzulässig.
Bewertung von Zuwendungen der öffentlichen Hand	In der Regel werden Zuwendungen der öffentlichen Hand in Form von Zahlungsmitteln oder Zahlungsmitteläquivalenten gewährt. Zuwendungen der öffentlichen Hand, die in nicht-monetärer Form gewährt werden, wie zB die Übertragung von Grundstücken oder anderen Ressourcen, sind gewöhnlich zum beizulegenden Zeitwert (*fair value*) zu bewerten. Eine alternative Bewertung zu einem symbolischen Wert (*nominal amount*) ist möglich (IAS 20.23).	Die Bewertung von Zuwendungen der öffentlichen Hand hat grundsätzlich zum beizulegenden Zeitwert (*fair value*) zu erfolgen (IFRS-SMEs Abschn. 24.5).	Das HGB und die Stellungnahme des IDW (IDW HFA 1/1984) sehen keine explizite Regelung für die Bewertung von Zuwendungen vor. Zuwendungen der öffentlichen Hand, welche regelmäßig in Form von Zahlungsmitteln oder Zahlungsmitteläquivalenten gewährt werden, sind zum Nominalwert zu bewerten.
Anhangangaben	Die bei der Bilanzierung der Zuwendungen der öffentlichen Hand angewendete Vorgehensweise (*accounting policy*) ist ebenso wie die Art und der Umfang (*nature and extent*) der im Abschluss dargestellten Zuschüsse im Anhang darzustellen. Ferner sind Angaben zu den erhaltenen Beihilfen offenzulegen, sofern das Unternehmen von diesen unmittelbar profitierte. Angabepflichtig sind ferner unerfüllte Bedingungen und andere Unsicherheiten (*unfulfilled conditions and other contingencies*) in Verbindung mit bereits vereinnahmten Zuwendungen der öffentlichen Hand (IAS 20.39(c)).	IFRS-SMEs Abschn. 24.6 fordert die Offenlegung der Art und des Betrags (*nature and amounts*) der im Abschluss erfassten Zuwendungen der öffentlichen Hand. Ferner sind unerfüllte Bedingungen und andere Erfolgsunsicherheiten im Zusammenhang mit Zuwendungen, die nicht im Gewinn oder Verlust erfasst wurden, sowie ein Hinweis auf andere Formen von Beihilfen der öffentlichen Hand, von denen das Unternehmen unmittelbar begünstigt ist, offenzulegen.	Während IAS 20 und IFRS-SMEs Abschn. 24 ausdrücklich Angaben im Anhang (*notes*) zu Art und Umfang bzw. Betrag der erhaltenen Zuwendungen fordert, existieren keine vergleichbaren handelsrechtlichen Vorschriften.

Abschnitt 25
Fremdkapitalkosten
(Borrowing Costs)

Kati Beiersdorf

Inhaltsverzeichnis

Schrifttum

Adler/Düring/Schmaltz, Rechnungslegung und Prüfung der Unternehmen, § 255 HGB, 6. Aufl., Stuttgart 1995; *Adler/Düring/Schmaltz*, Rechnungslegung nach Internationalen Standards (ADS Int), Abschnitt 7: Darstellung von Bilanz und Gewinn- und Verlustrechnung), Stuttgart 2002; *Beiersdorf/Eierle/Haller*, DB 2009, 1549 ff.; *Deloitte LLP* (Hrsg.), iGAAP 2010 – IFRS reporting in the UK, Edinburgh 2009; *Ernst&Young LLP* (Hrsg.), International GAAP 2009 – Generally Accepted Accounting Practice under International Financial Reporting Standards, 2009, West Sussex; IFRS Foundation, Training Material for the IFRS for SMEs, Module 25 – Borrowing Costs, London 2010; *KPMG International Financial Reporting Group* (Hrsg.), Insights to IFRS – KPMG's practical guide to International Financial Reporting Standards 5th Edition 2008/9, 2008, o. O.; *PricewaterhouseCoopers LLP* (Hrsg.), IFRS Manual of Accounting – 2009 – Global guide to International Financial Reporting Standards, Surrey 2008.

A. Allgemeines

I. Anwendungsbereich

1 IFRS-SMEs Abschn. 25 normiert die Bilanzierung von Fremdkapitalkosten. Er betrifft damit alle Unternehmen im Sinne des Abschn. 1 IFRS-SMEs.

II. Definition

2 Fremdkapitalkosten werden in IFRS-SMEs Abschn. 25.1 und im Glossar definiert als Zinsen und andere Kosten, die einem Unternehmen im Zusammenhang mit der Aufnahme von Fremdkapital entstehen, dh. mit dem Eingehen finanzieller Verbindlichkeiten.

3 In IFRS-SMEs Abschn. 25.1 werden die Bestandteile von Fremdkapitalkosten konkretisiert; danach lassen sich drei Bereiche unterscheiden:

(a) Zinsaufwand, der nach der in IFRS-SMEs Abschn. 11.15-.20 beschriebenen Effektivzinsmethode berechnet wird;

(b) Finanzierungskosten, die bei Finanzierungsleasingverhältnissen anfallen und die gemäß IFRS-SMEs Abschn. 20.11 ebenfalls unter Anwendung der Effektivzinsmethode ermittelt werden;
(c) Währungsumrechnungsdifferenzen, die aus Darlehensverbindlichkeiten in einer anderen Währung als der funktionalen Währung des Unternehmens resultieren, und zwar in der Höhe, in der diese Währungsdifferenzen als Korrektiv des Zinsaufwands anzusehen sind (ausführlicher vgl. Tz. 6-10).

4 Fremdkapitalkosten umfassen insbesondere sämtliche **Zinsaufwendungen** (*interest expense*); sie sind in Abschn. 11 näher konkretisiert (IFRS-SMEs-Komm., Teil B, Abschn. 11). Komponenten der mittels der **Effektivzinsmethode** berechneten Zinsaufwendungen sind zunächst Zinszahlungen für Kredite aller Art (bspw. für Dispositions-, Kontokorrent- und Betriebsmittelkredite sowie für kurz- oder langfristige Darlehen). Darüber hinaus umfasst dieser Posten auch andere Kosten, wie – ebenfalls nach der Effektivzinsmethode – periodisierte Agien oder Disagien und beim Eingehen finanzieller Verbindlichkeiten entstehende Transaktionskosten (zB Bearbeitungsentgelte) (IFRS-SMEs-Komm., Teil B, Abschn. 11, Tz. 64 f.).

5 Neben der Finanzierung mittels Darlehen sind auch Finanzierungsleasingvereinbarungen möglich. In diesen Fällen enthält die Leasingrate einen Tilgungs- und einen Zinsanteil. Der **Anteil der Leasingrate**, der dem **Zins** entspricht (nicht aber der Tilgungsanteil), stellt Fremdkapitalkosten dar. Diese sind gem. IFRS-SMEs Abschn. 20.11 wiederum nach der in IFRS-SMEs Abschn. 11.15-20 beschriebenen **Effektivzinsmethode** zu ermitteln und gleichmäßig über die Laufzeit des Leasingverhältnisses zu verteilen (IFRS-SMEs-Komm., Teil B, Abschn. 20, Tz. 51 f.).

6 Auch **Währungsumrechnungsdifferenzen** können Fremdkapitalkosten beinhalten. Als Beispiel sei auf ein Unternehmen verwiesen, das zur Projektfinanzierung einen Kredit in fremder Währung (dh. nicht in der funktionalen Währung, IFRS-SMEs-Komm., Teil B, Abschn. 30, Tz. 6, 16-32) aufnimmt. Grund dafür könnte sein, dass das Unternehmen davon ausgeht, dass die Finanzierungskosten (Zinszahlungen und eventuelle Währungsumrechnungsdifferenzen) insgesamt geringer sind als die Finanzierungskosten, die bei der Aufnahme eines vergleichbaren Kredites in der funktionalen Währung des Unternehmens entstünden. Auftretende Währungsumrechnungsdifferenzen für diesen Kredit stellen dann in der Höhe Fremdkapitalkosten dar, in der sie als Korrektiv des Zinsaufwands anzusehen sind. Dazu ist anzumerken, dass ein im Vergleich »günstigerer« Kredit nur bei gleichzeitig auftretenden entsprechenden Währungskursentwicklungen realisiert werden kann. Dh., mögliche Zinsvorteile können nicht risikofrei, sondern nur unter Inkaufnahme eines Währungskursrisikos erzielt werden; denn jedes am Tag des Kreditabschlusses bestehende Zinsdifferential würde durch den dann geltenden Devisenterminkurs ausgeglichen.

7 Der zinssatzinduzierte Anteil der Währungsdifferenzen wird deshalb als Fremdkapitalkosten angesehen, weil Änderungen der Wechselkurse auch aus Schwankungen der Zinsniveaus resultieren können (vgl. zB Ernst&Young LLP, 2009, 1279 (*»exchange rate movements are largely a function of differential interest rates«*)). Dh., Wechselkursschwankungen werden auch als Ausfluss sich ändernder Zinsniveaus angesehen. Allerdings ist es in der Praxis schwierig, zu determinieren, welcher Anteil der Wechselkursschwankung auf Zinsänderungen zurückzuführen ist und welche Änderungen aus anderen wirtschaftlichen Faktoren (zB Leistungsbilanzüberschüsse oder -defizite, Produktivität, Beschäftigungsrate oder politisches Umfeld) resultieren.

8 Weitgehende Übereinstimmung herrscht darüber, dass als Fremdkapitalkosten maximal die Wechselkursschwankungen in Höhe der Zinsdifferenz zwischen den tatsächlich für den Fremdwährungskredit gezahlten Zinsen (inklusive Währungsverlusten) und den – hypothetisch – in der funktionalen Währung zu zahlenden Zinsen (bei vergleichbaren Kreditvertragsinhalten) anzusehen sind (vgl. zB Deloitte LLP, 2009, 2063; PwC LLP, 2008, Tz. 16.135 oder KPMG IFRG, 2008, Tz. 4.6.420.20). Diese Auffassung wird auch im Training Material zum IFRS-SMEs geteilt (**IFRS-SMEs Training Material**, Module 25, Ex 5 und Ex 6). **Beispiel 5** stellt klar, dass Währungsverluste dann als Fremdkapitalkosten anzusehen sind, wenn sie zusammen mit den für den Fremdwährungskredit fälligen Zinszahlungen die hypothetisch für einen vergleichbaren Kredit in der funktionalen Währung fälligen Zinszahlungen nicht übersteigen. In Beispiel 5 wird hier ein Unternehmen angenommen, das ein Darlehen in Fremdwährung mit einem Zinssatz von 2% aufgenommen hat. Das Unternehmen geht von einem Effektivzinssatz von 4% für dieses Darlehen aus, wobei darin die erwarteten Währungsverluste aufgrund des Inflationsunterschieds berücksichtigt sind. Für einen vergleichbaren Kreditvertrag in der funktionalen Währung des Unternehmens wäre ein Zinssatz von 5% zu zahlen. Da dem Beispiel 5 zufolge die Erwartungen des Unternehmens bezüglich der Wechselkursschwankungen und der Inflationsrate eingetroffen sind, stellen neben den gezahlten Zinsen auch die Währungsverluste Fremdkapitalkosten dar. **Beispiel 6** trifft zunächst die gleichen Annahmen wie Beispiel 5. Allerdings übersteigt hier – anders als in Beispiel 5 – die Summe aus Währungsverlusten und den für den Fremdwährungskredit fälligen Zinszahlungen die für einen vergleichbaren Kredit in funktionaler Währung fälligen Zinszahlungen. Dieser Überschuss stellt dann keine Fremdkapitalkosten dar, sondern ist als Währungsverlust zu erfassen.

9 Die Untergrenze der Zuordnung von Währungsschwankungen zu den Fremdkapitalkosten stellt deren »Nichtberücksichtigung« dar. Damit würde nur der in der Fremdwährung angefallene Zinsaufwand als Fremdkapitalkosten berücksichtigt.

10 Die Klassifizierung der Währungsumrechnungsdifferenzen (als Fremdkapitalkosten iSv. IFRS-SMEs Abschn. 25 oder Währungsverluste iSv. IFRS-SMEs Abschn. 30) hat jedoch keine Auswirkungen auf die Ertragslage: Nach IFRS-SMEs werden sowohl Währungsumrechnungsdifferenzen aus finanziellen Verbindlichkeiten als auch Fremdkapitalkosten sofort in der Gewinn- und Verlustrechnung erfasst. Es handelt sich somit um eine Frage des Ausweises und der Zuordnung des Aufwands in der Gewinn- und Verlustrechnung. Aus diesem Grund wird diese Unterscheidung auch nicht als wesentliches Problem (*major issue*) des IFRS-SMEs gesehen (vgl. IFRS Foundation, 2009, IFRS-SMEs Training Material, Module 25, Note S. 3).

11 Im Ergebnis ist festzustellen, dass die Ermittlung des Anteils derjenigen Währungsumrechnungsdifferenzen, die als Korrektiv des Zinsaufwands zu betrachten sind, zwangsläufig mit Ermessensspielräumen einhergeht. Die Auswirkungen der Zuordnung dieser Währungsumrechnungsdifferenzen sind jedoch gering, da sie in der Periode vollständig ergebniswirksam im Finanzergebnis (Finanzierungsaufwendungen, *finance costs*) erfasst werden, in der sie angefallen sind. Es ergeben sich (abhängig von der gewählten Darstellung des Finanzergebnisses, IFRS-SMEs-Komm., Teil B, Abschn. 5, Tz. 7) allenfalls Konsequenzen für den Ausweis. Die anteilige Behandlung von Währungsumrechnungsdifferenzen als Fremdkapitalkosten sollte daher auf eindeutig klassifizierbare Anteile beschränkt bleiben. Es ist denkbar, dass dies in der Praxis oftmals zu einer vollständigen Erfassung des Währungsverlusts im Posten »Währungsumrechnungsdifferenzen« führen wird.

B. Bilanzierungsnorm

I. Erfassungsgrundsatz

12 Alle Fremdkapitalkosten sind gemäß IFRS-SMEs Abschn. 25.2 **vollständig** in der Periode als **Aufwand** in der Gewinn- und Verlustrechnung zu erfassen, in der sie angefallen sind. Die Aktivierung von (bestimmten) Fremdkapitalkosten ist ausgeschlossen.

13 Mit der im IFRS-SMEs vorgeschriebenen durchgehenden GuV-wirksamen Erfassung der Fremdkapitalkosten ist deren Erfassung somit **unabhängig von der Verwendung** des Fremdkapitals. Insbesondere ist keine Unterscheidung zwischen Fremdkapitalkosten vorzunehmen,

- die im (direkten) Zusammenhang mit der Finanzierung sog. qualifizierender Vermögenswerte (qualifying assets) stehen und solchen,
- die in Bezug auf »allgemeine« Finanzierungsmittel (zB Betriebsmittelkredite) anfallen.

14 Damit unterscheidet sich die Bilanzierung nach IFRS-SMEs deutlich von derjenigen nach IFRS (IAS 23). Nach IAS 23 ist die Differenzierung erforderlich, weil im Zusammenhang mit qualifizierenden Vermögenswerten stehende Fremdkapitalkosten anders abgebildet werden: Sie sind als Bestandteil der Anschaffungs- oder Herstellungskosten zu aktivieren. Der IASB begründet diesen Unterschied zu IFRS mit Kosten-Nutzen-Erwägungen (IFRS-SMEs BC.120). Da von einer gesonderten Behandlung qualifizierender Vermögenswerte abgesehen wird, erübrigt sich die teilweise aufwendige Ermittlung der darauf entfallenen Fremdkapitalkosten.

II. Bestimmung der Höhe der Fremdkapitalkosten

15 Die Höhe der Fremdkapitalkosten ergibt sich nicht unmittelbar aus den in jeder Berichtsperiode tatsächlich zahlungswirksamen Aufwendungen für finanzielle Verbindlichkeiten (Zinszahlungen); stattdessen sind die nach der **Effektivzinsmethode** ermittelten Fremdkapitalkosten zu erfassen. Diese enthalten beispielsweise auch Bearbeitungsentgelte, die bei der Aufnahme eines Kredits zahlungswirksam waren und nun über dessen Laufzeit aufwandswirksam werden. Die Effektivzinsmethode wird in IFRS-SMEs Abschn. 11.16 ff. beschrieben (IFRS-SMEs-Komm., Teil B, Abschn. 11, Tz. 54).

16 Der Effektivzins ist derjenige Zinssatz, der sämtliche künftigen Auszahlungen (Zins, Tilgung) in Bezug auf ein Darlehen exakt auf den Wertansatz bei erstmaliger Erfassung (der valutierte Kreditbetrag abzüglich Transaktionskosten) diskontiert. Bei der Ermittlung des Effektivzinssatzes sind gemäß IFRS-SMEs Abschn. 11.17 f. sämtliche Vertragskonditionen zu berücksichtigen. Dementsprechend sind neben Zinszahlungen auch angefallene Gebühren, gezahlte Entgelte, Transaktionskosten oder Agien und Disagien (dh. Höhe der Rückzahlungen liegt über oder unter dem ausgezahlten Darlehensbetrag) zu berücksichtigen und ebenfalls über die Laufzeit des Darlehens (bzw. kürzer, sofern dies angemessen ist) zu amortisieren. Bei über die Laufzeit gleichbleibenden, fixen Kreditkonditionen bleibt der der Effektivzinsmethode zugrunde liegende Effektivzinssatz konstant. Bei variabel verzinslichen Verbindlichkeiten werden durch Änderungen des Effektivzinssatzes die aufgrund der Zinssatzanpassung geänderten Erwartungen bezüglich der zukünftigen Zahlungsströme nachvollzogen (IFRS-SMEs-Komm., Teil B, Abschn. 11, Tz. 34).

17 Im Ergebnis kann die Höhe der so ermittelten aufwandswirksamen Fremdkapitalkosten von den in einer Periode tatsächlich zahlungswirksamen Fremdkapitalkosten (im Wesentlichen Zinszahlungen) abweichen, weil es zu einer Umperiodisierung von Zahlungen kommen kann. Bilanziell schlägt sich diese Umperiodisierung in einer GuV-wirksamen Fortführung des Buchwerts der finanziellen Verbindlichkeit nieder (= fortgeführte Anschaffungskosten).

C. Ausweis und Anhangangaben

18 IFRS-SMEs Abschn. 25.3 führt die an anderer Stelle im IFRS-SMEs geforderten Angaben mit Bezug zu Fremdkapitalkosten auf. Darüber hinausgehende Angaben werden in IFRS-SMEs Abschn. 25 nicht gefordert. Somit sind folgende Angaben erforderlich:

(1) Betrag der in der Periode angefallenen Finanzierungsaufwendungen (finance costs, IFRS-SMEs Abschn. 5.5(b)); IFRS-SMEs-Komm., Teil B, Abschn. 5, Tz. 12) und

(2) Gesamtzinsaufwendungen (ermittelt unter Anwendung der Effektivzinsmethode) für solche finanziellen Verbindlichkeiten, die nicht zum GuV-wirksamen beizulegenden Zeitwert bilanziert werden (IFRS-SMEs 11.48(b), IFRS-SMEs-Komm., Teil B, Abschn. 11, Tz. 162).

19 Dabei stellen gemäß IFRS-SMEs Abschn. 5.5 (b) die Finanzierungsaufwendungen eine Mindestangabe in der Gesamterfolgsrechnung und hier innerhalb der Gewinn- und Verlustrechnung dar. Auch wenn IFRS-SMEs Abschn. 5.5 (b) auf Finanzierungs*aufwendungen* abstellt, erscheint es sachgerecht, darunter die Saldogröße aus positiver und negativer Finanzierungstätigkeit zu verstehen. Darauf lässt bspw. auch der Umstand schließen, dass die in der Gesamterfolgsrechnung mindestens anzugebenden Posten keine separate Angabe von »Finanzierungserträgen« vorsehen; nur die Angabe der *»financial costs«* ist verlangt. Denkbare – verrechenbare – Zinserträge sind bspw. Zinsen aus Kontokorrentguthaben, Tagesgeld oder aus der Anlage von Fremdkapital in der Zeit zwischen Mittelzufluss und Mitteleinsatz. Im Ergebnis wird dadurch lediglich die tatsächliche (Netto-)Belastung aus der Fremdfinanzierung dargestellt.

20 Da in SMEs im Regelfall ein negativer Nettobetrag (= per Saldo Finanzierungsaufwendungen) zu erwarten ist, erscheint die Verwendung dieses Begriffs sachgerecht (vgl. für ein gleiches Fazit bei IFRS (IAS 1) ADS Int 2002, Abschn. 7, Tz. 173). Der Ausweis kann entweder getrennt für Finanzierungsaufwendungen und -erträge oder als Nettobetrag in der GuV erfolgen (IFRS-SMEs-Komm., Teil B, Abschn. 5, Tz. 12 u. 18). Bei getrenntem Ausweis wäre der Posten »Zinsaufwand« separat auszuweisen. Dieser Posten umfasst alle Fremdkapitalkosten (zur Definition vgl. Tz. 3). Bei einem Nettoausweis wären die in diesem Abschnitt definierten Fremdkapitalkosten nur ein Bestandteil der ausgewiesenen Größe.

21 Die unter Anwendung der Effektivzinsmethode ermittelten Gesamtzinsaufwendungen gemäß IFRS-SMEs Abschn. 11.48 können entweder in der Gesamterfolgsrechnung oder im Anhang angegeben werden. Sofern unter IFRS-SMEs Abschn. 5.5 (b) die separate Ausweisform gewählt wird (dh. »Zinsaufwand«, *total interest expense*), ist dieser Angabepflicht bereits Genüge getan (IFRS-SMEs-Komm., Teil B, Abschn. 11, Tz. 162).

22 Darüber hinaus sieht der in den Leitlinien zum IFRS-SMEs enthaltene Musterabschluss (IFRS-SMEs Illustrative Financial Statements, 11) die explizite Anhanginformation vor, dass sämtliche Fremdkapitalkosten in der Geschäftsperiode als Aufwand erfasst werden, in der sie angefallen sind. Diese explizite Erläuterung der Bilanzierungsmethode entspricht der Anforderung in IFRS-SMEs Abschn. 8.2, wonach im Anhang die Grundlagen der Abschlusserstellung beschrieben werden sollen (IFRS-SMEs-Komm., Teil B, Abschn. 8, Tz. 1). Dies gilt unabhängig davon, ob für den vorliegenden Sachverhalt (zB Erfassung von Fremdkapitalkosten) gem. IFRS-SMEs verschiedene Bilanzierungsmethoden denkbar sind oder nicht. Auch wenn lediglich ein Vorgehen zulässig ist, muss dies zur besseren Information der Abschlussnutzer dargestellt werden.

D. Vergleich mit IFRS und HGB

23

Regelung	IFRS (IAS 23)	IFRS-SMEs	HGB (insbesondere § 255 (3) HGB)
Erfassung der Fremdkapitalkosten	Aktivierung in den Anschaffungs- oder Herstellungskosten, sofern: - sie direkt dem Erwerb, der Errichtung bzw. der Herstellung eines qualifizierenden Vermögenswerts (*qualifying asset*) zugeordnet werden können, - es wahrscheinlich ist, dass dem Unternehmen aus dem Vermögenswert ein künftiger wirtschaftlicher Nutzen erwächst und - die Kosten verlässlich ermittelbar sind; anderenfalls Erfassung als Aufwand	Sofortige Erfassung als Aufwand.	Grundsatz des Verbots der Einbeziehung von Fremdkapitalkosten in die Anschaffungs- oder Herstellungskosten, mit folgenden Ausnahmen (vgl. ADS, 6. Aufl., § 255 HGB, Tz. 35 ff. und 200 ff.): - Einbezug in die Anschaffungskosten, sofern Anschaffung von Neuanlagen mit längerer Bauzeit durch Anzahlungen oder Vorauszahlungen finanziert werden. - Einbezug in die Herstellungskosten, sofern sachlicher und zeitlicher Bezug zum hergestellten Gegenstand besteht (zB Kreditvertrag mit Bezugnahme auf den herzustellenden Gegenstand).

Abschnitt 26
Anteilsbasierte Vergütung (Share-based Payment)

Nils Crasselt/Bernhard Pellens

Inhaltsverzeichnis

Schrifttum

Ballwieser, Unternehmensbewertung, 2. Aufl., Stuttgart 2007; *Bayer*, in: Lutter/Hommelhoff (Hrsg.), GmbH-Gesetz, 17. Aufl., Köln 2009, 215 ff.; *Black/Scholes*, Journal of Political Economy 1973, 637 ff.; *Cox/Ross/Rubinstein*, Journal of Financial Economics 1979, 224 ff.; *Hillebrandt*, DBW 2001, 618 ff.; *Hull/White*, in: Financial Analysts Journal 2004, Heft 1, 114 ff.; *Herzig/Lochmann*,WPg 2001, 82 ff.; *Herzig/Lochmann*, WpG 2002, 325 ff.; *IDW*, WPg 2001, 1342ff.; *Küting/Dürr*, WPg 2004, 609 ff.; *Pellens* (Hrsg.), Unternehmenswertorientierte Entlohnungssysteme, Stuttgart 1998; *Pellens/Crasselt*, KoR 2004, 113 ff.; *Pellens/Crasselt*, PiR 2005, 35 ff.; *Pellens/Crasselt*, in: Heyd/Bieg (Hrsg.), Fair Value, München 2005, 353 ff.; *Pellens/Crasselt*, in: Baetge/Kirsch/Thiele (Hrsg.), Bilanzrecht, Bonn/Berlin, 14. Aktualisierung 2006, § 272, Rz. 801 ff.; *Pellens/Crasselt/Jödicke*, IFRIC 8, in: Vater/Ernst/Hayn/Knorr/Mißler, (Hrsg.), IFRS Änderungskommentar 2007, Weinheim 2007; *Pellens/Crasselt/Jödicke*, IFRIC 11, in: Vater/Ernst/Hayn/Knorr/Mißler (Hrsg.), IFRS Änderungskommentar 2007, Weinheim 2007; *Pellens/Fülbier/Gassen/Sellhorn*, Internationale Rechnungslegung, 7. Aufl., Stuttgart 2008; *Schmidt*, Bilanzierung von Aktienoptionen nach IFRS 2, Frankfurt/M. 2006; *Scherer*, in: Achleitner/Wollmert (Hrsg.), Stock Options, Stuttgart 2002, 60 ff.; *Thiele*, WPg 2002, 766 ff; *Vater*, StuB 2004, 801 ff.

A. Allgemeines

I. Anwendungsbereich

1 IFRS-SMEs Abschn. 26 regelt die Bilanzierung sämtlicher Transaktionen, bei denen ein Unternehmen eigene Anteile, Optionen auf eigene Anteile oder an der Wertentwicklung eigener Anteile bemessene Zahlungen als Vergütung für erhaltene Güter oder Dienstleistungen, inklusive Arbeitsleistungen von Mitarbeitern, gewährt. Darüber hinaus fallen auch solche Transaktionen in den Anwendungsbereich von IFRS-SMEs Abschn. 26, bei denen eine der Vertragsparteien wählen kann, ob die Erfüllung durch Ausgabe von Eigenkapitalinstrumenten oder

durch eine Barzahlung erfolgt. Die praktische Bedeutung anteilsbasierter Vergütungen für ein Unternehmen hängt weniger von dessen Größe als von der Rechtsform und dem Grad der Kapitalmarktorientierung ab. Besondere Verbreitung haben solche Vergütungen bei börsennotierten Aktiengesellschaften, für die eine Anwendung des IFRS-SMEs nicht infrage kommt. Die folgenden Ausführungen konzentrieren sich deshalb auf Besonderheiten bei nicht börsennotierten Gesellschaften.

2 Bei börsennotierten Aktiengesellschaften stellt die Vergütung von Mitarbeiterarbeitsleistungen mit Aktien oder Aktienoptionen den typischen und gleichzeitig komplexesten Anwendungsfall einer anteilsbasierten Vergütung dar. Wenngleich weniger verbreitet, tritt diese Form der Vergütung auch bei nicht börsennotierten Unternehmen auf. So ist die Beteiligung von Mitarbeitern am Unternehmenserfolg durch die Ausgabe von Gesellschafteranteilen, Aktien oder Aktienoptionen bei Gründungs- und Wachstumsunternehmen gängige Praxis. Auch im Rahmen von Nachfolgeregelungen kommen solche Vereinbarungen zum Einsatz. Weniger relevant für nicht börsennotierte Gesellschaften sind am Wert der Anteile bemessene Zahlungen. Die geringe Verbreitung wird darauf zurückzuführen sein, dass ohne einen am Kapitalmarkt beobachtbaren Aktienkurs kein eindeutiger Maßstab für die Höhe der variablen Gehaltszahlungen vorliegt. Darüber hinaus wählen gerade Wachstumsunternehmen eine Mitarbeiterbeteiligung am Eigenkapital auch unter Finanzierungsaspekten, da die Entlohnung hier zu keinem Liquiditätsabfluss führt und gleichzeitig die Eigenkapitalbasis gestärkt wird (vgl. Scherer, 2002).

3 Auch für Unternehmen, die auf eine anteilsbasierte Mitarbeitervergütung verzichten, kann IFRS-SMEs Abschn. 26 von erheblicher Bedeutung sein, da jede Sacheinlage durch aktuelle oder – bei der Ausgabe von Optionsrechten – potenzielle Eigentümer in seinen Anwendungsbereich fällt. Denn auch hierbei stellen die ausgegebenen Eigenkapitalinstrumente eine Vergütung für die eingebrachten Güter oder Dienstleistungen dar. Mit Blick auf die Einbringung von Dienstleistungen ist im deutschen Rechtsrahmen zu beachten, dass Aktien nach § 27 Abs. 2 AktG nur als Entgelt für bereits erbrachte, nicht jedoch für noch zu erbringende Dienstleistungen ausgegeben werden dürfen. Entsprechendes gilt für die Sacheinlage nach § 5 Abs. 4 GmbHG (vgl. Bayer, 2009).

II. Terminologie

4 Anteilsbasierte Vergütungen sind entsprechend IFRS-SMEs Abschn. 26.1 grundsätzlich danach einzuteilen, ob es sich um anteilsbasierte Vergütungstransaktionen mit Ausgleich durch Eigenkapitalinstrumente (IFRS-SMEs Abschn. 26.1(a)) oder mit Barausgleich (IFRS-SMEs Abschn. 26.1(b)) handelt. In der deutschsprachigen Literatur wird bei einer Vergütung mit Barausgleich auch von einer Vergütung mit virtuellen Eigenkapitalinstrumenten gesprochen (vgl. zB Pellens/Crasselt, KoR 2004, 113).

5 Um eine anteilsbasierte Vergütungstransaktion mit **Ausgleich durch Eigenkapitalinstrumente** handelt es sich gemäß IFRS-SMEs Abschn. 26.1(a) dann, wenn das Unternehmen eigene Anteile oder Optionen auf eigene Anteile als Vergütung gewährt. Bei der Gewährung von Optionen wird der Empfänger nur in die Position eines potenziellen Anteilseigners versetzt. Er hat das Recht, aber nicht die Pflicht, zu einem späteren Zeitpunkt Anteile zu einem vorab festgelegten Preis zu erwerben. Ebenfalls in die Kategorie der Transaktionen mit Ausgleich durch Eigenkapitalinstrumente fallen nach IFRS-SMEs Abschn. 26.11 solche Vereinbarungen, bei denen sich das Unternehmen verpflichtet, einen an der Wertentwicklung der eigenen Anteile bemessenen Betrag durch Ausgabe einer variablen Anzahl an Anteilen zu begleichen.

6 Um eine anteilsbasierte Vergütungstransaktion mit **Barausgleich** handelt es sich gemäß IFRS-SMEs Abschn. 26.1(b) hingegen dann, wenn das Unternehmen eine Verpflichtung eingeht, eine an der Wertentwicklung der eigenen Anteile bemessene Zahlung zu leisten. Nach

IFRS-SMEs Abschn. 26.2 zählt hierzu auch die Ausgabe von Anteilen, wenn diese gegen Barzahlung vom Unternehmen wieder eingezogen werden können.

7 Als dritte Kategorie werden in IFRS-SMEs Abschn. 26.1(c) anteilsbasierte Vergütungstransaktionen mit **Erfüllungswahlrecht** genannt. Diese unterscheiden sich von den oben (vgl. Tz. 4) genannten Formen dadurch, dass eine Vertragspartei wählen kann, in welcher Form die Vergütung letztendlich erfolgt. Hat das Unternehmen das Wahlrecht, kann es sich dem möglichen Zahlungsabfluss bei Fälligkeit durch die Ausgabe eigener Anteile entziehen. Liegt das Wahlrecht beim Vertragspartner, hat das Unternehmen hingegen keinen Einfluss auf die Form der Vergütung. Es besteht dann bis zur Fälligkeit eine unsichere Zahlungsverpflichtung, der es sich nicht entziehen kann.

B. Ansatz

I. Erfassung der vom Unternehmen empfangenen Gegenleistung

8 Bei der Bilanzierung anteilsbasierter Vergütungstransaktionen sind die Erfassung der empfangenen Gegenleistung und die Erfassung der vom Unternehmen gewährten Vergütung zu differenzieren. Bei der Erfassung der Gegenleistung ist das wesentliche Unterscheidungsmerkmal, ob ein aktivierungsfähiger Vermögenswert vorliegt. Ist dies der Fall, ist der **Vermögenswert** entsprechend IFRS-SMEs Abschn. 26.3 zum Zugangszeitpunkt **zu aktivieren** und in den Folgeperioden nach den für den Vermögenswert einschlägigen Bilanzierungsregeln zu behandeln. Ein typisches Beispiel ist die Aktivierung und anschließende Abschreibung einer Maschine, die im Rahmen einer Kapitalerhöhung als Sacheinlage eingebracht wurde. Handelt es sich demgegenüber nicht um einen aktivierungsfähigen Vermögenswert, ist der Verbrauch der Gegenleistung nach IFRS-SMEs Abschn. 26.4 ohne zwischenzeitliche Aktivierung **direkt als Aufwand zu erfassen**. Typisches Anwendungsbeispiel hierfür ist die anteilsbasierte Vergütung von erbrachten Arbeitsleistungen.

9 Bei der Vergütung von Arbeitsleistungen von Mitarbeitern ist zu unterscheiden, ob es sich um eine Vergütung für bereits erbrachte oder für zukünftige Arbeitsleistungen handelt. Nach IFRS-SMEs Abschn. 26.5 soll dann von der Vergütung bereits **erbrachter Arbeitsleistungen** ausgegangen werden, wenn die Mitarbeiter sofort frei über die ihnen gewährten echten oder virtuellen Eigenkapitalinstrumente – zB durch Ausübung oder Verkauf – verfügen können. Die Erfassung der Gegenleistung erfolgt dann **sofort und in voller Höhe** als Aufwand. Müssen die Mitarbeiter hingegen – wie insbesondere in § 193 Abs. 2 Nr. 4 AktG für Aktienoptionsprogramme auf Grundlage von § 192 Abs. 2 Nr. 3 AktG gefordert – erst noch eine bestimmte Zeit abwarten, bevor sie die Eigenkapitalinstrumente veräußern oder ausüben dürfen, ist nach IFRS-SMEs Abschn. 26.6 von einer Vergütung **zukünftiger Arbeitsleistungen** auszugehen. Die in diesem Fall prinzipiell denkbare Aktivierung des Anspruchs auf Arbeitsleistungen als immaterieller Vermögenswert scheitert an der fehlenden rechtlichen Durchsetzbarkeit des Anspruchs. Daher ist die Aufwandserfassung **über den Vergütungszeitraum zu verteilen**, der durch den Erdienungszeitraum definiert wird. Bei Aktienoptionen entspricht dieser Zeitraum idR der Sperrfrist bis zur ersten Ausübungsmöglichkeit.

10 Vom Empfang einer Gegenleistung ist nach IFRS-SMEs Abschn. 26.17 unter Umständen auch dann auszugehen, wenn diese **nicht eindeutig identifizierbar** ist. In solchen Fällen soll von einer Gegenleistung im Wert der gewährten Eigenkapitalinstrumente ausgegangen werden. Soweit es sich bei den Empfängern um Mitarbeiter handelt, ist davon auszugehen, dass es sich bei der Gegenleistung um bereits erbrachte oder noch zu erbringende Arbeitsleistungen handelt. Ist der Wert einer identifizierbaren Gegenleistung klar erkennbar geringer als der Wert

der gewährten Eigenkapitalinstrumente, gelten die gleichen Überlegungen für die Differenz der beiden Werte. Anders als die vormals in IFRIC 8 enthaltene und seit dem 1.1.2010 in IFRS 2 aufgenommene Vorschrift gilt die Regelung in IFRS-SMEs Abschn. 26.17 aber explizit nur für die Ausgabe von Eigenkapitalinstrumenten unter der Maßgabe gesetzlicher Vorschriften (*government-mandated plans*). Die prinzipiell aus IFRS 2.2 und 2.13A abzuleitende Pflicht, jede Transaktion mit Eigenkapitalinstrumenten, die nicht klar erkennbar anderen Zwecken dient, daraufhin zu prüfen, ob ein finanzieller Vorteil vorliegt (vgl. Pellens/Crasselt, PIR 2005, 38), besteht hier also nicht. Anwendungsfälle für die eingeschränkte Regelung in IFRS-SMEs Abschn. 26.17 scheinen im deutschen Rechtsrahmen derzeit nicht gegeben.

II. Erfassung der vom Unternehmen gewährten Vergütung

11 Bei Transaktionen mit **Ausgleich durch Eigenkapitalinstrumente** schlägt sich die vom Unternehmen gewährte Vergütung bilanziell als Eigenkapitalzuwachs nieder. Bei der Gewährung von Aktien oder Gesellschafteranteilen sind bilanziell das Gezeichnete Kapital und die Kapitalrücklagen zu erhöhen. Handelt es sich demgegenüber um Aktienoptionen, bleibt das Gezeichnete Kapital zunächst – solange die Optionen noch nicht ausgeübt wurden – unberührt und der Wert wird vollständig in den Kapitalrücklagen eingebucht. Die Eigenkapitalerhöhung muss in der Summe dem Wert der Gegenleistung entsprechen. Kommt es bei der Vergütung von Arbeitsleistungen zu einer Streckung der Aufwandsbuchung über einen mehrjährigen Vergütungszeitraum, ist das Eigenkapital mit den Aufwandsbuchungen ratierlich zu erhöhen. Hierin kommt zum Ausdruck, dass jeweils nur der bereits erbrachte Teil der Arbeitsleistungen bilanziell erfasst wird.

12 Bei Transaktionen mit **Barausgleich** ist die vom Unternehmen eingegangene unsichere Zahlungsverpflichtung gegenüber dem Vergütungsempfänger als Rückstellung zu erfassen. Soweit erst in der Zukunft zu erbringende Leistungen vergütet werden, ist die Rückstellung nur in dem Umfang zu bilden, in dem die Leistung bereits erbracht wurde.

13 Anteilsbasierte Vergütungstransaktionen mit **Erfüllungswahlrecht** sind nach IFRS-SMEs Abschn. 26.15 grundsätzlich wie Transaktionen mit Barausgleich zu erfassen. Hat das Unternehmen jedoch bei vergleichbaren Transaktionen in der Vergangenheit regelmäßig die Eigenkapitalvariante gewählt oder sind die beiden Varianten nicht wertgleich und die zahlungsbasierte Variante voraussichtlich von geringerem Wert, soll die Bilanzierung analog zu Transaktionen mit Ausgleich durch Eigenkapitalinstrumente erfolgen. Auf die bei unterschiedlicher Werthaltigkeit der beiden Alternativen prinzipiell mögliche – und nach IFRS 2.35-38 vorgesehene – Aufteilung in eine Eigenkapital- und eine Fremdkapitalkomponente wird im IFRS-SMEs aus Vereinfachungsgründen verzichtet. Damit wird auch die geringe Verbreitung solcher komplexen Vereinbarungen berücksichtigt.

14 Je nachdem, wie die Gegenleistung erfasst wurde, kommt es zu einer **Bilanzverlängerung** oder zu einem **Passivtausch**. Wurde die Gegenleistung aktiviert, verlängert sich die Bilanz zunächst. Erst durch den anschließenden Verbrauch der Gegenleistung, zB die Abschreibung einer eingebrachten Maschine, werden Aktivseite und – über das ausgewiesene Ergebnis – die Passivseite wieder geschmälert. Wurde eine nicht aktivierungsfähige Gegenleistung vergütet, kommt es zu einem Passivtausch. Bei Transaktionen mit Ausgleich durch Eigenkapitalinstrumente heben sich der Eigenkapitalzuwachs und die Aufwandsbuchung in ihrer Wirkung auf die Höhe des Eigenkapitals – unter Vernachlässigung eventuell auftretender Steuereffekte – gegenseitig auf. Bei Transaktionen mit Barausgleich tritt anstelle des Eigenkapitalzuwachses die Bildung einer Rückstellung. Anders als bei der Ausgabe von Eigenkapitalanteilen ist hier regelmäßig auch dann von der steuerlichen Abzugsfähigkeit der Aufwendungen auszugehen, wenn kein aktivierungsfähiger Vermögenswert vom Unternehmen empfangen wird.

C. Bewertung

I. Transaktionen mit Ausgleich durch Eigenkapitalinstrumente

1. Direkte versus indirekte Bewertung der Gegenleistung

15 Der bei einer Transaktion mit Ausgleich durch Eigenkapitalinstrumente transferierte Wert soll nach IFRS-SMEs Abschn. 26.7 grundsätzlich durch den **beizulegenden Zeitwert** der vom Unternehmen **empfangenen Gegenleistung** bestimmt werden. Der durch die Ausgabe von Eigenkapitalinstrumenten erzielte Eigenkapitalzuwachs ist dann entsprechend dem beizulegenden Zeitwert der Gegenleistung zu bemessen. Ist der beizulegende Zeitwert der Gegenleistung jedoch nicht verlässlich feststellbar, kehrt sich die Bewertungslogik um. Der Wert der Gegenleistung ist dann aus dem **beizulegenden Zeitwert** der **gewährten Eigenkapitalinstrumente** abzuleiten. Verpflichtend gilt diese indirekte Bewertung für Arbeitsleistungen von Mitarbeitern, da deren beizulegender Zeitwert in der Regel nicht auf direktem Wege bestimmt werden kann. Abbildung 1 verdeutlicht die Bedingungen für eine direkte und eine indirekte Bewertung der Gegenleistung. Gleichzeitig wird auch der jeweils relevante Bewertungszeitpunkt aufgeführt.

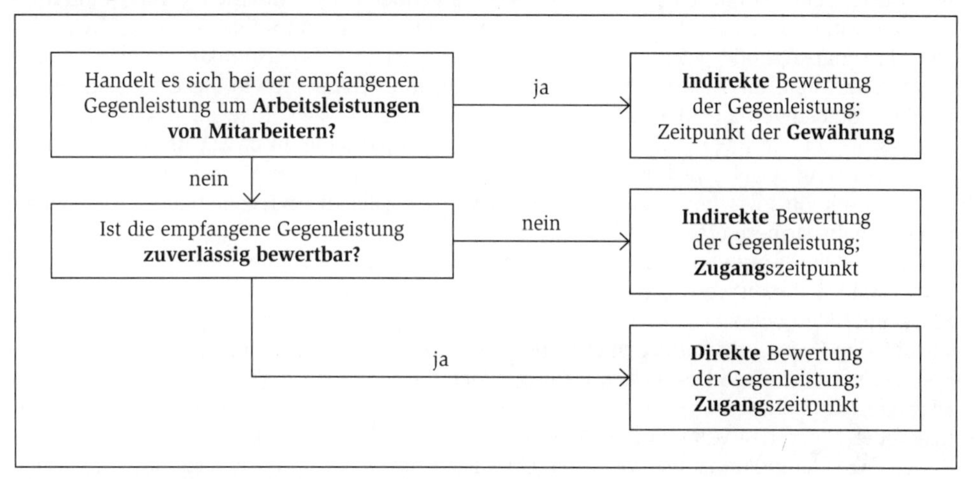

Abb. 1: Bewertung bei Ausgleich durch Eigenkapitalinstrumente

16 Wird der beizulegende Zeitwert der empfangenen Gegenleistung auf direktem Wege bestimmt, soll die Bewertung nach IFRS-SMEs Abschn. 26.7 zum **Zugangszeitpunkt** stattfinden. Konkrete Hinweise zur Vorgehensweise bei der Ermittlung des beizulegenden Zeitwerts enthält IFRS-SMEs Abschn. 26 nicht, so dass hier auf allgemeine Bewertungsprinzipien zurückzugreifen ist. Die Komplexität der Bewertung hängt dabei entscheidend von der Art der eingebrachten Gegenleistung ab. Während für einen PKW ein Marktpreis verfügbar ist, ist die Bewertung einer gebrauchten Spezialmaschine oder einer individuellen Dienstleistung ungleich schwieriger. Weiterhin enthält IFRS-SMEs Abschn. 26 auch keine Hinweise, wann von einer verlässlichen Bewertung auszugehen ist. Generell spricht ein hoher Einfluss subjektiv geschätzter Bewertungsparameter gegen eine verlässliche Bewertung. Da aber bei nicht börsennotierten Gesellschaften die Alternative, die indirekte Bewertung über den beizulegenden Zeitwert der Eigenkapitalinstrumente, ebenfalls in hohem Maße von subjektiven Schätzungen beeinflusst wird, dürften die Grenzen für die mindestens zu erreichende Verlässlichkeit praktisch recht niedrig liegen.

17 Auch bei der indirekten Bewertung der Gegenleistung unter Rückgriff auf den beizulegenden Zeitwert der gewährten Eigenkapitalinstrumente gilt nach IFRS-SMEs Abschn. 26.8 grund-

sätzlich der Zeitpunkt des Zugangs der Gegenleistung als Bewertungszeitpunkt. Sind jedoch Arbeitsleistungen von Mitarbeitern zu bewerten, soll hiervon abweichend immer der **Zeitpunkt der Gewährung** der Eigenkapitalinstrumente als Bewertungszeitpunkt gewählt werden. Dieser Festlegung liegt der Gedanke zugrunde, dass Unternehmen und Mitarbeiter zu diesem Zeitpunkt zu einem gemeinsamen Verständnis über die Werthaltigkeit der erbrachten oder zu erbringenden Arbeitsleistungen gekommen sind.

2. Beizulegender Zeitwert der gewährten Eigenkapitalinstrumente

18 Für die Bewertung der gewährten Eigenkapitalinstrumente gilt nach IFRS-SMEs Abschn. 26.10-.11 eine **dreistufige Bewertungshierarchie**. Auf der ersten Stufe stehen **Marktpreise**, die aber bei nicht börsennotierten Gesellschaften nur in Ausnahmefällen verfügbar sein dürften. Auf der zweiten Stufe stehen aus Marktdaten abgeleitete **Vergleichswerte**. Hierbei kann es sich um Preise handeln, die in jüngerer Vergangenheit beim Kauf oder Verkauf der zu bewertenden Eigenkapitalinstrumente erzielt wurden. Weiterhin können kürzlich erstellte, unabhängige Bewertungsgutachten für die Anteile des Unternehmens oder seiner wesentlichen Vermögenswerte bewertungsrelevant sein. Ein typischer Anwendungsfall hierfür liegt vor, wenn nach dem Verkauf eines Unternehmens die verbleibenden Mitarbeiter unter Bindungs- und Motivationsaspekten Unternehmensanteile erhalten. Der vom Käufer gezahlte Preis oder die von ihm zugrunde gelegte Bewertung können hier als Anhaltspunkte dienen. Auf der dritten Stufe steht die Anwendung von **Bewertungsmodellen**. Auch in diesen sollen, soweit möglich, objektivierbare Marktdaten berücksichtigt werden. Die Auswahl des Bewertungsmodells und die Festlegung der Eingabeparameter werden dabei in das Ermessen der Unternehmensleitung gestellt. Ziel der Bewertung ist die Schätzung eines Preises, der sich in einer Markttransaktion zwischen sachverständigen, vertragswilligen und voneinander unabhängigen Geschäftspartnern ergeben würde.

19 Für die **Bewertung von Anteilen** gibt IFRS-SMEs Abschn. 26.10 nur wenig Hilfestellung. Es wird lediglich darauf verwiesen, dass die ausgewählte Bewertungsmethode eine allgemein anerkannte Methode zur Bewertung von Eigenkapitalinstrumenten sein soll. Denkbar ist also sowohl eine Bewertung mit investitionstheoretisch fundierten Methoden wie der Ertragswert- und den verschiedenen Discounted Cashflow-Methoden (vgl. zB Ballwieser, 2007, 116 ff.) als auch die Anwendung von Preisfindungsmethoden wie der Bewertung mit einem Branchen-KGV oder Enterprise-Value-Multiplikatoren (vgl. zB Hillebrandt, DBW 2001). Bei solchen Bewertungen kann auf die methodischen Grundsätze des IDW S1 (für investitionstheoretische Methoden, vgl. IDW S1 idF 2008, Tz. 101 ff.) und des IDW ES 8 (für Preisfindungsmethoden, vgl. IDW ES 8, Tz. 36 ff.) zurückgegriffen werden. Eine Bewertung mit der Substanzwertmethode dürfte demgegenüber nach dem aktuellen Stand der Unternehmensbewertungsliteratur nicht angemessen sein.

20 Für die **Bewertung von Optionen** auf Anteilen gibt IFRS-SMEs Abschn. 26.11 vor, dass Optionsbewertungsmodelle eingesetzt werden sollen. Durch die Nennung der wesentlichen Eingabeparameter – aktueller Wert der Anteile, Bezugspreis, erwartete Volatilität, Laufzeit der Optionen, erwartete Dividenden, risikofreie Verzinsung – wird deutlich, dass es sich hierbei um moderne, auf Arbitrageüberlegungen beruhende Modelle in der Art des zeitkontinuierlichen Black/Scholes-Modells (vgl. grundlegend Black/Scholes, Journal of Political Economy 1973) oder des zeitdiskreten Binomialmodells (vgl. grundlegend Cox/Ross/Rubinstein, Journal of Financial Economics 1979) handeln soll. Dabei erweisen sich zeitdiskrete Modelle als flexibler im Umgang mit den Besonderheiten von Mitarbeiter-Aktienoptionen (vgl. Hull/White, Financial Analysts Journal 2004, 114 ff.; Pellens/Crasselt, 2005, 363 ff.). Eine Bewertung nur mit dem inneren Wert, dh. dem Betrag, um den der aktuelle Wert der Anteile den vereinbarten Bezugspreis bei Gewährung übersteigt, reicht nicht aus. Der aktuelle Wert der Anteile, der als einer der wichtigsten Eingabeparameter in die Optionsbewertung eingeht, soll entsprechend

den Vorgaben aus IFRS-SMEs Abschn. 26.10 ermittelt werden. Die erwartete Volatilität soll im Einklang mit dem zur Ermittlung des aktuellen Werts der Anteile eingesetzten Bewertungsmodells geschätzt werden.

21 Die Ermittlung des beizulegenden Zeitwerts von Optionen ist ein komplexer Bewertungsvorgang, der gerade nicht börsennotierte Unternehmen vor Schwierigkeiten stellen dürfte. Bei fehlenden Marktdaten sind hohe subjektive Einflüsse nicht von der Hand zu weisen, wenn der beizulegende Zeitwert als **bestmögliche Schätzung** (*directors' best estimate,* vgl. IFRS-SMEs BC129) der Unternehmensleitung ermittelt wird. Der Rückgriff auf solche Schätzungen stellt aber eine deutliche Erleichterung für die Unternehmen dar. Der Entwurf zu IFRS-SMEs hatte noch gar keine speziellen Regeln zur Bilanzierung von anteilsbasierten Vergütungen vorgesehen, da bereits IFRS 2.24-25 eine Regelung für den Fall enthält, dass der beizulegende Zeitwert von Optionsrechten nicht zuverlässig geschätzt werden kann. Danach hätte zwar auf die Optionsbewertung zum Gewährungszeitpunkt verzichtet werden können, gleichzeitig wäre aber eine fortlaufende Bewertung der zugrunde liegenden Anteile notwendig gewesen. Eine echte Erleichterung ist in dieser Vorgehensweise nicht zu erkennen (vgl. bereits Pellens/Crasselt, PIR 2005, 40).

22 Beim Einsatz von Eigenkapitalinstrumenten zur Mitarbeitervergütung werden oftmals Bedingungen festgelegt, die vor der freien Verfügbarkeit durch Verkauf (bei Anteilen) oder Ausübung (bei Optionen auf Anteile) erfüllt sein müssen. Hierbei können Dienstbedingungen und Leistungsbedingungen unterschieden werden. Während **Dienstbedingungen** bei der Gewährung von Anteilen und Optionen auf Anteilen zum Einsatz kommen, beziehen sich **Leistungsbedingungen** in aller Regel nur auf Letztere. Dabei können kapitalmarktbezogene und nicht kapitalmarktbezogene Bedingungen unterteilt werden. Abbildung 2 gibt einen Überblick über die verschiedenen Ausübungsbedingungen und deren Bedeutung für die bilanzielle Bewertung.

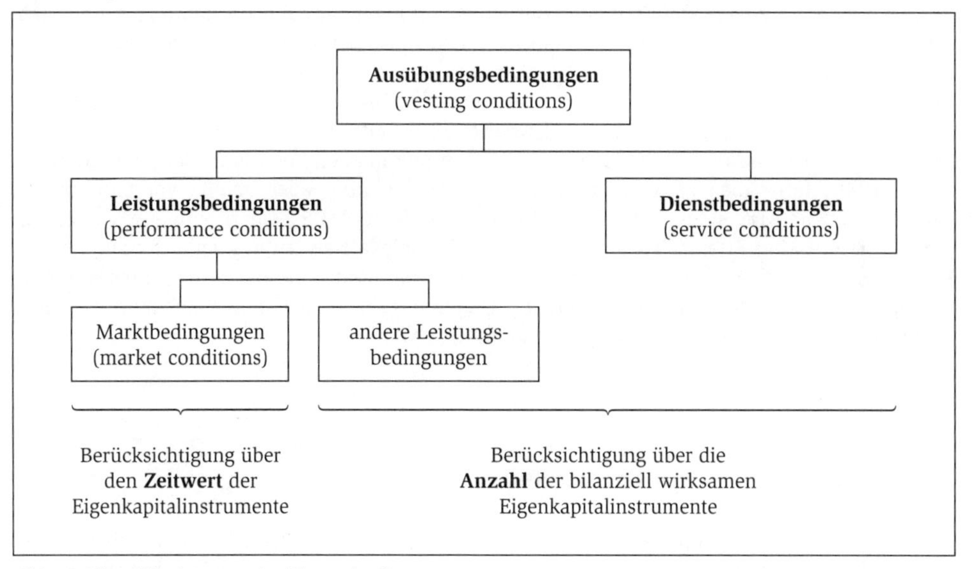

Abb. 2: Klassifikation von Ausübungsbedingungen

23 Eine typische Dienstbedingung ist die nach § 193 Abs. 2 Nr. 4 AktG festzulegende **Sperrfrist**, die seit der Verabschiedung des VorstAG im Jahr 2009 mindestens vier Jahre beträgt. Verlässt ein Mitarbeiter innerhalb dieser Frist das Unternehmen, verfallen seine Optionsrechte. Leistungsbedingungen treten vor allem bei Aktienoptionen auf. Kapitalmarktbezogene Bedingungen können als absolute oder als relative **Kursziele** ausgestaltet sein. Bei einem absoluten

Kursziel können die Optionsrechte nur dann ausgeübt werden, wenn der Kurs mindestens um einen vorgegebenen Betrag steigt bzw. mindestens eine vorgegebene jährliche Rendite erreicht wird. Relative Kursziele setzen die Kursentwicklung demgegenüber – wie vom Deutschen Corporate Governance Kodex (Abschnitt 4.2.3) gefordert – in Relation zur Entwicklung einer Vergleichsgröße, typischerweise eines **Vergleichsindex**. Bei den potenziellen IFRS-SMEs-Anwendern ist die Vereinbarung solcher Ziele nur in seltenen Fällen zu erwarten, da die Zielerreichung mangels beobachtbarer Aktienkurse kaum objektiv beurteilbar ist. Vielmehr bietet es sich für nicht börsennotierte Unternehmen an, andere Leistungsbedingungen zu vereinbaren. Diese beziehen sich typischerweise auf **Größen aus dem Rechnungswesen**, zB den Jahresüberschuss oder den Gewinn vor Abzug von Zinsen und Steuern (Earnings before Interest and Taxes, EBIT). Auch hier kann die absolute oder die relative, gegenüber einem Benchmark gemessene Entwicklung betrachtet werden. Mitunter werden auch handlungsbezogene Ziele, wie zB die erfolgreiche Durchführung eines Börsengangs, vereinbart.

24 Von den beschriebenen Ausübungsbedingungen sind nach IFRS-SMEs Abschn. 26.9 nur **kapitalmarktbezogene Leistungsbedingungen** in die Ermittlung des **beizulegenden Zeitwerts** der gewährten Eigenkapitalinstrumente einzubeziehen. Dabei spielt es für die Bewertung zum Zeitpunkt der Gewährung keine Rolle, ob die Bedingungen später erfüllt werden oder nicht. Eine nachträgliche Anpassung soll auch dann nicht erfolgen, wenn die Eigenkapitalinstrumente aufgrund des Verfehlens solcher Bedingungen verfallen. Der Grund hierfür ist, dass das eigentliche Bewertungsziel die Bewertung der eingebrachten Güter oder Dienstleistungen zum Transaktionszeitpunkt ist und die indirekte Bewertung über den Wert der Eigenkapitalinstrumente nur hilfsweise erfolgt. Wie sich der Wert der Eigenkapitalinstrumente anschließend entwickelt, spielt für die Bewertung der Güter oder Dienstleistungen keine Rolle.

25 **Dienstbedingungen** und **nicht kapitalmarktbezogene Leistungsbedingungen** sind – entgegen den gerade ausgeführten Überlegungen – nach IFRS-SMEs Abschn. 26.9 nicht bei der Ermittlung des beizulegenden Zeitwerts der einzelnen Eigenkapitalinstrumente zu berücksichtigen, sondern über die **Anzahl** der tatsächlich ausgegebenen Eigenkapitalinstrumente zu erfassen. Als ausgegeben gelten die Eigenkapitalinstrumente erst, wenn die Empfänger über den Verkauf oder die Ausübung frei verfügen können. Die Anzahl der später als ausgegeben anzusehenden Eigenkapitalinstrumente ist daher zum Zeitpunkt der Gewährung zu schätzen und im Zeitablauf an die tatsächliche Entwicklung anzupassen. Werden solche Bedingungen nicht erfüllt, führt dies zu einer vollständigen Ausbuchung aller bereits vorgenommenen Buchungen. Für Anwender von IFRS-SMEs stellt diese aus IFRS 2 übernommene Vorgehensweise insofern eine Erleichterung dar, als keine komplexe Bewertungsmethodik zur Berücksichtigung der Bedingungen notwendig ist, sondern zum Zeitpunkt der Gewährung eine **pauschale Schätzung** der Ausfallrate genügt. Ungenauigkeiten bei dieser Schätzung wiegen minder schwer, da sie sich im Zeitablauf automatisch wieder aufheben.

II. Transaktionen mit Barausgleich

26 Bei Transaktionen mit Barausgleich soll der transferierte Wert generell aus dem **beizulegenden Zeitwert** der **finanziellen Verpflichtung** abgeleitet werden. Soweit solche Transaktionen – wie üblich – der Mitarbeitervergütung dienen, entspricht dies der auch bei einem Ausgleich durch Eigenkapitalinstrumente vorgesehenen indirekten Bewertung. Wird ausnahmsweise auch die Überlassung eines aktivierungsfähigen Vermögenswerts im Rahmen einer Transaktion mit Barausgleich vergütet, kann es zu einer Wertdifferenz zwischen dem der Transaktion beigemessenen Wert und dem beizulegenden Zeitwert der Gegenleistung kommen. Liegt der Wert des aktivierten Vermögenswerts unter (über) dem Wert der finanziellen Verpflichtung, ist eine sofortige Abschreibung (Zuschreibung) des Vermögenswerts in Betracht zu ziehen.

27 Die Verbindlichkeit ist bei der Folgebewertung zu jedem Abschlussstichtag **neu zu bewerten**. Insofern ist der Ermittlungsaufwand bei Transaktionen mit Barausgleich erheblich höher als bei Transaktionen mit Ausgleich durch Eigenkapitalinstrumente. Die Wertveränderungen der Verbindlichkeit sind in jeder Periode im Gewinn oder Verlust zu erfassen. Dabei kommt es üblicherweise zu einer Erhöhung oder Verminderung des Personalaufwands. Konzeptionell wäre es hingegen treffender, die Veränderungen der Verbindlichkeit dem Finanzergebnis zuzuordnen. Eine solche Trennung wird aber bisher nicht verlangt.

D. Spezialfragen

I. Berücksichtigung von Planänderungen und -beendigungen

28 Werden anteilsbasierte Vergütungspläne nachträglich angepasst, kann dies den Wert der Vergütung zum Zeitpunkt der Planänderung erhöhen. Dies geschieht beispielsweise, wenn der Bezugspreis von Optionen auf Eigenkapitalanteile nachträglich gesenkt wird. Auf diese Weise kann die Anreizwirkung wertlos gewordener Optionen wieder aufleben. Trotzdem sind solche Anpassungen umstritten und sind nach dem Deutschen Corporate Governance Kodex (Abschnitt 4.2.3) zu unterlassen. Kommen sie dennoch zum Einsatz, ist die Werterhöhung zum Zeitpunkt der Planänderung nach IFRS-SMEs Abschn. 26.12 als **zusätzliche Aufwandskomponente** zu berücksichtigen. Die Werterhöhung ist dabei aus den beizulegenden Zeitwerten der ursprünglichen und der modifizierten Vereinbarung zum Zeitpunkt der Plananpassung abzuleiten. Erfolgt die Anpassung noch während des Vergütungszeitraums oder ist sie selbst mit neuen Dienstbedingungen verbunden, ist der zusätzliche Aufwand zusammen mit dem noch nicht verrechneten Teil des ursprünglichen Zeitwerts bei Gewährung über den verbleibenden Vergütungszeitraum zu verteilen.

29 Umgekehrt kann eine Planänderung auch zu einer Verminderung des beizulegenden Zeitwerts führen. Solche für die Mitarbeiter nachteiligen Veränderungen dürften allerdings praktisch sehr selten vorkommen. Ist dies der Fall, soll nach IFRS-SMEs Abschn. 26.12 die ursprüngliche Aufwandsverteilung auf Grundlage des beizulegenden Zeitwerts zum Zeitpunkt der Gewährung **nicht verändert** werden. Es kommt also zu keiner Verringerung des insgesamt zu verrechnenden Aufwands.

30 Wird ein Vergütungsplan seitens des Unternehmens vor dem Ende des Vergütungszeitraums beendet, sollen nach IFRS-SMEs Abschn. 26.13 noch nicht verrechnete Beträge **sofort als Aufwand erfasst** werden. Auf diese Weise soll verhindert werden, dass sich das Unternehmen durch eine Kündigung ohnehin wertlos gewordener Eigenkapitalinstrumente den noch ausstehenden Aufwandsbuchungen entzieht.

II. Besonderheiten bei Konzernunternehmen

31 Vielfach werden anteilsbasierte Vergütungen von Konzernmutterunternehmen auch Mitarbeitern in Tochterunternehmen gewährt. Ist dies der Fall, dürfen Tochterunternehmen entsprechend IFRS-SMEs Abschn. 26.16 die von der Muttergesellschaft vorgenommenen Aufwandsberechnungen entsprechend übernehmen. Voraussetzung hierfür ist, dass das Mutterunternehmen selbst nach IFRS oder IFRS-SMEs bilanziert und ein nachvollziehbarer **Verteilungsschlüssel** zum Einsatz kommt. Eine eigenständige Bewertung auf der Ebene des Tochterunternehmens ist dann nicht notwendig.

E. Anhangangaben

32 Die Abbildung von anteilsbasierten Vergütungen in Bilanz und Ergebnisrechnung ist durch umfangreiche Anhangangaben zu ergänzen. Entsprechend IFRS-SMEs Abschn. 26.18(a) gehört hierzu eine detaillierte **Beschreibung** während der Berichtsperiode geltender anteilsbasierter Vergütungstransaktionen. Existieren mehrere ähnliche Vereinbarungen, kann über diese in zusammengefasster Form berichtet werden. Beispiele hierfür sind Aktienoptionspläne für verschiedene Managementebenen, die sich nur geringfügig, zB durch die maximal pro Person ausgegebene Anzahl an Optionsrechten, unterscheiden oder jährlich neu aufgelegte, aber mit gleichen Bedingungen ausgestattete Belegschaftsaktienprogramme. Setzt das Unternehmen Optionen auf eigene Anteile ein, sind nach IFRS-SMEs Abschn. 26.18(b) die **Anzahl** und der **durchschnittliche Bezugspreis** anzugeben. Diese Angaben müssen getrennt erfolgen für Optionen, die zu Beginn der Periode ausstehend waren, während der Periode gewährt wurden, verfallen sind, ausgeübt wurden oder ausgelaufen sind, am Ende der Periode ausstehend waren oder am Ende der Periode ausübbar waren. Diese detaillierten Angaben können in Form einer tabellarischen Übersicht präsentiert werden.

33 Nach IFRS-SMEs Abschn. 26.19-20 sind weiterhin Angaben darüber zu machen, mit welchen **Bewertungsmethoden** der beizulegende Zeitwert der empfangenen Gegenleistung, der gewährten Eigenkapitalinstrumente oder der eingegangenen Zahlungsverpflichtung ermittelt wurde. Wurden hierbei Bewertungsmodelle eingesetzt, sollen die Modelle und die Gründe für deren Auswahl erläutert werden. Um die Abschlussleser in die Lage zu versetzen, die Plausibilität der Bewertung zu überprüfen, wären auch Angaben zu den wesentlichen Eingabeparametern zu machen. Eine derart detaillierte Berichterstattung wird den Anwendern von IFRS-SMEs jedoch nicht zwingend abverlangt.

34 Wurden **Änderungen** an anteilsbasierten Vergütungsvereinbarungen vorgenommen oder wurden Aufwendungen bei einem Tochterunternehmen aus dem im Konzernabschluss erfassten Aufwand abgeleitet, so sind die Gründe für die Planänderung (IFRS-SMEs Abschn. 26.21) bzw. der Allokationsschlüssel (IFRS-SMEs Abschn. 26.22) offen zu legen.

35 Gesondert anzugeben sind schließlich nach IFRS-SMEs Abschn. 26.23 einige Einzelinformationen, die die **Wirkung** anteilsbasierter Transaktionen **auf Bilanz und Erfolgsrechnung** verdeutlichen. Konkret gefordert ist die Angabe des gesamten aus anteilsbasierten Vergütungen resultierenden Aufwands einer Periode sowie der gesamte bilanzielle Wert von Verbindlichkeiten aufgrund von anteilsbasierten Vergütungen, gemessen am jeweiligen Periodenende. Bei der Angabe des gesamten Aufwands bleibt allerdings unklar, ob hierbei auch Aufwendungen einzubeziehen sind, die sich aus der Fortschreibung einer aktivierten Gegenleistung ergeben. Plausibler wäre es, wie in IFRS 2.51(a) gefordert, nur solche Aufwendungen anzugeben, die aus der sofortigen Aufwandsverrechnung von nicht aktivierungsfähigen Gegenleistungen resultieren. Diese umfassen insbesondere Personalaufwendungen aufgrund einer anteilsbasierten Mitarbeitervergütung.

F. Vergleich mit IFRS und HGB

36 Anders als nach IFRS existieren nach HGB **keine umfassenden Regulierungen** zur Bilanzierung anteilsbasierter Vergütungstransaktionen. Insbesondere beinhaltet § 272 HGB, der die Bilanzierung des Eigenkapitals von Kapitalgesellschaften regelt, keine expliziten diesbezüglichen Vorschriften. Jedoch dürften Transaktionen, bei denen die Gesellschaft aktivierungsfähige Vermögenswerte empfängt, zweifelsohne in den Anwendungsbereich von § 272 HGB fallen. Strittig ist indes, ob auch für zur Mitarbeitervergütung eingesetzte Anteile und Optionsrechte eine analoge Anwendung infrage kommt. Als Alternative wird der gänzliche Verzicht auf die Erfassung der zugegangenen Ressourcen diskutiert. Während sich zu dieser Frage bislang keine einhellige Literaturmeinung herausgebildet hat, haben sich der DSR mit dem 2001 veröffentlichten Standardentwurf E-DRS 11 und das IDW in seiner Stellungnahme zu diesem Standardentwurf (vgl. IDW, 2001) klar für eine analoge Anwendung von § 272 Abs. 2 Nr. 2 HGB ausgesprochen (vgl. zusammenfassend zu den verschiedenen Positionen Pellens/Crasselt, 2006).

Regelung	IFRS (IFRS 2)	IFRS-SMEs	HGB
Anwendungsbereich	Anteilsbasierte Vergütungstransaktionen mit Ausgleich durch EK-Instrumente, mit Barausgleich und mit Erfüllungswahlrecht	Anwendungsbereich wie nach IFRS 2	Bei Transaktionen mit Ausgleich durch EK-Instrumente nur dann unstrittig, wenn erhaltene Gegenleistung aktivierungsfähig; Transaktionen mit Barausgleich
Ansatz bei Transaktionen mit Ausgleich durch EK-Instrumente	Aktivierung der Gegenleistung soweit zulässig, sonst direkte Aufwandserfassung; in beiden Fällen entsprechende Erhöhung der relevanten EK-Posten	Ansatzregelung wie nach IFRS 2	Wenn Gegenleistung aktivierungsfähig, gleiche Vorgehensweise wie nach IFRS 2; wenn Gegenleistung nicht aktivierungsfähig, sofortige Aufwandserfassung **oder** keine bilanzielle Erfassung des Sachverhalts
Ansatz bei Transaktionen mit Barausgleich	Aktivierung der Gegenleistung soweit zulässig, ansonsten direkte Aufwandserfassung; Bildung einer Rückstellung in dem Umfang, in dem Gegenleistung bereits empfangen wurde	Ansatzregelung wie nach IFRS 2	Ansatzregelung bei vollständig empfangener Gegenleistung wie nach IFRS 2; bei noch nicht vollständig empfangener Gegenleistung hängt Umfang der Rückstellung vom Bewertungskonzept (siehe unten) ab
Ansatz bei Transaktionen mit Erfüllungswahlrecht	Bilanzierung wie eine Transaktion mit Barausgleich, wenn eine Zahlungsverpflichtung vorliegt; anderenfalls Bilanzierung wie eine Transaktion mit Ausgleich durch EK-Instrumente; bei unterschiedlicher Werthaltigkeit der Alternativen, Bilanzierung als zusammengesetztes Finanzinstrument	Im Regelfall Bilanzierung wie eine Transaktion mit Barausgleich	Keine explizite Regelung
Bewertung bei Transaktionen mit Ausgleich durch EK-Instrumente	Direkte Ermittlung des beizulegenden Zeitwerts der Gegenleistung zum Zugangszeitpunkt, wenn zuverlässig ermittelbar; sonst indirekte Ermittlung über den beizulegenden Zeitwert der EK-Instrumente zum Zugangszeitpunkt; bei der Vergütung von Arbeitsleistung immer indirekte Bewertung zum Zeitpunkt der Gewährung; wenn beizulegen-	Grundsätzlich gleiche Vorgehensweise wie nach IFRS 2; fehlen Marktdaten zur Objektivierung der Bewertung, dürfen auf der dritten Bewertungsstufe bestmögliche Schätzungen der Unternehmensleitung als Eingabeparameter verwendet werden	Bei aktivierungsfähigen Vermögensgegenständen direkte Bewertung der empfangenen Gegenleistung. Bei Arbeitsleistungen und anderen nicht aktivierungsfähigen Gegenleistungen indirekte Bewertung über den beizulegenden Zeitwert der EK-Instrumente **oder** keine bilanzielle Erfassung des Sachverhalts

Regelung	IFRS (IFRS 2)	IFRS-SMEs	HGB
	der Zeitwert von Optionsrechten nicht ermittelbar, »Erleichterung« durch fortlaufende Bewertung zum inneren Wert		
Bewertung bei Transaktionen mit Barausgleich	Bewertung mit dem beizulegenden Zeitwert der Zahlungsverpflichtung in dem Umfang, in dem die Gegenleistung bereits erbracht wurde; fortlaufende Neubewertung mit Erfassung im Gewinn oder Verlust bis zur Auszahlung oder dem Erlöschen der Verpflichtung	Bewertung wie nach IFRS 2	Bewertung wie nach IFRS 2; alternativ: fortlaufende Bewertung mit dem Betrag, der sich unter den aktuellen Bedingungen als Auszahlungsbetrag ergeben würde (bei Optionen: innerer Wert)
Anhangangaben	Umfangreiche Angaben über Art und Ausmaß anteilsbasierter Transaktionen, die Bewertung und die Auswirkungen auf die Ertrags- und Finanzlage	Gegenüber IFRS 2 hinsichtlich des Detaillierungsgrads reduzierte Anhangangaben	Wert anteilsbasierter Vergütungen ist in die Angaben nach § 285 Nr. 9 a) HGB einzubeziehen; darüber hinaus keine detaillierten Angabepflichten

Abschnitt 27
Wertminderung von Vermögenswerten (Impairment of Assets)

Thomas Senger

Inhaltsverzeichnis

Schrifttum

Beiersdorf/Eierle/Haller, DB 2009, 1549; *Beiersdorf/Morich,* KoR 2009, 1; *Fischer,* PIR 2009, 242; *Hoffmann,* in: Lüdenbach/Hoffmann, Haufe IFRS-Kommentar, 8. Aufl., Freiburg 2010, § 4; *IDW RS HFA 16,* Stellungnahme zur Rechnungslegung: Bewertungen bei der Abbildung von Unternehmenserwerben und bei Werthaltigkeitsprüfungen nach IFRS, Düsseldorf 2005; *IDW S 1,* IDW Standard: Grundsätze zur Durchführung von Unternehmensbewertungen, Düsseldorf 2008; Janssen/*Gronewold,* KoR 2010, 75; *Kuhner/Hitz,* in: MünchKommBilR, München 2009, IAS 36; *KPMG,* Insights into IFRS 2009/10, 6. Aufl., London 2009; *Loitz,* DB 2008, 249; *Riese,* in: Beck'sches IFRS-Handbuch, § 8; *Scheinpflug,* in: Beck'sches IFRS-Handbuch, 3. Aufl., München 2009, § 5; *Simlacher/Schurbohm-Ebneth,* KoR 2009, 389; *Winkeljohann/Morich,* BB 2009, 1630; *Zülch/Hoffmann/Siggelkow,* KoR 2010, 40.

A. Zielsetzung und Anwendungsbereich

1 Bestimmte Ereignisse können dazu führen, dass der Buchwert eines Vermögenswerts nicht mehr durch die Mittelzuflüsse aus seiner Verwendung oder Veräußerung gedeckt ist. Diese Ereignisse können unterschiedlicher Natur und Grundlage sein: So kann die physische Beschädigung eines Vermögenswerts ebenso Anlass zu einer Wertminderung sein wie eine Unterauslastung oder eine technische Entwicklung, die zu einer Einschränkung der Nutzung des Vermögenswerts führt. In diesen Fällen ist neben den planmäßigen Abschreibungen eine (außerplanmäßige) Wertminderung (*impairment*) auf den Vermögenswert in Höhe des Differenzbetrags zwischen dem Buchwert und dem Nutzungs- bzw. Veräußerungswert vorzunehmen. IFRS-SMEs Abschn. 27 sieht daher **Regelungen zur Identifizierung, Ermittlung und Bilanzierung von Wertminderungen** sämtlicher innerhalb der IFRS-SMEs-Bilanz erfassten

Vermögenswerte vor, die nicht explizit vom Anwendungsbereich des Abschnitts ausgeschlossen werden. Daneben umfasst IFRS-SMEs Abschn. 27 Vorschriften zur Wertaufholung von Vermögenswerten nach einer zeitlich vorangegangenen Wertminderung.

2 **Vom Anwendungsbereich** des IFRS-SMEs Abschn. 27 sind folgende Vermögenswerte **ausgenommen** (IFRS-SMEs Abschn. 27.1):

- Latente Steueransprüche (hierfür maßgebend: IFRS-SMEs Abschn. 29),
- Vermögenswerte, die aus Leistungen an Arbeitnehmer resultieren (geregelt in IFRS-SMEs Abschn. 28),
- finanzielle Vermögenswerte, die in den Anwendungsbereich des IFRS-SMEs Abschn. 11 (*basic financial instruments*) sowie des IFRS-SMEs Abschn. 12 (*other financial instrument issues*) fallen,
- als Finanzinvestition gehaltene Immobilien, die zum beizulegenden Zeitwert bewertet werden (behandelt in IFRS-SMEs Abschn. 16),
- biologische Vermögenswerte aus landwirtschaftlicher Tätigkeit, bei denen eine Bewertung zum beizulegenden Zeitwert abzgl. der geschätzten Veräußerungskosten erfolgt (Regelungen in IFRS-SMEs Abschn. 34).

Bei den dargestellten Ausnahmen sind hinsichtlich der bilanziellen Erfassung von Wertminderungen und Wertaufholungen die jeweils genannten Einzelabschnitte der IFRS-SMEs heranzuziehen.

3 Der Anwendungsbereich des IFRS-SMEs Abschn. 27 geht dabei über denjenigen des IAS 36 hinaus. Denn anders als IAS 36 enthält IFRS-SMEs Abschn. 27 **auch Regelungen zu** Wertminderungen und Wertaufholungen von **Vorräten**. Dies führt dazu, dass in dem IFRS-SMEs Abschn. 13 keine entsprechenden Vorschriften enthalten sind. Die Integration der Folgebewertungsregelungen für Vorräte wird auch formal dadurch deutlich, dass zunächst diese Regelungen gesondert innerhalb des Abschnitts behandelt werden, während die dem Regelungsbereich des IAS 36 weitgehend entsprechenden Vorschriften im folgenden Teil von IFRS-SMEs Abschn. 27 im Zusammenhang dargestellt sind.

B. Wertminderung von Vorräten

I. Ermittlung und Erfassung von Wertminderungen im Vorratsvermögen

4 Das Vorratsvermögen unterliegt als kurzfristiges Vermögen keinen planmäßigen Abschreibungen, sondern ist nach IFRS-SMEs Abschn. 13.4 grundsätzlich zu Anschaffungs- oder Herstellungskosten zu bewerten. In den Fällen, in denen dieser Wert niedriger ist, muss die Bewertung nach dem erwarteten Veräußerungspreis abzgl. der noch ausstehenden Produktionskosten vorgenommen werden (vgl. IFRS-SMEs-Komm., Teil B, Abschn. 13, Tz. 53 ff.). Im Rahmen der Folgebewertung hat ein Unternehmen nach IFRS-SMEs Abschn. 27.2 zu jedem Bilanzstichtag anhand einer **Gegenüberstellung des Buchwerts der Vorräte mit ihrem Nettoveräußerungswert** deren Werthaltigkeit zu überprüfen. Zur Gewährleistung einer verlustfreien Bewertung ist eine unmittelbar ergebniswirksame Wertminderung auf den Nettoveräußerungswert immer dann zwingend vorzunehmen, sofern dieser am Abschlussstichtag unterhalb des Buchwerts liegt.

5 Der **Nettoveräußerungswert** für Vorräte ergibt sich ausgehend vom geschätzten Verkaufspreis (ohne Umsatzsteuer) abzgl. der geschätzten noch anfallenden Fertigstellungs- und Vertriebskosten sowie von Erlösschmälerungen. Dieser Wertkonzeption liegt – wie in den IFRS –

eine **retrograde absatzmarktorientierte Ermittlungsweise** zugrunde (vgl. Riese, in: Beck IFRS-Handbuch, § 8 Tz. 92). Bei den in diesem Zusammenhang vorzunehmenden Schätzungen sind nach dem Abschlussstichtag eintretende Preis- und Kostenänderungen, deren Ursprung jedoch auf Vorgängen vor dem Bilanzstichtag beruht (wertaufhellende Ereignisse), zu berücksichtigen. Wertbegründende Ereignisse fließen hingegen nicht in die Ermittlung des Nettoveräußerungswerts ein. Dies entspricht der generellen Vorgehensweise bei Ereignissen nach dem Bilanzstichtag in IFRS-SMEs Abschn. 32.

6 Für die Schätzung des Nettoveräußerungswerts können verschiedene **Datengrundlagen** herangezogen werden. Ein für die Vorräte existierender Börsen- oder Marktpreis stellt die bestmögliche Schätzung des Nettoveräußerungswerts dar. Bei Vorräten, die Gegenstand einer Festpreisvereinbarung sind, wird der Nettoveräußerungswert durch den vertraglich fixierten Kaufpreis determiniert. Umfasst die Festpreisvereinbarung lediglich einen Teil des im Bestand befindlichen Vorratsvermögens, basiert die Ermittlung des Nettoveräußerungswerts nur insoweit auf dem vereinbarten Preis. Für die Bewertung des darüber hinausgehenden Teils ist von den erwarteten Verkaufspreisen am Markt auszugehen. Die Beurteilung eines möglichen Rückstellungsbedarfs aufgrund eines Verpflichtungsüberschusses aus derartigen Geschäften erfolgt anhand der Regelungen des IFRS-SME Abschn. 21.

7 In Analogie zu den Regelungen der IFRS besteht bei **Roh-, Hilfs- und Betriebsstoffen** keine Wertminderungspflicht, sofern die Erzeugnisse, in die sie eingehen, zu ihren Herstellungskosten veräußert werden können. Können die Fertigerzeugnisse hingegen nur zu einem Betrag unter ihren Herstellungskosten abgesetzt werden, ist die Ermittlung des Nettoveräußerungswerts der Roh-, Hilfs- und Betriebsstoffe erforderlich. Hierbei sind die **Verhältnisse am Beschaffungsmarkt**, also die Wiederbeschaffungskosten, zugrunde zu legen.

8 Als **Gründe für Wertminderungen** von Vorräten kommen neben einer Beschädigung oder Überalterung vor allem ein Rückgang der Verkaufspreise oder Erhöhungen der noch anfallenden Fertigstellungs- und Verkaufskosten, die nicht an den Kunden weitergegeben werden können, in Betracht.

9 Die Erfassung eines Wertminderungsbedarfs im Vorratsvermögen in der GuV erfolgt regelmäßig in Form einer **Einzelwertberichtigung** bei dem entsprechenden bilanzierten Vermögenswert. In Ausnahmefällen, in denen eine am Einzel-Veräußerungspreis orientierte Bewertung nicht (oder nur zu unverhältnismäßig hohen Kosten) möglich ist, ermöglicht IFRS-SMEs Abschn. 27.3 jedoch bei einer homogenen Gruppe von Vorräten eine pauschale Betrachtung durch die Zusammenfassung zu einer Gruppe. Diese Vorgehensweise ist bei Vorräten denkbar, die derselben Produktlinie angehören und die in derselben geographischen Region hergestellt und vermarktet werden (zur Zulässigkeit von Reichweitenabschlägen bei Produktgruppen vgl. IFRS-SMEs-Komm., Teil B, Abschn. 13, Tz. 60).

II. Wertaufholungen im Vorratsvermögen

10 Wertminderungen im Vorratsvermögen unterliegen in den Folgeperioden einem strengen Wertaufholungsprinzip. Nach IFRS-SMEs Abschn. 27.4 ist der Nettoveräußerungswert in jeder Folgeperiode neu zu ermitteln. Es gilt ein **Wertaufholungsgebot**, sofern die Umstände für die in einer Vorperiode vorgenommene Wertminderung nicht mehr vorliegen oder sich eindeutige Hinweise auf eine Erholung des Nettoveräußerungswerts aufgrund geänderter wirtschaftlicher Verhältnisse ergeben. Durch die zwingend vorzunehmende Wertaufholung scheidet die Legung stiller Reserven innerhalb des Vorratsvermögens im Zusammenhang mit vorangegangenen Wertminderungen ebenso aus wie nach IFRS.

11 Der Ansatz der Vorräte im Falle einer Wertaufholung erfolgt mit dem niedrigeren Wert aus Anschaffungs- oder Herstellungskosten und dem neu ermittelten Nettoveräußerungswert. Die

Wertobergrenze bilden dabei die historischen Anschaffungs- oder Herstellungskosten. Buchhalterisch ist die Wertaufholung in der Gesamtergebnisrechnung bzw. in einer separat dargestellten GuV nicht als Ertrag, sondern als **Minderung des Materialaufwands** in der entsprechenden Periode darzustellen.

C. Wertminderungen bei anderen Vermögenswerten

I. Allgemeine Prinzipien und Wertminderungsindikatoren

12 Bei sämtlichen zum Anwendungsbereich des IFRS-SMEs Abschn. 27 gehörenden Vermögenswerten – mit Ausnahme der in IFRS-SMEs Abschn. 27.2 ff. separat geregelten Vorräte – liegt eine Wertminderung vor, sofern der Buchwert eines Vermögenswerts seinen erzielbaren Betrag übersteigt (IFRS-SMEs Abschn. 27.5). In Höhe des Differenzbetrags der beiden Wertansätze ist nach IFRS-SMEs Abschn. 27.6 eine Wertminderung in der GuV zu erfassen. Damit folgt der IFRS-SMEs sowohl konzeptionell als auch methodisch der Vorgehensweise in IAS 36.

13 Theoretisch müsste ein **Wertminderungstest,** der in einem Vergleich des Buchwerts eines Vermögenswerts mit seinem erzielbaren Betrag besteht, aufgrund der Stichtagsbezogenheit der Bewertung zu jedem Abschluss- oder Zwischenabschlussstichtag durchgeführt werden. Aus Wirtschaftlichkeitsgründen wird jedoch die Überprüfung der Werthaltigkeit eines Vermögenswerts nach IFRS-SMEs Abschn. 27.7 im Rahmen eines zweistufigen Verfahrens zunächst an das Vorliegen bestimmter Indikatoren geknüpft, die in IFRS-SMEs Abschn. 27.9 in einem nicht abschließenden Katalog aufgeführt sind. Die dort genannten Kriterien sind als Mindestmaß zu jedem Bilanzstichtag einer Beurteilung zu unterziehen. Ergeben sich hierbei keine Anzeichen für einen Wertminderungsbedarf und liegen auch keine anderen Hinweise auf eine mögliche Wertminderung vor, kann auf die Ermittlung des erzielbaren Betrags verzichtet werden.

14 Bei den **Indikatoren**, die im ersten Prüfungsschritt auf die Notwendigkeit einer Wertminderung schließen lassen (*triggering events*), wird zwischen externen und internen Informationsquellen differenziert. Zu den **externen Anhaltspunkten**, die einen Wertminderungstest erforderlich machen können, gehören u. a. die folgenden Entwicklungen:

- Ein deutlich stärkeres Absinken des Marktwerts eines Vermögenswerts während der Berichtsperiode als durch den Zeitablauf oder die gewöhnliche Nutzung zu erwarten gewesen wäre;
- in der Berichtsperiode eingetretene oder in naher Zukunft erwartete nachteilige signifikante Veränderungen im technologischen, marktbezogenen, ökonomischen oder rechtlichen Unternehmensumfeld bzw. in dem einem Vermögenswert zuzuordnenden Marktumfeld;
- eine Erhöhung der Marktzinssätze oder -renditen während der Berichtsperiode, die wahrscheinlich wesentliche Auswirkungen auf den bei der Ermittlung des Nutzungswerts zugrunde gelegten Abzinsungssatz haben und den beizulegenden Zeitwert abzgl. der Veräußerungskosten mindern;
- der Buchwert des Nettovermögens ist größer als der beizulegende Zeitwert des Unternehmens in seiner Gesamtheit.

15 Daneben können die folgenden **internen Anhaltspunkte** auf die Notwendigkeit einer Wertminderung hinweisen:

- Substanzielle Hinweise auf Überalterung oder einen physischen Schaden eines Vermögenswerts;
- im Geschäftsjahr eingetretene oder in naher Zukunft erwartete wesentliche nachteilige Veränderungen mit Auswirkungen auf die Art und den Umfang der Nutzung eines Ver-

mögenswerts. Zu diesen Veränderungen zählen neben der Stilllegung oder Neueinschätzung der Nutzungsdauer eines Vermögenswerts Pläne hinsichtlich der Einstellung oder Restrukturierung eines Bereichs sowie hinsichtlich der vorzeitigen Veräußerung eines Vermögenswerts;
- substantielle Hinweise aus dem internen Rechnungswesen über eine eingetretene oder erwartete Verminderung der Ertragskraft eines Vermögenswerts.

16 Aufgrund des lediglich exemplarischen Charakters der in IFRS-SMEs Abschn. 27.9 genannten Indikatoren können weitere nicht explizit genannte Ereignisse wie etwa eine negative Entwicklung von Unternehmens- oder Branchenkennzahlen die Durchführung eines Wertminderungstests bedingen. In jedem Einzelfall sind sämtliche vorliegenden internen und externen Informationen zur Beurteilung eines möglichen Wertminderungsbedarfs heranzuziehen.

17 Die Beurteilung der *triggering events* hat vor dem Hintergrund des **Wesentlichkeitsgrundsatzes** zu erfolgen. Um einen Wertminderungstest auszulösen, müssen die negativen Entwicklungen im Einzelfall als so signifikant eingestuft werden, dass von einem nicht unwesentlichen Wertverlust eines Vermögenswerts auszugehen ist. Die Beurteilung der Wesentlichkeit eines Wertverlusts richtet sich dabei nach der allgemeinen Definition der Wesentlichkeit in IFRS-SMEs Abschn. 3.16.

18 Ergeben sich im Rahmen des ersten Prüfungsschritts Hinweise für das Vorliegen einer Wertminderung, wird jedoch bei der im zweiten Prüfungsschritt innerhalb des Wertminderungstests kein Abwertungsbedarf festgestellt, da der Buchwert unter dem erzielbaren Betrag liegt, können gleichwohl **Anpassungen der verbleibenden Nutzungsdauer oder der Abschreibungsmethode** des Vermögenswerts notwendig sein (IFRS-SMEs Abschn. 27.10). Damit wird durch den IASB explizit klargestellt, dass Erkenntnisse aus einem durchgeführten Wertminderungstest auch dann in der laufenden Bilanzierung zu berücksichtigen sind, wenn keine Wertminderung im Rahmen der Vorschriften des IFRS-SMEs Abschn. 27 vorzunehmen ist.

II. Vorgehensweise im Rahmen des Wertminderungstests – Ermittlung des erzielbaren Betrags

19 Im Rahmen des Wertminderungstests ist der Buchwert des betreffenden Vermögenswerts mit seinem erzielbaren Betrag zu vergleichen. Der **erzielbare Betrag** wird in IFRS-SMEs Abschn. 27.11 als der höhere Wert aus dem beizulegenden Zeitwert abzgl. der Veräußerungskosten und dem Nutzungswert definiert. Diese Systematik des Wertminderungstests lässt sich grafisch wie folgt darstellen:

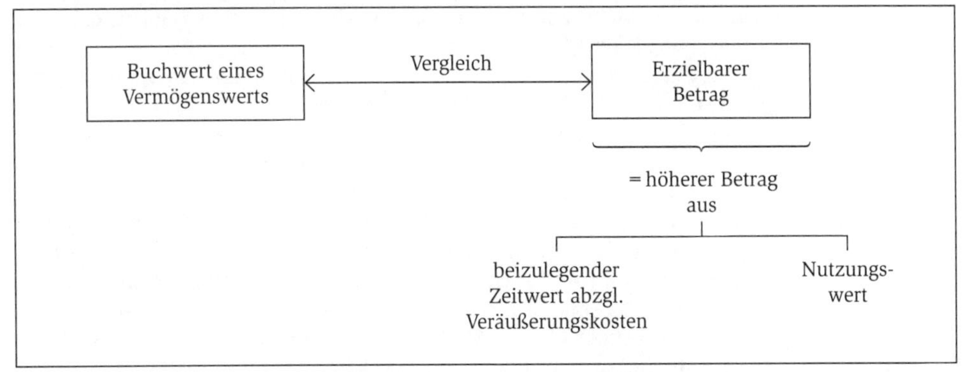

Abb. 1: Konzeption des Wertminderungstests nach IFRS-SMEs Abschn. 27.5 ff.

20 In der Aufteilung des erzielbaren Betrags in zwei Wertkonstrukte spiegeln sich die **alternativen Verwendungsmöglichkeiten** eines Vermögenswerts wider: Ein zukünftiger Zufluss wirtschaftlichen Nutzens kann sich zum einen aus der fortgesetzten Nutzung eines Vermögenswerts ergeben. Dieses Nutzenpotenzial wird durch den Nutzungswert repräsentiert. Zum anderen kann auch durch eine unmittelbare Veräußerung (sofern eine solche möglich ist) ein Nutzenzufluss in Form von Cash-Inflows generiert werden. Dieses Nutzenpotenzial entspricht dem beizulegenden Zeitwert abzgl. der mit der Veräußerung verbundenen Kosten. Von einer Wertminderung ist nach dieser Konzeption dann auszugehen, wenn der Buchwert auch durch die vorteilhaftere der zwei Verwendungsmöglichkeiten eines Vermögenswerts nicht mehr gedeckt ist.

21 Nach IFRS-SMEs Abschn. 27.12 reicht in vielen Fällen die Ermittlung einer der beiden Wertgrößen aus. Übersteigt bspw. bereits der beizulegende Zeitwert abzgl. Veräußerungskosten den ausgewiesenen Buchwert, liegt kein Abwertungsbedarf für den Vermögenswert vor; es kann mithin auf die Ermittlung des Nutzungswerts verzichtet werden. Ebenfalls kann auf die Ermittlung beider Werte verzichtet werden, wenn ausgeschlossen werden kann, dass der Nutzungswert den beizulegenden Zeitwert abzgl. der Veräußerungskosten wesentlich übersteigt. Der erzielbare Betrag entspricht dann dem beizulegenden Zeitwert abzgl. der Veräußerungskosten (IFRS-SMEs Abschn. 27.13). Dies trifft regelmäßig bei zur Veräußerung stehenden Vermögenswerten zu, da sie idR keine Cashflows aus einer fortgesetzten Nutzung mehr generieren.

1. Beizulegender Zeitwert abzgl. der Veräußerungskosten

22 IFRS-SMEs Abschn. 27.14 beschreibt als erste der beiden möglichen Wertgrößen den beizulegenden Zeitwert abzgl. der Veräußerungskosten. Dabei handelt es sich um den Betrag, der durch den Verkauf eines Vermögenswerts in einer zu Marktbedingungen stattfindenden Transaktion zwischen sachverständigen, vertragswilligen Parteien nach Abzug der Veräußerungskosten erzielt werden kann. Dabei stellt der in einem bindenden Kaufvertrag zwischen zwei voneinander unabhängigen Parteien (*arm's length transaction*) vereinbarte Preis für einen Vermögenswert oder ein Marktpreis auf einem aktiven Markt den **bestmöglichen substanziellen Hinweis** für den beizulegenden Zeitwert dar.

23 Voraussetzung für die Heranziehung von Marktpreisen ist nach IFRS-SMEs Abschn. 27.14 das Vorliegen eines **aktiven Markts**. Ein solcher liegt vor, wenn die auf ihm gehandelten Güter homogen sind, vertragswillige Käufer und Verkäufer jederzeit gefunden werden können und die Preise der Öffentlichkeit zur Verfügung stehen. Die genannten Voraussetzungen müssen dabei kumulativ erfüllt sein. Werden bei der Ermittlung des beizulegenden Zeitwerts die Verhältnisse auf einem aktiven Markt zugrunde gelegt, ist primär auf den aktuellen Angebotspreis abzustellen. Sollte ein solcher nicht verfügbar sein, ist es möglich, den beizulegenden Zeitwert anhand des Preises der zuletzt zustande gekommenen Transaktion zu ermitteln, unter der Voraussetzung, dass die wirtschaftlichen Rahmenbedingungen seither konstant geblieben sind. Allerdings ist diese Voraussetzung im Einzelfall kritisch zu hinterfragen. Haben sich wirtschaftliche Faktoren in substanzieller Weise geändert, sind vergangene Transaktionen nicht als Grundlage zur Preisfindung heranzuziehen.

24 Liegen weder ein verbindlich geschlossener Kaufvertrag noch ein aktiver Markt vor, ist der beizulegende Zeitwert abzgl. der Veräußerungskosten gem. IFRS-SMEs Abschn. 27.14 **auf der Basis der besten verfügbaren Informationen** zu ermitteln. Ziel ist dabei die Ermittlung des Betrags, den das Unternehmen am Bilanzstichtag aus dem Verkauf des Vermögenswerts an einen unabhängigen Dritten auf einem aktiven Markt erzielen könnte. Dieser Betrag ist sodann um ggf. anfallende Veräußerungskosten im Zuge einer solchen Markttransaktion zu reduzieren. Der beizulegende Zeitwert soll dabei sowohl die für die Marktteilnehmer verfügbaren Informationen als auch deren Erwartungen abbilden. Deshalb sind auch in diesem Fall die

Parameter für die Bestimmung des beizulegenden Zeitwerts primär marktbezogen zu ermitteln. Dies impliziert, dass die Annahmen zu seiner Bestimmung in Einklang mit öffentlich zugänglichen Daten wie Kapitalmarktdaten, Informationen aus Marktstudien und Analystenreports zu treffen sind (vgl. IDW RS HFA 16 Tz. 7). IFRS-SMEs Abschn. 27.14 ermöglicht einen Rückgriff auf Transaktionen bei vergleichbaren Vermögenswerten derselben Branche. Hierbei kommt die Anwendung von marktpreisorientierten Bewertungsverfahren, sog. Multiplikatorverfahren, in Betracht, bei denen der beizulegende Zeitwert eines Vermögenswerts aus Marktpreisen vergleichbarer Vermögenswerte abgeleitet wird. Alternativ können auch kapitalwertorientierte Verfahren herangezogen werden, wobei der beizulegende Zeitwert durch die Abzinsung der erwarteten durch den Vermögenswert generierten Cashflows ermittelt wird. Hierbei sind die Erwartungen des Marktes in Bezug auf die künftigen Cashflows sowie das damit verbundene Risiko zu berücksichtigen. Gleichwohl ist festzustellen, dass gerade für kleine und mittelgroße Unternehmen in vielen Fällen aufgrund des Fehlens oder der Nichtveröffentlichung entsprechender Vergleichsdaten erhebliche Schätzungs- und Ermessensspielräume bei der Bestimmung des beizulegenden Zeitwerts von Vermögenswerten gegeben sein dürften.

25 Bei dem beizulegenden Zeitwert abzgl. der Veräußerungskosten handelt es sich um einen **Wert nach unternehmensspezifischen Ertragsteuern**. Im Falle einer Ermittlung des beizulegenden Zeitwerts auf der Grundlage von Marktwerten – in Form von beobachtbaren Marktpreisen oder auf der Grundlage marktdatengestützter Bewertungsverfahren – erscheint es realistisch, davon auszugehen, dass der aus den Abschreibungen des Vermögenswerts resultierende Steuervorteil vollständig im Marktpreis des Vermögenswerts enthalten ist. Es handelt sich mithin um einen Nachsteuerwert. Erfolgt dagegen die Bewertung durch eine Anwendung kapitalwertorientierter Verfahren, etwa weil keine vergleichbaren Markttransaktionen beobachtbar sind, kann der Steuervorteil nur innerhalb des mathematischen Bewertungsmodells berücksichtigt werden. Dies geschieht durch die gesonderte Berechnung des Steuervorteils aus der Abschreibung (*tax amortization benefit*, TAB) und dessen Berücksichtigung bei der Ermittlung des beizulegenden Zeitwerts.

26 Erfolgt die Ermittlung des beizulegenden Zeitwerts über eine Barwertberechnung zukünftiger Zahlungsströme, stellt sich die Frage nach dem adäquaten **Kapitalisierungszinssatz**. Da die Cashflows aus dem Vermögenswert sowohl Eigen- als auch Fremdkapitalgebern zufließen, sind idR die durchschnittlichen gewogenen Kapitalkosten (*weighted average cost of capital* – WACC) als geeigneter Zinssatz der Barwertberechnung zugrunde zu legen.

27 Nach IFRS-SMEs Abschn. 27.14 bemisst sich der erzielbare Betrag im Hinblick auf eine mögliche Veräußerung eines Vermögenswerts nicht ausschließlich an deren beizulegenden Zeitwerten. Aus Sicht des berichtenden Unternehmens sind vielmehr die mit einer unterstellten Veräußerung anfallenden Kosten in Abzug zu bringen. Zu diesen **Veräußerungskosten** gehören alle Kosten, die ohne die Veräußerung des Vermögenswerts nicht entstehen würden und die sich ihm direkt zurechnen lassen. Finanzierungskosten und Ertragsteuern sind dabei nicht einzubeziehen (vgl. Bartels/Jonas, in: Beck IFRS Handbuch, § 27 Tz. 42). Beispiele für Veräußerungskosten sind zum einen direkt durch die Transaktion bedingte Aufwendungen wie Börsenumsatzsteuern und ähnliche Transaktionssteuern. Zum anderen sind jedoch auch diejenigen Kosten zu berücksichtigen, die zwar direkt der Transaktion zuzurechnen sind, jedoch der Transaktion zeitlich vorgelagert sind. Hierzu zählen Gerichts- und Anwaltskosten, die Aufwendungen für den Abbau des Vermögenswerts sowie die direkt zurechenbaren zusätzlichen Aufwendungen, die bei der Versetzung des Vermögenswerts in einen verkaufsbereiten Zustand entstehen. Nicht zu den Veräußerungskosten zählen hingegen sämtliche Kosten, bei denen lediglich ein mittelbarer Zusammenhang zu der Veräußerung des Vermögenswerts besteht wie etwa Aufwendungen für Personalabfindungen, Umstrukturierungen oder die Reorganisation.

28 Die Ermittlung des erzielbaren Betrags in Form des beizulegenden Zeitwerts abzgl. Veräußerungskosten geht idR von einer Veräußerung gegen Barmittel aus. Je nach Art des zu beurteilenden Vermögenswerts ist jedoch auch die Übernahme von Schulden durch den Käufer im

Rahmen der Veräußerung des Vermögenswerts möglich oder sogar zwingend zu unterstellen. Dies kann bspw. der Fall sein, wenn bei der Veräußerung eines Vermögenswerts die Übernahme von Schulden, die im Zusammenhang mit dem erworbenen Vermögenswert stehen, erfolgen soll. In diesem Fall ist der beizulegende Zeitwert abzgl. der Veräußerungskosten, sofern nicht bereits eine Berücksichtigung im Rahmen der Marktwertermittlung oder der Cashflowprognosen erfolgte, sowie der Buchwert in Höhe der zu übernehmenden Schuld zu vermindern. Übernommene Schulden in diesem Zusammenhang umfassen bspw. Rekultivierungs- oder Wiederauffüllungsverpflichtungen, nicht jedoch Finanzierungsschulden.

2. Nutzungswert

29 Der Nutzungswert ergibt sich aus dem Barwert der künftigen erwarteten Cashflows, die dem bilanzierenden Unternehmen aus der fortgesetzten Nutzung und ggf. einer späteren Veräußerung des Vermögenswerts zufließen. Die Ermittlung des Nutzungswerts wird daher bestimmt durch die Schätzung der aus dem Vermögenswert generierten **Zahlungsmittelzu- und -abflüsse** sowie durch die Ableitung eines geeigneten **Kapitalisierungszinssatzes** zur Diskontierung der Zahlungsströme (IFRS-SMEs Abschn. 27.15). Nach IFRS-SMEs Abschn. 27.16 sind bei der Ermittlung des Nutzungswerts die folgenden Faktoren zu berücksichtigen:

- Eine Schätzung der zukünftigen Cashflows, die der Vermögenswert generiert;
- die Erwartungen hinsichtlich möglicher Veränderungen der Höhe sowie des zeitlichen Anfalls dieser Cashflows;
- der Zeitwert des Geldes, der durch den aktuellen risikofreien Marktzinssatz widergespiegelt wird;
- Berücksichtigung der mit dem Vermögenswert verbundenen Unsicherheit und
- andere Faktoren, die Marktteilnehmer bei der Bewertung der zukünftigen Cashflows berücksichtigen, wie Zahlungsunfähigkeit.

30 Die Cashflow-Prognose ist regelmäßig aus der **Planung des Managements** abzuleiten bzw. mit dieser Planung zu vergleichen. IFRS-SMEs Abschn. 27.19 gibt vor, dass dabei von dem gegenwärtigen Zustand der zu beurteilenden Vermögenswerte auszugehen ist. Die Stichtagsbezogenheit der Bewertung führt dazu, dass Investitionen, die zukünftig zu einer Verbesserung oder Erhöhung der Ertragskraft eines Vermögenswerts beitragen, nicht in die Ermittlung des Barwerts einzubeziehen sind, da sie erst zukünftig die Cashflows beeinflussen werden. Lediglich bei Anlagen im Bau sind die bis zur Fertigstellung anfallenden Zahlungsmittelabflüsse in die Planungsrechnung einzubeziehen. Ebenfalls fließen künftige noch nicht abschließend vom Management beschlossene Restrukturierungsmaßnahmen nicht in die Planung ein.

31 In der Praxis wird der Planungszeitraum der Cashflows vielfach in zwei Phasen unterteilt. Die **Detailplanungsphase** sollte gewöhnlich einen Zeitraum von drei bis fünf Jahren nicht überschreiten, da die erforderlichen, detaillierten und verlässlichen Planungsrechnungen lediglich für diese Zeitspanne vorliegen (vgl. IDW S 1 Tz. 77). Der Detailplanungsphase schließt sich eine Ermittlung der Cashflows für den Zeitraum der verbleibenden Restnutzungsdauer des Vermögenswerts mittels einer **Fortschreibung** der Planung – ggf. unter Zugrundelegung einer angemessenen Wachstumsrate – an. IFRS-SMEs Abschn. 27.17 unterstellt dabei, dass sich im Regelfall aufgrund des Verlaufs des Produktlebenszyklus konstante oder rückläufige Wachstumsraten im Zeitablauf ergeben. Im Hinblick auf Konsistenz und Widerspruchsfreiheit der Planung der Cashflows der Vermögenswerte im Verhältnis zur Gesamtunternehmensplanung sollte die zugrunde gelegte Wachstumsrate nicht über der langfristigen durchschnittlichen Wachstumsrate für entsprechende Produkte, der Branche, des Landes, in dem das Unternehmen tätig ist, oder des Markts, in dem die Nutzung des Vermögenswerts erfolgt, liegen.

32 Die **Länge des gesamten Prognosezeitraums** ergibt sich aus der wirtschaftlichen Nutzungsdauer des Vermögenswerts. Er umfasst dabei idR die gesamte Restnutzungsdauer, wenn sich

nicht im Einzelfall Anhaltspunkte für eine frühere Veräußerung ergeben. Sind aufgrund der nach IFRS-SMEs Abschn. 17.16 für einen Vermögenswert verschiedene Komponenten einzeln zu betrachten, bestimmt sich die Länge des Prognosezeitraums durch die Komponente mit der längsten wirtschaftlichen Nutzungsdauer, sofern diese Komponente als wesentlich einzustufen ist.

33 Zur Ermittlung des Nutzungswerts sind innerhalb des Prognosezeitraums sämtliche aus der Nutzung bzw. der anschließenden Veräußerung des zu beurteilenden Vermögenswerts resultierenden **Cashflows zu prognostizieren**. Bei der Schätzung dieser zukünftigen Cashflows sind nach IFRS-SMEs Abschn. 27.17 die folgenden Aspekte zu berücksichtigen:

- Die Zahlungsmittelzuflüsse sind aufgrund der fortlaufenden Nutzung des Vermögenswerts zu schätzen.
- Es sind die Mittelabflüsse zu prognostizieren, die notwendig sind, um weiterhin Mittelzuflüsse aus der fortlaufenden Nutzung des Vermögenswerts zu generieren. Dies schließt auch Auszahlungen zur Versetzung eines Vermögenswerts in seinen betriebsbereiten Zustand mit ein. Voraussetzung für die Berücksichtigung derartiger Zahlungsmittelabflüsse im Rahmen der Cashflow-Prognose ist jedoch ihre direkte oder eine vernünftige und stetige Zuordnung auf einer anderen Grundlage auf den entsprechenden Vermögenswert;
- die Netto-Cashflows, die sich ggf. aus dem Verkauf des Vermögenswerts am Ende seiner Nutzungsdauer ergeben.

34 Nicht in die Cashflow-Betrachtung einzubeziehen sind hingegen Cashflows aus Finanzierungsaktivitäten sowie Steuererstattung oder -zahlungen (IFRS-SMEs Abschn. 27.18), da sich diese Größen idR nicht eindeutig einzelnen Vermögenswerten zuordnen lassen.

35 Die auf diese Weise prognostizierten Cashflows sind mittels eines **Kapitalisierungszinssatzes** nach Steuern abzuzinsen (IFRS-SMEs Abschn. 27.20). Bei seiner Bestimmung sind die zum Bewertungsstichtag gültigen Markteinschätzungen hinsichtlich der Inflationserwartungen sowie der spezifischen Risiken des Vermögenswerts bzw. der zahlungsmittelgenerierenden Einheiten zu berücksichtigen, sofern diese nicht bereits Eingang in die prognostizierten Cashflows gefunden haben. Eine geeignete Annäherung für den Kapitalisierungszinssatz kann dabei die Rendite darstellen, die Marktteilnehmer bei einer mit dem Bewertungsobjekt hinsichtlich Höhe, zeitlichem Anfall der Cashflows sowie des mit ihnen verbundenen Risikos vergleichbaren Alternativanlage verlangen würden, sofern solche Daten für kleine und mittlere Unternehmen verfügbar sind.

Weiterhin ist der Kapitalisierungszinssatz unabhängig von der Kapitalstruktur des Unternehmens und von der Finanzierung des zu bewertenden Vermögenswerts durch Eigen- oder Fremdkapital zu bestimmen. Da eine marktorientierte Ermittlung eines vermögenswertspezifischen Kapitalisierungszinssatzes in der Praxis – gerade für kleine und mittelgroße Unternehmen – regelmäßig nicht (oder nicht mit vertretbarem Aufwand) möglich sein wird, kommen alternativ die folgenden Ausgangsgrößen als Ausgangspunkt für die Bestimmung des Kapitalisierungszinssatzes in Betracht:

- Gewogene durchschnittliche Kapitalkosten des Unternehmens (WACC),
- Zinssatz für Neukredite des Unternehmens,
- andere marktübliche Fremdkapitalsätze.

Da sich diese Ausgangsgrößen auf die Verhältnisse des Gesamtunternehmens beziehen, ist bei ihrer Verwendung im Rahmen des Wertminderungstests jedoch eine Anpassung an die mit den Cashflows des Vermögenswerts verbundenen spezifischen Risiken vorzunehmen. Bei der Verwendung von Fremdkapitalkostensätzen sind darüber hinaus Zuschläge vorzunehmen, durch die das zusätzliche Risiko eines residualanspruchberechtigten Anteilseigners im Vergleich zu einem Fremdkapitalgeber erfasst wird (vgl. RS HFA 16 Rz. 112).

36 In der **Praxis der IFRS-Bilanzierung** bilden vielfach die gewogenen durchschnittlichen Kapitalkosten (WACC) die Ausgangsgröße zur Ermittlung des vermögenswertspezifischen

Kapitalisierungszinssatzes, da die seitens des Vermögenswerts generierten Cashflows Eigenkapital- und Fremdkapitalgebern gleichermaßen zufließen. Da es sich bei den WACC allerdings um eine Nachsteuergröße handelt, IFRS-SMEs Abschn. 27.20 jedoch die Zugrundelegung eines Kapitalisierungszinssatzes vor Steuern vorschreibt, ist eine entsprechende Anpassung der WACC vorzunehmen.

37 Während sich der Fremdkapitalkostensatz unternehmensspezifisch relativ einfach anhand der aktuellen Finanzierungsstruktur des Unternehmens bestimmen lässt, stellt sich die für die Ermittlung des WACC erforderliche Bestimmung der Eigenkapitalkosten gerade für nicht kapitalmarktorientierte Unternehmen idR schwierig dar. Theoretisch kann der **Eigenkapitalkostensatz** mittels des *capital asset pricing model* (CAPM) aus Marktdaten hergeleitet werden (zur Vorgehensweise im Folgenden vgl. Bartels/Jonas, in: Beck IFRS-Handbuch, § 27 Tz. 79 ff.). Der Kapitalisierungszinssatz ergibt sich in diesem Modell aus dem Zinssatz für risikolose Anlagen zuzüglich einer Risikoprämie. Im risikolosen Zinssatz (sog. Basiszins) kommt dabei der Zeitwert des Geldes zum Ausdruck. Bei seiner Bestimmung ist von einem landesüblichen Zinssatz für eine risikofreie Kapitalmarktanlage auszugehen, mit der Folge, dass in der Praxis auf die langfristig erzielbare Rendite festverzinslicher Wertpapiere der öffentlichen Hand abgestellt wird (vgl. IDW S1 Rz. 116). Es ist zu beachten, dass zum Zeitpunkt der Vornahme des Wertminderungstests die festverzinslichen Wertpapiere der öffentlichen Hand und das Bewertungsobjekt über die vergleichbare Laufzeit verfügen. Die Ermittlung der Risikoprämie erfolgt mittels des CAPM anhand der Marktrisikoprämie und des systematischen Risikos des zu bewertenden Unternehmens, das durch den Beta-Faktor dargestellt wird. Die Marktrisikoprämie stellt die Differenz zwischen dem Basiszins und der erwarteten Rendite eines Marktportfolios, das sämtliche risikobehaftete Anlageformen umfasst, dar. Die Ermittlung der Marktrisikoprämie erfolgt durch die Bildung der Renditedifferenz zwischen Anlagen in Unternehmensanteilen und risikolosen Anlagen. Eine verlässliche Ermittlung der Marktrisikoprämie ist lediglich über vergangenheitsorientierte Daten möglich. Die Marktrisikoprämie muss um das spezifische Risiko des zu bewertenden Vermögenswerts angepasst werden. In diesem Zusammenhang ist die Marktrisikoprämie mit dem Betafaktor zu multiplizieren.

38 Die dargestellte Vorgehensweise zur Ermittlung eines risikoadjustierten Kapitalisierungszinssatzes im Rahmen des Ermittlung des Nutzungswerts stellt kleine und mittelgroße Unternehmen in der Praxis vor **nicht unerhebliche Probleme**. Dies liegt vor allem daran, dass die Regelungen in IFRS-SMEs Abschn. 27 von der Verfügbarkeit der notwendigen Daten ausgeht. Ein nach IFRS-SMEs Abschn. 10.6 möglicher Rückgriff auf die Vorgehensweise der IFRS scheidet oft – ungeachtet der konzeptionellen Kompatibilität der Regelungen des IAS 36 – aus, da für nicht kapitalmarktorientierte Unternehmen eine Bestimmung des Kapitalisierungszinssatzes unter Verwendung des WACC sowie des CAPM aufgrund der Nichtverfügbarkeit der benötigten Daten idR nicht möglich ist. Weiterhin trifft die Grundannahme des IFRS-SMEs, dass es sich bei den betrachteten Unternehmen um Kapitalgesellschaften handelt, in vielen Fällen auf SMEs in Deutschland nicht zu. Außerdem ist zu berücksichtigen, dass die betroffenen SMEs im Regelfall nicht über die notwendigen personellen Ressourcen sowie das notwendige Know-How zur Durchführung eines solchermaßen detaillierten Bestimmungsprozesses verfügen. Insoweit ist zu erwarten, dass die Erfüllung der Anforderungen des IFRS-SMEs Abschn. 27.20 in der Praxis durch andere, weniger detaillierte Schätzungen des Kapitalisierungszinssatzes erfolgen wird. Im Hinblick auf die dadurch verminderte Datenqualität ist jedoch der Wesentlichkeitsgrundsatz des IFRS-SMEs Abschn. 3.16 zu berücksichtigen. In vielen Fällen wird deshalb eine vereinfachte Schätzung des Kapitalisierungszinssatzes möglich und/oder notwendig sein.

D. Sonderfälle im Rahmen der Ermittlung und Erfassung von Wertminderungen

I. Zahlungsmittelgenerierende Einheiten

39 Die Konzeption des Wertminderungstests nach IFRS-SMEs Abschn. 27 setzt zur Ermittlung des Nutzungswerts die Zuordnung von Cashflows zu den zu beurteilenden Vermögenswerten voraus. In vielen Fällen ist eine solche Zuordnung unmittelbar oder zumindest mit einem relativ geringen Aufwand möglich. In anderen Fällen sind Cashflows hingegen nur für Gruppen von Vermögenswerten ermittelbar, da ein einzelner Vermögenswert nicht allein und unabhängig von anderen zur Erwirtschaftung von Cashflows genutzt werden kann. Diesem **Funktions- bzw. Nutzungszusammenhang** wird innerhalb der IFRS-SMEs (wie auch der IFRS) durch die Betrachtung zahlungsmittelgenerierender Einheiten Rechnung getragen.

40 Eine **zahlungsmittelgenerierende Einheit (ZGE)** ist die kleinste identifizierbare Gruppe von Vermögenswerten, die Mittelzuflüsse aus ihrer Nutzung erzeugt, die weitgehend unabhängig von den Zahlungsmittelzuflüssen anderer Vermögenswerte oder anderer Gruppen von Vermögenswerten sind (IFRS-SMEs Abschn. 27.8). Hierbei ist lediglich die potenzielle Möglichkeit einer unabhängigen Erwirtschaftung von Zahlungsströmen maßgebend.

41 Auch bei einer ZGE ist ein Wertminderungstest durch eine Gegenüberstellung des Buchwerts mit dem erzielbaren Betrag der ZGE vorzunehmen. Insofern unterscheidet sich die systematische Vorgehensweise nicht von derjenigen bei der Beurteilung eines einzelnen Vermögenswerts. An dessen Stelle tritt nunmehr lediglich die ZGE als Beurteilungseinheit. Durch diese Vorgehensweise ergeben sich allerdings Besonderheiten (insbesondere bei der Zuordnung von Buchwerten und Wertminderungen auf die einzelnen Vermögenswerte der ZGE), welche Gegenstand der Regelungen in IFRS-SMEs Abschn. 27.21 ff. sind.

42 Der **Buchwert einer ZGE** setzt sich dabei aus den Buchwerten aller Vermögenswerte zusammen, die zur Erzielung der Einzahlungsüberschüsse der ZGE beitragen. Schließt der Buchwert einer ZGE einen Geschäfts- oder Firmenwert mit ein, ist ein ggf. ermittelter Wertminderungsverlust zuerst dem Geschäfts- oder Firmenwert zuzuordnen (IFRS-SMEs Abschn. 27.21(a)) und dessen Buchwert entsprechend zu reduzieren. Liegt darüber hinaus ein Wertminderungsbedarf vor, der den Buchwert eines Geschäfts- oder Firmenwerts übersteigt, so ist dieser ratierlich auf der Grundlage der Buchwerte der Vermögenswerte der ZGE zu verteilen (IFRS-SMEs Abschn. 27.21(b)).

43 Als **Untergrenze der Buchwerte** nach dieser Verteilung gilt dabei nach IFRS-SMEs Abschn. 27.22 der höhere Wert aus Null oder dem erzielbaren Betrag eines in die ZGE einbezogenen Vermögenswerts, sofern dieser für einzelne Vermögenswerte der ZGE bestimmbar ist. Ist diese Untergrenze für einzelne Vermögenswerte erreicht, ist der verbleibende Betrag auf die übrigen Vermögenswerte der ZGE zu verteilen. Insoweit handelt es sich um ein iteratives Verfahren, das erst abgeschlossen ist, wenn der Wertminderungsbetrag unter Berücksichtigung der Buchwert-Untergrenzen vollständig auf die Vermögenswerte der ZGE aufgeteilt worden ist.

44 Die von IFRS-SMEs Abschn. 27.21 ff. verlangte Vorgehensweise bei der Identifizierung einer ZGE, der Verteilung von Wertminderungsbeträge sowie der Verfolgung bzw. Fortentwicklung von einmal identifizierten zahlungsmittelgenerierenden Einheiten im Rahmen der Folgebilanzierung zur Ermittlung eines ggf. zu berücksichtigenden Wertaufholungsbetrages (vgl. Tz. 55) dürfte für viele kleine und mittlere Unternehmen zu einer **erheblichen zusätzlichen Arbeitsbelastung** führen. Bei der Implementierung der IFRS-SMEs ist deshalb Rahmen der Beurteilung der Wirtschaftlichkeit von Rechnungslegungsmaßnahmen nach IFRS-SMEs Abschn. 2.13 ff. zu prüfen, welche Vereinfachungen bei der Durchführung eines Wertminderungstests nach IFRS-SMEs Abschn. 27 im Einzelfall zulässig bzw. geboten sind. Dies gilt insbesondere bei der Bestimmung des Umfangs einer ZGE sowie Vereinfachungen im Hinblick auf die Anwendung der Regelungen des IFRS-SMEs Abschn. 27.22 f.

II. Geschäfts- oder Firmenwert

45 Einen Sonderfall im Zusammenhang mit der Notwendigkeit zur Identifikation von zahlungsmittelgenerierenden Einheiten stellt die Wertminderungsprüfung von Geschäfts- und Firmenwerten (Goodwill) dar. IFRS-SMEs Abschn. 27.24 weist darauf hin, dass ein Geschäfts- oder Firmenwert allein keine Cashflows generiert. Sein Wert ergibt sich nur im Zusammenwirken mit den übrigen Vermögenswerten. Ein Geschäfts- oder Firmenwert ist jedoch, wie jeder andere Vermögenswert auch, auf die Notwendigkeit außerplanmäßiger Wertminderungen hin zu untersuchen. Dies kann, nach der Systematik des Wertminderungstests des IFRS-SMEs Abschn. 27, nur durch eine Wertbestimmung der ZGE geschehen, welcher der Geschäfts- oder Firmenwert zugeordnet ist.

46 Deshalb schreibt IFRS-SMEs Abschn. 27.25 vor, dass ein im Rahmen eines Unternehmenszusammenschlusses ermittelter Goodwill (hierzu vgl. IFRS-SMEs-Komm., Teil B, Abschn. 19) für Zwecke des Werthaltigkeitstests **zum Erwerbszeitpunkt einer ZGE zugeordnet** werden soll. Die Zuordnung soll dabei nach Maßgabe des wirtschaftlichen Nutzens, der mit dem Goodwill verbunden ist, erfolgen. Dies impliziert, dass die ZGE, der ein Geschäfts- oder Firmenwert zugeordnet werden soll, nicht notwendigerweise aus den Vermögenswerten und Schulden des erworbenen Unternehmens bestehen muss. Für den Fall, dass Nutzenpotenziale aus dem Unternehmenszusammenschluss an anderer Stelle im Unternehmen bzw. Konzern wirksam werden, ist der Goodwill derjenigen ZGE zuzuordnen, bei der die Effekte im Zeitablauf wirksam werden. Diese Vorgehensweise, die derjenigen der IFRS entspricht, eröffnet dem Bilanzierenden gewisse Beurteilungsspielräume im Hinblick auf Art und Anfall der Nutzenpotenziale. In jedem Fall muss die Zuordnung des Goodwill auf eine bestimmte ZGE jedoch nachvollziehbar und begründet sein.

47 Da der Geschäfts- oder Firmenwert von Unternehmen, an denen noch **nicht beherrschende Gesellschafter** (Minderheiten) beteiligt sind, teilweise auch auf diese Gesellschafter entfällt, ist für Zwecke des Wertminderungstests eine Anpassung vorzunehmen. IFRS-SMEs Abschn. 27.26 beschreibt die Vorgehensweise in diesem Zusammenhang. Um eine sinnvolle Vergleichbarkeit des Buchwerts des Goodwill einerseits und des erzielbaren Betrags andererseits sicherzustellen, ist der Buchwert des Goodwills zunächst auf 100% hochzurechnen und in die Buchwertbasis der ZGE einzubeziehen. Danach ist der Wertminderungstest nach Maßgabe der allgemeinen Regelungen für ZGE durchzuführen. Ergibt sich auf dieser Basis ein Wertminderungsbetrag, so ist dieser anteilig den nicht beherrschenden Gesellschaftern zuzuordnen. Erst der verbleibende Betrag ist anschließend zunächst mit dem bilanzierten Buchwert des Geschäfts- oder Firmenwerts zu verrechnen und ein ggf. verbleibender Betrag buchwertproportional auf die übrigen Vermögenswerte des ZGE zu verteilen.

48 Die vorstehend beschriebene Vorgehensweise bei Zuordnung und Wertminderung von Geschäfts- und Firmenwerten stößt bei kleinen und mittelgroßen Unternehmen und Konzernen vielfach an praktische Grenzen, da eine Zuordnung auf voneinander unabhängige ZGE oder ZGE-Gruppen nicht möglich ist. Je kleiner das Gesamtunternehmen bzw. der Konzern ist, umso schwieriger wird es in der Praxis sein, eine tatsächliche Unabhängigkeit von zahlungsmittelgenerierenden Einheiten in Bezug auf die Erwirtschaftung von Cashflows sicherzustellen. Dies erkennt auch der IASB und bietet in IFRS-SMEs Abschn. 27.27 eine Alternative zur Durchführung des Wertminderungstests in Fällen an, in denen eine ZGE-Zuordnung des Goodwill nicht möglich ist. Die Regelung ist als **Erleichterung** insbesondere für SMEs zu sehen, da eine entsprechende Regelung in IAS 36 nicht vorgesehen ist.

Für den Fall, dass eine Wertminderungsprüfung auf ZGE-Basis nicht möglich ist, soll eine entsprechende Werthaltigkeitsprüfung auf einer höheren Aggregationsstufe der Rechnungslegung durchgeführt werden. Dazu ist **zwischen integrierten und nicht integrierten Unternehmens- oder Konzerneinheiten zu unterscheiden**, wobei sich dieses Kriterium an der Beobachtbarkeit gesonderter Cashflows für die erworbene Einheit ausrichtet.

(1) Handelt es sich bei der Einheit, aus deren Erwerb der Goodwill resultiert, um eine nicht integrierte Unternehmens- oder Konzerneinheit, so ist der Werthaltigkeitstest nach IFRS-SMEs Abschn. 27.27(a) auf der Ebene dieser Einheit als Ganzes vorzunehmen. Bei nicht integrierten Einheiten ist dies auch möglich, da der Einheit einzelne Cashflows zugeordnet werden können. In diesen Fällen fungiert die erworbene Einheit als Ganzes als ZGE, für die eine Bewertung vorzunehmen ist.

(2) Ist die erworbene Einheit dagegen in das Gesamtunternehmen bzw. den Konzern integriert, so lassen sich für diese Einheit keine isolierten Cashflows beobachten. Für diese Einheiten ist nach IFRS-SMEs Abschn. 27.27(b) der Wertminderungstest auf der Ebene des Gesamtunternehmens bzw. des Konzerns vorzunehmen, wobei nicht integrierte Einheiten nicht mit einzubeziehen sind. Die Funktion einer ZGE übernimmt in diesem Fall der nicht mehr weiter differenzierbare Kernbestandteil des Unternehmens bzw. des Konzerns.

49 Hinsichtlich der **Durchführung des Werthaltigkeitstests** sowie der Ermittlung und Zuordnung von sich ggf. ergebenden Wertminderungsaufwendungen in den vorstehend beschriebenen Fällen verweist IFRS-SMEs Abschn. 27.27 auf die Regelungen für ZGE.

E. Wertaufholungen

I. Allgemeines

50 Im Zeitablauf können sich Änderungen der unternehmensinternen oder -externen Rahmenbedingungen ergeben, die dazu führen, dass **Gründe**, die zu einer Wertminderung von Vermögenswerten oder zahlungsmittelgenerierenden Einheiten geführt haben, ganz oder teilweise in den Folgeperioden **wegfallen** und deshalb die Wertminderung nicht mehr oder nur in geringerem Umfang fortbesteht. In diesen Fällen ist die in Vorperioden vorgenommene Wertminderung vollständig oder teilweise durch eine entsprechende Wertaufholung zu kompensieren. Deshalb regelt IFRS-SMEs Abschn. 27 neben der Vorgehensweise zur Bestimmung von Wertminderungen bei Vermögenswerten auch die entsprechende Vornahme von Wertaufholungen.

51 Ein Unternehmen hat **zu jedem Bilanzstichtag zu prüfen**, ob Anhaltspunkte dafür vorliegen, dass die Gründe für eine in einer vorherigen Berichtsperiode vorgenommene Wertminderung auf einen Vermögenswert oder eine ZGE gänzlich oder teilweise nicht mehr bestehen. Als Indikatoren für eine ggf. vorhandene Notwendigkeit einer Wertaufholung sind gemäß IFRS-SMEs Abschn. 27.29 die Kriterien des IFRS-SMEs Abschn. 27.9 zugrunde zu legen (vgl. Tz. 14 f.), allerdings mit entgegengesetzter Entwicklung. Auch hier ist die Einbeziehung aller relevanten Informationen geboten, die im Einzelfall zur Verfügung stehen.

52 Ebenso wie die Werthaltigkeitsbeurteilung im Hinblick auf Wertminderungen ist auch die Beurteilung der Notwendigkeit von Wertaufholungen als **zweistufiger Prüfungsprozess** konzipiert. Sofern die (qualitative) Beurteilung der Indikatoren auf eine positive Entwicklung schließen lassen, schließt im zweiten Schritt eine quantitative Beurteilung einer vollständigen oder teilweisen Wertaufholung mit der Ermittlung des erzielbaren Betrags des Vermögenswerts bzw. der ZGE an. Die Bestimmung des erzielbaren Betrags eines Vermögenswerts oder eine ZGE als beizulegender Zeitwert abzgl. Veräußerungskosten oder Nutzungswert im Rahmen einer Wertaufholung erfolgt dabei nach denselben Grundsätzen wie bei einer Wertminderung (vgl. Tz. 19 ff.). Dementsprechend bestimmt sich ein Wertaufholungsbetrag aus der Differenz zwischen dem höheren erzielbaren Betrag und dem Buchwert.

53 Eine **Ausnahme** von der grundsätzlichen Wertaufholungspflicht bilden nach IFRS-SMEs Abschn. 27.28 Wertminderungen, die in den vorangegangenen Rechnungslegungsperioden einem Geschäfts- oder Firmenwert zugeordnet wurden. Für diese Beträge gilt ein explizites Wertaufholungsverbot, da ein Geschäfts- oder Firmenwert nach IFRS-SMEs konzeptionell als Residualwert aufgefasst wird (vgl. IFRS-SMEs Abschn. 19.22) und damit eine Wertaufholung wirtschaftlich auf eine (unzulässige) Erfassung eines originären Goodwills hinausliefe.

II. Wertaufholungen bei einzelnen Vermögenswerten

54 Wurde in den vorangegangenen Perioden eine Wertminderung einem einzelnen Vermögenswert zugeordnet und dessen Buchwert entsprechend reduziert (vgl. Tz. 12 ff.) und sind die Gründe für diese Wertminderung zum aktuellen Abschlussstichtag ganz oder teilweise entfallen, so ist eine Wertaufholung nach Maßgabe der **Anforderungen** in IFRS-SMEs Abschn. 27.30 wie folgt zu erfassen:

(1) Zunächst ist der erzielbare Betrag des zur Beurteilung anstehenden Vermögenswerts am aktuellen Abschlussstichtag zu bestimmen (IFRS-SMEs Abschn. 27.30(a)).
(2) Liegt der erzielbare Betrag über dem Buchwert, so ist der Buchwert im Zuge einer Wertaufholung unter Beachtung der nachfolgend genannten Grenzen zu erhöhen. Diese Buchwerterhöhung ist unmittelbar im Gewinn oder Verlust der Rechnungslegungsperiode zu erfassen (IFRS-SMEs Abschn. 27.30(b).
(3) Die Obergrenze für die Wertaufholungen bei Vermögenswerten stellen die fortgeführten Anschaffungs- oder Herstellungskosten dar, die sich ergeben hätten, wenn in den Vorperioden keine Wertminderungen erfasst worden wären (IFRS-SMEs Abschn. 27.30 (c)). Eine Zuschreibung über diesen Wertansatz hinaus ist somit nicht zulässig.
(4) Nach Vornahme der Wertaufholung sind die zukünftigen planmäßigen Abschreibung in der Weise anzupassen, dass der (erhöhte) Buchwert auf die verbleibende Restnutzungsdauer planmäßig verteilt wird (IFRS-SMEs Abschn. 27.30(d).

Durch diese Vorgehensweise wird die vorangegangene Wertminderung in dem Umfang rückgängig gemacht, in dem aus Sicht des aktuellen Abschlussstichtags eine Verminderung des Buchwerts nicht mehr erforderlich ist.

III. Wertaufholungen bei zahlungsmittelgenerierenden Einheiten

55 Die Regelungen zu Bemessung und Verrechnung von Wertaufholungen bei zahlungsmittelgenerierenden Einheiten gleichen konzeptionell denen zu Wertaufholungen einzelner Vermögenswerte. Aufgrund der in Tz. 42 ff. dargestellten Vorschriften zur Verrechnung eines Wertminderungsbetrags auf die einzelnen Vermögenswerte einer ZGE sind jedoch **weitergehende Regelungen** auch bei der Wertaufholung zu beachten. Diese finden sich in IFRS-SMEs Abschn. 27.31, wo folgende Vorgehensweise für Wertaufholungen einer ZGE festgelegt wird:

(1) Zunächst ist der erzielbare Betrag der zur Beurteilung anstehenden ZGE am aktuellen Abschlussstichtag zu bestimmen (IFRS-SMEs Abschn. 27.31(a)).
(2) Liegt der erzielbare Betrag über dem Buchwert der ZGE, so sind die Buchwerte der in der ZGE enthaltenen Vermögenswerte im Zuge einer Wertaufholung unter Beachtung der nachfolgend genannten Grenzen zu erhöhen. Diese Buchwerterhöhung ist unmittelbar im Gewinn oder Verlust der Rechnungslegungsperiode zu erfassen (IFRS-SMEs Abschn. 27.31(b).
(3) Die Obergrenze für die Wertaufholungen der einzelnen Vermögenswerte einer ZGE stellen die fortgeführten Anschaffungs- oder Herstellungskosten dieser Vermögenswerte dar, die sich ergeben hätten, wenn in den Vorperioden keine Wertminderungen erfasst worden

wären. Liegt der erzielbare Betrag eines Vermögenswerts unter diesem Betrag, so darf für diesen Vermögenswert maximal bis zur Höhe des erzielbaren Betrags zugeschrieben werden (IFRS-SMEs Abschn. 27.31(c)).

(4) Der aufgrund dieser Obergrenze auf einzelne Vermögenswerte nicht verrechenbare Erhöhungsbetrag soll auf die übrigen Vermögenswerte der ZGE gleichmäßig verrechnet werden, allerdings ebenfalls unter Beachtung der Restriktionen unter (3) (IFRS-SMEs Abschn. 27.31(d)).

(5) Nach Vornahme der Wertaufholung sind die zukünftigen planmäßigen Abschreibung der Vermögenswerte der ZGE in der Weise anzupassen, dass die (erhöhten) Buchwerte auf die verbleibende Restnutzungsdauern planmäßig verteilt werden (IFRS-SMEs Abschn. 27.31(e)).

56 Die Durchführung von Wertaufholungen bei zahlungsmittelgenerierenden Einheiten ist damit grundsätzlich ebenso aufwändig wie die in den Vorperioden vorgenommene Wertminderung. Insoweit gelten die weiter ober (vgl. Tz. 44) dargestellten Kritikpunkte aus praktischer Sicht analog. Dies hat auch der IASB erkannt und zumindest die Verpflichtung zur Neuberechnung von planmäßigen Abschreibungen und Restnutzungsdauern nach IFRS-SMEs Abschn. 27.31(e) unter dem Vorbehalt einer **aufwandsadäquaten Durchführung** (*if applicable*) gestellt, womit SMEs vor einem unverhältnismäßigen Aufwand bei Wertaufholungen von zahlungsmittelgenerierenden Einheiten bewahrt werden sollen. Allerdings ist diese Regelung nicht als faktisches Wahlrecht zur Unterlassung zu verstehen, wenn eine Neuberechnung mit vertretbarem Aufwand durchführbar ist.

F. Anhangangaben

57 Nach IFRS-SMEs Abschn. 27.32 ist der **Betrag** der vorgenommenen Wertminderungen und Wertaufholungen der Berichtsperiode anzugeben. Des Weiteren ist darzustellen, in welchem **Posten** der Gesamtergebnisrechnung und ggf. einer separaten GuV die Erfassung erfolgte. Ein Pflichtposten innerhalb der Gesamtergebnisrechnung bzw. der GuV zur Erfassung der Wertminderungen bzw. Wertaufholungen sieht IFRS-SMEs Abschn. 27 nicht vor. Führen sie jedoch zu wesentlichen Ergebnisauswirkungen empfiehlt sich entsprechend IFRS-SMEs Abschn. 5.9 der Ausweis eines gesonderten Postens innerhalb der Gesamtergebnisrechnung bzw. einer gesondert erstellten GuV, um zu einem verbesserten Verständnis der Ertragslage für den Abschlussadressaten beizutragen. Angaben hinsichtlich der Zusammensetzung von zahlungsmittelgenerierenden Einheiten werden in IFRS-SMEs Abschn. 27.32 f. nicht verlangt.

58 Die oben beschriebenen Angaben sind **für verschiedene Gruppen von Vermögenswerten gesondert** darzustellen, die in IFRS-SMEs Abschn. 27.33 bezeichnet werden. Danach ist nach den folgenden Gruppen zu differenzieren:

(1) Vorräte,
(2) Sachanlagen,
(3) als Finanzinvestitionen gehaltene Immobilien (soweit nach dem Anschaffungskostenmodell bewertet),
(4) Geschäfts- oder Firmenwerte,
(5) immaterielle Vermögenswerte,
(6) Anteile an assoziierten Unternehmen,
(7) Anteile an Gemeinschaftsunternehmen.

Aufgrund der Aufgliederungsanforderung des IFRS-SMEs Abschn. 27.33 empfiehlt sich in vielen Fällen eine tabellarische Darstellung der geforderten Angaben im Anhang.

G. Vergleich mit IFRS und HGB

59 Die Konzeption von Wertminderungen und Wertaufholungen in IFRS-SMEs Abschn. 27 entspricht weitgehend der Vorgehensweise nach IFRS. Der darin zugrunde gelegte zweistufige Ansatz findet keine Entsprechung in der handelsrechtlichen Rechungslegung. Im Einzelnen ergibt sich folgende Gegenüberstellung.

Regelung	IFRS (IAS 36 bzw. IAS 2)	IFRS-SMEs	HGB
Anwendungsbereich	I. W. Immaterielle Vermögenswerte, Sachanlagen, als Finanzinvestition gehaltene Immobilien (IAS 36) sowie Vorräte (IAS 2)	I. W. Immaterielle Vermögenswerte, Sachanlagen, als Finanzinvestition gehaltene Immobilien sowie Vorräte	Keine explizite Abgrenzung, lediglich differenzierte Vorgehensweise für Anlage- und Umlaufvermögen
Wertminderungen im Vorratsvermögen	Vergleichgrundlage zur Ermittlung eines Wertminderungsbedarfs stellt der Nettoveräußerungswert dar. Ermittlung des Nettoveräußerungswerts erfolgt grds. absatzmarktbezogen mit Ausnahme von Roh-, Hilfs- und Betriebsstoffen. strenges Niederstwertprinzip	Vergleichsgrundlage zur Ermittlung eines Wertminderungsbedarfs stellt der Nettoveräußerungswert dar. Ermittlung des Nettoveräußerungswerts erfolgt grds. absatzmarktbezogen mit Ausnahme von Roh-, Hilfs- und Betriebsstoffen. strenges Niederstwertprinzip	Vergleichsgrundlage zur Ermittlung eines Abschreibungsbedarfs stellt der beizulegende Wert dar. Ermittlung des niedrigeren beizulegenden Werts sowohl absatzmarktbezogen als auch beschaffungsmarktorientiert. strenges Niederstwertprinzip
Wertaufholungen im Vorratsvermögen	Wertaufholungsgebot	Wertaufholungsgebot	Wertaufholungsgebot
Prüfungsverfahren	Zweistufiges Prüfungsverfahren (Ausnahme: Immaterielle Vermögenswerte mit unbestimmter ND, bei diesen jährlicher Wertminderungstest verpflichtend)	Zweistufiges Prüfungsverfahren	Kein strukturiertes Prüfungsverfahren
Vergleichsmaßstab für Buchwert	Erzielbarer Betrag (= niedrigerer Wert aus beizulegendem Zeitwert abzgl. Veräußerungskosten und Nutzungswert)	Erzielbarer Betrag (= niedrigerer Wert aus beizulegendem Zeitwert abzgl. Veräußerungskosten und Nutzungswert)	Beizulegender Wert (keine Legaldefinition, Ermittlung eines Barwerts aus fortgesetzter Nutzung konzeptionell nicht vorgesehen)
Wertminderungsbetrag	Differenz zwischen Buchwert und niedrigerem erzielbaren Betrag, Erfassung im Gewinn oder Verlust der Periode	Differenz zwischen Buchwert und niedrigerem erzielbaren Betrag, Erfassung im Gewinn oder Verlust der Periode	Differenz zwischen Buchwert und niedrigerem beizulegenden Zeitwert, Erfassung im Gewinn oder Verlust der Periode
Anpassung der planmäßigen Abschreibungen bei Wertminderungen	Verpflichtend	Verpflichtend	Verpflichtend

Regelung	IFRS (IAS 36 bzw. IAS 2)	IFRS-SMEs	HGB
Zahlungsmittel-generierende Einheiten	Maßgebliche Bewertungseinheit, wenn Einzelzuordnung von Cashflows nicht möglich	Maßgebliche Bewertungseinheit, wenn Einzelzuordnung von Cashflows nicht möglich	Konzeptionell nicht vorgesehen
Goodwill	Zuordnung zu ZGE im Erwerbszeitpunkt, keine planmäßige Abschreibung, jährlicher Wertminderungstest	Zuordnung zu ZGE im Erwerbszeitpunkt, planmäßige Abschreibung, Wertminderungstest nur bei Vorliegen von Hinweisen	Planmäßige und außerplanmäßige Abschreibung bei voraussichtlicher dauernder Wertminderung (kein Verfahren vorgeschrieben)
Wertaufholung	Wertaufholungsgebot (Ausnahme: Goodwill)	Wertaufholungsgebot (Ausnahme: Goodwill)	Wertaufholungsgebot (Ausnahme: Goodwill)
Anpassung der planmäßigen Abschreibungen bei Wertaufholungen	Verpflichtend	Grundsätzlich verpflichtend, sofern durchführbar	Verpflichtend

Abschnitt 28
Leistungen an Arbeitnehmer (Employee Benefits)

Alfred-E. Gohdes

Inhaltsverzeichnis

Schrifttum

Stibi, BB 40.2009, M1; *Beiersdorf/Eierle/Haller*, DB 2009, 1549 ff.; *Winkeljohann/Morich*, BB 2009, 1630 ff.; *Fodor/Wildner*, BB 2009, 1966 ff.; *Senger*, WPg 2009, I; *IFRS Foundation*, Training Material for the IFRS for SMEs, Module 28 – Employee Benefits, London 2009.

A. Allgemeines

1 Mit IFRS-SMEs Abschn. 28 hat der IASB seine Vorstellungen zur Erfassung, Bewertung und Offenlegung von Leistungen an Arbeitnehmer (*employee benefits*) dokumentiert. Die hierin enthaltenen Regelungen sollen die komplexen und detaillierten Vorschriften von IAS 19 (also der für diesen Sachverhalt maßgeblichen Richtlinie der IFRS) für kleine und mittelgroße Unternehmen vereinfachen.

2 Die in IFRS-SMEs Abschn. 28 bewusst allgemein gehaltenen Bilanzierungs- und Bewertungsgrundsätze erscheinen dem Anwender auf den ersten Blick als ein unbegrenzter Spielraum an Gestaltungsmöglichkeiten. Praktische Schwierigkeiten bereiten ua. die verschiedenen, ausdrücklich zugelassenen Vereinfachungsregeln, der bei der Wahl der Bewertungsparameter vermeintlich bestehende Ermessensspielraum und die zT fehlenden Definitionen von in IAS 19 verwendeten Fachbegriffen. Durch den fehlenden Detaillierungsgrad der in IFRS-SMEs

Abschn. 28 enthaltenen Regelungen werden den Unternehmen tatsächlich größere Freiheiten gewährt als unter den IFRS. Die Grenzen der Gestaltungs- und Ermessensspielräume und die Grenzen der Auslegung von Begriffen werden allerdings ganz maßgeblich von dem dominierenden Rechnungslegungszweck bestimmt. Dies ist nach IFRS-SMEs Abschn. 2.2 der Informationszweck (die Zahlungsbemessungsfunktion des Jahresabschlusses wird in den IFRS-SMEs nicht explizit erwähnt).

3 Da der IFRS-SMEs vom IASB erst am 09.07.2009 veröffentlicht wurde, überrascht es nicht, dass eine ganze Reihe von Grundsatz- und Detailfragen noch nicht beantwortet worden sind. So besteht Unklarheit darüber, ob bspw. die in IAS 19.7 enthaltenen Definitionen für IFRS-SMEs Abschn. 28 gelten, da Letzterer ausdrücklich einen »stand-alone« Standard darstellen soll. Somit stellt sich bei Regelungslücken die grundsätzliche Frage, die über diesen Abschnitt hinaus Relevanz hat: Ist zumindest in wichtigen Grundsatzfragen faktisch auf IAS 19 zurückzugreifen, oder wird ein neuer Interpretationsspielraum eröffnet?

4 Unklarheit besteht hinsichtlich der scheinbar großzügigen Bewertungsvereinfachungen, die allerdings nur dann gelten sollen, wenn dem Unternehmen durch die Vereinfachung unverhältnismäßige Kosten oder Aufwendungen erspart bleiben (vgl. IFRS-SMEs Abschn. 28.18 und 28.19). Der Anschein, dass dadurch generell die Durchführung der Bewertung »auf dem Bierdeckel« (Fodor/Wildner, BB 2009, 1996 ff.) ermöglicht wird, trügt, insbesondere wenn man die in IFRS-SMEs Abschn. 28.41(e) geforderten Offenlegungsvorschriften zu der Überleitung der Verpflichtungs- und Vermögenswerte vom Anfang bis zum Ende der Berichtsperiode betrachtet. Es wird dem Bilanzierer daher wohl nicht erspart bleiben, fachkundigen Rat hinzuzuziehen. Darüber hinaus wird zu diesem Thema, in Bezug auf unmittelbare Leistungszusagen in Deutschland, in der Gesetzesbegründung zum Regierungsentwurf vom 21.05.2008 zu § 253 HGB festgehalten, dass eine Vollbewertung nur eine »geringe Belastung für den Mittelstand« darstellt, da es sich nicht um sehr komplexe, zusätzlich zu den ohnehin für ertragsteuerliche Zwecke erforderliche, Bewertungen handelt.

5 Im Folgenden wird davon ausgegangen, dass der Standard einen gewissen Auslegungsspielraum ermöglicht, wenngleich dieser insbesondere der Prüfung der wirtschaftlichen Betrachtungsweise (*substance over form*, IFRS-SMEs Abschn. 2.8), der Relevanz (IFRS-SMEs Abschn. 2.5) und der Verlässlichkeit (IFRS-SMEs Abschn. 2.7) standhalten muss. Dies vorausgeschickt, bestehen offensichtlich dennoch eine ganze Reihe valider Auslegungsmöglichkeiten, die nachfolgend zT auch explizit, angesprochen werden sollen.

B. Geltungsbereich

6 Gem. IFRS-SMEs Abschn. 28.1 fallen unter den Geltungsbereich der Regelungen für Leistungen an Arbeitnehmer

(a) kurzfristig fällige Leistungen wie zB Löhne, Gehälter und Sozialversicherungsbeiträge, bestimmte Gewinn- und Erfolgsbeteiligungspläne (IFRS-SMEs Abschn. 28.4),
(b) Leistungen nach Beendigung des Arbeitsverhältnisses wie zB Altersversorgungsleistungen, Lebensversicherungen und medizinische Leistungen (IFRS-SMEs Abschn. 28.9),
(c) andere langfristig fällige Leistungen wie zB Jubiläumsgelder (IFRS-SMEs Abschn. 28.29) sowie
(d) Leistungen aus Anlass der Beendigung des Arbeitsverhältnisses wie zB Abfindungszahlungen (IFRS-SMEs Abschn. 28.31).

7 Dabei sind nicht nur rechtsverbindlich zugesagte Leistungen aus einem formalen Regelungswerk einzubeziehen, sondern auch faktische Verpflichtungen, wie zB solche aufgrund einer

betrieblichen Übung. Betriebliche Praxis begründet faktische Verpflichtungen, wenn das Unternehmen keine realistische Alternative zur Zahlung der Leistungen an Arbeitnehmer hat.

8 Nicht in den Geltungsbereich des IFRS-SMEs Abschn. 28 fallen anteilsbasierte Vergütungen (*share-based payment transactions*), die unter IFRS-SMEs Abschn. 26 geregelt werden.

C. Kurzfristig fällige Leistungen an Arbeitnehmer

9 Hat ein Arbeitnehmer im Verlauf der Berichtsperiode Arbeitsleistungen für ein Unternehmen erbracht, ohne dafür bereits eine Gegenleistung erhalten zu haben, ist vom Unternehmen der nicht diskontierte Betrag der kurzfristig fälligen Leistung in der Bilanz und im Aufwand zu erfassen, der erwartungsgemäß im Austausch für diese Arbeitsleistung noch gezahlt werden soll (IFRS-SMEs Abschn. 28.5).

10 Zahlt ein Unternehmen Vergütungen bei Abwesenheit von Arbeitnehmern, zB bei Urlaub oder Krankheit, sind ansammelbare Ansprüche auf vergütete Abwesenheiten, die zum Ende der Berichtsperiode nicht voll ausgeschöpft worden sind, die aber vorgetragen und in künftigen Perioden genutzt werden können, als kurzfristige undiskontierte Schuld (*current liability*) am Abschlussstichtag zu erfassen und der hieraus resultierende Aufwand abzugrenzen (IFRS-SMEs Abschn. 28.6). Die Verpflichtung entsteht und ist ohne Rücksicht darauf zu erfassen, ob ansammelbare Ansprüche verfallbar oder unverfallbar sind. Das Unternehmen hat die erwarteten Kosten ansammelbarer Ansprüche auf vergütete Abwesenheit mit dem zusätzlichen Betrag zu bewerten, den das Unternehmen aufgrund der zum Abschlussstichtag angesammelten, nicht genutzten Ansprüche voraussichtlich zahlen muss.

11 Analoges gilt für kurzfristig fällige Leistungen aus Gewinn- und Erfolgsbeteiligungsplänen (*profit-sharing and bonus plans*), wenn das Unternehmen aufgrund von Ereignissen der Vergangenheit gegenwärtig eine rechtliche oder faktische Verpflichtung hat, solche Leistungen zu gewähren und die Höhe der Verpflichtung verlässlich geschätzt werden kann (IFRS-SMEs Abschn. 28.8).

D. Leistungen nach Beendigung des Arbeitsverhältnisses

12 Leistungen nach Beendigung des Arbeitsverhältnisses (*post-employment benefits*) sind insbesondere Leistungen der betrieblichen Altersversorgung. Altersversorgungsverpflichtungen (Pensionsverpflichtungen) liegen in Deutschland nach § 1 Abs. 1 des Betriebsrentengesetzes (BetrAVG) vor, wenn einem Arbeitnehmer Leistungen der Alters-, Invaliditäts- oder Hinterbliebenenversorgung aus Anlass seines Arbeitsverhältnisses vom Unternehmen bzw. vom Arbeitgeber zugesagt werden. Die zugesagte Leistung muss an den Eintritt eines der in § 1 BetrAVG genannten biologischen Ereignisse (Erreichen der Altersgrenze, Invalidität oder Tod) geknüpft sein und dem Zweck der Versorgung dienen. Die Ungewissheit des Leistungseintritts unterscheidet Pensionsverpflichtungen von anderen Verpflichtungen aus dem Arbeitsverhältnis, wie bspw. Darlehen, Gutschriften, Beteiligungspläne oder Arbeitszeitkonten. Auch Rentenverpflichtungen außerhalb eines Arbeits- oder Dienstverhältnisses, wie zB Kaufpreisrenten, fallen begrifflich nicht unter die Pensionsverpflichtungen. Diese Definition einer Altersversorgung sollte auch für die Einordnung von Verpflichtungen im Ausland taugen.

Pensionsverpflichtungen iSd. IFRS-SMEs Abschn. 28 werden durch Einzelvertrag, Gesamtzusage (Pensionsordnung), Betriebsvereinbarung, Tarifvertrag, betriebliche Übung, aus einer Gleichbehandlung entstehend oder durch Besoldungsordnung begründet. Die Einhaltung einer bestimmten Form ist für das Bestehen einer Pensionszusage nicht erforderlich. Auch mündlich erteilte Zusagen begründen eine Verpflichtung. Kann sich das Unternehmen auch ohne rechtliche Verpflichtung aus anderen Gründen der Leistung nicht entziehen (faktischer Leistungszwang), so führt dies ebenfalls zum Entstehen einer Pensionsverpflichtung. So kann ein Versorgungsanspruch bspw. aufgrund betrieblicher Übung oder nach dem Grundsatz der Gleichbehandlung entstehen.

Gem. IFRS-SMEs Abschn. 28.9 erfolgt im Gegensatz zum deutschen Handelsrecht (Art. 28 EGHGB) keine Unterscheidung zwischen unmittelbaren Pensionsverpflichtungen (idR resultierend aus Direktzusagen) und mittelbaren Pensionsverpflichtungen des Arbeitgebers (resultierend aus einer etwaigen Subsidiärhaftung des Arbeitgebers bei Einschaltung externer Versorgungsträger – also Unterstützungskassen, Pensionsfonds, Pensionskassen oder bei Vorliegen einer Direktversicherung, vgl. § 1 Abs. 1 Satz 3 BetrAVG).

Damit fallen grundsätzlich alle Leistungen, insbesondere auch mittelbare Pensionsverpflichtungen (Unterdeckungen bei Einschaltung externer Versorgungsträger) im Sinne des deutschen Handelsrechts, unter das Gebot der Bilanzierungspflicht (*general recognition principle*, vgl. IFRS-SMEs Abschn. 28.3). Für mittelbare Verpflichtungen besteht, anders als nach Art. 28 EGHGB, kein Passivierungswahlrecht.

13 Hat das Unternehmen seinen Arbeitnehmern unmittelbar oder mittelbar Leistungen nach Beendigung des Dienstverhältnisses – in aller Regel betriebliche Altersversorgungsleistungen in Form von Alters-, Invaliditäts- oder Hinterbliebenenleistungen, Lebensversicherungen oder medizinischen Leistungen – zugesagt, ist für die richtlinienkonforme Behandlung zunächst eine **Kategorisierung der vorliegenden Zusage** von Bedeutung (IFRS-SMEs Abschn. 28.10). So ist zunächst die Einstufung einer Zusage in die Kategorie Beitragszusage (defined contribution plan) oder Leistungszusage (defined benefit plan) vorzunehmen, weil – je nach Ergebnis – unterschiedliche Bilanzierungs-, Bewertungs- und Offenlegungsregelungen bestehen. Die grundsätzliche Unterteilung der Pläne für Leistungen nach Beendigung des Arbeitsverhältnisses in IAS 19 wurde auch in IFRS-SMEs Abschn. 28 übernommen. In einem zweiten Schritt ist festzustellen, ob es sich ggf. um einen gemeinschaftlichen Plan mehrerer Unternehmen (*multi-employer plans and state plans*) oder ggf. um einen versicherten Plan (*insured benefits*) handelt.

14 Eine **Beitragszusage** ist nach IFRS-SMEs Abschn. 28.10(a) eine Zusage, nach der der Arbeitgeber sich für die in einer bestimmten Periode erbrachte Arbeitsleistung ausschließlich zur Zahlung eines planmäßig festgelegten Beitrags an eine externe Einrichtung (Fonds, Versicherung, oÄ) verpflichtet. So darf eine schwache oder gar negative Entwicklung der Vermögensanlagen, die zu einer Verringerung erdienter Leistungen oder gar zu einem vollständigen Kapitalverlust führt, zu keiner zusätzlichen Kostenbelastung des Arbeitgebers – über den planmäßig festgelegten Beitrag hinaus – führen. Dagegen schließt die Chance auf eine Beteiligung des Arbeitgebers an etwaigen positiven Erträgen eine Einstufung als Beitragszusage grundsätzlich nicht aus, allerdings darf es zu keiner Minderung des planmäßigen Beitrags und (bspw. im Falle einer Überdotierung der Einrichtung) auch zu keiner Beitragsrückvergütung an den Arbeitgeber kommen. Bei Beitragszusagen bestimmt sich der Periodenaufwand einer Berichtsperiode in der Regel ganz einfach mit dem für diese Periode vertraglich zugesagten Beitrag.

15 Eine **Leistungszusage** wird nach IFRS-SMEs Abschn. 28.10(b) regelmäßig negativ abgegrenzt: sie ist eine Zusage, die keine Beitragszusage ist. Bei Leistungszusagen ist die Bestimmung des Periodenaufwands schwieriger als bei einer Beitragszusage: es ist grundsätzlich eine umfassende aktuarielle Bewertung der Verpflichtungs- und Vermögenswerte erforderlich.

Für die Durchführung einer Bewertung ist aber unter bestimmten Bedingungen weder die Beauftragung eines unabhängigen Aktuars, noch eine jährliche Durchführung der Bewertung erforderlich. Es können für Bilanzstichtage, die zwischen den durchgeführten umfassenden aktuariellen Bewertungen liegen, auch Näherungsverfahren (bspw. ein vereinfachtes »Roll-Forward-Verfahren«) angewendet werden, die die seit der letzten Bewertung stattgefundenen Veränderungen im Bestand und in den Bemessungsgrundlagen näherungsweise berücksichtigen.

16 **Gemeinschaftliche Pläne mehrerer Unternehmen** oder **staatliche Pläne** sind auf Basis der grundlegenden Leistungsbedingungen und -voraussetzungen des Plans (*terms of the plan*) einschließlich jeglicher faktischen Verpflichtung (*constructive obligation*) ebenfalls in die eine oder in die andere Kategorie einzustufen: Sie sind entweder Beitrags- oder Leistungszusagen. Stehen im Falle einer Leistungszusage keine ausreichenden Informationen, wie sie für eine Bewertung einer Leistungszusage erforderlich wären, zur Verfügung, ist gem. IFRS-SMEs Abschn. 28.11 der Plan wie eine Beitragszusage zu behandeln (IFRS-SMEs Abschn. 28.13). In Deutschland gilt dies insbesondere für die gesetzliche Rentenversicherung, regelmäßig für alle berufsständischen Versorgungswerke, und regelmäßig auch für überbetriebliche Pensionsfonds, Unterstützungs- oder Pensionskassen.

17 **Versicherte Leistungen** liegen dann vor, wenn ein Unternehmen Leistungen durch Zahlung von Versicherungsprämien finanziert (IFRS-SMEs Abschn. 28.12). Ein solcher Plan ist grundsätzlich als Beitragszusage zu behandeln. Wenn allerdings das Unternehmen verpflichtet ist, unmittelbar selbst an Begünstigte fällige Leistungen zu zahlen oder zusätzliche Beiträge an die Versicherungsgesellschaft zu entrichten, falls diese nicht alle erdienten Leistungen zahlt, ist der Plan als Leistungszusage zu behandeln.

18 Die Tatsache, dass mit dem Altersvermögensgesetz vom 26.06.2001 (BGBl. I 2001, 1310) in Deutschland für alle Durchführungswege der betrieblichen Altersversorgung eine finale arbeitsrechtliche Einstandspflicht des Arbeitgebers ausdrücklich im Gesetz verankert wurde (§ 1 Abs. 1 Satz 3 BetrAVG), und dass es demzufolge arbeitsrechtlich keine »reinen Beitragszusagen« gibt, würde bei streng formalrechtlicher Betrachtung dazu führen, alle deutschen Pensionspläne als Leistungszusagen zu qualifizieren. Die Zuordnung eines konkreten Pensionsplans zu der einen oder der anderen Plankategorie hat gem. IAS 19 allerdings nach dem wirtschaftlichen Gehalt zu erfolgen, der sich aus den grundlegenden Leistungsbedingungen und -voraussetzungen des Plans (*principal terms and conditions*) ergibt. Dies entspricht auch der in Deutschland derzeit herrschenden Bilanzierungs- und Prüfungspraxis.

19 Werden die genannten Voraussetzungen eines Leistungsplans als gemeinschaftlicher, staatlicher oder versicherter Plan erfüllt, können die in IFRS-SMEs Abschn. 28 geregelten Folgen schematisch zusammenfassend dargestellt werden (Abb. 1).

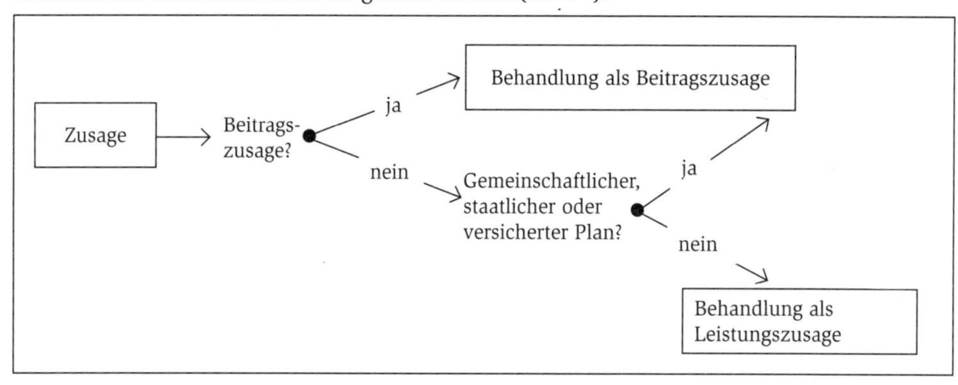

Abb. 1: Entscheidungsbaum zur Frage: Behandlung als Beitrags- oder Leistungszusage?

E. Erfassung und Bewertung einer Beitragszusage

20 Die bilanzielle und aufwandsmäßige Erfassung und Bewertung einer Beitragszusage (*defined contribution plan*) ist einfach.

Der Periodenaufwand einer Beitragszusage (oder einer als solche zu behandelnden Zusage) entspricht grundsätzlich dem planmäßigen oder geforderten Beitrag für diese Periode.

Ausnahmsweise ausstehende bzw. überzahlte Beiträge sind am Abschlussstichtag in der Regel auf nicht diskontierter Basis als Verpflichtung bzw. als Vermögenswert in der Bilanz sowie im Aufwand zu erfassen.

Von dieser grundsätzlichen Vorgehensweise ist ausnahmsweise dann abzuweichen, wenn eine andere Vorschrift des IFRS-SMEs eine (ggf. anteilige) Aktivierung von Aufwand vorschreibt, bspw. IFRS-SMEs Abschn. 13 für Vorräte (*inventories*) oder IFRS-SMEs Abschn. 17 für Sachanlagen (*property, plant and equipment*).

F. Erfassung und Bewertung einer Leistungszusage

I. Allgemeines

21 Der als Rückstellung (*defined benefit liability*) oder als zu aktivierender Vermögenswert aus einer Leistungszusage (*defined benefit asset*) in der Bilanz zu erfassende Betrag entspricht dem Saldo folgender Positionen:

(a) dem Barwert der am Bilanzstichtag erdienten Ansprüche bzw. Anwartschaften aus der Leistungszusage (*defined benefit obligation*, nachfolgend als DBO bezeichnet) und
(b) dem am Bilanzstichtag beizulegenden Zeitwert eines vorhandenen Planvermögens (*fair value at the reporting date of plan assets*), falls ein solches vorhanden ist.

22 Die DBO wird in IFRS-SMEs Abschn. 28.16 definiert als der Barwert der in der laufenden und in vorangegangenen Berichtsperioden als Vergütung für die erbrachte Arbeit erdienten Leistungen. Diese Wahrnehmung einer betrieblichen Altersversorgung als Entgelt für geleistete Arbeit findet sich auch im deutschen und im europäischen Arbeitsrecht wieder: Aus handelsrechtlicher Sicht entspricht sie der perioden- und verursachungsgerechten Zuordnung von Leistung und Gegenleistung.

Diesem einfachen Grundprinzip steht in der Praxis allerdings eine vielschichtige und meist komplexe arbeitsrechtliche und bewertungstechnische Einzelfallproblematik gegenüber. Aus diesem Grund sind in IAS 19 eine ganze Reihe von detaillierten erfassungs- und bewertungsrelevanten Vorgaben enthalten, die in IFRS-SMEs Abschn. 28 lediglich sehr verdichtet bzw. gar nicht übernommen worden sind.

23 Nachfolgend sollen die wesentlichen Bewertungsvorschriften von IFRS-SMEs Abschn. 28 wiedergegeben und mit dem Inhalt von IAS 19 abgeglichen werden. Darüber hinaus wird eine Reihe von Auslegungsmöglichkeiten skizziert.

Es kommt ausdrücklich nicht darauf an, ob Versorgungsleistungen am Bilanzstichtag bereits unverfallbar sind; es sind auch am Bilanzstichtag noch verfallbare Leistungen mit einzubeziehen (IFRS-SMEs Abschnitt 28.16). Auch sollen nach dieser Vorschrift solche Gestaltungen »berücksichtigt« werden (wie eine Berücksichtigung erfolgen soll, wird nicht näher erläutert), bei denen spätere Dienstjahre mit einem höheren Pensionsanspruch als frühere Dienstjahre belegt werden (*backloading*). Dies bedeutet, dass das bilanzierende Unternehmen sich entscheiden muss, wie Zuwächse in der zugesagten Leistung einzelnen Dienstjahren zuzuordnen sind (*attribution*). Die Zuordnung hat grundsätzlich nach der Planformel zu erfolgen.

Steht diese Zuordnung fest, kann eine aktuarielle Bewertung der Leistungszusage durchgeführt werden. Dafür sind demographische und ökonomische Annahmen zu wählen. Diese sind unvoreingenommen (*unbiased*) zu wählen, dh. sie sollen weder zu unvorsichtig noch zu vorsichtig sein, damit die künftigen Erfüllungsbeträge als möglichst beste Schätzungen (*best estimate*) gelten. Ein vergleichbarer Grundsatz findet sich auch im deutschen Handelsrecht wieder: Nach § 253 Abs. 1 Satz 2 HGB ist der erdiente Verpflichtungsumfang »in Höhe des nach vernünftiger kaufmännischer Beurteilung notwendigen Erfüllungsbetrags« anzusetzen.

Als demographische Annahmen gelten ua. Annahmen über die künftig zu erwartende Sterblichkeit, Invalidisierung, Fluktuation und den Altersrentenbeginn.

Zu den ökonomischen Annahmen zählen die erwartete Entwicklung von Gehaltssteigerungen, Inflation, die erwartete Rendite des Planvermögens sowie Veränderungen in den Bemessungsgrößen der gesetzlichen Rentenversicherung.

Die in IFRS-SMEs Abschn. 28.16 enthaltenen Bewertungsvorgaben sind im Vergleich zu den entsprechenden Regelungen in IAS 19 sehr viel weniger detailliert. Die bewusst offene Regelung deutet darauf hin, dass nicht auf IAS 19 zurückgegriffen werden muss.

Entscheidend für die Bewertung sind die in IFRS-SMEs Abschn. 28 geregelten Verweise auf die Planformel bei Fragen der Zuordnung von Leistungen zu Dienstjahren sowie die Vorgaben, dass die Annahmen unvoreingenommen und die sich daraus ergebenden künftigen Erfüllungsbeträge möglichst realitätsnah sein sollen. Bei der Berechnung der DBO ist die Zuordnung von Leistungssteigerungen zu Dienstjahren nämlich von besonderer Bedeutung.

Der recht unspezifische Hinweis zur »Berücksichtigung« eines *backloading* wird wohl so ausgelegt werden müssen, wie es IAS 19 vorsieht: der voraussichtliche Erfüllungsbetrag soll gleichmäßig allen Dienstjahren zugeordnet werden. Solche Gestaltungen kommen in Deutschland allerdings nur selten vor. Die gleichmäßige Verteilung entspricht grundsätzlich auch den deutschen gesetzlichen Unverfallbarkeitsregeln für Leistungszusagen, die nicht beitragsorientiert sind bzw. die nicht auf einer Entgeltumwandlung beruhen (vgl. § 2 Abs. 1 BetrAVG).

Bei der Anwendung der Bewertungsvorschriften in IFRS-SMEs Abschn. 28 macht für deutsche Pensionspläne die Forderung, die Zuordnung der Pensionsansprüche zu den versorgungsfähigen Dienstjahren nach der Pensionsformel vorzunehmen, nicht immer Sinn (ebenso wenig wie bei der Anwendung des IAS 19). Bei dem in Deutschland häufiger vorkommendem *frontloading*, dh. frühere Dienstjahre werden mit einem höheren Pensionsanspruch als spätere Dienstjahre belegt, wäre nach dem Wortlaut von IFRS-SMEs Abschn. 28.16 der Pensionsformel zu folgen. In Deutschland ist dies aber nur dann sinnvoll, wenn auch die Leistungshöhe bei Unverfallbarkeit diesem *frontloading*, und nicht der gesetzlichen zeitratierlichen Vorschrift gem. § 2 Abs. 1 BetrAVG, folgt.

Geht man davon aus, dass Anwartschaften denjenigen Dienstjahren zugeordnet werden, in denen sich die Verpflichtung verursachungsgerecht aufbaut, zwingt dieses Ziel zur Beachtung der gesetzlichen bzw. vertraglichen Unverfallbarkeitsbestimmungen des Pensionsplans.

Ein Beispiel verdeutlicht am besten die Zusammenhänge:

Beispiel:
Zur Illustration nehme man zwei Pensionspläne A und B, die beide die versorgungsfähigen Dienstjahre auf 25 beschränken; der jährliche Steigerungssatz pro anrechnungsfähigem Dienstjahr betrage in beiden Fällen 1 % des Gehaltes bei Austritt aus der Gesellschaft. Als Altersgrenze gelte die Vollendung des 65. Lebensjahres. Bei beiden Plänen gelte die gesetzliche Unverfallbarkeitsregel. Bei Plan A sollen die ersten maximal 25 Dienstjahre begünstigt sein, bei Plan B sollen die letzten 25 Dienstjahre vor Austritt begünstigt sein (dh. ab Alter 40). Beide Pensionspläne sind somit materiell vollkommen identisch. Plan A ist *frontloaded* und Plan B *backloaded*. Für Mitarbeiter, die vor Alter 40 eingetreten sind, ergäben sich somit unterschiedliche Werte für die DBO und die *current service cost*, wenn man der Planformel folgen würde. Sinnvoll kann es daher für Pensionspläne in Deutschland nur sein, die sog. *»degressive m/n-tel«*-Methode zu verwenden. Wenn jedoch die Pensionsformel *frontloaded* ist und die vertragliche Unverfallbarkeit diesem *frontloading* folgt (wie es manchmal bspw. bei Vorständen der Fall ist), ist die Planformel für die Zuordnung der Pensionsanwartschaften zu den Dienstjahren maßgeblich (bzw. die verbesserte Unverfallbarkeitsregel geeignet einzubeziehen).

In Deutschland ist somit anstelle der Orientierung an der Planformel die Orientierung an den Regeln zur Unverfallbarkeit einzig sinnvoll. So wird auch in der Praxis regelmäßig verfahren. Dies bedeutet für Leistungszusagen, dass für jede zu erwartende Leistung derjenige Teil, der dem Verhältnis der am Stichtag bereits erdienten zu der beim jeweiligen Leistungsbeginn erreichbaren Dienstzeit entspricht (degressives m/n-tel), mindestens die zum Stichtag gesetzlich unverfallbare Anwartschaft als erdient anzusehen ist. Bei Beitragszusagen mit Mindestleistung (§ 1 Abs. 2 Nr. 2 BetrAVG), beitragsorientierten Leistungszusagen (§ 1 Abs. 2 Nr. 1 BetrAVG) und Entgeltumwandlungszusagen (§ 1 Abs. 2 Nr. 3 BetrAVG) gilt die erworbene Anwartschaft als erdient, wenn sich die Höhe der unverfallbaren Anwartschaft nach den effektiv geleisteten bzw. zugeteilten »Beiträgen« und den daraus erworbenen Anwartschaften entwickelt.

24 Der Zinssatz (*discount rate*), der zur Diskontierung der Verpflichtungen herangezogen wird, ist nach IFRS-SMEs Abschn. 28.17 auf der Grundlage der Renditen zu bestimmen, die am Bilanzstichtag für hochwertige festverzinsliche Unternehmensanleihen (*high quality corporate bonds*) im Markt beobachtet werden können. In Ländern ohne einen tiefen Markt für solche Anleihen sind stattdessen Staatsanleihen (*government bonds*) als Referenz heranzuziehen. Währung und Laufzeiten der zugrunde gelegten Anleihen haben mit der Währung und der Fristigkeit der Verpflichtungen übereinzustimmen.

25 Die DBO ist dann unter Zugrundelegung der Methode der laufenden Einmalprämien (*Projected Unit Credit Method*) zu bestimmen (IFRS-SMEs Abschn. 28.18), wenn dadurch dem Unternehmen keine »unverhältnismäßigen Kosten oder Aufwand« (*undue cost or effort*) entstehen. In BC 125 der Begründung zum IFRS-SMEs (*basis for conclusions*) wird klargestellt, dass die umfassende aktuarielle Bewertung nach der Methode der laufenden Einmalprämien Vorrang hat. Bei der Durchführung der umfassenden Bewertung sind entsprechende Annahmen zu wählen wie zB erwartete Vermögenserträge, Gehaltssteigerungen, Sterblichkeits- und Fluktuationswahrscheinlichkeiten und dergleichen. Im Gegensatz zu der Wahl des Rechnungszinses – bei dessen Wahl klare Referenzwerte vorgegeben werden – sind diese Annahmen letztlich auf subjektiver Grundlage, wenn auch basierend auf möglichst objektiven Kriterien, zu bestimmen.

26 Sollten durch die Zugrundelegung einzelner Annahmen dem Unternehmen aber unverhältnismäßige Kosten oder Aufwand entstehen, kann das Unternehmen zur Vereinfachung auch folgende Parameter bei der Bewertung außer Acht lassen (IFRS-SMEs Abschn. 28.19):

(a) künftige Gehaltssteigerungen;
(b) künftige Dienstzeiten und
(c) die Sterbewahrscheinlichkeit der aktiven Begünstigten bis zum Eintritt der voraussichtlichen Fälligkeit der zugesagten Leistung – in aller Regel der Zeitpunkt, zu welchem sämtliche Leistungsvoraussetzungen erfüllt sind (auch Versorgungsfall genannt).

Allerdings ist die nach Eintritt des Versorgungsfalles zu erwartende Sterbewahrscheinlichkeit zwingend zu berücksichtigen.

Die Möglichkeit zur vereinfachten Bewertung als Alternative zu einer umfassenden aktuariellen Bewertung (Vollbewertung, bzw. *comprehensive actuarial valuation*) nach der Methode der laufenden Einmalprämien stellt ein Wahlrecht bei der Ermittlung der Pensionsverpflichtung bzw. Pensionsrückstellung und des Periodenaufwands dar, das im Einzelfall materiell von großer Bedeutung sein kann. Fraglich ist, auf welcher Vergleichsbasis bzw. anhand welcher Größen die »Unverhältnismäßigkeit der Kosten oder des Aufwands« zu ermitteln ist. Diese werden vom IASB in IFRS-SMEs Abschn. 28 nicht definiert.

Die Wahl der ausdrücklich aufgezählten Vereinfachungen a), b) und c) erscheint dem Praktiker äußerst kurios. Sie dürften nämlich in der Praxis nicht als ernst zu nehmende Erleichterungen für die Unternehmen oder gar als vom Grundsatz vernünftige Ansätze verstanden werden. Wenn man sie wörtlich zu verstehen versucht, können sie sogar missverstanden werden, wie bspw. bei einem Plan, nach dem zwar eine gehaltsorientierte Zielversorgung vorgesehen ist, allerdings unter Anrechnung eines nicht direkt vom Gehaltstrend abhängigen Betrags.

Zur Illustration nehme man folgendes Beispiel: Die Höhe der Pension solle 40% des letzten Gehalts abzgl. der maßgeblichen Sozialversicherungsrente betragen. Erhöht sich für einen am Bilanzstichtag 40-jährigen Begünstigten das Gehalt in Höhe von 99.455 Euro pa. um unterstellte 4% pa. (das sind insgesamt 167%' = 1,04^25–1), auf 265.130 Euro pa. im Alter 65, und die geschätzte Sozialversicherungsrente in Höhe von 19.000 Euro pa. um unterstellte 3,0% pa. (das sind insgesamt 109%, = 1,03^25–1), auf 39.782 Euro pa. im Alter 65, dann beliefe sich der Erfüllungsbetrag auf 66.271 Euro pa. (= 40% * 265.130–39.782). Ließe man dagegen nur die Gehaltssteigerung außer Acht, beliefe sich der Erfüllungsbetrag auf null (= 40% * 99.455–39.782). Das kann vom IASB so nicht gewollt sein. Weitere Beispiele, die wie dieses jeglicher wirtschaftlichen Vernunft widersprächen, ließen sich schnell konstruieren.

Eher ist die Auslegung zulässig, dass alle dynamischen Bemessungsgrundlagen in solchen Zusagen ohne Dynamik zu rechnen wären, was allerdings für junge aktive Berechtigte zu einer viel zu niedrig bewerteten DBO führen würde. Im obigen Beispiel wäre der Erfüllungsbetrag und somit die Rückstellung am Stichtag immerhin knapp 70% {= (66.271 – (40% * 99.455–19.000)) / 66.271} niedriger als es eigentlich richtig wäre. Reizt also ein bilanzierendes Unternehmen diese Spielräume aus, so wird lediglich der Aufwand auf spätere Perioden verlagert, was idR selten im Interesse des bilanzierenden Unternehmens liegen sollte. Berücksichtigt werden sollte bei der Einstufung der Relevanz dieser Aussage, dass für ältere Begünstigte die Auswirkung immer kleiner wird, und dass die Auswirkung auf das Endergebnis idR nicht groß sein wird. Als Gründe zählen, dass erstens das relative Gewicht der DBO in einer Personengesamtheit eher den dienstälteren Begünstigten zufällt und zweitens in einem gemischten Bestand auch Ausgeschiedene und Rentner vorhanden sind, für die die Außerachtlassung des Gehaltstrends gar keine Auswirkung haben wird.

Die Berücksichtigung von Gehaltssteigerungen vor dem Versorgungsfall und die Einbeziehung einer Sterblichkeit vor der Pensionierung dürften bei den heute zur Verfügung stehenden technischen Hilfsmitteln zu den am einfachsten zu lösenden Rechenaufgaben zählen. Und künftige Dienstzeiten sind bei der Bewertung ohnehin nur in Ausnahmefällen zu berücksichtigen, weil in der Bilanz ohnehin nur derjenige Teil der Gesamtanwartschaft zu erfassen ist, der auf vergangene Dienstjahre entfällt. Für einen Laien eher als komplex einzustufende Bewertungsprobleme müssen auch im Falle einer vereinfachten Bewertung im Sinne des IFRS-SMEs Abschn. 28.19 vom bilanzierenden Unternehmen gelöst werden: Als Beispiele seien hier genannt:

- die Herleitung von Barwerten von lebenslangen, dynamischen Alters- und Berufsunfähigkeitsleistungen unter Berücksichtigung einer sich nach dem Tod anschließenden Ehegatten- und Waisenrente, oder
- die Bewertung einer gemischten Beitrags- und Leistungszusage mit Anrechnung einer Versicherungsleistung.

Daher dürfte in vielen Fällen allenfalls die Möglichkeit, nicht jedes Jahr eine Bewertung tatsächlich durchführen zu müssen (IFRS-SMEs Abschn. 28.20), dem Unternehmen Kosten und Aufwand im nennenswerten Umfang ersparen. Das dürfte dann aber auch wirklich die einzige sinnvolle Kosteneinsparung sein.

27 In welcher Höhe ein vorhandenes Planvermögen anzusetzen ist, ist wesentlich einfacher festzustellen als die Höhe der DBO. In IFRS-SMEs Abschn. 28.15(b) wird hinsichtlich der Anforderungen zur Bestimmung eines Zeitwerts (*fair value*) für Planvermögen, das aus Finanzanlagen (*financial assets*) besteht, auf IFRS-SMEs Abschn. 11.27-.32 verwiesen. Dennoch sind auch hier Fragen offen bzw. es ist ein gewisser Auslegungsspielraum vorhanden.

Der Begriff des Planvermögens wird nämlich in IFRS-SMEs Abschn. 28 zwar vom IASB verwendet, aber im Gegensatz zu IAS 19.7 nicht definiert – wenn man von der Kurzbeschreibung im Glossar des IFRS-SMEs einmal absieht. Dort werden unter dem Begriff Planvermögen (*plan assets*) explizit genannt zum einen »Vermögen, das durch einen langfristig ausgelegten Fonds zur Erfüllung von Leistungen an Arbeitnehmer gehalten wird« (*assets held by a long-term employee benefit fund*) und zum anderen sog. »qualifizierende Versicherungsverträge« (*qualifying insurance contracts*).

Nach bisher allgemeinem Verständnis muss als Planvermögen auch qualifizierendes Rückdeckungsvermögen (sowohl nach IAS 19.7 als auch nach § 246 Abs. 2 Satz 2 HGB) zählen, soweit dieses unwiderruflich und auch im Falle der Insolvenz des Trägerunternehmens ausschließlich zur Erfüllung der Versorgungsansprüche der berechtigten Leistungsempfänger zur Verfügung steht und dem Zugriff anderer Unternehmensgläubiger entzogen ist (zB durch Verpfändung an die Begünstigten). Eine Rückzahlung des für Versorgungszwecke reservierten Deckungsvermögens an den die Zusage erteilenden Arbeitgeber muss grundsätzlich ausgeschlossen sein – es sei denn, die nach einer Rückzahlung an den Arbeitgeber verbleibenden Vermögenswerte reichen sicher bzw. mit sehr großer Wahrscheinlichkeit aus, um sämtliche Versorgungsleistungen gegenüber den Planberechtigten zu erbringen, oder das Vermögen wird zurückgezahlt, um bereits an den Arbeitnehmer ausgezahlte Leistungen zu erstatten.

Zu den Fragen, ob und unter welchen Voraussetzungen bestimmte Vermögenswerte in Deutschland als saldierungsfähiges Planvermögen anerkannt werden können, hat das IDW zu IAS 19.7 die Stellungnahme Fortsetzung 5 zu IDW RS HFA 2 (WPg 2004, 533) und zu § 246 Abs. 2 Satz 2 HGB in der Fassung des BilMoG den Entwurf einer Stellungnahme IDW ERS HFA 30 (FN-IDW 2009, 657) vorgelegt. Die dort genannten Kriterien stellen für die Praxis jedenfalls in Deutschland eine wesentliche Diskussionsgrundlage für eine mögliche Anerkennung von Planvermögen im Sinne des IFRS-SMEs Abschn. 28 dar.

Man muss allerdings davon ausgehen, dass der IASB den Begriff des Planvermögens bewusst nicht definiert hat, um das nach dem IFRS-SMEs bilanzierende Unternehmen nicht einzuengen. Damit sollte der Ansatz als Planvermögen bspw. auch bei folgenden Konstruktionen zulässig bzw. nicht zu beanstanden sein:

- ein insolvenzfester Versicherungsvertrag, der mit einer vom bilanzierenden Unternehmen rechtlich abhängigen Einheit geschlossen worden ist,
- eine insolvenzfest gestaltete Wertpapieranlage oder
- sonstige Vermögenswerte, die aus vom berichtenden Unternehmen ausgegebenen nicht übertragbaren Finanzinstrumenten bestehen.

Damit könnte dann auch dem praktischen Petitum Rechnung getragen werden, dass Deckungskapital nach BilMoG auch Planvermögen nach IFRS-SMEs wäre. Obwohl im IFRS-SMEs hierzu keine Aussage enthalten ist, wird allerdings wohl nicht insolvenzfesten Vermögenswerten, bspw. ganz normalen Rückdeckungsversicherungen, die Anerkennung als saldierungsfähiges Planvermögen nicht zugestanden werden können.

II. Planeinführung, Neuordnungen, Kürzungen und Abgeltungen

28 IFRS-SMEs Abschn. 28.21 behandelt die Auswirkungen von Planeinführungen (*plan introductions*), Neuordnungen (*changes*), Kürzungen (*curtailments*) und Abgeltungen (*settlements*). Die in IFRS-SMEs Abschn. 28 enthaltenen Vorschriften sind gegenüber den entsprechenden Regelungen des IAS 19 deutlich einfacher gefasst.

Wird ein Pensionsplan für vergangene Dienstzeiten neu eingeführt, verbessert oder verschlechtert (sog. *past service cost* bzw. nachzuverrechnender Dienstzeitaufwand), muss die entsprechende Verpflichtungserhöhung oder -ermäßigung zur Gänze in der gleichen Periode im Gewinn oder Verlust erfasst werden.

Sofern die Unverfallbarkeit zeitratierlich bestimmt wird, führt jede Planverbesserung zu *past service cost*, bei beitragsorientierten Leistungszusagen gilt dies bei Erhöhung lediglich der künftigen Zuwächse in der Regel jedoch nicht.

Werden Pensionsverpflichtungen ganz (oder teilweise) abgegolten oder schuldbefreiend auf einen neuen Verpflichteten (zB einen neuen Arbeitgeber oder eine Versicherungsgesellschaft) oder auf einen *defined contribution plan* übertragen (Abgeltung) oder werden (zB durch Betriebs- oder Teilbetriebsveräußerung, Vorruhestandsregelungen oder Kostensenkungsmaßnahmen) die Leistungen für künftige versorgungsfähige Dienstjahre reduziert (Kürzung), müssen hierdurch entstehende versicherungsmathematische Gewinne oder Verluste in Höhe der jeweiligen Wertveränderung der DBO und/oder des Planvermögens sofort im Gewinn oder Verlust erfasst werden.

III. Erfassung eines Vermögenswerts aus einer Leistungszusage (defined benefit plan asset)

29 Die Pensionsrückstellung als Differenz zwischen DBO und Planvermögen kann auch negativ werden und insoweit als Vermögenswert aus einer Leistungszusage vom bilanzierenden Unternehmen zu aktivieren sein (IFRS-SMEs Abschn. 28.22).

Eine Saldierung des Vermögenswerts aus einer Leistungszusage mit der Pensionsrückstellung für eine andere Leistungszusage ist nicht zulässig, es sei denn, das Unternehmen ist berechtigt, mit der Vermögensüberdeckung des einen Plans die Vermögensunterdeckung des anderen Plans zu erfüllen.

Ergibt sich rechnerisch ein Vermögenswert aus einer Leistungszusage, so ist seine Werthaltigkeit zu prüfen und ggf. mit Auswirkung auf den Gewinn oder Verlust zu begrenzen auf die Summe aus dem Barwert des wirtschaftlichen Nutzens (*economic benefit*), den das bilanzierende Unternehmen aus diesem Überschuss theoretisch ziehen kann. Ein wirtschaftlicher Nutzen ergibt sich für das Unternehmen immer insoweit, als es in Zukunft nicht benötigte Deckungsmittel wirtschaftlich zu seinen Gunsten verwerten kann. Dabei spielt es keine Rolle, ob die Rückerstattung bereits zum Bilanzstichtag oder erst zu einem späteren Zeitpunkt erfolgen kann. Ausschlaggebend ist allein, ob und in welcher Höhe ein Anspruch des Arbeitgebers auf Übertragung eines etwaigen Restvermögens uneingeschränkt besteht.

IV. Berechnung des Periodenaufwands

30 Nach IFRS-SMEs Abschn. 28.23 ist die Veränderung der Pensionsrückstellung (*defined benefit liability* bzw. *defined benefit asset*) vom Anfang bis zum Ende der Berichtsperiode als Periodenaufwand zu erfassen. Dabei sind direkte Leistungszahlungen an die Begünstigten oder Zuwendungen bzw. Beitragszahlungen an ein Planvermögen oder an einen Versicherer dazu zu zählen. Es ist entweder der gesamte Betrag dem Gewinn oder Verlust (*profit or loss*) zuzuordnen oder es ist der Anteil des Gesamtaufwands, der auf versicherungsmathematische Gewinne oder Verluste entfällt, dem sonstigen Ergebnis (*other comprehensive income*) zuzuordnen (vgl. Beschreibung im nachfolgenden Abschnitt V).

Von dieser Vorgehensweise ist nur dann abzuweichen, wenn eine andere Vorschrift des IFRS-SMEs, bspw. IFRS-SMEs Abschn. 13 für Vorräte (*inventories*) oder IFRS-SMEs Abschn. 17 für Sachanlagen (*property, plant and equipment*) eine Aktivierung von Aufwand vorschreibt.

V. Aufwandserfassung: Wahlrechtsausübung

31 In IFRS-SMEs Abschn. 28.24 hat der IASB ein bedeutsames Wahlrecht zur Erfassung versicherungsmathematischer Gewinne und Verluste innerhalb der Gesamtergebnisrechnung (*statement of comprehensive income*) des Unternehmens geregelt.

32 Versicherungsmathematische Gewinne oder Verluste sind Schätzfehler, die zu Stande kommen, wenn die tatsächliche nicht mit der erwarteten Entwicklung der Versorgungsverpflichtung bzw. des Planvermögens übereinstimmt. Sie können bspw. aus abweichend eingetretenen Gehaltssteigerungen, aus Änderungen von Sterbetafeln, aus Anpassungen des Rechnungszinssatzes an die Marktentwicklung oder aus Differenzen zwischen dem erwarteten und dem tatsächlichen Ertrag aus einem Planvermögen resultieren.

Beispiel:
Einem 64-jährigen Begünstigten wird die Zahlung einer Kapitalleistung im Alter 65 in Höhe von 100% seines letzten Monatseinkommens zugesagt. Sein Monatsgehalt im Alter 64 sei 5000 Euro. Mit Zustimmung des Unternehmens schätzt der zuständige Aktuar, dass das Gehalt bis zum Ende des Jahres voraussichtlich um 3% ansteigen wird. Tatsächlich steigt das Gehalt gar nicht (Fall a)), oder es steigt um 10% (Fall b)):

Fall a): Es ist ein Zahlbetrag in Höhe von 5000 Euro fällig. Weil 5150 Euro erwartet wurden, entspricht die Differenz zwischen tatsächlichem und erwartetem Betrag einem versicherungsmathematischen Gewinn in Höhe von 150 Euro.

Fall b): Es ist ein Zahlbetrag in Höhe von 5500 Euro fällig. Weil 5150 Euro erwartet wurden, entspricht die Differenz zwischen tatsächlichem und erwartetem Betrag einem versicherungsmathematischen Verlust in Höhe von 350 Euro.

33 Obwohl das bilanzierende Unternehmen verpflichtet ist, alle versicherungsmathematischen Gewinne oder Verluste, die aus Wertveränderungen der DBO oder des Planvermögens während der Berichtsperiode entstehen, zum Abschlussstichtag in der Bilanz zu erfassen, kann es ein einmaliges Wahlrecht ausüben (vgl. hierzu IFRS-SMEs Abschn. 10.8), ob es die in einer Berichtsperiode entstehenden versicherungsmathematischen Gewinne oder Verluste

(a) entweder im Gewinn oder Verlust (profit or loss) oder
(b) im sonstigen Ergebnis (*other comprehensive income*)

erfassen möchte.

Dabei hat das bilanzierende Unternehmen das einmal ausgeübte Wahlrecht einheitlich auf alle Leistungszusagen und alle versicherungsmathematischen Gewinne oder Verluste anzuwenden.

Eine zeitlich verzögerte Erfassung versicherungsmathematischer Gewinne und Verluste im Gewinn oder Verlust (*profit or loss*) im Rahmen der unter IAS 19 zulässigen sog. Korridormethode (IAS 19.92 f.) ist nach IFRS-SMEs Abschn. 28 nicht gestattet.

34 Werden versicherungsmathematische Gewinne oder Verluste im sonstigen Ergebnis erfasst, sind diese auch in der Gesamtergebnisrechnung des Unternehmens zu erfassen. Am Abschlussstichtag erfolgt damit – vorbehaltlich einer etwaigen Begrenzung des Vermögenswerts einer Leistungszusage (*asset ceiling*), die bei deutschen Pensionsplänen regelmäßig nicht zum Tragen kommt, ein sofortiger und vollständiger Ausweis des sog. Finanzierungsstatus des Plans (Ausmaß der Bedeckung der Versorgungsverpflichtung mit Planvermögen) als Pensionsrückstellung bzw. zu aktivierender Vermögenswert aus einer Leistungszusage.

35 Veränderungen der Pensionsrückstellung (*defined benefit liability*) während der Berichtsperiode setzen sich ua. zusammen aus (IFRS-SMEs Abschn. 28.25):

(a) der in der Berichtsperiode erdienten Anwartschaft auf Versorgungsleistung,
(b) der Verzinsung der DBO zum Anfang des Jahres,

(c) den Zeitwertveränderungen des Planvermögens oder der Erstattungsansprüche (*reimbursement rights* im Sinne von IFRS-SMEs Abschn. 28.28) in der Berichtsperiode,
(d) den in der Berichtsperiode neu entstehenden versicherungsmathematischen Gewinnen oder Verlusten,
(e) den Veränderungen aufgrund einer Planeinführung oder aufgrund einer Neuordnung eines bestehenden Plans,
(f) der Verminderung der DBO aufgrund von Kürzungen (*curtailment*) oder Abgeltungen (*settlement*) eines bestehenden Plans in der Berichtsperiode.

VI. Erstattungsansprüche

36 Ist praktisch sicher (*virtually certain*), dass die vom Unternehmen geschuldeten Versorgungsleistungen ganz oder teilweise von dritter Seite (*another party*) erstattet werden, also zB von einer Versicherungsgesellschaft oder von einem Schuldbeitretenden, so ist dieser Erstattungsanspruch (*reimbursement right*) vom berichtenden Unternehmen in der Bilanz als separater Vermögenswert zu aktivieren und mit dem Zeitwert (*fair value*) zu bewerten.

37 Da eine gesonderte Vorschrift zu »Erstattungsansprüchen« in Abgrenzung zu (den im Glossar des IFRS-SMEs genannten) »qualifizierende Versicherungsverträgen« ansonsten keinen Sinn ergeben würde, können in IFRS-SMEs Abschn. 28.28 wohl nur solche Erstattungsansprüche gemeint sein, die zwar der Rückdeckung von Versorgungsverpflichtungen dienen, die aber – weil sie nicht alle dafür erforderlichen Voraussetzungen erfüllen – nicht als Planvermögen qualifiziert werden können.

Da die Erstattung der Versorgungsleistungen durch den Dritten »ziemlich bzw. praktisch sicher« sein muss, dürfte für die Qualifizierung als Erstattungsanspruch ein den »qualifizierende Versicherungsverträgen« wirtschaftlich vergleichbar hoher Sicherheitsstandard erforderlich sein.

38 Eine Saldierung von (bloßen) »Erstattungsansprüchen« mit der DBO in der Bilanz ist – da gerade kein Planvermögen vorliegt – nicht gestattet.

Hinsichtlich des Pensionsaufwands erfolgt dagegen eine Angleichung an die Behandlung einer Leistungszusage mit Planvermögen. Der Pensionsaufwand kann also so bestimmt werden, »als ob« Planvermögen vorläge. Insbesondere können Marktwertschwankungen des Rückdeckungsvermögens über den Einbezug in die versicherungsmathematischen Gewinne und Verluste und durch eine Erfassung derselben im sonstigen Ergebnis (*other comprehensive income*) im Gewinn oder Verlust unberücksichtigt bleiben.

G. Sonstige langfristig fällige Leistungen an Arbeitnehmer

39 Zu den sonstigen langfristig fälligen Leistungen (*other long-term employee benefits*) im Sinne des IFRS-SMEs Abschn. 28.29 gehören ua.

(a) langfristig fällige vergütete Abwesenheitszeiten wie Sonderurlaub nach langjähriger Dienstzeit oder andere vergütete Dienstfreistellungen (zB *sabbaticals*),
(b) Jubiläumsgelder oder andere Leistungen für lange Dienstzeit;
(c) langfristige Erwerbsunfähigkeitsleistungen,
(d) Gewinn- und Erfolgsbeteiligungen, die zwölf oder mehr Monate nach Ende der Periode, in der die entsprechende Arbeitsleistung erbracht wurde, fällig werden, oder
(e) aufgeschobene Vergütungen, sofern diese zwölf oder mehr Monate nach Ende der Periode, in der sie erdient wurden, ausgezahlt werden.

Analog zur Behandlung von im Rahmen von *post-employment benefits* bestehenden Leistungszusagen entspricht die in der Bilanz für sonstige langfristige Leistungen an Arbeitnehmer zu erfassende Rückstellung bzw. der in der Bilanz zu erfassende Vermögenswert dem Saldo aus: **40**

(a) dem Barwert der am Abschlussstichtag erdienten Leistungsansprüche bzw. Verpflichtungen (*present value of the benefit obligation*) und
(b) dem am Abschlussstichtag beizulegenden Zeitwert eines etwaigen Planvermögens, aus dem die Leistungen direkt erfüllt werden sollen.

Der Aufwand der Periode errechnet sich nach IFRS-SMEs Abschn. 28.30 gem. IFRS-SMEs Abschn. 28.23 als die Veränderung des Saldos der beiden Bilanzposten vom Anfang bis zum Ende der Berichtsperiode zuzüglich etwaiger direkter Leistungs- oder Beitragszahlungen an Planvermögen. **41**

Die Aufwandserfassung hat im Gewinn oder Verlust (*profit or loss*) zu erfolgen, eine Erfassung im sonstigen Ergebnis erscheint für »Sonstige langfristig fällige Leistungen an Arbeitnehmer« streng genommen wegen des fehlenden Verweises auf IFRS-SMEs Abschn. 28.24 unzulässig. Als Folge können sich von Jahr zu Jahr schwankende Rückstellungswerte ergeben. Man könnte allerdings auch hineininterpretieren, dass ein Verweis auf IFRS-SMEs Abschn. 28.24 schon aus Gründen der Praktikabilität gewollt war.

H. Leistungen aus Anlass der Beendigung des Arbeitsverhältnisses

Ein Unternehmen kann durch Gesetz, Vertrag oder andere Vereinbarungen zu Leistungen im Zusammenhang mit einer Beendigung des Arbeitsverhältnisses verpflichtet sein (*termination benefits* im Sinne des IFRS-SMEs Abschn. 28.31). Solche Leistungen können zB Abfindungsleistungen in Form von Einmalzahlungen, periodischen Zahlungen, Gehaltsfortzahlungen bei faktischer Freistellung, Aufstockungen der Betriebsrente oder ähnliche Leistungen sein. **42**
Unabhängig vom Ausscheidegrund des Arbeitnehmers gezahlte Leistungen sind dagegen als betriebliche Pensionsleistungen (*retirement benefits*) oder als sonstige Leistungen nach Beendigung des Arbeitsverhältnisses (*post-employment benefits*) einzustufen.

Auch für Verpflichtungen, die aus Anlass der Beendigung eines Arbeitsverhältnisses entstanden sind und die im normalen Verlauf einer Bewertung von Pensionsplänen nicht bewertet oder erfasst werden, ist grds. der Barwert der in einer Berichtsperiode erdienten Ansprüche bzw. Verpflichtungen (*discounted present value*) in der Bilanz zu erfassen (IFRS-SMEs Abschn. 28.37). **43**

Bewertungsmethoden und -annahmen sowie der Grundsatz der besten Schätzung (*best estimate*) sind dabei analog zu dem Bewertungsverfahren bei im Rahmen von *post-employment benefits* bestehenden Leistungszusagen zu Grunde zu legen. **44**

Leistungen aus Anlass der Beendigung des Arbeitsverhältnisses sind nach IFRS-SMEs Abschn. 28.32 sofort als Aufwand im Gewinn oder Verlust (*profit or loss*) zu erfassen. Eine Aufwandserfassung im sonstigen Ergebnis und die damit verbundene Möglichkeit zur Aufwandsglättung über mehrere Perioden wird hier ebenfalls nicht zugestanden. **45**

I. Gemeinschaftliche Pläne bei verbundenen Unternehmen

46 Stehen verbundene Arbeitgeber unter gemeinsamer Leitung oder Beherrschung einer Obergesellschaft, und wird der Konzernabschluss der Obergesellschaft nach den IFRS oder nach dem IFRS-SMEs erstellt, kann der Aufwand für beherrschte Unternehmen nach einem als vernünftig geltenden Schlüssel verteilt werden. Das bedeutet, dass nur einmal für die Obergesellschaft ein Aufwand richtlinienkonform zu berechnen ist; die Verteilung dieses Betrages auf Untergesellschaften kann nach billigem Ermessen ermittelt und erfasst werden (IFRS-SMEs Abschn. 28.38).

J. Anhangangaben

I. Kurzfristig fällige Leistungen an Arbeitnehmer

47 Für diese Leistungen gelten nach dem IFRS-SMEs keine Offenlegungsvorschriften.

II. Angaben zu Beitragszusagen

48 Für Beitragszusagen ist Folgendes offen zu legen:

- Der im Abschluss erfasste Aufwand,
- Wenn ein gemeinschaftlicher Plan mehrerer Unternehmen als Beitragszusage behandelt wurde, weil keine ausreichenden Informationen zur Verfügung standen, ist im Anhang anzugeben, dass es sich um eine Leistungszusage handelt, warum der Plan wie eine Beitragszusage behandelt wurde, zusammen mit verfügbaren als sinnvoll erachteten Informationen über den Finanzierungsstatus des Plans (*surplus or deficit*) sowie die relevanten Auswirkungen auf das bilanzierende Unternehmen.

III. Angaben zu Leistungszusagen

49 Für Leistungszusagen ist Folgendes offen zu legen, wobei eine für den Bilanzleser als sinnvoll erscheinende Zusammenfassung mehrerer Pläne zulässig ist:

- Eine allgemeine Beschreibung der Planart (inklusive Kapitalanlagepolitik),
- die vom Unternehmen angewandte Methode zur Erfassung versicherungsmathematischer Gewinne oder Verluste sowie die Höhe der in der Berichtsperiode erfassten versicherungsmathematischen Gewinne oder Verluste,
- eine Erläuterung der gem. IFRS-SMEs Abschn. 28.19 in Anspruch genommenen Bewertungsvereinfachungen,
- das Erstellungsdatum der zuletzt durchgeführten, vollständigen versicherungsmathematischen Bewertung und, wenn dies nicht der maßgebliche Bilanzstichtag gewesen sein sollte, eine Erläuterung der angewandten Methode zur Weiterentwicklung der DBO zum Bilanzstichtag,
- eine Überleitung der DBO vom Anfang bis zum Ende der Berichtsperiode, wobei die Leistungszahlungen und andere Komponenten getrennt voneinander offen zu legen sind,

- eine Überleitung des beizulegenden Zeitwerts des Planvermögens vom Anfang bis zum Ende der Berichtsperiode, wobei die Beiträge, Leistungszahlungen und sonstige Komponenten getrennt voneinander offen zu legen sind,
- der Gesamtaufwand, unterteilt in den Anteil, der im Gewinn oder Verlust bzw. in den Anteil, der in den Anschaffungskosten eines aktivierten Vermögenswerts erfasst wurde,
- der Prozentsatz oder Betrag jeder Hauptkategorie am beizulegenden Zeitwert des Planvermögens, und zwar für jede Hauptkategorie des Planvermögens, insbesondere für Eigenkapital- und Schuldinstrumente, Immobilien und alle anderen Vermögenswerte;
- die im beizulegenden Zeitwert des Planvermögens enthaltenen Beträge für:
  (i) jede Kategorie von eigenen Finanzinstrumenten des Unternehmens; und
  (ii) alle selbst genutzten Immobilien oder andere vom Unternehmen genutzten Vermögenswerte.
- der tatsächliche Ertrag aus Planvermögen,
- die wichtigsten zum Abschlussstichtag verwendeten versicherungsmathematischen Annahmen, einschließlich, sofern zutreffend:
  (i) der Rechnungszins;
  (ii) die erwartete Rendite aus Planvermögen für die im Abschluss dargestellte(n) Berichtsperiode(n);
  (iii) der erwartete Gehaltstrend;
  (iv) der erwartete Kostentrend für medizinische Versorgungsleistungen sowie
  (v) alle anderen verwendeten wesentlichen versicherungsmathematischen Annahmen.

Dabei muss die Überleitung für die DBO und für das Planvermögen nicht für vorangegangene Perioden offen gelegt werden. Tochtergesellschaften, die die Vereinfachungsregelungen für gemeinschaftliche Pläne für verbundene Unternehmen in Anspruch genommen haben, haben für den Plan als Ganzes alle obigen Offenlegungsvorschriften zu erfüllen.

IV. Angaben zu sonstigen langfristig fälligen Leistungen

50 Für jede Leistungsart ist eine Leistungsbeschreibung, die Höhe des Verpflichtungsumfangs sowie das Ausmaß der Bedeckung mit Planvermögen (*extent of funding*) anzugeben.

V. Angaben zu Leistungen aus Anlass der Beendigung des Arbeitsverhältnisses

51 Für jede Leistungsart ist eine Leistungsbeschreibung, die Bilanzierungsmethode, die Höhe des Verpflichtungsumfangs sowie das Ausmaß der Bedeckung mit Planvermögen anzugeben.

Wenn Unsicherheit über das Ausmaß der Inanspruchnahme solcher Leistungen besteht, handelt es sich um Eventualverbindlichkeiten (IFRS-SMEs Abschn. 28.44). Angaben hierzu sind gem. IFRS-SMEs Abschn. 21 vorzunehmen.

K. Vergleich mit IFRS und HGB

52

Regelung	IFRS (IAS 19)	IFRS SMEs	HGB
Verpflichtungen:			
– unmittelbare Verpflichtungen (Direktzusagen)	Bilanzierungspflicht für Leistungszusagen	Bilanzierungspflicht für Leistungszusagen	Bilanzierungspflicht nur für Pensionsverpflichtungen, die nach 1986 erteilt wurden; sonst: Bilanzierungswahlrecht
– mittelbare Verpflichtungen	Ggf. Behandlung als Beitragszusage möglich	Ggf. Behandlung als Beitragszusage möglich	Bilanzierungswahlrecht. Bei KapGes/GmbH & Co. mit Pflicht zur Offenlegung bei Deckungslücken
Erfassung in der Bilanz	Erfassung des Saldos aus DBO und Planvermögen vermutlich ab 2013. Derzeit drei Erfassungsmöglichkeiten für versicherungsmathematische Gewinne oder Verluste; Berücksichtigung eines *asset ceiling*	Erfassung des Saldos aus DBO und Planvermögen; Sofortige Erfassung von versicherungsmathematischen Gewinnen oder Verlusten in Gewinn oder Verlust oder im sonstigen Ergebnis; Berücksichtigung eines *asset ceiling*	Erfassung des Saldos aus DBO und Planvermögen; Sofortige Erfassung von versicherungsmathematischen Gewinnen und Verlusten in Gewinn oder Verlust; Ausschüttungssperre für Überdeckung bei vorliegen von Deckungsvermögen
Saldierung mit Planvermögen	Ja; eigene Definition von Planvermögen	Ja; keine Definition von Planvermögen	Ja; eigene »Definition« von Deckungsvermögen
Aufwandsspaltung in Gewinn oder Verlust in Finanz- und operatives Ergebnis	Möglich aber nicht zwingend	Keine Vorgaben	Zwingend
Erfassung past service cost in Gewinn oder Verlust	Derzeit bis Unverfallbarkeit der Anwartschaft	Sofort	Sofort
Bewertungsverfahren und -methodik (Verpflichtungen)	DBO ermittelt nach der *Projected Unit Credit Method* mit Annahmen nach *best estimate*	DBO ermittelt nach der *Projected Unit Credit Method* mit Annahmen nach *best estimate*; falls dies zu aufwändig ist, ist eine andere Methode zulässig bzw. es können bestimmte Annahmen entfallen	Keine Vorgabe eines Bewertungsverfahrens; es sind aber Annahmen nach *best estimate* vorgeschrieben; es gelten Sonderbewertungsvorschrift für wertpapiergebundene Verpflichtungen
Gemeinschaftliche Pläne bei verbundenen Unternehmen	Bei Leistungszusagen ist die Behandlung als Beitragszusage zulässig	Bei Leistungszusagen ist die Behandlung als Beitragszusage zulässig	Da es sich idR um mittelbare Verpflichtungen handelt: Bilanzierungswahlrecht
Rechnungszins	Stichtagsprinzip: Rendite hochwertiger festverzinsliche, währungs- und laufzeitkongruente Unternehmensanleihen (ggf. Staatsanleihen)	Stichtagsprinzip: Rendite hochwertiger festverzinsliche, währungs- und laufzeitkongruente Unternehmensanleihen (ggf. Staatsanleihen)	Durchschnittsprinzip: Durchschnitt über 7 Jahre gem. Vorgabe der Deutschen Bundesbank; Vereinfachungsregel: Verwendung der Rendite mit

Regelung	IFRS (IAS 19)	IFRS-SMEs	HGB
			einer Restlaufzeit von 15 Jahren
Offenlegung	Sehr umfangreich	Weniger umfangreich	Deutlich weniger umfangreich
Inkrafttreten/ Übergang	1998; Bei Erstanwendung: Direkte Erfassung des Differenzbetrages im Eigenkapital	Bei Erstanwendung: Direkte Erfassung des Differenzbetrages im Eigenkapital	Grds. 2010; Erfassung Differenzbetrag in Gewinn oder Verlust über max. 15 Jahre

Abschnitt 29
Ertragsteuer
(Income Tax)

Thomas Senger

Inhaltsverzeichnis

Schrifttum

Beiersdorf/Eierle/Haller, DB 2009, 1549ff.; *Beiersdorf/Morich*, KoR 2009, 1 ff.; *Fischer*, PIR 2009, 242 ff.; *Fülbier/Mages*, KoR 2007, 75 ff.; *Hoffmann*, in: *Lüdenbach/Hoffmann*, Haufe IFRS-Kommentar, 8. Aufl., Freiburg 2010; *Loitz*, DB 2008, 249 ff.; *Kirsch*, DStR 2007, 1268 ff.; *Kirsch*, PiR 2007, 239 ff.; *Leker/Mahlstedt/Kehrel*, KoR 2008, 379 ff.; *Loitz/Klevermann*, DB 2009, 409 ff.; *Meyer/Bornhofen/Homrighausen*, KoR 2005, 285 ff.; *Schulz-Danso*, in: Beck'sches IFRS-Handbuch, 3. Aufl., München 2009; *Pawelzik*, KoR 2006, 13 ff.; *Senger/Brune/Hoehne*, IRZ 2009, 289 ff.; *Simlacher/Schurbohm-Ebneth*, KoR 2009, 389 ff.; *von Eitzen/Helms*, BB 2002, 824 ff.; *Wagenhofer*, Internationale Rechnungslegungsstandards – IAS/IFRS, 5. Aufl., Stuttgart 2005; *Winkeljohann/Morich*, BB 2009, 1630 ff.

A. Allgemeines

Die Erfassung, Bewertung und Darstellung von Ertragsteuern stellt eines der komplizierteren Bilanzierungsprobleme des IFRS-SMEs-Abschlusses von kleinen und mittleren Unternehmen dar. Dies gilt insbesondere für die Bilanzierung latenter Ertragsteuern, die in vielen Fällen nach lokalen Rechnungslegungsnormen in geringerem Umfang und/oder nach abweichenden Konzepten ggü. dem IFRS-SMEs erfolgt. 1

Die Vorschriften des IFRS-SMEs Abschn. 29 folgen systematisch und konzeptionell den Regelungen zur Bilanzierung von Ertragsteuern der IFRS (IAS 12), wobei sämtliche Änderungsvorschlage an diesen Vorschriften, die zum Zeitpunkt der Veröffentlichung des IFRS-SMEs vorlagen, bereits in IFRS-SMEs Abschn. 29 umgesetzt wurden.

I. Anwendungsbereich

IFRS-SMEs Abschn. 29 erfasst die ertragsteuerlichen Konsequenzen in IFRS-Abschlüssen und dient der periodengerechten Abgrenzung des Steueraufwands, wodurch eine zutreffende Darstellung der Vermögens-, Finanz- und Ertragslage gewährleistet werden soll. Dabei grenzt IFRS-SMEs Abschn. 29.1 den sachlichen und IFRS-SMEs Abschn. 29.2 den zeitlichen Anwendungsbereich der Regelungen ab. 2

1. Sachliche Abgrenzung

Die Anwendung der Regelungen des IFRS-SMEs Abschn. 29 ist auf **Ertragsteuern** begrenzt. Nach dem Wortlaut des Standards sind unter diesen Begriff sämtliche in- und ausländischen Steuern zu fassen, die sich auf einen zu versteuernden Unternehmenserfolg als Steuerbemessungsgröße beziehen. In Deutschland sind dies neben der Körperschaft- und der Gewerbesteuer auch die Kapitalertrag- und andere effektiv wirkende Abgeltungs- oder Quellensteuern, die sich auf Unternehmenserträge beziehen, sowie Steuern, die ein Unternehmen für Ausschüttungen aus einem TU, einem assoziierten Unternehmen oder einem Gemeinschaftsunternehmen abzuführen hat. 3

Sonstige Abzugsteuern, Umsatz- und sonstige Steuern, Bußgelder, Säumnis- und Verspätungszuschläge sowie Steuern, die ein Unternehmen aus Haftungsgründen oder aufgrund vertraglicher Vereinbarung für Dritte abzuführen hat (zB Lohnsteuern), fallen nicht in den Anwendungsbereich des IFRS-SMEs Abschn. 29, auch wenn ihre Erfassung ergebniswirksam erfolgt. Die Bilanzierung dieser Steuern richtet sich nach den allgemeinen Vorschriften des Rahmenkonzepts bzw. nach dem IFRS-SMEs Abschn. 3. 4

In den Anwendungsbereich des IFRS-SMEs Abschn. 29 fallen auch **Steuerumlagen** innerhalb einer steuerlichen Organschaft, obwohl grundsätzlich nur Abgaben an Fiskalbehörden der Steuerdefinition genügen. Aus Gründen der wirtschaftlichen Betrachtungsweise und der Vergleichbarkeit (IFRS-SMEs Abschn. 2.11) hat nicht nur der eigentliche Steuerschuldner (also idR der steuerliche Organträger) Ertragsteuern nach Maßgabe der Regelungen in IFRS-SMEs Abschn. 29 auszuweisen. Auch die übrigen in den steuerlichen Organkreis einbezogenen Unternehmen weisen hingegen Ertragsteueraufwendungen bzw. Ertragsteuererträge aus der Umlage aus, die bei dem Organträger gegen die Erträge aus Ergebnisabführung zu verrechnen sind. Bedeutung hat dies jedoch nur im Einzelabschluss, da im Zuge der Aufwands- und Ertragskonsolidierung im Konzern die korrespondierenden Aufwendungen und Erträge bei den Konzerngesellschaften eliminiert werden (vgl. IFRS-SMEs-Komm., Teil B, Abschn. 9, Tz. 98 f.). 5

6 **Unsicherheiten** in Bezug auf Ertragsteuern (zB aufgrund von steuerlichen Betriebsprüfungen) führen konzeptionell nicht zu einem Ausschluss vom Anwendungsbereich der Regelungen des IFRS-SMEs Abschn. 29 und zum Ausweis einer Eventualschuld. Alle Steuerunsicherheiten sind vielmehr im Rahmen der Bewertung der auszuweisenden Ertragsteuerschulden bzw. -erstattungsansprüche zu berücksichtigen (im Einzelnen vgl. Tz. 83 ff.).

2. Zeitliche Abgrenzung

7 Zur periodengerechten Darstellung der ertragsteuerlichen Konsequenzen der wirtschaftlichen Aktivitäten eines Unternehmens in der Berichtsperiode umfasst der Anwendungsbereich nach dem IFRS-SMEs Abschn. 29.2 sowohl tatsächliche (*current taxes*) als auch latente Ertragsteuern (*deferred taxes*).

8 **Tatsächliche Ertragsteuern** umfassen dabei alle ertragsteuerlichen Konsequenzen, die nach Maßgabe der steuerrechtlichen Gewinnermittlungsvorschriften für laufende oder frühere Gewinnermittlungsperioden in den Jahresabschluss eines Unternehmens als Steuerschuld oder Steuererstattungsanspruch einfließen.

9 Die Abgrenzung **latenter Ertragsteuern** hingegen dient der Erfassung künftiger steuerlicher Konsequenzen, die sich bei der künftigen Realisierung eines Vermögenswerts oder der künftigen Erfüllung einer Schuld ergeben werden und damit zu einer Veränderung der zukünftigen Steuerschuld bzw. eines -erstattungsanspruchs führen. Dies umfasst auch die zukünftige Reduzierung der Steuerschuld durch die Verwertung von am Bilanzstichtag bestehenden und zukünftig nutzbaren steuerlichen Verlustvorträgen. Der Ausweis latenter Ertragsteuern trägt somit in erster Linie zu einer zutreffenderen Darstellung der Vermögenslage bei (im Einzelnen vgl. Tz. 99 ff.).

II. Terminologie

10 Bei der Anwendung der Regelungen in IFRS-SMEs Abschn. 29 sind folgende **Schlüsselbegriffe** zu unterscheiden, die im Glossar zum IFRS-SMEs definiert werden:

Das **handelsrechtliche Periodenergebnis vor Ertragsteuern** bezeichnet das in der IFRS-SMEs-Bilanz zum Abschlussstichtag ausgewiesene Ergebnis vor Abzug von Ertragsteuern. Der in der IFRS-SMEs-Bilanz ausgewiesene Steueraufwand/-ertrag setzt sich aus den Aufwendungen und Erträgen für tatsächliche Ertragsteuern und latente Steuern zusammen, die für die Ermittlung des handelsrechtlichen Periodenergebnisses nach Steuern maßgeblich sind. Das **zu versteuernde Ergebnis** (*taxable profit*) ist das zu versteuernde Einkommen, das der Steuerermittlung auf Basis der Steuerbilanz und der außersteuerbilanziellen Hinzurechnungen (nicht abzugsfähige Ausgaben) und Kürzungen (steuerfreie Einnahmen) zugrunde gelegt wird. Die nach der Steuerermittlung für die laufende oder frühere Perioden geschuldeten oder erstattungsfähigen Ertragsteuern werden als **tatsächliche Ertragsteuern** definiert (hierzu vgl. Tz. 15).

11 Als **Steuerbasis** wird der Betrag bezeichnet, der einem Vermögenswert, einer Schuld oder einem Eigenkapitalinstrument unter Zugrundelegung der gültigen steuerlichen Ansatz- und Bewertungsregelungen beigemessen wird. Für deutsche Unternehmen lässt sich die Steuerbasis idR direkt aus der Steuerbilanz bzw. aus einer aus der HGB-Bilanz abgeleiteten Überleitungsrechnung übernehmen (zu Problemen und Einschränkungen vgl. Tz. 40).

12 Der in der IFRS-SMEs-Bilanz ausgewiesene Buchwert und die Steuerbasis eines Vermögenswerts oder einer Schuld können aufgrund unterschiedlicher Bilanzierung oder Bewertung sowie als Folge von Konsolidierungsmaßnahmen voneinander abweichen. Der Unterschieds-

betrag wird, sofern er sich in einem zukünftigen Geschäftsjahr auflöst, als **temporäre Differenz** bezeichnet. Die Auflösung der temporären Differenz kann zB durch die Realisierung des Buchwerts eines Vermögenswerts oder durch die Erfüllung einer Schuld erfolgen. Je nach Art der Differenz kann aus ihnen in zukünftigen Perioden eine Erhöhung oder eine Verminderung des zu versteuernden Ergebnisses resultieren. Unterschiedliche Wertansätze zwischen der IFRS-SMEs- und der Steuerbilanz führen jedoch nach dem Konzept des IFRS-SMEs Abschn. 29 nur dann zu einer Abgrenzung latenter Steuern, wenn der Sachverhalt, welcher der Differenz zugrunde liegt, zukünftig eine steuerliche Wirkung entfaltet (ausführlich vgl. Tz. 44 ff.).

13 Bilanziell zu differenzieren ist darüber hinaus zwischen **latenten Steuerschulden**, also solchen gegenwärtigen Verpflichtungen aus Ertragsteuern, die aus zu versteuernden temporären Differenzen resultieren und bei Auflösung der Differenzen in zukünftigen Geschäftsjahren zahlbar werden, und **latenten Steueransprüchen**, also Forderungen, die sich aus abzugsfähigen temporären Differenzen oder aus nicht genutzten steuerlichen Verlust- oder Zinsvorträgen bzw. nicht genutzten Steuervergünstigungen ergeben (hierzu vgl. Tz. 55 ff.).

B. Bilanzierungsschritte

I. Übersicht

14 Bei der Konzeption des IFRS-SMEs hat der IASB die Erfahrungen aus der Anwendung des IAS 12 »Ertragsteuern« der IFRS berücksichtigt. In diesem Zusammenhang wurden von den Anwendern insbesondere die Komplexität der Regelungen sowie Schwierigkeiten in der Umsetzung der Regelungen moniert (vgl. IFRS-SMEs BC 121). Vor diesem Hintergrund ist die Entscheidung des Boards zu sehen, in IFRS-SMEs Abschn. 29 ein »**Ablaufschema**« für die Bilanzierung von Ertragsteuern zu integrieren. Dieses Schema wird in IFRS-SMEs Abschn. 29.3 dargestellt und determiniert den Aufbau des Abschnitts anschließend insofern, als dass die dort beschriebenen Schritte zur Bilanzierung von Ertragsteuern im weiteren Text konkretisiert werden.

Im Einzelnen werden die folgenden **neun Einzelschritte** bei der Berücksichtigung von tatsächlichen und latenten Ertragsteuern im IFRS-SMEs-Abschluss unterschieden:

Schritt	Inhalt	Detailvorschriften in IFRS-SMEs
(a)	Erfassung der tatsächlichen Steuern, bewertet unter Berücksichtigung von Steuerunsicherheiten	Abschn. 29.4-8 (ergänzend Abschn. 29.23–25)
(b)	Identifizierung von Vermögenswerten und Schulden, deren Realisierung einen Einfluss auf die Höhe zukünftiger Ertragsteuern hat	Abschn. 29.9-10
(c)	Bestimmung der Steuerbasis zum Ende der Berichtsperiode - der unter (b) identifizierten Vermögenswerte und Schulden - anderer Sachverhalte ohne derzeitigen Bilanzbezug (zB Aufwendungen und Erträge mit zukünftiger Auswirkung auf Ertragsteuern)	Abschn. 29.11-13
(d)	Ermittlung der temporären Differenzen, ungenutzten steuerlichen Verlustvorträge und ungenutzten Steuergutschriften	Abschn. 29.14
(e)	Ansatz der aus diesen Sachverhalten resultierenden aktiven und passiven latenten Steuern	Abschn. 29.15-17

Schritt	Inhalt	Detailvorschriften in IFRS-SMEs
(f)	Bewertung der aktiven und passiven latenten Steuern unter Berücksichtigung von Steuerunsicherheiten und unter Zugrundelegung der Steuersätze, die auf der Basis der geltenden oder materiell verabschiedeten Steuergesetze wahrscheinlich zum Zeitpunkt der künftigen Steuerauswirkung maßgeblich sein werden	Abschn. 29.18-.20 (ergänzend Abschn. 29.23-.25)
(g)	Erfassung einer Wertberichtigung auf aktive latente Steuern, die dazu führt, dass der ausgewiesene Nettobetrag dem höchsten wahrscheinlich zu zahlenden/ erhaltenden Ertragsteuerbetrag entspricht	Abschn. 29.21-.22
(h)	Zuordnung der tatsächlichen bzw. latenten Ertragsteuern zu den entsprechenden Posten in GuV, OCI und Eigenkapital	Abschn. 29.27
(i)	Angabe und Darstellung der geforderten Informationen in den Jahresabschlussbestandteilen	Abschn. 29.28-.32

Tab. 1: Einzelschritte der Bilanzierung von Ertragsteuern nach dem IFRS-SMEs Abschn. 29

II. Erfassung tatsächlicher Ertragsteuern

15 Den Schwerpunkt der Regelungen zur Bilanzierung und Darstellung von Ertragsteuern bildet die Abgrenzung latenter Steuern. Demgegenüber erscheint die Erfassung und Bewertung von tatsächlichen Ertragsteuern vergleichsweise unproblematisch. Entsprechend wird in IFRS-SMEs Abschn. 29.4 und IFRS-SMEs Abschn. 29.5 der Ansatz, in IFRS-SMEs Abschn. 29.6 (iVm. IFRS-SMEs Abschn. 29.23-.25) die Bewertung und in IFRS-SMEs Abschn. 29.7 und IFRS-SMEs Abschn. 29.8 die Darstellung tatsächlicher Ertragsteuern als erster Schritt der Ertragsteuerbilanzierung eher kurz abgehandelt.

1. Ansatzvorschriften

16 Geschuldete Ertragsteuern, deren Entstehung auf die laufende oder eine frühere Berichtsperiode zurückzuführen ist, sind als **kurzfristige Ertragsteuerschuld** gemäß IFRS-SMEs Abschn. 29.4 bilanziell zu erfassen. Übersteigt der vom Unternehmen bisher tatsächlich gezahlte Steuerbetrag die sich auf Basis des steuerpflichtigen Ergebnisses ergebende Steuerschuld, so ist der daraus resultierende tatsächliche Steueranspruch als **kurzfristiger Vermögenswert** zu aktivieren. Eine Steuerschuld bzw. ein Steueranspruch ist demnach dann zu erfassen, wenn sich aus gegenwärtigen Ansprüchen oder Schulden wahrscheinlich ein Mittelzufluss bzw. Mittelabfluss ergibt und sich dessen Höhe verlässlich ermitteln lässt (Vermögenswert iSv. IFRS-SMEs Abschn. 2.37 bzw. Schuld iSv. IFRS-SMEs Abschn. 2.39). Hierunter fallen beispielsweise Steuervorauszahlungen für das aktuelle Geschäftsjahr, Zuführungen zu den Steuerschulden und Steuerrückstellungen, periodenfremder Steueraufwand für zurückliegende Geschäftsjahre, Erträge aus Steuererstattungen aufgrund geänderter Steuerbescheide sowie Erträge aus der Auflösung nicht benötigter Ertragsteuerrückstellungen.

17 Ebenfalls im Rahmen der Beurteilung einer Ansatzpflicht zu berücksichtigen sind nach dem IFRS-SMEs Abschn. 29.5 steuerliche Vorteile aus einer Erstattung tatsächlicher Ertragsteuern einer früheren Periode im Zuge der **Nutzung eines körperschaftsteuerlichen Verlustrücktrags** nach § 10 d Abs. 1 EStG iVm. § 8 Abs. 1 KStG. Eine hieraus resultierende Aktivierung darf frühestens in der Berichtsperiode erfolgen, in welcher der rücktragsfähige steuerliche Verlust entsteht.

Die Erfassung tatsächlicher Ertragsteuerschulden bzw. -erstattungsansprüche für das abgelaufene Geschäftsjahr bzw. frühere Perioden ist dabei grundsätzlich **ergebniswirksam** vorzunehmen. 18

Gemäß der Konzeption der Bilanzierung von Ertragsteuern nach dem IFRS-SMEs Abschn. 29 sind die Auswirkungen von **Steuerunsicherheiten** (zB aus einer aktuell durchgeführten bzw. später anstehenden steuerlichen Betriebsprüfung) nicht im Rahmen der Beurteilung einer Ansatzpflicht zu berücksichtigen. Vielmehr erfolgt ihre Berücksichtigung im Zusammenhang mit der Bewertung der anzusetzenden tatsächlichen Ertragsteuerschulden bzw. -forderungen. Insoweit unterscheiden sich die Regelungen des IFRS-SMEs konzeptionell deutlich von der derzeit vorgeschriebenen Vorgehensweise innerhalb der IFRS. 19

2. Bewertungsvorschriften

Die Bewertung der ansatzpflichtigen Schulden bzw. Erstattungsansprüche aus tatsächlichen Ertragsteuern erfolgt gemäß IFRS-SMEs Abschn. 29.6 auf der Grundlage der für das Unternehmen zum Bilanzstichtag geltenden Steuergesetze mit dem Betrag des **erwarteten Mittelabflusses**. Ergänzend sind die Bewertungsvorschriften des IFRS-SMEs Abschn. 29.23-.25 zu berücksichtigen, die gleichermaßen für tatsächliche wie für latente Ertragsteuern gelten. 20

Die Frage, welche Steuerarten zur Berechnung der Steuerschuld bzw. eines entsprechenden Erstattungsanspruchs herangezogen werden müssen, ist rechtsformspezifisch zu beantworten. Für deutsche **Kapitalgesellschaften** ist im Wesentlichen die KSt, die Zinsabschlagsteuer, der Solidaritätszuschlag sowie die Gewerbeertragsteuer zu berücksichtigen. Darüber hinaus sind die entsprechenden ausländischen Steuern, für die deutsche Fiskalbehörden eine Steueranrechnung oder einen Abzug von der Bemessungsgrundlage vorsehen, zu berücksichtigen (§§ 34 c EStG, 26 KStG). Für **Personengesellschaften** (einschließlich KapCo-Gesellschaften) und Einzelunternehmen ist demgegenüber nur eine Belastung mit Gewerbeertragsteuer bei der Bewertung heranzuziehen. 21

Die Bewertung tatsächlicher **Körperschaftsteuer**schulden bzw. -ansprüche ist nach Maßgabe der steuerlichen Gewinnermittlungsvorschriften der §§ 4 bis 7 k EStG vorzunehmen, die über § 8 Abs. 1 KStG unter Berücksichtigung nicht abziehbarer Aufwendungen (§§ 4 Abs. 5 und 3 c EStG, §§ 10, 9 Abs. 1 Nr. 2 Satz 2 KStG), verdeckter Gewinnausschüttungen (§ 8 Abs. 3 KStG) und steuerfreier Erträge (§ 3 EStG, § 8 b Abs. 1 und 2 KStG sowie ggf. Doppelbesteuerungsabkommen) bei der Ermittlung des zu versteuernden Einkommens zugrunde zu legen sind. **Gewerbeertragsteuer**schulden oder -ansprüche werden ebenfalls auf der Grundlage der einkommensteuerrechtlichen Gewinnermittlungsvorschriften bemessen. Zusätzlich sind allerdings die Hinzurechnungen des § 8 GewStG und die Kürzungen des § 9 GewStG sowie die Gewerbesteuerhebesätze der hebeberechtigten Gemeinden, in denen das Unternehmen tätig ist, bei der Bewertung zu berücksichtigen. 22

In die Bemessungsgrundlage für die Berechnung tatsächlicher Ertragsteuern fließen bei **Ausschüttungen** von in- und ausländischen Beteiligungen 40 % des Ausschüttungsbetrags ein, sofern es sich bei den Anteilseignern um natürliche Personen oder Personengesellschaften handelt (§§ 3 Nr. 40, 40 a EStG). Demgegenüber sind gemäß § 8b Abs. 1 KStG Ausschüttungen sowohl inländischer als auch ausländischer Kapitalgesellschaften an andere Kapitalgesellschaften unabhängig von der Beteiligungsquote und der Haltezeit der Anteile grundsätzlich steuerfrei. Allerdings kann die generelle Freistellung ausländischer Dividenden durch die Hinzurechnungsbesteuerung gemäß §§ 7 ff. AStG eingeschränkt sein. Darüber hinaus ist § 8 b Abs. 5 KStG zu beachten, wonach 5 % der Ausschüttungen eines Tochterunternehmens an ein Mutterunternehmen als nicht abzugsfähige Betriebsausgaben gelten. Dies hat zur Folge, dass nur 95 % der Dividenden steuerfrei sind. Dies gilt gemäß § 8b Abs. 6 KStG auch für den Fall, dass die Anteile an einer Kapitalgesellschaft über eine Personengesellschaft gehalten werden, soweit 23 eine Körperschaft, Personenvereinigung oder Vermögensmasse solche Gewinnausschüttungen im Rahmen ihres Gewinnanteils erhält.

24 Auch Gewinne aus einer **Veräußerung** von in- und ausländischen Beteiligungen durch eine Kapitalgesellschaft sind nach § 8 b Abs. 2 und 3 KStG grundsätzlich zu 95% von der KSt befreit, ebenso Gewinne aus der Liquidation der Kapitalgesellschaft oder der Herabsetzung ihres Nennkapitals. Veräußerungsverluste und Teilwertabschreibungen (§ 8b Abs. 3 KStG) sowie Wertaufholungen (§ 8 b Abs. 2 KStG) sind steuerlich ebenfalls nicht zu berücksichtigen. Gewinne aus der Veräußerung von Anteilen an Personengesellschaften werden zu 40% als steuerfrei behandelt.

25 Basis zur Berechnung der Beträge von tatsächlichen Ertragsteuerschulden oder -ansprüchen sind gemäß IFRS-SMEs Abschn. 29.6 die derzeitig **gültigen Steuergesetze** zum Bilanzstichtag. Änderungen dieser Steuergesetze sind zu berücksichtigen, soweit das materielle Gesetzgebungsverfahren abgeschlossen ist (der Standard bezeichnet diese Steuergesetze als *substantively enacted*) und die geänderten Vorschriften Anwendung auf die zu bilanzierenden tatsächlichen Steuern finden und damit Einfluss auf den zu zahlenden oder zu erhaltenen Steuerbetrag haben werden. Als substantively enacted gilt ein Steuergesetz nach Auffassung des IASB, wenn die noch ausstehenden (formalen) Gesetzgebungsschritte erfahrungsgemäß keinen Einfluss mehr auf den Inhalt der geplanten Vorschriften haben werden. In Deutschland wird hiervon idR ausgegangen, wenn bei einfachen Gesetzen auf Bundes- oder Landesebene das Parlament über die Änderung abgestimmt hat. Bei zustimmungspflichtigen Bundesgesetzen gilt die Voraussetzung mit der Zustimmung des Bundesrates als erfolgt. Diese Beurteilung ist gleichermaßen für tatsächliche und latente Steuern durchzuführen. Von materieller Bedeutung ist sie – ungeachtet der expliziten Erwähnung in IFRS-SMEs Abschn. 29.6 – jedoch nur im Zusammenhang mit latenten Steuern, bei denen eine Steueränderung in der Zukunft zum Tragen kommt (im Einzelnen vgl. Tz. 38). Bei tatsächlichen Ertragsteuern ist regelmäßig davon auszugehen, dass, aufgrund ihrer Entstehung in der Vergangenheit, zukünftige Steueränderungen keinen Einfluss auf die Höhe des auszuweisenden Betrags haben werden.

26 Forderungen und Schulden aus tatsächlichen Ertragsteuern werden idR als kurzfristig auszuweisen sein, da mit ihrem Ausgleich innerhalb der nächsten zwölf Monate zu rechnen ist. Gleichwohl ist im Einzelfall bei der Bewertung längerfristiger Beträge das **Abzinsungsverbot** des IFRS-SMEs Abschn. 29.23 zu beachten.

27 Bei der Bewertung tatsächlicher Ertragsteuern sind nach dem IFRS-SMEs Abschn. 29.8 auch **Steuerunsicherheiten** in Bezug auf die ausgewiesenen Ertragsteuerkomponenten zu berücksichtigen. Unsicherheiten bzgl. der Ergebnisse zB steuerlicher Betriebsprüfungen führen damit nicht zu Eventualschulden (*contingencies*) im Zusammenhang mit der Beurteilung des Ansatzes von Ertragsteuern, sondern wirken auf die Höhe der ausgewiesenen Steuerschulden bzw. -ansprüche aus tatsächlichen Steuern. IFRS-SMEs Abschn. 29.24 legt fest, dass im Rahmen der Bewertung der wahrscheinlichkeitsgewichtete durchschnittliche Betrag aus dem Ergebnis der unsicheren Ereignisse berücksichtigt werden soll. Ändert sich diese Gewichtung aufgrund neuer Informationen, so ist die Bewertung anzupassen. Wird jedoch auf Basis der bereits verfügbaren Informationen eine Neueinschätzung vorgenommen, ist die Bewertung nicht anzupassen. Dieses Konzept der Berücksichtigung von Steuerunsicherheiten, das sich deutlich von der bisherigen Vorgehensweise in den IFRS unterscheidet, stößt in der Praxis auf einige relevante Anwendungsprobleme. Diese sind im Zusammenhang mit der Darstellung latenter Steuern, bei deren Bewertung Steuerunsicherheiten gleichermaßen zu berücksichtigen sind, unter Tz. 83 ff. ausführlich dargestellt.

28 Schließlich geht IFRS-SMEs Abschn. 29.25 auf den Einfluss **verwendungsspezifischer Steuersätze** bei Ausschüttungen bzw. Thesaurierung von Gewinnen ein und legt fest, dass im Fall der Existenz solcher unterschiedlichen Steuersätze die Bewertung zunächst auf der Basis einer unterstellten Thesaurierung erfolgen soll. Erst wenn ein Ausschüttungsbeschluss vorliegt, aufgrund dessen eine Dividendenverbindlichkeit ausgewiesen wird, erfolgt die Anpassung der Bewertung unter Berücksichtigung des Ausschüttungssteuersatzes.

3. Ausweis

Der Ausweis von tatsächlichen Steueransprüchen in der **Bilanz** erfolgt separat als sonstiger Vermögenswert. Entsprechend sind tatsächliche Ertragsteuerschulden separat als Steuerverbindlichkeiten auszuweisen (IFRS-SMEs Abschn. 29.4). Der Ausweis ist getrennt von latenten Steuerposten vorzunehmen. Eine Unterscheidung zwischen Steuerrückstellungen und Steuerverbindlichkeiten enthält der IFRS-SMEs nicht. Somit sind sowohl unsichere als auch feststehende Steuerschulden in der gleichen Bilanzposition auszuweisen. Im Rahmen der Fristigkeitendarstellung ist jedoch gemäß IFRS-SMEs Abschn. 4.4 eine separate Darstellung langfristiger und kurzfristiger Steueransprüche und -schulden vorzunehmen. 29

Die Möglichkeit einer Saldierung von tatsächlichen Ertragsteuerschulden mit entsprechenden Ansprüchen und der daraus resultierende Ausweis einer Saldogröße sind für sämtliche Ertragsteuern einheitlich in IFRS-SMEs Abschn. 29.29 geregelt. Insoweit wird auf die Ausführungen unter Tz. 101 verwiesen. 30

In der **Gewinn- und Verlustrechnung** (IFRS-SMEs Abschn. 3.17(b)) erfolgt der Ausweis tatsächlicher Ertragsteueraufwendungen und -erträge gemeinsam mit den Aufwendungen und Erträgen aus latenten Steuern unter dem Posten »Ertragsteueraufwand« (IFRS-SMEs Abschn. 5.5(d)), sodass insgesamt eine Saldogröße ausgewiesen wird. Gleiches gilt für den Fall, dass ein Unternehmen für die Gesamtergebnisrechnung nach dem IFRS-SMEs Abschn. 3.17(a) die Darstellung nach dem *single statement approach* wählt (vgl. IFRS-SMEs-Komm., Teil B, Abschn. 5, Tz. 7 f.). Übersteigen tatsächliche und latente Steuererstattungen die entsprechenden Aufwendungen, so ist insgesamt ein Steuerertrag auszuweisen (IFRS-SMEs Abschn. 29.7). Tatsächliche Ertragsteueraufwendungen bzw. -ansprüche, die auf das Ergebnis eines aufgegebenen Geschäftbereichs entfallen, sind nach Maßgabe des IFRS-SMEs Abschn. 5.5(e) dem für aufgegebene Geschäftsbereiche vorgeschriebenen separaten Erfolgsposten zuzuordnen. Die auf Steuerzahlungen entfallenden Straf- oder Verzugszinsen sind hingegen nicht im Steueraufwand, sondern im Zinsergebnis auszuweisen.

Der IFRS-SMEs enthält – ebenso wie die IFRS – keine Regelungen in Bezug auf die Bilanzierung von tatsächlichen Ertragsteuern bei Vorliegen von **steuerlichen Organschaften**. Deshalb ist in diesem Zusammenhang auf das Rahmenkonzept zurückzugreifen und die Darstellung am wirtschaftlichen Gehalt auszurichten (IFRS-SMEs Abschn. 2.8). Im Rahmen einer steuerlichen Organschaft fällt der tatsächliche Ertragsteueraufwand bzw. -ertrag grundsätzlich beim Organträger an, da dieser Steuerschuldner für denjenigen Teil der Ertragsteuern ist, der auf den ihm zuzurechnenden Gewinn entfällt. Das Vorliegen einer körperschaft- und gewerbesteuerlichen Organschaft setzt gemäß § 14 KStG bzw. § 2 Abs. 2 Satz 2 GewStG einen Gewinnabführungsvertrag sowie die finanzielle Eingliederung der Organgesellschaft in das Unternehmen des Organträgers voraus, wobei die Zurechnung des Organeinkommens zum Organträger steuerlich erstmalig im Jahr des Wirksamwerdens des Ergebnisabführungsvertrages möglich ist (§ 14 Abs. 1 Satz 2 KStG). Deshalb kommt es regelmäßig nicht zu einem Auseinanderfallen der IFRS- und der steuerlichen Beurteilung. Unter Berücksichtigung der wirtschaftlichen Betrachtungsweise erfolgt die Bilanzierung bei steuerlichen Organschaften im Umlageverfahren. Danach sind die im Organverbund anfallenden Steuern den Organmitgliedern unabhängig von ihrem rechtlichen Anfall nach einer wirtschaftlich sinnvollen Aufteilungsmethode zuzuordnen (vgl. Loitz, DB 2009, 412). Im Einzelabschluss des Organträgers sind der Ertrag aus der Organumlage und Erträge aufgrund eines Gewinnabführungsvertrags unter Berücksichtigung der weiterbelasteten Steuerumlagen im Finanzergebnis auszuweisen. Im Einzelabschluss der Organgesellschaft erfolgt der Ausweis der über die Organumlage weiterbelasteten Steuern unter dem Posten »Steueraufwendungen«. Vor dem Hintergrund, dass es sich bei dem Umlagebetrag aufgrund der fehlenden Zahlungsverpflichtung an eine Fiskalbehörde nicht um Ertragsteuern ieS handelt, sollte ein gesonderter Ausweis des Umlagebetrags innerhalb der Ertragsteuern entweder in der Gesamtergebnisrechnung oder innerhalb der Anhangsangaben vorgenommen werden. Dagegen werden im Konzernabschluss die Steuerumlagen bei den Organgesellschaf- 31 ten und die korrespondierenden Beträge beim Organträger im Rahmen der Aufwands- und Ertragskonsolidierung eliminiert.

III. Identifizierung möglicher Quellen latenter Steuern

32 Während die Bilanzierung tatsächlicher Ertragsteuern in der ersten Stufe des Vorgehensschemas in IFRS-SMEs Abschn. 29.3 vollständig abgehandelt wird, wurde die Vorgehensweise zur Bilanzierung latenter Ertragsteuern aufgrund der höheren Komplexität insbesondere der Ermittlung in mehrere Stufen aufgeteilt.

1. Ziele der Abgrenzung latenter Steuern

33 Zentrale Zielsetzung der Abgrenzung latenter Steuern in allen Rechnungslegungssystemen ist die **zutreffende Darstellung der Vermögenslage** des berichtenden Unternehmens. Das dynamische Bilanzkonzept des IFRS-SMEs bildet dabei die zukünftigen Vermögensvorteile und -lasten ab, die sich aus der Nutzung von Vermögenswerten und der Begleichung von Schulden ergeben. Durch den Ansatz aktiver und passiver latenter Steuern sollen den Nutzern des Jahresabschlusses Informationen über die zukünftigen Steuerminderungen bzw. -belastungen aus Transaktionen, Ereignissen und Bewertungseinflüssen, die bereits in den Jahresabschluss oder in die Steuerberechnung eingeflossen sind, zur Verfügung gestellt werden.

34 Auch wenn gemäß des vom IASB verwendeten *asset/liability approach* die zutreffende Darstellung in der Bilanz im Vordergrund steht, führt die Abgrenzung latenter Steuern zusätzlich auch zum Ausweis **eines am IFRS-SMEs-Ergebnis orientierten Steueraufwands/-ertrags**. Dabei geht der Board von einer strikten Trennung zwischen der steuerlichen und der handelsrechtlichen Gewinnermittlung aus, wie sie vor allem in angelsächsischen Rechtskreisen üblich ist. Damit können Unterschiede in Bezug auf Ansatz- und Bewertungsregeln zu deutlich unterschiedlichen Ansätzen in der IFRS-SMEs-Bilanz einerseits und der Steuerbilanz andererseits führen. Der aufgrund des zu versteuernden Einkommens in der Steuerbilanz ermittelte Steueraufwand steht dann in keinem unmittelbaren Zusammenhang mit dem Vorsteuerergebnis nach dem IFRS-SMEs. Die Abgrenzung latenter Steuern kompensiert die Bilanzierungs- und Bewertungsunterschiede zwischen beiden Rechnungslegungskreisen in Bezug auf die ertragsteuerlichen Auswirkungen und passt den Ertragsteueraufwand an das IFRS-SMEs-Ergebnis vor Ertragsteuern an. Im Ergebnis wird damit im Weiteren der Ertragsteueraufwand ausgewiesen, der sich für die Ertragsteuern auf Basis des Ergebnisses vor Steuern des IFRS-SMEs ergäbe. Damit verbunden ist auch die Möglichkeit der Ermittlung einer aussagefähigen Zahl für die (Konzern-)Steuerquote des berichtenden Unternehmens.

2. Das Grundkonzept der Steuerabgrenzung

35 Der Abgrenzung latenter Ertragsteuern nach dem IFRS-SMEs liegt – ebenso wie nach IFRS und HGB nach BilMoG – ausschließlich das bilanzorientierte Temporary-Konzept zugrunde. Bei diesem Konzept sollen zunächst diejenigen **Vermögenswerte und Schulden identifiziert** werden, bei denen davon auszugehen ist, dass sie im Zeitpunkt ihrer (zukünftigen) Realisierung den steuerlichen Gewinn beeinflussen. Die Realisation eines Vermögenswerts kann dabei sowohl über einen längeren Zeitraum durch Abnutzung als auch in einem Zeitpunkt durch eine Veräußerung erfolgen. Analog kann die Realisation einer Schuld kontinuierlich über einen längeren Zeitraum oder in voller Höhe durch Tilgung erfolgen.

Obwohl IFRS-SMEs Abschn. 29.3(b) dem Wortlaut nach von einer steuerlichen Gewinnsituation ausgeht (*taxable profit*) ist inhaltlich auch eine steuerliche Verlustsituation mit abgedeckt, da es sonst zu Verwerfungen in Bezug auf die Höhe zukünftiger steuerlicher Verlustvorträge käme. Letztlich ist es jedoch gleichgültig, ob eine Beeinflussung der zukünftigen Ertragsteuer über eine Minderung oder Erhöhung der tatsächlichen Steuer einer späteren Periode oder über eine Minderung oder Erhöhung eines zukünftigen steuerlichen Verlustvortrags erfolgt, da auch letzterer zu einer Auswirkung auf die tatsächliche Steuer in einer noch späteren Periode führt.

36 IFRS-SMEs Abschn. 29.9 legt zunächst das **Grundprinzip bei der Abgrenzung latenter Ertragsteuern** fest. Demnach ist ein Vermögenswert bzw. eine Schuld für solche Ertragsteuern zu erfassen, die zukünftig zu zahlen bzw. im Rahmen einer Steuererstattung zu erhalten sind, soweit diese Beträge das Ergebnis von Transaktionen oder Ereignissen in der laufenden Berichtsperiode bzw. einer früheren Periode sind. Dabei können diese latenten Steuerschulden oder -ansprüche zum einen aus temporären Differenzen zwischen den Wertansätzen in der IFRS-SMEs- und der Steuerbilanz resultieren (zu Begriff und Ermittlung temporärer Differenzen vgl. Tz. 44 ff.). Zum anderen kann die Aktivierung von latenten Ertragsteuern aufgrund bisher ungenutzter steuerlicher Verlustvorträge bzw. Steuergutschriften geboten sein. Damit lassen sich grafisch die folgenden Ursachen der Bilanzierung latenter Steuern unterscheiden:

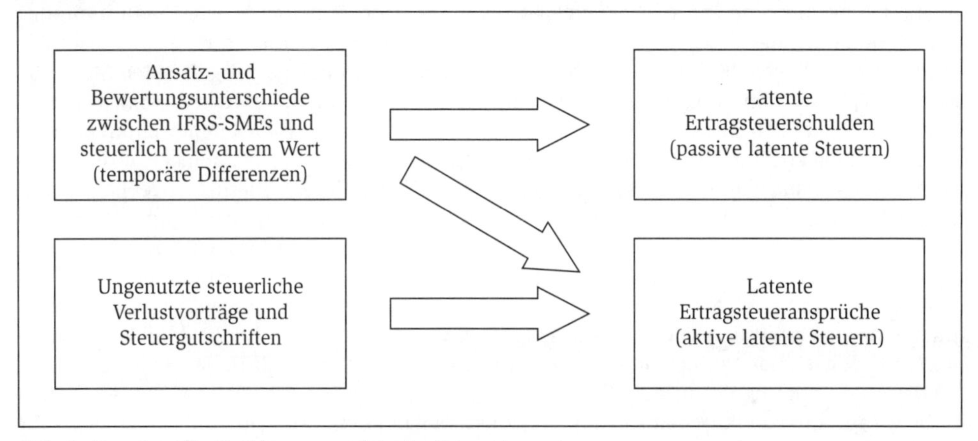

Abb. 1: Ursachen für die Abgrenzung latenter Ertragsteuern

37 Hat hingegen eine zukünftige Realisierung eines in der IFRS-SMEs-Bilanz aktivierten Vermögenswerts oder einer dort passivierten Schuld keine Auswirkung auf die steuerliche Bemessungsgrundlage, wird also die Höhe der zukünftigen Ertragsteuern nicht beeinflusst, ist nach dem *temporary concept* insoweit auch keine latente Steuer zu erfassen. IFRS-SMEs Abschn. 29.10 stellt deshalb klar, dass die Ansatzvorschriften in IFRS-SMEs Abschn. 29.11-.17 sich nur auf Vorgänge und Sachverhalte beziehen, die durch eine Beeinflussung der zukünftigen steuerlichen Bemessungsgrundlage oder über eine Änderung der Steuerbasis zu einer zukünftigen Änderung der Ertragsteuern führen werden.

> *Beispiel:*
> Veräußerungsgewinne bei Anteilen an Kapitalgesellschaften sind grundsätzlich steuerfrei (§ 8 a Abs. 2 KStG, unter Vernachlässigung der Pflichtbesteuerung in Höhe von 5%). Die Realisation dieser Vermögenswerte hat deshalb keine Auswirkung auf die Höhe zukünftiger Ertragsteuern. Deshalb sind auf unterschiedliche Wertansätze für diese Beteiligungen in der IFRS-SMEs-Bilanz und der Steuerbilanz des berichtenden Unternehmens nach dem *temporary concept* keine latenten Steuern abzugrenzen.

Zur Operationalisierung dieses Grundprinzips für den Ansatz latenter Steuern ist nach dem Ablaufschema des IFRS-SMEs Abschn. 29.3 in den folgenden Schritten zunächst die Steuerbasis für die betroffenen Vermögenswerte, Schulden oder sonstige Vorgänge festzulegen, um auf dieser Basis im nächsten Schritt die Existenz bzw. Höhe von temporären Differenzen, ungenutzten steuerlichen Verlustvorträgen und Steuergutschriften ermitteln zu können.

IV. Bestimmung der Steuerbasis

38 Grundlage der Steuerabgrenzung ist der Buchwertvergleich von Vermögenswerten, Schulden und anderen Sachverhalten zwischen dem IFRS-SMEs-Abschluss einerseits und dem steuerlich zu berücksichtigenden Wert derselben Sachverhalte andererseits. Die Ermittlung dieser Werte, die als Steuerbasis (*tax basis*) bezeichnet werden, ist damit die Voraussetzung sowohl für den Ansatz als auch für die Bewertung von latenten Ertragsteuern. Regelungen zur Bestimmung der Steuerbasis sind in IFRS-SMEs Abschn. 29.11-.13 enthalten.

Konzeptionell ist bei der Abgrenzung latenter Steuern die Steuerbasis heranzuziehen, die sich auf der Basis der zum zukünftigen Realisationszeitpunkt geltenden Steuergesetzgebung ergibt. In der Praxis ist eine solche detaillierte Prognose jedoch nicht möglich. Die Bestimmung der Steuerbasis eines Vermögenswerts, einer Schuld oder eines steuerlich relevanten Sachverhalts hat deshalb gemäß IFRS-SMEs Abschn. 29.11 auf der Grundlage der **geltenden Steuergesetze** zu erfolgen. Absehbare **Änderungen dieser Gesetze** sind zu berücksichtigen, wenn sie materiell verbindlich beschlossen (*substantively enacted*) sind. Ab welchem Zeitpunkt diese Voraussetzung erfüllt ist, richtet sich nach den Regelungen der jeweiligen lokalen Jurisdiktion. Da in Deutschland die Steuergesetzgebung im Bereich der Ertragsteuern maßgeblich in den Zuständigkeitsbereich des Bundes fällt, die Bundesländer aufgrund der Aufteilung des Steueraufkommens jedoch im Rahmen des Bundesrates Änderungen zustimmen müssen, ist von einem verbindlichen Beschluss von Steuergesetzänderungen bei zustimmungspflichtigen Gesetzen erst mit erfolgter Zustimmung des Bundesrates bzw. einer Einigung zwischen diesen Kammern im Vermittlungsausschuss auszugehen. Diese Sichtweise, die für die IFRS gleichermaßen Gültigkeit hat, wurde vom IASB inzwischen bestätigt (vgl. IASB-Update Feb. 2005).

39 Diese Bestimmung der maßgeblichen Steuergesetzgebung bei der Bestimmung der Steuerbasis wird in ihrer praktischen Anwendung allerdings mit dem Problem konfrontiert, dass die zur Ermittlung der Steuerbasiswerte notwendige **Steuerbilanz** zum Zeitpunkt der Aufstellung des handelsrechtlichen bzw. des IFRS-SMEs-Abschlusses für den entsprechenden Abschlussstichtag in vielen Fällen noch nicht vorliegt. Gerade bei kleineren und mittleren Unternehmen, die ihre steuerliche Betreuung zu einem Großteil über externe steuerliche Berater abwickeln, erfolgt die Aufstellung der Steuerbilanz bisher deutlich nach der Erstellung des Jahresabschlusses. In diesen Fällen ist es erforderlich, zur Ermittlung der Steuerbasiswerte auf andere Quellen als die Steuerbilanz zurückzugreifen. So ist etwa die Fortschreibung von Werten aus der Steuerbilanz der vorangegangenen Periode oder die Verwendung von Schätz- oder Gutachterwerten auf Basis der IFRS-SMEs-Wertansätze denkbar. In vielen Fällen dürfte der damit verbundene Aufwand jedoch so erheblich sein, dass im Einzelfall geprüft werden muss, ob die Vorverlagerung des Aufstellungszeitpunkts der Steuerbilanz nicht unter Kosten-Nutzen-Aspekten die günstigere Alternative darstellt. Ob dies jedoch tatsächlich in größerem Umfang bei den IFRS-SMEs-Anwendern der Fall sein wird, oder ob in verstärktem Umfang auf Schätzgrößen zurückgegriffen werden wird, bleibt abzuwarten. Darüber hinaus besteht aufgrund der Regelungen des IFRS-SMEs Abschn. 29.11 die Möglichkeit, dass auch bei einer frühen Aufstellung einer Steuerbilanz in Einzelfällen die darin ausgewiesenen Werte nicht zur Bestimmung der Steuerbasis herangezogen werden können. Dies ist dann der Fall, wenn eine wesentliche Änderung der maßgeblichen Steuergesetze vor dem Abschlussstichtag materiell verbindlich beschlossen wurde, die aufgrund der erst nach dem Stichtag erfolgten formalen Ausfertigung des Gesetzes noch keinen Eingang in die Steuerbilanzwerte gefunden hat. Auch in diesem Fall ist der Bilanzierende auf eine Abschätzung der Gesetzesänderung auf die Steuerbasis angewiesen, da innerhalb des IFRS-SMEs-Abschlusses die Änderung zwingend zu berücksichtigen ist.

40 Neben der zuvor dargestellten zeitlichen Bestimmung der anzuwendenden Steuergesetze ist in IFRS-SMEs Abschn. 29.11 auch die **lokale Zuordnung der Steuergesetze** bei der Bestimmung der Steuerbasis geregelt. Dabei gilt der Grundsatz, dass die Anwendung von unterschiedlichen Regelungen sich nach der tatsächlichen Auswirkung auf die Besteuerung richtet. Dies bedeutet, dass im Fall der einheitlichen Besteuerung mehrerer Einheiten (*consolidated tax return* zB bei Vorliegen von steuerlichen Organschaften) sich die Bestimmung der Steuerbasiswerte an der Steuergesetzgebung ausrichtet, die für die gesamte Einheit anzuwenden ist. Bestimmt sich dagegen die Besteuerung individuell für jedes Einzelunternehmen, so sind auch die jeweils lokal anzuwendenden Steuergesetze die Grundlage zur Bestimmung der Steuerbasiswerte. Dies kann – ebenso wie die im Rahmen der Bewertung der latenten Steuern vorzunehmende Bestimmung des jeweiligen lokalen Steuersatzes – gerade in mehrstufigen Konzernstrukturen mit ausländischen Konzernunternehmen zu einer erheblichen Komplexität bei der Bestimmung der Steuerbasiswerte führen. Diese ist letztendlich nur durch ein entsprechend eingerichtetes Steuer-Reporting der Konzerngesellschaften zu bewältigen. Gerade bei vielen SME-Konzernen kann aber von der Existenz oder von der kurzfristigen Einführung eines solchen Reportings nicht ausgegangen werden, sodass die Vorschriften des IFRS-SMEs Abschn. 29.11 auch in diesem Bereich einen verstärkten Einsatz von Schätzungen erwarten lassen.

41 Die eigentliche **Abgrenzung des Begriffs der Steuerbasis** als Voraussetzung für die anschließende Bestimmung von temporären Differenzen zwischen IFRS-SMEs-Buchwerten und steuerlich relevanten Werten findet sich in IFRS-SMEs Abschn. 29.12. Aus der Steuerbasis ergeben sich die Werte, die bei Realisierung der Vermögenswerte und Schulden die ertragsteuerliche Bemessungsgrundlage in zukünftigen Perioden beeinflussen. Der Standard definiert dabei die Steuerbasis (*tax basis*) getrennt für Vermögenswerte und Schulden wie folgt:

(1) Die **Steuerbasis eines Vermögenswertes** ist der Betrag, der bei der Bestimmung des zu versteuernden Ergebnisses zu berücksichtigen wäre, wenn der Vermögenswert durch Veräußerung am Ende der Berichtsperiode realisiert worden wäre. Falls sich das zu versteuernde Ergebnis durch eine solche Veräußerung nicht erhöht, wird davon ausgegangen, dass die Steuerbasis dem IFRS-SMEs-Buchwert entspricht.

(2) Die **Steuerbasis einer Schuld** entspricht ihrem IFRS-SMEs-Buchwert, korrigiert um steuerlich abziehbare bzw. steuerlich hinzuzurechnende Beträge, die bei einer Begleichung der Schuld am Periodenende steuerlich zu berücksichtigen wären. Bei passiven Abgrenzungsposten für zukünftig zu realisierende Erträge wird unterstellt, dass die Steuerbasis dem IFRS-SMEs-Buchwert entspricht, es sei denn, dass Teile dieser Erlöse in zukünftigen Perioden gar nicht der Ertragsbesteuerung unterliegen. Um solche Beträge ist die Steuerbasis zu kürzen.

Die Formulierung in IFRS-SMEs Abschn. 29.12 erscheint zunächst kompliziert und kann gerade für Bilanzierer in kleinen und mittleren Unternehmen dazu beitragen, dass die Regelungen als wenig praxistauglich empfunden werden. In der Praxis dürfte sich die Bestimmung der Steuerbasis von Vermögenswerten und Schulden relativ unproblematisch gestalten, da steuerliche Buchwerte ohnehin im Rahmen der Steuerbilanzierung zu ermitteln sind. Allerdings dürfte auch hier in vielen Fällen das Problem bei der zeitnahen Ermittlung der steuerlichen Buchwerte liegen.

42 Neben den in der IFRS-SMEs-Bilanz ausgewiesenen Vermögenswerten und Schulden können auch **Vorgänge** zu einer Steuerbasis führen, **die nicht innerhalb der IFRS-SMEs-Bilanz erfasst werden** und deshalb keinen Buchwert aufweisen. Mit der Steuerbasis solcher Vorgänge beschäftigt sich der IFRS-SMEs Abschn. 29.13, der diese Sachverhalten anhand der folgenden Beispiele erläutert.

Beispiel 1:
Forschungskosten dürfen weder in der IFRS-SMEs-Bilanz noch in der Steuerbilanz als Aktivposten ausgewiesen werden. Sind die Aufwendungen in der Periode ihrer Entstehung steuerlich abzugsfähig, entsteht insoweit keine abweichende Behandlung zwischen steuerlicher Gewinnermittlung und derjenigen nach dem IFRS-SMEs. Sind die Aufwendungen jedoch nicht sofort, sondern erst in einer zukünftigen Periode steuerlich abziehbar (zB erst dann, wenn die Forschungsergebnisse zu wirtschaftlichem Nutzen durch die Generierung von Erträgen oder die Reduktion von Kosten führen), entsteht eine Steuerbasis für diesen Vorgang, obwohl weder ein Vermögenswert noch eine Schuld ausgewiesen wird. Die Höhe der Steuerbasis bestimmt sich dabei nach der zukünftigen Beeinflussung des zu versteuernden Ergebnisses.

Beispiel 2:
Auch die Ausgabe von Eigenkapitalinstrumenten kann, je nach Ausgestaltung der Steuergesetzgebung, zukünftig zu einer Beeinflussung des zu versteuernden Ergebnisses führen. Auch in diesem Fall wird in der IFRS-SMEs-Bilanz weder ein Vermögenswert noch eine Schuld ausgewiesen. Gleichwohl existiert eine Steuerbasis in Höhe der zukünftigen Änderung der steuerlichen Bemessungsgrundlage.

43 Im Ergebnis bedeutet dies, dass im Rahmen der Ermittlung latenter Steuern die Betrachtung der Steuerbasis der in der IFRS-SMEs-Bilanz ausgewiesenen Vermögenswerte und Schulden zwar den größten Teil der zu berücksichtigenden Steuerbasiswerte liefert, darüber hinaus jedoch auch weitere Vorgänge zu berücksichtigen sind, die dazu führen, dass sich das zu versteuernde Ergebnis in zukünftigen Perioden verändert. Diesen Vorgängen ist ebenfalls eine Steuerbasis zuzuordnen, die anschließend zu temporären Differenzen und damit zum Ausweis latenter Ertragsteuern führen kann.

V. Bestimmung temporärer Differenzen

1. Temporäre und permanente Differenzen

44 Innerhalb des Konzepts zur Abgrenzung latenter Steuern nach dem IFRS-SMEs Abschn. 29 führen Unterschiede zwischen einem IFRS-SMEs-Buchwert und einem abweichenden steuerlich beizumessenden Wert nicht zwangsläufig zur Abgrenzung latenter Ertragsteuern. Weitere Voraussetzung für eine solche Abgrenzung ist nämlich zusätzlich, dass sich aus der Realisierung eines Vermögenswerts oder einer Schuld bzw. aus einem sonstigen Vorgang iSv. IFRS-SMEs Abschn. 29.13 eine Beeinflussung des zu versteuernden Ergebnisses in zukünftigen Perioden ergibt, die Differenz also **zeitlich befristet** (temporär) ist. Dabei unterscheidet das Temporary-Konzept weder nach der Ergebniswirksamkeit noch nach der Ursache der Entstehung der Differenzen. Es umfasst somit auch Differenzen, die aus Posten resultieren, die unmittelbar im OCI erfasst wurden. Entscheidend für die Abgrenzung latenter Steuern ist allein die zukünftige steuerliche Ergebnisbeeinflussung.

45 Auch der **zeitliche Verlauf der zukünftigen Steuerwirksamkeit** hat keinen Einfluss auf die Pflicht zur Abgrenzung latenter Steuern. Damit werden von der Pflicht zur Ertragsteuerabgrenzung sowohl temporäre Differenzen ieS als auch quasipermanente Differenzen abgedeckt, da auch quasipermanente Differenzen grundsätzlich zeitlich begrenzt sind, selbst wenn bei ihnen der konkrete Zeitpunkt der Auflösung des Bewertungsunterschieds idR. nicht absehbar ist und von Dispositionsmaßnahmen des Unternehmens abhängt.

46 Besteht dagegen eine Differenz zwischen IFRS-SMEs-Buchwert und Steuerbasis, die weder jetzt noch zukünftig zu einer Erhöhung oder Verminderung des zu versteuernden Ergebnisses führt, handelt es sich also um eine **permanente Differenz**, so sind konzeptionell keine latenten Steuern abzugrenzen.

Die Systematik von Unterschieden zwischen dem IFRS-SMEs-Buchwert und der Steuerbasis einerseits sowie der Abgrenzung latenter Ertragsteuern auf diese Unterschiede andererseits lässt sich damit grafisch wie folgt darstellen (in Anlehnung an Wagenhofer, 2005, 324):

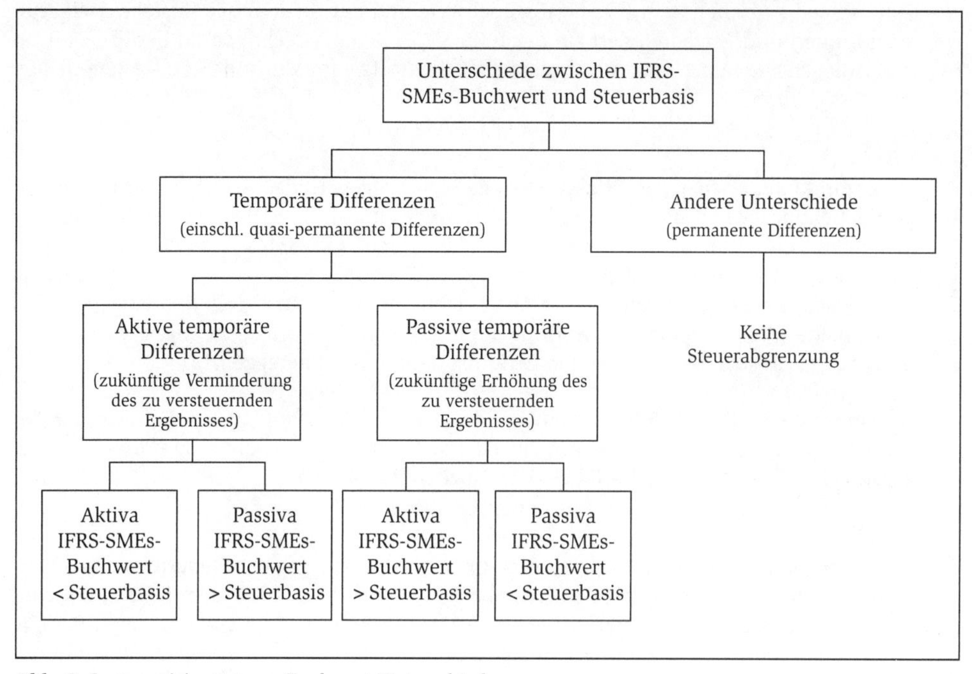

Abb. 2: Systematisierung von Buchwert-Unterschieden

2. Entstehung temporärer Differenzen

47 Nach der Festlegung der Steuerbasiswerte für Vermögenswerte, Schulden und sonstige zukünftig steuerlich relevante Vorgänge können durch eine Gegenüberstellung dieser Steuerbasiswerte mit den IFRS-SMEs-Buchwerten temporäre Differenzen als Grundlage für den Ansatz aktiver oder passiver latenter Steuern ermittelt werden. IFRS-SMEs Abschnitt 29.14 nennt drei mögliche Zeitpunkte, an denen temporäre Differenzen entstehen können:

(1) Zum Zeitpunkt der **erstmaligen bilanziellen Erfassung** von Vermögenswerten und Schulden, wenn es in diesem Zeitpunkt zu einem Auseinanderfallen der IFRS-SMEs-Buchwerte und der entsprechenden Steuerbasiswerte kommt. Handelt es sich um einen nicht bilanzierten sonstigen Vorgang iSv. IFRS-SMEs Abschn. 29.13, tritt an die Stelle der Ersterfassung der Zeitpunkt, zu welchem dem Vorgang erstmalig eine Steuerbasis zugeordnet werden kann.

Beispiel:
Die Bestimmung der Herstellungskosten nach nationalen steuerlichen Vorschriften weicht von der Abgrenzung des Herstellungskostenbegriffs nach dem IFRS-SMEs Abschn. 17.10 ff. ab. In diesem Fall kann die erstmalige Erfassung zB eines Vermögenswerts des Sachanlagevermögens nach dem IFRS-SMEs der Höhe nach von dessen Steuerbilanzwert abweichen.

Im Zeitpunkt der erstmaligen Erfassung ergibt sich eine temporäre Differenz, die mittels der unterschiedlichen Abschreibungsreihen über die Nutzungsdauer des Vermögenswerts wieder neutralisiert wird.

(2) Zu einem Zeitpunkt nach der erstmaligen bilanziellen Erfassung, an dem erstmals ein Unterschied zwischen dem IFRS-SMEs-Buchwert und der Steuerbasis entsteht, weil **Aufwendungen und Erträge** innerhalb der IFRS-SMEs-Ergebnisrechnung zu berücksichtigen sind, die erst in einer späteren Periode zu einer Beeinflussung der ertragsteuerlichen Belastung führen.

Beispiel:
Im Zeitpunkt der erstmaligen Erfassung eines Sachanlagevermögenswerts entsprechen sich die Herstellungskosten nach nationalem Steuerrecht und IFRS-SMEs. Demnach kommt es zu diesem Zeitpunkt nicht zu einer Abweichung von IFRS-SMEs-Buchwert und Steuerbilanzwert. Durch unterschiedliche Abschreibungsmethoden oder abweichend festgelegte Nutzungsdauern bei der planmäßigen Abschreibung entwickeln sich in den Folgeperioden jedoch beide Werte auseinander. In Höhe des jeweiligen Unterschiedsbetrags zwischen den Werten ergeben sich in den folgenden Perioden temporäre Differenzen.

(3) Zu einem Zeitpunkt, in dem es nach der erstmaligen Erfassung zu einer **Änderung der Steuerbasis** eines Vermögenswertes oder einer Schuld kommt, ohne dass dies zu einer entsprechenden Änderung des IFRS-SMEs-Buchwerts führt.

Beispiel:
Steuerliche Sonderabschreibungen führen zu einer Reduzierung der Steuerbilanzbuchwerte, also zu einer Verminderung der Steuerbasis. Der Buchwert nach dem IFRS-SMEs wird jedoch weder in der Periode der steuerlichen Verrechnung noch in einer späteren Periode durch die steuerliche Sonderabschreibung beeinflusst. In Höhe der Abweichung kommt es zur Entstehung temporärer Differenzen.

Damit ist die Abgrenzung von latenten Steuern unabhängig vom Zeitpunkt ihrer Entstehung für alle temporären Differenzen vorzunehmen, wenn eine Auflösung der Differenz durch eine steuerlich ergebniswirksame Realisation zu erwarten ist.

3. Praktische Anwendungsfälle

48 Die IFRS-SMEs-Abgrenzung von Vermögenswerten und Schulden unterscheidet sich konzeptionell von der Abgrenzung der Vermögensgegenstände, Rückstellungen und Verbindlichkeiten nach deutschem Steuerrecht. Dies führt in einer Vielzahl von Einzelfällen zu (temporären oder permanenten) Unterschieden zwischen der IFRS-SMEs-Bilanz und den entsprechenden steuerlich relevanten Werten. Im Folgenden sind deshalb häufig auftretende Unterschiede für deutsche IFRS-SMEs-Anwender, geordnet nach Steuerbilanzposten, aufgezählt:

(1) **Immaterielle Vermögenswerte**
   (a) **Forschungs- und Entwicklungskostenkosten** dürfen weder nach dem IFRS-SMEs (IFRS-SMEs Abschn. 18.14) noch in der Steuerbilanz (§ 5 Abs. 2 EStG) angesetzt werden: **keine** temporären Differenzen.
   (b) **Selbst geschaffene Geschäfts- oder Firmenwerte** sind nach dem IFRS-SMEs Abschn. 18.15(f) von einer Aktivierung als immaterielle Vermögenswerte ausgeschlossen. Dem entspricht das Ansatzverbot in der Steuerbilanz (§ 5 Abs. 2 EStG): **keine** temporären Differenzen.

(c) **Derivative Geschäfts- oder Firmenwerte** aus Unternehmenszusammenschlüssen (*share deal, asset deal* oder Umwandlungen nach UmwG) führen aufgrund unterschiedlicher Regelungen zur Kaufpreisermittlung oder -allokation regelmäßig zu Differenzen zwischen IFRS-SMEs und Steuerbasis, dabei können sowohl **temporäre** als auch **permanente** Differenzen entstehen.

(d) **Erworbene immaterielle Vermögenswerte** können Unterschiede zwischen dem IFRS-SMEs- und dem steuerlich anzusetzenden Wert aufgrund eines unterschiedlichen Ansatzes (Vermögenswert IFRS-SMEs Abschn. 18.4 ggü. immateriellem Wirtschaftsgut), unterschiedlicher Ermittlung der Anschaffungs- oder Herstellungskosten (IFRS-SMEs Abschn. 18.9 ff. ggü. §§ 5 Abs. 2, 6 Abs. 1 Nr. 1 EStG iVm. § 255 HGB), unterschiedlicher Abschreibungsmethoden und Nutzungsdauern (IFRS-SMEs Abschn. 18.18 ff. ggü. § 7 EStG iVm. steuerlichen Abschreibungstabellen) und aufgrund von Wertminderungen (IFRS-SMEs Abschn. 18.25 iVm. IFRS-SMEs Abschn. 27 ggü. dem Teilwert gemäß § 6 Abs. 1 Nr. 2 Satz 2 EStG) aufweisen. Diese Unterschiede stellen sich idR. als **temporäre** Differenzen dar.

(2) **Sachanlagen**

(a) Die nach dem IFRS-SMEs Abschn. 17.6 im Rahmen des Komponentenansatzes vorzunehmende **Aufteilung** eines Vermögenswerts in Bestandteile mit unterschiedlichen Nutzungsdauern kann zu **temporären** Differenzen führen.

(b) Die Ermittlung von **Anschaffungs- oder Herstellungskosten** nach dem IFRS-SMEs kann von deren steuerlicher Ermittlung abweichen (Einbeziehung von Gemeinkostenbestandteilen, Fremdkapitalzinsen bei Herstellungsprozessen, Erhaltungsaufwand sowie nachträglichen Ausgaben, IFRS-SMEs Abschn. 17.10 und IFRS-SMEs Abschn. 25 ggü. § 6 Abs. 1 Nr. 1 bis Nr. 2 EStG iVm. § 255 HGB), woraus **temporäre** Differenzen entstehen können.

(c) **Zuwendungen der öffentlichen Hand** (Investitionszuschüsse, steuerfreie Zulagen) sind nach dem IFRS-SMEs Abschn. 24.4 grundsätzlich ergebniswirksam zu erfassen, steuerrechtlich ist dagegen R 6.5 Abs. 2 EStR zu beachten. Hieraus können **temporäre** Differenzen entstehen.

(d) Die **Übertragung von stillen Reserven** durch Rücklagen oder auf erworbene Wirtschaftsgüter nach § 6 b EStG, R 6.6 EStR ist nach den IFRS unzulässig, woraus **temporäre** Differenzen resultieren.

(e) **Abschreibungsmethoden oder Nutzungsdauern** können nach den Vorschriften des IFRS-SMEs und des Steuerrechts voneinander abweichen (IFRS-SMEs Abschn. 17.18 ff. ggü. § 7 EStG: fixierte Nutzungsdauern, Abschreibungstabellen, Gebäude, Pauschalabschreibung GWG). Im Rahmen der Unternehmenssteuerreform 2008 wurde die degressive Abschreibung gemäß § 7 Abs. 2 EStG aufgehoben. Wird der tatsächliche Nutzenverlauf durch eine degressive Abschreibung zutreffend dargestellt, so ist nach dem IFRS-SMEs Abschn. 17.22 die degressive Abschreibung zugrunde zu legen. Die unterschiedlichen Methoden führen zu **temporären** Differenzen.

(f) Durch die Regelung des § 7g EStG wurde steuerlich die Möglichkeit eines **Investitionsabzugsbetrags** geschaffen, bei dessen Inanspruchnahme ein steuerlicher Rücklageposten in der Steuerbilanz zu passivieren ist. Hierdurch entstehen **temporäre** Differenzen, bis sich spätestens mit dem Abgang des betroffenen Wirtschaftsguts der IFRS-SMEs-Buchwert und die Steuerbasis wieder entsprechen.

(g) Die im Rahmen der **Folgebewertung** angesetzten nachträglichen Ausgaben bzw. nachträglichen Herstellungskosten (IFRS-SMEs Abschn. 17.15 ff.) können von den steuerlichen Vorschriften abweichen, was zu **temporären** Differenzen führt.

(h) **Wertminderungen** nach Maßgabe der Regelungen von IFRS-SMEs Abschn. 17.34 iVm. IFRS-SMEs Abschn. 27 sind grundsätzlich unabhängig von einer ggf. steuerlich vorzunehmenden Wertminderung (§ 6 Abs. 1 EStG). In diesen Fällen können **temporäre** Differenzen entstehen.

(i) **Sonderabschreibungen** und **erhöhte Absetzungen** nach Maßgabe des § 4 FördGG oder § 7 h EStG, 254 Abs. 1 HGB sind konzeptionell nach dem IFRS-SMEs Abschn. 17.16 ff. unzulässig. Bei Vorliegen dieser Sachverhalte entstehen **temporäre** Differenzen.

(j) **Tauschgeschäfte** können zu **temporären** Differenzen führen, sofern nach dem IFRS-SMEs Abschn. 17.14 der beizulegende Zeitwert angesetzt wird, steuerrechtlich jedoch nach § 6 Abs. 6 Satz 1 EStG der gemeine Wert heranzuziehen ist.

(k) Leasingverhältnisse werden nach den IFRS aufgrund ihres wirtschaftlichen Gehalts klassifiziert. Bei **Finanzierungsleasing** kann es zu einer abweichenden Betrachtung zwischen IFRS-SMEs und deutschem Steuerrecht kommen (abweichende Klassifizierung nach dem IFRS-SMEs Abschn. 20.4 ff. ggü. Leasingerlassen des BMF), wodurch temporäre Differenzen entstehen, da im Rahmen des Finanzierungsleasings ein Nutzungsrecht aus dem Leasingverhältnis und eine Leasingverbindlichkeit nach dem IFRS-SMEs Abschn. 20.9 in gleicher Höhe zu aktivieren bzw. zu passivieren sind. In der Steuerbilanz erfolgt lediglich eine periodengerechte ergebniswirksame Erfassung der Leasingraten in der Gewinn- und Verlustrechnung.

(3) **Finanzanlagen**

(a) **Ausschüttungen an Anteilseigner** im Konzernabschluss, die in unterschiedlichen Perioden erfasst werden (IFRS-SMEs Abschn. 23.29(c)), sind aufgrund von § 8b Abs. 1 KStG steuerbefreit. Im Hinblick auf Anteile an Tochterunternehmen, assoziierten Unternehmen oder Gemeinschaftsunternehmen ergeben sich insoweit **permanente** Differenzen.

(b) **Veräußerungsgewinne** sind bei Veräußerung von Anteilen an Kapitalgesellschaften nach § 8 b Abs. 2 KStG grundsätzlich steuerfrei. Aus unterschiedlichen Wertansätzen für Anteile an TU, assoziierten Unternehmen und Gemeinschaftsunternehmen ergeben sich insofern idR. ebenfalls **permanente** Differenzen.

(c) Wertminderungen bzw. Abschreibungen auf Kapitalbeteiligungen nach dem IFRS-SMEs Abschn. 27.2 f. sind nach Maßgabe des § 8 b Abs. 2 Satz 4 KStG steuerlich unbeachtlich. Es entstehen insoweit **temporäre** Differenzen.

(d) Zu Differenzen im Zusammenhang mit Maßnahmen der Kapitalkonsolidierung vgl. die Ausführungen zum Geschäfts- oder Firmenwert bzw. zum Eigenkapital.

(4) **Vorräte**

(a) Hinsichtlich der Einbeziehung von **allgemeinen Verwaltungsgemeinkosten** in die Herstellungskosten (IFRS-SMEs Abschn. 13.9 ggü. §§ 6 Abs. 1 Nr. 2 EStG, 255 HGB, R 6.9 EStR) oder aus abweichenden Bewertungsverfahren können sich Bewertungsdifferenzen ergeben, die zu **temporären** Differenzen führen.

(b) **Fremdkapitalzinsen** sind nach dem IFRS-SMEs Abschn. 25.2 in der Periode ihrer Entstehung zwingend aufwandswirksam zu erfassen. Aus den §§ 6 Abs. 1 Nr. 2, 5 Abs. 1 EStG iVm. § 255 Abs. 3 HGB resultiert demgegenüber ein Wahlrecht. Aus der abweichenden Ausübung dieses Wahlrechts können **temporäre** Differenzen entstehen.

(c) **Wertminderungen** bei Vorräten nach Maßgabe der Regelungen von IFRS-SMEs Abschn. 13.19 steht das steuerrechtliche Teilwertkonzept (§ 6 Abs. 1 Nr. 2 Satz 2 EStG) gegenüber, woraus sich **temporäre** Differenzen ergeben können.

(d) Dem der steuerlichen Bewertung von Vorräten zugrunde liegenden **Niederstwertprinzip** steht die rein **absatzseitige Betrachtungsweise** nach dem IFRS-SMEs Abschn. 13 gegenüber. Dementsprechend können sich **temporäre** Differenzen aufgrund der Bewertung zu gesunkenen Wiederbeschaffungswerten ergeben, die nach dem IFRS-SMEs Abschn. 13 unbeachtlich sind.

(e) **Pauschalabschläge** auf Vorräte, die steuerlich motiviert sind, entsprechen konzeptionell nicht IFRS-SMEs Abschn. 27.2. Es resultieren **temporäre** Differenzen.

(f) Für **kundenspezifische Fertigungsaufträge** sieht IFRS-SMEs Abschn. 23.17 eine Teilgewinnrealisierung vor. Steuerlich werden Gewinne aus diesen Aufträgen erst mit vollständiger Leistungserbringung bzw. Gefahrenübergang realisiert (§ 252 Abs. 1

Nr. 4 HGB). Für die Fertigungsdauer resultieren aus dieser unterschiedlichen Vorgehensweise **temporäre** Differenzen.

(g) **Auftragsverluste aus Fertigungsverträge** sind nach der Auffassung der deutschen Finanzverwaltung lediglich in Höhe des Fertigstellungsgrads zum Bilanzstichtag steuerlich abzugsfähig und nicht wie nach dem IFRS-SMEs Abschn. 23.26 in voller Höhe. Hieraus resultieren ebenfalls **temporäre** Differenzen.

(5) **Forderungen**

(a) Hinsichtlich des **Ansatzes** von Forderungen können sich aus der unterschiedlichen Definition des Vermögenswerts nach dem IFRS-SMEs bzw. des Wirtschaftsguts nach Steuerrecht, aus divergierenden Regelungen zur **Ausbuchung** finanzieller Vermögenswerte nach dem IFRS-SMEs Abschn. 11.33 ff. sowie aus periodenverschiedener Erfassung Unterschiede ergeben. IdR entstehen hieraus **temporäre** Differenzen.

(b) Darüber hinaus können **Bewertungsunterschiede** im Rahmen der Folgebewertung aus Wertminderungen für Forderungen oder Barwertberechnungen entstehen, die ebenfalls zu **temporären** Differenzen führen.

(c) Bei **Dividendenforderungen** kommt es grundsätzlich nicht zu einer abweichenden Erfassung in der IFRS-SMEs- und der Steuerbilanz. Die Aktivierung des Dividendenanspruchs erfolgt bei Kapitalgesellschaften und denjenigen Personengesellschaften, bei denen es eines Gewinnverwendungsbeschlusses bedarf, kongruent im Jahr nach Aufstellung des Abschlusses. Bei Bestehen eines Ergebnisabführungsvertrags oder im Falle einer Personengesellschaft, für die der Gesellschaftsvertrag keine Beschlussfassung über die Gewinnverwendung vorsieht, erfolgt die Aktivierung des Dividendenanspruchs übereinstimmend im Jahr der Aufstellung, sodass auch hier **keine** temporären Differenzen entstehen. Nur in Ausnahmefällen kann es dennoch zu einer periodenverschobenen Erfassung kommen (zB beim Eingehen einer steuerlichen Organschaft). In diesen Einzelfällen entstehen unter Bezugnahme auf § 8b Abs. 1 KStG dann idR **permanente** Differenzen.

(6) **Wertpapiere**

(a) Während **derivative Finanzinstrumente** nach dem IFRS-SMEs Abschn. 12.7 zum Marktwert zu bilanzieren sind, erfolgt regelmäßig keine steuerliche Erfassung von schwebenden Geschäften. Dementsprechend ergeben sich temporäre Differenzen.

(b) **Kurzfristige Wertpapiere** und ähnliche **originäre Finanzinstrumente** unterliegen bei Erfüllung der Anforderungen von IFRS-SMEs Abschn. 11.14(c) der Bilanzierung zum Marktwert, wogegen sie in der Steuerbilanz der Anschaffungskostenbegrenzung (§ 253 Abs. 1 HGB) unterliegen. Auf hierdurch entstehende **temporäre** Differenzen sind latente Steuern abzugrenzen.

(c) **Eigene Anteile** sind nach dem IFRS-SMEs Abschn. 22.16 beim Ausweis des Eigenkapitals zu kürzen, in der Steuerbilanz erfolgt der Ansatz als Wertpapiere. Die entstehenden Differenzen sind **permanent**, da Verluste aus der Veräußerung bzw. Abschreibung eigener Anteile steuerlich nicht berücksichtigungsfähig sind (vgl. BMF-Schreiben vom 28. Februar 2003).

(d) **Wertpapierpensionsgeschäfte**: Alle Entgelte, die ein Entleiher für die leihweise Überlassung von Wertpapieren leistet, sind nach § 8b Abs. 10 KStG beim Entleiher steuerlich nicht abzugsfähig. Die Nichtabzugsfähigkeit beim Entleiher führt bei diesem zu einer **permanenten** Differenz.

(7) **Eigenkapital**

(a) Bei **Wandelschuldverschreibungen oder Optionsanleihen** ist ein den Rückzahlungsbetrag übersteigender Agiobetrag in der IFRS-SMEs-Bilanz in die Kapitalrücklage einzustellen. In der Steuerbilanz ist dieser Betrag als Einlage zu behandeln, sodass hierdurch grundsätzlich **keine** Differenzen zwischen der IFRS-SMEs- und der Steuerbilanz entstehen. Im Falle einer periodenverschobenen Erfassung entstehen im Rahmen der Ersterfassung des Sachverhalts erfolgsneutral **temporäre** Differenzen.

(b) **Eigenkapitalbeschaffungskosten** iSv. IFRS-SMEs 22.9, die im Rahmen der Ausgabe neuer Aktien als Abzug vom Eigenkapital bilanziert werden, führen regelmäßig zu **temporären** Differenzen.

(c) **Dividenden auf Vorzugsaktien**, die im IFRS-SMEs-Abschluss als Fremdkapital klassifiziert und abweichend zur Steuerbilanz als Schuld ausgewiesen werden, führen zu keinen Differenzen zwischen dem IFRS-SMEs-Ansatz und der Steuerbasis, da die Zahlung der Dividende keine steuerlichen Konsequenzen für das bilanzierende Unternehmen nach sich zieht.

(d) Die Gewährung von Eigenkapitalinstrumenten im Rahmen von **aktienbasierten Vergütungen** nach den Regelungen von IFRS-SMEs Abschn. 26.1(a) an Arbeitnehmer führt im IFRS-SMEs-Abschluss zur aufwandswirksamen Erfassung des beizulegenden Zeitwerts der Aktienoption im Personalaufwand mit Gegenbuchung in der Kapitalrücklage. Der Sachverhalt hat auf die Steuerbilanz des bilanzierenden Unternehmens keine Auswirkungen, da der nach dem IFRS-SMEs Abschn. 26 ausgewiesene Personalaufwand mangels pagatorischer Aufwendungen steuerlich nicht abzugsfähig ist. Insoweit entstehen permanente Differenzen zwischen Steuerbasis und IFRS-SMEs-Buchwert. Werden jedoch nicht Eigenkapitalinstrumente, sondern lediglich Zahlungsansprüche iSv. IFRS-SMEs Abschn. 26.1(b) gewährt (zB *phantom stock plans* oder *stock appreciation rights*), so führen diese zu einem tatsächlichen Mittelabfluss aus dem Unternehmen und sind daher auch steuerlich als Aufwand zu berücksichtigen. Im IFRS-SMEs-Abschluss sind diese Verpflichtungen nach dem IFRS-SMEs Abschn. 26.14 mit ihrem Zeitwert zu bewerten, während für die Bewertung in der Steuerbilanz der innere Wert zugrunde zu legen ist. Die dabei entstehenden Differenzen führen regelmäßig zu temporären Differenzen.

(e) **Passive Unterschiedsbeträge** aus der Kapitalkonsolidierung sind nach den Regelungen des IFRS-SMEs Abschn. 19.24 unmittelbar ergebniswirksam aufzulösen. Für die sich hieraus ergebenden Abweichungen von steuerlichem Beteiligungsbuchwert einerseits und Nettoreinvermögen in der Konzernbilanz andererseits sind auf Konzernebene latente Steuern auf *outside basis differences* abzugrenzen (vgl. Tz. 116), sodass hierdurch **keine** Differenzen im Abschluss des (Tochter-)Unternehmens entstehen.

(f) **Konsolidierungsvorbereitende Maßnahmen** wie die Vereinheitlichung von Bilanzierungs- und Bewertungsmethoden oder die Währungsumrechnung der Abschlüsse von Tochterunternehmen mit Fremdwährungen können zu **temporären** Differenzen führen.

(g) **Konsolidierungsvorgänge** außerhalb der Kapitalkonsolidierung wie Zwischenergebniseliminierung, Schuldenkonsolidierung und Aufwands- und Ertragskonsolidierung können durch Aufrechnungsdifferenzen temporäre Differenzen verursachen.

(8) **Schulden/Rückstellungen**

(a) **Aufwandsrückstellungen** sind nach dem IFRS-SMEs Abschn. 21.6 im Rahmen des IFRS-SMEs nicht ansatzfähig. Diese Vorgehensweise entspricht grundsätzlich der deutschen ertragsteuerlichen Behandlung, nach welcher Aufwandsrückstellungen prinzipiell nicht angesetzt werden dürfen. Insoweit entstehen **keine** temporären Differenzen.

(b) Eine Ausnahme hiervon bilden **Rückstellungen für unterlassene Instandhaltung**, die innerhalb von drei Monaten nach dem Bilanzstichtag nachgeholt werden (R 5.7 Abs. 1 EStR; § 249 Abs. 1 Satz 2 Nr. 1 HGB) sowie weitere steuerlich anerkannte Rückstellungen für unternehmensinterne Aufwendungen. Die daraus resultierenden Unterschiede stellen **temporäre** Differenzen dar.

(c) Für **Drohverlustrückstellungen** besteht nach IFRS-SMEs Abschn. 21.4 ff. aufgrund der gegebenen Drittverpflichtung grundsätzlich eine Ansatzpflicht. Davon abweichend ist steuerlich nach § 5 Abs. 4a EStG ein Ansatzverbot zu beachten, sodass **temporäre** Differenzen entstehen.

(d) Für die Bewertung von **Pensionsrückstellungen** ist nach dem IFRS-SMEs Abschn. 28.18 verpflichtend eine Anwartschaftsbarwertmethode (*projected unit credit* *method*) anzuwenden. Demgegenüber ist steuerlich das Teilwertverfahren nach § 6 a Abs 3 EStG anzuwenden, wodurch sich temporäre Differenzen ergeben.

(e) Auch bei **Jubiläumsrückstellungen** und **anderen langfristigen Personalverpflichtungen** nach dem IFRS-SMEs Abschn. 28 führt der Unterschied zwischen einer Bewertung zum Anwartschaftsbarwert nach dem IFRS-SMEs und zum Teilwert als Steuerbasis zur Entstehung temporärer Differenzen.

(f) Bei den **sonstigen Rückstellungen** kann es aufgrund von spezifischen Regelungen des steuerbilanziellen Rückstellungsrechts (§§ 5 Abs. 2 a bis 4 b, 6 Abs. 1 Nr. 3 a bis e EStG) gegenüber den Vorschriften von IFRS-SMEs Abschn. 21 zu Unterschieden in der Bewertung und somit zu **temporären** Differenzen kommen.

(g) Das steuerliche **Abzinsungsgebot für langfristige** Verbindlichkeiten und Rückstellungen in Höhe von 5,5% nach § 6 Abs. 1 Nr. 3 EStG entspricht konzeptionell den Regelungen der IFRS-SMEs, die ebenfalls die Abzinsung langfristiger Schulden fordern. Aus der Verwendung abweichender Zinssätze nach dem IFRS-SMEs kann es allerdings zur Entstehung temporärer Differenzen kommen.

(9) **Andere Vorgänge**

(a) Obwohl sie im Rahmen der IFRS-SMEs-Bilanzierung einen Aufwand darstellen, können Bußgelder und Geldstrafen sowie sonstige **nicht abzugsfähige Betriebsausgaben** (zB nicht abzugsfähige Bewirtungsaufwendungen, hälftige Aufsichtsratsvergütungen, Zinsen auf Nachbelastungen nach § 233 a AO etc.) nicht steuermindernd geltend gemacht werden (§ 4 Abs. 5 EStG). Da die steuerliche Nichtabzugsfähigkeit auch für spätere Perioden gilt, kommt es zur Entstehung **permanenter** Differenzen.

(b) Die steuerlichen **Konsequenzen aus Betriebsprüfungen** sind konzeptionell bei der Ermittlung der Steuerbasis als wahrscheinlichkeitsgewichteter Wert möglicher Ergebnisse dieser Betriebsprüfungen innerhalb der Steuerbasis zu berücksichtigen (vgl. Tz. 83). Insoweit kommt es (neben den anderen Unterschieden zwischen dem IFRS-SMEs-Buchwert und der Steuerbasis) zu **keinen** weiteren Differenzen, die im Rahmen der Steuerabgrenzung zu berücksichtigen wären.

VI. Erfassung latenter Steuern aus temporären Differenzen

49 Auf der Basis der im vorherigen Schritt des Ablaufschemas des IFRS-SMEs Abschn. 29.3 ermittelten temporären Differenzen sind gemäß IFRS-SMEs Abschn. 29.15 in der Bilanz latente Ertragsteuern wie folgt zu erfassen:

(1) Für alle temporären Differenzen, die zukünftig zu einer Erhöhung des zu versteuernden Ergebnisses führen werden, ist eine latente Ertragsteuerschuld zu erfassen (passive latente Steuern).

(2) Für alle temporären Differenzen, die zukünftig zu einer Verminderung des zu versteuernden Ergebnisses führen werden, ist ein latenter Ertragsteueranspruch zu erfassen (aktive latente Steuern).

(3) Ein latenter Ertragsteueranspruch ist darüber hinaus auch für den zukünftig steuermindernden Effekt von bisher nicht genutzten steuerlichen Verlustvorträgen und Steuerguthaben zu erfassen.

Damit entspricht der Umfang der eine Steuerabgrenzung verursachenden Sachverhalte inhaltlich-materiell demjenigen der IFRS (IAS 12).

50 Hinsichtlich der **Erfassung von Wertänderungen** im Zeitablauf legt IFRS-SMEs Abschn. 29.17 fest, dass solche Wertänderungen als Ertragsteueraufwand oder -ertrag in der Gewinn- und Verlustrechnung bzw. Gesamtergebnisrechnung grundsätzlich ergebniswirksam zu erfassen sind. Nur die Veränderung der Steuerlatenzen im Zusammenhang mit erfolgsneutral im OCI erfassten Vorgängen sind ebenfalls erfolgsneutral dort im OCI zu erfassen. Zum Ausweis von Veränderungen in der Ergebnisrechnung vgl. Tz. 99.

1. Ansatz aktiver latenter Steuern

51 Während die Regelungen des IFRS-SMEs Abschn. 29.15 als Entstehungsursache für passive latente Steuern nur eine Entstehungsursache kennen, nämlich das Vorliegen temporärer Differenzen mit zukünftig steuererhöhender Wirkung, sind bei der Aktivierung von latenten Steueransprüchen **zwei Entstehungsursachen** zu unterscheiden. Zum einen können aktive latente Steuern ebenfalls auf temporären Differenzen beruhen, zum anderen können auch ungenutzte steuerliche Verlustvorträge oder Steuergutschriften die Grundlage für die Aktivierung von Ertragsteueransprüchen darstellen.

a. Aktive latente Steuern aufgrund temporärer Differenzen

52 Nach dem IFRS-SMEs Abschn. 29.15(a) sind aktive latente Steuern in der IFRS-SMEs-Bilanz aufgrund temporärer Differenzen anzusetzen, wenn diese **zukünftig zu einer Verminderung des zu versteuernden Ergebnisses** führen werden. Entsprechende temporäre Differenzen können folgende Ursachen haben:

(1) ein Vermögenswert wird in der IFRS-SMEs-Bilanz niedriger bewertet als nach steuerrechtlichen Maßstäben,
(2) ein Vermögenswert wird zwar in der Steuerbilanz, nicht jedoch in der IFRS-SMEs-Bilanz angesetzt (zB aufgrund der Nichterfüllung der Vermögenswert-Eigenschaft nach dem IFRS-SMEs),
(3) eine Schuld wird nach Maßgabe des IFRS-SMEs höher bewertet als in der Steuerbilanz,
(4) eine Schuld wird zwar in der IFRS-SMEs-Bilanz, nicht jedoch in der Steuerbilanz angesetzt (dh. ihre Steuerbasis beträgt Null).

53 Die Notwendigkeit und Wirkung der Abgrenzung aktiver latenter Ertragsteuern kann am Beispiel einer Finanzverbindlichkeit illustriert werden. Ist diese Verbindlichkeit nach den Regelungen von IFRS-SMEs Abschn. 11 höher zu bewerten als nach steuerlichen Vorschriften, so begründet der unterschiedliche Wertansatz, sofern er sich in einer zukünftigen Periode wieder auflöst, eine temporäre Differenz iSv. IFRS-SMEs Abschn. 29.14. Die Auflösung der Differenz durch das Begleichen der Schuld hat zur Folge, dass das Ergebnis vor Steuern nach dem IFRS-SMEs im Jahr der Auflösung höher ausfällt als das zu versteuernde Ergebnis der Steuerbilanz. Entsprechend wird der auf Basis der steuerlichen Bemessungsgrundlage zu ermittelnde Ertragsteueraufwand nach Maßgabe des IFRS-SMEs-Vorsteuerergebnisses dieser Periode zu niedrig ausfallen. Insoweit ist in der höher bewerteten Verbindlichkeit in der IFRS-SMEs-Bilanz zum Zeitpunkt ihrer Entstehung ein potenzieller Steuerersparniseffekt enthalten. Zur Synchronisation des Ertragsteueraufwands in beiden Rechnungslegungswerken ist zum Zeitpunkt der Entstehung der Differenz ein latenter Steueranspruch zu aktivieren, der dem potenziellen Steuerersparniseffekt entspricht. Bei **Ausgleich der betroffenen Verbindlichkeiten** in einer späteren Periode entfällt die temporäre Differenz, sodass ist der latente Steueranspruch aufzulösen ist.

> *Beispiel:*
> Ein nach dem IFRS-SMEs bilanzierendes Unternehmen hat für eine Lagerhalle einen Mietvertrag mit einer festen Laufzeit von sechs Jahren abgeschlossen. Eine vorzeitige Kündigung ist vertraglich ausgeschlossen. Die jährlichen Mietaufwendungen betragen T€ 20. Aufgrund der Umstellung des Auslieferungsprozesses auf ein Just-in-time-Konzept zum Ende des Geschäftsjahres 01 wird die Halle nicht mehr betrieblich genutzt. Das Unterneh-

men kann das Objekt trotz entsprechenden Bemühungen nicht untervermieten und setzt für die noch zu zahlenden Mietaufwendungen in der IFRS-SMEs-Bilanz eine Rückstellung für nachteilige Vertragsverhältnisse (Drohverlustrückstellung) in Höhe von T€ 100 (jeweils 20 T€ für die verbleibenden fünf Jahresraten) an. Die Mietaufwendungen werden innerhalb der fünf Folgejahre sukzessiv an den Vermieter gezahlt. Danach ergibt sich bei einem gleichbleibenden IFRS-SMEs-Ergebnis vor Steuern in Höhe von T€ 200 und einem Ertragsteuersatz von 30% für die Ermittlung latenter Steuern (unter Vernachlässigung von Abzinsungseffekten in Bezug auf die Rückstellung) die folgende Darstellung:

Jahr	01 T€	02 T€	03 T€	04 T€	05 T€	06 T€
Ergebnis vor Steuern nach dem IFRS-SMEs	200	200	200	200	200	200
Zu versteuerndes Einkommen	300	180	180	180	180	180
Buchwert Rückstellung nach dem IFRS-SMEs zum 31. 12.	100	80	60	40	20	0
Steuerbasis zum 31. 12.	0	0	0	0	0	0
Temporäre Differenz	**100**	**80**	**60**	**40**	**20**	**0**
Aktive latente Steuern zum 31. 12.	30	24	18	12	6	0
Tatsächlicher Steueraufwand	90	54	54	54	54	54
Latenter Steuerertrag	30	0	0	0	0	0
Latenter Steueraufwand	0	6	6	6	6	6
Effektiver Ertragsteueraufwand	**60**	**60**	**60**	**60**	**60**	**60**

Tab. 2: Beispiel zur Abgrenzung aktiver latenter Steuern

Nach den steuerlichen Regelungen des § 5 Abs. 4a EStG sind Rückstellungen für drohende Verluste aus schwebenden Geschäften nicht berücksichtigungsfähig. Die Steuerbasis iSv. IFRS-SMEs Abschn. 29.11 f. ist damit 0, sodass das zu versteuernde Ergebnis der Periode 01 um T€ 100 höher ausfällt als das entsprechende Vorsteuerergebnis nach Maßgabe der IFRS-SMEs. Bei einem Steuersatz von 30% ergibt sich bei einem steuerlichen Gewinn von T€ 300 ein tatsächlicher Steueraufwand von T€ 90. Durch den Ansatz der Rückstellung in der IFRS-SMEs-Bilanz entsteht zum Ende der Periode 01 eine temporäre Differenz von T€ 100, auf welche ein latenter Steueranspruch in Höhe von T€ 30 (30% von T€ 100) abzugrenzen ist. Durch den dabei entstehenden latenten Steuerertrag verringert sich der in der IFRS-SMEs-Bilanz ausgewiesene Gesamtsteueraufwand auf T€ 60.
In den fünf Folgeperioden ist der zu versteuernde Gewinn aufgrund der weiterhin geleisteten Mietzahlungen um jeweils T€ 20 geringer als der entsprechende Periodengewinn nach dem IFRS-SMEs, da in der IFRS-SMEs-Bilanz die Drohverlustrückstellung erfolgsneutral aufgebraucht wird. Die steuerliche Bemessungsgrundlage beträgt damit in jeder Folgeperiode T€ 180, darauf entfällt ein tatsächlicher Steueraufwand in Höhe von T€ 54. Mittels der ratierlichen Auflösung des aktivierten latenten Steueranspruchs um T€ 6 in jeder Folgeperiode wird der Ertragsteueraufwand wieder mit dem Vorsteuerergebnis nach dem IFRS-SMEs synchronisiert, sodass sich für die IFRS-Bilanz insgesamt ein gleichmäßiger Ausweis der Ertragsteuerbelastung in Höhe von T€ 60 ergibt.

54 Die Nutzung des dargestellten Steuerersparnispotenzials, das der Aktivierung von latenten Steuern zugrunde liegt, setzt konzeptionell grundsätzlich ein positives zu versteuerndes Ergebnis in der Periode der Auflösung der temporären Differenz voraus, das durch die Realisation der Schuld gemindert wird. Gleichwohl ist die **Existenz zukünftiger positiver steuerlicher Ergebnisse** nach dem IFRS-SMEs Abschn. 29 **keine Ansatzvoraussetzung** für die aktive Ertragsteuerabgrenzung. Vielmehr ist die Möglichkeit der Nutzung der Steuerwirkung von aktiven latenten

Steuern im Rahmen der Bewertung zu berücksichtigen (vgl. Tz. 88 ff.). Deshalb sind zunächst auf alle temporären Differenzen iSv. IFRS-SMEs Abschn. 29.15(b) latente Steueransprüche anzusetzen, die jedoch im Zuge der Bewertung nach dem IFRS-SMEs Abschn. 29.21 f. bei ungenügenden steuerlichen Gewinnaussichten des Unternehmens ggf. abzuwerten sind.

b. Aktive latente Steuern aufgrund steuerlicher Verlustvorträge oder Steuergutschriften

55 Als zweite Entstehungsursache für den Ansatz eines latenten Steueranspruchs nennt IFRS-SMEs Abschn. 29.15(c) das Bestehen bisher nicht genutzter steuerlicher Verlustvorträge und Steuergutschriften. Wirtschaftlich betrachtet stellen auch diese Sachverhalte ein zukünftig zu realisierendes **Steuerersparnispotenzial** dar, da sie in künftigen Perioden mit positiven operativen steuerlichen Ergebnissen verrechnet werden können und damit zukünftig zu niedrigeren Ertragsteuerzahlungen, gemessen am dann auszuweisenden Vorsteuerergebnis nach dem IFRS-SMEs führen werden. Für dieses zukünftige Nutzenpotenzial sind konzeptionell latente Ertragsteueransprüche abzugrenzen. Aufgrund der Einführung der **Zinsschranke** nach Maßgabe von § 4 h EStG entstehen zwei unterschiedliche Arten von steuerlich relevanten Verlustvorträgen, nämlich ein operativer Verlustvortrag und ein Zinsvortrag. Im Hinblick auf die Abgrenzung latenter Steuern sind beide Vorträge eigenständig zu beurteilen.

56 Existieren **operative steuerliche Verlustvorträge**, die durch Verrechnung mit zukünftigen Gewinnen voraussichtlich steuerlich genutzt werden können, oder nicht genutzte Steuergutschriften, so ist auf diese Beträge nach IFRS-SMEs Abschn. 29.15(c) ein latenter Steueranspruch abzugrenzen. Dagegen kommt der Ansatz latenter Steuern auf steuerliche Verlust**rückträge** gemäß § 8 Abs. 1 KStG iVm. § 10 d Abs. 1 EStG nicht in Betracht, da ein Verlustrücktrag zur sofortigen Verringerung der tatsächlichen Ertragsteuerlast für vorangegangene Geschäftsjahre berechtigt. Die damit verbundene Erstattung bzw. Minderung der Ertragsteuerschuld kann somit unmittelbar ergebniswirksam vereinnahmt werden und ist daher im Jahr der Entstehung des Verlustrücktrags sowohl im IFRS-SMEs-Abschluss als auch in der Steuerbilanz zu berücksichtigen.

57 Im Gegensatz dazu begründet ein steuerlicher Verlustvortrag keinen unmittelbaren Steuererstattungs- oder Steuerminderungsanspruch, sondern lediglich das **Recht** zur Verrechnung mit positiven steuerlich relevanten Gewinnen in zukünftigen Perioden (von Eitzen/Helms, in: BB 2002, 824). Dieses Recht stellt für ein Unternehmen einen wirtschaftlichen Vorteil in Form einer **künftigen Steuerminderung** dar, da die steuerliche Bemessungsgrundlage zukünftiger Perioden durch die Verlustverrechnung geschmälert wird. Nach dem IFRS-SMEs Abschn. 2.17 begründet bereits das Potenzial eines direkten oder indirekten positiven Einflusses auf den Cashflow die Eigenschaft als Vermögenswert, sodass der sich aus einem Verlustvortrag ergebende Steuervorteil im IFRS-SMEs-Abschluss grundsätzlich bereits in der Periode zu berücksichtigen ist, in welcher der Verlustvortrag entsteht.

58 Deutsche Unternehmen können sowohl körperschaftsteuerliche Verlustvorträge gemäß § 8 Abs. 1 KStG iVm. § 10 d Abs. 2 EStG als auch gewerbesteuerliche Verlustvorträge gemäß § 7 iVm. § 10 a GewStG geltend machen. Dabei ist zu beachten, dass die körperschaft- und gewerbesteuerliche Berechnungsgrundlage für steuerliche Verlustvorträge aufgrund der Kürzungen und Hinzurechungen nach Maßgabe der §§ 8 und 9 GewStG und wegen der fehlenden Möglichkeit eines Rücktrags für Gewerbesteuerverluste voneinander abweichen können. Dementsprechend sind sowohl der Ansatz als auch die Bewertung der latenten Ertragsteueransprüche auf Verlustvorträge **für KSt und GewSt getrennt** und für jede einbezogene Gesellschaft **separat** zu beurteilen (von Eitzen/Helms, in: BB 2002, 825).

59 Da zum Abschlussstichtag und in vielen Fällen auch bis zum Zeitpunkt der Aufstellung des IFRS-SMEs-Abschlusses Bescheide der Finanzverwaltung bzgl. Existenz und Höhe der zu diesem Stichtag bestehenden steuerlichen Verlustvorträge noch nicht vorliegen, ist auf der Basis des handelsrechtlichen Ergebnisses unter Berücksichtigung der anzuwendenden steuerlichen

Modifikationen eine **Schätzung des vortragsfähigen Verlusts** als Grundlage für die Abgrenzung aktiver latenter Ertragsteuern notwendig.

60 Durch die Unternehmenssteuerreform 2008 wurde der steuerliche Abzug von Zinsaufwendungen durch die Einführung der Zinsschrankenregelung für Unternehmen in Deutschland durch die Regelungen des § 4 h EStG eingeschränkt. Danach ist der steuerliche Abzug von Zinsaufwendungen in Höhe von 30% des steuerlichen EBITDA möglich, soweit sie die Zinserträge eines Geschäftsjahrs übersteigen, eine Freigrenze von € 1 Mio. überschritten wird und die Escape-Klausel des § 4h Abs. 2 EStG nicht anwendbar ist. Jedoch können die dem Abzugsverbot unterliegenden **Zinsaufwendungen** nach § 4 h Abs. 1 Satz 2 EStG auf Folgeperioden **vorgetragen** werden und erhöhen dadurch in diesen Perioden die Zinsaufwendungen. Da die entstehenden Zinsvorträge durch eine Erhöhung des steuerlich zu berücksichtigenden Aufwands ebenfalls eine potenzielle zukünftige Steuerersparnis induzieren können, sind sie in die Abgrenzung latenter Ertragsteuern gemäß IFRS-SMEs Abschn. 29.15(c) einzubeziehen (zur Argumentation in Bezug auf die IFRS vgl. Kirsch, DStR 2007, 1268 sowie Kirsch, PiR 2007, 239).

61 In die Beurteilung einer Ansatzpflicht aktiver latenter Steuern aufgrund von Zinsvorträgen ist außerdem die Wirkung der **Escape-Klausel** des § 4 h Abs. Satz 2 EStG einzubeziehen. Diese bestimmt, dass die Beschränkung der steuerlichen Berücksichtigung von Zinsaufwendungen nicht zur Anwendung kommt, wenn die EK-Quote des betroffenen Unternehmens am Schluss des vorangegangenen Abschlussstichtags gleich hoch oder höher ist als die des Konzerns, wobei ein Unterschreiten um bis zu 1% unschädlich ist.

62 Die Erwartung zukünftiger positiv zu versteuernder Ergebnisse zur Nutzung des Steuerersparnispotenzials von steuerlichen Verlustvorträgen und Steuergutschriften ist konzeptionell ebenfalls nicht im Rahmen der Beurteilung der Ansatzpflicht, sondern erst im Zusammenhang mit der Bewertung der aktiven latenten Steuern zu berücksichtigen. Dagegen sind **Einschränkungen der Nutzungsmöglichkeiten** steuerlicher Verlustvorträge, die sich auf den Bestand dieser Vorträge selbst beziehen, bereits bei der Beurteilung des Ansatzes eines latenten Ertragsteueranspruchs einzubeziehen. Solche Einschränkungen können sich aus § 10 d EStG, § 8 c KStG, § 10 a GewStG und § 15 Abs. 3 UmwStG ergeben sowie vor dem Hintergrund, dass die Feststellung der vortragsfähigen Verluste unter dem Vorbehalt der Nachprüfung gemäß § 164 AO erfolgt. Deshalb ist ein Ansatz latenter Steuern nur insoweit gerechtfertigt, als bei der Bilanzierung von einem **künftigen Bestand** der Verlustvorträge bis zu ihrer steuerlichen Verwertbarkeit ausgegangen werden kann.

63 Aufgrund der Bestimmungen des § 8c KStG gehen körperschaftsteuerliche Verlustvorträge **quotal** unter, sofern zwischen 25% und 50% der Anteile bzw. Stimmrechte an einer Beteiligung innerhalb eines Zeitraums von fünf Jahren mittelbar oder unmittelbar an einen Erwerber oder diesem nahe stehende Personen übertragen werden. Darüber hinaus führt die unmittelbare Übertragung von Anteilen bei Überschreiten der 25%-Hürde auch dann zu einem Verlustvortragsverfall, wenn dadurch keine Veränderung der mittelbaren Beteiligungsquote einhergeht. Werden innerhalb von fünf Jahren mehr als 50% der Anteile bzw. Stimmrechte unmittelbar oder mittelbar an einen Erwerber oder diesem nahe stehende Personen übertragen, so geht der vorhandene Verlustvortrag **in voller Höhe** unter. Durch die Regelungen des § 10 a Satz 9 GewStG und § 8 c Abs. 1 KStG sind diese Regelungen ebenso auf gewerbesteuerliche Verlustvorträge sowie Zinsvorträge iSv. § 4 h EStG anzuwenden.

Beispiel:

Sämtliche Anteile an einem TU in Form einer Kapitalgesellschaft werden zunächst durch ein MU in der Rechtsform einer AG gehalten. Das TU verfügt über Zins- und Verlustvorträge in Höhe von T€ 1.000. Im Jahr 01 werden 15% der Anteile an dem TU an ein Unternehmen A und im Jahr 02 weitere 25% der Anteile an ein Unternehmen B veräußert und übertragen. Im Jahr 04 erfolgt eine Veräußerung von weiteren 20% der Anteile an Unternehmen C. A und B werden in den Konzernabschluss eines Drittunternehmens einbezogen, C ist kein Konzernunternehmen.

Die Veräußerung von 15% der Anteile an A ist zunächst unschädlich, da insgesamt weniger als 25% an dem TU übertragen wurden. Die Übertragung des weiteren Anteils in Höhe von 25% der Anteile an B führt zu einem quotalen Untergang der Zins- und Verlustvorträge des TU in Höhe von T€ 400, da A und B aufgrund der Einbeziehung in den Drittkonzern als nahe stehende Unternehmen zu qualifizieren sind. Die sich anschließende Veräußerung des 20%-Anteils an C ist unschädlich, da C nicht als nahe stehende Person in Bezug auf A und B anzusehen ist.

64 Aufgrund möglicher Auswirkungen auf den Bestand von steuerlichen Verlustvorträgen und von Zinsvorträgen in Deutschland ist der **Prognose der Auswirkungen geplanter Umstrukturierungen** mit Veränderung der Zusammensetzung der Gesellschafter von Kapitalgesellschaften bei einer Prüfung der Ansatzvoraussetzungen für latente Steueransprüche besonderes Gewicht beizumessen. Fragen zur Einschätzung des künftigen Bestands von Verlustvorträgen im Zusammenhang mit geplanten Unternehmensverkäufen, Umwandlungen, Privatisierungen oder Umstrukturierungen sind deshalb eng zwischen Management, Steuerabteilung und dem Konzernrechnungswesen abzustimmen und bei Vorliegen von Einschränkungen der zukünftigen Nutzbarkeit von Verlustvorträgen aufgrund von Zweifeln am Bestand von Verlustvorträgen durch einen Verzicht auf den Ansatz aktiver latenter Steuern oder ggf. durch einen Bewertungsabschlag zu berücksichtigen.

65 Eine Einschränkung der Nutzbarkeit kann auch aus einer **zeitlichen Befristung** der Vortragsmöglichkeit für steuerliche Verlustvorträge resultieren. Während in Deutschland ertragsteuerliche Verluste – ungeachtet der Vorschriften zur Mindestbesteuerung – grundsätzlich zeitlich unbegrenzt vortragsfähig sind, sehen steuerliche Vorschriften in bestimmten anderen Ländern den Verfall der vorgetragenen Verluste vor, wenn diese nicht innerhalb eines bestimmten Zeitraums (zB in Italien und Polen innerhalb von fünf Jahren) verwertet werden können. Deshalb ist bei Vorliegen zeitlicher Beschränkungen zu prüfen, ob überhaupt noch ein steuerlicher Verlust der Vergangenheit im Zuge eines Verlustvortrags steuerlich geltend gemacht werden kann. Neben der Prüfung der Wirkung zeitlicher Befristungen von Verlustvorträgen im Zusammenhang mit der Ansatzfähigkeit aktiver latenter Steuern ist eine Berücksichtigung dieser Befristung insbesondere auch bei der Bewertung der latenten Steueransprüche zu berücksichtigen (vgl. Tz. 94).

66 Liegt eine körperschaftsteuerlicher **Organschaft** vor, so ist bei der Beurteilung der Ansatzfähigkeit von aktiven latenten Steuern auf steuerliche Verlustvorträge nach § 15 Nr. 1 KStG zu berücksichtigen, dass vororganschaftliche Verluste der Organgesellschaft zumindest dann nicht berücksichtigt werden können, wenn nicht konkret geplant ist, den Ergebnisabführungsvertrag wieder zu beenden und die vororganschaftlichen Verluste durch die frühere Organgesellschaft zu nutzen (von Eitzen/Helms, in: BB 2002, 827). Ebenso ist bei einer gewerbesteuerlichen Organschaft die Übertragung vororganschaftlicher Verluste der Organgesellschaft auf den Organträger nicht mehr möglich. Dies bedeutet im Ergebnis, dass aktive latente Steuern auf Verlustvorträge bei Eintritt in einen Organverbund insoweit ergebniswirksam auszubuchen sind, als die zukünftige steuerliche Berücksichtigung vororganschaftlicher Verluste nicht mehr möglich sein wird. Mit Ausscheiden aus dem Organkreis sind die latenten Steuern auf vororganschaftliche Verlustvorträge, sofern diese als realisierbar eingestuft werden, wieder ergebniswirksam einzubuchen.

2. Ansatz passiver latenter Steuern

67 Der Ansatz passiver latente Steuern ist nach dem IFRS-SMEs Abschn. 29.15(a) vorzunehmen, wenn zwischen den Wertansätzen nach dem IFRS-SMEs und nach steuerrechtlicher Beurteilung des Unternehmens temporäre Differenzen vorliegen, die **zukünftig zu einer Erhöhung des zu versteuernden Ergebnisses** führen werden. Dies kann grundsätzlich in folgenden Konstellationen der Fall sein:

(1) ein Vermögenswert wird in der IFRS-SMEs-Bilanz höher bewertet als in der Steuerbilanz,
(2) ein Vermögenswert wird zwar in der IFRS-SMEs-Bilanz, nicht jedoch in der Steuerbilanz angesetzt (dh. seine Steuerbasis ist Null),
(3) eine Schuld wird in der IFRS-Bilanz niedriger bewertet als in der Steuerbilanz,
(4) eine Schuld wird zwar in der Steuerbilanz, nicht jedoch in der IFRS-Bilanz angesetzt.

68 Die Ansatzpflicht für passive latente Steuern kann exemplarisch an einem Vermögenswert verdeutlicht werden, dessen Wertansatz nach dem IFRS-SMEs höher ist als seine Steuerbasis nach lokalem Steuerrecht. Der unterschiedliche Wertansatz ist als temporäre Differenz zu werten, sofern er sich durch Realisierung in einem zukünftigen Geschäftsjahr auflöst. Die Realisierung des Vermögenswerts durch Abschreibung oder Veräußerung führt dann im künftigen Realisierungszeitpunkt in der IFRS-SMEs-Bilanz zu einem geringeren Gewinn als steuerrechtlich. Dies hat zur Folge, dass der auf Basis der höheren steuerlichen Bemessungsgrundlage ermittelte Steueraufwand in dieser Periode im Vergleich zu dem IFRS-Periodenergebnis zu hoch ausfällt. Zu Synchronisationszwecken ist in der IFRS-SMEs-Bilanz eine latente Steuerschuld zu passivieren, welche den sich bei der Auflösung der temporären Differenz ergebenden Steuereffekt bereits zum Entstehungszeitpunkt antizipiert. Führt eine **Veräußerung des Vermögenswerts** zur Auflösung einer temporären Differenz oder verringert sie sich durch die **Vornahme von Abschreibungen**, so ist auch eine angesetzte latente Steuerschuld in entsprechendem Umfang aufzulösen.

69 Die **Erzielung zukünftiger Gewinne** bzw. die Erwartung von tatsächlichen Steuerzahlungen in künftigen Perioden ist **kein Passivierungskriterium**. Passive latente Steuern sind deshalb auch dann zu erfassen, wenn zu erwarten ist, dass ein Unternehmen aufgrund einer sich abzeichnenden langfristigen Verlustperiode zukünftig voraussichtlich keine Ertragsteuern zahlen wird. Denn im Unterschied zu tatsächlichen Steuerverbindlichkeiten repräsentieren latente Steuerschulden lediglich die steuerliche Last, die einem Vermögenswert oder einer Schuld aufgrund abweichender Bilanzierung ggü. den steuerrechtlichen Vorschriften inhärent ist.

Beispiel:
Ein Unternehmen erwirbt zum 1. Januar 01 eine Maschine, deren Anschaffungskosten T€ 1.200 betragen und die nach den Vorschriften des IFRS-SMEs Abschn. 17 über einen Zeitraum von sechs Jahren linear abgeschrieben wird. In der Steuerbilanz erfolgt die Abschreibung linear über einen Zeitraum von nur drei Jahren. Danach ergibt sich bei einem Steuersatz von 30 % für die Ermittlung latenter Steuern folgende Situation:

Jahr	01 T€	02 T€	03 T€	04 T€	05 T€	06 T€
Ansatz nach dem IFRS-SMEs zum 31. 12.	1000	800	600	400	200	0
Steuerbasis zum 31. 12.	800	400	0	0	0	0
Temporäre Differenz	200	400	600	400	200	0
Latente Steuerschuld zum 31. 12.	60	120	180	120	60	0
Abschreibung IFRS-SMEs	200	200	200	200	200	200
Abschreibung steuerlich	400	400	400	0	0	0
Steuereffekt ggü. IFRS-SMEs-Bilanz	**–60**	**–60**	**–60**	**+60**	**+60**	**+60**
Aufwand aus lat. Steuern	60	60	60	0	0	0
Ertrag aus lat. Steuern	0	0	0	60	60	60
Saldo Steuereffekt	**0**	**0**	**0**	**0**	**0**	**0**

Tab. 3: Beispiel zur Abgrenzung passiver latenter Steuern

Verglichen mit dem Ansatz in der IFRS-SMEs-Bilanz baut sich in den ersten drei Abschreibungsperioden aufgrund der höheren steuerlichen Abschreibungen eine temporäre Differenz auf, die sich ab dem vierten Jahr über die restliche wirtschaftliche Nutzungsdauer sukzessiv auflöst. In der Steuerbilanz mindern die höheren Abschreibungen in den Jahren 01 bis 03 das zu versteuernde Ergebnis, sodass der tatsächliche Steueraufwand aus Sicht der IFRS-SMEs jeweils um T€ 60 zu niedrig ausgewiesen wird. Dieser Effekt wird durch den Ansatz einer latenten Steuerschuld in Höhe der Steuer auf die Differenz zwischen der steuerlichen Abschreibung und der Abschreibung nach dem IFRS-SMEs bilanziell kompensiert. Die abgegrenzten passiven latenten Steuern werden in jeder Periode an die sich aufgrund unterschiedlicher Abschreibungsbeträge verändernden temporären Differenzen angepasst. Übersteigen die Abschreibungen nach Maßgabe des IFRS-SMEs die steuerlichen Abschreibungen, ist die latente Steuerschuld über die Restnutzungsdauer sukzessiv aufzulösen. Dadurch erfolgt eine Kompensation des aufgrund der dann geringeren steuerlichen Abschreibungen gestiegenen tatsächlichen Steueraufwands durch den latenten Steuerertrag, was zu einer Synchronisation von IFRS-SMEs-Vorsteuerergebnis und ausgewiesenem Steueraufwand in der Ergebnisrechnung führt.

3. Ansatzverbote

70 Von der allgemeinen Ansatzpflicht für latente Ertragsteuern auf temporäre Differenzen des IFRS-SMEs Abschn. 29.15 werden in IFRS-SMEs Abschn. 29.17 zwei grundsätzliche Ausnahmen festgelegt.

Zunächst sind davon temporäre Differenzen betroffen, die aus **nicht ausgeschütteten Ergebnissen** von ausländischen Betriebsstätten, Tochter-, Gemeinschafts- oder assoziierten Unternehmen resultieren. Auf diese Unterschiede sind keine aktiven oder passiven latenten Steuern abzugrenzen, soweit die Beteiligung an diesen Unternehmen dauerhafter Natur ist und eine Umkehr der Differenz in absehbarer Zukunft nicht erwartet wird (hierzu ausführlich vgl. Tz. 125).

71 Als zweite Ausnahme sind temporäre Differenzen im Zusammenhang mit der Ersterfassung eines **Geschäfts- oder Firmenwerts** zu nennen. Obwohl der Standard dies nicht explizit ausführt, bedingt das Ansatzverbot bei der Ersterfassung konzeptionell auch einen Nichtansatz für latente Steuern aus der Veränderung der Differenzen, die aus der Folgebewertung eines Geschäfts- oder Firmenwerts resultieren. Im Gegensatz zu den IFRS wird in IFRS-SMEs Abschn. 29.17(b) nicht zwischen konsolidierungsbedingten und erworbenen Geschäfts- oder Firmenwerten differenziert. Dies ist als deutliche Komplexitätsreduktion für kleine und mittlere Unternehmen zu werten, da konzeptionell nur der konsolidierungsbedingte Goodwill im Rahmen der Erwerbsbilanzierung aus der Abgrenzung latenter Steuern ausscheidet. Begründet wird das Ansatzverbot in diesem Fall mit dem Residualcharakter eines steuerlich nicht abzugsfähigen Geschäfts- oder Firmenwerts. Ein solcher Residualposten ergibt sich regelmäßig bei Unternehmenszusammenschlüssen im Wege eines *share deals* aus der erstmaligen Kapitalkonsolidierung aus der Differenz zwischen den Anschaffungskosten bzw. dem beizulegenden Zeitwert der hingegebenen Gegenleistung für das erworbene Unternehmen und dem Nettoeigenkapital bei einer Bewertung im Rahmen der Kaufpreisallokation (zur Ermittlung eines Geschäfts- oder Firmenwerts im Rahmen der Erwerbsbilanzierung vgl. IFRS-SMEs-Komm., Teil B, Abschn. 19 Tz. 41 f.). Die Abgrenzung einer latenten Steuerschuld auf den Geschäfts- oder Firmenwert selbst würde dazu führen, dass sich dieser als anzupassende Residualgröße in Höhe der abgegrenzten latenten Steuerschuld erhöht. Auf den erhöhten Geschäfts- oder Firmenwert wäre dann theoretisch erneut eine latente Steuerschuld abzugrenzen. Die aus einer konsequenten Durchführung der Steuerabgrenzung resultierende nicht gerechtfertigte, gleichwohl jedoch konzeptionell ansonsten gebotene Bilanzverlängerung wird durch das Ansatzverbot des IFRS-SMEs Abschn. 29.17(b) ausgeschlossen. Eine vergleichbare Argumentation lässt

sich für entgeltlich erworbene und steuerlich abzugsfähige Geschäfts- oder Firmenwerte nicht aufbauen. Sie stellen vielmehr reguläre immaterielle Vermögenswerte dar. Gleichwohl sind latente Steuern aus temporären Differenzen im Zusammenhang mit der Ersterfassung auch solcher Goodwills vom Ansatzverbot des IFRS-SMEs Abschn. 29.17(b) mit abgedeckt.

VII. Bewertung latenter Steuern

72 Nach Klärung der Ansatzvoraussetzungen für aktive bzw. passive latente Steuern umfasst der nächste Schritt des Ablaufschemas des IFRS-SMEs Abschn. 29.3 Regelungen zu deren Bewertung. Dabei sind zunächst in IFRS-SMEs Abschn. 29.18-.20 Hinweise zum anzuwendenden Steuersatz zu berücksichtigen. Ergänzend sind die Bewertungsregeln in IFRS-SMEs Abschn. 29.23-.25, die sowohl für tatsächliche als auch für latente Ertragsteuern gelten, zu berücksichtigen. Die ebenfalls im Rahmen der Bewertung latenter Steuern zu klärende Frage nach der Notwendigkeit der Berücksichtigung einer Wertberichtigung auf aktive latente Steuern sowie nach deren Höhe stellt nach dem IFRS-SMEs Abschn. 29.3(g) einen eigenen Schritt des Ablaufschemas dar (deshalb gesonderte Darstellung ab Tz. 88).

1. Anzuwendende Steuersätze

73 Die Bewertung latenter Steueransprüche und -schulden nach der Temporary-Methode des IFRS-SMEs Abschn. 29 richtet sich **konzeptionell** an den Ertragsteuersätzen aus, die **zum Zeitpunkt der Auflösung** einer temporären Differenz, also bei Realisierung eines Vermögenswerts, Begleichung einer Schuld oder Nutzung eines Verlustvortrags voraussichtlich Gültigkeit haben werden. Da jedoch die zukünftige Entwicklung der Ertragsteuersätze, insbesondere bei langfristigen temporären Differenzen, nicht mit hinreichender Sicherheit antizipiert werden kann, ist die Bewertung nach dem IFRS-SMEs Abschn. 29.18 aus **Gründen der Praktikabilität** auf Basis derjenigen Steuersätze vorzunehmen, die **zum Stichtag des Jahresabschlusses gelten**. Zukünftige Änderungen der Steuergesetze, die Auswirkungen auf die Steuersätze haben werden, sind dabei zu berücksichtigen, wenn sie materiell im Rahmen des Gesetzgebungsverfahrens feststehen (*substantively enacted*). Davon ist auszugehen, sobald der Erfüllung der materiellen Wirksamkeitsvoraussetzungen für ihre Einführung der Änderungen im Rahmen des Gesetzgebungsverfahrens keine Hindernisse mehr entgegenstehen, mithin allenfalls formale, nicht mehr jedoch materielle Gesetzgebungsschritte ausstehen. In Deutschland ist dies bei zustimmungspflichtigen Bundesgesetzen mit Zustimmung des Bundesrats zu den entsprechenden Gesetzesänderungen der Fall.

74 Für deutsche **Kapitalgesellschaften** setzt sich die Gesamtsteuerbelastung aus Körperschaftsteuer, Solidaritätszuschlag und Gewerbesteuer zusammen. Bei einem Hebesatz von 400% ergibt sich nach Durchführung der Unternehmenssteuerreform 2008 daraus ein durchschnittlicher Ertragsteuersatz in Höhe von 29,825%, der sich aus dem Zusammenwirken der einzelnen Komponenten wie folgt rechnerisch ermitteln lässt:

$$\text{Ertragsteuersatz} = (H \times M + K + S \times K) / 100$$

mit:
H = Gewerbesteuerhebesatz (hier 400%)
M = Steuermesszahl (3,5%)
K = Körperschaftsteuersatz (15%)
S = Solidaritätszuschlagssatz (5,5%)

75 Die Bewertung latenter Ertragsteuern bei **Personengesellschaften** ist demgegenüber auf Einzelabschlussebene auf den Gewerbeertragsteuersatz beschränkt. Im Konzernabschluss einer

Personengesellschaft mit Beteiligungen an Kapitalgesellschaften ist für die auf diese entfallenden temporären Differenzen auch die Körperschaftsteuer zu berücksichtigen. Dagegen ist die auf die Anteilseigner einer Personengesellschaft entfallende persönliche Einkommensteuer nicht zu berücksichtigen, da sich die Regelung des IFRS-SMEs Abschn. 29.18 explizit auf die Steuerbelastung der bilanzierenden Einheit (*entity*) bezieht.

76 Für **ausländische Unternehmen** in einem Konzern sind die nach jeweiligem Landesrecht geltenden Ertragsteuern einschließlich Quellensteuern mit den am Abschlussstichtag geltenden bzw. materiell beschlossenen zukünftigen Steuersätzen zugrunde zu legen. Welche Anforderungen dabei an eine materielle Festlegung im Rahmen des Gesetzgebungsprozesses als Grundlage für die Verwendung zukünftig vorgesehener Steuersätze zu stellen sind, bestimmt sich nach den legislativen Gegebenheiten der jeweiligen Länder. Bei der Ermittlung der Ertragsteuerbelastung ausländischer Unternehmen ist darüber hinaus die Auswirkung ggf. bestehender DBA in die Betrachtung mit einzubeziehen.

77 Änderungen im **Steuerstatus** von Unternehmen können sich insbesondere aus einem Rechtsformwechsel oder der Sitzverlegung des Unternehmens in das Ausland ergeben und können Einfluss auf den Umfang der zu berücksichtigenden Steuerarten oder auf die Höhe der anzuwendenden Steuersätze nehmen. So führt zB ein Rechtsformwechsel von einer Personengesellschaft zu einer Kapitalgesellschaft in Deutschland hinsichtlich der Besteuerung mit Einkommen- bzw. Körperschaftsteuer und Solidaritätszuschlag zu einer Verlagerung der Steuersubjekteigenschaft von der Gesellschafter- auf die Gesellschaftsebene. War für die Bewertung latenter Ertragsteuern vor dem Rechtsformwechsel lediglich die Gewerbesteuer heranzuziehen, so ist nach dem Wechsel zusätzlich die Körperschaftsteuer mit dem darauf entfallenden Solidaritätszuschlag zur Bewertung der Steuerlatenzen zu berücksichtigen.

78 Während in Deutschland die der Abgrenzung latenter Ertragsteuern zugrunde zu legenden Steuergesetze einen linearen Tarifverlauf aufweisen und dementsprechend die Berechnung eines anzuwendenden Ertragsteuersatzes, wie unter Tz. 74 dargestellt, vorgenommen werden kann, ist in anderen Jurisdiktionen ein nichtlinearer Verlauf der Besteuerung von Unternehmensgewinnen möglich. Sehen die Steuergesetze die Anwendung eines **progressiven Ertragsteuersatzes** in Abhängigkeit von der Höhe des zu versteuernden Gewinns vor, ist der im Rahmen der Steuerabgrenzung anzuwendende Steuersatz nicht mehr eindeutig zu ermitteln, da die Höhe des zukünftig zu versteuernden Einkommens zum Abschlussstichtag noch nicht feststeht. In diesem Fall sieht IFRS-SMEs Abschn. 29.19 die Anwendung eines durchschnittlichen Steuersatzes vor, der sich auf das voraussichtlich zu versteuernde Ergebnis zu dem Zeitpunkt ergibt, zu dem sich die der Steuerabgrenzung zugrunde gelegten temporären Differenzen umkehren. Dies impliziert eine Prognose des Managements über die Ergebnissituation in jeder zukünftigen Periode, in der sich eine Realisation von Vermögenswerten und Schulden vollzieht, welche Gegenstand der Abgrenzung latenter Steuern sind. Vor dem Hintergrund der Vielzahl von temporären Differenzen und der zeitlicher Staffelung ihrer Umkehr in der Zukunft ist dieser Anforderung in der Praxis nur durch einen relativ hohen Freiheitsgrad bei der Schätzung zu entsprechen.

79 Im Zusammenhang mit der Bestimmung der zugrunde zu legenden Ertragsteuersätze beschäftigt sich IFRS-SMEs Abschn. 29.19 schließlich mit unterschiedlichen Steuersätzen für einzelne Ergebnisbestandteile. Solche **gespaltenen Steuersätze** können zB für die Besteuerung operativer Ergebnisanteile einen anderen Steuersatz vorsehen als für das Finanzergebnis eines Unternehmens. Für einen solchen Fall legt der Standard fest, dass zur Bewertung der latenten Steuern der Steuersatz heranzuziehen ist, der bei der Realisierung eines jeweils zugeordneten Vermögenswerts bzw. der Begleichung einer jeweils zugeordneten Schuld zur Anwendung gelangen wird. Die Bewertung latenter Steuern erfolgt in diesem Fall also nicht einheitlich, sondern getrennt nach Gruppen von temporären Differenzen, die sich hinsichtlich des auf sie anzuwendenden Steuersatzes voneinander unterscheiden. Aufgrund der Einheitlichkeit der Steuersätze in Deutschland hat die Vorschrift des IFRS-SMEs Abschn. 29.19 für Unternehmen, die der deutschen Besteuerung unterliegen, keine Relevanz.

2. Sonstige Bewertungsvorschriften

Neben den Regelungen zu den im Rahmen der Bewertung von latenten Ertragsteuern anzuwendenden Steuersätzen in IFRS-SMEs Abschn. 29.18-.20 sind auch die für alle Ertragsteuern geltenden Bewertungsgrundsätze in IFRS-SMEs Abschn. 29.23-.25 zu berücksichtigen. 80

a. Abzinsungsverbot

Zunächst legt IFRS-SMEs Abschn. 29.23 fest, dass tatsächliche wie latente Ertragsteuern nicht abzuzinsen sind. Während dieses **Abzinsungsverbot** im Zusammenhang mit tatsächlichen Ertragsteuern aufgrund deren meist kurzfristigen Charakters weitgehend unproblematisch ist (vgl. Tz. 26), erscheint es vor dem Hintergrund der teilweise langen Bestandsdauern temporärer Differenzen und der damit zusammenhängenden latenten Steuern aus wirtschaftlicher Sichtweise nicht gerechtfertigt. Der IASB führt keine Begründung an, jedoch lässt die Übernahme des Verbots aus den IFRS (IAS 12.53) darauf schließen, dass der Board auch hinsichtlich der Motivation mit den IFRS übereinstimmt. Dort wird das Abzinsungsverbot mit Schwierigkeiten der praktischen Durchführung sowie einem nicht gerechtfertigten Kosten-Nutzen-Verhältnis begründet. Die dadurch bedingte Vereinfachung in der Berechnung latenter Steuern wurde durch die Übernahme in den IFRS-SMEs auch kleineren und mittleren Unternehmen zugänglich gemacht. 81

Ungeachtet der damit verbundenen Reduzierung der Komplexität bei der Ermittlung latenter Ertragsteuern, die aus der Sicht der praktischen Anwendung des Standards sicherlich zu begrüßen ist, muss die Motivation des Board **aus konzeptioneller Sicht kritisch** gesehen werden. Zwar ist es richtig, dass sich latente Steuern nicht unmittelbar aus dem Rechnungswesen eines Unternehmens erschließen, sondern idR manuell in Nebenrechnungen erfasst und kalkuliert werden müssen. Dabei erfordert das Temporary-Konzept grundsätzlich eine separate Aufzeichnung jeder einzelnen temporären Differenz, ihres zeitlichen Verlaufs sowie ihrer voraussichtlichen Reduzierung oder Kompensation, was insbesondere bei langfristigen Vermögenswerte mit erheblichem Aufwand verbunden sein kann. Die Vornahme einer Abzinsung würde die ohnehin schon komplexe Dokumentation noch weiter verkomplizieren. Da auch quasipermanente Differenzen zu beurteilen sind, deren Auflösung oft von ungewissen Ereignissen abhängt, ist die vorzunehmende Einschätzung des Auflösungszeitpunkts zudem mit erheblichen Unsicherheitsfaktoren verbunden, da sich der Abzinsungszeitraum nicht mit hinreichender Sicherheit bestimmen ließe. Jedoch wird genau diese Komplexität, nämlich die separate Betrachtung jeder einzelnen temporären Differenz, ihres zeitlichen Verlaufs sowie ihrer Umkehrung und den damit verbundenen Rahmenbeziehungen dem Bilanzierenden beim Vorliegen nichtlinearer oder gespaltener Steuersätze ebenfalls zugemutet (vgl. Tz. 79). Dieser Widerspruch innerhalb des Standards sowie die durch das Abzinsungsverbot reduzierte Aussagefähigkeit latenter Steueransprüche und -schulden, die damit auch bei Langfristigkeit systematisch über ihrem Barwert ausgewiesen werden, relativieren den Nutzen der Regelung durch ihre Vereinfachungswirkung. 82

b. Berücksichtigung von Steuerunsicherheiten

Nicht im Rahmen der Ansatzvoraussetzungen (vgl. Tz. 51 ff.), sondern bei der Bewertung zu berücksichtigen sind auch **Steuerunsicherheiten**. Der IFRS-SMEs hat damit bei seiner erstmaligen Veröffentlichung diese Sichtweise zeitlich vor den IFRS als Ergebnis des *due process* übernommen (zur Problematik dieser Vorgehensweise Senger/Brune/Hoehne, IRZ 2009, 289 ff.). Nach dieser Konzeption der Abbildung von Risiken im Jahresabschluss wirken sich Unsicherheiten bzgl. der Ergebnisse, zB steuerlicher Betriebsprüfungen, auf die Höhe der ausgewiesenen Steuerschulden bzw. -ansprüche aus tatsächlichen Steuern aus. IFRS-SMEs Abschn. 29.24 regelt, dass im Rahmen der Bewertung der wahrscheinlichkeitsgewichtete 83 durchschnittliche Betrag aus dem Ergebnis der unsicheren Ereignisse berücksichtigt werden soll. Ändert sich diese Gewichtung aufgrund neuer Informationen, so ist die Bewertung anzupassen. Wird jedoch auf Basis der bereits verfügbaren Informationen eine Neueinschätzung vorgenommen, ist die Bewertung nicht anzupassen.

84 Die Berücksichtigung von Steuerunsicherheiten durch einen mit den jeweiligen Eintrittswahrscheinlichkeiten gewichteten möglichen Steuerbetrag beim Eintritt unterschiedlicher Ergebnisse, zB einer steuerlichen Betriebsprüfung, ist sowohl **konzeptionell** als auch im Hinblick auf ihre **praktische Umsetzung problematisch**.

85 Konzeptionell ist einzuwenden, dass mit der geforderten Bilanzierung eines gewichteten Erwartungswerts **systematisch niemals** der zukünftig tatsächlich auf die steuerliche Bemessungsgrundlage **einwirkende Betrag** der temporären Differenzen ausgewiesen wird. Dies ist ein grundsätzliches Problem der Abbildung von Unsicherheiten durch die Bilanzierung von Erwartungswerten.

86 Darüber ist im Rahmen der Überprüfbarkeit der Bilanzierung durch das bilanzierende Unternehmen zu **dokumentieren**, welche möglichen Ergebnisse in die Bilanzierung eingeflossen sind und warum diese in einer bestimmten Art gewichtet wurden. Neben der objektiven Schwierigkeit dieser Abschätzung wird durch die dadurch induzierten Dokumentationspflichten die Intention der Vereinfachung des IFRS-SMEs und eines im Vergleich zu den IFRS für kleine und mittlere Unternehmen besseren Kosten-Nutzen-Verhältnisses konterkariert. Schließlich ist in diesem Zusammenhang auch eine ggf. **präjudizierende Wirkung** der Bewertung latenter Steuern iVm. der entsprechenden Dokumentation zu problematisieren, wenn der Bilanzierende durch eine entsprechende Wahrscheinlichkeitsgewichtung zu erkennen gibt, dass er zB die Wahrscheinlichkeit einer für ihn günstigen Sichtweise durch die Finanzverwaltung als wenig wahrscheinlich erachtet. Es bleibt deshalb abzuwarten, wie die Umsetzung der Anforderungen des IFRS-SMEs Abschn. 29.24 in der Bilanzierungspraxis erfolgen wird.

c. *Einfluss der Ergebnisverwendung*

87 Ist bei der Ermittlung der ertragsteuerlichen Belastung von Ergebnissen zwischen ausgeschütteten und thesaurierten Beträgen zu unterscheiden, kommen also **verwendungsspezifische Steuersätze** zur Anwendung, so ist nach dem IFRS-SMEs Abschn. 29.25 die Bewertung zunächst auf der Basis einer unterstellten Thesaurierung vorzunehmen. Erst wenn eine Konkretisierung der Ausschüttung durch einen entsprechenden Beschluss vorliegt und deshalb eine Dividendenverbindlichkeit ausgewiesen wird, erfolgt die Anpassung der Bewertung unter Berücksichtigung des Ausschüttungssteuersatzes für die von dem Ausschüttungsbeschluss betroffenen Beträge. Analog ist zu verfahren, wenn durch Ausschüttungen eine Erstattung bereits gezahlter Ertragsteuern induziert wird. Die Anpassungen sind ergebniswirksam als Veränderung der aktiven bzw. passiven latenten Steuern in der Bilanz und der Ertragsteuern in der Gewinn- und Verlustrechnung bzw. der Gesamtergebnisrechnung zu erfassen.

Die Vorschrift des IFRS-SMEs Abschn. 29.25 entspricht der Vorgehensweise in den IFRS und ist insgesamt aufgrund ihres hohen Objektivierungsgrads als tendenziell **wenig problematisch** in Bezug auf ihre praktische Anwendbarkeit anzusehen.

VIII. Wertberichtigungen auf aktive latente Steuern

88 Obwohl die Beurteilung der Notwendigkeit von Wertberichtigungen auf einen Vermögenswert aus aktiven latenten Ertragsteuern systematisch zum Bereich der Bewertung zu rechnen ist, wurde mit IFRS-SMEs Abschn. 29.3(g) vom IASB ein **eigner Abschnitt im Ablaufschema** des IFRS-SMEs Abschn. 29.3 für Ertragsteuern vorgesehen. Dies verdeutlicht, dass der Board der

Bestimmung einer ggf. vorzunehmenden Wertberichtigung (*valuation allowance*) eine besondere Bedeutung zumisst.

89 Gemäß der Konzeption sind aktive latente Ertragsteuern bei Erfüllung der Ansatzvoraussetzungen in IFRS-SMEs Abschn. 29.15 grundsätzlich bilanziell zu erfassen. Aktive latente Steuern stellen jedoch nur dann einen Vermögensvorteil dar, wenn die ihnen zugrunde liegenden temporären Differenzen oder steuerlichen Verlustvorträge in der Zukunft **tatsächlich das zu versteuernde Ergebnis reduzieren**. Deshalb ist bei der Erfassung aktiver latenter Steuern zu beurteilen, ob der ausgewiesene Vermögenswert ggf. teilweise oder sogar vollständig wertzuberichtigen ist. Der IFRS-SMEs Abschn. 29.21 verlangt deshalb den Abzug einer Wertberichtigung von dem sich aus der Anwendung des Steuersatzes auf die entsprechenden temporären Differenzen bzw. steuerlichen Verlustvorträge ergebenden aktiven Steuerbetrag, wenn eine vollständige Verwertung der Vermögensvorteile in zukünftigen Perioden nicht zu erwarten ist. Der Wertminderungsbetrag soll dabei so bemessen sein, dass der sich ergebende Buchwert des latenten Ertragsteueranspruchs dem höchsten Betrag entspricht der wahrscheinlich (*more likely than not*) in der Zukunft realisiert werden kann.

90 Die Umsetzung dieser Anforderung des IFRS-SMEs Abschn. 29.21 erfordert vom Bilanzierenden eine fundierte Prognose der in zukünftigen Perioden zu versteuernden Ergebnisse. Zwar verzichtet der IASB auf eine den Regelungen der IFRS vergleichbare Detaillierung der Anforderungen an diese Schätzung, jedoch dürfte für die Werthaltigkeitsbeurteilung aktiver latenter Steuern nach dem IFRS-SMEs Abschn. 29.21 in jedem Fall eine mittelfristige **steuerliche Ergebnisplanung** aufzustellen sein. Nur auf der Basis einer solchen Planung, die einen Zeitraum von drei bis fünf Jahren abdecken sollte, ist eine objektivierte und nachvollziehbare Abschätzung der Werthaltigkeit von aktiven latenten Steuern möglich. Dies stellt für viele kleine und mittlere Unternehmen ein praktisches Problem dar, weil entsprechende. Planungen nicht oder nicht unmittelbar zur Verfügung stehen. Viele dieser Unternehmen arbeiten mit einer betriebswirtschaftlich oder handelsrechtlich ausgerichteten Budgetplanung, die idR lediglich das folgende Geschäftsjahr umfasst und deshalb im Hinblick auf die Beurteilung steuerlicher Ergebnisse modifiziert werden muss. Da in vielen Fällen die steuerliche Betreuung nicht von einer unternehmensinternen Einheit wahrgenommen, sondern an externe Dienstleister ausgelagert wird, ist eine steuerliche Modifikation vorhandener Planungs- und Budgetrechnungen innerhalb des Unternehmens meist nicht gewährleistet. Darüber hinaus besteht häufig das Problem, dass eine über die Budgetrechnung hinausgehende Mittelfristplanung bisher überhaupt nicht vorgenommen wurde. Insoweit besteht für die betroffenen Unternehmen im Zuge der Übernahme der Regelungen des IFRS-SMEs auch die Notwendigkeit, entsprechende Planungsrechnungen zu implementieren und für bestehende Planungsrechnungen eine Anpassung an steuerliche Gegebenheiten für Zwecke der Werthaltigkeitsbeurteilung nach dem IFRS-SMEs Abschn. 29.21 zu gewährleisten.

91 Die Bestimmung eines geeigneten **Planungshorizonts** hängt grundsätzlich von den individuellen Gegebenheiten des jeweiligen Unternehmens, wie zB Produktlebenszyklen oder Branchenentwicklungen ab. Da jedoch die Prognoseunsicherheit mit zunehmendem Planungshorizont steigt, bietet sich in der Praxis eine Beschränkung der Prognose auf einen Zeitraum von bis zu fünf Jahren an. Dies entspricht auch weitgehend den Planungsrechnungen, die im Rahmen von *impairment tests* nach dem IFRS-SMEs Abschn. 27 aufzustellen sind und sich häufig ebenfalls auf das Gesamtunternehmen beziehen. Durch eine Synchronisation der Planungsrechnungen kann auch eine Beschränkung des Aufwands für die betroffenen Unternehmen iSv. IFRS-SMEs Abschn. 2.13 f. erzielt werden. Sofern die aktiven latenten Steuern innerhalb des von dem Unternehmen gewählten Planungshorizonts nicht vollständig realisiert werden können, bedeutet dies nicht notwendigerweise, dass in Höhe des nicht gedeckten Teils eine Wertberichtigung erfasst werden muss. Eine höhere Werthaltigkeit kann zB dann in Betracht kommen, wenn die Planungsrechnung auf reinen Jahresbudgets beruht, die nicht über den Ansatz einer ewigen Rente auf zukünftige Perioden, die jenseits des Detailplanungszeitraumes liegen, fortgeschrieben werden. Kann das Unternehmen im Rahmen einer solchen

Planungsrechnung eine konstante positive Ertragsentwicklung nachvollziehbar darlegen, so wird häufig auch über den gewählten Planungshorizont hinaus mit hinreichender Wahrscheinlichkeit von einer Fortsetzung dieses Trends auszugehen sein. Dagegen sind Planungsrechnungen, in welchen das letzte Detailplanungsjahr über eine ewige Rente auf die zukünftigen Perioden fortgeschrieben wird und dennoch keine vollständige Nutzung der aktiven latenten Steuern erreicht werden kann, idR die Grundlage für die Bildung oder Erhöhung einer Wertberichtigung. Kritisch im Hinblick auf die Werthaltigkeit von latenten Steueransprüchen sind auch stark volatile Ergebnisse sowie Planungsrechnungen, die steuerliche Gewinne erst zum Ende des Planungshorizonts vorsehen.

92 Die Unternehmensplanung beruht im Hinblick auf die verwendeten Prämissen oft stark auf den subjektiven Einschätzungen des Managements. Um die Aussagekraft einer Planungsrechnung beurteilen zu können, kommt deshalb der **Planungstreue** in der Vergangenheit eine besondere Bedeutung zu. Für diejenigen Unternehmen, die aufgrund der Anforderungen des IFRS-SMEs erstmals einen strukturierten Planungsprozess implementieren oder die bisherigen Planungen grundlegend modifizieren, ist eine Beurteilung der Planungstreue aber in der ersten Planungsperiode nicht möglich und in den folgenden (im Zeitverlauf zunehmend weniger) problematisch. Dies führt bei den betroffenen Unternehmen zu einer erhöhten Prognoseunsicherheit, bis sich ein valider Planungsprozess herausgebildet hat.

93 Ist auf der Basis der vorliegenden steuerlichen Planungsrechnung die Erwirtschaftung zukünftiger **positiv zu versteuernder Ergebnisse unwahrscheinlich**, so ist die Höhe der latenten Steuern begrenzt auf die Höhe vorhandener passiver latenter Steuern, die ggü. derselben Steuerbehörde bestehen und die sich in demselben Zeitraum durch Umkehr der entsprechenden temporären Differenzen auflösen.

94 Bei der Bemessung der Wahrscheinlichkeit der Nutzung von aktiven latenten Steuern aus steuerlichen Verlustvorträgen ist darüber hinaus deren möglicher **Verfall** in Abhängigkeit der steuerlichen Vorschriften zu berücksichtigen. In Deutschland betrifft dies insbesondere die Regelungen der § 8c KStG und § 10a Satz 9 GewStG für den Fall einer Anteilsveräußerung (vgl. Tz. 63). Unternehmen mit Sitz im Ausland müssen ggf. Vorschriften zum zeitlichen Verfall von steuerlichen Verlustvorträgen beachten.

95 Auch **Mindestbesteuerungsregelungen** (zB § 10d Abs. 2 EStG und § 10a GewStG) können die Wahrscheinlichkeit der zukünftigen Nutzung von Verlustvorträgen haben, da sie die Verlustverrechnung zeitlich verzögern und insoweit die Prognose erschweren. Grundsätzlich bleiben die steuerlichen Verlustvorträge in Deutschland zwar dem Grunde nach in voller Höhe bestehen, der verlängerte Prognosezeitraum im Hinblick auf die zukünftige Erzielung steuerlicher Gewinne führt allerdings zu dem Erfordernis einer vorsichtigeren Bewertung von Verlustvorträgen (vgl. Schulz-Danso, in: Beck IFRS-Handbuch, 3. Aufl. § 25 Rz. 74). Außerdem können die auf Verlustvorträge entfallenden aktiven latenten Steuern nicht in jedem Fall den ggf. bestehenden passiven latenten Steuern gegenübergestellt werden. Da in diesem Fall aktive und passive latente Steuern in unterschiedlichen zukünftigen Zeiträumen realisiert werden, ist nur eine Gegenüberstellung zeitlich kongruenter Beträge zulässig.

96 Ein weiteres Problem in der praktischen Anwendung stellt die **konzeptionelle Vorgehensweise** des IFRS-SMEs Abschn. 29.21 dar, die von dem Bilanzierenden die Schätzung desjenigen höchsten Betrags der aktiven latenten Steuern verlangt, der wahrscheinlich noch auf der Basis der vorliegenden Schätzung der steuerlichen Ergebnisse in der Zukunft realisiert werden kann. Zum einen ist dabei die Verwendung des Wahrscheinlichkeitskriteriums (*more likely than not*) problematisch, da dieses Kriterium im Zusammenhang mit der Erwartungswertbilanzierung des IFRS-SMEs Abschn. 29.24 vom IASB verworfen wurde. Insoweit erscheinen die Vorschriften innerhalb des IFRS-SMEs Abschn. 29 konzeptionell nicht geschlossen. Zum anderen verlangt die Vorschrift vom Bilanzierenden abermals die Identifikation verschiedener möglicher werthaltiger Beträge (bei unterschiedlichen Prämissen), schreibt jedoch anschließend keine Durchschnittbildung nach den Wahrscheinlichkeiten vor, sondern verlangt die Bilanzierung des Betrags, dessen Wahrscheinlichkeit die 50%-Grenze gerade übersteigt.

Dies führt aus Sicht des Bilanzierenden zu denselben **praktischen Problemen**, die bereits im Zusammenhang mit der Erwartungswertbilanzierung bei Steuerunsicherheiten dargestellt wurden (vgl. Tz. 84 ff.) und eröffnet darüber hinaus durch vorhandene Spannbreiten bei der Parameterwahl erhebliche Bewertungsspielräume in Bezug auf aktive latente Steuern.

97 Der Buchwert eines bilanzierten latenten Steueranspruchs ist gemäß IFRS-SMEs Abschn. 29.22 zu jedem Bilanzstichtag im Hinblick auf seine **Werthaltigkeit** zu **überprüfen**. Das bedeutet, dass eine zuvor erfasste Wertberichtigung ggf. an die Neueinschätzung zum Folgebilanzstichtag anzupassen ist. Wird von geringeren zu versteuernden Ergebnissen in zukünftigen Perioden ausgegangen als in der Vorperiode erwartet, so ist in dieser Höhe eine Wertminderung zu bilden bzw. eine bereits bestehende Wertminderung betragsmäßig zu erhöhen. Sofern latente Steueransprüche in Vorjahren aufgrund einer negativen Ergebnisprognose abgewertet worden sind, ist bei aktueller positiverer Gewinneinschätzung bei einer bestehenden Wertminderung eine Wertaufholung in der Höhe vorzunehmen, in der ausreichende Gewinne zukünftig mit hinreichender Wahrscheinlichkeit zur Verfügung stehen werden. Eine Erfassung oder Erhöhung einer Wertminderung bzw. einer Wertaufholung kann darüber hinaus aufgrund geänderter Steuersätze oder einer beabsichtigten Veräußerung von Vermögenswerten geboten sein, falls für die Veräußerung abweichende Steuersätze zur Anwendung gelangen.

98 Die **Erfassung** der Wertberichtigung bzw. Wertaufholung **in der Erfolgsrechnung** des berichtenden Unternehmens richtet sich gemäß IFRS-SMEs Abschn. 29.22 nach der Berücksichtigung der zugrunde liegenden Transaktionen. Soweit die Neubewertung von aktiven latenten Steuern auf erfolgswirksam entstandene temporäre Differenzen zurückzuführen ist, ist sie in der Periode der Anpassung der *valuation allowance* ergebniswirksam in der Gewinn- und Verlustrechnung bzw. der Gesamtergebnisrechnung vorzunehmen. Auf erfolgsneutral im OCI erfasste Sachverhalte abgegrenzte latente Steuern sind entsprechend ergebnisneutral ebenfalls im OCI anzupassen.

IX. Darstellung im Jahresabschluss

99 Die beiden letzten Schritte im Ablaufschema des IFRS-SMEs Abschn. 29.3 zur Bilanzierung und Erfassung von Ertragsteuern im IFRS-SMEs-Abschluss beziehen sich auf die Darstellung innerhalb des Abschlusses und die erforderlichen Angaben. Im Folgenden sollen die Vorschriften zur Darstellung zusammengefasst dargestellt werden, auch wenn das Ablaufschema eine geringgradig andere Zuordnung (IFRS-SMEs Abschn. 29.3(h) und (i)) vornimmt.

IFRS-SMEs Abschn. 29.27 befasst sich mit der **Zuordnung der Ergebnisauswirkung** von Ertragsteuern und deren Erfassung in der Gewinn- und Verlustrechnung, der Gesamtergebnisrechnung und dem Eigenkapital. Obwohl der Standard explizit nur Ertragsteuerausgaben (*tax expense*) adressiert, ist eine entsprechende Zuordnung von Erträgen aus Ertragsteuern systematisch nicht anders vorzunehmen. Die Regelung sieht vor, dass Ertragsteuereffekte in derselben »Komponente« der verwendeten Erfolgsrechnung (also Gewinn- und Verlustrechnung oder Gesamtergebnisrechnung, je nach Ausübung des Wahlrechts des IFRS-SMEs Abschn. 5.2 als Gesamtdarstellung oder zwei Teilrechnungen) und des Eigenkapitals auszuweisen sind, in der auch die zugrunde liegende Transaktion oder ein sonstiger ertragsteuerlich relevanter Sachverhalt erfasst wurde. Der Begriff der »Komponente« wird innerhalb des Standardtextes dahingehend konkretisiert, dass eine Zuordnung zu fortgeführten Tätigkeiten, nicht fortgeführten Tätigkeiten oder erfolgsneutral zum OCI vorgenommen werden soll. Bei der Erfassung im Eigenkapital ist entsprechend dessen Gliederung nach dem IFRS-SMEs Abschn. 6.3 ebenfalls so zu differenzieren, dass Grundsachverhalt und Steuereffekt in derselben Position ausgewiesen werden. Während also grundsätzlich immer zwischen ergebniswirksamer und erfolgsneutraler Erfassung zu unterscheiden ist, muss bei Vorliegen nicht fortgeführter Tätigkeiten iSv. IFRS-SMEs Abschn. 5.5(e) der auf diese Aktivitäten entfallende Steueranteil getrennt erfasst und zusammen mit dem operativen Ergebnis dieser Tätigkeiten in einer gesonderten Position der Ergebnisrechnung angegeben werden. Diese Trennung soll dem Abschlussadressaten die Möglichkeit bieten, die fortgeführten Aktivitäten sowohl vor als auch nach Ertragsteuern gesondert von den aufgegebenen Bereichen beurteilen zu können.

100 Nach dem IFRS-SMEs Abschn. 4.4 hat ein nach dem IFRS-SMEs berichtendes Unternehmen seine Bilanz nach kurz- und langfristigen Vermögenswerten und Schulden zu gliedern, soweit nicht eine Gliederung nach Liquiditätsgesichtspunkten einen besseren Einblick in die Vermögenslage gewährleistet. Unter Bezugnahme auf diese Vorschrift schreibt IFRS-SMEs Abschn. 29.28 vor, dass aktive bzw. passive latente Steuern nicht als kurzfristige Vermögenswerte bzw. Schulden auszuweisen sind. Somit sind **sämtliche latente Steuern als langfristig zu klassifizieren**, auch wenn sich die ihnen zugrunde liegenden temporären Differenzen innerhalb von zwölf Monaten umkehren oder ein steuerlicher Verlustvortrag innerhalb von zwölf Monaten genutzt werden kann. Diese Regelung ist systematisch innerhalb der IFRS-SMEs nicht zu begründen, sie stellt lediglich eine Vereinfachung des Ausweises dar, die auch von den Nutzern der IFRS derzeit noch anzuwenden ist.

101 Grundsätzlich unterliegen in der Bilanz ausgewiesene Ansprüche und Schulden aus Ertragsteuern dem allgemeinen **Saldierungsverbot** in IFRS-SMEs Abschn. 2.52. Eine Saldierung tatsächlicher Ertragsteuern ist aufgrund der Sondervorschrift des IFRS-SMEs Abschn. 29.29 jedoch dann vorzunehmen, wenn ein Unternehmen ein durchsetzbares Recht hat, einen Steuererstattungsanspruch mit einer entsprechenden Steuerschuld aufzurechnen. Latente Ertragsteuern sind zu saldieren, wenn sich die latenten Steueransprüche und -schulden auf Ertragsteuern beziehen, die von derselben Steuerbehörde erhoben werden und entweder ein einziges steuerpflichtiges Unternehmen oder mehrere steuerpflichtige Unternehmen betreffen, welche beabsichtigen, die aus den latenten Steuerposten resultierenden tatsächlichen Steuererstattungsansprüche oder -schulden zu saldieren bzw. gleichzeitig abzuwickeln. Dabei ist aufgrund der unterschiedlichen fiskalischen Verwaltungshoheit hinsichtlich der KSt (Finanzbehörden) und der GewSt (hebeberechtigte Gemeinden) eine Saldierung zwischen diesen Steuerarten nicht möglich. Auch latente Steueransprüche und -schulden inländischer Konzernunternehmen können nur dann saldiert werden, wenn sie die gleiche Steuerart betreffen, die gleiche Fälligkeit aufweisen und ggü. derselben Fiskalbehörde bestehen. Für deutsche Konzernunternehmen kommt damit im Konzernabschluss eine Saldierung idR nur bei Vorliegen von steuerlichen Organschaften und Fristkongruenz der Aufwendungen und Erträge in Frage.

X. Anhangangaben

102 Ein Kennzeichen des IFRS-SMEs im Vergleich zu den IFRS sind die adressatenbezogen deutlich reduzierten Angabepflichten zur Sachverhalten im Anhang. Dies gilt in besonderem Umfang auch für die im Zusammenhang mit Ertragsteuern zu machenden Angaben. Als **Generalnorm** legt IFRS-SMEs Abschn. 29.30 fest, dass ein berichtendes Unternehmen Informationen veröffentlichen soll, die es den Abschlussadressaten ermöglichen sollen, die Art von tatsächlichen und latenten Ertragsteuern, ihre Verursachung sowie ihre Auswirkungen auf den Jahresabschluss einschätzen zu können. Zur Konkretisierung werden in IFRS-SMEs Abschn. 29.31 die Angabepflichten hinsichtlich der Aufwendungen und Erträge im Zusammenhang mit Ertragsteuern und in IFRS-SMEs Abschn. 29.32 sonstige Angabepflichten aufgeführt.

103 Für die wesentlichen Bestandteile der Ertragsteueraufwendungen und -erträge sind gemäß IFRS-SMEs Abschn. 29.31 die folgenden Angaben zu machen:

(1) Zu **tatsächlichen Ertragsteuern** sind zunächst Aufwendungen bzw. Erträge (IFRS-SMEs Abschn. 29.31(a)) sowie jede Veränderung dieser Steuern, die auf frühere Perioden als die eigentliche Berichtsperiode zurückzuführen sind (IFRS-SMEs Abschn. 29.31(b)), gesondert darzustellen.
(2) Die Angaben zu **latenten Ertragsteuern** sind naturgemäß umfangreicher und umfassen zunächst die Angabe des Betrags an latenten Steueraufwendungen und -erträgen, der sich aus temporären Differenzen bzw. deren Umkehr ergibt (IFRS-SMEs Abschn. 29.31(c)), die Angabe des Effekts aus der Veränderung von Steuersätzen oder anderer steuerlicher Vorschriften (IFRS-SMEs Abschn. 29.31(d)), die Angabe des Effekts aus der Änderung der Erwartungswerte aus Steuerunsicherheiten (IFRS-SMEs Abschn. 29.31(e), die Angabe des Effekts aus einer Veränderung des Steuerstatus eines Unternehmens oder seiner Anteilseigner (IFRS-SMEs Abschn. 29.31(f) sowie die Angabe der Auswirkung der Veränderung der Wertberichtigung zu aktiven latenten Steuern (IFRS-SMEs Abschn. 29.31(g)).
(3) Für **tatsächliche wie latente Ertragsteuern gleichermaßen** ist nach dem IFRS-SMEs Abschn. 29.31(h) der in der Erfolgsrechnung erfasste Betrag anzugeben, der sich aus der Korrektur von Fehlern oder einer Änderung der Bilanzierungs- und Bewertungsmethoden nach Maßgabe der Regelungen der IFRS-SMEs Abschn. 10 ergibt.

104 Darüber hinaus schreibt IFRS-SMEs Abschn. 29.32 die folgenden Angaben im Zusammenhang mit tatsächlichen oder latenten Ertragsteuern vor:

(1) Angabe der Summe der tatsächlichen und latenten Ertragsteuern im Zusammenhang mit Transaktionen oder Sachverhalten, die **erfolgsneutral im OCI** erfasst wurden,
(2) Darstellung der **wesentlichen Unterschiede** zwischen dem in der Gesamtergebnisrechnung nach dem IFRS-SMEs ausgewiesenen Steueraufwand/-ertrag und der steuerlichen Erfolgsrechnung,
(3) im Fall einer **Steuersatzänderung** gegenüber der Vorperiode eine Erläuterung dieser Änderung,
(4) eine **Überleitungsrechnung** vom Stand am Periodenbeginn zum Stand am Periodenende der Berichtsperiode, getrennt nach temporären Differenzen aus Vermögenswerten, temporären Differenzen aus Schulden und jeder Art von ungenutzten steuerlichen Verlustvorträgen und Steuergutschriften sowie die Entwicklung der Wertberichtigung auf aktive latente Steuern in der Berichtsperiode,
(5) (sofern vorhanden) der **Verfallszeitpunkt** von temporären Differenzen, ungenutzten steuerlichen Verlustvorträgen und Steuergutschriften sowie
(6) im Falle von **verwendungsspezifischen Steuersätzen** (IFRS-SMEs Abschn. 29.25, vgl. Tz. 87) eine Erläuterung der voraussichtlichen ertragsteuerlichen Konsequenzen aus einer Dividendenzahlung an die Anteilseigner.

105 Die vorstehend dargestellten Anhangangabepflichten sind auch in der *presentation and disclosure checklist* zum IFRS-SMEs enthalten. Darüber hinaus werden dort die Verpflichtung zum Ausweis latenter Ertragsteuern als langfristig (IFRS-SMEs Abschn. 29.28 und die Saldierungsvorschrift des IFRS-SMEs Abschn. 29.29) dargestellt.

C. Sonderfragen bei Ertragsteuern

106 Die bisherigen Ausführungen der Bilanzierung und Darstellung von Ertragsteuern, die sich am Ablaufschema des IFRS-SMEs Abschn. 29.3 orientieren, waren im Wesentlichen auf den IFRS-SMEs-Einzelabschluss beschränkt. Die Berücksichtigung von konzernspezifischen Sachverhalten ist jedoch darüber hinaus im Konzernabschluss zu berücksichtigen. Für deutsche IFRS-SMEs-Anwender sind außerdem ggf. Besonderheiten bei Personengesellschaften aus steuerlichen Sonder- und Ergänzungsbilanzen zu berücksichtigen. Diese beiden Sonderthemengebiete sind Gegenstand der nachfolgenden Ausführungen.

I. Besonderheiten bei Personengesellschaften

107 Bei deutschen Personengesellschaften richtet sich die Zurechnung und Bewertung von Vermögenswerten und Schulden zum Zweck der Bestimmung der Steuerbasis **nicht allein nach der** (steuerlichen) **Gesamthandsbilanz** der Gesellschaft. Deshalb ist zu fragen, inwieweit auch ggf. existierende steuerliche Sonder- bzw. Ergänzungsbilanzen bei der Abgrenzung latenter Steuern zu berücksichtigen sind.

1. Sonderbilanzen

108 In einer steuerlichen Sonderbilanz werden konzeptionell **keine Wirtschaftsgüter der Personengesellschaft** selbst, sondern ein (fiktives) Sonderbetriebsvermögen eines Gesellschafters erfasst, das von der Gesellschaft für betriebliche Zwecke genutzt wird. Außerdem werden darin Verbindlichkeiten des Gesellschafters ausgewiesen, welche der Finanzierung des Erwerbs der Beteiligung an der Personengesellschaft dienen.

109 Da es sich bei diesem Sonderbetriebsvermögen gerade nicht um Vermögen der Gesellschaft handelt und somit eine Identität im Hinblick auf die rechnungslegenden Einheiten der Personengesellschaft einerseits und der Gesellschafter andererseits besteht, können insoweit auch keine abgrenzbaren temporären Differenzen bei der Ermittlung latenter Ertragsteuern berücksichtigt werden. Eine Einbeziehung von Sonderbilanzen in die Steuerabgrenzung im Rahmen des IFRS-SMEs-Einzelabschlusses ist insoweit grundsätzlich nicht möglich (so auch Hoffmann, in: Lüdenbach/Hoffmann, IFRS-Kommentar, 8. Aufl., § 26, Rz. 87; differenzierend Fülbier/Mages, KoR 2007, 75). Im Konzernverbund dagegen können auch auf Einzelabschlussebene aus Sicht der Konzernmuttergesellschaft latente Steuern im Rahmen der Betrachtung der *inside basis differences II* abzugrenzen sein (vgl. Tz. 116).

110 Hingegen kann es in bestimmten Fällen auf der **Konzernebene** zu einer Identität zwischen den im IFRS-SMEs-Abschluss und in der Sonderbilanz angesetzten Vermögenswerten und damit verbunden zur Abgrenzung von latenten Ertragsteuern kommen. Dies ist beispielsweise dann der Fall, wenn ein in den Konzernabschluss einbezogenes Unternehmen einen Vermögenswert (zB ein Grundstück) an ein anderes Konzernunternehmen in Form einer Personengesellschaft verpachtet, der bei der Personengesellschaft steuerlich dem Sonderbetriebsvermögen zuzurechnen ist. Sofern nach dem IFRS-SMEs der Buchwertdes Vermögenswerts von seiner Steuerbasis laut Sonderbilanz abweicht, sind aufgrund der Einheitstheorie aus Konzernsicht die temporären Differenzen zu berücksichtigen, auf die grundsätzlich latente Steuern abzugrenzen sind (vgl. Schulz-Danso, in: Beck IFRS-Handbuch, 3. Aufl. § 25 Rz. 87).

2. Steuerliche Ergänzungsbilanzen

111 Im Gegensatz zu Sonderbilanzen haben steuerliche Ergänzungsbilanzen den Charakter von **Wertkorrekturbilanzen**, die insbesondere beim Eintritt eines Gesellschafters in eine Personengesellschaft und beim Gesellschafterwechsel für den Eintretenden sowie beim Ausscheiden eines Gesellschafters für die verbleibenden Gesellschafter entstehen. Innerhalb der steuerlichen Ergänzungsbilanz werden die Differenzen zwischen den Wertansätzen von Wirtschaftsgütern (IFRS-SMEs-Vermögenswerte) in der steuerlichen Gesamthandsbilanz der Gesellschaft

einerseits und den durch einen Gesellschafter vergüteten Betrag für dieses Wirtschaftsgut andererseits ausgewiesen. Es handelt sich damit um eine Darstellung zur Anpassung der Anschaffungskosten für einen Vermögenswert an den in der Gesamthandsbilanz ausgewiesenen steuerlichen Buchwert für diesen Gegenstand (positive steuerliche Ergänzungsbilanz). Damit ist die Identität zwischen den in der IFRS-SMEs-Bilanz einerseits und den in der steuerlichen Gesamthands- und Ergänzungsbilanzen andererseits bilanzierten Vermögenswerten und Schulden gegeben, sodass die Ergänzungsbilanzwerte in die Ermittlung der Steuerbasis nach dem IFRS-SMEs Abschn. 29.12 mit zu berücksichtigen sind. Die Wertdifferenzen in der steuerlichen Ergänzungsbilanz werden in Abhängigkeit vom Steuerstatus der Gesellschaft entsprechend der steuerlichen Gesamthandsbilanz der Personengesellschaft fortgeführt. Wurde von einem Gesellschafter ein höherer Betrag als der anteilige Zeitwert der identifizierbaren Wirtschaftsgüter gezahlt, so ist der überschießende Betrag in der steuerlichen Ergänzungsbilanz als Geschäfts- oder Firmenwert auszuweisen, der steuerlich nach § 7 Abs. 1 Satz 3 EStG linear über einen Zeitraum von 15 Jahren abgeschrieben wird.

112 Während für die IFRS-SMEs-Einzelbilanz der Personengesellschaft steuerliche Ergänzungsbilanzen zunächst direkt keine Rolle spielen, mindern vergütete (anteilige) stille Reserven der Wirtschaftsgüter der Personengesellschaft und ein ggf. vergüteter (anteiliger) Geschäfts- oder Firmenwert die künftige Gewerbesteuerbelastung der Gesellschaft. Die in der steuerlichen Ergänzungsbilanz ausgewiesenen **Mehrwerte** identifizierbarer Wirtschaftsgüter und ein ausgewiesener Geschäfts- oder Firmenwert sind daher **in die latente Steuerabgrenzung mit einzubeziehen**. Das Ansatzverbot für Geschäfts- oder Firmenwerte in IFRS-SMEs Abschn. 29.16(b) ist hierbei nicht zu beachten, da sich dieses Verbot zur Abgrenzung latenter Steuern nur auf Fälle bezieht, bei denen nach den Regelungen des IFRS-SMEs zur Kapitalkonsolidierung ein Geschäfts- oder Firmenwert erstmals entsteht, der steuerlich nicht abzugsfähig ist. Der in den steuerlichen Ergänzungsbilanzen ausgewiesene Geschäfts- oder Firmenwert ist dagegen steuerlich abzugsfähig und entsteht nicht im Rahmen der Kapitalkonsolidierung. Insofern greift das Verbot des IFRS-SMEs Abschn. 29.16(b) hier nicht.

Beispiel:

A hält eine Beteiligung von 40% und B von 60% an der X-KG, die Kapitalkonten betragen jeweils T€ 500. Der Teilwert der Aktiva der X-KG beträgt T€ 4.000. Die C-GmbH erwirbt nun den Anteil des B für T€ 2.400. Die nachfolgend dargestellte steuerliche Gesamthandsbilanz der Z-KG (in T€) bleibt durch den Gesellschafterwechsel unverändert.

Aktiva			Passiva
Diverse Vermögensgegenstände	2.000	Kapital A (40%)	800
		Kapital C (vormals B) (60%)	1.200
	2.000		2.000

Durch den Erwerbsvorgang der Beteiligung entsteht darüber hinaus für C eine steuerliche Ergänzungsbilanz, in der die folgenden Mehrwerte (in T€) erfasst werden:

Aktiva			Passiva
Geschäfts- oder Firmenwert	600	Mehrkapital C	1.200
Mehrwerte Aktiva	600		
	1.200		1.200

Das Gesamtkapital aus beiden Bilanzen für die C-GmbH entspricht somit dem Kaufpreis und beträgt T€ 2.400. Die in der Ergänzungsbilanz aufgedeckten stille Reserven (Mehrwerte Aktiva) von T€ 600 werden entsprechend der steuerlichen Gesamthandsbilanz der

KG fortgeführt. Der von der C-GmbH erworbene anteilige Geschäfts- oder Firmenwert ist nach § 7 Abs. 1 Satz 3 EStG über 15 Jahre abzuschreiben, woraus sich ein steuerliches Abschreibungspotenzial von jährlich T€ 40 ergibt. Diese Abschreibungen des Geschäfts- oder Firmenwerts und der steuerlichen Mehrwerte reduzieren in den Folgeperioden den Gewerbeertrag der KG, da dieser gemäß § 7 GewStG auf dem nach den Vorschriften des EStG ermittelten Gewinn beruht und damit auch in der Entwicklung der Ergänzungsbilanz Berücksichtigung findet. Insgesamt mindert sich damit die zukünftige Gewerbesteuerbelastung der KG, was zu der Notwendigkeit der Abgrenzung latenter Ertragsteuern führt.

113 Bei einer Berücksichtigung von steuerlichen Ergänzungsbilanzen ist hinsichtlich der Ergebniswirksamkeit der Erfassung der daraus resultierenden Ertragsteuerlatenzen zu differenzieren. Grundsätzlich erfolgt die Erfassung der latenten Steuern nach Maßgabe der Regelung des IFRS-SMEs Abschn. 29.27. Im IFRS-SMEs-**Einzelabschluss** ist die Erfassung **ergebniswirksam** vorzunehmen, da sich aus dem Ansatz in der steuerlichen Ergänzungsbilanz eine rein steuerliche Neubewertung ergibt, die den IFRS-SMEs-Abschluss der Personengesellschaft nicht betrifft (s. Beispiel).

114 Aus Sicht des **Konzernabschlusses** werden steuerliche Ergänzungsbilanzen immer dann relevant, wenn im Falle des Erwerbs einer Personengesellschaft erworbene stille Reserven vergütet werden, diese aber in der Gesamthandsbilanz des erworbenen Unternehmens nicht aufzudecken sind. Die in diesem Zusammenhang in der steuerlichen Ergänzungsbilanz des TU vorgenommenen Wertkorrekturen betreffen in diesen Fällen einen **Anschaffungsvorgang,** der im IFRS-SMEs-Konzernabschluss nach Maßgabe der Regelungen des IFRS-SMEs Abschn. 19 erfolgsneutral abzubilden ist. Die latenten Steuern auf Wertkorrekturen in steuerlichen Ergänzungsbilanzen sind im Konzernabschluss deshalb nach dem IFRS-SMEs Abschn. 29.27 ebenfalls **erfolgsneutral im Rahmen des Unternehmenserwerbs** zu erfassen. Die **Auflösung** der abgegrenzten latenten Steuern in den Folgeperioden erfolgt dagegen **ergebniswirksam** über die Gewinn- und Verlustrechnung bzw. Gesamtergebnisrechnung.

II. Besonderheiten im Konzernabschluss

115 Die Abgrenzung latenter Steuern im Konzernverbund beruht auf verschiedenen Sachverhalten. Einerseits werden temporäre Differenzen berücksichtigt, die bei der Aufstellung des Konzernabschlusses aus der Anpassung an konzerneinheitlichen Bilanzierungs- und Bewertungsmethoden sowie aus den Konsolidierungsvorgängen selbst resultieren. Andererseits sind temporäre Differenzen auf Anteile an Tochterunternehmen, Gemeinschaftsunternehmen, assoziierten Unternehmen und sonstigen Unternehmensbeteiligungen im Einzelabschluss der Konzernobergesellschaft in die Steuerabgrenzung einzubeziehen. IFRS-SMEs Abschn. 29.27 enthält keine expliziten Regelungen in Bezug auf die Behandlung dieser konzernspezifischen Differenzen. Allerdings haben sich für analoge Problematiken im Bereich der IFRS bestimmte Vorgehensweisen und Differenzierungen etabliert, die aufgrund der konzeptionellen Übertragbarkeit der Ertragsteuerabgrenzung auch auf den IFRS-SMEs Anwendung finden können. Diese Regelungen sind im Folgenden dargestellt.

1. Systematisierung der unterschiedlichen Abgrenzungsebenen

116 Die Behandlung der verschiedenen Arten temporärer Differenzen richtet sich nach der jeweiligen Abgrenzungsebene. Für diese Ebenen haben sich in der Praxis der IFRS inzwischen feste Begrifflichkeiten gebildet (vgl. Hoffmann, in: Lüdenbach/Hoffmann IFRS Kommentar, 8 Aufl. § 26 Rz. 65; Loitz WPg 2004, 1177; Meyer/Bornhofen/Homrighausen, in: KoR 2005, 285 ff.). Zu differenzieren sind hiernach:

(1) *Inside basis differences I* sind Differenzen zwischen den in der Steuerbasis und den im IFRS-SMEs-Einzelabschluss angesetzten Buchwerten. Diese Differenzen betreffen allein die Sphäre des bilanzierenden Unternehmens. Die Ermittlung der temporären Differenzen erfolgt durch die Gegenüberstellung der Steuerbasiswerte der einzelnen Vermögenswerte und Schulden nach Maßgabe der Steuerbilanz mit den Buchwerten der IFRS-SMEs-Bilanz auf der HB-I-Ebene.
(2) *Inside basis differences II*: Durch die Notwendigkeit der Anpassung an eine konzerneinheitliche Bilanzierung und Bewertung können auf der Konzernabschlussebene die aus dem Einzelabschluss übernommenen Vermögenswerte und Schulden zu abweichenden Wertansätzen zu bilanzieren sein. Die hieraus resultierenden sog. *inside basis differences II* beziehen sich unverändert auf die dem Unternehmen zuzurechnenden Vermögenswerte und Schulden, die jedoch aufgrund der Einbeziehung in einen Konzernverbund zu anderen Werten als im Einzelabschluss zu erfassen sind. Hierzu zählen auch temporäre Differenzen, die im Rahmen von Unternehmenserwerben auf die Erfassung der erworbenen Vermögenswerte, Schulden und Eventualschulden zum beizulegenden Zeitwert nach Maßgabe der Regelungen von IFRS-SMEs Abschn. 19.14 ff. zurückzuführen sind.
(3) *Outside basis differences* beziehen sich dagegen auf die Sphäre des Konzernmutterunternehmens. Sie betreffen Unterschiede zwischen dem Ansatz der Beteiligung im Abschluss des Mutterunternehmens sowohl auf Ebene der Steuerbilanz als auch auf Einzel- und Konzernabschlussebene. Anders als bei *inside basis differences* werden nicht die Bilanzansätze einzelner Vermögenswerte und Schulden miteinander verglichen, die Beurteilungsebene ist vielmehr eine Sachgesamtheit, die entweder durch den Beteiligungsbuchwert eines Konzernunternehmens oder durch dessen Nettovermögen repräsentiert wird. *Outside basis differences* können bei der Umrechnung von zu konsolidierenden Fremdwährungsabschlüssen, bei Differenzen zwischen dem steuerlichen Beteiligungsbuchwert und dem auf Konzernabschlussebene abgebildeten Nettovermögen eines TU sowie beim Ansatz von assoziierten Unternehmen entstehen. Durch die Berücksichtigung von *outside basis differences* werden die zukünftigen kumulierten steuerlichen Auswirkungen aus der Perspektive des IFRS-SMEs-Konzernabschlusses bereits zu dem Zeitpunkt ausgewiesen, zu dem die Ergebnisse bei den Konzernunternehmen entstehen und nicht erst dann, wenn diese Ergebnisse durch Ausschüttungen auf die Ebene der berichtspflichtigen Konzernmuttergesellschaft transferiert werden.

Die Behandlung der sich auf die Vermögenswerte und Schulden der einbezogenen Unternehmen beziehenden *inside basis differences* ist im Folgenden zu unterscheiden von derjenigen der auf das berichtende Konzernmutterunternehmen bezogenen *outside basis differences*. **117**

2. Behandlung von inside basis differences

Latente Ertragsteuern sind im Konzernabschluss grundsätzlich nach den gleichen Regeln abzugrenzen, die für den Einzelabschluss gelten. Dabei erfolgt die Ermittlung temporärer Differenzen durch den Vergleich der aus den IFRS-SMEs-Einzelabschlüssen in die Konzernbilanz einfließenden Buchwerte der Vermögenswerte und Schulden mit ihren jeweiligen Steuerbasiswerten. **118**

Als **Ausgangsbasis** für die Steuerabgrenzung im Konzern sind somit stets die Einzelabschlüsse der einbezogenen Unternehmen heranzuziehen, die über die Summenbilanz in den Konzernabschluss einbezogen werden, sowie die korrespondierenden Steuerbilanzen zur Ermittlung der Steuerbasis-Werte. Während die Steuerbilanzen der konsolidierungspflichtigen Unternehmen durch den Konsolidierungsvorgang unverändert bleiben, unterliegen die Buchwerte der IFRS-SMEs-Bilanz im Rahmen der Überleitung auf die Konzernbilanz Anpassungs- und Konsolidierungsvorgängen, die ggü. den Steuerbasiswerten zur Entstehung oder Veränderung temporärer Differenzen führen können. **119**

Zur Systematisierung der Ertragsteuerabgrenzung und zur Berücksichtigung der unterschiedlichen Einflüsse auf die Einzelbilanzen im Rahmen des Konsolidierungsprozesses wird in der IFRS-Literatur für die Ermittlung temporärer Differenzen die Anwendung eines **Stufenkonzepts** vorgeschlagen (vgl. Schulz-Danso, in: Beck IFRS-Handbuch, § 25 Rz. 127 ff.), das innerhalb der Erfassung nach den Ursachen temporärer Differenzen unterscheidet.

120 In **Stufe I** sind danach zunächst latente Ertragsteuern **auf Basis der** in den Konzernabschluss einbezogenen **Einzelabschlüsse** abzugrenzen. In Einzelabschlüssen, die ihrerseits nach den Regelungen des IFRS-SMEs aufgestellt sind, werden latente Ertragsteuern auf Basis der *inside basis differences I* (vgl. Tz. 112) bereits nach dem IFRS-SMEs Abschn. 29 in zutreffender Höhe ausgewiesen. Diese Werte können daher zunächst unverändert in die HB II übernommen werden. Dort sind sie dann im Rahmen der Anpassung an die konzerneinheitlichen Bilanzierungs- und Bewertungsmethoden (*inside basis differences II*) sowie im Rahmen der Konsolidierungsvorgänge weiter zu entwickeln. Dagegen können bei Konzernunternehmen, welche die Steuerabgrenzung nicht nach dem *temporary*-Konzept vornehmen oder deren Bilanzierungs- und Bewertungsmethoden erheblich von den Rechungslegungsvorschriften nach dem IFRS-SMEs Abschn. 29 abweichen, die im Einzelabschluss erfassten latenten Steuern idR nicht in die HB II übernommen werden. Die in diesen Abschlüssen gebildeten Steuerabgrenzungen sind daher bei der Überführung in einen IFRS-SMEs-Konzernabschluss zunächst vollständig aufzulösen und auf Basis der Regelungen des IFRS-SMEs Abschn. 29 neu zu bilden.

121 In **Stufe II** der Abgrenzung latenter Ertragsteuern auf *inside basis differences* sind sodann diejenigen Änderungen der temporären Differenzen zu berücksichtigen, die sich auf Ebene des Einzelabschlusses durch die **Anpassung an die konzerneinheitliche Bilanzierung und Bewertung** in der HB II des Konzernunternehmens ergeben. Hierzu sind den durch den Konsolidierungsvorgang unveränderten Steuerbasiswerten die Konzernbuchwerte nach Maßgabe der konzerneinheitlichen Bilanzierungs- und Bewertungsmethoden nach dem IFRS-SMEs gegenüberzustellen. Die Erfassung der sich auf diese Differenzen beziehenden latenten Ertragsteuern in der Erfolgsrechnung richtet sich nach der Ergebniswirksamkeit der zugrunde liegenden Sachverhalte. Deshalb erfolgt die Erfassung latenter Ertragsteuern im Zusammenhang mit der Kaufpreisallokation nach Maßgabe der Vorschriften des IFRS-SMEs Abschn. 19 grundsätzlich erfolgsneutral. Die sich ergebenden Differenzen zu der Steuerabgrenzung auf Einzelabschlussebene sind als Korrekturbuchung in der HB II des Konzernunternehmens im Rahmen der konsolidierungsvorbereitenden Maßnahmen zu erfassen.

122 In der Praxis sollte die Abgrenzung von latenten Steuern auf *inside basis differences* (I und II) auf der Ebene des einbezogenen Konzernunternehmens im Rahmen eines **konzerneinheitlichen Steuer-Reportings** erfolgen. Dies hat im Wesentlichen praktische Gründe, da die Verfügbarkeit vor allem der Steuerbasiswerte sowie die Berücksichtigung von ggf. vorliegenden steuerlichen Ergänzungsbilanzen (vgl. Tz. 111 ff.) am ehesten dezentral gegeben ist. Eine Konzernsteuerabteilung, in der sämtliche benötigten Daten für den Gesamtkonzern zentral vorgehalten und verarbeitet werden können, ist bei mittelständischen Konzernen idR nicht gegeben. Auch ein die Ertragsteuern betreffendes Konzern-Reporting-System existiert in vielen mittelständisch strukturierten Unternehmen bisher nicht. Im Zuge der Einführung von IFRS-SMEs ist in diesen Fällen auch sicherzustellen, dass die benötigten Informationen zur Ermittlung der *inside basis differences* zur Verarbeitung innerhalb des Konzernabschlusses zur Verfügung stehen. Für viele deutsche mittelständische Unternehmen wird dies – in Verbindung mit der Erfüllung der Anforderungen des BilMoG – zur erstmaligen Einrichtung eines differenzierten Ertragsteuer-Reportings führen.

3. Behandlung von outside basis differences

123 Die Abgrenzung latenter Ertragsteuern auf *outside basis differences* ist einerseits abhängig von der Rechtsform der beteiligten Konzernunternehmen, andererseits ist zwischen dem

Einzelabschluss des Konzernmutterunternehmens und dem Konzernabschluss zu differenzieren.

Bei **Beteiligungen an einer Kapitalgesellschaft** steht auf der Ebene des **Einzelabschlusses** des Konzernmutterunternehmens den in der Steuerbilanz erfassten Anteilen der Beteiligungsbuchwert nach dem IFRS-SMEs gegenüber. Im **Konzernabschluss** wird der im Rahmen der Kapitalkonsolidierung eliminierte Beteiligungsbuchwert durch das der Beteiligung zuzurechnende Nettovermögen repräsentiert. Durch die Erfassung der *inside basis differences* sind Differenzen zwischen dem steuerlichen Beteiligungsbuchwert (Steuerbasis) und dem Nettovermögen des einbezogenen Unternehmens im Konzernabschluss noch nicht erfasst und führen damit zur Abgrenzung zusätzlicher latenter Steuern. Die Notwendigkeit der Bildung latenter Steuern aus diesem Sachverhalt wird deutlich, wenn man gedanklich eine Veräußerung der entsprechenden Beteiligung unterstellt. Ist das Nettovermögen eines einbezogenen Tochterunternehmens im Konzernabschluss größer als der in der Steuerbilanz angesetzte Beteiligungsbuchwert, entsteht im Veräußerungsfall aus Konzernsicht ein im Vergleich zur steuerlichen Gewinnermittlung geringerer Veräußerungsgewinn. Unterliegt dieser Veräußerungsgewinn der Ertragsbesteuerung, sind auf die temporäre Differenz der Buchwerte latente Ertragsteuern abzugrenzen.

124 Der **Anteil an einer Personengesellschaft** stellt hingegen aus steuerlicher Sicht kein Wirtschaftsgut dar. Vielmehr wird die Beteiligung im Rahmen der steuerlich anzuwendenden Spiegelbildmethode durch das aus sämtlichen Wirtschaftsgütern und Schulden bestehende Nettovermögen dieser Gesellschaft repräsentiert. Dies geschieht, indem die Beteiligung in Höhe des spiegelbildlichen Kapitalkontos des Gesellschafters einer Personengesellschaft erfasst wird, wobei sowohl die Gesamthandsbilanz als auch ggf. steuerlich zu berücksichtigende Ergänzungsbilanzen einzubeziehen sind (vgl. Tz. 112). Die Ermittlung der *outside basis differences* erfolgt somit auf **Einzelabschlussebene** durch einen Vergleich des in der steuerlich relevanten Nettovermögens mit dem Beteiligungsbuchwert nach dem IFRS-SMEs. Aus Sicht des **Konzernabschlusses** entspricht die Beteiligungsstruktur in der IFRS-SMEs-Konzernbilanz konzeptionell derjenigen der Steuerbilanz des Konzernmutterunternehmens, da in beiden Bilanzen die Beteiligung durch die Summe aller dem Gesellschaftsvermögen zuzuordnenden Vermögenswerte und Schulden repräsentiert wird. Entsprechend ist das aktuelle Periodenergebnis des Tochterunternehmens sowohl in der Konzernbilanz nach dem IFRS-SMEs als auch der Steuerbilanz des Konzernmutterunternehmens phasengleich anzusetzen. Insoweit entstehen keine temporären Differenzen. Auch Differenzen aus steuerlichen Ergänzungsbilanzen führen nicht zu einer zusätzlichen Abgrenzungsnotwendigkeit für latente Ertragsteuern, da es sich bei ihnen um *inside basis differences* handelt, die bereits auf der Ebene des betrachteten Konzernunternehmens in der HB II zu berücksichtigen sind. Insgesamt entfällt damit auf der Konzernebene die Notwendigkeit einer Erfassung latenter Ertragsteuern auf die *outside basis differences*, soweit es sich bei dem betrachteten Konzernunternehmen um eine Personengesellschaft handelt.

125 Die grundsätzlich vorzunehmende Abgrenzung latenter Ertragsteuern auf die *outside basis differences* im Zusammenhang mit Anteilen an Tochterunternehmen, assoziierten Unternehmen und Gemeinschaftsunternehmen ist allerdings durch die **Ausnahmeregelung** des IFRS-SMEs Abschn. 29.16(a) eingeschränkt. Danach sind latente Steuern nicht zu erfassen, wenn

(1) die Beteiligung **dauerhafter Natur** ist und
(2) sich die temporären Differenzen **in absehbarer Zeit** voraussichtlich **nicht** umkehren werden.

Das Kriterium der dauerhaften Natur einer Beteiligung stellt auf die Absicht und die Fähigkeit des Unternehmens ab, welches die Beteiligung hält, die Dauer des Engagements steuern zu können und damit den Zeitpunkt der Umkehr von temporären Differenzen zu bestimmen. Es betrifft insoweit die Möglichkeit der Ausübung einer Beherrschung, die dann gegeben ist, wenn der Anteilseigner über die Ausschüttung von Gewinnen oder die Veräußerung der Anteile frei verfügen kann. Die zweite Voraussetzung einer nicht absehbaren Umkehrung der temporären Differenzen wird als erfüllt anzusehen sein, wenn eine Ausschüttung bzw. Anteilsveräußerung mit der damit verbundenen Umkehrung der Differenzen vom Anteilseigner weder beschlossen noch geplant ist.

4. Temporäre Differenzen aus Währungsumrechnung

126 Im Rahmen der konsolidierungsvorbereitenden Maßnahmen im Zusammenhang mit der Erstellung der Summenbilanz sind nach Durchführung der Anpassung an die konzerneinheitlichen Bilanzierungs- und Bewertungsmethoden und der daraus resultierenden Abgrenzung von latenten Ertragsteuern auf die *inside basis differences* in der HB II diejenigen temporären Differenzen zu ermitteln, die sich aus der Transformation der Jahresabschlüsse ausländischer Einheiten in die Währung der berichtenden Einheit des Konzerns ergeben.

127 Die Währungsumrechnung nach dem IFRS-SMEs basiert auf dem **Konzept der funktionalen Währung** und ist in IFRS-SMEs Abschn. 30 geregelt. Die funktionale Währung ist dabei diejenige Währung, in welcher ein Unternehmen den überwiegenden Teil seiner Geschäftstätigkeit abwickelt und in der es somit hauptsächlich *cash-in-* und *-outflows* generiert (IFRS-SMEs Abschn. 30.3 ff.; IFRS-SMEs-Komm., Teil B, Abschn. 30, Tz. 16 ff.). Stellt ein Konzernunternehmen seinen Abschluss in einer Währung auf, die nicht der funktionalen Währung des berichtenden Konzernmutterunternehmens entspricht, ergibt sich im Rahmen der konsolidierungsvorbereitenden Maßnahmen die Notwendigkeit der Umrechnung des Abschlusses zur Einbeziehung in den Summenabschluss des Konzerns.

128 Die **Grundlage dieses Umrechnungsprozesses** zum Ende einer Berichtsperiode ist im IFRS-SMEs Abschn. 30.9 geregelt. Dort wird festgelegt, dass

1) monetäre Posten der Bilanz zum Stichtagskurs,
2) nicht monetäre Posten, die zu fortgeführten Anschaffungskosten bewertet werden, zum Transaktionskurs und
3) nicht monetäre Posten, deren Bewertung zum beizulegenden Zeitwert erfolgt, zum Umrechnungskurs im Zeitpunkt der Festlegung des Zeitwerts

in die funktionale Währung der berichtenden Einheit umzurechnen sind. Dabei sind die Währungskursdifferenzen, die aus der Umrechnung monetärer Vermögenswerte und Schulden resultieren, grundsätzlich ergebniswirksam in der Gewinn- und Verlustrechnung bzw. in der Gesamtergebnisrechnung zu erfassen (IFRS-SMEs Abschn. 30.10). Bei nicht monetären Vermögenswerten und Schulden richtet sich die Ergebniswirksamkeit nach der Vorgehensweise bei der Erfassung des jeweiligen Sachverhalts, dh., erfolgt die Erfassung einer Wertänderung eines Sachverhalts erfolgsneutral innerhalb des OCI, so sind auch die Effekte aus der Währungsumrechnung dieser Posten unmittelbar im OCI zu erfassen (IFRS-SMEs Abschn. 30.11; vgl. ausführlich IFRS-SMEs-Komm., Teil B, Abschn. 30, Tz. 54 ff.).

129 Aus der Umrechnung der Fremdwährungsabschlüsse nach Maßgabe der Regelungen des IFRS-SMEs Abschn. 30.9 können gegenüber den Ansätzen in der Steuerbilanz temporäre Differenzen resultieren. Diese Differenzen repräsentieren **Wertänderungen der Investition** des Konzernmutterunternehmens in die ausländische Einheit. Die Umkehr dieser Differenzen erfolgt – im Unterschied zu den *inside basis differences* – nicht auf Ebene des Konzernunternehmens (zB durch Veräußerung von Vermögenswerten oder die Begleichung von Schulden), sondern durch Gewinnausschüttungen an das die Beteiligung haltende Unternehmen oder durch eine Veräußerung der Anteile an dem Konzernunternehmen durch das Konzernmutterunternehmen. Deshalb sind die aus dem Umrechnungsprozess resultierenden Differenzen gegenüber den Steuerbasiswerten konzeptionell zusätzlich als *outside basis differences* zu berücksichtigen (Pawelzik, in: KoR 2006, 16). Hinsichtlich des tatsächlichen Ansatzes und der Bewertung von latenten Ertragsteuern ist jedoch zusätzlich zu berücksichtigen, ob eine

Gewinnausschüttung bzw. Anteilsveräußerung an dem Konzernunternehmen steuerpflichtig ist oder ob ggf. das Ansatzverbot des IFRS-SMEs Abschn. 29.16(a) Anwendung findet.

5. Latente Steuern auf Konsolidierungsmaßnahmen

Nachdem temporäre Differenzen in der Form von *inside basis differences,* bezogen auf den Abschluss des zu konsolidierenden Unternehmens, und *outside basis differences,* bezogen auf den Abschluss des berichtenden Konzernmutterunternehmens, identifiziert worden sind und die Grundlage zur Abgrenzung latenter Ertragsteuern bilden, können sich weitere Differenzen aus den eigentlichen Konsolidierungsmaßnahmen ergeben. **130**

Im Rahmen der **Kapitalkonsolidierung** wird der Beteiligungsbuchwert mit dem korrespondierenden anteiligen Eigenkapital (ggf. nach Neubewertung im Rahmen der Kaufpreisallokation) aufgerechnet. Der sich danach ergebende positive Unterschiedsbetrag ist im Falle eines Unternehmenszusammenschlusses als Geschäfts- oder Firmenwert zu aktivieren (IFRS-SMEs Abschn. 19.23). Ein negativer Unterschiedsbetrag ist unmittelbar als Ertrag zu erfassen (IFRS-SMEs Abschn. 19.24). Für den Fall eines aktivierten Geschäfts- oder Firmenwerts ist eine temporäre Differenz dann gegeben, wenn für die Ertragsbesteuerung eine ergebniswirksame Abschreibung dieses Geschäfts- oder Firmenwerts nicht zulässig ist. Auf diese temporäre Differenz sind jedoch aufgrund der Ausnahmeregelung des IFRS-SMEs Abschn. 29.16(b) keine latenten Ertragsteuern abzugrenzen. Darüber hinaus können temporäre Differenzen entstehen, wenn die Aktivierung eines Geschäfts- oder Firmenwerts zwar ertragsteuerlich zulässig ist, die Folgebewertung dieses Geschäfts- oder Firmenwerts nach dem IFRS-SMEs aber von derjenigen nach lokalem Steuerrecht abweicht. In diesem Fall sind latente Ertragsteuern auf die Differenzen abzugrenzen, da mit ihnen im Zeitablauf eine zukünftige Steuermehr- oder -minderbelastung verbunden ist. Ergibt sich im Rahmen der Kapitalkonsolidierung ein Unterschiedsbetrag, ohne dass ein Unternehmenszusammenschluss zugrunde liegt, ist eine ergebniswirksame Ausbuchung des Unterschiedsbetrags geboten. Soweit davon latente Steuern berührt sind, sind diese ebenfalls ergebniswirksam zu behandeln. **131**

Die Regelungen zur **Schuldenkonsolidierung** in IFRS-SMEs Abschn. 9.15 fordern die vollständige Eliminierung von Ansprüchen und Verpflichtungen zwischen einbezogenen Konzernunternehmen. Entsprechen sich dabei die Salden der Höhe nach, kommt es zu keinen Aufrechnungsdifferenzen und entsprechend auch nicht zu temporären Differenzen. Bilanzierungs- und Bewertungsunterschiede zwischen Summen- und Konzernbilanz nach dem IFRS-SMEs ergeben sich vielmehr nur dann, wenn sich Ansprüche und Verpflichtungen in unterschiedlicher Höhe gegenüberstehen und es dementsprechend zu Aufrechnungsdifferenzen kommt. Die Abgrenzung latenter Ertragsteuern auf Aufrechnungsdifferenzen aus der Schuldenkonsolidierung wird in IFRS-SMEs Abschn. 9.15 zwar nicht explizit gefordert, da sich der Verweis auf IFRS-SMEs Abschn. 29 dem Wortlaut nach nur auf die Zwischenergebniseliminierung bezieht. Eine Berücksichtigung der Steuerlatenzen ist gleichwohl aufgrund der allgemeinen Regelungen des IFRS-SMEs Abschn. 29.15 zwingend vorzunehmen, da ihre Umkehr im Zeitverlauf das steuerliche Ergebnis der entsprechenden Einzelabschlüsse beeinflussen wird. Die Veränderungen der latenten Steuern auf echte Unterschiedsbeträge aus der Schuldenkonsolidierung sind dabei grundsätzlich ergebniswirksam zu berücksichtigen. Dabei kommt der Steuersatz desjenigen Konzernunternehmens zur Anwendung, das den die Steuerlatenz auslösenden ergebniswirksamen Effekt zu buchen hatte. Differenzen aus der Schuldenkonsolidierung, die aus erfolgsneutralen Anpassungen der Wertansätze von Finanzinstrumenten in Sicherungsbeziehungen resultieren, sind erfolgsneutral zu stornieren. Für diesen Fall sind auch die darauf gebildeten latenten Steuern erfolgsneutral auszubuchen. **132**

Ebenfalls in IFRS-SMEs Abschn. 9.15 ist die **Zwischenergebniseliminierung** geregelt. Danach sind Gewinne und Verluste aus konzerninternen Transaktionen in voller Höhe zu eliminieren. Auf die hieraus resultierenden temporären Differenzen wird explizit die Abgren- **133** zung latenter Ertragsteuern unter Verweis auf die Regelungen des IFRS-SMEs Abschn. 29 gefordert. Diese Differenzen entstehen, da Konzernertragsbesteuerungskonzepte idR keine Zwischenergebniseliminierung vorsehen. Lediglich in Ausnahmefällen (zB *intégration fiscale* in Frankreich) werden auch in Konzernsteuerrechtssystemen in bestimmtem Umfang Zwischenergebnisse eliminiert. Wenn dies der Fall ist, führt die Zwischenergebniseliminierung insoweit nicht zu temporären Differenzen und damit nicht zum Ansatz latenter Steuern.

134 Die Verwendung **unternehmensspezifischer Steuersätze** bei der Ermittlung latenter Ertragsteueransprüche und -schulden ist sowohl auf der HB I- als auch auf der HB II-Ebene sowie für Wertanpassungen im Rahmen der Kaufpreisallokation uneingeschränkt möglich. Für Steuerlatenzen, die auf Aufrechnungsdifferenzen aus Konsolidierungsmaßnahmen beruhen, ist konzeptionell eine unternehmensindividuelle Zuordnung erforderlich. Dabei ist die temporäre Differenz dem Unternehmen zuzuordnen, bei welchem konsolidierungsspezifischen Aufrechnungsdifferenzen zu einer Änderung des zu versteuernden Ergebnisses in zukünftigen Perioden führen werden. Entstehen aus der Schuldenkonsolidierung temporäre Differenzen, ist grundsätzlich eine einzelfallbezogene Zuordnung zu den betroffenen Konzernunternehmen und die anschließende Bewertung mit deren unternehmensindividuellen Steuersätzen erforderlich. Allerdings kann ein solches Vorgehen in Abhängigkeit vom Gesamtbetrag der nicht individuell zugerechneten Aufrechnungsdifferenzen unter Wesentlichkeitsgesichtspunkten vereinfacht werden. In vielen Fällen kann dann aus Vereinfachungsgründen die Anwendung eines **konzerneinheitlichen Steuersatzes** als sachgerecht angesehen werden. IFRS-SMEs Abschn. 29 enthält keine Regelungen bzgl. des Steuersatzes, der auf temporäre Differenzen im Rahmen der Zwischenergebniseliminierung anzuwenden ist. Folgt man dem vermögensorientierten Ansatz, so sind diese Differenzen dem Konzernunternehmen zuzuordnen, das die Lieferung oder Leistung erhalten hat. Entsprechend ist der **Steuersatz des Empfängerunternehmens** für die Bewertung der latenten Ertragsteuern auf Zwischenergebnisse anzuwenden.

D. Vergleich mit IFRS und HGB

135 Mit Inkrafttreten des BilMoG wurde durch die Neufassung von § 274 und § 306 HGB das zuvor in der deutschen handelsrechtlichen Rechnungslegung maßgebliche GuV-orientierte ***timing*-Konzept** zugunsten des **bilanzorientierten *temporary*-Konzepts** aufgegeben. Dieses Konzept liegt auch den Regelungen des IFRS-SMEs Abschnitt 29 und IAS 12 zugrunde. Damit entsprechen sich nunmehr konzeptionell in allen drei Rechnungslegungssystemen die Regelungen zur Abgrenzung latenter Ertragsteuern.

Im Einzelnen ergibt eine Gegenüberstellung der wichtigsten Regelungen nach dem IFRS-SMEs, IFRS und HGB das folgende Bild:

Regelung	IFRS (IAS 12)	IFRS-SMEs	HGB
Anwendungsbereich	Tatsächliche und latente Ertragsteuern	Tatsächliche und latente Ertragsteuern	Tatsächliche und latente Ertragsteuern
Tatsächliche Steuern	Bilanzierung einer Schuld oder eines Vermögenswertes für Ertragsteuern aus der laufenden bzw. zurückliegenden Perioden (auch aus Verlustrücktrag) unter Verwendung der am Bilanzstichtag gültigen	Bilanzierung einer Schuld oder eines Vermögenswertes für Ertragsteuern aus der laufenden bzw. zurückliegenden Perioden (auch aus Verlustrücktrag) unter Verwendung der am Bilanzstichtag gültigen	Bilanzierung einer Schuld oder eines Vermögenswertes für Ertragsteuern aus der laufenden bzw. zurückliegenden Perioden (auch aus Verlustrücktrag) unter Verwendung der am Bilanzstichtag gültigen

Regelung	IFRS (IAS 12)	IFRS-SMEs	HGB
	bzw. materiell beschlossenen Steuersätze	bzw. materiell beschlossenen Steuersätze	bzw. materiell beschlossenen Steuersätze
Abgrenzungskonzept für latente Steuern	Temporary-Konzept, latente Steuern sind zu bilden auf temporäre Differenzen, ungenutzte steuerliche Verlustvorträge und Steuergutschriften	Temporary-Konzept, latente Steuern sind zu bilden auf temporäre Differenzen, ungenutzte steuerliche Verlustvorträge und Steuergutschriften	Temporary-Konzept, latente Steuern sind zu bilden auf temporäre Differenzen und ungenutzte steuerliche Verlustvorträge
Voraussetzungen für die Abgrenzung latenter Steuern	Temporäre Differenz (auch quasipermanent) oder steuerlicher Verlustvortrag oder Steuergutschrift führt zu einer Beeinflussung des zukünftigen zu versteuernden Ergebnis	Temporäre Differenz (auch quasipermanent) oder steuerlicher Verlustvortrag oder Steuergutschrift führt zu einer Beeinflussung des zukünftigen zu versteuernden Ergebnis	Temporäre Differenz (auch quasipermanent) oder steuerlicher Verlustvortrag führt zu einer Beeinflussung des zukünftigen zu versteuernden Ergebnis
Ansatzwahlrechte	Keine	Keine	Für einen sich nach Verrechnung aktiver und passiver latenter Steuern verbleibenden latenten Ertragsteueranspruch besteht ein Aktivierungswahlrecht
Ansatzverbote	Für nicht ausgeschüttete Gewinne aus ausländischen TU, ass.U. und JV, wenn es sich um ein dauerhaftes Engagement handelt, für temporäre Differenzen aus der Ersterfassung eines konsolidierungsbedingten Goodwills sowie für erfolgsneutral im Rahmen der Ersterfassung entstehende temporäre Differenzen	Für nicht ausgeschüttete Gewinne aus ausländischen TU, ass.U. und JV, wenn es sich um ein dauerhaftes Engagement handelt, sowie für temporäre Differenzen aus der Ersterfassung eines konsolidierungsbedingten Goodwills	Für temporäre Differenzen zwischen steuerlichem Beteiligungsbuchwert und Konzernnettoreinvermögen von TU, ass.U. und JV, sowie für temporäre Differenzen aus der Ersterfassung eines konsolidierungsbedingten Goodwills
Steuersätze latenter Ertragsteuern	Am Bilanzstichtag gültige bzw. materiell beschlossene unternehmensindividuelle Steuersätze	Am Bilanzstichtag gültige bzw. materiell beschlossene unternehmensindividuelle Steuersätze	Unternehmensindividuelle Steuersätze, die voraussichtlich zum Zeitpunkt der Realisation Gültigkeit haben werden
Wertberichtigung auf aktive latente Steuer	Wertberichtigung, wenn ein steuerlicher Verlustvortrag nicht in voller Höhe realisiert werden kann	Eine Wertberichtigung ist so zu bemessen, dass der höchste Betrag bilanziert wird, der mit einer Wahrscheinlichkeit > 50% realisiert werden kann	Verpflichtung zur Auflösung, wenn mit einer Steuerentlastung nicht mehr gerechnet werden kann
Zeitliche Begrenzung bei der Realisation von steuerlichen Verlustvorträgen	Explizit nein, aber implizit durch Realisationswahrscheinlichkeit	Explizit nein, aber implizit durch Realisationswahrscheinlichkeit	Fünf Jahre
Abzinsung langfristiger latenter Ertragsteuern	Verbot	Verbot	Verbot

Regelung	IFRS (IAS 12)	IFRS-SMEs	HGB
Steuerunsicherheiten	Sind im Rahmen des Ansatzes zu berücksichtigen, wenn Eintrittswahrscheinlichkeit > 50%?	Sind bei der Bewertung sowohl tatsächlicher wie auch latenter Ertragsteuern als gewichteter Erwartungswert möglicher Resultate zu berücksichtigen	Keine expliziten Vorschriften, sind im Rahmen der allgemeinen Bilanzierungsvorschriften zu berücksichtigen
Bewertung bei verwendungsspezifischen Steuersätzen	Grundsätzlich Steuersatz bei Thesaurierung, erst bei Ausschüttungsbeschluss Bewertung mit Ausschüttungssatz	Grundsätzlich Steuersatz bei Thesaurierung, erst bei Ausschüttungsbeschluss Bewertung mit Ausschüttungssatz	Keine Regelung, da keine verwendungsspezifischen Steuersätze in Deutschland
Erfassung in der Erfolgsrechnung	Erfassung in derselben Komponente (fortgeführte, nicht fortgeführte Aktivitäten oder OCI) wie der zugrunde liegende Sachverhalt	Erfassung in derselben Komponente (fortgeführte, nicht fortgeführte Aktivitäten oder OCI) wie der zugrunde liegende Sachverhalt	Erfassung als gesonderter Posten in der GuV
Darstellung in der Bilanz	Aktive und passive Ertragsteuern sind als gesonderte Posten darzustellen, latente Ertragsteuern sind als langfristige Posten auszuweisen	Aktive und passive Ertragsteuern sind als gesonderte Posten darzustellen, latente Ertragsteuern sind als langfristige Posten auszuweisen	Aktive latente Steuern sind als gesonderter Posten, passive latente Steuern unter den Steuerrückstellungen auszuweisen; eine Darstellung nach der Fristigkeit entfällt
Saldierung	Pflicht unter restriktiven Voraussetzungen	Pflicht unter restriktiven Voraussetzungen	Wahlrecht zwischen saldiertem und unsaldiertem Ausweis latenter Steuern
Anhangangaben	Großer Umfang	Mittlerer Umfang	Geringer Umfang
Konzernabschluss	Abgrenzung latenter Ertragsteuern auf *inside basis differences* und *outside basis differences*	Abgrenzung latenter Ertragsteuern auf *inside basis differences* und *outside basis differences*	Abgrenzung latenter Ertragsteuern nur auf *inside basis difference*

Abschnitt 30 Fremdwährungsumrechnung (Foreign Currency Translation)

Oliver Köster

Inhaltsverzeichnis

Schrifttum

Adler/Düring/Schmaltz, Rechnungslegung und Prüfung der Unternehmen, 6. Aufl., Stuttgart 1996; *Adler/Düring/Schmaltz*, Rechnungslegung nach Internationalen Standards, Stuttgart 2002; *Baetge et al.* (Hrsg.), Rechnungslegung nach IFRS, 2. Aufl., Stuttgart 2003; *Bieg/Hossfeld/Kussmaul/Waschbuch*, Handbuch der Rechnungslegung nach IFRS, 2. Aufl., Düsseldorf 2009; *Bieker*, KoR 2007, 703 ff.; *Csik/Schneck*, WPg 1983, 293 ff.; *Freiberg*, PiR 2009, 245 ff.; *Gassen/Davarcioglu/Fischkin/Küting*, KoR 2007, 171 ff.; *IASB*, IASB Update September 2008; *Köster*, in: MünchKommBilR, 2009, IAS 28; *Lüdenbach/Hoffmann* (Hrsg.), Haufe IFRS-Kommentar, 7. Aufl., Freiburg 2009; *Schill*, ST 2008, 221 ff.; *Senger/Brune*, in: MünchKommBilR, 2009, IAS 21; *Thiele/von Keitz/Brücks* (Hrsg.), Internationales Bilanzrecht, Bonn 2008; *Zwirner/Künkele*, PiR 2009, 517 ff.

A. Allgemeines

1 Während Kleinst- und Kleinunternehmen mit im Wesentlichen regionaler Ausrichtung nicht in Fremdwährungsgebieten operieren dürften, erstreckt sich die Geschäftstätigkeit vieler mittelgroßer Unternehmen auch über den Euro-Währungsraum hinaus. Viele dieser Unternehmen

verfügen außerdem über Geschäftsbetriebe in Form von rechtlich selbständigen Tochterunternehmen oder rechtlich unselbständigen Niederlassungen in Gebieten außerhalb des Euro-Raums. IFRS-SMEs Abschn. 30 regelt sowohl die Bilanzierung von Transaktionen in fremder Währung als auch die Währungsumrechnung im Rahmen eines Konzernabschlusses unter Einbeziehung von Fremdwährungsabschlüssen. Inhaltlich erstreckt sich der Regelungsbereich dieses Abschnitts sowohl auf die Frage des anwendbaren Wechselkurses (vgl. Tz. 35) als auch auf die Frage, wie die Auswirkungen von Wechselkursänderungen im Abschluss abzubilden sind (vgl. Tz. 54 ff. u. 80 ff.).

2 Die Vorschriften des IFRS-SMEs Abschn. 30 lehnen sich konzeptionell und systematisch sehr eng an die Regelungen zur Fremdwährungsumrechnung der IFRS (IAS 21) an, wobei der IFRS-SMEs in diesem Zusammenhang weitgehend auf die erläuternden Vorschriften des IAS 21 verzichtet. Darüber hinaus gewährt der IFRS-SMEs den kleinen und mittelgroßen Unternehmen auch eine echte Erleichterung im Hinblick auf das sog. *recycling* von Währungsdifferenzen aus der Umrechnung ausländischer Geschäftsbetriebe (ausführlich vgl. Tz. 62). Wie IAS 21, folgt auch der IFRS-SMEs Abschn. 30 dem Konzept der **funktionalen Währung**. Grundgedanke des Funktionalwährungskonzepts ist, dass nicht eine einheitliche Umrechnungsmethode auf alle ökonomischen Sachverhalte zur Anwendung kommt, sondern die funktionale Währung (zum Begriff vgl. Tz. 6) die Umrechnungsmethode bestimmt (vgl. Gassen/Dvarcioglu/Fischkin/Küting, 2008, 172). Fremdwährungsgeschäfte, dh. solche, die in einer von der funktionalen Währung verschiedenen Währung getätigt werden, sind nach der so genannten Zeitbezugsmethode umzurechnen (im Einzelnen dazu vgl. Tz. 35 ff.). Die Umrechnung von Abschlussposten von der funktionalen Währung in eine andere Darstellungswährung erfolgt indes nach der modifizierten Stichtagskursmethode (vgl. Tz. 71 ff.).

I. Anwendungsbereich

3 Der IFRS-SMEs Abschn. 30 regelt umfassend sämtliche Währungsumrechnungen in einem Einzel- und Konzernabschluss, die entweder aus (IFRS-SMEs Abschn. 30.1)

- der Bilanzierung von Geschäftsvorfällen und Abschlussposten in fremder Währung,
- der Umrechnung von Abschlussposten ausländischer Geschäftsbetriebe, die in einen Konzernabschluss einzubeziehen sind, und
- der Umrechnung von Abschlussposten in eine gesonderte Berichts- bzw. Darstellungswährung resultieren.

Die Bilanzierung von **Finanzinstrumenten**, die in einer Fremdwährung notieren, und die Bilanzierung von Geschäften zur Sicherung des Fremdwährungsrisikos (*foreign currency hedges*) richten sich nicht nach diesem Abschnitt, sondern sind in IFRS-SMEs Abschn. 11 und IFRS-SMEs Abschn. 12 geregelt. Die zu Anschaffungskosten bewerteten sog. Basisfinanzinstrumente (IFRS-SMEs Abschn. 11.8-.11), werden wegen der Rückverweise der IFRS-SMEs Abschn. 11.10(b) und IFRS-SMEs Abschn. 12.17 im Ergebnis entsprechend diesen Vorschriften umgerechnet.

4 Nicht geregelt in IFRS-SMEs Abschn. 11 und IFRS-SMEs Abschn. 12 ist weiterhin die Umrechnung von Finanzinstrumenten von der funktionalen Währung in die Darstellungswährung, so dass in diesen Fällen, zB bei der Umrechnung eines in einen Konzernabschluss einzubeziehenden Fremdwährungsabschlusses (vgl. Tz. 86), IFRS-SMEs Abschn. 30 auf sämtliche Finanzinstrumente anzuwenden ist.

5 Ausgeschlossen vom Anwendungsbereich des IFRS-SMEs Abschn. 30 ist außerdem die Umrechnung von Zahlungsströmen im Zusammenhang mit der Erstellung der **Kapitalflussrechnung**. Hier gehen die IFRS-SMEs Abschn. 7.11-.13 als Spezialregelung den allgemeineren

Vorschriften des IFRS-SMEs Abschn. 30 vor (zur Umrechnung von Zahlungsströmen in Fremdwährung ausführlich vgl. IFRS-SMEs-Komm., Teil B, Abschn. 7, Tz. 27 ff.).

II. Terminologie

6 Folgende Schlüsselbegriffe sind für die Anwendung des IFRS-SMEs Abschn. 30 von Bedeutung, die im Glossar des IFRS-SMEs definiert sind:

Die **Darstellungswährung** (*presentation currency*) ist die Währung, in denen der Jahres- oder Konzernabschluss aufgestellt wird. Diese kann grundsätzlich frei gewählt werden und muss nicht mit der Buchführungswährung bzw. der Währung des Mutterunternehmens übereinstimmen (ausführlich vgl. Tz. 71). Die **funktionale Währung** (*functional currency*) indes ist die Währung des primären wirtschaftlichen Umfelds, in der die berichtende Einheit tätig ist. Sie ist im Gegensatz zur Darstellungswährung nicht frei wählbar, sondern im Rahmen einer Ermessensentscheidung anhand der zum Abschlussstichtag vorliegenden Informationen und Tatsachen zu bestimmen (ausführlich zur Bestimmung der funktionalen Währung vgl. Tz. 16 ff.).

7 **Monetäre Posten** (*monetary items*) sind im Besitz des Unternehmens befindliche Zahlungsmittelbestände sowie Vermögenswerte und Schulden, für die das Unternehmen einen festen oder bestimmbaren Betrag an Zahlungsmitteln erhält oder bezahlen muss. Davon abzugrenzen sind **Finanzinstrumente** (*financial instruments*). Zur Definition vgl. IFRS-SMEs-Komm., Teil B, Abschn. 11, Tz. 4. Sie gehören nur zu den monetären Posten, sofern sie auf die Lieferung eines festen oder bestimmbaren Betrags an Zahlungsmitteln gerichtet sind. Dazu zählen neben Forderungen und Verbindlichkeiten auch verbriefte Schuldinstrumente. Finanzinstrumente, die keinen Anspruch auf einen festen oder bestimmbaren Geldbetrag verbriefen (zB gehaltene und eigene Eigenkapitalinstrumente), zählen nicht zu den monetären Posten. Finanzinstrumente, die auf den Empfang oder die Lieferung einer variablen Anzahl von Eigenkapitalinstrumenten oder einer variablen Anzahl (monetärerer oder nicht monetärer) Vermögenswerte gerichtet sind, stellen monetäre Posten dar. In diesen Fällen sind die zu liefernden bzw. zu empfangenen Eigenkapitalinstrumente bzw. Vermögenswerte ein Zahlungsmittelersatz, da der zu bezahlende bzw. der empfangene Betrag einer festen oder bestimmbaren Anzahl von Währungseinheiten entspricht.

> *Beispiel:*
> Ein Vertrag zur Lieferung von eigenen Eigenkapitalinstrumenten, deren Anzahl multipliziert mit ihrem beizulegenden Zeitwert im Lieferzeitpunkt einem festen Geldbetrag entspricht, stellt einen monetären Posten dar. Ein Vertrag zum Bezug von Vorräten, deren Zeitwert im Lieferzeitpunkt ebenfalls einem bestimmten Geldbetrag entspricht, stellt ebenfalls einen monetären Posten dar.

8 Darüber hinaus zählen zu den monetären Posten **nicht finanzielle** Vermögenswerte und Schulden, sofern sie auf einen festen oder bestimmbaren Geldbetrag gerichtet sind, wie zB als Schuld bilanzierte Verpflichtungen zur Leistung einer Bardividende (vgl. IFRS-SME-Komm., Teil B, Abschn. 32, Tz. 30), Pensionsverpflichtungen und andere Leistungen an Arbeitnehmer, soweit sie in bar geleistet werden, Steuerforderungen und -verbindlichkeiten. Nicht zu den monetären Posten zählen bspw. geleistete und erhaltene Anzahlungen, es sei denn, es ist auf Grund einer Leistungsstörung mit ihrer Rückzahlung zu rechnen (vgl. Baetge et al., IFRS-Komm., Teil B, IAS 21, Tz. 47).

9 Die Einordnung der **latenten Steuern** ist nicht eindeutig und wird in der Literatur unterschiedlich beurteilt. Die Zuordnung zu den nicht monetären Posten wird in diesem Zusammenhang mit dem Periodisierungszweck der latenten Steuern begründet (vgl. Berndt, in: Thiele/

von Keitz/Brücks (Hrsg.), 2008, IAS 21, Tz. 123). Da aber bei der Abgrenzung der latenten Steuern im IFRS-SMEs, wie in den IFRS, die Darstellung künftiger Steuerbe- und -entlastungen im Vordergrund steht (vgl. IFRS-SME-Komm., Teil B, Abschn. 29, Tz. 33), ist m. E. die Einordnung als monetärer Posten zwingend (so auch Gassen/Davarcioglu/Fischkin/Küting, 2007, 172; im Ergebnis gleich mit anderer Begründung vgl. Baetge et al., IFRS-Komm., Teil B, IAS 21, Tz. 53).

10 Nicht im Glossar definiert, aber für das Verständnis des IFRS-SMEs Abschn. 30 von entscheidender Bedeutung sind die folgenden Begriffe. Sie werden im Rahmen der Kommentierung der entsprechenden Sinnzusammenhänge näher erläutert:

- Fremdwährungstransaktion (*foreign currency transaction*) (vgl. Tz. 33),
- ausländischer Geschäftsbetrieb (*foreign operation*) (vgl. Tz. 12),
- Nettoinvestition in einen ausländischen Geschäftsbetrieb (*net investment in a foreign operation*) (vgl. Tz. 57) und
- Kassakurs (*spot exchange rate*) (vgl. Tz. 35).

B. Bilanzierung von Fremdwährungsgeschäften

I. Grundsätzliche Prinzipien

11 Um überhaupt bestimmen zu können, wann eine Fremdwährungstransaktion vorliegt, muss ein Unternehmen bzw. die berichtende Einheit (zB das Tochterunternehmen eines Konzerns) zunächst seine funktionale Währung bestimmen. Diese muss nicht zwangsläufig mit der lokalen Währung des Sitzlandes übereinstimmen (ausführlich zur Bestimmung der funktionalen Währung vgl. Tz. 16 ff.).

Fremdwährungsgeschäfte (vgl. Tz. 33) liegen vor, wenn das Geschäft in einer von der funktionalen Währung abweichenden Währung abgewickelt wird.

> *Beispiel:*
> Ein Unternehmen mit der funktionalen Währung Euro kauft eine Maschine bei einem amerikanischen Lieferanten. Die Lieferverbindlichkeit ist in US-Dollar zu entrichten. Zur Finanzierung nimmt das Unternehmen, auf Grund der Zinsdifferenz, einen Kredit in Schweizer Franken auf. Die Löhne der Arbeiter einer schwedischen Betriebsstätte werden in Schwedischen Kronen ausgezahlt.
> Sofern die schwedische Betriebsstätte ebenfalls die funktionale Währung Euro hat, stellen sämtliche oben aufgeführten Transaktionen Fremdwährungsgeschäfte im Sinne des IFRS-SMEs Abschn. 30 dar. Ist die schwedische Krone hingegen die funktionale Währung der Betriebsstätte, sind die Löhne keine Fremdwährungstransaktionen.

12 Betrachtungsebene bei der Bestimmung der funktionalen Währung ist aber nicht das rechtliche Unternehmen, sondern sind dessen einzelne (**ausländische**) **Geschäftsbetriebe** (vgl. Tz. 27). So kann es durchaus vorkommen, dass ein rechtliches Unternehmen unterschiedliche funktionale Währungen hat. Dies erfordert idR unabhängig von den rechtlichen Erfordernissen separate Buchführungen der einzelnen Teileinheiten. Der IFRS-SMEs enthält indes, wie auch IAS 21, keine Definition eines Geschäftsbetriebs. Ein Geschäftsbetrieb kann ein Tochterunternehmen, ein assoziiertes Unternehmen (IFRS-SMEs Abschn. 14), ein Joint Venture (IFRS-SMEs Abschn. 15) oder auch eine rechtlich unselbständige Niederlassung sein. Voraussetzung für das Vorliegen einer Niederlassung ist neben dem Vorhandensein von Vermögenswerten auch ein gewisser Grad an organisatorischer Selbständigkeit und Führung (vgl. Baetge et al., IFRS-

Komm., Teil B, IAS 21, Tz. 13). Die deutschen Übersetzungen des IAS 21 und die einschlägige Fachliteratur verwenden in diesem Zusammenhang etwas unpräzise den Begriff des »ausländischen Geschäftsbetriebs«. Gemeint ist aber vielmehr ein **Geschäftsbetrieb mit abweichender funktionaler Währung**, der aus Sicht des Mutterunternehmens durchaus auch ein inländischer Geschäftsbetrieb sein kann (vgl. Tz. 16 ff.). Der Einfachheit halber und des besseren Verständnisses wegen soll im Folgenden aber weiterhin der Begriff des »ausländischen Geschäftsbetriebs« verwendet werden.

13 Darüber hinaus ergibt sich die Notwendigkeit einer Fremdwährungsumrechnung, wenn die funktionale Währung nicht der Landeswährung – und damit idR der Buchführungswährung – entspricht. Wegen der Verpflichtung der deutschen Unternehmen, ihren Jahres- und Konzernabschluss in Euro aufzustellen (§§ 244, 298 HGB), entspricht dieser idR auch der Buchführungswährung. Etwas Vergleichbares gilt etwa gemäß Art. 960 Obligationenrecht für Schweizer Unternehmen. Zu den Besonderheiten bei abweichender Buchführungswährung vgl. Tz. 64.

14 Bei dem erstmaligen Ansatz von Fremdwährungsposten sind diese entsprechend den Regelungen zur Erstbewertung (vgl. Tz. 35 ff.) in die funktionale Währung umzurechnen. Besteht der Fremdwährungsposten über den Abschlusszeitpunkt hinaus fort, so sind etwaige Wechselkursänderungen gemäß den Regelungen über die Folgebilanzierung (vgl. Tz. 39 ff.) zu erfassen.

15 Die Umrechnung der Abschlussposten von der funktionalen Währung in eine andere Berichtswährung stellt kein Fremdwährungsgeschäft, sondern eine **Translation** dar. Infolge dessen richtet sich die Erfassung der Wechselkurseffekte nicht nach den Vorschriften zu Fremdwährungsgeschäften (IFRS-SMEs Abschn. 30.6-.16), sondern nach den IFRS-SMEs Abschn. 30.17-.23 (ausführlich vgl. Tz. 71 ff.).

II. Bestimmung der funktionalen Währung

16 Am Beginn der Fremdwährungsumrechnung steht die Bestimmung der funktionalen Währung des berichtenden Unternehmens bzw. der einzelnen Teileinheiten. Die von einigen Kommentatoren des Standardentwurfs vorgeschlagene Erleichterung, dass die nationale Währung als funktionale Währung unterstellt werden kann, wenn die gesetzliche Pflicht zur Buchführung in dieser Währung besteht, wurde nicht in den Standard übernommen (vgl. IASB, 2008, 4). Die funktionale Währung eines SME und seiner Geschäftsbetriebe ist daher, wie nach IAS 21, anhand der vorliegenden Tatsachen und Hinweise zu bestimmen. Gemäß IFRS-SMEs Abschn. 30.2 entspricht die Währung des **primären wirtschaftlichen Umfelds** des Unternehmens (bzw. der Teileinheit) der funktionalen Währung. Zur Bestimmung des primären wirtschaftlichen Umfelds enthält IFRS-SMEs Abschn. 30.3-.5 verschiedene Kriterien, die formal in einer hierarchischen Rangfolge (Haupt- und Nebenkriterien) stehen: zunächst sind die Hauptkriterien des IFRS-SMEs Abschn. 30.3 (»the following most important factors«) zu analysieren. Lediglich wenn diese nicht zu einem eindeutigen Ergebnis führen, sind die Nebenkriterien des IFRS-SMEs Abschn. 30.4 heranzuziehen. Handelt es sich bei der betrachteten Einheit um einen ausländischen Geschäftsbetrieb (aus Sicht des Mutterunternehmens bzw. des Konzernabschlusses), sind außerdem die Kriterien des IFRS-SMEs Abschn. 30.5 in Betracht zu ziehen. Materiell handelt es sich aber bei den Nebenkriterien des IFRS-SMEs Abschn. 30.4 und IFRS-SMEs Abschn. 30.5 wohl eher um Konkretisierungen der Hauptkriterien (dazu vgl. Tz. 27 ff.).

1. Analyse der Hauptkriterien

17 Die Bestimmung des primären wirtschaftlichen Umfelds anhand der Hauptkriterien des IFRS-SMEs Abschn. 30.3 erfolgt erlös- und kostenorientiert (vgl. Senger/Brune, 2009,

Tz. 10). Die funktionale Währung ist grundsätzlich die Währung, in der das Unternehmen hauptsächlich seine Zahlungsmittel erwirtschaftet und aufwendet. Allerdings ist die Währung, in der das Unternehmen seine Verkäufe fakturiert (siehe auch Nebenkriterium IFRS-SMEs Abschn. 30.4(b)) bzw. seine Ausgaben tätigt, nur ein Indikator für die funktionale Währung. Im Wesentlichen ist die funktionale Währung die Währung, die maßgeblich die Ertragslage des Unternehmens beeinflusst, dh. die Währung, die

- aus erlösorientierter Sichtweise den größten Einfluss auf die Verkaufspreise der abgesetzten Güter und Dienstleistungen hat und die Landeswährung des Landes ist, dessen Wettbewerbskräfte und regulatorisches Umfeld im Wesentlichen die Verkaufspreise beeinflussen und
- aus kostenorientierter Sichtweise maßgeblich die Lohn-, Material und sonstige Kosten beeinflusst.

18 Die Währung, die maßgeblich die **Verkaufspreise** beeinflusst, ist die Währung, welche die Vertragspartner idR bei der Kaufpreisfestsetzung zugrunde legen (Baetge et al., IFRS-Komm., Teil B, IAS 21, Tz. 27). Von Bedeutung sind daher in diesem Zusammenhang die Hauptabsatzmärkte des Unternehmens bzw. der entsprechenden Produkte. Auch der zweite Indikator, die maßgeblichen Wettbewerbskräfte und das regulatorische Umfeld, geht in diese Richtung. Unter regulatorischen Einflussfaktoren sind im Wesentlichen solche zu verstehen, die einen direkten Einfluss auf die Verkaufspreise haben, wie zoll- und steuerrechtliche Bestimmungen und Absatzpreisregulierungen, wie zB durch die Bundesnetzagentur. Aber auch andere Regulierungen, die über den Wettbewerb nur einen indirekten Einfluss auf den Verkaufspreis haben, wie Regulierungen über die Zulassung von Produkten (zB REACH-Verordnung oder der Europäischen Arzneimittel-Agentur), sind in Betracht zu ziehen. Ist das Unternehmen in mehreren Absatzmärkten tätig bzw. unterliegt es verschiedenen Wettbewerbsumfeldern, so ist eine Gewichtung der verschiedenen Marktvolumina vorzunehmen.

> *Beispiel:*
> Ein Unternehmen der chemischen Industrie mit Unternehmenssitz in Deutschland setzt 90% seiner Produkte im Euro-Währungsraum ab. Als Hersteller und Vertreiber unterliegt das Unternehmen der Verpflichtung zur Registrierung nach der REACH-Verordnung. Da das Hauptabsatzgebiet des Unternehmens der Euro-Währungsraum ist und damit die Wettbewerbssituation in diesem Gebiet den größten Einfluss für die Festlegung der Absatzpreise hat, dürfte der Euro die maßgeblich den Verkaufspreis beeinflussende Währung sein. Darüber hinaus ist das maßgebliche regulatorische Umfeld ebenfalls der europäische Wirtschaftsraum.

19 Aus kostenorientierter Sicht ist die Währung mit dem größten Einfluss auf die **Lohn-, Material- und sonstigen Kosten** die funktionale Währung des Unternehmens. Auch hier gilt, dass nicht unbedingt die Währung ausschlaggebend ist, in der die Zahlung letztlich erfolgt, sondern diejenige, die den größten Einfluss auf die Kosten hat.

> *Beispiel:*
> Ein deutscher Spezialmaschinenhersteller unterhält eine chinesische Niederlassung zur Wartung der Maschinen bei den dortigen Kunden. Die dort angestellten deutschen Ingenieure und Mechaniker, die einen Großteil der Lohnkosten der chinesischen Niederlassung ausmachen, werden in lokaler Währung bezahlt. Obwohl die Lohnkosten in lokaler Währung ausgezahlt werden, dürfte nicht der Renminbi die Währung sein, die den größten Einfluss auf die Kostenseite hat. Für die Höhe der Entlohnung dürfte vielmehr die Arbeitsmarktsituation dieser Fachkräfte im Euro-Wirtschaftsraum maßgeblich sein.

20 Die Betrachtung der Kostenseite liefert auf die Frage nach der Funktionalwährung häufig keine einheitliche Antwort. So können die einzelnen Inputfaktoren durch unterschiedliche Währungen beeinflusst werden. Im obigen Beispiel dürften die Materialkosten im Wesentlichen durch die lokale Währung beeinflusst sein. In diesem Fall wäre die Bedeutung dieser Kosten für das Unternehmen in Betracht zu ziehen. Ausschlaggebend ist die Währung, welche die Kosten des Unternehmens am stärksten beeinflusst.

21 Dass bestimmte Rohstoffe und Güter überwiegend in einer bestimmten Währung gehandelt werden, bedeutet indes nicht zwangsläufig, dass die Handelswährung diejenige ist, die den größten Einfluss auf die Absatz- bzw. Beschaffungspreise hat. So wird bspw. in der Rohölindustrie und im Flugzeugbau überwiegend in US-Dollar fakturiert. Maßgeblich für die Bestimmung der Absatz- und Beschaffungspreise dieser Güter ist aber nicht nur die Wettbewerbssituation auf den US-Märkten, sondern vielmehr die globale Nachfrage- und Angebotssituation (vgl. Freiberg, 2009, 246).

22 Die Analyse der Erlös- und Kostenseite führt häufig zu unterschiedlichen Ergebnissen, so dass die Primärfaktoren keine eindeutige Antwort auf die Frage nach der funktionalen Währung liefern. Letztlich geht es um die Analyse des **Transaktionsrisikos** und des **ökonomischen Risikos** bezogen auf die wichtigsten Währungsgebiete. Das Transaktionsrisiko besteht durch Wechselkursschwankungen bei der Abwicklung von Käufen bzw. Verkäufen in einer anderen als der funktionalen Währung. Das ökonomische Risiko besteht in dem Verlust der Wettbewerbsposition, wenn die Transaktion zwar in der funktionalen Währung denominiert ist, diese aber nicht dem Währungsgebiet des betrachteten wirtschaftlichen Umfelds entspricht (vgl. Schill, 2008, 221). Dann können die angebotenen bzw. eingekauften Produkte durch unvorteilhafte Wechselkursveränderung zwischen der »funktionalen« Währung und der des relevanten Wirtschaftsumfelds im Vergleich zum Wettbewerb zu teuer werden. Besteht für ein Unternehmen ein erhebliches Transaktions- oder ökonomisches Risiko bei einer unvorteilhaften Währungskursentwicklung der »funktionalen Währung«, könnte dies ein Indikator dafür sein, dass die gewählte »funktionale« Währung nicht der des primären wirtschaftlichen Umfelds entspricht.

Beispiel:
Ein Unternehmen mit Sitz im Euro-Währungsgebiet verkauft seine Produkte hauptsächlich im US-Währungsgebiet. Die Inputfaktoren werden zT in US-Dollar und zT in Euro bezahlt. Das Management hat bestimmt, dass der Euro die funktionale Währung sei.
Sofern die Waren und Dienstleistungen in Euro fakturiert werden, hat das Unternehmen nur ein geringes Transaktionsrisiko, weil ein Teil der Inputfaktoren in US-Dollar zu begleichen sind. Allerdings besteht auf der anderen Seite ein erhebliches ökonomisches Risiko, denn bei einer Aufwertung des Euro zum US-Dollar könnten die Produkte des Unternehmens aus Sicht der US-Konsumenten zu teuer werden (Abb. 1). Dieses Risiko ließe sich über einen Verkauf der funktionalen Währung auf Termin verringern. Allerdings wäre die Bilanzierung einer Sicherungsbeziehung in diesem Fall nicht möglich, da es sich nicht um ein Transaktionsrisiko handelt (vgl. IFRS-SMEs-Komm., Teil B, Abschn. 12, Tz. 59). Kann diese Preiserhöhung nicht an die US-Kunden weitergegeben werden, könnte dies ein Anzeichen dafür sein, dass die Preise im Wesentlichen durch das US-amerikanische Wettbewerbsumfeld bestimmt werden (vgl. Tz. 18). Das ökonomische Risiko ließe sich ebenfalls durch eine Fakturierung in US-Dollar vermindern (Abb. 2.). Dann besteht allerdings ein erhebliches Transaktionsrisiko.

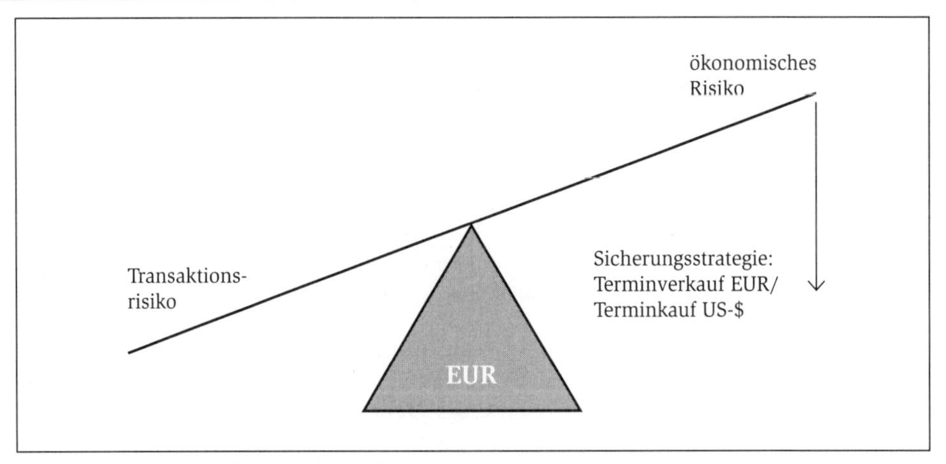

Abb. 1: Fakturierung in funktionaler Währung

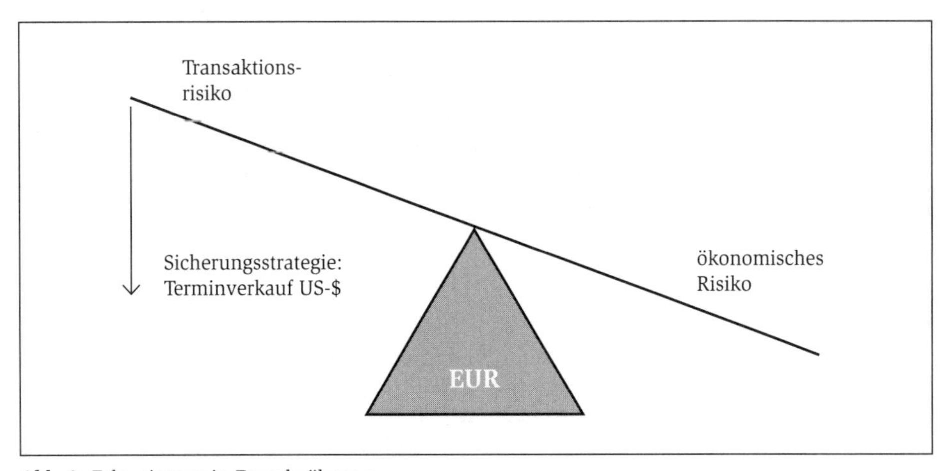

Abb. 2: Fakturierung in Fremdwährung

Insofern ist bei Bestehen eines wesentlichen ökonomischen oder eines wesentlichen Transaktionsrisikos in einer bestimmten Währung die gewählte funktionale Währung kritisch zu hinterfragen. Einen wichtigen Anhaltspunkt bei der Bestimmung der funktionalen Währung können in einer solchen Situation auch die **Sicherungsstrategie** sowie die vorhandenen **Sicherungsvolumina** des Unternehmens geben.

Ein weiteres wichtiges Indiz liefert in diesem Zusammenhang die in der **Planungsrechnung** verwendete Währung. Sie wird häufig in der Währung geführt, die aus Sicht der Unternehmenssteuerung die bedeutsamste ist, also die Währung, »in der das Unternehmen denkt«. Dies gilt insbesondere dann, wenn das Ergebnis durch die Analyse der Nebenkriterien (vgl. Tz. 23 ff.) gestützt wird.

2. Analyse der Nebenkriterien

a. *Generelle Nebenkriterien*

23 Sofern die Analyse der Hauptkriterien zu keinem abschließenden Ergebnis führt, können die in IFRS-SMEs 30.4 genannten Nebenkriterien möglicherweise weitere Ansatzpunkte zur Bestimmung der funktionalen Währung liefern:

- die Währung, in der Mittel aus der **Finanzierungstätigkeit**, dh. durch Ausgabe von Fremd- oder Eigenkapitalinstrumenten, generiert wird und
- die Währung, in der Eingänge aus betrieblicher Tätigkeit normalerweise einbehalten werden (**Fakturierungswährung**).

24 Allerdings darf die Aussagekraft der Nebenkriterien hierbei nicht überschätzt werden. So ist die Währung, in der Eigenkapitalinstrumente ausgegeben werden (können), häufig gesetzlich determiniert (vgl. zB §§ 6 AktG, 5 GmbHG) und entspricht damit nicht zwangsläufig der Währung des primären wirtschaftlichen Umfelds. Die Entscheidung, in welcher Währung Fremdkapitaltitel ausgegeben werden, wird durch eine Vielzahl von Einflussfaktoren bestimmt, wie zB das Ausnutzen von Zinsdifferenzen und/oder Wechselkursschwankungen. Ist aber eine Währung bei der Finanzierung deutlich dominierend, kann dies ein relativ starkes Indiz für das primäre wirtschaftliche Umfeld sein, insbesondere dann, wenn dies auch die Währung ist, in der üblicherweise die Planungsrechnung aufgestellt wird (vgl. Tz. 22). Auch die Denomination von Sicherungsgeschäften kann in diesem Zusammenhang einen Anhaltspunkt liefern.

Beispiel:
Ein Unternehmen mit Sitz im Euro-Währungsraum hat auf Grund der bestehenden Zinsdifferenz den überwiegenden Teil seiner Fremdfinanzierung in Schweizer Franken abgeschlossen. Gleichzeitig hat das Unternehmen zur Absicherung des Wechselkurses Währungsswaps Euro gegen Franken getätigt. Zwar lautet in diesem Beispiel der überwiegende Teil der Finanzierung nominell in Franken. Durch die Währungsswaps ist wirtschaftlich aber der Euro die Hauptfinanzierungswährung.

25 Auch die Aussagekraft für die Fakturierungswährung bzw. die Währung, in der kurzfristige Zahlungsmittelüberschüsse gehalten werden, ist begrenzt. Wie das Beispiel aus der Ölindustrie oder dem Flugzeugbau zeigt, kann die Fakturierungswährung durch bestimmte Branchenusancen festgelegt sein, die nicht zwangsläufig auf das primäre wirtschaftliche Umfeld schließen lassen. Auch hier kann die Sicherungsstrategie eines Unternehmens weiteren Aufschluss geben.

Beispiel:
Sämtliche Rechnungen eines Zulieferunternehmens im Flugzeugbau mit Sitz im Euro-Währungsraum lauten entsprechend der Branchengepflogenheiten in US-Dollar. Die Umsätze der nächsten 6 Monate werden jeweils mit dem Verkauf von US-Dollar gegen Euro auf Termin gesichert. Zwar ist der US-Dollar die Hauptwährung, in der das Unternehmen seine operativen Zahlungsmittel generiert. Die vollständige Sicherung der künftigen Zahlungsmittelzuflüsse gegen Euro-Dollar-Schwankungen legt indes den Schluss nahe, dass der Euro die Währung des primären wirtschaftlichen Umfelds ist.

26 Liefert die Analyse der einzelnen Kriterien unterschiedliche bzw. widersprüchliche Aussagen, ist im Rahmen einer **Ermessensentscheidung** die funktionale Währung durch das Management festzulegen. Dabei hat es sich an der Zielsetzung der Vorschriften zur Fremdwährungsumrechnung unter Beachtung der Konzepte und grundlegenden Prinzipien des IFRS-SMEs

(vgl. IFRS-SME-Komm., Teil B, Abschn. 2, Tz. 17) zu orientieren. Der IFRS-SMEs Abschluss soll aus Sicht der Währung aufgestellt werden, die das wirtschaftliche Geschehen des Unternehmens am besten reflektiert. Ist die Entscheidung von signifikanter Bedeutung, sind die Entscheidungskriterien gem. IFRS-SMEs Abschn. 8.6 offenzulegen. Zum grundsätzlichen Inhalt der Offenlegung vgl. IFRS-SMEs-Komm., Teil B, Abschn. 8, Tz. 11).

b. Nebenkriterien für ausländische Geschäftsbetriebe

27 Für die Bestimmung der funktionalen Währung ausländischer Geschäftsbetriebe (zur Definition vgl. Tz. 12) hält IFRS-SMEs Abschn. 30.5 vier weitere Kriterien bereit. Hierbei wird nicht ganz deutlich, ob diese immer heranzuziehen sind, oder lediglich dann, wenn die Analyse der Kriterien des IFRS-SMEs Abschn. 30.3 und 30.4 kein abschließendes Resultat ergibt. Der Wortlaut legt nahe, dass die Zusatzkriterien im Rang gleich mit den übrigen Kriterien sind (»following additional factors are considered«). Sie haben aber, ähnlich wie die Kriterien des IFRS-Abschn. 30. 4., keinen direkten Bezug zum primären wirtschaftlichen Umfeld, sondern konkretisieren dieses lediglich. Dies legt den Schluss nahe, dass sie nur dann zusammen mit den Kriterien des IFRS-SMEs Abschn. 30.4 heranzuziehen sind, wenn die Analyse der Hauptkriterien des IFRS-SMEs Abschn. 30.3 nicht zu einem abschließenden Ergebnis kommt (vgl. Ernst&Young, 2010, 957). Insofern stehen sie im gleichen Rang mit den Nebenkriterien des IFRS-SMEs Abschn. 30.4.

28 Die in IFRS-SMEs Abschn. 30.5 genannten Kriterien sollen bei der Beurteilung helfen, ob der ausländische Geschäftsbetrieb eine von dem berichtenden Unternehmen abweichende funktionale Währung haben kann. Dies ist dann der Fall, wenn der ausländische Geschäftsbetrieb mit einem hohen Grad an Unabhängigkeit vom Berichtsunternehmen agiert. Als **Berichtsunternehmen** ist in diesem Zusammenhang das Unternehmen zu verstehen, dass den ausländischen Geschäftsbetrieb als Tochterunternehmen, Niederlassung, assoziiertes Unternehmen oder Joint Venture in seinen Abschluss einbezieht, also das den Konzernabschluss aufstellende Unternehmen.

29 Fraglich ist, warum die Beurteilung des Unabhängigkeitsgrads auf ausländische Geschäftsbetriebe beschränkt sein soll. So kann die Heranziehung der Zusatzkriterien grundsätzlich auch für inländische Geschäftsbetriebe von Bedeutung sein, um zu beurteilen, ob sie eine vom Berichtsunternehmen abweichende funktionale Währung haben (vgl. Tz. 12).

> *Beispiel:*
> Ein international tätiges in Deutschland ansässiges Unternehmen mit der funktionalen Währung Euro hat ein inländisches Tochterunternehmen T. T's Hauptabsatzmärkte sind die USA.
> Bei der Bestimmung der funktionalen Währung von T dürfte die Analyse der Primärfaktoren kein eindeutiges Bild ergeben: Während der Hauptabsatzmarkt die USA sind und damit der US-Dollar den größten Einfluss auf die Verkaufspreise hat, ist der Euro die Währung, die maßgeblich die Kostenstruktur des Unternehmens bestimmt. In diesem Fall kann der Grad der Unabhängigkeit von T einen entscheidenden Hinweis auf die funktionale Währung liefern. Sofern es sich um ein in die Geschäftstätigkeit des Berichtsunternehmens weitgehend integrierten Teil handelt, liegt der Schluss nahe, dass der Euro die funktionale Währung von T ist (vgl. Tz. 30).
> Da auch inländische Geschäftsbetriebe eine abweichende funktionale Währung haben können (vgl. Tz. 12), sind die Kriterien des IFRS-SMEs Abschn. 30.5 abweichend vom Wortlaut auf **aus- und inländische** Geschäftsbetriebe anzuwenden.

30 Ausländische Geschäftsbetriebe sind in den Geschäftsbetrieb des Berichtsunternehmens **integriert**, wenn

- ihre Geschäftstätigkeit weitgehend als erweiterter Bestandteil des Berichtsunternehmens ausgeübt wird, dh. der ausländische Geschäftsbetrieb überwiegend vom Berichtsunternehmen importierte Güter verkauft und die erzielten Einnahmen unmittelbar zurückleitet,
- die Geschäfte mit dem Berichtsunternehmen einen hohen Anteil ausmachen,
- die Zahlungsströme aus der Tätigkeit des ausländischen Geschäftsbetriebs sich direkt auf die Zahlungsströme des Berichtsunternehmens auswirken und jederzeit dorthin zurückgeleitet werden können, oder
- der ausländische Geschäftsbetrieb zur Finanzierung seiner Tätigkeit nicht auf Mittel des Berichtsunternehmens angewiesen ist.

Die Kriterien müssen nicht kumulativ erfüllt sein. Sie sind zT auch redundant. Ein Unternehmen, das überwiegend importierte Güter des Berichtsunternehmens verkauft und den Großteil der erzielten Einnahmen zurückleitet, ist zur Finanzierung seiner Aktivitäten auf Mittel des Berichtsunternehmens angewiesen. In diesem Fall haben die Zahlungsströme aus der Tätigkeit des ausländischen Geschäftsbetriebs einen unmittelbaren Einfluss auf die Zahlungsströme des Berichtsunternehmens. Entscheidend ist das Gesamtbild der Verhältnisse (vgl. ADS Int 2002, Abschn. 5, Tz. 83). Klassische Beispiele für integrierte ausländische Geschäftsbetriebe sind reine Vertriebs-, Finanzierungs- und Produktionsgesellschaften (vgl. ADS Int 2002, Abschn. 5, Tz. 80). Bei diesen Unternehmen stimmt die funktionale Währung tendenziell mit der funktionalen Währung des Berichtsunternehmens überein (Berndt, in: Thiele/von Keitz/Brücks (Hrsg.), 2008, IAS 21, Tz. 115).

31 Wird der ausländische Geschäftsbetrieb andererseits weitgehend autonom geführt, dh. entscheidet das lokale Management im Wesentlichen selbständig über die Ressourcenallokation, und finanziert sich das Unternehmen aus eigenen Zahlungsmittelüberschüssen bzw. von Drittmitteln, und werden nicht sämtliche Zahlungsmittelüberschüsse unmittelbar an das Berichtsunternehmen zurückgeleitet, dann ist der ausländische Geschäftsbetrieb als **selbständige Teileinheit** anzusehen. Die Zahlungsströme einer selbständigen Teileinheit haben kaum einen Einfluss auf die Zahlungsströme des Berichtsunternehmens, sondern vielmehr auf dessen Nettoinvestition in den ausländischen Geschäftsbetrieb (vgl. ADS Int 2002, Abschn. 5, Tz. 81). Zur Definition des Begriffs Nettoinvestition in einen ausländischen Geschäftsbetrieb vgl. Tz. 58).

32 Dieser differenzierten Betrachtungsweise des IFRS-SMEs, die aus IAS 21 abgeleitet wurde, steht die IFRS-Praxis entgegen, der sich eine ganz überwiegende Einstufung der ausländischen Tochterunternehmen als selbständige Teileinheiten entnehmen lässt (vgl. Lüdenbach, in: Lüdenbach/Hoffmann (Hrsg.), 2009, § 27 Rz. 27). Vereinbar ist diese vereinfachende Vorgehensweise nur auf Grund von Wesentlichkeitsüberlegungen (zur Nichtanwendung von einzelnen Standards bzw. Vorschriften aus Wesentlichkeitsüberlegungen vgl. Köster, in: Thiele/von Keitz/Brücks (Hrsg.), 2008, IAS 8, Tz. 119), die gemäß IFRS-SMEs Abschn. 10.3 auch für kleine und mittelgroße Unternehmen gelten.

III. Erstbewertung von Fremdwährungsposten

1. Identifizierung von Fremdwährungstransaktionen

33 **Fremdwährungsgeschäfte** allgemein sind Transaktionen, bei denen entweder die Gegenleistung in fremder – dh. von der funktionalen Währung abweichenden – Währung entrichtet oder eine Schuld oder Forderung begründet wird, die in einer fremden Währung beglichen wird. Fremdwährungstransaktionen können entstehen bei (IFRS-SMEs Abschn. 30.4(a)-(c))

- dem Kauf oder Verkauf von Gütern und Dienstleistungen, bei denen der Kaufpreis in einer fremden Währung zu entrichten ist bzw. fakturiert wird,

- der Ausgabe bzw. Anlage oder Aufnahme von Mitteln, die eine Forderung bzw. Schuld begründen, die in einer fremden Währung zu begleichen sind, oder
- in sonstiger Weise Vermögenswerte erwirbt oder veräußert oder Schulden eingeht oder begleicht, die in einer Fremdwährung angegeben sind.

Der Begriff der Fremdwährungstransaktion ist damit sehr umfassend definiert. Ausgeschlossen sind Transaktionen, die auf den Tausch von Zahlungsmitteln in unterschiedlichen Währung zu einem künftigen Zeitpunkt mit einem festgelegten Wechselkurs gerichtet sind. Die Bilanzierung dieser Währungsderivate (Termingeschäfte, Swaps, Optionen etc.) richtet sich nicht nach den Vorschriften des IFRS-SMEs Abschn. 30, sondern nach IFRS-SMEs Abschn. 12.

34 Wenn die Buchwährung von der funktionalen Währung abweicht, sind sämtliche erfassten Geschäftsvorfälle nach den hier beschriebenen Grundsätzen umzurechnen, auch wenn es sich streng genommen nicht um Fremdwährungstransaktionen handelt (vgl. Tz. 64).

2. Erstmaliger Ansatz

35 Grundsätzlich ist ein Fremdwährungsgeschäft zum Zeitpunkt seiner erstmaligen Erfassung im IFRS-Abschluss mit dem am Transaktionstag geltenden **Kassakurs** in die funktionale Währung umzurechnen (IFRS-SMEs Abschn. 30.7). Der Kassakurs ist der Kurs, der bei sofortiger Ausübung gilt. Der Standard lässt, wie auch die IFRS, allerdings offen, ob damit der **Geld-, Brief- oder ein Mittelkurs** gemeint ist. Bei der Mengennotierung der funktionalen Währung, dh., die funktionale Währung ist die Basiswährung, ist es sachgerecht, bei dem Erwerb von Vermögenswerten bzw. der Erfassung von Erträgen den Geldkurs zu verwenden, da dies der Kurs ist, zu dem Kreditinstitute die Fremdwährung in die funktionale Währung tauschen. Die Aufnahme von Schulden und Ausgabe von Eigenkapitalinstrumenten bzw. die Erfassung von Aufwendungen sind dementsprechend mit dem Briefkurs umzurechnen. Bei der Preisnotierung der funktionalen Währung (Fremdwährung ist Basiswährung) verhält es sich genau umgekehrt. Bei einem funktionierenden Devisenmarkt dürften sich die Geld-Brief-Spannen jedoch in sehr engen Grenzen halten. In der IFRS-Praxis hat sich daher die Umrechnung zum Mittelkurs durchgesetzt, wie er zB täglich von der Europäischen Zentralbank festgelegt wird (Bieg et al., 2006, 326).

36 Der **Transaktionstag** ist der Tag, an dem das Fremdwährungsgeschäft nach den entsprechenden Vorschriften des IFRS-SMEs erstmalig anzusetzen ist (IFRS-SMEs Abschn. 30.8). So ist bspw. ein in fremder Währung beschaffter Vermögenswert des Sachanlagevermögens erstmals anzusetzen und damit umzurechnen, wenn die Ansatzvoraussetzungen des IFRS-SMEs Abschn. 17.4 (vgl. IFRS-SME-Komm., Teil B, Abschn. 17, Tz. 17) erfüllt sind. Der Transaktionstag für Fremdwährungsforderungen und -verbindlichkeiten ist der Tag, an dem das Unternehmen Vertragspartei des Instruments geworden ist (IFRS-SMEs Abschn. 11.12).

37 Nach dem Wortlaut der Vorschrift richtet sich der Transaktionstag grundsätzlich nur nach dem Ansatzzeitpunkt in der Bilanz und ist damit zeitpunktbezogen. Einige Vermögenswerte und Schulden entstehen aber nicht zu einem bestimmten Zeitpunkt, sondern kontinuierlich über einen Zeitraum (zB Zins- oder Mietzahlungen).

Beispiel:
Ein Unternehmen mit Sitz in Deutschland unterhält eine Betriebsstätte in der Schweiz, deren funktionale Währung der Euro ist. Die Betriebsstätte hat einen Mietvertrag mit einer jährlichen Mietzahlung von CHF 500.000. Der Wechselkurs am 31. 12. beträgt 1 Euro = 1,50 CHF und der Jahresdurchschnittskurs 1 Euro = 1,65 CHF.
Der »Transaktionstag« der Verbindlichkeit ist das gesamte Jahr, weshalb eine Umrechnung der Verbindlichkeit beim erstmaligen Ansatz im Jahresabschluss nicht zu einem zutreffenden Erfolgsausweis führen würde. Sachgerechter ist in diesem Fall der Ansatz zum Jahres-

durchschnittskurs. Die Differenz in Höhe von Euro 30.303 stellt einen Währungsverlust dar, der gesondert auszuweisen ist (vgl. Ernst&Young, 2010, 981).

38 Darüber hinaus erlaubt IFRS-SMEs Abschn. 30.8 auch aus praktischen Erwägungen die Verwendung von **Näherungskursen**, wie zB die Verwendung von Wochen- oder Monatsdurchschnittskursen für Transaktionen innerhalb dieses Zeitraums. Andernfalls entstünde durch die Notwendigkeit, jeder zu erfassenden Transaktion den entsprechenden Tageskurs zuzuordnen, ein hoher Aufwand, der idR durch den damit verbundenen Zusatznutzen nicht gerechtfertigt ist (vgl. ADS Int 2002, Abschn. 5, Tz. 32). Entspricht die funktionale Währung auch der Buchwährung, stellen zum Ende der Periode veröffentlichte Durchschnittskurse (zB Monatsendkurse) bei täglicher Erfassung der Geschäftsvorfälle jedoch keine praktische Erleichterung dar. Insofern dürfte auch die Verwendung von prognostizierten Plankursen für einen bestimmten Zeitraum möglich sein (vgl. Berndt, in: Thiele/von Keitz/Brücks (Hrsg.), 2008, Tz. 129). Grundsätzlich gilt für alle Vereinfachungen, dass sie nur zulässig sind, wenn die Wechselkurse während dieses Zeitraums nicht signifikant schwanken. Was in diesem Zusammenhang als signifikant anzusehen ist, wird nicht näher ausgeführt. Allerdings sind an eine durchzuführende Abweichungsanalyse für kleine- und mittelgroße Unternehmen keine allzu hohen Anforderungen zu stellen, da sie sonst dem Praktikabilitätsgesichtspunkt der Vorschrift nicht mehr gerecht werden (so auch für die IFRS vgl. ADS Int 2002, Abschn. 5, Tz. 32). Moderne Konsolidierungssysteme ermöglichen indes die Verwendung von alternativen Wechselkurstabellen für eine schnelle überschlägige Abweichungsanalyse.

IV. Folgebewertung von Fremdwährungsposten

39 Sofern der Fremdwährungsposten an dem der Transaktion folgenden Abschlussstichtag weiter besteht, ergibt sich die Notwendigkeit einer **Folgebewertung**. Dabei ist die Umrechnung in die funktionale Währung ein integraler Bestanteil der Folgebewertung zum Abschlussstichtag: zunächst ist der Posten nach den für ihn geltenden Vorschriften des IFRS-SMEs zu bewerten und anschießend gemäß IFRS-SMEs Abschn. 30.9 ff. in die funktionale Währung umzurechnen. Die anzuwendende Umrechnungsmethode bzw. der zu verwendende Umrechnungskurs richtet sich danach, ob es sich um einen **monetären** oder **nicht monetären** Posten handelt (IFRS-SMEs Abschn. 30.9). Zur Definition und Klassifizierung der einzelnen Posten vgl. Tz. 7 ff.

1. Umrechnung monetärer Posten

40 Sämtliche in Fremdwährung bestehenden monetären Posten sind, unabhängig davon, ob sie zum beizulegenden Zeitwert oder mit ihren Anschaffungskosten bewertet werden, am Abschlussstichtag mit dem jeweiligen **Stichtagskurs** umzurechnen (IFRS-SMEs Abschn. 30.9(a)). Bezüglich der Behandlung von Umrechnungsdifferenzen bei schwankenden Wechselkursen vgl. Tz. 54.

41 Wie bei der Erstbewertung, legt der IFRS-SMEs auch für die Folgebewertung nicht fest, ob der Geld-, Brief oder ein Mittelkurs zu verwenden ist. In Folge dessen können die für die Erstbewertung möglichen Kurse (vgl. Tz. 35-38) auch für die Folgebewertung herangezogen werden. Darüber hinaus legt IFRS-SMEs Abschn. 30.9(a), anders als die Vorschriften zur Erstbewertung (vgl. Tz. 35), nicht einmal fest, dass die Umrechnung zwingend zum **Kassakurs** erfolgen muss. Insofern erscheint auch ein Ansatz zu einem **Terminkurs** denkbar, welcher der Laufzeit des monetären Postens entspricht.

Beispiel:
Ein Unternehmen mit funktionaler Währung Euro hält am Abschlussstichtag eine US-Dollar Forderung mit einer Restlaufzeit von einem Jahr. Auf Grund des niedrigeren Zinsniveaus im Euro-Währungsraum notiert der Terminkurs (1 Euro = 1.40 US-Dollar) auf Basis von 1-Jahres Swapsätzen unter dem Kassakurs (1 Euro = 1.30 US-Dollar).
Für die vollen IFRS wird dies, wohl auf Grund der inhaltlichen Nähe zu den relevanten US GAAP (FASB ASC paragraph 830-20-35-2), die eindeutig die Verwendung von Kassakursen vorschreiben, nicht weiter problematisiert. Ob dieser Ansatz unverändert auf den IFRS-SMEs übertragen werden kann, erscheint zweifelhaft. Die Orientierung am Sinn und Zweck der Vorschrift, nämlich die monetären Posten mit einem Kurs umzurechnen, der dem Kurs bei Realisierung des Fremdwährungspostens am besten reflektiert (vgl. ADS Int 2002, Abschn. 5, Tz. 37), lässt die Verwendung von Terminkursen bei der Folgebewertung zumindest möglich erscheinen. Dem steht allerdings die Vorschrift des IFRS-SMEs Abschn. 12.17 entgegen, die für Finanzinstrumente von einer Umrechnung zum Kassakurs ausgeht. In der IFRS-Praxis ist die Verwendung von Kassakursen bzw. Näherungskursen (vgl. Tz. 38) am weitesten verbreitet.

42 Hat das Unternehmen zur Sicherung des Fremdwährungsrisikos Sicherungsgeschäfte abgeschlossen, kann bei Anwendung der Vorschriften des IFRS-SMEs Abschn. 12 (zum Wahlrecht vgl. IFRS-SMEs-Komm., Teil B, Abschn. 12, Tz. 13) ein bilanzierbarer Sicherungszusammenhang nicht unterstellt werden (IFRS-SMEs Abschn. 12.17). Bei Umrechnung des Grundgeschäfts zum Kassakurs gleichen sich daher die Umrechnungseffekte, soweit sie auf eine Veränderung des Swapsatzes zurückzuführen sind, in der Gewinn- und Verlustrechnung nicht aus. Bei Umrechnung des Grundgeschäfts mit dem Terminkurs gleichen sich die Effekte, identische Laufzeit und Nominalbetrag des Sicherungsgeschäfts vorausgesetzt, hingegen vollständig aus.

43 Auch **konzerninterne monetäre** Posten, also zB bei Forderungen und Verbindlichkeiten gegenüber anderen Konzernunternehmen, sind zu jedem Abschlussstichtag mit dem Stichtagskurs umzurechnen. Eine Ausnahme gilt nur, wenn diese Posten Bestandteil der Nettoinvestition in einen ausländischen Geschäftsbetrieb sind (zum Begriff vgl. Tz. 58). Die aus der Umrechnung resultierenden Ergebniseffekte (vgl. Tz. 54) bestehen dementsprechend auch in der Konzern Gewinn- und Verlustrechnung fort und werden nicht eliminiert.

Beispiel:
Ein Mutterunternehmen mit funktionaler Währung Euro hat ihrer US-Tochter mit funktionaler Währung US-Dollar am 1. 1.x1 ein Darlehen über Euro 10 Mio. gewährt. Der Umrechnungskurs am 1. 1.x1 beträgt 1 Euro = 1,50 US-Dollar. Am 31. 12.x1 besteht das Darlehen in unveränderter Höhe. Der Stichtagskurs beträgt 1 Euro = 1,30 US-Dollar.
Zum Ersteinbuchungstag erfasst die US-Tochter das von der Mutter gewährte Darlehen zum Transaktionskurs. Daraus ergibt sich ein Ansatz der Verbindlichkeit in Höhe von US-Dollar 15 Mio. Am 31. 12. ist das Darlehen zum Stichtagskurs mit 13 Mio. US-Dollar anzusetzen. Der Währungsgewinn von US-Dollar 2 Mio. ist in der Gewinn und Verlustrechnung der US-Tochter zu erfassen. Vor der Schuldenkonsolidierung ist der Abschluss der US-Tochter in die Berichtswährung der Mutter (Euro) mit Hilfe der modifizierten Stichtagskursmethode (vgl. Tz. 86) umzurechnen. Unter Anwendung des Stichtagskurses ergibt sich bei der US-Tochter ein Ansatz in Höhe von Euro 10 Mio., so dass keine Differenz aus der Schuldenkonsolidierung besteht. Der Währungsgewinn bleibt auch nach Durchführung aller Konsolidierungsmaßnahmen in der Konzern-Gewinn- und Verlustrechnung stehen. Aus Konzernsicht ist dies auch wirtschaftlich begründet, da die Mutter durch Ausreichung des Darlehens an die Tochter faktisch US-Dollar gegen Euro erwirbt und bei Rückzahlung des Darlehens in Euro zu einem günstigeren Wechselkurs zurücktauscht (IFRS-SMEs Abschn. 30.22). Diese Vorgehensweise stellt einen bedeutenden Unterschied zu der bisherigen deutschen handelsrechtlichen Praxis dar, die von dem Verständnis ausgeht, dass sämt-

liche konzerninternen Beziehungen aus einem Abschluss zu eliminieren sind (vgl. ADS, 6. Aufl., § 303 HGB, Tz. 37).

2. Umrechnung nicht monetärer Posten

44 Die Umrechnung nicht monetärer Posten richtet sich danach, ob sie zu historischen Anschaffungs- bzw. Herstellungskosten oder zum beizulegenden Zeitwert bewertet werden (IFRS-SMEs Abschn. 30.9(b)-(c)).

a. Zu historischen Anschaffungs- bzw. Herstellungskosten bewertete nicht monetäre Posten

45 Nicht monetäre Posten, die zu historischen Anschaffungs- oder Herstellungskosten bewertet werden, sind an den folgenden Abschlussstichtagen weiterhin zum Wechselkurs am Transaktionstag umzurechnen. Insofern ergeben sich aus der Umrechnung dieser nicht monetären Posten grundsätzlich keine Umrechnungsdifferenzen. Die Fortführung der historischen Kosten, zB durch planmäßige Abschreibungen beim **Sachanlagevermögen** (vgl. IFRS-SMEs-Komm., Teil B, Abschn. 17, Tz. 63) bzw. bei **immateriellen Vermögenswerten** (vgl. IFRS-SMEs-Komm., Teil B, Abschn. 18, Tz. 32) erfolgt auf Basis der Beträge in der funktionalen Währung, dh. unter Anwendung des Ersteinbuchungskurses. Auch Abgänge von Vermögenswerten werden zum Restbuchwert in funktionaler Währung erfasst. Deshalb können bei der Umrechnung des Anlagevermögens in die funktionale Währung keine Umrechnungsdifferenzen entstehen.

46 Bei abweichender Buchführungswährung macht die Notwendigkeit der Anwendung verschiedener Wechselkurse auf einen Bilanzposten grundsätzlich das Führen eines **gesonderten Bestandsverzeichnisses** in der funktionalen Währung erforderlich. Die materiellen Auswirkungen bei Vermögenswerten des **Vorratsvermögens**, die sich schnell umschlagen dürften eher gering sein, sofern die Wechselkurse nicht sehr stark schwanken. Während in diesen Fällen die Verwendung von Durchschnittskursen oder gar Stichtagskursen am Abschlussstichtag zulässig erscheint (vgl. Schill, 2008, 224), lässt sich ein gesondertes Anlagenverzeichnis in funktionaler Währung idR nicht vermeiden.

47 Anders als die IFRS (vgl. IAS 21.25) enthält der IFRS-SMEs keine Hinweise darauf, welcher Wechselkurs anzusetzen ist, wenn auf einen niedrigeren Wertansatz überzugehen ist, wie zB den **Nettoveräußerungspreis** bei Vorräten (vgl. IFRS-SMEs Abschn. 27.2) oder den **erzielbaren Betrag** bei Sachanlagen und immateriellen Vermögenswerten (vgl. IFRS-SMEs Abschn. 27.11). Die IFRS verlangen in diesem Zusammenhang die Verwendung des bei der Ermittlung des entsprechenden Wertansatzes vorherrschenden Wechselkurses. Der so ermittelte Wert ist dem zum Ersteinbuchungskurs umgerechneten Buchwert gegenüberzustellen. Dieser Ansatz dürfte auch für kleine und mittelgroße Unternehmen durch analoge Anwendung des IFRS-SMEs Abschn. 30.9(c), der für zum beizulegenden Zeitwert bewertete nicht monetäre Posten (vgl. Tz. 51) gilt, in Betracht kommen. Fraglich ist aber die praktische Bedeutung dieses Ansatzes für kleine und mittelgroße Unternehmen, da eine »Umrechnung« des Nettoveräußerungspreises bzw. der erzielbaren Betrags voraussetzt, dass dieser nur in Fremdwährung ermittelt werden kann. Häufig werden sich diese Bewertungsmaßstäbe aber auch direkt in der funktionalen Währung ermitteln lassen:

Beispiel:
Ein Unternehmen mit der funktionalen Währung Euro hat in den USA eine Spezialmaschine für US-Dollar 1,5 Mio. erworben (Transaktionskurs 1 Euro = 1,50 US-Dollar). Die Maschine wird entsprechend mit Euro 1 Mio. angesetzt. Am Abschlussstichtag liegen Anhaltspunkte für eine Wertminderung vor, die eine Ermittlung des erzielbaren Betrags erforderlich machen (vgl. IFRS-SMEs Abschn. 27.7).

Sofern der erzielbare Betrag auf Basis des Nutzungswerts ermittelt wird, erübrigt sich eine Umrechnung von vornherein. Da die funktionale Währung der Euro ist, werden die entsprechenden Zahlungsströme idR direkt in der funktionalen Währung ermittelt. Zahlungsströme in Fremdwährung werden bereits in der Planungsrechnung in die funktionale Währung auf Basis von Plankursen umgerechnet. Zur Bedeutung der in der Planungsrechnung verwendeten Währungen für die Bestimmung der funktionalen Währung vgl. Tz. 22.

48 **Finanzinstrumente**, die nicht monetäre Posten darstellen und nicht zum beizulegenden Zeitwert zu bewerten sind, also im Wesentlichen nicht öffentlich gehandelte Eigenkapitalinstrumente, deren beizulegender Zeitwert nicht verlässlich ermittelbar sind (vgl. IFRS-SMEs Abschn. 11.14(c), werden ebenfalls weiterhin zum Ersteinbuchungskurs umgerechnet. Bezüglich der Ermittlung eines möglichen Veräußerungswerts im Falle einer Wertminderung (vgl. IFRS-SMEs Abschn. 11.25(b)) gelten die Ausführungen in Tz. 47 analog.

49 **Erhaltene Anzahlungen**, die idR ebenfalls zu den nicht monetären Posten gehören (vgl. Tz. 8), sind an den folgenden Abschlussstichtagen ebenfalls mit den Wechselkursen am Transaktionstag umzurechnen. Grundsätzlich gilt für **Umsatzerlöse** und den damit verbundenen Forderungen der Realisierungszeitpunkt als Transaktionstag. Für den Teil der Umsatzerlöse jedoch, für den Anzahlungen erhalten wurden, liegt der Tag der erstmaligen Erfassung vor dem Realisationszeitpunkt (vgl. ADS Int 2002, Abschn. 5, Tz. 43). Der entsprechende Umsatzteil ist damit grundsätzlich mit dem Kurs der erhaltenen Anzahlung umzurechnen. Sind die Beträge nicht materiell, kommt die Erfassung des Gesamtumsatzes zum Transaktionskurs aus Wesentlichkeitsgründen in Betracht. Die aus den Umsätzen resultierende Forderung ist als monetärer Posten nach den in Tz. 40 ff. beschriebenen Regeln umzurechnen.

Beispiel:
Ein US-Kunde bestellt bei Unternehmen U mit funktionaler Währung Euro eine Maschine zum Preis von US-Dollar 1,5 Mio. und leistet eine Anzahlung von US-Dollar 500.000 (Kurs 1 Euro = 1,25 US-Dollar). U setzt die erhaltene Anzahlung entsprechend mit Euro 400.000 an. Bei Auslieferung der Maschine beträgt der Kurs 1 Euro = 1,10 US-Dollar. U erfasst daher den Umsatzerlös in Höhe von 400.000 + 909.000 = 1.309.000 Euro und die entsprechende Forderung mit Euro 909.000.

50 Ein aktivischer oder passivischer **Saldo** aus der Erfassung **eines Fertigungsauftrags** entsprechend dem Fertigstellungsgrad (vgl. IFRS-SMEs-Komm., Teil B, Abschn. 23 Tz. 100) stellt ebenfalls keinen monetären Posten dar. In Folge dessen wird der Posten aus Fertigungsaufträgen in fremder Währung mit den jeweils gültigen Kassakursen am Transaktionstag in die funktionale Währung umgerechnet. Auf Grund der stetigen Veränderung des Postens kommen bei der Fortschreibung unterschiedliche Währungskurse zur Anwendung.

b. *Zum beizulegenden Zeitwert bewertete nicht monetäre Posten*

51 Sind nicht monetäre Posten nach den für sie geltenden Vorschriften zum beizulegenden Zeitwert zu bewerten, ist der **am Tag der Ermittlung** des Wertes gültige Wechselkurs für die Umrechnung heranzuziehen (IFRS-SMEs Abschn. 30.9(c)). Dies entspricht idR dem Stichtagskurs am Abschlussstichtag.

52 Da der IFRS-SMEs für Sachanlagen und immaterielle Vermögenswerte kein Neubewertungswahlrecht vorsieht (vgl. für Sachanlagen IFRS-SME-Komm., Teil B, Abschn. 17, Tz. 63), beschränkt sich die Bewertung monetärer Posten zum beizulegenden Zeitwert nur auf wenige Fälle. In Betracht kommen im Wesentlichen:

- nicht kündbare Eigenkapitalinstrumente, die öffentlich gehandelt werden oder für die ein beizulegender Zeitwert verlässlich ermittelbar ist,

- als Finanzinvestition gehaltene Immobilien (vgl. IFRS-SMEs-Komm., Teil B, Abschn. 16) und
- biologische Vermögenswerte (vgl. IFRS-SMEs-Komm., Teil B, Abschn. 34, Tz. 15 f.).

53 Darüber hinaus sind bestimmte **Sachleistungsverpflichtungen**, die zwar nicht zum beizulegenden Zeitwert, aber mit dem Betrag der besten Schätzung am Abschlussstichtag zu bewerten sind, der an jedem Abschlussstichtag zu überprüfen ist (IFRS-SMEs Abschn. 21.11), mit dem Wechselkurs im Zeitpunkt der Wertermittlung umzurechnen.

3. Behandlung von Umrechnungsdifferenzen

54 Umrechnungsdifferenzen bei **monetären Posten** können durch Wechselkursveränderungen entstehen,

- zwischen erstmaliger Erfassung des monetären Postens und seiner Abwicklung (Zahlung) innerhalb einer Periode,
- zwischen erstmaliger Erfassung des monetären Postens und dem folgenden Abschlussstichtag und
- zwischen dem vorhergehenden Abschlussstichtag und Abwicklung.

Unabhängig von ihrer Entstehungsursache sind sämtliche Umrechnungsdifferenzen monetärer Posten grundsätzlich **im Gewinn oder Verlust** der entsprechenden Periode auszuweisen (IFRS-SMEs Abschn. 30.10). Zum Ausweis von Umrechnungsdifferenzen und den erforderlichen Anhangangaben vgl. Tz. 94 ff. Einzige Ausnahme sind Umrechnungsdifferenzen solcher monetärer Posten, die Bestandteil einer Nettoinvestition in einen ausländischen Geschäftsbetrieb darstellen. Zum Begriff und zur Behandlung von Umrechnungsdifferenzen in diesem Fall vgl. Tz. 58 ff.

55 Umrechnungsdifferenzen aus monetären Posten zwischen **in den Konzernabschluss einbezogenen** Unternehmen (zB Forderungen und Verbindlichkeiten aus konzerninternen Lieferbeziehungen) sind ebenfalls im Gewinn oder Verlust der Periode zu erfassen, sofern diese Posten nicht Bestandteil einer Nettoinvestition sind. Die Kursgewinne oder -verluste werden nicht im Rahmen der Schulden -bzw. Aufwands- und Ertragskonsolidierung (vgl. IFRS-SMEs-Komm., Teil B, Abschn. 9, Tz. 81 ff.) wieder eliminiert. Zur wirtschaftlichen Begründung anhand eines Beispiels vgl. Tz. 47.

56 Demgegenüber stellen Differenzen aus der Umrechnung **nicht monetärer** Posten einen integralen Bestandteil des Bewertungsvorgangs dieser Posten dar und sind nicht gesondert auszuweisen oder anzugeben (vgl. Tz. 45 ff.). Sie sind dementsprechend zusammen mit dem übrigen Bewertungsergebnis entweder im Gewinn oder Verlust der Periode oder im übrigen Gesamtergebnis zu erfassen (IFRS-SMEs Abschn. 31.12). Im Periodenergebnis erfasst werden im Wesentlichen Umrechnungsdifferenzen der zum beizulegenden Zeitwert bewerteten nicht monetären Posten. Für Beispiele vgl. Tz. 52. Wegen der sehr eingeschränkten Erfassung von Bewertungsgewinnen und -verlusten im übrigen Gesamtergebnis im IFRS-SMEs gibt es für die Erfassung von Umrechnungsdifferenzen im übrigen Gesamtergebnis gegenwärtig keinen Anwendungsfall.

V. Sonderfall: Nettoinvestition in ausländischen Geschäftsbetrieb

57 Wie bereits dargestellt (vgl. Tz. 47) sind Umrechnungsdifferenzen aus konzerninternen monetären Posten im Gewinn oder Verlust der Periode zu erfassen, da sie aus Sicht des Konzerns eine Transformation in eine Fremdwährung darstellen, verbunden mit der Verpflichtung, diese wieder zurückzutauschen (IFRS-SMEs Abschn. 30.22). Insofern geht auch von konzerninter-

nen monetären Posten ein Wechselkursrisiko für den Konzern aus. Dies gilt jedoch nur, wenn mit einer Abwicklung dieser monetären Posten tatsächlich zu rechnen ist. Dem zur Folge unterliegen Investitionen in das Eigenkapital eines ausländischen Geschäftsbetriebs mit einer anderen funktionalen Währung keinem Wechselkursrisiko (vgl. Baetge et al., IFRS-Komm., Teil B, IAS 21, Tz. 103). Auswirkungen ergeben sich erst bei einem teilweisen oder vollständigen Verkauf des ausländischen Geschäftsbetriebs.

58 Entsprechend dem Grundsatz *substance over form* (IFRS-SMEs Abschn. 2.8) sind daher Umrechnungsdifferenzen solcher monetärer Posten, die zwar nominell kein Eigenkapital darstellen, aber **wirtschaftlich als Eigenkapitalinvestition (Forderung) bzw. Eigenkapitalrückgewähr (Verbindlichkeit)** zu betrachten sind, wie solche aus der Umrechnung Abschlüsse ausländischer Geschäftsbetriebe (vgl. Tz. 86 ff.) zu behandeln. Folglich sieht IFRS-SMEs Abschn. 30.13 vor, dass die Umrechnungsdifferenzen solcher »monetärer« Posten im **übrigen Gesamtergebnis** zu erfassen und als separater Posten im Eigenkapital auszuweisen sind. Dies gilt aber nur für den Abschluss, in dem der ausländische Geschäftsbetrieb entweder als assoziiertes Unternehmen, als Joint Venture oder als Tochterunternehmen einbezogen wird. In einem separaten Einzelabschluss (vgl. IFRS-SMEs-Komm., Teil B, Abschn. 9, Tz. 7) des ausländischen Geschäftsbetriebs und des Berichtsunternehmens sind diese Posten jedoch unverändert als monetäre Posten zu klassifizieren und als solche zu behandeln. Letzteres ist allerdings nicht konsequent, da Eigenkapitalinstrumente nicht monetäre Posten darstellen (vgl. Tz. 7). Insofern müssten auch in separaten Einzelabschlüssen entsprechend dem *substance over form*-Grundsatz eigenkapitalgleiche Posten als nicht monetär klassifiziert werden.

59 Die **Nettoinvestition in einen ausländischen Geschäftsbetrieb** umfasst neben der eigentlichen Beteiligung gemäß IFRS-SMEs Abschn. 30.12 auch diejenigen monetären Posten, deren Abwicklung in einem absehbaren Zeitraum weder geplant noch wahrscheinlich ist. Solche Posten können insbesondere langfristige Forderungen und Verbindlichkeiten sein. Forderungen und Verbindlichkeiten aus Lieferungen und Leistungen gehören grundsätzlich nicht dazu. Sie können jedoch im Zeitablauf ihre Eigenschaft ändern, wenn mit einer Abwicklung in einem absehbaren Zeitraum nicht mehr zu rechnen ist. Der IFRS-SMEs, wie auch die IFRSs, lassen in diesem Zusammenhang offen, was unter dem »absehbaren Zeitraum« zu verstehen ist. Forderungen und Verbindlichkeiten, für die eine Rückzahlung vereinbarungsgemäß nicht vorgesehen ist, dürften grundsätzlich Bestandteil der Nettoinvestition sein. Langfristige Forderungen und Verbindlichkeiten, die zum Fälligkeitszeitpunkt regelmäßig ersetzt werden, fallen ebenfalls darunter. Insofern können das Verhalten in der Vergangenheit und die Finanzplanung des Unternehmens wichtige Anhaltspunkte liefern (vgl. ADS Int 2002, Abschn. 5, Tz. 65). Forderungen und Verbindlichkeiten, für die ausreichende Sicherheiten bestellt worden sind, dürften dagegen nicht Bestandteil der Nettoinvestition sein, da dies auf eine Rückzahlungsabsicht hindeutet (vgl. Köster, 2009, Tz. 99).

60 Nicht notwendig ist indes, dass die Beziehung direkt mit dem entsprechenden ausländischen Geschäftsbetrieb besteht. Ein **mittelbares Schuldverhältnis** unter Einbeziehung eines anderen Tochterunternehmens kann ebenfalls Bestandteil der Nettoinvestition in einen ausländischen Geschäftsbetrieb sein (vgl. Baetge et al., IFRS-Komm., Teil B, IAS 21, Tz. 73). Erhält ein ausländischer Geschäftsbetrieb bspw. ein Darlehen von einer Schwestergesellschaft, ist dies als Bestandteil der Nettoinvestition des Berichtsunternehmens anzusehen, wenn mit einer Rückzahlung nicht zu rechnen ist. Ebenso kann ein mittelbares Schuldverhältnis über eine dritte Partei als Bestandteil der Nettoinvestition angesehen werden. Dies ist zB dann der Fall, wenn ein ausländischer Geschäftsbetrieb von einem Kreditinstitut ein Darlehen unter der Voraussetzung erhält, dass das Mutterunternehmen oder ein anderes Konzernunternehmen eine Einlage bei dieser Bank unterhält (vgl. ADS Int 2002, Abschn. 5, Tz. 67) und auf Grund revolvierender Prolongationen mit einer Rückzahlung nicht zu rechnen ist. Bei einer vergleichbaren Fallkonstellation kann daher auch ein mittelbares Schuldverhältnis über ein assoziiertes Unternehmen Bestandteil einer Nettoinvestition sein (aA Baetge et al., IFRS-Komm., Teil B, IAS 21, Tz. 73).

61 Wegen der zahlreichen Einschätzungen verbleibt dem Unternehmen ein erheblicher Ermessensspielraum bei der Beurteilung, ob ein monetärer Posten Bestandteil der Nettoinvestition ist und folglich, ob die Umrechnungsergebnisse ergebniswirksam werden oder nicht (vgl. Tz. 54). Eine entsprechende Größe der Posten vorausgesetzt, kann sich dadurch ein erhebliches bilanzpolitisches Potenzial ergeben. Allerdings ist die Bewegung künftiger Wechselkurse schwer vorherzusagen und damit eine Ergebnissteuerung hiermit kaum zu erreichen. Auf Grund der höheren Planungssicherheit tendieren Unternehmen in der Praxis daher im Zweifel eher zu einer Einstufung als Bestandteil der Nettoinvestition.

62 Mit Abgang der Nettoinvestition sind die bislang im übrigen Gesamtergebnis erfassten und im Eigenkapital kumulierten Umrechnungsdifferenzen (vgl. Tz. 58) realisiert, dh. sie haben einen Einfluss auf die Cashflows des berichtenden Unternehmens. Der Abgang der Nettoinvestition erfolgt im Zeitpunkt der Abwicklung des als Nettoinvestition eingestuften Schuldverhältnisses, spätestens jedoch im Zeitpunkt des vollständigen oder teilweisen Verkaufs, Liquidation oder Aufgabe des ausländischen Geschäftsbetriebs. Insofern wäre es konsequent und entspräche dem **Kongruenzprinzip**, verstanden als Gleichheit der Summe der Abschnittserfolge mit dem Gesamtergebnis der Totalperiode eines Unternehmens, im Realisationszeitpunkt die im Eigenkapital kumulierten Umrechnungsdifferenzen im Gewinn oder Verlust der Periode als Bestandteil des Abgangserfolgs auszuweisen (sog. *recycling* bzw. Reklassifizierung nach neuer IASB-Diktion). Diese in IAS 21 enthaltene Vorgehensweise wurde in den IFRS-SMEs aus Vereinfachungsgründen nicht übernommen (IFRS-SMEs Abschn. 30.13). Damit bleiben die aus der Nettoinvestition resultierenden Umrechnungsdifferenzen dauerhaft als gesonderter Eigenkapitalbestandteil erhalten. Wegen der auch für SMEs vorgesehenen zwingenden Veröffentlichung einer Gesamtergebnisrechnung (IFRS-SMEs Abschn. 5) wird dieser Verstoß gegen das Kongruenzprinzip als hinnehmbar angesehen. Die damit verbundene Vereinfachung ist in der Tat erheblich, da die Notwendigkeit entfällt, die im Gesamtergebnis erfassten Umrechnungsdifferenzen, über den ggf. sehr langfristigen Abwicklungszeitraum nachzuverfolgen (IFRS-SMEs BC 132). Weiterhin werden schwierige Abgrenzungsfragen vermieden, welche die Komplexität der Währungsumrechnung deutlich erhöhen (zu den Problemfällen unter IAS 21 vgl. Freiberg, 2009, 343 ff.).

63 Ändert sich die Einstufung des monetären Postens im Zeitablauf durch eine **Änderung der Verhältnisse,** ist die Umrechnungsmethode prospektiv umzustellen, da es sich um eine Schätzungsänderung handelt (IFRS-SMEs Abschn. 10.15). Dementsprechend sind die Umrechnungsdifferenzen vom Zeitpunkt der Neueinstufung

- im Gewinn oder Verlust zu erfassen, wenn ein bisher als Bestandteil der Nettoinvestition eingestufter monetärer Posten die Voraussetzungen nicht mehr erfüllt, bzw.
- im übrigen Gesamtergebnis zu erfassen und in einem gesonderten Eigenkapitalposten auszuweisen, wenn der monetäre Posten zu einem Bestandteil der Nettoinvestition geworden ist.

Wegen des für kleine und mittelgroße Unternehmen bestehenden Verbots des *recyclings* (vgl. Tz. 62) bleiben die im ersten Fall bis zur Umwidmung im übrigen Gesamtergebnis erfassten Umrechnungsdifferenzen dauerhaft im Eigenkapital.

VI. Buchführung in fremder Währung

64 In der Regel werden die Bücher und Aufzeichnungen eines Unternehmens in der lokalen Währung geführt. Wie in Tz. 16 ff. erläutert, muss diese aber nicht zwangsläufig mit der funktionalen Währung übereinstimmen. Das Unternehmen kann auch auf Grund gesetzlicher Vorschriften (vgl. Tz. 13) oder Branchenusancen gezwungen sein, seine Bücher in einer anderen

als der funktionalen Währung zu führen. Anders als die IFRS (IAS 21.34) enthält der IFRS-SMEs hierfür keine expliziten Umrechnungsvorschriften. Streng genommen stellt die Erfassung der Geschäftsvorfälle in einer anderen als der funktionalen Währung nicht zwangsläufig eine Fremdwährungstransaktion iSd. IFRS-SMEs Abschn. 30.6 dar. Zur Definition einer Fremdwährungstransaktion vgl. Tz. 33.

Beispiel:
Ein Schweizer Unternehmen mit der funktionalen Währung Euro führt auf Grund der gesetzlichen Verpflichtung seine Bücher in Schweizer Franken. Die wesentlichen Liefer- und Leistungsbeziehungen bestehen in Euro. Lediglich die Löhne und Gehälter werden in Schweizer Franken ausgezahlt.
Obwohl durch die Buchführung in Schweizer Franken sämtliche Transaktionen in einer anderen als der funktionalen Währung erfasst wurden, sind die Löhne und Gehälter die einzige Fremdwährungstransaktion iSd. IFRS-SMEs Abschn. 30.6.

65 Wegen der fehlenden expliziten Regelung im IFRS-SMEs zur Umrechnung bei abweichender Buchführungswährung hat das Unternehmen eine am Sinn und Zweck der Vorschriften des IFRS-SMEs Abschnitt 30 orientierte Bilanzierungspolitik abzuleiten (IFRS-SMEs Abschn. 10.4). Entsprechend dem Konzept der funktionalen Währung sind Transaktionsrisiken, also die Wechselkursrisiken, die einen Einfluss auf die Cashflows des Unternehmens haben, von den reinen Translationsrisiken zu unterscheiden, die lediglich aus der Transformation von Bilanz- und Erfolgsposten in eine andere Währung resultieren und ohne Einfluss auf die Cashflows sind. Da die funktionale Währung des Unternehmens die Währung des primären wirtschaftlichen Umfelds ist, unterliegen sämtliche Transaktionen in einer von der funktionalen Währung abweichenden Währung einem Transaktionsrisiko. Der Abschluss des Unternehmens ist daher aus Sicht der funktionalen Währung aufzustellen. Ein in anderer als der funktionalen Währung aufgestellter Abschluss ist dementsprechend so umzurechnen, als wäre er direkt in der funktionalen Währung aufgestellt worden (vgl. Bieker, 2007, 703). Übertragen auf eine fremde Buchführungswährung bedeutet dies, dass diese nach der gleichen Methode in die funktionale Währung umzurechnen ist, dh. unter Anwendung der Grundsätze des IFRS-SMEs Abschn. 30.6-.13. Nur so wird sichergestellt, dass der Abschluss aus Sicht der funktionalen Währung aufgestellt wird.

66 Bezogen auf das obige Beispiel folgt daraus, dass die in der funktionalen Währung getätigten Liefer- und Leistungstransaktionen, die am Transaktionstag in die Buchführungswährung Schweizer Franken umgerechnet wurden, grundsätzlich mit demselben Kurs wieder in die funktionale Währung Euro umzurechnen sind. Die in Schweizer Franken ausgezahlten Löhne und Gehälter stellen eine originäre Fremdwährungstransaktion dar und sind daher gem. IFRS-SMEs Abschn. 30.7 mit dem Transaktionskurs umrechnen. Bezüglich der Umrechnung der Bilanzposten gelten die in Tz. 40-56 dargestellten Grundsätze einschließlich der dort dargestellten Vereinfachungsmöglichkeiten (vgl. Tz. 40-56).

VII. Wechsel der funktionalen Währung

67 Die Bestimmung der funktionalen Währung ist zwar eine Ermessensentscheidung (vgl. Tz. 26), aber kein Wahlrecht. Die Änderung der funktionalen Währung ist daher nur möglich, wenn sich die Verhältnisse geändert haben, die bei der Beurteilung zugrunde gelegt wurden. Eine Ermessensänderung ohne entsprechende Änderung der zugrunde liegenden Tatsachen ist wegen IFRS-SMEs Abschn. 30.15 nicht möglich. Die Bestimmung der funktionalen Währung ist eine Tatsachenentscheidung und stellt somit auch keine Bilanzierungs- und Bewertungsmethode dar, die in den Grenzen des IFRS-SMEs Abschn. 10.8 ff. geändert werden könnte. Es kommt allenfalls eine Fehlerberichtigung gem. IFRS-SMEs Abschn. 10.19 ff. in Betracht.

Stellt ein Unternehmen also fest, dass die funktionale Währung nicht (mehr) der Währung des primären wirtschaftlichen Umfelds entspricht, hat es zunächst zu prüfen, 68

- ob dies eindeutig auf eine Änderung der gegenüber der vorherigen Einschätzung basierenden Umstände zurückzuführen ist, zB weil sich die Hauptmärkte für die wesentlichen Produkte des Unternehmens geändert haben (vgl. Tz. 18) und/oder die Preise für die wesentlichen Inputfaktoren durch eine andere Währung maßgeblich beeinflusst werden (vgl. Tz. 19); oder
- die bisherige Einschätzung fehlerhaft war.

Im ersten Fall ist die funktionale Währung infolge einer Änderung der zugrunde liegenden Umstände gewechselt. In diesem Fall ist der Wechsel **prospektiv**, dh. erst ab dem Zeitpunkt vorzunehmen, zu dem die Währung funktionale Währung geworden ist. Zum Übergangszeitpunkt sind sämtliche Abschlussposten mit dem Stichtagskurs in die neue funktionale Währung umzurechnen (IFRS-SMEs Abschn. 30.16). Die sich nach der Umrechnung ergebenden Beträge für die nicht monetären Posten gelten fortan als ihre historischen Anschaffungs- bzw. Herstellungskosten. Die im Eigenkapital erfassten Währungskursdifferenzen aus der Umrechnung ausländischer Geschäftsbetriebe (vgl. Tz. 87 ff.) bzw. aus der Umrechnung monetärer Posten, die Bestandteile der Nettoinvestition sind (vgl. Tz. 58), bleiben unberührt, auch wenn die bisherige Darstellungswährung die neue funktionale Währung darstellt. 69

Im zweiten Fall ist der »Wechsel« der funktionalen Währung als **Fehlerberichtigung** darzustellen; der Abschluss ist rückwirkend (**retrospektiv**) so aufzustellen, als wäre auch in der Vergangenheit die »neue« die funktionale Währung gewesen (zu den Einzelheiten vgl. IFRS-SME-Komm., Teil B, Abschn. 10, Tz. 26).

Eine jährliche bzw. laufende Überprüfung der funktionalen Währung wird nicht gefordert. Sie ist aber eigentlich zwingend erforderlich, wenn Anzeichen dafür vorliegen, dass die bisherige Währung nicht mehr der funktionalen Währung entspricht. Solche Anzeichen kann bspw. eine Verschiebung zwischen dem Transaktions- und dem ökonomischen Risiko sein. Zu den Währungsrisiken im Einzelnen vgl. Tz. 22. 70

C. Umrechnung in die Darstellungswährung

I. Grundsatz

Unabhängig von der Frage, welche Währung die Erlös- und Kostensituation eines Unternehmens maßgeblich beeinflusst, ist die Entscheidung in welcher Währung der Jahres- bzw. Konzernabschluss aufgestellt wird. Dies kann sich entweder aus gesetzlichen Bestimmungen ergeben (vgl. Tz. 13) oder aus anderen Erwägungen, bspw. weil man bedeutenden Eigen- oder Fremdkapitalgebern einen Abschluss in der für sie maßgeblichen Währung präsentieren will (sog. *convenience translation*). Anders als bei der Bestimmung der funktionalen Währung (vgl. Tz. 16 ff.) ist das Unternehmen bei der Festlegung der Darstellungswährung vollkommen frei. Außerdem können auch parallele Abschlüsse in unterschiedlichen Darstellungswährungen offengelegt werden (IFRS-SMEs Abschn. 30.17). Hauptanwendungsfall der Umrechnung in eine andere Darstellungswährung ist die Umrechnung der Abschlüsse solcher Einheiten im Konzern, die eine von der Konzerndarstellungswährung abweichende funktionale bzw. Darstellungswährung haben (im Einzelnen vgl. Tz. 86). 71

Die oben dargestellten Erwägungen zeigen, dass Wechselkursveränderungen zwischen der funktionalen Währung und der Darstellungswährung (**Translationsdifferenzen**) keinen Einfluss auf die Zahlungsströme des Konzerns haben können. Die Umrechnung dient lediglich einer für die Abschlussadressaten verständlicheren Darstellung bzw. der Herstellung einer konzerneinheitlichen Währungseinheit, um die weiteren Konsolidierungsschritte (zB Schul- 72 denkonsolidierung, vgl. auch IFRS-SME-Komm., Teil B, Abschn. 9, Tz. 81) zu ermöglichen. Insofern ist es konsequent, dass sämtliche **Differenzen** aus der Umrechnung in die Darstellungswährung nicht im Gewinn oder Verlust der Periode, sondern im übrigen Gesamtergebnis erfasst werden (zu den Einzelheiten vgl. Tz. 80).

II. Translation in die Darstellungswährung

73 Das genaue Vorgehen bei der Umrechnung in die Darstellungswährung hängt davon ab, ob es sich bei der funktionalen Währung um die Währung eines Hochinflationslands handelt oder nicht (zum Begriff Hochinflation vgl. IFRS-SMEs Abschn. 31.2).

1. Funktionale Währung ist keine Hochinflationswährung

74 Entspricht die funktionale Währung, zB auf Grund gesetzlicher Vorschriften (vgl. Tz. 13), nicht der Darstellungswährung, ist der Abschluss gem. IFRS-SMEs Abschn. 30.18 ff. in die Darstellungswährung umzurechnen. Ist die funktionale Währung keine Währung eines Hochinflationslands (zum Vorgehen bei Hochinflation vgl. Tz. 82), ist der Abschluss unter Anwendung der **modifizierten Stichtagskursmethode** (vgl. Csik/Schneck, 1983, 297) umzurechnen:

(a) Vermögenswerte und Schulden sind mit den Abschlussstichtagskursen umzurechnen, Erträge und Aufwendungen mit den Kursen am Transaktionstag.
(b) Sämtliche hieraus resultierenden Umrechnungsdifferenzen sind im übrigen Gesamtergebnis zu erfassen.

75 Nach der modifizierten Stichtagskursmethode sind sämtliche **Vermögenswerte und Schulden** mit den Kursen am Abschlussstichtag umzurechnen. Eine Unterscheidung zwischen monetären und nicht monetären Vermögenswerten und Schulden, wie bei der Umrechnung in die funktionale Währung (vgl. Tz. 39) findet hier nicht statt. Sie ist auch nicht erforderlich, dient sie doch dem Zweck, unterschiedliche Realisierungszeitpunkte für die Erfassung von Umrechnungsdifferenzen von monetären und nicht monetären Posten im Gewinn oder Verlust der Periode sicherzustellen. Bezüglich der Verwendung von Brief-, Geld- oder Mittelkursen gelten die gleichen Grundsätze, wie bei der Umrechnung in die funktionale Währung (vgl. Tz. 35).

76 Die Umrechnung des **Eigenkapitals** ist in IFRS-SMEs Abschn. 30.18 explizit nicht erwähnt. Insofern ergibt sich das Eigenkapital zunächst als Residuum nach der Umrechnung sämtlicher Vermögenswerte und Schulden (vgl. Baetge et al., IFRS-Komm., Teil B, IAS 21, Tz. 98). Dies lässt aber unberücksichtigt, das sich die einzelnen Komponenten des Eigenkapitals (vgl. IFRS-SMEs Abschn. 4.11(f)) aus unterschiedlichen Quellen speisen und die Veränderungen zu unterschiedlichen Zeitpunkten eintreten. Da in dem gesonderten Währungsumrechnungsposten im Eigenkapital (vgl. Tz. 81) nur die Differenzen aus der Umrechnung der Vermögenswerte und Schulden und dem Jahresergebnis (vgl. Tz. 80) zu erfassen sind, müssen die Umrechnungsdifferenzen für die einzelnen Eigenkapitalkomponenten gesondert ermittelt werden. Dementsprechend sind die einzelnen Komponenten wie folgt umzurechnen (vgl. Senger/Brune, 2009, Tz. 40):

- die Komponenten des Vorjahres jeweils mit ihren historischen Wechselkursen,
- Kapitalzuführungen (Einlagen) und -minderungen (Dividenden, Kapitalherabsetzungen) mit den Kursen zum Transaktionszeitpunkt,
- der Gewinn und Verlust der Periode und das übrige Gesamtergebnis mit den Werten aus der Gesamtergebnisrechnung (vgl. Tz. 80).

77 **Aufwendungen und Erträge** sind grundsätzlich mit den Kursen zum Transaktionstag umzurechnen. Wie bei der Umrechnung in die funktionale Währung, kann aber auch hier auf

Näherungskurse zurückgegriffen werden (IFRS-SMEs Abschn. 30.19). Zu den Vereinfachungsmöglichkeiten und ihren Anwendungsvoraussetzungen vgl. Tz. 38. Allerdings dürfen, anders als bei der Umrechnung in die funktionale Währung, hier grundsätzlich auch Jahresdurchschnittskurse und nicht nur Wochen- oder Monatsdurchschnittskurse verwendet werden. Der Wortlaut des IFRS-SMEs Abschn. 30.19 (»*average rate for the period*«) im Gegensatz zu IFRS-SMEs Abschn. 30.8, der eindeutig auf die Verwendung von Wochen- oder Monatsdurchschnittskursen abstellt, legt dies nahe.

78 Auch bei der Umrechnung von Aufwendungen und Erträgen findet, anders als bei der Umrechnung in die funktionale Währung (vgl. Tz. 45), keine Unterscheidung statt, ob sie im Zusammenhang mit monetären oder nicht monetären Posten entstanden sind. Sämtliche Aufwendungen und Erträge, und damit auch die planmässigen Abschreibungen und Buchwertabgänge beim Anlagevermögen, sind mit ihren Kursen am Transaktionstag bzw. mit Jahresdurchschnittskursen umzurechnen. Insofern ergeben sich zum einen durch die unterschiedlichen Umrechnungskurse am Abschlussstichtag des Vorjahrs und am Abschlussstichtag der Berichtsperiode und zum anderen durch die Erfassung der Abschreibungen und Abgänge zu anderen Kursen, als bei der Umrechnung der ursprünglichen Anschaffungskosten, rechnerische Differenzen im Anlagevermögen (vgl. Baetge et al., IFRS-Komm., Teil B, IAS 21, Tz. 100). Diese können entweder in zwei separaten oder zusammengefasst in einer Spalte in der Überleitungsrechnung des Anlagevermögens ausgewiesen werden (vgl. IFRS-SMEs Abschn. 17.31(e)(vii) bzw. IFRS-SMEs Abschn. 18.27(e)(vi)).

79 Die in einem IFRS-SMEs Abschluss darzustellenden **Vorjahreswerte** (IFRS-SMEs Abschn. 3.14) werden durch Wechselkursänderungen nicht beeinflusst. Dh., sie sind mit ihren Vorjahresumrechnungskursen in den Folgeabschluss zu übernehmen (vgl. Brune/Senger, 2009, Tz. 42).

80 Bei der Verwendung der modifizierten Stichtagskursmethode entstehen **Umrechnungsdifferenzen** aus zwei Gründen (IFRS-SMEs Abschn. 30.20):

- Durch die Veränderung des Stichtagskurses vom Abschlussstichtag der vorangegangenen Periode zum Abschlussstichtag der aktuellen Berichtsperiode, zu der sich eine wechselkursbedingte Veränderung des Nettoreinvermögens ergibt und
- durch die Anwendung unterschiedlicher Wechselkurse in der Bilanz (Stichtagskurse) und in der Gesamtergebnisrechnung (Transaktions- bzw. Durchschnittskurse).

Der Prozess der schrittweisen Ermittlung der Umrechnungsdifferenz stellt sich wie in Abbildung 3 dar.

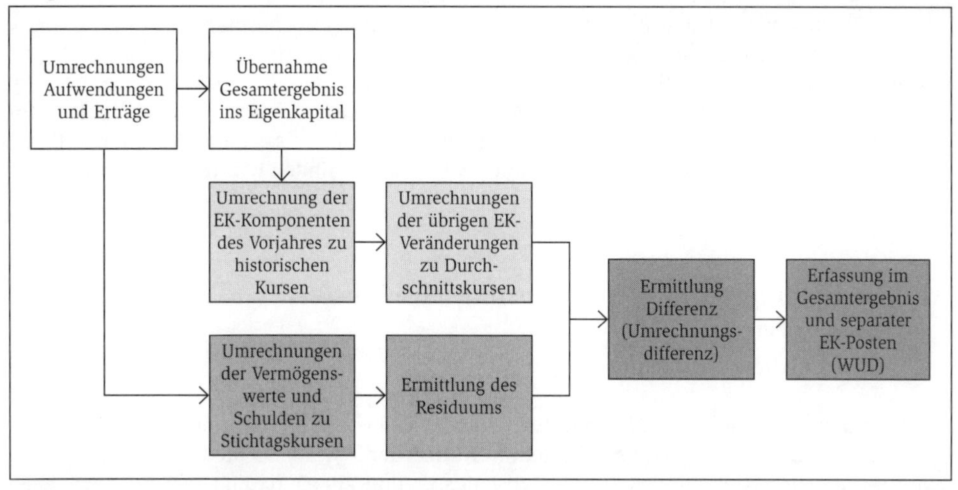

Abb. 3: Translationsprozess

81 Da sich die Umrechnung in die Darstellungswährung als reiner Translationsprozess darstellt, ist die so ermittelte Umrechnungsdifferenz im übrigen Gesamtergebnis der Periode (IFRS-SMEs Abschn. 30.18(c) iVm. IFRS-SMEs Abschn. 5.4(b)(i)) anzusetzen. Die Umrechnungsdifferenzen sind in einer separaten Komponente des Eigenkapitals zu erfassen und zu akkumulieren (IFRS-SMEs Abschn. 6.3(c)). In der Praxis wird diese Komponente häufig als »Währungsumrechnungsdifferenz (WUD)«, »Rücklage aus der Währungsumrechnung« oder ähnliches bezeichnet. Der IFRS-SMEs gibt keine verpflichtend zu verwendende Bezeichnung vor.

2. Funktionale Währung ist Hochinflationswährung

82 Ist die funktionale Währung die Währung eines Hochinflationslands, würde die Anwendung der modifizierten Stichtagskursmethode zu nichtzutreffenden Ergebnissen führen. Die inflationsbedingte Abwertung der funktionalen Währung gegenüber der Darstellungswährung hätte eine Reduktion des Nettovermögens zur Folge, die ökonomisch nicht gerechtfertigt ist, da der wirtschaftliche Wert der Sachwerte des Unternehmens von der Inflation nicht unmittelbar betroffen ist (vgl. Baetge et al., IFRS-Komm., Teil B, IAS 21, Tz. 110).

83 In Folge dessen verlangt Abschn. 30.21 bei Umrechnung einer funktionalen Währung, die Währung eines Hochinflationslands ist, zunächst die Anwendung der Schritte des Abschn. 31.3 ff. Durch die **Indexierung** solcher nicht monetärer Vermögenswerte, die nicht zu aktuellen Werten (zB zum beizulegenden Zeitwert oder erzielbaren Betrag) angesetzt werden, wird ein vergleichbares Ergebnis erreicht, wie bei der Umrechnung von Fremdwährungstransaktionen in die funktionale Währung, wenn sich der Aussenwert der Währung und die Inflation gleichmäßig entwickeln: die inflationsbedingte Abwertung der funktionalen Währung gegenüber der Darstellungswährung führt bezogen auf die nicht monetären Vermögenswerte und Schulden nicht zu einer Reduktion des Nettovermögens ausgedrückt in der Darstellungswährung. Die **Vorjahresbeträge** sind, anders als bei der Darstellung in funktionaler Währung (IFRS-SMEs Abschn. 31.3), nicht anzupassen, da dies zu einem doppelten Ausgleich des Inflationseffekts über die Indexierung und den Wechselkurs führen würde. Im Abschluss in der Darstellungswährung sind vielmehr die Werte am Abschlussstichtag der Vorperiode als Vergleichswerte darzustellen.

84 Wird die funktionale Währung in der Folgezeit **nicht mehr als Hochinflationswährung** eingestuft, gelten die Bilanzwerte des unmittelbar vorangegangenen Abschlussstichtags als historische Kosten, die dann in der Folgezeit entsprechend der modifizierten Stichtagskursmethode in die Darstellungswährung umzurechnen sind (IFRS-SMEs Abschn. 31.14).

85 Ist die **Darstellungswährung** selbst auch die Währung eines Hochinflationslands, so sind sämtliche Posten, einschließlich der Vorjahresbeträge, mit dem Stichtagskurs umzurechnen. Zwar enthält der IFRS-SMEs, anders als IAS 21 (IAS 21.42(a)), keine explizite Vorschrift für diesen Fall. Indirekt ergibt sich die Notwendigkeit aber daraus, dass andernfalls keine Bereinigung um die Inflationseffekte der Darstellungswährung stattfinden würde.

III. Umrechnung von Fremdwährungsabschlüssen

1. Grundsätzliches Vorgehen

86 Der Hauptanwendungsfall der Umrechnung eines Abschlusses von der funktionalen Währung in eine andere Darstellungswährung besteht in **Konzernen** mit unterschiedlichen funktionalen Währungen. Zur Erstellung des Summenabschlusses und zur Durchführung der Konsolidierungsmaßnahmen ist die Verwendung einer einheitlichen Währungseinheit erforderlich (IFRS-

SMEs Abschn. 30.17). Da im IFRS-SMEs, wie bei den IFRSs, die Verwendung einer konzerneinheitlichen funktionalen Währung nicht vorgesehen ist, erstellen sämtliche in den Konzernabschluss einzubeziehende Einheiten (Tochterunternehmen, assoziierte Unternehmen und Joint Ventures) ihre Abschlüsse in ihrer funktionalen Währung (zur Bestimmung vgl. Tz. 16 ff.). Ist dies eine von der Darstellungswährung des Konzerns abweichende Währung, sind die Abschlüsse vor der Einbeziehung nach den Grundsätzen des IFRS-SMEs Abschn. 30.17 (vgl. Tz. 73 ff.) in die konzerneinheitliche Darstellungswährung umzurechnen.

87 Auch in diesem Fall sind die aus der Umrechnung in die Konzerndarstellungswährung resultierenden **Umrechnungsdifferenzen** im übrigen Gesamtergebnis zu erfassen und in einem gesonderten Eigenkapitalposten zu speichern (vgl. Tz. 80 ff.). Damit wird auch die Umrechnung in die Konzerndarstellungswährung als reiner Translationsvorgang ohne Auswirkung auf die Zahlungsströme des Konzerns angesehen. Ökonomisch ist dies nachvollziehbar, da die Ertragslage und folglich die Zahlungsströme im Wesentlichen durch die funktionale Währung beeinflusst werden. Wechselkursschwankungen zwischen der funktionalen Währung des ausländischen Geschäftsbetriebs (zum Begriff und der etwas unpräzisen Abgrenzung vgl. Tz. 12) haben zunächst keine Auswirkungen auf den Konzern. Erst bei Abgang des ausländischen Geschäftsbetriebs, zB durch Verkauf, werden die bislang im Eigenkapital gespeicherten Ergebnisse aus der Translation realisiert. Während IAS 21 in diesem Fall die Umgliederung aus dem Eigenkapital in den Gewinn oder Verlust der Periode erfordert (*recycling* bzw. Umklassifizierung), entfällt diese Verpflichtung für kleine und mittelgroße Unternehmen aus Vereinfachungsgründen. Die mit dem ausländischen Geschäftsbetrieb verbundene Währungsumrechnungsdifferenz bleibt dauerhaft als solche im Eigenkapital gespeichert und findet nicht über das Jahresergebnis Eingang in die Gewinnrücklagen des Konzerns. Zur damit verbundenen Problematik und der Begründung vgl. Tz. 62.

2. Sonderfälle

88 Die Erfolgswirkungen aus der Umrechnung **konzerninterner monetärer Fremdwährungsposten**, die nicht Bestandteil der Nettoinvestition in den ausländischen Geschäftsbetrieb sind, bleiben dagegen auch im Konzernabschluss erhalten. Zu den Einzelheiten und der ökonomischen Begründung vgl. Tz. 43.

89 Handelt es sich bei dem einzubeziehenden Unternehmen um ein vollkonsolidiertes Tochterunternehmen, das nicht im vollständigen Anteilsbesitz des Konzerns steht, ist nur der Teil der Währungsumrechnungsdifferenz in dem gesonderten Eigenkapitalposten auszuweisen, der auf die Konzernbeteiligung entfällt. Die auf die **nicht beherrschenden Anteile** entfallende Umrechnungsdifferenz ist als Bestandteil des gesonderten Eigenkapitalpostens »nicht beherrschende Anteile« auszuweisen (IFRS-SMEs Abschn. 30.20). Translationsdifferenzen, die bei der Umrechnung der Fremdwährungsabschlüsse von *at equity* bilanzierten **assoziierten Unternehmen und Joint Ventures** (zur Bilanzierung *at equity* vgl. IFRS-SMEs-Komm., Teil B, Abschn. 14) entstehen, sind gem. IFRS-SMEs Abschn. 5.5(h) in einem gesonderten Posten des übrigen Gesamtergebnisses zu erfassen und dürfen damit auch im Eigenkapital nicht innerhalb der Rücklage aus Währungsumrechnung erfasst werden. Dies entspricht dem Gedanken der *one-line consolidation* der Bilanzierung *at equity* (vgl. dazu Köster, 2009, Tz. 3 ff.).

90 Grundsätzlich sind sämtliche in den Konzernabschluss einzubeziehenden Abschlüsse einschließlich der assoziierten Unternehmen und Joint Ventures auf einen einheitlichen Stichtag aufzustellen (IFRS-SMEs Abschn. 9.16). Eine Ausnahme gilt nur bei nachgewiesener Unpraktikabilität (vgl. IFRS-SMEs-Komm., Teil B, Abschn. 9, Tz. 63). Anders als die IFRS sieht der IFRS-SMEs keine Beschränkung des Zeitraums vor (IAS 27.23: drei Monate), in dem die Stichtage voneinander abweichen können. Maßgeblicher Wechselkurs für die Translation bei **abweichenden Stichtagen** ist der Abschlussstichtag des ausländischen Geschäftsbetriebs und nicht der Konzernabschlussstichtag. Dies ergibt sich aus dem Wort-

laut des IFRS-SMEs Abschn. 30.18(a): »*translated at the closing rate of **that** statement of financial position*«. Treten zwischen dem Abschlussstichtag des ausländischen Geschäftsbetriebs und dem Konzernabschlussstichtag erhebliche Wechselkursschwankungen auf, sind ggf. Anpassungen wie bei anderen bedeutenden Ereignissen vorzunehmen (vgl. IFRS-SMEs-Komm., Teil B, Abschn. 9, Tz. 62).

91 Eine weitere Besonderheit besteht im Zusammenhang mit **Geschäfts- oder Firmenwerten** und Neubewertungsanpassungen im Rahmen der Bilanzierung von Unternehmenszusammenschlüssen. Zu den Einzelheiten bei der Bilanzierung von Unternehmenszusammenschlüssen vgl. IFRS-SMEs-Komm., Teil B, Abschn. 19. Gemäß IFRS-SMEs Abschn. 30.23 sind die im Rahmen der Kaufpreisaufteilung aufgedeckten stillen Reserven und Lasten sowie ein aus dem Unternehmenszusammenschluss resultierender Goodwill als Vermögenswerte der betroffenen ausländischen Geschäftsbetriebe anzusehen. Dies bedeutet, dass die entsprechenden Anpassungen in der funktionalen Währung des ausländischen Geschäftsbetriebs zu führen und entsprechend den Grundsätzen des IFRS-SMEs Abschn. 30.18 ff. umzurechnen sind. Der damit konstituierte faktische Zwang zum *push down accounting* kann bei dem Erwerb einer Unternehmensgruppe zu beträchtlichem Aufwand führen, da sämtliche neubewertete Vermögenswerte und Schulden sowie ein Geschäfts- oder Firmenwert auf die einzelnen Einheiten zu verteilen ist. Die in der deutschen handelsrechtlichen Praxis häufig anzutreffende Verfahrensweise, solche Anpassungsbeträge als *top side adjustment* in der Währung des Mutterunternehmens zu führen, ist nach dem IFRS-SMEs damit nicht zulässig.

D. Besonderheiten im Zusammenhang mit Ertragsteuern

92 Latente Steuereffekte aus der Währungsumrechnung können sich prinzipiell auf zwei Ebenen ergeben (im Einzelnen vgl. IFRS-SMEs-Komm., Teil B, Abschn. 29, Tz. 116 ff.):

- auf Ebene des einzelnen Konzernunternehmens durch temporäre Differenzen aus der Umrechnung von Fremdwährungstransaktionen in die funktionale Währung (inside *basis differences*) und
- auf Ebene des Mutterunternehmens durch Umrechnung des Fremdwährungsabschlusses in die Darstellungswährung (*outside basis differences*).

Der erste Anwendungsfall umfasst im Wesentlichen die Umrechnung monetärer Posten (zB Forderungen und Verbindlichkeiten) zum Stichtagskurs, sofern die unrealisierten Gewinne und Verluste steuerlich nicht berücksichtigungsfähig sind. Da die Differenzen lediglich temporärer Natur sind – die steuerliche Berücksichtigung erfolgt spätestes mit der Realisierung des Fremdwährungspostens – sind hierfür grundsätzlich latente Steuern anzusetzen (vgl. IFRS-SMEs-Komm., Teil B, Abschn. 29, Tz. 49). Bei den *outside basis differences* ist im Einzelfall genau zu prüfen, ob diese Differenzen temporärer oder permanenter Natur sind oder ob sie unter das Ansatzverbot von IFRS-SMEs Abschn. 29.16(a) fallen. Ebenfalls unter die *outside basis differences* fällt der Sonderfall der monetären Posten, die Bestandteil der Nettoinvestition in den ausländischen Geschäftsbetrieb darstellen (vgl. Tz. 57 ff.; zur Einordnung vgl. IFRS-SMEs-Komm., Teil B, Abschn. 29, Tz. 123).

93 Eine Besonderheit ergibt sich, wenn die funktionale Währung eines Unternehmens von der lokalen Währung abweicht. Da für steuerliche Zwecke in der Regel die lokale Währung maßgeblich ist, sind die IFRS-SMEs Buchwerte in funktionaler Währung den Steuerwerten in lokaler Währung gegenüberzustellen. Die Steuerwerte sind mit dem Stichtagskurs umzurechnen, da die Verwendung des Funktionalwährungskonzepts steuerlich idR nicht zulässig ist.

Beispiel:
Ein Unternehmen mit Sitz in Deutschland hat die funktionale Währung US-Dollar. Ende Jahr x1 erwirbt das Unternehmen eine Maschine zu 100 Euro (Laufzeit 10 Jahre). Der Wechselkurs beträgt 1 Euro = 1,00 US-Dollar. Ein Jahr später beträgt der Wechselkurs 1 Euro = 1,20 US-Dollar.
Das Unternehmen erfasst die Maschine im Erwerbszeitpunkt in ihrer funktionalen Währung in Höhe von 100 US-Dollar mit einer Abschreibung in 02 in Höhe von 10 US-Dollar. Da es sich um einen nicht monetären Posten handelt, erfolgt die Umrechnung in die funktionale Währung stets mit dem historischen Transaktionskurs (vgl. Tz. 45). Der IFRS-SMEs Buchwert beträgt daher am Ende des Jahres x2 90 US-Dollar. Steuerlich beträgt der Buchwert aber 90 Euro, da im Steuerrecht die lokale Währung die »funktionale« Währung ist. Bei Realisierung des Steuerwertes würden also der Steueraufwand um 90 Euro vermindert werden. Dieser Effekt ist zum Stichtagskurs in die funktionale Währung umzurechnen; mithin beträgt der Steuerwert 108 US-Dollar. Auf die Währungsumrechnungsdifferenz von US-Dollar 18 ist eine passive latente Steuer zu berücksichtigen.
Daraus wird unmittelbar ersichtlich, dass die Wechselkursänderungen zwischen der funktionalen Währung und der lokalen Währung einen Effekt auf den Effektivsteuersatz haben. Dies ist ökonomisch auch erklärbar, da die Steuerzahlungen idR in lokaler Währung festgesetzt werden und somit ausgedrückt in funktionaler Währung Wechselkursschwankungen unterliegen. Dies ist der einzige Fall, wo temporäre Differenzen einen Effekt auf den Effektivsteuersatz haben.

E. Ausweis und Anhangangaben

94 Der **Ausweis** der im Gewinn oder Verlust erfassten Umrechnungsdifferenzen ist im IFRS-SMEs nicht geregelt. Zunächst erscheint eine Aufteilung der Umrechnungsdifferenzen auf das operative Ergebnis und das Finanzergebnis sinnvoll und geboten (IFRS-SMEs Abschn. 5.5). Damit sind sämtliche Umrechnungsdifferenzen aus Finanzinstrumenten, die der Kapitalbeschaffung oder -anlage dienen, unterhalb des operativen Ergebnisses im Finanzergebnis auszuweisen. Differenzen aus Forderungen und Verbindlichkeiten aus Lieferungen und Leistungen wären danach im operativen Ergebnis auszuweisen. Der Ausweis in einem separaten Posten ist nicht erforderlich. In der Regel werden sie unter den sonstigen Erträgen und Aufwendungen ausgewiesen; in seltenen Fällen erfolgt eine Aufteilung auf die Funktionsbereiche, bei Gliederung der Gewinn und Verlustrechnung nach IFRS-SMEs Abschn. 5.11(b). Eine Saldierung von Fremdwährungsgewinnen und -verlusten ist in jedem Fall unzulässig (vgl. IFRS-SMEs-Komm., Teil B, Abschn. 5, Tz. 22).

95 Translationsdifferenzen (vgl. Tz. 72) werden ohne weitere Aufteilung innerhalb des **übrigen Gesamtergebnisses** ausgewiesen. Resultieren sie aus assoziierten Unternehmen und Joint Ventures, die nach der Equity-Methode bilanziert werden, sind sie wegen IFRS-SMEs Abschn. 5.3(h) zwingend innerhalb eines separaten Postens, getrennt von den übrigen Translationsdifferenzen, auszuweisen. Eine weitere Untergliederung des übrigen Gesamtergebnisses ist nach IFRS-SMEs Abschn. 5.3 f. nicht vorgesehen. Lediglich wenn einzelne Posten für das Verständnis der Ertragslage der Gesellschaft notwendig sind, müssen nach IFRS-SMEs Abschn. 5.9 weitere Unterposten eingeführt werden.

96 In der **Kapitalflussrechnung** sind die Zahlungsströme grundsätzlich mit den Kursen am Transaktionstag umzurechnen (IFRS-SMEs Abschn. 7.11). Dies gilt auch für die Umrechnung in die Darstellungswährung (IFRS-SMEs Abschn. 7.12). Erfolgswirksam erfasste unrealisierte Gewinne und Verluste aus der Währungsumrechnung sind zu eliminieren, da sie nicht zu einer Veränderung des Zahlungsmittelfonds geführt haben (IFRS-SMEs Abschn. 7.13). Die wäh-

rungskursbedingte Veränderung des Zahlungsmittelfonds ist gesondert darzustellen. Zu weiteren Einzelheiten vgl. IFRS-SME-Komm., Teil B, Abschn. 7, Tz. 27 ff.

97 Die ergebniswirksam erfassten Gewinne und Verluste aus der Fremdwährungsumrechung sind gemäß IFRS-SMEs Abschn. 30.25(a) in einem Betrag gesondert anzugeben. Sofern sie separat in der Gewinn- oder Verlustrechnung dargestellt werden (vgl. Tz. 94), ist eine **Anhangangabe** entbehrlich. Die Offenlegung im Anhang kann saldiert erfolgen. Ebenso wenig ist eine Trennung in realisierte und unrealisierte Währungsgewinne erforderlich. Die Angabe, in welchem Posten der Gewinn- und Verlustrechnung die Währungsgewinne enthalten sind, ist nicht gefordert, aber empfehlenswert, sofern kein separater Ausweis vorgenommen wird. Nicht betroffen von dieser Angabepflicht sind Währungskursdifferenzen aus erfolgswirksam zum beizulegenden Zeitwert bewerteten Finanzinstrumenten. Weiterhin sind die im übrigen Gesamtergebnis erfassten **Translationsdifferenzen** aus der Umrechnung in die Darstellungswährung in einem Betrag gesondert im Anhang anzugeben, sofern sie in der Gesamterfolgsrechnung nicht separat ausgewiesen werden (IFRS-SMEs Abschn. 30.25(b).

98 Weiterhin ist im Anhang anzugeben, in welcher **Währung** der Abschluss aufgestellt wird (IFRS-SMEs Abschn. 30.26). Entspricht die Darstellungswährung nicht der funktionalen Währung, ist dies ebenfalls anzugeben. Bei einem Konzernabschluss ist diese Angabe erforderlich, wenn die Darstellungswährung nicht der funktionalen Währung des Mutterunternehmens entspricht (IFRS-SMEs Abschn. 30.24).

99 Ist die Bestimmung der funktionalen Währung mit starken **Unsicherheiten** behaftet, weil zB die Analyse der Haupt- und Nebenkriterien keine eindeutigen Aussagen liefert (vgl. Tz. 16 ff.), ist eine Angabe gemäß IFRS-SMEs Abschn. 8.6 innerhalb der Beschreibung der Rechnungslegungsgrundsätze erforderlich, wenn die Auswirkungen wesentlich sind.

100 Wird die funktionale Währung des Mutterunternehmens (IFRS-SMEs Abschn. 30.24) oder eines bedeutenden ausländischen Geschäftsbetriebs gewechselt, so ist dies im Anhang anzugeben und zu begründen (IFRS-SMEs Abschn. 30.27). Zu den Voraussetzungen bzw. der Pflicht zum Wechsel der funktionalen Währung vgl. Tz. 67.

F. Vergleich mit IFRS und HGB

101 Konzeptionell lehnen sich die Vorschriften zur Währungsumrechnung für kleine und mittelgroße Unternehmen sehr eng an die **IFRS** (IAS 21) an. Der IFRS-SMEs Abschn. 30 entspricht im Wesentlichen den *black letter* Paragraphen des IAS 21 unter Weglassung der zusätzlichen erläuternden Hinweise und Detailregelungen. Der bedeutendste Unterschied zu IAS 21 besteht in dem sog *recycling* bzw. der Umklassifizierung: anders als nach IAS 21 bleiben nach IFRS-SMEs Abschn. 30 die im Eigenkapital gesondert erfassten Währungsumrechnungsdifferenzen aus der Umrechnung monetärer Posten, die Bestandteil der Nettoinvestition sind (vgl. Tz. 58), und diejenigen aus der Umrechnung der Abschlüsse in die Darstellungswährung (vgl. Tz. 80) dauerhaft im Eigenkapital gespeichert. Nach IAS 21 sind diese Differenzen bei Verkauf des ausländischen Geschäftsbetriebs als Bestandteil des Abgangsergebnisses in den Gewinn oder Verlust der Periode umzubuchen. Bei Verlust der Kontrolle, der gemeinsamen Beherrschung oder des maßgeblichen Einflusses wird die Differenz vollständig aufgelöst, unabhängig von der Höhe des verkauften Anteils (IAS 21.48A).

102 Im **HGB** war die Währungsumrechnung abgesehen von Sonderreglungen für Kreditinstitute bisher nicht gesetzlich geregelt. Einzig die berufsständischen Verlautbarungen und der für den Konzernabschluss geltende DRS 14 gaben Orientierung. Nach Verabschiedung des BilMoG ist mit Aufnahme des § 256a HGB für die Fremdwährungsgeschäfte und § 308a HGB für die Umrechnung von Fremdwährungsgeschäften die Währungsumrechnung für handelsrechtliche

Abschüsse gesetzlich geregelt. Für die Umrechnung von Fremdwährungstransaktionen schreibt § 256a HGB die Umrechnung von monetären Posten zum Devisenkassamittelkurs am Abschlussstichtag vor. Allerdings sind weiterhin das Realisations- und Imparitätsprinzip zu beachten, dh., unrealisierte Kursgewinne dürfen nicht erfolgswirksam erfasst werden. Lediglich bei kurzfristigen monetären Posten mit einer Restlaufzeit von unter einem Jahr erlaubt das HGB aus Vereinfachungsgründen deren Erfassung. Damit hat die bisher in der Literatur vertretene Auffassung (vgl. mwN Baetge et al., IFRS-Komm., Teil B, IAS 21, Tz. 65) Eingang in das Gesetz gefunden. Die Umrechnung bei der erstmaligen Erfassung ist nicht geregelt; es kann aber wohl davon ausgegangen werden, dass auch hier der Devisenkassamittelkurs am Transaktionstag zur Anwendung kommen soll (vgl. Zwirner/Künkele, 2009, 519). Während DRS 14 für den Konzernabschluss das Konzept der funktionalen Währung mit einigen Detailunterschieden zur Bestimmung der funktionalen Währung (im Einzelnen vgl. Baetge et al., IFRS-Komm., Teil B, IAS 21, Tz. 147) übernommen hat, ist der Gesetzgeber dem nicht gefolgt. Bei der Umrechnung von Fremdwährungsabschlüssen sind gemäß § 308a HGB sämtliche Bilanzposten mit dem Devisenkassamittelkurs am Abschlussstichtag in Euro umzurechnen. Die Posten der Gewinn- und Verlustrechnung sind zum nicht näher spezifizierten Durchschnittskurs umzurechnen.

Regelung	IFRS (IAS 21)	IFRS-SMEs	HGB
Konzeptionelle Grundlagen	- Konzept der funktionalen Währung - Umrechnung in Darstellungswährung gem. modifizierter Stichtagskursmethode	- Konzept der funktionalen Währung - Umrechnung in Darstellungswährung mittels modifizierter Stichtagskursmethode	- kein Funktionalwährungskonzept nach HGB (lokale Währung ist Bewertungswährung). - Umrechnung von Fremdwährungsabschlüssen in den Euro gem. modifizierter Stichtagskursmethode-DRS 14: Funktionalwährungskonzept
Bestimmung der funktionalen Währung	- Währung des primären wirtschaftlichen Umfeldes - Nennung von Haupt- und Nebenfaktoren - Bei Unklarheit Ermessensentscheidung	Wie IAS 21, Anwendung der Ermessensentscheidung nicht explizit geregelt	- HGB: N/A - DRS 14: prinzipiell Übereinstimmung mit Unterschieden im Detail
Fremdwährungstransaktionen	- Umrechnung zum Kassakurs am Transaktionstag - Verwendung eines Geld-, Brief- oder Mittelkurses nicht geregelt	Wie IAS 21	- HGB: Devisenkassamittelkurs - DRS 14: grundsätzlich Geld- bzw. Briefkurs. Mittelkurs aus Wesentlichkeitsgründen zulässig
Folgebewertung	- nicht monetäre Posten mit historischen Kursen - monetäre Posten zum Kassakurs am Abschlussstichtag	Wie IAS 21	- HGB: Devisenkassamittelkurs, Konzept der Nettoinvestition nicht anwendbar - DRS 14: wie HGB
Behandlung von Umrechnungsdifferenzen	- Erfolgswirksame Erfassung von Umrechnungsdifferenzen	Wie IAS 21	- Erfolgswirksame Erfassung von Umrechnungsdifferenzen
Umrechnungsdifferenzen konzerninterner Posten	- grds. erfolgswirksam - Ausnahme: Nettoinvestition	Wie IAS 21	- im Einzelabschluss erfolgswirksam - im Konzernabschluss Eliminierung

Regelung	IFRS (IAS 21)	IFRS-SMEs	HGB
Umrechnung von Fremdwährungsabschlüssen	Modifizierte Stichtagskursmethode (Verwendung bestimmter Kurse nicht vorgeschrieben)	Modifizierte Stichtagskursmethode (Verwendung bestimmter Kurse nicht vorgeschrieben)	- HGB: Umrechnung Bilanz in Euro mit Devisenkassamittelkurs am Abschlussstichtag und GuV mit Durchschnittskurs - DRS 14: vgl. IAS 21
Behandlung von Umrechnungsdifferenzen	Erfassung im übrigen Gesamtergebnis und Kumulierung in separatem Posten des Eigenkapitals	Erfassung im übrigen Gesamtergebnis und Kumulierung in separatem Posten des Eigenkapitals	Direkte Erfassung in einem Ausgleichsposten im Eigenkapital
Auflösung der Umrechnungsdifferenz	- vollständige Auflösung (*recycling*) mit Umbuchung in Gewinn oder Verlust bei Abgang des Tochterunternehmens, Joint Ventures bzw. assoziierten Unternehmens - bei Verlust der Kontrolle, gemeinsamen Beherrschung, maßgeblichen Einflusses vollständige Umbuchung auch bei Zurückbehaltung eines Anteils	**Kein *recycling*** von Umrechnungsdifferenzen	Beteiligungsproportionale Auflösung
Behandlung von step-up Beträgen und Goodwill	Bestandteil des ausländischen Geschäftsbetriebs	Bestandteil des ausländischen Geschäftsbetriebs	Nicht geregelt, Erfassung in Währung der Konzernobergesellschaft möglich
Ausweis	Nicht geregelt	Nicht geregelt	Nicht geregelt
Anhangangaben	- Angabe des Betrags der erfolgswirksam erfassten Umrechungsdifferenzen - Saldo der im übrigen Gesamtergebnis erfassten Umrechungsdifferenzen und Überleitung des separaten Eigenkapitalpostens - Angabe von Abweichungen zwischen funktionaler und Darstellungswährung - Begründung bei Wechsel der funktionalen Währung- weitere Angabepflichten bei Darstellung anderer Finanzinformationen	- Angabe des Betrags der erfolgswirksam erfassten Umrechungsdifferenzen - Saldo der im übrigen Gesamtergebnis erfassten Umrechungsdifferenzen **ohne** Überleitung des separaten Eigenkapitalpostens - Angabe der funktionalen Währung und Begründung bei Abweichungen zwischen funktionaler und Darstellungswährung - Begründung bei Wechsel der funktionalen Währung	- HGB: Angabe der Grundlagen der Währungsumrechnung - DRS 14: vergleichbar IAS 21

Abschnitt 31
Währungsumrechnung in Hochinflationsländern (Hyperinflation)

Anmerkung der Herausgeber:
IFRS-SMEs Abschn. 31 enthält ergänzende Vorschriften zur Währungsumrechnung bei Abschlüssen von Tochtergesellschaften in Hochinflationsländern. Die Regelungen des Abschnitts orientieren sich inhaltlich wie formal stark an den Vorgaben des IAS 29.

Die Herausgeber sehen derzeit für deutschsprachige Anwender des IFRS-SMEs nur eine sehr geringe praktische Relevanz der Regelungen des IFRS-SMEs Abschn. 31, sodass auf eine Kommentierung der Regelungen in der vorliegenden Auflage verzichtet wurde.

Sollte sich zukünftig eine abweichende Beurteilung der Relevanz der Regelungen ergeben, wird eine Kommentierung in eine der folgenden Auflagen aufgenommen werden.

Abschnitt 32
Ereignisse nach dem Ende der Berichtsperiode (Events after the End of the Reporting Period)

Jens Brune

Inhaltsverzeichnis

Schrifttum

Adler/Düring/Schmaltz, Rechnungslegung nach Internationalen Standards, Abschn. 2; *Beiersdorf/Eierle/Haller,* DB 2009, 1549ff.; *Beiersdorf/Morich,* KoR 2009, 1 ff.; *Bischof/Doleczik,* in: Baetge/Wollmert/Kirsch/Oser/Bischof (Hrsg.), Rechnungslegung nach IFRS (IFRS-Komm.), 2. Aufl., Stuttgart 2002, IAS 10; *Bömelburg/Landgraf/Pöppel,* PIR 2009, 290 ff.; *Fischer,* PIR 2009, 242 ff.; *Glanz/Pfaff,* IRZ 2009, 417 ff.; *Hoffmann,* in: Lüdenbach/Hoffmann, IFRS Kommentar, 8. Aufl. Freiburg 2010, § 4; *IFRS Foundation,* Training Material for the IFRS for SMEs, Module 32 – Events after the End of the Reporting Period, London 2010; *Kirsch/Koelen,* in: MünchKommBilR München 2009, IAS 10; *Loitz,* DB 2008, 249 ff.; *Leker/Mahlstedt/Kehrel,* KoR 2008, 379 ff.; *Simlacher/Schurbohm-Ebneth,* KoR 2009, 389 ff.; *Winkeljohann/Morich,* BB 2009, 1630 ff.

A. Allgemeines

1 Die Erstellung von Einzel- und Konzernabschlüssen nach IFRS-SMEs hat sich, nach Maßgabe des Abschlussstichtagsprinzips, an den **Verhältnissen am Bilanzstichtag** auszurichten. Gleichwohl ist die tatsächliche Abschlusserstellung dem Stichtag deutlich nachgelagert. Dies ist zum einen auf den technisch bedingten Zeitbedarf des Erstellungsprozesses zurückzuführen. Zum anderen ist der zeitlich nachgelagerte Prozess auch auf die Tatsache zurückzuführen, dass größere Teile der benötigten Informationen vielfach erst später verfügbar sind, da sie nach

dem Stichtag ermittelt werden müssen (zB Gutachten über Wertverhältnisse am Bilanzstichtag). Im Zeitraum zwischen dem Bilanzstichtag und der Fertigstellung und Freigabe des Jahresabschlusses (im Folgenden auch als Betrachtungsperiode oder Wertaufhellungsperiode bezeichnet) treten typischerweise Ereignisse ein, welche möglicherweise zu einer anderen bilanziellen Abbildung eines Sachverhalts in dem aufzustellenden Abschluss führen, da sie sich auf Sachverhalte oder Verhältnisse beziehen, die Einfluss auf den Ansatz und/oder die Bewertung und damit auf die Darstellung im IFRS-SMEs-Abschluss haben. Diese Probleme bestehen insbesondere bei sog. Fast-Close-Abschlüssen, da aufgrund der zeitlichen Enge bis zur Abschlusserstellung eine Vielzahl von rechnungslegungsrelevanten Informationen noch nicht verfügbar war und folgerichtig nicht – oder lediglich in Form von Schätzungen – berücksichtigt werden konnten. Dabei entspricht der Begriff der Betrachtungsperiode nach IFRS-SMEs inhaltlich dem handelsrechtlichen Begriff der Wertaufhellungsperiode (vgl. Bischof/Doleczik, in: Baetge et al., IFRS-Komm., Teil B, IAS 10, Tz. 6), weshalb beide Begriffe im Folgenden synonym verwendet werden.

2 Vor diesem Hintergrund regelt IFRS-SMEs Abschn. 32 für **Ereignisse nach dem Bilanzstichtag**, wie die relevante Betrachtungsperiode festzulegen ist, welche Ereignisse Rückwirkungen auf die bilanzielle Abbildung von Sachverhalten am Abschlussstichtag haben und welche Ereignisse lediglich zusätzliche Anhangangaben erfordern. Die somit getroffene Zweiteilung der innerhalb des Erstellungsprozesses zu berücksichtigenden Ereignisse entspricht damit inhaltlich und konzeptionell der handelsrechtlichen Unterscheidung zwischen wertaufhellenden und wertbegründenden Sachverhalten nach dem Bilanzstichtag.

B. Regelungsbereich

3 Der Regelungsbereich von IFRS-SMEs Abschn. 32 wird durch den zuvor dargestellten Regelungszweck der Vorschriften determiniert. Dementsprechend wird in IFRS-SMEs Abschn. 32.1 darauf hingewiesen, dass innerhalb des Abschnitts Regelungen zur **Identifikation** von relevanten Ereignissen nach dem Ende der Berichtsperiode (also nach dem Abschlussstichtag) sowie zur **Erfassung, Bewertung und Darstellung** dieser Ereignisse im IFRS-SMEs-Abschluss getroffen werden. Der Regelungsbereich entspricht damit, wenn auch mit abweichendem Wortlaut, demjenigen der IFRS, in IAS 10.

C. Definition und Abgrenzung von Ereignissen nach dem Abschlussstichtag

I. Abgrenzung der Betrachtungsperiode

4 Die relevante Betrachtungsperiode für Ereignisse nach dem Ende der Berichtsperiode beginnt mit dem Ablauf des Abschlussstichtags und endet am Tag der Freigabe des Jahresabschlusses zur Veröffentlichung (IFRS-SMESs Abschn. 32.2). In vielen Fällen veröffentlichen Unternehmen bereits vor dem Zeitpunkt der endgültigen Erstellung des Jahresabschlusses bzw. dessen Freigabe Zahlen zum Geschäftsverlauf der abgelaufenen Berichtsperiode. Diese Veröffentlichung der im Allgemeinen als »vorläufig« bezeichneten Informationen dient idR der Außendarstellung des Unternehmens sowie der **Vorab-Information** spezifischer Abschlussadressaten

(zB Anteilseigner oder Banken). Sofern das Unternehmen vor der Freigabe des Abschlusses zur Veröffentlichung von der Publikation bestimmter Informationen bzgl. des Abschlusses Gebrauch gemacht hat, ist dies für die Bestimmung der Betrachtungsperiode gem. IFRS-SMEs Abschn. 32.3 nicht relevant. Maßgeblich für das Ende der Betrachtungsperiode ist damit immer die Freigabe des Abschlusses zur Veröffentlichung.

5 Während der Beginn der Betrachtungsperiode durch den **Abschlussstichtag** eindeutig definiert ist, hängt das Ende dieses Zeitraums vom Handeln des die Aufstellung verantwortenden Managements ab, das den Abschluss **zur Veröffentlichung freigeben** muss. Grundsätzlich gilt der Jahres- oder Konzernabschluss als freigegeben, wenn das dafür zuständige Unternehmensorgan einen entsprechenden Beschluss gefasst hat. Dabei bestimmt sich der Zeitpunkt der Freigabe des Abschlusses in der Praxis in Abhängigkeit von der Managementstruktur, den länderspezifischen gesetzlichen Vorschriften sowie den Abläufen der Abschlusserstellung.

II. Freigabe des Abschlusses zur Veröffentlichung

6 Bei dem im deutschen Rechtskreis vorherrschenden dualistischen System, das eine Trennung von Geschäftsführungs- und Aufsichtsorganen vorsieht (sog. *two tier-system*), sind zur Bestimmung des Zeitpunktes der Freigabe des Abschlusses zur Veröffentlichung die jeweiligen gesellschaftsrechtlichen Vorschriften zugrunde zu legen. Folglich sind für den Zeitpunkt der Freigabe weder der Vorgang der Aufstellung des Abschlusses noch dessen tatsächliche Offenlegung nach den Regelungen des § 325 HGB maßgebend. Eine Freigabe liegt ebenfalls nicht vor, sofern der Abschluss durch einen Abschlussprüfer geprüft und der Inhalt des Abschlusses diesem zur Kenntnis gegeben wird. Auch ein von einem Wirtschaftsprüfer erteilter Bestätigungsvermerk bzw. ein Vermerk über die Versagung des Bestätigungsvermerks führt noch nicht zur Freigabe des Abschlusses, da dieser ohne Feststellung bzw. Billigung noch geändert werden kann. Maßgeblich für den Zeitpunkt der Freigabe des Abschlusses zur Veröffentlichung ist somit ausschließlich der **Beschluss** des für die Abschlusserstellung zuständigen Managements **zur Weiterleitung des Abschlusses** an das im Verfahrensablauf nächste Unternehmensorgan (vgl. Kirsch/Koelen, in: MünchKommBilR, IAS 10, Tz. 16). Folglich wird die Betrachtungsperiode durch die gesellschaftsrechtlichen Vorschriften determiniert. Im Folgenden werden deshalb die rechtsformspezifischen Besonderheiten hinsichtlich der Freigabe von Abschlüssen für unterschiedliche Rechtsformen näher betrachtet.

1. Freigabe des Abschlusses zur Veröffentlichung bei Aktiengesellschaften

7 Bei Aktiengesellschaften unterliegt der handelsrechtliche Jahresabschluss dem Verfahren der Feststellung. Dazu hat der Vorstand gem. § 170 Abs. 1 Satz 1 AktG den Abschluss unverzüglich nach der Aufstellung dem Aufsichtsrat zur Billigung vorzulegen. Der Abschluss gilt erst nach Billigung durch den Aufsichtsrat als festgestellt (§ 172 Satz 1 AktG). Auch für Konzernabschlüsse gilt nach § 170 Abs. 1 Satz 2 AktG; § 171 Abs. 2 Satz 4 und 5 AktG, dass sie dem Aufsichtsrat zur Billigung vorgelegt werden müssen. Allerdings führt die Billigung eines Konzernabschlusses nach aktienrechtlichen Vorschriften nicht zu einer Feststellung, da eine solche für Konzernabschlüsse konzeptionell nicht vorgesehen ist.

8 Die Ermittlung der Betrachtungsperiode für Ereignisse nach Abschluss der Berichtsperiode bei einer Aktiengesellschaft kann an folgendem Beispiel illustriert werden.

Beispiel:
(in Anlehnung an Kirsch/Koelen, in: MünchKommBilR, IAS 10 Tz. 17)
Der Prozess der Abschlusserstellung, -prüfung und -genehmigung bei einer Aktiengesellschaft stellt sich im konkreten Fall wie folgt dar:

Ereignis	Datum
Ende der Berichtsperiode	31.12.2X10
Ende des technischen Prozesses der Berichterstellung	05.03.2X11
Beschluss des Vorstands zur Weitergabe an den Aufsichtsrat	10.03.2X11
(Vorab-)Veröffentlichung bestimmter Abschlusszahlen	14.03.2X11
Erteilung des Bestätigungsvermerks des Abschlussprüfers	18.03.2X11
Genehmigung des Abschlusses durch den Aufsichtsrat	02.04.2X11
Veröffentlichung des gesamten Abschlusses	15.04.2X11
Genehmigung des Abschlusses durch die Gesellschafterversammlung	18.05.2X11
Offenlegung des Abschlusses im Bundesanzeiger	20.05.2X11

Das Ende der Betrachtungsperiode wird durch den Beschluss des Vorstands zur Weiterleitung an den Aufsichtsrat am 10.03.2X11 determiniert. Obwohl der Standardtext den Begriff *authorised for issue* verwendet, ist dieser Zeitpunkt unabhängig von der Veröffentlichung von Vorabinformationen (14.03.2X11) oder des gesamten Abschlusses (15.04.2X11).

9 Die Aufstellung eines IFRS-SMEs-Jahresabschlusses hat derzeit noch keine befreiende Wirkung im Hinblick auf die Pflicht zur Aufstellung eines HGB-Jahresabschlusses. Ebenso befreit die Aufstellung eines IFRS-SMEs-Konzernabschlusses nicht von der Aufstellung eines Konzernabschlusses nach den Regelungen des HGB oder der IFRS. Ein somit freiwillig aufgestellter Jahres- oder Konzernabschluss einer Aktiengesellschaft nach IFRS-SMEs **bedarf** deshalb formal **weder einer Feststellung noch einer Billigung** durch den Aufsichtsrat.

10 Gleichwohl wird die Kenntnisnahme des Aufsichtsrats eines vom Management aufgestellten IFRS-SMEs-Abschlusses unter die **allgemeine Aufsichts- und Überwachungsfunktion** des Kontrollgremiums fallen. In diesem Rahmen wird der Vorstand idR auch einen Beschluss zur Weiterleitung des aufgestellten IFRS-SMEs-Abschlusses an den Aufsichtsrat treffen. Ob dieser Beschluss zusammen mit demjenigen zur Weiterleitung des handelsrechtlich verpflichtend aufzustellenden Einzel- und Konzernabschlusses getroffen wird oder ihm nachgelagert ist, hat dabei zunächst keine Bedeutung. Allerdings ist zu berücksichtigen, dass mit der Weiterleitung der verpflichtend nach HGB oder IFRS zu erstellenden Abschlüsse die innerhalb dieser Abschlüsse zu berücksichtigenden wertaufhellenden Sachverhalte zeitlich begrenzt werden. Damit dürfte in der Praxis auch die Betrachtungsperiode für Zwecke der Berichterstattung nach IFRS-SMEs durch den Weiterleitungsbeschluss der pflichtmäßig zu erstellenden Abschlüsse faktisch begrenzt sein. Somit handelt es sich bei dem Tag der Freigabe des Abschlusses zur Veröffentlichung im deutschen Rechtskreis um den Tag, an dem der Vorstand gem. § 171 Abs. 1 Satz 1 iVm. § 171 Abs. 4 Satz 1 AktG den Beschluss fasst, dem Aufsichtsrat den pflichtmäßig aufzustellenden Einzel- bzw. Konzernabschluss zur Prüfung vorzulegen. In diesem Zusammenhang sieht § 170 Abs. 1 Satz 1 AktG iVm. § 170 Abs. 1 Satz 2 AktG vor, dass der Vorstand den Jahres- und ggf. Konzernabschluss unverzüglich nach Aufstellung dem Aufsichtsrat vorzulegen hat. Vor diesem Hintergrund wird in Teilen der Literatur zum einen die Auffassung vertreten, dass der Aufstellungsbeschluss des Vorstands den relevanten Zeitpunkt für die Freigabe des Abschlusses zur

Veröffentlichung markiert, da sich hieraus die unmittelbare Pflicht zur unverzüglichen Weiterleitung des Abschlusses an den Aufsichtsrat ergibt. Zum anderen wäre es denkbar, für den Zeitpunkt der Freigabe des Abschlusses zur Veröffentlichung auf den Zeitpunkt der tatsächlichen Weiterleitung des Abschlusses an den Aufsichtsrat abzustellen. Der Zeitpunkt des Beschlusses des Vorstands zur Weiterleitung des Abschlusses an den Aufsichtsrat und der der tatsächlichen Weitergabe an diesen können dabei divergieren, da eine unverzügliche Weitergabe des Abschlusses bedeutet, dass dieser dem Aufsichtsrat vor der nächsten Aufsichtsratssitzung weitergeleitet werden muss. Da die Weiterleitung des Abschlusses jedoch auf dem Aufstellungsbeschluss beruht, ist der Tag der Freigabe des Abschlusses zur Veröffentlichung auch in diesem Fall mit dem Tag, an dem der Aufstellungs- bzw. Weitergabebeschluss gefällt wird, gleichzusetzen (vgl. Kirsch/Koelen, in: MünchKommBilR, IAS 10 Tz. 12).

2. Freigabe des Abschlusses zur Veröffentlichung bei der GmbH

11 Die Geschäftsführer einer GmbH stellen gem. § 42 a Abs. 1 und Abs. 4 GmbHG den Jahres- und ggf. Konzernabschluss auf. Der Abschluss ist daran anschließend unverzüglich an die Gesellschafter weiterzuleiten (§ 42 a Abs. 1 und Abs. 4 GmbHG). Der Gesellschafterversammlung obliegt es dann, den handelsrechtlichen Abschluss festzustellen (§ 46 Nr. 1 GmbHG) sowie ggf. den Konzernabschluss zu billigen (§ 46 Nr. 1 b GmbHG).

Verfügt die Gesellschaft über einen **Aufsichtsrat oder ein vergleichbares Kontrollgremium**, so hat dieses Gremium gem. § 52 Abs. 1 GmbHG iVm. § 170 Abs. 1 AktG den Abschluss zu prüfen mit der Folge, dass der Abschluss unmittelbar nach seiner Aufstellung durch die Geschäftsführung dem Aufsichtsorgan vorzulegen ist. Im GmbHG ist für den Aufsichtsrat keine durchgreifende Feststellungs- oder Billigungskompetenz verankert. Die Übertragung der Feststellungs- und Billigungskompetenz ist jedoch mittels einer entsprechenden Satzungsvereinbarung möglich. In diesem Zusammenhang kann die Satzung eine Übertragung der Billigungskompetenz bzgl. des Jahresabschlusses nach § 325 Abs. 2 a HGB und des IFRS-Konzernabschlusses auf den Aufsichtsrat vorsehen. Bei der Bestimmung des Zeitpunktes der Freigabe des IFRS-SMEs-Abschlusses zur Veröffentlichung ist somit die Kompetenz des Aufsichtsrats in Bezug auf die Billigung des pflichtmäßig zu erstellenden handelsrechtlichen Abschlusses zu berücksichtigen. Unter Bezugnahme der zuvor dargestellten Argumentation (vgl. Tz. 8) wird auch bei einer GmbH hinsichtlich der Betrachtungsperiode iSv. IFRS-SMEs Abschn. 32 auf die Wertaufhellungsperiode des handelsrechtlichen Jahres- oder Konzernabschlusses bzw. eines befreienden IFRS-Konzernabschlusses abzustellen sein.

Bei einer Gesellschaft **ohne Aufsichtsgremium** endet hingegen die Betrachtungsperiode idR mit dem Zeitpunkt, zu dem die Geschäftsführer den Beschluss fassen, den Abschluss an die Gesellschafterversammlung weiterzuleiten, da die Geschäftsführer nach § 42 a Abs. 1 und Abs. 4 GmbHG zu einer unverzüglichen Weiterleitung verpflichtet sind. Den Zeitpunkt der Freigabe des Abschlusses stellt in diesem Fall der Zeitpunkt des **Beschlusses der Geschäftsführer** dar, den Abschluss an die Gesellschafterversammlung weiterzuleiten.

3. Freigabe des Abschlusses zur Veröffentlichung bei Personenhandelsgesellschaften

12 Die Aufstellung des Jahres- und Konzernabschlusses liegt bei Personenhandelsgesellschaften im Verantwortungsbereich der geschäftsführenden Gesellschafter. Der Jahresabschluss von Personenhandelsgesellschaften ist festzustellen, für einen Konzernabschluss besteht keine Feststellungspflicht. Der Abschluss ist ggf. dem Aufsichtsrat in den Fällen der Anwendung der §§ 7 Abs. 4 PublG, 14 Abs. 3 Satz 1 PublG zur Kenntnisnahme vorzulegen.

Hinsichtlich der Freigabe des Abschlusses zur Veröffentlichung ist auch bei den Personenhandelsgesellschaften unabhängig davon, ob ein Aufsichtsrat existiert, auf den **Aufstellungs-**

beschluss der geschäftsführenden Gesellschafter abzustellen, der die Freigabe des Abschlusses zur Veröffentlichung markiert. Da auch für Personenhandelsgesellschaften die Aufstellung von Jahres- und Konzernabschlüssen nach den Regelungen der IFRS-SMEs keine befreiende Wirkung hat, ist grundsätzlich auch eine von der handelsrechtlich relevanten Wertaufhellungsperiode abweichende Festlegung der Betrachtungsperiode iSv. IFRS-SMEs Abschn. 32 möglich. Weicht der Erstellungszeitraum eines Abschlusses nach IFRS-SMEs deutlich von demjenigen des entsprechend pflichtmäßig zu erstellenden Abschlusses nach HGB oder IFRS (nur für den Konzernabschluss) ab, so ist im Einzelfall der Zeitpunkt der Freigabe dieses nachgelagerten IFRS-SMEs-Abschlusses zu bestimmen. Da es sich dabei um einen freiwilligen Abschluss handelt, bedarf es keiner formalen Feststellung oder Billigung. Insoweit dürfte das **tatsächliche Ende der Aufstellungsarbeiten** das Ende der Betrachtungsperiode bilden. Zur Bestimmung dieses Zeitpunktes kann beispielsweise die Unterschriftsleistung der geschäftsführenden Gesellschafter unter den Abschluss herangezogen werden, wenn nicht im Einzelfall Anhaltspunkte dafür vorliegen, dass die Aufstellungsarbeiten bereits zu einem früheren Zeitpunkt abgeschlossen wurden.

13 Für **Personenhandelsgesellschaften ohne natürliche Person als voll haftenden Gesellschafter** (idR in der Rechtsform der GmbH & Co. KG) bestimmt sich die Verpflichtung zur Aufstellung des Jahres- bzw. Konzernabschlusses nach § 264 a HGB. Diese Gesellschaften unterliegen insoweit den Vorschriften des HGB für Kapitalgesellschaften, wobei die Mitglieder des vertretungsberechtigten Organs der voll haftenden Gesellschaft als vertetungsberechtigtes Organ der Personenhandelsgesellschaft anzusehen sind (§ 264 a Abs. 2 HGB). Für diese Gesellschaften sind somit die Ausführungen zu Kapitalgesellschaften (insbesondere zur GmbH, vgl. Tz. 11) sinngemäß zugrunde zu legen.

III. Arten von Ereignissen

14 Innerhalb der Betrachtungsperiode nach IFRS-SMEs Abschn. 32.2 können unterschiedliche Ereignisse dazu führen, dass **bessere Erkenntnisse** in Bezug auf die Verhältnisse am Abschlussstichtag erlangt werden oder dass **neue, am Bilanzstichtag noch nicht gegebene Tatsachen** zu einer Neueinschätzung eines Sachverhalts führen. Beide Arten von Ereignissen sind für einen Abschlussadressaten im Hinblick auf die Entscheidungsrelevanz des IFRS-SMEs-Abschlusses iSv. IFRS-SMEs Abschn. 2.2 von Interesse. Unter Berücksichtigung des Stichtagsprinzips bei der Abschlusserstellung sind jedoch wertaufhellende Erkenntnisse über die Verhältnisse am Abschlussstichtag in die Darstellung der Vermögens-, Finanz- und Ertragslage einzubeziehen, während nach dem Stichtag wertbegründende Erkenntnisse innerhalb des Zahlenwerks des Abschlusses konzeptionell nicht berücksichtigt werden dürfen. Für diese Erkenntnisse können gleichwohl im Sinne der Informationsfunktion des Abschlusses Angaben innerhalb des Anhangs geboten sein.

15 Nach Abschluss der Betrachtungsperiode zugehende Informationen besitzen hingegen für den Abschluss keine Relevanz mehr, auch wenn es sich dabei um für das Unternehmen bedeutende Ereignisse handelt. Sie sind folglich im Abschluss der folgenden Berichtsperiode zu berücksichtigen.

16 Dies gilt auch dann, wenn der Abschluss tatsächlich noch nicht veröffentlicht wurde, da IFRS-SMEs Abschn. 32.2 eindeutig **auf den Zeitpunkt der Freigabe** abstellt. Gleichwohl wird in den seltenen Fällen, in denen es zwischen dieser Freigabe und der tatsächlichen Veröffentlichung zu materiell so bedeutsamen Ereignissen kommt, bei denen eine Veröffentlichung zu einer negativen Außenwirkung führt, eine Neuaufstellung des Abschlusses unter Einschluss der wesentlichen Information durch das Management möglich oder sogar empfehlenswert sein. Durch den derzeit noch ausschließlich freiwilligen Charakter eines IFRS-SMEs-Abschlus-

ses ist ein solches Vorgehen auch formalrechtlich im Hinblick auf die dargestellten Vorschriften zur Feststellung und Billigung von Abschlüssen (vgl. Tz. 8 ff.) unproblematisch. Allerdings ist zu beachten, dass bei einer solchen freiwilligen Verlängerung der Betrachtungsperiode alle nach IFRS-SMEs Abschn. 32 grundsätzlich berücksichtigungspflichtigen Tatsachen und Erkenntnisse nunmehr bis zum Ende dieser verlängerten Betrachtungsperiode in den Abschluss aufgenommen werden müssen.

1. Berücksichtigungspflichtige Ereignisse (wertaufhellende Tatsachen)

17 Gemäß der vorstehend beschriebenen Konzeption unterscheidet IFRS-SMEs Abschn. 32.2 zwischen berücksichtigungspflichtigen Ereignissen (*adjusting events*) und nicht berücksichtigungspflichtigen Ereignissen (*non-adjusting events*). Berücksichtigungspflichtige Ereignisse werden in der deutschen Rechungslegungssprache als **wertaufhellende Ereignisse** bezeichnet. Hierunter sind gem. IFRS-SMEs Abschn. 32.2(a) solche Sachverhalte zu verstehen, die vor Ablauf der Berichtsperiode entstanden sind, allerdings erst nach deren Ende bekannt werden. In der Literatur wird in diesem Zusammenhang zwischen einer subjektiven und einer objektiven Wertaufhellungskonzeption unterschieden. Die subjektive Wertaufhellungskonzeption zielt auf den Kenntnisstand eines gewissenhaften Kaufmanns zum Bilanzstichtag ab. Demnach sind nur solche Sachverhalte in den Abschluss einzubeziehen, die der Kaufmann bei angemessener Sorgfalt hätte erkennen können. Gemäß der objektiven Wertaufhellungskonzeption müssen indes sämtliche nachträgliche Erkenntnisse im Abschluss berücksichtigt werden, die sich während der Betrachtungsperiode konkretisieren lassen. Für die Rechnungslegung nach IFRS-SMEs ist – ebenso wie für die IFRS – grundsätzlich von einer objektiven Wertaufhellungskonzeption auszugehen (im Zusammenhang mit der identischen Sachverhaltsabgrenzung unter IFRS vgl. Kirsch/Koelen, in: MünchKommBilR, IAS 10, Tz. 23; Bischof/Doleczik, in: Baetge, IFRS-Komm., Teil B, IAS 10, Tz. 4; ADS Int 2002, Abschn. 2, Tz. 72 sowie grundlegend Moxter, BB 2003, S. 2559 ff.).

18 Nach IFRS-SMEs Abschn. 32.2 gelten die Grundsätze über die Behandlung berücksichtigungspflichtiger Ereignisse sowohl für solche Sachverhalte, die sich **wirtschaftlich vorteilhaft** auf das berichtende Unternehmen auswirken als auch für solche, die zu **wirtschaftlich nachteiligen** Konsequenzen führen. Damit wird klargestellt, dass eine Berücksichtigung von Ereignissen nach dem Abschlussstichtag nicht imparitätisch zu erfolgen hat, etwa, indem nur das Unternehmen belastende Ereignisse im Sinne eines ausgeprägten Vorsichtsprinzips zu berücksichtigen wären. Darüber hinaus beschränkt sich die Berücksichtigungspflicht nicht auf das Zahlenwerk des IFRS-SMEs-Abschlusses, sondern umfasst ggf. auch Ereignisse, die sich lediglich auf Angabepflichten im Anhang auswirken (vgl. ADS Int 2002, Abschn. 2 Tz. 69).

2. Nicht berücksichtigungspflichtige Ereignisse (wertbeeinflussende Tatsachen)

19 Bei den nicht berücksichtigungspflichtigen Ereignissen handelt es sich gem. IFRS-SMEs Abschn. 32.2(b) um solche, die zwar in der Betrachtungsperiode eintreten, jedoch Gegebenheiten anzeigen, die nicht am Abschlussstichtag vorgelegen haben, sondern erst nach dem Abschlussstichtag eingetreten sind. Für diese Ereignisse werden in der deutschen Rechnungslegung auch die Begriffe **wertbeeinflussende** bzw. **wertbegründende Ereignisse** verwendet (vgl. Kirsch/Koelen, in: MünchKommBilR, IAS 10, Tz. 4). Derartige Ereignisse haben lediglich Einfluss auf die Gegebenheiten im neuen Geschäftsjahr, ihnen fehlt der Rückbezug auf die Verhältnisse in der abgelaufenen Berichtsperiode. Auch hierbei spielt es – korrespondierend zu den wertaufhellenden Ereignissen – gem. IFRS-SMEs Abschn. 32.2 keine Rolle, ob es sich aus Unternehmenssicht um vorteilhafte oder nachteilige Ereignisse handelt. Entscheidend ist vielmehr, dass diese Ereignisse für die Vermögens-, Finanz- und Ertragslage zum Abschlussstichtag nicht relevant sind, da ihre Wirkung erst nach diesem Zeitpunkt zum Tragen kommt. Vom Regelungsbereich des IFRS-SMEs Abschn. 32 sind diese Ereignisse gleichwohl erfasst, da ihre Kenntnis für den Abschlussadressaten im Sinne der Informationsfunktion des IFRS-SMEs-Abschlusses von Bedeutung ist.

D. Ansatz und Bewertung

20 Die konzeptionelle Unterscheidung in berücksichtigungspflichtige und nicht berücksichtungspflichtige Ereignisse nach dem Ende der Berichtsperiode findet ihre Entsprechung in der unterschiedlichen Behandlung dieser **zwei Gruppen innerhalb des IFRS-SMEs-Abschlusses**. Berücksichtigungspflichtige Ereignisse führen aufgrund ihrer Rückwirkung auf die Verhältnisse am Abschlussstichtag zu einer Aktualisierung der quantitativen Angaben im Abschluss sowie der entsprechenden Anhangangaben. Im Gegensatz dazu folgen aus nicht berücksichtigungspflichtigen Ereignissen lediglich zusätzliche Anhangangaben im Rahmen der allgemeinen Informationsfunktion des Abschlusses. Grafisch lässt sich diese Unterscheidung wie folgt zusammenfassen:

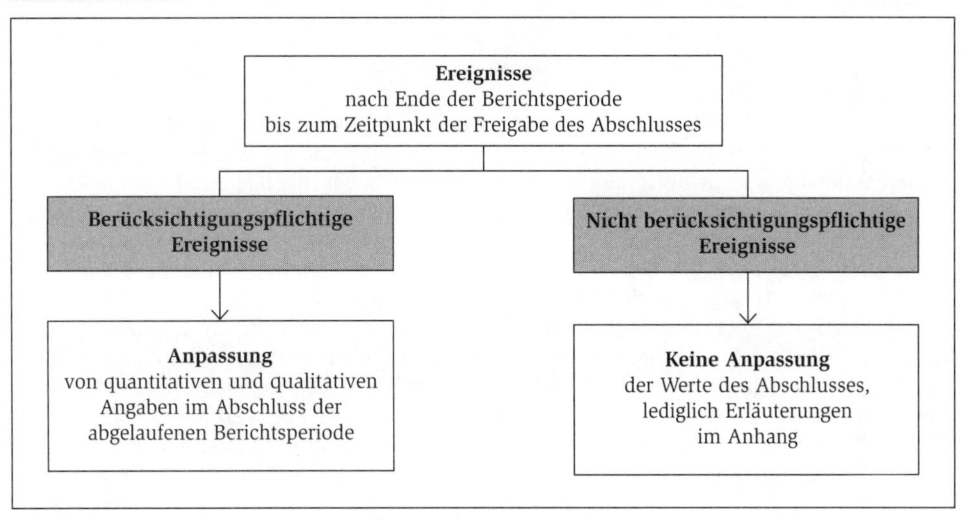

Abb. 1: Unterscheidung von Ereignissen nach Ende der Berichtsperiode

I. Berücksichtigungspflichtige Ereignisse nach dem Abschlussstichtag

21 Berücksichtigungspflichtige (wertaufhellende) Ereignisse nach dem Ende der Berichtsperiode führen grundsätzlich zu einer **Anpassung des Ansatzes und der Bewertung von Abschlussposten** der abgelaufenen Berichtsperiode (IFRS-SMEs Abschn. 32.4). Des Weiteren sind idR die entsprechenden Anhangangaben anzupassen. Um Willkürfreiheit bei der Auslegung von berücksichtigungspflichtigen Ereignissen zu vermeiden, muss für Dritte der Zusammenhang zwischen dem neu eingetretenen Ereignis und den Verhältnissen am Bilanzstichtag eindeutig erkennbar sein. Gleichwohl verzichtet der Board in IFRS-SMEs Abschn. 32 auf eine definitori-

sche Abgrenzung zwischen berücksichtigungspflichtigen und nicht berücksichtigungspflichtigen Ereignissen. Vielmehr enthält IFRS-SMEs Abschn. 32.5 eine nicht abschließende Aufzählung von berücksichtigungspflichtigen Ereignissen, die im Folgenden dargestellt werden:

Nach dem Abschlussstichtag ergeht eine **Entscheidung in einem Gerichtsverfahren**, die bestätigt, dass bereits am Abschlussstichtag eine gegenwärtige Verpflichtung für ein Unternehmen bestanden hat (Passivprozess). Dabei wird durch die Gerichtsentscheidung lediglich klargestellt, dass die schon am Abschlussstichtag bestehende Rechtslage dazu führt, dass eine Verpflichtung besteht. Eine Neubegründung einer Verpflichtung ist mit der Gerichtsentscheidung nicht verbunden. Eine derartige Gerichtsentscheidung erfordert die Anpassung einer ggf. bereits gebildeten Rückstellung oder die Einstufung einer bisherigen Eventualschuld als Rückstellung (IFRS-SMEs Abschn. 32.5(a)). Gerichtsurteile in sog. Passivprozessen, die nach dem Bilanzstichtag und vor der Freigabe des Abschlusses zur Veröffentlichung ergehen, sind somit im Abschluss als wertaufhellende Ereignisse zu behandeln. Sofern eine gerichtliche Entscheidung in einem Passivprozess noch nicht rechtskräftig geworden ist, hat eine Beurteilung darüber zu erfolgen, inwieweit eine Änderung durch weitere Instanzen möglich ist. In diesem Zusammenhang ist zu berücksichtigen, ob der Begründung der noch nicht rechtskräftigen Entscheidung Aussagen zur Wahrscheinlichkeit der Inanspruchnahme zu entnehmen sind.

Auf Aktivprozesse, bei denen das bilanzierende Unternehmen einen von ihm gerichtlich geltend gemachten Anspruch durchsetzen kann, wird in IFRS-SMEs Abschn. 32.5(a) nicht explizit eingegangen. Allerdings wird im Schulungsmaterial der IFRS Foundation (vgl. IFRS Foundation, Training Material for the IFRS for SMEs, Module 32 – Events after the End of the Reporting Period, Beispiel 2) die Beilegung eines Streitfalls innerhalb der Berichtsperiode als berücksichtigungspflichtiges Ereignis aufgeführt. Analog dazu ist auch ein aus einem Aktivprozess resultierendes Urteil innerhalb der Wertaufhellungsperiode, das zu einer abschließenden Klarstellung des Bestehens und/oder der Höhe eines geltend gemachten Anspruchs führt, als berücksichtigungspflichtig anzusehen. Denn auch bei begünstigenden Gerichtsurteilen wird – ebenso wie beim Passivprozess – lediglich am Abschlussstichtag geltendes Recht bestätigt. Gem. IFRS-SMEs Abschn. 32.5(a) sind auch für das Unternehmen vorteilhafte Ereignisse nach dem Bilanzstichtag innerhalb der Wertaufhellungsperiode im Abschluss zu berücksichtigen.

Als ein berücksichtigungspflichtiges Ereignis gilt das Erlangen von Informationen nach dem Bilanzstichtag gem. IFRS-SMEs Abschn. 32.5(b) darüber, dass ein Vermögenswert bereits zum Abschlussstichtag wertgemindert war oder, dass der Betrag einer bereits erfassten **Wertminderung** anzupassen ist. Auch hierbei müssen sich die Informationen auf Sachverhalte beziehen, die bereits am Bilanzstichtag vorgelegen haben. Als ein Wertminderungsindikator gilt nach IFRS-SMEs Abschn. 32.5(b)(i) ein nach dem Bilanzstichtag eingeleitetes Insolvenzverfahren eines Kunden, das als Bestätigung für den Wertverlust einer Forderung aus Lieferung und Leistung am Bilanzstichtag aufzufassen ist. Daraus resultiert eine Wertberichtigung der entsprechenden Forderung zum Stichtag der abgelaufenen Berichtsperiode. Demgegenüber stellen Zahlungseingänge während der Betrachtungsperiode auf Forderungen der vorangegangenen Berichtsperiode ein wertaufhellendes Ereignis dar und bestätigen, dass für die betreffenden Forderungen keine außerplanmäßigen Abschreibungen anzusetzen sind. Einen Wertminderungsindikator stellt des Weiteren der Verkauf von Vorräten nach dem Bilanzstichtag unter dem Buchwert dar (IFRS-SMEs Abschn. 32.5(b)(ii)), da dies als Nachweis über den Nettoveräußerungswert am Bilanzstichtag gilt und den tatsächlichen Wert der Vorräte zum Bilanzstichtag belegt. Die Wertminderung der Vorräte muss dabei auf Gegebenheiten, die bereits am Abschlussstichtag bestanden haben, zurückzuführen sein. Beispiele stellen in diesem Zusammenhang der Verkauf sog. Ladenhüter oder Saisonware zu einem niedrigeren Preis dar.

Ferner handelt es sich um berücksichtigungspflichtige Ereignisse, wenn der Bilanzierende erst nach dem Bilanzstichtag – jedoch innerhalb der Betrachtungsperiode des IFRS-SMEs Abschn. 32 – die Anschaffungskosten für erworbene Vermögenswerte oder die Veräußerungserlöse für veräußerte Vermögenswerte exakter quantifizieren kann (IFRS-SMEs Abschn. 32.5(c)). Derartige

nachträgliche Quantifizierungen ergeben sich etwa durch nachlaufende Rechnungen oder durch variable Rabatte und Boni, bei denen erst nach dem Bilanzstichtag eine Berechnung möglich ist.

Zudem ist die nach dem Abschlussstichtag vorgenommene Ermittlung der Höhe von Gewinn- und Erfolgsbeteiligungen von Mitarbeitern als wertaufhellendes Ereignis zu berücksichtigen, sofern am Abschlussstichtag bereits eine entsprechende **faktische oder rechtliche Verpflichtung** besteht (IFRS-SMEs Abschn. 32.5(d)). Hierunter fallen auch solche Verpflichtungen, deren Höhe sich am Ergebnis des Abschlusses bemisst, obgleich dieses erst am Ende der Aufstellung des Abschlusses feststeht. Die Berücksichtigungspflicht ergibt sich, da die Schuld bereits im abgelaufenen Berichtsjahr begründet wurde und die Berechnung des Betrags lediglich die Quantifizierung der Schuld, jedoch nicht ihre Entstehung tangiert.

Auch die **Entdeckung eines Betrugs (*fraud*) oder eines Fehlers** in der Wertaufhellungsperiode stellt gem. IFRS-SMEs Abschn. 32.5(e) ein berücksichtigungspflichtiges Ereignis dar, sofern sich Auswirkungen auf die Gegebenheiten am Bilanzstichtag ergeben. Die Auswirkungen derartiger Ereignisse auf Ansatz und Bewertung sind in jedem Falle zu berücksichtigen. Auf Fehler, die nach dem Ende der Wertaufhellungsperiode erkannt werden, sind die Regelungen gem. IFRS-SMEs Abschn. 10 anzuwenden. Sie sind im folgenden Abschluss retrospektiv als Fehler der Vorperiode zu korrigieren (vgl. ausführlich IFRS-SMEs-Komm., Teil B, Abschn. 10, Tz. 43 ff.).

22 Die Aufzählung der berücksichtigungspflichtigen Sachverhalte in IFRS-SMEs Abschn. 32.5 hat exemplarischen Charakter. Neben den dort explizit aufgezählten Sachverhalten führen weitere Informationen, die während der Betrachtungsperiode nach Abschluss der Berichtsperiode bekannt werden zu Anpassungen des Abschlusses. Einige **typische Fälle**, die in der Literatur im Zusammenhang mit den konzeptionell identischen Regelungen zu Ereignissen nach dem Abschlussstichtag der IFRS (IAS 10) thematisiert werden, stellen sich wie folgt dar:

Ergeht nach dem Bilanzstichtag eine **behördliche Entscheidung**, so ist hinsichtlich einer bilanziellen Berücksichtigung im Abschluss der vorangegangenen Berichtsperiode dahingehend zu unterscheiden, ob sich die Entscheidung zwingend auf die Sach- und Rechtslage am Bilanzstichtag bezieht oder ob die Entscheidung im Ermessen der Behörde stand. Behördliche Entscheidungen können somit sowohl wertaufhellenden als auch wertbegründenden Charakter haben (vgl. ADS Int 2002, Abschn. 2, Tz. 87; Hoffmann, in: Lüdenbach/Hoffmann, IFRS-Kommentar, 8. Aufl., § 4, Tz. 38). Existieren bereits am Bilanzstichtag sämtliche relevanten Tatbestandsmerkmale und wurde durch die Behördenentscheidung lediglich eine bestehende objektive Rechtslage bestätigt, so liegt ein wertaufhellendes Ereignis vor. Anders stellt sich der Sachverhalt indes bei einem Urteil nach dem Bilanzstichtag dar, welches auf Grundlage einer freien Entscheidung der Behörde gefällt wird. Liegt die Entscheidungsfindung im Ermessen der Behörde und sind zum Bilanzstichtag noch keine belastbaren Erkenntnisse über eine eventuelle Entscheidung bekannt, so handelt es sich bei dem nach dem Stichtag ergangenen Urteil um ein wertbegründendes Ereignis.

> *Beispiel:*
> (in Anlehnung an ADS Int 2002, Abschn. 2, Tz. 87): Unternehmenszusammenschlüsse sind in vielen Fällen Gegenstand von wettbewerbsrechtlichen Überprüfungen und/oder Genehmigungen bzw. Zustimmungen. Für Unternehmenserwerbe vor dem Abschlussstichtag, bei dem eine Genehmigung oder Zustimmung durch die Behörde erst während der Betrachtungsperiode ausgesprochen wird, ist hinsichtlich der Berücksichtigungspflicht der Entscheidung im Abschluss des berichtenden Unternehmens zu differenzieren:

Die **Zustimmung** einer Behörde im Rahmen eines Fusionskontrollverfahrens innerhalb der Betrachtungsperiode bei Erfüllung aller Voraussetzungen zum Abschlussstichtag kann als ein berücksichtigungspflichtiges Ereignis gewertet werden, da die Behörde hierbei eine gesetzlich vorgeschriebene Entscheidung trifft, ohne Ermessensspielräume auf der Tatbestands- bzw. Rechtsfolgeseite zu besitzen. Die Beteiligung würde demnach im Jahres- und Konzernabschluss der vergangenen Berichtsperiode bilanziert werden müssen; aufgrund fehlender Beherrschungsmöglichkeit zum Bilanzstichtag aufgrund der noch nicht erteilten Zustimmung der Behörde käme eine (Voll-)Konsolidierung im Konzernabschluss jedoch nicht in Betracht.

Anders wäre ein Sachverhalt zu beurteilen, bei dem im vergangenen Geschäftsjahr die Fusion von der Kartellbehörde bereits abgelehnt wurde. Daraufhin wurde ein Antrag auf Ministererlaubnis nach § 42 GWB gestellt. Hiernach kann der Bundesminister für Wirtschaft auf Antrag des Unternehmens einen zunächst vom Kartellamt untersagten Zusammenschluss dennoch erlauben. Diese **Genehmigung** in Form eines Ministerentscheids wurde im Februar des Folgejahres (innerhalb der Betrachtungsperiode) positiv für das Unternehmen entschieden. Der Ministerentscheid stellt aufgrund seiner besonderen Voraussetzungen allerdings eine nicht vorhersehbare (subjektive) Entscheidung dar, sodass dieser ein nicht berücksichtigungspflichtiges, wertbegründendes Ereignis nach dem Bilanzstichtag darstellt.

Zuwendungen der öffentlichen Hand dürfen gem. IFRS-SMEs Abschn. 24.4 erst dann im Abschluss erfasst werden, wenn eine angemessene Sicherheit dafür besteht, dass das Unternehmen die damit verbundenen Bedingungen erfüllen wird und dass die Zuwendungen gewährt werden. Erlangt das Unternehmen erst in der Wertaufhellungsperiode die hierfür notwendigen Nachweise (zB ein Sachverständigengutachten, welches sich auf den Bilanzstichtag bezieht) und steht einer Gewährung der Zuwendungen somit nichts mehr entgegen, so ist dieser Sachverhalt als ein berücksichtigungspflichtigen Ereignisses innerhalb des IFRS-SMEs-Abschlusses zu erfassen. Steht die Entscheidung über die Gewährung der Subvention allerdings im Ermessen der jeweiligen Behörde (zB bei Sanierungsmaßnahmen), so darf ein positiver Zuwendungsbescheid innerhalb der Wertaufhellungsperiode nicht rückwirkend erfasst werden (vgl. ADS Int 2002, Abschn. 2, Tz. 88).

Die Änderung von Steuergesetzen sowie **Steuersatzänderungen** in der Wertaufhellungsperiode stellen grundsätzlich kein berücksichtigungspflichtiges Ereignis dar. Eine rückwirkende Erfassung ist nur zulässig, wenn diese zum Bilanzstichtag bereits angekündigt und mit hinreichender Sicherheit rechtsverbindlich werden. In Deutschland ist das grundsätzlich der Fall, wenn der Bundesrat seine Zustimmung zum Gesetzesvorschlag gegeben hat (vgl. ausführlich IFRS-SMEs-Komm., Teil B, Abschn. 29, Tz. 73).

II. Nicht zu berücksichtigende Ereignisse nach dem Abschlussstichtag

23 Nicht zu berücksichtigende Ereignisse nach dem Bilanzstichtag wirken sich weder auf den Ansatz noch auf die Bewertung von Abschlussposten der abgelaufenen Berichtsperiode aus. Daher sind gem. IFRS-SMEs Abschn. 32.6 insoweit **Anpassungen der quantitativen Angaben** innerhalb des Abschlusses **nicht vorzunehmen**. Eine Berücksichtigung von wertbeeinflussenden Ereignissen im Zahlenwerk des Abschlusses scheidet auch dann aus, wenn beide Vertragsparteien eine Rückwirkung vereinbart haben (zB s rückwirkende Sanierung durch einen Forderungsverzicht in der Wertaufhellungsperiode; vgl. Hoffmann, in: Lüdenbach/Hoffmann, IFRS-Komm. 8. Aufl. § 4, Tz. 37). Im Hinblick auf die allgemeine Informationsfunktion des IFRS-SMEs-Abschlusses lösen wertbeeinflussende Ereignisse während der Betrachtungsperiode jedoch eine Angabepflicht im Anhang gem. IFRS-SMEs Abschn. 32.10 f. aus (im Detail vgl. Tz. 29).

24 Auch für nicht berücksichtigungspflichtige Ereignisse nach Ende der Berichtsperiode liefert IFRS-SMEs Abschn. 32 keine Definition. Eine solche wäre im Hinblick auf die Vielzahl und Unterschiedlichkeit der betroffenen Ereignisse wohl auch nicht mit der notwendigen Trennschärfe möglich. Stattdessen werden in IFRS-SMEs Abschn. 32.7 zwei Beispiele für wertbegründende Ereignisse genannt:

Beispiel 1:
Als Beispiel für ein wertbeeinflussendes Ereignis nennt IFRS-SMEs Abschn. 32.7(a) das **Absinken des Marktwertes einer Finanzinvestition** zwischen dem Bilanzstichtag und dem Tag, an dem der Abschluss zur Veröffentlichung freigegeben wird. Dies betrifft alle Finanzinstrumente, die nach den Regelungen der IFRS-SMEs Abschn. 11 und IFRS-SMEs Abschn. 12 zum Bilanzstichtag mit ihrem beizulegenden Zeitwert zu bewerten sind. Das Absinken des Marktwertes hängt nach der Sichtweise des IASB nicht mit der Beschaffenheit der Finanzinvestition am Bilanzstichtag zusammen, sondern spiegelt nachträglich eingetretene Umstände wider. Folglich sind die Umstände, die zu einem Absinken des Marktwertes der Finanzinvestition führen, dem neuen Geschäftsjahr zuzuordnen und führen zu keinen Anpassungen des Abschlusses der vergangenen Berichtsperiode. Ebenfalls sind die für die Finanzinvestitionen angegebenen Beträge zum Bilanzstichtag nicht anzupassen. Bei entsprechender Bedeutung der Wertabweichungen sind jedoch Angaben nach IFRS-SMEs Abschn. 32.10 erforderlich.

Beispiel 2:
Das zweite Beispiel für ein wertbegründendes Ereignis, das IFRS-SMEs Abschn. 32.7(b) beschreibt, ist die Entstehung eines **Anspruchs aufgrund einer vorteilhaften Gerichtsentscheidung** während der Betrachtungsperiode. Da der Anspruch mit der Entscheidung des Gerichts erst nach dem Abschlussstichtag rechtlich und materiell entsteht, ist eine Anpassung der quantitativen Angaben im Abschluss nicht vorzunehmen. Vielmehr stellt der Vorgang aus Stichtagssicht einen Eventualanspruch (*contingent asset*) iSv. IFRS-SMEs Abschn. 21.13 dar, für den ggf. die in IFRS-SMEs Abschn. 21.16 spezifizierten Angaben zu machen sind.
Wurde hingegen bereits vor dem Abschlussstichtag eine gerichtliche Entscheidung über das Bestehen des Anspruchs getroffen und wird nach dem Stichtag lediglich dessen Höhe spezifiziert, so stellt diese Gerichtentscheidung nach Ansicht des IASB eine berücksichtigungspflichtiges Ereignis dar, das dazu führt, dass eine zunächst aufgrund der Unsicherheit unterbliebene Aktivierung aufgrund der in der Betrachtungsperiode gewonnenen Erkenntnisse nunmehr quantifizierbar ist und zu einer Ansatzpflicht führt.

25 Die beiden Beispiele in IFRS-SMEs Abschn. 32.7 sollen bei den Anwendern des Standards lediglich den Charakter nicht berücksichtigungspflichtiger Ereignisse verdeutlichen. Daneben gibt es eine Vielzahl weiterer Ereignisse, die wertbegründenden Charakter haben und zu einer Angabepflicht nach IFRS-SMEs Abschn. 32.10 f. im Anhang führen. Der IASB nennt im Zusammenhang mit diesen Angabepflichten in IFRS-SMEs Abschn. 32.11 **weitere Beispiele** solcher Ereignisse:

- Ein umfangreicher Unternehmenszusammenschluss nach dem Bilanzstichtag oder die Veräußerung eines bedeutenden Tochterunternehmens (IFRS-SMEs Abschn. 32.11(a)).
- Die Bekanntgabe eines Plans zur Aufgabe eines Geschäftsbereichs (IFRS-SMEs Abschn. 32.11(b)). Sind die Voraussetzungen der Definition eines solchen Geschäftsbereichs nach Maßgabe des *glossary* erst nach dem Bilanzstichtag kumulativ erfüllt, darf eine Umklassifizierung zum Abschlussstichtag nach IFRS-SMEs Abschn. 5.5 nicht vorgenommen werden. Die Information hinsichtlich der geplanten Aufgabe des Geschäftsbereichs ist lediglich im Anhang anzugeben.
- Signifikante Käufe oder Verkäufe von Vermögenswerten, durchgeführte oder geplante Veräußerungen wesentlicher Vermögenswerte sowie die Enteignung von wesentlichen Vermögenswerten durch die öffentliche Hand (IFRS-SMEs Abschn. 32.11(c)).
- Die Zerstörung einer wesentlichen Produktionsstätte durch einen Brand nach dem Abschlussstichtag (IFRS-SMEs Abschn. 32.11(d)).
- Die Bekanntgabe oder der Beginn der Durchführung einer umfangreichen Restrukturierungsmaßnahme (IFRS-SMEs Abschn. 32.11(e)). Ein Restrukturierungsplan, der nach dem

Abschlussstichtag innerhalb der Wertaufhellungsperiode bekannt gegeben wird, führt mangels bestehender Drittverpflichtung zum Abschlussstichtag nicht zu einer Rückstellung.
- Größere Transaktionen in Bezug auf Stammaktien und potenzielle Stammaktien nach dem Bilanzstichtag (IFRS-SMEs Abschn. 32.11(f)).
- Ungewöhnlich große Änderungen der Preise von Vermögenswerten oder der Wechselkurse nach dem Bilanzstichtag (IFRS-SMEs Abschn. 32.1(g)).
- Die Änderungen der Steuersätze oder Steuervorschriften, die nach dem Bilanzstichtag in Kraft treten oder angekündigt werden und wesentliche Auswirkungen auf die tatsächlichen und latenten Steueransprüche und -schulden haben (IFRS-SMEs Abschn. 32.11(h)). Abzugrenzen hiervon sind die Änderung von Steuervorschriften oder Steuersätzen, die zum Bilanzstichtag *substantively enacted* waren (vgl. IFRS-SMEs-Komm., Teil B, Abschn. 29, Tz. 73), die bereits bei der Ermittlung der Ertragsteuern am Abschlussstichtag zu berücksichtigen sind.
- Das Eingehen wesentlicher Verpflichtungen oder Eventualschulden, zum Beispiel durch Zusage beträchtlicher Gewährleistungen (IFRS-SMEs Abschn. 32.11(i)).
- Wesentliche Rechtsstreitigkeiten, die ausschließlich auf Ereignisse nach dem Bilanzstichtag zurückzuführen sind (IFRS-SMEs Abschn. 32.11(j)).

III. Dividendenbeschlüsse nach dem Abschlussstichtag

26 Im Zusammenhang mit den Regelungen zur Erfassung und Bewertung von Ereignissen nach Ende der Berichtsperiode sieht IFRS-SMEs Abschn. 32.8 eine explizite Regelung in Bezug auf nach dem Abschlussstichtag beschlossene Dividenden vor. Für die innerhalb der Betrachtungsperiode beschlossene Dividenden darf keine Schuld innerhalb des IFRS-SMEs-Abschlusses angesetzt werden (**explizites Passivierungsverbot**), da Dividendenbeschlüsse, die nach dem Bilanzstichtag gefasst werden, rückwirkend keine Drittverpflichtung des abgelaufenen Geschäftsjahres begründen, obgleich das abgelaufene Geschäftsjahr die Grundlage für die Ausschüttung bildet. Wird demgegenüber der Dividendenbeschluss bereits vor dem Bilanzstichtag gefällt, ist hierfür eine Schuld zu bilanzieren, da für das Unternehmen eine gegenwärtige Verpflichtung besteht.

27 Die Auswirkungen des Zeitpunktes von Dividendenbeschlüssen wird im Schulungsmaterial der IFRS Foundation anhand der zwei folgenden Beispiele verdeutlicht (vgl. IFRS Foundation, Training Material for the IFRS for SMEs, Module 32 – Events after the End of the Reporting Period, Beispiel 13 und 14):

Beispiel 1:
Der Vorstand einer nach IFRS-SMEs berichtenden Gesellschaft gibt am 01.03.20X1 den Abschluss der Gesellschaft zum 31.12.20X0 zur Weitergabe an den Aufsichtsrat frei. Am 28.02.20X1 wird ein Dividendenbeschluss in Höhe von 100.000 GE für das Geschäftsjahr 20X0 gefasst.
Der Dividendenbeschluss für das Jahr 20X0 ist ein nicht berücksichtigungspflichtiges Ereignis nach dem Abschlussstichtag. Da die Gesellschaft zum Stichtag 31.12.20X0 keine Dividendenverpflichtung gegenüber den Anteilseignern hatte, ist keine Dividendenverbindlichkeit und auch keine Rückstellung nach IFRS-SMEs Abschn. 21 in der Bilanz zum 31.12.20X0 auszuweisen.

Beispiel 2:
Der Vorstand gibt – wie in Beispiel 1 – am 01.03.20X1 den Abschluss der Gesellschaft zum 31.12.20X0 zur Weitergabe an den Aufsichtsrat frei. Am 28.02.20X1 erfolgt die Auszahlung einer Dividende in Höhe von 100.000 GE an die Anteilseigner für das Geschäftsjahr 20X0, die bereits am 31.12.20X0 beschlossen wurde.

Die Zahlung der Dividende hat keine Auswirkung auf das Bestehen einer Verpflichtung bzw. den Ausweis einer Dividendenverbindlichkeit. Da der diese Verpflichtung begründende Beschluss noch vor dem Abschlussstichtag gefasst wurde, ist innerhalb des Jahresabschlusses zum 31.12.20X0 eine Verbindlichkeit von 100.000 GE anzusetzen.

28 Sofern eine Gesellschaft aufgrund eines **Ergebnisabführungsvertrags** ihren Gewinn an eine andere Gesellschaft abzuführen hat, besteht der Rechtsanspruch auf den Gewinn bereits mit Ablauf des Geschäftsjahres der abführenden Gesellschaft. Ein Gewinnverwendungsbeschluss ist somit nicht mehr erforderlich. Die Vorschrift des IFRS-SMEs Abschn. 32.8 findet daher keine Anwendung. Folglich ist zum Bilanzstichtag eine Schuld zu passivieren.

29 Gem. § 174 Abs. 1 Satz 1 AktG beschließt bei einer **deutschen Aktiengesellschaft** die Hauptversammlung über die Verwendung des Bilanzgewinns und damit über die Ausschüttung einer Dividende. Dabei ist die Hauptversammlung an den festgestellten Jahresabschluss gebunden (§ 174 Abs. 1 Satz 2 AktG). Aus der Tatsache, dass die Feststellung des Jahresabschlusses erst nach dem Abschlussstichtag erfolgen kann, kann der Gewinnverwendungsbeschluss auch erst nach dem Bilanzstichtag vorgenommen werden. Der Beschluss über Vorabausschüttungen ist ebenfalls erst nach dem Geschäftsjahresende möglich (§ 59 Abs. 1 AktG). Folglich stellt eine von der Hauptversammlung beschlossene Dividende eine nach dem Bilanzstichtag neu eingetretene Gegebenheit dar, die als wertbegründend einzustufen ist, mit der Folge, dass die Passivierung einer Schuld entfällt. Im Regelfall erfolgen die dargestellten Beschlüsse ohnehin erst nach Abschluss der Aufstellungsarbeiten und damit nach dem Ende der Betrachtungsperiode, sodass überhaupt keine Berücksichtigung (weder quantitativ noch im Rahmen einer Anhangangabe) des Beschlusses innerhalb des IFRS-SMEs-Abschlusses erfolgen kann. Unter bestimmten Umständen (vgl. Tz. 8) kann jedoch die Aufstellung des (derzeit noch rein freiwilligen) IFRS-SMEs-Abschlusses derjenigen der pflichtmäßig aufzustellenden Abschlüsse zeitlich nachgelagert sein. In diesen Fällen können entsprechende Dividendenbeschlüsse in die Betrachtungsperiode fallen und damit als nicht berücksichtigungspflichtige Ereignisse iSv. IFRS-SMEs Abschn. 32.2(b) zu betrachten sein.

30 Bei einer **GmbH** haben die Gesellschafter gem. § 42 a Abs. 2 Satz 1 GmbHG über die Feststellung des Jahresabschlusses und über die Gewinnverwendung zu beschließen. Da der Gewinnverwendungsbeschluss somit in den meisten Fällen nach dem Bilanzstichtag gefällt wird, stellt die Entscheidung über die Gewinnverwendung eine nach dem Bilanzstichtag eingetretene neue Gegebenheit dar. Auch hierbei kommt es zu keiner Passivierung einer Schuld, da der Gewinnverwendungsbeschluss ein wertbegründendes Ereignis darstellt. Insoweit gilt die Darstellung der Behandlung des Sachverhalts bei der Aktiengesellschaft entsprechend auch für GmbHen.

Im Gegensatz zu einer Aktiengesellschaft kann jedoch bei einer GmbH der Gewinnverwendungsbeschluss durch einen Gesellschafterbeschluss oder durch eine im Gesellschaftsvertrag vorgesehene Vereinbarung vor dem Bilanzstichtag gefasst werden (zB Mindest- oder Vorabausschüttungen). Derartige am Abschlussstichtag vorliegende Gewinnverwendungen begründen die Passivierung einer Schuld zum Bilanzstichtag. Die Passivierung einer Schuld kann jedoch entfallen, sofern feststeht, dass kein ausreichender Gewinn vorhanden ist, um diese Verpflichtung zu erfüllen. Der Ermittlung des Gewinns kommt in diesem Fall ein wertaufhellender Charakter zu, da der entsprechende Gewinnverwendungsbeschluss bereits vor dem Abschlussstichtag gefallen ist.

31 Dividendenzahlungen ieS liegen bei **Personenhandelsgesellschaften** nicht vor. Deshalb ist hinsichtlich der Anwendbarkeit der Regelungen des IFRS-SMEs Abschn. 32.8 zu differenzieren. Für den Teil der Gesellschaftereinlagen einer Personenhandelsgesellschaft, der als **Fremdkapital** iSv. IFRS-SMEs Abschn. 22 zu klassifizieren ist (vgl. IFRS-SMEs-Komm., Teil B, Abschn. 22, Tz. 27), ist die Frage nach der bilanziellen Erfassung von Gewinnverwendungsbeschlüssen redundant, weil Fremdkapitalvergütungen stets als Aufwand der abgelaufenen Periode zu betrachten sind. IFRS-SMEs Abschn. 32.8 wäre in diesem Fall nicht einschlägig.

Gem. IFRS-SMEs Abschn. 22.4 ist jedoch bei Vorliegen der dort genannten Voraussetzungen (vgl. IFRS-SMEs-Komm., Teil B, Abschn. 22, Tz. 23) die Qualifikation von Gesellschaftereinlagen auch als **Eigenkapital** möglich. Für diesen Teil des Gesellschafterkapitals stellt sich somit ebenfalls h die Frage nach der bilanziellen Behandlung von Gewinnanteilen iSv. IFRS-SMEs Abschn. 32. 8.

Hinsichtlich der Beurteilung, inwieweit bei Personenhandelsgesellschaften die Vorschrift des IFRS-SMEs Abschn. 32.8 anzuwenden ist und demnach ggf. eine Schuld vorliegt, ist entscheidend, ob die Gesellschafter gesonderte Vereinbarungen im Gesellschaftsvertrag oder an anderer Stelle über die Gewinnverwendung getroffen haben. Liegen keine besonderen Vereinbarungen vor, so besteht der Entnahmeanspruch der Gesellschafter dem Grunde nach per Gesetz zum Bilanzstichtag. Eine gesonderte Beschlussfassung ist daher nicht mehr notwendig, sodass grundsätzlich eine entsprechende Schuld zum Abschluss der Periode im IFRS-SMEs-Abschluss zu passivieren ist. Demgegenüber kann aber auch eine von der gesetzlichen Gewinnverteilung abweichende Regelung im Gesellschaftsvertrag vorliegen. So wird in der Praxis häufig die Entstehung des Auszahlungsanspruchs der in der Berichtsperiode erwirtschafteten Gewinne durch eine gesonderte Regelung im Gesellschaftsvertrag von der Beschlussfassung der Gesellschafter abhängig gemacht. Wird der nun erforderliche Gewinnverwendungsbeschluss erst nach dem Bilanzstichtag gefasst, so gilt der Gewinn im Abschluss der vergangenen Berichtsperiode als unverteilt. In diesem Fall ist die Bilanzierung einer Schuld zum Abschlussstichtag ausgeschlossen. Stattdessen bietet IFRS-SMEs Abschn. 32.8 einen gesonderten Ausweis innerhalb der Gewinnrücklagen oder des Bilanzergebnisses an.

E. Angaben im Anhang

32 Die in IFRS-SMEs Abschn. 32.9 ff. vorgesehenen Anhangangaben beziehen sich zum einen auf das Datum der Freigabe des IFRS-SMEs-Abschlusses zur Veröffentlichung, zum anderen auf diejenigen Ereignisse innerhalb der Betrachtungsperiode, die nicht zu einer Anpassung des Zahlenwerks führen. Gesonderte Angaben zu berücksichtigungspflichtigen Ereignissen sieht IFRS-SMEs Abschn. 32 dagegen nicht vor. Diese Ereignisse wirken vielmehr auf einzelne Posten des Abschlusses und der zugehörigen Anhangangaben. Damit sind diese Ereignisse innerhalb des Abschlusses vollumfänglich berücksichtigt; darüber hinausgehende Anhangangaben zu diesen Ereignissen sind nicht erforderlich.

I. Angaben zum Zeitpunkt der Freigabe des Abschlusses zur Veröffentlichung

33 Um eine adäquate Information der Abschlussadressaten sicherzustellen, muss diesen zunächst eine Information bzgl. der Länge der Betrachtungsperiode gegeben werden. Dieser beginnt mit Ablauf des Abschlussstichtags und endet mit der Freigabe des Abschlusses zur Veröffentlichung (vgl. Tz. 6 ff.). Deshalb fordert IFRS-SMEs Abschn. 32.9 zunächst die Angabe des **Zeitpunktes der Freigabe** und des **Organs, das diese Freigabe veranlasst hat**. Durch die Angabe des Zeitpunktes der Freigabe zur Veröffentlichung und damit die Angabe des Endes der Wertaufhellungsperiode wird der Abschlussadressat darüber in Kenntnis gesetzt, bis zu welchem Zeitpunkt Ereignisse nach dem Bilanzstichtag Berücksichtigung im Abschluss gefunden haben. Hinsichtlich des anzugebenden Organs, welches den Abschluss zur Veröffentlichung freigegeben hat, ist in Abhängigkeit von der Rechtsform des Unternehmens das geschäftsführende Organ anzugeben, das den Aufstellungsbeschluss gefasst hat.

34 IFRS-SMEs Abschn. 32.9 sieht darüber hinaus vor, dass innerhalb der Anhangangaben ein Hinweis aufzunehmen ist, wenn die Anteilseigner oder andere Parteien die Möglichkeit haben, den **Abschluss nach der Veröffentlichung noch zu ändern**. Da das deutsche Handels- und Gesellschaftsrecht für kein Organ eine Änderungskompetenz des Abschlusses nach der Freigabe zur Veröffentlichung vorsieht, ist die in IFRS-SMEs Abschn. 32.9 vorgesehene Angabepflicht bei deutschen Gesellschaften grundsätzlich nicht von Bedeutung. Zu beachten ist allerdings, dass die Aufstellung eines IFRS-SMEs-Abschlusses derzeit nur als freiwilliger Abschluss möglich ist. Ihm kommt damit keine rechtliche Relevanz hinsichtlich der Feststellung und der Offenlegung zu, sodass eine Änderung – auch nach der Veröffentlichung – zunächst grundsätzlich möglich wäre. In der Praxis ist jedoch davon auszugehen, dass IFRS-SMEs-Abschlüsse aus den pflichtmäßig aufzustellenden Abschlüssen abgeleitet werden. Sobald eine Änderung dieser Abschlüsse nicht mehr möglich ist, dürfte faktisch auch nicht mehr mit einer Änderung der IFRS-SMEs-Abschlüsse zu rechnen sein.

II. Angaben zu den nicht berücksichtigungspflichtigen Ereignissen

35 Systematisch beziehen sich Ereignisse nach dem Abschlussstichtag auf die folgende Berichtsperiode und sind mit ihren Auswirkungen auf die Vermögens-, Finanz- und Ertragslage des berichtenden Unternehmens in dieser Periode zu erfassen. Ihr wertbegründender Charakter führt dazu, dass diese Ereignisse nicht auf die Verhältnisse am Abschlussstichtag zurückbezogen werden dürfen und damit die quantitativen und qualitativen Aussagen des Abschlusses nicht verändern. Gleichwohl soll ein Abschlussadressat über wesentliche Ereignisse zeitnah informiert werden, die während der Betrachtungsperiode aufgetreten sind und in der nächsten Berichtsperiode Einfluss auf die Rechnungslegung des Unternehmens haben werden. Bei Vorliegen eines solchen Ereignisses in der Betrachtungsperiode hat ein Unternehmen deshalb die **Art des Ereignisses** und eine **Schätzung der finanziellen Auswirkungen** dieses Ereignisses im Anhang anzugeben. Ist eine Abschätzung der finanziellen Auswirkungen nicht möglich, so ist diese Tatsache ebenfalls in den Anhang aufzunehmen.

IFRS-SMEs Abschn. 32.11 enthält zur Erläuterung angabepflichtiger Sachverhalte eine nicht abschließende Aufzählung möglicher Ereignisse, die zu einer Angabepflicht nach IFRS-SMES Abschn. 32.10 führen (im Einzelnen vgl. Tz. 20).

F. Vergleich mit IFRS und HGB

36 Die Regelungen zu Ereignissen nach Ende der Berichtsperiode in IFRS-SMEs Abschn. 32 wurden aus IAS 10 abgeleitet (vgl. *derivation table* der IFRS-SMEs). Dabei stimmen die meisten Regelungen inhaltlich vollständig, mitunter sogar wörtlich, mit denjenigen in IAS 10 überein. Innerhalb des HGB fehlen spezifische Regelungen zu Ereignissen nach dem Bilanzstichtag. Hier ist lediglich im Rahmen der Lageberichterstattung nach § 289 Abs. 2 HGB bzw. § 315 Abs. 2 HGB auf besondere Ereignisse nach dem Bilanzstichtag einzugehen. Im Zusammenwirken mit der in der handelsrechtlichen Kommentarliteratur herausgebildeten Kriterien der Wertaufhellung bzw. Wertbegründung ist jedoch eine Gegenüberstellung zu den Regelungen der IFRS-SMEs bzw. der IFRS möglich.

Im Einzelnen ergibt eine Gegenüberstellung der wichtigsten Regelungen nach IFRS-SMEs, IFRS und HGB das folgende Bild:

Regelung	IFRS (IAS 10)	IFRS-SMEs	HGB
Anwendungsbereich	Ereignisse nach dem Ende der Berichtsperiode	Ereignisse nach dem Ende der Berichtsperiode	Vorgänge von besonderer Bedeutung nach Ende des Geschäftsjahres
Betrachtungsperiode	Ablauf des Abschlussstichtags bis zum Zeitpunkt der Freigabe des Abschlusses zur Veröffentlichung	Ablauf des Abschlussstichtags bis zum Zeitpunkt der Freigabe des Abschlusses zur Veröffentlichung	Ablauf des Abschlussstichtags bis zum Zeitpunkt der Aufstellung des Abschlusses (GoB, Kommentierung)
Arten von Ereignissen	Berücksichtigungspflichtige und nicht berücksichtigungspflichtige Ereignisse	Berücksichtigungspflichtige und nicht berücksichtigungspflichtige Ereignisse	Wertaufhellende und wertbegründende Sachverhalte
Vorgehen bei Ereignissen mit Rückbezug auf den Abschlussstichtag	Anpassung der quantitativen und qualitativen Angaben innerhalb des Abschlusses	Anpassung der quantitativen und qualitativen Angaben innerhalb des Abschlusses	Anpassung der quantitativen und qualitativen Angaben innerhalb des Abschlusses
Vorgehen bei Ereignissen ohne Rückbezug auf den Abschlussstichtag	Keine Anpassung des Abschlusses, Angabe der Art und der finanziellen Auswirkung der Ereignisse im Anhang	Keine Anpassung des Abschlusses, Angabe der Art und der finanziellen Auswirkung der Ereignisse im Anhang	Erläuterung im Lagebericht bzw. Konzernlagebericht
Dividendenbeschlüsse nach Ende der Berichtsperiode	Kein Ausweis einer Verbindlichkeit, gesonderte Angabe im Anhang nach IAS 1137	Kein Ausweis einer Verbindlichkeit, sondern ggf. gesonderter Ausweis im Eigenkapital	Kein Ausweis einer Verbindlichkeit, Gewinnverwendungsrechnung ist Pflichtbestandteil des Anhangs bei Aktiengesellschaften. Ein gesonderter Ausweis im Eigenkapital ist zulässig.
Anhangangaben	Angabe des Zeitpunktes und des Organs der Freigabe des Abschlusses sowie Hinweis auf ggf. bestehende Änderungsmöglichkeiten, Angaben zu Art und finanzieller Auswirkung von nicht berücksichtigungspflichtigen Ereignissen	Angabe des Zeitpunktes und des Organs der Freigabe des Abschlusses sowie Hinweis auf ggf. bestehende Änderungsmöglichkeiten, Angaben zu Art und finanzieller Auswirkung von nicht berücksichtigungspflichtigen Ereignissen	Keine nähere Spezifikation der in den Lagebericht aufzunehmenden Angaben

Abschnitt 33
Angaben zu nahe stehenden Parteien (Related Party Disclosures)

Jens Brune

Inhaltsverzeichnis

Schrifttum

Adler/Düring/Schmaltz, Rechnungslegung nach Internationalen Standards, Kommentar, Stuttgart 2002, Abschnitt 27; *Beiersdorf/Eierle/Haller*, DB 2009, 1549 ff.; *Beiersdorf/Morich*, KoR 2009, 1; *Böckem*, WPg 2009, 646; *Bömelburg/Landgraf/Pöppel*, PIR 2009, 290 ff.; *Fischer*, PIR 2009, 242 ff.; *Glanz/Pfaff*, IRZ 2009, 417 ff.; *Kirsch*, IRZ 2010, 119 ff.; *Loitz*, DB 2008, 249 ff.; *Leker/Mahlstedt/Kehrel*, KoR 2008, 379 ff.; *Niehus*, in: FS Kropff, Aktien- und Bilanzrecht, Düsseldorf 1997, 533 ff.; *Kirsch*, BB 2003, 143 ff.; *Senger/Brune* in Beck'sches IFRS-Handbuch, 3. Aufl. 2009, § 30; *Senger/Prengel* in Beck'sches IFRS-Handbuch, 3. Aufl. 2009, § 20; *Simlacher/Schurbohm-Ebneth*, KoR 2009, 389 ff.; *von Eitzen/Helms*, BB 2002, 824 ff.; *Winkeljohann/Morich*, BB 2009, 1630 ff.

A. Zielsetzung und Anwendungsbereich

1 In der unternehmerischen Praxis bestehen neben Geschäftsbeziehungen zu fremden Dritten auch **Geschäftsbeziehungen zu nahe stehenden Unternehmen und Personen**. Dabei können sich die beiden genannten Arten von Geschäftsbeziehungen zum Teil erheblich in Bezug auf ihr generelles Zustandekommen, ihren Umfang und ihre Konditionen voneinander unterscheiden. So kann ein Unternehmen – anders als bei voneinander unabhängigen Marktakteuren – von einer nahe stehenden Partei zu einer Durchführung oder Unterlassung von Transaktionen oder zu Vereinbarungen veranlasst werden, die nicht den marktüblichen Konditionen (*at arm's length)* entsprechen. Es ist beispielsweise möglich, dass mit nahe stehenden Parteien

Transaktionen durchgeführt werden, die mit fremden Dritten nicht oder nur zu anderen Konditionen zustande gekommen wären.

Vor diesem Hintergrund sieht IFRS-SMEs Abschn. 33 die Veröffentlichung von Angaben im Jahresabschluss eines Unternehmens vor, die dem Abschlussadressaten bewusst machen sollen, dass die Vermögens-, Finanz- und Ertragslage durch die Existenz von nahe stehenden Parteien sowie durch Geschäftsvorfälle und ausstehende Salden mit diesen beeinflusst werden können (IFRS-SMEs Abschn. 33.1). Durch Angabepflichten zu derartigen Transaktionen werden mögliche Konsequenzen einer Abhängigkeit von nahe stehenden Parteien aufgezeigt und damit ein Beitrag zur Verbesserung der Transparenz des Abschlusses geleistet. Dabei wird als Geschäftsvorfall mit nahe stehenden Parteien die Übertragung von Ressourcen, Dienstleistungen oder Verpflichtungen zwischen einem Berichtsunternehmen und einer nahe stehenden Partei verstanden, unabhängig davon, ob das leistende Unternehmen dafür eine Gegenleistung erhält. Beispiele für Transaktionstypen mit nahe stehenden Parteien werden in IFRS-SMEs Abschn. 33.8 genannt:

(1) Transaktionen zwischen einem Unternehmen und seinen Anteilseignern.
(2) Transaktionen zwischen Unternehmen, die unter gemeinsamer Beherrschung (*common control*) eines einzelnen Unternehmens oder einer Person stehen.
(3) Transaktionen, in denen ein Unternehmen oder eine natürliche Person, welches bzw. welche das Berichtsunternehmen beherrscht, Aufwendungen trägt, die grundsätzlich vom Berichtsunternehmen getragen werden müssten.

2 Die Vorschriften des IFRS-SMEs Abschn. 33 orientieren sich systematisch und konzeptionell an den Regelungen des IAS 24 mit der Folge, dass dieser Abschnitt keine Bilanzierungs- und Bewertungsregeln, sondern **reine Offenlegungspflichten** enthält. Diese sollen entscheidungsnützliche Informationen für die Abschlussadressaten iSv. IFRS-SMEs Abschn. 2.2 zur Verfügung stellen, wobei der IFRS-SMEs die Entscheidungsnützlichkeit der Informationen in Bezug auf nahe stehende Parteien nach IAS 24 nahezu auch für kleine und mittlere Unternehmen unterstellt (dazu kritisch vgl. Janssen/Gronewold, in: KoR 2010, 76). Grundsätzlich erstreckt sich der Anwendungsbereich des IFRS-SMEs Abschn. 33 auf Jahres- und Konzernabschlüsse. Im Konzernabschluss entfallen allerdings die Angaben zu konzerninternen Transaktionen und ausstehenden Salden innerhalb des Konsolidierungskreises, da diese aufgrund der durchzuführenden Konsolidierungsmaßnahmen (zB Schuldenkonsolidierung, Aufwands- und Ertragskonsolidierung) eliminiert werden (vgl. Tz. 30).

3 Der Kreis der nahe stehenden Parteien, über die zu berichten ist, wird in IFRS-SMEs Abschn. 33 relativ weit gefasst. Die Berichtspflicht bezieht sich sowohl auf **übergeordnete** Unternehmen und natürliche Personen, **untergeordnete** Unternehmen (nicht konsolidierte Tochterunternehmen, assoziierte Unternehmen) und **Schwesterunternehmen**, als auch auf deren **Management** sowie die Mitarbeiter in Schlüsselpositionen des berichtenden Unternehmens selbst. Grafisch kann dies wie folgt veranschaulicht werden (in Anlehnung an Senger/Prengel, in: Beck IFRS-Handbuch, 3. Aufl. 2009, § 20 Tz. 5):

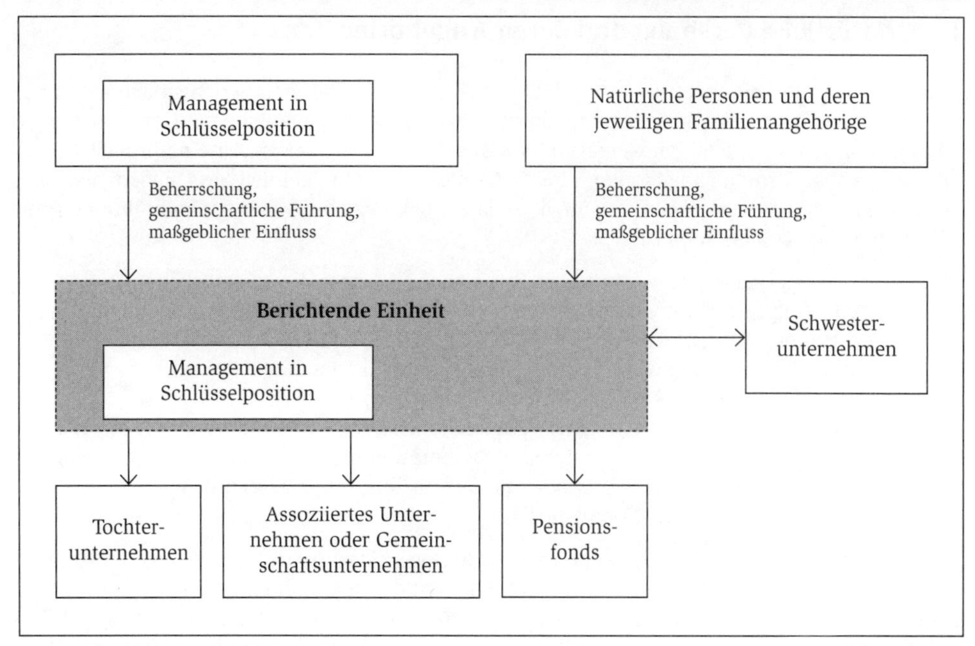

Abb. 1: Übersicht nahe stehende Parteien

B. Definition und Identifizierung nahe stehender Parteien

I. Allgemeines

4 Um den Angabepflichten des IFRS-SMEs Abschn. 33 nachkommen zu können, ist in einem ersten Schritt die **Identifizierung der nahe stehenden Unternehmen und Personen** des berichtenden Unternehmens erforderlich. IFRS-SMEs Abschn. 33.2 differenziert bei der Definition von nahe stehenden Parteien aus Sicht des berichtenden Unternehmens zwischen natürlichen Personen und deren nahen Familienangehörigen einerseits sowie nahe stehenden Unternehmen andererseits. Grundsätzlich hat für jedes berichtende Unternehmen eine separate Beurteilung einzelner Beziehungen zu nahe stehenden natürlichen Personen und Unternehmen zu erfolgen, wobei Zusammenfassungen für gleichartige Transaktionen oder Personengruppen sinnvoll und im Hinblick auf eine klare Darstellung geboten sein können.

5 Nach der Identifizierung von nahe stehenden Personen bzw. Unternehmen ist eine Prüfung vorzunehmen, ob **Geschäftsvorfälle mit den nahe stehenden Parteien** vorliegen. Ist dies der Fall, sind die Angabepflichten des IFRS-SMEs Abschn. 33 zu beachten; dabei wird zwischen Angaben zu Mutter-Tochter-Beziehungen (IFRS-SMEs Abschn. 33.5), Angaben zu Vergütungen an Mitglieder des Managements in Schlüsselpositionen (IFRS-SMEs Abschn. 33.6) sowie Angaben zu Transaktionen mit nahe stehenden Parteien (IFRS-SMEs Abschn. 33.8) unterschieden.

II. Natürliche Personen und deren Angehörige

6 Im Rahmen der Berichterstattung nach IFRS-SMEs Abschn. 33 können Berichtspflichten für ein Unternehmen durch die Beziehung zu bestimmten natürlichen Personen oder deren nahe Familienangehörige entstehen. Gemäß IFRS-SMEs Abschn. 33.2(a) gilt eine natürliche Person oder ein naher Familienangehöriger dieser Person in den folgenden drei Fällen als nahe stehend zum berichtenden Unternehmen, sodass über Beziehungen und Transaktionen mit diesen Personen zu berichten ist:

(1) Die natürliche Person bzw. ein naher Familienangehöriger dieser natürlichen Person übt eine Schlüsselposition (*key management personnel*) im berichtenden Unternehmen oder in dessen Mutterunternehmen aus (IFRS-SMEs Abschn. 33.2(a)(i)).
(2) Die natürliche Person bzw. ein naher Familienangehöriger dieser Person beherrscht das Berichtsunternehmen (IFRS-SMEs Abschn. 33.2(a)(ii)).
(3) Die natürliche Person bzw. ein naher Familienangehöriger dieser natürlichen Person ist an der gemeinschaftlichen Führung des Berichtsunternehmens beteiligt oder übt auf dieses einen maßgeblichen Einfluss aus oder besitzt an ihm einen wesentlichen Stimmrechtsanteil (IFRS-SMEs Abschn. 33.2(a)(iii)).

Die Existenz natürlicher Personen kann darüber hinaus in bestimmten Fällen auch im Verhältnis zwischen dem Berichtsunternehmen und einem anderen Unternehmen dazu führen, dass beide Unternehmen untereinander als nahe stehend zu beurteilen sind. Dies ist nach IFRS-SMEs Abschn. 33.2(b)(vii) dann der Fall, wenn ein Mitglied der obersten Führungs- und Überwachungsebene des berichtenden Unternehmens einen wesentlichen Stimmrechtsanteil an dem Unternehmen hält, ohne dass ein maßgeblicher Einfluss dieser Person auf das andere Unternehmen vorliegt und zur Qualifikation als nahe stehendes Unternehmen führt. Diese mittelbare Definition einer nahe stehenden Beziehung legt den Schluss nahe, dass mit einem wesentlichen Stimmrechtsanteil eine höhere Einflussnahme einhergeht als mit maßgeblichem Einfluss (vgl. Tz. 18 sowie Böckem, in: WPg 2009, S. 646).

7 Im Rahmen von IFRS-SMEs Abschn. 33 ist nicht nur über die Beziehungen zu und die Transaktionen mit nahe stehenden natürlichen Personen selbst zu berichten, sondern auch über Transaktionen mit **nahen Familienangehörigen** dieser Personen. Der Kreis der nahen Familienangehörigen wird jedoch innerhalb des Standards nicht näher abgegrenzt. Deshalb erscheint es sinnvoll, zur Auslegung des Begriffs gemäß IFRS-SMEs Abschn. 10.6 auf die entsprechenden Regelungen der IFRS als Beurteilungsgrundlage zurückzugreifen, die ähnliche Sachverhalte betreffen. In IAS 24.9 findet sich eine Abgrenzung des Kreises der nahen Familienangehörigen. Als solche gelten danach Personen, die bei Transaktionen mit dem berichtenden Unternehmen auf die als nahe stehend identifizierte natürliche Person Einfluss nehmen oder von ihr beeinflusst werden können. Dieser Personenkreis umfasst nach IAS 24.9 Lebenspartner, die mit dem unmittelbar Betroffenen in häuslicher Gemeinschaft leben, sowie seine Kinder und die Kinder des Lebenspartners und die wirtschaftlich von der nahe stehenden Person oder des in häuslicher Gemeinschaft lebenden Lebenspartners abhängige Angehörige. Dabei ist der Begriff »Angehörige« eng auszulegen, weil anderenfalls ein zu tiefer Eingriff in die Privatsphäre der betroffenen Personen notwendig wäre, der angesichts des Zwecks der Anhangangabepflicht nicht zu vertreten ist. IAS 24 geht darüber hinaus davon aus, dass die »Vermutung«, der unmittelbar Betroffene könne die Entscheidungen dieser Personen beeinflussen oder umgekehrt, im Einzelfall nicht widerlegt werden kann, obwohl die genannten Personen häufig unabhängig in ihren wirtschaftlichen Entscheidungen sind und die unterstellte Beeinflussung tatsächlich nicht gegeben ist (vgl. Senger/Prengel, in: Beck IFRS-Handbuch, 3. Aufl. 2009, § 20 Tz. 27).

8 Die Erfüllung der Anhangangabepflicht setzt damit konzeptionell voraus, dass das **berichtspflichtige Unternehmen** über die dargestellten Beziehungen **informiert** ist. Dies wiederum bedeutet, dass der unmittelbar Betroffene verpflichtet ist, dem berichtenden Unternehmen

entsprechende Angaben zu machen. Das Unternehmen muss dann prüfen, ob der unmittelbar Betroffene seinen Pflichten nachgekommen ist. Dies kann gerade für kleine und mittlere Unternehmen, die nur über begrenzte Ressourcen in der Rechnungslegung verfügen, zu erheblichem Aufwand führen (vgl. Kirsch, in: IRZ 2010, 121). Die Berichtspflichten im Zusammenhang mit nahe stehenden natürlichen Personen stoßen darüber hinaus – unabhängig von der Unternehmensgröße – auf praktische Schwierigkeiten in der Umsetzung (vgl. Niehus, 533 ff.), wenn die betroffenen Personen ihrer Informationspflicht nicht oder nur unvollständig nachkommen. Dabei resultieren die Schwierigkeiten nicht primär aus der Identifikation der entsprechenden Transaktionen, die das Unternehmen im Rahmen seiner Rechnungslegungspflicht ohnehin zu erfassen hat. In vielen Fällen ist nämlich für das Unternehmen die Zugehörigkeit einer natürlichen Person zum Kreis der nahe stehenden Parteien nicht unmittelbar ersichtlich. Dies gilt insbesondere dann, wenn es sich um einen nahen Angehörigen handelt (vgl. Tz. 7). In diesen Fällen ist das Unternehmen auf die Mitwirkung der betroffenen Person angewiesen.

1. Natürliche Personen in Schlüsselpositionen

9 Eine Abgrenzung des Personenkreises, der vom Begriff des Personals in Schlüsselpositionen abgedeckt ist, findet sich im Zusammenhang mit den erforderlichen Angaben zur Managementvergütung für Mitglieder in Schlüsselpositionen in IFRS-SMEs Abschn. 33. 6. Danach handelt es sich bei dem Personal in Schlüsselpositionen um Personen, die für die **Planung, Steuerung und Überwachung** der Tätigkeiten eines Unternehmens direkt oder indirekt zuständig und verantwortlich sind. Der Begriff des *key management personnel* deckt damit neben den Mitgliedern der Geschäftsführungs- und der Aufsichtsorgane auch die nächste (operative) Ebene des Managements ab, soweit dieses einen substanziellen Einfluss auf die Planung, Steuerung und Überwachung der Unternehmensaktivitäten hat.

10 Damit ist durch das bilanzierende Unternehmen **in jedem Einzelfall** zu prüfen, welche Personen die Abgrenzungskriterien erfüllen. Während bei kleineren Unternehmen die dispositiven Tätigkeiten oftmals auf die Geschäftsführung beschränkt bleiben, kann sich der im Rahmen der Angabepflichten zu berücksichtigende Personenkreis bei größeren mittelständischen Unternehmen auch auf die zweite Leitungsebene ausdehnen. Bei der Umstellung der Rechnungslegung auf IFRS-SMEs ist deshalb zu dokumentieren, auf welche natürlichen Personen innerhalb des Managements sich die Angabepflichten unter Berücksichtigung der existierenden Führungsstrukturen erstrecken.

11 Scheidet eine Person in einer Schlüsselposition während der Berichtsperiode aus dem Unternehmen aus, so wird sie **nur bis zum Zeitpunkt ihres Ausscheidens** als nahe stehende Person des Unternehmens angesehen. Ehemalige Personen in Schlüsselpositionen werden von IFRS-SMEs Abschn. 33 nicht erfasst. Die Berichtspflichten zu nahe stehenden Personen beschränken sich damit auch inhaltlich auf den Zeitraum bis zum Ausscheiden der entsprechenden Person.

2. Beherrschung eines Unternehmens

12 Eine natürliche Person beherrscht ein Unternehmen, wenn sie die Möglichkeit hat, die Finanz- und Geschäftspolitik eines Unternehmens zu bestimmen, um aus dessen Tätigkeit einen Nutzen zu ziehen (IFRS-SMEs Abschn. 9.4).

Diese Definition führt dazu, dass bei **Kapitalgesellschaften** Mehrheitsgesellschafter als nahe stehende Personen iSv. IFRS-SMEs Abschn. 33.2(a)(ii) anzusehen sind. Dabei sind die Einflussmöglichkeiten von Mehrheitsgesellschaftern je nach Rechtsform des Unternehmens unterschiedlich ausgestaltet. Handelt es sich um eine GmbH, so können die Gesellschafter der Geschäftsführung unmittelbar Weisungen erteilen. Die Aktionäre einer AG haben diese Möglichkeit nicht, jedoch kann ein Mehrheitsaktionär seinen Einfluss indirekt geltend machen, indem er sich oder Personen seines Vertrauens in den Aufsichtsrat wählt. Diese Möglichkeit reicht nach IFRS-SMEs Abschn. 9.5(c) aus, um einen beherrschenden Einfluss anzunehmen, obwohl die Möglichkeiten eines Mehrheitsaktionärs, zum eigenen Nutzen Einfluss auf die AG zu nehmen, nach deutschem Aktienrecht formell stark eingeschränkt sind (§ 101 Abs. 1 AktG iVm. § 96 AktG). Eine Mehrheitsbeteiligung in diesem Sinne ist auch zu unterstellen, wenn die natürliche Person die Mehrheit der Stimmen nicht allein, sondern nur zusammen mit den Stimmrechten enger Angehöriger (vgl. Tz. 7) hat.

13 Bei **Personengesellschaften** ist die Möglichkeit der Einflussnahme für Mehrheitsgesellschafter sehr viel unmittelbarer, weshalb eine Qualifikation dieser Personengruppe als nahe stehende Personen iSv. IFRS-SMEs Abschn. 33 in den meisten Fällen gegeben sein dürfte. Von besonderer Bedeutung ist in diesem Zusammenhang das Zusammenwirken von mehreren natürlichen Personen, die – einzeln betrachtet – jeweils nicht als Mehrheitsgesellschafter anzusehen sind, die jedoch durch ein abgestimmtes Verhalten gemeinsam das Unternehmen beherrschen können, ohne dass es sich – mangels Vorliegens einer entsprechenden vertraglichen Vereinbarung – um eine gemeinschaftliche Führung iSv. IFRS-SMEs Abschn. 33.2(a)(iii) handelt. Handelt es sich bei den gemeinsam beherrschenden natürlichen Personen um nahe Familienangehörige, so sind die Stimmrechtsanteile zusammen zu betrachten mit der Folge, dass sich die Berichtspflichten des IFRS-SMEs Abschn. 33 auf sämtliche zusammen wirkende Personen erstrecken. Werden Anteile nicht nur von nahe stehenden natürlichen Personen, sondern auch von nahen Familienangehörigen dieser Personen gehalten, kann sich eine Identifikation des gemeinsam handelnden Personenkreises im Einzelfall für das Unternehmen als schwierig erweisen (vgl. Tz. 8).

3. Gemeinschaftliche Führung

14 Gemeinschaftliche Führung wird in IFRS-SMEs Abschn. 15.2 als vertraglich vereinbarte, gemeinschaftlich ausgeübte Beherrschung über eine wirtschaftliche Aktivität definiert. Diese ist dann gegeben, wenn die strategischen Entscheidungen zur Finanz- und Geschäftspolitik eines Unternehmens einstimmig getroffen werden müssen.

Außerhalb des bereits durch IFRS-SMEs Abschn. 33.2(a)(i) abgedeckten Zusammenwirkens natürlicher Personen innerhalb der Organe des Unternehmens ist eine gemeinschaftliche Führung durch natürliche Personen idR nur aufgrund von deren **Gesellschafterstatus** gegeben. Dabei ist zwar formal zwischen einer gemeinschaftlichen Führung auf vertraglicher Basis durch Anteilseigner einerseits und dem oben (vgl. Tz. 13) beschriebenen, beherrschenden Zusammenwirken natürlicher Personen ohne Vertragsgrundlage andererseits zu unterscheiden. Die Folgen für die Beurteilung im Rahmen der Berichterstattung über nahe stehende Personen sind indes in beiden Fällen dieselben: Die Anteile der Gesellschafter sind zusammen zu betrachten, und jeder in die gemeinschaftliche Führung eingebundene Gesellschafter ist als nahe stehend iSv. IFRS-SMEs Abschn. 33.2(a) zu qualifizieren.

4. Maßgeblicher Einfluss

15 Als maßgeblicher Einfluss wird nach IFRS-SMEs Abschn. 14.3 die Möglichkeit angesehen, an den Entscheidungen über die Finanz- und Geschäftspolitik eines assoziierten Unternehmens mitzuwirken, ohne dass hierdurch ein Beherrschungsverhältnis oder eine gemeinschaftliche Führung vorliegt. Es besteht die widerlegbare Vermutung, dass ein maßgeblicher Einfluss bei einem Stimmrechtsanteil von mindestens 20% besteht. Ein maßgeblicher Einfluss kann jedoch auch aus Regelungen des Gesellschaftsvertrags oder anderen Verträgen resultieren (vgl. Senger/Brune, in: Beck IFRS-Handbuch, 3. Aufl. 2009, § 30 Tz. 34).

16 Wegen der gesetzlich vorgeschriebenen Aufgabenteilung bei einer **Aktiengesellschaft** zwischen Aktionären, Aufsichtsrat und Vorstand (§§ 76, 111 und 118 ff. AktG) ist es nur in

Sondersituationen denkbar, dass eine natürliche Person außerhalb von Aufsichtsrat und Vorstand einen wesentlichen Einfluss auf die Gesellschaft hat. Dies kann beispielsweise in einem Insolvenzverfahren der Insolvenzverwalter sein.

17 Bei einer **GmbH** ist dagegen ein maßgeblicher Einfluss insbesondere bei Gesellschaftern und deren Angehörigen zu vermuten, wenn deren Stimmrechtsanteil eine zur Ausübung des Einflusses ausreichende Größe hat. Hiervon ist grundsätzlich auszugehen, wenn der Stimmrechtsanteil 20% oder mehr beträgt. Allerdings kann die Einflussmöglichkeit von Gesellschaftern aufgrund von vertraglichen Regelungen eingeschränkt sein, so dass die Einbeziehung in den Kreis der nahe stehenden Personen in jedem Einzelfall anhand der konkreten Sachverhaltsausprägungen zu würdigen ist.

Zum Kreise der nahe stehenden Personen zählen bei der **KG** grundsätzlich die Komplementäre sowie die nahen Familienangehörigen dieser Gesellschafter (vgl. Kirsch, in: BB 2003, 143 ff.). Kommanditisten und deren nahe Familienangehörige kommen idR nur dann als nahe stehende Personen in Betracht, wenn ein Kommanditist entgegen den gesetzlichen Regeln (§§ 164 bis 171 HGB) aufgrund des Gesellschaftsvertrags der KG oder durch seine Stellung als Gesellschafter der Führungs-GmbH wesentliche Mitwirkungsrechte und damit maßgeblichen Einfluss auf die KG hat.

5. Wesentlicher Stimmrechtsanteil

18 Nach IFRS-SMEs Abschn. 33.2(a)(iii) kann eine Einflussnahme auch durch wesentliche Stimmrechtsanteile begründet werden. Der Begriff des wesentlichen Stimmrechtsanteils ist weder in den IFRS-SMEs noch in den IFRS näher bestimmt. Da eine Stimmrechtsquote von 20% und mehr bereits durch die Ausübung eines maßgeblichen Einflusses abgedeckt wird, ist zu vermuten, dass durch die Einflussnahme aufgrund eines wesentlichen Stimmrechtsanteils Sachverhalte abgedeckt werden sollen, bei denen eine Einflussnahme auch bei einem Stimmrechtsanteil unter 20% vorliegt (ADS Int 2002, Abschn. 27, Tz. 79). Dies kann beispielsweise der Fall sein, wenn ein Gesellschafter zwar über weniger als 20% der Stimmrechte in Bezug auf die laufende operative Geschäftstätigkeit eines Unternehmens verfügt, ihm jedoch vertraglich **Zustimmungs- bzw. Veto-Rechte** hinsichtlich besonderer Geschäftsvorfälle zugestanden wurden. Inwieweit solche vertraglichen Regelungen neben der allgemeinen Beurteilung eines maßgeblichen Einflusses hinsichtlich der Qualifikation einer natürlichen Person als nahe stehend zum Tragen kommen, ist jedoch im Einzelfall zu bestimmen.

III. Unternehmen als nahe stehende Parteien

19 Neben nahe stehenden natürlichen Personen umfasst der Anwendungsbereich des IFRS-SMEs Abschn. 33 insbesondere auch nahe stehende Unternehmen. Dabei gilt ein Unternehmen als dem berichtspflichtigen Unternehmen nahe stehend, sofern mindestens eine der folgenden Bedingungen des IFRS-SMEs Abschn. 33.2(b) erfüllt ist:

(1) Ein Unternehmen und das Berichtsunternehmen gehören demselben Konzern an. Dies impliziert, dass alle Unternehmen im Konzernverbund untereinander als nahe stehend einzustufen sind.
(2) Ein Unternehmen ist ein assoziiertes Unternehmen oder ein Joint Venture des anderen Unternehmens oder eines Unternehmens, das dem gleichen Konzernverbund angehört wie das andere.
(3) Beide Unternehmen sind Joint Ventures eines dritten Unternehmens.
(4) Eines der Unternehmen ist ein Joint Venture eines dritten Unternehmens, während das andere ein assoziiertes Unternehmen dieses dritten Unternehmens ist.

(5) Bei dem Unternehmen handelt es sich um einen Pensionsfonds zu Gunsten der Arbeitnehmer des berichtenden Unternehmens oder zugunsten eines dem Berichtsunternehmens nahe stehenden Unternehmens. Sofern das Berichtsunternehmen selbst ein derartiger Versorgungsträger ist, gelten alle teilnehmenden Arbeitgeber als diesem nahe stehend.
(6) Das Unternehmen wird von einer Person iSd. IFRS-SMEs Abschn. 33.2(a) (vgl. Tz. 6ff.) beherrscht oder gemeinschaftlich geführt.
(7) Eine Person in einer Schlüsselposition gemäß IFRS-SMEs Abschn. 33.2(a)(i) besitzt einen wesentlichen Stimmrechtsanteil an dem Unternehmen.
(8) Eine Person gemäß IFRS-SMEs Abschn. 33.2(a)(ii), die das Berichtsunternehmen beherrscht, hat einen maßgeblichen Einfluss auf das Unternehmen oder besitzt einen wesentlichen Stimmrechtsanteil an ihm.
(9) Eine Person oder ein ihr naher Familienangehöriger hat einen maßgeblichen Einfluss auf das Unternehmen oder besitzt an ihm einen wesentlichen Stimmrechtsanteil und ist gleichzeitig an einer gemeinschaftlichen Führung des berichtenden Unternehmens beteiligt.
(10) Eine Person in einer Schlüsselposition des Unternehmens oder dessen Mutterunternehmens oder ein naher Familienangehöriger in dieser Position beherrscht das Berichtsunternehmen oder führt dieses gemeinschaftlich oder besitzt an ihm einen wesentlichen Stimmrechtsanteil.

20 Die vorstehend genannten Indikatoren können auf die **Grundsachverhalte** der Beherrschung und des maßgeblichen Einflusses sowie der Beteiligung an einer gemeinschaftlichen Führung eines anderen Unternehmens reduziert werden. Eine Sonderstellung nehmen darüber hinaus die Beziehungen zu einem Pensionsfonds ein.

Im Folgenden werden deshalb die Grundsachverhalte dargestellt, die eine Berichtspflicht als nahe stehende Unternehmen iSv. IFRS-SMEs Abschn. 33.2(b) auslösen können. Die Beurteilung, ob es sich bei anderen Unternehmen um nahe stehende Unternehmen iSv. IFRS-SMEs Abschn. 33.2 handelt, erschöpft sich jedoch nicht in der isolierten Beurteilung der aufgeführten Kriterien. IFRS-SMEs Abschn. 33.3 weist explizit auf die Notwendigkeit einer **Gesamtwürdigung der zu beurteilenden Geschäftsbeziehung** zu einem anderen Unternehmen hin, die der Qualifikation als nahe stehendes Unternehmen zugrunde zu legen ist. Die juristische Ausgestaltung der Beziehung hat demgegenüber nachrangige Bedeutung.

1. Beherrschungsverhältnisse

21 Der Begriff der **Beherrschung** *(control)* zwischen Unternehmen wird im Zusammenhang mit der Konzernrechnungslegung in IFRS-SMEs Abschn. 9.4 definiert. Danach ist Beherrschung die Möglichkeit, die Finanz- und Geschäftspolitik eines Unternehmens zu bestimmen, um aus dessen Tätigkeit einen Nutzen zu ziehen. Das beherrschte Unternehmen wird als TU *(subsidiary)*, das beherrschende Unternehmen als MU *(parent)* bezeichnet (ausführlich vgl. IFRS-SMEs-Komm., Teil B, Abschn. 9, Tz. 10).

22 Der Kreis der nahe stehenden Unternehmen auf der Grundlage von **Beherrschungsverhältnissen** nach IFRS-SMEs Abschn. 33.2(b) beschränkt sich jedoch nicht auf TU des Berichtsunternehmens. In die Anhangsangaben zu nahe stehenden Parteien sind auch Beziehungen zum unmittelbaren MU und weiteren mittelbar herrschenden Unternehmen aufzunehmen. Außerdem ist auch über Beziehungen zu Schwestergesellschaften zu berichten. Liegt eine Beherrschungsbeziehung nach dieser Abgrenzung vor, so ist nach IFRS-SMEs Abschn. 33.5 darüber zu berichten, unabhängig davon, ob zwischen dem berichtenden und diesen nahe stehenden Unternehmen Geschäfte in der Berichtsperiode stattgefunden haben oder nicht.

23 Der konkrete Umfang der Unternehmen, die in die Berichterstattung als nahe stehend aufzunehmen sind, ist auch von der **betrachteten Berichtseinheit** abhängig. Im Jahresabschluss sind die Angaben nach IFRS-SMEs Abschn. 33 grundsätzlich für alle Konzernunternehmen

bzw. Personen in Schlüsselpositionen in diesen Unternehmen zu machen. Innerhalb des Konzernabschlusses fallen dagegen aufgrund der Sichtweise des Konzerns als eine berichtende Einheit die Angaben zu Beziehungen und Transaktionen weg, die innerhalb des Konzerns getätigt werden. Dies betrifft beispielsweise konzerninterne Lieferungen und Leistungen, konzerninterne Finanzierungstransaktionen oder konzerninterne Miet- und Leasingverhältnisse. Vollumfängliche Angaben sind hingegen für nicht in den Konzernabschluss einbezogene TU zu machen, bei denen eine Konsolidierung (zB aus Wesentlichkeitsgründen) unterblieben ist.

2. Maßgeblicher Einfluss

24 Der Begriff des **maßgeblichen Einflusses** *(significant influence)* zwischen zwei Unternehmen wird von den IFRS-SMEs im Zusammenhang mit Beteiligungen an assoziierten Unternehmen in IFRS-SMEs Abschn. 14 definiert. Danach wird unter einem maßgeblichen Einfluss die Möglichkeit verstanden, an den finanz- und geschäftspolitischen Entscheidungsprozessen des Beteiligungsunternehmens mitzuwirken, ohne diese Entscheidungsprozesse allein oder im Zusammenwirken mit Dritten im Rahmen eines Joint Venture beherrschen zu können (IFRS-SMEs Abschn. 14.3). Das Vorliegen eines maßgeblichen Einflusses wird widerlegbar vermutet, wenn der Anteilseigner direkt oder indirekt über mindestens 20% der Stimmrechte am assoziierten Unternehmen verfügt. Bei einem Stimmrechtsanteil von weniger als 20% wird spiegelbildlich vermutet, dass kein maßgeblicher Einfluss gegeben ist. Dabei ist die Existenz eines Beherrschungsverhältnisses mit einem Dritten kein Grund, maßgeblichen Einfluss eines anderen beteiligten Unternehmen unmittelbar auszuschließen (IFRS-SMEs Abschn. 14.3(a) bis IFRS-SMEs Abschn. 14.3(c); ausführlich vgl. IFRS-SMEs-Komm., Teil B, Abschn. 14, Tz. 10f.).

25 Auch für die Beurteilung, ob ein maßgeblicher Einfluss vorliegt, ist auf die jeweilige **Betrachtungsebene** abzustellen. So kann beispielsweise aus Sicht des Einzelabschlusses ein Unternehmen als assoziiertes Unternehmen einzustufen sein; auf Konzernebene ist das Unternehmen jedoch in den Konsolidierungskreis einzubeziehen, da noch andere Konzernunternehmen über Stimmrechtsanteile an diesem Unternehmen verfügen. Die Berichterstattungspflicht innerhalb des Einzelabschlusses orientiert sich in diesem Fall an dem Status des Unternehmens als assoziiertem Unternehmen, im Konzernabschluss sind Angaben über ein nahe stehendes Konzernunternehmen zu machen. Dies ist insofern von Bedeutung, als Konzernbeziehungen nach IFRS-SMEs Abschn. 33.5 in jedem Fall zu nennen sind, Beziehungen zu assoziierten Unternehmen jedoch nur dann, wenn zwischen dem berichtenden und den so definierten nahe stehenden Unternehmen in der Berichtsperiode Geschäftsbeziehungen stattgefunden haben (Umkehrschluss aus IFRS-SMEs Abschn. 33.5).

Nach IFRS-SMEs Abschn. 33.2(b)(ii) und IFRS-SMEs Abschn. 33.2(b)(iv) sowie IFRS-SMEs Abschn. 33.2(b)(vii) und IFRS-SMEs Abschn. 33.2(b)(viii) ist sowohl über Beziehungen zu Unternehmen zu berichten, die als Anteilseigner mittelbar oder unmittelbar einen maßgeblichen Einfluss auf das berichtende Unternehmen ausüben können, als auch über Beziehungen zu Unternehmen, auf die das berichtende Unternehmen einen maßgeblichen Einfluss ausüben kann.

3. Beteiligung an der gemeinschaftlichen Führung eines anderen Unternehmens

26 **Gemeinschaftliche Führung** ist nach IFRS-SMEs Abschn. 15.2 die vertraglich vereinbarte Teilhabe an der Führung einer wirtschaftlichen Geschäftstätigkeit zusammen mit anderen Parteien unter der Voraussetzung, dass die wesentlichen strategischen, finanziellen und operativen Entscheidungen nur gemeinschaftlich getroffen werden können. Die Voraussetzung der gemeinschaftlichen Führung und Entscheidungsfindung bedingt einen erheblichen Einfluss auf die finanz- und geschäftspolitischen Entscheidungsprozesse. Die weitere Voraussetzung

der vertraglichen Vereinbarung wird nach deutschem Recht im Regelfall durch einen **Betriebsführungsvertrag** erfüllt, auch wenn die Formulierung der IFRS-SMEs andere Vertragstypen als Grundlage für eine gemeinschaftliche Führung nicht ausschließt.

Korrespondierend zum maßgeblichen und beherrschenden Einfluss (vgl. Tz. 21 ff.) ist sowohl über Beziehungen zu Unternehmen zu berichten, die als **Anteilseigner** das berichtende Unternehmen mittelbar oder unmittelbar gemeinschaftlich führen, als auch zu **Gemeinschaftsunternehmen** iSv. IFRS-SMEs Abschn. 15, die das **berichtende Unternehmen** als Partnerunternehmen gemeinschaftlich mit einem oder mehreren anderen Partnerunternehmen führt, Angaben zu machen (IFRS-SMEs Abschn. 33.2(b)(ii) und IFRS-SMEs Abschn. 33.2(b)(ix)). Zu berichten ist auch in Bezug auf diese nahe stehenden Unternehmen nur, wenn in dem Berichtszeitraum Geschäfte zwischen dem Partnerunternehmen und dem (berichtenden) Gemeinschaftsunternehmen bzw. zwischen dem berichtenden Partnerunternehmen und seinem Gemeinschaftsunternehmen stattgefunden haben.

27 Dagegen wird in IFRS-SMEs Abschn. 33.4(b) klargestellt, dass Unternehmen nicht allein deswegen als nahe stehend angesehen werden können, weil sie gemeinschaftlich als Partnerunternehmen ein Gemeinschaftsunternehmen kontrollieren. In diesem Fall ist lediglich das gemeinschaftlich kontrollierte Unternehmen als nahe stehend zu qualifizieren, da nur in diesem Unternehmen ein Einfluss auf die (gemeinsam zu treffenden) Entscheidungen gegeben ist.

4. Pensionsfonds

28 Zu den nahe stehenden Unternehmen gehört nach IFRS-SMEs Abschn. 33.2(v) auch ein **Pensionsfonds**, wenn der **Fonds für die Mitarbeiter** des berichtenden Unternehmens eingerichtet ist. Voraussetzung für eine Berichtspflicht im Rahmen von IFRS-SMEs Abschn. 33 ist jedoch, dass zwischen dem berichtenden Unternehmen und dem Pensionsfonds in der Berichtsperiode Geschäftsbeziehungen stattgefunden haben (Umkehrschluss aus IFRS-SMEs Abschn. 33.5). Somit kann durch eine Einmalzahlung in einen Pensionsfonds eine Berichtspflicht nach IFRS-SMEs Abschn. 33 in den Folgejahren grundsätzlich vermieden werden. Allerdings löst jede zusätzliche Dotierung in den Folgejahren für die entsprechenden Berichtsperioden eine erneute Angabepflicht aus.

IV. Abgrenzung zu anderen Parteien

29 Neben der positiven Abgrenzung von nahe stehenden Parteien enthalten die IFRS-SMEs auch eine **Negativabgrenzung** in Bezug auf nahe stehende Personen, indem in IFRS-SMEs Abschn. 33.4 vier Bereiche explizit genannt werden, die (isoliert betrachtet) nicht zu einer Qualifikation der Transaktionspartner als nahe stehende Personen führen:

(1) Zwei Unternehmen sind nicht allein deshalb als nahe stehend zu qualifizieren, weil bei ihnen in der oberen Führungs- und Überwachungsebene **Personenidentität** besteht (IFRS-SMEs Abschn. 33.4(a)). Dies gilt zumindest uneingeschränkt für einzelne Personen, die – neben anderen, nicht identischen Personen – den Geschäftsführungs- und Aufsichtsgremien zweier Unternehmen angehören. Ist hingegen eine vollständige Personenidentität der Organe zweier Unternehmen gegeben, so kann dies für eine Qualifikation der beiden Unternehmen als nahe stehend iSv. IFRS-SMEs Abschn. 33.2(b)(vii) sprechen.

(2) Führen zwei Unternehmen gemeinschaftlich als **Partnerunternehmen** ein Gemeinschaftsunternehmen, so begründet allein diese gemeinschaftliche Führung nicht den Status von nahe stehenden Unternehmen (IFRS-SMEs Abschn. 33.4(b)). Diese Beurteilung ist auch konzeptionell geboten, da sich der Einfluss der Partnerunternehmen lediglich auf das

Gemeinschaftsunternehmen bezieht und auf Einflussmöglichkeiten auf den jeweiligen Joint-Venture-Partner.

(3) Transaktionen im Rahmen eines normalen Geschäftsgebarens mit dem Berichtsunternehmen (auch wenn sie die unternehmerische Freiheit einschränken mögen oder eine Teilhabe am Entscheidungsprozess ermöglichen) **bestimmter Transaktionspartner** führen nicht automatisch zu einer Qualifikation der entsprechenden Parteien als nahe stehende Personen. IFRS-SMEs Abschn. 33.4(c) nennt in diesem Zusammenhang Kapitalgeber, Gewerkschaften, öffentliche Ver- und Entsorgungseinrichtungen, Ministerien und Behörden.

(4) Auch Beziehungen zu **Kunden, Lieferanten, Franchisegebern oder Vertriebspartnern**, mit denen das Berichtsunternehmen einen wesentlichen Teil seines Geschäftes abwickelt, führen alleine aufgrund der wirtschaftlichen Abhängigkeit nicht zu einer Qualifikation als nahe stehende Partei.

Die Negativabgrenzung in IFRS-SMEs Abschn. 33.4 führt jedoch nicht dazu, dass die dort benannten Unternehmen in keinem Fall als nahe stehende Personen zu betrachten sind. Vielmehr können auch sie die Voraussetzungen des IFRS-SMEs Abschn. 33.2 erfüllen, wenn weitere Gesichtspunkte für eine solche Qualifikation sprechen. Entscheidend ist auch hier die wirtschaftliche Gesamtwürdigung der Geschäftsbeziehung.

C. Angabepflichten

I. Allgemeines

30 Bei den Angabepflichten zu nahe stehenden Parteien nach IFRS-SMEs Abschn. 33 ist nach Betrachtungsebenen zu differenzieren. Während auf Ebene des **Einzelabschlusses** über die Geschäftsvorfälle mit anderen Konzernunternehmen als nahe stehende Unternehmen zu berichten ist, entfallen die entsprechenden Angaben im **Konzernabschluss** aufgrund der Sicht des Konzerns als einheitliches Berichtsobjekt für verbundene Unternehmen innerhalb des Konsolidierungskreises.

Die von IFRS-SMEs im Zusammenhang mit nahe stehenden Parteien bereitzustellenden Angaben zielen darauf ab, den Abschlussadressaten über die Art und den Umfang von Geschäftsbeziehungen und Geschäftsvorfällen zu **informieren**. Eine inhaltliche Bewertung der einzelnen Transaktionen wird nicht abgestellt. IFRS-SMEs Abschn. 33 unterscheidet zwischen drei Bereichen von Angabepflichten:

- Angaben über die Beziehungen zwischen Mutter- und Tochterunternehmen (IFRS-SMEs Abschn. 33.5)
- Angaben über die Vergütungen für Mitglieder des Managements in Schlüsselpositionen (IFRS-SMEs Abschn. 33.6-7)
- Angaben über Transaktionen zwischen nahe stehenden Parteien (IFRS-SMEs Abschn. 33.8-14).

II. Angaben zu den Beziehungen zwischen Mutter- und Tochterunternehmen

31 Unabhängig davon, ob zwischen einem MU und dessen TU Geschäftsvorfälle stattgefunden haben, sind über die entsprechenden Unternehmensverbindungen im Anhang Angaben zu

machen. Dabei muss ein Unternehmen, das unter einem beherrschenden Einfluss steht, gemäß IFRS-SMEs Abschn. 33.5 den **Namen des MU** und, sofern abweichend, den Namen des obersten MU des Konzerns angeben. Für den Fall, dass diese MU ihre Abschlüsse nicht veröffentlichen, ist außerdem der Name des nächsten MU anzugeben, das einen Abschluss veröffentlicht.

Im Gegensatz dazu wird in IFRS-SMEs Abschn. 33.5 eine Angabe der Namen der TU im Abschluss des MU nicht gefordert, wobei sich eine entsprechende Verpflichtung für den Konzernabschluss für deutsche Unternehmen aus § 313 Abs. 2 HGB iVm. § 315a Abs. 1 HGB ergibt.

III. Angaben zu den Vergütungen für Mitglieder des Managements in Schlüsselpositionen

32 Nach IFRS-SMEs Abschn. 33.7 hat ein Unternehmen die **Vergütungen des Managements** in Schlüsselpositionen anzugeben. Der Begriff der Vergütung umfasst sämtliche Leistungen an Arbeitnehmer wie sie in IFRS-SMEs Abschn. 28 definiert sind, einschließlich der anteilsbasierten Vergütungen im Sinne des IFRS-SMEs Abschn. 26. Leistungen an Arbeitnehmer beinhalten alle Formen der Vergütung, unabhängig davon, ob sie bereits ausbezahlt wurden. Zu berücksichtigen sind auch jene Vergütungen, die beispielsweise vom MU oder einem Anteilseigner für Leistungen an Mitglieder des Managements anstelle des Berichtsunternehmens übernommen werden.

33 Die Angaben zu Vergütungen für Manager in Schlüsselpositionen sind nach IFRS-SMEs Abschn. 33.8 **in aggregierter Form** zu machen. Die Bezüge sind also nicht in verschiedene Kategorien aufzuschlüsseln, auch wenn IFRS-SMEs Abschn. 33.7 unterschiedliche Formen der Managementvergütung unterscheidet. Im Unterschied zu den IFRS, bei denen ein Unternehmen die Vergütungen insgesamt und für die unterschiedlichen Vergütungskategorien einzeln anzugeben hat, hat der IASB mit der Regelung des IFRS-SMEs Abschn. 33.8 sowohl dem Vereinfachungsgedanken als auch dem adressatenbezogenen Interessenschutz kleiner und mittlerer Unternehmen Rechnung getragen.

IV. Angaben zu Transaktionen zwischen nahe stehenden Parteien

34 Die Angabepflichten zu Transaktionen mit nahe stehenden Parteien unterteilen sich in allgemeine Regelungen (IFRS-SMEs Abschn. 33.8, .12-.14), Mindestangabepflichten (IFRS-SMEs Abschn. 33.9-.10) und spezifische Ausnahmen von Angabepflichten in bestimmten Fällen (IFRS-SMEs Abschn. 33.11). Generelles Ziel dabei ist die Bereitstellung qualitativer Informationen bezüglich der Art der Beziehung zu nahe stehenden Parteien einerseits und quantitativer Größen der resultierenden Transaktionen andererseits, um den Abschlussadressaten ein **Verständnis über die Auswirkungen** solcher Beziehungen auf den Abschluss zu ermöglichen.

1. Allgemeine Regelungen

35 Zunächst findet sich in IFRS-SMEs Abschn. 33.8 eine **Abgrenzung der Geschäftsvorfälle** (Transaktionen), die zu einer Berichtspflicht iSv. IFRS-SMEs Abschn. 33 führen. Relevante Transaktionen sind danach der Transfer von Ressourcen, die Erbringung von Leistungen oder Verpflichtungen zwischen der berichtenden Einheit und einer nahe stehenden Partei (zur Abgrenzung vgl. Tz. 4 ff.), unabhängig davon, ob diese Transaktion gegen ein Entgelt erfolgt oder nicht. Zur Verdeutlichung werden in IFRS-SMEs Abschn. 33.8 beispielhaft drei **Gruppen**

von Transaktionen genannt, die typischerweise zu einer Berichtspflicht bei kleinen und mittleren Unternehmen führen können. Bei diesen – nicht abschließenden – Beispielen handelt es sich um folgende Konstellationen:

(1) Transaktionen zwischen der berichtenden Einheit und Mehrheitsgesellschaftern;
(2) Transaktionen zwischen zwei Unternehmen, die beide von demselben Mehrheitsgesellschafter (natürliche Person oder Unternehmen) beherrscht werden;
(3) Transaktionen, bei denen ein beherrschendes Unternehmen oder eine beherrschende natürliche Person Aufwendungen trägt, die ansonsten von dem berichtenden Unternehmen hätten aufgewendet werden müssen.

36 Ergänzend zu diesen typischen Fallkonstellationen werden in IFRS-SMEs Abschn. 33.12 Beispiele für **typische Geschäftsvorfälle** genannt, die eine Berichtspflicht in Bezug auf nahe stehende Parteien auslösen können:

- Käufe oder Verkäufe von fertigen oder unfertigen Waren,
- Käufe oder Verkäufe von Grundstücken, Bauten und anderen Vermögenswerten,
- geleistete oder bezogenen Dienstleistungen,
- Leasingverhältnisse,
- Transfer von Dienstleistungen im Bereich von Forschung und Entwicklung,
- Transfer aufgrund von Lizenzvereinbarungen,
- Finanzierungsvereinbarungen (einschließlich Darlehen oder Kapitaleinlagen in Form von Bar- oder Sacheinlagen),
- Gewährung von Bürgschaften oder Sicherheiten,
- die Erfüllung von Verbindlichkeiten für Rechnung des Unternehmens oder durch das Unternehmen für Rechnung Dritter,
- die Teilnahme eines Mutter- oder Tochterunternehmens an einem leistungsorientierten Versorgungsplan, der Risiken zwischen den Konzernunternehmen aufteilt.

Diese Aufzählung typischer Transaktionen hat ebenfalls keinen ausschließlichen, sondern nur einen exemplarischen Charakter.

37 Die Angemessenheit hinsichtlich der Transaktionsbedingungen (insbesondere der Preisfindung) muss im Anhang nicht beurteilt werden. IFRS-SMEs Abschn. 33.13 enthält in diesem Zusammenhang lediglich die Forderung, dass eine Aussage darüber, dass Transaktionen zwischen nahe stehenden Personen unter **Marktbedingungen** (*at arm's length*) stattgefunden haben, nur getroffen werden darf, wenn dies nachgewiesen werden kann. Da IFRS-SMEs Abschn. 33 jedoch offen lässt, in welcher Form dieser Nachweis zu erbringen ist, eröffnet sich dem Bilanzierenden ein nicht unerheblicher Ermessensspielraum. Während der Nachweis bei vorhandenen und öffentlich zugänglichen Marktpreisen weitgehend objektiv nachzuweisen ist, dürfte es bei nicht öffentlich notierten Preisen in der Praxis in das Tätigkeitsfeld des Abschlussprüfers fallen, die im Anhang getätigte Aussage zu verifizieren.

38 IFRS-SMEs Abschn. 33.14 ermöglicht eine **Aggregation** gleichartiger Posten, wenn nicht eine getrennte Angabe zu einem besseren Verständnis der Auswirkungen von Transaktionen mit nahe stehenden Parteien beiträgt. Eine disaggregierte Berichtsform wird insbesondere bei komplexen Geschäftsbeziehungen zwischen nahe stehenden Unternehmen dem Abschlussadressaten ein besseres Verständnis für die Auswirkungen dieser Beziehungen auf die Vermögens-, Finanz- und Ertragslage des berichtenden Unternehmens ermöglichen.

Beispiel:
Die Beziehungen und Transaktionen eines berichtenden MU (A-GmbH) mit den nahe stehenden Unternehmen (B-KG und C-GmbH) lassen sich beispielsweise wie folgt im Anhang des IFRS-SMEs-**Einzelabschlusses** darstellen, wobei eine Aggregation hinsichtlich der gegenseitig erbrachten Leistungen erfolgt:

Im Geschäftsjahr 20X9 hat A-GmbH für die B-KG Leistungen in Form von Waren und Dienstleistungen in Höhe von 250 T€ erbracht. Im gleichen Zeitraum hat die A-GmbH Leistungen (Waren und Dienstleistungen) in einem Umfang von 300 T€ von der B-KG erhalten. Darüber hinaus existieren Rahmenkreditvereinbarungen zwischen der B-KG und der C-GmbH mit einem Volumen von insgesamt 200 T€ und zwischen der A-GmbH und der C-GmbH in Höhe von 100 T€. Es bestehen personelle Verflechtungen zwischen der B-KG und der C-GmbH in der Form, dass der Geschäftsführer der B-KG gleichzeitig die Geschäftsführung in der C-GmbH ausübt.
Im **Konzernabschluss** des MU entfallen sämtliche Angaben aufgrund der Sichtweise des Konzerns als berichtende Einheit, wenn sowohl die B-KG als auch die C-GmbH als TU in den Konsolidierungskreis einbezogen sind.

39 Als Umkehrschluss aus IFRS-SMEs Abschn. 33.5 ergibt sich, dass für nahe stehende Personen und Unternehmen, bei denen **kein Beherrschungsverhältnis** vorliegt, Angaben im Anhang **nur bei einem tatsächlichen Vorliegen von Transaktionen** vorzunehmen sind.

2. Mindestangabepflichten

40 Um den Abschlussadressaten ein Verständnis über die möglichen Auswirkungen von Transaktionen zwischen nahe stehenden Parteien zu ermöglichen, hat ein Unternehmen nach IFRS-SMEs Abschn. 33.9 die Art der Beziehung zu einer nahe stehenden Partei ebenso anzugeben wie Informationen über stattgefundene Transaktionen, ausstehende Salden und eingegangene Verpflichtungen. Dabei sind, ergänzend zu den Angaben zur Vergütung von Mitgliedern des Managements (vgl. Tz. 32 f.), in Bezug auf die Geschäftsvorfälle mit nahe stehenden Parteien die folgenden **Mindestangabepflichten** zu beachten:

(1) Es sind die Beträge der Transaktionen mit nahe stehenden Parteien zu nennen (IFRS-SMEs Abschn. 33.19(a)). Ggf. können dabei gleichartige Transaktionen im Rahmen des IFRS-SMEs Abschn. 33.14 zusammengefasst werden. Es müssen konkrete quantitative Angaben erfolgen, qualitative oder prozentuale Angaben sind in diesem Zusammenhang nicht ausreichend. Eine Trennung nach gegebenen oder erhaltenen Leistungen ist dabei nicht erforderlich.
(2) Die Beträge der ausstehenden Salden sowie die zugrunde liegenden Bedingungen und Konditionen einschließlich einer möglichen Besicherung, die Art der Leistungserfüllung und Einzelheiten zu gewährten oder erhaltenen Garantien (IFRS-SMEs Abschn. 33.9(b)) sind aufzuführen. Auch diese Angaben können für gleichartige Vorgänge in aggregierter Form nach IFRS-SMEs Abschn. 33.14 gemacht werden.
(3) Wurden Wertberichtigungen auf uneinbringliche Forderungen im Bezug auf ausstehende Salden mit nahe stehenden Parteien gebildet, so ist dieser Sachverhalt und die Höhe des wertberichtigten Betrags anzugeben (IFRS-SMEs Abschn. 33.9(c)).
(4) Zu nennen ist ferner der Aufwand für Ausbuchungen oder Wertberichtigungen, der in der Berichtsperiode für nicht mehr werthaltige Forderungen gegenüber nahe stehenden Parteien erfasst wurde (IFRS-SMEs Abschn. 33.9(d)).

41 Die in IFRS-SMEs Abschn. 33.9 verlangten Angaben sind nach folgenden Gruppen nahe stehender Personen oder Unternehmen **aufzugliedern** (IFRS-SMEs Abschn. 33.10) in:

(1) Unternehmen, die das Berichtsunternehmen beherrschen, gemeinschaftlich führen oder einen maßgeblichen Einfluss darauf ausüben.
(2) Unternehmen, die vom Berichtsunternehmen beherrscht oder gemeinschaftlich geführt werden oder auf die das Berichtsunternehmen einen maßgeblichen Einfluss ausübt.

(3) Mitglieder des Managements in Schlüsselpositionen des berichtenden Unternehmens oder seines Mutterunternehmens (in aggregierter Form, vgl. IFRS-SMEs Abschn. 33.7).
(4) Andere nahe stehende Parteien.

42 Auch für diese Aufgliederung gilt, dass gleichartige Sachverhalte in zusammengefasster Form dargestellt werden können, soweit nicht eine Einzeldarstellung zum Verständnis der Beziehung bzw. Transaktion notwendig ist. Aufgrund der verschiedenen Aggregationsmöglichkeiten bietet sich bei einer größeren Anzahl von Transaktionen mit nahe stehenden Parteien die Darstellung in **tabellarischer Form**, ergänzt um die notwendigen qualitativen Aussagen, innerhalb des Anhangs an. Eine solche »Spiegel«-Darstellung könnte beispielsweise folgende Form haben:

	Beherrschende Unternehmen oder solche mit maßgeblichem Einfluss auf das berichtende Unternehmen	Tochterunternehmen, assoziierte Unternehmen oder Joint Ventures des berichtenden Unternehmens	Managements in Schlüsselpositionen des berichtenden Unternehmens oder seines Mutterunternehmens	Andere nahe stehende Parteien
Waren und Dienstleistungsverkehr (T€)				
Finanzierungsverkehr (T€)				
Ausstehende Forderungen (T€)				
Ausstehende Verbindlichkeiten (T€)				
Zinssatz pa. (%)				
Laufzeit (Jahre)				
Erhaltene Garantien (T€)				
Gegebene Garantien (T€)				
Wertberichtigung auf Forderungen (T€)				

Tab. 1: Beispiel einer tabellarischen Übersicht der quantitativen Angaben zu nahe stehenden Parteien

3. Ausnahmeregelung

43 Von den Berichtspflichten nach IFRS-SMEs Abschn. 33.9 sind Unternehmen in Bezug auf ihr **Verhältnis zu staatlichen Behörden** durch die Ausnahmeregelung des IFRS-SMEs Abschn. 33.11 befreit, wenn eine solche Behörde das Unternehmen beherrscht oder gemeinschaftlich führt bzw. auf das Unternehmen einen maßgeblichen Einfluss ausübt. Diese Ausnahmeregelung entspricht der durch die Ergänzung von IAS 24 im November 2009 auch in die

IFRS eingeführte Befreiung von der Berichterstattungspflicht über Beziehungen zu staatlichen Behörden. Die von dieser Regelung erfassten Behörden können nationale, regionale oder kommunale Institutionen sein, entscheidend ist ihre Eigenschaft als Behörde einer Gebietskörperschaft (vgl. Böckem, in: WPg 2009, 648).

44 Die Befreiung von den Angabepflichten nach IFRS-SMEs Abschn. 33.9 ist auch im Hinblick auf ein **anderes Unternehmen** anzuwenden, das deshalb als nahe stehend gilt, weil es von der gleichen nationalen, regionalen oder kommunalen Regierung oder Behörde beherrscht oder gemeinschaftlich geführt wird wie das Berichtsunternehmen bzw. diese einen maßgeblichen Einfluss darauf ausüben.

Die Motivation für die Befreiungsvorschrift ist die pragmatische Einschätzung des IASB, dass es für vom Staat beherrschte Unternehmen schwierig sein kann, aufgrund der Vielzahl potenziell nahe stehender Parteien diese zu identifizieren. Dies gilt in besonderem Maß für kleine und mittlere Unternehmen, für die auch unter Gesichtspunkten der Kosteneffizienz der Erhebungsaufwand für die erforderlichen Angaben in keinem vertretbaren Verhältnis zum Informationsnutzen dieser Angabe stehen würde.

45 Zu beachten ist jedoch, dass die Ausnahmeregelung sich nur auf die Angaben nach IFRS-SMEs Abschn. 33.9 bezieht. Sie schränkt nicht die Verpflichtung von Unternehmen ein, ihre Mutter-/Tochterbeziehung zu einer staatlichen Behörde gemäß IFRS-SMEs 33.5 anzugeben.

D. Vergleich mit IFRS und HGB

46 Die Regelungen des IFRS-SMEs Abschn. 33 bzgl. der Angabepflichten zu den nahe stehenden Personen und Unternehmen wurden aus IAS 24 abgeleitet und stimmen zu weiten Teilen auch wörtlich mit IAS 24 überein. Das deutsche Handelsrecht dagegen sieht einzelne Angaben zu nahe stehenden Parteien nicht im Zusammenhang, sondern verteilt auf die §§ 285, 286, 313 und 314 HGB vor, wobei diese Angabepflichten im Zuge der Einführung des BilMoG z. T. substanzielle Erweiterungen erfahren haben. Im Einzelnen ergibt sich folgende Gegenüberstellung:

Regelung	IFRS (IAS 24)	IFRS-SMEs	HGB
Anwendungsbereich	Sämtliche Unternehmen	Sämtliche Unternehmen	Aufgrund der Anordnung der Regelungen im HGB nur für Kapitalgesellschaften
Definition von nahe stehenden Parteien	(1) Unternehmen, mit denen ein Beherrschungsverhältnis vorliegt (als MU, TU oder unter gemeinschaftlicher Kontrolle) (2) Unternehmen, auf die ein maßgeblicher Einfluss ausgeübt wird oder die einen maßgeblichen Einfluss ausüben (3) Unternehmen, die über ein Joint-Venture-Verhältnis verbunden sind (4) Parteien, die sich im Unternehmen oder dessen MU in Schlüsselpositionen befinden (5) Nahe Angehörige einer beherrschenden natürlichen Person oder einer Person in Schlüsselpositionen des berichtenden Unternehmens oder des MU (6) Pensionsfonds zugunsten der Mitarbeiter des berichtenden Unternehmens	Natürliche Personen sowie deren nahe Angehörige: (1) Mitglieder in Schlüsselpositionen (2) Beherrschung des Unternehmens (3) Gemeinschaftliche Kontrolle, maßgeblicher Einfluss oder wesentlicher Stimmrechtsanteil Unternehmen: (1) Unternehmen, mit denen ein Beherrschungsverhältnis vorliegt (als MU, TU oder unter gemeinschaftlicher Kontrolle) (2) Unternehmen, auf die ein maßgeblicher Einfluss ausgeübt wird oder die einen maßgeblichen Einfluss ausüben (3) Unternehmen, die über ein Joint-Venture-Verhältnis verbunden sind (4) Pensionsfonds zugunsten der Mitarbeiter des berichtenden Unternehmens	Keine explizite Abgrenzung nahe stehender Unternehmen und Personen
Angaben zu Mutter-/Tochterbeziehungen	Mutter-/Tochterbeziehungen sind anzugeben unabhängig davon, ob Transaktionen stattgefunden haben	Mutter-/Tochterbeziehungen sind anzugeben unabhängig davon, ob Transaktionen stattgefunden haben	Angabe von Beteiligungsverhältnissen bereits ab einem Schwellenwert von 20%
Angaben zu Vergütungen des Managements in Schlüsselpositionen	Angaben zu allen Personen, die direkt oder indirekt dispositive Funktionen ausüben, getrennt nach Art der Vergütung	Angaben zu allen Personen, die direkt oder indirekt dispositive Funktionen ausüben, in aggregierter Form	Detaillierte Angaben zu den Bezügen der Geschäftsführung und ggf. eines Aufsichtsgremiums, mit Erleichterungen für nicht börsenorientierten Gesellschaften
Angabepflichten auch für ausgeschiedene Mitglieder des Managements in Schlüsselpositionen	Nein, Angabepflicht endet mit dem Zeitpunkt des Ausscheidens	Nein, Angabepflicht endet mit dem Zeitpunkt des Ausscheidens	Ja
Angabepflichten zu Geschäftsvorfällen (Transaktionen) mit nahe stehenden Parteien	(1) Betrag der Transaktion (2) Betrag der ausstehenden Salden, einschließlich Darstellung der Konditionen, Besicherungen und Art der Erfüllung sowie Garantien	(1) Betrag der Transaktion (2) Betrag der ausstehenden Salden, einschließlich Darstellung der Konditionen, Besicherungen und Art der Erfüllung sowie Garantien	Angabepflicht nur für nicht marktübliche Transaktionen, ansonsten freiwillig. Anzugeben sind wesentliche Geschäfte mit nahe stehenden Parteien, einschließlich Angaben zur Art

Regelung	IFRS (IAS 24)	IFRS-SMEs	HGB
	(3) Rückstellungen zu Forderungen (4) Aufwand aus Forderungsabwertung oder -ausbuchung	(3) Wertberichtigungen zu Forderungen (4) Aufwand aus Forderungsabwertung oder -ausbuchung	der Beziehungen, zum Wert der Geschäfte sowie weiterer Angaben, die für die Beurteilung der Finanzlage des Unternehmens/Konzerns notwendig sind
Aufgliederung der Angaben nach Gruppen	(1) MU des berichtenden Unternehmens (2) Unternehmen mit maßgeblichem Einfluss auf das berichtende Unternehmen (3) TU des berichtenden Unternehmens (4) Assoziierte Unternehmen (5) Gemeinschaftsunternehmen (6) Mitglieder des Managements in Schlüsselpositionen des berichtenden Unternehmens oder seines MU (7) Andere nahe stehende Parteien	(1) Beherrschende Unternehmen oder solche mit maßgeblichem Einfluss auf das berichtende Unternehmen (2) TU, assoziierte Unternehmen oder Joint Venture des berichtenden Unternehmens (3) Mitglieder des Managements in Schlüsselpositionen des berichtenden Unternehmens oder seines MU (4) Andere nahe stehende Parteien	Keine Aufgliederung nach Gruppen verlangt
Ausnahmeregelung	Für Transaktionen mit staatlichen Behörden sind die Angaben zu Geschäftsvorfällen nicht zu machen (Pflichtanwendung dieser Regelung für Berichtsperioden ab dem 1. Januar 2011, frühere freiwillige Anwendung möglich)	Für Transaktionen mit staatlichen Behörden sind die Angaben zu Geschäftsvorfällen nicht zu machen	Angaben brauchen nicht für Unternehmen gemacht werden, die zu 100% in Konzernbesitz stehen und in den Konzernabschluss einbezogen werden.Generelle Schutzklausel des § 286 Abs. 1 HGB sowie für das Unternehmen nach § 286 Abs. 3 Satz 1 HGB
Transaktionen zu marktüblichen Bedingungen	Marktüblichkeit muss nachgewiesen werden	Marktüblichkeit muss nachgewiesen werden	Kein expliziter Nachweis der Marktüblichkeit verlangt, Angaben müssen nur für nicht marktübliche Geschäfte gemacht werden
Zusammenfassung von Angaben	Aggregation gleichartiger Sachverhalte möglich, sofern eine gesonderte Darstellung nicht zum Verständnis der Effekte der Transaktionen mit nahe stehenden Parteien auf den Jahres- oder Konzernabschluss notwendig ist.	Aggregation gleichartiger Sachverhalte möglich, sofern eine gesonderte Darstellung nicht zum Verständnis der Effekte der Transaktionen mit nahe stehenden Parteien auf den Jahres- oder Konzernabschluss notwendig ist.	Angaben können nach Geschäftsarten zusammengefasst werden, sofern eine gesonderte Darstellung nicht zum Verständnis der Effekte der Transaktionen mit nahe stehenden Parteien auf den Jahres- oder Konzernabschluss notwendig ist.

Abschnitt 34 Spezielle Tätigkeiten (Specialised Activities)

Christian Janze

Inhaltsverzeichnis

Schrifttum

Ernst & Young, International GAAP 2009, London 2009; *Fuhrländer*, KoR 2009, 673 ff.; *Janze*, in: Haufe IFRS-Komm., 8. Aufl., Freiburg 2010, § 40; *Köhne*, Landwirtschaftliche Taxationslehre, 4. Aufl., Stuttgart 2007; *Overseberg/Trämer/Vater/Bergheimer*, in: Ernst/Hayn/Knoor/Mißler/Vater, IFRS Änderungskommentar 2009, Weinheim 2009; *Willms/Zülch*, KoR 2005, 116 ff.

A. Allgemeines

1 IFRS-SMEs Abschn. 34 enthält Vorgaben zur Bilanzierung spezieller Aktivitäten, die in den IFRS in den Standards Landwirtschaft (IAS 41), Dienstleistungskonzessionsverträgen (IFRIC 12) und Exploration und Bewertung von mineralischen Ressourcen (IFRS 6) geregelt sind. Insofern kann IFRS-SMEs Abschn. 34 nicht als ein inhaltlich zusammenhängender Abschnitt verstanden werden. Vielmehr werden drei grundsätzlich voneinander unabhängige Themenbereiche in diesem Abschnitt geregelt. Die Vorgaben in IFRS-SMEs Abschn. 34 für den Bereich Landwirtschaft weisen im Vergleich zu den anderen beiden Aktivitäten den größten Detaillierungsgrad auf.

B. Landwirtschaft

2 Der IASB hat mit IAS 41 der steigenden Bedeutung der Landwirtschaft vor allem in vielen Entwicklungsländern Rechnung getragen. Durch zunehmend globalisierte Agrarmärkte und damit auch zunehmend größeren Unternehmensstrukturen hat die Bedeutung des IAS 41 in der weltweiten Praxis in jüngerer Vergangenheit erkennbar zugenommen. Insofern ist es konsequent, dass der IASB den Bereich Landwirtschaft auch in den IFRS-SMEs aufgenommen hat. Gleichwohl ist davon auszugehen, dass die praktische Anwendung des IFRS-SMEs Abschn. 34 hinsichtlich der Aktivität Landwirtschaft zumindest kurzfristig in Deutschland von untergeordneter Bedeutung sein wird.

I. Anwendungsbereich

3 In IFRS-SMEs Abschn. 34 werden **Begrifflichkeiten und Definitionen** verwendet, die in dem Abschnitt selbst nicht erläutert sind. Diese sind aber in IAS 41 definiert und für die Festlegung des sachlichen und zeitlichen Anwendungsbereichs relevant. IFRS-SME Abschn. 10.7 fordert diesen Rückgriff auf die IFRS nicht verpflichtend. Ohne diesen Rückgriff sind die Vorgaben in dem vorliegenden IFRS-SMEs Abschn. 34 jedoch nicht anwendbar.

1. Sachliche Abgrenzung

4 IFRS-SMEs Abschn. 34 ist anzuwenden auf die Erst- und Folgebewertung von biologischen Vermögenswerten und landwirtschaftlichen Erzeugnissen.

5 Ein **biologischer Vermögenswert** ist ein **lebendes Tier oder eine lebende Pflanze**. Ein biologischer Vermögenswert ist im Gegensatz zu einem landwirtschaftlichen Erzeugnis zu einer biologischen Transformation fähig. Die biologische Transformation beschreibt den Vorgang des Wachstums, des Rückgangs oder Vermehrung des biologischen Vermögenswertes. Ein biologischer Vermögenswert kann einen anderen biologischen Vermögenswert oder ein landwirtschaftliches Erzeugnis hervorbringen.

> *Beispiel:*
> Der biologische Vermögenswert Milchkuh bringt zum einen den biologischen Vermögenswert Kalb und zum anderen das landwirtschaftliche Erzeugnis Milch hervor.

6 Grundsätzlich kann ein biologischer Vermögenswert ein **tragender biologischer Vermögenswert** sein, wie die in dem Beispiel dargestellte Milchkuh oder ein Obstbaum, jedoch auch ein **konsumierbarer Vermögenswert** wie beispielsweise das Mastschwein oder ein Zuckerrübenbestand.

7 IFRS-SMEs Abschn. 34 enthält keine Negativabgrenzung hinsichtlich der Anwendung des Abschnittes. Dennoch ist davon auszugehen, dass Grundstücke und immaterielle Vermögenswerte, die im Zusammenhang mit der landwirtschaftlichen Produktion stehen, in den Regelungsbereich von IFRS-SMEs Abschn, 17 und IFRS-SMEs Abschn. 18 fallen.

2. Zeitliche Abgrenzung

8 Die Anwendung des IFRS-SMEs Abschn. 34 ist zeitlich begrenzt auf die landwirtschaftliche Tätigkeit (IFRS-SMEs Abschn. 34.2). Auch dieser Begriff ist in den IFRS-SMEs nicht eigenständig definiert. Insofern kann auch hier auf die Definition des IAS 41 verwiesen werden. Danach ist die landwirtschaftliche Tätigkeit gemäß IAS 41.6 im Wesentlichen durch drei Kriterien beschrieben:

- Fähigkeit zur biologischen Transformation, zu der nur lebende Tiere und Pflanzen fähig sind.

- Management der Änderung der biologischen Transformation: Das Management muss in der Lage sein, die biologische Transformation zu fördern und positiv zu beeinflussen. Aus diesem Grund wird bspw. das Hochseefischen oder auch das reine Abholzen von Urwäldern nicht unter dem Begriff der landwirtschaftlichen Tätigkeit subsumiert.
- Messung der Änderung der biologischen Transformation: Das Management muss in der Lage sein, die Änderung des Zustands der biologischen Vermögenswerte im Rahmen der biologischen Transformation zu messen.

9 Auch wenn nicht eindeutig geregelt, ist davon auszugehen, dass die zeitliche Anwendung des IFRS-SMEs Abschn. 34 begrenzt ist bis zum **Zeitpunkt der Ernte** entweder des biologischen Vermögenswertes selbst oder des landwirtschaftlichen Erzeugnisses. Die Ernte ist in IAS 41 definiert als die Abtrennung des landwirtschaftlichen Erzeugnisses von dem biologischen Vermögenswert oder das Ende des Lebensprozesses des biologischen Vermögenswertes. Anschließend gilt der Anwendungsbereich des IFRS-SMEs Abschn. 13.

10

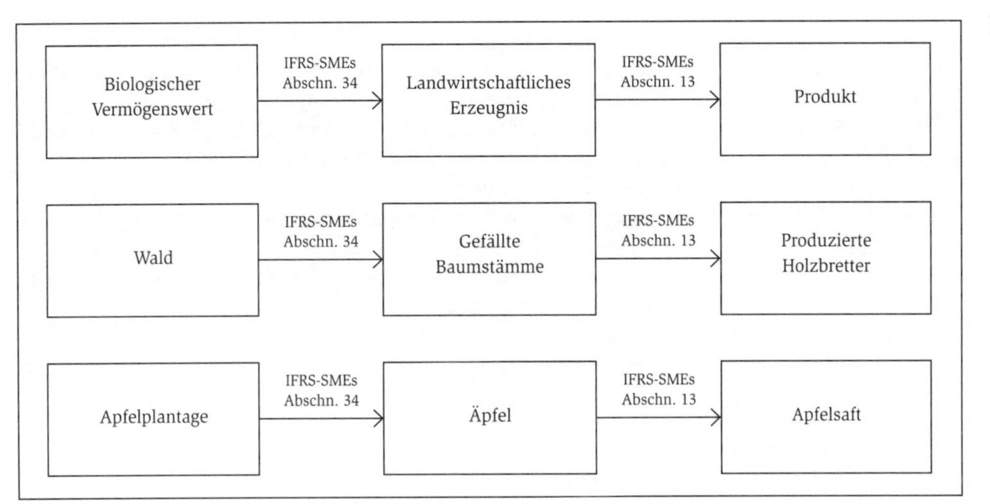

Abb. 1: Zeitliche Abgrenzung des IFRS-SMEs Abschn. 34

II. Ansatz von biologischen Vermögenswerten und landwirtschaftlichen Erzeugnissen

11 IFRS-SMEs Abschn. 34 unterscheidet nicht zwischen den **Ansatzvorschriften** für biologische Vermögenswerte und landwirtschaftliche Erzeugnisse.

12 Gemäß IFRS-SMEs Abschn. 34.3 sind landwirtschaftliche Erzeugnisse und biologische Vermögenswerte von dem bilanzierenden Unternehmen anzusetzen, wenn das Unternehmen

(1) den Vermögenswert aufgrund von Ereignissen in der Vergangenheit kontrolliert,
(2) den mit dem Vermögenswert zusammenhängenden Nutzenzufluss in der Zukunft generieren wird und
(3) der beizulegende Zeitwert des Vermögenswertes oder der Kostenwert verlässlich ermittelbar sind.

13 Die in dem Abschnitt genannten Ansatzkriterien stellen die allgemeinen Ansatzkriterien des IFRS-SMEs sowie der IFRS insgesamt dar und bedürfen daher an dieser Stelle keiner weitergehenden Erläuterung. Eine Kommentierung erfolgt in IFRS-SMEs Komm., Teil B, Abschn. 2.

III. Bewertung von biologischen Vermögenswerten und landwirtschaftlichen Erzeugnissen

14 Grundsätzlich präferiert der IASB in IFRS-SMEs Abschn. 34.2 die Bewertung von biologischen Vermögenswerten und landwirtschaftlichen Erzeugnissen zum **beizulegenden Zeitwert** abzüglich Veräußerungskosten. Biologische Vermögenswerte können jedoch unter bestimmten Bedingungen auch mittels Herstellungskosten bewertet werden.

1. Fair Value-Modell

a. Bewertung

15 Gemäß IFRS-SMEs Abschn. 34.4 sind biologische Vermögenswerte und landwirtschaftliche Erzeugnisse bei ihrem erstmaligen Ansatz und zu jedem folgenden Bilanzstichtag mit ihrem beizulegenden Zeitwert abzüglich Veräußerungskosten zu bewerten.

16 IFRS-SMEs Abschn. 34.2(a) definiert in diesem Zusammenhang eine bedeutende Einschränkung hinsichtlich der Bewertung von biologischen Vermögenswerten zum beizulegenden Zeitwert: Die Bewertung zum beizulegenden Zeitwert ist nur vorzunehmen, sofern dieser mittels **vertretbarer und verhältnismäßiger Kosten und Aufwendungen** ermittelbar ist. Diese Einschränkung des IASB stellt eine bedeutende Erleichterung für kleine und mittelgroße Unternehmen da und weicht auch von den Vorgaben des IAS 41 ab. Die Bedeutung dieser Einschränkung dürfte sich in der praktischen Anwendung als durchaus signifikant erweisen.

17 Bei landwirtschaftlichen Erzeugnissen stellt der ermittelte beizulegende Zeitwert auch den Wert dar, mit dem die Erzeugnisse erstmals bewertet werden, wenn sie in den Anwendungsbereich von IFRS-SMEs Abschn. 13 fallen und den Vorräten zugeordnet werden (IFRS-SMEs Abschn. 34.5).

18 Die **Veräußerungskosten** (*costs to sell*) werden im IFRS-SMEs Abschn. 34 ebenfalls nicht definiert – sind aber sowohl in den IFRS-SMEs als auch in den IFRS gebräuchlich. Speziell in der landwirtschaftlichen Tätigkeit sind hierunter Kosten für den Transport, Provisionen an Makler und Händler und andere Kosten zu subsumieren, die entstehen, um die biologischen Vermögenswerte und landwirtschaftlichen Erzeugnisse auf dem relevanten Markt anbieten zu können (hierzu vgl. auch IAS 41.BC3).

19 Wertänderungen von biologischen Vermögenswerten zwischen zwei Bilanzstichtagen sind vollständig im Gewinn oder Verlust zu erfassen.

20 Die Ermittlung des beizulegenden Zeitwertes kann der Abbildung 2 entnommen werden.

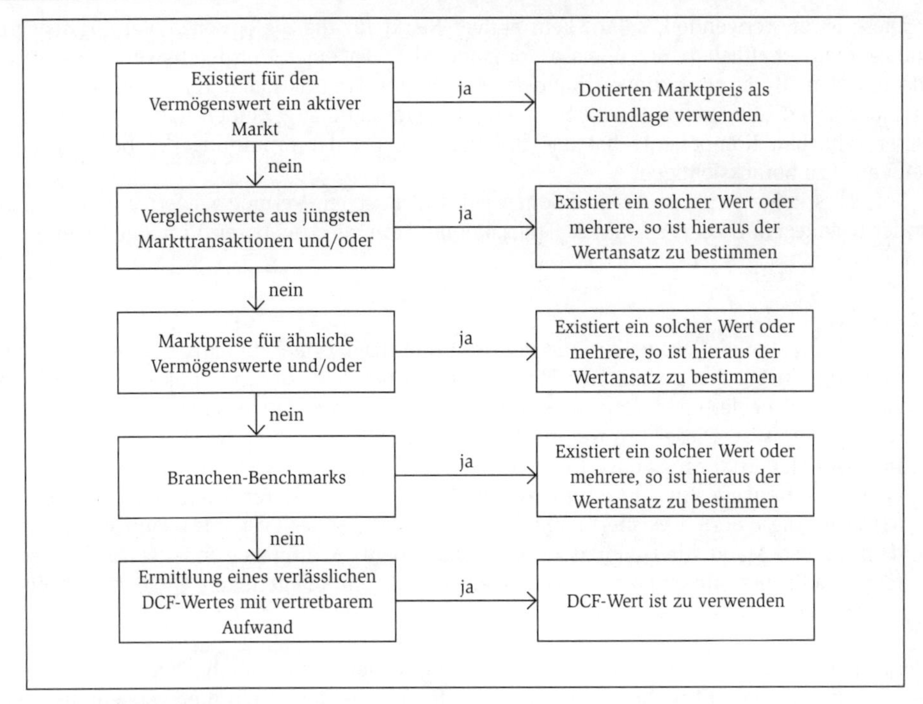

Abb. 2: Ermittlung des beizulegenden Zeitwertes

21 Gemäß IFRS-SMEs Abschn. 34.6(a) ist der beizulegende Zeitwert, ermittelt an **aktiven Märkten**, zu verwenden. Aktive Märkte können in Anlehnung an IAS 41.8 definiert werden als homogene Märkte, an denen bereitwillige Käufer und Verkäufer jederzeit vorhanden sind und die Marktpreise öffentlich zugänglich sind. Sollte ein Unternehmen Zugang zu verschiedenen Märkten haben, ist der relevanteste Markt als Ausgangspunkt für die Ermittlung des beizulegenden Zeitwertes zu verwenden.

22 Bei der Bewertung von biologischen Vermögenswerten und landwirtschaftlichen Erzeugnissen mittels eines an einem aktiven Markt ermittelten Preises ist gemäß IFRS-SMEs Abschn. 34.6(a) der **gegenwärtige Ort und Zustand** des Vermögenswertes zu berücksichtigen. Der an diesem aktiven Markt dotierte Marktpreis stellt insofern nur eine Ausgangsbasis dar. Diese vom IASB formulierte Prämisse ist grundsätzlich bei der Ermittlung des beizulegenden Zeitwertes für biologische Vermögenswerte und landwirtschaftliche Erzeugnisse zu berücksichtigen. Dies gilt vor allem für unfertige biologische Vermögenswerte. Hier kann der Preis von aktiven Märkten lediglich ein Indikator sein.

23

Beispiel:
Es ist ein unfertiger zehnjähriger Waldbestand zu bewerten, der eine durchschnittliche Aufwuchszeit von 20 Jahren hat. Es existiert ein aktiver Markt für gefällte Baumstämme definierter Qualitätsstufen. Der dort ermittelbare Preis kann lediglich ein Ausgangspunkt für die Bewertung sein. Es sind im Rahmen der Bewertung Anpassungen vorzunehmen für das Alter (Wachstumsabschlag), Qualität des Bestandes und für das erwartete Preisgefüge zum Erntezeitpunkt.

24 Eigentlich ist man der Logik in Abbildung 2 folgend bei dem obigen Beispiel aber bereits nicht mehr in der Ermittlung des beizulegenden Zeitwertes mittels eines aktiven Marktes, sondern bereits eher in einer Vergleichswertbetrachtung.

25 Diese ist zu verwenden, sofern kein aktiver Markt für die biologischen Vermögenswerte und landwirtschaftlichen Erzeugnisse vorhanden ist. Bei einer **Vergleichswertbetrachtung** aus jüngsten Markttransaktionen handelt es sich um Transaktionen für einen identischen Vermögenswert, die jedoch zu einem anderen Zeitpunkt stattgefunden haben. Den Einfluss dieser zeitlichen Komponente hat das Unternehmen bei der Ermittlung des beizulegenden Zeitwertes zu berücksichtigen.

26 Sofern es keine jüngeren Transaktionen eines identischen Vermögenswertes gegeben hat, ist der beizulegende Zeitwert mittels Transaktionen von vergleichbaren Vermögenswerten zu ermitteln.

> *Beispiel:*
> Zu bewerten ist ein Weizenbestand vor der Ernte. Es existiert ein aktiver Markt (auch mit Preisangaben für den geschätzten Erntezeitpunkt) für Qualitätssorten mit definierten Kriterien. Der zu bewertende Weizenbestand besteht aus einer Weizensorte, die für Höchsterträge bekannt ist. Dieser Ertragsfortschritt geht jedoch zu Lasten der Qualität. Somit weiß man aus der Erfahrung, dass für Weizen dieser Sorte am Markt im Gegensatz zu den Qualitätssorten ein etwa um 10% niedriger Preis zu realisieren ist. Ein eigener aktiver Markt für diese Sorten existiert nicht. Für die Bewertung des Bestandes kann somit der an dem aktiven Markt für Qualitätssorten beobachtbare Marktpreis zum geschätzten Erntetermin, adjustiert um einen entsprechenden Abschlag für die geringere Qualität, verwendet werden.

27 Wenn diese Werte ebenfalls nicht zur Verfügung stehen, kann der beizulegende Zeitwert mittels so genannter **Branchen-Benchmarks** ermittelt werden. Hierunter versteht man die Ermittlung des Wertes eines Rindes auf Basis des Preises für Rindfleisch und des Gewichts des Tieres.

28 Sofern die in der Abbildung 2 aufgeführten Bewertungsmethoden zu unterschiedlichen Wertansätzen für die Vermögenswerte führen, hat ein Unternehmen gemäß IFRS-SMEs Abschn. 34(c) die Gründe dafür zu untersuchen und diese bei der Ermittlung eines verlässlichen beizulegenden Zeitwertes zu berücksichtigen.

29 Der IASB geht davon aus, dass der beizulegende Zeitwert in einigen Fällen mit vertretbarem Aufwand mittels eines *discounted cash flow*-Modells ermittelbar ist. In diesem Fall ist gemäß IFRS-SMEs Abschn. 34(d) für die Ermittlung des beizulegenden Zeitwertes ein aktueller Marktzinssatz zu verwenden.

b. *Anwendung der Vorgaben zum Fair Value-Modell*

30 Die Ermittlung des beizulegenden Zeitwertes für biologische Vermögenswerte ist im Gegensatz zur Ermittlung des beizulegenden Zeitwertes für landwirtschaftliche Erzeugnisse vergleichsweise problematisch. **Aktive Märkte** existieren in der Regel vor allem für unfertige biologische Vermögenswerte eher nicht. Auch Vergleichswerte aus jüngsten Markttransaktionen oder Wertansätze aus Transaktionen vergleichbarer biologischer Vermögenswerte sind idR nicht öffentlich zugänglich und scheiden daher als Bewertungsmaßstab oftmals aus.

31 Aus diesem Grund wird in der Praxis der Fair-Value-Bewertung mittels *discounted cash flow*-Verfahrens oftmals eine große Bedeutung zukommen. In IAS 41 ist diese Bewertungsmethode zwingend zur Ermittlung eines verlässlichen beizulegenden Zeitwertes vorgeschrieben. Die Anwendung dieser Bewertungsmethode ist jedoch für die bilanzierenden Unternehmen oftmals mit erheblichem Aufwand verbunden.

32 Genau an dieser Stelle setzt IFRS-SMEs Abschn. 34.6(d) an und erlaubt kleinen und mittelgroßen Unternehmen, den beizulegenden Zeitwert mittels *discounted cash flow*-Methode nur zu ermitteln, wenn dies verlässlich mit **vertretbarem Aufwand** möglich ist.

33 Sowohl der Begriff der Verlässlichkeit als auch der des vertretbaren Aufwandes zur Ermittlung des verlässlichen Wertes werden in IFRS-SMEs Abschn. 2.7 und IFRS-SMEs Abschn. 2.13 f. definiert. Insofern wird auf die Kommentierung dieser beiden Begriffe in IFRS-SMEs-Komm., Teil B, Abschn. 2 verwiesen. Dennoch sei an dieser Stelle angemerkt, dass gerade die Auslegung des Begriffs des vertretbaren Aufwands in der praktischen Anwendung zu erheblichen **bilanzpolitischen Ermessensspielräumen** führen wird.

34 Gerade bei den in diesem Sinn kritischen biologischen Vermögenswerten, wie stehendem Holz oder mehrjährig ertragbringenden Dauerkulturen, wie bspw. Obstplantagen oder Zuckerrohrplantagen, sind zT sehr weit in der Zukunft liegende Zahlungsströme zu antizipieren. Gerade in der jüngsten Vergangenheit waren erhebliche Preisschwankungen auf den Märkten für die landwirtschaftlichen Erzeugnisse dieser biologischen Vermögenswerte beobachtbar (zB Preisschwankungen bei Zucker oder bei Ethanol). Diese Preisschwankungen haben erheblichen Einfluss auf die beizulegenden Zeitwerte der biologischen Vermögenswerte. Die dadurch verursachten teilweise signifikanten Wertänderungen der biologischen Vermögenswerte zwischen den Bilanzstichtagen haben für die Unternehmen oftmals zu ungewünschten Ergebnisvolatilitäten geführt.

35 Diese Unsicherheit in der Bewertung, einhergehend mit einer gewissen Volatilität, ist jedoch vom IASB sowohl in den IFRS als auch in den IFRS-SMEs durchaus gewollt und nicht gleichzusetzen mit einer nicht vorhandenen verlässlichen Bewertung. Letztere stellt eher auf fehlende Datenverfügbarkeit etc. ab.

36 Es bleibt aber zu vermuten, dass auch dieses Argument von den Unternehmen bei der Beurteilung, ob der beizulegende Zeitwert von biologischen Vermögenswerten mittels *discounted cash flow*-Verfahrens verlässlich ermittelbar ist, berücksichtigt wird. Dies ist aber legitim, da der IASB bei den IFRS-SMEs bewusst den Weg gegangen ist, eine Bewertung zum beizulegenden Zeitwert zwingend nur zu fordern, wenn dieser verlässlich und einfach, beispielsweise an aktiven Märkten, ermittelbar ist.

37 Obwohl in der praktischen Anwendung zu erwarten ist, dass biologische Vermögenswerte von kleinen und mittelgroßen Unternehmen vorwiegend zu Herstellungskosten bewertet werden, wird im Folgenden auf die Bewertung einiger biologischer Vermögenswerte zum beizulegenden Zeitwert eingegangen, deren Wertansatz bedingt durch fehlende alternative Bewertungsverfahren nahezu ausschließlich unter Anwendung von zahlungsstrombasierten Bewertungsverfahren zu ermitteln ist.

Stehendes Holz

38 Bei stehendem Holz müssen oftmals Zahlungsströme über einen sehr langen Zeitraum antizipiert werden, da die Produktionszeiten oftmals 30 Jahre und mehr betragen können. Dies bedeutet, dass Mengen-, Qualitäts- und Preisgefüge zum Teil über einen sehr langen Zeitraum vorausgeschätzt werden müssen, sofern eine Bewertung mittels eines zahlungsstromorientierten Bewertungsverfahrens durchgeführt werden soll.

39 In der Praxis wird oftmals der **Bestandeserwartungswert** ermittelt, in dem in den Diskontierungszinssatz, mit dem zukünftige Zahlungsströme abgezinst werden, zusätzlich ein Wachstumsabschlag berücksichtigt wird, um auf diese Weise den gegenwärtigen Alterszustand des Bestandes zu berücksichtigen. Anderenfalls gäbe es in den Folgeperioden lediglich Wertänderungen des Bestandes durch den Aufzinsungseffekt. Die gewollte Wertänderung bedingt durch den jährlichen Zuwachs bliebe unberücksichtigt und vor allem in den ersten Jahren käme es zu einer Überbewertung des Bestandes. Dennoch sind bei der Verwendung des Bestandeserwartungswertes signifikante Parameter vorauszuschätzen und es verbleiben erhebliche Unsicherheiten.

40 Sachgerechter ist da die Verwendung von so genannten **Abtriebswerten**, wenn diese die Kostenwerte (vor allem der Anpflanzung) übersteigen. Hierbei handelt es sich um die jeweils aktuellen Liquidationswerte, die an dem jeweiligen Stichtag für den Bestand in dem gegebenen Qualitätszustand zu dem aktuellen Preisgefüge erzielbar sind.

41 Die folgende Abbildung 3 zeigt die Bewertungssystematik, wenn stehendes Holz zuerst mit einem Kostenwert bilanziert wird und später auf den Abtriebswert übergegangen wird.

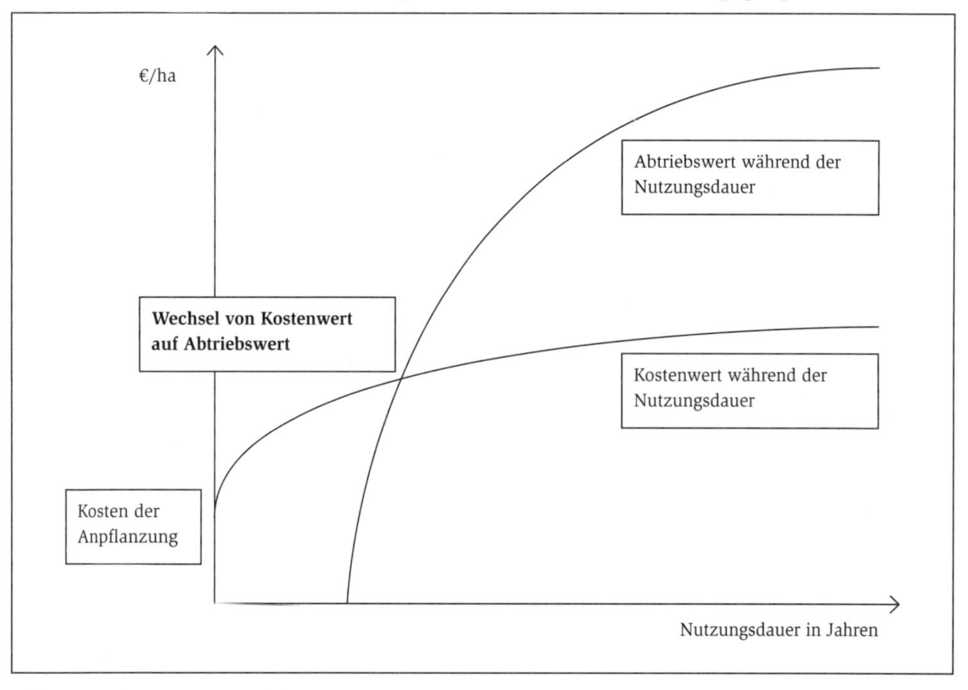

Abb. 3: Entwicklung der Abtriebswerte

42 Wenn zu Beginn der Produktionsdauer der Kostenwert als Ersatz für den beizulegenden Zeitwert verwendet wird ist das durchaus sachgerecht, da gerade am Beginn der Produktion der beizulegende Zeitwert nah am Kostenwert liegen kann.

43 Der Nachteil an der Verwendung von Abtriebswerten ist, dass die bilanzierenden Unternehmen regelmäßig Bestandesinventuren durchführen müssen, um Mengen und Qualitäten des Bestandes zum Stichtag richtig einschätzen zu können. Insofern haben hier die kleinen und mittelgroßen Unternehmen zu prüfen, ob dies mit vertretbarem Aufwand durchführbar ist. Anderenfalls bleibt die Bewertung des Bestandes mit dem Kostenwert gemäß IFRS-SMEs Abschn. 34.2.

Dauerkulturen

44 **Mehrjährig ertragbringende Dauerkulturen** verursachen bereits in der Bewertung mittels eines beizulegenden Zeitwertes gemäß IAS 41 die größten Friktionen, da Preise für die landwirtschaftlichen Erzeugnisse der erwarteten zukünftigen Ernten geschätzt werden müssen. Dies gilt zwar auch für die erwarteten Erntemengen, diese sind jedoch für die in diesen Branchen tätigen Unternehmen recht einfach abschätzbar. Schwieriger hingegen ist jedoch die Schätzung der jeweiligen Erntepreise in den nächsten Jahren.

> *Beispiel:*
> Der Preis von Rohrrohzucker (gehandelt im Rahmen des *sugar contracts no.11* am Börsenplatz in New York) hat sich hinsichtlich des zurückliegenden Jahres verdoppelt. Das Unternehmen in diesem Beispiel produziert Zucker sowohl aus Zuckerrüben in Europa als auch aus Rohrzucker in Südamerika und Asien. Bei den Rohrzuckerplantagen handelt es sich um mehrjährig ertragbringende Dauerkulturen. Diese bringen geschätzt noch ca. fünf Ernten.

Wenn das Unternehmen zur Bewertung dieser Plantagen vereinfacht die erwarteten Erntemengen der kommenden Ernten mit dem jeweils an der Börse zu dem Stichtag ablesbaren Zuckerpreis bewertet, hätte dies zu diesem Stichtag eine erhebliche ergebniswirksame Aufwertung der Plantage zur Folge.

Bei dieser Bewertungsmethode beeinflussen die zunehmend volatiler verlaufenden Märkte für Agrarrohstoffe direkt den zu bilanzierenden beizulegenden Zeitwert für die produzierenden Dauerkulturanlagen. Wenn kleine und mittelgroße Unternehmen eine Bewertung des beizulegenden Zeitwertes mittels eines diskontierten Zahlungsstroms zukünftig erwarteter Ernten anstreben, wird daher dringend empfohlen, zukünftige Ernten mittels eines **hinreichenden Durchschnittspreises** von beispielsweise fünf Jahren zu bewerten, um Bewertungs- und Ergebniseffekte, die lediglich kurzfristigen Schwankungen geschuldet sind, zu vermeiden. Nur dann entspricht der gewählte Bewertungsansatz dem beizulegenden Zeitwert im Sinne der Konzeption der IFRS und der IFRS-SMEs, da auch jeder potentielle Käufer solche (kurzfristigen) Preiseffekte in seinen Überlegungen zur Ermittlung des zahlbaren Kaufpreises würdigen würde. **45**

Bei Dauerkulturen kommt noch ein weiteres Bewertungsproblem zum Tragen. Wenn der beizulegende Zeitwert einer Dauerkulturanlage auf Basis der zukünftig erwarteten Ernten ermittelt wird, so sinkt der Ertragswert einer Dauerkulturanlage in einer vereinfachten Zeitreihenbetrachtung im Lauf der Produktionszeit der Anlage bedingt durch die abnehmende Anzahl an Ernten. Diese Verminderung ist gemäß IFRS-SMEs Abschn. 34.4 jeweils im Gewinn und Verlust zu erfassen. Die Konsequenz der Bilanzierung einer mehrjährig ertragbringenden Dauerkulturanlage zu einem beizulegenden Zeitwert abzüglich Veräußerungskosten ist ein verzerrter Gewinnausweis in den ersten Produktionsjahren der Anlage durch das Antizipieren zukünftig erwarteter Erträge und Aufwendungen, während die Ergebnissituation des bilanzierenden Unternehmens, bedingt durch das ergebniswirksame Abschmelzen des beizulegenden Zeitwertes der Anlage, in den Folgeperioden negativ beeinflusst wird. Der Totalgewinn aus dem Betreiben einer Dauerkulturanlage wird bei einer ergebniswirksamen Bewertung zum beizulegenden Zeitwert mittels eines *discounted cash flow* auf Basis zukünftiger Ernten in die ersten Produktionsjahre vorgezogen. **46**

Der reine Ertragswert eines biologischen Vermögenswertes kann darüber hinaus idR nicht der beizulegende Zeitwert im Sinne der IFRS-SMEs sein. Bei einem solchen Wertansatz würde es in der Regel nicht zu einem Verkauf zwischen vertragswilligen und voneinander unabhängigen Vertragsparteien kommen, da der Käufer seinen Teil der Übernahme des operativen Risikos bei einem reinen Ertragswert als Verkaufspreis nicht entlohnt bekommt. Insofern kann der ermittelte Ertragswert lediglich eine Ausgangsbasis für die Ermittlung des beizulegenden Zeitwertes sein. **47**

Bei einer **Ertragswertermittlung** von biologischen Vermögenswerten, die direkt auf den *cash flows* basiert, die von dem Vermögenswert ausgehen, sind auch keine Verzinsungen für Grund und Boden oder Pachten für fremden Grund und Boden zu berücksichtigen. Wird hingegen der Ertragswert – ausgehend von Vergleichspachten anderer Dauerkulturanlagen – ermittelt, ist ein darin enthaltener Pachtanteil für den dazugehörigen Grund und Boden selbstverständlich zu eliminieren, da es anderenfalls zu einer Überbewertung des biologischen Vermögenswertes kommt. **48**

In der Praxis ist ein weiterer Sachverhalt bei der Bewertung von Dauerkulturanlagen beobachtbar, der ebenfalls für kleine und mittelgroße Unternehmen relevant ist. In der Bewertung wird hier teilweise die Dauerkulturanlage auf Basis von Herstellungskosten getrennt von der heranwachsenden Ernte auf Basis des zukünftig erwarteten Preis- und Mengengefüges bewertet. Diese Vorgehensweise ist uE nicht zulässig. Gerade bis zum Zeitpunkt der Ernte erfüllen die an den **biologischen Vermögenswerten heranwachsenden Vermögenswerte** weder die Kriterien von Vorräten noch von landwirtschaftlichen Erzeugnissen. Der Wert der heranwachsenden Ernte ist in dem Wertansatz des biologischen Vermögenswertes abzubilden. **49**

Beispiel:
Eine von einem Spitzenhengst hochtragende Zuchtstute hat einen anderen beizulegenden Zeitwert als ein vergleichbares nichttragendes Tier. Der Wert des ungeborenen Fohlens wird aber bis zur Geburt (im Sinne des Standards der Ernte) im Rahmen des beizulegenden Zeitwertes der Stute abgebildet. Eine isolierte Bewertung des ungeborenen Fohlens ist hingegen nicht möglich. Mit der Geburt des Fohlens wird dieses erstmalig zum beizulegenden Zeitwert im Gewinn und Verlust erfasst und der Wert der Stute sinkt. Die gleiche Logik gilt beispielsweise für eine an einer Apfelplantage heranwachsende Apfelernte.

50 In der Praxis kommt es zunehmend vor, dass Dauerkulturanlagen gepachtet werden (bspw. im Obstbereich). Ob es sich bei der Pachtung dieser Anlagen um **Finanzierungsleasing** handelt, ist gemäß IFRS-SMEs Abschn. 20 zu prüfen. Gesonderte Vorgaben in IFRS-SMEs Abschn. 34 und IAS 41 existieren nicht.

51 Insgesamt dürfte aufgrund der Komplexität der Bewertung einer mehrjährig ertragbringenden Dauerkulturanlage und der damit zusammenhängenden inhaltlichen Friktionen die Alternative einer Bewertung zu Herstellungskosten gemäß IFRS-SMEs Abschn. 34.2(b) für kleine und mittelgroße Unternehmen von besonderer Relevanz sein.

Einmalig ertragliefernde biologische Vermögenswerte

52 Hierbei handelt es sich um biologische Vermögenswerte, die nach einem oder mehreren Jahren einen einmaligen Ertrag liefern (ausgenommen stehendes Holz). Als Beispiel können hier Getreidebestände genannt werden.

53 Der beizulegende Zeitwert dieser Vermögenswerte kann unter Verwendung von in der **landwirtschaftlichen Wertermittlung** genutzten Wertermittlungsmethoden relativ einfach ermittelt werden.

Beispiel:
Der Wert eines Getreidebestandes kann zum Beispiel ausgehend von den erwarteten Preis- und Mengengefügen zum Erntezeitpunkt (hier sind in der Regel relativ kurze Zeitperioden bis zur Ernte zu schätzen) ermittelt werden. Ausgehend von dieser Basis sind dann noch bis zur Ernte anfallende Kosten für die Fertigstellung und Ernte des Bestandes zu berücksichtigen und eine sachgerechte Aufteilung des dann ermittelten Deckungsbeitrages zwischen Käufer und Verkäufer vorzunehmen.

54 UE dürfte der beizulegende Zeitwert von einmalig ertragliefernden biologischen Vermögenswerten folglich für kleine und mittelgroße Unternehmen mit **vertretbarem Aufwand** ermittelbar sein.

Tiervermögen

55 Die Bewertung von Tiervermögen ist komplexer und richtet sich nach der jeweiligen Tierkategorie. Eine Übersicht über die verschiedenen Bewertungsempfehlungen für unterschiedliche Kategorien des Tiervermögens kann der nachfolgenden Übersicht entnommen werden.

Tierkategorie	Empfehlung zur Bewertung gemäß IFRS-SMEs Abschn. 34
Am Markt gehandelte Tiere	Verwendung von Verkaufs- und Zukaufspreisen Stärkere Berücksichtigung von Verkaufspreisen
Unfertige, verkaufsbestimmte Tiere	Ertragswert minus Deckungsbeitragsabschlag oder Kostenwert plus Deckungsbeitragszuschlag. Falls sachgerecht, wird die lineare Interpolation zwischen zwei Eckwerten empfohlen

Tierkategorie	Empfehlung zur Bewertung gemäß IFRS-SMEs Abschn. 34
Mehrjährig Ertrag bringende Tiere	Standardisierte (Gruppen-)Bewertung. Grundlage ist die Interpolation zwischen zwei Eckwerten
Männliche Zuchttiere	Neuwert minus Entwertungsabschlag

Tab. 1: Bewertungsempfehlungen gemäß IFRS-SMEs Abschn. 34

Die lineare Interpolation zwischen zwei Eckwerten von unfertigen und verkaufsbestimmten Tieren kann beispielsweise für die Bewertung von Mastschweinen verwendet werden, in dem zwischen dem Ferkelpreis und dem Zielpreis des fertigen Mastschweins **linear interpoliert** wird. 56

Bei mehrjährig ertragbringenden Tieren, zum Beispiel einer Milchkuh, existiert das gleiche Problem wie bei mehrjährig ertragbringenden Dauerkulturen: der beizulegende Zeitwert sinkt im Zeitverlauf. 57

Für am Markt gehandelte und unfertige verkaufsbestimmte Tiere dürfte der beizulegende Zeitwert für kleine und mittelgroße Unternehmen mit vertretbarem Aufwand ermittelbar sein. Bei mehrjährig ertragbringenden Tieren und teilweise bei männlichen Zuchttieren gestaltet sich dieses schwieriger. 58

In IFRS-SMEs Abschn. 34 wird nicht geregelt, wie mit **Zuwendungen der öffentlichen Hand** umzugehen ist, die im Zusammenhang mit biologischen Vermögenswerten stehen, die zum beizulegenden Zeitwert bewertet werden. IFRS-SMEs Abschn. 24 ist hier einschlägig. Gemäß den getroffenen Vorgaben sind Zuwendungen der öffentlichen Hand im Zusammenhang mit biologischen Vermögenswerten dann im Gewinn und Verlust zu erfassen, sofern sie **einforderbar** werden. Sind die Zuwendungen der öffentlichen Hand an die Einhaltung definierter zukünftiger Bedingungen geknüpft, so sind sie erst im Gewinn und Verlust zu erfassen, wenn diese Bedingungen erfüllt sind. 59

Beispiel:
Ein Unternehmen erhält für die Umstellung auf den ökologischen Landbau eine einmalige Umstellungsprämie. Diese ist an keine weiteren Bedingungen geknüpft. Das Unternehmen hat diese Prämienzahlung im Gewinn oder Verlust zu erfassen, sobald die Prämien einforderbar sind.

Beispiel:
Identisches Beispiel wie oben mit dem Unterschied, dass das Unternehmen sich für den Erhalt der Prämie verpflichten muss, mindestens 15 Jahre ökologischen Landbau zu betreiben. Sollte das Unternehmen vorher wieder auf konventionellen Landbau umstellen, ist die Prämie anteilig zurückzuzahlen. Das bilanzierende Unternehmen kann die Prämie folglich erst dann im Gewinn und Verlust erfassen, wenn die Bedingungen erfüllt sind: In diesem Fall ratierlich verteilt über 15 Jahre.

2. Cost Model

Gemäß IFRS-SMEs Abschn. 34.6(b) kann ein Unternehmen biologische Vermögenswerte mit den **Herstellungskosten** bewerten, sofern der beizulegende Zeitwert nicht mit vertretbarem Aufwand ermittelt werden kann. 60

Wenn ein Unternehmen einen biologischen Vermögenswert zu Herstellungskosten im Rahmen der Erstbewertung bewertet, hat die Bewertung in den Folgeperioden zu fortgeführten Herstellungskosten, dass heißt abzüglich kumulierter planmäßiger und außerplanmäßiger Abschreibungen, zu erfolgen. Bezüglich der Ermittlung der Herstellungskosten und der Abschreibungen sind IFRS-SMEs Abschn. 13 und IFRS-SMEs Abschn. 17 einschlägig. 61

62 Unklar ist hierbei jedoch folgender Aspekt, der in dem IFRS-SMEs Abschn. 34 nicht explizit geregelt wird: IAS 41 sieht vor, dass die Bewertung von biologischen Vermögenswerten zu Herstellungskosten – dort definiert als reine Ausnahmeregelung gemäß IAS 41.30 – lediglich im Rahmen der Erstbewertung durchgeführt werden kann. Wenn ein Unternehmen einen biologischen Vermögenswert gemäß IAS 41 zu einem Bilanzstichtag zum beizulegenden Zeitwert abzüglich Veräußerungskosten bewertet, scheidet die Bewertung zu Herstellungskosten fortan aus. Eine nachträgliche Bewertung zu Herstellungskosten ist nicht möglich. Diese Einschränkung fehlt in IFRS-SMEs Abschn. 34.

63 IFRS-SMEs Abschn. 34.2 erlaubt eine Bewertung zu Herstellungskosten, wenn der beizulegende Zeitwert nicht verlässlich mit vertretbarem Aufwand ermittelt werden kann. Zu dieser Einschätzung kann ein Unternehmen theoretisch sowohl im Rahmen der **Erstbewertung als auch im Rahmen der Folgebewertung** kommen. Unklar ist, ob der IASB hier eine Regelungslücke gelassen hat oder bewusst eine Abweichung im Sinne einer Flexibilisierung vom IAS 41 vollzogen hat. Da in IFRS-SMEs Abschn. 34 keine bewusste Einschränkung analog zu IAS 41 vorhanden ist, muss ein Unternehmen auch im Rahmen der Folgebewertung theoretisch auf die Bewertung zu Herstellungskosten wechseln können. Dies führt jedoch zu erheblichen praktischen Friktionen. So ist unklar, wie in diesem Fall die Herstellungskosten ermittelt werden sollen. Weiterhin führt die Abschreibung ggf. aufgrund der erheblich verkürzten Nutzungsdauer des biologischen Vermögenswertes zu erheblichen Belastungen des Gewinns und Verlusts in den Folgeperioden.

64 Um bilanzpolitischen Spielraum an dieser Stelle einzuschränken und die erwähnten praktischen Friktionen zu vermeiden, sollte trotz der fehlenden Regelung in IFRS-SMEs Abschn. 34 auch bei kleinen und mittelgroßen Unternehmen die Entscheidung zur Bewertung von biologischen Vermögenswerten zu Herstellkosten auf die Erstbewertung beschränkt werden. Darüber hinaus muss ein bilanzierendes Unternehmen auch gut begründen können, warum zu einem späteren Bilanzstichtag der beizulegende Zeitwert eines biologischen Vermögenswertes nicht mehr mit vertretbarem Aufwand ermittelbar ist, wenn dies zum vorigen Bilanzstichtag noch möglich gewesen ist.

65 Die Möglichkeit zur Bewertung mittels Herstellungskosten gilt nicht für **landwirtschaftliche Erzeugnisse**. Hier ist zwingend eine Bewertung zum beizulegenden Zeitwert zum Zeitpunkt der Ernte durchzuführen. Die Unterscheidung zwischen biologischen Vermögenswerten und landwirtschaftlichen Erzeugnissen ist in diesem Fall stringent und nachvollziehbar. Für landwirtschaftliche Erzeugnisse dürfte der beizulegende Zeitwert zum Zeitpunkt der Ernte in der Regel immer verlässlich anhand von Marktdaten ermittelbar sein. In vielen Fällen existieren für diese landwirtschaftlichen Erzeugnisse zum Zeitpunkt der Ernte aktive Märkte. Durch die zunehmende Bedeutung des globalen Handels landwirtschaftlicher Erzeugnisse, der steigenden Volatilität der Preise für diese Erzeugnisse, oftmals bedingt durch die Liberalisierung der weltweiten Agrarmärkte, sind gerade in der Vergangenheit Märkte für Agrarrohstoffe entstanden, die den Kriterien eines **aktiven Marktes** entsprechen. Als Beispiel können hier Getreide, Raps oder auch Zucker genannt werden. Notierungen für diese Agrarrohstoffe können anhand von Rohstoffindices problemlos ermittelt werden.

IV. Anhangangaben

66 Die Anhangangaben sind im Vergleich zu den Angabepflichten des IAS 41 reduziert. Diese Reduzierung stellen gegenüber IAS 41 eine wesentliche Vereinfachung für den Anwender dar. Die geforderten Anhangangaben dürften für einen Anwender der IFRS-SMEs mit wenig Aufwand ermittelbar sein.

1. Fair Value-Modell

Für biologische Vermögenswerte, die zum beizulegenden Zeitwert bewertet werden, hat ein Unternehmen gemäß IFRS-SMEs Abschn. 34.7 folgende Angaben zu machen: 67

(1) Eine Beschreibung jeder Klasse von biologischen Vermögenswerten,
(2) sowohl für biologische Vermögenswerte als auch für landwirtschaftliche Erzeugnisse die Angabe der Bewertungsmethode zur Ermittlung des beizulegenden Zeitwertes sowie wesentlicher Bewertungsparameter,
(3) eine Überleitungsrechnung zwischen den beiden Bilanzstichtagen, die für biologische Vermögenswerte folgende Informationen enthält:
  (a) Der Gewinn oder Verlust, der in der Berichtsperiode aufgrund der Bewertung zum beizulegenden Zeitwert entstanden ist,
  (b) Zuwächse aufgrund von Zukäufen,
  (c) Verminderungen aufgrund von Ernte,
  (d) Zugänge aufgrund von Unternehmenserwerben,
  (e) Währungskurseffekte und
  (f) sonstige Effekte.

Vor allem die Angaben für biologische Vermögenswerte, die zum beizulegenden Zeitwert bewertet werden, sind von **großer Relevanz** für die Bilanzadressaten, da ansonsten der bilanzierte beizulegende Zeitwert für Dritte nur schwer einzuordnen ist. 68

2. Cost Model

Gemäß IFRS-SMEs Abschn. 34.10 hat ein Unternehmen für biologische Vermögenswerte, die zu Herstellungskosten bewertet werden, folgende Angaben zu machen: 69

(1) Eine Beschreibung jeder Klasse von biologischen Vermögenswerten,
(2) eine Erklärung, warum der beizulegende Zeitwert nicht verlässlich ermittelbar ist,
(3) die gewählte Abschreibungsmethode,
(4) die Nutzungsdauer oder die Abschreibungsrate,
(5) den Bruttobuchwert und die kumulierten Abschreibungen am Beginn und am Ende der Berichtsperiode.

V. Ausweis in der Bilanz und in der Gewinn- und Verlustrechnung

IFRS-SMEs Abschn. 34 enthält keine gesonderten Vorgaben zum Ausweis von biologischen Vermögenswerten in der Bilanz. IFRS-SMEs Abschn. 4.2 fordert lediglich den getrennten Ausweis von zum beizulegenden Zeitwert und zu Herstellungskosten bewerteten biologischen Vermögenswerten. Den Vorgaben aus IFRS-SMEs Abschn. 4.4 und 4.5 folgend ist es uE sachgerecht, biologische Vermögenswerte folgendermaßen hinsichtlich der Fristigkeit als kurz- bzw. langfristig zu klassifizieren: 70

Als **langfristige Vermögenswerte** sind stehendes Holz, Dauerkulturen und Tiervermögen auszuweisen, welche dazu bestimmt sind weitere biologische Vermögenswerte oder landwirtschaftliche Erzeugnisse zu generieren. Feldinventar, wie beispielsweise ein Getreidebestand, sowie Tiervermögen, das selbst zu einem landwirtschaftlichen Erzeugnis wird (beispielsweise Mastvieh), ist als **kurzfristig** auszuweisen. 71

Wertänderungen von biologischen Vermögenswerten, die zum beizulegenden Zeitwert bewertet werden, sollten in der Gewinn- und Verlustrechnung innerhalb der Umsatzerlöse erfasst werden. Dies gilt sowohl für positive als auch für negative Wertänderungen. 72

C. Exploration und Bewertung von mineralischen Ressourcen

73 Im Zusammenhang mit der Exploration und Bewertung von mineralischen Ressourcen entstehen materielle und immaterielle Vermögenswerte mit endlicher Nutzungsdauer.

74 Der IASB hat sich entschieden, in den IFRS-SMEs Abschn. 34 **keine gesonderten Vorgaben** für die Bilanzierung von materiellen und immateriellen Vermögenswerten zu machen, die im Zusammenhang mit Aufwendungen für die Exploration und Bewertung von mineralischen Ressourcen entstehen. Insofern enthält IFRS-SMEs Abschn. 34.2 lediglich den Verweis, dass entsprechende materielle und immaterielle Vermögenswerte aus diesem Bereich in Übereinstimmung mit IFRS-SMEs Abschn. 17 und IFRS-SMEs Abschn. 18 bilanziell zu erfassen und zu bewerten sind. Mögliche Rückbau- und Wiederherstellungsverpflichtungen sind in Übereinstimmung mit IFRS-SMEs Abschn. 21 bilanziell zu würdigen.

75 Dies ist als eine klare Vereinfachung für kleine und mittelgroße Unternehmen zu verstehen. Insofern wird an dieser Stelle auch auf eine gesonderte Kommentierung verzichtet und auf die entsprechenden Kommentierungen in IFRS-SMEs Komm., Teil B, Abschn. 17, IFRS-SMEs-Komm., Teil B, Abschn. 18 und IFRS-SMEs-Komm., Teil B, Abschn. 21 verwiesen.

D. Dienstleistungskonzessionsverträge

I. Allgemeines

76 Die Bilanzierung von **Dienstleistungskonzessionsverträgen** ist ein schwieriges und zum Teil auch kontrovers diskutiertes Thema. In IFRS-SMEs Abschn. 34.12 ff. wird die Bilanzierung von Dienstleistungskonzessionsverträgen geregelt, die zwischen öffentlich-rechtlichen Institutionen als Auftragsgeber (Lizenzgeber) einerseits und privaten Unternehmen (Betreiber) andererseits abgeschlossen werden. Hierbei kann es sich bspw. um den Bau und das Betreiben von Autobahnen, Flughäfen oder Eisenbahnlinien handeln. In Deutschland sind solche Kooperationen verbreitet unter *private public partnerships* (PPP) bekannt. Die in der Praxis in diesen Fällen oftmals kontrovers geführte Diskussion ist, welche Vertragspartei bei einer solchen Dienstleistungsvereinbarung das **Nutzungsrecht** an der errichteten oder erworbenen **Infrastrukturanlage** besitzt und wo diese Anlage entsprechend bilanziell auszuweisen und wie mit Einnahmen aus dem Betreiben der Anlage zu verfahren ist. Unter Beachtung der Regelungszusammenhänge sind Fragen nach der bilanziellen Zuordnung der errichteten Infrastruktur grundsätzlich unter Berücksichtigung von IFRS-SMEs Abschn. 17 und IFRS-SMEs Abschn. 20 zu würdigen. Für den in diesem Abschnitt beschriebenen Spezialfall von Dienstleistungskonzessionsvereinbarungen ist jedoch IFRS-SMEs Abschn. 34 vorrangig.

II. Bilanzierungsschritte

77 Die Vorgehensweise bei der Bilanzierung von Dienstleistungsverträgen kann der Abbildung 4 entnommen werden.

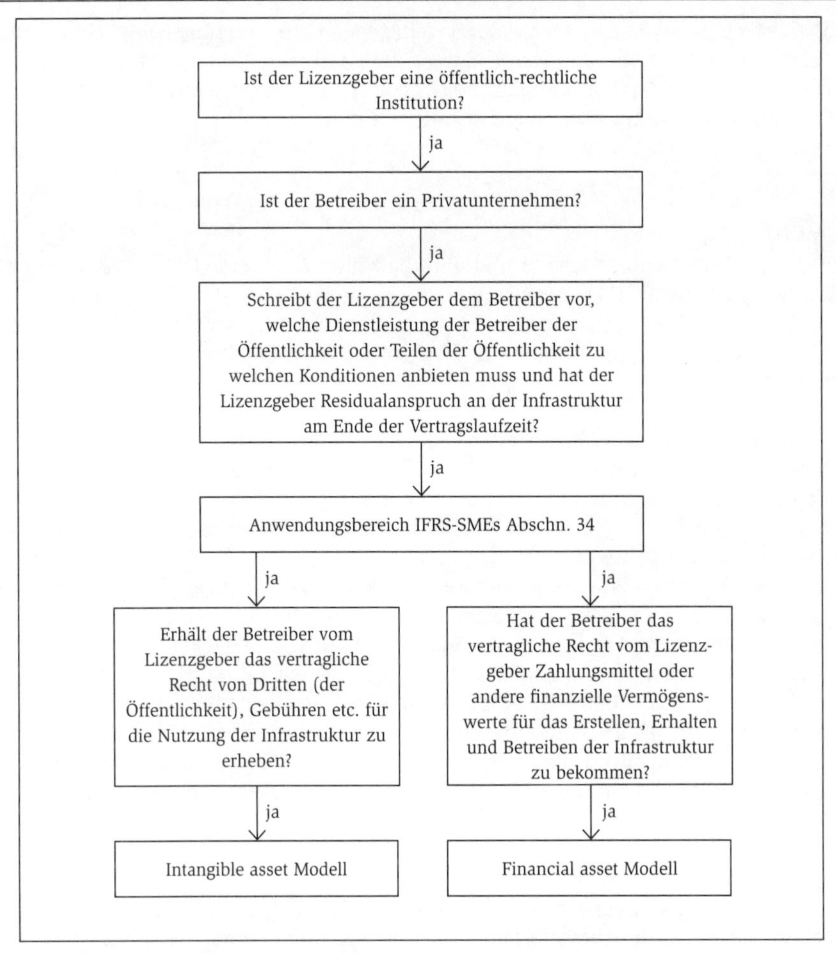

Abb. 4: Anwendung IFRS-SMEs Abschn. 34.12 ff.

78 Zwingende Voraussetzung für die Anwendung des IFRS-SMEs Abschn. 34 ist, dass es sich bei dem Lizenzgeber um eine **öffentlich-rechtliche Institution** und bei dem Betreiber um ein **Privatunternehmen** handelt. Kooperationen dieser Art zwischen zwei privaten Unternehmen unterliegen nicht dem Anwendungsbereich des IFRS-SMEs Abschn. 34.

79 Wenn der Lizenzgeber gemäß IFRS-SMEs Abschn. 34.12 am Ende der Vertragsdauer die residualen Verwertungsansprüche auf die bestehende Infrastruktur besitzt und dem Betreiber während der Nutzungsdauer vorschreiben kann, welche Dienstleistungen er der Öffentlichkeit oder Teilen der Öffentlichkeit zu welchem Preis zur Verfügung stellen muss, ist der Anwendungsbereich des IFRS-SMEs Abschn. 34.12 ff. gegeben. Die Infrastruktur wird in diesem Fall nicht beim Betreiber, sondern beim Lizenzgeber bilanziert.

80 Die Begründung hierfür ist, dass der Betreiber lediglich über ein durch den **Lizenzgeber** eingeräumtes **Zugangsrecht** verfügt und gerade nicht über ein **Nutzungsrecht**. Die Beurteilung, ob der Betreiber ein Nutzungs- oder ein Zugangsrecht besitzt, ist entscheidend bei der Frage, ob der bilanzielle Sachverhalt nach IFRS-SMEs Abschn. 20 *Leases* oder nach IFRS-SMEs Abschn. 34 zu würdigen ist. Sind die in der obigen Abbildung dargelegten Kriterien erfüllt, handelt es sich um ein Zugangsrecht und die bilanzielle Erfassung der Infrastruktur hat zwingend beim Lizenzgeber zu erfolgen.

81 Hierbei ist es unschädlich, wenn der Lizenzgeber dem Betreiber lediglich Bandbreiten bezüglich der Preise vorgibt, auf dessen Basis der Betreiber die Infrastruktur betreiben muss. Auch in diesem Fall ist der Anwendungsbereich von IFRS-SMEs Abschn. 34 eröffnet.

82 Nicht geregelt ist sowohl in IFRIC 12 als auch in IFRS-SMEs Abschn. 34 die Frage, wie mit Infrastruktur umgegangen wird, die nach der Errichtung nicht der Öffentlichkeit zur Verfügung steht.

Beispiel:
Ein privates Unternehmen erstellt und unterhält für 3 Jahre eine EDV-Infrastruktur für die deutsche Bundeswehr. Hierfür erhält das Unternehmen einen jährlich fixen Betrag aus dem Bundeshaushalt. Die Infrastruktur steht gerade aufgrund der sensiblen sicherheitsrelevanten Daten nicht der Öffentlichkeit zur Verfügung. Nach 3 Jahren fällt das EDV-Netz der Bundeswehr zu.

83 Der Literaturmeinung folgend scheidet in diesem Fall die Anwendung des IFRIC 12 für die IFRS Anwender, bedingt durch den fehlenden Bezug zum Bereitstellen der **Infrastruktur für die Öffentlichkeit**, aus. Dies ist im Einzelfall sicher kontrovers zu diskutieren. Aufgrund fehlender anderslautender Ausführungen in den IFRS-SMEs Abschn. 34 dürfte die beschriebene Literaturmeinung auch für IFRS-SMEs Anwender heranzuziehen sein.

84 Die Art der bilanziellen Erfassung beim Betreiber hängt von dem gewählten Betreibermodell ab: Erhält der Betreiber von dem Lizenzgeber für den Erwerb oder die Errichtung oder Erweiterung und dem anschließenden Betreiben über die Vertragslaufzeit das **vertragliche Recht**, einen (jährlichen) Betrag an Geld oder anderen finanziellen Vermögenswerten vom Lizenzgeber zu erhalten, hat der Betreiber einen **finanziellen Vermögenswert** zum beizulegenden Zeitwert zu bilanzieren (IFRS-SMEs Abschn. 34.14). Anschließend sind IFRS-SMEs Abschn. 11 und IFRS-SMEs Abschn. 12 für die Bilanzierung von finanziellen Vermögenswerten einschlägig. Für die Erfassung der Umsatzerlöse ist zudem IFRS-SMEs Abschn. 23 zu beachten (IFRS-SMES Abschn. 34.16).

Beispiel:
Ein privates Unternehmen errichtet für eine öffentlich-rechtliche Seehafengesellschaft ein neues Verlade- und Umschlagsterminal für Container und betreibt dieses 4 Jahre. Danach fällt das Terminal an die Seehafengesellschaft. Die Investitionssumme beträgt 200 GE. Bei einer unterstellten Marge von 10% auf die Investitionssumme, mit der das Privatunternehmen üblicherweise rechnet, beträgt ein theoretischer Veräußerungspreis 220 GE. Für das Betreiben der Anlage in den vier Jahren ist eine jährliche Vergütung von 10 GE vorgesehen, was nach interner Kalkulation des Betreibers einer Rendite von ebenfalls 10% entspricht, da die jährlichen Kosten für das Betreiben des Umschlagplatzes mit 9 GE kalkuliert werden. Folgender Zahlungsmodus wird vereinbart: Das Unternehmen erhält von der Seehafengesellschaft für Errichtung und Betreiben des Terminals in den vier Jahren nach Fertigstellung 75 GE jährlich. Folglich bilanziert der Betreiber eine Forderung aus der Errichtung des Terminals in Höhe von 220 GE, die bei mehrjähriger Bauphase gemäß PoC-Methode ermittelt wird (IFRS-SMEs Abschn. 23). Die jährliche Zahlung der 75 GE wirkt als annuitätische Tilgung der Forderung, die wiederum mittels eines internen effektiven Zinssatzes aufgezinst wird. Zusätzlich wird die vereinbarte jährliche Vergütung als Umsatz ausgewiesen. Insgesamt weist das bilanzierende Unternehmen in den vier Jahren 220 GE als Umsatzerlöse aus PoC, 40 GE als Umsatzerlöse aus dem Betreiben der Infrastruktur und 40 GE Zinserträge aus.

85 Ein finanzieller Vermögenswert ist auch dann von dem Betreiber zu bilanzieren, wenn der Lizenzgeber dem Betreiber zwar erlaubt ein **Nutzungsentgelt von Dritten** zu erheben, ihm gleichzeitig aber einen **Mindestumsatz** etc. garantiert. **Das Nachfragerisiko** liegt in diesem Fall nicht beim Betreiber. In diesem Fall wird der Terminus finanzieller Vermögenswert vom

Standardsetzer bewusst gedehnt, da der finanzielle Vermögenswert auf der Seite des Lizenzgebers nicht in gleichem Umfang zu einer finanziellen Verbindlichkeit führt.

86 Wenn das bilanzierende Unternehmen hingegen das vertragliche Recht erhält, von den **Nutzern der Infrastruktur** ein Nutzungsentgelt zu erheben, liegt das Nachfragerisiko beim Betreiber. Die Bilanzierung eines **finanziellen Vermögenswertes** scheidet somit aus. Das Unternehmen hat stattdessen einen **immateriellen Vermögenswert** in Höhe des beizulegenden Zeitwertes der erbrachten Konstruktionsleistung zu bilanzieren (IFRS-SMEs Abschn. 34.15). Anschließend ist für die Folgebewertung IFRS-SMEs Abschn. 18 einschlägig. Bezüglich der Umsatzrealisierung ist erneut IFRS-SMEs Abschn. 23 zu beachten.

Beispiel:
Es gilt das obige Beispiel. In diesem Fall wird jedoch angenommen, dass das Privatunternehmen im Lauf der vier Betreiberjahre 300 GE an Umschlagsgebühren von den Reedereien einnehmen wird. Diese sind aber nicht garantiert. Das Unternehmen bilanziert einen immateriellen Vermögenswert von 220 GE am Ende der Produktionszeit des Terminals. Bis zur Fertigstellung des Terminals realisiert das Unternehmen PoC-Umsätze von 220 GE. Mit der Fertigstellung beginnt die lineare Abschreibung des immateriellen Vermögenswertes über die Vertragsdauer von vier Jahren. Die Umschlagsgebühren werden entsprechend als Umsatzerlöse verbucht.

87 Das Ergebnis ist in beiden Beispielen sowohl nach dem *intangible asset* als auch nach dem *financial asset*-Modell identisch. Nach dem *financial asset*-Modell werden jedoch insgesamt Umsatzerlöse von 260 GE und Zinserträge von 40 GE und nach dem *intangible asset*-Modell Umsatzerlöse von 520 GE ausgewiesen.

88 Grundsätzlich ist auch gemäß IFRS-SMEs Abschn. 34.13 eine **Mischung aus *intangible* und *financial asset*-Modell** möglich. Dies ist bspw. der Fall, wenn dem Betreiber einerseits eine garantierte Grundzahlung seitens des Lizenzgebers vertraglich zugesichert wird, die aber in der Regel nicht kostendeckend ist, und der Betreiber dann zusätzlich Gebühren von Dritten für die Nutzung der Infrastruktur erheben kann.

89 Fremdkapitalkosten sind bei dem *intangible asset*-Modell gemäß IFRS-SMEs Abschn. 25 zu erfassen. Dieser sieht mit dem Entstehen der Fremdkapitalkosten eine sofortige Erfassung im Gewinn und Verlust vor.

90 Bei dem *intangible asset*-Modell sind ebenfalls in der Erstellungsphase PoC-Umsätze gemäß obigem Beispiel zu erfassen, obwohl das Nachfragerisiko bei dem Betreiber liegt und somit überhaupt nicht sicher ist, ob die geplanten Umsätze jemals erzielt werden. Auf diesen Unterschied zu den Ausführungen zu der PoC-Methode in IFRS-SMEs Abschn. 23 ist hinzuweisen.

91 Gesonderte Anhangangabevorschriften für den Anhang für den Bereich Dienstleistungsverträge enthält IFRS-SMEs Abschn. 34 nicht.

E. Vergleich mit IFRS und HGB

92

Regelung	IFRS	IFRS-SMEs	HGB
Landwirtschaft	IAS 41	IFRS-SMEs Abschn. 34	
Anwendungsbereich	Bewertung von biologischen Vermögenswerten und landwirtschaftlichen Erzeugnissen bis zum Zeitpunkt der Ernte	Bewertung von biologischen Vermögenswerten und landwirtschaftlichen Erzeugnissen bis zum Zeitpunkt der Ernte	Keine gesonderten Angaben im HGB

Regelung	IFRS	IFRS-SMEs	HGB
Ansatzvorschriften	Biologische Vermögenswerte und landwirtschaftliche Erzeugnisse sind zwingend anzusetzen, wenn die Ansatzvorschriften erfüllt sind.	Biologische Vermögenswerte und landwirtschaftliche Erzeugnisse sind zwingend anzusetzen, wenn die Ansatzvorschriften erfüllt sind.	Keine gesonderten Ansatzvorschriften im HGB. Teilweise rechtsformspezifische Befreiungsvorschriften für einige biologische Vermögenswerte im EStG. Durch Aufhebung der umgekehrten Maßgeblichkeit durch BilMoG keine unmittelbare Wirkung mehr auf das HGB.
Bewertungsvorschriften	Zwingende Bewertung der biologischen Vermögenswerte zum beizulegenden Zeitwert, wenn dieser verlässlich ermittelbar ist.	Bewertung der biologischen Vermögenswerte zum beizulegenden Zeitwert, wenn dieser mit vertretbarem Aufwand verlässlich ermittelbar ist.	Keine gesonderten Bewertungsvorgaben
	Zwingende Bewertung der landwirtschaftlichen Erzeugnisse zum Zeitpunkt der Ernte zum beizulegenden Zeitwert.	Bewertung der landwirtschaftlichen Erzeugnisse zum Zeitpunkt der Ernte zum beizulegenden Zeitwert.	Keine gesonderten Bewertungsvorgaben
Exploration und Bewertung von mineralischen Ressourcen	IFRS 6	IFRS-SMEs Abschn. 34	
	IFRS 6 enthält gesonderte Vorgaben bezüglich Ansatz und Bewertung von materiellen und immateriellen Vermögenswerten im Zusammenhang mit der Exploration und Bewertung von mineralischen Ressourcen.	IFRS-SMEs Abschn. 34 enthält hierzu keine gesonderten Vorgaben, sondert verweist auf die allgemeinen Abschnitte zu den materiellen und immateriellen Vermögenswerten.	Keine gesonderten Vorgaben
Dienstleistungsverträge	IFRIC 12	IFRS-SMEs Abschn. 34	
Bewertung	Bei Dienstleistungsverträgen zwischen der öffentlichen Hand und Privatunternehmen ist zu prüfen, ob diese in den Anwendungsbereich des IFRIC 12 fallen. Falls ja, hat die Bewertung entweder mittels eines *intangible asset*- Modells oder mittels eines *financial asset*-Modells zu erfolgen.	Bei Dienstleistungsverträgen zwischen der öffentlichen Hand und Privatunternehmen ist zu prüfen, ob diese in den Anwendungsbereich des IFRS-SMEs Abschn. 34 fallen. Falls ja, hat die Bewertung entweder mittels eines *intangible asset*-Modells oder mittels eines *financial asset*-Modells zu erfolgen.	Keine gesonderten Vorgaben

Abschnitt 35
Übergangsvorschriften auf den IFRS-SMEs (Transition to the IFRS for SMEs)

Thomas Senger

Inhaltsverzeichnis

Schrifttum

Driesch, in: Beck'sches IFRS-Handbuch, 3. Aufl., München 2009, § 44; *Müller/Reinke,* KoR 2008, 26; *Senger,* Perspektiven: BilMoG versus IFRS for SMEs, Beitrag 6 im Tagungsband des Münsterischen Tagesgesprächs 2010; *Winkeljohann/Morich,* BB 2009, 1630.

A. Zielsetzung und Regelungsbereich

I. Notwendigkeit besonderer Übergangsvorschriften

1 Mit den Regelungen in IFRS-SMEs Abschn. 35 soll den Unternehmen, die Erstanwender im Sinne des IFRS-SMEs sind, eine unter Kosten-Nutzen Gesichtspunkten vernünftige Umstellung von der bisherigen Rechnungslegung auf den IFRS-SMEs ermöglicht werden. Daher werden durch Abschn. 35 Erleichterungen gewährt, die grundsätzlich nur für eine solche Übergangssituation gedacht und anwendbar sind.

2 Insofern unterscheidet sich die Zielsetzung der Regelungen in IFRS-SMEs Abschn. 35 von denen in IFRS-SMEs Abschn. 10, bei denen es nach erfolgter Umstellung auf den IFRS-SMEs um die Berücksichtigung von geänderten Bilanzierungs- und Bewertungsmethoden, von Fehlerkorrekturen oder von Umstellungseffekten aufgrund der Überarbeitung des IFRS-SMEs geht.

3 Die erstmalige Anwendung des IFRS-SMEs durch ein Unternehmen ist aus deutscher Sicht gegenwärtig nur auf freiwilliger Basis möglich und kann daher keine befreiende Wirkung im Hinblick auf einen handelsrechtlichen Pflicht(konzern)abschluss erzeugen.

4 Gleichwohl sind die Regelungen in IFRS-SMEs Abschn. 35 zwingend zu beachten, wenn der freiwillige Abschluss nach dem IFRS-SMEs (zB neben dem Pflichtabschluss nach HGB) durch den Erstanwender veröffentlicht wird. Eine **Veröffentlichung** im Sinne des Abschn. 35 liegt nur dann vor, wenn der vollständige Abschluss an mindestens eine Person außerhalb des Managements weitergegeben wurde, die nicht für die Erstellung des Abschlusses verantwortlich war (vgl. Driesch, Beck IFRS Handbuch § 44, Tz. 20).

II. Erstanwenderstatus

5 Im Rahmen der Entwicklung des IFRS-SMEs wurde insbesondere thematisiert, ob der Übergang von den IFRS auf den IFRS-SMEs einen Anwendungsfall des Abschnitts 35 darstellen sollte, oder ob aufgrund der besonderen Nähe der Rahmenkonzepte eine Differenzierung zwischen IFRS und sonstigen Normensystemen angezeigt sei. Der IASB hat diese Diskussion mit der eindeutigen Regelung in IFRS-SMEs Abschn. 35.1 beendet, wonach es unbedeutend ist, welche Rechnungslegungsnormen vor der erstmaligen Anwendung des IFRS-SMEs vom Unternehmen angewendet wurden.

6 Folgerichtig ist der **Erstanwender des IFRS-SMEs** definiert als ein Unternehmen, das seinen ersten vollständigen Jahres- oder Konzernabschluss in Übereinstimmung mit dem IFRS-SMEs veröffentlicht, unabhängig davon, ob die vorangegangene Rechnungslegung nach IFRS oder anderen Rechnungslegungsnormen erfolgte. Damit wird die Eigenständigkeit des IFRS-SMEs auch und gerade gegenüber den IFRS betont.

7 Der Erstanwenderstatus ist im Falle von Unternehmenszusammenschlüssen aus der Sicht des Unternehmens zu beurteilen, das für Bilanzierungszwecke als Erwerber gilt. Auch wenn der sog. umgekehrte Unternehmenserwerb im IFRS-SMEs nicht explizit erwähnt wird, erscheint ein Rückgriff auf IFRS 3.B19 sachgerecht (vgl. IFRS-SMEs-Komm., Teil B, Abschn. 19, Tz. 25). Daraus folgt für den Fall eines umgekehrten Unternehmenserwerbs, dass die rechtliche Tochtergesellschaft als Erwerber gilt und die Frage nach dem Erstanwender im Sinne von Abschn. 35 daher aus der Perspektive dieses rechtlichen Tochterunternehmens zu beantworten ist. (vgl. HFA 19 Tz. 3).

8 Weiter wird in IFRS-SMEs Abschn. 35.2 klargestellt, dass von Unternehmen der Status eines Erstanwenders **nur einmal** in Anspruch genommen werden kann. Dies soll nach dem Wortlaut von IFRS-SMEs Abschn. 35.2 auch dann gelten, wenn ein Unternehmen die Rechnungslegung nach IFRS-SMEs vorübergehend beendet, für eine oder mehrere Perioden nach anderen Rege-

lungen Rechnung legt, um danach wieder den IFRS-SMEs anzuwenden. Diese Regelung soll Missbräuchen aus der unberechtigt wiederholten Inanspruchnahme der Erleichterungsregelungen des IFRS-SMEs Abschn. 35 entgegenwirken.

Die Regelung in IFRS-SMEs Abschn. 35.2 erscheint fragwürdig. Ist es sinnvoll, in den Fällen einer begründeten längeren Unterbrechung der Rechnungslegung nach IFRS-SMEs, eine nachträgliche Ermittlung von IFRS-SMEs Abschlüssen für mehrere Perioden zu fordern, einem Erstanwender aber sogar die Ermittlung der Vergleichsinformationen vor dem Hintergrund der Unmöglichkeit der Datenermittlung zu erlassen (IFRS-SMEs Abschn. 35.11)? Aufgrund des eindeutigen Wortlauts von IFRS-SMEs Abschn. 35.2 werden Unternehmen gezwungen sein, Gestaltungsvarianten zu nutzen, die faktisch den Erstanwenderstatus aufrecht erhalten können. **9**

B. Grundsätze zur Erstanwendung des IFRS-SMEs

Die Regelungen in IFRS-SMEs Abschn. 35 sind nur für Unternehmen anwendbar, die als Erstanwender anzusehen sind (IFRS-SMEs Abschn. 35.3) und die Ihren Abschluss in Übereinstimmung mit dem IFRS-SMEs erstellen und veröffentlichen. Die nachfolgenden **drei Grundsätze** sind dabei zu befolgen: **10**

I. Explizite Aussage zur Erstanwendung

Das Unternehmen als Erstanwender muss in seinem Abschluss, typischerweise im Anhang, eine **ausdrückliche und uneingeschränkte Stellungnahme** aufnehmen, dass der vorliegende Abschluss mit dem IFRS-SMEs übereinstimmt (IFRS-SMEs Abschn. 35.4). **11**

Mithin kann durch ein Unterlassen dieser Angabe der Erstanwenderstatus für nachfolgende Abschlüsse offengehalten werden. Andererseits kann ohne eine solche ausdrückliche und uneingeschränkte Stellungnahme aber auch keine verbindliche Wirkung eines IFRS-SMEs Abschlusses – seine rechtliche Möglichkeit unterstellt – erreicht werden. **12**

Beispiele für Erstanwender, die eine solche Aussage treffen können, sind nach IFRS-SMEs Abschn. 35.4 solche Unternehmen, die bislang keine Abschlüsse für Vorperioden aufgestellt haben oder Abschlüsse für Vorperioden nach lokalen Rechungslegungsvorschriften (zB HGB) oder nach IFRS erstellt haben. Neben diesen in IFRS-SMEs Abschn. 35.4 explizit aufgeführten Beispielen führen auch Berichtspakete nach dem IFRS-SMEs eines inländischen Tochterunternehmens an eine ausländische Muttergesellschaft nicht dazu, dass der Erstanwenderstatus des inländischen Tochterunternehmens in Anspruch genommen wird. **13**

II. Vollständigkeit des Abschlusses

IFRS-SMEs Abschn. 35.5 stellt klar, dass ein Erstanwenderstatus stets mit **vollständigen Abschlüssen** verbunden ist. Nach IFRS-SMEs Abschn. 3.17 besteht ein vollständiger Abschluss aus Bilanz, Gesamtergebnisrechnung, Eigenkapitalveränderungsrechnung, Kapitalflussrechnung und dem zugehörigen Anhang. IFRS-SMEs Abschn. 3.14 erfordert Vergleichsinformationen für jede der genannten Abschlussbestandteile. **14**

Nicht erforderlich ist dagegen die Veröffentlichung der IFRS-SMEs-Eröffnungsbilanz, um dem Erfordernis eines vollständigen Abschlusses zu genügen, da Abschn. 35 keine explizite **15**

Regelung enthält, die den eindeutigen Wortlaut des IFRS-SMEs Abschn. 3.20 relativiert (so auch die Anmerkung zur Bilanz in der beispielhaften Darstellung eines Abschlusses nach dem IFRS-SMEs).

16 Daher stellen nach dem IFRS-SMEs ermittelte Abschlüsse, die bewusst nicht alle Bestandteile enthalten (zB Verzicht auf den Anhang oder die Kapitalflussrechnung) keine vollständigen Abschlüsse dar, die den Erstanwenderstatus verwirken, selbst dann, wenn diese Informationen an Dritte (zB Banken) weitergegeben werden.

17 Soweit ein Erstanwender von der Ausnahmeregelung des IFRS-SMEs Abschn. 35.11 Gebrauch macht, werden damit nicht die zu veröffentlichenden Abschlussbestandteile berührt, sondern die Ansatz-, Bewertungs- und Ausweisregelungen werden für die Vergleichsperiode zulässigerweise nicht entsprechend dem IFRS-SMEs, sondern weiterhin nach den bisher verwandten Rechnungslegungsnormen dargestellt.

III. Bestimmung des Übergangszeitpunktes

18 Als **Zeitpunkt des Übergangs** auf den IFRS-SMEs legt Abschn. 35.6 den Beginn der ersten dargestellten Periode fest, für den das berichtende Unternehmen in seinem ersten Abschluss nach dem IFRS-SMEs Vergleichsinformationen darstellt. Sollte das Unternehmen mehr als eine Vergleichsperiode darstellen, verschiebt sich der Zeitpunkt des Übergangs entsprechend weiter in die Vergangenheit.

19 Damit ist anders als nach IFRS 1 der Zeitpunkt der Umstellung auf den IFRS-SMEs von der Darstellungsform der Unternehmen abhängig.

20 Stellt sich für einen Erstanwender jedoch heraus, dass die Anpassung der Daten der Vergleichsperiode(n) ganz oder teilweise unmöglich ist, eröffnet IFRS-SMEs Abschn. 35.11 die Möglichkeit ganz oder teilweise auf eine Anpassung der Vergleichszahlen zu verzichten. In dieser Situation tritt dann das Problem auf, dass die eigentlich vorgesehenen Angaben zur Erläuterung der Umstellungseffekte (IFRS-SMEs Abschn. 35.12-.15) zum Zeitpunkt des Übergangs nicht möglich sind. Der Zeitpunkt der Umstellung auf den IFRS-SMEs selbst wird dadurch aber nicht berührt, selbst wenn die eigentlichen Umstellungseffekte dann zu Beginn der eigentlichen Berichtsperiode und nicht (vollumfänglich) zum Zeitpunkt des Übergangs auszuweisen sind.

C. Maßnahmen zur Erstellung der Eröffnungsbilanz zum Übergangszeitpunkt

I. Grundsatz der retrospektiven Anwendung

21 IFRS-SMEs Abschn. 35 enthält keine explizite Regelung des Grundsatzes der einheitlichen retrospektiven Anwendung des IFRS-SMEs, so wie dieser in IFRS 1.7 enthalten ist. Nach IFRS 1.7 werden die für die Erstellung der IFRS-Eröffnungsbilanz anzuwendenden Regelungen aus dem am Abschlussstichtag gültigen IFRS bestimmt.

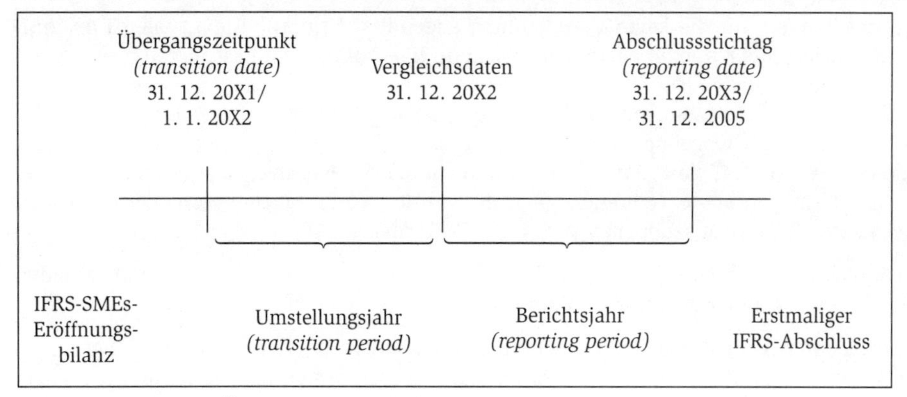

Abb. 1: Zeitpunkt des Übergangs auf den IFRS-SMEs (Driesch § 44 Tz. 16)

Bei der Entwicklung des IFRS-SMEs hat auch die Änderungshäufigkeit bei den IFRS dazu geführt, für den IFRS-SMEs eine periodische Überarbeitung in einem zwei bzw. dreijährigen Zyklus vorzunehmen (IFRS-SMEs BC 165). Aus diesem Grunde ist derzeit rein faktisch davon auszugehen, dass sich die anwendbare Fassung des IFRS-SMEs zum Übergangszeitpunkt und zum Abschlussstichtag der Berichtsperiode entsprechen. **22**

IFRS-SMEs Abschnitt 35 verwendet bestimmte Termini, um die Umstellungskonzeption und die damit verbundenen Maßnahmen und Zeitpunkte zu beschreiben. Vorbehaltlich der nachfolgend im einzelnen dargestellten Verbote bzw Wahlrechte von der retrospektiven Anwendung als auch des ganz oder teilweisen Verzichts zur Ermittlung von Vergleichszahlen in Übereinstimmung mit dem IFRS-SMEs verfolgt IFRS-SMEs Abschn. 35 den Grundsatz der retrospektiven Anwendung in der gleichen Weise wie IFRS 1. **23**

IFRS-SMEs Abschn. 35.7 beschreibt nun **für die Eröffnungsbilanz** die vier vorzunehmenden Maßnahmen zur Umsetzung der retrospektiven Anwendung des IFRS-SMEs in Bezug auf Ansatz, Bewertung und Ausweis wie folgt: **24**

(1) alle Vermögenswerte und Schulden sind anzusetzen, die von den Ansatzregelungen des IFRS-SMEs gefordert werden,
(2) Posten, deren Ansatz nach dem IFRS-SMEs nicht zulässig ist, sind nicht anzusetzen,
(3) Vermögenswerte und Schulden und Eigenkapitalbestandteile sind entsprechend den nach dem IFRS-SMEs vorgeschriebenen Gliederungsvorschriften zu gliedern,
(4) alle Vermögenswerte und Schulden sind nach den Bewertungsvorschriften des IFRS-SMEs zu bewerten.

Damit sind diese Regelungen wortgleich mit den entsprechenden Regelungen des IFRS 1, womit insoweit konzeptionell ein einheitlicher Ansatz zur Anwendung gelangt.

Zusätzlich zu erfassende Vermögenswerte und Schulden betreffen zB **25**

(1) den Ansatz aktiver latenter Steuern, insb. auf Verlustvorträge (vgl. IFRS-SMEs Abschn. 29.15),
(2) den Ansatz von Vermögenswerten und Schulden aus Finanzierungs-Leasingverhältnissen (vgl. IFRS-SMEs Abschn. 20),
(3) den Ansatz von derivativen Finanzinstrumenten, die isoliert oder in Form von Sicherungsbeziehungen zu Grundgeschäften bestehen (vgl. Abschn. 12.6 ff.),
(4) den Ansatz von finanziellen Vermögenswerten, die die Ausbuchungskriterien des Abschn. 11 nicht erfüllen (vgl. Abschn. 11.33-.35).

Die folgenden Posten sind ua beim Übergang zur Bilanzierung nach dem IFRS-SMEs **auszubuchen**: **26**

(1) Rückstellungen, für die keine Verpflichtung gegenüber Dritten besteht, wie zB bei Aufwandsrückstellungen, oder bei denen der zukünftige Abfluss von Ressourcen nicht hinreichend wahrscheinlich ist,
(2) steuerliche Sonderposten mit Rücklageanteil, die nicht bereits infolge des Wegfalls des § 308 Abs. 3 HGB ausgebucht wurden,
(3) sofern nach HGB idF des BilMoG vom Wahlrecht der Aktivierung selbst erstellter immaterieller Vermögenswerte Gebrauch gemacht wurde, wären solche Vermögenswerte für IFRS-SMEs-Zwecke auszubuchen (vgl. IFRS-SMEs Abschn. 18).

27 Die nach IFRS-SMEs Abschn. 4.2 erforderliche Gliederung aller Vermögenswerte und Schulden erfordert ua eine **Umgliederung** folgender Posten:

(1) Rückstellungen für ausstehende Rechnungen sind nicht unter den Rückstellungen auszuweisen, wenn nur ein geringer Grad der Unsicherheit besteht, sondern unter den abgegrenzten Schulden,
(2) Finanzinstrumente, die bisher als Eigenkapital klassifiziert wurden, nach IFRS-SMEs Abschn. 22 jedoch als Fremdkapital auszuweisen sind,
(3) saldiert ausgewiesene Rückstellungen, bei denen Erstattungsbeträge von Dritten in die Bewertung einbezogen wurden, die jedoch nach IFRS-SMEs Abschn. 21 separat als Forderung erfasst werden müssen,
(4) Umgliederung einzelner Bilanzposten, um einen Ausweis entsprechend der nach IFRS-SMEs Abschn. 4.4 geforderten Fristigkeit zu erreichen,
(5) gesonderter Ausweis von latenten Steuern und lfd. Ertragsteuern sowie gesonderter Ausweis von als Finanzinvestition gehaltenen Immobilien (vgl. IFRS-SMEs Abschn. 4.2).

28 In Bezug auf die **Bewertung** aller in der IFRS-SMEs-Eröffnungsbilanz ausgewiesenen Vermögenswerte und Schulden können zB die folgenden Anpassungen erforderlich sein:

(1) Bewertung von immateriellen Vermögenswerten und Sachanlagen unter Verwendung wirtschaftlicher Nutzungsdauern und dem tatsächlichen Nutzenverbrauch entsprechenden Abschreibungsmethoden,
(2) Bewertung von Vorräten und Forderungen im Zusammenhang mit Fertigungsaufträgen nach der Teilgewinnrealisierung (IFRS-SMEs Abschn. 23.17 ff.),
(3) Bewertung zum beizulegenden Zeitwert für finanzielle Vermögenswerte, die in den Anwendungsbereich des IFRS-SMEs Abschn. 12 fallen,
(4) Bilanzierung von latenten Steueransprüchen und Schulden nach der bilanzorientierten Verbindlichkeitenmethode,
(5) Bilanzierung von Rückstellungen (Restrukturierungsrückstellungen, Abzinsung etc).

II. Buchungstechnik im Übergangszeitpunkt

29 Soweit die Anwendung der Ansatz- und Bewertungsregelungen des IFRS-SMEs im Übergangszeitpunkt zu Änderungen gegenüber der bisher angewandten Rechnungslegung führen, sind die Unterschiedbeträge im Ergebnisvortrag oder – falls sachgerechter – in einer anderen Kategorie des Eigenkapitals zu erfassen (IFRS-SMEs Abschn. 35.8).

30 Beispiele für Anpassungsbeträge, die nach den Regelungen des IFRS-SMEs außerhalb des Ergebnisvortrags erfasst werden sollten, sind Währungsergebnisse aus der Anwendung der modifizierten Stichtagskursmethode (vgl. IFRS-SMEs Abschn. 30), bestimmte versicherungsmathematische Gewinne und Verluste bei Pensionsrückstellungen (vgl. IFRS-SMEs Abschn. 28) und bestimmte Zeitwertänderungen beim Hedge Accounting (vgl. IFRS-SMEs Abschn. 12).

Diese Anweisung zur Buchungstechnik berücksichtigt somit nur den Fall, dass alle erforderlichen Anpassungsmaßnahmen auch tatsächlich durchgeführt werden können, dh. der von IFRS-SMEs Abschn. 35.11 geregelte Fall des (teilweisen) Verzichts auf Anpassungen in der Eröffnungsbilanz wird insofern nicht explizit behandelt. **31**

Bei einer Inanspruchnahme der Ausnahmeregelung des IFRS-SMEs Abschn. 35.11 erscheint die Anwendung der Regelung von IFRS-SMEs Abschn. 10.12 sachgerecht. Danach bleibt es bei einer Anpassung des Ergebnisvortrags zu Beginn der Periode, in der die Ermittlung des Anpassungsbetrages erstmals möglich wird. Dies ist (spätestens) der Beginn der Berichtsperiode. **32**

III. Verbote bei der retrospektiven Anwendung

IFRS-SMEs Abschn. 35.9 verbietet die retrospektive Anwendung von Regelungen des IFRS-SMEs für die Erstellung der Eröffnungsbilanz bei den folgenden fünf Sachverhalten. Diese Verbote bestehen zwingend und unabhängig von der Inanspruchnahme der unter IV. dargestellten Wahlrechte (vgl. Tz. 48 ff.). **33**

Hinter der Übernahme dieser Regelungen aus IFRS 1 in den IFRS-SMEs Abschn 35 steht die Absicht, die ansonsten durch die retrospektive Anwendung möglichen Neueinschätzungen eines Bilanzierungssachverhaltes zu verhindern (vgl. Winkeljohann/Büdding/Gehrmann, IFRS 1, Tz. 82). **34**

1. Ausbuchung von finanziellen Vermögenswerten und Schulden

Finanzielle Vermögenswerte und finanzielle Schulden, die nach den Regelungen der vormals angewandten Rechnungslegungsvorschriften vor dem Übergang auf den IFRS-SMEs ausgebucht wurden, sind in den nach dem IFRS-SMEs aufgestellten Abschluss nicht wieder einzubuchen (IFRS-SMEs Abschn. 35.9(a) Satz 1). Die Anwendung dieser Regelung hat zur Konsequenz, dass gemessen an den Regelungen von IFRS-SMEs Abschn. 11 und IFRS-SMEs Abschn. 12 der Abschluss des Erstanwenders unvollständig ist. **35**

Demgegenüber gilt für finanzielle Vermögenswerte und finanzielle Verbindlichkeiten, die aus Transaktionen vor dem Übergang auf den IFRS-SMEs resultieren und nach diesen auszubuchen wären, jedoch nach den bislang eingesetzten Rechnungslegungsvorschriften nicht ausgebucht wurden, ein Wahlrecht. Danach kann ein Unternehmen derartige finanzielle Vermögenswerte und Verbindlichkeiten entweder in der Eröffnungsbilanz nicht ansetzen oder sie weiterhin bis zu ihrem Verkauf oder ihrer Begleichung (entsprechend den vormals angewandten Rechnungslegungsnormen) ansetzen. Abhängig von der Ausübung des eingeräumten Wahlrechts kann diese Regelung dazu führen, dass gemessen an den Regelungen von IFRS-SMEs Abschn. 11 und IFRS-SMEs Abschn. 12 der Abschluss des Erstanwenders Posten enthält, die nicht bilanzierungsfähige Sachverhalte abbilden. **36**

2. Bilanzierung von Sicherungsbeziehungen

IFRS-SMEs Abschn. 35.9(b) differenziert zwischen Sicherungsbeziehungen, die am Übergangsstichtag noch vorhanden sind, und solchen, die vor dem Übergangsstichtag beendet wurden. Für Letztere sind jegliche Anpassungsmaßnahmen in der Eröffnungsbilanz untersagt. **37**

In diesen Fällen kann die inzwischen beendete Sicherungsbeziehung die Konsequenz aus der planmäßigen Abwicklung sowohl des Grundgeschäftes, als auch des zugeordneten Sicherungsinstruments sein, dh., es bestehen am Übergangsstichtag weder bilanzierungspflichtige **38**

Vermögenswerte noch Schulden, für die eine Anpassung erforderlich sein könnte. Es besteht aber auch die Möglichkeit, dass nach den zuvor angewendeten Rechnungslegungsnormen eine zunächst bestehende Sicherungsbeziehung ganz oder teilweise (zB aufgrund nicht mehr eingehaltener Effektivitäten) aufzulösen war. In diesen Fallkonstellationen ist die praktische Bedeutung der Regelung in IFRS-SMEs Abschn. 35.9(b) zu sehen. Es soll verhindert werden, dass im Nachhinein durch eine Neubeurteilung von Sachverhalten eine Sicherungsbeziehung konstruiert wird, die ursprünglich nicht intendiert war.

39 Für Sicherungsbeziehungen, die am Übergangsstichtag noch bestehen, verweist IFRS-SMEs Abschn. 35.9(b) auf die Regelungen in IFRS-SMEs Abschn. 12. Welche Konsequenzen im Einzelfall daraus resultieren, hängt auch wesentlich davon ab, wie das Bilanzierungswahlrecht des Abschn. 12.2 durch den Erstanwender ausgeübt wird (im Einzelnen vgl. dazu IFRS-SMEs-Komm., Teil B, Abschn. 12).

3. Schätzungen und Annahmen

40 Bei der Aufstellung eines Abschlusses sind grundsätzlich alle Informationen zu berücksichtigen, die zwischen Abschlussstichtag und dem Tag der Veröffentlichung des Abschlusses bekannt werden. Gemessen an dem Abschluss nach den zuvor angewandten Rechnungslegungsnormen wird die Eröffnungsbilanz eines Erstanwenders im Sinne des IFRS-SMEs zeitlich regelmäßig (deutlich) später erstellt und indirekt mit dem ersten Abschluss nach dem IFRS-SMEs veröffentlicht.

41 Insofern wäre ein verlängerter Wertaufhellungszeitraum gegeben, der zu einer Neubeurteilung von Sachverhalten führen könnte. IFRS-SMEs Abschn. 35.9(c) schreibt für diese Fälle vor, dass bei der Erstellung der Eröffnungsbilanz der gleiche Wertaufhellungszeitraum zugrunde zu legen ist, wie für den zu diesem Stichtag nach vorangegangenen Rechnungslegungsgrundsätzen erstellten Abschluss.

42 Die Anhangangabe des IFRS-SMEs Abschn. 35.14 sieht für die Fälle, in denen bei der Erstellung der Eröffnungsbilanz ein Fehler nach den bisher angewandten Rechnungslegungsgrundsätzen erkannt wird, eine gesonderte Darstellung in der Überleitungsrechnung für das Eigenkapital und das Vorjahresergebnis vor. Auch für diese Fehlerfeststellung ist der bisherige Wertaufhellungszeitraum unverändert zugrunde zu legen. Darüber hinaus wird sich für das bilanzierende Unternehmen aber die Frage nach einer Fehlerkorrektur nach dem bisher angewandten Rechungslegungsgrundsätzen stellen.

4. Aufgabe von Geschäftsbereichen

43 Abweichend von den IFRS enthält der IFRS-SMEs keine gesonderten Ausweis- und Bewertungsregelungen für zum Verkauf bestimmte Vermögenswerte und Vermögensgruppen. Die Ausweisregelungen zur Aufgabe von Geschäftsbereichen werden von IFRS-SMEs Abschn. 4.14 für den Fall eines bindenden Verkaufsvertrages erfasst.

44 Für den Fall, dass ein Unternehmen von den IFRS auf den IFRS-SMEs wechselt, verbleiben aufgrund der Regelung des IFRS-SMEs Abschn. 35.9 d die Ausweisregelungen des IFRS 5 mit Wirkung für die Eröffnungsbilanz.

5. Anteile nicht beherrschender Gesellschafter

45 Abschn. 5.6 sieht eine gesonderte Aufteilung des Gewinns oder Verlustes der Periode sowie des Gesamtergebnisses der Periode vor, der auf die Gesellschafter des Mutterunternehmens bzw die nicht beherrschenden Gesellschafter entfällt. IFRS-SMEs Abschn. 35.9(e) schreibt für

Erstanwender vorbehaltlich der nachfolgend dargestellten Wahlrechtsausübung im Hinblick auf Unternehmenszusammenschlüsse eine prospektive Anwendung dieser Regelung ab dem Übergangszeitpunkt vor.

46 In Abhängigkeit von der Ausübung des Wahlrechts zur Behandlung von Unternehmenszusammenschlüssen vor dem Übergangszeitpunkt ist zu differenzieren. Wenn der Erstanwender das Wahlrecht des IFRS-SMEs Abschn. 35.10(a) in Anspruch nimmt und die nach vorherigen Rechnungslegungsgrundsätzen ermittelten Werte der Kaufpreisallokation einschließlich des damit verbundenen Goodwills/negativen Unterschiedsbetrages übernimmt, bleibt es bei der prospektiven Anwendung der Ergebnisaufteilungen zwischen Gesellschaftern des Mutterunternehmens und den nicht beherrschenden Gesellschaftern.

47 Erfolgt dagegen eine Neubehandlung von Unternehmenszusammenschlüssen vor dem Übergangsstichtag entsprechend den Regelungen des IFRS-SMEs Abschn. 19, stellt der erste nach Abschn. 19 bilanzierte Unternehmenszusammenschluss den Beginn der Ergebnisaufteilung dar.

IV. Wahlrechte bei der retrospektiven Anwendung

48 IFRS-SMEs Abschn. 35.10 ermöglicht **Ausnahmen** von der retrospektiven Anwendung der Regelungen des IFRS-SMEs für die Erstellung der Eröffnungsbilanz bei den folgenden zwölf Sachverhalten. Diese Wahlrechte können einzeln und unabhängig von der Inanspruchnahme der übrigen Wahlrechte ausgeübt werden. Auch besteht keine Notwendigkeit, die gewählte Inanspruchnahme der Wahlrechte zu begründen.

1. Unternehmenszusammenschlüsse

49 Erstanwendern wird durch die Regelung des IFRS-SMEs Abschn. 35.10(a) das Wahlrecht eröffnet, für die Bilanzierung von Unternehmenserwerben vor dem Übergangszeitpunkt die Bilanzierung entsprechend den vorangegangenen Rechnungslegungsnormen beizubehalten.

50 Sollen dagegen für einen Unternehmenserwerb vor dem Übergangsstichtag die Regelungen des IFRS-SMEs Abschn. 19 zur Anwendung gelangen, sind diese Regelungen zwingend auch für alle übrigen Unternehmenserwerbe anzuwenden, die zeitlich zwischen dem Unternehmenserwerb A und dem Übergangszeitpunkt liegen. Mit dieser Regelungssystematik wird für Zwecke der Bilanzierung von Unternehmenszusammenschlüssen die Anwendbarkeit des IFRS-SMEs Abschn. 19 weiter in die Vergangenheit zurückverlegt.

51 Abschn. 35 enthält keine umfangreichen Regelungen wie diese in Anhang B zu IFRS 1 enthalten sind. Da der IFRS-SMEs ein eigenständiges Regelwerk darstellt, ist eine analoge Anwendung der in IFRS 1 enthaltenen Regelungen nicht zwingend. Vielmehr können für einen Erstanwender, der vor der Umstellung auf den IFRS-SMEs nach IFRS bilanziert hat, gerade durch den Wechsel auf den IFRS-SMEs, verbunden mit dem Verzicht auf die Inanspruchnahme der Regelung in IFRS-SMEs Abschn. 35.10(a) Erleichterungen verbunden sein.

52 In den Fällen in denen die vorangegangenen Rechnungslegungsnormen einen bestimmten Zeitraum zur Fertigstellung der Bilanzierung eines Unternehmenszusammenschlusses vorsieht (so zB IFRS 1 oder § 301 HGB idF des BilMoG), stellt sich die Frage nach der Behandlung der Anpassungen im Fertigstellungszeitraum, wenn der Übergangsstichtag innerhalb dieses Fertigstellungszeitraums liegt.

53 Der IFRS-SMEs enthält hierzu keine explizite Regelung, aber es erscheint sachgerecht und geboten, entweder die Bilanzierung von Unternehmenszusammenschlüssen nach dem vorherigen Recht fertigzustellen und diese Ergebnisse in die Rechnungslegung nach dem IFRS-SMEs

zu übernehmen, oder den betreffenden Unternehmenszusammenschluss unmittelbar nach IFRS-SMEs Abschn. 19 zu bilanzieren. Es ist nicht sachgerecht, die vorstehend beschriebene Konstellation dazu zu missbrauchen, auf eine Kaufpreisallokation gänzlich zu verzichten.

2. Anteilsbasierte Vergütung

54 IFRS-SMEs Abschn. 26 differenziert zwischen anteilsbasierten Vergütungsformen, die durch Eigenkapital- oder Fremdkapitaltitel erfüllt werden können. IFRS-SMEs Abschn. 35.10(b) eröffnet Erstanwendern für anteilsbasierte Vergütungsformen, die durch Eigenkapitaltitel erfüllt werden und deren Gewährung vor dem Übergangsstichtag erfolgte, auf die Anwendung der Regelungen in IFRS-SMEs Abschn. 26 zu verzichten. Nimmt ein Erstanwender dieses Wahlrecht in Anspruch, ist die nach den vorherigen Rechnungslegungsgrundsätzen erfolgte Bilanzierung fortzuführen.

55 Für anteilsbasierte Vergütungen, die durch Fremdkapitaltitel erfüllt werden, entfällt die Anwendung von IFRS-SMEs Abschn. 26 immer dann, wenn die aus dem entsprechenden Programm resultierende Verbindlichkeit vor dem Übergangsstichtag beglichen wurde. Die Konsequenz dieser Vereinfachungsregelung liegt in einer anderen Eigenkapitalstrukturierung als in den Fällen der Anwendung des IFRS-SMEs Abschn. 26.

3. Beizulegender Zeitwert als Ersatz für Anschaffungs- oder Herstellungskosten

56 Ein Erstanwender kann einen einzelnen Vermögenswert, der als Sachanlagevermögen, als Renditeimmobilie oder als immaterieller Vermögenswert auszuweisen ist und der in Folgeperioden zu fortgeführten Anschaffungs- oder Herstellungskosten bilanziert wird, in der Eröffnungsbilanz mit seinem Zeitwert bewerten. Dieser Zeitwert tritt dann an die Stelle der ansonsten zu ermittelnden Anschaffungs- oder Herstellungskosten (IFRS-SMEs Abschn. 35.10(c).

57 Es besteht keine Verpflichtung gleichartige Vermögenswerte hinsichtlich dieses Wahlrechtes gleich zu behandeln, sondern es besteht die Möglichkeit zB unter Berücksichtigung von etwaigen Verkaufsabsichten einzelne Vermögenswerte gezielt aufzuwerten, andere dagegen nicht.

58 Da entgegen der Ausführungen in IFRS-SMEs.BC 34.gg nicht alle der Wahlrechte aus IFRS 1 in IFRS-SMEs Abschn. 35 übernommen wurden, ist die Wechselwirkung zwischen diesem Wahlrecht und der Regelung des IFRS 1.25 (vgl. Driesch, in: Beck IFRS Handbuch, § 44, Tz. 104) für den IFRS-SMEs nicht einschlägig.

4. Neubewertung als Ersatz für Anschaffungs- oder Herstellungskosten

59 Die Regelung des IFRS-SMEs Abschn. 35.10(d) entspricht der des IFRS-SMEs Abschn. 35.10(c). Voraussetzung ist hier, dass die Neubewertung in den vorherig angewendeten Rechnungslegungsgrundsätzen nicht nur theoretisch möglich war, sondern vom Erstanwender auch tatsächlich angewendet wurde.

5. Kumulierte Währungsumrechnungsdifferenzen

60 Aus der Anwendung der modifizierten Stichtagskursmethode auf die Umrechung der Abschlüsse von ausländischen Tochtergesellschaften, deren funktionale Währung von der Konzernberichtswährung abweicht (IFRS-SMEs Abschn. 30.18), resultieren Währungsumrechnungsdifferenzen, die unmittelbar gegen das Eigenkapital zu verrechnen sind. Darüber hinaus führen zB die Regelungen zur Neutralisierung von Währungsergebnissen im Rahmen der Konzernabschlusserstellung für Nettoinvestitionen in ausländische Aktivitäten (IFRS-SMEs Abschn. 30.12(f)) zu einer Verrechnung von Währungsunterschieden im Eigenkapital. IFRS-SMEs Abschn. 35.10 ermöglicht es Erstanwendern nun einmalig und einheitlich für alle Tochtergesellschaften, den Währungsausgleichsposten auf Null zu setzen (Fresh Start).

61 Damit ist keine Veränderung des Eigenkapitals insgesamt, sondern nur eine andere Strukturierung des Eigenkapitals verbunden. Bilanzpolitisch können sich daraus uU Vorteile bei einer Endkonsolidierung eines ausländischen Tochterunternehmens ergeben, dessen Verkauf beabsichtigt ist.

6. Anteile an Tochterunternehmen, assoziierten Unternehmen und gemeinschaftlich geführten Unternehmen im Einzelabschluss des Mutterunternehmens

62 Sofern ein Einzelabschluss nach dem IFRS-SMEs aufgestellt wird, eröffnet IFRS-SMEs Abschn. 9.26 das Wahlrecht zur Bewertung der Beteiligungen entweder zu Anschaffungskosten oder zum Zeitwert mit Erfassung der Zeitwertänderungen in der Gesamtergebnisrechnung.

63 Ein Erstanwender kann nach IFRS-SMEs 35.10(f) für den Fall, dass er die Anschaffungskostenmethode für die Beteiligungsbilanzierung gewählt hat, entweder die Anschaffungskosten entsprechend der Regelungen in IFRS-SMEs Abschn. 9 oder aber ersatzweise den Zeitwert bzw. den fortgeführten Buchwert aus den vorherigen Rechnungslegungsgrundsätzen als Anschaffungskosten für die Beteiligung ansetzen.

7. Zusammengesetzte Finanzinstrumente

64 Nach IFRS-SMEs Abschn. 22.13 sind zusammengesetzte Finanzinstrumente, zB eine Wandelschuldverschreibung, in einen Eigenkapitalanteil und einen Fremdkapitalanteil aufzuspalten. In der Folgezeit bis zur vollständigen Rückzahlung des Fremdkapitalanteils fallen Zinsen an, die in der Gesamtergebnisrechnung zu erfassen sind. Im Eigenkapital werden nach der endgültigen Rückführung des Fremdkapitalanteils zwei Positionen ausgewiesen: der ursprüngliche Eigenkapitalanteil aus der Aufspaltung des zusammengesetzten Finanzinstruments und die kumulierten Ergebnisse aus den Zinsaufwendungen der Wandelschuldverschreibung.

65 IFRS-SMEs 35.10(g) ermöglicht es dem Erstanwender, auf die Aufspaltung eines zusammengesetzten Finanzinstruments zu verzichten, wenn der Fremdkapitalanteil vor dem Übergangsstichtag vollständig zurückgeführt wurde. Im Ergebnis wird damit eine Erleichterung geschaffen, die die Eigenkapitalstruktur, nicht aber die Höhe des Eigenkapitals betrifft.

8. Latente Steuern

66 IFRS-SMEs 35.10(h) erlaubt einem Erstanwender, aktive oder passive latente Steuern nicht anzusetzen, wenn dies einen unverhältnismäßig hohen Aufwand erfordern würde. Dieses Wahlrecht bezieht sich ausschließlich auf die Eröffnungsbilanz, nicht auf die nachfolgenden Stichtage.

67 Es bleibt unklar, was genau unter unverhältnismäßig hohem Aufwand im Sinne des IFRS-SMEs Abschn. 35.10(h) zu verstehen ist und worin genau die Abgrenzung zur Regelung des IFRS-SMEs Abschn. 35.11, der Unmöglichkeit der Anpassung im Rahmen der Erstellung der Eröffnungsbilanz besteht.

68 Unabhängig davon erscheint es nicht sachgerecht, für die Eröffnungsbilanz dieses Wahlrecht auszuüben, wenn in den vorherigen Rechnungslegungsgrundsätzen bereits das Temporary Konzept für die Ermittlung der latenten Steuern zur Anwendung kam. Letzteres ist bspw.

sowohl bei dem HGB idF des BilMoG als auch bei IFRS vorgeschrieben. Vor diesem Hintergrund wird hier die Meinung vertreten, dass an die Inanspruchnahme dieses Wahlrechts strenge Anforderungen gestellt werden müssen, da sich eine »gefühlte« Unverhältnismäßigkeit nicht auf nur einen Stichtag beziehen kann.

9. Dienstleistungsverträge

69 IFRS-SMEs Abschn. 34.12-.16 regelt grundsätzlich die Bilanzierung von Dienstleistungskonzessionsvereinbarungen für einen Erstanwender des IFRS-SMEs. Diese Regelungen entsprechen im Wesentlichen denen des IFRIC 12 für einen IFRS-Anwender.

70 Aus Vereinfachungsgründen ermöglicht es IFRS-SMEs Abschn. 35.10(i) einem Erstanwender des IFRS-SMEs, auf diese relativ komplexen Regelungen des IFRS-SMEs Abschn. 34.12-.16 zur Bilanzierung von Dienstleistungskonzessionsvereinbarungen für den Fall vollständig zu verzichten, dass diese Vereinbarungen vor dem Übergangszeitpunkt auf den IFRS-SMEs abgeschlossen worden sind. Für nach diesem Zeitpunkt abgeschlossene Dienstleistungskonzessionsvereinbarungen sind die Bilanzierungsregelungen des IFRS-SMEs Abschn. 34.12-.16 hingegen zwingend anzuwenden.

71 Da IFRS-SMEs Abschn. 35.10(i) ein Wahlrecht darstellt, kann ein bislang nach IFRS Bilanzierender die bereits vor dem Übergang auf den IFRS-SMEs angewandte Bilanzierung von Dienstleistungskonzessionsverträgen unter Berücksichtigung der Regelungen des IFRS-SMEs Abschn. 34.12-.16 für die Zeit nach dem Übergangszeitpunkt auf den IFRS-SMEs fortführen.

10. Rohstoff fördernde Industrie

72 Das Erleichterungswahlrecht in IFRS-SMEs Abschn. 35.10(j) richtet sich branchenbezogen an Rohstoff fördernde Industrien, die im Bereich der Öl- und Gasexploration, -erkundung, -entwicklung und -erzeugung tätig sind. Während sich die grundsätzliche Bilanzierungsvorschrift für *extractive activities* in IFRS-SMEs Abschn. 34.11 auf die gesamte Rohstoff fördernde Industrie bezieht (also zB auch auf die Erkundung von Erz- und Kohlevorkommen sowie anderer nichtregenerativer Ressourcen) und für die Bilanzierung aller hieraus resultierender Vermögenswerte und Schulden auf die Regelungen der IFRS-SMEs Abschn. 17 (Sachanlagen), IFRS-SMEs Abschn. 18 (Immaterielle Vermögenswerte mit Ausnahme des Geschäfts- oder Firmenwertes) und IFRS-SMEs Abschn. 21 (Rückstellungen und Eventualposten) verwiesen wird, sieht IFRS-SMEs Abschn. 35.10(j) für den IFRS-SMEs-Erstanwender die Erleichterung vor, die Bewertung von Öl- und Gasvermögenswerten zum Übergangszeitpunkt auf den IFRS-SMEs mit dem nach den bisherigen Rechnungslegungsgrundsätzen ermittelten Buchwert vorzunehmen, soweit diese Öl- und Gas-Vermögenswerte zuvor zu Vollkosten bewertet wurden. Bei Inanspruchnahme dieses Wahlrechtes müssen die so angesetzten Buchwerte dieser Vermögenswerte jedoch zum Übergangszeitpunkt auf ihre Werthaltigkeit unter Berücksichtigung der Regelungen in IFRS-SMEs Abschn. 27 (Wertminderung von Vermögenswerten) getestet werden.

11. Leasingverhältnisse

73 Grundsätzlich muss der Bilanzierende die Einstufung, ob eine Vereinbarung ein Leasingverhältnis darstellt, welches nach den Grundsätzen des IFRS-SMEs Abschn. 20 zu bilanzieren ist, zum Zeitpunkt des Beginns des Leasingverhältnisses vornehmen (IFRS-SMEs Abschn. 20.8). Nach IFRS-SMEs Abschn. 20.3 sind auch solche Vereinbarungen nach den Bilanzierungsvorschriften des Abschn. 20 als Leasingverhältnis zu bilanzieren, die wirtschaftlich ein Leasing-

verhältnis darstellen, auch wenn sie rechtlich nicht in der Form von Leasingverträgen abgeschlossen wurden.

Dem Erstanwender des IFRS-SMEs ermöglicht das Wahlrecht des IFRS-SMEs Abschn. 35.10(k), auf eine rückwirkende Qualifizierung des Vertragsverhältnisses als Leasingverhältnis zum Zeitpunkt des Vertragsschlusses zu verzichten und stattdessen vereinfachend auf die Verhältnisse zum Zeitpunkt des Übergangs auf den IFRS-SMEs abzustellen. **74**

12. Entsorgungs-, Wiederherstellungs- und ähnliche Verpflichtungen als Bestandteil der Anschaffungs- und Herstellungskosten von Sachanlagen

Nach IFRS-SMEs Abschn. 17.10(c) umfassen die Anschaffungs- oder Herstellungskosten eines Vermögenswertes des Sachanlagevermögens auch die anfänglich geschätzten Kosten der Demontage und Entfernung des Vermögenswertes sowie der Geländewiederherstellung, auf dem sich der Vermögenswert befand. **75**

Aus Vereinfachungsgründen ermöglicht IFRS-SMEs Abschn. 35.10(l) einem Erstanwender des IFRS-SMEs, auf eine rückwirkende Schätzung dieser Demontagekosten zum früheren Zeitpunkt der Begründung der Verpflichtung zu verzichten und stattdessen eine Kosteneinschätzung zum Übergangszeitpunkt auf den IFRS-SMEs vorzunehmen. Die so ermittelten Demontagekosten müssen dann zum Übergangszeitpunkt entsprechend den Vorschriften des IFRS-SMEs Abschn. 17.10(c) als Bestandteil der Anschaffungs- und Herstellungskosten der entsprechenden Sachanlagen berücksichtigt werden. **76**

V. Verzicht auf Anpassung der Vergleichszahlen

1. Unmöglichkeit der Ermittlung von erforderlichen Anpassungsmaßnahmen

IFRS-SMEs Abschn. 35.5 f. verpflichtet den Erstanwender des IFRS-SMEs generell zur Darstellung eines vollständigen Abschlusses, welcher auch mindestens eine Vergleichsperiode beinhalten muss. Dabei sind neben den monetären Angaben auch alle narrativen Informationen der Vergleichsperiode des erstmaligen IFRS-SMEs-Abschlusses wiederzugeben. **77**

IFRS-SMEs Abschn. 35.11 eröffnet dem Erstanwender des IFRS-SMEs allerdings die Möglichkeit, auf die von IFRS-SMEs Abschn. 35.7 geforderte Anpassung des Zahlenwerkes der Vorperiode und der Eröffnungsbilanz zu Beginn der Vorperiode des erstmaligen IFRS-SMEs-Abschlusses zu verzichten, wenn sich für den Erstanwender herausstellt, dass die Ermittlung der Anpassungsbeträge für die Bilanzierung nach IFRS-SMEs zum Eröffnungsbilanzstichtag unmöglich ist. In diesem Fall sieht IFRS-SMEs Abschn. 35.11 vor, dass der Bilanzierende die Anpassungen lediglich zu Beginn des Abschlusses nach IFRS-SMEs der Periode vornimmt, in der die Ermittlung der Anpassungen erstmals möglich ist, was spätestens zu Beginn der erstmaligen Berichtsperiode nach IFRS-SMEs der Fall sein muss. Der Zeitpunkt der Umstellung auf IFRS-SMEs selbst wird hierdurch jedoch nicht berührt, es werden lediglich die Umstellungseffekte zum späteren Beginn der ersten IFRS-SMEs-Berichtsperiode anstatt zum Beginn der ersten dargestellten Vergleichsperiode abgebildet. Sofern in einem solchen Fall Vergleichszahlen dargestellt werden, die nicht IFRS-SMEs entsprechen, müssen diese vom Ersteller als nicht IFRS-SMEs-konform bezeichnet werden. Eine IFRS 1.22 b vergleichbare Regelung, nach der die eigentlich in der Vergleichperiode gebotenen Anpassungsbuchungen verbal beschrieben werden sollen, sieht IFRS-SMEs Abschn. 35.11 hingegen nicht vor. **78**

Als Beispiel für einen Anwendungsfall der Unmöglichkeit der Ermittlung der Anpassungsbuchungen zum Beginn der Vergleichsperiode kann der Fall angesehen werden, dass für ein **79**

Tochterunternehmen, das vor dem Zeitpunkt der Erstellung des ersten Abschlusses nach IFRS-SMEs bereits veräußert worden ist, die diesbezüglichen Informationen mangels Zugriffsmöglichkeiten auf dessen Rechnungswesen nicht mehr verfügbar sind. Der bloße Hinweis auf eine Verursachung hoher oder zusätzlicher Kosten aufgrund der Beschaffung von Vergleichsinformationen kann nicht als ausreichender Grund für die Inanspruchnahme der Möglichkeit des IFRS-SMEs Abschn. 35.11 gesehen werden. Insbesondere vor dem Hintergrund der von IFRS-SMEs Abschn. 35.12 f. geforderten Zusatzinformationen zu den Umstellungseffekten im Übergangszeitpunkt und in der Vorperiode, ist die Ausnahmevorschrift des IFRS-SMEs Abschn. 35.11 in ihrer Anwendung äußerst restriktiv zu handhaben.

2. Auswirkungen auf den Übergangszeitpunkt

80 Nach IFRS-SMEs Abschn. 35.6 ist der Übergangszeitpunkt der Beginn der frühesten Periode, für die das Unternehmen Vergleichsinformationen in seinem ersten vollständigen Abschluss nach IFRS-SMEs darstellt. Nimmt das Unternehmen die Ausnahmeregelung des IFRS-SMEs Abschn. 35.11 in Anspruch, so hat dies für den Übergangszeitpunkt keine Auswirkung, denn dieser bleibt gleichwohl der Eröffnungsbilanzstichtag der ersten dargestellten Vergleichsperiode im ersten vollständigen Abschluss nach IFRS-SMEs.

3. Auswirkungen auf die Buchungstechnik im Berichtsjahr

81 Im Fall der Unmöglichkeit der Ermittlung der notwendigen Anpassungsbuchungen nach IFRS-SMEs (IFRS-SMEs Abschn. 35.7) zu Beginn der ersten dargestellten Vergleichsperiode muss das Unternehmen in analoger Anwendung des IFRS-SMEs Abschn. 35.8 die Anpassungseffekte zu Beginn der erstmaligen Berichtsperiode nach IFRS-SMEs vornehmen. Die einzelnen Anpassungsbuchungen sind somit in der Eröffnungsbilanz zu Beginn der ersten Berichtsperiode im Ergebnisvortrag zu erfassen, was auch der analogen Regelung in IFRS-SMEs Abschn. 10.12 für die nicht mögliche rückwirkende Anwendung von geänderten Bilanzierungs- und Bewertungsmethoden entspricht.

D. Angabepflichten

I. Allgemeines

82 Das Unternehmen muss erläutern, wie der Übergang von der bisherigen Rechnungslegung auf den IFRS-SMEs vollzogen wurde und welchen Effekt dieser Übergang auf die Darstellung der VFE-Lage des Unternehmens hatte (vgl. IFRS-SMEs Abschn. 35.12). Hierzu fordert IFRS-SMEs Abschn. 35.13(a) eine Beschreibung der Art jeder einzelnen Änderung der Bilanzierungs- und Bewertungsmethode.

II. Überleitungsrechnungen

83 In IFRS-SMEs Abschn. 35.13 wird gefordert, dass folgende **Überleitungsrechnungen** in den Abschluss aufzunehmen sind:

(1) Überleitung des Eigenkapitals (IFRS-SMEs Abschn. 35.13(b)) nach bisherigen Rechnungslegungsstandards zur Bilanzierung nach IFRS-SMEs zum
   (a) Tag des Übergangs zur Bilanzierung nach IFRS-SMEs (Eröffnungsbilanz),
   (b) Ende des letzten Geschäftsjahrs, für das nach bisherigen Rechnungslegungsstandards bilanziert wurde.
(2) Überleitung des Ergebnisses des letzten Geschäftsjahrs (IFRS-SMEs Abschn. 35(c)), für das nach bisherigen Rechnungslegungsstandards bilanziert wurde, von diesen bisherigen Rechnungslegungsnormen auf IFRS-SMEs.

84 IFRS-SMEs Abschn. 35 schreibt keinen Ort für diese Angaben vor. Aus Praktikabilitätsgründen sollten diese Angaben im Anhang erfolgen. Dem Zweck dieser Vorschrift dürfte es genügen, wenn in einer kurzen Darstellung das Eigenkapital übergeleitet wird und die Eigenkapitalerhöhungen und -reduzierungen den betreffenden Bilanzposten zugeordnet werden (analog für die Gesamtergebnisrechnung bzw gesonderte GuV (sofern erstellt)).

Beispiel:

Anhang	Bilanzposten	Betrag (T€)
	Eigenkapital nach HGB	25.000
1	Anlagevermögen	1500
2	Vorräte	700
3	Pensionsrückstellungen	- 600
4	Sonstige Rückstellungen	1000
5	Passive latente Steuern	- 900
	Eigenkapital nach IFRS-SMEs	26.700

85 Nach IFRS-SMEs Abschn. 35.12 ist auch der Umstellungseffekt auf die Darstellung der Zahlungsströme zu erläutern. Falls das Unternehmen nach bisherigen Rechnungslegungsstandards verpflichtet war, eine Kapitalflussrechnung aufzustellen, sollten Erläuterungen zur geänderten Darstellung der Kapitalflussrechnung in verbaler Form erfolgen.

III. Trennung von Überleitungseffekten und Fehlern im vorangegangenen GAAP

86 Sofern bei der Aufstellung der Eröffnungsbilanz nach IFRS-SMEs Fehler im Abschluss nach den bisher angewandten Rechnungslegungsnormen festgestellt werden, sind in den oben beschriebenen Überleitungsrechnungen die Anpassungen aufgrund der durchgeführten Fehlerkorrekturen von denen aufgrund veränderter Bilanzierungs- und Bewertungsmethoden getrennt voneinander darzustellen (IFRS-SMEs Abschn. 35.14).

IV. Verzicht auf Vergleichsangaben

87 IFRS-SMEs Abschn. 35.11 eröffnet die Möglichkeit, Anhangangaben hinsichtlich der Vorperiode(n) wegzulassen, sofern der Erstanwender die entsprechenden Informationen hierfür nicht beschaffen kann. In diesem Fall muss im Anhang des erstmaligen Abschlusses nach IFRS-SMEs auf dieses Weglassen besonders und explizit hingewiesen werden (vgl. IFRS-SMEs Abschn. 35.15).

E. Vergleich mit IFRS und HGB

88 Im Folgenden werden die einzelnen Übergangsvorschriften nach IFRS, IFRS-SMEs und HGB gegenübergestellt:

Regelung	IFRS (IFRS 1)	IFRS-SMEs	HGB
			Nach HGB existieren keine vergleichbaren Erstanwendungsvorschriften
Bilanzierungsgrundsatz	IFRS 1.7: Retrospektive Anwendung der am Abschlussstichtag des erstmalig veröffentlichten IFRS-Abschlusses geltenden IFRS/IFRIC	Abschn. 35.7 f.: Retrospektive Anwendung der am Abschlussstichtag des erstmalig veröffentlichten IFRS-SMEs-Abschlusses geltenden IFRS-SMEs	
Verbote der retrospektiven Anwendung	IFRS 1.13-17 und App. B: Vier Verbote (abweichend zu IFRS-SMEs kein Rückwirkungsverbot für die Bilanzierung aufgegebener Geschäftsbereiche)	Abschn. 35.9: Fünf Verbote	
Wahlrechte der retrospektiven Anwendung	IFRS 1.18 und App. C und D 15 Wahlrechte	Abschn. 35.10: 12 Wahlrechte	
Verzicht auf Darstellung von Vergleichszahlen	Keine Ausnahmeregelung vorhanden (IFRS 1.20f). Verpflichtende Mindestdarstellung von drei Bilanzstichtagen, zwei Gesamtergebnisrechnungen und GuV (falls separat erstellt), zwei Kapitalflussrechnungen, zwei Eigenkapitalüberleitungsrechnungen und Vergleichsanhangangaben	Abschn. 35.11 als Ausnahmeregelung: Verzicht auf Darstellung von Vergleichsinformationen falls Ermittlung nicht mit vertretbarem Aufwand realisierbar	
Anhangangaben	IFRS 1.24 f.: Erläuterung der Umstellungseffekte auf VFE-Lage; Überleitungsrechnungen für Eigenkapital zum Übergangszeitpunkt und zum Abschlussstichtag des letzten Abschlusses nach bisherigen Rechnungslegungsnormen; ggf. Erläuterungen der Anpassungen der Kapitalflussrechnung.	Abschn. 35.13: Erläuterung der Umstellungseffekte auf VFE-Lage; Überleitungsrechnungen für Eigenkapital zum Übergangszeitpunkt und zum Abschlussstichtag des letzten Abschlusses nach bisherigen Rechnungslegungsnormen; ggf. Erläuterungen der Anpassungen der Kapitalflussrechnung.	

Stichwortregister